中国农业机械化年鉴

THE YEARBOOK OF AGRICULTURAL MECHANIZATION IN CHINA

主管　中 华 人 民 共 和 国 农 业 部
主办　农业部南京农业机械化研究所

2014

中国农业科学技术出版社

图书在版编目 (CIP) 数据

中国农业机械化年鉴. 2014 / 曹曙明主编. —北京 : 中国农业科学技术出版社, 2014. 12

ISBN 978-7-5116-1747-7

Ⅰ. ①中… Ⅱ. ①曹… Ⅲ. ①农业机械化 – 中国 – 2014 – 年鉴 Ⅳ. ①F323.3-54

中国版本图书馆CIP数据核字(2014)第145370号

责任编辑 姚 欢
责任校对 贾晓红

出 版 者 中国农业科学技术出版社
北京市中关村南大街 12 号 邮编：100081
电 话 （010）82106636（编辑室） （010）82109704（发行部）
（010）82109709（读者服务部）
传 真 （010）82106631
网 址 http://www.castp.cn
经 销 者 各地新华书店
印 刷 者 南京四彩印刷有限公司
开 本 889mm × 1194mm 1/16
印 张 23.5
字 数 1 017 千字
版 次 2014 年 12 月第 1 版 2014 年 12 月第 1 次印刷
定 价 320.00 元

中国农业机械化年鉴编辑委员会

编辑说明

一、《中国农业机械化年鉴》是我国农业机械化综合性行业年鉴，旨在逐年记载我国农业机械化发展的历史进程，提供农业机械化经济技术资料与统计数据，服务现代农业，促进行业发展，为政府决策提供发展借鉴与依据。

二、《中国农业机械化年鉴》2014年版设领导报告与论述、农业机械化论坛、农业机械化政策法规及规章、农业机械化工作、农机工业与流通、农业机械化统计资料、农机社团组织、机构与负责人、大事记、附录、索引等栏目。

三、《中国农业机械化年鉴》由中华人民共和国农业部主管，农业部南京农业机械化研究所主办。中国农业机械化年鉴编辑委员会由农业部农业机械化管理司、各省（自治区、直辖市）农业机械化主管部门、有关农业机械化企事业单位和高等院校领导与专家组成。《中国农业机械化年鉴》编辑部设在农业部南京农业机械化研究所。

四、《中国农业机械化年鉴》采用分类编辑法编辑，类目下设分目，年鉴以条目为记载资料的基本单元。

五、《中国农业机械化年鉴》的类目、分目、条目标题使用不同字体、字号，类目标明于页眉，以便于检索，条目标题均为黑体字加【　】号。

六、《中国农业机械化年鉴》所采用的稿件来自农业部、各省（自治区、直辖市）农业机械化主管部门、有关农业机械化企事业单位和高等院校，条目、数据、事实等经过有关部门反复核对。

七、《中国农业机械化年鉴》的各项全国统计数字均不含香港特别行政区、澳门特别行政区和台湾地区。

八、为便于读者查阅，《中国农业机械化年鉴》卷首有目录，卷末有大事记和索引，全书的信息资料可通过目录、大事记、索引3个检索渠道查阅。

九、由于编排格式的需求，年鉴领导报告与论述、农业机械化论坛等栏目文章略去了“参考文献”内容，在此深表歉意。

十、《中国农业机械化年鉴》的编辑工作得到中国农业科学院、各级农业机械化主管部门、农业机械化企事业单位和有关高等院校的大力支持，在此深表谢意。

目　录

领导报告与论述

全国农业工作会议农机专业会

在全国农机购置补贴暨农业机械化工作座谈会上的讲话

（2014 年 2 月 21 日 · 江苏南京）

中华人民共和国农业部副部长 **张桃林**

这次会议的主要任务是，深入贯彻党的十八届三中全会及中央农村工作会议、全国农业工作会议精神，总结交流 2013 年农业机械化工作和农机购置补贴政策落实情况，研究农业机械化发展重要问题，部署 2014 年工作。

一、关于当前的农业机械化发展形势

近年来，在党的强农惠农富农政策有力促进下，我国农业机械化取得巨大成绩，得到长足发展。农作物耕种收综合机械化水平增幅连续 7 年超过 2 个百分点，2013 年超过 59%，接近“十二五”规划的期末目标。农业机械化的全面快速健康发展，为我国粮食生产“十连增”、农民增收“十连快”提供有力技术装备支撑，为现代农业建设和“四化同步”发展做出重要贡献。

农业机械化发展的好形势令人鼓舞，成绩来之不易，是党中央国务院高度重视、大力扶持的结果，是各级党委政府正确领导和各有关部门关心支持、合力推进的结果，是农业机械化系统开拓进取、真抓实干的结果，是广大农机从业人员辛勤劳动、埋头苦干的结果。

在充分肯定成绩的同时，我们也应清醒地认识农业机械化发展面临的新形势新问题，包括自身发展的阶段性问题。归纳起来，主要体现在三个方面。一是发展尚不平衡。从农作物耕种收环节上看，2012 年全国机耕水平已达 74.1%，但机播水平仅为 47.3%、机收水平仅为 44.4%。从农业生产领域上看，种植业机械化发展较快，总体水平较高，而养殖业机械化发展相对滞后，尚处于初级发展阶段；种植业中的粮食作物机械化较高、经济作物较低；三大粮食作物中，小麦已基本实现全程机械化，2012 年小麦耕种收综合机械化水平已达 93.2%，水稻、玉米机械化水平偏低，特别是水稻机械种植水平仅为31.6%、玉米机收水平仅为 42.4%。从区域上看，北方旱作区的农业机械化水平较高，南方水田区农业机械化水平相对较低；平原地区农业机械化水平较高，丘陵山区的水平较低，湖南、广西、海南、福建、重庆、贵州等 6 个省市区 2012 年还在 40%以下，最低的省不到 20%。二是发展的整体质量还不高。农机装备结构不尽合理，农机使用能耗大、效益低问题较为突出。先进适用、技术成熟、安全可靠、节能环保、服务到位的农机装备和技术有效供给严重不足，许多高能耗高排放老旧农机仍在超期服役，低技术含量、低效率的农业机械还在大量应用。动力机械多、配套农具少，小型机具多、大中型机具少，低档次机具多、高性能机具少的“三多三少”问题依然突出。有些农业生产环节机具正趋于饱和或已经饱和，局部存在保有量过剩，出现利用率下降的趋势。据农业部南京农业机械化研究所研究，拖拉机年均作业面积由 2001 年的 4.93 公顷/台下降到 2012 年的 3.73 公顷/台，稻麦联合收割机年均作业量由 2003 年的 53.33 公顷/台下降到目前的不到 33.33 公顷/台。当然，也不是单台作业面积越大越好。从国外来看，情况也不尽一致，如 2003 年美国拖拉机年均作业面积 36.4 公顷/台，英国11.27 公顷/台，韩国 7.73 公顷/台，日本 2.13 公顷/台。单台机具作业面积到底多大为好，值得深入研究。要摸清家底，总体把握农机装备总量、结构的现状特点及其变化规律，建立和更新资源清单，并与农村改革发展、农业经营规模、农业机械化作业水平等各种因素关联起来，综合分析，统筹研究，为科学制订规划、调整相关政策提供依据。三是服务水平仍不高。农机作业标准不完善,农机手素质参差不齐,作业质量还有待进一步提高;农机社会化服务水平较低,单家单户农机使用得多,组织化、规模化程度不高;围绕农机作业的社会化服务配套不足,如零配件供应、用油供给、机具维修、信息服务等不到位。同时,在农机农艺融合上,长期困扰我们的问题还没有真正破题,还存在农业农机部门沟通不够,单打独斗等现象,未能从产业发展角度,统筹研究如何变个体优势为整体优势,形成合力,整体推进。

总之,我国农业机械化发展已经到了协同发展、结构优化、质量提升的关键时期。如何切实贯彻党的十八届三中全会、中央农村工作会议和全国农业工作会议精神,面对内外部环境对农业机械化发展提出的新的更高要求,增强使命感、责任感、紧迫感,围绕农业机械化"全程、全面、高质、高效"发展目标,以改革创新精神,认真研究完善思路,积极探索创新措施,千方百计转变农业机械化发展方式,由片面追求数量向数量与质量并重转变,努力提升农机应用水平,提高农业机械化发展质量和效益,已成为新时期农业机械化工作的一项迫切任务。

二、关于农机购置补贴工作

2014年是农机购置补贴政策实施的第11个年头。10年多来,各级农业机械化主管部门会同财政部门把做好农机购置补贴各项工作,作为一项重大的政治任务,认真履职尽责,精心组织实施,不断完善监管措施,取得了提升产业、助民增收、拉动内需的一举多得的好效果,得到各方面的普遍认可和国务院领导的充分肯定。在补贴政策的拉动下,我国农机总动力连续跃上7亿、8亿、9亿和10亿千瓦四大台阶,农作物耕种收综合机械化水平增幅超过了政策实施前35年的增幅,实现重大历史性跨越,具有里程碑的意义。事实证明,在目前几项农业补贴政策中,农机购置补贴的精准性、指向性及政策效力、效应是最好的之一,这也说明,全国农业机械化干部队伍主流是好的,大多数干部是政治合格、业务过硬、为民服务、廉洁奉公的好干部。否则农业机械化发展不可能有这么多亮点,中央1号文件也不可能连续多年强调要加大农机购置补贴力度,扩大实施范围。

但由于农机购置补贴是一项选择性政策,与其他普惠性农业补贴相比,实施难度更大,对干部的廉洁性要求更高。从管理的角度看,目前农机购置补贴实施工作还有进一步提升的空间,也出现一些不容忽视的问题,比如,有的企业违规操作、有的地方农机管理人员权力寻租,少数干部还陷入犯罪,给农机补贴政策实施造成很坏的影响。对此,我们应该有清醒的认识,正确客观地对待。一方面,要深刻汲取教训,引以为戒,不断创新工作,完善机制,加强管理,将苗头性和倾向性问题消灭在萌芽状态,严防违规违纪问题发生;另一方面,也不能因为个别地方的个别人出事,就全盘否定政策,否定农业机械化工作,农机部门的干部职工更不能因此背上思想包袱,缩手缩脚,因噎废食,不愿作为,不敢作为。

农机购置补贴作为最大的一项行业促进政策,专业性、政策性都很强,政策实施的受益面众、工作量大、关注度高。各级农业机械化主管部门要按照中央决策部署和农业部和财政部的意见要求,进一步强化顶层设计,完善管理措施,全力以赴组织实施好,确保补贴政策科学高效规范廉洁实施。要坚持争取投入与抓落实并重,在争取投入稳定增长的基础上,更加突出重点,围绕保障国家粮食安全和主导产业发展的需要,集中资金,聚焦薄弱环节和后进领域,推进农机装备结构调整和布局优化。同时,也要注意农机购置补贴政策并不是推进农业机械化发展的唯一措施手段,不是万能的,需要其他方面的配套措施跟进、协同,巩固和放大政策效应,不能期望所有农业机械化发展问题都通过补贴政策解决。在完善运行机制和创新操作方式上,要注重由管理型向服务型转变,着力解决农民反映的手续多、办理难、程序繁杂等问题,积极探索用现代科技手段规范管理,提高效率,力求便民利民、简便高效;要注重充分发挥市场机制作用,切实保障农民选择购买农机的自主权;注重阳光操作,加强实施监管和廉政风险防范,强化绩效考核,进一步推进补贴政策执行过程公平公开。

今后,要着重抓好四个环节:一要科学规划。这是基础性工作。各级农业机械化主管部门要在全面总结10年实践经验和深入调查资源情况的基础上,研究编制中长期农机购置补贴规划,作为测算资金和指导实施的依据。通过规划,摸清需求、明确目标、确定重点、完善管理,提高补贴政策的精准性、指向性。二要改革创新。这是农业机械化战线贯彻落实党的十八届三中全会精神的要求和体现。要遵循"稳中求进、改革创新"的原则,进一步加大农机购置补贴改革创新力度,优化制度设计和运行机制,最大限度简政放权,切实发挥好市场和社会作用。同时,要按照转变职能的要求,认真履行好职能,加强改革试点。当然,改革要有条件,做好风险规避。要稳扎稳打,设置好前置条件,把潜在的风险点考虑清楚,把可能出现的问题消除在萌芽状态。既要解放思想,勇于创新,又要积极稳妥,遵重市场规律和农民意愿,考虑农业农村发展阶段情况,科学论证,把握底线,稳步推进。各级农业机械化主管部门要结合实际,及时总结实践中的经验,进一步细化和完善相关配套措施,确保取得实效。三要全程全面公开。利用各种手段、平台,完善信息公开机制,推进补贴政策实施前、实施中、实施后的全程全面公开。在实施前要公布政策内容,让农民有知情权;实施中要公布资金使用进度,让农民有参与权;实施后要公布补贴实施情况,让农民有监督权。要加强群众监督、社会监督、舆论监督,织密监督之网,遏制各种违规违法行为的发生,发生了也使其无处遁形。四要严惩违规。各级农业机械化主管部门要明确监管职责,切实履职尽责。要以抓铁有痕、踏石留印的力度和劲道,以更大决心、更有力举措,时刻保持对违规操作行为和不法分子的高压态势,坚持从严从紧、抓大不放小,发现一起、严查一起,处理一起、通报一起,绝不搞例外,绝不姑息迁就。对违规农机企业该取消资格的要坚决取消资格,该上黑名单的要上黑名单。对农机管理人员进一步要加强廉政警示教育,对违反纪律的,该问责的要问责,该通报的要通报;情节严重涉嫌犯罪的,移交司法机关处理。

农机报废更新补贴和农机深松整地作业补助,是继农机购置补贴政策之后支持农业机械化发展的两项重大政策突破,来之不易。各试点省份要高度重视,增强责任感和使命感,务必要开好头、起好步,做好与农机购置补贴政策的衔接,科学制定方案,认真规范实施,确保试点取得预期效果。要及时总结经验,加强宣传,为今后加大实施力度打下坚实基础。

三、关于加快突破薄弱环节、提高农机应用水平

今天把"加快突破薄弱环节"作为一个重点问题来讲,是感到这些年来,我国农业机械化整体快速发展的同时,一些领域的机械化作业水平不高、提升速度不快,特别是一些关键环节没有取得大的突破,已经或将影响到产业的稳定、生存和发展,一定程度上制约农业结构调整。从全国来看,当前农作物综合机械化的薄弱区主要在南方丘陵山区；粮食作物全程机械化的薄弱环节在水稻机插秧、玉米机收；主要经济作物全程机械化的薄弱环节在棉花机收、甘蔗机收、油菜机播和机收、马铃薯机播和机收、花生机播和机收。这些薄弱环节发展明显滞后，已经影响主要农产品的有效供给，成了产业生存和发展的瓶颈，导致农民种植意愿下降、种植面积下滑、产量下降，甚至产业萎缩。如果不加以解决，将影响农业增效、农民增收，影响粮食综合生产能力提高、农产品质量安全，也将影响“四化同步”发展大局。正因为此，今年中央1号文件特别强调，要“加快推进大田作物生产全程机械化，主攻机插秧、机采棉、甘蔗机收等薄弱环节，实现作物品种、栽培技术和机械装备的集成配套。”

解决薄弱环节的机械化问题面临的困难多、难度大，不能单靠一个部门、一个行业，需要多部门联合，互相配合，共同参与，合力推进。农业机械化主管部门要主动入位，发挥好牵头作用，抓好组织协调，加大工作力度，采取综合性措施，分门别类地加快突破。重点要抓好四方面工作。

一要进一步完善农机农艺融合的合作机制。建立不同科研单位协作攻关机制，整合现有院所科研力量，组织农机和农业科研推广单位、生产企业等联合攻关。建立各级农机与农艺融合联席会议制度，形成农机与农艺科技人员开展技术研讨、交流的平台。将机械适应性作为科研育种、栽培模式推广的重要指标。发挥国家和地方科研投入项目的导向作用，重点扶持现阶段农机与农艺融合的重大课题，激励和支持农机与农艺科技人员合作研究，推进农机与农艺技术一体化进程。

二要进一步加快农业机械化技术和装备研发。目前，我国现代农业装备需求非常迫切，但许多高、精、尖、新的农机产品，还主要依赖度进口，机具价格也很昂贵。各级农业机械化主管部门要加强农业机械化基础和前沿技术研究，开发具有自主知识产权的科研成果，尽快改变农机农艺脱节的状况，努力为农机农艺技术融合提供强有力的装备支撑。加强农机关键技术研发，抓紧开发实用、经济、安全、智能的农业装备设施。加强农机农艺技术集成，以农业机械化为载体和引领，促进生物、工程、信息、环境技术集成化，针对重点薄弱环节，制定和完善区域性农业机械化技术路线、模式和作业规范。

三要进一步加强关键环节农业机械化技术试验示范。要抓住机遇，积极协调争取将关键环节农业机械化技术示范推广融入到中央和地方的重大规划、重点工程和主要项目中去，统筹谋划，积极推进。要加强与科教、种植业等部门的合作，充分利用重点农业机械化技术推广、农作物高产创建示范、现代农业示范、农业标准化生产等项目载体，加大关键环节农业机械化技术示范推广力度，重点开展水稻育插秧、玉米、油菜、花生、马铃薯机械化技术示范。要推动实施已发布的水稻、玉米、油菜、甘蔗、棉花、马铃薯机械化生产技术指导意见，促进农机农艺融合配套技术措施推广应用。

四要进一步加强农机农艺技术培训。当前，广大农机手是农业生产的主力军，农机手的素质能力直接决定农业生产的质量效益。各级农业机械化主管部门要积极组织协调，将农机驾驶、操作和维修等实用人才作为农民培训的重点。要明确措施要求，加大阳光工程等农民培训项目对农机从业人员培训的支持力度。要针对农业机械化薄弱环节，多层次、多形式、大规模开展农机农艺培训活动。结合重点农时，组织开展专项培训活动，向农民传授先进的农业机械化技术和农艺技术。要进一步加强农机职业技能培训和职业技能鉴定工作，加强政企联动，积极引导生产企业做好农机手的培训，不断提高农机从业人培训质量，提高农机驾驶操作和维修保养水平，把农机从业人员培养成为一代新型职业农民。同时，要加强基层农技、农机推广人员业务培训工作，发挥好他们在农民培训中的作用。

四、关于创新农机社会化服务体系

当前，我国农业正处在一个大变革、大发展的新阶段，农业生产的规模化程度越来越高，农业生产的分工分业越来越细，农村劳动力向二三产业转移的步伐逐步加快，种粮大户、家庭农场、农民合作社等新型农业生产主体加速涌现、蓬勃发展，迫切需要构建“集约化、专业化、组织化、社会化”相结合的新型农业经营体系，这对农业机械化发展提出了新的更高的要求，也提供了良好的发展机遇。同时，农村劳动力转移后，“谁来种地、怎么种地”的问题日益突出，迫切需要发展农机社会化服务，解决“有机户闲、无机户难”的矛盾，为提高农业综合生产能力、保障粮食安全提供物质装备支撑。

到2020年全国农作物耕种收综合机械化水平要达到70%左右，基本实现农业机械化。实现这个任务，主体是农民群众，政府不可能包办。但像一些大功率拖拉机、联合收割机等价值几十万元甚至上百万元的大型机械，依靠一家一户来购买，既不现实，也不经济，更没有必要，必须依靠农机社会化、专业化服务来推进农业机械化。我国农村地块分散、小农户经营，在当前和今后相当长的一段时间内农机社会化服务仍将有很大的需求和发展空间。

近年来，我国农机专业户、农机服务组织发展迅速，总数已超过500万个，其中，全国农机专业合作社数量2013年达到4.1万个，增幅连续三年保持在20%以上。农机跨区作业的范围和规模不断扩大，效益持续提高。但是，我们也要清醒地看到，我国农机社会化服务的整体水平还不够高，领域还不够宽，服务半径还不够优化，支撑保障条件也还没跟上，一些地区的农机“看病难、行路难、住房难”等问题比较突出，制约农机社会化服务的持续健康发展。

当前和今后一个时期，要突出抓好以下3个方面的重点工作。一要培育壮大服务主体。我国现有4 000多万个农机户，这是从事农业机械化生产的基础，其中的500多万个农机专业户和服务组织，则是开展农机社会化服务的主力军。各地要加强指导，争取补贴资金和示范项目支持，引导农机户和农户创建农机专业合作社，推动各类农机服务主体开展横向联合与纵向协作，成立农机合作社联社、股份制农机服务公司、农机租赁公司等，不断增强服务能力，在各类农业（农民）合作组织发展中发挥引擎带动作用。要树立一批“设施完备、功能齐全、特色明显、效益良好”的农机社会化服务示范点，通过典型引路、示范带动，推动农机社会化服务主体不断发展壮大。二要总结完善发展模式。要充分发挥农机合作社的积极性和创造性，充分尊重入社成员的意愿和权利。探索创新服务模式，按照服务专业化、运行市场化、服务品牌化的要求，在农机服务组织内建立起高效的运行机制、科学的分配机制、民主的管理机制。要将每个农机服务组织建设成为“自主决策、利益共享、风险共担、自我发展”的利益共同体，充分调动农机服务组织的生产潜力和经营活力。三要全面提高服务水平。要结合实际，制定农机社会化服务的行为规范和技术标准，做好农机服务的市场供需等信息服务，建立健全农业机械化质量投诉监督体系，推动建立"统一开放、竞争有序"的农机社会化服务市场。要以农机户为基础,农机服务组织为主体,农机中介服务为纽带,政府支持服务为引导,建立起"覆盖全程、服务全面,机制灵活、运转高效,综合配套、保障有力"的新型农机社会化服务体系,为广大农户提供的全程农机作业服务,以及相关的农机维修、供应、中介、租赁等农机经营服务。鼓励一部分具有实力的农机合作社既提供农机作业服务又从事农业生产经营。

五、关于加强农业机械化干部队伍建设

干部队伍建设是农业机械化事业发展的基石。加快转变农业机械化发展方式,着力破解农业机械化发展中难点难题,必须切实加强农业机械化干部队伍建设。在充分肯定农业机械化干部队伍主流是好的同时,我们也应清醒地看到,面对新形势新任务,农业机械化干部队伍建设仍存在一些不适应和值得注意的问题倾向。如在农业机械化快速发展中出现的一些新情况、新任务、新要求,一些同志暴露出准备不够、能力不强、应对不力的问题;在落实中央扶持政策和贯彻执行上级决策部署上,一些干部表现出不同程度的组织纪律性不强、有令不行有禁不止等问题;还有一些同志责任意识、担当意识不强,对侵害农民利益等违法违纪行为查处不力,甚至不作为;还有一些地区农业机械化主管部门政府职能转变不到位,为民服务和依法行政意识不够强;少数干部以权谋私等问题仍时有发生。面对新形势、新任务,进一步加强农业机械化系统干部队伍建设,必须围绕上述突出问题,采取有效措施,认真加以解决,并强化督导检查和必要的说服教育。

一要进一步加强学习。我国正处在从传统农业向现代农业转变的历史进程中,农业机械化面临实现科学发展等一系列新要求、新任务,有许多问题需要解决。有些是我们长期努力解决但还没有解决好的问题,但更多的是随着农业机械化快速发展而新出现的问题。无论是新问题还是老问题,要想认识好、解决好,唯一的途径就是加强学习、增强本领。要坚持干什么学什么、缺什么补什么,有针对性地学习掌握做好本职工作、履行岗位职责所必备的各种知识,努力使自己真正成为行家里手、专业干部。

二要进一步增强工作执行力。总的来说,地方各级农业机械化主管部门在落实农机购置补贴政策、执行上级农业机械化主管部门部署要求等方面,态度是坚决的,执行是有力的,效果是好的。但也有一些地区农业机械化主管部门组织纪律涣散,在执行上级主管部门部署要求方面做选择、打折扣、搞变通,搞地方保护主义。这些虽然只是少数情况,但影响很坏。全国农业机械化系统要牢固树立"全国一盘棋"的思想,自觉把本地区、本部门的利益放在国家全局和整体利益中来考量,把当前利益和长远利益结合起来考虑,坚决做到令行禁止。要加强监督检查,对执行不力的要狠下心来,严肃处理,视情况分别给予约谈、通报批评、通报同级党委政府等督促检查措施。

三要进一步转变职能、改进作风。党的十八届三中全会将转变政府职能作为推动全局改革的重要突破点。各级农业机械化主管部门要把该放的权放开、放到位,切实减少对市场的过多干预。要认真履职尽责,把该管的管住、管好,特别要在增强农业机械化公共服务能力、加强市场监管、营造公平竞争的市场环境等方面下工夫。要在本部门职责权限内开展工作,防止权力乱用,对那些依法应由公安、工商、质检等部门处理的工作,应及时主动协调有关部门处理。要深入推进农业机械化政务公开,让权力在阳光下运行,自觉接受社会各界监督。要进一步转变工作作风,坚持深入实际、深入基层、深入群众,认真倾听群众意见和建议,努力为农民群众办实事、做好事、解难事。加强调查研究,超前谋划和创设农业机械化发展扶持政策,并加强沟通协调,积极争取投入,努力营造良好的政策环境。各级农业机械化主管部门要按照事权划分,积极争取农机购置补贴工作经费,保障补贴工作正常开展。要提高农机执法装备水平和执法队伍素质,全面履行安全监理、农机推广、农机维修、农业机械化质量监管等方面的管理和行政执法职能,全面提升依法行政水平。

四要进一步加强廉洁自律。要不断健全惩治和预防腐败体系,在全系统继续深入推进廉政风险防控机制建设,切实建立健全不敢腐的惩戒机制、不能腐的防范机制、不易腐的保障机制。要加强对干部的反腐倡廉教育,用身边的人和事,开展典型警示教育,杜绝侥幸心理,时刻拒腐防变。要深入贯彻中央纪委三次全会精神,切实强化纪律意识,坚持把遵守政治纪律放在首位,严守工作、生活、财经纪律;要深入落实中央八项规定精神,在全系统积极营造和努力保持风清气正、奋发有为、献身"三农"、干事创业的良好氛围。

做好新时期的农业机械化工作,加快推进农业机械化改革发展,意义重大,任务艰巨。站在新的历史起点上,我们要以改革的精神,务实创新,攻坚克难,转变作风,扎实工作,努力推动农业机械化"全程、全面、高质、高效"发展,为农业农村经济持续快速健康发展提供有力支撑,为实现中国特色农业现代化、全面建成小康社会做出更大贡献。

在全国农机购置补贴暨农业机械化工作座谈会上的讲话

(2014年2月21日·江苏南京)

农业部农业机械化管理司司长 李伟国

一、关于2013年农业机械化发展总体情况

2013年全国农业机械化保持整体推进、快速发展的良好态势,耕种收综合机械化水平预计超过59%,同比提高2个百分点。总体呈现以下6个特点。

一是农机购置补贴等政策实施规范高效。2013年,中央继续加大农机购置补贴支持力度,全年安排中央财政补助资金217.5亿元。操作方式上,探索开展"全价购机、县级结算、直补到卡"创新试点,21个省份在全省范围内开展试点,还有10

多个省级单位在部分县市开展相关试点。扎实推进补贴政策信息的公开公示，建设完成农业部、省两级网上公开专栏。对28个省份的近3 000名基层补贴工作人员进行专项培训，提高干部的政策执行水平和实际操作能力。全面加强专项监督检查，印发《农业部关于进一步加强农机购置补贴政策实施监督管理工作的意见》，进一步明确各级农业机械化主管部门的监管职责任务，加大违规查处力度，全年共查处违规企业80多家，其中包括一些大型知名企业和外资企业，对不法企业产生震慑作用，有力地维护政策的严肃性、净化补贴市场。2013年补贴工作各地人民政府更加重视、责任更加明确、操作更加规范、监管更加到位、政策效应更加显著，农民、企业、社会满意度不断提高。

此外，继续在山东等11个省(区、市、垦区)开展农机报废更新补贴工作试点，促进老旧农机更新换代和节能减排，报废老旧农机超过1.5万台，使用报废更新补贴资金1.8亿元。继续组织开展保护性耕作工程示范基地建设，中央安排投资3亿元，支持97个县(场)，保护性耕作面积超过7 333.34千公顷。正式启动农机深松整地作业补助试点，这是中央财政首次为农机作业实施补贴，意义深远；全国预计完成深松整地10 666.67千公顷，同比增加666.67千公顷，为粮油丰产丰收打下坚实的基础。

二是农机装备总量增长、结构优化。2013年全国农机总动力达10.6亿千瓦，同比增长3%。重点作物和关键环节农机具大幅度增加，全年大中型拖拉机和配套农具保有量同比分别增长9.5%、8.2%。水稻插秧机、联合收获机保有量分别达60.6万台、144.5万台，同比分别增长18.1%、13%，其中玉米收割机同比增长23.8%。农机装备结构持续优化，73.5千瓦以上拖拉机、喂入量5千克/秒以上小麦收获机、三行以上自走式玉米收获机等高性能机械增量明显，粮食烘干、高效植保、畜牧养殖及花生、马铃薯等经济作物机械也都有大幅增长。在制造业增速放缓的情况下，农机市场一枝独秀、产销两旺，全国规模以上农机工业企业主营业务收入同比增长16%。

三是重要农时和薄弱环节农机作业水平显著提高。各级农机部门精心开展春耕、“三夏”、“三秋”等重要农时农机作业组织、管理、协调和服务工作，农机作业机具供需平衡，作业市场稳定有序，作业面积大幅增加。面对东北地区严重低温春涝，华北地区夏玉米成熟期推迟、小麦播种茬口紧等异常情况，农机部门宣传发动到位、技术指导到位、机具调配到位、合作社作用发挥到位，农机成为抢收抢种、抗灾救灾的主力军，有力保障了生产的进度和质量。“三夏”期间，全国小麦机收率超过92%，黄淮海地区夏玉米机播率达90.8%。全年全国水稻机械种植、收获水平分别超过35%、74%，同比提高4个百分点和2个百分点；玉米机收水平超过49%，同比提高7个百分点，其中黑龙江、河北、内蒙古均提高15个百分点；油菜、马铃薯、花生机收和冬油菜机播(栽)、机械化秸秆粉碎还田面积较2012年大幅增加，如湖北油菜机收水平达到37%，山东花生机收面积达576.67千公顷。

四是农业机械化科技进步扎实推进。完善农业机械化科技创新体系，组织重点农作物机械化技术装备研发，甘蔗和根茎类作物收获、麻类生产等机具装备研发取得突破性进展，成功开展黄河流域棉区棉花全程机械化生产技术试验。推进农机农艺融合，制定并实施水稻、小麦、花生、西北内陆棉区棉花等主要农作物的机械化生产技术指导意见。开展农业机械化教育培训大行动，全年培训各类农业机械化专业技术人才达400万人次，全国新增农业机械化技术推广面积17 333.34千公顷。各地普遍加强了农业机械化技术的研发与示范推广，如重庆规划建设丘陵山区现代农业装备创新平台，全面提升科技支撑与服务能力；辽宁把水稻生产农机农艺融合工作作为省农委一号工程来抓，水稻机械种植水平同比提高了27个百分点；湖南推行为机育秧，全省机插秧突破千万亩；山西省举办农用无人飞机作业现场演示会等。

五是农机社会化服务深入发展。农业部召开全国农业机械化社会化服务工作会议，全面部署推进农机社会化服务各项工作。开展了全国农机合作社示范社建设活动，各地通过政策倾斜、示范引导、政企联动等措施，积极培育壮大农机合作社、农机作业公司等农机服务主体，树立一批可学可比的典型。2013年全国农机合作社数量超过4.1万个，增幅连续3年超过20%；入社成员数量、入社土地面积进一步增加，如河南省，农机合作社达到5 288个，年作业面积达到3 398.67千公顷，其中土地流转面积328千公顷；很多合作社成为既提供农机作业社会化服务、又直接从事粮食生产的“双主体”。农机作业服务领域从产中向产前、产后领域拓展，呈现全程化、品牌化趋势。新型农机服务经营组织已成为构建集约化、专业化、组织化、社会化新型农业经营体系的重要有生力量。

六是农机依法监管能力不断提升。组织开展全国农机推广鉴定工作监督检查，提高鉴定工作规范化水平。开展补贴机具质量保障督导，及时处理农机质量投诉，协调公安部门打击补贴电信诈骗行为，有力维护购机农民合法权益。安全监理惠农政策得到进一步落实，实施监理装备建设项目，推动各地积极争取投入，推进实行农机定期免费检验制度，对农机牌证发放、安全检验、培训考试、报废回收、事故保险等费用给予补贴。落实安全生产责任制，组织开展农机安全生产月、农机安全生产大检查和“平安农机”创建活动，强化农机安全宣传教育，完善农机安全监理规章制度，加强专项整治，加大农机安全生产检查和隐患排查力度，全国农机安全生产形势稳定好转。

2013年农机在农业生产中的作用更加凸显，农业机械化的快速发展，为粮食产量“十连增”、农民增收“十连快”和农业综合生产能力建设提供有力的支撑。

二、关于当前农业机械化发展面临的形势

当前，我国农业农村经济发展进入到一个新阶段，农业生产力和农业生产关系都处在变革的关键期，农机产品市场和农机作业市场潜力巨大，特别是随着国家农业政策体系的日趋建立和完善，农业机械化政策环境将更加优化、发展机制更加完善，农业机械化仍然面临着良好发展机遇，可期待又一个“黄金十年”。

一是十八届三中全会《决定》在深化农村改革方面提出重大理论和政策创新。包括推进家庭经营、集体经营、合作经营、企业经营共同发展，赋予土地承包经营权抵押、担保权能，鼓励承包经营权向专业大户、家庭农场、农民合作社、农业企业流转，允许财政补助形成的资产转交合作社持有和管护，鼓励和引导工商资本到农村发展适合企业化经营的现代种养业，选择试点推进农民住房财产权抵押、担保、转让，改革农业补贴制度等等。这些重大理论和政策创新，必将对我国农业机械化发展产生重大影响，也将直接提高农民购置农机的融资能力。

二是家庭农场等新型规模经营主体逐步兴起。全国农村土地承包关系进一步稳定，土地流转速度明显加快，并呈现出向新型农业经营主体集中的趋势。全国农户承包土地流转面积达到 22 666.68 千公顷，占比 26%；经营耕地面积在 2 公顷以上的农户有 891 万户；家庭农场达到 87.7 万家，平均经营耕地面积达到 13.33 公顷。新型主体的增加和经营规模的扩大，必然对全程化、配套化、高端化的农机装备应用和相关社会化服务，产生新的需求。

三是农业劳动力老龄化趋势明显。全国农村外出务工经商劳动力已超过 2.63 亿人，40 岁以下占 60%。据第二次农业普查，全国农业从业人员中，近 1/3 已超过 50 岁。对照联合国有关机构的研究标准，我国农业劳动力年龄结构已明显处于老年型。"谁来种地"的问题越来越受到政府和社会的关注，农业生产急需机械替代劳力的要求更加迫切。

四是农田基本设施建设力度加大。2013 年 12 月 7 日，国家发展和改革委员会公布《全国高标准农田建设总体规划》，提出整合资金，加大投入力度，2020 年前建设旱涝保收、集中连片的高标准农田 53 333.36 千公顷，其中 2015 年前建成 26 666.68 千公顷。这将大大改善农业机械的通行和作业条件，激发新的农机购置使用需求。

五是农机农艺融合步伐有望加快。2013 年中央 1 号文件将"传统精耕细作与现代物质技术装备相辅相成，实现高产高效与资源生态永续利用协调兼顾"，作为推进中国特色农业现代化的一个重要目标；要求推进农业科技创新，建设农业全程信息化和机械化技术体系，强调要培育推广高产、优质、抗逆、适应机械化生产的突破性品种。正在全国范围内开展的高产创建和粮食增产模式攻关，将以机械化为平台、集成推广适合农机作业的品种和栽培技术，作为核心内容。制约薄弱环节机械化的农艺及品种问题，有望加快破解。

当然，也必须清醒地认识到，我国农业机械化发展仍存在较多不平衡、不协调、不可持续的问题，正处在加快发展、结构改善、质量提升的关键时期。随着农业机械化扶持政策力度加大、关注度增高，对农业机械化系统规范高效落实政策提出新的更高要求；确保粮食等主要农产品有效供给，对拓展农业机械化服务领域、快速提升农业机械化的装备支撑能力提出新的更高要求；农机总动力持续较快增长，对加强宏观调控引导、稳定提高机具利用效率效益、调动农民购机用机积极性提出新的更高要求；适应农业机械化发展新形势、顺应农民群众新期待，对提升农机鉴定、推广、监理机构公共服务能力提出了新的更高要求。我们一定要认清形势、敢挑重担，正视挑战、把握主动，改革创新、攻坚克难，全面提高农机装备水平、作业水平、安全水平、科技水平和服务水平，为引领支撑现代农业建设提供坚强有力的物质装备基础。

三、关于 2014 年农业机械化重点工作

2014 年农业机械化工作思路是：全面贯彻落实中央农村工作会议和全国农业工作会议精神，以转变农业机械化发展方式、提升发展质量为主线，围绕推动农业机械化"全程、全面、高质、高效"发展，着力改革创新，完善农机购置补贴政策，促进政策的高效廉洁实施；主攻薄弱环节机械化，加快推广先进适用农业机械化集成配套技术；加快培育新型农业机械化服务组织，完善服务体系，提高农机作业社会化服务水平。力争主要粮食作物生产机械化水平有较大提高，大宗经济作物生产机械化取得积极进展，养殖业和农产品初加工机械化协调推进；农机装备结构持续优化，农机农艺融合度、农机作业组织化程度、农业机械化公共服务能力进一步提升；安全生产形势保持平稳好转；全国耕种收综合机械化水平达到 61% 以上，同比提高 2 个百分点以上，提前实现"十二五"规划目标，为农业农村经济持续快速健康发展提供有力的装备支撑。

2014 年，重点要做好以下 7 个方面工作。

第一，着力抓好农机购置补贴政策的实施。2014 年的农机购置补贴实施意见已经公布，请各省抓紧制定本地区的具体实施方案，抓好具体的实施组织工作。要坚持改革创新，积极探索完善制度，充分发挥市场机制作用，更好履行政府管理监督职能，进一步维护农机企业公平竞争、购机农民自主选择的良好环境，最大限度便民利民，促进政策的规范廉洁实施。一是全面推行"全价购机、定额补贴、县级结算、直补到卡"的操作方式。鼓励各省选择部分生产急需的重点机具敞开补贴，缓解需求矛盾；允许各地采取购机与公示同步进行、先购机后申请补贴和对补贴额较低的农机具部分抽查、电话核实等措施，减少管理流程，方便农民购机。此外，2014 年选择一个省全面开展补贴市场化改革试点，将补贴产品与推广目录脱钩，允许补贴种类范围之内、违规企业产品名单之外的所有农机产品享受补贴政策，请相关省抓紧制定具体的实施方案。二是切实加大政策信息公开力度。加强信息公开专栏建设，推进农机购置补贴信息深入全面全程公开。积极推行村级公示制度，将享受农机购置补贴情况作为村务公开的内容。三是继续组织开展专项督导检查。对农民投诉多、"三包"服务不到位、虚高价格、以小抵大或以小喂入量鉴定大喂入量、擅自降低配置、以次充好、采取不正当竞争、出厂编号及铭牌不规范等行为，必须零容忍，坚持从严从紧，发现一起、查处一起，绝不搞下不为例。加大违规违纪查处力度，重拳打击违规违纪行为，逐步建立起违规企业负面清单制度，全方位提高失信成本，让守信者处处受益、失信者寸步难行，使失信受惩的教训成为一生的警钟，确保补贴政策科学高效规范廉洁实施。各地要积极稳妥地推进补贴制度改革措施，认真研究解决推进过程中出现的问题，为进一步改革完善制度积累经验。2014 年，农业部将配合财政等部门，组织开展相关调研，启动修订补贴资金管理办法等。此外，还将继续开展全国基层补贴管理人员专项培训，进一步提升其政策执行水平和廉洁自律意识。

第二，着力推进主要农作物生产全程机械化。聚焦粮食作物和棉油糖等主要经济作物生产机械化，主攻机插秧、机采棉、甘蔗机收等薄弱环节，综合施策。一是加快关键环节农机装备研发及农机农艺融合技术研究与试验示范。要积极协调争取科研项目支持，组织开展联合协作攻关，力争突破技术瓶颈；通过试点示范，形成技术配套模式，积极组织推广。2014 年我们将组织召开黄河流域棉花机收现场观摩推进会。二是加快成熟主推技术的推广。推动实施已发布的水稻、玉米、油菜、甘蔗、棉花、马铃薯机械化生产技术指导意见，促进农机农艺技术措施有机融合，推广保护性耕作、秸秆还田、高效施肥、高效植保等增产增效、环境友好型农业机械化技术。积极争取相关政策，加强技术指导，加快南方稻区机插秧、东北及黄淮海地区玉米机收技术推广，力争水稻机械化种植、玉米机收水平分别达到 38% 和 55%，同比分别提高 3 个和 6 个百分点。三是开展主要农作物生产全程机械化创建活动。在主产区创建 36 个水稻、玉米、油菜、棉花、甘蔗生产机械化技术示范县，促进适宜机

械化的作物品种、栽培技术、装备技术集成配套，力争建成若干集中连片、节本增效增产明显的全程机械化示范田，探索形成可大范围推广的全程机械化生产模式。

第三，着力发展农机社会化服务。一是抓好关键农时季节的农业机械化作业服务。精心组织好跨区机耕、机种、机收作业和抗灾救灾等工作，推动重要农时农业生产有力有序进行。推进作业管理信息化，开展农机跨区作业信息公共服务平台建设，提高科学调度机具的信息化水平。二是培育新型农机社会化服务主体。开展农机社会化服务的组织机制及其运行模式研究，协调争取对农机合作社、作业公司、租赁公司等新型主体的扶持措施，促进农机作业服务的专业化、全程化、品牌化；引导具有实力的农机合作社流转承包土地，开展包括耕种收管、产后初加工等在内的"一条龙"农机作业服务项目，提高综合效益。加大对农机合作社示范社发展支持指导力度，开展农机合作社经理人培训，努力促成"企社共建"、"银社共建"，发挥示范带动作用。三是加强农机人员培训。组织好农机教育培训大行动，办好农机高技能人才及师资培训班，通过多形式多层次的培训工作，培养造就一大批既精通农机驾驶、维修技术，又掌握农艺栽培技术的新型农机手，促进农机利用水平和农业生产质量稳定提高。

第四，着力推进农机质量管理规范化。继续推进农机质量投诉监督体系建设，认真受理和处理农机质量投诉。以补贴机具为重点，开展农机质量调查和重点检查，督促农机生产企业、经销商落实"三包"责任。研究修订完善农机试验鉴定有关制度，增强制度规定的协调性、实效性。强化部级农业机械推广鉴定管理，继续开展推广鉴定工作监督检查，促进省级鉴定规范化建设，提升鉴定工作质量。研究提出完善、改进推广目录制定工作的措施，优化工作程序和评审方法。及时发布2015—2017年目录申报指南，组织做好申报、评审、公布等工作。加强国家《目录》产品的监督管理。组织公布全国二级以上农机维修点名录，做好农机维修技术合格证审核发放工作，切实提高农机维修经营服务网点的持证率。

第五，着力建设"平安农机"。完善农机安全监管制度及保障措施，组织制定拖拉机、联合收割机等农业机械安全操作规程。开展农机安全生产防护性能提升试点，争取农机安全监理装备建设投入，推进落实农机定期免费安全检验制度；加强农机保险补贴制度研究。深入开展农机"安全生产月"、"安全生产咨询日"等群众性安全文化活动，组织农机安全宣传作品创作与推广，广泛宣传农机安全法律法规、规章标准和安全知识；加强应急管理培训，提高应急处置能力。加强牌证管理，切实提高"三率"，推进建立拖拉机登记信息库。深入开展农机安全生产大检查，堵塞安全监管漏洞，做好农机事故预防工作，确保安全生产形势平稳好转。

第六，着力加强政策法规建设。组织开展《中华人民共和国农业机械化促进法》实施10周年、《农业机械安全监督管理条例》实施5周年和农机购置补贴政策实施10年成效专题宣传活动。进一步推动贯彻《国务院关于促进农业机械化和农机工业又好又快发展的意见》，协调落实具体扶持措施。加快制定《报废农业机械回收办法》。继续组织开展农机深松整地作业补助试点和农机报废更新补贴试点，及时总结成效经验，探索完善配套制度，通过做好试点，争取稳住投入渠道、扩大投入规模。加强农业机械化统计工作，修订统计制度，定期开展全国农业机械化发展形势综合分析。继续在全国试行畜牧业、渔业(水产养殖)、农产品初加工、设施农业(园艺)、林果业(果茶桑)机械化水平评价指标体系，组织对试行情况进行评估并适时发布结果。

第七，着力提升履职尽责能力。大力建设学习型机关，提升干部思想政治素质、依法管理水平和科学决策能力。及时总结交流地方开展农业机械化重点工作、创设农业机械化扶持政策的好经验、好做法。适时启动农业机械化发展第十三个五年规划编制工作。围绕当前农业机械化发展面临的新形势，聚焦突出问题，组织开展我国农机装备总量提升结构优化等重大问题研究，增强研究的前瞻性、实践性和可操作性，推动实际问题解决。巩固党的群众路线教育实践活动成果，不断增强党员干部政治意识、宗旨意识、担当意识，引导干部求真务实、攻坚克难，真正用好作风做好本职工作，切实做到"为民务实清廉"，不断推动思路创新、机制创新和管理创新，将中央关于农业机械化的决策部署落实到位。完善廉政风险防控机制，始终把权力置于有效监督制约之下，确保干部廉洁从政。加强农业机械化新闻宣传工作，为农业机械化又好又快发展凝聚正能量。

加快发展农业机械化，使命光荣、责任重大。我们要统一思想、振奋精神，求真务实、开拓创新，不断开创农业机械化发展新局面，为深化农村改革、建设现代农业作出更大贡献。

其他会议

在全国农机购置补贴工作会议上的讲话

（2013年2月26日·浙江杭州）

中华人民共和国农业部副部长　**张桃林**

2013年是实施农机购置补贴政策的第10个年头。近年来，中央财政连年大幅增加投入，从2004年的7 000万元增加到2012年的215亿元，2012年投入资金是2004年的307倍，地方各级政府也持续投入补贴资金。在补贴政策的支持下，我们应该切实把事情办实办好。全国农机购置补贴工作会议，主要任务是深入贯彻党的十八大精神和中央 1 号文件精神，认真落实全国农业机械化工作会议的部署，全面总结农机购置补贴政策取得的成效和经验，深入分析新形势新任务，研究部署 2013 年及今后一个时期实施农机购置补贴政策的新要求新举措，以更加严明的纪律、更加有力的措施，扎实有效地开展补贴工作，确保农机购置补贴政策科学高效规范廉洁实施。

一、认真总结实施农机购置补贴政策取得的成效经验

农机购置补贴是党的强农惠农富农政策的重要内容。为实施好这项利国利民的好政策，全面实现政策目标，各级农业机械化主管部门始终把做好农机购置补贴各项工作，作为一项义不容辞的政治责任，想尽一切办法，采取一切措施，倾尽全力落实好补贴政策。一方面积极协调，努力争取扩大农机购置补贴资金规模，使更多农民受益，加快推进农业机械化发展；另一方面，不断完善办法，严格规范管理，千方百计抓好农机购置补贴政策实施，努力确保政策实惠全部落实到农民手中，使补贴政策取得了利农利工、利国利民、一举多效的好效果，集中体现在以下四个方面。

一是优化农机装备结构，提高农业综合生产能力。在补贴政策的有力推动下，农机装备水平明显提高，农机总动力连续跃上 7 亿千瓦、8 亿千瓦、9 亿千瓦和 10 亿千瓦四大台阶，2012 年全国农机总动力达到 10.2 亿千瓦，比政策实施前的 2003 年增长 68.9%。农机装备结构和布局不断优化，重点作物关键环节机械大型化、复式化、配套化趋势明显，丘陵山区农机装备发展提速。先进适用的农业机械的广泛应用，促进农业生产规模化、标准化、集约化和产业化，有效提高土地产出率、劳动生产率和资源利用率，提升农业综合生产能力，实现农业节本增产。

二是加快农业机械化发展进程，促进农业生产方式转变。在补贴政策的强力促进下，我国农机作业水平提高之快前所未有，2010 年我国农作物耕种收综合机械化水平就超过 50%，标志着我国农业生产方式已经实现由人畜力为主向机械化作业为主的历史性跨越。2012 年农作物耕种收综合机械化水平达 57%，9 年增幅超过政策实施前 35 年的增幅。薄弱环节机械化突破之快前所未有，小麦生产基本实现全过程机械化；水稻机械种植水平由 2005 年的 7.1%提高到 30%以上；玉米机收水平从 4%提高到 40%，近 4 年累计增长近 30 个百分点；黄河流域棉区机采棉实现零的突破。农机农艺进一步融合，精量播种、化肥深施、高产栽培、保护性耕作、高效植保等先进农业生产技术得以大面积推广。

三是培育新型农业生产经营主体，激活现代农业建设和新农村发展活力。通过农机购置补贴政策的实施，培育和壮大农机合作社等一大批新型农业生产经营组织，2012 年全国农机合作社数量超过 3.1 万个。新型农业生产经营组织的蓬勃发展，推进农业生产经营体制创新，提高农民组织化程度，推动农业技术集成应用、农业节本增效和土地规模经营，激发农村生产要素潜能，激活现代农业建设和新农村发展活力，为构建集约化、专业化、组织化、社会化相结合的新型农业经营体系，加快农业现代化进程发挥重要作用。

四是扩大农村内需，拉动农机工业发展。2004—2012 年中央财政共安排补贴资金 744.7 亿元，带动地方和农民投入 2 187.9亿元，补贴购置各类农机具 2 272.6 万台(套)，促进农机制造业、农机流通业加快发展。2012 年规模以上农机工业总产值达 3 382 亿元，连续 6 年保持 20%左右的增速，始终在机械行业中处于领先地位，我国已成为全球农机制造第一大国。

农机购置补贴政策已成为农业和农业机械化主管部门发展粮食生产和建设现代农业的有效调控手段，实施近 10 年来有力推动农业机械化的跨越式发展，有效缓解青壮年劳动力短缺的突出矛盾，保障农业稳定发展，挖掘粮食增产潜力，引领耕作制度变革，推动农业技术集成、节本增效和规模经营，加速农业现代化进程，为实现粮食生产“九连增”、农民增收“九连快”做出重要贡献，真正使农民得实惠、农业得发展、企业得效益、政府得民心。我们要站在全局的高度，充分认识农机购置补贴政策的重大作用，充分肯定农机购置补贴政策的显著成效，进一步增强做好这项工作的信心和决心。

近年来，按照“制约行政权力、加强社会监督”的总体思路，各级农业机械化主管部门与财政部门密切配合，齐抓共管，明确责任，精心组织，规范实施，加强监管，完善机制，开展大量卓有成效的工作。

(一)明确要求，落实责任。为进一步增强地方各级农业机械化主管部门实施农机购置补贴政策的责任意识和大局意识，近几年来，农业部农业机械化管理司每年都与 38 个省级(含自治区、直辖市、计划单列市、新疆生产建设兵团，黑龙江省农垦总局、广东省农垦总局)农业机械化主管部门签署落实农机购置补贴政策工作责任书，明确责任义务，细化任务目标，落实奖惩措施。绝大多数省也与市县层层签订责任状，严格落实“主要领导负总责、分管领导负全责、工作人员直接负责”的责任机制，做到了目标到岗、责任到人。

(二)完善制度，规范管理。在认真贯彻落实党中央国务院决策部署，在精心制定实施农业部和财政部农机购置补贴资金管理办法及年度农机购置补贴实施指导意见的基础上，围绕加强实施主体监管，不断完善管理制度。2012 年农业部印发《关于进一步规范农机购置补贴产品经营行为的通知》，明确补贴产品经销企业的资质条件、确定程序、纪律要求、违法违规行为惩处等规定，实行经销商黑名单制度，严重违法违规的永久不得经销补贴产品。对省级农业机械化主管部门落实农机购置补贴政策情况开展延伸绩效管理。同时，继续着力推进补贴信息公开、廉政风险防控等制度建设，确保农机购置补贴信息公开管理的规范化、常态化，努力构建覆盖权力运行全过程的农机购置补贴廉政风险防控机制。

(三)鼓励创新，推进试点。从实践看，农机购置补贴政策的实施办法和保障措施基本成熟，补贴对象、补贴机具、补贴标准比较科学，有力确保政策目标顺利实现。但随着农机购置补贴资金规模逐年扩大，省级结算工作量成倍增长。为使省级农业机械化主管部门有更多的精力和时间去调查研究、加强监管，同时发挥地方政府积极性，近年来农业部和财政部大力鼓励各地在保证资金安全、让农民得实惠、给企业创造公平竞争环境的前提下，就补贴程序开展创新试点。2012 年，农业部、财政部批复同意河北等 17 个省(区、市)开展试点工作，其中，浙江、江苏、湖南在全省范围内开展“全价购机、县级结算、直补到卡”试点。下半年还利用中央财政资金，在山东等 11 省份启动农机报废更新补贴试点，推动老旧和高耗能机具报废更新，有效促进农机装备结构优化和农机安全生产。总的来看，试点总体运行平稳，基本达到了预期目标。各地也结合实际，积极创新，如安徽实行“先购机后申请”操作试点，在防止虚假申购、倒卖指标等方面，起到很好作用。

（四）联合督导，加强监管。建立农机购置补贴实施多部门联动监督检查机制。每年农业部农业机械化管理司、财务司、驻部组局都联合制定农机购置补贴政策监督检查方案。2012年春秋两季，农业部成立17个联合督导组，分赴23个省开展农机购置补贴专项督导检查。对存在的问题及时指出，督促彻底整改。与财政部一同赴湖南、江苏等省开展创新试点情况调研。对各省级农业机械化主管部门开展延伸绩效管理考核，并赴20多个省进行实地核查。要求各地必须邀请纪检监察部门全程参与补贴实施，强化内部约束。明确县级财政部门应按照不低于购机农民10%的比例进行抽查核实。各地也加大监督检查力度，如山西省专门成立项目监管室，对农机购置补贴等进行专项全程监管；湖南省对补贴机具实行三级审核，乡镇进行初审、县级进行复查、市级进行抽查，确保补贴政策真正落实到位。

（五）开展核查，严惩违规。坚决果断严厉地查处农机购置补贴过程中暴露出的违法违规问题。对举报投诉的问题和线索，坚持一件都不放过，凡报必查，一查到底。重大线索会同有关部门开展实地核查。对查实的案件，严肃处理，绝不姑息。近年来，各地也加大违规处罚力度，2011年共取消30家生产企业产品补贴资格，永久取消22家经销商经营补贴产品的资格。2012年共取消或暂停26家生产企业的产品补贴资格和46家经销企业补贴产品经销资格，有力地维护农机购置补贴政策的严肃性，切实维护广大农民群众和诚信经营企业的合法权益。

农机购置补贴实施10年来，制度不断完善，操作基本规范，成效十分显著。投入与成效互为因果、互动并进、良性循环，党中央国务院对于农机购置补贴显著成效高度肯定，中央财政投入大幅增加就足以证明。我们要坚定信心，狠下决心，明确目标，狠抓落实，切实把补贴实惠不折不扣地落实到农民手中。

二、进一步明确实施农机购置补贴政策的任务要求

当前，我国正处在由传统农业向现代农业转变的关键时期，我国农业机械化正处在加快发展、结构改善、质量提升、领域拓宽的重要阶段，这是对农业机械化发展阶段的基本判断。展望未来，今后一个时期农村劳动力转移仍将保持较快步伐，农民对农机作业的需求越来越旺盛，农业生产对农机应用的依赖越来越明显，农业机械化法律保障、政策支持、科技创新、工业支撑将更加有力，我国农业机械化整体处于快速发展的黄金机遇期，必将向更广领域、更高层次深入发展。但当前我国农业机械化发展仍存在较多不平衡、不协调、不可持续的问题，特别是先进适用、技术成熟、安全可靠、节能环保、服务到位的农机装备和技术有效供给整体依然不足；农机装备结构不尽合理，“三多三少”的问题突出，即：动力机械多、配套农具少，小型机具多、大中型机具少，低档次机具多、高性能的机具少；农业机械化发展水平不平衡，丘陵山区和薄弱环节机械化发展依然滞后。同时，在农业机械化快速发展过程中，更要防止无序扩张、步入“陷阱”，防止信息不对称产生的低水平重复和使用效率降低，这些都对实施农机购置补贴政策提出更高的要求和挑战。

农机购置补贴政策既是党的强农惠农富农政策的重要内容，也是加强农业机械化行业宏观引导的重要手段。我们要针对农业机械化发展新阶段存在的突出问题，紧紧抓住这几年国家不断加大农机购置补贴投入力度的历史机遇，进一步发挥好补贴政策对农业机械化整体发展的科学引导作用，在认真做好现有农机具普查和装备需求规划，摸清存量、结构、使用状态及分布状况的基础上，立足当地农业主导产业发展需要和经济地理条件，对今后发展重点进行科学分析、合理规划，把调整结构、优化布局放在更加突出的位置，努力实现速度、结构、质量、布局、效益有机统一，推动农业机械化再上新台阶。

我们在分析面临新形势新任务的同时，也要深刻认识到，随着近年来农机购置补贴资金规模逐年扩大，补贴机具种类范围越来越广，涉及的企业和经销商越来越多，政策实施过程中也暴露出一些不容忽视的问题，虽然有些问题是局部、个别的，但我们要引起高度警觉，及时采取有力有效措施认真整改。一是少数地区工作人员责任心不够强。落实农机购置补贴政策需要高度的责任心和使命感，需要付出艰辛的努力，但少数地方分管购机补贴工作的领导及工作人员责任意识不强，服务意识不够，作风拖沓，工作质量和效率不高，有的还存在畏难情绪。二是资金特别是工作经费投入不足。虽然近年来中央财政补贴资金投入大幅增加，但许多地方财政安排的补贴资金总量较少，甚至有的省份补贴资金投入还呈减少趋势。有些地方没有按照农财两部的规定，足额安排必要的专项工作经费，在一定程度上影响了补贴政策的顺利实施。三是违规违纪问题时有发生。有的单位违规向企业收取推广费、服务费；少数农业机械化主管部门人员经不起诱惑，接受企业商业贿赂，有的失职渎职，以权谋私，甚至沦为犯罪分子；部分农机生产企业、经销商缺乏诚信，与不法人员勾结，弄虚作假，骗套补贴资金，组织倒卖机具。四是补贴机具质量服务有待改进。在补贴政策带动下，大多数农机企业能够积极组织生产，扩大产品销量，同时注重加强管理，提高产品质量和售后服务水平，以质量求生存，以良好的服务赢得农民的信赖。但有些企业产品质量不稳定，在维修服务、配件供应等方面跟不上，有时耽误农时，引起农民不满。上述问题之所以屡禁不止，从这几年案件情况看，主要是违规违纪顶风作案，但也有制度不健全、不完善的情况，这些问题要分类研究，尤其在保证制度、规定执行的机制上进一步加强和完善。

新阶段，实施好农机购置补贴政策，既要科学规划，加强顶层设计，做大做好蛋糕，又要切分好蛋糕，公平公正操作，确保不出问题。实施中必须坚持以下原则。

一是坚持科学高效实施政策与提高农业机械化水平相结合。要结合当地农业机械化发展实际需要，科学合理地确定补贴机具种类范围，促进农机装备结构布局优化，提升农业机械化发展的质量水平，提高农业综合生产能力，促进农业稳定增产。要通过补贴安全可靠、技术成熟、先进适用、节能环保和服务到位的农业机械，引导和促进农机工业科技进步、提高制造水平。

二是坚持统筹兼顾与突出重点相结合。补贴资金向优势农产品主产区、关键薄弱环节、农民专业合作组织倾斜，重点补贴粮棉油作物全程机械化生产机械，积极引导大功率、高性能、多功能、复式作业机械发展，进一步调整农机装备结构。同时兼顾推进丘陵山区、血防疫区及草原牧区农业机械化发展，逐

步适当增加畜牧业、渔业、林果业、设施农业及农产品初加工机械补贴，促进农业机械化科学发展。在实施过程中，要正确处理好效率与公平关系，既要培育发展主体，重点扶持农机合作社等新型农业生产经营主体发展，又要满足广大农民的购机愿望，使补贴政策惠及更多农民。

三是坚持完善机制与加强监管相结合。虽然近年来农机购置补贴管理制度不断完善，但一些地方出现违规违纪问题也提示我们，管理制度和机制还有进一步完善的必要。同时由于监管不力，也导致一些地方违规违纪案件时有发生。各级农业机械化主管部门一方面要坚持改革创新，进一步优化制度设计，积极创新试点，完善运行机制。在制定支持推广目录、确定补贴额时，要考虑是否有利于防范廉政风险，是否便于监督管理。在实施过程中，要公开透明操作，保证农民的知情权、选择权、监督权，真正使广大农民得实惠；另一方面，要通过强化监督检查来督促各地严格执行规定和纪律要求，有效遏制违规违纪行为发生，同时，也通过监督检查及时发现和解决问题，有针对性地采取防控措施。

四是坚持内部约束与社会监督相结合。要强化内部约束，围绕权力运行，找准风险点，建立有效的廉政风险防控机制；要明确内部工作分工，建立既分工协作、密切配合，又互相制约、相互监督的工作机制。要大力推进信息公开，确保政策信息透明，阳光操作，接受社会监督。实践证明，这是最能把权力锁在笼子里，病毒暴露在阳光下的最简单、最有效的办法；要建立农机购置补贴实施多部门联动监督机制，邀请纪检监察部门全程参与。要主动配合纪检监察部门及司法机关执纪办案，严格实行责任追究制度。

三、全面落实农机购置补贴政策实施工作的各项措施

今后一段时期实施农机购置补贴政策的总体思路是：以提高农业机械化水平、改善农业装备结构、增强农业综合生产能力为主要目标，以优先发展粮食作物全程机械化生产、重点突破农作物薄弱环节机械化生产、逐步推进全程和全面机械化为主要任务，以完善机制、强化监管、推进公开、严格考核为主要手段，加强组织领导，密切部门协作，严格规范管理，强化人员培训，倡导创新试点，切实推进补贴政策高效规范廉洁实施，提高农业机械化发展质量和水平，为促进农业现代化提供强有力的技术装备支撑。

2013 年，是全面贯彻落实党的十八大精神的开局之年，也是实施“十二五”规划的关键一年。实施好农机购置补贴政策，促进农业机械化和农机工业又好又快发展，具有特殊重要意义。我在 2012 年底召开的全国农业机械化工作会议上，对实施农机购置补贴提出了“四个务必”要求，即务必警醒起来，务必做到令行禁止，务必强化监督制约，务必严惩违规。各级农业机械化主管部门一定要从政治和全局高度，深刻认识落实好农机购置补贴政策的极端重要性，切实警醒起来，以更高的标准、更严的要求、更实的措施，顺应阶段变化，遵循发展规律，增强忧患意识，举全农业机械化系统之力，持之以恒强化监管，坚定不移狠抓落实，切实把党的强农惠农富农政策全面执行到位。在实施农机购置补贴工作中要着力抓好以下工作。

第一，要认真落实工作责任制。各级农业机械化主管部门要进一步提高思想认识，加强组织领导，建立工作责任制，层层签订责任状，明确任务和责任。各省农业机械化主管部门签署落实农机购置补贴政策工作责任书。各地也要层层签订责任书，形成一级抓一级、层层抓落实的责任机制。要加强责任书落实情况的监督，真正落实责任、兑现考核，确保实施补贴政策各项措施不折不扣落到实处。同时，要在补贴申请、审核与审批、公示与核实、监管与督查、档案管理等方面，建立“谁办理、谁负责，谁核实、谁负责”的责任追究制度。

第二，要继续严格规范操作。在农机购置补贴政策的实施办法和保障措施层面，农业部和财政部制定以“三个严禁、四个禁止、五项制度、八个不得”为核心的一整套制度体系，基本涵盖政策实施的全过程，为防止权力寻租、确保政策规范实施提供了强有力的制度保障。各地务必要深入掌握，严格执行，做到令行禁止，绝不能将各项政策规定束之高阁、置若罔闻，更不允许有令不行、有禁不止，甚至违法乱纪、以权谋私。要公平公正公开确定补贴对象，科学合理确定补贴额。要继续深入推进农机购置补贴网络化管理，提高管理便捷性和规范性。要大力推进信息公开，将农机购置补贴政策信息公开到村，宣传到户到人。2013 年，农业部准备分批对县级农机购置补贴管理人员开展培训和警示教育。各省市区也要加强培训，提高基层人员素质和能力。

第三，要进一步加强监督管理。各级农业机械化主管部门要会同财政部门，加强对农机购置补贴工作的监管，切实把农业部和财政部的各项规定和纪律要求真正落到实处。省级农业机械化主管部门要制定监管督查方案，年度内集中组织开展不少于两次的监督检查，并根据农机产品补贴额大小确定入户抽查比例。要加强对各地补贴实施情况的督导检查，组织市县两级开展专项检查和重点抽查。要建立健全投诉举报制度，安排专人受理农民投诉，认真核查。

第四，要严厉打击违规违纪行为。要严格按照农业部及省级农业机械化主管部门关于补贴产品生产及经销企业监督管理有关规定，严厉惩处违法违规行为，实行黑名单制，被列入黑名单的经销商及其法定代表人永久不得参与补贴产品经销活动。对问题较大的县市农业机械化主管部门，要在全省农机、财政系统进行通报，并建议对相关责任人按规定给予党纪政纪处分。各省级农业机械化主管部门要将督导检查情况和对各类违规违纪案件的查处情况及时报农业部、财政部。

第五，要积极鼓励开展创新试点。实践证明，近年来开展的选择部分重点机具敞开补贴试点是成功的，有利于促进农机装备结构优化和加快薄弱环节农业机械化的突破，各地要将其作为一项成熟有效措施大力推广。要按照农业部和财政部的倡导，积极开展“全价购机、县级结算、直补到卡”等操作试点。对试点过程中可能出现的问题，要建立相应的预案。特别是要制定并实施相关配套政策措施，缓解农民筹资压力，缩短补贴兑付时间，确保试点工作取得实效，让农民群众更加满意。同时，要开拓创新，因地制宜地不断完善廉政风险防控、监督检查、信息公开、绩效管理等方面制度措施，并及时总结经验，积极稳妥推广。

第六，要大力推进绩效管理考核。省级农业机械化主管部门要与财政部门密切合作，建立工作协调机制。要制定农机购置补贴绩效管理考核办法，注重工作绩效，加大工作考核力度，并将考核结果与补贴资金分配挂钩。要深入开展农机购置补贴政策落实延伸绩效管理，建立以结果为导向的监测与评价体系。要严格按照农业部关于强农惠农富农政策落实延伸绩效管理工作要求，认真完成各项任务指标，并逐级做好延伸绩效管理;要注重绩效考核评估,及时通报考核结果。

第七,要深入推进风险防控机制建设。针对农机购置补贴政策实施过程中暴露出的一些腐败案件,各级农业机械化主管部门要深刻反思,汲取教训,举一反三,完善措施,堵住漏洞。要逐项工作、逐个环节地查找本地区实施农机购置补贴政策过程中容易产生腐败行为的风险点,着力构建农机购置补贴廉政风险防控机制,真正建立起自上而下的严格管用的腐败惩防体系和抓落实机制。各单位主要负责同志要在严格自律的同时,加强对身边及下属工作人员的监督,发现问题及时提醒,及时告诫,及时督促整改。要加强与纪检监察部门和检察机关的沟通配合,依法依规严惩违规违纪行为,做到有腐必反、有贪必肃,确保补贴政策廉洁实施。

一年之计在于春。各地在认真落实好农机购置补贴政策的同时,要按照全国农业机械化工作会议的部署,统筹抓好农业机械化各项工作。要认真落实农业机械化发展的扶持政策,大力推进农机社会化服务,加快应用农业机械化先进技术,全面开展农业机械化质量管理,依法强化农机安全监理,不断加强农业机械化系统自身建设。近期要重点组织好春季农业机械化生产,迅速掀起春耕备耕高潮,努力打好2013年农业机械化生产的第一仗。

农机购置补贴政策的实施,事关我国农业机械化又好又快发展,事关农业现代化进程。我们要认真贯彻落实党的十八大精神和中央1号文件精神,以对党和人民高度负责的态度,严肃纪律要求不松懈、严格执行规定不走样、严厉惩处违规不手软,落实扶持农业机械化发展的好政策、维护农业机械化系统的好形象、巩固农业机械化发展的好形势,真正让农民群众满意,让党和政府放心,为实现中国特色农业现代化、全面建成小康社会做出新的更大贡献!

在2013年“三夏”小麦跨区机收工作视频会议上的讲话

(2013年5月22日·北京)

中华人民共和国农业部副部长　**张桃林**

2013年5月22日,在北京召开“三夏”小麦跨区机收工作视频会议,主要任务是部署做好2013年小麦跨区机收工作,努力夺取夏粮丰产丰收,为全年粮食生产获得好收成奠定基础。江苏、安徽、山东、河南四省均已做到目标明确、准备充分、措施有力,值得各地学习借鉴。

一、深刻认识夺取2013年农业丰收的重要意义

2012年底中央经济工作会议指出,实现稳中求进、扎实开局,必须首先稳住农业。习近平总书记强调,2013年要力争农业丰收,夯实农业基础,保障农产品供给。5月8日国务院第8次常务会议,专题听取农业部关于当前主要农产品生产供给及价格形势的汇报。李克强总理强调指出,农业是国民经济的基础,保持农业持续健康发展、防止农产品供求和价格大的波动,是稳增长、控通胀、防风险的重要保障,对于实现经济持续健康发展,增加农民收入具有重要意义。各级农业部门一定要坚决贯彻落实中央的部署和要求,深刻认识做好2013年农业农村经济工作的极端重要性,始终保持奋发有为的精神状态,圆满完成2013年稳粮增收的目标任务。

夏粮占全年粮食产量的近四分之一,在全年粮食生产中有着至关重要的地位。俗话说:“以秋补夏、担惊受怕”。只有夺取夏粮丰收,才能掌握全年粮食生产的主动权。据农业部农情调查,2013年夏粮面积稳中有增,全国夏粮面积27 666.67千公顷,其中冬小麦面积22 666.68千公顷。2013年中央财政安排17亿元对冬小麦“一喷三防”实行全覆盖,这对增强小麦灌浆强度、增加千粒重、提高单产极为有利。从目前情况看,尽管西南、西北地区受旱灾影响,但黄淮海主产区呈增产的趋势,全国夏粮有望再获丰收。

我们也看到2013年气象条件复杂多变,“三夏”生产仍然面临严峻挑战:首先,2013年北方冬麦区多次出现大范围降温雨雪天气,小麦生育期延迟、收获期推迟,夏收农时非常紧迫。一旦抢收不及时,将会影响下茬作物的播种。其次,近年我国气象灾害呈多发、频发、重发态势,夺取冬小麦丰收还要过“干热风”和“烂场雨”两个关口。“三夏”生产不可掉以轻心。各级农业部门要进一步增强大局意识和忧患意识,牢固树立抗灾夺丰收的思想,扎实有力推进夏收、夏种、夏管工作,全力以赴实现“夏粮早稻增产、秋粮稳定”的目标,努力夺取全年粮食生产再获丰收。

二、充分发挥农机在粮食生产中的主力军作用

近十年来我国农业机械化保持快速发展势头,取得令人瞩目的成就。2012年全国农机总动力达到10.2亿千瓦,全国农作物耕种收综合机械化水平达到57.2%。农业机械化的快速发展为我国粮食生产实现“九连增”发挥重要作用。简单讲,可以用“稳面积、提单产、抢农时、防灾害”四句话来概括。“稳面积”,就是农机解决农业劳动力结构性短缺的矛盾,提高劳动生产率;“提单产”,就是农机促进先进适用农业技术集成和科技成果的转化应用,提高土地产出率;“抢农时”,就是农机加快农作物抢收抢种作业进度,为下茬作物赢得宝贵农时,提高资源利用率;“防灾害”,就是农机为农业防灾减灾提供装备支撑,增强农业抗风险能力。以2013年春耕生产为例,截至5月20日,全国已春播农作物78 000千公顷,完成计划的82.5%。各地共组织2 436万台(套)农机具投入春耕生产。特别是东北地区2013年春播遭遇多年未有的低温内涝困难,始播期推迟一周左右,但农业机械化主管部门发挥农机合作社和大型农机具的优势,组织420万台农机投入抗春涝保春耕,把播种进度抢了回来,玉米基本种在适播期,为全年粮食生产赢得主动。

“三夏”生产时间紧、天气变化快,俗话说“麦收时节停一停,风吹雨打一场空”,“龙口夺粮”的任务十分艰巨。近年来,广大农民在生产实践中探索形成小麦跨区机收作业,成为我国

农业社会化服务的重要力量，成为加快转变农业发展方式的有效途径，成为现代农业发展的重要品牌。自1996年起，在农业部和各级农机管理部门的组织引导下，农机跨区作业的规模和范围迅速扩大。2012年全国投入冬小麦收获的联合收割机达到51万台，其中“南征北战”跨区作业的达到32.5万台。目前，全国小麦机收率超过90%，黄淮海主产区的小麦机收率达到95%以上，小麦已经实现了耕种收全程机械化。“三夏”时节，数十万台联合收割机穿梭在麦田里，收获着丰收和喜悦，这已成为当下农村的一道美丽风景线。

各级农业农机部门一定要站在战略和全局的高度，把组织好小麦跨区机收作为保障粮食安全的大事来抓，务必把困难和问题分析得更深入一些，把各项工作做得更扎实一些，把各项措施准备得更充分一些，扎实推进跨区机收顺利进行，努力做到夏粮颗粒归仓。

三、高效率高质量完成“三夏”农机跨区作业

下周，黄淮海小麦主产区跨区机收大会战就要拉开序幕，玉米机播等夏种工作也将随即展开。2013年“三夏”农机跨区作业的目标任务是“两增一优”：一是机具投入总量稳中有增。力争投入麦收的联合收割机达到53万台以上，其中参加跨区作业的稳定在33万台以上。二是作业水平稳中有增。力争冬小麦机收水平达到92%以上，夏玉米机播水平达到83%以上，农业生产效率进一步提升。三是作业秩序进一步优化。保持重点区域的机具供需平衡，促进农机手收益平稳增长，防止出现农用柴油供应短缺，确保夏收、夏种有序进行，不误农时。

围绕上述目标任务，各小麦主产区要结合本地实际，及早安排、加大力度、强化措施、狠抓落实，迅速掀起“三夏”生产热潮。重点抓好五个方面工作。

一要加强机具准备。麦收开始前，各地要组织开展新机手培训，加强农机年检年审，做好机具检修保养，备足零配件，确保机具和机手以良好状态投入跨区作业。要加紧实施农机购置补贴政策，引导农民积极购机，协调企业及时供货，及时将补贴机具投入“三夏”生产。

二要加强技术服务。各地要组织农机技术人员深入乡村和生产一线，积极推广保护性耕作、机械深松、免耕播种、秸秆还田、节水灌溉、高效施药等先进适用农业机械化技术。加强安全生产督查，推动落实农机作业质量标准，切实提高“三夏”机械化作业质量。

三要加强信息引导。各地要充分利用网络系统、短信平台等多种渠道，及时发布机具供需、麦收进度、作业价格等信息，引导供需双方签订作业合同。要充分考虑极端天气状况等影响因素，提前制定应急预案，科学安排作业任务，努力做到成熟一亩、收获一亩、抢种一亩，千方百计加快“三夏”作业进度。

四要加强组织调度。各地要充分发挥农机合作社等服务组织的优势，强化机具组织调度，大力推广订单作业、承包作业、“一条龙作业”等服务方式，推进农机服务社会化、市场化、产业化。要积极组织开展农机帮扶作业，为农村困难家庭和芦山地震灾区提供“优先、优质、优惠”的农机作业服务，树立农机部门的良好形象，体现社会主义大家庭的和谐与温暖。

五要加强部门配合。各地农业农机部门要在党委、人民政府的统一领导下，加强与相关部门协作，共同营造良好的跨区作业环境。要主动协调发展改革部门和石油石化企业，加大用油集中地区的资源调度，推广“农机加油卡”等有效做法，为机手提供优先优惠便捷服务，保障农用柴油供应。要主动协调公安交通管理部门，对重点地区、重点路段加强秩序管理和交通疏导，防止拦机截机现象发生，保障农机顺畅跨区转移。要主动协调公路管理部门，落实对跨区作业机车减免通行费的优惠政策，开通农机跨区作业“绿色通道”。要主动协调气象部门，密切关注天气变化，及时安排引导机具抢收抢种。

“三夏”作业是展现农业系统干部职工风采的大舞台，也是考验农业系统干部能力水平的检阅场。各地各级农业部门要以昂扬的精神状态、扎实的工作作风，坚持夏粮一天不到手、工作一天不放松，圆满完成夏收、夏种、夏管各项生产任务，力争全年粮食生产实现“十连丰”，为经济社会持续健康发展做出新的更大贡献！

在全国农机购置补贴工作会议上的总结讲话

（2013年2月26日·浙江杭州）

农业部农业机械化管理司司长　宗锦耀

一要以更加严肃的态度，扎实推进农机购置补贴政策全面深入实施。毛主席曾讲过，“世界上怕就怕认真二字，共产党员就最讲认真”。态度决定成败。张桃林副部长在讲话中强调，推进农业机械化科学发展，离不开政策扶持和资金投入。农机购置补贴既是党的强农惠农富农政策重要内容，是加强宏观引导的重要手段，也是推进农业机械化科学发展的重大举措。这项好政策来之不易，我们必须倍加珍惜、倍加爱护、倍加努力。农机购置补贴政策的实施，事关我国农业机械化又好又快发展，事关农业现代化进程，事关“四化同步”推进大局。各级农业机械化主管部门要进一步提高对实施好农机购置补贴政策极端重要性的认识，以对党和人民高度负责的精神，坚定不移、坚持不懈地把这项政策实施好。我们既要有勇气推进，又要有智慧把握，切实增强忧患意识、创新意识、宗旨意识、使命意识，如履薄冰尽职责，心无旁骛抓落实，创先争优求绩效，以严而又严、细而又细、实而又实的措施，全力以赴将这项好政策全面落实到位，取得新的更大的成效。要加强正确引导，大力宣传成效经验，防止恶意炒作，为农机购置补贴政策顺利实施营造良好的舆论环境。

二要以更加严明的纪律，严格执行农机购置补贴各项规定。严明纪律、加强监管至关重要。要把权力关进制度的笼子里，切实加强约束和监督。当前，农机购置补贴各项规定和纪律要求已经很明确、很全面，管理制度和运行机制也不断健全完善，关键是要严格执行，不折不扣地落实到位。张桃林副部长讲话中指出，少数地方出现的问题和发生的案件，究其原因，主要是违规违纪顶风作案为主，最根本的是政策执行不力、监管不力，少数省市区农机局主要负责同志或分管领导对自己要求不严，对下缺乏有效监督，失职渎职，有的甚至以权谋私、沦为罪犯，既让人痛心又令人气愤！因此大家一定要深入对照检查，深刻反思反省，切实清醒起来、警醒起来、觉醒起来，要做明白人、清白人。要在健全制度机制、制约权力上狠下工夫，要在强化自律、提高自身能力上狠下工夫，要在加强监管、督促检查上狠下工夫。要瞪大眼睛、长长耳朵，严查严打违法乱纪行为。这里需要重申两项纪律要求：一是决不允许有令不行、有禁不止，搞"上有政策、下有对策"，以本省情况特殊之名，在贯彻执行党中央国务院决策部署和农财两部纪律规定上打折扣、做选择、搞变通；二是决不允许与企业发生利益关系，谋取私利特别是收受商业贿赂和乱收费，这是红线，绝对不能碰！要教育提醒农机系统干部职工，敬畏法纪，守住底线，严格自律，倍加珍惜个人前途、家庭幸福和单位荣誉。保证干部安全是对干部的最大关心和爱护。

三要以更加严格的要求，全面落实农机购置补贴政策实施工作的各项措施。张桃林副部长在讲话中提出今后一段时期实施农机购置补贴政策的总体思路和主要措施。强调新阶段推进实施好农机购置补贴政策，必须坚持科学高效实施政策与提高农业机械化水平相结合、统筹兼顾与突出重点相结合、完善机制与加强监管相结合、内部约束与社会监督相结合的四项原则，全面落实"七项措施"，即认真落实工作责任制，继续严格规范操作，进一步加强监督管理，严厉打击违规违纪行为，积极鼓励开展创新试点，大力推进绩效管理考核，深入推进风险防控机制建设。各地要对照部署要求，紧密结合本地区农机购置补贴工作实际，逐条逐项研究贯彻落实方案，强化责任落实，细化工作措施，确保每项部署要求都要见行动，求实效，经得起检查，经得起考核。今后，我们要进一步加大对各省延伸绩效管理考核力度，其中制度建设和各项措施落实情况将是绩效考核的重点。希望各地从现在开始，就要进一步严肃起来、严格起来、严厉起来，以更高的标准、更严的要求、更实的措施，以踏石留印、抓铁有痕的劲头，善始善终、善做善成，全面落实农机购置补贴政策实施工作的各项措施，确保这项强农惠农富农、利国利民、利农利工、一举多得的好政策不折不扣地全面实施到位。

这次会议的主题是"坚定不移抓落实，确保农机购置补贴政策科学高效规范廉洁实施"。科学就是要求实施补贴政策过程中讲方法、重调控，这是落实补贴政策的前提；高效就是要求实施补贴政策的效果好、速度快，这是落实补贴政策的核心；规范就是要求实施补贴政策的制度全、管理严，这是落实补贴政策的保障；廉洁就是要求实施补贴政策过程中严自律、保清白，这是落实补贴政策的关键。只有四位一体一起抓，才能保证农机购置补贴政策公开公正公平实施，真正使农民得实惠、企业得效益、政府得民心。

实施好农机购置补贴政策事关全局，任务艰巨，使命光荣。我们要深入贯彻党的十八大精神和中央1号文件精神，凝心聚力、攻坚克难，开拓创新、扎实工作，确保农机购置补贴政策高效规范廉洁实施，继续推动我国农业机械化科学发展，为加快我国农业现代化、激发农村发展活力，提供有力的技术装备支撑！

在全国农机社会化服务现场会上的讲话

（2013年9月4日·黑龙江哈尔滨）

农业部农业机械化管理司司长　宗锦耀

现在，我国正处在传统农业向现代农业转变的关键时期。今天，我们在这里召开全国农机社会化服务现场会，主要任务是深入贯彻党的十八大精神和2013年中央1号文件关于构建新型农业经营体系的决策部署，总结交流农机社会化服务工作取得的成效与经验，深入分析当前农机社会化服务面临的机遇与挑战，研究部署进一步推进农机社会化服务的目标任务与思路措施，为发展现代农业激发农业农村活力贡献力量。

黑龙江是我国发展现代农业的排头兵，黑龙江的农业被称为"骑在铁牛背上的农业"。近几年来，在黑龙江省委省人民政府的高度重视下，全省农业机械化系统坚持把运用大农机、发展大农业作为重要战略，对创新农业生产经营组织方式进行有益探索与成功实践。

大家实地参观绥化市肇东五里明现代农机合作社、玉米生产全程机械化示范区、黑龙江农机大市场、黑龙江省农机指挥调度中心。黑龙江、山西、福建、宁夏、宁波以及黑龙江农垦等省市农机局负责同志从不同角度介绍各自推进农机社会化服务的做法和经验，值得各地学习和借鉴。

一、认真总结我国农机社会化服务取得的成效与经验

农机社会化服务是指农机服务组织、农机户为其他农业生产者提供的机耕、机播、机收、排灌、植保等各类农机作业服务，以及相关的农机维修、供应、中介、租赁等有偿服务的总称。农机社会化服务与农业机械化公共服务相互结合、相互补充，分别为农业生产提供经营性、公益性的农业机械化服务，共同构成推进农业机械化发展的重要力量。

党的十一届三中全会以来，我国开始推动以家庭承包经营为核心的农村改革，允许农民个人或联户购置农业机械，使得农民逐步成为投资和经营农业机械的主体，奠定农机社会化服务的发展基础。农业部高度重视农机社会化服务，1995年在四川德阳、2006年在山东烟台分别召开两次会议进行专题部署。1995年的会议提出农机服务市场化的思路，此后农机跨区作业开始在全国范围兴起。2006年的会议提出培植新型农机服务组织的思路，此后农机合作社开始蓬勃发展。可以说，农机社会化服务伴随着农村经营体制的改革而产生，并伴随着现代农业的发展而壮大。近年来，各地农业机械化主管部门认

真贯彻农业部的部署要求，结合本地实际，大力推进农机社会化服务，取得了明显成效，主要表现为四个"持续"发展。

一是服务主体持续壮大。截至2012年底，全国拥有农业机械化作业服务组织16.7万个，农机户4 192.3万个，农业机械化中介服务组织0.7万个，农机维修厂及维修点21万个，农机经销企业和经销点9.5万个，农机供油站(点)1.8万个。其中，拥有农机原值50万元以上的农机大户、农机服务组织达到7.8万个；以开展农机社会化服务为主的农机专业户、农机合作社发展迅速，分别达到519.6万个、3.44万个，已成为当前推动农业机械化发展的中坚力量。

二是服务能力持续提升。2012年全国共完成农机社会化服务面积接近266 666.67千公顷，占全国农业机械化作业总面积的三分之二左右。其中，农机跨区作业面积达到34 266.67千公顷，比2006年增加19 066.67千公顷。农机社会化服务规模不断扩大，服务领域不断拓展，推动农业生产方式由人畜力为主向机械化为主的历史性转变，为增强我国农业综合生产能力发挥重要作用。

三是服务形式持续创新。农机跨区作业的范围和规模不断扩大，已由小麦机收拓展到水稻、玉米机收等领域。农机订单作业、承包经营、全程托管等农机服务形式日益完善，区域性农机作业(维修)服务中心、中介信息服务、机具租赁、农机连锁经营等农机经营模式不断涌现，满足广大农民和农机手的多样化需求，为稳定和完善农村基本经营制度进行有益探索。

四是服务效益持续提高。2012年全国农业机械化经营服务总收入达到4 779亿元，农机经营服务总利润达到1 858亿元，其中农业机械化作业收入达到4 180亿元，是2006年的1.7倍。农机服务产业的兴起和壮大，为促进农村劳动力转移、增加农民收入做出重要贡献。

各地在推动农机社会化服务的发展过程中，采取许多行之有效的做法，归纳起来，可用四个"强化"来概括。

一是强化政策扶持。2004年《中华人民共和国农业机械化促进法》、2010年《国务院关于促进农业机械化和农机工业又好又快发展的意见》公布实施以来，各地相继出台一系列扶持、发展、推进农机社会化服务的相关政策，从资金投入、购机补贴、作业补贴、项目安排等多个方面对农机户、农机服务组织予以重点扶持。黑龙江省累计投入103.4亿元扶持发展817个千万元级别的现代农机合作社，极大地提升全省农机社会化服务的能力；宁波市每年投入5 000多万元用于育秧、插秧、烘干等关键环节的作业补贴和重点推广机具的累加补贴，有效激活农机作业市场的潜在需求；福建省出台金融支持农业机械化的指导意见，对农机合作社、农机大户、种养大户购买农机的信用贷款予以重点倾斜，促进新型农业经营主体的发展。

二是强化典型带动。农业部和各地深入开展农机社会化服务组织示范创建活动，推出一大批部级、省级农机合作社示范社、农机维修示范点、农机大户示范点，引领和带动农机服务市场健康发展；山东省以建设"五有"农机合作社为基础，推出一批省级明星农机合作社，打造了农机作业服务品牌；安徽省开展全省农机大户标兵评选，并予以表彰奖励，营造良好的发展氛围；宁夏回族自治区以现代经营理念发展农机服务组织，将42个农机合作社提升建成股份制农机作业公司，提升农业生产组织化程度。

三是强化规范发展。农业部制定全国农机社会化服务发展纲要和加快发展农机专业合作社的意见，印发《农机专业合作社示范章程》等一系列文件和标准，为规范农机社会化服务、保障服务对象权益奠定了基础。山西省强化职能建设，建章立制，建立省、市、县三级主抓农机社会化服务的专门机构，推动全省农机社会化服务健康快速发展；江苏省积极做好农机合作社理事长培训，出台《江苏农机合作社制度文化示范文本》，加强农机服务组织的制度建设和文化建设；黑龙江农垦狠抓农机标准化管理和农机标准化作业，有效地提升农机作业质量。

四是强化服务保障。近年来，农业部和各地加强农业机械化技术推广、质量监督、教育培训、安全监理、信息宣传等农业机械化公共服务体系建设，为农机服务组织的发展营造良好的外部环境，为推进农机社会化服务创造必要条件。黑龙江省组建全省农机指挥调度中心，强化大型农机具的管理与服务；广西壮族自治区大力推进农机农艺融合，加强甘蔗等经济作物生产机械化的研发，不断拓展农机社会化服务领域；湖南省主攻"为机育秧"和力推"大户购机"，加强水稻机插秧等农业机械化新技术推广，提高水稻生产机械化水平；新疆维吾尔族自治区制定和完善农机作业标准体系，加强作业质量监督，提高了农机社会化服务质量。湖北省组织开展"百万机手大培训"活动，促进了农机手素质的不断提高；北京、陕西等省开展农机免费安全监理和政策性保险，为农机社会化服务保驾护航；河南省通过广播电视、手机短信等传播手段，及时发布小麦跨区机收作业市场信息，受到广大农机手的欢迎。

在推进农机社会化服务的实践中，我们进一步深化工作规律性的认识，积累宝贵的经验：一是必须坚持把满足农业生产和农民需求、提高机具使用效率，作为推进农机社会化服务的根本目的；二是必须坚持把强化政策扶持、培育壮大服务主体，作为推进农机社会化服务的关键举措；三是必须坚持把改革创新、不断完善服务机制，作为推进农机社会化不竭动力；四是必须坚持把典型示范带动、鼓励多种服务形式发展，作为推进农机社会化服务的有效途径；五是必须坚持把依法规范发展、营造公平竞争的市场环境，作为推进农机社会化服务的重要保障。只有这样，才能进一步拓宽农机社会化服务的领域和范围，不断提升农业机械化的质量和效益，加快发展农业社会化服务，推进农业现代化进程。

二、深刻认识推进农机社会化服务的重要性和紧迫性

在同步推进"工业化、信息化、城镇化、农业现代化"和城乡发展一体化战略的大背景下，各级农业机械化主管部门必须深刻认识推进农机社会化服务对于加快农业机械化，构建新型农业经营体系，建设中国特色农业现代化的重要意义。

(一)推进农机社会化服务，是构建"集约化、组织化、专业化、社会化"相结合的新型农业经营体系的重要支撑。当前，我国农业发展方式正在加快转型，农业生产的规模化程度越来越高，农业生产的分工分业越来越细，农业生产与农产品市场的对接越来越紧。分散的、封闭的小农经济正在加快向规模化经营、标准化生产的现代农业转变。我国现有2.6亿农户，户均耕地不到0.5公顷，但近年来耕地向种粮能手流转的趋势日益明显。2012年全国家庭承包耕地流转比例已达到21.2%，催生了一批种粮大户、家庭农场、农民合作社等新型农业经营主体。党的十八大强调要构建集约化、专业化、组织化、社会化相结合的新型农业经营体系，这是中央适应新形势新要求，为进一步增强农业农村经济发展活力、巩固发展农业农村好形势而做出的重大决策。农机社会化服务是农业社会化服务的重要内容，是推进农业经营体制机制创新的重要力量。实践证明，农机大户、农机合作社等农机服务组织整合劳动力、装备、技术、人才等生产要素，为农业生产提供现代物质装备支撑，推动农业生产由粗放经营向集约化经营、由兼业经营向专业化经营、由分散经营向组织化经营的转变。开展农机社会化服务，既让分散经营的一家一户享受到机械化的便利，也让规模经营的家庭农场、农民合作社解决劳动生产率的瓶颈难题。越是规模化经营，越需要社会化服务；越是市场化程度高，越需要社会化服务；越是新型市场主体，越离不开社会化服务。所以说，推进我国农业经营体制创新，实现农业适度规模经营，实现农业发展的第二次飞跃，离不开农机社会化服务。

（二）推进农机社会化服务，是解决农业生产“谁来种、种什么、怎么种”重大问题的现实途径。当前，随着工业化、城镇化的快速发展，大量农村劳动力向二三产业转移，许多地方出现青壮年劳动力结构性短缺现象，留守农村基本上都是“386199部队”（也就是妇女、儿童和老人）。现在看来，活跃在农村的全国5 000多万农机从业人员，大多数是农业生产经营能手，是新型职业农民的主体，无疑将成为解决“谁来种地”问题的主要承担者。当前，一些地方的农民种地积极性不高，甚至出现撂荒现象，主要是受到生产成本上升、比较效益下滑因素的影响，根源在于机械化水平不高、农机社会化服务不到位。例如长江中下游的油菜种植、新疆的棉花采摘、广西的甘蔗收获，每年都要依赖大量的外来务工人员。现在看来，开展农机社会化服务能够节种、节地、节水、节肥、节药，解决费工、费时、费力问题，实现农业生产的节本增效。农机社会化服务水平的高低，影响到种植方式和生产成本，决定农民的种植意愿，回答“地种什么”的问题。当前，生物技术、工程技术、环境技术和信息技术迅猛发展，传统的人畜力方式已经无法适应现代农业发展需要。发展现代农业靠科技，先进农业科技靠农机。1958年毛泽东主席提出的“土、肥、水、种、密、保、管、工”农业八字宪法，就是一个完整和科学的农业技术体系。从现在来看，就是要构建一个农机农艺融合、农业机械化信息化融合、良种良法配套的“高产、优质、高效、生态、安全”现代农业生产技术体系。现在土壤深松、化肥深施、节水灌溉、精量播种、合理密植、统防统治、田间管理等先进农业技术，都离不开农机社会化服务。实践证明，开展农机社会化服务，是农业技术集成化应用的物化载体，是加快农业生产方式转变，提高土地产出率、资源利用率、劳动生产率的有效途径，这就给出“怎么种地”问题的答案。所以说，解决农业现代化进程中的突出问题，离不开农机社会化服务。

（三）推进农机社会化服务，是实现农业机械化“全程、全面、高质、高效”发展的必然要求。为实现党的十八大提出的全面建成小康社会的宏伟目标，到2020年全国农作物耕种收综合机械化水平要达到70%左右，农业机械化发展总体上要进入“全程、全面、高质、高效”的新阶段。所谓全程机械化，意味着机械化服务领域将从主要农作物产中环节扩大到产前、产后环节，由机耕机播机收向种子加工和粮食烘干延伸；所谓全面机械化，意味着机械化服务范围将从粮食作物拓展到经济作物，从种植业向林果业、畜牧业、渔业、设施农业和农产品初加工进军；所谓高质机械化，意味着机械装备结构进一步优化，农机产品质量、作业质量、维修质量和服务质量全面提高；所谓高效机械化，意味着机械化服务的目标不仅要满足广大农民的迫切需要，还要提高农机具的使用效率和经济效益。目前，我国耕种收综合机械化水平只有57.2%，要实现农业生产全程、全面、高质、高效机械化，任务还非常艰巨。发展农业机械化，主体是农民群众，而不能由政府包办，但依靠家家户户购买农机的方式来完成这个任务，既不现实，也不经济，更有难度。农机社会化服务的核心是通过市场机制来配置资源，目的是实现农机具“共同利用”和“提高效益”。像粮食烘干、农产品加工、棉花采摘等价值几十万元甚至上百万元的大型机械，单个农户既买不起也不合算，必须走农机社会化服务的发展道路。实践证明，以农机跨区作业为代表的农机社会化服务，解决了“有机户闲、无机户难”，“有机无田耕、有田无机耕”的矛盾，解决千家万户小规模经营实现机械化的难题，同时还提高农机的利用率，提高农机户的经济效益。探索一条适合中国国情的农业机械化发展道路。所以，推进我国农业机械化又好又快发展，离不开农机社会化服务。

虽然我国发展农机社会化服务面临许多的有利条件和良好机遇，但也面临着许多的突出问题和严峻挑战。从宏观上看，我国农机社会化服务总体上还不能适应现代农业发展的迫切需要，也远不能满足农民日益增长的多样化需求；一些地方对推进农机社会化服务的重要性认识不到位，在争取投入和政策扶持等方面力度还不够。从微观上看，农机社会化服务的内容还比较单一，大多局限在农田作业环节；很多农机服务组织的经营服务实力不强、辐射带动能力较弱；从事农机服务的专业性人才较少，从业人员整体素质有待进一步提高；农机维修网点、机耕道和农机场库棚等基础设施建设滞后，农机下田难、停放难、维修难等问题还比较严重，农用燃油成本居高不下，加上土地分散经营造成的田块细碎等因素，影响农机具使用效率的提高，阻碍农机社会化服务的开展。

推进农机社会化服务，国家有号召，发展有需求，社会有共识，农民有期待。在新的历史起点上，我们要充分认识推进农机社会化服务的重要性和紧迫性，抢抓机遇，迎接挑战，找准工作突破口与关键环节，创新服务机制，拓宽服务领域，强化规范管理，不断推动农机社会化服务再上新台阶。

三、进一步明确新形势下推进农机社会化服务的目标任务和重点工作

当前和今后一个时期，推进农机社会化服务的指导思想是：认真贯彻党的十八大和中央1号文件精神，围绕建设现代农业和促进农民增收、创新农业经营体制的目标任务，以培育壮大农机大户、农机合作社等各类农机服务组织为重点，以提高农机具使用效率和经济效益为核心，以推动农机服务产业化为方向，积极推进农机社会化服务机制创新，构建新型农机社会化服务体系，最大限度满足农民实际需求，最大限度解放发展农业生产力，最大限度增强农村发展活力。

到2020年，全国农机社会化服务的主要目标是：一是服务主体进一步壮大。全国拥有农机原值50万元以上的农机大户、农机服务组织的总数超过11万个，比2010年翻一番。二是服务效益进一步提高。全国农业机械化经营总收入超过8 000亿元，比2010年翻一番。三是服务质量进一步提升。各地农机装备布局比较科学合理，由农机服务组织提供的作业服务、维修服务能普遍达到行业标准。四是服务领域进一步拓展。农机社会化服务在主要农作物主要环节实现全覆盖，林果

业、畜牧业、渔业、设施农业和农产品初加工同步推进。

当前和今后一个时期，推进农机社会化服务要突出以下四个重点任务。

（一）着力培育新型服务主体，促进农机社会化服务能力提升。要建立财政资金为引导、农民个人投资为主体，社会投入为补充的多渠道、多层次、多元化投入机制，扶持发展新型农机社会化服务市场主体。一是按照“引导不强迫、支持不包办、服务不干预”的要求，扶持农机户发展成为农机专业户，引导农机户和农户采取带机具、土地、资金、技术入社等多种方式创建农机合作社等服务实体，不断增强服务能力。二是鼓励一部分具有实力的农机合作社流转承包土地，开展粮食烘干、农产品加工等服务项目，全产业链获取服务与经营收益，成为既提供农机作业服务又从事农业生产经营的市场主体。三是积极推动农机服务主体开展横向联合与纵向协作，通过合作制、股份合作制和股份制等组织形式，成立农机合作社联社、股份制作业公司、区域性农机服务中心、农机租赁公司等，促进农机服务组织大合作、大联合、大发展。

（二）着力构建新型服务体系，促进农机社会化服务全面发展。要以农机户为基础，农机服务组织为主体，农机中介服务为纽带，农机作业、维修、供应服务为内容，政府支持服务为保障，建立起“覆盖全程、服务全面，机制灵活、运转高效，综合配套、保障有力”的新型农机社会化服务体系。一是培育农机作业市场。以农机户、农机大户、农机专业户为基础，以农机合作社、股份制作业公司为重点，通过跨区作业、土地托管等服务形式，鼓励各类农机服务市场主体为其他农业生产者提供低成本、便利化、全方位、高质量的农机作业服务。二是培育农机维修市场。以等级农机维修点为基础，以农机合作社维修间和农机企业“三包”服务网点为重点，以区域性农机维修中心为方向，加快构建“布局合理、服务规范、便捷高效”的农机维修服务网络，为广大农机用户提供及时、周到、优质的服务。三是培育农机供应市场。以区域性农机销售市场为基础，以农机企业营销网络为重点，优化市场布局，发展连锁经营，健全遍布城乡的农机销售和零配件供应网络，推出一批诚信守法、服务周到的农机流通品牌店。四是发展农机中介服务。以农机经纪人为基础，以农机中介服务组织、农机服务协会为重点，开展跨区作业的引机派机、信息咨询等中介服务，在农机服务的供需双方搭建起沟通的桥梁。五是发展农机租赁服务。通过金融租赁等方式，支持农机制造企业、经销商等其他社会力量开展农机租赁业务，满足农民对农机的利用和投资需求。

（三）着力完善新型服务机制，促进农机社会化服务活力增强。最根本是要尊重农民的物质利益和民主权利，调动农机服务组织和农机手的积极性、主动性和创造性。要按照服务专业化、运行市场化、服务品牌化的要求，充分发挥农机服务组织的生产潜力和经营活力。一是建立高效的运行机制。以市场需求为导向，通过市场机制合理配置生产要素，建立起“产权清晰、权责明确、管理科学、诚信高效”的运行机制，保持农机服务组织的生产经营活力。实践证明，产权归属越清晰，市场主体的活力就越强，就越有生命力。二是建立科学的分配机制。国家对合作社的财政投入，应量化到每位入社成员。建立合理公平的分配机制，带机具入社的可实行按作业量分成、带土地入社的可按土地规模分成、带资金入社的可按股本分红。只有这样，才能充分调动社员的生产积极性和创造性。三是建立民主的管理机制。发挥农机合作社社员大会、理事会、监事会的作用，尊重社员参与管理的民主权利，实行一人一票，让社员感到人人权利和义务平等。将每个农机服务组织建设成为自主决策、利益共享、风险共担、自我发展的利益共同体和命运共同体。

（四）着力培养新型服务人才，促进农机社会化服务质量提升。农机实用人才是新型职业农民的代表，是开展农机社会化服务的第一支撑，其素质的高低决定了农业科技的到位率，决定了农机社会化服务的质量。要按照“政策扶持、多元投入、按需施教、注重实效”的原则，切实加强农机实用人才队伍建设，不断提高他们的素质和能力。一是以提高作业服务能力为目标，加强农机手的培训。实施阳光工程农机培训，加强农机职业技能鉴定，开展职业技能竞赛活动，对农机驾驶操作人员进行操作规程、维修保养、安全生产、作业质量方面的技能培训，培养造就一支既精通农机驾驶、维修技术，又懂农业、农艺栽培技术的新型农机手。二是以提高经营管理水平为目标，加强农机职业经理人才培养。各地要充分利用高等院校、农机企业等各类培训资源，重点加强农机合作社等农机服务组织领头人的培训，使之成为既懂生产又善管理的新型农机职业经理人，增强其发展生产、创业兴业、带领农民合作致富的能力。同时，要加强农机实用人才队伍建设问题研究，争取优惠政策，吸引大中专毕业生、专业技术人员等扎根农村、投身农业机械化，为农机社会化服务提供人才支撑。

为实现上述目标和任务，各级农业机械化主管部门要重点做好以下五项工作。

第一，进一步加强组织领导。各地要坚持把农机社会化服务作为农业机械化发展的“重头戏”，摆上更加重要位置，列入重要议事日程。一要列入目标考核。积极争取当地党委政府的重视和支持，把农机社会化服务纳入当地人民政府和农业机械化工作目标考核内容，将农机服务产业列入当地国民经济发展统计指标体系；二要明确管理职责。各地要明确分管农机社会化服务的机构和职责，充实力量，研究制定并落实推进农机社会化服务的相关政策；三要制定发展规划。制定新型农机服务主体的认定标准，并开展摸底调查，因地制宜制定农机社会化服务发展规划，有计划、有步骤、有重点地推进农机社会化服务创新发展。

第二，进一步争取扶持政策。各地要继续实施好农机购置补贴政策，重点向农机专业户、农机服务组织倾斜。同时，积极加强与财政、金融、国土等有关部门的协调，加大农机社会化服务的扶持力度。一要争取各级财政投入。争取将扶持农机社会化服务的投入纳入地方财政预算，设立专项扶持资金，建立稳定的投入机制。对农机服务组织建设场库棚、维修服务设施等按照“以奖代补”、“先建后补”等方式予以补助；采取政府订购、定向委托、奖励补助、招投标等方式，引导农机服务组织参与公益性服务。二要加大金融和保险扶持。加大与金融、保险部门的协调，在“权属清晰、风险可控”条件下，支持以“互助基金”、“大中型农机具抵押”等形式为农机服务组织提供融资贷款，有条件的地方财政给予贴息。将农机服务组织的大型农机具等列入农业政策性保险范围，实行“联办共保”，提高其风险抵抗能力。三要推动落实机库棚建设用地。深入贯彻国务院22号文件精神，在乡村规划、建设用地等方面积极支持农机合作社建设农机停放场（库、棚），改善农机保养条件。落实国土部、农业部《关于完善设施农用地管理有关问题的通知》要求，将农机库棚等建设用地按农用附属设施用地对待。

第三，进一步强化发展合力。各地要加强农业机械化系统内部协作，整合有关涉农项目资源，形成共同推进农机社会化服务的强大合力。一要整合内部资源。在已有的农业机械化财政项目和基本建设项目中，要鼓励农机服务组织作为项目的承担和实施主体，并将农机购置补贴、报废更新补贴、农机培训、作业补贴等项目资金向农机服务组织倾斜，优先安排，集中使用。二要协调外部支持。主动协调农业综合开发、土地整理、高标准农田建设、中低产田改造、农田水利设施建设等涉农项目资源，争取农口系统有关农业科技、资源环境保护、防灾抗灾等方面的专项资金，优先安排和支持农机服务组织承担和实施；三要实现合作共赢。加强与通讯、石油等企业协调，为农机服务组织提供信息通讯和用油供应的优先、优惠“双优”服务。积极发挥农机企业、科研院所在资金、技术、人才方面的优势，以及农机服务组织在机具需求、维修服务、试验示范方面的潜力，积极开展“企社共建”、“院社共建”等多种形式合作，实现合作共赢。

第四，进一步做好示范引导。各地要加强新闻宣传和示范引导，为农机社会化服务营造良好的发展氛围。一要树立典型。各地要及时总结农机社会化服务的成效和经验，树立一批“设施完备、功能齐全、特色明显、效益良好”的农机社会化服务示范典型，通过典型引路、示范带动，推进农机社会化服务持续健康发展；二要创建品牌。继续开展全国、省级农机合作社、维修点等示范社(点)创建，加强农机社会化服务品牌建设，推广“中国农机合作社”标识，提高优秀农机合作社的知名度和美誉度；三要加强帮扶。建立健全农机社会化服务挂钩帮扶机制，配备专职辅导员，履行宣传指导、咨询服务和统计监测等职责，努力解决农机户、农机服务组织发展中的困难和问题。

第五，进一步改善市场环境。各地要采取有效措施，推动建立“统一开放、竞争有序”的农机社会化服务市场，防范出现欺行霸市、随意截机等不法行为。一要制定市场规范。研究制定农机社会化服务的行为规范和技术标准，让各个市场主体公平参与竞争。建立健全农业机械化质量投诉监督体系，及时受理和处理对农机产品质量、作业质量、维修质量以及售后服务质量的投诉，督促农机生产企业和销售企业履行好农机产品“三包”规定；二要加强信息服务。利用现代信息技术和装备，做好农机服务的市场供需、作业价格等信息的采集、统计和分析工作，并及时向社会发布，努力增强农机社会化服务的针对性和时效性；三要推进信用体系建设。加强行业自律，支持开展农机社会化服务信用体系建设和信用等级、服务能力评价，对信誉高、服务好、守信用的农机大户、农机服务组织予以列名支持，进一步优化我国农机社会化服务的市场环境。

再过 19 天，全国大规模的秋收、秋种、秋整地工作即将拉开帷幕。各级农业机械化主管部门要早谋划、早行动、早落实，切实发挥好农机在农业生产的主力军作用，全力以赴做好 2013 年“三秋”机械化生产工作，努力夺取全年粮食生产有个好收成。

大力推进农机社会化服务是建设中国特色农业现代化的一件方向性大事，意义重大，任务艰巨。各级农业机械化主管部门要认真贯彻党的十八大和中央 1 号文件精神，扎实推进党的群众路线教育实践活动，抓住机遇，乘势而进，改进作风，真抓实干，全力以赴做好推进农机社会化服务的各项工作，汇聚为民服务正能量，弘扬又好又快主旋律，共圆中国农机兴盛梦，为创新农业经营体制，进一步解放发展农业生产力，为实现中国特色农业现代化，全面建成小康社会做出新的更大贡献。

在全国农机社会化服务现场会上的总结讲话

（2013 年 9 月 4 日 · 黑龙江哈尔滨）

农业部农业机械化管理司巡视员 **丁翔文**

一要统一认识。这次会议突出“改革创新，完善机制，大力推进农机社会化服务”这一主题，是农业机械化系统贯彻党的十八大精神和中央 1 号文件召开的一次十分重要的会议。会议强调，推进农机社会化服务是构建“集约化、组织化、专业化、社会化”相结合的新型农业经营体系的重要支撑，是解决农业生产“谁来种、种什么、怎么种”问题的现实途径，是实现农业机械化“全程、全面、高质、高效”发展的必然要求。对此，我们要有全面深刻的认识。各地与会代表要认真组织本系统、干部职工传达学习会议精神，切实把行动统一到这次会议的要求部署上来，努力推动农机社会化服务持续健康发展。

二要明确任务。会议提出当前和今后一段时期推进农机社会化服务的目标任务和重点工作，明确 2020 年农机服务主体、服务效益“翻一番”的发展目标，明确“着力培育新型服务主体、着力构建新型服务体系、着力完善新型经营机制，着力培养新型服务人才”等四项重点任务，明确“加强组织领导、争取政策扶持、强化发展合力、做好示范引导、完善市场环境”等五项重点工作。我们要充分认识推进农机社会化服务的重要性和紧迫性，抢抓机遇，乘势而进，找准工作突破口与关键环节，创新服务机制，拓宽服务领域，强化规范管理，不断推动农机社会化服务再上新台阶。

三要狠抓落实。思路目标已经明确，关键在于落实到位。各地要将农机社会化服务作为农业机械化发展的“重头戏”，摆上更加重要位置，列入重要议事日程，切实加强组织领导。要从实际出发，抓紧制定具体方案，细化工作任务，争取加大投入力度，切实把这次会议的各项部署落到实处。要采取多种形式，加大宣传力度，为推进农机社会化服务营造良好的舆论环境。

还有 20 天左右，大规模的秋收、秋种、秋整地机械化生产即将陆续展开。各地要针对 2013 年“南旱北涝”等农业灾害特点，提前制定“三秋”工作方案，重点在机具准备、技术服务、生产组织上下工夫，立足抗灾夺丰收，高质量、高效率地开展农机社会化服务，努力完成“三秋”机械化生产任务。一要抓好秋收，及时开展秋玉米、中晚稻机械化抢收。2013 年玉米收获机械产销两旺，发展势头强劲。各地要把握机遇，确保全国玉米机收水平提高 5 个百分点，达到 45%以上，实现新跨越。二要抓好秋冬种，大力推进冬小麦、冬油菜的机械化播种。北方冬麦区要积极推广小麦免耕播种、精量播种技术，突出抓好小麦播后镇压，提高播种质量。三要抓好秋整地，争取和组织实施农机深松作业补贴。国务院常务会议决定“支持主产区开展机械深松整地”。农业部正在与财政部协调，争取农机深松作业补贴。各有关省份要积极向当地财政部门协调落实补贴工作方案，搞好机具检修和人员培训，努力扩大农机深松整地面积。

在治理违规发放拖拉机牌证约谈会上的讲话

（2013 年 10 月 10 日 · 北京）

农业部农业机械化管理司巡视员　**丁翔文**

湖北、湖南、广西、贵州、云南农业厅（委）、农机局和监理站已就本省区拖拉机牌证管理工作进行汇报。9 月 18 日，我们约谈海南省农业厅的负责同志。此次约谈涉及 6 个省区，既是汇报交流，更是提醒警示。近年来 6 省区农业厅（委）、农机局、农机监理站贯彻落实《农业机械安全监督管理条例》，加强拖拉机等农业机械的安全监管，促进农机安全生产形势持续向好，取得明显成效。但是，由于历史原因，超标准违规发放拖拉机牌证的现象仍然没有彻底制止，这既不符合依法履职的要求，一定程度上也扰乱拖拉机安全监管秩序。这次约谈，就是要求大家必须立即停止超标准违规发放拖拉机牌证，解决好由此可能引发的相关问题，回到依法监理的轨道上来。

一、充分认识治理违规发放牌证的重要意义

核发拖拉机牌证是国家法律法规赋予我们的重要职责，是各级农业机械化主管部门及其安全监理机构的重要行政许可项目，是农机安全监管的一项基础性工作。依据法律、依据标准规范拖拉机牌证的核发工作，是对各级农业机械化主管部门及其安全监理机构正确履行职责的基本要求。

一是统一政令的要求。在核发牌证方面，全国必须保证政令统一。为治理违规发放拖拉机牌证，2007 年，农业部印发《关于开展拖拉机登记和驾驶证申领专项整治工作的通知》（农机发[2007]11 号），多数省份通过整治停止给变型拖拉机发放牌证；2011 年，农业部办公厅再次印发《关于严格禁止违规发放拖拉机牌证的通知》（农办机[2011]47 号），开展为期一年的治理工作，又有一部分省份停止超标准发牌；2012 年，我们在“打非治违”工作部署中，又将治理违规发放拖拉机牌证作为一项重要内容；2013 年，国务院要求集中开展安全生产大检查，我们再次把“是否存在给变型拖拉机办证上牌”作为农机安全大检查的一项重要内容。据了解，部分省区仍存在超标准违规发牌问题，必须引起高度重视，增强依法行政的意识，立即停止超标准违规发放牌照，树立全国一盘棋的思想，把认识统一到农业部要求上来，规范牌证发放工作。

二是依法行政的要求。《农业机械安全监督管理条例》明确国家对拖拉机实行牌证管理制度。国家标准 GB16151－2008《农业机械运行安全技术条件》对拖拉机进行明确的定义：拖拉机是指用于牵引、推动、携带和/或驱动配套机具进行作业的自走式动力机械。拖拉机包括轮式拖拉机、履带拖拉机、手扶拖拉机和拖拉机运输机组。前三者我们都清楚它的具体指向。拖拉机运输机组在 GB7258－2012《机动车运行安全技术条件》中有明确规定：拖拉机运输机组由拖拉机牵引一辆挂车组成的用于载运货物的机动车，包括轮式拖拉机运输机组和手持拖拉机运输机组。《道路交通安全法实施条例》第一百一十一条对上道路行驶的拖拉机的速度进行明确限定，要求手扶拖拉机最高设计时速不超过 20 千米，轮式拖拉机不超过 40 千米。这是我们对拖拉机实现牌证管理的完整法律标准依据。除此之外，没有其他证照可以作为拖拉机登记发牌的合法依据。拖拉机注册登记必须以法律、行政法规和相关安全技术标准为依据，这是依法行政的要求。超过拖拉机标准范围的所谓“变型拖拉机”、“多功能运输型拖拉机”、“多功能田园作业机”等其他机械，我们都没有对其实行牌证管理的法律依据。

三是安全生产的要求。拖拉机牌证管理制度是农机安全监管的重要内容。牌证管理是进行安全监督检查，纠正和查处违法行为，处理农业机械事故的依据，对于维护农业机械安全生产秩序，预防和减少农业机械事故，保障人民群众生命财产安全有着极其重要的作用和意义。通过对拖拉机登记，可以有效防止不符合国家安全技术标准的拖拉机投入使用。为做好拖拉机登记工作，农业部印发《拖拉机登记规定》和《拖拉机登记工作规范》，发布《拖拉机和联合收割机安全监理检验技术规范》，规定拖拉机登记的种类、程序、内容和检验流程、项目及方法。只有按照相关的规定规范，开展登记和检验工作，才能排查事故隐患，保证拖拉机以良好的技术状态投入作业。对于个别省管理的超标准拖拉机和超过拖拉机标准的非拖拉机，没有相应的安全技术检验方法和标准，纳入牌证管理会存在一定的事故隐患，最近几年，超标准拖拉机引发的事故时有发生，给农民群众的生命财产安全造成很大的损失，我们必须本着对生命财产安全高度负责的精神，做好安全监理工作。

四是保护干部的要求。超标准违规发放拖拉机牌证，不仅放纵违法行为，增加安全隐患，也增加农业机械化行政主管部门和农机监理机构依法行政的风险责任。《中华人民共和国公务员法》和《中华人民共和国刑法》等法律法规确立行政机关工作人员违法行政的责任追究制度。涉及拖拉机牌证管理，相关法律、法规也有明确的责任追究规定。《中华人民共和国道路交通安全法》规定，为不符合法定条件的机动车发放机动车登记证书、号牌、行驶证、检验合格标志的，对直接负责的主管人员和其他直接责任人员给予相应的行政处分。《农业机械安全监督管理条例》规定，不依法核发拖拉机、联合收割机证书、牌照的，对直接负责的主管人员和其他直接责任人员，依法给予处分，构成犯罪的，依法追究刑事责任。所以，农业机械化主管部门负责《拖拉机登记规定》实施工作，要严格把关，依法管理；农机安全监理机构要严格执行相关规定，做好拖拉机登记申请的受理、拖拉机检验等具体工作，要严格坚持谁批准谁负责、谁发证谁负责的要求。我们既要维护好政府行政部门的公信力，又要保护好我们的工作人员。既要对履行职责负责，又要对干部负责。

二、坚决停止超标准违规发牌发证

各级农业机械化主管部门和农机监理机构要深入贯彻实施《农业机械安全监督管理条例》，严格按照《拖拉机登记规定》和《拖拉机登记工作规范》和相关强制性的安全标准办理拖拉机牌证业务，坚决停止超标准违规发牌发证，做好违规使用牌证排查和在用车辆管理工作，坚决做到依法行政。

一要立即停止违规发牌发证。各级农业机械化主管部门和农机监理机构要立即全面停止超标准发放牌证。坚决做到“两不准一严禁”，即不符合标准要求的不准办证上牌，不按规定检验合格的不准办证上牌，严禁跨行政区域发牌发证。要严格实行领导责任制，一级抓一级，层层落实，对领导不力、仍坚持违规发放拖拉机牌证的省份和地区，要严肃追究其领导责任。

二要大力查处违规牌证。各级农业机械化主管部门和农机监理机构要积极协调公安、安全生产监督管理等部门，组织人力物力对本地区违规发放、使用牌证情况进行查处。要抓好源头管理，对重点地区开展重点督导检查，通过严管重罚、严格问责，彻底解决有令不行、有禁不止的违法违规乱象。各省要敢于“亮剑”，敢于碰硬，敢于重拳出击，特别要抓住典型案件、典型人物，重点打击，重点整治。对违法违规单位和个人要按照有关法律法规的规定，发现一起查处一起。触犯法律法规的，要依法移交纪检监察及司法部门处理，追究相关责任，要通过拔钉子、抓典型，把违规发牌发证的歪风邪气坚决刹住。对异地牌证的查处，各地要加强省际信息沟通和合作，查处的违规牌证要及时向发证地区沟通信息，发证地区要及时核实并提供相关材料，对异地违规牌证进行清理，对涉案人员严肃处理。通过查处异地牌证，消除异地使用违规牌证的土壤。

三要切实做好在用机车的管理。各级农业机械化主管部门和农机监理机构要认真做好发放拖拉机牌证车辆的摸底排查工作，通过调阅拖拉机档案和台账，严格核实发放拖拉机牌证的真实情况。对排查出的违规拖拉机牌证进行分类清理，针对整治过程中发现的问题，制定周密的治理方案，建立健全拖拉机牌证业务监督管理工作机制。要积极协调公安交通部门加强田检路查，对驾驶违规发放牌证的车辆进行集中治理，严格查处非法异地牌证，打击套牌、假牌，查处非法生产牌证窝点。

三、下一步工作任务

这次，我们要借助全国集中开展安全生产大检查的契机，痛下决定，使大力气，采取有力措施，彻底制止住违规发放牌证的现象继续发生。

一是积极采取措施，做好对已发牌证的后续处理。针对拖拉机牌证管理上存在的主要问题，制定具体的整改目标和措施进行整改，制定和完善相关制度、规定，建立健全拖拉机牌证业务相关工作制度和监督工作机制。对已发放的农机牌进行分类清理，对符合公安交警挂牌条件的，协商公安部门，移交公安交警管理；对不能移交的，要积极向政府汇报，制定出切实可行的管理措施；对套牌、假牌的，要严格收缴，并协调有关部门在当地主流媒体、农业机械化信息网站上公告注销。

二是做好企业的说服工作，引导企业生产符合安全标准的合格产品。刚才大家谈到，给变型拖拉机发放牌照，一个理由是还有企业在生产变型拖拉机。停止给变型拖拉机发放牌照后，会影响到一些企业的生产。大家要知道，《农业机械安全监督管理条例》第十一条明确规定，农业机械生产者应当依据农业机械工业产业政策和有关规划，按照农业机械安全技术标准组织生产，并建立健全质量保障控制体系。也就是说，企业不管是生产汽车，还是拖拉机，都必须按照国家强制安全技术标准生产，否则，就是违法行为。一旦因为不符合标准的农业机械在生产中发生重大事故，企业也要承担相应的责任。因此，大家要站在对人民生命财产安全高度负责、对依法履行职责负责、同时也是对企业负责的角度，向生产企业做好宣传说服工作，促进企业调整生产结构，生产符合国家安全标准的农业机械。

三是积极督促落实，及时将约谈情况和有关要求向上级领导及有关部门汇报并传达各地。安全无小事，农机安全监理责任重于泰山。规范拖拉机牌证管理势在必行，这是依法监理的基本原则和要求，只能严格落实，不能上有政策下有对策，更不能钻空子。希望你们落实好这次约谈会议精神，彻底转变工作思路，以更加坚定的态度和决心，采取有效措施，立即停止超标准违规发牌发证。同时要督促地方坚持依法监理，确保不再发生违规发放牌证的现象，确保依法行政在农机安全监理领域的全面实施，确保农业机械化安全发展。对有令不行、有禁不止者，要严肃处理。

在第三届农业部水稻生产机械化专家组上的讲话

（2013 年 4 月 10 日 · 江苏南京）

农业部农业机械化管理司副司长　**刘恒新**

2013 年 4 月 10 日，在南京举行农业部第三届水稻生产机械化专家组成立大会，这是加快推进我国水稻生产机械化的一项重要举措。张文毅秘书长总结上一届专家组的工作成效，连任的专家组组长罗锡文院士介绍了 8 个主产省的水稻生产机械化的发展现状，李安宁常务副组长提出第三届专家组的工作要点，与会专家发表了很好的意见和建议。

一、认清当前水稻生产机械化的发展形势，切实增强紧迫感和责任感

2012年是我国农业机械化持续快速推进的一年，水稻生产机械化也呈现快速推进的态势。据统计，2012年全国水稻机耕面积新增1 090.67千公顷，总量达28 266.28千公顷，机耕比例达到93.3%，比2011年提高2.3个百分点；水稻机械化种植面积新增1 706.67千公顷，总量达到9 600.00千公顷，机种比例超过31.6%，比2011年提高5.4个百分点；水稻机械化收获面积新增1 386.67千公顷，总量达到22 200.01千公顷，机收比例超过73.3%，比2011年提高4个百分点。全国水稻耕种收综合机械化水平将达到68.8%，比2011年提高3.7个百分点，较好地完成年初制定的目标任务。

与机耕、机收相比，我国水稻机械化种植水平还比较低。为加快突破这个薄弱环节，2012年以来，各水稻主产区通过购机补贴政策积极扶持农户购买插秧机，结合时事集中育秧和大棚育秧等项目发展机插秧，不断加大育插秧机械化技术的推广力度，取得了明显成效。2012年全国各级财政共投入补贴资金11.2亿元，补贴农户购置插秧机7.7万台，为水稻育插秧机械化发展奠定了坚实的物质基础。2012年新增机插秧面积超过66.67千公顷的省份有9个，依次为黑龙江、江苏、湖南、江西、安徽、湖北、辽宁、广西、吉林。其中，黑龙江省贡献份额最大，新增机插秧面积将近超过333.33千公顷；江苏省次之，新增面积255.33千公顷。种植面积位居全国前列的湖南、江西两省机插秧工作开始提速，新增面积分别达到200千公顷和153.33千公顷，其中湖南省机插秧面积总量连续两年翻番，江西省机插秧面积连续两年增幅超过133.33千公顷。这标志着长江流域双季稻区开始担当起全国机插秧面积新的“增长极”。

但是，我们还要清醒地看到，我国各个稻区机插秧发展还很不平衡，任务依然十分艰巨。从区域上看：北方稻区持续快速发展，超额完成了计划任务；长江中下游一季稻区进入平稳增长期，有望基本实现目标；长江流域双季稻区和南方双季稻区落后较大，但已开始发力追赶；西南稻区仍在低位徘徊，缺乏增长动力。虽然这几年机插秧总体完成情况较好，但都是得益于北方稻区的大幅超额完成及北方稻区面积占全国比重较大的缘故。北方稻区机种水平已经较高，再进一步发展对整体水平的贡献将缩小。从目标上看：按照根据农业部2006年印发《全国水稻生产机械化十年发展规划（2006—2015）》设定的目标，到“十二五”期末（2015年）全国水稻耕种收综合机械化水平达到70%，其中耕整地机械化水平达到85%、种植机械化水平达到45%、收获机械化水平达到80%。从2012年完成情况来看，机耕水平已经超额完成任务8个百分点、机种水平还差14个百分点、机收水平还差7个百分点。由此可见，水稻机插秧的任务最为艰巨，需要在剩下的3年之内，每年递增4～5个百分点，大约每年新增1 333.33千公顷机插秧面积，才有可能达到2015年水稻机种45%的目标。

解决水稻生产“三弯腰”问题，实现水稻生产全程机械化，是广大农业机械化工作者的职责所在。现在看来，水稻机耕、机收已经基本解决，还差最后水稻栽插的最后“一弯腰”。我们要树立“等不起”的责任感，“慢不得”的紧迫感，鼓足干劲，全力以赴，加快推进水稻生产全程机械化。

（一）既定目标不动摇。党中央、国务院高度重视农业机械化发展，中央1号文件强调要着力解决水稻机插等突出难题。实践证明，发展水稻生产机械化对于稳定水稻播种面积、提高单产、节本增效具有十分重要的作用，我们不能有丝毫的松懈。《全国水稻生产机械化十年发展规划（2006—2015）》确定的各项目标，包括到2015年水稻种植机械化水平达到45%的目标，我们一定要努力去完成。当前，各个水稻主产区，特别是南方双季稻区和西南稻区的农业机械化主管部门，要把提高水稻种植机械化水平作为农业机械化工作的重中之重，切实加强领导，落实工作责任，努力完成部里下达的机插秧面积任务。

（二）扶持政策不减弱。要充分发挥农机购置补贴政策的引导作用，将水稻育插秧机械设备作为补贴重点，优先满足农民购买插秧机、育秧播种机等的需要。要争取地方人民政府和有关部门的支持，旗帜鲜明地把机插秧作为水稻机械化种植的主推技术，实施机插秧作业补贴，整合有关水稻高产创建、集中育秧补助、大棚育秧补助等资金项目，形成推进水稻机插秧的工作合力。农业部将继续在水稻主产区创建水稻育插秧机械化示范县，推出一批水稻生产全程机械化先进县，以点带面，梯度推进，不断加快水稻生产机械化进程。

（三）工作力度不放松。各地机插秧发展阶段不同，工作重心和措施也不同。对于机插秧水平不足10%的地区，要坚持行政推动，加强农机农艺融合，明确适宜本地的技术路线，搞好试点示范和宣传引导，重在提高农民认识程度。对于机插秧水平在10%～20%之间的地区，要坚持示范带动，巩固已有工作成效，加强农机大户的培训，提高技术到位率，建立多层级的机插秧示范区，努力拓展技术辐射范围。对于机插秧水平超过20%的地区，要坚持市场拉动，培育机插秧作业市场，发展集中育秧和集中供秧，推进农机社会化服务和产业化经营，不断提高机插秧的规模效益。我们还要注重发挥机插秧作业能手、机插秧合作社、插秧机企业等市场主体的作用，力争做到培育一名作业能手，带动一个村；发展一个专业合作社，带动一个乡；建立一个育秧中心，带动一个县。鼓励插秧机生产企业和农机合作社开展“企社共建”，搞好售后服务与技术培训，实现合作共赢。

当前，我国加快推进水稻生产机械化的时机和条件已经具备，技术路线日益成熟，农民需求日益迫切，只要我们坚定信心，坚持不懈，2015年的发展目标就一定能实现。

二、充分发展专家组的技术支撑作用，为加快推进水稻生产机械化贡献力量

2010年农业部第二届水稻生产机械化专家组成立以来，在组长罗锡文院士的带领下，在常务副组长于林惠的组织协调下，各副组长和成员积极与对口稻区的农机管理部门加强联系，深入基层一线，不辞辛苦，加强技术指导，总结技术模式，培训技术骨干，开展大量的工作。三年来，我国水稻机耕、机种、机收水平分别从2010年的87.3%、20.9%、64.5%，发展到2012年的93%、31%、73%，呈现出持续较快发展态势，这些成绩的取得，是与各位专家的辛勤工作是分不开的。特别是罗锡文院士2012年年底，用将近一个月的时间，行程近万里，深入考察8个主产省的水稻生产机械化发展状况，这种严谨细致、求真务实的工作作风，令我们十分敬佩。

根据任期三年的规定，在各地和有关部门推荐的基础上，新的农业部第三届水稻生产机械化专家组成立了。本届专家组有三个特点：一是班子强。德高望重的罗锡文院士连任专家组组长，农机推广总站副站长李安宁业务熟悉，协调能力强，是担任常务组长的最佳人选；农业部南京农业机械化研究所副研究员张文毅长期从事水稻生产机械化研究，成果丰硕，担任秘书长更加有利于为专家们搞好服务。各副组长都是多年从事水稻机械化科研和推广的专家，技术力量雄厚。二是搭配好。本届专家组成员还有两个方面优势：一个是农机与农艺结合的技术优势。专家组成员既有农业工程领域的专家，也有来自水稻栽培领域的专家，有利于在水稻生产机械化中推进工程技术与生物技术的融合；另一个是行政与技术结合的组织优势。专家组成员既有来自高校院所的研究员、教授，也有各个稻区农机管理、推广部门的负责人，有利于提高发挥优势，高效率地开展工作。三是措施实。李安宁常务副组长介绍新一届专家组的工作计划，专家组把比较抽象的主要职责，细化成比较具体的工作任务，比如说每年开好一个年会，完成一份年度工作报告，组织1～2次专题活动，开通组员之间交流和对外答疑的两个公共邮箱，每名专家定点联系1个水稻主产县，设立秘书处并每月定期编发工作简报，等等。我相信，有这么一支高水平的专家队伍，必将有力地推动我国水稻生产机械化再上新台阶。

专家组任期三年，也正值《全国水稻生产机械化发展十年规划(2006—2015)》的最后三年，专家组肩上的担子很重，任务十分艰巨。在此，我希望大家认真履行职责，继续发挥好专家组的三个方面的积极作用：一要充分发挥决策咨询作用。各位专家要研究分析国内各个稻区水稻生产机械化发展现状，关注国外最新技术进展，提出加快推进我国水稻生产机械化的政策建议，参与农业部有关水稻生产机械化的规划编制、立项论证和项目实施等工作，当好农业机械化主管部门的“智囊团”。二要充分发挥技术支持作用。各位专家要深入基层调研，对各地区的水稻生产机械化的技术模式、机具装备、农艺措施等方面的问题进行技术指导，提出改进意见。要当好农机与农艺融合的“桥梁纽带”，组织技术力量加强水稻机械化关键技术和设备的研发和攻关，重点解决晚稻栽插品种选用、杂交稻精密育插秧装备，钵苗移栽机械，基质育秧等难题。三要充分发挥园丁导师作用。各位专家要当好“国家队”，积极参与农业部和省(市、区)组织开展的水稻机械化育插秧、收获的技术培训工作，审定培训教材，培养各地的水稻生产机械化科技推广队伍、专业技术人才、驾驶操作能手，为我国水稻生产机械化提供人才保障。

我们将一如既往地支持专家组开展工作，每年安排一定的专题研究经费，组织大家参与一些重大的农业机械化活动，尽可能为专家组的工作创造条件。我们将要求各地农业机械化管理部门为专家搭建能干事、干成事的发展平台。我们还将努力为专家在课题申请、经费支持等方面提供便利。专家所在单位要理解、支持专家组开展的各项活动。

水稻生产机械化工作任务十分繁重，意义重大。希望专家组认真履责，与时俱进，开拓创新，团结协作，为建设现代农业做出新的更大贡献！

在全国农机购置补贴工作会议上的讲话

(2013年2月26日·浙江杭州)

农业部农业机械化管理司副司长　**胡乐鸣**

2013年中央1号文件指出：“落实好对种粮农民直接补贴、良种补贴政策，扩大农机具购置补贴规模，推进农机以旧换新试点。”国发[2013]6号文件《关于深化收入分配制度改革的若干意见》指出：“建立健全农业补贴稳定增长机制，完善良种补贴、农资综合补贴和粮食直补政策，增加农机购置补贴规模”。其他农业补贴政策要“落实好”、要“完善”，而农机购置补贴是“扩大”、“增加”规模。这说明党中央国务院对农机具购置补贴政策落实成效是肯定的。我们一定要继续发扬迎难而上、奋发有为的精神，再接再厉，进一步落实好党中央国务院的决策部署。

2012年，社会各界对农机购置补贴很关注。农业部和财政部在深入调查研究、广泛听取各方面意见建议的基础上，制定2013年农机购置补贴实施指导意见，归纳起来，主要是3个方面：在补贴资金的兑付方式方面，倡导“全价购机”；在补贴范围方面，缩小品目；在监管方面，对信息公开和举报投诉制度做进一步的实化、细化、量化。

一、关于“全价购机、县级结算、直补到卡”

2012年，在农业部和财政部的指导下，浙江、江苏、湖南在全省范围内进行“全价购机、县级结算、直补到卡”试点，有十多个省选择部分县市进行试点，从实践看，试点是成功的。优点主要体现在九个方面。

一是省级部门调查研究和监督检查的职能得到发挥。差价购机，实施主体是省，省级部门资金结算工作量很大，监督检查职能难以发挥；全价购机，实施主体是县，可以把省级农机、财政部门从繁重的资金结算中解脱出来，工作量大大减轻，把更多的精力投入到调查研究和监督检查中去。

二是农机部门与企业的联系减少。与企业进行资金结算这个环节去掉以后，农机部门与企业联系也会相应减少，廉政风险也会相应降低。

三是县委县人民政府更加重视。差价购机，实施主体是省，中央财政资金并没有到县，部分县领导认为，农机购置补贴是省里的事情，县里只是落实。全价购机，中央财政资金到县，县领导责任重了，同时也有压力，因此，对农机购置补贴更加重视。

四是县级农业机械化主管部门的地位提高。部分县市，对政府职能部门争取上级项目资金有考核，但由于农机购置补贴资金不到县，只是指标到县，所以，一些县市不把农机购置补贴作为农机局的“成绩”，导致“两个得不到”：农机干部辛辛苦苦但得不到表扬，工作中的困难也得不到解决。全价购机，资金到县，“两个得不到”的状况，得到一定的解决。

五是推动乡镇农机队伍建设。

六是农民谈价能力增强。差价购机时，农民的谈价能力不强，从各地试点看，全价购机后，农民100%的现金付款，谈价能力普遍增强。

七是农民更直观地感受到强农惠农富农的好处。差价购机时，有的农民以为是“优惠”、“打折”，有些农民虽然知道国家给农民购机补贴，但不知道补多少。全价购机，补贴资金打到农民卡里，农民能更直接地感受到党和国家的关怀。

八是企业减轻垫资压力，减轻负担。差价购机时，企业收到的是差价款，通过结算拿到补贴资金需要几个月时间；全价购机时，企业收到的是全款。企业也不必花时间和精力去办理资金结算手续。

九是有利于遏制不法分子骗取补贴资金。全价购机，补贴资金打到农民一卡通，不法分子试图通过与农民“合作”来冒领补贴的阴谋难以得逞。

但是，从试点看，“全价购机、县级结算、直补到卡”也有缺点。

一是部分农民感觉更“麻烦”了，资金到卡的时间慢。原因是县乡工作责任感增强，程序更严格、机具核实更细致。

二是县乡工作量增加，机构队伍不健全，人员素质跟不上。

三是农民筹款压力增大。

四是廉政风险仍然存在。全价购机后，资金结算环节的廉政风险取消，不法分子骗取补贴资金的难度也增加，但基层乡镇经办人员与农民合谋骗取补贴资金的廉政风险仍然存在，利用假发票骗取补贴的可能性依然存在。

五是部分干部习惯老办法，不愿意尝试新办法。实施新办法后，需要有适应、熟悉的过程。

从总体看，“全价购机、县级结算、直补到卡”利大于弊，是方向。上面提到的缺点，也可以通过加强工作措施来克服。

在实施“全价购机、县级结算、直补到卡”时，要注意把握以下几点。

一是不要否定过去。“全价购机、县级结算、直补到卡”，改革的只是农机购置补贴政策操作办法中的资金兑付方式，或者说是补贴程序，并不是整个操作办法都变了。同时，也不要否定“差价购机、省级结算”。当初制定“省级结算、差价购机”的补贴程序，是农业部和财政部经过大量的调查研究、反复论证的，主要有两个目的，一是补贴资金如果下拨到县市结算，担心被挤占、截留、挪用，省级结算可以确保补贴资金用于农机购置补贴；二是减轻农民筹款压力。近十年的实践看，这两个目的都达到了，可以说，“差价购机、省级结算”当时是符合实际的。新的情况是，这十年我国经济快速发展，县级财政已经有很大的改善，农民生活水平也有较大提高，审计监督的力度也有很大的加强，资金下放到县市结算、农民先全价购机后领补贴，有了可行性；随着补贴资金规模的扩大，省级结算、监管的工作量和难度大大上升，把实施主体由省下放到县，强化省级部门的监管职能，也有必要性。

二是要注意新方法引发的新问题。以前，由于补贴资金不能满足农民需求，一些地方存在“超补”现象，通俗讲，是寅吃卯粮。如果继续实行“差价购机、省级结算”，“超补”的严重性不会凸显；但如果2013年实行“全价购机、县级结算、直补到卡”，2012年的“超补”就无法结算，矛盾就会凸显和激化。除了“超补”，新方法实施后，也可能会引发一些新的问题，各地要做好调查研究，做好预案。

三是对农民筹款压力，要积极采取措施加以缓解。全价购机后，农民购买大机具有筹款压力，我们要积极与金融机构、经销商、生产企业沟通，帮助农民缓解筹款压力。2012年，四川、江苏、湖南、浙江等省都做了探索，取得很好的效果。

四是对“全价购机、县级结算、直补到卡”有可能出现的廉政风险，要有预估。任何操作办法，都不可能天衣无缝。不能以为，实施“全价购机、县级结算、直补到卡”之后，就没有廉政风险了，我们要采取更加严格的措施。

二、关于缩小品目

江苏是农业大省，省财政支持的力度也很大，江苏省2012年补贴55个品目。但有的省补贴的品目太多，比如陕西省，2011年、2012年补贴品目都在140个以上。补贴的品目太多，监管的难度就增加，容易出问题。

从一些违法案件看，基本都与省级自选品目有关系，一般省内企业从鉴定、进入省级推广目录、确定补贴额层层攻关。2012年，全国补贴资金总额是215亿元，共补贴省级自选品目5亿多元，仅占2%左右，说明农民需求并不大。因此，2013年指导意见《征求意见稿》取消自选品目。在征求意见过程中，37个省(自治区、直辖市、计划单列市、新疆建设兵团，黑龙江、广东农垦)农机局中，有7个省建议继续保留省级自选品目。

农业部农业机械化管理司召集专家对2012年各省自选品目的产品，逐个进行审议，将其中的12个品目，调入全国补贴范围；在2012年的180个品目中，对于各省都没有选的17个品目进行删除。因此，2013的补贴范围是175个品目。同时，考虑到个别省可能确实需要自选品目，2013年的指导意见中，还是保留省级自选品目，但须事先报农业部备案。对部分省农机局报的自选品目，要组织专家进行评审。

2004年中央1号文件明确指出：“提高农业机械化水平，对农民……购置……农机具给予一定补贴”，农机购置补贴政策的目标很明确，就是“提高农业机械化水平”，农机补贴政策的实施，对促进农民增收发挥很好的作用。部分产品，尽管对农民增收有好处，但不属于农业机械，就不能纳入补贴范围。我们一定要突出重点，加快推进薄弱环节和落后领域的机械化。

三、关于信息公开

2011年5月，农业部办公厅下发《关于深入推进农机购置补贴政策信息公开工作的通知》(农办机[2011]33号)，2012年农业部和财政部指导意见对信息公开做明确要求，从各地的落实情况看，大多数省落实得比较好，如浙江、江苏等，但也有一些地方落实得不太好，如，2012年农业部和财政部指导意见规定，“在年度补贴工作结束后，县级农业机械化主管部门要以公告的形式公开本县补贴资金额度、农民分户实际购机数量、金额等情况，接受社会监督。”有一些县市至今未公开。

2013年指导意见，对信息公开做进一步的细化、实化。2013年的监督检查，信息公开将是检查的重点。

四、关于举报投诉

关于举报投诉，需要继续强调的是，把政策交给农民群众，然后积极受理农民群众的举报投诉，依靠广大农民来监督政策的实施，是落实政策最有效、最经济的办法。如果仅靠农业机械化主管部门和财政部门来监督检查根本无法实现。我们一定要高度重视举报投诉工作，严格按照农业部和财政部的要求去执行。

五、关于工作经费

农业部和财政部对工作经费有明确的要求，但落实情况并不理想。今后，对于工作经费没有保障、农机购置补贴政策落实效果不足的县市，应该适当核减补贴资金规模，调下来的资金，重点向农机补贴政策落实得好、农民需求量大的县市倾斜。

六、关于工作机制

农机购置补贴是强农惠农富农政策的重要内容。2005 年中央 1 号文件明确提出，“对种粮农民实行直接补贴，对部分地区农民实行良种补贴和农机具购置补贴，是党中央、国务院为加强农业和粮食生产采取的重大措施”，中央文件多次强调，落实好党的“三农”政策措施，是各级党委人民政府的责任，党的十七届三中全会指出：“县（市）党委要把工作重心和主要精力放在农村工作上。”我们要积极向人民政府分管领导汇报，争取重视。湖南、新疆等以省人民政府名义召开农机购置补贴工作会议，或者省人民政府发文，强化县级人民政府的责任。2013 年 2 月 18 日，陕西省人民政府召开全省农机购置补贴工作电视电话会议，祝列克副省长出席并讲话，明确指出，县级人民政府是实施农机购置补贴政策的责任主体，主要领导是第一责任人，分管领导是直接责任人，要切实担负起把总关、负总责的责任。

七、关于报废更新

2013 年中央 1 号文件明确强调要“扩大农机具购置补贴规模，推进农机以旧换新试点”。经商财政部同意，2013 年将继续在山东等 11 个省（区、市和垦区）开展农机报废更新补贴试点，与农机购置补贴同步实施。

农机报废更新补贴是支持农业机械化发展的又一项重大政策突破，对于推动农业机械化科学发展意义重大。各试点省份和垦区要提高认识，增强责任感，加大政策宣传力度，切实推动政策落实。要在总结 2012 年试点经验的基础上，积极推进农机报废更新补贴制度创新，制定和完善 2013 年的工作方案，并抓紧实施启动。没有开展试点的其他省份，也要提前做好调查摸底，统计预测本地区实际达到报废标准或报废年限的老旧农机拥有量，做好确定农机回收拆解企业的准备工作，为今后推行农机报废更新补贴政策打好基础。

八、关于管理软件系统

农机购置补贴管理软件系统内，有一些填写错误，说明工作人员工作不细致、不认真。希望各位领导要重视，安排工作认真细致的同志负责软件系统，经常检查，发现有填写错误、不规范的，要立即纠正。

我们要进一步严明纪律，上下一心、步调一致，共同落实好农机购置补贴政策。要求各级农机部门都要维护制度的纯洁性，增强政治责任感。绝大多数省农机局不仅确保好政策在本地得到很好实施，推动农业机械化发展，而且为全国创造很好的经验，做出贡献。但是，也有个别省农机局过分强调本省的特殊性，想把工作做好，这是对的，但也要考虑到大局，要换位思考；有个别省农机局对违法企业查处不力。宗锦耀司长强调，决不允许有令不行、有禁不止，搞“上有政策、下有对策”，以本省情况特殊之名，在贯彻执行党中央国务院决策部署和农业部、财政部纪律规定上打折扣、做选择、搞变通。

我们一定要牢固树立忧患意识、责任意识和大局意识，增强纪律性，凝心聚力，奋发进取，共同落实扶持农业机械化发展的好政策、维护农业机械化系统的好形象、巩固农业机械化发展的好形势。

在 2013 年度农机购置补贴政策落实延伸绩效管理培训班上的总结讲话

（2013 年 9 月 25 日 · 安徽合肥）

农业部农业机械化管理司副司长　**胡乐鸣**

2013 年 9 月 25 日，在合肥举办的培训班主要对 2013 年度农机购置补贴政策落实延伸绩效管理业务进行培训，财务司专项资金处副处长丁祥勇介绍农业部强农惠农富农政策落实延伸绩效管理的目标意义、安排部署，农业部农业机械化管理司产发处王家忠、李伟做讲解。我通报 2012 年度绩效考核情况，布置 2013 年绩效管理的有关工作。这次培训班效果总结为以下十点内容。

一、关于指导思想

指导思想十分重要。农机购置补贴进入第十年，成效巨大，基本实现政策设计的目标。近几年农业机械化水平提高快，这是有目共睹的。但是也有少数地方出现问题，带来极大的负面影响，各级农机部门会同财政部门、纪检监察机关进行大量调查研究，对每一个环节都反复进行比较。少数省出现问题的根本原因是我国地域差异较大，各地的地形地貌、资源禀赋、农业机械化需求不一样，我们在政策实施过程中，赋予各省一定的自主权，因地制宜，分类指导。我们农机购置补贴政策实施的设计思路是：国家支持推广目录、全国通用的机具由农业部定；省级支持推广目录、一些具有地域特色的机具，由各省根据本地实际情况自主确定，包括非通用类产品、省级自选品目等。十年来，绝大多数省能够按照公开公平公正的原则使用自主权；但也有个别省农机局局长放松对自己的要求，没抵御住诱惑，走向犯罪，这说明对省级自主权的监督存在漏洞。如果把各省的自主权都收上来，这肯定是不行的，我们不能走回“一刀切”的老路。各省的自主权要公开公平公正使用，要加强对权力运行的制约和监督，把权力关进制度的笼子里，形成不敢腐的惩戒机制、不能腐的防范机制、不易腐的保障机制。下一步要加大各省自主权的规范力度，要进一步加强监督。

确保廉政和落实政策同等重要。我们现在面临的最大问题是要确保科学、高效、规范、廉洁实施！要把确保廉洁实施作为当前的头等大事抓紧抓好，要把确保廉洁实施和提高农业机械化水平放在同等重要的位置上。提高农业机械化水平是政策的初始目标，2004年的中央1号文件指出："提高农业机械化水平，对农民个人、农场职工、农机专业户……购置……农机具给予一定补贴。"这是中央1号文件明确的农机购置补贴政策的目标。十年来，政策目标基本都实现了，但也有个别地方出问题，造成极为恶劣的影响。所以，现在我们必须把廉政风险的防控提高到和政策目标同等重要的位置上，不能只盯住提高农业机械化水平，必须两手抓。要把提高廉政风险防控，作为一票否决，和绩效考核一样。补什么、补多少、能不能补，都要进行廉政风险评估。对于能提高农业机械化水平、农业生产也需要的，但廉政风险大的，坚决不补，一票否决。总结发现，出问题的都是自选品目和小机具，都是很难监管的，通用类机具很少出问题。我们要下大决心，调整思路，监管能到哪里，补贴才到哪里；而不是补贴到哪里，监管跟到哪里。"跟"是比较难的，多数情况是跟不上，跟上也只是暂时的，因为发展太快。凡是难以监管的、无法监管的、廉政风险大的，坚决不补。要有这样的思想认识，要有这样的决心和勇气，要有这样的制度设计。指导思想要贯穿于我们工作的始终。

二、关于《资金管理暂行办法》

《资金管理暂行办法》是个好办法，这是不可否认的。但是实际情况变化比较大，发展很快，由差价购机到全价购机，由按比例补贴到定额补贴，等等，所以《资金管理暂行办法》有很多内容已经不适用了。由于现行做法与《资金管理暂行办法》有很大的冲突，给基层农机部门带来很大的困扰，甚至牢狱之灾。例如，《资金管理暂行办法》规定："中央财政资金的补贴标准：按不超过机具价格的30%进行补贴。"这是按比例补贴时的规定，而实行定额补贴之后，同一档的机具，总体不超过30%，具体到某一个产品，有的低于30%，有的超过30%，这是符合农业部和财政部年度指导意见的。但司法机关认为，《资金管理暂行办法》是财政部、农业部颁布的，而年度实施指导意见是农业部办公厅、财政部办公厅颁布的，《资金管理暂行办法》的法律效力高于年度实施指导意见，所以，如果年度实施指导意见和《资金管理暂行办法》不一致时，应以《资金管理暂行办法》为准。类似的还有"原则上二年内不得转卖或转让"，等等问题。一些地方的司法机关，以渎职罪、玩忽职守罪追究农机部门干部的刑事责任。很多基层农机干部反映强烈，迫切希望尽快修改《资金管理暂行办法》。

对这个问题，财务司和农业机械化管理司、财政部农业司，都很重视，一直在做修改的准备工作。但修改需要时间，目前时机还没有完全成熟，比如现在有全价购机的，有差价购机的；有保留省级自选品目的，有取消省级自选品目的，等等，所以，新的办法一直没有出台。总之，我们会根据大家的意见积极推动这个事情，争取尽快出台。目前当务之急是出台2014年指导意见。

三、关于全价购机

"全价购机、县级结算、直补到卡"可以归纳为9大优点、5大缺点。9条优点，最主要的是两条，一是切断省级农机部门和经销商的联系。这一条至关重要。总结这些年发生的案件，从品目讲，基本上是省级自选品目，全国通用类很少出问题；从行贿人讲，以经销商居多。当初差价购机，以为资金结算是顺理成章的事，没有什么寻租的空间，资金量小，同时差价购机也确实方便农民。但随着补贴资金规模的扩大，什么时候结算、结算多少，权力寻租的空间就开始变大。差价购机时，从农民购机到资金结算时间很长，为减少经销商的资金垫付压力，农业部和财政部倡导预结算。这本来是好事，但是权力寻租空间也很大，有的企业可以提前几个月得到几百万甚至上千万的预结款，有的企业一分钱预结款都没有，甚至正常的资金结算都被拖，从理论上分析，这种情况完全有可能出现。二是有利于遏制不法分子利用农民身份证骗取补贴资金。这两条优点就是补漏洞，是廉政。只要有这两条优点，全价购机即使有某些缺点不足，也值得推广。5个缺点是：手续繁琐、工作量大、农民筹款压力大、廉政风险、干部对新方法不适应。

2013年扩大试点范围是成功的，成效明显，绝大部分省是支持全价购机的，很多省还强烈建议全国统一推行。但是，北京、西藏、湖北、云南、黑龙江省农垦总局建议给差价购机留点空间，有的地方情况特殊，是否实行全价购机，可以进行讨论、研究。湖北省农机局意见，不宜一刀切，建议给各省自主权，自主确定明年的全价购机的试点范围。云南省农机局建议，规范"全价购机、县级结算、直补到卡"操作模式，最好全国统一，但鉴于云南地处边疆、经济发展滞后的实际，建议补贴额在3万元以上的补贴机具实行差价购机，3万元以下实行全价购机。

只要符合"减少行政权力，强化社会监督"，能够减少权力寻租的空间，就值得肯定。思考问题要看本质，抓主要矛盾。差价购机资金结算环节廉政风险很大，我们不能视而不见。不能以农民筹款难等细节问题来否定全价购机。腐败和农民筹款难，不是同一个层次的问题，孰轻孰重一定要分清。筹款难是可以通过工作措施解决，从实践看，有的地方解决得很好。

有的省提出，全价购机的"全价"两个字容易产生歧义，全价购机是相对以前差价购机而言的，既然容易产生歧义，可以考虑改成"自主购机、县级结算、直补到卡"。

四、关于监管问题

2013年的监管力度是空前的，媒体、包括内部资料，2013年多次讲到农机购置补贴的优点。2013年监管力度大，比如甘肃、安徽、山西、浙江、新疆等省区农机局都加大了监管的力度，对净化整个环境是有好处的。2013年农业部首次以农业部办公厅文件形式集中通报2012年各省查处情况，对查处行动缓慢的陕西省农业机械管理局、江西省农业机械化管理局进行点名批评；2013年7月，以农业部办公厅文件形式集中公布2013年上半年各省查处情况。农业部取消或暂停山东时风、河北雷肯、重庆耀虎、江西柳林等相关产品的补贴资格。

反对官僚主义，要着重解决在人民群众利益上不维护、不作为的问题。大多数企业比较注重产品质量，诚信经营；但也有少数企业，急功近利、以次充好、以小充大，侵害农民群众利益。对于损害农民群众利益的事情，我们必须有所作为。比如一些产品质量下降、伤人，农民投诉比较多，一些企业以小充大、价格虚高、没有铭牌、售后服务跟不上，等等。发现有违反规定的情况，县市农机局、省农机局了解后，要进行调查核实，要通过拍照、访谈取证等方式收集好证据，然后约谈企业，限期整改。逾期不整改或者整改不到位的，就暂停在本省的补贴资格，直至整改好再恢复。情节严重的，取消在本省甚至全国的补贴资格。不论企业大小，侵害农民利益，必须得到惩处。我们必须要以踏石留印、抓铁有痕的劲头抓下去，老虎、苍蝇一起打。对农民投诉敷衍了事,对农民利益不维护、不作为的,我们将进行通报批评。

监管方面的电话抽查抽查,马上研究改进。避免农民受骗,减少损失。

另外,逐台核实的工作量太大,监管难度大。安徽的同志介绍的经验可以借鉴,农民先购机,申请补贴的时候,农户主动将机具带来,事后就不再核查了,有举报再去核查。像汽车上牌照一样,等违章的时候再进行监管。关于逐台核实问题,各地可以自己摸索,部里今后是否做统一硬性要求,需要再进行研究。

五、关于鉴定、目录

鉴定、目录与补贴关系非常重大。初步归纳大家的意见建议,有以下四点。

一是严把质量关。这个问题农业部高度重视,2012 年开始对省鉴定站的鉴定情况进行大检查,并以办公厅文件的形式进行通报,对差的予以批评,湖北省鉴定站倒数第一。我们还要回头看,整改不到位的,该取消省级鉴定能力和部级鉴定能力的就取消,该暂停的暂停,绝不手软。

二是通过鉴定的不一定进目录、不一定给补贴。现在标准太低,大部分都给补贴。这个问题需要进行研究。

三是目录和一览表的衔接,产品名称分类分档要明确,要一致;目录中产品参数、配置等要明确。

四是目录公布的时间问题,大家反应很强烈。补贴工作启动比较晚,大多数省都要到 4 月份才能启动,原因是目录公布太晚。9 月 30 日以前各企业申报,评审,公示,再会签财政部、发展和改革委员会,等国家支持推广目录公布,到次年的 1 月份,之后再分类分档,测算通用类补贴额,一览表发到省里,省里需要 1、2 个月测算非通用类补贴额,基本上是 4 月份。安徽省是先购机,因而安徽省没有大的影响,但其他省的农民意见很大。有同志建议目录申报能否提前,但一些试验鉴定要在“三夏”期间做。如果目录申报提到“三夏”之前的话,企业当年的新产品要到第三年才能享受补贴,这不利于农机工业的技术进步,企业会有意见。总之,这个问题要研究解决。在解决之前,我们争取在其他环节上抓紧,比如分档、补贴额确定等。同时省农机局在审核推荐的时候,要严格把关,也有利于加快评审进度。

六、关于分档和补贴额的确定

这次会议,对通用类和非通用类的分类分档,大家的建议进行研究后可反馈给推广总站。至于非通用类补贴额的确定,我们也考虑过是否可以由农业部里牵头,某一类机具是否可以由某一个省牵头,其他几个省参加,来测算补贴额,会后意见汇总之后我们再做商定。

累加补贴对提高农业机械化水平、特别是薄弱环节的机械化水平,见效很快。但是,省级财政累加补贴的廉政风险很大,客观上为不法分子倒卖提供利润空间。所以农业部不建议累加补贴,可以补一点工作经费或者自选品目,2013 年有很多省不再搞累加补贴了,就是考虑到廉政风险,如江苏 2013 年对插秧机已不做累加补贴。

七、关于补贴范围

有建议将设施农业、设施大棚、保温被、手扶拖拉机等纳入补贴,有建议保留自选品目的,有建议取消自选品目的,我们会后会再研究。有的同志建议,价格便宜的机具不要补贴,比如补贴额 500 元以下的可以不补。对这个问题,2013 年的指导意见有说明,“对于价格较低的机具可以不列入补贴范围”。具体补贴额多少以下不补,应该由各省根据本地实际来确定。

八、关于敞开补贴

把敞开补贴列入讨论提纲主要是想缩小品目,集中资金保重点,重点补贴农业生产急需的、薄弱环节的机具。缩小品目,确保廉政。大多数省是赞成缩小品目的,监管能到哪里,补贴才到哪里。

九、关于经销商

黑龙江、浙江、贵州三省农机局提出对经销商备案、公布、监督的问题,认为全价购机之后,对经销商没有必要再备案、公布了,管不好,也管不了。对这个问题,国发[2010]22 号文件明确要求:“完善经销商管理制度,在由企业推荐经销商的基础上,严格经销商资格审查,将售后服务能力作为选择经销商的重要标准。”2012 年 3 月,农业部办公厅发布《关于进一步规范农机购置补贴产品经营行为的通知》,对资质条件、备案、公布、监督、惩处等作了规范,这对于进一步规范农机购置补贴产品经营行为,起到了十分重要的作用。随着行政审批制度改革的深入和全价购机的推广,三个省的建议很有前瞻性。我们对经销商的资质设定 7 个条件,别人就可能会质疑我们是不是设置了市场准入条件。经销商虽然是由生产企业自主推荐,但是由我们备案。这算不算市场准入?这个问题值得研究。第二个看法,经销商名单经过农机局备案了,如果将来查出来某一个经销商根本不符合资质,是不是我们监管不力、渎职?第三,我们的出发点是想帮助农民把关,保护农民利益。但农民自己会选择,要相信农民,农民自己会思考、会判断,他们会从左邻右舍、亲朋好友那里了解情况,会去大的经销商那里购机。第四,现在的经销商实际上也是一种垄断。我到某县调研发现,县里只有一家经销商,其他几家经销商资质不符合,没取得资格。有的小经销商借大经销商的牌子,每卖出一台机具给大经销商多少钱;还有些经销商垄断本区域的销售,只卖某一品牌的机具,农民买不到其他品牌。第五,差价购机确实需要经销商,因为资金要和经销商结算,确实需要经销商具有一定的资质条件。但是全价购机后,情况确实不一样。

农民自主到市场上购买机具,机、票、人相符就可以申请补贴,如果出现问题,追究生产企业的责任,把对经销商的监管责任交给生产企业。有三个省提出建议,希望大家之后进行调查研究,分析利弊,提出意见。

十、关于计算机管理系统

电话诈骗问题,犯罪分子可能盗取了农机系统里的资料,这个问题大范围出现,绝不是某一个农机管理人员泄密的问题。这个情况我们已经向公安部去函反映,各省有什么具体情况可以继续向产发处提供。这也说明我们的系统安全性可能有问题,系统开发公司要采取措施,同时要做好服务工作,各省局有问题要及时做好技术支持。

大家对会议提到的问题要进行深入的调查研究,以便进一步完善我们的工作。希望各省农机局要进一步加强调查研究,提出有针对性的意见建议。农业部农业机械化管理司也进一步加大调查研究的力度,对涉及的各个环节都进行深入细致的调查研究。今后,我们一定要令行禁止,各司其职,共同努力,就一定能够确保农机购置补贴政策科学高效规范廉洁地实施。

农业机械化论坛

我国农业机械化进入依法促进的新阶段

张宝文

一、充分肯定《中华人民共和国农业机械化促进法》实施十年取得的巨大成绩

《中华人民共和国农业机械化促进法》(以下简称《促进法》)是2004年6月25日第十届全国人大常委会第十次会议审议通过,当年11月1日起施行的。这是我国首部专门规范农业机械化的法律,这部法律围绕提高农业机械化水平、建设现代农业,从农业机械的科研开发、质量保障、推广使用、社会化服务和扶持措施等方面作了明确规定,在我国农业机械化发展史上具有里程碑的意义,标志着我国农业机械化进入了依法促进的新阶段。

十年来,这部法律的学习宣传比较深入持久,产生了广泛、积极的社会影响,社会各方面对农业机械化的认识有了新的提高。十年来,各级政府、各有关部门对《促进法》的贯彻是有力的,各尽其责推动农业机械化发展。我们欣喜地看到,我国农业机械化法制建设取得重大进展。以《促进法》《农业机械安全监督管理条例》为核心,地方性法规和部门规章为补充,具有中国特色的农业机械化法律制度基本健全,农业机械化促进和管理工作全面走上了法制轨道,依法行政、依法办事的意识逐步增强。以《国务院关于促进农业机械化和农机工业又好又快发展的意见》发布为标志,落实《促进法》的力度显著加大,包含财政补贴、税费减免、金融支持、用地便利、基本建设等多种政策措施在内的中国特色农业机械化扶持政策框架基本建立,特别是农机购置补贴资金持续大幅度增加,有力带动了地方政府、农机企业和农民的多元化投入。

全国人大常委会曾组织对《促进法》关键制度进行立法后评估,评估认为立法意图明确,条款设计合理可行,总体实施效果好,对农业机械化发展促进作用巨大。事实确实如此。十年来,在法律和中央精神的指引下,政府、企业、农民发展农业机械化的积极性得到充分调动,农民购机用机热情持续高涨,形成了推进农业机械化的合力。十年来,农机装备总量增长之快前所未有,全国农机总动力先后迈上7亿~10亿千瓦4个大台阶。农机作业水平提高之快前所未有,全国农作物耕种收综合机械化水平今年将超过61%,较10年前提高了27个百分点,增幅相当于法律实施前35年的总和,我国农业生产方式已经实现由人畜力为主向机械作业为主的历史性跨越。农机社会化服务发展之快前所未有,服务环节从产中向产前、产后迅速扩展,有效满足了广大农户的农机作业服务需求。农机工业发展速度之快前所未有,科技创新能力和农机制造能力不断增强,规模以上企业总产值年均增长20%,我国已经跃居世界农机制造大国之列。

实践证明,《促进法》在规范、引导和促进、保障农业机械化发展方面作用巨大,开创了我国农业机械化发展的"黄金十年"。这十年,我国农业机械化发展速度明显加快、发展质量不断提升、地位作用持续增强。农业机械化的跨越式发展,有效地缓解了青壮年劳动力短缺的突出矛盾,有力地保障了农业稳定发展,挖掘了粮食增产潜力,引领了耕作制度改良,推动了农业技术集成、节本增效和规模经营,加速了农业现代化进程,为实现粮食产量"十连增"、农民收入增长"十连快"作出了重要贡献。

二、认真分析《促进法》实施的成功经验和面临的任务

《促进法》实施取得了举世瞩目的成效,我们在贯彻实施法律的过程中也积累了许多实践经验,归纳起来主要有三条:第一,必须大力开展法律法规宣传,增强有关主体履行法定职责的自觉性,这是实施好《促进法》的重要基础;第二,必须制定完善的配套法规政策,把法律的原则性规定具体化、可操作化,这是贯彻实施好《促进法》的重要保障;第三,必须着力形成政府主导,部门协同推进农业机械化发展的合力,这是贯彻实施好《促进法》的关键。这些经验弥足珍贵,我们要长期坚持并不断丰富和发展。

在总结成绩和经验,增强发展信心的同时,我们也要清醒认识到法律贯彻实施和农业机械化发展仍然存在一些不平衡、不协调、不可持续的问题。一是虽然农业机械化发展环境日趋良好，但一些地方还存在着对农业机械化的认识深度不够、法律实施不到位、政策落实不力等问题。二是虽然农机装备数量大幅增加，但低档次机具比例大、农机运用基础设施条件差的现象依然严重存在。三是虽然农业生产方式整体迈入了机械作业为主的新阶段，但双季稻地区机插秧水平、甘蔗主产区、棉花产区、油菜产区和丘陵山区机械化提高比较缓慢，已经成为制约相关产业发展的瓶颈。四是虽然农机合作社等新型社会化服务主体有了较大发展，但整体组织化程度低，高技能人才少，农机使用效率和经营效益亟待提高。五是虽然我国农机工业产值全球第一，但技术自主创新能力弱，科技含量高的新产品有效供给严重不足，有的关键机具及核心部件对外依存度高。因此，加快机械化的发展依然任重道远，还要靠我们各地、各部门以《促进法》为依托，共同推动新时期农业机械化又好又快发展。

三、全面做好进一步贯彻实施《促进法》的各项工作

农业机械化是个系统工程，涉及作物品种、农艺技术、工程技术、基础材料、制造工艺、农产品加工，可以说横跨工业、农业和服务业。在中国发展农业机械化具有特殊性、复杂性、艰巨性，作物品种多样，种植习惯千差万别，经济地理条件极不均衡，特别是农户众多、户均土地规模超小、农民收入低、自主积累能力弱，这些客观事实都决定了我国的农业机械化只能是政府扶持和引导下的机械化，必须走"政府扶持、市场引导、社会化服务、共同利用、提高效益"为主要特征的中国特色农业机械化发展道路。

走中国特色农业机械化发展道路，农民是发展主体，要想方设法解决农民"买得起、用得好、有效益"的问题，这正是《促进法》的立法本意所在。"买得起"就是要针对农民收入还处于较低水平的实际，一方面国家要加大财政补贴、信贷等政策扶持的力度，解决农民购买力不足和资金筹措困难等问题；另一方面要积极支持引导农机制造企业，重点研制生产适合当前农民购买力的先进适用农业机械。"用得好"是要解决好农业机械使用的可靠性、适应性和安全性问题，要完善标准体系、加强质量监督，做好农业机械的试验选型、安全检验和技术推广工作，让农民安全放心地使用农机。"有效益"就是要积极培育农机作业市场，大力培养农机能手，发展壮大市场主体，加强组织协调和公共服务，必要时辅以燃油补贴和作业补贴，提高机具利用率和使用者的经济效益，让雇用农机作业的农户能节本增效，让农机经营者有钱可赚，这是市场经济条件下农业机械化发展的不竭动力。

面对"三农"工作的新形势、新任务、新要求，特别是与发展现代农业要求相比，我们还有大量工作要做。各级人大、政府以及农业等有关部门必须把贯彻实施《促进法》放在更加突出的位置，不折不扣地将《促进法》确定的各项法律制度落到实处，为推动农业机械化事业健康、科学发展提供有力的法治保障。

第一，进一步提高认识，把贯彻落实好《促进法》作为建设现代农业的重要任务。当前，随着我国工业化城镇化进程加快，农村劳动力结构快速变化，青壮年农业劳动力短缺日趋加剧，农业用工成本持续增加，依靠大量低成本劳动力精耕细作支撑农业稳定发展的空间逐渐缩小，机械化程度的高低越来越成为决定农民种养意愿从而影响大宗农产品有效供给的重要因素。农业机械化是农业现代化的重要标志，肩负着支撑引领农业现代化发展的历史重任。解决农业生产缺人手、应用科技缺人才、"谁来种地、怎么种地"等现实问题，迫切需要用现代物质条件装备农业，加快推进农业生产全程机械化，充分发挥农业机械集成技术、节本增效和推动规模经营的重要功能。因此，我们要把贯彻落实好《促进法》作为建设现代农业的工作任务，不断加大工作力度，以此来夯实农业现代化的物质基础。

第二，进一步落实《促进法》各项制度规定和政策措施。要按照国家法律法规要求，围绕提升从业人员素质、培育壮大发展主体、扩展农机社会化服务领域、增强农机研发能力、降低农机使用成本、提高农机安全生产水平等方面，完善配套制度和政策措施，加大工作力度和投入力度，充分调动和保护农民购机用机积极性。要丰富投入渠道，稳定实施农机购置补贴政策，完善农机信贷政策，增加公益性农机科研投入和技术推广投入，加强农机应用基础设施建设，大力扶持农机社会化服务，支持农机维修网点建设，实施免费农机安全检验。随着农机用油的价格上涨，农机作业成本还会增加，能不能保持农民使用农机积极性，关键就要看农机作业成本能不能降下来。请有关部门及时研究、探索建立关键环节农机作业补贴机制问题。

第三，进一步做好《促进法》的实施工作。法律的生命力在于实施。各级政府和有关部门要按照党的十八届四中全会的要求，依法全面履行政府职能，依法开展农业机械化促进和管理工作，继续搞好《促进法》的实施。要进一步加大学习宣传力度，让基层干部、农民群众和农机服务人员都了解这部法律和配套法规，熟练掌握相关的法律法规知识，牢固树立法治观念，依法维护自身合法权益，确保《促进法》顺利、有效实施。

第四，进一步加强《促进法》实施情况的监督检查。对法律实施情况进行监督，是各级人大及其常委会的一项重要职权。各级人大及其常委会要积极发挥监督职能，围绕《促进法》的重点内容和难点问题，监督和支持政府及其有关部门依法履行职责，加强对各项法律制度落实情况的监督检查，及时发现问题，提出意见建议，为农业机械化事业发展创造更加良好的环境和条件。各级政府及有关部门要自觉接受人大监督，严格依法办事，不断提高依法行政水平。另外，新闻媒体也要发挥舆论监督作用，为《促进法》律贯彻实施营造良好的氛围。

农业机械化是农业现代化发展中带有方向性的大事，认真贯彻实施《促进法》事关国家"四化"同步发展的大局，责任重大，使命光荣。让我们共同努力，认真贯彻党的十八届三中、四中全会精神，加大依法促农力度，加快农业机械化步伐，为保障国家粮食安全、建设现代农业作出更大贡献！

（张宝文，全国人大常委会副委员长；本文为作者在《中华人民共和国农业机械化促进法》实施十周年座谈会上的发言，题目为本刊添加）

一项长期而艰巨的任务

韩长赋

《中华人民共和国农业机械化促进法》(以下简称《促进法》)是我国首部专门关于农业机械化的法律,这部法律的颁布实施,标志着我国农业机械化进入了依法促进的新阶段。自2004年11月1日开始施行以来,各地区、各部门认真履行法律赋予的职责,采取有力措施贯彻落实,推进农业机械化快速健康发展。主要开展了以下工作。

一、大力宣传贯彻《促进法》,营造了有利于农业机械化发展的良好环境

党中央、国务院领导同志高度重视农业机械化工作,多次作出重要指示。连续11个中央1号文件、十七届三中全会《决定》以及"十一五""十二五"发展规划纲要都明确提出了加快推进农业机械化的具体要求和配套措施。2010年国务院印发《关于促进农业机械化和农机工业又好又快发展的意见》,全面系统地提出了当前和今后一个时期我国农业机械化发展的指导思想、目标任务、扶持政策、职责分工。各省区市人民政府制定了具体实施意见,各地各部门通过举办座谈会、培训班、法律知识竞赛等多种形式的学习宣传活动,不断将《促进法》学习贯彻引向深入。关心农业机械化、支持农业机械化、发展农业机械化,逐步成为社会的普遍共识和各地区各部门的自觉行动,农业机械化发展环境持续向好。

二、加快配套法规建设,基本构建起中国特色的农业机械化法律法规体系

根据《促进法》确立的法律体系框架,国务院、农业部和地方人大、政府把配套法规规章制定工作摆上重要日程,农业机械化法制建设的进程明显加快。2009年国务院公布实施了《农业机械安全监督管理条例》,这是我国农业机械管理的第一部行政法规,标志着农机监管工作迈上法制化轨道。2004年以来,各省区市人大常委会共制(修)定34部农业机械化地方法规。此外,农业部等部委先后制定发布了《农业机械试验鉴定办法》《农业机械维修管理规定》等12个部门规章,以及《农业机械购置补贴专项资金使用管理暂行办法》等一批规范性文件,地方政府先后制定了20个政府规章,这些规章制度涵盖农机教育培训、质量鉴定、技术推广、安全监理、农机维修、售后服务等各个领域及重点环节,农业机械化各项工作基本做到了有法可依、有章可循。

三、积极落实扶持政策,大幅增加农业机械化投入

各级政府依照《促进法》的要求,不断加大对农业机械化发展的支持力度。中央财政农机购置补贴资金从2004年的7 000万元增长到2014年的237.5亿元,累计投入资金约1 200亿元,补贴购置各类农机具超过3 500万台(套),同时开展了农机报废更新补贴试点、深松整地作业补贴试点。国务院批复实施《保护性耕作工程建设规划》,并通过新增千亿斤粮食产能工程,加大了对机耕道路、农机推广设施等基本建设投入。国家累计安排近19亿元科技资金,支持大马力拖拉机、多功能农业装备等关键机械研发及技术改造;实施农机工业、作业服务、跨区作业车辆通行税费减免优惠政策,降低了企业和农民相关成本支出。一些省份还出台了农机贴息贷款、保险政策性补助、重点环节作业补贴、免费安全检验、农机合作社机库建设奖补等扶持措施。国家和地方形成了多元化的农业机械化投入机制,扶持力度逐步加大,调动了农民和农机企业的积极性。

四、认真履行法律职责,合力推进农业机械化快速健康发展

农业与发展改革、财政、科技、质检、工商、公安、安全生产、交通等部门紧密协作,建立了促进农业机械化发展的工作机制。加大农机购置补贴政策落实力度,努力确保科学规范高效廉洁实施。加强农业机械化科研和技术推广,推进农机农艺技术集成配套,加快培育农机合作社等新型主体,年培训农机手400万人次,有序开展重要农时机械化生产组织及服务,参加跨区作业的机具量、作业量连创新高。加强农机质量管理,严把机具推广鉴定关口,实施农机安全监理,深入开展"平安农机"创建,狠抓农机安全检验、隐患排查、宣传教育等工作,农机田间作业事故数量明显下降。

总的来看,《促进法》颁布实施10年来,我国农业机械化实现跨越式发展,呈现出速度、质量、效益同步推进的特征。主要体现在四个方面:

一是农机装备总量增长、结构优化。2014年全国农机总动力预计达到10.5亿千瓦,比2004年增加4.1亿千瓦,增长64%;装备结构加快向大功率、多功能、高性能方向发展,大中型拖拉机、联合收获机、水稻插秧机保有量分别超过558万台、152万台和66万台,分别是2004年的5倍、3.7倍和9.8倍。经济作物、畜牧水产养殖、林果业及农产品初加工机械保有量快速增长。

二是农机作业水平大幅提高。2013年全国农作物耕种收综合机械化水平达到59%,2014年预计超过61%,比2004年提高27个百分点。三大粮食作物耕种收综合机械化率均超过75%,小麦生产基本实现全过程机械化。水稻机械种植、收获水平分别从2004年的6%、27%,提高到现在的38%、81%,玉米机收水平从2%提高到55%。以农机为载体,精量播种、化肥深施、高效植保、低损收获、秸秆还田等增产增效型技术迅速推广,保护性耕作、深松整地面积分别超过8 000千公顷、10 000千公顷,进一步挖掘了粮食增产潜力、增强了农业抗灾能力。

三是农机社会化服务蓬勃发展。目前,全国农机作业服务专业户、农机合作社等各类服务组织数量分别超过530万个、170万个,涌现了一大批懂技术、会操作、善经营的农机能手,每年完成作业服务面积近266 666.8千公顷,占全国农机作业总面积的2/3左右,农机田间作业服务收入超过2 100亿元。农机社会化服务已成为农业社会化服务的突出亮点,缓解了青壮年劳动力外出务工对农业生产带来的不利影响，促进了土地流转和规模经营，提高了农业集约化水平和组织化程度。

四是带动了农机工业振兴发展。受农机购置补贴政策等多个方面的拉动，我国农机产销两旺，带动农机工业快速发展，农机工业总产值连续十年保持两位数增长，从 2004 年的 854 亿元增加到 2013 年的 3 571 亿元，位居世界第一。目前，我国农机产业集群初步形成，科技含量、产品质量和售后服务水平不断提高，主要农机产品已能满足国内市场 90%以上的需要。

农业机械化的快速发展，为增强农业综合生产能力、保障粮食等重要农产品有效供给和农民持续增收提供了坚实的物质支撑，为我国工业化、信息化、城镇化、农业现代化协同发展作出了重要贡献。10 年来农业机械化发展的实践证明，《促进法》是一部符合我国国情农情、对农业机械化具有重要引领保障作用的兴农强农良法。

《促进法》实施以来农业机械化工作取得的成效，是中央高度重视、亲切关怀的结果，是国家有关部门、地方各级党委人大政府以及社会各界鼎力支持、合力推进的结果，也是广大农业机械化工作者辛勤付出、奋发拼搏的结果。特别是，全国人大常委会对《促进法》贯彻实施工作一直非常关心，多次听取实施情况汇报，专题审议立法后评估报告，人大农委、法工委等有关专门委员会多次深入基层开展专题调研，对农业机械化工作给予有力的指导和帮助。借此机会，我代表农业部和全国农业机械化系统干部职工，向全国人大常委会及各专门委员会，向国务院法制办等有关部门和社会各界表示衷心的感谢！

今后一个时期，随着工业化、城镇化快速推进，农村劳动力仍将大规模转移就业，农民对农机作业的需求将越来越旺盛，农业生产对农机应用的需求将越来越强烈，我国农业机械化仍处于快速发展的黄金机遇期。但是，我们也清醒地认识到，在农业机械化发展和《促进法》的贯彻实施过程中还面临一些不容忽视的问题，主要是：有的地方对加快推进农业机械化的重要性紧迫性认识不足，导致政策措施不完善，投入渠道不稳定，各种政策工具之间衔接配套性不强；农机科研、技术推广工作支持力度有待进一步加大，一些增产增效、节能环保的适用技术普及速度不够快，有些生产环节如棉花采摘、甘蔗收割、油菜移栽及收获等机械研发、推广不足；机耕道等农机应用及公共服务基础设施建设仍比较滞后，等等。这些问题需要认真研究，加快解决。

农业部门将以《促进法》实施 10 周年为新起点，与有关部门一起共同促进法律规定的全面落实，切实提高依法行政水平，以培育壮大新型农机服务组织为着力点，以提升薄弱环节机械化水平为主攻点，以加强农业机械化公共服务能力建设为支撑点，推进农业机械化扶持政策创新，加快推广先进适用农业机械化装备和技术，全面提高农机装备水平、作业水平、科技水平，促进我国农业机械化向"全程、全面、高质、高效"发展。到 2020 年，将农作物耕种收综合机械化水平提高到 70%，粮食生产主要环节基本实现机械化，棉油糖等主要经济作物田间机械化水平大幅提高，养殖业及农产品初加工机械化取得明显进展，农机社会化服务体系不断完善，推动农业机械化科学发展，为实现农业现代化、统筹城乡协调发展作出更大贡献。

（韩长赋，农业部部长；本文为作者在《中华人民共和国农业机械化促进法》实施十周年座谈会上的发言，题目为本刊添加）

为农业机械化又好又快发展奠定坚实的制度基础

刘振伟

农业机械化是农业现代化的重要内容，促进农业机械化对于保障国家粮食安全，推进城乡一体化发展意义重大。全国人大农业与农村委员会长期以来一直十分关心农业机械化事业发展和农业机械化法律制度建设。九届全国人大农委成立后，就促进农业机械化进行过专题调研，并就全国人大常委会审议的《中华人民共和国道路交通安全法》草案中涉及农业机械管理的规定，向全国人大常委会提出了审议意见和修改建议。2001 年初，全国人大农委牵头开展农业机械化促进法的调研论证，着手法律起草工作。2003 年十届全国人大农委成立后，继续抓紧开展起草工作，2004 年 6 月，十届全国人大常委会审议通过了《中华人民共和国农业机械化促进法》（以下简称《促进法》）。2012 年又针对《促进法》确立的主要法律制度的科学性、可操作性以及法律执行的有效性进行立法后评估，以期为农业机械化事业发展创造良好的法制环境。

一、《促进法》有力推进了我国农业现代化进程

《促进法》是鼓励、扶持农民和农业生产经营组织使用先进适用的农业机械，提高农业机械化水平，建设现代农业的重要法律，明确了农业机械化的发展方向及实现路径，确立了农业机械化发展的基本制度，强化了现阶段促进农业机械化发展的保障措施。该法颁布实施的 10 年间，我国粮食连年增产，现代农业有序推进，农民收入持续增加，农机装备总量、农业机械化水平和农机工业增长速度，都是历史上最好的时期。《促进法》的颁布实施，既是农业机械化发展进入法制化轨道的里程碑，也是促进农业机械化大发展的奠基石。

《促进法》颁布实施的重要意义还在于：一是进一步统一和深化了各方面对于农业机械化发展道路的认识。我国的农业机械化，只能走政府扶持和市场引导相结合的道路；两者不能分离，也不能偏离，否则就会走弯路。二是指导农业机械化的发展，由过去的主要靠政策指导向依靠政策和法律共同指导的方式转变，由主要以行政手段管理，向行政手段、经济手段和法律手段共同运用管理的方式转变，这也是依法治国和依法行政在农业机械化领域的具体体现。

二、《促进法》是发挥立法对改革引领、推动和保障作用的成功范例

习近平总书记指出，"要加强重要领域立法，确保国家发展、重大改革于法有据，把发展改革决策同立法决策更好结合起来，要坚持问题导向，提高立法的针对性、及时性、系统性、可操作性，发挥立法的引领和推动作用”。张德江委员长指出，“立法活动是国家重要政治活动，立法工作关系党和人民事业发展大局。要紧紧围绕全面建成小康社会和全面深化改革的目标任务，加强重要领域立法，坚持立改废释并举，使法律准确反映经济社会发展要求，更好协调利益关系，不断完善中国特色社会主义法律体系”。

《促进法》确立了鼓励农业机械跨区域作业服务、对农民和农业生产经营组织购买先进适用的农业机械给予补贴、对农机作业用燃油安排财政补贴、对从事农业机械生产作业服务收入给予税收优惠、对农业机械科研开发给予财力支持及税收优惠，以及加大金融对农机事业的扶持等制度和措施，对促进农业机械化水平的快速提高发挥了重要作用。《促进法》的起草、审议和颁布实施，也改变了过去立法工作多是待政策稳定成熟后再立法的传统做法，而是把政策规范尚不完善，但实践发展确有需要，并且能够看得准的事项，通过立法予以规范。实践证明，这种关口前移的立法模式符合实际，对今后的“三农”立法工作具有借鉴意义。

涉农立法多为经济法，行政法，主要规范农业农村经济发展过程中的宏观管理和调控措施，以及市场主体、市场秩序和竞争规则等，时效性和实践性特色明显。今后，我们要善于发挥立法的作用，一方面将党的“三农”政策及时归纳、转化为法律规定，使之更加系统、规范；另一方面将立法与深化农村改革的实践融为一体，发挥法律的引领、推动和保障作用。立法要讲效率，方向性、原则性的重要问题基本形成共识后，就要抓紧立法；出现新情况，则抓紧修改。如果法律长期滞后于实践，实践就会对法律敬而远之。今后，完善农业法律制度要关口前移，切实保证农村重大改革先立后破，于法有据，有序推进。

三、进一步强化对《促进法》实施的监督检查

法律的生命在于实施，与实践紧密结合的法律才有生命力。法律得不到有效实施，就是一纸空文。涉农法律执行得如何，直接关系到农业农村经济健康发展、城乡一体化及全面建设小康社会进程。当前我国经济社会发展进入新阶段，改革进入攻坚期和深水区，深化农村改革的任务也十分繁重，需要加强法律实施监督，提高法律制度的实施效果。

《促进法》确定的促进农业机械化发展的基本制度，经过实践证明是符合实际的，应当始终坚持不能动摇。同时，对法律制度实施中遇到的新问题，也要及时跟踪研究，分析存在问题的原因，通过完善配套制度等方式积极推动解决。比如，目前农机装备数量多但低档次机具比重大、农机使用的基础设施条件滞后、经济作物和山区机械化发展水平缓慢、农机社会化服务主体的组织程度较低、农业机械单机使用效率和经营效益不高，以及农机工业的自身创新能力弱、核心部件对外依存度高等问题，都需要各方面继续共同努力推动解决。另外，还要继续采取多种方式，通过各种渠道，加强对法律知识的宣传和培训，进一步扩大法律在农民、农机企业、社会公众及政府部门中的影响，提升法律的认知度、认同度，加深全社会对促进农业机械化、发展现代农业总体战略的理解和把握，为促进法律实施营造良好的氛围，推动我国农业机械化事业再上新台阶。

党的十八届四中全会决定明确提出，“实现立法和改革决策相衔接，做到重大改革于法有据、立法主动适应改革和经济社会发展需要”。“建立由全国人大相关专门委员会、全国人大常委会法制工作委员会组织有关部门参与起草综合性、全局性、基础性等重要法律草案制度”。农业法律是党的十八届四中全会提出的立法重点领域之一。今后，全国人大农委将认真贯彻落实党的十八大和十八届三中、四中全会精神，按照党中央、全国人大常委会的统一部署，以深化农村改革为重点推动涉农立法工作，对涉及综合性、全局性等重大事项的法律草案加强立法协调，牵头组织起草，对于政府有关部门负责起草的法律草案提前介入，努力提升农业法治建设水平，为我国农业和农村经济健康发展，为社会主义新农村建设做出应有的贡献！

（刘振伟，全国人大农业与农村委员会副主任委员；本文为作者在《中华人民共和国农业机械化促进法》实施十周年座谈会上的发言）

准确把握土地流转需要坚持的基本原则

韩　俊

引导农村土地有序流转，发展适度规模经营，是构建新型农业经营体系、发展现代农业的重大政策举措。这个问题关乎亿万农民的切身利益，关系到农村基本经营制度的巩固和完善，事关经济社会发展全局。应立足我国人多地少的基本国情，从推进中国特色农业现代化、保障农民土地权益和稳定农村大局出发，全面理解、准确把握需要坚持的基本原则，搞好制度设计，积极稳妥推进，避免走弯路，让农民成为积极参与者和真正受益者。

一、以“三权分置”为遵循，放活土地经营权

我国20世纪70年代末的农村改革，通过实行农村土地集体所有权和农户承包经营权“两权分离”，极大地调动了农民的积极性，极大地解放和发展了农村生产力。随着农村人口大量转移，一些地区在土地流转过程中，土地承包经营权又发生分离，演变成承包权与经营权两部分，从而形成了所谓的所有权、承包权和经营权“三权分置”的状态。下一步深化农村土地制度改革，必须把落实集体所有权、稳定农户承包权、放活土地经营权作为基本遵循。

一是落实集体所有权。农村土地实行集体所有制，保障了农民平等地拥有最主要的农业生产资料，这一制度是农村基本经营制度的“魂”，是中国特色社会主义的重要制度特征。推进农村土地制度改革，不能把农村土地集体所有制改垮了。落实集体所有权，就是要积极探索农村土地集体所有制的实现方式，建立健全适应社会主义市场经济要求、符合初级阶段实际的农村集体土地产权制度。

二是稳定农户承包权。家庭承包制下农户获得的土地权利，是由承包权和经营权组成的。在土地流转过程中，土地承包经营权是可以分离的。只有作为集体组织成员的农民家庭才拥有土地承包权，这是农村基本经营制度的内在要求。稳定农户土地承包权，就是确保在承包期内，任何组织或个人都不得强迫农民放弃承包的土地，不论承包经营权如何流转，集体土地承包权都属于农民家庭，其他任何主体都不能取代农民家庭的土地承包地位。

三是放活土地经营权。在家庭承包制下，土地流转的客体是土地经营权。在理论和政策上明确这一点具有重大意义。改革以来，我们一直强调正确处理土地承包制的稳定和土地流转的关系。稳定，就是要稳定农户土地承包权；流转，就是要放活土地经营权。在坚持农村土地集体所有的前提下，促使承包权和经营权分离，放活土地经营权，这样，就可以避免在认识上和实践中，一讲稳定似乎就不允许经营权流动，而一讲流转和集中，似乎就只有集体重新收回农民土地承包权这样两种倾向。以"三权分置"作为基本遵循，以现有土地承包关系的长久不变和农民家庭土地承包权的稳定，来应对土地经营权的流转和集中，以不变应万变，这样，有利于使土地承包者和实际经营者都能建立起稳定的预期，将使农村基本经营制度更加充满持久的制度活力。放活土地经营权，必须进一步明确集体土地所有权、土地承包权、经营权在土地流转中的相互权利关系和实现形式，加快发展多种形式的土地经营权流转市场，健全土地承包经营流转纠纷调解仲裁体系。

二、以农户家庭经营为基础，积极培育新型农业经营主体

从世界各国农业发展的实践看，家庭经营是最普遍的农业经营形式。农业生产的基本特点是空间分散，且必须对自然环境的微小变化做出及时反应，这使得农业生产的监督成本较高。农户家庭成员之间的经济利益是高度一致的，不需要进行精确的劳动计量和监督。较之其他经营方式，家庭经营在农业中具有更好的适应性，不仅适应以手工劳动为主的传统农业，也能适应采用先进科学技术和生产手段的现代农业。在我国农业现代化过程中，家庭经营蕴藏着巨大的潜力，具有广阔的发展前景，不存在生产力水平提高以后改变家庭经营基础性地位的问题，家庭经营现在是、将来也是我国农业最基本的经营形式。农业规模经营的实质不是对家庭经营的否定，而是通过改善家庭经营的资源配置及其外部环境，实现农业生产环节的专业化、社会化。因此，发展农业适度规模经营，必须坚持家庭经营的基础性地位，不应把规模经营与家庭经营隔离开来，更不能把家庭经营与农业现代化对立起来。同时，要处理好发展家庭经营与集体经营、合作经营和企业经营等多种经营方式的关系，大力培育新型农业经营主体，促进农业多种经营方式共同发展，加快构建以农户家庭经营为基础、合作与联合为纽带、社会化服务为支撑的立体式复合型现代农业经营体系。

一是创新家庭经营发展方式。强调农业家庭经营的基础性地位，绝不是固化和迷恋目前分散、超小规模的土地经营方式，必须按照党的十八大和十八届三中全会精神，创新家庭经营发展方式，积极引导土地向专业大户、家庭农场流转，大力提高家庭经营集约化、规模化水平。要重点发展以家庭成员为主要劳动力、以农业为主要收入来源、从事专业化、集约化农业生产的家庭农场，使之成为发展现代农业的有生力量。建立健全扶持家庭农场发展的政策措施，将新增农业补贴向家庭农场倾斜。更好地为粮食生产规模经营主体提供支持和服务。引导农民自愿开展"互换并地"，解决承包地细碎化问题，方便耕作，实现承包地的相对集中经营。

二是积极探索新的农业经营方式。我国少数村庄仍保留土地集体经营方式，要不断探索和丰富集体经营的实现形式。引导农民以承包地入股组建土地股份合作组织。允许农民以承包土地的经营权入股，通过多种形式发展农业产业化经营。近些年来，工商企业租赁农村土地从事农业生产经营的现象越来越多。工商企业租赁土地经营，从积极的方面看，可以发挥资金、技术和管理等方面的优势，向农业输入现代生产要素和经营模式。但我国农村人多地少，如果不加限制地让工商企业进入农业的直接生产领域，大片圈地，会挤压农民就业空间和影响农村的稳定。为了避免农村出现大资本排挤小农户，避免出现土地的大规模兼并，避免大批农户丧失经营主体地位，必须对工商企业长时间、大面积租赁农户承包地采取慎重的态度。随着工商资本进入农业、参与农地经营规模的扩大，迫切需要探索建立严格的工商企业租赁农户承包耕地准入和监管制度。对工商资本租赁农户承包地要有明确的上限控制，要进行资格审查和项目审查。特别是要防止工商资本下乡租赁承包地后擅自改变土地农业用途，搞"非农化"或"圈而不用"，破坏农业综合生产能力。要鼓励和支持工商企业发展适合企业化经营的现代种养业。鼓励和支持它们进入农产品加工流通和社会化服务流域，与农户、农民合作社建立紧密的利益联结机制，带动农民发展规模经营。要探索建立土地流转风险保障金制度，主要用于补偿因租地企业违约或经营不善而损害的农民利益。

三、以尊重农民意愿为前提，引导土地规范有序流转

农村土地经营权流转的主体是农民。土地是否流转、价格如何确定、形式如何选择等，决策权都在农户，流转收益应归承包农户所有。发展土地规模经营，要充分尊重农民的意愿，不能搞大跃进，不能搞强迫命令，不能搞行政瞎指挥。不能脱离客观条件，人为定任务、下指标或将流转面积、流转比例纳入政绩考核等方式行政推动土地流转。即使在土地流转客观条件充分成熟的地方，发展农业规模经营也要注意工作方法，要通过典型示范引导，由点到面，稳步推广。

农村土地经营权流转，要真正做到尊重农民的意愿，除了注意工作方法外，关键在于要客观地估计土地对农民的意义及农民对土地流转的基本态度，恰恰在这一点上，地区之间存在着很大的差别。依条件的不同，这里有三种情况：(1)对于当今大多数农民来讲，土地仍然是安身立命之本，仍然是维持生存和发展的基本依靠。采取"自家的承包地自家种"这种土地经营方式的普通农户仍占大多数。农户既不愿意转让经营权，更不愿意放弃承包权，是大多数农村的客观现实。在这种基本农情下，绝不能超越客观条件，违背农民的意愿，用行政手段强迫农民流转土地。(2)在经济相对发达地区和大城市郊区，的确已有一部分农户，尤其是那些已经在城镇多年从事二三产业、具有稳定的非农收入的农户，有了转让土地经营权的愿望。对于相当一部分农民来说，土地的生存保障功能虽已淡化，但农民完全放弃承包土地还有种种顾忌。农户愿意转让经营权，但不愿放弃承包权，这种情况在现实中将大量发生。这时，要坚持依法自愿有偿原则，允许农民以转包、出租、互换、转让、股份合作等形式流转土地经营权。而承包权则仍应明确是农户的，不能强迫收回农民的承包地。(3)在农户彻底脱离农村、融入城市的情况下,部分农户不仅自愿流转经营权,也自愿放弃承包权。这种情况目前还较为少见。既便在这种情况下,也不能要求把放弃承包地作为农民进城落户的先决条件。在农民自愿的前提下,可以把承包地交还集体组织或经集体同意后转让给集体组织其他成员。集体也应给予合理的补偿。总之,政府直接用行政手段推动土地规模经营,会引发社会矛盾。在坚持土地承包关系长久不变和尊重农民意愿的前提下,要积极探索建立市场化的土地流转机制。对随意改变土地承包关系、强迫农民进行土地流转、侵害农民土地权益的违法行为,必须加强执法监督。

四、以经营规模适度为目标,促进粮食增产与农民增收同步

实行土地规模经营,对于稳定务农者队伍,保障粮食安全和主要农产品供给,促进农业增效和农民增收,都显示出有重要作用。要与比我国农户经营规模大几十倍、上百倍的发达国家农业经营主体相竞争,消化农产品成本不断上升带来的影响,提升我国农业的竞争能力,必须积极稳妥地推进土地使用权的流转,扩大土地经营规模,提高农地资源的配置效率,提高农业和粮食的劳动生产率。

在扩大农业土地经营规模方面,国际上有成功的例子,如法国通过鼓励老年农民离农、青年农民创业,开展土地整治等,使农场平均规模由1955年的13.3公顷扩大到目前的40多公顷;也有不成功的例子,如日本,农业过度兼业化,农场的平均规模仅从20世纪50年代末的1公顷扩大到现在的约2公顷。当前,我国工业化城镇化快速发展,“谁来种地”问题比较突出,许多地方已经具备了发展土地适度规模经营的条件,必须因势利导,顺势而为,引导土地有序流转和集中。但应该清醒地认识到,我国这样一个人多地少的国家,在推进农业现代化过程中,不能脱离实际,片面追求超大规模经营,盲目崇拜国外的大规模农场,要充分认识实现土地适度规模经营的长期性和复杂性。

按照常住人口计算,我国农村人均耕地面积为0.19公顷,户均约半公顷。若户均经营规模提高到约2公顷,就需要再减少2/3以上的农户。有关测算表明,如果把实现种地收入与进城务工收入相当作为粮食生产适度规模的标准,在北方单季地区,家庭经营的适度规模应在8公顷左右;在南方两季地区,则为4公顷左右。从国际比较看,这仍是很小的规模。按这一标准实现农业规模化经营,则粮食生产仅需劳动力4 300万人。据估计,我国目前从事粮食生产的劳动力在1.5亿人左右。这就是说,全国粮食生产实现规模化经营,尚需转移1亿左右的农业剩余劳动力。我国的基本国情决定,在相当长的时期内,土地是农民最基本的生活保障,农村土地经营权的流转和集中必然是一个不平衡的、渐进的长期过程。因此,发展适度规模经营,既要积极鼓励,也不能拔苗助长;既要避免土地撂荒和经营规模过于碎小,又要防止土地过度集中,人为“垒大户”。一些发展中国家之所以会在大城市周围形成大片的贫民窟,就是因为农民失去了土地,只能单向流入城市,即使没有就业机会也无法再返回农村,结果造成了许多严重的社会问题。我国实行的农村土地集体所有、家庭承包经营制度,是避免此类社会矛盾的重要保障。

土地适度规模经营,是生产力发展的自然过程。从政策导向看,发展适度规模经营,就是要充分考虑各地自然经济条件、农村劳动力转移程度、农业机械化和社会化服务水平等因素,因地制宜确定本地区适度规模经营的标准。当然,土地适度规模经营的“度”是一个动态概念。有的地区是从保障务农与务工人员收入均衡的角度,确定适度规模经营的标准;有的地区则用机械作业的最佳规模来衡量这个度;有的主张以粮食产出的平均成本是下降了还是上升了来衡量土地经营规模是否“适度”。这些思路都有一定道理。我国农村情况千差万别,确定适度规模的标准,应坚持从实际出发,分类指导,但一些基本的原则应遵守。从我国人多地少的基本国情出发,扩大农业经营规模,不能以降低土地生产率和粮食产量为代价,要统筹考虑增产和增收的平衡、提高劳动生产率和土地生产率的平衡以及效率和公平的平衡。总的考虑是,发展农业规模经营,要与城镇化进程和农村劳动力转移规模相适应,与农业科技进步和生产手段改进程度相适应,与农业社会化服务水平提高相适应。

农业的规模经营决不仅仅意味着只是集中土地。单个要素投入规模的大小,并不能决定综合效益的高低和生产方式的先进程度。现代农业的经营规模受农业生产资料供给、农业技术服务、农产品销售加工、农业服务体系等多种因素的综合影响。在我国,寄希望通过大规模集中土地,实现像新大陆国家那样的农场规模是不现实的。要创新规模经营方式,在引导土地资源适度集聚的同时,要通过引导农民走向联合与合作、发展农业产业化经营、开展社会化服务,以提升农业组织化水平和扩大农业服务的规模,来弥补耕地规模的不足,积极探索符合我国国情的发展农业规模经营的有效途径。

(韩俊,中央财经领导小组办公室副主任;论文来源:2014年10月21日农业部网)

给农业机械化插上科技的翅膀

罗锡文

《中华人民共和国农业机械化促进法》(以下简称《促进法》)颁布实施的10年,是我国农业机械化快速发展的黄金10年。10年来,我们实现了历史性的跨越式发展,令世界农机同行瞩目。在务农劳力数量短缺、老龄化趋势加剧的情况下,我国农业保持持续稳定发展,特别是粮食生产实现了“十连增”,其中农业机械化发挥了至关重要的支撑作用。以政府扶持、农机社会化服务为主要特征的中国特色农业机械化发展道路,已成为世界上发展中国家学习借鉴的典范。

作为干了一辈子的农机科研工作者，我切身感受到，这10年也是农机科技的春天，呈现出环境优化、创新活跃、成果绽放、人才辈出的可喜局面。《促进法》全文共35条，其中与农机科研及技术推广直接相关的条款达10条之多。10年来，科技部、农业部等有关部门坚决贯彻落实《促进法》，通过973、科技支撑计划、公益性行业科技专项等国家项目安排了19亿元农机科研资金，带动企业等研发投入40多亿元，这是我们过去难以想像的数字。我国农业装备技术进入了快速发展时期，一些瓶颈环节技术问题初步得到解决，先后突破了复式整地、免耕播种、高速栽插、高效施药、大马力拖拉机动力换挡等一批关键技术，初步形成了适合我国国情的粮食生产全程机械化装备体系，总体技术水平与先进国家的差距逐步缩小。通过农机购置补贴政策引导和推广部门努力，这些技术和产品得到组装集成和普及应用，农机、农艺和农业经营方式相互融合的生产体系在主产区初步形成，有力支撑了农业稳定发展。

经验表明，实现了农业现代化的国家都是以实现机械化为前提。降低生产成本、集成农业技术、提高农产品竞争力，主要依靠机械化。突破土地、环境资源约束，减少农药、化肥使用，挖掘增产潜力，主要靠品种创新改良和先进的机械化生产手段。比如，农机深松整地可平均增产10%。目前我国农业装备技术还有很多短板，甚至是空白，还不能完全满足现代农业发展的迫切需求，适应农业规模化生产的高效率、多功能、精准化农机装备还比较缺乏，已成为制约产业发展的瓶颈。如甘蔗、棉花产业现在遇到的困境，主要就是缺少先进适用的作业机械，导致用工多、生产成本高，产业竞争力弱。

农机研发具有显著的复杂性、区域性、季节性和长周期性，对其基础理论和关键共性技术研究政府如果不长期投入，将成为制约我国农业装备水平进步的主要短板，就难以摆脱高端产品和核心部件受制于人的局面。我们强调要发挥企业在自主创新中的主体作用，但目前我国农机工业集中度低、企业规模普遍小，企业研发主要偏重结构设计，还难以承担重大农机产品创新的重任。现在我国正处于从传统农业向现代农业转变的关键时期，我建议，国家支持发展农业机械化的力度不能减、农机科技创新的步伐要加快，我们要用自己的农机装备来生产我们自己的粮食，这样的饭碗才能端得更稳。推进粮食生产全程机械化，促进种植业、养殖业、农产品初加工全面机械化，是当务之急的重要任务。为此，我提出以下八点建议：

一是建议政府进一步明确农业机械化科技创新的公共性、基础性、社会性地位，构建支撑农业机械化科技创新的稳定投入机制。二是建立以政府为主导，以项目为纽带的政产学研推的农业机械化协同创新机制。三是设立农业机械化科技创新重大专项，制定我国农业机械化科技创新的基础理论和关键共性技术项目指南。四是做好农业机械化科技创新的顶层设计，实现统筹规划协调推进。实现主要粮食作物、园艺作物和经济作物全覆盖、产前产中产后全环节、平原地区丘陵地区机械化都兼顾的协调推进格局，帮助更多农民增产增收。五是创新为新型农业经营主体的农机服务模式，继续鼓励农民买好农机、用好农机，加大购机补贴及贷款支持，下大力气加快改善农机通行、农机维修等基础设施，切实把农机能手作为培养新型农民的主要对象，这是解决谁来种地、如何把地种好的现实途径。六是加强农机农艺融合，根据不同的农业生产条件和农民需求，研发先进的农业机械，同时加快选育适应机械化的作物品种，促进农业机械与农业生产技术的发展要求相适应。七是提高农机企业的自主创新能力，使我国的农机企业真正成为农机创新的主体。八是以信息化技术提升农业机械化水平，包括用信息化技术提升农业机械的设计、制造和作业水平以及农业机械化的管理水平。

“农业的根本出路在于机械化”。在美国工程院评选的20世纪20项最伟大的工程技术成就中，农业机械化排在第七位，理由是在过去的100年中，农业机械化的发展和应用改变了美国农业，也改变了世界农业的命运。我们相信，在新的世纪，在中国，由农业机械化延伸的农业各项工程技术的发展和应用，也将彻底改变中国传统农业和亿万中国农民的命运。我相信，在纪念《促进法》颁布20周年的时候，我们将会看到一个有巨大影响的农机科技强国、农机使用大国屹立于世界的东方，这就是我们中国。

（罗锡文，中国工程院院士；本文为作者在《中华人民共和国农业机械化促进法》实施十周年座谈会上的发言）

青山遮不住　毕竟东流去

刘　宪

2004年6月25日，胡锦涛同志签署第十六号主席令颁布《中华人民共和国农业机械化促进法》(以下简称《促进法》)，标志着农业机械化工作从此驶入依法促进的高铁轨道。作为一名农机老兵，我从1973年到县农机厂工作开始，从事农机制造、鉴定、推广、监理和行政管理工作几十年，经历了农业机械化发展的艰难与辉煌，有幸见证《促进法》从调研起草到颁布实施的曲折过程。在纪念《促进法》10周年之际，追昔抚今，感慨良多。

《促进法》问世经历了几十年的酝酿。1983年，我到国家农牧渔业部农业机械化管理司修理处工作之初，就参与了当时称为《农机化法》的有关工作，收集整理农机维修方面的资料。由于认识上的分歧等多方面原因，立法进展缓慢，在前辈们的努力争取下，几经波折反复直到20世纪末才以《促进法》的名称正式由全国人大列入立法计划。当时，我已到部鉴定总站任职，负责鉴定业务。因为工作关系我较多的参与立法外围工作，配合开展《促进法》起草调研和素材提供。我们和全国人大农委、法工委、国务院法制办，有关部委领导及法律草案执笔同志朝夕相处，翻阅资料研究国内外的做法和经验，讨论思路和框架，受益匪浅。当时，我们的观点一是鉴定和质量监管作为农业机械化健康发展的重要环节，既需要法律的支撑，也需要法律的约束。二是农机产品田间试验周期长成本高，生产企业不愿意下工夫做，许多新产品未经过试验就匆忙推向市场，导致适应性差、故障频发，用户投诉激增。因此，在完善推广鉴定制度，加强监管保护农民权益非常必要。也有同志表示不同意，认为要完全依靠市场机制解决质量监管问题。期间，不同观点相互碰撞，经常争辩得面红耳赤，辩论促使大家从更高层次、更符合国情的角度思考问题，起草有关条款。最后，有四条涉及农机鉴定的内容正式写入了《促进法》第三章“质量保障”部分。其中第十六条明确规定，鉴定机构有责任从满足农业机械使用技术要求和推广先进技术的目的出发，对农机产品进行检测及评价，为农民和农业生产经营组织选购先进适用的农业机械提供信息。从法律层面明确了鉴定与推广的关系。第十八条明确规定，采用公布目录的形式引导和促进先进适用农机产品的推广。列入目录的产品，应通过鉴定机构进行的先进性、适用性、安全性和可靠性鉴定后向社会公布。凸显了鉴定工作的地位和作用。除了鉴定和质量管理，《促进法》其他各章节的内容也经历了多次调研讨论、反复修改锤炼的过程，可谓好事多磨。围绕立法我参加了若干次会议和调研活动，印象最深的是列席第十一届人大常委会第二十一次会议，讨论《促进法》草案。我们作为农业部工作人员分在不同小组，在人民大会堂会议室聆听了许多领导和知名人士、专家的发言，各组就《促进法》立法的必要性，时机和可行性进行了深入广泛的讨论，有赞成意见也有其他意见，争论比较激烈。我们坐在列席位置上很紧张也有些担心，平心而论，在我们这样的人口大国，要不要发展农业机械化多年来一直都有不同认识和争论。在青壮年农业劳动力大量进城的今天，农业不要机械化或许是不可思议的。但当时不是所有的人都赞成毛泽东同志关于“农业的根本出路在于机械化”这个论断，即使我们长期从事农业机械化工作的人也曾经犹豫彷徨过，记得1979年秋我考入北京农业机械化学院，新生入学的第一场重要报告，就是上面来人宣布1980年实现农业机械化目标需要重新考虑……

“青山遮不住，毕竟东流去”。《促进法》最终能够达成共识，上升成为国家的意志，由国家最高领导人签署发布，说到底是因为《促进法》根植于现代农业和农业机械化发展的深厚土壤之中，符合中国经济和社会发展客观规律。颁布《促进法》是历史的选择，人民的意愿，是非常英明、完全正确的决定。2004年11月1日生效的《促进法》共八章三十五条，内容涵盖农业机械化全程。法律文本逻辑严密、指向精准，凝聚着农机人和立法工作者的辛勤劳动，是集体智慧的结晶。10年来的实践充分证明《促进法》具有极强的生命力，对我国农业机械化发展起到了毋庸置疑的强大促进作用。

《促进法》颁布实施，在宏观指导农业机械化发展层面作用尤其显著。2008年，我从部鉴定总站调至农业部农业机械化管理司，负责法规建设和科技管理。当时《促进法》已经颁布实施，我的主要工作是配合司长深入宣传和全面贯彻落实《促进法》，重点是参与调研起草国务院《关于促进农业机械化和农机工业又好又快发展的意见》（以下简称《意见》）。我和同志们走访基层，草拟文本和背景材料，多次参加国家发改委主持的讨论会，提出对《意见》修改的建议。2010年7月5日，国务院正式发布了《意见》，《意见》将《促进法》的原则要求转化为具体的政策措施，是改革开放以来国家层面推动农业机械化和农机工业发展最全面最有分量的文件。提出的促进农机工业和农业机械化发展的十条政策措施，具有很强的针对性。例如，《意见》第八条提出把农机农艺融合摆在更加突出的位置，把农机与农艺作为一个产业技术整体对待，要求探索建立农机农艺融合的长效机制，完善农机、种子、土肥、植保等推广服务机构紧密配合的工作机制，组织引导农民统一作物品种、播期、行距、行向、施肥和植保，为机械化作业创造条件。充分发挥合作社的优势，将工程技术和生物技术最大限度的融合起来，带动广大农民科学种田。10年来，农机农艺融合在现代农业建设中发挥了非常显著的作用，为我国粮食十年连续增产做出了贡献。在贯彻《促进法》关于加强安全管理的要求方面一个重要举措，是2009年9月7日国务院颁布了《农业机械安全监督管理条例》（以下简称《条例》）。依据《条例》规定，农业部发布了《拖拉机安全操作规程》《农业机械安全实地检验办法》《农业机械事故处理办法》等一系列规范性文件和标准，各地也相继出台或修订了37部地方农机管理条例和政府规章，进一步明确农业机械的安全监管范围和安全监管措施。

10年来，《促进法》和后续出台的《意见》及《条例》共同构成了中国特色的农业机械化发展的法律法规和政策体系框架，为促进我国农业机械化快速健康发展奠定了坚实的基础。

在加强法律法规和政策体系建设的同时，为落实《促进法》第二十七条“中央财政、省级财政应当分别安排专项资金，对农民和农业生产经营组织购买国家支持推广的先进适用的农业机械给予补贴”的要求，中央财政加大了投入力度，农机购置补贴资金从2004年的0.7亿元增加到2013年的217.5亿元，覆盖到所有农牧县区，亿万农民购机用机的积极性空前高涨。10年间全国农机总动力增加70%，极大增强了农业抵御自然灾害的能力。在《促进法》的引领下，农业部提出在巩固完善农业基本经营制度的前提下，坚持走“农民自主、政府扶持、市场主导、社会服务、共同利用、提高效益”的中国特色农业机械化发展道路。联合收割机跨区作业迅速发展，从机收向跨区机耕、机插、机播等环节扩展，如日中天。10年来，落实《促进法》在许多方面都取得了重要的进展。在培育发展主体方面，农业部制定了《关于加快农机专业合作社发展的意见》，完善有关扶持发展的措施；在加强质量管理方面，农业部提出农机产品质量、作业质量、维修质量和服务质量综合管理的多项举措等。2006年，农业部和国家工商行政管理总局颁布实施《农业机械维修管理规定》，对农机维修资质和维修质量监督管理等做出了要求，促进农机维修业健康发展。贯彻《促进法》要求，农业机械化技术标准体系建设加快了填补空白的步伐。

总之，《促进法》实施的10年农业机械化宏观管理取得了前所未有的长足进展，发挥了前所未有的指导作用。《促进法》的光辉照耀我们前进的道路，中国特色的农业机械化发展道路越走越宽广，预计2014年我国主要农作物耕种收综合机械化水平将超过60%，农业生产方式正在实现从主要依靠人畜力到依靠机械化作业的历史性转折！

《促进法》作用不仅仅限于宏观管理层面，对指导促进农业机械化各层面的工作都发挥了显著的作用，2011年，我奉调到部农机推广和监理总站主持工作，在推广和监理工作方面有更深的感受和体会。10年来，各级农机推广机构围绕落实《促进法》等法规政策要求，稳步推进农业机械化向全程化、全面化发展。各级农机推广机构以实现主要农作物全程机械化为目标，以突破机械化薄弱环节为重点，实施了一系列重大技术推广项目，开展水稻机插秧、玉米机收、机采棉、油菜和马铃薯机播机收等主要农作物关键薄弱环节机械化技术试验示范，结合生产实际，细化技术内容，总结建立了一系列农业机械化生产技术规范和机具操作规程，形成了适宜不同地区的机械化生产模式和机具配备方案，加快了机械化薄弱环节突破进程。在推进农机农艺融合方面，推广机构发挥骨干作用，集中众智，廓清思路，启动了一批农机农艺融合试验示范项目。建立了一批水稻、玉米、棉花、油菜、甘蔗农机农艺融合试验示范县。各地围绕区域农业主导产业发展需求，开展保护性耕作、水稻直播、垄作沟灌，固定道作业、离子体种子前处理、青贮收获、秸秆捡拾打捆、移动烘干、低温干燥机械化技术试验示范，推广花生、马铃薯、甘薯、番茄、大蒜、生姜、大葱、黄烟、茶叶及林果等经济作物机械化生产技术。蔬菜移栽、二氧化碳增施、温室补光和微灌、烟雾机病虫害防治、电磁防霜冻技术，水果和畜禽产品保鲜等设施农业先进技术装备，以及机械增氧、投饵、水体活化循环使用和温、光调控、水质测控、动物尸体无害化处理等养殖技术。在特定区域推广激光平地、对靶喷药，定量施肥。采摘机器人、智能中耕除草、果蔬分选、无人机等智能农机。技术推广由主要粮油作物向经济作物、设施农业、渔业、畜牧业等领域扩展，节水、节肥、节种、节药、节油成效斐然。本着"因地制宜，先易后难，适时推进"的原则，在丘陵山区推广应用轻便、耐用、低耗的中小型机械装备，逐步缩小区域间机械化发展差距。各级监理机构围绕贯彻落实《促进法》和《条例》，进一步明确农机监管职能，创新服务方式，将农机安全生产控制考核指标分解到各级党委、政府，纳入考核范围，层层落实安全生产责任制，促进安全生产与农业机械化健康发展相协调。安全监管"关口"前移，加强牌证管理、安全检查、实地检验、宣传教育，将不安全因素排除扼杀在作业状态以外，重拳治理打击非法违规行为。积极改善监理机构装备条件，在中央投入的带动下，各地争取地方财政支持累积超过 3.2 亿元，配备农机移动检测装备，显著提升安全检验监测能力。坚持开展"农机安全村"、"平安农机"和"为民服务创先争优"示范窗口创建活动，开展免费管理，减轻农民负担，预防和减少农机事故发生。10 年来，全国农机事故次数、伤亡人数呈下降趋势，安全形势平稳。在纪念《促进法》实施 10 周年之际召开的全国农机推广和监理站长工作会议，提出了贯彻深化改革要求，做好推广和监理工作的新思路。农机推广在坚定公益性定位、抓好系统建设、强化实施项目带动的基础上，通过机制和方法创新，增强"一个意识"，突出"两个先行"，深化"三个融合"（即增强技术立站意识，突出试验示范和培训先行，推广机制创新与构建新型农业生产经营体系融合、农机与农艺融合、农业机械化与信息融合）。农机监理以深入落实《促进法》《条例》为主线，树立红线意识，强化农机安全监管长效机制创新和农机安全检测手段创新，深入开展"平安农机"创建活动和农机安全生产隐患排查治理活动。全国农机推广、监理系统十几万干部职工团结一心，携手并进，吹响了贯彻落实《促进法》新的号角。

纵观农业机械化曲折发展的历史过程，《促进法》的出台颁布具有伟大的里程碑意义。《促进法》实施的 10 年是农业机械化大跨越、大发展的 10 年，农业机械化水平 10 年间提升近 30 个百分点，中国成为全球第一农机制造大国。农业机械化把人们从繁重的体力劳动中解放出来，千百年来中国农民"面朝黄土背朝天"的艰辛劳作状况正在发生翻天覆地的变化。可以预见，在《促进法》的庇佑下，我国农业机械化必将迎来一个又一个"辉煌十年"！

（刘宪，农业部农业机械化技术开发推广总站站长；本文为作者在《中华人民共和国农业机械化促进法》实施十周年座谈会上的发言）

关于"十三五"我国农业机械化发展的思考

白人朴

全国"十三五"规划编制工作已经启动，经济转型升级、生态文明建设、促进农业现代化、区域经济协调发展已列为重点关注领域。农机战线如何在总结"十二五"成就和存在问题的基础上，站在新起点清醒地审视"十三五"的发展需求、发展环境和发展预期，提出促进农业机械化健康发展的思路和举措，已是当前面临的迫切问题，需要农机人集思广益，深入研究和思考，为科学决策奉献智慧和力量。

一、新起点

"十二五"我国农业机械化取得了巨大进展，成就辉煌。规划目标到 2015 年的两个定量指标，"农机总动力达到 10 亿千瓦"，2012 年已提前实现，2013 年已达 10.6 亿千瓦；"耕种收综合机械化水平达到 60%以上"，将于今年（2014 年）提前实现，预期今年可达 61%以上。这意味着在转变农业发展方式的现代化进程中，机械化生产方式替代传统农业生产方式的主导作用和地位明显增强，我国农业开启以机械化生产方式为主导的新时代进程正在加速向广度和深度发展；用现代物质条件装备农业的力度达到前所未有的新高度，全国农业机械购置年总投入已上升到近千亿元，中央财政农业机械购置补贴资金已达 200 亿元以上的空前高度，农机作业补贴、农机报废更新补贴及金融、信贷等配套支持政策相继出台；促进农机工业快速发展，2012 年农机工业总产值突破 3 000 亿元，中国已成为全球农机制造第一大国，2013 年全国规模以上农机企业主营业务收入超过 3 570 亿元，农机市场供销两旺，农机工业与农业机械化实现了互促共进发展，在农机装备数量稳步增长的进程中，质量和性能明显提高，装备结构持续优化；在粮食作物生产全程机械化取得重大进展的进程中，农业机械化已经向经济作物、林果业、养殖业、农产品产后处理及初加工和现代设施农业等领域拓展，积极协调推进已取得明显成效；农业机械化科技成果不断涌现，科技创新能力和新技术应用水平明显提升，自主研发、具有自主知识产权的自动化、智能化农机装备闪亮登场，赢得青睐，创新驱动发展已形成时代潮流；适应经济全球化新形势，农业机械化发展坚持实行“引进来”、“走出去”相结合的开放战略，世界农机企业巨头纷纷涌入中国，中国农机企业积极主动走向世界，努力提高利用两种资源、开拓两个市场的能力，提高对外开放水平和国际竞争力，实现互利共赢、多元平衡，良性互动，以深化改革扩大开放促发展；农业机械化服务体系建设取得重大进展，乡村农机从业人员已形成近5 500万人的农业机械化产业大军，已成为发展现代农业的生力军和主力军。目前从事第一产业的人，5个人中已有1个是农机人，以农机手为代表的新型农民，在数量上虽然还比传统农民少，但代表了新兴的新生力量，数量在日益增加，而传统农民的数量在逐年减少，直至最后退出历史舞台。新型农民是农村发展先进生产力、勤劳致富的带头人已成为发展大趋势；在涌现出4 200多万个农机户的基础上，已形成520多万个农业机械化作业服务专业户和3.8万个农机专业合作社等新型农机经营主体，农机服务组织化程度和社会化服务能力明显提高；农业机械化为实施国家粮食安全战略和富民强国战略提供了强有力的物质技术支撑，为实现粮食“十连增”和农民增收“十连快”、缩小城乡差距做出了重大贡献！这一切，都表明我国农业机械化发展的作用和地位在进一步增强，标志着我国农业机械化发展已进入中级阶段中后期，即耕种收综合机械化水平从大于60%向大于70%进军的发展关键时期，处于由中级阶段向高级阶段跨越的过渡期和转型升级期。审时度势，“十三五”我国农业机械化发展将站在新的起点上继续阔步前进，基础更好，能力更强，需求更迫切，是大有可为的发展时期。但要求也更高，难度也更大，要在解决新问题，满足新需求的严峻挑战中开拓前进！

二、新环境

国家发改委发展规划司负责人在发布“十三五”规划编制已启动的信息时表示，我国人均GDP已达6 700多美元，已属于中高收入国家行列，目标是希望通过“十三五”的努力，用世界银行的标准接近高收入国家行列，如果做得更好一点，可能就进入高收入国家的行列。据世界银行分析预测，我国经济总量有望在不久的将来超过美国成为世界第一大经济体。我国经济发展总态势是稳中向好，中央把经济增长的预期目标定在7.5%左右的一个合理区间，李克强总理报告说这是兼顾了需要和可能的合理区间，是努力保证充分就业，实现居民收入增长和经济发展同步的政策取向，有利于经济转型提质、增效升级，有利于改善民生，使经济社会发展更有效率、更加公平、更可持续。我国城镇化水平2011年已达51.3%，2013年已达53.7%，已由农业社会进入城市社会，对农业机械化提出了新的更高的要求。李克强总理在江苏考察时指出，统筹城乡发展，“四化”同步推进，要以农业现代化支撑新型城镇化。这是新时期统筹城乡发展的重要着力点和基础支撑。《国家新型城镇化规划(2014—2020年)》提出2020年常住人口城镇化率达到60%左右的城镇化水平发展目标，坚持走以人为本、四化同步，有中国特色的新型城镇化道路。由以上信息可以推测，“十三五”我国农业机械化发展的经济社会环境和政策环境会越来越好，国家经济实力越来越强，在“四化”同步推进中，工业反哺农业、城市支持农村的能力显著增强，强农惠农富农的政策支持力度会越来越大。因此，充分发挥农业机械化先进生产力作用的条件越来越好，空间越来越广阔，“十三五”依然是农业机械化发展大有可为的重要战略机遇期。

在看到发展成就和发展机遇的同时，还必须清醒地认识到前进中存在的矛盾和问题，面临的严峻挑战。习近平同志指示：“要有强烈的问题意识，以重大问题为向导，抓住关键问题进一步研究思考，着力推动解决我国发展面临的一系列突出矛盾和问题。”又说，“改革是由问题倒逼而产生，又在不断解决问题中得以深化。”必须解决好制约发展的矛盾和问题，才能在新的起点上昂首阔步继续前进！

发展中的矛盾和问题很多，方方面面，对矛盾和问题也存在一些不同的认识，有不同的表述。毛主席教导我们，“研究任何过程，如果是存在着两个以上矛盾的复杂过程的话，就要用全力找出它的主要矛盾。捉住了这个主要矛盾，一切问题就迎刃而解了。”新时期农业机械化发展的主要矛盾，可以概括为是农业机械化发展需求迫切与有效供给不足的矛盾。对农业机械化的需求很迫切，但技术和机具装备、发展资金、农业机械化人才及制度、政策都存在有效供给不足问题。有效供给不足主要表现为“低多高缺”现象，指低水平已不适应发展需求的还呈现过剩，落后的、该淘汰的淘汰不了，成为发展中的累赘；高水平迫切需要的供给不足，出现紧缺。总体上呈现出总量过剩与结构性不足并存的产需失衡现象。农业机械化有效供给不足是“四化”同步推进的短腿、短板，必须努力加以解决。

主要问题集中表现为农业机械化发展不平衡、不协调、不可持续问题。也就是大家常说的“三不”问题。

不平衡主要表现为农业机械化区域发展不平衡和领域发展不平衡。区域发展不平衡表现为北方旱作区与南方水田区农业机械化发展不平衡，平原地区与丘陵山区农业机械化发展不平衡。先进地区耕种收综合机械化水平已达80%以上，落后地区还不到20%；领域发展不平衡主要表现为粮食作物生产机械化与经济作物生产机械化发展不平衡，种植业与养殖业机械化发展不平衡等。小麦生产已实现全程机械化，目前小麦耕种收综合机械化水平已达93%以上，玉米、水稻生产全程机械化正在加速发展，经济作物生产机械化还处于起步阶段。不平衡、差距大，意味着发展潜力和空间还很大。统筹兼顾，加强发展平衡性是新时期的努力方向。

不协调主要表现为8个方面：农业生产全程机械化要求与薄弱环节机械化严重滞后不协调，称为制约发展的“瓶颈”环节，急需突破；处理保粮食安全、主攻粮食生产全程机械化与促农民增收、发展高效特色农业机械化的关系还不够协调，需要统筹安排积极推进，找好平衡点；农机装备迅速增加与农机新人培育要求还不够协调，农业机械化人才培养成当务之急；农业机械化的劳动力替代作用发挥与劳动力的有效转移还不够协调，急需统筹城乡协调发展；农机装备供给与结构调整、产业升级的迫切需要不够协调，急需提高有效供给保障能力；农机与农艺融合还不够协调，急需深化改革，整合资源，加强融合度；增大农机投入需求与资金困难、投入不足还不协调，需要进一步配套完善农机投入稳定增长的长效机制；科学发展要求与体制机制障碍还不够协调，需要进一步深化改革开放，在发挥市场在资源配置中起决定性作用、激发市场活力、内生动力和社会创造力的同时，更好地发挥政府作用。这8个方面的不协调现象都是前进中的问题，要在发展中靠科技进步、深化改革、创新驱动来解决。加强发展的协调性，实现又好又快发展，是继续前进的努力方向。

不可持续主要表现为随着人口增长和人民生活水平日益提高,工业化、城镇化进程加快,水土资源紧缺与气候变化、环境压力越来越大,人口与资源、环境的矛盾日益凸显,对农业机械化发展克服资源环境制约严峻挑战的要求越来越高,发展资源节约型、环境友好型、增产增收型农业机械化的要求越来越迫切,解决好不可持续问题,努力实现可持续发展,是农机战线光荣而艰巨的任务,是新时期开拓前进的努力方向。

三、新期待与新举措

"十三五"我国农业机械化发展仍处于历史机遇难得,挑战前所未有,可以大有作为的重要战略机遇期,处于农业机械化发展中级阶段中后期,也就是快速成长与转型升级交融,由中级阶段向高级阶段跨越发展的关键时期。在量的增长、加快发展的同时,更加注重结构改善,质的提高和效益提升。我们的责任是认清形势,增强机遇意识和忧患意识,顺应规律,有所作为。要善于把握机遇和应对挑战,适应新情况,顺应新期待,形成新思路,采取新举措去攻坚克难,化解挑战,赢得主动,充分利用各种有利条件,解决好前进中的矛盾和问题,在新起点、新高度上努力开创农业机械化发展的新局面。

1. 发展总态势。由农业生产全程机械化向农业全面机械化进军。取得我国农业机械化第二战役的重大胜利,不失时机地开启第三战役。要求整体推进与重点突破相结合,发展路径是:由平原地区向丘陵山区拓展,由粮食作物向经济作物、由种植业向养殖业、由产中向产前产后延伸。重点突破薄弱环节机械化—奋力主攻大田作物生产全程机械化—积极推进农业全面机械化。为实现"在一切能够使用机器操作的部门和地方,统统使用机器操作"的伟大梦想而努力奋斗形成时代潮流。

2. 总目标。与为实现"两个一百年"奋斗目标相适应、相衔接,为到 2020 年实现"两个翻番"总目标提供农业机械化支撑,到 2020 年全国农作物耕种收综合机械化水平达 70%以上,年均提高速度保持在 2%以上的合理区间。

3. 总任务。在"四化"同步推进中,以加快转变农业发展方式为主线,为保障国家粮食安全、促进农民增收,保护和改善生态环境,惠及民生福祉,做出农业机械化新贡献。更加注重提高农业机械化发展的全面性、协调性、可持续性,使转变农业发展方式在领域拓宽、范围延伸、结构优化、产业升级、区域协调、质量提高、效益提升、安全环保等方面取得新的重大进展,达到新境界,在实现中华民族伟大复兴的中国梦进程中,努力实现农机梦。

4. 发展原则。依据《中华人民共和国农业机械化促进法》规定:"按照因地制宜、经济有效、保障安全、保护环境的原则,促进农业机械化发展。"

5. 基本要求。《中共中央关于推进农村改革发展若干重大问题的决定》提出,"发展现代农业,必须按照高产、优质、高效、生态、安全的要求,加快转变农业发展方式。"贯彻落实 10 字方针要求,必须坚持在发展中促转变,在转变中谋发展,努力提高农业综合生产能力、抗风险能力、市场竞争力、可持续发展能力,努力提高土地产出率、资源利用率、农业劳动生产率。坚持把发展资源节约型、环境友好型、增产增收型农业机械化作为转变农业发展方式的重要着力点。

6. 主要举措

(1)加大政策支持力度,提高政策实施效果。从《中华人民共和国农业机械化促进法》公布施行以来,中央把促进农业机械化发展的政策纳入强农惠农富农的支持政策体系,依法促进,卓有成效,深得民心,有力地推动了农业机械化快速健康发展。进入新起点,政策支持要在总结成功经验和实施中存在问题的基础上,在进一步加大政策支持力度的同时,更着力在提高政策实施效果上下工夫。要在新高度上加强顶层设计,不断健全完善用现代物质条件装备农业投入稳定增长机制和长效机制的政策体系,强化对增强现代农业基础的支持保护制度。"十三五"在坚持把实施国家粮食安全战略,把主攻粮食生产全程机械化仍然作为支持重点的基础上,支持重点是适度向提高农业机械化发展全面性、协调性、可持续性倾斜的时候了。新增补贴适当向农业机械化难度大、水平低的丘陵山区,向促进农民增收和地区经济发展的优势经济作物,向农业机械化发展进程中的落后地区和薄弱环节倾斜,加强"雪中送炭",增大农业机械化发展弱势地区的政策资金投入强度,把有限资金真正用在刀刃上,建立宏观调控的动态协调机制。使农机购置补贴、农机作业补贴、深松耕补贴、机具报废更新补贴、金融信贷服务等政策进一步配套完善,使《中华人民共和国农业机械化促进法》第六章规定的 4 条"扶持措施",进一步从政策上加以落实。加大政策执行力度,进一步完善执行政策的制度办法和运行机制,创新操作方式,使制度办法更科学、规范,更惠民、利民、便民,在执行中更简便、高效、廉洁。在充分发挥市场作用,尊重农民权益的同时,更好地发挥政府职能作用,做到到位不越位、不缺位、不错位,努力形成市场作用和政府作用相互补充、相互协调、相互促进的功能互补、良性互动格局,使有效市场与有为政府有机统一、让公权力为民造福,提高政策实施效果。要敢于担当,会用政策,用好政策,把好事办好,利国利民,使政策发挥最大的经济社会效益。

(2)加大科技支撑力度,提高对农业机械化国内需求有效供给的保障能力和国际竞争力。习近平总书记在山东考察农业时强调"要给农业插上科技的翅膀"的重要指示,为解决农业机械化发展需求迫切与有效供给不足的矛盾指明了方向。要在转变农业发展方式中克服资源环境制约的严峻挑战,要进行结构战略性调整和产品更新换代,实现产业转型升级,提高发展质量和效益,都必须依靠科技进步和创新驱动支撑。"十三五"要大力推进农业机械化科技创新,搭建创新平台,鼓励支持创新联盟,加快农机产品由中低端向高端转变的进程,推进"先进、智能、环保"农机产品发展,加大培育具有较强国际竞争力的大型农机企业集团和国际影响力较大的农机制造产业集群的建设力度,并形成一批"专、精、特"农机中小企业,创出一批具有国际竞争力和知名度的农机名牌产品,推动中国制造向中国创造转变,中国产品向中国品牌转变,加快推进我国农机装备制造业由制造大国向制造强国转变的步伐,提高国内需求有效供给保障能力和国际竞争力,努力实现农业机械化与农机工业又好又快协调发展。推进现代农业示范区建设,加大农业机械化示范基地建设力度,发挥引领和带动作用。把提高土地产出率、资源利用率、劳动生产率和市场竞争力作为主要目标,按照增产增效并重、良种良法配套、农机农艺结合、生产生态协调的原则要求,促进农业技术集成化、劳动过程机械化、生产经营信息化、安全环保法制化,加快构建适应高产、优质、高效、生态、安全要求的技术体系。支持技术集成推广,装备研发更新,创新驱动发展,为发展资源节约型、环境友好型、增产增收型农业机械化提供科技支撑。

(3)加大农机社会化服务体系建设力度，培育壮大新型农机经营主体。习近平同志在山东考察农业时指示，“当前，重点要以解决好地怎么种为导向，加快构建新型农业经营体系”。农机战线要认真贯彻落实这一指示精神，“十三五”要在加大农机社会化服务体系建设，积极发展农机作业、维修、租赁等社会化服务，培育壮大农机专业大户、农机专业合作社和家庭农场等新型农机经营主体，以保障粮食安全，促进产业发展和农民增收为目标，促进公益性和经营性服务相结合，发展多种形式的规模经营，加强规范化建设，提高组织化程度和社会化服务能力等方面取得新的重大进展。促进农业机械化生产经营专业化、标准化、规模化、集约化、社会化，使新型农业经营体系在发展现代农业、促进农民增收、统筹城乡协调发展、建设社会主义新农村中发挥更加重要的作用。

(4)加大人才建设力度，培养造就一支思想业务过硬的农业机械化产业大军。人才是发展现代农业、积极推进农业机械化快速健康发展的人力基础和重要保障。在我国由中高收入国家向高收入国家迈进的进程中，解决好“谁来种地”的问题，核心是要解决好培育新型职业农民问题。没有新型职业农民就没有农业的现代化。发展现代化农业，推进农业机械化，要大力培育人才，吸引人才，善用人才，发现人才，奖励人才，把培养造就一支有一定科学文化素质、有技能、会经营、能操作使用现代农业装备从事农业生产经营的思想业务过硬的农业机械化产业大军，作为建设现代农业的一项紧迫任务。这支队伍有坚定的理念和责任感、使命感、自豪感，他们坚信现代农业是有效益、有奔头的产业，他们的收入在当地一般属中上或高收入水平；他们坚信新型职业农民是很体面、受人尊敬的光荣职业，敢担当，大有可为；他们坚信农机队伍是发展现代农业，建设社会主义新农村的新生力量和主力军。这支产业大军是活跃在农业生产第一线的农业机械化生产经营大军和农业机械化技术推广服务大军。培养造就这支产业大军要继续加强基层农机推广技术人员知识更新培训，要继续开展和加强新型职业农民培育试点，扩大试点规模，积极推进整省试点，并探索新型职业农民认定管理方式。“十三五”力争做到新型职业农民培育试点覆盖到全国所有农牧业县。并把培养青年新型职业农民纳入国家实用人才培养计划，确保在新挑战、新环境下，农业机械化人才辈出，贡献巨大，后继有人。

借鉴国际经验，结合中国国情，新型职业农民可探索试行“双轨制”职业教育。初中以上文化程度可上新农民职业学校，学员农闲期间在学校学习，农忙期间到农民专业合作社、家庭农场去工作实习。学习内容紧密与生产实际的典型农业机械化工作任务直接挂钩，理论与实践结合，学以致用。学员与接纳学员的农民专业合作社或家庭农场签订协议，专业合作社或家庭农场为学员提供实习工作岗位，并赞助学习费用，提供实习工资，并可在学员毕业后挑选人员去合作社或家庭农场就业工作，实现双赢。学员理论和实践学习结束，考核合格取得新农民合格证书，这是执业资格证书，是认定职业就业资格的门槛和“身份证”，终身受用。由通过职业教育培养出的众多新型职业农民组成的农业机械化产业大军，是支撑农业机械化快速健康发展的“定海神针”，是推进农业机械化又好又快发展的强大动力源泉，是保障农业机械化人才辈出、后继有人，可持续发展的坚强基石。在加强职业教育培养人才的同时，还要出台政策鼓励支持有志于到农村创业的大学生到农村创业，鼓励支持经过外出闯荡历练的本土能人志士回乡创业做贡献。“十三五”一定要把农业机械化人才建设作为战略任务的重要着力点抓紧抓好，这是提升农业产业竞争力和农业机械化水平的关键和根本。

(5)坚持走中国特色农业机械化道路，努力探索农业全程机械化生产模式。党的十八大号召我们要坚持道路自信，对中国特色社会主义道路必须倍加珍惜、始终坚持、不断发展。今年中央1号文件又对如何坚持和发展中国特色新型农业现代化道路指明了前进的方向。文件指出，“要以解决好地怎么种为导向加快构建新型农业经营体系，以解决好地少水缺的资源环境约束为导向深入推进农业发展方式转变，以满足吃得好吃得安全为导向大力发展优质安全农产品，努力走出一条生产技术先进、经营规模适度、市场竞争力强、生态环境可持续的中国特色新型农业现代化道路”。这是在新时期首次明确提出以解决问题为导向，走符合国情、顺应时代要求的新型农业现代化道路。这个新思路对走什么路(中国特色新型农业现代化道路)做出了更加明确、具体、便于操作的新概括，对路怎么走也在“摸着石头过河”的基础上指明了“以解决问题为导向”的前进方向。“以解决问题为导向”是我们继续前进的指南针。方向决定道路，道路决定命运，有了指南针，走路就不会偏失方向。中国特色农业机械化道路是中国特色农业现代化道路的重要组成部分、遵循以上精神，坚持走好中国特色农业机械化道路，一定能为解决好上述三大问题提供强有力的物质技术支撑，在推进农业现代化进程中发挥更加重要的作用。

在坚持走中国特色农业机械化道路时，要加强农业机械化发展模式探索。2012年中央1号文件提出“探索农业全程机械化生产模式”，是在新时期吹响了农业由实现主要作物生产全程机械化向推进农业全面机械化的进军号！目前，实践中已经呈现出一些主要作物全程机械化生产模式，要按照高产、优质、高效、生态、安全，生产技术先进、经营规模适度、市场竞争力强、生态环境可持续的要求，进行总结、分类、比较、优选及进一步优化；对在新领域开拓前进中出现的一些新模式，要在不断探索实践中创新发展。由于我国国情复杂，各地自然和经济、技术条件差异较大，适宜的发展模式也不尽相同。“十三五”要加大探索力度，结合农业机械化示范区、农机合作社示范社和家庭农场建设，因地因时制宜地找出和推荐好的发展模式，充分发挥模式的引领、示范、带动作用，以点带面，在投入力度不断加大的情况下，取得更好的投入效果，经济有效地实现由投入型增长向效益型增长转变，实现更重质量和效益的快速发展，为我国农业现代化做出新贡献！

(白人朴，中国农业大学教授；论文来源：《中国农机化学报》)

浅析农机农艺融合理论方法与实现途径

梁 建 陈 聪 曹光乔

2012 年我国农作物耕种收综合机械化水平达到 57.17%，农业综合生产能力明显增强，农业生产方式实现了以人畜力为主到机械化为主的历史性转变。同时，我国农业机械化发展仍然存在较多薄弱环节，如水稻机械插秧、玉米机收、油菜机播和机收、马铃薯播种和收获、甘蔗收获、棉花收获、花生收获等，这些薄弱环节制约农业机械化全面协调发展，影响农业现代化进程。

造成这一问题的原因很多，农机农艺结合不紧是其中的重要制约因素。例如水稻低成本规格化育秧技术等，已成为制约机插秧技术发展的瓶颈；玉米的栽培和收获技术模式千差万别，规范化种植和适用的机械化作业的矛盾急待解决；油菜、甘蔗、棉花机械化收获比例不高，呼唤适用的产品和技术；马铃薯、花生等根茎类机械化还处在科研与示范阶段。如果农机农艺融合不够的问题继续长期存在，许多作物生产薄弱环节的机械化水平难以提高。当前，我国农业机械化已经进入全面加快发展的关键时期，农机农艺协调推进，不仅关系关键环节机械化的突破，关系先进适用农业技术的推广，也影响农业机械化发展速度和质量。

一、农机农艺融合发展历程

我国农机与农艺融合大致分为三个阶段。

第一阶段：农机服从农艺阶段。20 世纪 50 年代初，我国农业机械化起步阶段就提出了农机要与农艺结合的问题，在推广新机具时就明确提出“新农具要与耕作技术共同提高”、“农机具要结合当时的农艺要求”和“一切农机作业均应严格服从先进耕作法的农业技术要求”。不难看出，当时的指导思想是一切机械作业均应严格服从农业技术，农机处于从属地位。20 世纪 60 年代，提出要加强这方面的科学研究，要根据我国农艺发展的新局面和耕作制度改革的需求，加强“农机化科学的综合性的基本理论研究”、“农机产品的设计原则，首先要适合精耕细作的要求”(左淑珍等，1998)。这一时期开发引进的农机比较容易满足农艺的要求，如耕作机械、排灌机械、粮食及饲料加工机械等。

第二阶段：农机与农艺结合阶段。在保障作业质量的前提下提高作业效率，农机农艺相互适应、相互协调、相互促进、共同发展的结合阶段。这一时期，农业机械化主要解决农作物的种植机械和联合收获机械，与农艺的结合比较紧密，如插秧机、直播机、稻麦联合收割机的推广应用，设施栽培、设施养殖的机械配套，都是农机与农艺有效结合的成果。

第三阶段：在基础理论指导下的农机与农艺相结合的阶段。在这个阶段农业机械有了长足的发展，品种多，功能全，可以为农林牧副渔、加工业的大农业实施各业全过程机械化，从而产生了农业机械化综合生产技术，形成了农业技术体系、作业工艺程序系统和机器系统的“三系”配套。农业机械化的“三系”配套已不是简单的农艺与相应的机械来替代所能完成的，农业机械化的综合性、系统性要求有相应的基础理论来指导，使农业技术和农业机械有机地组成优质高产高效科学的作业程序系统(迟仁立、左淑珍，2003)。

二、发达国家先进农机农艺融合方法借鉴

1. 美国以效率为先，农艺让位于农机。美国耕地面积达到 669 302 平方千米，排名世界第一，据美国农业部数据，美国农场总数约 220 万个，农业人口约 300 万人，农场平均规模约 30 公顷左右，大部分农场都是 1～2 个人管理，农业人口的平均年龄达到近 60 岁，农场主对农业机械的依赖性非常大，所有农事安排都以农机能实现为前提。农机与农艺融合决不能以降低农机作业效率代价，宁愿降低土地利用率并牺牲产量，也应保证机械作业方便性，因为产量的损失可以通过转基因、生物育种等其他途径得以弥补，但机械效率降低无法通过人工作业进行补充。

美国德克萨市州阿克斯特尔的一个农场卫星图显示，该农场在方形地块中心的圆形区域内种植玉米，耕地四角闲置，虽然土地利用率仅 80%，但该种植方式方便了机械作业，可极大的提升作业效率。首先拖拉机、收割机等自走式机具在田间作业可以圆形路线行进直到作业完成，无需掉头转弯，作业效率可提高 30%左右；其次，灌溉、施肥、植保等田间管理可在圆心处放置一个泵，然后通过一根长度与种植区半径相等的通用喷杆绕圆心作圆周运动完成喷施，实现全自动作业，省去了大量的人工。

可见美国技术革新必须要从美国人少地多的农情出发，农机与农艺融合基本都是以作业方便性为前提，不能因追求产量而降低作业效率，产量再高的技术没有农场主来使用也只是一张废纸而已。我国农机与农艺融合过程中也应立足我国人多地少但耕地流转快速推进的农业基本国情，所有技术不能简单的以技术可行为标准，必须要让农民用得起并用得有效益。

2. 日本追求高产优质，以农艺变革驱动农机创新。日本耕地面积约 415 万公顷，农业人口 253 万人，人均耕地面积为 1.6 公顷。由于户均规模较小，劳动力相对充足，因此日本农业主要追求高产，而作业效率并不是首要目标。日本水稻机插秧技术历经了三次变革均是以稻谷高产为前提。第一次，1960 年代，日本开发了“带土毯状小苗机插秧技术”，省去了“洗根大苗机插技术”的拔苗洗苗环节，提高了作业效率，同时带土苗能减小伤秧率，小苗移栽能缩短返青期并提高成活率，同时可通过增加单穴株数及减小株距来增加基本苗实现增产，成为目前日本乃至全世界最受欢迎的水稻机械化移栽技术；第二次，1980 年代，日本开发了“钵体苗机械化移栽技术”，由于带土毯状小苗的根盘结交错，切块取秧时秧根损伤较大，对产量造成一定的影响，尤其是北海道等高寒地区作物可生长期短，伤根后秧苗返青期长，容易遭遇冷冻灾害减产，因此，农机与农艺部门联合攻关开发了钵体苗移栽技术，一苗一钵避免根须错乱盘结，以“顶”代“切”的取苗方式降低了伤秧率，加快了秧苗返青。该技术在北海道地区普及率超过了 50%，并被中国东北引进应用；第三次，21 世纪初，日本开发了“长毡式无土苗机插技

术”,采用无土栽培技术育苗,秧苗根系在营养液中自然盘结,毡长 6 米达到普通毯状的 10 倍,重量只有同秧量毯状苗的 20%,方便了秧苗的田间运输,也减少了补秧次数,提高作业效率,而插秧机结构也只需做简单的微调即可。

通过对日本水稻机械化移栽技术几次变革的分析可以看出,日本农机农艺融合首先是从本国人多地少的基本农情出发,在确保高产水稻高产的同事追求作业效率。每次变革都是农艺技术先行带动农机改良,这种农机农艺融合对农机研发与制造能力要求非常高,每一次的技术改进都是革命性的变化,生产方式的改变也比较彻底。

三、国内农机农艺融合方法探索

推进农机农艺融合,是我国农业机械化在进入中期阶段向更高水平迈进的关键时期提出的引领今后一个时期农业机械化发展的一个新的重大举措(胡乐鸣,2013)。为了能又好又快地实现农业机械化,农机、农艺相关的管理、推广与科教部门及农业生产组织等不同主体均在推进农机农艺融合方面做出了不同探索,取得了一定的成功经验。

1. 管理部门大部制融合,逐步实现农业行政管理密切协作。新中国成立以来,我国农业管理部门按照不同产业及产前产中产后不同环节被划分成十几个独立的部门,每个部门都独立管理各自的一亩三分地,部门之间缺乏协作,行政职能交叉错乱,不利于农业生产方式转变与农村经济发展。在农业现代化发展的现实要求下,从中央到地方各级政府开始着力推动大部制改革,将种植业、畜牧业、渔业、农机、农经、乡镇企业等不同部门整合为一个大农委。农机农艺协作涉及多个管理部门,原本需要不同部门公函协调、反复磋商才能达成一致,现在只需一个简单的内部例会即可实现。随着改革的不断深入,涉农管理部门的融合将不断深化,农机农艺融合的体制障碍将逐渐消失。

2. 农机农艺技术推广优势互补,促进农机农艺融合。农机农艺融合的关键在于农业机械化技术与农艺技术实现融合,形成有效的生产力促进农业增产农民增收。从农机农艺不同部门对于水稻栽植技术推广的变化,可以看出我国农业技术推广的变革。“脸朝黄土背朝天”是我国农民手插秧的真实写照,农业技术推广部门与农机技术推广部门都在寻找有效的技术让中国农民“站起来”,农业技术推广部门通过改变秧苗形态让农民可以站着完成作业,推出了水稻直播技术、轻简化栽培技术,并结合水稻育种改良、栽培技术创新等技术确保不减产,但随着劳动力短缺与人工工资上涨,缺乏农机参与的轻简化栽培技术难以为继。农机部门则以日韩插秧机技术为依托,大力开展机插秧技术推广,但一直无法在基本苗数量、行株距等农艺问题上达成统一,也没有解决双季稻区的晚稻茬口衔接问题,机插秧技术推广并不如意。近年来,农机农艺推广部门都意识到只有双方合作,优势互补,才能解决好水稻栽插问题。因此,农机农艺推广部门开始联合建立试验示范点,联合试验 7 寸行距插秧机,增加插秧机基本苗,控制晚稻长秧龄苗株型等,为解决机插秧存在的一些农机农艺融合问题共同努力。

3. 以国家重大农业科技项目为依托,联合攻关农机农艺科学问题。近年来国家在农业科技投入上逐年增涨,“863”项目、国家科技支撑项目、公益性行业科研专项等重大农业科技项目资助力度非常大。但相关项目已逐渐将资助重心偏向农机与农艺融合方面的课题。各科教单位也形成一定的共识,农机研究示范类项目应邀请作物育种、作物栽培等农艺学科单位共同参加,就同一农业生产中的问题从农机农艺融合角度联合攻关,从而提高农机装备的适用性;育种、作物栽培等农艺类研究项目同样会邀请农机科研单位参加,从农机作业方便性角度对作物新品种、新的栽培技术提出更高的要求,从而提高农艺技术成果的市场接受度。

四、政策建议

实现农机农艺的融合,需要我们抓住机遇,迎接挑战,开拓创新,攻坚克难,进一步加大工作力度,取得实效。要进一步提高对农机农艺融合重要性紧迫性的认识,产学研推用各有关单位要切实加强联合协作,共同努力,形成农机农艺相适应的技术体系,实现关键薄弱环节农业机械化尽快突破。

1. 要进一步完善农机农艺融合的合作机制。建立不同科研单位协作攻关机制,整合现有院所科研力量,农机和农业科研推广单位、生产企业等联合攻关。建立各级农机与农艺融合联席会议制度,形成农机与农艺科技人员开展技术研讨、交流的平台。将机械适应性作为科研育种、栽培模式推广的重要指标。发挥国家和地方科研投入项目的导向作用,重点扶持现阶段农机与农艺融合的重大课题,激励和支持农机与农艺科技人员合作研究,推进农机与农艺技术一体化进程。

2. 要进一步加快农业机械化技术和装备研发。加强农业机械化基础和前沿技术研究,开发具有自主知识产权的科研成果,尽快改变农机农艺相互脱节的状况,努力为农机农艺技术融合提供强有力的支撑。加强农机关键技术研发,抓紧水稻育插秧、玉米收获、油菜、甘蔗、棉花生产等薄弱环节机械化技术及装备研发,适应农业规模化、精准化、设施化等要求,加快开发多功能、智能化、经济型农业装备设施,重点在田间作业、设施栽培、健康养殖、精深加工、储运保鲜等环节取得新进展。加强农机农艺技术集成,以农业机械化为载体和引领,促进生物、工程、信息、环境技术集成化,针对重点薄弱环节,制定和完善区域性农业机械化技术路线、模式和作业规范。

3. 要进一步推广关键环节农业机械化技术。充分利用重点农业机械化技术推广、农作物高产创建示范、现代农业示范、农业标准化生产等项目,加大关键环节农业机械化技术示范推广力度,扩大推广范围,大力推广增产增效型、资源节约型和环境友好型农业机械化技术,重点开展水稻育插秧、玉米、油菜、花生、马铃薯机械化技术示范,大力推广精量播种、土地深松、化肥深施、秸秆还田、保护性耕作、旱作节水、现代养殖、设施农业、农村节能减排技术,促进薄弱环节机械化技术突破和农业可持续发展。

4. 要进一步加强农机农艺技术培训。农机部门要积极协调加强与科教、种植业部门的合作,结合重点农时,组织开展专项培训活动,向农机手传授先进适用农业机械化技术和农艺技术,特别是节种、节水、节肥、节药、节能、节地技术。充分利用阳光工程等农民培训项目,将农机操作和修理技术作为培训重点,加大培训力度。进一步加强职业技能培训和鉴定工作,加强政企联动,积极引导生产企业做好农机手的培训工作。把农机从业人员培养成为一代新型职业农民。同时,也要加强基层农技、农机推广人员业务培训工作。

(梁建,农业部南京农业机械化研究所研究员;陈聪,农业部南京农业机械化研究所助理研究员;曹光乔,农业部南京农业机械化研究所副研究员;论文来源:论文来源:《中国农机化学报》)

我国农机化技术推广体系发展问题探讨

李安宁　王德成

技术推广体系是支持促进农业机械化发展的重要力量。当前,我国农业机械化发展进入了新的阶段,对农业机械化技术推广体系的发展提出了新的要求;新修订的农业技术推广法,对农业机械化等农业技术推广体系的改革建设做出了新的部署,农业机械化技术推广体系的发展进入了一个新的时期。本文对新时期农业机械化技术推广体系的发展问题进行探讨。

一、农业机械化技术推广体系的发展历程与现状

国家高度重视技术推广在发展农业生产中的重要作用,把农业技术推广作为扶持农业的重要措施。1993 年颁布了农业技术推广法,明确实行国家农业技术推广机构与农业科研单位、有关学校、涉农企业、群众性科技组织、农民技术人员等相结合的推广体系。国家在各级分行业设立农业技术推广机构负责农业技术的推广,同时积极鼓励引导农业科研院所、有关学校、涉农企业、相关社会团体等进入农业技术推广领域,逐步形成了国家农业技术推广机构为主体,其他相关组织和人员共同参与的农业技术推广体系。表 1 显示了目前国家农业技术推广机构组成情况。

农业机械化技术推广体系是农业技术推广体系的重要组成部分,从无到有,不断发展完善。20 世纪 90 年代初,全国建成了中央、省、地市、县和乡镇五级国家农业机械化技术推广机构,形成了完整的组织体系,以此为骨干力量,组织开展农业机械化新技术、新机具、新成果的试验、示范、培训、指导和推广,联合、支持其他相关社会力量开展技术推广与服务,形成了国家农业机械化技术推广机构和农机科研院所、有关学校、农机企业、农机合作社、相关社会团体等相结合的农业机械化技术推广体系。截止 2012 年底,各级国家农业机械化技术推广机构 7 797 个、人员总数 5.66 万人(构成情况见表 2)。其中,乡镇级单独设置的农业机械化技术推广机构 5 251 个。此外还有 24 000 多个乡镇农业技术推广综合机构承担农业机械化技术推广工作;省和地市两级农业机械化科研机构 83 个,人员总数 3 224 人;农业机械化教育培训机构 1 789 个,人员总数 19 777 人;农机合作社 34 429 个,年产值超过 2 000 万元的规模以上农机生产企业总数达 1 840 多个。

农业机械化技术推广体系的发展,有力地提高了农机科技成果转化率、加快了农业机械化新技术普及应用,推动了农业机械化发展,为实现国家粮食安全,确保农产品有效供给,增加农民收入做出了重要贡献。表 3 是中国主要粮食作物生产主要环节机械化技术推广应用成效。

表 1　2012 年中国国家农业技术推广机构概况

行业	机构数/万个	占比/%	人员编制/万人	占比/%	实有人数/万人
一、农业	7.90	91.65	62.00	—	58.50
1.种植业	2.53	32.03	29.33	47.30	26.96
2.畜牧兽医	2.22	28.10	19.06	30.74	19.02
3.农业机械化	0.77	9.75	5.96	9.61	5.66
4.水产	0.43	5.44	2.99	4.82	2.83
5.其他	1.95	24.68	4.67	7.53	4.02
二、林业	0.26	0.25	—	—	3.50
三、水利	0.46	4.33	—	—	2.00
合计	8.62	—	—	—	64.00

表 2　2012 年中国各级国家农业机械化技术推广机构概况

层级	机构数/个	人员/人	其中:科技人员比例/%
中央级	1	40	100
省级	33	764	72.25
地市级	279	3 600	59.86
县级	2 233	22 500	48.60
乡镇级	5 251	29 700	43.23
合计	7 797	56 600	—

表 3　2012 年中国主要粮食作物生产机械化水平(%)

作物	机耕	机播	机收	综合
水稻	93.23	31.67	73.35	68.82
玉米	93.79	82.30	42.47	74.95
小麦	98.90	86.52	92.32	93.21

综观我国农业机械化技术推广体系的发展，国家把农业机械化技术推广作为扶持、推进农业机械化的重要战略选择和发展路径，高度重视推广体系的建设，不断加大支持力度，推动了推广体系的建设完善，呈现出三个显著特点：一是法律保障。农业技术推广法对农业机械化技术推广等农业技术推广的原则与范围、推广体系的构成与管理、技术推广的程序要求、推广工作的保障措施与法律责任等做出了明确规定。2012 年又对法律做了进一步修订完善；二是政府主导。国家依照行政区域，先后在各级设立了国家农业机械化技术推广机构，负责推广工作，同时支持、鼓励国家设立的农机科研机构和有关学校投身技术推广，引导有关社会力量参与技术推广，逐步构建国家推广机构为主体的技术推广体系，推广主体不断壮大，推广服务领域不断拓展；三是公益性推广和经营性推广逐步分离。改革开放以来至 21 世纪以前，国家推广机构既承担公益性服务，又进行经营性推广活动，以弥补经费不足。进入二十一世纪以后，国家不断调整农业技术推广政策，改革农业技术推广工作，按照强化公益性职能，放活经营性服务的思路，积极探索推动公益性推广和经营性推广分离，国家推广机构主要履行公益性职责，承担基础性、农民普遍受益的技术推广；其他推广主体根据特殊性技术服务的需要，通过市场配置技术资源，引入竞争机制，提供经营性推广服务。

二、农业机械化技术推广体系发展面临的机遇与挑战

近些年，随着中国工业化、城镇化、信息化和农业现代化快速推进，保障主要农产品有效供给特别是粮食安全的任务越来越重。耕地、淡水等资源约束趋紧，农村青壮劳动力大量进城务工，依靠大量消耗资源和低成本劳动力的传统生产方式越来越困难。农村劳动力加快转移，农村劳动力结构和农民劳动观念深刻变化，农业机械化快速发展，如表 4 所示。

表 4　中国农业机械化发展阶段概况

发展阶段	年份	总动力/亿千瓦	耕种收综合机械化水平/%	机耕水平/%	机播水平/%	机收水平/%
1949—1978 年，国家办机械化阶段	1952	0.003	0.5	0.1	0	0
	1978	1.17	19.66	40.9	8.9	2.1
1979—2003 年，有选择发展阶段	1979	1.34	20.86	42.4	10.4	2.6
	2003	6.05	32.43	46.8	26.7	19.0
2004—2009 年，加快发展阶段	2004	4.41	34.47	48.9	28.8	20.9
	2007	7.69	42.27	58.9	34.4	28.6
	2009	8.75	49.11	66.0	41.0	34.7
2010 年后，全面发展新阶段	2010	9.28	52.28	69.6	43.0	38.4
	2012	10.2	57.17	74.1	47.3	44.4

当前，全国农作物耕种收综合机械化水平已接近 60%，农业生产方式已经实现由人畜力为主向机械化作业为主的历史性转变，农民对农机作业的需求越来越迫切，农业生产对农机应用的依赖越来越明显，机械化程度的高低已直接影响农民的农业生产意愿，影响到农业生产的稳定与发展，农业机械化正深刻引领作物品种选育、耕作制度变革、栽培模式改进方向，向全程化、全面化迈进。国家确立了新的农业科技创新与推广方向，明确把增产增效并重、良种良法配套、农机农艺结合、生产生态协调作为基本要求，促进农业技术集成化、劳动过程机械化、生产经营信息化。但是，总体上我国农业机械化总体水平仍然不高，主要农作物生产的一些关键环节机械化发展缓慢，养殖业、林果业、农产品产地加工、设施农业等机械化发展也落后于实际需要，农业机械化进入了加快发展，结构改善，质量提升，领域拓展阶段。着眼农业机械化发展全局，当前和今后一个时期最主要的矛盾是日益增长的农业机械化需求与农机新技术新装备有效供给不足的矛盾，最大的“短板”和“瓶颈”在科技进步。推动农业机械化进一步发展，必须在加大农机科技攻关力度、推动农机科技创新多出成果、快出成果、出大成果的同时，充分发挥农业机械化技术推广的桥梁纽带、先导引领作用和支撑、服务功能，加大农机科技推广力度，努力提高科技成果转化率，加快新技术新装备新成果的普及应用。一是全程化，从主要推广单项技术、装备转向为产前、产中、产后配套系列技术与装备，提供全程解决方案；二是全面化，从主要面向生产、面向种植业转向全面装备农业生产与生态、服务增产与增效；三是集成化，推进农机与其他农业技术相融合，并为其他技术应用提供支撑支持；四是多元化，在有效发挥国家推广机构作

用、强化公益推广的同时，充分发挥市场机制作用，促进各种社会力量发展经营性推广，以及承接适宜的公益性推广，有效满足农民日益增长的多样化、个性化技术服务需求。

农业和农业机械化发展的新阶段，对农业机械化技术推广的职能定位和体系建设提出了新的更高的要求。但是，当前农业机械化技术推广体系还远不能适应新形势、新要求。

一方面，国家农业机械化技术推广机构一定程度上存在体制不顺、机制不活、人员不足、保障不够等问题。由于机构撤并，乡镇农机推广机构不断减少，2007—2011 年减幅达 20%；2012 年尚有 10%的机构为非全额预算单位，县、乡推广机构年人均经费分别为 6.6 万元和 3.5 万元；全行业平均每个机构拥有汽车、摩托车均不到 0.4 辆，人均拥有电脑不足 0.3 台，拥有自主产权的业务用房和试验基地的机构分别只有 40%和 25%左右，条件能力薄弱；县、乡推广机构平均人数分别为 10 人和 5.6 人，队伍素质不适应，低学历、低技术职称人员占比大，如图 1、图 2 所示。工作理念老调、知识老化、方法老套、手段老旧。岗位责任制、考评奖罚机制等基本没有建立起来，“干多干少一样、干好干坏一样”，运行机制亟待建立完善。

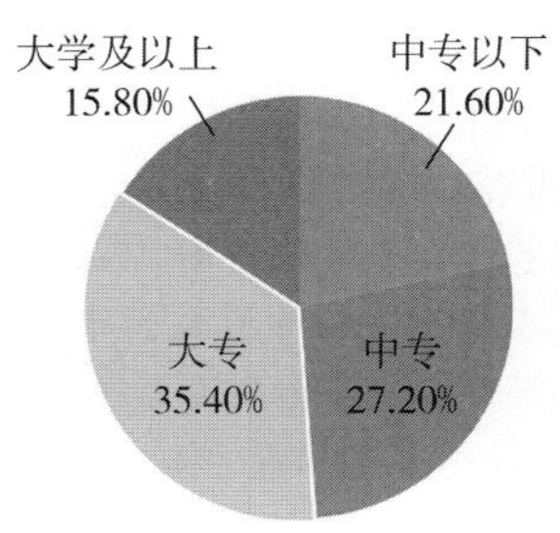

图 1　国家农业机械化技术推广人员学历构成

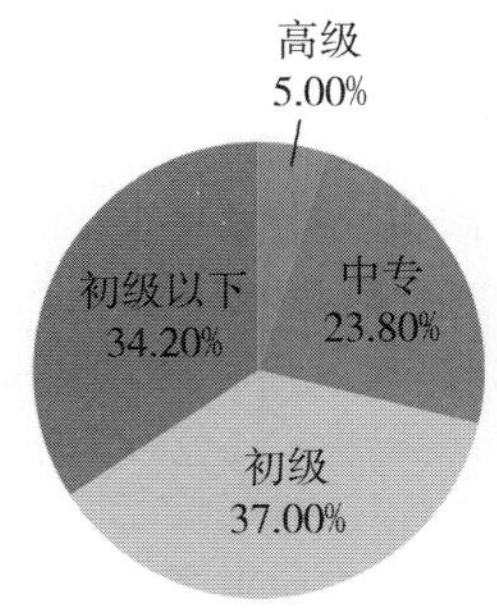

图 2　国家农业机械化技术推广人员职称构成

另一方面，经营性推广发展不够，其他多元主体活力不强、作用发挥不足。由于农业机械化技术推广面向分散经营的广大农民，服务农业，推广难度大，收益低，加之国家扶持经营性推广的政策不多，知识产权保护难等原因，国家推广机构之外的社会力量从事技术推广的积极性不高，资金投入少，新技术推广应用规模小。开展经营性推广较多的农机企业，普遍重产品推介，轻技术试验示范，推广形式单一，单项技术推广多，技术组装配套推广少，技术推广水平还有待提升。

2012 年国家修订农业技术推广法，确立了公益性推广和经营性推广分类管理的原则，构建了相应的管理体制机制。明确国家各级农业技术推广机构属于公共服务机构，履行公益性职责，实行无偿服务，财政保障；其他推广主体以市场化方式提供技术与服务，通过合同管理，开展有偿服务，国家依法保护其合法收入和知识产权。至此，农业机械化技术推广等农业技术推广体系的发展进入了一个新的时期。加快推进新时期农业机械化技术推广体系建设，充分、有效发挥农业机械化技术推广职能，是当前和今后一个时期各级政府农业机械化主管部门和农业机械化技术推广机构的重大任务。

三、新时期发展农业机械化技术推广体系的思路与对策

技术推广体系包括技术推广的组织形式和运行方式以及它们之间的相互联系。推进新时期农业机械化技术推广体系建设，应当组织建设和机制建设并重，以新修订后的农业技术推广法为准绳，把发挥市场在资源配置中起决定性作用与更好发挥政府的作用结合起来，深入贯彻落实法律和国家有关政策，着力将解决国家推广机构目前还不同程度存在的体制不顺、机制不活、保障不够、活力不足等问题，与解决其他主体承担的经营性推广发展不够、作用发挥不足等问题结合起来，加强国家公益性技术推广机构建设、加快发展经营性技术推广事业、构建公益性推广与经营性推广协调发展的机制、转变技术推广方式，实现国家农业机械化技术推广机构与其他多元力量功能互补，公益性推广服务和多元推广服务有机结合，促使技术推广服务能力上台阶，不断加大技术推广力度，为引领农业机械化发展，加快农业科技进步，建设现代农业提供重要支撑。

1. 加快推进国家农业机械化技术推广机构建设，夯实公益推广基础。以保基本、不缺位，有重点、可持续为目标，以基层推广机构作为建设重点，健全完善各级农业机械化技术推广机构，为农业机械化公益性技术推广服务提供保障，确保宣传贯彻有关法律法规政策、编制和组织实施规划计划标准、以及引进、试验、示范、推广新技术等基本公共服务的履行，做好粮食生产机械化技术、资源节约型生态友好型农业机械化技术和主要农作物生产全程机械化技术遴选推广等重点工作，实现政府的主要技术推广目标和满足农民对技术服务的基本需求。要着力落实好新修订的农业技术推广法的有关规定，健全各级机构，科学确定人员编制和结构比例，规范名称标识；加强办公条件、设施设备、试验示范基地等建设，提升条件能力；严格上岗资格，推进聘用管理，选拔充实专业技术人员，开展职业教育、技术培训、定期学习，建立人员知识更新和培训长效机制，加强队伍建设；建立健全推广责任制、绩效考评制、奖惩制，创新专项资金筹集、重大技术推广补助以及基层工作经费保障的新机制，加强制度建设，完善运行机制。

2. 充分发挥市场机制作用，积极发展经营性推广服务事业。坚持把各种多元主体作为技术推广体系重要组成部分，尊重多元主体的法律地位，依法保护其合法收入和知识产权。坚定支持鼓励多元组织以技术转让、服务、承包、咨询和入股等形式提供技术与服务，获取经济效益。扶持发展农机合作社等服务组织，积极发展农机作业、维修、租赁等社会化服务。加快把国家推广机构的经营性业务分离出去，按市场化方式运作。严格落实从事农业技术推广享受税收、信贷优惠等政策，制定完善多元主体承接项目、建设试验示范基地、创办科技企业等方面的支持政策，以及非国家推广机构人员在职称评定、成果奖励、工作表彰等方面的政策措施，建立多元社会力量投身农业机械化技术推广的激励机制，激发市场活力。

3. 积极构建公益性推广与经营性推广协调发展的机制，形成合力。引导有关科研单位和学校开展公益性农业机械化技术推广服务，发挥科研教学单位的公益性职责和社会责任。积极探索公益性服务的多种实现形式，通过政府订购、购买服务、招投标、定向委托、财政补助等方式，引导多元社会力量参与到公益性技术推广中来，实现公益性推广服务供给形式多样化。建立完善推广机构与不同多元主体间长效协作机制，强化规划引领，实施项目带动，科学制定各地技术推广规划、计划，组织、整合项目，做好推广工作的统筹、调控，促使产学研推用结合。加强对各种多元主体业务指导、人员培训、宣传引导，不断提高其推广服务能力。

4.切实转变农业机械化技术推广方式，提升体系效能。坚持重大技术按规划、计划推广，因地制宜开展主推技术遴选、发布和推广。坚持技术推广尊重农民意愿，试验示范先行，经过先进性、适应性、安全性验证和应用示范，逐步推广。推动农机与农艺融合，在农业和农机科研、教学、推广、生产等各阶段，在项目管理、工作设计、成果考评等各方面，加强制度创新，有效激励、引导、促进农机与农艺的变革和融合发展。推进技术推广与信息化融合，充分利用广播电视、报刊、互联网、手机等先进传播手段和物联网等现代信息技术，为农民提供高效便捷、简明直观、双向互动的服务，提高推广效率。促使技术推广与经营方式协调发展，推动技术推广与规模经营配套，与家庭农场和农机合作社等农业生产经营组织的发展衔接，有效集成应用农业、农业机械化新技术，提升技术推广的效益，加快推广应用步伐。

（李安宁，农业部农业机械化技术开发推广总站副站长；王德成，中国农业大学教授；论文来源：《中国农机化学报》）

2014年我国农业机械化发展形势分析

张宗毅

2014年是“十二五”的倒数第二年，是实现“十二五”农业机械化发展目标的关键一年，那么，2014年之前的农业机械化发展的情况到底如何？2014年农业机械化发展面临着哪些有利条件和不利因素？2014年农业机械化发展的趋势是什么？以及2014年应该采取哪些政策措施？这些问题都需要展开深入探讨。本文试图结合全国宏观经济数据、行业数据和微观调研数据简要回答以上问题。

一、当前年全国农业机械化发展情况

1.从发展速度来看，关键环节机械化水平快速提升

（1）水稻种植与收获机械化水平快速提升。全国水稻种植机械化水平平均以年均5～6个百分点增加，东北地区、长江下游平原区等主产区更以10个左右百分点的速度快速增加；水稻收获机械化水平全国平均以4～5个百分点增加，2012年东北地区、长江下游平原区水稻收获机械化水平均已超过90%，南方低缓丘陵区水稻收获机械化水平也超过70%。

（2）玉米收获机械化水平快速提升。近年来，全国玉米收获机械化水平平均以7～9个百分点快速提升，特别是东北主产区2012年比2011年提升15.12个百分点。

（3）油菜收获机械化水平有所提高。2012年全国油菜收获机械化水平比2011年提高3.38个百分点，其中长江下游平原地区和南方低缓丘陵区这两个主产区的油菜收获机械化水平分别提高6.01%和5.44%。

2.从装备结构来看，种植业机械发展呈两极化趋势更为明显，装备区域布局趋于合理。一方面，随着经营规模的扩大和补贴力度的增加，小型、单一功能机械逐渐退出平原地区，大中型、多功能机械逐渐成为主要生产工具（如大中型拖拉机、联合收割机分别替代手扶拖拉机和割晒机）；另一方面，丘陵山区的农业机械空白逐渐被填补，适宜丘陵山区的小型机械保有量快速上升（如微耕机、耕整机、割晒机等）。

近年来耕整机、拖拉机保有量年增长率见表1。从表1可以看出，年增长率最高的是适宜平原地区的58.8千瓦以上大型拖拉机（20.07%）和适宜丘陵山区的耕整机（26.22%），18.4～58.8千瓦功率段的中型拖拉机经历了快速增长的阶段后目前增速正在快速下降（从超过20%下降到12.7%），而2.2～14.7千瓦、14.7～18.4千瓦两个功率段的小型拖拉机增长率则处于整体下降的趋势，2.2～14.7千瓦功率段的手扶拖拉机保有量在2012年首次下降，农机装备结构向两极化趋势发展的趋势十分显著。这表明平原地区农业装备出现大型化趋势，丘陵山地的农机装备空白（主要是耕种环节的农机装备空白）正在迅速被填补。

表1 近年来耕整机、拖拉机保有量年增长率

	耕整机	拖拉机（千瓦）			
		2.2～14.7	14.7～18.4	18.4～58.8	≥58.8
2009	28.09	1.65	11.90	22.17	38.28
2010	27.51	1.99	3.91	19.35	28.47
2011	25.70	1.43	8.77	13.80	25.94
2012	26.22	−0.77	5.75	12.70	20.07

3.从产业和环节来看，主要粮棉油作物全程生产机械化目标还未达成，我国农业机械化仍然任重道远。近年来主要粮棉油作物播种机械化水平见表2。从表2来看，播种环节中三大粮食作物中的水稻种植机械化水平不足35%，油菜、马铃薯种植机械化水平刚超过20%，花生种植机械化水平也不足40%。

近年来主要粮棉油作物收获机械化水平见表3。从表3来看，收获环节中三大粮食作物中的玉米收获机械化水平仍然不足45%，油菜、马铃薯、花生等收获机械化水平仍在20%左右，棉花收获机械化水平不足10%。同时，甘蔗、蔬菜、水果、茶叶等作物的种植、收获、初加工环节机械化水平十分低下，畜牧业、渔业的产品采集、饲料投喂、环境控制与废弃物处理等环节机械化水平仍然较低。此外，主要粮食作物之一的大豆，其播种和收获机械化水平最近两年出现了持续反弹下滑。

因此，虽然我国全国平均耕、种、收综合机械化水平已接近60%，但总的来说，农业机械化的发展仍然任重道远。

表2 近年来主要粮棉油作物播种机械化水平(%)

年份	小麦	水稻	玉米	大豆	油菜	马铃薯	花生	棉花
2008	81.28	13.73	64.62	64.52	9.74	10.65	29.34	49.88
2009	84.37	16.71	72.48	73.99	10.39	12.94	31.25	54.18
2010	85.32	20.86	76.48	75.62	11.39	15.25	32.86	55.35
2011	84.29	26.24	79.90	71.21	12.28	19.65	34.57	57.39
2012	86.06	31.84	82.11	63.96	14.51	21.00	38.50	62.75

表3 近年来主要粮棉油作物收获机械化水平(%)

年份	小麦	水稻	玉米	大豆	油菜	马铃薯	花生	棉花
2008	83.84	51.16	10.61	48.73	6.97	83.84	51.16	10.61
2009	86.07	56.69	16.91	57.68	8.84	86.07	56.69	16.91
2010	88.45	64.49	25.78	62.57	10.37	88.45	64.49	25.78
2011	91.05	69.32	33.59	59.58	13.32	91.05	69.32	33.59
2012	90.79	73.74	42.38	54.68	16.69	90.79	73.74	42.38

4.从区域发展来看，西南丘陵山区、南方低缓丘陵区、黄土高原及西北地区与全国其他区域农业机械化发展差距仍然在拉大，区域发展不平衡制约整体水平的进一步提高。历年各地区耕、种、收环节机械化水平差异见表4至表6。表中：地区1指东北地区，包括黑龙江、吉林、辽宁、内蒙古自治区等4省区；地区2指华北平原，包括河北、天津、北京、河南、山东等5省市；地区3指长江下游平原地区，包括江苏、上海、安徽等3省市；地区4指黄土高原及西北地区，包括山西、陕西、青海、西藏自治区、甘肃、宁夏回族自治区等6省区，新疆维吾尔族自治区从该区域拿出来单独分析；地区5指南方低缓丘陵稻区，包括湖北、湖南、广东、广西壮族自治区、江西、浙江、福建、海南等8个省(区)；地区6指西南丘陵山区，包括四川、重庆、云南、贵州等4省市。

表4 历年各地区耕地环节机械化水平差异(%)

地区	地区1	地区2	地区3	地区4	新疆	地区5	地区6	全国
2008	91.45	74.53	79.78	55.80	97.38	51.02	19.06	62.92
2009	95.94	84.54	81.15	59.00	97.21	53.77	21.62	66.57
2010	100.00	85.36	82.05	62.12	99.19	57.37	26.08	69.62
2011	100.00	86.08	94.53	63.03	99.61	62.30	30.51	73.66
2012	100.00	86.90	87.28	65.30	98.68	64.18	35.00	74.97

表5 历年各地区播种环节机械化水平差异(%)

	地区1	地区2	地区3	地区4	新疆	地区5	地区6	全国
2008	75.15	62.66	35.30	39.40	90.20	2.24	1.81	37.74
2009	83.37	67.96	38.00	42.78	92.62	3.24	1.87	41.03
2010	87.98	69.81	40.50	45.38	92.56	4.90	2.04	43.04
2011	93.09	71.28	43.51	46.47	94.29	6.32	1.56	44.93
2012	96.50	72.52	48.07	48.02	93.12	8.88	2.33	46.99

表6 历年各地区收获环节机械化水平差异(%)

	地区1	地区2	地区3	地区4	新疆	地区5	地区6	全国
2008	35.72	42.84	54.36	19.85	36.20	23.35	4.24	30.39
2009	41.27	46.94	56.38	22.80	42.72	26.73	4.70	33.67
2010	47.54	51.69	59.86	25.33	47.20	29.52	5.47	37.25
2011	53.81	55.63	62.05	29.58	48.11	32.39	7.20	40.67
2012	60.03	58.40	63.82	32.51	53.92	34.68	8.16	43.55

从表4～表6可见，目前我国农业机械化水平的差距主要体现在西南丘陵山区、南方低缓丘陵区、黄土高原及西北地区与全国其他地区的差距，特别是播种环节的差距；并且这些差距存在逐年扩大的趋势，特别是西南丘陵山区与全国其他地区的差距扩大趋势更加显著。区域发展的不平衡，严重制约了我国农业机械化水平的整体提高。

5.从装备利用率来看，主要农机装备利用率低且呈下降趋势，亟需探讨提高利用率的经济机制。近年来，拖拉机、联合收割机等主要农机装备利用率逐年下降，拖拉机年台均承担的作业面积由2001年的4.93公顷下降到2012年的3.73公顷左右，稻麦联合收割机年台均作业面积由2003年的53.33公顷下降到目前的不到33.33公顷。考虑极端情况，2012年的机耕作业量，假如全部由耕整机和小拖拉机完成，年台均承担面积仅4.47公顷；全部由14.7千瓦以上大中拖完成，年台均仅承担机耕面积22.73公顷。

目前，我国机耕水平已达75%左右，只要略微提高拖拉机利用率，就可以基本实现耕地机械化。今后我国农业机械化的发展，除了追求装备保有量和作业水平，还应追求与投入相匹配的经济效益，而实现经济效益的主要途径就是努力提高装备利用率，因此，各省需要充分利用购机补贴政策的引导作用，促进农机装备结构优化调整。

6.从发展主体来看，农机专业合作组织快速发展，成为农业生产的生力军

(1)农机专业合作社数量与参社人数快速上升。合作社数量从2008年的8622个增加到2012年的34 429个，3年时间比原来增加了3倍；同时，参社人数也从106 524人增加到817 774人，增加了近7倍。

(2)农机专业合作社从业人员占农业机械化作业服务组织从业人员比例快速上升。2008年，农机专业合作社从业人员占农业机械化作业服务组织从业人员比例仅为14.67%，而2012年则达到56.43%。

(3)农机专业合作社经营规模快速扩大。一是单个合作社平均社员人数从2008年的12.35人增加到2012年的23.75人。二是合作社资产快速增加，大多拥有50万元以上的农机原值，且服务面积和承包面积也迅速扩大。

总之，农机专业合作社已经成为农业生产者的生力军，为提高农业综合生产能力和保障粮食安全提供了重要支撑。

根据2012年农业部南京农业机械化研究所针对江苏364个农户的调研表明，农机专业合作社的主要成员和农机大户，无论是年龄结构、受教育程度，还是农机作业效率，都要显著优于小规模分散经营的农户，其中每年主要农机装备使用时间超过100 h的比例，参加农机专业合作社的农机户要比未参加农机专业合作社的农机户高10个百分点。总的来看，农机专业合作社成员是“懂技术、会经营”的新型农民，是未来农业生产经营的主体。

二、当前农业机械化发展面临的有利条件

1.扶持政策不断完善和丰富，扶持力度不断加大。2013年，“全价购机、县级结算、直补到卡”的试点范围进一步扩大，已经在全省(市、区)范围内实行“全价购机、县级结算、直补到卡”资金兑付方式的省份有19个，在全省(市、区)范围内选择部分县展开试点的有10个(含新建兵团)，继续执行“差价购机，省级集中支付”的省(市、区)只有北京、天津市和西藏自治区。“全价购机”操作办法的试点范围扩大，有利于降低行政腐败风险和提高农机购置补贴资金使用效率，有利于提高农机购置补贴政策社会显示度和农民感知度。而补贴资金规模上，补贴资金继续保持较大规模并稳步增加，从2012年的215亿元上升到2013年的217.5亿元。

农业部在东北地区、黄淮海地区、西北地区、南方蔗区从2010年开始实施的农机深松整地作业补贴，补贴范围、补贴资金规模在2013年都得到了进一步加强。同时，一些省份也开展了机插秧作业补贴、秸秆还田作业补贴等试点，为推广农业机械化技术、保障农业综合生产能力起到了积极作用。

2013年，农机报废更新补贴试点工作继续实施，同时实施范围进一步扩大。2013年10月，为了进一步推动农机社会化服务，农业部出台了《关于大力推进农机社会化服务的意见》(农机发[2013]3号)，为各级农机部门争取农机社会化服务扶持政策提供了有力依据。

此外，为配套“全价购机”的实施，福建、浙江等省份出台了农业机械化金融扶持政策。一些市县也纷纷出台了农业机械化培训、金融、合作社基础建设等方方面面的扶持政策。

扶持政策的不断完善和丰富、扶持力度的不断加大，将更大程度上调动农户购机、用机热情，从而促进农业机械化快速发展，并保障农业综合生产能力。

2.农业劳动力成本快速上升，农业劳动力转移加速，农业机械化需求更加旺盛。2013年，在我国长三角、珠三角等经济发达、用工量较大的地区，农民工短缺已经成为常态，而且这种“用工荒”已经从长三角、珠三角地区扩散到全国大部分地区，甚至扩散到安徽、河南、四川等传统劳动力输出大省。劳动力供求失衡的“用工荒”直接导致了用工成本快速上升，而农民工的用工成本也就是农民工从事农业的机会成本，机会成本的上升自然直接传导为农业用工成本上升，进而为农业机械化的发展提供了机遇。

目前，我国正处于城镇化加速发展和工业化中期阶段，农业劳动力机会成本逐渐加大，农业劳动力越来越多地从农村转移到城镇，从农业转移到二、三产业。最近10年来，我国农业劳动力正在以年均1 000万人左右的速度快速下降，至2012年我国农业从业人员数值为25 773万人。但即使是这25 773万人也不能全部算着农业劳动力。根据第六次人口普查(2010年)数据与第四次人口普查(1990年)数据对照发现，20年间40岁以上农业劳动力所占比例已经从31.20%上升到61.10%，上升了近30个百分点，而40岁以上的农业劳动力中又有56.52%大于50岁。据农业部南京农业机械化研究所的大样本微观调研，在黄淮海、长江中下游等粮食主产区，40岁以上的农业劳动力占在70%以上。因此，仅这25 773万人中，超过50岁的就有近9 000万，超过法定退休年龄的就有6 000多万，实际农业从业人员远远低于统计数据。在农业劳动力的减量化、老龄化趋势加剧的背景下，要保障农业生产和粮食安全，农业对农业机械化的需求必然快速增加。根据本人的测算，目前，若没有农业机械化的发展，生产目前同样多的农产品，我国还需要再增加1.78亿左右的农业劳动力，若这个农业劳动力缺口不能弥补，目前粮食作物整体播种面积将下降59.06%，可见农业机械化对农业生产和粮食安全贡献巨大。

3.钢材价格持续走低，农机制造成本有所下降。2013年，由于国内钢材产能过剩，上半年钢材价格震荡下行，而上半年正是国内农机制造业批量集中生产销售的时间，钢材价格的下降，降低了农机制造成本，进而平抑了农机销售价格，有利于农机的销量增加。2012年，农业机械累积价格指数只有102.1，涨幅较小，根据掌握的2013年的市场情况来看，农业机械的价格涨幅也较小，部分农业机械价格甚至略微下降。2014年，基于国际国内经济环境，预计钢材价格不会有太大反弹，将有利于农机生产制造和稳定农机销售市场。

4.高标准农田建设得到各级政府高度重视，农业机械化发展条件逐步得到改善。建设高标准农田，有利于田间机械化作业，便于经营管理，是稳定农业生产、确保国家粮食安全的重要手段，特别是对于西南丘陵山区和南方低缓丘陵稻区更是如此。2012年，国务院批准颁布了由国土资源部会同有关部门编制的《全国土地整治规划(2011—2015年)》，该规划中提出"到2015年，新建4亿亩旱涝保收高标准基本农田"，而全国各地也纷纷出台了各自的高标准基本农田建设规划，如湖北省在2012年出台的《湖北省高标准基本农田建设规划(2011—2015年)》中提出"在'十二五'期间，将力争建设旱涝保收高标准基本农田2 500万亩"，四川省出台了《建设1 000万亩高标准农田工程规划纲要(2011—2015年)》，江西在2011年出台的《江西省人民政府关于整合资金建设高标准农田的指导意见》中提出在"十二五"期间建设高标准农田800万亩。各级政府对高标准农田建设的高度重视，将为农业机械化发展条件的改善奠定良好基础。

三、当前农业机械化发展面临的不利因素

1.主要粮食作物机械化水平上升空间有限，蔬菜、林果机械化技术瓶颈较大。目前小麦已基本实现生产机械化，机耕、机播、机收水平分别已达到98.90%、86.06%和90.79%，其中华北平原、长江下游平原等主产区耕种收机械化水平基本接近100%；机播水平较低主要由于南方低缓丘陵区和西南丘陵山区机播水平分别只有32.10%和11.10%；机收水平只有90%，也主要是由于西南丘陵山区小麦机收水平只有20.62%，但这一现状短时间难以有较大改变。

对于水稻生产机械化，机耕、机械种植、机收水平已分别达到94.84%、31.84%和73.74%。其中，机械种植水平较低主要是由于水稻种植面积占全国水稻种植面积51.21%的南方低缓丘陵区水稻机械种植机械化水平只有15.97%，种植面积比例占全国14.77%的西南丘陵山区的水稻种植机械化水平只有7.14%，东北主产区水稻种植机械化已基本实现，长江下游平原区水稻种植机械化水平已超过50%，并且最近两年按照年均8个百分点增加；收获机械化水平相对较低主要是由于主产区西南丘陵山区水稻收获机械化水平只有33.84%。因此，今后水稻生产机械化水平的提高，主要依赖于南方低缓丘陵区和西南丘陵山区，而这两个区域的水稻生产机械化水平提高难度较大。

对于玉米生产机械化，机耕、机播、机收水平分别已达到93.79%、82.11%、42.38%。其中，机播水平相对较低主要是由于主产区西南丘陵山区和黄土高原及西北地区机播水平分别只有0.31%和67.41%，不过东北地区、华北平原、黄土高原及西北地区等玉米主产区的玉米机收水平还有较大提升空间。

大豆的耕种收机械化水平主要在东北主产区较高，在全国其他地区还相对较低，特别是南方低缓丘陵区和西南丘陵山区，在华北平原和长江下游平原有一定提升空间。

对于马铃薯生产机械化，机耕、机播、机收水平分别只有50.22%、21.42%和19.41%。在播种面积占全国41.39%的西南丘陵山区和占25.69%的黄土高原及西北地区，机播水平分别只有0.12%和26.49%，机收水平分别只有0.29%和24.62%。按照近几年这两个区域马铃薯生产机械化的发展速度看，这一现状段时间难以改变。

就算主粮中水稻、玉米机械化水平与小麦持平，全国机耕水平只提高2.13个百分点，机播水平只提高11.02个百分点，机收水平只提高14.18个百分点，全国耕种收综合机械化水平仅提高8.41个百分点。

因此，目前我国虽然正在经历着农业机械化水平的高速提升阶段，但主要粮食作物生产机械化水平提升的空间逐渐降低，面临的技术瓶颈和推广难度正在逐渐增大，应提前谋划，做好战略布局和技术储备。

2.经济作物、蔬菜、林果等机械化技术供给不足。目前占农作物播种面积比例达12.45%的蔬菜播种和收获机械化水平仅处于起步阶段甚至空白阶段；占农作物播种面积10.26%的经济作物(油菜、花生、棉花)，关键环节机械化水平均较低；占农作物播种面积达8.82%的茶园、果园，其机械化生产水平十分低下。

以上作物的关键环节机械化水平较低，主要是由于相关机械化技术供给严重不足，关键环节机械化技术与装备缺乏或不成熟，严重制约这些作物的机械化水平提高。今后农业机械化水平提升的空间逐渐降低，面临的技术瓶颈和推广难度正在逐渐增大。同时，除种植业以外，畜禽养殖业、渔业生产机械化技术供给也亟需加强。

3.燃油价格高居不下，以及燃油税的征收，提高农机作业成本，进而影响农机户从事农机作业的积极性。全程机械化情况下，每公顷地一季用柴油约150升左右，柴油价格由2004年年初的3.13元/升上涨到2013年11月的7.2元/升，每升柴

油价格上升4.07元，则每公顷地作业成本增加了610.5元，在目前我国粮食作物公顷均净利润在2 250元左右的情况下，增加610.5元的成本就降低了24%左右的净利润。

从全国来看，2012年，除农业运输用油外，全国农业生产的农田作业、农田排灌、农田基本建设、畜牧业生产、农产品初加工等环节用柴油2.237 38×10^7吨，约2.679 5×10^{10}升，按2004年价格计算，则2012年全国农业生产用柴油因为价格上涨而多支付的成本高达1 090.56亿元。若仅计算每升柴油征收的0.8元燃油税，2012年全国农业生产用柴油因为本不应征收的燃油税也多支付214.36亿元，与2012年的农机购置补贴资金持平。可以说，财政一只手给了农机购置补贴，另一只手却将其全部拿回。然而，由于农机保有量的增多和农机作业市场竞争日趋激烈，这种成本的额外增加，农机户并不能够通过提高作业价格转移给购买作业服务的农户。这种情况下，严重挫伤了农机户继续从事农机作业服务的积极性。

4.人工成本增加，推高农机作业成本。由于农机操作条件恶劣，特别是跨区作业，不仅要忍受烈日炙烤，还要忍受长途奔波，遭遇各种可能的人身安全问题，很少有人愿意从事这个行业。而那些技术熟练的农机手，由于最近几年补贴力度加大，大多都自己购买了农业机械，全社会可雇佣的熟练农机手就变得更少，农机作业用工成本因此快速推高。以前在江苏苏南从事育秧管理、收获接袋等辅助工作的工人一天只要30元钱，这些人基本上都是年龄较大不能外出打工的劳动力；目前妇女劳动力价格已经上涨到60元每天，男劳动力价格已经上涨到100元。人工成本的增加，无疑推高了农机作业成本，在农机作业市场竞争激烈情况下，将严重影响农机户从事农机作业积极性。

5.生产规模偏小制约装备结构优化。理论上，功率越大的机械效率越高，但盈亏平衡的最小经济作业规模也越大。对于有限的作业规模，大型机械不仅入地作业受限，而且十分不经济。整体经营规模较小的现实情况，导致了即使平原地区小型机械也普遍被使用，一些地区家家户户有小四轮的现象仍然存在，制约着农机装备利用率的提高，导致结构不优。

6.薄弱地区地块细碎、基础建设落后。根据本人基于Google earth的地块抽样分析（表7），即使在西南丘陵山区和南方低缓丘陵区的平原或平坝地带，地块细碎化程度也是非常严重的。同时，西南丘陵山区和南方低缓丘陵区的机耕道建设、耕地平整与标准化建设都非常滞后。总之，耕地的细碎化和农田建设的落后，严重制约薄弱地区农业机械化的发展。

表7　西南丘陵山区、南方低缓丘陵区平原（坝）区域地块大小分布

抽样省份	0.03公顷以下地块数量占比	0.03～0.07公顷地块数量占比	0.07公顷以上地块数量占比	抽样地块数（块）
四川、贵州	50.30%	27.57%	22.13%	18 379
湖北、湖南	54.51%	19.14%	26.35%	15 728
广西、广东、浙江	60.22%	22.09%	17.69%	32 842

四、2014年发展形势预测

1.农机装备结构两极分化将更加明显。2014年，适用于平原地区的大中型农机装备保有量和适用于丘陵山区的微小型农机装备保有量将继续保持高速增长但增速有所放缓，而在平原地区量大面广的小型手扶拖拉机保有量将进一步萎缩，小四轮保有量的增速也将持续走低到5%以下。

2.关键环节生产机械化将进一步飞速发展。2014年，由于长江下游平原地区、南方低缓丘陵区的持续发力，水稻种植机械化水平将继续保持快速增长，增速在5个百分点以上；水稻收获机械化水平由于东北和长江下游平原区基本实现，而南方低缓丘陵区和西南丘陵山区受限制较多，因此水稻收获机械化水平增速将下降到3～4个百分点；玉米的机收水平由于东北、华北、黄土高原及西北地区等主产区需求旺盛，将继续高位增长，增速有可能超过8个百分点，处于飞跃发展时期；油菜收获机械化水平由于长江下游平原地区和南方低缓丘陵区的发力，增速有可能超过4个百分点，但西南丘陵山区增长缓慢；黄土高原及西北地区和东北地区的马铃薯生产机械化将快速发展，但西南丘陵山区增长缓慢；华北、东北等主产区花生种植与收获机械化水平快速提高，但南方低缓丘陵区增长缓慢；棉花收获机械化水平除新疆会有一定幅度增长外，华北平原主产区的机收水平可能突破2%。

3.农机专业合作社将在农业生产中发挥更重要的作用。2014年，随着国家扶持政策的进一步加大和农业劳动力的进一步转移，农业对规模化、标准化、机械化的生产方式将有更急迫的需求，农机专业合作社将在我国农业现代化进程中发挥更大的作用，无论是专业合作社的数量、参与人数，还是合作社的服务规模都将快速增加。

4.农机市场将趋于理性。由于全价购机政策的大面积实施，补贴办法、计划、资金下达时间提前，补贴资金日益充足，今后由于补贴工作时间安排导致的企业季节性生产、农户恐慌性购机等现象将大大减少，同时生产企业、经销商直接参与补贴的行为将逐步减少，其攻关主管部门、隐性成本推高农机价格等非市场行为将逐步减少。总的来说，农机市场将逐渐趋于理性，回归市场本身。

五、政策措施建议

1.进一步完善农机购置补贴政策。进一步完善农机购置补贴政策，全面实施“全价购机、县级结算、直补到卡”的补贴操作办法，扩大“重点机具普惠”范围。

目前虽然“全价购机”实施省份较多，但操作具体办法和流程却并不全国统一，比如有的省份农户领取政策告知书或确认表的渠道窄，只能在指定地点领取政策告知书，而有的省份则可多渠道领取；有的省份在政策告知书上要求填写购买机具的具体厂家和型号；有的省份程序复杂要农户反复多次在乡镇和县级农机局之间奔波，而有的省份农户只需去乡镇2～3次即可办理好相关手续获得补贴；部分省份购机补贴指标受限，年度间不进行滚动，而有的省份可以滚动。亟需在充分调研、总结、研究和科学设计的基础上，对“全价购机”补贴政策进行进一步完善，不再由各地方自行设计流程，而是从全国层面做好顶层设计，以充分发挥好“全价购机”政策的制度优势。同时，应进一步扩大“重点机具普惠”范围，江苏的经验表明，“全价购机”和“重点机具普惠”两个制度相结合能够更好地发挥制度优势，规避以前的一些制度弊端，同时有利于各地薄弱环节机械化水平的提升。

鉴于目前在全省（市、区）范围内实行“全价购机、县级结算、直补到卡”的资金兑付方式的省份有已 19 个，在全省（市、区）范围内选择部分县展开试点的有 10 个（含新建兵团），继续执行“差价购机，省级集中支付”的省（市、区）只有北京、天津和西藏三个地区，在全国范围内全面实施“全价购机、县级结算、直补到卡”和“重点机具普惠”已有较好的基础，因此建议 2014 年在全国范围内实施“全价购机、县级结算、直补到卡”政策，并进一步扩大“重点机具普惠”实施范围。此外，在平原地区对于一些小型机械和一些已经明显饱和的机械应及时退出补贴范围。

2.加大金融扶持力度。配套“全价购机”政策，总结“补贴资金收益权担保”的金融扶持经验，出台全国性的农机购置贷款政策或指导性意见，加大金融扶持力度。“全价购机”政策有效堵住了“差价购机”带来的寻租设租问题，进而防止了财政资金漏出，但是与此同时也在一定程度上增加了农民垫资负担，进而影响了农民购机积极性。应及时总结一些省市的金融扶持经验，即农机专业合作社和农机专业户用“补贴资金收益权”担保，先行向指定银行贷款需自己垫资部分资金，然后补贴资金在手续审查合格后直接打入农民或农机专业合作社在该银行的还款账户。这种办法既能有效防止银行的贷款回收风险，又能有效减轻农民资金垫付压力。同时，还应尽快探索建立大价值农机具抵押贷款和贴息贷款机制，以进一步减轻农机大户、农机专业合作社等主体的资金压力。

3.尽快研究制定农用燃油退税的具体操作办法。为应对燃油价格高位运行带来的农机作业成本增加，同时由于大多数农业机械并不在等级道路上行驶，为公平起见，可由农业部牵头，会同财政部、中石油、中石化等有关部门尽快研究制定农用燃油退税的具体操作办法，或借鉴渔业船舶燃油补贴优惠政策出台农业机械燃油补贴政策。若开展农用燃油退税政策，可借鉴澳大利亚的先征后退办法，亦可借鉴美国、加拿大的农用燃油染色办法；若实施农业机械燃油补贴政策，可借鉴在我国已实施多年较为成熟的渔业船舶燃油补贴优惠政策。

4.加大对丘陵山区和西北地区的农业机械化区域发展扶持力度。加大对西南丘陵山区、南方低缓丘陵区和黄土高原及西北地区的扶持力度，缩小农业机械化区域发展差距。西南丘陵山区、南方低缓丘陵区和黄土高原及西北地区农业机械化发展水平较低的主要制约因素是地形复杂、地块分散零碎，亟需要通过土地平整、农田宜划、机耕道修建、适宜农机技术与装备研发与推广等手段，为这三个区域发展农业机械化解决发展瓶颈，创造发展条件，以缩小其与全国其他地区的差距，进一步促进全国农业机械化水平的整体提高。

5.加大经济作物机械化生产技术与装备的研发推广投入力度。加大经济作物机械化生产技术与装备的研发推广投入力度，推动经济作物特别是蔬菜生产机械化；同时，应加大畜禽养殖业、渔业相关机械化技术与装备的研发推广投入力度，全面提升农业机械化水平与质量。目前，就算主粮中的水稻、玉米机械化水平与小麦持平，全国耕种收综合机械化水平仅提高 8.41 个百分点。而占农作物播种面积比例达 12.45％的蔬菜播种和收获机械化水平仅处于起步阶段甚至空白阶段；油菜、花生、棉花三类合计种植面积占农作物播种面积 10.26％的经济作物，关键环节机械化水平均较低；占农作物播种面积达 8.82％的茶园、果园，其机械化生产水平十分低下。因此，今后应加大经济作物机械化、畜禽养殖业、渔业相关机械化技术与装备的研发推广投入力度，全面提升农业机械化水平与质量。

（张宗毅，农业部南京农业机械化研究所副研究员；论文来源：《中国农机化学报》）

中国农业机械化十年跨越

吕明宜　刘小伟　朱先春　余向东　赵　洁　王东生　毛晓雅

一幅波澜壮阔的时代画卷

2004 年 11 月 1 日，我国农业机械化发展史上第一部法律——《中华人民共和国农业机械化促进法》（以下简称《促进法》）正式实施。

对于中国农民和中国农业来说，这是一个特殊的日子。

此后十年，我国农业机械化提速换挡，创造出令世界惊叹的中国农机速度：农业生产耕种收综合机械化水平年均提高 3 个百分点，从 2004 年的 34％提高到今年的 60％以上；农机总动力每年新增上亿马力，农机工业产值年均增长 20％，从 2004 年的 850 亿元增长到 2013 年的 3 570 亿元，戴上“世界第一农机制造大国”桂冠。

奋力爬坡的中国现代农业，终于装上强劲的马达。农业机械的轰鸣声，响彻于黑土地、黄土地、红土地；呼呼转动的轮子，开进了粮田、棉田、油菜地、甘蔗地、牧草场。

我国农业生产由此进入了一个新的历史时期，实现了从传统生产方式向机械化生产方式为主导的历史性跨越；这是政策驱动、农民主动、部门推动、企业行动、市场拉动，形成合力的结果。

党中央、国务院从战略和全局角度重视发展农业机械化。从 2004 年起连续多个中央 1 号文件，均涉及农业机械化发展问题；国民经济和社会发展“十一五”、“十二五”规划及其他有关重要文件中，相关表述越来越具体、要求越来越高、措施越来越实；党的十七届三中全会第一次鲜明地提出了“走中国特色农业现代化道路”；2010 年 7 月，国务院又出台了《关于促进农业机械化和农机工业又好又快发展的意见》。

新世纪以来，党中央作出“两个趋向”的重要论断，标志国家进入工业化中期“以工促农”阶段。2006 年起彻底取消农业税，让农民群众生产投资的积极性空前高涨。全国农机购置年总投入，2013 年跃升至近千亿元；中央财政农机购置补贴资金，从 2004 年的 7 000 万元增长到 2014 年的 237.5 亿元，累计

1 200 亿元。这十年,用现代物质条件装备农业的力度,达到了前所未有的高度。

"农业机械化是农业现代化的重要标志。没有农业机械化,就没有农业现代化。"农业部部长韩长赋指出,随着工业化、城镇化进程加快,农民对农机作业的需求越来越迫切,农业对农机应用的要求越来越高,农业机械化在建设现代农业中的支撑作用越来越重要。

有中国特色的农业机械化道路,经过几十年艰难跋涉、最近十余年的奋力冲刺,已步入坦途。业内专家一致的结论是,我国农业机械化总体上已经从初级阶段跨入了中级阶段,并加速向高级阶段迈进。农业部农业机械化管理司司长李伟国认为,实现"机械化农业"的梦想,曙光已现。

十年农机路,展开了一幅波澜壮阔的时代画卷。

粮食生产的可控程度,从来没有像今天这样高;农业机械化让中国人的饭碗端得更牢。

农业机械化勃兴的黄金十年,恰恰就是我国农业尤其是粮食生产"十连增"的黄金十年。两个"黄金十年"的高度重叠,以及强农富农政策的含金量大增、劳动力转移速度加快、三农事业稳步推进等等,有着因果必然。粮食生产机械化的全线推进,大大提高粮食生产的可控程度,让中国人把自己的饭碗端得更牢。

《全国新增 1 000 亿斤粮食生产能力规划(2009—2020)》,将农业机械化作为提高农业综合生产能力的重要措施,仅实施深耕深松作业一项,就可增产粮食 25 亿千克。专家经过试验测算,在同等生产条件下,水稻、小麦、玉米生产全程机械化可实现增产、节种、减损的综合增产能力分别为 795 千克/公顷、555 千克/公顷、1 080 千克/公顷。

从 2008 年起,黑龙江省粮食总产量连续跨越 350 亿千克、400 亿千克、450 亿千克、500 亿千克、550 亿千克、600 亿千克六个大的台阶。每年增产百亿斤粮食,靠玉米挑大梁。而黑龙江省地处我国最北端,热量资源不足是农业生产主要制约因素。"增产靠什么?靠抢农时、争积温,靠大机械、大马力、高效率。"黑龙江省农机局局长郑联邦告诉记者。

十年前,黑龙江省玉米播种期拖得过长,机收水平仅有 6.3%。玉米收获主要靠人工,种得多了农民嫌掰棒子太累,天气不好时玉米棒子可能砸在地里。而今,全省机收水平已跃升至 64.3%,有耕整机、精量播种机、收获机、秸秆打捆机、灭茬机等各类大马力农机作为支撑,不断扩大的玉米种植面积才"种得下去,收得上来"。

湖南省水稻产量递增,得益于品种改良,也得益于"单改双"。水稻插秧机及工厂化育秧,为双季稻的恢复种植赢得了时间。水稻机插秧效率是人工插秧的 20 倍,亩均降低成本 30 元、增产 25 千克以上,且抗病虫害、抗倒伏性好。

农业部种植业管理司司长曾衍德认为,农业机械能够抢农时、防灾害、增效益、夺丰收,在抗击干旱、洪涝、低温冻害等农业自然灾害、恢复灾后农业生产方面,发挥了不可替代的作用。农业机械化的高速发展,使我们能更从容地掌控农业生产进程。

以 2010 年"三夏"为例,面对小麦成熟期延迟、集中、暴雨天气来袭等不利影响,我国小麦主产省投入 1 400 多万台(套)农机具展开抢收抢种会战,抢晴天、战阴雨,开足马力、夜以继日,实现了快收快打、颗粒归仓、同步播种,创下了单日收获量超过 2 000 万亩的新纪录,全国麦收时间比往年缩短 4 天。

依靠增加地、水、肥等生产要素投入,实现增产的空间越来越小,靠机械化挖潜仍是重要路径。近年在农业生产中广泛推行的机械化深松整地、播后镇压、统防统治等,增产作用显著。

机械化深耕深松作业技术,正被广大农民普遍接受,地处华北平原的河北省,下大力气推而广之。深州市仁忠农机合作社理事长孙仁中是位种田"老把式",2003 年他家的玉米产量是 9 750 千克/公顷,后来几年降到 8 250 千克/公顷。原因何在呢?拖拉机和人畜等年复一年的碾压、踩踏,加上长期施用化肥,造成土壤板结,严重制约了作物的根系发育,地越种越薄。

2010 年老孙的合作社买了 4 台深松机,当年亩产就有所恢复,第二年平均产量达到 11 100 千克/公顷。今年虽然遭遇大旱,但由于深松作业后的土壤保墒性能较强、浇灌及时,加之"一喷三防"等技术应用得当,合作社的玉米地产量超过 12 750 千克/公顷。"深松让我们旱年也增产!"老孙的烦恼彻底解除了。

在黑龙江、吉林、山东等我国东北、华北及黄淮海地区省份,深松整地都得到了大力推广。深松作业能有效改良土壤,增强土壤蓄水保墒和抗旱防涝能力,增强农作物基础生产能力,深松后的地块小麦、玉米等作物普遍可增产 10%左右。在黑龙江,秋整地使用深松机作业,可以使来年玉米、大豆分别增产 1 500 千克/公顷、750 千克/公顷。

马克思在《资本论》中说:"机器是提高劳动生产率……最有力的手段。"这在中国农业机械化的过程中得到印证。

农忙时节潮水般的返乡大军已不见了;挺起腰杆种庄稼,让劳动者活得更有尊严。

农事越千年,可堪回首。

一部农业耕作史,无疑就是生产方式演进、生产工具改进、耕作技术递进的历史,也是生产力发展、生产关系不断作出适应性调整的历史,更是代代农人"面朝黄土背朝天"艰辛求温饱的历史。

从"原始人类拼体力"到"人畜合力",从石器时代、木器时代到铁器时代,传统的农具农艺,"日出而作,日落而息"的耕作方式,落后的生产力水平,陪伴着传统农人度过了漫长的四季轮回。

只有农业机械化,才把农民从土地中解放出来,从繁重的体力劳动中解脱出来。

在农村实行联产承包责任制初期,湖北省大冶市谈桥村的老铁匠汪冬林,迅速"暴发"成"万元户"。他回忆说:"开头那几年,几乎一年四季炉火通红,日夜打锄头、铁锹,每年光锄头就能卖上千把。"从 2005 年开始,明显感到生意不好,锄头只卖出去了几十把,镰刀也只卖了 10 来把,农民种田大都用上了机械。

谈桥村恰恰建有一家"农耕文化馆"。富裕起来的村民发现很多传统农具正在消失,他们想为传统农耕文化留下点记忆,"汪铁匠制造"因此进了文化馆。

在不知不觉之中,中国农民告别了锄头、镰刀、扁担、耕牛,这传统的"农家四宝"。

"如果还用锄头镰刀,我这把年纪哪能种得了 32 亩地?"66 岁的农民王能雄,与汪铁匠同属大冶市灵乡镇,他是当地散户里种植面积较大的。1981 年田地承包到户后,老王家分到了 5 亩田,此外还帮别人家种 10 亩田。"那个时候年轻力壮,但要种 15 亩田,一家人真得拼命干啊!三伏天要割早稻种晚稻,比牛都辛苦，身上晒脱几层皮。”1996 年，孩子们外出务工了，他把别人的 10 亩地退回去，只留了 5 亩责任田。

2000 年开始，老王种田的欲望再次复苏。这一年他请别人用拖拉机来耕田，此后每年的春耕和秋耕，他只要给农机手打个电话，最大的难题就解决了。前年老王家的耕种面积扩大到 32 亩，自己买了拖拉机、收割机。他笑着对记者说：“做梦也没有想到，年纪越大，种的田越多，费的工夫却少了。”

老王还说，以前到了农忙时节，孩子们都要回家帮忙，来回折腾很不容易，还影响务工收入。现在不用了，家里外面两头省心。

那些年，苦战“三夏”、鏖战“三秋”，因为季节性劳动力短缺，大批农民工不得不潮水般涌动在返乡路上，不得不选择候鸟式的“两栖”劳作方式，现在也在不知不觉之中“退潮”了、转变了。

据农业部统计，目前我国小麦综合机械化水平超过 93%，也就是说，小麦生产环节九成以上的农活是由农机代替人工完成的。在北方主要小麦产区，由于联合收获机逐步替代劳动力，做到了“人不回、田不荒、粮食安全进粮仓”。

十年前，由于种植、收获尤其是插秧环节机械化水平低，南方许多农民不愿种植水稻：“人工种水稻太辛苦，一个青壮年劳力一天只能插秧一亩半，插完还腰酸背疼直不起身。”而随着机插秧的推广，改种其他作物的农民又纷纷回归水稻。

十年前，我国玉米机收水平接近于零，生产效率低下。玉米茎秆高而坚硬，人工掰棒子脸上、手上拉血口子是家常便饭，加上天热出汗，身上沾满玉米缨子，奇痒难忍。而今天，玉米机收水平已超过一半，机械收获一亩玉米仅需五六分钟，种植玉米的劳动强度大大减轻，带来的直接影响是——我国玉米种植面积超越小麦，成为对粮食增产贡献最大的作物品种。

小麦、水稻、玉米，三大主粮的机械化水平大大提升，改变了无数普通农民的生产生活状态。农民的腰杆挺起来了，不再需要“晨兴理荒秽，带月荷锄归”，而是“穿着皮鞋下田，轻松体面赚钱”。面对极端天气时，他们也从来没有像今天这样从容淡定。为劳动者减负，让劳动者从容，体现的是一种尊严；更多的新生代农民工，可以更加从容地创业打拼，去拓展新的增收空间。

全国农民的务工收入十年快速递增，已经超过人均年收入的一半，也与农业机械化“黄金十年”高度契合。劳动力转移不可逆转，农业机械化水平的提升不可逆转。

千里转战的“麦客”，架设起小农户与大生产的桥梁；5 300 万农机手代表着新型职业农民的形象风貌。

随风起伏的麦浪中，再难见挥汗如雨的麦农；取而代之的，是联合收割机驾驶室里行色从容的农机手。

在农业生产十年丰收金黄色的底版上，跃动着无数“麦客”千里驰骋、神采奕奕的身影。作为新型职业农民的中坚力量，他们既是中国农业机械化的受益者，也是最主要的推动力量。

河南省固始县保田农机专业合作社理事长李默，在跨区作业领域算得上名人。这位精明干练的巾帼领机手所带的农机手团队，从 2005 年的几十人发展到 2008 年后的上千人。每逢农忙，他们浩浩荡荡地转战南北，从湖北到河南，到河北，到内蒙古，甚至到广东、福建、海南、黑龙江等 10 多个省份，每年跨区作业面积都超过百万亩，每台收割机平均年收入达 10 万元。

对于农机手来说，农机不仅是生产工具，而且是致富工具。较早参与到跨区收割作业的“麦客”，大多赚得了一笔不菲的辛苦费，当年购机当年收回成本，有“收割机相当于印钞机”之说。即便如此，机收作业因为高效快速，仍然比雇请人工收获的成本低廉，这就是市场主导。

对于农机行业的管理者、推动者来说，要盘算的远远不是经济效益账，更要考虑如何有利于确保粮食安全，如何促进农业机械化健康发展，如何拓展农机社会化服务的渠道，如何提高包括农机手在内的职业农民素质，等等。

李伟国说，我国农民户均耕地只有 0.51 公顷，在中部和东部地区，户均土地更少。在这样的现实情况下发展农业机械化，必须解决好机械化大生产与农户小地块之间的矛盾。“农机跨区作业为解决这个难题找到了有效途径。”

据调查，目前活跃在农村的 5 300 多万农机手，大多是有相对较高文化素质和较好身体素质的中青年农民，其中的农机大户和农机服务组织负责人懂农艺技术、会操作机械、善经营管理，是新型职业农民的代表。

“从 2 000—2011 年，在第一产业从业人员不断减少的情况下，乡村农机从业人员增加了近 1 800 万人；乡村农机从业人员占第一产业从业人员的比重，提高了 10.1 个百分点。我国农业从业人员的素质结构发生了较大变化，如今从事第一产业的生产者，5 个人里面有 1 个是农机人。”中国农业大学教授白人朴说。

专家估算，机械化的快速推进，让近 3/4 的农业劳动力离开土地，彻底改变了“9 亿农民搞饭吃”的局面；一定程度上缓解了“谁来种地”的隐忧。

跨区作业还满足了农民不断扩展的机械化需求，让先进的机械工具发挥出更大效用。尤其在经过近十年的高速发展后，跨区作业范围已从小麦机收扩大到小麦机播、机耕，到水稻机收、水稻机插、玉米机收、马铃薯机收、秸秆还田、植保等诸多环节，催生了一批农机专业户、农机作业合作社和作业公司。而农机作业服务的范围也逐步从粮食作物全面拓展到经济作物、林果业、畜牧业、渔业、设施农业和农产品加工业等更为宽广的领域。

湖北省京山县峥嵘农庄种植专业合作社“80 后”理事长刘若峥，2004 年在京山县第一个购买试用插秧机，并先后购进了拖拉机、秸秆还田机、旋耕机、收割机等一系列农机具，熟练掌握各种农机的操作维修。有了现代化农业装备作支撑，短短几年他的承包地规模扩大到上千亩。2008 年小刘牵头成立了合作社，为周边地区提供“一条龙”作业服务，带领更多农民共同致富。

曾在农业部农业机械化管理司任司长八年的宗锦耀认为：“发展农业机械化生产，也是培育新型职业农民的必由途径。实现劳动过程机械化，必然要求农民具备较高的科技文化素质和经营管理能力，能够熟练掌握农业机械的操作维修。”

农民掌握机械和技术的过程，就是一个现代职业农民的成长过程；掌握机械力量的农民，日益成为农业生产的主体和中坚力量。

拖拉机不仅仅是一头“铁牛”，机械化引领着耕作方式、栽培模式、农艺制度发生深刻变革。

广袤的中国大地上渐次展开的农业机械化画卷，不仅仅指东北黑土地上、华北平原上，列队而行、齐头推进的机械作业大场面，还包括江南肥沃的稻田、天山脚下的棉田、云贵川的梯田；那些隆隆而作的各类机械，不仅仅有地上跑的，还包括天上飞的、水里藏的，那是一幅立体交织的画面。

农业机械化作为农业技术集成应用的主要载体，已经渗入到农业生产的方方面面，融入到农业产业链条的广泛领域。拖拉机不仅仅是一头“铁牛”，它引领着耕作方式、栽培模式、农艺制度深刻变革，引领着生产方式的巨大变革。

南方的水稻机插秧技术，实现宽行、浅栽、定穴、定苗栽插，是对传统的手工育苗移栽方式的一项重大技术变革；黄淮海麦区的“一年两作”模式，机收机种同时进行，可使两作接茬的收、种环节的作业时间缩短 10～15 天，将“三夏”变为“两夏”，减少套种，实现平作，既简化农艺又节本增效；整个北方麦区的“一喷三防”技术，将农艺技术要求和抗旱排涝、大规模的病虫害防治相结合，只有通过机械的动力、精确度和速度才能达到。

“三秋”时节，在山东诸城贾悦镇孟家屯村的一块玉米地里，玉米联合收获机轰鸣开过，林立的秸秆瞬间被切成了碎片，均匀地铺洒在田野上。小麦免耕施肥播种机随后开过来——旋耕、播种、施肥一气呵成，过去需要五六道工序的秋收、秋种，今年一次就完成了。由于颠覆了传统的耕作理念，这种不用耕地的“懒汉”耕种模式几年前并不为农民接受，现在却得到广泛推广。其以机械化作业为主要手段，采取少耕或免耕方法，却达到了“少一分耕耘，多一分收获”的效果。

农业科技创新的方向，也正日益从以生物技术为主向生物技术与机械化技术并重转变。深耕深松、精量播种、精准栽培、均衡施肥、地膜覆盖、保护性耕作、统防统治等先进的农业生产技术，离开农业机械靠传统的人畜力根本无法实现。良种、良法的推广和使用，也要以农业机械为载体，要与轻简化、规模化、标准化、集约化的现代农业生产方式相匹配，否则难以有效推广实施。

黑龙江北大荒，当年很多下放知青最大的愿望就是当城里人。如今不少考进城上大学的孩子更愿意选择回乡当农民。80 后的王晓磊大学毕业后，在青龙山农场种了 13.33 公顷地。他的庄稼地施肥、喷洒农药等作业工序，已经能够通过 GPS 定位取样、测定土质，农机通过时会按照实时测定的数据自动调配肥料和农药。

国内外农业发展实践证明，农业机械物化和承载农业技术，是大规模应用先进农业科技的重要途径。农业机械化有利于完成人畜力无法达到的作业效率和作业质量，争抢农时，保障复种指数稳定增加，提高单位产量和产品质量，确保适时播种收获，减少损失，满足发展高效农业对产品新鲜度等质量控制的要求。

20 世纪末，美国工程技术界把“农业机械化”评为 20 世纪对人类社会进步起巨大推动作用的 20 项工程技术之一。这一评价客观地反映了农业机械化的重要地位与巨大贡献。无论何时何地，无论现代文明的路径指向何处，吃饭问题都是首要问题，而农机在其中发挥的作用将越来越大。

在我国，只有培育以农机手为主体的新型职业农民，才能解决好劳动力结构性短缺的矛盾，解决好“谁来种地”的问题；只有依靠以农业机械为载体和引领，生物技术、工程技术、环境技术和信息技术等多种技术集成化的农业科技进步，才能不断提高劳动生产率、土地产出率、资源利用率，才能解决好“怎样种好地”的问题。

陕西杨凌农业科技开发区内，耸立着一尊高大的“农师”后稷塑像，他手中拿着一只锸，那是他所处时代最为先进的农具。这位当时的“国家农业部部长兼农业科学院院长”似乎在昭示后人：农业装备的进步，引领着农业生产不断迈向更高层次。后稷应无恙，当惊世界殊！

十年农机路，一幅波澜壮阔的时代画卷，光彩夺目。

一条独具特色的中国道路

农业机械化“黄金十年”的跨越式发展，为中国农业发展史写下了辉煌的一页。然而，历史是不断递进的阶梯，是要素积累的过程，是合力推动的结果。

在传统农业文明底蕴深厚、以小规模农户经营为主、人地矛盾突出、地理气候复杂多样的中国，如何实现农业机械化？绝非等闲之事。注定要比别人付出更为艰辛的努力，注定要走出一条适合自己的发展道路。“黄金十年”的背后，历经不同时期的实践探索，凝聚了数代人心血智慧。

有中国特色的农业机械化道路已逐渐清晰，那就是“农民自主、国家扶持、市场引导”之路，那就是“资源共享、服务互惠、功能协调”之路，那就是“实事求是、因地制宜、与时俱进”之路。

“农业的根本出路在于机械化”；共和国几十年艰辛探索，引领亿万农民不懈追逐农业机械化的梦想。

20 世纪 50 年代中期，毛泽东提出“农业的根本出路在于机械化”著名论断，并设想用 5 个“五年计划”，也就是到 1980 年在全国基本实现农业机械化。

现在看来，尽管领袖的预言有些超前，甚至新中国在探求农业机械化的道路上，有些“急于求成”；却在亿万农民心中，播下了农业机械化梦想的种子，让农业机械化的概念深入人心，并激励着后来者去突破一个个阻碍、不懈追求。

回顾 65 年走过的路，新中国农业机械化先后经历了四个不同的阶段：1949 至 1980 年的创建起步阶段，1981 至 1995 年体制转换阶段，1996 至 2003 年，市场引导阶段。2004 年至今，依法促进迎来“黄金十年”。

新中国成立后，党和国家始终把实现农业机械化，作为建设社会主义现代化农业的一个重要战略目标。从 50 年代开始，国家逐渐在有条件的社、队成立了农机站，政府按计划配置了各种农机具，支持群众性农具改革运动。

1966 年至 1978 年，国务院共召开了三次全国农业机械化工作会议，国家将支农资金主要用于农业机械化，财政投入合计约 90 亿元，促进了农业机械化的快速发展。逐渐建立起了比较完整的农机管理、科研鉴定、技术推广、教育培训、销售维修和使用服务体系。我国农机工业从制造新式农机具起步，从无到有逐步发展，先后建立了包括一拖、天拖、常拖等一批大中型企业，奠定了我国农机工业的基础。

农村实行家庭联产承包责任制后，大中型农机在超小规模土地上失去了用武之地，集体农机站逐步解散，除保留农机平价供油这一政策外，国家对农业机械化和农机工业的直接投入逐渐减少，曾经一度出现“包产到户，农机无路”的尴尬。

1983 年中央 1 号文件允许农民自主购买和经营农机。这段时期小型农机具、手扶拖拉机、特别是农用运输车增长较快。而大中型拖拉机和配套农具保有量停滞不前，机具配套比失调，田间机械利用率低，农田作业机械化水平提高缓慢。

曾在农业机械化管理司工作多年、现任农业部监察局局长的董涵英说：“回过头来看，当时管理者对‘包产到户，农机无路’的担心是多余的，农民的实践并不是这样。1982 年我刚参加工作不久，在安徽怀远县调研时发现，农民对小农机有着很强的需求。尽管当时政策还没有明确，还存在很多争论，农民已经走在了前面，当年该县农民就已经自购了两万多台手扶式拖拉机，大街上到处都有卖。”他认为，这一时期政策上最大的突破在于冲开了“农机作为生产资料不允许私人所有”的禁区，发展农业机械化不再由国家和集体包办，把自主权交给了农民，这是农业机械化发展的一次思想大解放。

1995 年，我国开始建立市场经济体制，农用平价柴油等国家在计划经济体制下出台的农业机械化优惠政策全部取消，农业机械化进入了以市场为导向的发展阶段。农机管理部门手头上没有任何“政策手段”，但跨区作业为他们提供了一个“服务抓手”，从 1990 年开始农机部门就开始促成、推动全国性跨区作业。江苏省农机局副局长王勇回忆，当年农机局局长和工作人员主要的工作就是帮人牵钱，从二三月开始就到处跑，比如南方的跑到北方，北方的跑到南方，给机手联系收割的地块，为农机手和用机农民解决各种纠纷，积极助推中国特色的跨区作业和农机作业市场的发展与形成。

90 年代中期后，农村劳动力开始出现大量转移的趋势，农村季节性劳力短缺的趋势不断明显，农民使用农机的积极性不断提高，农业机械化服务的社会化、市场化步伐加快，联合收割机跨区机收逐步兴起，中国特色的农业机械化道路初步形成。全国各类联合收割机保有量从 1995 年的 7.3 万台激增至 2004 年的 40 万台。

一部法律和一项补贴政策，为农业机械化“黄金十年”提供坚强保障，并产生强大的推动力量。

2004 年，在我国农业机械化发展史上，发生了两件具有划时代意义的“大事件”：一是“中央 1 号文件”决定对农民购买和更新大型农机具给予补贴；二是 11 月 1 日《促进法》正式实施。从此我国农业机械化进入了历史上最好的发展时期。

“农机购置补贴政策有很强的指向性和精准性，起到了一举多得的效果。”原农业部农业机械化管理司司长宗锦耀说，“从 2004 年起，累计投入的 1200 亿元国家财政补贴，带动农民投入 2 000 多亿元，农民购机、用机的积极性空前高涨；农业机械化水平大幅度提高，国家农业综合生产能力得以确保；农机工业走出多年徘徊局面，我国迅速成为世界第一农机制造大国。”

以购机补贴为重点，国家对农机扶持政策趋于系统和完善。2010 年《国务院促进农业机械化和农机工业又好又快发展的意见》，明确了中国特色的农业机械化促进政策框架。国家和地方，先后实施了农业机械化推进工程、保护性耕作工程等基本建设项目，开展了农机报废更新补贴、关键环节农机作业补贴试点，探索了农机抵押贷款、政策性农机保险、免费安全检验、农机库棚占地按农用地管理等惠农措施，有效调动了农民购机用机积极性。

“是农机补贴政策让我终于等到了农业机械化发展的春天，让我深埋在内心的农机情感又一次得到释放，特别是两台大型玉米收割机运到合作社的时候，我激动得一夜没睡好，半夜起来抚摸机械，泪如雨下。”辽宁昌图县平安保农机合作社理事长、全国劳动模范范甲柱这样表达感激之情。

范甲柱是 1974 年就步入农机行业的“老兵”，70 年代曾创下了“全国先进农机站”的辉煌，也体验过农机站解体后的苦痛。2007 年，农机补贴在昌图扩大范围，沉寂多年的他再次出山，联合 17 名驾驶员成立农机专业合作社。合作社自筹资金 106 万元，利用中央、省级补贴的 75 万元，昌图县政府补贴的 54 万元，购置大型玉米联合收割机两台，以及拖拉机、联合整地机、播种机、青储等 71 台(套)，涵盖耕、种、收各个环节，当年社员平均工资加上分红达到 3 万元。

农机补贴带来的效果看得见摸得着，而《促进法》的影响则无形而深远。

《促进法》也是对中国农民创造性实践的一个确认，体现了党的主张与人民意志的统一。2007 年，时任农业部副部长的张宝文，将中国特色的农业机械化道路的主要特征总结提炼为“农民自主、政府扶持、市场引导、社会化服务、共同利用、提高效益”，这 6 个方面都能在《促进法》中找到相关的条款对应。

曾参与《促进法》前期调研的农业部农机鉴定总站站长刘敏介绍，法律出台前认识并不统一。有的同志认为，中国人多地少，有了农机，农民去哪？会不会影响稳定？有的同志认为按西方市场经济的理念来讲，政府应该无为，政府不要去管，让农业机械化自然发展就好了，不需要去促进，促进是“找米下锅”……法律的出台意味着又一次冲破思想的枷锁。

农业部农机推广总站站长刘宪说：“实现社会的进步是需要促进的，要不要解放农民，法律体现了一种价值观，是一种强大的精神力量。《促进法》将国家扶持农业机械化的政策措施，如对农民给予购机补贴、支持农业机械化技术示范推广、强化农机质量和安全管理、支持农机科技创新等上升为法律规范，为农业机械化发展创造了一个长期稳定的环境，坚定了我们发展农业机械化的方向。”

“我们闯出了一条符合国情的道路，国家又适时出台法律和支持政策，农民、政府、市场、企业各方力量从来没有像今天这样好地汇聚在一起，为农业机械化发展构建了强大而不竭的动力。”《促进法》起草小组成员、77 岁的中国农业大学教授白人朴，对新中国农业机械化发展的四个阶段作出这样的解答。

政策引导与强化政府作用，不仅仅体现于财政措施，往往还体现在分类指导、因地制宜上。针对长期以来千差万别的农艺制度，对农业机械化应用的限制，以及农机农艺脱节、农业生产缺乏标准化的种植模式等问题，农业部组织科研人员专门攻关，制定对策。比如说玉米种植，在一个省就有 30 多种行距模式，不仅不利于机械化，有些模式的种植效果也值得怀疑。

2010 年，农业部印发了《关于加强农机农艺融合加快推进薄弱环节机械化发展的意见》，农业机械化管理司与计划、财务、科教、种植业、畜牧业、渔业等相关司局联合制定了《关于加强农机农艺融合加快推进薄弱环节机械化发展工作方案》，强化了农业部内部司局间的分工协作工作机制。在科研方面，农机农艺融合技术研发受到重视，在主要作物产业技术体系中，都设置了农机岗位专家；在推广方面，发布了各个主要作物的机械化生产技术指导意见，在全国设立了水稻、玉米、油菜、棉花、甘蔗、薯类 6 大作物 54 个农机农艺技术融合示范区，组织引导农民统一作物品种、播期、行距、行向、施肥和植保，为机械化作业创造条件。

从国家集体包办到农民自主发展、到农民在市场经济中的探索创造、再到国家法律和政策的强力推动，一次次解放思想，一次次突破阻碍，中国特色的农业机械化道路就这样越来越清晰地展现在世人眼前。

通过市场的主导作用实现资源共享与互惠服务，为世界创造小规模农业实现机械化的中国范例。

让我们把目光投向 1986 年的山西。

这是一个地形狭长的省份，从南到北有 700 多千米长，纵跨中国 9 个生态麦区中的 3 个——黄淮海麦区、北方春麦区和北方冬麦区，小麦成熟期长达近 30 天。

1986 年 5 月的一天，晋中太谷县五家堡村农民温廷玉，从电视上看到湖北、安徽和河南的小麦已经陆续成熟，农民开镰收割。过不了多久，自己家南边的运城小麦也该熟了。刚买了一台联合收割机的温廷玉，看着墙上的地图，发现了一个“商机”，何不利用麦熟的时间差，从运城沿途向北收，搞它个“南征北战”？于是，他联合村里的5户农民第一次南下运城收割小麦。

温廷玉没有想到，这个最早的农机跨区作业服务队，开启了我国小麦联合收割机跨区作业服务的先河，他们也成为第一批转战麦区的“淘金者”。农机具在他们手上，不仅只是替代劳动力的工具，而且成为可以致富增收的手段。到1995年，山西、陕西、河北、河南等省共有约8 000台联合收割机加入了跨区机收。这种农民在经济利益驱使下的自发性行为，一般只在省内流动作业，各级政府和有关部门少有参与。

1996年，农业部首次在河南省组织召开了“三夏”跨区机收小麦现场会，正式揭开全国大规模组织联合收割机跨区机收的序幕。当年有北方11个省2.3万台联合收割机参加小麦跨区机收，此后跨区机收的浪潮席卷全国，持续至今每年有30多万台收割机参与跨区作业，作物也从小麦拓展到水稻、玉米和其他大宗作物。

跨区收获作业，被后来的研究者誉为“中国农民在生产实践中的伟大创造”。这种新型的农机服务模式，起到在稳定家庭承包责任制的基础上，通过市场机制对资源的有效配置，让有限农机资源为社会共同利用。它将千家万户的小生产与千变万化的大市场进行有效地对接，使高投入的大中型农业机械在分散经营的一家一户的土地上实现了高产出，解决了“有机户有机没活干、无机户有活没机干”的矛盾，在生产方式上实现了规模化经营，开辟了我国小规模农业使用大型农业机械进行规模化、集约化、现代化生产的现实途径。

从收获环节这一农业最紧要的环节开始，“农机共同利用”逐步拓展到农业生产的各个环节，耕整地、机播机插、秸秆还田、机械化植保、粮食烘干、加工储运等等，通过农机户和用机户之间进行作业价格的“协商谈判”，最后形成统一而较为稳定的作业价格体系，形成了中国特色的“农机作业服务市场”。

用经济学术语来说，这是个标准的“完全竞争市场”——“有大量的买者和卖者”，任何一个生产者或消费者都不能影响市场价格；“产品同质性”，市场上有许多企业只能生产同质的产品，消费者无法根据产品的差别形成偏好，任何一个企业都无法享受垄断利益；“资源流动性”，生产厂商进入或退出行业不受任何社会法令和其他社会力量的限制。由于无任何进出市场的社会障碍，在一个较长的时期内，生产者只能获得正常的利润，而不能获得垄断利益；“信息完全性”，市场上的每一个买者和卖者都掌握着与自己的经济决策有关的一切信息，这样每一个消费者和每一个厂商都可以根据自己掌握的完全信息，作出自己最优的经济决策，从而获得最大的经济效益。而且，每一个买者和卖者都知道既定的市场价格，都按照这一既定的市场价格进行交易。

之所以引用这一段经济学术语，是要说明“伟大的创造”并非妄言，农民的“发现”符合经济规律。“完全竞争市场”被认为是“最理想、最有效的市场”，正因如此，通过“社会化服务”实现农机“共同利用”，农机经营者靠机致富，农机使用者节本增效，都得到最大效益，亿万农民才真心接受，其生命力才如此顽强。

比较美国、欧洲、日韩等已经实现农业机械化的国家，美国采用的是大规模的机械化路线，欧洲是中等规模、集约机械化路线，日韩是一个中小规模、精细化的机械化路线，但其作物单一，主要是水稻。三种路线，共同特点是都走高度资金和技术密集的路子，技术含量高，价值也大；国外农户本身比较富有，购买农机主要是自己用。但是我国农户“超多”，经营规模“超小”，农民积累能力“超弱”，这样的国情决定了，如果每家每户买农机既买不起，也不经济，先进国家路线不能照搬。我国农户的耕地不到欧盟国家的1/40，美国的1/400，这样的情况下，用“共同利用”这样一种方式，以超过发达国家小麦收获机利用率的小成本，我国的小麦2012年机收率就超过90%，成为第一个实现全程机械化的作物。这种模式已在水稻、玉米等主要作物生产中复制。中国的道路确实“与众不同”。

职能部门与相关部门共同构建的协调服务管理体系，让农民“买得起、用得好、有效益”，优势尽显。

谈中国农业机械化特色，不能不提到中国的农机管理和服务部门。

“许多国家农机同行惊叹，中国有一套世界上独有的农业机械化行政管理和农机试验鉴定、安全监理和技术推广等公共服务体系。”中国农业大学教授扬敏丽说。这套从计划经济时期就建立的体系，尽管在80年代体制转换期曾有过一段局部的“点断、人散、网破”，但其完整性一直保持至今，其功能不断完善，成为国家和农民发展农业机械化的有力推手。

与改革开放前运动式推动、齐头并进不同，针对各地自然条件、经济社会发展水平和技术发展程度，农机管理部门统筹农业机械化发展方略，引导农业机械化科学发展。确立了“因地制宜、分类指导、重点突破，有选择地发展”行之有效的指导方针，集中人力、财力，在重点地区、重点作物、重点环节上寻求突破，以点带面，稳步推进。在小麦第一个实现全程机械化后，又开始攻克玉米机收和水稻机插两个薄弱环节，力争三大粮食作物都能全程机械化；并分步骤地启动棉花、油菜、甘蔗、马铃薯等大宗作物机械化试点示范。

在补贴政策设计上，重点向优势农产品集中产区倾斜，向重点作物关键环节倾斜，向先进机具倾斜，向农民专业合作社倾斜。

2007年，农民专业合作社法开始实施，农机管理部门贯彻《农业部关于加快发展农机专业合作社的意见》，开展农机专业合作社示范建设活动，建立定点联系机制，培育一批典型，规范和引导农机社会化服务组织健康发展。按照“引导不强迫、支持不包办、服务不干预”的原则，支持农机专业户发展成为农机大户，引导农机大户、种粮大户、普通农机专业户和农户，采取机具入股、技术入股、土地入股、资金入股等多种方式创建农机合作社等服务组织。

到2013年，全国农机合作社数量超过了4.1万个，我国农机服务的市场化、社会化和产业化不断推进，服务领域不断拓展。农机合作社利用技术、服务、信息等优势把农机户组织起来，发展出生产环节的“定单作业”、“全程托管”，产前的“农资团购”、产后的“统加统销”等多种服务模式，或者通过土地流转、土地入股等方式直接发展农业规模经营，成为当前我国农业中最具活力和带动力的新型农业经营主体。

农业部农业机械化管理司司长李伟国说，政府促进农业机械化发展，就是要确保农民“买得起、用得好、有效益”。“买得起”就是落实好财政补贴政策，解决农民购买力问题，同时引导企业重点研制生产符合农民购买力的先进适用机械；“用得好”就是通过试验鉴定，对农机的可靠性、适应性和安全性作出评价，通过安全检测和技术推广培训让农民安全放心使用,通过质量监督来维护农民权益;"有效益",就是培育作业市场,壮大市场主体,通过组织和引导提高农机具利用率和使用者的经济效益。

每到"三夏"、"三秋"的机收关键时节,农业部门联合公安、交通、石化等部门,为跨区机收提供通行便利,确保供油基础,各级农机管理部门还开通了全国性的跨区作业直通车信息系统,数十万农机手实现了作业市场供需对接。

2013年,北京市在全国范围内第一次将农业机械保险纳入市政策性农业保险范围,写入地方性法规《北京市农业机械化促进条例》。2014年9月,在农业部财务司、农业机械化管理司的推动下,中国农业银行在新疆试点农机租赁,300多万元的大型采棉机农机合作社只需首付30%即可开回家,仅沙湾县3家农机合作社就一举"采购"了17台大型采棉机。金融支持农业机械化发展已开启破冰之旅。

农业机械化,一条独具特色的中国道路,从崎岖走上开阔,从艰辛走向平坦。

一个光明灿烂的田野梦想

数千年的中国农耕文明,从来没像今天这样富于生机活力;亿万农民和新中国几代农机人的机械化梦想,从来没有像今天这样照进现实。

农业机械化"黄金十年"的高歌猛进,成绩来之不易,经验弥足珍贵。虽然我国农业生产方式整体迈入了机械作业为主的新阶段,但要清醒认识到发展中存在的不平衡、不协调的问题。

随着农业发展方式、农民生活方式和农村社会结构深刻变革,农业机械化进入新的发展时期,需求迫切、潜力巨大、条件有利、前景广阔。与"十八大"提出"四化同步"战略和"两个一百年"的奋斗目标相适应、相衔接,到2020年,全国农作物耕种收综合机械化水平将达到70%以上,完成粮食作物生产"基本实现农业机械化"、大宗经济作物机械化及养殖业机械化协调发展的目标,任务依然艰巨。

农业部副部长张桃林指出,必须坚持将提高农业综合生产能力作为首要任务,把农业机械化放到农业农村经济发展大局中去谋划、去推动;必须坚持把强化政策法规建设作为根本保障,不断调动农民发展农业机械化的积极性、创造性;必须坚持把推进科技进步作为重要支撑,持续提高农业机械化发展质量和水平;必须坚持把"因地制宜、分类指导、重点突破、统筹协调"作为基本方法,努力推动农业机械化全面协调可持续发展;必须坚持把培育发展主体和创新机制作为主要抓手,不断增强农业机械化发展活力。

要让"黄金期"延续得更加持久,要让中国特色的农业机械化道路走得更加自信,要让粮食丰收的乐章里有更加悦耳的机械奏鸣,那就带着梦想、继续追逐。

向广度拓展——

中国农业机械化向"全程、全面、高质、高效"时代进发,将着力主攻薄弱环节,着力调整优化农机装备结构布局,着力解决区域发展的不平衡问题。

"实现中国的农机梦就是我的梦想,盼望在一切能使用机器操作的领域和地域,统统使用机器操作。"77岁的白人朴教授把毕生的精力献给了他挚爱的农机事业。

坐在中国农大东校区白老的办公室里,他的手机不时响起。又有好消息传来:在刚刚结束的江苏省农业机械化水平调研中,全省农作物耕种收综合机械化水平超过70%,农业劳动力占全社会从业人员比重少于20%,在全国提早进入农业机械化发展高级阶段。另一边,陕西省有关部门正在抓紧与白老接洽,为陕西苹果生产的机械化出谋划策。

在有着中国最先进农机装备的黑龙江垦区,农作物的全程机械化已经实现,种田人享受到了机械带来的轻松便利。"友谊农场的机械化水平已经达到98%,职工基本不用下地种田了。"中国最大的机械化农场、友谊农场副场长张秀国说,"整地有大型整地机,水稻全部采用集中育秧和机插秧,玉米全部机收,植保有飞机进行航化作业……"

友谊农场的职工杨德清今年种的是早熟玉米品种,国庆前就早早收割完了,"380马力的约翰迪尔直收机,一天能收30公顷,我种的5公顷地,一个多小时解决问题。"杨德清说,"今年农场大规模使用了这种直接脱粒的直收机,减少了环节,降低了成本。"

黑龙江桦川县拉拉街村的王铁仁种了20公顷水稻,由于使用了先进的精量插秧机,今年平均每公顷增加750千克。"这种新型插秧机能实现精量插秧,不仅用种少,秧苗分蘖好,而且成活率高,不用补苗,比普通插秧机能增产10%左右。"由于尝到了增产节本的甜头,今年,王铁仁决定再购置几台新型插秧机,20公顷地全部实现精量插秧。

富锦市明朗村的种粮大户周宝东同样享受着先进农机带来的丰收喜悦。"今年收成比去年好,每亩玉米能收800多千克。"周宝东分析增产原因,除了采用了新的"德米亚3"玉米品种,就是用上了大型气吹式精密播种机,"这种播种机播种的间距均匀,能保证播种密度,而且速度快,质量高,每天能播600亩,比以前的播种机效率提高了10倍。苗子一齐出、一样壮、就像地毯一样平整。"

而在全国范围内,像周宝东他们这样能用上最先进农机的农民还是少数。

就地区而言,目前全国只有9个省的机械化水平在70%以上,还有近4个省市耕种收机械化水平低于40%,贵州不到20%;就作物而言,"三大主粮"中小麦已经实现了全程机械化,双季稻地区机插秧水平、甘蔗主产区、棉花产区、油菜产区和丘陵山区机械化提高比较缓慢,经济作物机械化许多环节还是空白。烘干、高效植保、初加工环节机械化刚刚起步。

中国农业大学教授杨敏丽说:"初步统计得出的数字,全国水稻种植机插38%,玉米的机收率55%。棉花采摘水平是8.3%,油菜机械种植率14.5%、机械收获率16.9%,马铃薯机收率19.6%。总体来看薄弱环节不少,有的还相当薄弱。"

"全面化、全程化、规模化将是新时期农业机械化的三大趋势。"白人朴说,"领域更宽广了,要求更高了,难度也更大了。"农机人努力攻克难关的脚步一刻也不能停止,农业机械化在向着全面全程发展的道路上必须不断跨越。

今年5月,全国丘陵山区农业机械化交流会在陕西省宝鸡市举行,山区机械的最新成果在这里一展风采:宝鸡大通农业装备公司的山地拖拉机,改变了旧有微耕机的耕作方式,采用了双向牵引,在小面积和山坡地不用调头就可以进行往返双向作业,大大减轻劳动强度,提高了效率;"九方泰禾"的玉米收获机采用专利液压驱动桥,使操作变得更加轻松简单灵活;西北农大展演的智能化遥控果园自走式挖坑施肥机及遇树喷洒、无树即停的智能化超声探靶传感果园打药机等机械也让人眼前一亮……

展会上,山区农民对的山区丘陵机械表现出了极大的兴趣，来自洛川的果农陈兴顺说："我们从报纸上看到，山东的果农在打药、施肥和果园运输上很多都实现了机械化生产，而我们那儿还不行。我对果园智能喷药机械十分感兴趣，如果机械确实好用，我准备买这种机器。山区农民不易，也希望能和平原地区一样用上可心的农业机械。"看得出，山区农民对山区丘陵机械更加渴求。

农业部农业机械化管理司司长李伟国认为，推进农业机械化全面、全程发展，一是需要继续去完善落实政策，谋划新的更有效的扶持措施，支持研发先进适用农机产品、支持农业机械化技术集成示范，实施薄弱环节作业补贴，大力探索金融保险政策，解决"有好农机可用、买得起用得起农机"等现实问题，促进农业机械化持续发展；二是农业机械化技术推广，不能"零敲碎打"，要以主产区（县）为重点，以提高农业生产效率、降低农业生产成本、挖掘增产增收潜力为主要目标，大力开展全程机械化创建行动，从系统上研究机器选型配套、机械与农艺配套、种植加工各环节配套、农机运用组织方式配套，集成优化技术，形成适合区域特点的成熟模式，整乡整县推进，并复制到其他地区。

向深度发力——

中国农业机械化将步入机械技术与农艺技术和信息技术大融合时代，变农机制造大国为制造强国，要靠创新驱动发展，要向质量型、效益型转变。

"中国何时能由农机制造大国变成制造强国，由技术、设备引进变成技术、设备输出，这是自 1956 年就建院的中国农机院几代农机人的梦想，也是所有农机科研人员与企业家们的梦想。"中国农业机械化科学研究院院长李树君感慨道。

9 月末的黑土地上，一片金色晕染的丰收图景。一台台大型机械行驶在田间，所到之处，粮食被一粒不剩地吞进这些"大家伙"的"胃"里。在友谊农场第五管理区第二作业站，机手李财正开着一辆约翰迪尔 S670 收割玉米，见有记者采访，他停下车，邀我们进驾驶室参观。

"这些大家伙是很'聪明'的。"李财说，在驾驶舱的显示屏上，土壤湿度、收割面积、粮食产量等信息随时显示出来，由于有精确的 GPS 定位，机手甚至不用开，机子按照规划好的路线自己收割，分毫不差，比人开得精确。驾驶室安装了空调，李财一边开着收割机，一边听着音乐，很是轻松惬意。

信息技术的应用使农机变得智能，也让精准农业生产成为可能。世界上最先进的信息技术装备的农机，能根据记录的地块信息实现精量播种、精量施肥和喷药，还能根据收获的产量和质量，给出下一年的调整方案。黑龙江省农垦总局红兴隆管理局高级工程师侯林山说："与传统农业机械不同，现代农业机械应当是以机电液一体化为基础，以 GPS 定位和无人驾驶为标志，以实现精准农业为目标的新型农业机械，传统农业机械将逐步被现代农业机械取代。"

要实现高端技术上的突破，国产农机企业必须加强自主研发创新。

中国农机工业协会会长陈志告诉记者："我国现在是世界农机第一大国，中国的农机生产企业有 8 000 多家，是世界第一，国内的农机需求 90%都可以自给。比如说像 50 马力左右的拖拉机，我们不但在中国市场占据优势，在国际市场我们也有相当的竞争力，批量出口到东南亚、非洲地区，50 到 80 马力的拖拉机，还有不少出口到欧美地区。但是高端产品供给不足，还要依赖进口，这是我们农机工业所谓大而不强的问题。"

我国农机工业结构调整和转型升级，是当前和未来一段时间的重要任务。一批不服气的国内农业装备集团企业，如中国一拖、福田雷沃、五征、中联重机等，摆开了奋力追赶的架势。

今年以来，中国一拖集团有限公司生产的、代表我国高端农业装备技术水平的东方红动力换挡拖拉机，成功实现批量销售，开始与国外农机巨头在一个平台上"共舞"。一拖集团党委书记王二龙说："这个动力系统是我们自主研发的，拥有自主知识产权。打一个比方，虽然还有差距，至少已经咬住国外品牌的尾巴，让它翘不起来。"

五征集团的自主品牌"雷诺曼"大马力、高性能拖拉机也已批量上市，采用了国际先进的动力换挡技术、底盘故障诊断系统、GPS 定位系统，全新全封闭宽视野空调驾驶室，具有动力强劲、燃油经济、作业效率高以及驾控操纵舒适等特点，现已研制成功 145 马力、160 马力、180 马力、200 马力、210 马力、230 马力六种机型。一拖、五征的高端大马力拖拉机的上市，一个直接的效果就是把进口机器的价格拉下了 20%～30%。

福田雷沃重工党委书记梁启荣说："在中国这样一个巨大的需求市场上，我们与国外的技术差距在缩小，中外农机企业的竞争渐趋激烈；真正的核心技术，人家是不会轻易卖给你的，最终还要靠自己。"为此，2010 年，福田在欧洲建立了全球化的研发中心，先后投资了 10 亿元主攻全新一代动力换挡产品开发，其系列产品即将上市。

正如中联重机总经理王金富所言："任何一个产业，低端一定是不可持续的。中国下一步可能会出现 5 家左右纯粹做农业装备超过 100 亿元的企业，走在行业前列，引领行业发展，我们的产业未来一定会形成一个良性的产业链。"

在实现智慧农业、精准农业的先进农机研发上，中联重机也作出了努力，并获得了突破。"智慧农业是高度信息化的农业，我们建立起的农机大数据库包括地理数据、卫星数据、气象数据等，通过对作物生长条件的数据分析进行智慧施肥、喷药、播种等环节，它会很智能地告诉你适合种什么、怎么种。"在公司的展示馆，工作人员边演示边讲解，车上装有湿度传感器、油压传感器、水温传感器、转速传感器、光电传感器、摄像头对讲系统、卫星导航、通信天线等大量传感设备，来实现智慧种田的各种功能。

李伟国说："国外的机器虽先进，但价格很贵，很多也不一定完全适合中国的农业生产特点。从提高主要农产品的市场竞争力来讲，降低生产成本，可否自主制造经济耐用的机器是关键所在；从让老百姓更经济实惠的角度来讲，也需要发展民族的农机工业，提高先进适用农机具的供给能力。"

黄金十年，我国的农业机械化水平提高了 27 个百分点；接下来的十年，随着新型农业经营主体的发展，应该是一个先进机器的快速发展阶段。这个阶段装备数量的增长可能放缓，但更新换代、填缺补齐的步伐加快，装备的质量、装备的利用率会有很大的提升。

向高度迈进——

中国农业机械化将步入与农业规模化和生产关系变革同步推进时代，新型农机合作社"社会化服务""规模经营"双主体特征凸显，从产中服务为主进入经营土地、进入产前产后加工流通业。

"我的梦想，是叫黑土地上走出全国第一个靠种地成为亿万富翁的农民，相信用不了 10 年就能实现！"黑龙江省农机局局长郑联邦言之凿凿，“这并不是空想，农机合作社的经营形式将生产关系的束缚进一步打破，释放出巨大的生产力，使大型现代农机的应用与土地的规模化生产得以实现，获得了空前的规模生产效益。”

黑龙江省916个农机合作社所展现的巨大潜力与发展势头，带给了郑联邦这样的自信。克山县仁发农机合作社的理事长李凤玉，正在朝着郑联邦的梦想也是他自己的梦想冲刺。

2011年是仁发合作社大规模流转土地的第一年，当年合作社盈余1 342万元，2012年合作社纯收入达到2 768万元，2013年继续涨势，纯收入达5 328万元。连续三年收入翻倍，仁发如何创造了这样的传奇？

“合作社最初经营得并不好。”李凤玉说，“农民担心收益没保障，一开始不愿带地入社，拢共仅有7户社员；加上土地流转价格缺少吸引力，2010年只从农民手中流转1 100亩、代耕6万亩。合作社几百马力的大型农机使不上劲儿，代耕收费不高，一年下来合作社纯收入仅13万元，有的社员甚至提出退社。”

为吸引农民入社，2011年仁发农机合作社以高于市场价100元即每亩350元的价格流转土地。先把规模做大，高于市场价，然后通过统购生产资料、机械化耕作降低种植成本，通过应用“大垄技术”和现代化农机提高粮食产量。结果每亩地比农民分散种植增产50多千克，亩效益仍达400多元。“今年合作社社员已增加到2 436户，入社土地超过5万亩。以前求着农民入社，现在农民主动找上门，而且取消了预付流转金或保底金，所有社员风险和利益共担。”李凤玉很得意。

“仁发农机合作社是农机与土地、农民结合的成功范例。”郑联邦说。在他的办公室，一张全省农机合作社的分布地图赫然挂在一面墙上，他希望到2020年，全省60%～70%的土地能够纳入农机合作社的经营范围，到时候这张地图上将插遍农机合作社的小红旗。

对于这一趋势，李伟国表示赞同：“农机合作社一个发展趋势就是‘双主体’，既从事农机作业，提供农机服务，也是农业规模化生产的一个主体，承包经营一定面积的土地。全国各地都出现了这样的‘双主体’，这是个好势头，更能解决小块土地无法使用大农机的矛盾。”

生产力的发展需要生产关系的调整变革。适应机械化、规模化、集约化的现代农业生产发展潮流，各地正在探索适合本地情况的生产关系调整方式，江苏省射阳县的“联耕联种”、如皋市的“全托管”就是其中的成功探索。

“不流转的一家一户小散田，如何才能实现机械化经营？只有联合起来达到适度规模才有办法。我们县青华村这几年自发联合进行统一耕作的效果很好，县里及时进行了研究总结，从去年秋播开始全面推行，目前联耕联种稻麦面积已达20万亩。”射阳县农委主任戴亚生说。

联耕联种是在农户自愿的前提下，由村组统一组织，破除田埂，将碎片化的农地集中起来，再由服务组织提供专业化服务，使“一田多户”变成“多户一田”，土地连成片，为大农机作业提供了基本条件。

“与家庭农场、大户经营等需要土地流转的方式不同，联耕联种采取农民家庭之间合作，不用土地流转，简单推掉田埂就实现了规模生产，省工省本，农民易于接受，因此参与踊跃。”戴亚生告诉记者，“去除田埂以后，土地面积增加了5%左右，散田连片后，大动力先进农机可将多道工序一次性完成，提高了作业效率，而且减少了农机作业转移、掉头、空驶时间和油耗，仅秋播一亩地的农机作业成本就下降了35元。”

与此同时，联耕联种使大动力、新型农机迅速推广普及，带动了钵苗移栽机、无人植保机、激光平地机等一批新农机示范推广。由于联耕联种实现了标准化生产水平的提升，今年射阳县的小麦获得大丰收，联耕联种田块亩产都超过500千克，增产至少100千克。

如皋市探索的“全托管”服务模式则是农民自愿将土地委托给专业化的服务组织来经营管理，服务组织为其提供从种到收、乃至销售等贯穿生产和经营全过程的“保姆式”服务。目前有两种主要服务模式：一种是收获物归农民所有，经营主体向农户承诺每亩小麦和水稻产量不低于400千克和600千克，农民则向经营主体交纳1 200～1 450元不等的托管资金；另一种是收获物归经营主体所有，经营主体给农民150～1 200元不等的费用。

如皋市农委主任夏文彬说：“农机合作社、农机大户、家庭农场主等具有农机全程服务能力的主体都可以成为全托管经营主体。服务方式全程化、服务能力机械化、服务水平专业化，不仅解决了谁来种田、种好田的问题，也实现了农民和经营主体的双赢。经营主体通过全托管服务占有农机市场份额，而过去被束缚在土地上的农民被解放出来，所增加的收入远超一家一户种田的产出。”据统计，如皋市参与“全托管”的被服务农户每亩获得了1 000～1 450元不等的收益，全市18个“全托管”经营主体2013年平均年纯收入超过20万元。

白人朴教授认为，随着社会结构的调整，一产从业人员向其他产业转移是必然趋势，这是社会进步的体现。新型经营主体的出现和经营模式的探索，在实现了大机械生产和土地规模经营的同时，也有效解决了一产劳动力缺乏的问题。通过新型经营主体将农业机械化向产前和产后延伸也是未来发展的方向，增产型农业机械化发展已经实现，下一步要逐步解决实现增收型农业机械化的问题。

仁发农机合作社每年都会提取一定比例的公积金用于生产的发展，公积金部分也会按农民的土地折价比例分摊到每个合作社成员，作为下一年分红的依据，农民的利益得到了最大限度的保障。“产业链向产前产后延伸，才能将利润留住。”李凤玉说。2013年仁发合作社投资建起一个粮食烘干塔、一个种薯厂。今年，合作社正在建设一个肉牛养殖场、一个有机农产品生产基地。如今，仁发合作社有了自己的网站，网站的显著位置是合作社注册品牌的糯玉米、甜玉米、红薯等产品，仁发已经开始打造自己的品牌，向销售领域拓展。

有理由相信，科学家的梦想，企业家的梦想，农机管理、推广与服务者的梦想，将最终汇聚成中国农民光明灿烂的田野梦想，汇聚成中国农业的持续丰收梦想，并融入国家富强、民族振兴的中国梦。

（作者单位：农民日报社；论文来源：中国农业机械化信息网）

农业机械化政策法规及规章

农业部部门规章及文件

【关于印发《拖拉机、联合收割机牌证业务档案管理规范》的通知(农机发[2013]1号)】 为深入贯彻落实《农业机械安全监督管理条例》,进一步规范农业机械牌证业务档案管理工作,提高农机安全监理的科学化、规范化和制度化水平,农业部制定《拖拉机、联合收割机牌证业务档案管理规范》,并于2013年1月29日发文,要求县级以上农业机械化主管部门负责本辖区牌证业务档案工作的管理,其所属的农业机械安全监督管理机构(以下简称农机安全监理机构)承担牌证业务档案管理具体工作。上级农机安全监理机构对下级农机安全监理机构的牌证业务档案管理工作进行指导和监督。直辖市农机安全监理机构可以统一管理本市牌证业务档案。

【农业部关于进一步加强农机购置补贴政策实施监督管理工作的意见(农机发[2013]2号)】 为进一步加强农机购置补贴实施监督管理工作,确保补贴政策科学高效规范廉洁实施,农业部于2013年7月12日发文,要求各地农业机械化主管部门要深刻认识重大意义,全面履行监管职责,严格执行各项规定,大力推进信息公开,严惩违法违规行为,切实加强组织领导。各级农业机械化主管部门要坚决贯彻党中央国务院的决策部署和农财两部的各项规定,以更加严肃的态度、更加严明的纪律、更加严厉的要求,以“为民、务实、清廉”的良好作风,进一步加强农机购置补贴实施监督管理,确保补贴政策科学高效规范廉洁实施,继续推动我国农业机械化科学发展。

【关于大力推进农机社会化服务的意见(农机发[2013]3号)】 为贯彻党的十八大和2013年中央1号文件关于“创新农业生产经营体制、构建农业社会化服务新机制”的部署,就推进农机社会化服务,农业部于2013年10月11日发文,要求各级农机主管部门进一步明确农机社会化服务的重要意义,总体要求,主要任务,保障措施,要坚持把农机社会化服务作为农业机械化发展的重要内容。

【关于拖拉机注册登记有关问题的函(农办机函[2013]8号)】 根据辽宁省农村经济委员会关于《辽宁省农机局关于办理拖拉机登记注册有关问题的请示》(辽农机[2013]12号)的问题。农业部经研究,于2013年8月2日发文,就拖拉机注册登记工作中的有关问题做具体说明。

【关于成立第三届水稻生产机械化专家组的通知(农办机[2013]1号)】 为加快推进水稻生产机械化,充分发挥专家决策咨询和技术支撑的作用,促进农机农艺融合,不断提高我国水稻生产全程机械化水平,经各有关单位推荐和审核,农业部于2013年1月16日发文,成立第三届“农业部水稻生产机械化专家组”,要求专家组研究分析国内外水稻生产机械化等相关技术发展情况,提出加快推进我国水稻生产机械化的技术意见和政策建议。为水稻生产机械化等相关领域发展规划制定、重大项目立项和项目实施工作提供决策咨询和技术支持。参加水稻机械化育插秧、收获等技术培训工作。对主要稻区的技术开发和示范推广工作进行技术指导和提供咨询。对技术发展中的农艺措施、机械装备等提出改进意见,促进农机农艺融合。承担农业部农业机械化管理司委托的其他工作。

【关于成立第二届油菜生产机械化专家组的通知(农办机[2013]2号)】 为推动我国油菜生产机械化发展,适应当前我国油菜生产机械化发展形势需要,充分发挥专家决策咨询和技术支撑的作用,促进农机农艺融合,进一步加快提高我国油菜生产机械化水平,经各有关单位推荐,农业部于2013年1月16日发文,决定成立第二届“农业部油菜生产机械化专家组”。要求专家组研究分析国内外油菜生产机械化相关技术发展情况,提出技术意见和政策建议。为油菜生产机械化相关领域发展规划制定、重大项目立项和项目实施工作提供决策咨询和技术支持。参加油菜生产机械化播种、移栽、收获、秸秆还田等技术培训工作。对相关地区的油菜生产机械化技术开发和示范推广工作进行技术指导和提供咨询。对油菜生产机械化发展中的农艺措施、机械装备等提出改进意见，促进农机农艺融合。承担农业部农业机械化管理司委托的其他工作。

【关于公布全国农机合作社示范社的通知(农办机[2013]4号)】 为贯彻落实2013年中央1号文件精神，创新农业生产经营体制，培育新型经营主体，提高农民组织化程度，推动农机社会化服务的重要举措，促进农业专业化、标准化、规模化、集约化，进一步加快发展现代农业、增强农村发展活力，农业部于2013年1月31日发文，确定北京兴农天力农机服务专业合作社等1022家农机合作社为全国农机合作社示范社。要求示范社建设总体上实行部省共建、地方主抓、协同推进的机制，建设期限为2013年至2015年。各地农业机械化主管部门要认真贯彻《农业部办公厅关于开展农机合作社示范创建活动的通知》(农办机[2012]56号)的要求，积极争取示范建设投入，加强示范建设指导，发挥示范社的引导和带动作用，不断拓展农机社会化服务的规模和领域，为构建集约化、专业化、组织化、社会化相结合的新型农业经营体系，加快农业现代化进程做出新的更大的贡献。

【关于2012年农机事故情况的通报(农办机[2013]6号)】 按照《农业机械安全监督管理条例》和《农业机械事故处理办法》规定，农业部于2013年2月1日发文对2012年全国农机道路外事故情况、农机道路交通事故情况进行通报。主要对全国农机道路外事故情况，造成农机道路外事故的主要原因，农机道路交通事故情况做数据统计与分析。同时要求各级农业机械化主管部门及其安全监理机构要进一步加强农机事故统计报告和分析评估工作。要科学把握好农机事故发生的规律，与安监部门及时沟通协调，全面分解国务院安委会确定的2013年农机安全生产控制指标。

【关于2012年农机购置补贴产品经营违规行为惩处情况的通报(农办机[2013]8号)】 为进一步警示不法企业，切实维护广大农民群众和诚信经营企业的合法权益，农业部于2013年2月7日发文，将2012年违规情节较重的农机购置补贴产品经营行为惩处情况进行通报。要求各级农业机械化主管部门坚决查处农机购置补贴产品经营中的违法违规行为，确保农机购置补贴政策公开、规范、廉洁、高效实施的重要保证。要采取有力措施，严禁被列入黑名单的企业或个人通过各种不法手段再次进入农机购置补贴产品经营领域。对各类违法违规行为中涉及到的国家公职人员，要采取行政问责、建议纪检监察机关查处或移交司法机关等措施予以严惩。

【关于推进农机化教育培训大行动的通知(农办机[2013]11号)】 为贯彻落实2013年中央1号文件精神，进一步完善农业机械化人才支撑体系，推进农业机械化教育培训大行动深入开展，做好2013年农业机械化教育培训工作，农业部于2013年2月22日发文，要求各级农机部门及早部署，进一步明确目标任务。夯实基础，进一步提升培训能力。强化协作，进一步创新培训方式。加强宣传，进一步营造良好氛围。

【关于2012年玉米收获机械质量调查结果的通报(农办机[2013]16号)】 为加强农业机械质量监督管理，促进农业机械质量提升，依据《农业机械安全监督管理条例》和《农业机械质量调查办法》，农业部组织农业部农业机械试验鉴定总站和有关省农机鉴定站于2012年3月至12月对在用玉米收获机械进行质量调查。农业部于2013年3月14日发文将调查结果予以通报。同时要求各级农业机械化主管部门结合实际，进一步加大农机质量监管力度，不断提高农业机械质量，推动农业机械化又好又快发展。有关农机生产企业切实采取有效措施，认真做好有关问题的整改，进一步提高机具质量，不断提高产品性能，切实维护和保障广大购机农民的根本利益。

【关于开展2013年农机鉴定工作监督检查的通知(农办机[2013]18号)】 为贯彻落实《农业机械化促进法》《农业机械安全监督管理条例》《农业机械试验鉴定办法》等法律法规精神，推进农机试验鉴定规范化建设，不断提升鉴定业务水平，农业部于2013年5月3日发文，组织开展全国农机推广鉴定工作监督检查。要求全国各级农机部门全面部署，积极督查。突出重点，注重实效。依法依规，严格查处。及时总结，完善机制。要求各省级农业机械化主管部门要立足当前、着眼长远，结合监督检查，推进农机试验鉴定工作规范化管理，指导鉴定机构完善工作程序，进一步规范农机推广鉴定受理审查、检测鉴定、证书变更和证后监督等关键环节的管理。要及时总结依法鉴定的经验，查找制约依法鉴定的主客观因素，采取有针对性的措施，完善相关管理办法，建立健全依法鉴定的长效机制。

【关于成立农机化科技创新专业组的通知(农办机[2013]21号)】 为推进农业机械化科技进步，完善农业机械化科技创新体系，提升科技创新能力，农业部决定在全国农机化科技创新战略咨询专家组基础上，成立土壤耕作机械化、种植机械化、田间管理机械化、收获机械化、农产品初加工机械化、种业机械化、林果业机械化、设施园艺工程、饲料与养殖工程、精准农业、技术集成与区域规划等11个农机化科技创新专业组。农业部于2013年5月29日发文，说明农机化科技创新专业组组成名单和农机化科技创新专业组工作制度。要求专家组成员所在单位对专家组工作给予支持和协助，要求各地农业机械化主管部门对专家组工作给予支持和配合，进一步提升农业机械化科技创新能力，继续推动我国农业机械化的科学发展。

【关于促进发展养蜂业机械化的通知(农办机[2013]22号)】 为贯彻落实《全国养蜂业"十二五"发展规划》，提升养蜂业机械化水平，促进养蜂业持续健康稳定发展，农业部于2013年5月29日发文，要求各地农机部门要积极支持鼓励先进养蜂机械的研发推广。进一步加大对养蜂业机械的补贴力度。继续加强养蜂业机械化的宣传服务。各地农业机械化主管部门要会同畜牧业主管部门采取得力措施，做好宣传服务工作。要充分利用电视、广播、网络、画册等媒体，运用示范观摩、技术培训、进村入户等形式，广泛开展养蜂业机械化扶持政策和先进技术等方面的信息宣传，组织企业提供养蜂业机具的技术服务，引导蜂农加快应用养蜂机械化先进技术，扩大养蜂机械装备应用范围，提升我国养蜂业机械化装备技术支撑水平，为养蜂业持续健康稳定发展做出积极贡献。

【关于印发黄淮海地区冬小麦机械化生产技术指导意见和稻茬麦机械化生产技术指导意见的通知(农办机[2013]23号)】 为深入推进农机农艺融合,提高小麦机械化生产的科技含量,农业部组织有关专家研究提出《黄淮海地区冬小麦机械化生产技术指导意见》和《稻茬麦机械化生产技术指导意见》,并于2013年5月29日发文,要求各地在两个技术指导意见的基础上,结合本地实际,进一步细化技术内容,完善本地区小麦机械化生产技术体系和操作规范,做好试验、示范和推广,进一步提升小麦全程机械化生产水平。

【关于公布2012—2013年度全国农机安全监理"为民服务创先争优"示范窗口和示范岗位标兵的通知(农办机[2013]24号)】 依照《农业部办公厅关于开展农机安全监理"为民服务创先争优"示范窗口创建活动的通知》(农办机[2011]57号)要求,经过申报、推荐、省级复评、部级抽查审定和公示等程序,农业部于2013年7月3日发文,确定北京市平谷区农机安全监理所等111个单位为2012—2013年度全国农机安全监理"为民服务创先争优"示范窗口,杨进德等202名同志为2012—2013年度全国农机安全监理"为民服务创先争优"示范岗位标兵。要求各地要认真总结农机安全监理"为民服务创先争优"创建活动取得的阶段性成果,加大对示范窗口和岗位标兵的宣传力度,将创建活动与群众路线教育实践活动有机结合,完善下一阶段创建活动方案,推动农机安全监理"为民服务创先争优"活动深入开展。

【关于取消山东时风(集团)聊城农业装备有限公司4YZP—2型自走式玉米收割机农机购置补贴资格的通知(农办机[2013]26号)】 为保障农民群众合法权益,维护农机购置补贴政策的严肃性,根据农业部办公厅、财政部办公厅联合印发的《2013年农业机械购置补贴实施指导意见》(农办财[2013]8号)和《农业部办公厅关于进一步规范农机购置补贴产品经营行为的通知》(农办机[2012]19号)有关要求,农业部于2013年7月17日发文,就时风聊城公司4YZP—2型自走式玉米收割机套取补贴资金、致伤致残农民事件做出处理决定。同时要求各级农业机械化主管部门要切实加强对时风聊城公司其他机具的质量跟踪调查工作,加大对该公司补贴产品经营行为的监管力度,如发现存在其他违反农机购置补贴政策规定的行为,应按规定程序及时做出严肃处理,并报农业部农业机械化管理司备案。

【关于2013年上半年各地农机购置补贴产品经营违规行为查处情况的通报(农办机[2013]29号)】 为警示不法企业,努力维护公平竞争的市场环境,切实保障广大农民群众和诚信经营企业的合法权益,农业部于2013年7月30日发文,将2013年上半年各地违规情节较重的农机购置补贴产品经营违规行为查处情况进行通报。要求各级农业机械化主管部门要按照《农业部关于进一步加强农机购置补贴政策实施监督管理工作的意见》(农机发[2013]2号)要求,持续加大对违法违规产销企业的打击力度,认真做好群众举报投诉以及通过其他渠道发现问题的查处工作,努力维护农机购置补贴政策实施的良好环境。

【关于2013年农机购置补贴政策实施专项督导检查情况的通报(农办机[2013]32号)】 根据农业部办公厅《关于印发2013年农机购置补贴政策落实监督检查方案的通知》(农办机[2013]14号)和《关于开展农机购置补贴政策实施专项督导检查的通知》(农办机[2013]20号)要求,督导检查组就农机购置补贴政策实施情况开展专项督查。农业部于2013年8月6日发文,对于督导检查发现的主要问题,要求各级农业机械化主管部门要高度重视,认真对照检查,深入做好整改。加快资金实施进度。大力推进信息公开。进一步完善经销商管理和补贴额确定工作。积极稳妥开展试点工作。抓好工作经费落实。继续深入开展廉政风险防控机制建设。在认真梳理总结近年来各类补贴操作违规违纪案件基础上,分层级分岗位查找分析廉政风险点,围绕权力运行,建立切实可行、制约有效的不敢腐、不能腐的权力制约机制。同时,要积极研究简政放权、发挥市场机制作用的措施办法,切实保障资金使用安全和干部政治安全。

【关于农机推广鉴定工作抽查情况的通报(农办机[2013]35号)】 根据《农业部办公厅关于开展2012年全国农机推广鉴定工作监督检查的通知》(农办机〔2012〕42号)、《农业部办公厅关于开展2013年农机鉴定工作监督检查的通知》(农办机〔2013〕18号)要求,督查组对8个省农机推广鉴定工作进行抽查。农业部于2013年8月30日发文,将有关情况通报。主要介绍抽查的总体情况,存在的问题以及相关的要求。对于整改不力或鉴定工作中仍存在失职渎职、弄虚作假等严重违法违规行为的,将暂停甚至取消其部级和省级鉴定能力资格,依法严肃处理。

【关于印发《通过农机推广鉴定的产品及证书使用情况监督检查工作规范》的通知(农办机[2013]36号)】 为规范获得农业机械推广鉴定证书的企业和产品的监督检查工作,根据《农业机械试验鉴定办法》(农业部令第54号)的有关规定,农业部于2013年8月30日印发《通过农机推广鉴定的产品及证书使用情况监督检查工作规范》,请遵照执行。

【关于印发花生机械化生产技术指导意见的通知(农办机[2013]37号)】 为推进农机农艺融合,提高花生机械化生产的科技含量,促进花生标准化种植、轻简化作业、规模化生产,农业部于2013年9月6日发文,提出花生机械化生产技术指导意见(以下简称"技术指导意见"),现予以印发。要求各地在技术指导意见的基础上,结合本地实际,细化技术内容,探索全程机械化的合理生产模式,完善适宜本地区的花生机械化生产技术体系和作业规范,围绕花生机械化生产的薄弱环节,开展试验、示范,强化技术指导,不断提升技术装备水平,推动花生产业健康发展。

【关于印发《西北内陆棉区棉花机械化生产技术指导意见(试行)》的通知(农办机[2013]41号)】 为加强农机农艺融合,提高棉花生产机械化作业水平,降低生产成本,农业部组织有关专家研究提出西北内陆棉区棉花机械化生产技术指导意见(试行),于2013年11月15日予以印发。要求有关省在技术指导意见的基础上,结合本地实际,细化技术内容,开展试验示范,探索全程机械化的合理生产模式。重点围绕棉花机械化生产薄弱环节,做好技术指导和培训,促进棉花生产品种良种化、种植标准化、管理精简化、生产全程机械化,逐步建立和完善棉花机械化生产技术体系。

【关于印发水稻机械化生产技术指导意见的通知(农办机[2013]43号)】 为加强农机农艺融合,推进水稻生产机械化、轻简化、集成化、标准化、规模化,农业部编制《水稻机械化生产技术指导意见》(以下简称《意见》),于2013年11月4日印发。要求各地在《意见》基础上,结合本地实际,进一步细化技术内容,完善本地区水稻机械化生产技术体系,做好试验、示范和推广,促进水稻生产健康发展。

地方性法规、规章及文件

【河北省农业机械安全监督管理办法(河北省人民政府令[2013]第9号)】 为加强对农业机械及其驾驶、操作人员的安全监督管理,预防和减少农业机械事故,保障公民人身和财产安全,促进农业机械化事业和农村经济发展,依据国务院《农业机械安全监督管理条例》《河北省农业机械管理条例》等法律法规,河北省于2013年9月18日发文,《河北省农业机械安全监督管理办法》已经2013年9月16日省政府第9次常务会议通过,现予公布,自2013年11月1日起施行。1994年9月20日河北省人民政府公布施行的《河北省农业机械安全监督管理办法》同时废止。此办法主要包含总则、使用管理、操作管理、事故处理、服务与监督、法律责任和附则。

【山西省人民政府关于促进农业机械化和农机工业又好又快发展的实施意见(晋政发[2012]38号)】 为贯彻落实《国务院关于促进农业机械化和农机工业又好又快发展的意见》(国发[2010]22号),充分发挥农业机械化在农村经济特别是现代农业发展中的重要作用。山西省于2012年12月25日,提出实施意见,主要包含指导思想、基本原则和发展目标,加快推进机械化农业重点工程建设,积极促进农机工业的发展,加强农业机械化公共服务体系建设,加大对农业机械化的扶持力度,加强对农机化工作的组织领导等内容。

【山西省农机局、山西省人力资源和社会保障厅、山西省财政厅关于妥善解决乡镇(公社)老农机人员历史遗留问题的指导意见(晋农机人字[2013]52号)】 为了深入贯彻党的十八大精神,全面落实以人为本的科学发展观,本着尊重历史、保障民生、促进和谐的原则,结合山西省实际,妥善解决乡镇(公社)老农机人员的生活困难问题。山西省人民政府于2013年9月6日发文,就妥善解决乡镇(公社)老农机人员的历史遗留问题提出指导意见。此意见主要包含指导思想,政策措施,人员范围,加强组织领导,确保政策落实。

【广东省农业厅 广东省财政厅关于印发广东省农业机械购置补贴改革方案的通知(粤农[2013]76号)】 为进一步实施好农业机械购置补贴政策,推进广东省农业机械化又好又快发展,根据《国务院关于促进农业机械化和农机工业又好又快发展的意见》(国发[2010]22号)和财政部、农业部《农业机械购置补贴专项资金管理暂行规定》,并参考部分省实施农机购置补贴改革试点工作经验,结合本省的实际,于2013年4月22日发文,制定《广东省农机购置补贴改革方案(试行)》,用于指导全省今后的农机购置补贴工作。

【广东省农业厅 广东省财政厅关于印发广东省2013年中央财政农业机械购置补贴实施方案的通知(粤农[2013]77号)】 为进一步实施好农业机械购置补贴政策,推进广东省农业机械化又好又快发展,根据《农业部办公厅、财政部办公厅关于印发〈2013年农业机械购置补贴实施指导意见〉的通知》(农办财[2013]8号)的规定和省政府批复的《广东省农机购置补贴改革方案(试行)》的有关要求,制定《广东省2013年中央财政农业机械购置补贴实施方案》。主要内容包含总体要求,实施范围、资金计划指标及资金支付方式,补贴机具种类和补贴标准,经销商的确定,补贴对象的确定、限额以及补贴对象应承担的义务,办理程序及要求,工作措施。

【重庆市农业委员会关于印发《重庆市农业机械推广鉴定细则》的通知(渝农发[2012]309号)】 为了规范重庆市农业机械推广鉴定工作,明确鉴定的内容、程序和要求,提高鉴定工作质量,依据《农业机械试验鉴定办法》(农业部令第54号)、《农业机械推广鉴定实施办法》(农业部公告第1438号)、《农业机械试验鉴定机构鉴定能力认定办法》(农机发[2005]9号)等有关规定,重庆市于2012年9月12日印发《重庆市农业机械推广鉴定细则》,该细则主要包含总则,申请,审查与受理,鉴定与公告,变更与撤销,监督与管理,附则。

【重庆市农业委员会 重庆市财政局关于印发《重庆市农业机械购置补贴管理暂行办法》的通知(渝农发[2013]38号)】

为确保农机购置补贴政策公开、规范、高效、廉洁实施,充分发挥农机购置补贴政策效应,加快农机化发展方式转变,推动重庆市农业机械化和农机工业又好又快发展,促进农业综合生产能力提高,在总结近年经验和全国农机购置补贴操作创新试点工作的基础上,根据农业部财政部《2013年农业机械购置补贴实施指导意见》(农办财[2013]8号)精神,重庆市于2013年2月7日制定《重庆市农业机械购置补贴管理暂行办法》。此办法主要包含总则,补贴的对象、范围和标准,补贴资金预算与下达,购机及补贴申报程序,补贴机具的经销,监督与责任,附则。

【重庆市农业委员会办公室关于印发《2013年度农机购置补贴政策落实延伸绩效管理工作实施方案》的通知(渝农办发[2013]174号)】 根据《农业部关于印发农业部2013年度强农惠农富农政策落实延伸绩效管理工作实施方案的通

知》(农财发[2013]101号)和《重庆市农业委员会关于印发强农惠农富农政策落实延伸绩效评价工作方案的通知》(渝农发〔2012〕258号)精神，重庆市制定《2013年度农机购置补贴政策落实延伸绩效管理工作实施方案》。此方案主要包含绩效考核工作指导思想和基本原则，绩效考核内容及指标，绩效评价考核工作方法，进度安排，结果运用，保障措施，其他事项。

【中共四川省委 四川省人民政府关于创新农业经营体制机制加快发展现代农业促进农民增收的意见(川委发[2013]1号)】 全面建成小康社会，重点难点都在农村。必须始终把解决好"三农"问题作为全党工作重中之重，把城乡发展一体化作为根本途径，促进"四化同步"，加快推进农业农村现代化。2013年四川省"三农"工作的总体要求是深入贯彻落实党的十八大和中央1号文件精神，把促进农民增收摆在"三农"工作的核心位置，以产村相融、成片推进新农村建设作为全局性抓手和综合性载体，全面落实强农惠农富农政策，加大"三农"投入力度，加强农业基础设施建设，创新农业经营体制机制，加快发展现代农业，扎实推进新村建设和扶贫开发，务求改革取得新突破、各项工作取得新成就、农村面貌发生新变化，广大农民生活水平有实实在在的新提升。四川省印发此意见主要包含切实加大农业支持保护力度，着力培育新型农业生产经营主体，加快构建现代农业产业体系，成片推进新农村建设，深入挖掘农民增收潜力，加强和创新农村社会管理。

【四川省人民政府关于进一步加强道路交通安全工作的实施意见(川府发[2013]8号)】 为认真贯彻落实《国务院关于加强道路交通安全工作的意见》(国发[2012]30号)精神，结合四川省实际，现就进一步加强和改善全省道路交通安全工作提出实施意见。此意见包含强化道路运输企业安全管理，落实运输企业安全生产主体责任，加强客运安全管理，加强和改进机动车驾驶人培训管理工作，加强车辆安全监管，提高道路安全保障水平，加强农村道路交通安全管理力度，强化道路交通安全执法，深化道路交通安全宣传教育，严格道路交通事故责任追究，强化道路交通安全组织保障。

【四川省人民政府办公厅印发贯彻落实省政府关于进一步加强道路交通安全工作实施意见重点工作分工方案的通知(川办函[2013]139号)】 为贯彻落实四川省政府关于进一步加强道路交通安全工作实施意见，四川省制定了《贯彻落实省政府关于进一步加强道路交通安全工作实施意见重点工作分工方案》，主要包含强化道路运输企业安全管理，落实运输企业安全生产主体责任，加强客运安全管理，加强和改进机动车驾驶人培训管理工作，加强车辆安全监管，提高道路安全保障水平，加强农村道路交通安全管理，强化道路交通安全执法，深化道路交通安全宣传教育，严格道路交通事故责任追究，强化道路交通安全组织保障。

【青海省农牧厅关于加快发展农机专业合作社的通知(青农机[2013]102号)】

为深入贯彻落实党的十八大和中央1号文件精神，加快发展农机专业合作社，推进农牧业和社会主义新农村建设，青海省提出如下意见：一、提高加快发展农机专业合作社的认识。二、明确发展农机专业合作社的思路和目标任务。三、切实采取有效措施加快发展农机专业合作社。四、切实加强组织领导。要求各级农机化主管部门要坚持把发展农机专业合作社作为促进农业机械化发展的重要任务和重点工作，摆上重要位置，列入议事日程。要结合实际制定本地区农机专业合作社建设发展规划，提出切实可行的发展目标和任务，强化资金保障、示范推广、人员培训和指导服务等措施。要把发展农机专业合作社作为农机化工作的重要考核内容，整合资源，落实责任，调动农机管理、推广、培训、维修、安全监理、信息服务等方面的力量，形成齐抓共促的良好局面。要加强与有关部门的协调沟通，解决农机专业合作社发展中遇到的资金投入、用地保障、油料供应、工商登记、场库棚建设和维修保障等方面的困难和问题，形成各方面支持农机专业合作社发展的合力。要加强普法宣传，进一步增强农民群众和广大农机手的法律意识，推动依法办社。要深入实际，调查研究，加强工作指导，及时了解新情况，总结新经验，解决新问题，促进农机专业合作社又好又快发展。

【大连市人民政府办公厅关于促进都市型现代农业机械化发展的意见(大政办发[2013]36号)】 根据《国务院关于促进农业机械化和农机工业又好又快发展的意见》(国发[2010]22号)和《大连都市型现代农业发展规划纲要》(大政办发[2012]16号)要求，结合大连市实际，就促进都市型现代农业机械化发展提出如下意见。一、指导思想、基本原则和发展目标。二、促进农业机械化发展的政策措施。三、加强组织领导。

【关于印发2013年度宁波市农业机械购置补贴全价购机试点实施方案的通知(甬农机计[2013]4号)】 为倡导"全价购机、县级结算、直补到卡"的农机购置补贴新模式，根据《农业部办公厅、财政部办公厅关于印发〈2013年农业机械购置补贴实施指导意见〉的通知》(农办财[2013]8号)和宁波市农机局、财政局《关于印发2013年度宁波市农业机械购置补贴资金使用方案的通知》(甬农机计[2013]1号)文件精神，制定《2013年度宁波市农业机械购置补贴全价购机试点实施方案》。该方案内容为实施范围、补贴机具和标准，补贴对象和经销商确定，资金下达，操作方法，工作要求。

【关于印发《2013年宁波市农机作业补贴实施意见》的通知(甬农机管[2013]8号)】 为加强农机社会化服务，大力推进粮食生产全程机械化，促进宁波市粮食功能区建设，根据宁波市人民政府有关文件精神，市农机局会同市财政局联合制订《2013年宁波市农机作业补贴实施意见》，该意见内容主要有指导思想，补贴对象，补贴标准，补贴资金，补贴方式，操作程序，申报要求，监督管理。本实施意见自2013年1月起施行，有效期一年。

【厦门市农业局关于下达厦门市拖拉机驾驶人员培训补贴试点实施方案的通知(厦农[2012]55号)】 为进一步提高农机驾驶员的持证率，消除"非驾"现象，确保农机安全生产，从源头上遏制农机事故发生，厦门市特制定《厦门市拖拉机驾驶人员培训补贴试点实施方案》。该方案内容包括总体要求，培训实施范围，培训补贴对象，培训补贴标准，培训进度计划，操作程序，工作要求。

【厦门市农业局 厦门市财政局关于印发厦门市拖拉机报废补贴办法的通知(厦农[2013]8号)】 为强化源头管控,减少农机安全事故隐患,鼓励拖拉机机主主动报废超期拖拉机。按照农业部、财政部、商务部办公厅《关于印发〈2012年农机报废更新补贴试点工作实施指导意见〉的通知》(农财办[2012]133号)、福建省农业厅《关于规范多功能拖拉机牌证注销登记工作的通知》(闽农机[2010]278号)和《厦门市人民政府办公厅关于印发厦门市道路交通综合整治"三年行动"实施方案和厦门市道路交通安全集中整治大会战实施方案的通知》(厦府办[2012]229号)精神,特制定《厦门市拖拉机报废补贴办法》。该办法内容包括指导思想和总体要求,拖拉机种类及范围,补贴对象及标准,操作程序,资金管理与监督,本实施方案有关拖拉机报废年限若国家、省级农机主管部门有另行规定的,则按新规定执行。本方案自2013年4月1日起实行,有效期为5年。

农业机械化工作

各地工作要览

北京市

【概况】 2013年，在农业部农业机械化管理司的指导和北京市农业局党组的领导下，北京市农机部门以党的十八大和十八届三中全会精神为指导，贯彻落实中央农村工作会议、全国农业工作会议、全国农业机械化工作会议和北京市农村工作会议精神，进一步解放思想，开拓进取，立足大农业，发展大农机，根据首都都市型现代农业发展的多样化需求，切实转变农业机械化发展思路，着力提升现代农业装备水平，农业机械化发展向着“全程、全面、高质、高效”的新阶段迈进。

【农机装备水平持续提高】 2013年，中央及北京市级补贴资金合计1.83亿元(中央1.1亿元，市级0.73亿元)，比2012年全年补贴资金总额增长9.58%。北京市新增农机设备6 794台套，果蔬保鲜库3.5万平方米，新增农机动力85千千瓦，受益农户新增5 000余户。菜篮子生产农机装备数量大幅增加，用于菜篮子生产农机装备补贴资金占到补贴资金总额的73.4%。

【农业机械化水平持续提高】 2013年，玉米机收水平再创新高，北京市玉米机收面积占可机收面积的90.3%，比2012年提高5.3个百分点。主要农作物耕种收综合机械化水平预计达到71.49%，突破中级发展阶段，进入高级发展阶段，粮食生产耕种收基本实现机械化。设施农业、畜牧和渔业养殖机械化水平持续快速提升。

【农机科技支撑和服务能力持续增强】 2013年，北京市现代化的农业机械装备在服务都市型现代农业各产业发展、支撑农业高科技生产中的作用日益凸显。智能化奶牛养殖、智能化肉鸡养殖、畜禽无害化处理、智能化养猪设备以及工厂化养鱼设备的引进应用，大大推进规模化畜牧养殖业和工厂化渔业养殖业的高端、高效、安全和标准化生产。农机与农艺融合多点推进，农业机械化与信息化融合多措并举。

【农机社会化服务能力持续提升】 2013年，北京市农机社会化服务主体“提质减量”。个体农机户的数量逐年递减，农机专业合作社作为资源整合体，逐渐发展成为北京市农机社会化服务的主力军，并呈多元化发展趋势，农机作业覆盖率占到北京市的70%以上，破解农机大规模作业与农户小规模生产之间的矛盾，已经成为加快土地适度规模经营，推进城乡一体化建设的有效载体。北京市5家农机专业合作社在2013年被评为农业部农机合作社示范社，示范社数量翻一番。

【农机安全生产形势持续稳定】 2013年，北京市共发生农机安全事故13起，无人员死亡及重大事故发生，事故发生率同比下降43.5%，直接经济损失同比下降88%，未突破北京市安全生产委员会下达的农机安全生产控制考核指标，农机安全生产形势继续保持稳定。北京市拖拉机检验率提高到80%以上，拖拉机上牌率和持证率提高到90%以上，超额完成2013年农业部下达的“三率”指标任务。

【加快转变思路，注重服务产业发展，着力提升全面机械化水平】 2013年，北京市在粮食种植面积逐年减少，主要农作物耕种收综合机械化水平进入高级阶段，菜篮子产品需求逐年增加，农产品质量安全呼唤规模化、标准化生产的大背景下，北京市农机部门紧紧把握农机行业发展的战略机遇期和转型期，积极转变思路，长远谋划，北京市农业机械化发展逐渐向主要粮食作物生产全程机械化和农业生产全面机械化方向迈进！

按照“跟进行业，服务产业”的总体工作思路，充分发挥农机购置补贴政策的引导作用，通过农业机械装备支撑服务产业发展。规范管理制度和操作程序，全面落实农机购置补贴政策延伸绩效管理，强化责任意识，深化服务理念，确保政策落实到位。一是服务粮经产业发展。用于大田粮食生产机械补贴资金4 178万元，占补贴资金总额的22.8%。淘汰更新22.05千瓦以上拖拉机580台，小麦、玉米收获机175台，有效减少老旧机具对环境造成的污染和对能源的浪费。在"春耕"、"三夏"、"三秋"等关键农时充分发挥农业机械在农业生产中的主力军作用，确保粮食颗粒归仓，为粮食增产和农民增收发挥重要作用。顺义区"都市型现代农业万亩示范区"通过配备大型先进联合整地机、激光平地机、抛肥机、高地隙植保机械等精良农机装备，实现从种到收全程高端高效机械化作业。二是服务畜牧产业发展。用于畜牧养殖机械补贴资金 6 011 万元，占补贴资金总额的 32.8%。北京市新增五列四层肉鸡笼养殖成套设备 2 套，重型转盘式和重型并列式挤奶平台 4 套，TMR 立式自取式饲料搅拌机 6 台，智能化养猪成套设备 3 套。其中，奶牛养殖场 TMR 立式自取式饲料搅拌机可提高饲料利用率 20%以上，饲料加工效率是原有设备的 3 倍，大大提高奶牛场高效、精确饲养水平；五列四层"楼房式"肉鸡养殖设备年出栏肉鸡 240 万只只需 8 个人工，人均 30 万只，人均劳动生产效率提高 19 倍，有效实现肉鸡养殖的智能化和高效益。智能化奶牛养殖、肉鸡养殖以及智能化养猪设备的不断引进，大大推进设施畜牧饲养机械化发展。三是服务蔬菜产业发展。用于设施农业设备补贴资金 5 967 万元，占补贴资金总额的 32.6%。北京市新增微耕机 1 134 台，卷帘机2 115台，卷膜机 2 830 台，新购置果蔬保鲜库 3.5 万平方米。为打造都市型标准化设施园艺园区，对北京市 25 个蔬菜标准园配备设施深耕机、育苗播种机、电动卷帘机、电动卷膜机、精准注肥机、高效打药机、减力输送轨道、温室环境监测及自动控制、物理增产、果蔬保鲜、废弃物处理等七大类二十多种机械设备，有效解决设施园艺园区生产中劳动力短缺和劳动强度大的问题，通过现代农机装备的高效作业和自动化控制，实现蔬菜标准园区的规模化种植、现代化装备、标准化生产、安全化控制。四是服务水产养殖业发展。用于水产养殖机械设备补贴资金 1 457 万元，占补贴资金总额的 8.0%，重点用于推进高端高效工厂化养鱼。通州金福艺农等地通过配备先进工厂化养鱼设备，实现高端品种南鱼北养，效益明显。五是服务种业发展。为通州国际种业园区补贴小区播种机、脱粒机、收获机及测产系统等种子生产成套设备 595 万元，实现种业园区生产作业的全程机械化服务。

【加快两个融合，注重先进适用技术推广，着力提升农机科技支撑能力】 2013 年，北京市农业机械化引领和推进"两个融合"效果显著。一是多点推进农机与农艺融合。通过部门、人才和技术三个层面联动探索建立农机农艺融合长效工作机制，有力推动融合工作开展。加强粮经作物农机农艺融合示范区的技术辐射，在大兴、顺义、房山等 6 个区县建立春玉米、夏玉米和花生共 7 个全国和市级粮经作物农机农艺融合核心试验示范区，开展不同品种、不同种植模式、不同作业机具等十三项对比试验研究，确定"七统一"的农机农艺融合技术模式，并制定相配套的作业质量标准和操作规范。在春耕、"三夏"和"三秋"等重要农时前向各区县印发《农机农艺融合技术要点》，通过示范区的带动作用共同推进粮经作物农机农艺融合工作的开展。加强畜牧养殖薄弱环节的技术攻关，以规模化养殖场畜禽尸体无害化处理为突破口，联合中国农业机械化科学研究院率先研制开发畜禽尸体无害化处理设备，并在怀柔华都现代化肉鸡养殖科技示范园开展肉鸡尸体无害化处理试验示范，解决规模化设施养殖场畜禽无害化处理难题。加强先进高效设施农业装备展示和应用。建成市级农机农艺融合农作物品种及农业机械化展示基地，主要用于开展农作物新品种展示和设施农业装备及技术示范，并通过 1 个市级基地带动 10 个区县级基地进行"1＋10"技术辐射。创新性地开展农机农艺融合大棚设施改造及配套机械化作业示范，实现改造后棚室的关键环节机械化作业。在 6 个区县推广省力设备、物理增产等大棚蔬菜生产关键环节先进机械化设备共 570 台套，示范作业面积 133.33 公顷，技术辐射面积 666.67 公顷。二是多措并举推进农业机械化与信息化融合。加强农机综合信息服务，整合中国农机互联网、北京农业机械化信息网，搭建北京市农业机械化信息网服务平台，利用"农机信息服务直通车"、"59059068"市级农机服务热线、"12316"农业服务热线等信息形式，向生产者及时提供农机作业需求、天气情况及作业进度等信息。春耕、"三夏"和"三秋"生产期间，利用短信平台累计发送各类服务信息 15 万余条次，确保关键农时农机作业的及时顺利完成。加强农机购置补贴信息化服务，建设北京农机补贴产品展示系统和北京市购机补贴推广目录申报系统，促进农机购置补贴工作的快捷信息化操作。加强农机作业调度信息化服务，构建面向农机服务组织、农机大户的高效作业和精确调度系统。在国内率先开展基于北斗系统的精准农业应用示范，借助于北斗卫星导航系统以及 TD—LTE 移动宽带通信技术，实现顺义区"都市型现代农业万亩示范区"内的农机精准定位，同时开发适合农机使用的北斗车载终端、实现北斗位置信息与农机作业现场高清图像的实时回传，有效提高农业生产管理的精细化水平。

【加强顶层设计，注重合作社示范社发展，着力提升农机社会化服务能力】 2013 年，北京市农机部门按照中央 1 号文件和党的十八届三中全会关于加快构建新型农业经营体系的精神，着力培育"新三起来"（土地流转起来，资产经营起来，农民组织起来）新型实施主体，以"多元发展、整合提升、分类推进"为指导思想，大力推进北京市农机专业合作社的建设和发展。一是加强北京市大中型农机专业合作社的建设和布局。组织制定和落实《北京市农机专业合作社发展规划（2013 年—2015 年）》，对北京市大中型农机专业合作社的建设和布局进行顶层设计。计划三年在北京市 10 个远郊区县，扶持 25 个达到一定规模和服务能力的大中型部级和市级农机专业合作社示范社，引导合作社示范社建设向有序化、专业化、规范化方向发展。二是加强示范社服务能力提升政策研究。申报农业部农业创新项目《提升北京市"全国农机专业合作社示范社"服务能力的扶持政策研究》，探索研究流动资金贷款贴息和担保补贴政策，解决合作社示范社在发展过程中融资渠道少、流动资金周转困难等影响扩大再生产能力的难题，进一步提升农机专业合作社示范社的服务能力。三是加强示范社软硬件建设扶持。实施《北京市农机专业合作示范社创建》项目，对 5 个部级示范社给予场库棚硬件建设和健全制度、规范管理等软件方面的指导和扶持，规范提升后的部级示范社在开展土地适度规模经营和现代化管理方面的引领作用进一步发挥。

【加强层级管理，注重农机人才队伍培养，着力提升农机管理和服务水平】 2013年，北京市农机部门实施“四支队伍培育、培训”行动。一是培养职业型农机实用人才。开展“政企联动”培训，分2期培训购机用户、农机修理人员80人；开展农机技能人才培训鉴定工作，共培训鉴定农机修理工、农机操作工、拖拉机和收获机驾驶员等四个工种548人。2013年共培训农机操作人员41 136人次。二是培养专业型农机科技人才。以农机科技推广人员为重点，围绕粮经、设施、畜牧、水产、林果机械化技术，开展知识更新大培训。通过“现代农业机械技术推广与装备应用高级研修班”等方式累计培训技术人员6 205人次。三是培养复合型农业机械化科技管理人才。以基层农机科技管理人员为重点，围绕农业机械化管理、农机科技推广、农机维修、质量鉴定等专业知识，邀请行业内著名的专家学者实施专题培训，提升农业机械化科技管理人员的综合素质和公共服务能力。2013年累计培训管理人员3 054人次。四是培养农机安全操作人员。依托《北京市农业机械驾驶(操作)人员安全教育工程建设》项目，建立市、区县、乡镇和村四级培训机制，选定235名人员组成基层培训师资队伍，对北京市已取得农业机械驾驶证的12 246人进行培训，确保农业机械的驾驶和操作安全。

【加强质量、安全监管，注重服务与管理并行，着力提升农机质量和安全管理水平】 一是加强农机产品、作业、维修、服务四个质量管理。开展农机流通领域产品质量抽查监督，对北京市17家企业生产的322台(件)产品进行质量抽样调查，完成推广鉴定、新产品鉴定、委托检验和产品质量监督各类检验58项，促进农机产品质量稳步提升；完成2个农业行业标准的制修订和2个北京市地方标准试验验证，加强重要农时作业质量监测监管，促进农机作业质量逐步提升。加强对北京市农机维修网点修理工的技术培训鉴定，开展农机维修行业检查216次，查处农机维修企业超范围经营等违法违规行为12起，促进维修质量全面提升。加强对农机企业的服务，做好支持推广的农业机械产品目录评审工作，对43个企业申报的10大类144个产品进行认真审查和分组评审，促进农机服务质量不断提升。二是加强农机安全监管。北京市区两级农机监理部门结合重要农时，联合安全生产监督、公安交通管理、工商行政管理、质量技术监督等部门加大对重点地区、重点机型、事故多发时段的隐患排查和执法检查力度。北京市共出动执法人员8 692人次，执法车辆2 000余台次，依法开展检查1 120次，排查事故隐患896起，整改852起，整改率95%。开展农机政策性保险投保和理赔，北京市农机投保政策性保险1 452台次，保险金额累计2.76亿元，签单保费96.84万元。开展农机监理“为民服务 创先争优”示范窗口创建活动，2013年完成各类行政审批18 758件，无投诉发生。平谷区农机监理所获得“全国农机监理示范窗口”称号。

天津市

【概况】 2013年，在天津市农村工作委员会的正确领导和农业部农业机械化管理司的具体指导下，天津市农机部门认真贯彻天津市委、市人民政府“促发展、惠民生、上水平”工作部署，坚持稳中求进，不断推动农业机械化全面发展，为天津市都市现代农业发展提供有力支撑，做出贡献。

【农机装备水平有效提升】 2013年，天津市新增各类农机具机具18 152台，其中，新增补贴拖拉机2 116台，耕整地机械2 729台，收获机械868台，田间管理机械44台，种植施肥机械210台，设施农业机械3 448台，畜牧水产养殖机械7 927台。大中型、复式作业机械及设施农业机械、畜牧水产养殖机械连续几年保持增长势头，农机装备结构得到有效调整。

【农业机械化作业水平稳步提高】 2013年，天津市耕种收综合机械化水平可达到83%，同比提高2个百分点。其中，水稻机插水平达到80.4%，同比提高5个百分点；水稻机收水平可达到86.7%，同比提高6个百分点；玉米机收水平可达到82%，同比提高12个百分点。

【农机合作社服务能力持续增强】 2013年，天津市117个农机合作社年累计开展各类农机作业超过233.33千公顷，同比增加16.67%，超过天津市农田作业面积的20%。

【农机安全形势持续向好】 2013年，天津市发生道路外农机事故10起，受伤11人，死亡2人，低于天津市人民政府下达的考核指标。

【农机试验鉴定能力进一步提升】 2013年，天津市农机产品鉴定综合试验楼竣工并投入使用。

【规范实施，严格监管，农机购置补贴政策有效落实】 2013年，天津市农机部门紧紧抓住这几年国家不断加大农机购置补贴投入力度的历史机遇，进一步发挥好补贴政策对农业机械化整体发展的科学引导和推动作用，通过充实补贴产品目录、突出补贴扶持重点、完善运行机制、优化制度设计、加强监督检查等手段，确保农机购置补贴政策有条不紊、有力有序、安全高效地实施。2013年，共利用中央补贴资金1亿元、天津市财政补贴资金0.2亿元，引导农民购置农业机械近2万台套，拉动农民投资超过1.86亿元，带动天津市农机销售额接近4亿元。

【开拓进取，农机作业补贴成为推进农业机械化发展的又一重要途径】 2013年，继天津市在2010年开始启动耕地深松和激光平地作业补贴试点以来，因其减少种地农民投入、增加粮食产量、提高农机手的收益，进一步激发农民购置和使用农业机械的积极性，越来越受到广大农民的欢迎。2013年的耕地深松及激光平地作业被列入天津市20项民心工程。为此，天津市农机部门协调天津市财政增加作业补贴资金，扩大作业规模，安排2 250万元专项补贴资金，在8个区县实施46.67千公顷深松及10千公顷激光平地作业任务，由53个农机专业合作社承担。通过强化管理、动态监督等措施，保证这项工程扎实有效的实施。截至2013年11月，完成耕地深松40.13千公顷、激光平地9千公顷，分别占2013年作业任务的86%和90%。随着秋季整地进入高潮，深松和平地作业正抓紧进行，12月中旬完成全部作业任务，确保这项民心工程圆满结束。

【双管齐下，农机合作社扶持建设工作稳步推进】 2013 年，天津市农机部门积极贯彻落实天津市人民政府《关于加快农民专业合作社发展的意见》精神，继续将农机合作社作为农机社会化服务的主导力量，加大扶持力度，大力推进其又好又快发展。一方面，重点支持农机合作社购置大型、高性能、现代化农机装备，利用农机补贴资金 1 919 万元，帮扶 40 家农机合作社购置 371 台先进适用农机具，为其扩大生产经营规模、提高作业服务能力提供物质支撑。另一方面，利用天津市财政安排的农机合作社扶持专项资金 1 000 万元，支持基础条件较好的农机合作社创建市级农机合作社和市级示范农机合作社。天津市农机部门从农机具配置、经营管理、作业服务及基础设施配套等方面提出扶持建设标准要求，通过项目申报、现场核查和专家评审，14 个农机合作社被确定为扶持对象，分别给予财政补助，有效带动天津市农机合作社建设上规模、上水平。

【精心组织，重要农时农业机械化生产服务水平不断提高】 为确保 2013 年天津市春季、“三夏”、“三秋”重点农时农业机械化生产顺利开展，充分发挥农业机械的主力军作用，天津市农机部门提早部署、统筹安排，狠抓关键环节机械化作业，指导各区县农机部门从机具检修、机手培训、信息服务、物资及燃油供应、免费通行等方面落实各项服务保障工作，从而有效调动机手积极性，完成农业机械化生产任务，有力地促进天津市农业综合生产水平的提升。春耕期间，投入春耕、春播机具近 7 万台，完成机耕 186.41 千公顷、机播 204.31 千公顷。“三夏”期间，投入小麦联合收割机 3 776 台、播种机 1 万余台，仅用 13 天时间，抢收小麦 112.97 千公顷，机播夏玉米 118.59 千公顷。“三秋”期间，投入玉米联合收获机 2 600 台、水稻联合收割机 400 台、耕整地机械 3 万余台套，机收玉米 179.77 千公顷、水稻 20.05 千公顷，完成冬小麦机播 99.02 千公顷，机械耕整地 116.81 千公顷。

【精心安排，农业机械化新技术示范推广和教育培训效果显著】 一是组织农业机械化科技下乡活动。2013 年 2 月，天津市启动实施以“依靠农机科技进步、促进农业增产增收”为主题的农业机械化科技下乡活动。二是以实施农机科技项目为重点，加强农机农艺融合，加快主推技术及机具的推广应用步伐。借助首都资源，把中国农机院成功纳入天津市政府“四院两校合作”机制，促进农机科技成果在天津市的转化与推广应用。通过项目带动、资金扶持、科技服务等综合措施，有效地推进设施农业机械化技术、畜禽健康养殖机械化技术、秸秆生物反应堆配套技术、剪枝机械化技术和静电喷雾技术的推广应用，推动各项农业机械化新技术措施落实到位。2013 年，4 个农业科技成果转化项目通过结题验收，7 个农业科技示范推广项目正在按照实施进度的要求有序进行中。市级农业科技推广示范项目共引进技术 20 项、示范推广各类新机具 573 台套，建立示范点 87 个、科技示范户 264 户，示范推广面积 966.67 公顷，新增经济效益 1 147.84 万元，为加快农业科技进步提供有力支撑。三是扎实做好农业机械化教育培训。先后举办天津市农机系统高层管理人员培训班、农业机械化教育培训观摩交流会、农业机械化学校师资培训、农业机械化科技骨干培训等培训班，强化农机核心队伍建设。2013 年培训技术人员和农机手近 1.5 万人次，完成农业部下达的培训任务。完成农机职业技能鉴定培训 1.2 万人，有 9 300 人取得农机职业资格证书。

【落实美丽天津一号工程，抓好秸秆禁烧和综合利用】 为贯彻天津市委、市人民政府关于实施美丽天津一号工程“四清一绿”专项行动，实现全面禁烧秸秆的目标，天津市农机部门制定《天津市农机系统落实秸秆全面禁烧及综合利用工作方案》，明确今后一个时期农机秸秆禁烧和综合利用工作的目标任务、组织领导、扶持政策及保障措施。先后召开天津市农机系统秸秆禁烧和综合利用动员会、秸秆综合利用机具现场演示会。结合“三秋”农业生产，协调区县政府和有关部门，加大宣传力度，开展秸秆禁烧巡查，并以高速公路、国道、铁路两侧及机场周边为重点，大力实施机械化秸秆还田作业，示范推广水稻和玉米秸秆的收集、打捆和腐蚀还田等适用技术装备，全力以赴抓好今年秋季秸秆禁烧和综合利用工作。同时，加强对尚未处理的玉米、水稻和棉花秸秆的焚烧隐患调查摸底，制定应对措施，为 2014 年工作开展奠定良好的基础。

【加强监管，农机安全生产形势保持稳定】 2013 年，天津市农机部门贯彻落实各项农机安全监管措施，狠抓农机监理规范化建设，积极开展农机安全宣传教育，加强农机事故防控，先后组织农机安全生产大检查、专项治理、隐患排查和考评验收等活动，促进农机安全生产形势持续稳定好转和拖拉机、联合收割机“三率”水平进一步提高。建立设施农业装备安全监管制度。2013 年，天津市共出动执法检查人员 988 人次，查处各类违法违章行为 619 起，排查农机安全生产隐患 497 起，对 212 个安全隐患较严重的企业和个人下发整改通知书，并进行跟踪检查，使整改率达 100%。截至 10 月底，拖拉机上牌率为 63.42%，检验率为 51.99%，驾驶员持证率为 81.33%。扎实开展“平安农机”创建和示范窗口建设活动，认真落实农机安全生产责任制，签订各级农机安全生产责任书及安全生产协议 1 万余份，设立农机安全员 1 914 名，通过活动的开展，增强天津市农机监理“窗口”服务能力，提高依法行政水平。

【认真履行农机产品质量监管职责】 2013 年，天津市共出动农机执法人员 1 102人次，检查农机维修网点及经销企业 804 个，清理整顿农机销售市场 52 个，核发（换发）农机维修技术合格证 436 张。完成增氧机、保鲜库、投饵机等市级农机推广鉴定 9 项；完成玉米收获机、拖拉机、谷物联合收割机、卷帘机等市级农机产品定型鉴定 28 项。受农业部农业机械试验鉴定总站的委托，完成部级推广鉴定任务 35 项。

河北省

【概况】 2013 年，河北省农机系统深入贯彻全国和河北省农业工作会议精神，按照厅党组的总体工作部署，对重点工作认真组织实施，抓好落实，重点农机工作稳步推进。

【落实农机补贴，加快农机装备发展】 2013 年，中央安排河北省农业机械购置补贴专项资金 10.7 亿元，到 2013 年 10 月 25 日，补贴机具已基本落实到位，在“三夏”、“三秋”农业生产中发挥作用，资金结算也已进入尾声。2013年河北省农机购置补贴资金覆盖全省所有农牧业县(市、区),并向优势产区重点补贴,共落实到位各类农机具153 878台,其中:拖拉机28 177台、玉米收获机10 265台、小麦联合收割机3 518台、各类播种机13 671台、耕作机械26 168台、植保机械34 247台、畜牧水产机械11 507台、设施农业设备16 739台;受益农户共计87 269个,加强优势产区装备建设。

【搞好服务,重要农时季节农业机械化生产组织有序】 2013年,河北省农机部门按照农业厅的工作安排,充分发挥农业机械在春耕生产中的主力军作用,按照厅党组的工作部署,组织省、市、县的农机科技人员,搞好技术服务和开展农机春耕生产工作。春季,河北省组织共出动技术人员5千多人次,维修各类机具达到280万台,出动机具200多万台,投入抗旱和春耕生产。完成玉米机械化精量播种160千公顷,棉花机械化播种466.67千公顷,花生机械化播种133.33千公顷,机械节水灌溉面积达到933.33千公顷。

"三夏"期间,全力以赴开展抢收抢种工作。河北省共组织100多万台拖拉机,8万多台联合收割机、15万台玉米免耕播种机投入夏收、夏种。机收小麦2 382.89千公顷,机收率99%,实现夏粮丰产丰收,颗粒归仓。在做好抢收小麦的同时,大力推行小麦机收—秸秆还田—玉米机播"一条龙"作业模式,机收、机播同时推进,夏玉米机械播种面积达到2 163.56千公顷,机播率达到85%。

"三秋"是农机作业的关键季节,秋收、秋种是2013年河北省农机工作的重头戏。河北省农业机械化管理局加强领导,建立"三秋"农机作业指挥系统,针对2013年夏玉米成熟期推迟、小麦播种茬口紧张的情况,河北省充分发挥农机数量多的优势,10月上中旬,集中时间、集中机具,精心组织农机跨区作业,加快推进农机农艺融合,大力开展收获、整地、播种一条龙服务。河北省投入140万台拖拉机和播种机,3.7万台玉米收获机,7.5万台秸秆还田机投入"三秋"作业,玉米机械化收获1 826.67千公顷,机收率60%。小麦机播达到2 326.67千公顷,秋小麦机播率达98%以上,大部分麦田在适播期内播完。

【资金助力,农机助粮增收工程进展顺利】 2013年,河北省人民政府高度重视农机深松工作,筹措2.5亿元并按照375元/公顷的标准对全省666.67千公顷农机深松作业进行补贴。截至2013年10月24日,河北省完成深松作业551.87千公顷,完成率82.8%。目前两茬地区已全部完成,一茬地区由于秋季作物生育期推迟,秋收偏晚,农户腾地慢,目前正在加快进度开展作业,11月中旬左右全部完成。

【完善技术模式,保护性耕作技术推广区规模扩大】 2013年,河北省保护性耕作项目在9个部级项目县实施。各项目县均制定适合本地实施的保护性耕作技术模式,并建成标准化的保护性耕作示范样板田,形成系统的保护性耕作机械化作业规范。各项目县均建立试验示范区,并以此为依托,通过技术培训、作业补贴等措施,建设具有一定规模的保护性耕作技术推广区。河北省新增保护性耕作面积47.33千公顷,实施面积达到233.33千公顷,完成项目任务。

【创新求变,落实农机购置补贴新政】 2013年是农机购置补贴新政实施第一年,河北省实行"全价购机、县级结算补贴到卡"的操作方式。根据补贴政策在操作方式、措施要求等方面较以往都有很大变化实际,制定"三公开、两公示"的具体办法,以政策告知书形式加强宣传公开工作。各级农机管理部门利用各类媒介广泛宣传补贴政策内容和要求,杜绝以往补贴额不够透明,农民对补贴额不清楚、不关心的现象。由于采取农民全款购机报账制度,对促进机具稳定增长,合理调节农机结构起到积极作用。各实施县为避免出现套购等违法行为的发生,纷纷加大核查力度,基本做到大型机具实地查验,小型机具电话查验。农机购置补贴工作经费落实也较往年有明显提高,对县级农机管理部门各项工作的开展以及农机事业的发展起到良好的推动作用。

【协调联动,精心组织,搞好服务】 一是春耕生产工作中,充分发挥农业机械在春耕生产中的主力军作用,迅速掀起春季田间管理热潮。河北省农业机械化管理局在组织领导方面,早谋划、早安排、早启动,抓住关键,突出重点,制定工作方案,强化工作措施和任务目标,做到一级抓一级,一级对一级负责。坚持农机农艺融合,加强与相关部门的紧密配合,通力协作,形成合力,及时协调解决春耕生产中的矛盾和问题。

二是及早部署"三夏"工作,服务到位,保障有力。小麦面积2 418千公顷,适宜机械收割面积2 369.33千公顷左右。"三夏"自2013年6月7日开始,6月13日进入高峰期,6月28日结束,历经21天,期间遭遇两次河北省范围强降雨过程,收获周期较往年增加3天左右。做到"三个提升",组织领导提升。受低温气候影响,河北省小麦收获时间较往年推迟一周左右。针对不同以往的气候影响,各级领导加大重视程度,组织力度明显提升。全国2013年"三夏"小麦跨区机收工作视频会议后,5月23日,河北省农业厅就"三夏"农业机械化生产工作进行专题调度,农业厅厅长、主管副厅长均做出明确指示;2013年6月6日,河北省召开全省"三夏"工作会议,会上沈晓平副省长就2013年"三夏"农业机械化生产工作发表讲话;6月7日,国务院总理李克强亲赴邯郸县代召乡裴堡东村视察小麦机收现场,拉开河北省小麦机收会展的帷幕;6月7日,河北省农业厅主管副厅长召集粮油处、农业机械化管理局有关同志与河北省气象局有关同志进行会商,对当前重点工作进行调度和部署;6月9日,河北省组织小麦主产市和相关县召开视频会议,通报天气趋势,讲解小麦后期管理注意事项,并就农业机械化生产工作进行再部署。团队协作提升。河北省农业、农机、气象、交通、公安、石油、通讯等部门间的沟通协调更加频繁、协作范围更加广泛。气象部门及时预测预报天气,并向机手每日发送气象信息;中石化河北分公司保障用油供应,并提供0.1元/升的优惠措施;交通部门负责减免过路过桥费用,加派"三夏"服务车辆及时疏导交通;公安部门启动预案,确保"三夏"期间的社会治安;中国联通河北分公司开发"农机通"系统,及时发布机具供需、夏收夏种进度、作业价格等作业信息,引导农机作业。技术推广提升。河北省各地坚决贯彻抢抓农时,适时早播,2013年夏玉米播种较往年加快5天以上,河北省首次实现收播同时,即收获小麦同时完成玉米播种,实现"零农耗",播种效率明显提升。

【整建制推进农机深松，农机合作社发挥主力军作用】 2013年，强化行政推动力度，河北省人民政府批准印发《河北省2013年农机深松工作实施方案》，以河北省人民政府办公厅名义印发《关于做好农机深松工作的通知》，将农机深松工作提升为政府行为。狠抓机具落实，按作业任务详细测算确定新增深松机具数量，利用农机购置补贴政策，向深松机购置倾斜，河北省深松机具保有量18 196台，新增机具6 000多台，保证深松作业需求。强化宣传培训，组织不同规模演示会300余次，组织深松作业观摩演示，加大对农户、农机手的宣传培训力度，印发农机深松手册6万本、明白纸60多万份，举办培训班500多期，培训机手2万多人次、质检员近1万人次。优先安排责任心强、组织能力强、深松机具充足的农机专业合作社承担农机深松作业，推行成方连片规模化作业，及早签订深松作业合同，确保机具、机手、质检员、作业地块、技术服务全部落实到位。河北省100个项目县中有60多个县由农机服务组织承担绝大部分作业任务，签订作业合同1.2万余份，为深松作业奠定坚实基础。

【规范项目管理，坚持农机与农艺相结合】 2013年，河北省农机相关项目实施过程中，实行目标责任制，严格按照保护性耕作项目实施方案、技术要点等要求，重点把控免少耕播种、秸秆覆盖等关键技术环节，开展集中连片作业，树立整村推进样板区，确保实施效果。充分利用农机购置补贴政策，选择适合当地的保护性耕作机具，统一组织机具购置和安装、调试和机手操作培训。各项目县播前进行土壤测定，分别测定土壤含水量、容重、速效氮磷钾等的含量，通过测土配方，确定科学的施肥和播种措施。在作业季节都设立技术服务热线电话接受群众咨询，并成立由技术骨干组成的保护性耕作技术服务队，深入田间地头巡回开展技术和机具维修服务，解决生产中遇到的各种技术难题，做到保护性耕作主体技术不变形、不走样，确保项目实施效果。

山 西 省

【概况】 2013年，在山西省委、省人民政府的重视和领导下，在农业部农业机械化管理司的具体指导下，山西省各级农机部门主动适应新形势，创新工作思路，狠抓任务落实，山西省农业机械化发展呈现出健康、稳定、持续发展的良好态势。

【大中型拖拉机和玉米收获机大幅增加，农机装备水平得到明显提升】 截至2013年10月，山西省新增大中型拖拉机8 956台，保有量达到10.7万台；新增玉米收获机4 137台，保有量达到1.4万台；新增薯类收获机597台，保有量达到6 051台。2013年，山西省农机总动力可达31 760千千瓦以上，比2012年增加1 200千千瓦以上，增幅4%。同时，畜牧、设施农业、林果及农产品加工机械等均得到快速发展，农机装备结构得到有效调整。

【玉米和薯类机收等薄弱环节取得较大突破，农业机械化作业水平稳步提升】 2013年，山西省完成玉米机收面积838.67千公顷，机收水平达到48.7%，比2012年提高11.5个百分点；完成薯类机收面积112.13千公顷，比2012年增加2.13千公顷。山西省主要粮食作物综合机械化综合水平可达61%以上，比2012年提高2.6个百分点。

【农机合作社蓬勃发展，农业机械化效益显著提高】 2013年，山西省农机专业合作社和农机大户分别新发展286个和928个，分别达到1 844个和5 644个。山西省农业机械化经营全年总收入达122.5亿元，比2012年增加7.5亿元。其中农机户经营纯收入可达61亿元，比2012年增加4亿元。

【农机安全形势持续向好】 截至2013年10月底，山西省共发生13起一般农机事故，直接经济损失62.72万元，低于山西省人民政府下达的农机安全生产考核指标，农机安全生产形势总体趋于稳定。

【认真落实农机购置补贴政策】 2013年，山西省共落实农机购置补贴资金7.262亿元，其中中央财政资金7亿元，省级财政资金2 620万元。山西省已使用中央财政补贴资金6.84亿元，引导7.9万户农民购买各类农业机械10余万台(套)，带动山西省农机经销企业销售额达到21.3亿元。在实际工作中，重点做以下四方面工作：一是改革补贴办法，实行“全价购机”。按照农业部和财政部有关要求，将农机购置补贴资金兑付方式由过去的“补贴资金留省、农户差价购机、财政统一结算”改革为“补贴资金到县、农户全价购机、资金直接兑付到农户银行卡”，从制度上进一步保证资金安全，减少虚假套购补贴资金及贪污受贿等现象的发生。二是完善补贴制度，规范补贴程序。在严格执行国家，农业部和财政部有关规定的基础上，与省财政厅联合制定并下发《山西省2013年农业机械购置补贴政策实施方案》和《关于落实和完善农机购置补贴政策的意见》，与往年相比，补贴程序更加规范、严谨。三是全面动员部署，层层落实责任。山西省落实“主要领导负总责、分管领导负全责、工作人员直接负责”补贴责任制，各级农机部门层层签定农机购置补贴工作责任书，做到目标到岗、责任到人。分片组织召开山西省2013年农机购置补贴工作暨培训会议，重点培训2013年农机购置补贴管理操作系统，解读省2013年农机购置补贴相关政策及补贴资金兑付、经销企业财务规范要求等。四是强化监督检查，严厉惩处违规。在全省范围内，先后4次组织农机购置补贴工作专项督导检查，进一步加强农机购置补贴实施工作的监督管理。各县均成立由县领导牵头，纪检、监察、财政等部门参加的县级农机购置补贴工作领导组，进一步加强农机购置补贴工作的领导监管力度。在山西省农业机械化信息网上建立农机购置补贴信息公开专栏，实时公开全省农机购置补贴资金使用情况与补贴机具产品信息等，主动接受社会各界监督。五是加大宣传工作力度。编印4万份《2013年农机购置补贴政策问答》免费发放给基层部门和购机农民使用。

【精心组织重要农时季节机械化生产】 2013年春耕春播期间，山西省投入各类农业机械45.3万台件，比2012年同期增加11.9%；完成机械化耕整地1 873.33千公顷、机械播种1 540千公顷，分别比2012年同期增长3.7%和5.9%，总体生产进度比2012年提早5天左右。“三夏”期间，投入各类作业机具43万台件，其中联合收割机1.2万台，完成小麦机收面积659.33千公顷，小麦机收水平达到98%，比2012年提高 2.9 个百分点；秋粮机械复播面积 408.67 千公顷，比 2012 年增加 32 千公顷，创历史新高，机械复播率达到 92%。“三秋”期间，投入各类农业机械 31.8 万台件，完成玉米机收面积 838.67 千公顷，比 2012 年增加 180.67 千公顷；完成薯类机收面积 112.13 千公顷；完成冬小麦机播面积 659.87 千公顷；完成柠条机械化平茬面积 10.25 千公顷；投入 9 000 万元玉米丰产方机收秸秆还田作业补贴资金，完成补贴作业面积 200 千公顷，带动山西省玉米秸秆还田面积完成 733.33 千公顷。在上半年全国农业机械化生产信息工作考核中，山西省农业机械化生产动态统计和上报工作排名全国第一。

【稳步推进机械化保护性耕作工程】 2013 年，山西省新增机械化保护性耕作实施面积 120 千公顷，累计实施面积达到 986.67 千公顷，覆盖全省 11 个市 100 多个县，受益农民近 1 100 万人，为全省增产粮食 7.4 亿千克，节约生产成本 4.4 亿元，总节本增效 20.68 亿元。具体有三项工作：一是在调研研究的基础上，制定《2013 年山西省保护性耕作项目实施方案》，为山西省更好的发展保护性耕作技术提供操作性很强的工程建设实施指南。二是组织召开保护性耕作工程建设项目管理培训班，对山西省保护性耕作工程建设项目县农机局局长、项目管理人员及财务管理人员进行专题培训。三是对项目县保护性耕作实施面积、作业质量、技术模式等进行督促检查。

【加大农机科研和农业机械化技术推广力度】 2013 年，山西省围绕农业产业结构调整，重点示范推广玉米生产全程机械化、薯类生产全程机械化、农作物秸秆综合利用机械化、丘陵山区杂粮生产机械化、畜禽养殖及饲草加工机械化、现代物理农业装备及技术、特色农业产业机械化、高粱收获机械化、苹果采摘机械化等农业机械化技术。3 月，山西省农机局在盐湖区组织召开现代物理农业技术培训现场会；4 月，举办全省玉米、薯类机械化生产技术培训；5 月，举办全省谷子、苹果机械化生产技术培训；8 月，在阳曲县举办山西省首届农用无人机飞施作业现场演示会和高效植保机械化技术发展与应用研讨会；9 月，在尧都区和山阴县举办玉米丰产方机收秸秆还田项目培训班，在神池县组织召开马铃薯机械化生产现场观摩培训；10 月，成功举办第三届中国（山西）特色农产品交易博览会农机展，共展示 80 余个农机生产企业生产的 700 多种农机产品，共签订合作项目 18 个，签约资金达到 6.32 亿元，并先后组织农机贸易项目签约仪式、农机新技术新机具推介会、农机政策法律法规竞答、农业机械化发展成就新闻发布会等系列活动，为全省农民推介一大批适合山西省农业生产需要的特色农机产品，受到广大农民和社会各界的广泛关注。在省级大型农业机械化技术示范推广活动的带动下，各地普遍结合当地农业生产需求，适时开展农业机械化新技术新机具示范演示。据统计，全省共举办各类大型现场演示、展示会 300 余场次，培训农民 10 万余人次；举办各类专题技术培训班 150 多次，培训农机推广人员和业务骨干 8 000 余人。投入 22 万元，新建设省级现代农业机械化示范区 4 个。在农产品加工技术推广方面，重点示范推广油料、小杂粮、饲料饲草加工及果蔬烘干等 44 个农产品处理及初加工装备技术示范项目，山西省共推广各类加工机械 300 多台套；完成 53 个农村油坊磨坊升级改造建设项目，并已通过检查验收。在农机科研开发方面，“穴播式铺膜播种机的研究”等 7 项科技攻关项目通过结题验收；“废弃秸秆沼气集中供气工程机电一体化装备和控制技术研究”等 4 项农机科研成果通过省级科技成果鉴定，均达到国际先进水平；《马铃薯全程机械化生产技术示范推广》项目获 2012 年山西省农村技术承包奖一等奖；《4YZ—3 多功能自走式玉米收获机》项目获山西省科技进步二等奖。

【扶持农机专业合作社壮大发展】 2013 年，山西省农机部门从健全组织机构、增加资金投入、制定创建标准、推出示范典型、建立表彰机制等方面入手，狠抓农机专业合作社规范发展。一是与山西省总工会农林水公会联合组织召开全省农业机械化生产“三大作业”表彰大会，对 2012 年在全省农机生产作业社会化服务劳动竞赛中涌现的先进单位和先进个人给予记功表彰。二是配合农业部“百乡万户调查”活动组在屯留县、闻喜县开展为期 1 个月的专题工作调研。三是制定出台《关于规范推进农机合作社发展的意见》和《山西省农机维修网点规范化建设标准》，进一步规范农机合作社和农机维修业发展秩序。四是狠抓农机专业合作社社长培训和农机维修人员技术培训。共培训农机专业合作社社长 139 人，为 232 名维修工办理“维修工职业技能鉴定证书”。五是狠抓组织农机作业。在“三夏”和“三秋”期间，分别组织全省 900 多个和 1 300 多个农机合作社投入农业机械化生产，共签订作业合同 6 500 余份，完成作业面积 2 000 多千公顷，实现收入 6 亿多元，单车平均纯收入达到 3 万余元。

【加强农机安全监理和质量监督】 2013 年，山西省在农机安全监理方面，一是狠抓拖拉机安全监理“三率”工作，截至 10 月底，山西省新注册登记拖拉机、联合收割机 1.9 万台，检验机车 8.1 万台，新训新考驾驶员 9 900 多人。二是争取将农机具安全技术检验和保险费补贴纳入省委省人民政府 2013 年强农惠农政策体系，并安排 1 000 万元专项资金实施农机具安全技术检验和保险费补贴。截至 10 月底，全省已补贴 5 万余台机具享受补贴 228 万元。三是深化农机安全生产专项整治，检查各类机车 7 868 台次，排查一般隐患 1 408 项，整改 1 366 项，整改率达到 97.02%。四是集中开展农机安全生产隐患大排查、百日农机安全生产、农机安全执法检查和农机安全生产大检查等专项行动，共检查拖拉机、联合收割机 13.6 万台次，纠正各类违章行为 2.2 万余台次。五是狠抓农机安全生产宣传教育，组织开展农机“安全宣传月”和“咨询日”活动，全省共印发宣传资料 10 多万份，签订安全生产承诺书 3 万多份。六是深入开展“平安农机”和“为民服务，创先争优”示范窗口创建活动，襄汾、五台等 4 个单位被农业部、国家安监总局评为全国“平安农机”示范县（区、市）；襄垣、翼城等 4 个单位、吴波等 8 人分别被评为全国示范窗口和示范岗位标兵。2013 年 8 月，山西省农机局被国务院安全委员会办公室和中央宣传部等七部委评为“2013 年安全生产月”先进单位。在农机产品质量监管方面，在全省组织开展以“加强质量监督管理，保障农机消费安全”为主题的“3·15”农机质量维权宣传活动，共印发宣传资料 23 万余份，接受群众咨询 2.5 万人次；联合工商、质监等部门开展农机市场打假专项治理行动,对全省470余家经销企业的1.4万台(件)农机具进行检查,查处不合格农机具326台(件)、伪劣农机配件4 423件,为农民挽回经济损失21.9万元;对19个企业、212台玉米收获机产品进行质量调查,目前正在汇总调查结果;对全省74家农机补贴产品综合类经销企业质量保障能力进行督导检查,其中34家通过检查,39家经过整改后通过检查,检验合格率为99%。截至10月底,全省共受理农机质量投诉案件16起,结案13起,结案率为81%。

【探索推进山西省农业机械化转型跨越发展和先行先试新途径】 2013年,山西省被确立为国家资源型综合改革试验区后,山西省农机局围绕《山西省国家资源型经济转型综合配套改革试验总体方案》《山西省国家资源型经济转型综合配套改革试验实施方案(2013—2015年)》和《山西省国家资源型经济转型综合配套改革试验2013年行动计划》,多次组织力量,深入农业生产一线调研,在此基础上,起草《关于全省农机化转型跨越发展和先行先试的意见》,之后多层次征求修改意见和论证,形成《关于全省农机化转型跨越发展和先行先试的意见》(下标《意见》)。《意见》明确今后一个时期山西省农业机械化发展目标,提出要"加快实施六大工程、全力构建六大体系、落实六大保障措施"的基本工作思路。目前,已制定活动实施方案,下发各地执行。

【山西省人大常委会听取并审议《省政府关于全省农机工作情况的报告》】 2013年,山西省人大常委会将听取和审议《省政府关于全省农机工作情况的报告》纳入年度工作计划。省人大常委会副主任田喜荣带领省人大农工委有关人员,深入朔州、忻州、太原等市对农业机械化发展和农业机械化工作情况进行调研,实地查看山阴、忻府区等5个县(市、区)10个农机合作社及机械化示范点,组织召开座谈会3次,并形成调研报告。在此基础上,山西省农机局总结和梳理近年来全省农业机械化工作,向省人民政府呈报《关于全省农机工作情况的报告》。9月28日,山西省农机局局长左义河向山西省十二届人大常委会第五次会议作《关于全省农机工作情况的报告》。9月29日下午,会议分组审议《关于全省农机工作情况的报告》。目前,省人大常委会已将审议意见提交省人民政府。

【狠抓农业机械化新闻宣传】 2013年,山西省在中央媒体和省级媒体刊发专题专栏文章260余篇,省电视台报道农业机械化新闻20余次;《山西信息》和《晋政信息》采用农业机械化政务信息14条;采集农机网站信息3 500多条,发布1 400多条;发送《山西农机手机报》5 000余条;组织"我是机手·有我更能"微博互动活动,采集和发布信息800多条。狠抓农业机械化调查研究。特别是开展党的群众路线教育实践活动以来,山西省农机局成员先后多次带队深入农业生产一线,调查了解当前农业机械化发展中存在的主要难点和热点问题,并形成调研报告。与山西省农林水气劳动竞赛委员会联合开展农业机械化生产社会化服务劳动竞赛活动。山西省农机局以"抓服务增效益"为总要求,以提升农业机械化水平和促进农业增效、农业增收为根本目标,通过广泛调动农机合作组织、农机大户和农机专业户的生产积极性,积极营造"比、学、赶、帮、超"的农业机械化发展良好氛围。

【存在问题】 一是农机装备结构不够合理,调整不够到位。二是农机科研开发和自主创新能力不强。三是农业机械化基础设施建设薄弱。四是农机手驾驶操作技能亟待提高。五是农业机械化公共服务能力建设滞后。六是农业机械化经营主体急需壮大。七是农业机械化规范性制度和法规建设有待进一步加强和完善。

内蒙古自治区

【概况】 2013年,内蒙古自治区农业机械化工作紧紧围绕农业部农业机械化管理司和自治区农牧业厅的工作部署,以转变农业机械化发展方式,服务农牧业规模化生产、集约化经营为目标,突出解决重要领域、关键环节机械化问题。重点抓好政策带动、农机专业合作社建设、畜牧业机械化发展、保护性耕作技术推广,实现主要作物全程机械化生产。

【农机装备总量】 2013年,内蒙古自治区农机总动力达到33 790千千瓦,比2012年增长3%;农机总值达到362亿元,较2012年增长9.9%。拖拉机拥有量达到105.8万台,同比增长3.9%;其中大中型拖拉机62万台,占拖拉机总量的58%,比2012年增长1.8个百分点;联合收获机达到19 081台,比2012年新增3 172台。

【机械化水平】 2013年,内蒙古自治区农作物机耕、机播、机收水平分别达到92.1%、81.5%和48%。综合机械化水平达到75.7%,同比增长2.5个百分点。主要作物玉米、马铃薯、大豆等机收水平快速提高,分别达到44.1%、56%和72%,同比分别提高20.8个、3.7个和3.9个百分点。

【农业机械化新技术】 2013年,内蒙古自治区实施保护性耕作面积达到1 203.33千公顷,比2012年增加80千公顷。机械深松整地1 266.67千公顷,占适宜深松面积的33%,稳步推进三年一轮深松目标;机械化精量播种、节水灌溉等新技术推广面积不断扩大,达到4 172.3千公顷和1 146.93千公顷,同比分别增长12.6%和10.1%。

【农机社会化服务】 2013年,内蒙古自治区在工商管理部门登记注册的农机专业合作社达到1 200个,比2012年增加200个,10万元以上农机固定资产的大户达到3.1万户,比2012年增加近3 500户。以农机专业合作社和农机大户为主力的社会化服务占整个农机作业服务的比重达到22%,比2012年提高1.4个百分点。

【农业机械化示范园区】 2013年,内蒙古自治区农业机械化示范园区达到650个,比2012年增加100个,示范园区农机标准化作业示范基地规模达到403.33千公顷,比2012年增长9%。

【农业机械化教育培训】 2013年,内蒙古自治区落实农机教育培训15.5万人次,高出目标数9.4%。召开各类全自治区性机械化现场培训会6次,开展农机从业人员职业技能鉴定655人。

【农业机械化质量】 2013年,内蒙古自治区发生农机质量投诉案件35起,比2012年减少9起;其中投诉服务质量8起、产品与服务等综合质量问题27起。

【农机安全生产形势】 2013年，内蒙古自治区发生农机事故12起，死亡3人，事故同比减少36.8%，死亡人数与2012年持平。全自治区拖拉机上牌、检验、驾驶员持证“三率”达到69.2%、82%和68%，注册率与2012年持平，检验率与持证率比2012年分别增长7.2个和12.2个百分点。

【农机制造和流通】 2013年，内蒙古自治区农机工业产值20亿元，与2012年基本持平；全自治区农机流通企业554户，营销额38.32亿元，分别比2012年增长4.7%和3.9%。

【继续发挥好政策的杠杆作用】 2013年，中央财政安排内蒙古自治区农机购置补贴资金9.5亿元，与2012年持平；自治区财政继续安排购机补贴资金7 480万元。全自治区落实农机购置补贴受益农户5.46万户，补贴购置机具7.32万台套。政策补贴向大户、大型机械倾斜，大型机械占到约10%，为农牧业集约化经营、规模化作业提供装备支持。为保证政策实效，组织两次自治区范围的大检查，保证落实政策不走偏，执行政策不违规。

【切实组织好机械化生产】 2013年，内蒙古自治区把工作重心放到设计和组织秋季机械化生产上，着力解决秋收和深松整地机械化薄弱环节问题。农机购置补贴向玉米、马铃薯、水稻等主要作物收获机械倾斜，其中玉米收获机新增2 607台，是已有保有量的20.95%。秋收季节，召开多次机收现场会，组织基层技术人员、生产和经销企业业务人员全天候跟机服务，保证作业质量，使玉米机收面积猛增620千公顷，机械化水平实现历史性进步。机械深松启动日调度制度，保证作业任务如期完成。

【大力推进农机专业合作社建设】 2013年，内蒙古自治区下达新建农机专业合作社任务指标，已全面完成。在抓量的增加基础上，更加注重规范化管理和增强合作社服务能力，对120个试点合作社依照标准进行规范化建设；培育一批骨干合作社群体，全区有39个农机专业合作社获得农业部授予的示范社荣誉。在扩大机械化作业服务规模的基础上，不断向经营型业务延伸，直接从事机具研发、生产、维修，承包经营土地，2013年合作社承包经营土地业务增加45.33千公顷。以合作社为主体开展的农机社会化服务进入快速增长期。十月份在赤峰市召开全自治区农机专业合作社经验交流与现场观摩会议，推介先进典型，确定今后发展思路和目标。

【狠抓畜牧业机械化】 2013年，内蒙古自治区在2012年制定畜牧业机械化发展规划并直抓试点的基础上，着力扩大试点范围，下达25个试点旗县建设任务。主要任务是以草场流转整合机制为切入，贴近家庭牧场、牧区合作社、牧业联户、养殖小区建设，搞好与生产方式相适应的配套装备，重点装备储草设备、集中饲喂设备、集中饮水设备，突出对风能、太阳能清洁能源的开发利用。同时，着力发展牧区牧机社会化服务，呼伦贝尔的剪羊毛流动服务发展迅速，机剪羊毛水平达到20%以上；锡林郭勒打、捆、贮草社会化服务十分活跃；鄂尔多斯畜牧养殖小区集中机械化饲喂技术已经推开；赤峰市围绕大规模人工种草，迅速推进全程机械化生产作业，水平先进、起点高。

【扎实开展新技术推广应用】 2013年，保护性耕作工程项目安排内蒙古自治区3 000万元，落实7个旗县项目区；农业部保护性耕作、主要农作物机械化生产示范项目安排内蒙古自治区300万元，落实到11个旗县。突出抓保护性耕作技术规模化推广。经过多年不懈努力，保护性耕作技术应用已成为农牧民的自觉行为，2013年春播季节，鄂尔多斯市乌审旗志远农机合作社免耕播种作业服务出现供不应求情况。节水灌溉是2013年技术推广的又一重点，投入购机补贴资金1.5亿元，新增面积104.67千公顷。结合春耕春播、秋收秋整地作业季节，大办现场演示，大力推广精量播种、地膜覆盖、化肥深施、秸秆根茬还田等技术。

【深入开展质量监管和宣传培训】 2013年，内蒙古自治区受理质量投诉并办理结案16起；取消巴彦淖尔市一个生产企业的补贴产品资格；妥善处理巴彦淖尔市、通辽市因产品质量和服务质量引发的上访信访农业部案件。成立自治区农机标准化委员会，制订标准化建设规划。农机培训工作以服务农牧民机手为核心，同时加大对工作部门人员的培训，举办农机管理、推广、企业等多方面人员参加的培训班，其中特别针对巴彦淖尔市旗县农机机构领导班子大变更情况，自治区主办该市购机补贴专业和政策培训班。按照农业部加大农机购置补贴政策透明度的要求，2013年集中开展农机购置补贴政策宣传，各级管理部门加强与主流媒体配合，各级电台、电视台宣传达200余次；同时，狠抓基层农机管理部门、补贴产品经销企业办事程序、产品价格等事项的信息公开，推动“阳光政务”不断深入。

【狠抓农机安全生产】 经内蒙古自治区人民政府批准，2013年起，在全自治区范围内免征拖拉机、联合收割机登记注册、核发驾驶证等牌证工本费。协调巴彦淖尔市停止全市农机监理机构企业化管理和垂直管理体制，回归旗县管理，理顺关系，实现平稳过渡，工作恢复正常开展。组织全区安全生产大宣传大检查，通过检查评比，推动开展“平安农机”示范县，推荐5个全国“平安农机”示范县。

【存在的问题】 一是推进农机维修业发展壮大日益迫切。农机购置补贴政策已实施整十年，大中型拖拉机和联合收获机由十年前的4.8万台增加到近64万台，并且很快进入集中维修期。现实中内蒙古自治区具备维修大型机械的网点十分有限，远远不能满足市场需要。发展农机维修业十分迫切。解决的思路是调动主要农机生产、经销企业并联合社会力量投资建设；但需要落实政策扶持。建议争取财政安排一定鼓励性投资，对技术改造、设备更新、基本建设予以补贴，调动投资人的积极性。二是农机专业合作社建设急需政策支持。随着现代农牧业建设和城镇化建设的快速发展，农村牧区人工劳动力资源短缺问题十分突出，机械替代人力十分迫切。农机专业合作社的出现找到解决这一问题的切入点，但其发展壮大受到瓶颈制约，在建设用地、机具库棚建设资金等方面遇到难题。解决的思路是，政府在土地政策、融资政策上给予特惠，特别是给予鼓励性财政投入支持。建议通过调研，提出政策建议，争取各级政府列入专项加以支持。三是农机产业化建设亟待启动。在扶持农机专业合作社发展的基础上，出台政策，推进农机工业、流通、维修领域发展，建议当前突出建设区域性农机物流中心，集营销、机械展演、组装、维修、技术服务等为一体，形成农业机械化服务产业。

辽 宁 省

【概况】 2013 年，是“十二五”规划实施的关键年，也是贯彻落实十八大精神的第一年。辽宁省农业机械化系统干部职工贯彻农业部和省委、省人民政府关于大力发展农业机械化，推进现代农业和新农村建设的各项部署，精心组织，攻坚克难，奋力拼搏，扎实工作，较好地完成农业部和省人民政府确定的主要目标和各项任务。

【农机装备总量进一步增加】 2013 年，辽宁省农机总动力达到 26 000 千千瓦，同比增长 2.9%。农机总值达到 237 亿元，同比增加 14.5%。农机装备结构和布局不断优化，水稻和玉米两大重点农作物关键环节机械装备发展提速，新增水稻插秧机 9 139 台，水稻联合收割机 1 331台，玉米联合收割机 2 650 台。

【农机作业水平进一步提高】 2013 年，辽宁省耕种收综合机械化水平达到 73%，同比提高 2.2 个百分点。薄弱环节机械化快速发展，水稻生产机械化实现历史新突破，机械种植水平达到 83.4%，同比提高 27 个百分点；玉米机收工作再上新台阶，机收水平达到 36%，同比提高 9 个百分点。

【农机技术推广面积进一步扩大】 2013 年，辽宁省新增玉米精量播种 123.33 千公顷，达到 1 926 千公顷；新增机械免耕播种 17.67 千公顷，达到 72.67 千公顷；新增秸秆还田 23.33 千公顷，达到 336.67 千公顷。新增保护性耕作和机械深松各 133.33 千公顷，累计实施面积达到 566.67 千公顷和 733.33 千公顷。

【农机社会化服务能力进一步增强】 2013 年，辽宁省农机合作社达到 1 870 个，新增 155 个。入社成员 33 244 人，服务农户 103.5 万户，从业人员 3.4 万人，农机服务面积 1 842.67 千公顷。辽宁省有 50 个农机合作社被命名为“全国农机合作社示范社”。农机户达到 56.3 万户，其中，拥有农机原值 20 万元以上的农机大户 8 109 户。

【农机安全形势进一步稳定】 2013 年，辽宁省累计发生农机事故 20 起，死亡 11 人，事故死亡人数占全年控制考核指标的 23.4%。以“打非治违”、农村道路交通安全集中整治、百日农机安全生产大检查等为工作重点，强化源头监管，促进“平安农机”创建。

【抓整改，重落实，认真实施农业机械化扶持政策】 2013 年，辽宁省争取省级以上农机补贴资金 9.66 亿元，其中，中央财政 8.5 亿元，省级财政累加补贴 1.16 亿元，带动农民投入 19.1 亿元，补贴推广机具 11.5 万台套，直接受益农户 7.5 万户。针对农机购置补贴工作出现的违规违纪问题，认真贯彻省委、省人民政府以及省纪律检查委员会有关领导的批示精神，认真治理整顿，全面整改纠偏，完善机制体制，强化监督管理，规范高效实施。先后三次组成专门工作组，配合有关部门，分赴全省开展包括农机补贴政策宣传及公开、补贴政策落实保障措施制定及执行、补贴资金使用及管理等情况的专项检查工作。积极推进补贴操作方式创新完善，在全省实行“全价购机、县级结算、直补到卡”。为推进重点工作开展，农机购置补贴资金，优先保障农民购置水稻育插秧生产设备的需求。同时，出台省级累加补贴政策，对农机合作社和农机大户购买插秧机给予 20%～30%的累加补贴。对农机购置补贴这项强农惠农政策落实进行延伸绩效管理，强化督导检查与核实，进一步规范补贴操作行为，确保政策实惠落实到农民手中。

【抓关键，重服务，精心组织春秋农业机械化生产】 2013 年，为实现辽宁省人民政府关于“2013 年千万亩水稻基本实现全程机械化”的目标要求，辽宁省农机部门抓住政府高度重视（省人民政府重点工程）、投入力度空前（对插秧机实行省级累加 20%～30%）和农民积极认可等有利条件，以水稻机械育插秧为重点，把水稻全程机械化工作作为省农业委员会一号工程来抓，组织干部和技术人员，分片包干，深入一线，开展督导服务工作。全省有 21 个企业、1 028 个农机合作社、3 662 个农机大户，55.4 万户农户参与工程建设。辽宁省水稻耕种收综合机械化水平达到 85%，同比提高 10 个百分点。组织调度 65 万台套各类机具投入春耕、秋收等重点农时季节的机械化生产和农业抗灾救灾，充分发挥农业机械的主力军作用。农业机械化主管部门克服春季低温多雨等不利因素，早准备、早部署、早动手，强化农机作业组织与服务，提高农业机械化水平。辽宁省完成机耕整地 3 552.67 千公顷，机耕水平达到 95.3%；机播面积 2 773.33 千公顷，机播水平达到 74.5%，机收面积 1 600千公顷，机收水平达到 39%。

【抓融合，重创新，深入推进农业机械化技术创新与推广】 2013 年，辽宁省深入开展科技创新与推广行动，全面提升科技支撑与服务能力。承担科技部粮丰科技工程项目《东北平原南部（辽宁）春玉米水稻持续丰产高效技术集成创新与示范》、农业部行业公益专项《北方旱地合理耕层构件技术及配套机具研究与示范》和省科技攻关计划项目《旱作农田生产能力提升关键技术集成研究与示范》等。辽宁省农业机械化研究所得《北方设施园艺作物生产配套机具研制与应用》科研成果获得辽宁农业科技贡献奖一等奖；辽宁省农机推广站的“水稻育插秧机械化技术培训建设”和“玉米生产机械化示范基地建设”项目分获辽宁农业科技贡献奖一等奖、二等奖。

【抓示范，重培育，加快发展新型农机服务组织】 2013 年，辽宁省农机部门整合农业机械化项目和资源，以农机合作社建设为重点，采取优先补贴和项目扶持等措施，不断加快辽宁省农机社会化服务组织的发展。深入推进农机社会化服务示范建设活动，引导规范内部管理、完善运行机制，培育一批规模大、机制活、服务好、能力强的农机服务组织。营口、锦州、鞍山、铁岭、盘锦等地先后出台鼓励支持加快农机合作社发展的意见，明确税费减免、信贷支持、基建投资、建设用地、培训服务等扶持措施。鞍山等地深入推进企社共建、银社对接、社社联合，实现多方共赢。对辽宁省农机合作社进行调研，提出“十二五”农机合作社的发展目标和具体工作措施。

【抓培训，重素质，全面开展农业机械化人才队伍建设】 为实现辽宁省人民政府关于2013年新增农业节水增粮面积133.33千公顷要求，保证滴灌节水项目配套机具得到正确使用并取得最佳效果，辽宁省农机部门组织开展滴灌节水农业工程技术培训工作；为实现辽宁省千万亩水稻生产基本全程机械化的目标，组织开展水稻育插秧技术培训及技术服务工作；为提高玉米和水稻机收水平，以实施36个省级粮食生产机械化项目为载体，以70多个农机合作社为依托，培训水稻和玉米联合收割机操作人员。辽宁省举办相关培训班350期，召开各类现场会160次，发放培训教材7万余册，宣传资料9万多份，机具使用说明光盘5 000多张，培训各类机手15.8万人次。

【抓创建，重监管，切实加强农机安全生产】 2013年，辽宁省扎实开展"平安农机"示范县、"为民服务创先争优"示范窗口和岗位标兵创建活动，国家和省级"平安农机"示范县分别达到19个（新增4个）和27个。组织以打击无牌无证行驶、违规发放牌证等为主要内容的"打非治违"专项行动，累计检查拖拉机42 677台次，排查一般事故隐患11 488起，整改率100%。为进一步加强农机监管，辽宁省下发通知，要求新购置的拖拉机、联合收割机必须依法注册登记、按规定参加检验。2013年办牌拖拉机4万台，办证驾驶员2万人，同比增加60%和100%，拖拉机、联合收割机"三率"水平进一步提高。

【抓鉴定，重质量，努力维护农民合法权益】 2013年，辽宁省在维护农民合法权益主要做了三方面内容。一是强补贴机具质量跟踪调查。按照《2013年辽宁省补贴机具质量调查实施方案》要求，对享受政府补贴的水稻插秧机产品进行质量跟踪调查，涵盖各地在用的18个品牌的水稻插秧机。二是开展农机维修市场专项检查。共出动农机执法人员3 281人次，执法车辆1 094辆次，检查农机维修网点2 458个，核发农机维修技术合格证1 912张。三是开展农机推广鉴定工作监督检查。促进依法鉴定、规范鉴定，受理部级推广鉴定任务36项，省级推广鉴定任务96项。

【抓宣传，重舆情，准确把握农机信息宣传重点】 2013年，辽宁省以农业机械化管理司2013年农业机械化新闻宣传工作要点为指导，结合农业部网站建设规范，对原有的信息审核发布制度、网络安全管理制度等进行修订，细化工作考核奖励办法，同时增补信息保密、网站安全、技术支持、信息员管理等项工作制度。加大宣传力度，努力把国家的好政策、好措施传达给农民，把好技术、好机具介绍给农民，使网络真正起到桥梁和纽带作用。组织召开全省农业机械化信息宣传工作会议，对信息员进行表彰和培训，全省信息员队伍得到充实。通过中国农业机械化信息网采用4 239条，采用率达80%以上，同比增长25%，被评为"全国农业机械化信息宣传工作先进单位"。

【存在问题】 2013年，辽宁省在水稻生产基本实现全程机械化后，玉米生产全程化特别是玉米机收问题以及农机合作社建设问题就显得十分突出。一是机具缺口较大。辽宁省玉米种植面积2 218.67千公顷，玉米机收率36%，机收潜力巨大。若辽宁省玉米收获环节基本实现机械化，即玉米机收率达到80%，按每台自走式单机作业能力100公顷计算，需玉米收割机2万多台，机具缺口达1.3万台以上。二是补贴额度偏低。几年来，农民购置玉米收割机的积极性逐年高涨。但由于玉米收割机价格比较高，大型自走式都在30万元左右，即便补贴30%（有上限5万元），农民筹资能力有限，依然制约玉米收获机械化的发展。三是质量有待提高。近几年部分玉米收割机适应辽宁省的农艺要求，但玉米收割机生产厂家众多，质量也良莠不齐，部分机具的作业质量、可靠性较差，机械性能还有待进一步提高。四是机艺融合欠佳。由于玉米播种行距宽窄不一，玉米种植行距与玉米收获机收获行距不匹配，使收获机械难以适应，作业效率低，收获质量差，收获损失大，影响玉米收获机械的发展。五是主体投入不足。国家对农机合作社扶持力度不够，辽宁省原有的扶持标准也较高（工商注册一年以上、固定资产增量和存量都80万元以上，作业面积超过1.33千公顷的合作社才能得到购机奖励），大部分农机合作社享受不到政策补贴。农机合作社建设的规范性以及政策扶持力度有待于进一步加强。

吉林省

【农机装备总量持续快速增长，重点作物和关键环节农机具增势突出，结构进一步优化】 2013年，吉林省农机总动力将达到27 500千千瓦，比2012年增长8.6%。拖拉机大型化、配套化的趋势明显，大中型拖拉机达到43.64万台，比2012年增长10.2%、增幅比小型拖拉机高出8个百分点。关键薄弱环节农机具持续快速增长，水稻插秧机、水稻收获机预计分别达到3.79万台、1.61万台，比2012年分别增长31.6%、8.8%，玉米收获机达到1.91万台，增长20.1%。

【农机作业水平稳步提升，主要农作物薄弱环节机械化增速加快，全程机械化作业面积快速增加】 2013年，吉林省农作物耕种收综合机械化水平达到73.6%，比2012年提高4个百分点。水稻育插秧、水稻收获、玉米收获等关键且相对薄弱环节实现重大突破，水稻机插、水稻机收和玉米机收水平分别达到62.9%、75.9%和41.6%，分别比2012年提高6.2个、5.9个和8.6个百分点。玉米、水稻全程机械化作业面积近2 000千公顷。

【农业机械化新技术推广应用步伐加快，作业面积不断扩大】 2013年，吉林省水稻机插面积达到493.13千公顷，玉米机收面积1 635.4千公顷，农机深松面积933.33千公顷，保护性耕作面积超过253.33千公顷，基本覆盖全省所有的县（市、区）。

【农机大户和农机专业合作组织蓬勃发展，规模进一步扩大，服务能力不断增强】 2013年，吉林省固定资产原值50万元以上的农业机械化作业服务组织和农机大户达到5 800户（个），比2012年增加1 600个。经营管理方式多元化，生产组织化程度进一步提高，推动农业技术集成应用、农业节本增效和土地规模经营，已成为农业生产新型经营主体的主要组成部分，成为现代农业建设和新农村发展的活跃力量。

【着重落实，强化监管，认真组织实施农机购置补贴政策】 2013年，吉林省落实国家农机购置资金达到10.7亿元，补贴资金重点投向农业生产急需的薄弱环节，充分发挥补贴政策宏观调控和引导作用。全年共补贴各类农机具 9.5 万余台件，受益农户近 9 万户。

在农机购置补贴政策实施中，进一步完善工作措施。一是推进操作方式创新，在榆树、东辽、长岭 3 个县(市)开展“全价购机、县级结算、直补到卡”操作方式创新试点。二是全面落实责任。省农业委员会与各市(州)农业委员会签订实施农机购置补贴政策责任书，落实“主要领导负总责、分管领导负全责、工作人员直接负责”的责任机制。在补贴申请、审核与审批、公示与核实、监管与督查、档案管理等方面，建立“谁办理、谁负责、谁核实、谁负责”的责任追究制度。三是强化操作指导，对基层补贴工作人员、经销企业进行业务培训和廉政警示教育。四是加强政策宣传和信息公开。建设新农机购置补贴政策网络信息服务平台，覆盖全省并实现省、市、县三级信息联动，双向链接，方便农民查询，增加补贴工作透明度。通过吉林电视台、《吉林日报》、吉林广播电视台等主要媒体宣传农机购置补贴政策。通过 12582 农信通发送补贴政策短信 810 万人次，印发《2013 吉林省农机购置补贴政策指南》3 000 册、“农机购置补贴产品和补贴额一览表”2 万份免费发放给农民。五是举办吉林省农机购置补贴产品展示交易会，参展企业 150 多个，参展产品 1 000 多种，参观农民 5 万人次，为农民自主选购补贴产品搭建平台。六是开展农机购置补贴政策实施专项督导检查。采取面上检查与实地入户调查相结合的方式，入户达到 300 户及 30 多家农机补贴产品经销企业，检查范围覆盖全省所有市(州)，严厉制止纠正补贴操作偏差。七是实施农机购置补贴延伸绩效考核管理机制，省、市、县逐级、逐项考核，在农业部农机购置补贴延伸绩效管理考核中获得全国第二名。八是深入推进农机购置补贴风险防控机制建设。建立重要事项集体讨论决策制、关键环节全员参与监督制、涉及技术决策内容专家组审议评定制等“三个机制”和全方位权力公开体系。九是开展农机购置补贴农机具融资试点工作，积极探索农机购置补贴的融资渠道。十是开发并启用吉林省支持推广的农业机械产品网络申报系统平台。

【突破薄弱环节，继续推进主要农作物全程农业机械化工程建设】 2013 年，吉林省投入省级财政专项建设资金 1.1 亿元，对水稻插秧机、玉米收获机、玉米免耕播种机及深松机等机具在中央财政补贴的基础上实施累加补贴，全年累加补贴机具 1.22 万台件。突出培育整社整村玉米、水稻全程农业机械化作业示范点、示范片，新增全程农业机械化工程建设面积 333.33 千公顷。

【提高质量标准，稳步推进农机深松整地】 2013 年，吉林省完成深松整地作业面积 1 000 千公顷，完成年度作业计划。提高深松作业质量标准，部分县市积极推进纯深松作业。加强对深松整地工作的组织领导，作业任务逐级分解，落实到乡村和地块。组成专门技术队伍，进一步强化作业质量检查验收，改进和完善补贴资金发放渠道，经公示无异议后，由财政部门将补贴资金通过“一卡通”直接兑付到农民手中。

【抢抓农时，保证质量，认真组织农业机械化生产】 2013 年，吉林省农机部门紧紧围绕促进粮食增产、农民增收，加强春播、秋收重要农时农机作业组织、管理、协调和服务工作。针对 2013 年春季严重低温、春涝的不利气象条件，为抢抓回暖后的有利播种时机，各级农机部门积极组织机械连续作业，开展作业技术指导、机具检修和故障排除，调度农机合作社和农机大户省域内跨区机械化抢墒播种，仅一周左右时间基本完成整地、播种任务，在滞后半个月播种的不利情况下，仍然抢上最佳播种期，在“两抗一保”中发挥重要作用。机械收获、秸秆还田“一条龙”作业面积大幅度增加，作业进度加快，有效保障粮食颗粒归仓。全省机耕、机播和机收水平分别达到 88.8%、84.5%和 42.4%，分别比 2012 年提高 2.6 个、3.4 个和 6.4 个百分点。

【强化示范带动，农机农艺融合，大力推广农业机械化新技术】 2013 年，吉林省新建、续建农业部保护性耕作和主要农作物生产机械化示范县 9 个。建立省级农业机械化推广补助专项资金保护性耕作、水稻育插秧示范县 28 个。召开全省水稻高光效机械移栽技术现场会，开展水稻高光效技术配套移栽产品研发，促进水稻育插秧农机农艺融合关键技术研究与示范推广。组织开展保护性耕作技术、农作物秸秆综合利用、水稻钵苗机械移栽机械化技术示范推广示范、效果监测分析和不同区域技术模式研究。

【积极培育，示范引领，促进农机合作组织加快发展】 2013 年，在农机购置补贴和部、省级农业机械化推广财政补助资金项目中，吉林省农机部门以农业机械化作业合作组织作为实施主体，给予建设资金、技术指导、培训等方面重点支持。开展农机合作社示范创建和星级农机专业合作社示范社评选活动，全省共评选四星级以上合作社 88 个。

【广开渠道，上下联动，进一步开展农业机械化教育培训】 2013 年，吉林省组织举办三期市州农业委员会分管主任、科(处)长、县农机局长、科长培训班，聘请吉林大学生物与农业工程学院教授系统讲授国内外前沿现代农业及农业机械化发展的理论与实践方面的新知识、新技术。举办农业机械化统计培训班、农机购置补贴操作培训班、农机监理考试员、农机机化信息员培训班，对农业机械化管理人员进行专业知识重点培训。充分利用基层农业机械化技术推广站、农机学校等培训资源，结合阳光工程、新型职业农民培训、冬春农业科技服务等重点项目，继续推进农业机械化教育培训大行动。

【转变作风，深入开展创建活动，切实加强农机安全生产】 2013 年，吉林省农机部门坚持“安全第一、预防为主、综合治理”的方针，全面落实农机安全生产政策法规和安全生产责任制，省、市、县层层签订责任状，逐级分解任务指标。深入开展“安全生产月”、“平安农机”和“为民服务创先争优”示范窗口创建等活动，各级农机监理人员深入农机生产第一线田查路检，深入村屯宣传安全生产、讲解法律法规，加大隐患排查，全省现场宣传 8 128 次，发放安全生产挂图 1 000 余份，发放宣传材料 40 多万份，张贴标语 12 351 条，直接受教育群众达到 100 多万人次。强化协作，与交警、安监部门通力协作，深入农机作业场所和重点路段开展农机安全生产检查，联合执法。加大督导检查力度，保障农机安全生产，全年无重特大农机事故。2013 年吉林省拖拉机、联合收割机注册率 55.6%，比

2012 年提高 1.2 个百分点；驾驶员持证率 71.5%，比 2012 年提高 2 个百分点；检验率 82%，比 2012 年提高 1 个百分点。

【重质量，抓鉴定，努力维护农民合法权益】 2013 年，吉林省农机部门共受理部、省级农机鉴定项目 309 项，进一步规范农机鉴定管理，开展农机生产企业申报农机产品定型鉴定方面政策知识培训，鉴定程序、信息公开透明。积极完成国家、省脱粒机产品质量监督抽查、复查工作。认真受理农机产品质量咨询与投诉，与省工商行政管理局、省消费者协会、省质量技术监督局等单位共同组织“3·15 国际消费者权益日宣传咨询服务活动”、“金质惠农”活动。组织召开“全省农机产品质量投诉工作培训会”。加强农机质量监督管理，对省内农机生产企业生产的玉米免耕播种机安全性、可靠性、适用性、作业质量、售后服务等方面开展调查。宣传贯彻《农机维修管理规定》，及时核发《农业机械维修技术合格证》。全年完成县市职业技能鉴定 600 人以上。

【强化农业机械化信息和信息宣传工作】 2013 年，吉林省农机部门向中国农业机械化信息网、农业部农业机械化管理司、中国农机化导报等上级部门报送信息各类农业机械化信息 3 172 条。省农业机械化信息网站更新各类农业机械化信息 3 954 条，网站总点击率突破 840 万次。全省新建县级网站 10 个，全省农业机械化网站的总数达到 56 个，实现全省市(州)、县级农机网站全覆盖。全省各级农业机械化网站均开辟《农机购置补贴信息公开专栏》，制作《农机购置补贴信息公开专栏》独立网页 56 个。编发《吉林农机化信息简报》12 期，30 万字。

【存在问题】 一是农机装备结构与布局仍需不断加以调整和优化。薄弱环节机械、大中型机械、高性能及复式机械、节能环保型机械增速和总量还满足不了现代农业生产的需求。二是玉米收获机械化仍然是粮食生产的薄弱环节及掣肘全程机械化进程的主要因素。三是基础配套设施发展滞后。土地经营规模、大中型机具停放场库棚、作业机耕道、大型喷灌溉机具公共用地、大型专业的农机具检测维修站(厂)等基础设施配套建设发展滞缓。

黑龙江省

【概况】 2013 年，黑龙江省农业机械化工作在省委、省人民政府的领导和农业部农业机械化管理司的指导下，着眼全省现代农业配套改革试验区战略，进一步解放思想、超前谋划、攻坚克难，以推进两江平原农业机械化建设为核心，以规范、完善新型农机服务组织为重点，在全省农机战线广大干部职工的共同努力下，较好的完成各项工作任务，农业机械化工作呈现出稳步提高的良好态势。

【树典型，抓规范，全面推动农机合作社规范化建设】 2013 年，黑龙江省以抓完善提高现代农机合作社各项机制为重点，积极指导和组织合作社开展带地入社规范经营，全省农机合作社规范化建设呈现良好发展势头。现代农机合作社得到广泛关注。2 月 17 日，中央电视台新闻联播利用 4 分钟时间对仁发经验作专题报道，8 月 23 日，召开全国知名专家参加的克山县仁发合作社规范管理研讨会，全面展示黑龙江省创新农村新兴经营主体取得的成绩，得到与会专家的肯定，在全国引起强烈的反响，2013 年，辽宁、江苏等 10 省市 2 200 多人，省内有 12 000 多人来仁发合作社参观学习。现代农机合作社进一步规范。2013 年现代农机合作社规范年，合作社规范建设充分发挥现代农机装备的作用，提高新建合作社建设水平。按照“土地入社、依法办社、民主管社”的原则，合格一个、验收一个。出台全省规范社示范社标准，开展规范社示范社评比活动，建立全省规范社名录。确定克山仁发合作社为示范社、孙吴桦林等 10 个合作社为规范社，树立一批可学可比的典型。只有进入规范社名录的合作社才有资格享受财政支持政策，促进合作社规范化发展。现代农机合作社入社面积进一步扩大。2013 年全省农机合作社自主经营土地面积 660.14 千公顷，比 2012 年增长 40.9%，平均每个合作社 800 公顷。其中，入社土地面积 490.24 千公顷，增长 19.3%，平均每个合作社 600 公顷。现代农机合作社入社成员进一步增加。入社农户由 2012 年的 16.5 万户，增加到 12.73 千公顷。服务能力进一步提高。4 月 8 日，会同经管站举办全省合作社生产资料对接会，会上意向性签订玉米、大豆种子 229.5 万千克，化肥 17 820 吨，农药 6.8 万千克，实现节本增效的目的。现代农机合作社经营能力进一步提升。2013 年现代农机合作社总收入 81 亿元，盈余 25 亿元，同比增长 30%和 49%。现代农机合作社队伍得到进一步壮大。按照“先建后配、稳中求进、量质并重”的原则，成熟一个、发展一个。在建设方式上，实行先建后配。在建设规模上，体现因地制宜。在制度建设上，坚持依法办社。在机具配备上，突出全程作业。按照《黑龙江省 2013 年现代农机专业合作社建设方案》要求，经过公示建设方案、市(地)组织申报、省农业委员会和财政厅联合评审、电话核查、实地调查等多个程序，批准组建 99 个现代农机合作社。

【抓创新，严操作，进一步规范购机补贴操作程序】 根据农业部办公厅、财政部办公厅《关于印发 2013 年农业机械购置补贴实施指导意见》的要求，黑龙江省农机部门结合本省实际制定《黑龙江 2013 年农业机械购置补贴工作实施方案》并于 2 月 28 日下发到各实施单位，共下达资金 5 亿元，落实到 81 个县(市、区)，全省农村共补助购置农机装备 2.25 万台(套)，其中拖拉机 8 265 台、谷物收获机 4 145 台，玉米收获机 1 267 台，水稻插秧机 5 422 台，其他农机装备 3 412 台(套)。从补贴工作运行情况看，2013 年的购机补贴工作呈现出与以往不同的三个特点。一是开展全价购机试点。按照国家购机补贴指导意见精神，首次在黑龙江省开展全价购机补贴试点。实行“全价购机、县级结算、直补到卡”。黑龙江省确定在龙江县、铁力市、绥化市北林区、鹤岗东山区为补贴试点单位。二是进一步明确补贴重点。购机补贴资金继续向粮食主产区倾斜，突出重点，补贴短板，着重补贴水稻插秧机、收获机械等几大类农机产品。用于购置玉米收获机和水稻收获机的资金比例不低于总资金的 50%。三是全面实施公平公正的补贴方式。开展以“公开摇号”的方式来确定补贴对象，确保补贴政策落实公开透明，做到让农民满意。

【抢农时，保丰收，农业机械化春耕生产取得全胜】 2013 年，黑龙江省遭遇历史罕见的异常气象条件，给农业机械化生产带来前所未有的压力和挑战。在省委、省人民政府高度重视下，我们结合农业生产面临的严峻形势，积极深入基层指导农业机械化生产，全省农村完成春整地6 160千公顷，占计划106%；机播面积11 284.67千公顷，占实际播种95.4%。完成秋整地6 032千公顷，占计划125.7%，玉米、大豆、小麦三大旱田粮食作物完成整地面积分别为2 790.93千公顷、1 092.2千公顷和162.83千公顷。深松整地3 087.13千公顷，秸秆还田面积达3 693.2千公顷，玉米地块倒地2 850.93千公顷，大垄双行整地518.66千公顷。完成机械化收获8 707.73千公顷，占计划面积106.44%，在工作中我们做到"五到位"。一是技术指导到位。黑龙江省农机部门深入各地进行调查研究，了解各地农业机械化生产的实际情况，组织各地市农机局长和省内农业、农机专家共同分析形势。在深入调查和广泛征求意见的基础上，下发《农机抗春涝保春种技术指导意见》和《关于做好秋收秋整地工作的通知》，对农业机械化作业技术要点予以明确。由于技术指导及时，确保机械化播种、收获和整地各项指标的顺利完成。二是机具检修到位。省农机部门利用农闲时节组织厂家技术人员，深入到全省农机专业合作社和农机户，进行技术指导，督促机具检修，在春秋两个关键农时开展作业前，全省各地农机具全部检修完毕，检修各类农机具近200万台套，由于准备充分关键农时作业期间未出现因机械故障延误的现象。三是宣传发动到位。各级农机部门充分利用广播、电视、印发宣传单等多种形式，集中宣传报道农业机械化生产工作中的好经验、好做法和好典型。春秋两季农机作业高峰期，为及时掌握各地农业机械化生产进展情况，实行省、市、县三级农机生产信息日报制，各地生产进度由黑龙江省农业委员会农业机械化管理局汇总上报，为领导决策提供第一手资料。四是机具调配到位。省农机部门利用全省农业机械指挥系统，在春耕、秋收和秋整地期间，实行指挥中心24小时值班调度，重点是协调指挥全省现代农机专业合作社大型农业机械开展跨区作业，作业期间全省现代农机专业合作社日出动大型拖拉机2 000台以上，使现代农机专业合作社在春季抢播工作中充分发挥作用。五是农机合作社作用发挥到位。2013年全省817个现代农机合作社，充分发挥大型拖拉机及配套农具科技含量高，作业标准严，作业效率高，作业质量好，作业收费低的带动作用。共完成春整地981.62千公顷，播种2 478.31千公顷，机械化收获1 638.67千公顷，机械化秋整地1 930.67千公顷，为确保粮食稳产增产奠定坚实的基础。特别是2013年合作社为应对开播晚的不利条件，实施平播垄管的作业方式，有效的加快偏劳地区的播种进度，为如期完成播种任务做出突出贡献。

【重招商，强园区，稳步推进农机装备工业建设】 2013年是黑龙江省三年产业项目决战的收官之年，主营业务收入将突破100亿元大关。一是招商引资效果显著。截至10月末共引进德国克拉斯、北京丰茂、日本井关、山东常林等14家企业国内外知名企业，计划投资，43.7亿元。新引进企业已有8家开工，开工率57.1%，已完成投资2.8亿元。二是重点项目推进快速。截至10月末全省新型农机装备制造产业项目完成固定资产投资42.3亿元，其中省重点项目8项，已开工8项，开工率达100%，完成16.8亿元，占计划投资的91.4%。三是产业规模继续扩大。截至10月末规模以上农机制造企业实现主营业务收入82.1亿元，同比增长37.9%，到年底突破100亿元大关。四是园区建设进展顺利。六个农机产业园区累计完成基础建设投资30.9亿元，新开发面积50万平方米，新入驻园区企业5户。同时绥化、五常、泰来、龙江等现代农机产业园区正在加快建设之中，其中绥化市高新技术园区已有山东常林集团、东部节水有限公司、意大利马斯奇奥公司入驻，初步形成产业聚集效应。

【存在问题】 一是黑龙江省新型农机合作组织的各项机制还需进一步规范，需要对农机合作社的体制、机制等方面投入更多更大的精力。二是先进的大型农业机械仍显不足。特别是玉米收获机保有量较低，由于种植结构调整使新增水田区的机插机收能力不高，影响农业生产进度。三是各级农机管理部门和推广、监理机构的服务指导能力还有待提高，特别是对现代农机专业合作社运营管理方面的指导水平不高。

上海市

【概况】 2013年，上海市农业机械化工作在农业部农业机械化管理司的指导下，贯彻中央农村工作会议和全国农业工作会议精神，按照全国农业机械化工作会议要求，围绕发展都市高效生态农业发展，认真落实农业机械化扶持政策，加强农机新技术新装备研发推广，加快突破农业机械化生产关键环节瓶颈，加大农业机械化服务能力建设，强化农机安全生产执法监督和产品质量监管，各项工作取得新的进展。

【认真落实农机购置补贴政策，支撑作用进一步体现】 2013年，上海市坚决贯彻"五项制度"、"三个严禁"等规定，开展农机购置补贴政策实施情况专项检查。精心组织和加快实施农机购置补贴，共执行补贴资金1.8亿元，其中中央资金8 000万元，市级财政补助资金1亿元。利用补贴资金，新增36.75千瓦以上大中拖拉机830余台，自走式联合收割机450余台，高速插秧机250余台，粮食烘干机163台套(2 400吨)，蔬菜种植机械22台，保鲜冷藏库600套(10.2万立方米)，以及一批畜禽、水产养殖机械等。先进适用、高效生态农业机械装备质量进一步提高，装备结构进一步优化，全市主要农作物综合机械化水平达到76%，比2012年增加2个百分点，农业生产支撑能力持续增强。

【加快农机新技术推广】 一是多措并举，加快推进水稻种植机械化，积极推进水稻机插秧，市农机部门针对上海特点，大力发展窄行距机插秧，积极开展水稻直播机选型试验，扩大示范推广面积。2013年，共完成水稻机插秧27.94千公顷，机直播13.39千公顷，机械化种植面积达41.33千公顷，机械化率为40.7%；二是积极推进蔬菜生产机械化，通过举办蔬菜机械演示会和建立示范基地等形式，推动重点蔬菜园艺场加快绿叶菜耕整地、精量播种、移栽等机械使用，蔬菜耕整地环节全面实现机械化，鸡毛菜等绿叶菜播种等环节机械化率大大提高；三是继续推进农作物秸秆综合利用，优化还田技术路线，拓展秸秆综合利用渠道，2013年农作物秸秆机械化还田面积164千公顷(含域外农场)，秸秆综合利用率达89%。

【加大农机科研和推广鉴定力度，服务能力进一步增强】 2013年，上海市农机部门积极组织开展水稻精量穴直播、小麦机械条播、作物秸秆全量还田等新技术新机具选型和技术示范，在松江等六个区县水稻精量穴直播面积达1.27千公顷，产量明显高于人工直播，松江的两个示范点大面积实产超过625千克，麦子机条播面积达9.87千公顷，平均亩产比人工播种增产10%以上，探索夏熟秸秆先粉碎后耕翻的秸秆机械还田技术路线，成本不增加，还田效果明显好于传统两耕一耙，为2014年大面积推广打好基础。开展绿叶蔬菜机械化引进、消化、吸收，完成蔬菜耕整地和精量播种机械样机试制，播种质量和效率与引进机械相当。组织水稻自走式植保机械演示，努力攻克水稻生产机械化的最后一个环节。提升农机试验鉴定能力水平，完成省级推广鉴定30项，完成部级推广鉴定1项。

【加强农业机械化教育培训工作，农机队伍素质进一步提高】 2013年，上海市农机部门大力开展农业机械化教育培训大行动，注重农业机械化培训的针对性和有效性，培训机构及教学计划进一步规范，培训制度更加完善，教学质量明显提高。全年共开展各类农业机械化培训320余期17 300人次。培训农机管理与执法人员1 200余人次，农机科技人员2 100余人次，农机服务人员14 000余人次，其中新购机农民3 000余人次。重点举办基层农机专管人员、农机监理"三大员"、农机科技人员继续教育和农机师资人员等培训班，提高农业机械化管理服务水平和农业机械化推广应用能力。积极实施"阳光工程"农机培训，培训农机驾驶操作与维修人员1 500余人，开展农机职业技能鉴定300余人，有效地提高农机作业和维修技能。举办第二届上海市农机职业技能竞赛，检验农业机械化教育培训成效。编印《农机驾驶与作业技术》培训读本1 000余册。

【强化农机质量安全生产监督检查，安全生产保持平稳可控】 2013年，上海市农机部门强化源头管理，拖拉机、联合收割机注册登记1 295台。拖拉机、联合收割机安全技术检验合格的共11 090台。驾驶员考试发证1 312张。广泛开展农机安全宣传教育，参加学习的农机手达到13 500多人次。组织上海市农机事故应急处置演练活动，提高安全监管能力。全面启用驾驶人考试电子桩考仪，提高考试质量。落实农机安全生产责任制，签订安全生产责任书5 976份。组织开展全市"三夏"、"三秋"农机安全生产大检查，采取自查、互查和抽查的方式，深入库房场棚和田间地头排查事故隐患，督促问题整改。共出动执法人员1 643人次，检查农业机械5 943台，排除库房安全隐患166处，整治违法行为85起。组织开展创建"平安农机"示范活动，闵行区参加国家"平安农机"示范区创建，4个示范镇、14个示范合作社和15个示范村通过市级"平安农机"验收。全市共发生道路外农机事故15起，3人受伤，直接经济损失4.2万元，近年来，首次实现全年无道路外农机死亡事故，农机安全生产形势继续保持平稳可控态势。

【深化农机质量监管，市场经营良好有序】 2013年，上海市农机部门以农机打假专项治理为契机，深入开展农机市场专项整治工作。举行"上海市'3·15'农民维权暨放心农资农机下乡现场会"，展示演示新型农机具，宣传维权知识，现场接受投诉咨询等，确保放心农机进村入户。全市共出动执法人员124人次，检查农机生产企业13个/次，销售网点和维修网点17家，印发宣传资料500余份，农机市场总体情况良好。开展农用挂车、带粮仓的联合收割机的农机质量调查督导，实地调查用户、生产企业和经销商，收集、梳理和反馈质量情况和用户意见，形成专题调查报告，督促企业加强整改提高。

江 苏 省

【概况】 2013年，在农业部和省委、省人民政府的领导下，江苏省农机系统以党的十八大和省委十二届四次全会精神为指引，积极实施农业现代化工程，落实省人民政府十项行动计划的部署要求，全力推进农业机械化行动计划，紧紧围绕基本实现农业机械化目标任务，坚持优化结构调布局，拓宽领域促全面，提升能力强保障，创新机制增活力，坚定信心、狠抓落实，全省农业机械化工作继续保持健康快速发展的良好势头，为全省现代农业建设做出积极贡献。

【农机作业水平大幅提升，覆盖范围不断延伸】 2013年，江苏省水稻机插秧技术推广实现新突破，机插秧面积超过1 600千公顷，机插率达到70提高10个百分点。新增3个省辖市和16个县(市、区)基本实现水稻种植机械化，全省已有10个省辖市、59个县(市、区)基本实现水稻种植机械化。玉米机播、机收分别为173.33千公顷、153.33千公顷，机插、机收水平分别达到72%、65%，较2012年均提高8%，全省将有1个省辖市、13个县基本实现玉米生产机械化。秸秆机械化全量还田加速推进，全省夏秋稻麦秸秆还田面积将超过1 800千公顷，还田率38%以上，超额完成省人民政府下达的目标任务。

【农机装备水平迅速增长，结构更加优化】 2013年，江苏省大中型拖拉机继续保持快速增长，新增1.2万台，其中55.125千瓦以上的超过75%，总保有量达12万台；新增配套耕整地、还田、播种、施肥机械5万台套，与动力机械保持同步快速增长，农机配套比持续改善；联合收割机、插秧机快速增长，分别新增15 827台、16 482台，保有量分别达11.5万台、10万台。特别是乘坐式插秧机大幅增长，全省新增乘坐式插秧机4 573台，保有量突破12 500台。蔬菜、茶叶、水产及畜禽养殖等主要作业环节机械化水平进一步提升。

【农机社会化服务能力快速提高，促农增收水平更加明显】 2013年，江苏省农机专业合作社达到4 000多个，比2012年增加1 000多个，其中星级合作社达858个，四星、五星级合作社分别达175个、82个。服务总收入37亿元，纯收入达到13亿元。参加跨区作业的联合收割机达11万多台次，插秧机8 000多台，跨区作业收入超过40亿元。

【认真落实农机强农惠农富农政策】 2013年，江苏省各地党委政府高度重视农业机械化发展，投入农机械化力度更大、扶持发展政策更加完善，为农业机械化发展提供有力的保障。2013年，江苏省人民政府出台实施农业现代化工程"十大行动计划"，农业机械化是其中一项重要内容，为全省农业机械化发展增添新的动力。2013年，中央安排江苏省农机购置补贴资金9.9亿元，省财政继续安排农机补贴资金1.5亿元，全省稳步推进“全价购机、县级结算、敞开补贴、不得累加”的试点，进一步简化操作流程，强化便民服务，加强监督管理，提高兑付进度，切实维护农民的利益。截至11月初，全省共补贴各类机具30.4万台，受益农户10.2万户，实施中央和省级财政补贴资金11亿元，其中，中央资金使用9.5亿元，实施进度达95%以上。全省农机政策性保险实施取得积极进展，已经建立农机政策性保险险种齐全、财政扶持稳步提高、服务内容更加完善的良性保障机制，2013年参保农业机械10万余台次，驾驶人员意外伤害险参保10万余人次，保费累计达到7 000万元以上，其中，各级财政补贴3 000多万元，保费补贴率达50%以上，比2012年同期增长20%，平均每个农机户直接受益400多元。

【强化措施落实，关键农业机械化技术示范推广顺利推进】 2013年，江苏省农机部门继续将水稻机插秧推广、秸秆机械化还田、油菜机收、高效设施农业机械化等摆在农业机械化工作的突出位置，加大投入力度，加强组织协调，强化项目资金监督管理，取得显著成效。一是加强项目引领。2013年，省级财政用于秸秆机械化还田、农机三新工程、农机科技入户工程投入近3亿元，其中秸秆机械化还田资金达到2.54亿元，比2012年增加30%以上。各地围绕本地农业机械化工作重点，积极争取水稻机插秧、秸秆机械化还田、油菜收获等环节的作业补贴投入，成为推动农业机械化快速发展的又一“引擎”。全省各地用于机插秧作业补贴均超过1.5亿元，用于秸秆还田作业补贴超过5亿元，提高这些关键环节机械化技术推广应用水平。省农机三新工程中用于高效设施农业机械的投入超过700万元，发挥积极的引导作用。各地坚持以项目为载体，以示范基地为平台，加大高效设施农业机械的示范推广力度，高效设施农业机械化稳步推进。二是加强培训指导。江苏省农业机械管理局印发《江苏省稻麦秸秆机械化还田技术指导意见（试行）》《2013年江苏省玉米生产机械化技术指导意见》等文件，各地结合实际，强化农机农艺融合，明确主推技术路线，重点加强对农户、机手和一线技术人员的培训，提高技术到位率。上半年全省共组织开展水稻机插秧、秸秆机械化还田、玉米机播、高效设施农业机械化技术培训超过1 500场次，参训人员超过12万人次。三是加强作业质量监管。省农机局组织多个检查组，通过明察暗访等形式，对各地作业质量等情况进行随机抽查和专项督查。各级农机部门也通过细化作业标准、开展作业质量指导、巡查监督以及与农机合作社签订作业质量责任书等措施，确保作业质量。

【强化扶持引导，农机合作社发展步伐明显加快】 2013年，江苏省各地按照农机合作社推进年活动要求，进一步强化政策扶持和培育指导，着力提升农机合作社服务能力。一是政策扶持力度进一步加大。2013年，江苏省农机部门收集建成4 000多家农机合作社、3 000家农机维修站（点）信息库，为下一步推进农机合作社发展奠定基础。2013年，省级机库建设项目资金达到2 000万元，比2012年增加700万元，扶持169个合作社建设机库。同时，安排500万元用于维修点建设，享受项目扶持的农机维修点达到50个。各地通过设立配套扶持资金，加大农机合作社奖补投入，推动农机合作社快速发展。无锡市农机、国土部门联合出台加强农机场库建设用地管理的文件，推进标准化农机场库建设，解决合作社用地困难。目前，全省已有近10个市、县出台合作社机库用地政策，为农机合作社可持续发展提供保障。二是规范建设水平进一步提高。各地围绕《江苏省农机专业合作社规范建设指南（试行）》《江苏省星级农机专业合作社示范社评选办法》的要求，加强规范建设，打造服务品牌。全省新增1 200家农机合作社入选《2013年全省政府优先扶持农民专业合作社名录库》，比2012年增加229家。省农业机械管理局继续组织开展星级农机合作社评比，评出三星级以农机合作社174家。三是合作共赢进一步深化。今年，参与共建的农机企业和农机合作社分别达25家、110家，共建范围拓展到购机优惠、试验示范、联合组建合作社等方面。探索合作社信贷扶持，在省财政厅支持下，与民生银行、平安银行合作，在全省选择20个县（市）进行合作社融资改革试点。目前，江苏省10家农机合作社已经获得民生银行首批贷款670万元。各地地积极争取金融部门的支持，采取优惠贷款、财政贴息的方式帮助农机合作社解决融资难、融资成本高的问题，受到农民的广泛欢迎。特别是今年为农机合作社和农机手推出的农机供油“三优一免”措施，进一步加大“双优卡”的使用力度。

【强化管理服务，农业机械化发展支撑保障能力持续增强】 2013年，江苏省各级农机部门将加强公共服务机构基础设施建设、提升农机管理服务能力作为推动农业机械化事业快速健康发展的重要保障。一是积极推进农机政策法规建设。《江苏省农业机械安全监督管理条例》经省人大常委会第五次会议第二次审议通过并颁布实施，进一步完善江苏省地方性农业机械化政策法规体系，为农业机械化发展创造更加有利的发展环境。二是全面加强服务能力建设。2013年，省级财政安排2 000万元用于农机安全监理装备、农机推广、农机教育培训和农机信息化服务能力建设，不断提高基层农机公共服务机构基础设施建设水平。积极组织开展规范化示范所、规范化推广站和规范化农机学校创建活动。全省新创建全国农机安全监理“为民服务创先争优”示范窗口6个，有10个市、县农业机械化学校被评为首批江苏省农机规范化学校。“省农机信息化为农服务视讯系统”的视频会议项目已经建成并投入使用，“农机推广远程视讯支持系统”已经完成20个站点线路铺设，进一步提高全省农机信息化服务水平。三是扎实提升农机安全监理水平。各地紧紧围绕农机安全生产工作目标任务，深入开展“农机安全生产年”、“农机安全生产大检查”、隐患排查治理、“打非治违”专项行动、平安农机创建、明察暗访等系列活动，加强和改进变拖管理，创新纯农拖拉机管理模式，取得积极成效。推荐上报7个县（市、区）为国家平安农机示范县、无锡市为全国“平安农机示范市”。全省共发生路外农机事故97起，比2012年下降52%，死亡40人，占省安全生产委员会控制指标的59%，道路外未发生较大以上农机事故，农机安全生产形势总体平稳。四是努力强化农机质量监督管理。各地贯彻实施《江苏省农业机械试验鉴定和质量监督办法》，先后组织开展农机质量投诉监督“3·15”、送农机下乡、农机打假、补贴产品质量督导、农机放心消费创建等一系列活动，这些活动的开展，对促进农机质量水平的提高、维护农民和农机企业的合法权益发挥积极作用。

【提高从业人员素质，农机教育培训深入开展】 2013年，江苏省将继续组织实施农机"361"人才计划，依托省级农机人才培训基地，组织开展质量督导员、农业机械化技术学校师资培训，加强骨干教师和质量督导员队伍建设。组织开展农机专业合作社理事长、合作社辅导员、基层农机人员、农机实用技术培训，努力提高合作社指导和经营管理水平、基层农机人员管理服务水平和实用人才的实际操作能力，全年共完成18万人次以上。积极组织实施阳光工程农机培训鉴定和农机行业职业技能获证奖补工作，强化动态管理，加强绩效考核，确保项目实施取得积极成效。继续加强与有关农机企业的合作，实行政企联动，开展以"三包"维修服务为主的农机企业技术工人的技能培训和鉴定。首次根据农民需求开展"订单式"培训，培训秸秆机械化还田、农机维修、水稻机插秧技术培训班5期，免费培训农机操作人员1 500多人。在中央和省级财政的大力支持下，全省大力组织实施农机行业职业技能获证奖补、阳光工程农机培训鉴定工作，全年农机职业技能鉴定合格人数达2.5万人，其中获得财政补助达2万多人，落实奖补资金2 000多万元。

浙 江 省

【概况】 2013年，浙江省以全面实施农业现代化"8810"三年行动计划为主线，以"绩效提升年"活动为载体，以农业机械化扶持政策为抓手，认真贯彻《浙江省农业机械化促进条例》和省人民政府《关于提升发展农业机械化的意见》，结合开展党的群众路线教育实践活动，扎实有序推进农业机械化各项工作，农业机械化装备水平、作业水平、安全水平、科技水平和服务水平进一步提升，农业机械化继续保持又好又快发展态势，为现代农业发展提供更加有力的物质装备支撑。

【政策实施更加规范，装备基础进一步夯实】 一是浙江省农机部门认真实施农机购置补贴政策。进一步创新完善政策操作办法，在继续深化"全价购机、县级结算、直补到卡"试点工作的基础上，允许小额补贴机具"先购机、后申请"，审核权限下放至乡镇，进一步简化程序，方便农民。进一步深入推进农机购置补贴阳光行动，以"八公开"为主要内容，全面公开补贴政策及相关工作信息，切实增强政策实施的透明度和服务效能，促进补贴工作更加规范、更加高效、更加廉洁。进一步提升为农服务水平，细化落实与中国邮储银行浙江省分行的战略合作协议，研究制定金融支持农业机械化发展实施方案，面向农业生产经营主体、农机产销企业提供多样化金融服务。同时启动实施浙江省农机产品价格监测系统，为农民群众及时提供补贴产品销售价格。进一步加强政策实施监督管理，在继续抓好政策实施督促检查和廉政风险防控工作的基础上，重点推进"绩效提升年"活动，切实抓好补贴政策落实绩效管理工作，进一步提高财政补贴资金使用效益。截至目前，全省(含宁波)已实施中央购机补贴资金3.18亿元，省县两级配套补贴资金6 061万元，受益农业生产经营主体55 428户，带动农民和农业生产经营组织投入6.69亿元，涉及各类农业机械11.22万台(套)，农业物质装备水平进一步提升。二是认真实施农机报废补偿政策。按照高耗能农业机械报废补偿政策规定，结合农业部报废更新补贴试点，联合浙江省财政厅、省商务厅研究制定2013年农机报废补贴实施意见，明确补贴对象、补贴标准和操作程序，并组织实施。截至目前，浙江省已实施报废补贴资金3 369.87万元，其中，中央资金1 190.44万元、省级资金813.11万元、地方配套1 366.32万元，共计报废拖拉机、联合收割机10 270台，更新拖拉机、联合收割机890台，农机装备结构进一步优化。

【农机农艺(牧艺)融合更加紧密，作业水平进一步提升】 一是浙江省深入推进农机与农艺(牧艺)融合，进一步建立健全农机农艺(牧艺)融合工作机制，联合省种植业管理局、省农业技术推广中心制定"水稻育插秧机械化工作指导意见"，明确发展方向、目标和重点，合力共推水稻机械化育插秧技术。联合省畜牧局继续开展畜牧自动喂料系统试点示范，进一步加大推广力度，浙江省规模养殖场新安装自动喂料线1 700余条，全省自动喂料线累计达到3 000条，覆盖近40%的3 000头以上规模养殖场。进一步深化农机农艺(牧艺)融合示范区建设，在抓好龙游县全国农机农艺融合示范县建设的同时，围绕确定的农机农艺融合主攻方向，建设农机农艺(牧艺)融合示范区(片区、点)61个，成为农机、农技科研的试验区和农业机械化新技术推广的先行区。二是大力推广农业机械化技术，在认真落实农机作业环节补贴、集中育秧补贴、农业机械化促进工程项目等政策的基础上，主动结合农业"两区"平台，大力推进农业机械化示范区、粮食及主导产业机械化示范工程建设，整片、整村、整乡乃至整县推进农业机械化发展，有力促进农业机械化新技术的普及应用。全省新建省级农业机械化示范县2个、示范镇30个、示范基地200个，已形成4个全国示范区、11个省级示范区、150个示范镇和950余个示范基地的示范辐射面。截至目前，全省共推广水稻机插面积179.2千公顷，比2012年增加16.07千公顷，机插率达到21.5%；油菜机收面积近17.27千公顷，比2012年增加1.6千公顷；批次粮食烘干能力超过4.5万吨，全年机烘粮食(稻麦)220余万吨，增幅达到23.5%，稻麦机烘率达到34.6%；水稻生产耕种收综合机械化水平预计达71.5%。

【服务主体更加茁壮，服务体系进一步健全】 一是浙江省继续在"量"的提升上发力。坚持立足农机服务能力和市场需求实际，继续培育农机专业合作社等新型服务主体，发展水稻育秧、粮食机烘、产后加工等区域性农机社会化服务中心，因地制宜推行"菜单式"、"托管式"、"全程化"等农业生产外包性服务，有序引导开展农机跨区作业，着力提高农机利用效率和经营效益。全年新增农机专业合作社100余家、区域性农业机械化服务中心160余家，合作社总数达到1 250家，区域化农机服务能力和农业生产环节的统一服务水平进一步提升。

二是注重在"质"的提升上发力。研究制定农机专业合作社规范化建设意见，并组织开展合作社示范社、规范社创建活动，引导合作社依法组建、依法运作、依章办事、诚信服务，推行统一农资采购、调度使用、作业质量、收费标准、维修保养和培训教育"六统一"生产管理模式，提升合作社管理服务和技术综合实力。全年创建完成 50 个省级农机专业合作社示范社。同时，通过引导条件成熟的农机专业合作社联合成立农机综合服务合作社，实现更大范围的资源共享和互助联合，合作社综合服务能力和水平进一步得到提升。

三是在新型职业农民培育上发力。深入实施农业机械化教育培训大行动，省、市、县三级联动推进农业机械化专业人才队伍建设，培育一批懂技术、会经营、善管理的新型农民，成为发展农业机械化、建设现代农业的中坚力量。目前全省已新训、轮训各类农机从业人员 10.59 万人次。

【安全监督更加有力，安全形势进一步好转】 2013 年，浙江省农机部门始终绷紧"安全生产"这根弦，严格落实农机安全生产责任，省与市、市与县责任书签订率达 100%，不断强化农机安全生产监管，切实保障农机生产安全。一是以公安驻农机警务联络室为抓手，深入开展农机安全生产"打非治违"与隐患排查治理，截至 10 月底累计查处违规行为 1.07 万起，查治各类安全隐患 8 153 个。二是深化"平安农机"和"为民服务创先争优"示范窗口创建，新建"平安农机"示范乡镇 39 个、示范村（农村社区）227 个、示范合作社 88 个，省级以上"为民服务创先争优"示范窗口 13 个、示范标兵 19 人。三是深化农机安全宣教，全年共计开展各类宣传活动 790 余次，举办安全培训 593 次，发放宣传资料 17.12 万余份，发送安全短信 112.35 万余条。四是扎实推进危及人身财产安全农业机械免费实地检验工作，全省拖拉机、联合收割机、插秧机和烘干机检验率达到 85%以上，农机专业合作社、农机大户机具检验率达到 85%以上，农机"三率"水平进一步提高。五是扎实推进农机监理规范化建设，重点落实上道路拖拉机停牌和农机监理审批权限调整工作，规范农机安全检测工作，新建农机安全检测中心 20 个。截至 10 月底，全省共发生拖拉机道路交通事故 288 起、死亡 104 人，与 2012 年同期相比分别下降 18.41%、5.45%，未发生一次死亡 3～9 人的较大拖拉机道路交通事故和一次死亡 10 人以上的重特大拖拉机道路交通事故，发生农业机械事故（道路外）6 起，死亡 6 人。

【质量监管更加有力，市场秩序进一步规范】 2013 年，浙江省农机部门切实履行农机产品质量监管职责，建立健全健康活泼农机市场秩序，切实维护农机生产者和使用者的合法权益。一是进一步加强农机产品质量监督检查，积极开展农机产品尤其是补贴产品质量督导工作，深入掌握广大农民对农机具质量状况的反映，督促生产企业提升产品质量保障能力，促进农机行业产品质量的提升。2013 年对合作社在用的轮式拖拉机、联合收割机、插秧机、烘干机、育秧流水线等 5 类产品进行全省范围的质量问卷调查，发放调查表 500 份，收回 354 份。通过质量调查，初步掌握在用农业机械的质量状况和问题。二是进一步加强农机检测检验和推广鉴定，全年共完成农机产品性能检测 151 批次、质量监督检验 10 批次，完成省级农机产品推广鉴定 197 个批次，涉及农机生产企业 63 家。三是进一步加强农机产品特别是补贴产品投诉处理，全年处理农机产品投诉事件 20 起，取消 2 家企业 2 个农机产品的补贴资格、1 家经销商补贴产品经营资格，调整 2 个分档农机产品的补贴额。

【群众路线更加坚定，内部建设进一步加强】 2013 年，浙江省农机部门按照中央、省委和厅党组统一部署安排，扎实有序推进党的群众路线教育实践活动，在深入学习教育、走亲连心、广泛征求意见的基础上，积极开展批评与自我批评，深入查找自身存在的问题特别是"四风"方面问题。浙江省农业机械管理局共召开专题座谈会 14 次，238 人次参加，发放调查问卷 324 份，征求意见建议 58 条（323 条次）。针对基层、群众反映的问题，坚持立整立改，严格抓好整改落实，确保问题能发现能解决、风气有改进有提高。比如针对科室职能交叉问题，制定局内部科室职能调整方案和站内设科室设置方案，进一步明确和优化科室职责；针对文多会多问题，进一步进行精简压缩，并改进文风会风，会议、文件报数量比 2012 年有明显下降；针对购机补贴、免费实地安全检验等问题，通过召开座谈会、下基层调研等方式，认真研究相应完善措施。

安徽省

【概况】 2013 年，在安徽省委、省人民政府的领导和农业部农业机械化管理司的支持与指导下，全省各级农机部门坚持以科学发展观为指导，认真贯彻全国、全省农业机械化工作会议精神，紧紧围绕服务农业生产、促进农民增收的目标，求真务实，真抓实干，着力转变发展方式，提高发展质量，各项农业机械化工作有力有序有效推进。

【2013 年安徽省农业机械化发展成效与特点】 一是装备总量稳步增加。安徽省农机总动力将达到 61 100 千千瓦，同比增长 3.5%。二是装备结构不断改善。大功率、高性能、复式作业机械增长幅度较大。全省大中型拖拉机、联合收割机、水稻插秧机保有量分别达到 18.2 万台、14.5 万台、2.1 万台，同比分别增长 10.6%、12.8%、19.3%。三是作业水平持续提高。全省主要农作物耕种收综合机械化水平达到 67.2%，同比提高 2.6 个百分点。四是薄弱环节加速突破。全省玉米机收水平达到 56.5%，同比提高 11 个百分点；水稻机械化栽植水平达到 31.8%，同比提高 6.5 个百分点（其中，机插秧水平达到 26%，同比提高 5.9 个百分点）；油菜机收水平 24.1%，同比提高 6 个百分点。五是社会化服务加快发展。全省农机专业合作社数量达到 2 250 家，同比增加 27.2%。全年农业机械化经营服务总收入达 460 亿元，同比增长 11.9%。农机作业服务领域不断拓宽，服务能力不断提升，经营效益不断提高。六是安全生产形势平稳。截至 10 月底，全省共发生农机事故 36 起，伤 20 人，直接经济损失 54 万元，无人员死亡事故发生、无重特大农机事故发生，农机安全生产形势保持平稳。

【认真落实农机购置补贴政策】 2013 年，中央财政安排安徽省农机购置补贴资金 11 亿元，省财政安排资金 2 000 万元，合计 11.2 亿元，比 2012 年增长 16.7%。实施工作中，省农机部门创新操作模式，实行"全家购机、县级结算、直补到卡"，并采取先购机后申请、一站式服务、机具审核关口前移、强化绩效考核等举措，确保农机购置补贴廉洁规范高效实施。一是强化政策宣传。主动加强同新闻媒体的沟通和联系，在《农民日报》《中国农机化导报》《安徽日报》及其农村版等多家媒体开设购机补贴政策宣传专刊，并大量编印宣传手册、申请流程图、政策文件汇编等宣传材料，免费发到乡镇村。同时，借助农业机械化信息网平台，对政策信息、资金进度等实时公开，扩大政策透明度。二是严格规范操作。制定《安徽省2013年度农机购置补贴实施指导意见》《农机购置补贴信息公开制度》《农机购置补贴工作责任制度》《农机购置补贴信访投诉管理制度》等，严格执行制度规定，履行程序，公开透明，规范操作，不折不扣地把政策落实到位。三是加强监督检查。制定《2013年安徽省农机购置补贴政策落实监督检查工作方案》，开展安徽省农业机械管理局领导班子成员购机补贴督查月活动，两次组织实施全省农机购置补贴专项督查。仅6个省级督查组就督查16个市的40多个县区，抽查购机农民120余户、补贴机具经销商70余家。四是严查违规行为。建立农机购置补贴信访投诉处理制度和督办件处理制度，畅通群众反映问题渠道，并安排专人处理群众投诉。对有违规嫌疑或被投诉的企业实行约谈警告制度。2013年，安徽省农业机械管理局共受理信访案件25例，其中核实8例，对违规生产、经销企业分别给予暂停产品补贴、取消产品经销资格等处理，维护购机补贴政策的严肃性。预计全年补贴机具16.7万台，受益农户11.3万户，拉动农民投入27.2亿元。

【精心组织重要农时机械化生产】 2013年，安徽省农机部门充分发挥农机的主力军作用，科学组织调度，全力投入春耕、“三夏”、“三秋”等重要农时机械化生产。春耕期间，全省共投入各类农机具57万台套，完成机耕1 193.33千公顷、机播143.33千公顷。“三夏”期间，培训农机手6万多名，检修各类机具130万台套(其中联合收割机8.5万台)，免费发放《跨区作业证》4.35万份、《作业信息手册3万份》，设立跨区接待服务站600个，组织农机维修小分队200个，开通热线电话110部(包括全国首部400-600-0500农机跨区作业热线)。同时，开辟跨区作业绿色通道，实行农机专用加油卡，加强作业信息发布，保障机收顺利进行。强化机具调度，两次召开机具调度紧急会议，充分发挥省人民政府2 000万元小麦抢收资金的激励作用，引导和调度机具开展跨区作业，加快抢收进度。抢收期间，全省共投入联合收割机13.1万台，小麦收获仅用6天时间就大头落地，机收小麦2 394千公顷，机收率为98.4%，同比提高0.1个百分点。“三秋”期间，各地进一步加大机械化生产力度，全省机收玉米623.33千公顷，机收水平达56.5%，同比提高11个百分点。机收水稻1 750千公顷，机收水平93.2%；机播小麦2 418.67千公顷，机播水平89.6%。全年机耕、机播、机收作业量分别达4 682.67千公顷、2 467.33千公顷、3 489.33千公顷。

【积极发展农机社会化服务】 2013年，安徽省坚持把强化政策扶持、培育壮大服务主体，作为推进农机社会化服务的关键举措，重点发展农机大户、农机合作社等各类农机服务组织。一是开展“社企共建”。下发《关于开展农机专业合作社与农机企业“社企共建”工作的通知》，在全省开展“社企共建”活动，重点建立农机企业与农机专业合作社帮扶联系制度，开展农机维修服务能力示范点建设，加强农机专业合作社人员培训，提供农机综合服务等。对参与“社企共建”的农机专业合作社，在购机补贴、项目申报、资金扶持、示范社评选等方面，给予优先安排，推进农机专业合作社加快发展。安庆市组织农机合作社与奇瑞重工、同昌机械、青园集团等企业对接，开展维修、培训等共建活动；六安市组织市内6家农机专业合作社与安徽辰宇机械科技有限公司签订共建协议，共同开展农机维修服务能力示范点建设、培训交流、农机综合服务等，都取得良好的效果。二是开展人员培训。积极组织开展面向农机专业合作社的法律、法规、政策培训和业务培训，提升农机专业合作社的政策法规意识和社会化服务能力。太和县对全县农机专业合作社理事长开展农机农艺融合技术、合作社管理知识培训；长丰县举办农机专业合作社成员培训班，对100多名社员开展业务培训。全省共培训合作社社员2.2万人。三是开展示范评选。下发《关于开展省级农机专业合作社示范社推荐评选工作的通知》《关于组织参加“奇瑞重工杯”百佳农机专业合作社评选活动的通知》等，积极开展合作社示范社推荐评选，充分发挥示范社带动作用，推动农机合作组织规范发展。2013年，全省新创建省级农机专业合作社示范社60个，总数达到191个；新创建国家级示范社45个，总数达53个。全省农机社会化服务能力明显增强，服务领域进一步扩大，经营效益不断提高，农机服务产业化快速推进。

【大力推进关键环节和薄弱环节机械化】 结合关键环节农业机械化示范项目的实施，采取三个“强化”措施，大力推广先进适用技术，加速农机农艺技术融合，着力突破水稻机械化种植和玉米、油菜机械化收获等关键环节和薄弱环节。一是强化行政推动。下发《关于做好2013年水稻、油菜、玉米关键环节农机化技术推广工作的意见》，成立水稻、油菜、玉米生产机械化专家组。先后召开全省水稻生产机械化推进会暨部级项目省级项目验收会、全省油菜收获暨秸秆还田机械化现场会、全省玉米标准化种植现场会和玉米机械化播种现场会等，进行安排部署，积极推动农业机械化技术推广暨水稻、油菜、玉米生产机械化工作。二是强化示范带动。突出狠抓水稻、油菜、玉米示范县建设，引导发展水稻、油菜、玉米生产机械化。全省部、省级水稻育插秧机械化示范县达35个，部、省级油菜生产机械化示范县达18个，部、省级玉米生产机械化示范县达16个。其中，凤台县为全国首批水稻生产全程机械化先行县。同时，借助省人民政府农业机械化发展调研座谈会和全国春耕生产农业机械化技术培训班暨保护性耕作项目培训班的召开，组织开展水稻机械化育秧、插秧演示和观摩活动，充分发挥示范引导和典型带动作用。三是强化政策拉动。继续将水稻插秧机、玉米油菜联合收割机作为重点推广机具，购机优先补贴。特别是对插秧机实行省级叠加补贴，使非血防区插秧机补贴率达到40%，血防区插秧机补贴率达到50%。部分地方还进行市级、县级叠加补贴，马鞍山市级财政叠加补贴20%。当涂县在市级叠加补贴基础上，再叠加补贴10%。凤台县对购买高速插秧机的农民每台叠加补贴1万元。此外，安徽省财政还从产粮大省奖励资金中安排5 000万元，专项支持水稻标准化育秧工厂建设，有力推动以机插为重点的水稻生产机械化。全省新建育秧工厂344座，2013年投入水稻育秧生产的育秧工厂589座，育秧能力达120千公顷，形成工厂化育秧助推机插秧发展的局面。全省完成水稻机械化栽植面积705.33千公顷，机械化栽植水平达31.8%。机收油菜面积146.8千公顷，机收率24.1%，较2012年提高

6个百分点。

【深入开展农业机械化教育培训】 2013年，安徽省农机部门积极推进农业机械化教育培训大行动，在培训对象上，以农机专业合作社、农机大户和新购机农民为重点。在培训内容上，以小麦、玉米、水稻等作物机械化生产技术为重点，切实加大教育培训力度。组织开展农机"培训月"活动，举办全省新任农机局长培训班、全省基层农机技术推广人员继续教育班、全省第九期拖拉机驾驶培训教员资格认证班，以及安徽农业机械化网信息员培训班、购机补贴工作人员培训班等，并承办全国春耕生产农业机械化技术培训班暨保护性耕作项目培训班，组织参加全国农机维修高技能人才及师资培训班。两所中专学校的教育培训能力进一步提升。安徽电气工程学校积极改善办学条件，共投入90万元用于实验实训设备购置。同时，加快新校区建设，教学楼、实验楼预计年底封顶。安徽机电工程学校加强校内实训基地建设，购置相关实训设备，完成实训车间搬迁整理和配套设施安装。各地农机部门也都按照省局的要求，扎实开展教育培训工作。全省各级农机部门举办农业机械化技术培训1 100多期，开展科技赶集已达700多场次，印发各类资料150多万份，接受培训的人员达25万多人。

【着力抓好安全生产与质量监管】 2013年，安徽省农机部门着眼推进农业机械化安全发展，切实加强农机安全和质量监管。一是抓农机安全生产监管。加强农机安全教育宣传，全省共开展农机安全宣传活动2 160次，发放安全宣传资料44万份，发送手机安全短信41万人次，受教育机手和群众38万人次。深入推进"平安农机"和农机安全监理"示范窗口"创建，全省共创建部级"平安农机"示范县4个、省级"平安农机"示范县3个、部级农机安全监理"示范窗口"4个。探索农田作业拖拉机管理模式，切实加强农机牌证管理，全省新注册登记拖拉机2.4万台、联合收割机1.8万台，核(换)发农机驾驶证6.1万人，农机"三率"进一步提升。深入开展农机安全生产月、安全生产大检查和"打非治违"专项行动等活动。截至10月底，全省开展安全检查6 100多次，检查农业机械11.6万台，纠正违章2.8万起，排查整改农机事故隐患2.6万个，有效杜绝农机安全事故发生。全省发生农机事故36起，伤20人，直接经济损失54.2万元，无道路外死亡事故，农机安全生产形势平稳。二是抓农机试验鉴定规范化建设。以部司开展农机试验鉴定工作监督检查为契机，认真开展自查自纠，及时整改存在的问题。出台《关于进一步加强农机试验鉴定工作的指导意见》《安徽省农业机械试验鉴定省级鉴定能力认定实施细则(试行)》，并对农机推广鉴定全过程实施监督，进一步规范农机试验鉴定工作，提高试验鉴定能力。截至9月底，共完成部级推广鉴定产品35个、省级推广鉴定产品383个。积极开展农机行业职业技能鉴定，共鉴定各类农机技能人员9 367人，成立宿州锐和工程机械培训学校农机行业职业技能鉴定分站。农业机械推广鉴定证书512份，换证44份。三是抓农机维修质量提升。出台《2013年补贴机具质量监督管理工作方案》，规范农机维修网点管理，积极扶持组建农机维修合作社，农机维修质量水平不断提升。全省共举办维修培训活动300余次，培训维修人员1.5万人次；检查农机维修网点3 009个，核发农机维修技术合格证1 800张；共受理10起质量投诉，已全部结案。

成功组织召开农业机械化发展调研座谈会，安徽省副省长梁卫国出席会议，并就支持和推动农业机械化发展，对各市人民政府和省直有关单位提出具体要求。省人民政府也下发专题会议纪要，明确整合资金创建农业机械化示范区、对农业机械化发展在金融、信贷、保险、用地等方面政策扶持。与省联通公司联合搭建"农机通"平台，实现农机定位、远程调度、信息服务和安全管理等多项功能，提升农机部门管理服务水平。目前，入网用户近3万人。同时，初步搭建"安徽省农业机械化公共服务信息网"，面向社会提供行业相关新闻资讯、惠农政策、产品市场动态、部门管理和社会化服务等信息。积极推进设施农业机械化和山区机械化发展，组织召开全省设施农业技术培训会议、全省山区特色农业机械化工作推进暨新技术培训班，出台《安徽省山区特色农机化发展指导意见》和推进设施农业机械化发展的意见。

福建省

【概况】 2013年，福建省农业机械化工作深入贯彻落实十八大精神，以科学发展观为指导，按照"促发展、调结构、提质量、增效益、保安全"的总体要求，以发展现代农业和促进农民持续较快增收为核心目标，突出水稻生产全程机械化这个重点，打造设施农业建设和重点产业示范区建设两大亮点，主攻薄弱环节，推进优势产业机械化，农业机械化继续保持全面快速健康发展的好势头，为现代农业发展做出新贡献。

【农机装备总量持续增加】 2013年，福建省农业机械总动力13 500千千瓦，同比增长4.89%；大中型拖拉机3 135台，同比增长8.74%；联合收割机7 561台，同比增长19.35%；机动插秧机6 764台，同时增长15.32%；新增烘干机252台。装备结构不断优化，水稻关键环节机械大型化、配套化趋势明显，丘陵山区农机装备发展提速。

【农机作业水平持续提高】 2013年，福建省机耕、水稻机插、水稻机收面积分别达到973.33千公顷、95.93千公顷和260千公顷，耕种收综合机械化水平达到37%以上，比2012年提高3个百分点以上。

【农机社会化服务能力持续增加】 2013年，福建省以农机合作社为代表的新型农机服务组织得到较快发展，全省经工商部门正式登记注册的农机专业合作社436家，其中，16家列入全国农机专业合作社示范社，73家列入省级农机专业合作社示范社。农机专业合作社逐步实现从数量上的增长向规范化发展提升。

【认真组织实施省委省人民政府农业机械化扶持政策】 继福建省人民政府关于促进农业机械化和农机工业又好又快发展的实施意见后，2013年9月，福建省委、省人民政府出台关于加快推进现代农业发展的若干意见，明确提出加快推进农业机械化，大力发展设施农业，到2015年，每年安排省级以上财政专项资金3.5亿元，采取"先建后补、以奖代补"方式支持设施农业建设。提出围绕现代农业发展和农产品质量安全，提供现代装备支撑，着重提高水稻耕、种、收和烘干等环节的机械化水平的目标任务。省委、省人民政府重视发展农业机械化，把农业机械化作为发展现代农业题中必有之义，财政扶持力度不断加大，为农业机械化的快速发展提供坚强有力的保障。永春、连城、武平、浦城等县政府出台促进农业机械化又好又快发展的实施意见。全省农业机械化发展势头良好。

【认真落实农机购置补贴政策】 2013年，中央财政下达福建省农机购置补贴资金首次突破4亿元，达到4.1亿元，省级补贴资金达到0.27亿元。截至11月15日，中央资金4.1亿元已全部落实到位，已使用省级农机购置补贴资金0.25亿元，已结算拨付到农户账户1.83亿元，补贴农民及农业生产经营组织购置农业机械32.04万台(套)，拉动农民及农业生产经营组织投入资金8.5亿元，受益农户数12.7万户。中央资金使用进度为100%，结算进度为44.6%。一年来，各级农机部门与财政部门密切配合，精心组织实施，进一步完善管理制度，补贴实施工作有以下特点:一是积极推进补贴操作方式创新完善，全省开展“全价购机、县级结算、直补到卡”的兑付方式试点。针对全价购机中出现农机筹资、贷款难问题，福建省农业厅、省农村信用社联合社联合印发《关于金融支持农业机械化的指导意见》，在全省农机购置补贴政策实施中实施农机具专项贷款及配套服务。二是补贴重点突出。对粮食生产急需的也是薄弱环节的6类机具，即大中型拖拉机、水稻插秧机、秧盘播种成套设备、种子处理设备、联合收割机、谷物烘干机，实行在全省满足所有农民申购需要。在确定补贴资金投入规模上，向全国农业机械化示范区和“一区两园”(现代农业示范区和台湾农民创业园、福建农民创业园)倾斜，向农机专业合作社倾斜，通过加大购机补贴支持力度，激发农村生产要素潜能，助推现代农业发展步伐，进而推动全省农业产业转型升级，实现科学发展跨越发展。三是政策实施全部公开，透明操作。各地把农机购置补贴政策实施情况列入政务公开和政务服务目录，保证农民的知情权、选择权、监督权，真正使广大农民得实惠。四是监管责任更加明确。进一步明确省、市、县三级工作职责，推行“谁办理、谁负责，谁核实、谁负责”责任追究制度。将农业部农机购置补贴政策落实延伸绩效管理范围覆盖到县级，提出量化要求，强化实地督导检查，严惩不法企业，确保政策落实。

【农机社会化服务方兴未艾】 2013年，福建省大力推进农机社会化服务，是构建新型农业经营体系的重要支撑，是解决农业生产“谁种地、怎么种”重大问题的现实途径。福建省把加强农机社会化服务组织建设作为促进农业机械化重要工作。一是破解农用地难题。出台《福建省国土资源厅、福建省农业厅关于支持现代农业加强设施农用地管理服务的通知》，将机库棚列入农业设施用地进行管理，探索解决农机专业合作社和农机大户库棚建设用地审批难问题。省级农业机械化示范区等项目在同等条件下基本安排由农机合作社承担，促进农机专业合作社的蓬勃发展。二是项目、资金优先安排农机合作社承担，并扶持机库棚建设。农机购置补贴资金向农机合作社倾斜。对部省级农机合作社示范社，放宽使用中央农机购置补贴资金额度，购置插秧机、谷物烘干机、秧盘播种成套设备等水稻生产机械，在省级已累加补贴15%～20%的基础上再累加5%～15%。三是加强业务指导。举办全省农机专业合作社示范社理事长培训班和建设经验交流会。福建省农机社会化服务能力持续增强，农机作业服务范围全面拓展，涉及主要农产品育苗、农资采购、统防统治、田间管理、产品加工、销售服务等领域。四是组织开展农机服务农业工作。培育市场主体，加强信息引导，提高组织化程度，做好协调服务，全省组织429台联合收割机、插秧机外出跨区作业。在先后四次受超强台风“苏力”、“西马仑”、“潭美”和“天兔”影响下，共投入技术人员0.5万人次，农机手3.31万人次，投入抗灾救灾机具5.93万台，机械排灌面积82.42千公顷，拉运救灾物资3.8万余吨，充分发挥农业机械在抗灾救灾中的重要作用。

【深入推进农业机械化技术创新与推广取得新成效】 2013年，福建省围绕建设高产、优质、高效、生态、安全的现代农业，在建立首批水稻、蔬菜、茶叶、水果、花卉等五大产业34个农业机械化示范区基础上，2013年，福建省实施农业“五新”入户工程新机具示范推广工作，全面提升科技支撑与服务能力，积极推广增产增效型、资源节约型、环境友好型农业机械化技术和装备，不断扩大农业机械化新技术的应用面积。全省推广各种新机具2.5万台(套)，培育新机具示范户500个，专业技术人员入户指导80人次，举办技术培训班30期，培训农机科技人员、农机示范户和农机大户2 000人次，农业机械化新技术辐射推广面积466.67千公顷。

围绕突破薄弱环节机械化，开展农业机械化技术指导服务。全省新建15个水稻工厂化育秧示范区通过项目验收。尤溪县农机部门与农业部门合作，实施千亩再生稻大棚育秧，实行统一浸种催芽、统一大棚育秧管理、统一机械插秧。建宁县杂交水稻制种母本机插取得突破，给年制种面积达6.67千公顷以上的建宁县带来制种机插面积大幅增长空间。油菜收获机械化在浦城县开始起步。

围绕新机具推广，福建省农机部门引导农机服务组织带头应用新装备、新技术。建宁县引进旋翼植保无人机喷洒农药防治面积333.33公顷，防治效果好，农药利用率和喷洒人员的安全性高。邵武、莆田等地引进高效远程喷雾机、自走式植保机械等大型新机具取得推广效果。南靖县等县通过农机购置补贴和技术示范，安装病死畜禽无害化的处理机械设备80台，促进动物疫病防控工作，杜绝养殖户乱抛乱弃病死畜禽对环境和水质造成污染和影响。

围绕农业机械化人才队伍建设，开展农业机械化教育培训大行动。印发福建省农业机械化教育培训大行动实施方案，制定目标任务。各地合理利用教育培训资源，强化管理人才培训;加强产学研推用结合，重点开展水稻机械化育插秧技术、设施农业装备技术、节水灌溉和水肥一体化技术、农机农艺融合技术人才培训;结合重要农时季节，开展水稻、蔬菜、茶叶和水果四大重点产业生产全程机械化专题现场培训示范;采取政企联合方式，利用好国家阳光工程、雨露计划等培训政策，开展农机职业技能鉴定和农机操作、维修、营销等实用人才培训。

【切实提高监管水平，促进农机安全】 2013年，贯彻落实福建省农业厅、福建省安全生产监督管理局进一步加强拖拉机安全管理工作的意见，福建省农机部门进一步加强拖拉机安全监管，排除事故隐患，组织开展农机安全生产目标责任与农机道路交通安全综合整治“三年行动”工作目标责任考评。确保“三年行动”目标的实现。加强安全宣传，强化源头管理，进一步采取措施努力提高农机“三率”和安全监管水平。加快农机安全生产标准化建设，全省拖拉机驾驶培训机构对照标准抓整改，认真排查安全隐患，确保全省按时全面达标。考评推荐第五批全国“平安农机”示范县和第二批部级示范窗口和岗位标兵。

江 西 省

【概况】 2013 年，江西省各级农机部门围绕“改革创新服务”的主题，在农业部农业机械化管理司的支持下，以健全农业机械化公共服务和支撑保障体系、增强农机科技创新能力、强化惠农政策支持为抓手，全面推进农业机械化健康稳定发展。全省农机系统克服农机购置补贴腐败案件的影响，各项农业机械化工作平稳推进。2013 年底，江西省农机总动力达到 46 500 千千瓦，同比增长 1%。新增手扶拖拉机 44 200 台，大中型拖拉机 2 675 台，水稻插秧机 838 台，联合收割机 12 500 万台。水稻机耕、机插、机收水平分别为 87%（提高 2.5 个百分点）、19.3%（提高 2 个百分点）、70%（提高 3.5 个百分点）。主要农作物耕种收综合机械化水平达到 61.59%，提高 1.5 个百分点。

【实施“一项改革”，建立农机补贴运行新机制】 2013 年，针对在以往农机补贴政策实施过程中制度执行不够到位、监督管理不够到位、廉政风险防控不够到位、企业守法诚信经营不够到位、补贴资金结算偏慢、补贴产品价格虚高、补贴机具难于监管等问题，江西省遵循“减少行政权力、加强社会监督”的基本原则，对农机补贴运行机制进行改革，实行“全价购机、县级结算、补贴入卡、逐级监督”的新机制。

一是改差价购机为全价购机。将以往由企业或经销商垫付补贴款、农民支付差价购买补贴机具的模式，改为由购机户在购买补贴农机具时，支付所购机具的全部价款后，凭发票按照相关程序报账后享受国家补贴。

二是改省级结算为县级结算。将以往层层核实上报、省级集中支付的资金结算模式，改为补贴资金分配到县，由县级财政按照农机购置补贴政策拨付给购机者的模式。

三是改变补贴款支付模式。将以往补贴款支付给垫付补贴款的农机生产（销售）企业，改为直接拨付到农民的“一卡通”上。

四是改变农机系统监督方式。将以往市、县两级农机部门监督省级农机部门（事实市、县两级不能也不敢监督省级）改为省、市两级农机部门对县级农机部门执行政策过程开展监督。

五是改变补贴产品信息公布形式。2013 年度江西省农机购置补贴产品一览表上只明确产品类别、分类分档情况和补贴标准等信息，不再明确农机企业信息和经销商。

从改革效果来看，“全价购机、县级结算、补贴入卡、逐级监督”的推行，取得五个方面的成效：补贴工作由部门行为上升为政府工作，领导更加重视；资金结算由省级变为县级，责任更加明确；补贴方式由“企业结算”变为“直补到卡”，资金更加安全；监管模式由业务主管部门自我监督变为多层次多部门立体监督，监管更加到位；购机环节与补贴环节分开，让农民群众直观感受惠农政策和机具降价的好处，实惠更加明显。截至 11 月 20 日，江西省共完成补贴资金 4.96 亿元，补贴各类机具 21.49 万台，其中谷物收获机械 12 500 台，大中型拖拉机 2 675台，手扶拖拉机 44 200 台，微耕机 48 700 台，插秧机 838 台；受益农户 20 余万户。全省各级各部门没有收到任何涉及农机部门违法违规的举报。对于这项改革，省委常委、纪律检查委员会书记周泽民和厅党委书记、厅长甘良淼分别多次给予肯定和表扬。

【开展“五项创新”，重塑农机系统新形象】 2013 年，江西省切实转变监管职能和资源配置方式，加快从重微观向重宏观、从重审批向重监管、从重资金安排向重制度设计的转变，把权力和责任真正放下去，把服务和监管切实抓起来。在农机工作中开展“五项创新”。

一是创新落实农机补贴监管经费。通过努力，争取到江西省级财政安排 1 000万元农机购置补贴监管经费。同时，在财、农两厅的方案中明确提出各县级财政安排的工作经费不得少于 10 万元。全省共落实农机购置补贴工作经费 2 220.5 万元。经费有保障，不仅有力地推动农机补贴政策的顺利实施，还改变以往县级农机部门向农机生产企业、经销商收取推广服务费来弥补经费不足的现状，铲除权力寻租的土壤。

二是创新开展农机“一站式”服务。为确保农机补贴政策“公开、透明、规范、高效”实施，在全省推行政策宣传、购机申请、指标确认、机具核实、挂牌办证、补贴资金申请结算、注册登记等“一站式”服务。公开就是将所有农机购置补贴和牌证办理政策、程序等张贴在服务大厅，印制成明白卡发给农民；透明就是在服务大厅安装电子监控设备，对补贴办理实施全过程监控，相关职能部门可随时调阅补贴操作过程；规范是严格按照相关法律、法规、规章及农财两部和省财农两厅的方案执行，不走样、不变调；高效就是对补贴手续、挂牌办证等实行“一条龙”服务，大大方便农户购机，减少农民的往返次数。

三是创新农机鉴定和农机补贴产品评审程序。江西省组建农机技术专家库和农机支持推广目录评审专家库，制定《江西省农机化技术标准委员会议事规则》和《江西省农机推广目录评审规定》，凡是农机鉴定和农机补贴产品评审，都从专家库随机抽取专家由其自主鉴定、评审，农机部门不参与、不指定、不干预。同时，在原来一家鉴定机构的基础上增加一家，供企业自主选择。

四是创新开展“两项活动”。在全省开展“一项普查、七项专题调研”和“农机购置补贴资金管理使用情况监督检查”两项活动。组织各级农机部门对江西省农业机械的数量和分布、各类机械在不同地区使用年限、农机作业等情况，进行一次大普查，摸清家底，为下一步制定农业机械化发展政策和规划打下基础。主动与省委政策研究室合作以农机社会化服务体系建设、农机装备结构布局、农机农艺融合、水稻全程机械化、农机库棚、农机免费监理、农机队伍建设等七个方面为切入点在全省开展农业机械化调研。形成的调研报告得到江西省领导的高度肯定和批示。在江西省纪律检查委员会领导和指导下，在全省开展农机购置补贴资金管理使用情况监督检查活动，对 2011 年以来的农机购置补贴政策的执行情况进行监督检查，并组织市级农机部门交叉开展对县级农机部门执行政策的专项检查和重点抽查。根据举报，联合纪律检查委员会、公安、工商行政管理局等部门，对南城县园田农机经销公司空套补贴资金和浙江半球泵业有限公司骗取补贴资金的行为进行查处，避免补贴资金损失，维护购机者的合法权益；及时澄清江西穗福农业机械有限公司不存在低配高套补贴资金行为，维护企业的合法权益。

五是创新开展农机安全监理工作。2013年，江西省全面贯彻《农业机械安全监督管理条例》，将农机监理工作与农机购置补贴工作有机结合起来，对实行牌证管理的拖拉机、联合收割机凭农机监理机构核发的行驶证才能享受农机购置补贴，着力提高拖拉机、联合收割机登记率、检验率及驾驶人持证率。2013年，全省核发拖拉机号牌46 875副，联合收割机号牌12 500副。全省新机注册登记率、年检率、持证率达到100%，往年注册登记的农机，年检率达到34%。同时，为规范拖拉机驾驶培训管理，确保驾驶培训质量，提高农机手驾驶操作水平，按照农业部《拖拉机驾驶培训管理办法》，对全省所有取得《中华人民共和国拖拉机驾驶培训许可证》的拖拉机驾驶培训机构进行一次全面检查。检查中，对21家培训机构提出限期整改意见。认真开展农机安全大检查，农机安全生产形势持续稳定。截至2013年10月底，江西省共发生农机事故17起，死亡2人，未发生一起农机重特大事故。

通过"五项创新"，大大激发农机系统为群众服务、为农机企业发展贡献力量的激情，重塑农机系统在农民、农机手及农机产销企业中的新形象。

【落实"十项服务"，开创农业机械化工作新局面】 2013年，江西省以强农惠农富农为出发点，出台一系列配套的办法措施，落实"十项服务"，努力开创农业机械化工作新局面。

一是组织开展好"三大战役"活动。组织开展好百万农机闹"春耕"、农机"双抢"大会战、"秋收冬种"农业机械化生产"三大战役"活动。其中，投入130.4万台(套)各类农机具到春耕生产一线，组织10万余台联合收割机奋战在"双抢"一线和100万余台农机保障秋收冬种工作。"三大战役"活动，不仅保障农业生产的顺利开展，而且还通过引导、协调好农机有序流动，延长农机作业时间，增加购机农民的收入。2013年，江西省共完成机耕面积3 018千公顷，其中早稻机耕1 320.53千公顷，中稻机耕290.93千公顷，晚稻机耕1 401.87千公顷；机收2 447.85千公顷。

二是做好农机加油"双优"卡和"跨区作业证"的发放工作。向两证(驾驶证和行驶证)齐全的农机手免费发放农机加油"双优"卡1.5万张和"跨区作业证"2 460份，有力保障重要农时季节农机作业用油和农机手跨区作业的需要。农机手持农机加油"双优卡"加油，不仅可在农忙期间优先用油，而且每公升农机用油优惠5分钱。在5～6月份，全省组织引导持有"跨区作业证"的1 256台联合收割机北上安徽、河南等跨区机收小麦，实现台均收入6.8万元，总收入达8 540余万元。

三是推进农业机械化示范区建设。江西省、市、县三级农机部门联合开展水稻、油菜、果业和经济作物机械化示范区建设，加强技术集成示范，促进农机农艺融合，充分发挥其辐射带动作用。江西省农业机械化管理局重点抓省级农机示范区建设，制定省级农业机械化示范区建设的标准和考评办法，并主动与省农业综合开发办沟通，将示范园区建设纳入其农业技术示范推广计划中，给予资金扶持。目前，在全省建立20个省级农业机械化示范区，有效推进农机农艺的融合，提升农作物薄弱环节机械化水平。

四是及时启动抗旱机具的补贴工作。针对旱情，农、财两厅紧急出台《新增抗旱设备购置补贴方案》，将76个离心泵产品、81个潜水泵产品纳入农机购置补贴范围。全省农机部门将101.2万台套抗旱救灾急需的设备送到抗旱一线，组织农机服务队3 562支，检修各类抗旱农机具49.1万台(套)。累计完成抗旱浇灌面积224.81千公顷(次)，减少农作物受旱成灾面积102.33千公顷，发挥农机抗旱保丰收主力军作用。

五是强化农机服务体系建设。通过江西省财政厅争取财政部安排5 000万元在本省10个县开展农业生产全程社会化服务补助试点，推进农业生产全程机械化服务。补助对象是开展市场化运作的，为他人从事农业生产社会化服务的农机专业合社等服务组织。补助资金的60%只能用于购置农业机械、机具库棚建设、农机维修设备等支出，提高服务组织的社会化服务能力。补助资金的40%用于弥补服务组织提供社会化服务产生的如用油、人员工资、机具的保养与维修等费用支出。同时，江西省农业机械化管理局把农机专业合作社作为农机服务体系建设一个重要抓手，在全省启动农机示范合作社建设试点工作，制订农机专业合作社示范社标准，推进农机合作社规范化，打造农机合作社"我们为农民服务，农民放心去务工"的品牌。

六是抓好农机维修服务中心建设。争取江西省财政安排2 000万元专项资金，以农机专业合作社为依托，按照"政府引导、市场运作、因地制宜、合理规划、整合资源、区域覆盖"的建设思路，今年，对全省确定的138个农机维修服务中心，统一维修图标，采用"以奖代补"的方式，给予扶持。同时，结合阳光培训工程，在全省培训400名农机维修中、高级修理技师。

七是推行农机监理便民服务。在江西省积极开展农机安全监理"创先争优"示范窗口创建活动，推行便民服务常规化建设，通过印发"农机监理服务指南"，在偏远乡村设立"流动服务窗口"，为农民机手提供农机监理业务电话预约、咨询、上门服务活动，送检到田，送考到乡，积极推进零距离服务。全省共上门办理拖拉机牌证5 100余副，检验农机近万台。

八是开展农业机械化大培训行动。围绕"立足大农业、发展大农机、服务新农村"的发展战略，精心组织、认真实施，采取多种方式做好农业机械化培训大行动工作。全年共培训各类农机人员近10万人。向农民机手免费赠送5 000册《南方农机》杂志和《农机使用与维修》等教材资料。

九是推进农机市场流通体系建设。为确保每县有一个能满足农户需要的农机销售网点，江西制定《江西省农机市场"十二五"建设规划》，并将其纳入省商务厅农村市场体系建设规划中。鼓励农机生产企业与专业农机流通企业相结合，建立新型农机营销网络，发展连锁经营。鼓励民间资本建设区域性农机市场。努力将农机市场办成集农机及零配件经销、农机维修、一站式服务、技术培训、新产品展示、银行业务、农机保险等为一体的功能齐全的农机综合大市场。目前，余江县、新建县农机大市场建设工作已启动。

十是重振江西农机工业。江西省农业机械化管理局与省工业信息化委员会沟通，联合争取省人民政府出台《关于加快推进农机化与农机工业发展的意见》，建立2～3个省级农机产业园，引进国内外农机企业来省投资兴业，并在工业创新基金中切出一定比例用于扶持江西省农机工业的发展。目前，《意见》已起草完成，正按程序上报。各地都在积极行动，采用招商引资的方式，提高江西省农机制造水平。余江县启动农机工业园区建设，并引进一家烘干机制造企业；九江市引进一家大中型拖拉机制造企业。

通过实施“十项服务”，进一步提高江西省农机装备水平、作业水平、科技水平和服务水平，推动全省农业机械化科学发展，开创农业机械化工作新局面。

2013 年，全省农机系统谋划一批打基础、管长远的重点项目、重点工作和重要举措，推动农业机械化全面健康稳定发展。工作作风更加向好。通过开展党的群众路线教育活动，广纳意见，开门办农机，着力抓好省委交办的 2 件事项、1 个专项治理、14 项制度建设、1 件为民实事，农机系统党员、干部思想觉悟进一步提高、作风进一步转变，心系农民、服务农民、富裕农民的形象进一步树立。干群关系更加密切。全省农机系统深入开展以大宣讲、大调研、大试点、大服务为主要内容的“改革创新服务年”活动，深入基层和群众，宣讲政策、调研工作、抓点示范、指导服务。对群众的来电来信来访，热情接待，细心解释，认真做好诉求记录，真心加以解决，做到事事有回应，件件有着落。发展氛围更加和谐。省级农机管理部门始终秉持以人为本的理念，把解决基层农机部门工作中遇到的难题、矛盾摆在突出位置。积极与省纪律检查委员会协调，由省纪律检查委员会出台《关于农机购置补贴政策执行过程中几个问题的处理意见》，意见明确基层农机部门在以往执行农机购置补贴政策时收取企业费用、先购机后补贴、两年内转卖等三个问题中，没有个人贪腐，所收经费用于弥补工作经费不足的，免于追究责任。卸下基层农机部门的思想包袱，解决他们的后顾之忧。同时，始终坚持一手抓业务工作、中心工作，一手抓干部队伍建设、党风廉政建设，充分调动干部职工干事创业的热情，切实规范干部职工干净干事的行为，全系统上下形成共谋发展、和谐稳定、风清气正的良好氛围。

【存在的问题】 “四个根本没改变”和“一个任务很重”：农机部门的主要工作抓手依靠农机购置补贴政策的现状没有根本改变；农机安全监理、农机社会化服务、农机技术示范推广等农业机械化公共服务能力不能满足广大农民需求的现状没有根本改变；水稻栽插、稻谷烘干、油菜收获等机械化技术薄弱环节推进缓慢的现状没有根本改变；畜牧业、渔业、林果业、设施农业和一些特色产业（如茶叶等）装备水平较低的现状没有根本改变。同时，全面推进农业机械化发展的任务依然很重。

山 东 省

【概况】 2013 年，在农业部和山东省委、省人民政府的领导下，省农机部门围绕“转方式、调结构、增创发展新优势”这条主线，真抓实干，开拓创新，推进山东省农业机械化继续保持又好又快的发展态势。主要有以下几个特点：

一是农机增量结构优。2013 年，山东省农机总动力将达到 1.27 亿千瓦，拖拉机将达到 254.6 万台，新增的大中型拖拉机中，73.5 千瓦以上的 7 349 台，占 38.3%，目前全省每 6 台大中型拖拉机中就有 1 台动力在 58.8 千瓦以上。新增玉米联合收获机 7 287 台，增长 10%，保有量达到 8.22 万台；新增小麦联合收割机 1.1 万台，增长 7.3%，保有量达到 15.14 万台；新增玉米、小麦免耕播种机 1.05 万台，增长 8.3%，保有量达到 13.7 万台。新增小麦收获机中，喂入量在 5 千克/秒以上的达 5 425 台，占补贴增量的 52%；新增玉米联合收获机中，具有剥皮功能的达 4 000 多台，占补贴增量的 55%。花生、棉花、马铃薯等经济作物机械也都有大幅增长。

二是农机作业水平升。农业耕种收综合机械化水平达到 79%，比 2012 年提高 0.7 个百分点，其中玉米适宜机收率 82%，提高 2 个百分点，棉花机采、花生联合收获面积进一步增加。

三是农机服务发展快。2013 年，山东省农机作业服务组织达 18 139 个，在 5 000 家农机合作社中，开展土地托管的 721 个，同比增长 71%，土地托管面积达到 192 千公顷，开展土地流转的 594 个，增长 11%，土地流转面积达 71.33 千公顷，土地规模集约经营水平显著提升；农机供应服务组织 1 333 个，同比增长 7.8%，供应农机产品 2 000 多种，增长 14.3%；农机维修网点数量达到 12 872 个，增长 14.3%。

四是农机安全形势稳。2013 年，山东省累计统计上报道路外农机事故 20 起，死亡 8 人，伤 14 人，直接经济损失 32.15 万元；农机交通事故 85 起，死亡 10 人，伤 57 人，直接经济损失 8.825 万元。没有发生较大以上农机事故，农机安全生产继续保持平稳态势。

五是领导重视程度高。山东省委、省人民政府领导多次视察指导农业机械化生产工作。山东省省长郭树清对发展粮食烘干仓储机械化作出专门批示；省委副书记王军民高度关注农业机械化工作，多次到农机合作社、小麦机收、玉米机收和机采棉现场进行调研指导；副省长赵润田每月听取农业机械化工作汇报，并多次到农业机械化生产一线调研指导。省国土等部门对农机农具存放用地做出安排。各市党委、人民政府领导同志深入农业机械化生产一线，靠前指挥，日照、枣庄、聊城市委、市人民政府领导主动帮助协调落实农机合作社建设用地优惠政策，为农业机械化发展创造有利外部环境。

【山东省把保障粮食安全作为农业机械化工作的重中之重，着力抓好“三夏”“三秋”农业机械化生产工作】 一是积极组织农机跨区作业。夏秋两季共有 5.7 万台联合收获机械参加跨区作业，作业秩序良好。二是扎实搞好配套服务。共检修农业机械 307 多万台（次）；发放农机跨区作业证 2.7 万多个，跨区作业技术服务车证 850 多个；省级以上新闻媒体宣传报道“三秋”农业机械化生产 800 余条。三是积极推广新机具新技术。“三夏”期间，全省完成“一条龙”作业面积 1 200千公顷；“三秋”期间，完成“一条龙”作业面积 1 145.33 千公顷，免耕播种面积1 132千公顷；全年完成土地深松面积 573.33 千公顷。四是切实加强督导检查。山东省农业机械管理局专门下发通知部署农业机械化生产工作。省、市、县农机部门成立督导组巡回督导检查，有力指导和推动农业机械化生产工作的顺利开展。2013 年，全省完成机播 3 574.67千公顷、机收小麦 3 552 千公顷，机播、机收率分别达到 98.6%、98%，机播玉米 2 866.67 千公顷，占宜机播面积的 95%，机收玉米 2 474 千公顷，占宜机收面积的 82%，为实现山东省委、省人民政府提出的全省粮食生产“十一连丰”、力争实现“十一连增”的目标提供有力支撑。

【坚持把经济作物机械化作为农业机械化发展战略重点，着力突破大宗经济作物机械化瓶颈】 2013 年，山东省争取省财政专项 800 万元，在全省建设棉花、花生、马铃薯、生姜、大蒜等省级经济作物生产全程机械化创新示范基地 45 处。依托农业机械化创新示范基地，先后组织召开全省马铃薯播种、大蒜收获、水稻插秧、花生收获、棉花收获、茶叶采摘与加工机械化现场会，上百家生产企业 200 多台机具进行现场作业演示和展示，参会人数达到 1 000 多人次，取得显著的示范推动效果，全省经济作物机械化呈现出争相发展、加快发展、全面发展的生动局面。大型采棉机由 2012 年的 2 台，增加到 5 台，机采棉加工处理生产线由 2012 年的 1 地 1 条，增加到 2 地 2 条，完成棉花机播 478 千公顷，增长 2.8%，棉花机采面积由 2012 年的 266.67 公顷，增加到 2013 年的 566.67 公顷。新增花生收获机 4 480 台，增长 13.2%，保有量达到 3.8 万台，其中新增联合收获机 310 台，比 2012 年增加 1 倍，花生机收、机播分别达到 576.67 千公顷、537.33 千公顷，机收、机播率分别比 2012 年提高 7 个、2 个百分点。马铃薯收获机增长 32.7%，达到 14 323 台，蔬菜收获机增长 13.8%，达到 3 552 台，茶叶采摘机增长 23.9%，达到 776 台，马铃薯、蔬菜生产、茶叶采摘与加工机械化水平明显提升。

【围绕落实中央和山东省委 1 号文件关于构建新型农业经营体系的决策部署，着力推动农机合作社蓬勃发展】 一是深调研，完善发展思路措施。2013 年 6 月、11 月两次对山东省农机社会化服务现状、面临的发展形势和存在的主要问题、推进发展的主要做法经验和思路等作全面调研，向省财政厅、人民银行济南分行介绍全省农机服务组织发展情况，并提出财政支持农业生产全程社会化服务试点工作的建议以及金融支持农业机械化发展的建议。二是抓典型，发挥示范引领作用。评选出第一批 150 家农机合作社省级示范社，与山东省财政厅联合实施农机规模化作业推进工程项目，推广日照、枣庄、聊城等市加快推进农机合作社发展的经验，投入资金 700 万元，对全省 62 个农机合作社进行重点奖励扶持，不断扩大示范带动效应。三是强培训，提高规范发展能力。组织农机合作社成员参观第八届中国(山东)国际装备制造业博览会，召开全省农机合作社理事长培训班，促进社社联合、社企联合，互利共赢。目前，全省注册的农机合作社达到 5 000 家，社员 9.5 万户。“三夏”、“三秋”期间，全省农机合作社共签订作业合同 1.1 万余份，完成机收作业 4 066.67千公顷，占机收总面积的七成，经营服务总收入达到 27.5 亿元。

【立足推进农机依法行政，着力提升管理服务规范化水平】 一是依法实施农机维修技术合格证核发。全年新核发合格证 3 400 个，累计发放 1.4 万多个，占全省维修网点的 89%；完成维修职业技能鉴定 1.7 万人，维修技能人才总数达到 5.3 万余人，维修网点人员持证率达到 95%以上。二是进一步严格规范目录管理。制修订《2013 年山东省农机推广鉴定产品种类指南》和《推广鉴定证书变更管理办法》，组织专家对修订的 50 个省级农机推广鉴定大纲进行审定，组织受理国家目录申报产品 608 个、省级目录申报产品 828 个，审核推荐上报 550 个产品，发布鉴定公告 5 批次 191 个推广鉴定证书 409 个产品。三是依法开展农机培训机构资格认定。对 6 所拖拉机驾驶培训机构进行认定评审。依托全省 130 多所农机培训机构举办培训班 3 200多期，培训农机人员 63 万余人次。扎实开展阳光工程农机培训，争取阳光工程农机培训指标 15 800 人，比 2012 年增加 1 800 人。四是依法加强农机安全监管。山东省农业机械管理局与省公安厅联合下发《关于开展公安、农机联合执法工作有关问题的通知》，明确联合执法工作机制。组织开展全省农机安全生产大检查，强化应急处置演练，全省有 10 个市 65 个县进行农机事故应急处置演练。以整治提高农机安全“三率”为重点，组织开展“道路交通‘平安行 · 你我他’行动”、“推进‘打非治违’和隐患排查治理专项行动”以及“安全生产基层基础提升年”等专项整治活动，拖拉机、联合收割机挂牌率稳步提升。充分利用网络技术严格牌证制作和发放程序，农机监理规范化建设进一步优化。深入开展“为民服务创先争优”示范窗口创建活动，山东省有 10 个单位和 22 名监理员被评为省级示范窗口单位和示范岗位标兵，6 个基层单位和 10 名监理员被评为全国示范窗口单位和标兵。进一步加大农机监理新装备新技术应用工作推进力度。五是注重加强农机鉴定能力建设。适应农机质量监管对鉴定工作提出的新要求，投资 1 000 多万元，新建和改扩建拖拉机 PTO 试验室、拖拉机负荷车车库、植保机械试验楼和保温被试验室，研制和采购拖拉机负荷车、植保机械测试设备、激光粒度仪等仪器设备。

【山东省突出廉洁规范高效实施，着力抓好农机购置补贴政策落实】 一是严格按程序和规定制定实施方案。组织专家评审并制定购机补贴分档表、购机补贴产品明细表，对生产企业推荐的一万多个次经销商的备案材料逐一进行审核，对不符合条件和涉嫌资料造假的逐一进行调查处理。二是加强信息公开和宣传工作。对 2013 年农机购置补贴政策的新变化、新要求、新特点等集中进行宣传报道，并每半月通报一次全省实施和结算进度。三是加强督导检查。由山东省农业机械管理局领导带队检查督导，并召开全省购机补贴工作座谈会通报情况、梳理问题、研究解决措施。电话抽查 1 500 多户，对有问题的组织核查，针对个别地方对微滴灌装置补贴过于集中的情况组织专题调研，重新调整分档和补贴额度。四是严肃处理违规企业。对涉案的蚌埠天球、东平四通等四家生产或经销企业作出取消其补贴机具经销资格的处理。目前，国家分配山东省的 13.7 亿元购机补贴资金已全部落实到位，共补贴各类机械 29.1 万台，受益农民 21.09 万户，带动农民投资 35 亿元。补贴拖拉机、谷物联合收获机、玉米联合收获机共使用补贴资金 11.8 亿元，占补贴资金的 81.6%。

【扎实开展农机报废更新补贴试点工作】 山东省共落实农机报废更新补贴资金 7 802.77 万元，其中报废资金 901.76 万元，更新资金 6 901.01 万元；报废拖拉机 8 645 台、联合收割机 528 台，更新拖拉机 8 091 台、联合收割机 1 082 台，受益农户达 9 129 户。一是切实加强组织领导。与财政和商务等部门密切配合，对报废更新工作实行一起研究、一起部署、一起监管、一起推动，统一印制《山东省报废农业机械回收证明》并分发至各试点县。二是无牌旧机得到报废。针对

2012年各试点县反映的无牌证旧机无法报废问题，制定无牌证旧机报废操作程序。今年山东省共报废无牌证旧机4 104台，占报废总量的44.7%。三是合理确定回收企业。根据农业部、财政部、商务部鼓励二级以上农机维修点等单位从事农机回收拆解业务的规定，各试点县根据需要和规定的条件在辖区内确定一家农机回收企业从事农机回收拆解业务。18个试点县有12个县合理选定农机回收企业。四是严格操作程序。各试点市、县农机管理部门严格按照机具报废申请、机具回收、注销登记、申请更新、兑现补贴等程序，规范运作，保障农机报废更新工作的顺利进行。

【存在问题】 虽然山东省农业机械化工作取得一定成绩，但还存在发展不平衡、公共服务能力明显不足、粮食晾晒缺场地、烘干缺设备等问题。

河 南 省

【概况】 2013年，在河南省委、省人民政府的领导和农业部的指导、支持下，全省农机系统紧紧抓住政策环境持续向好，农业机械化发展内生动力不断增强的良好机遇，深入贯彻国务院、省人民政府《关于促进农业机械化和农机工业又好又快发展的意见》，围绕全面推进中原经济区建设，以提高粮食综合生产能力、增加农民收入、建设现代农业为目标，认真落实农机购置补贴政策，积极组织重要农时机械化生产，主攻秋粮生产机械化，强力推进农机专业合作社建设，不断提高农机管理工作水平，实现农业机械化又好又快发展。

【工作目标任务圆满完成】 2013年，农业部农业机械化管理司下达河南省的农业机械化工作目标任务完成。河南省农业耕种收综合机械化水平达到75%，较2012年提高1.5个百分点，超目标任务0.5个百分点；水稻机插秧面积达到140千公顷，其中新增26.67千公顷，超目标任务6.67千公顷；玉米机收面积达2 090千公顷，其中新增210千公顷，超目标任务56.67千公顷；保护性耕作示范面积达到493.87千公顷，其中新增80.53千公顷，超目标任务533.33公顷；培训新购机农民6.2万人，超目标任务0.2万人；万台拖拉机死亡率控制在0.175以内，未发生一次死亡3人以上的较大农机事故，较好地完成农机安全生产责任目标。2013年，河南省农机固定资产总值达到780亿元，较2012年增长5%；农机总动力达到1.12亿千瓦，增长3%；大中型拖拉机发展到35.5万台，增长5%；收获机械达到20万台，增长12%，其中玉米联合收获机达到4.5万台，增长23%。大型、新型农业机械继续保持快速增长态势。

【农业机械化发展环境持续向好】 一是农机购置补贴政策力度进一步加大。国家安排河南省农机购置补贴资金由2012年的12.8亿元增加到13.7亿元，增加0.9亿元。省人民政府继续安排资金1亿元，对农民购置大中型拖拉机及配套农具、玉米收获机和粮油烘干机械给予特定补贴。地方农机补贴资金也不断增加。二是农机作业条件进一步改善。农业综合开发、土地整理项目投入力度不断增强，将田间道路、农机出入农田统一规划，农机通行更加便利。全省“百千万”高标准粮田建设工程启动实施，建设面积达到1 800千公顷，农机规模化作业面积不断扩大。三是农机服务保障能力进一步提升。国家安排河南省农机推广体系建设补助项目资金1 200万元，对102个基层农机推广单位更好地开展工作提供支持。省财政再次安排农机跨区作业调度平台建设资金1 000万元，实施18个省辖市分中心和147个县级调度室的建设工作。省财政继续安排农机购置补贴工作经费2 000万元，为省市县三级开展补贴工作提供保障。

【机械化薄弱环节加快突破】 第一，玉米机收持续全面突破。继2012年河南省玉米收获机械出现供不应求的形势后，2013年更加火爆。许多农户在农机补贴资金不足的情况下，仍积极购置，全省新增玉米收获机械1万多台。玉米机收率超过65%。玉米机收的群众认知度、市场发育度、技术成熟度全面提升。第二，花生机收持续区域突破。河南省新增花生收获机械近万台，局部花生主产区机收形成普及之势，驻马店市花生机收率达80%以上，花生种植面积达100千公顷的正阳县机收率达90%以上。第三，水稻育插秧环节持续技术突破。继续对水稻种植区购置插秧机实行农机补贴普惠政策，做到应补尽补。加大育秧技术示范推广力度，技术成熟度不断提高，水稻机插率突破20%，奠定普及基础。第四，粮油干燥机械化高起点突破。针对极端、异常天气多发、频发和农业规模化经营的推进，今年河南省粮油干燥机械化在省人民政府的关注下，强力起步。省财政安排专项烘干机械累加补贴资金予以推动，新增300多台。同时，麦茬棉移栽、直播和机械化采摘技术试验示范等取得积极成果。

【农机购置补贴政策实施成效明显】 2013年，河南省共落实农机购置补贴资金14.5亿元，拉动农民和农业生产经营组织投入资金近30亿元，落实补贴机具15.56万台(套)，受益农户近10万户。在六个省辖市开展农民“全价购机、直补到卡(折)”的资金结算方式改进试点，为全面推进资金兑付方式改革积累经验。农机补贴重点更加突出，大中型拖拉机、稻麦联合收割机、玉米收获机三类机具使用补贴资金占比达到85.5%。其中，大中型拖拉机占比达30.8%，稻麦收获机达37.1%，玉米收获机达17.6%。农机补贴责任落实、绩效考核、监督检查、违纪查处力度进一步加大，农民、政府、社会满意度不断提高。

【重要农时农机生产组织有力有序】 2013年“三夏”、“三秋”期间，由于准备工作扎实，谋划提前到位，组织协调高效，形势研判科学，预案制定周密，应对及时有效，在天气复杂多变、工作难度增大的情况下，河南省完成“三夏”、“三秋”农机工作任务。“三夏”期间，全省共组织各类农业机械410余万台(套)投入生产，其中联合收割机16万多台，玉米播种机60余万台。共完成小麦收获面积5 333.33千公顷，机收面积5 253.33千公顷，机收率达到98%左右；完成夏玉米机播面积2 520千公顷，机播率达86%左右；小麦秸秆粉碎还田、秸秆打捆收集、玉米铁茬灭茬播种等综合机械化技术大面积应用。“三秋”期间，共组织投入各类机械436万多台，其中，各类拖拉机215万多台，玉米收获机5.2万多台，小麦播种机58万多台，秸秆还田机10.6万多台，其他机械140万多台。做到机耕整地应耕尽耕，机耕面积达到5 522千公顷，其中深耕3 326千公顷。小麦机播率达到96%以上，完成机收玉米2 090千公顷，比2012年增加210千公顷。全面完成“三秋”农机作业任务。

【农机专业合作社建设高质量推进】 2013 年，针对河南省农机合作社发展实际，继续把发展农机合作社作为农机工作的总抓手，按照在扶持发展中促管理规范，在规范引导中谋良性发展的思路，积极推动农机合作社建设上档升级，实现由数量发展到质量提升的转变。一是加大服务组织扶持力度。进一步争取和扩大对农机服务组织的投入，落实税费减免、信贷支持、机库棚建设用地等扶持政策。落实省财政资金 500 万元，对 50 个农机合作社建设给予扶持。二是加强农机合作社示范社建设。重点围绕全国示范社创建活动，创建 130 个全国示范社，带动全省“五有”农机合作社建设。三是积极引导农业、畜牧业龙头企业领办农机合作社，发挥融资、管理、市场、利益联接等优势，推动农机合作社上规模，增强可持续发展能力。四是推动农机合作社与“工商资本下乡”对接，与其他实体开展横向联合与纵向协作，成立合作社联社，探索发展农机作业公司。五是积极引导农机合作社与粮食核心区建设、高标准粮田建设对接，进一步完善服务功能。2013 年，全省依法注册登记的农机合作社达到 5 288 个，入社成员 10.8 万多人，平均每个合作社达到 20 人。合作社资产总额突破 110 亿元，社均 208 万余元。拥有农机具 30.8 万台(套)，社均 58.4 台(套)。年作业面积达到 3 398.67 千公顷，其中土地流转面积 328 千公顷。在小麦机收、玉米机收、水稻机收、深松整地等重点作业环节，农机合作社承担和组织开展的跨区作业量均在 80%左右。

【农机农艺融合工作取得新成效】 一是在河南省级层面进一步达成共识。河南省农业机械管理局与农业、科研等单位协作开展棉花、水稻—小麦生产、辣椒移栽等农机农艺技术集成示范。二是积极推动各地农机农艺示范区建设。在范县、沁阳市、民权县、社旗县分别开展水稻、玉米、棉花、茎块类作物农机农艺融合示范区建设活动，开展示范作物品种选择、机械化作业模式和作业机具选择的试验示范工作。在民权县建立 86.67 公顷棉花移栽试验示范基地，在社旗县建立红薯示范基地 733.33 公顷，在范县建立核心示范基地 133.33 公顷。三是切实抓好保护性耕作技术示范推广。建立保护性耕作示范县 30 个，其中部级示范县 9 个，省级示范县 21 个。共落实保护性耕作面积 493.87 千公顷。四是继续开展水稻育插秧机械化技术示范推广。各项目实施市(县)按照实施方案要求，加强技术培训，认真做好育秧、机具、合同落实，使全省机插秧面积进一步扩大。

【农业机械化公共服务能力不断提升】 2013 年，河南省农业机械化公共服务能力不断提升。一是切实抓好农机信息化建设。农机跨区作业调度智能平台建设列入省人民政府督查建设项目。重点实施对 18 个省辖市分中心、147 个县级调度室的建设工作，并开展业务技术培训。二是继续抓好部级检测中心建设。完善检测设施，满足拖拉机等机械检测项目要求，提升农机检测鉴定能力。三是重点抓好农机推广体系建设。在总结 2012 年 100 个县实施基层农机推广体系改革与建设补助项目的基础上，重点抓好 2013 年的农机推广体系建设补助项目的实施。对年农作物播种面积 13.33 千公顷以上、县级农机技术推广机构、队伍、财政供给符合要求的 102 个县进行补助，落实专项补助资金 1 200 万元。并促使 14 个县明确县级农机推广机构、编制和财政供给政策。四是加强农机市场监管。各地农机管理部门会同有关等职能部门，整顿和规范农机市场秩序，净化农机市场。同时各地设立农机质量投诉电话，及时接受农民投诉，帮助农民协调解决农机质量纠纷。对农民反映的玉米收获机使用中出现的问题，及时调查、取证、分析，根据有关法规，做出合理回复，依法维护农民的合法权益。

【全局党的群众路线教育实践活动扎实开展】 2013 年，河南省农业机械管理局党的群众路线教育实践活动开展以来，始终坚持开门搞活动，聚焦“四风”问题，认真查摆，立行立改。坚持用群众“三评”来促学习、促查摆、促整改，确保活动取得实效。通过实现学习方式、工作理念、工作手段和工作机制的创新，推动农业机械化工作上水平。特别是围绕“三件事”和“四抓”，在落实上很下工夫，并取得明显成效。健全完善《农机购置补贴政策实施绩效考核办法》，确保政策高效规范实施。运用好省财政农机补贴奖补资金，推动粮食烘干机械、玉米收获机械、大中型拖拉机等农业机械发展。重点围绕开展农机专业合作社建设、农机农艺融合、构建新型农机服务体系等方面开展专题调研，推动工作开展。

湖 北 省

【概况】 2013 年，湖北省农业机械化发展形势良好。农机装备结构不断优化，作业水平不断提高，农业机械化公共服务能力和社会化服务水平稳步提升，农机安全生产形势总体平稳，农业机械化快速发展为全省粮食增产、农民增收发挥作用越来越大。

【2013 年湖北省主要目标完成情况】 一是农机购置补贴资金全部落实。2013 年中央分两批共安排河南省农机购置补贴资金 10.7 亿元，其中第一批 9.7 亿元中央资金已全面实施完成，共补贴机具 74 万台(套)，受益农户 25.1 万户，第二批补贴资金 2013 年 11 月 15 日实施完毕。二是农机保有量持续增加。2013 年，湖北省拖拉机保有量达到 128 万台，插秧机 4.5 万台，联合收割机 7.3 万台，分别新增拖拉机 2.7 万台，新增插秧机 1.1 万台，新增油菜播种机 2 100 台，新增联合收割机 0.6 万台。三是农机专业合作社数量稳步提升。湖北省共有农机户 170 万户，其中农机原值 20 万元以上农机大户近 1 万个；农机专业服务组织 7 600 个，农机合作社 1 420 家，合作社资产总额达 23.8 亿元，拥有各类机具 9 万台，机具配置多以大型、高性能为主。四是农机作业水平稳中有升。2013 年，湖北省共完成机耕面积 3 600 千公顷；机械播栽水稻 673.33 千公顷，比 2012 年同期增长 109.33 千公顷，机插水平达 33%；机收水稻 1 442.67 千公顷，机收水平达 88%；机收小麦 986.67 千公顷，比 2012 年增加 40 千公顷，机收水平达 90%。水稻和小麦机收水平均比 2012 年提高 1 个百分点；机收油菜面积 440 千公顷，比 2012 年增加 50.67 千公顷，机收水平达 37%，比 2012 年提高 4 个百分点。五是农机安全生产形势总体平稳。1～9 月，全省拖拉机、联合收割机号牌核发 43 115 副；拖拉机、联合收割机驾驶人考证 31 834 人；拖拉机、联合收割机安全技术检验 193 807 台。全省

共发生农机事故315起，死亡12人，受伤64人，直接经济损失187.2万元。全省没有发生较大以上农机死亡事故，安全生产形势总体平稳。2013年，湖北省农机总动力达到3 990万千瓦，比2012年增加1 500千千瓦，主要农作物综合机械化水平达到61%，比2012年增长2个百分点。

【以加强监管与绩效管理相结合，全面落实农机购置补贴政策】 2013年，在购机补贴实施过程中，湖北省做到实施与监管同步。截至目前，湖北省农机局已组织或配合相关部门开展4次较大范围的督导检查活动，范围覆盖全省17个市、州，50余个县市，有力地促进补贴政策的规范实施。湖北省农机局对机具补贴额实行动态管理，已先后对6档产品下调补贴额，取消11款产品的补贴资格，取消台州市孟辉机械公司所有产品的补贴资格，切实维护农民和诚信企业的合法权益。同时做到实施与绩效考评相结合。绩效考评实行年度考评制，绩效考评方法主要采取资料审查与实地考核相结合的方式，对自评报告和自评得分进行查验核实，推进农机购置补贴绩效管理工作制度化、规范化、科学化发展。

【以“三个百万”活动为载体，抓重要农时机械化生产】 2013年，湖北省继续在全省实施“百万机手大培训、百万机具大检修、百万农机闹春耕”的“三个百万”大行动。2013年全省共完成对110万农机手的培训和104万台套农机具的检修，组织拖拉机、机耕船、插秧机等机械500多万台套投入春耕、“三夏”、“双抢”、“三秋”机械化生产；并与中石化、中石油湖北分公司签订“三优一免”服务协议，对全省农机手实行“优先供油、优惠供油、优质服务和免费办理供油卡”。

【以农业机械化项目建设为依托，抓农业机械化新技术新机具示范推广】 2013年，湖北省以京山、监利、黄陂、云梦、来凤、天门、潜江、襄州、团风等水稻、油菜生产机械化示范项目为依托，继续在全省推广水稻机械化育插秧和油菜机械直播技术。以农业机械化技术推广示范站和省级示范合作社建设项目为依托，打造一批样板推广站和合作社，起示范带动作用。同时，通过组织实施好农机阳光工程培训、全国农业机械化生产示范区、主要农作物生产机械化示范项目和省级公共服务体系建设等项目，抓好主要农作物、重点环节、关键农业机械化技术的试验、示范与推广应用。

【存在的主要困难与问题】 一是购机补贴政策监督压力大。由于地方人民政府工作经费落实难度大，各地在实施农机购置补贴政策过程中出现政策宣传不到位、检查难到户等问题。检查中发现，由于是差价购机，少数农民只知道自己出多少钱，对于补贴多少一时搞不清楚。对于额外收取的费用，如农机通等，个别地方农机部门未做好宣传解释工作，未完全遵循自愿原则，农民表示实际并不需要，但必须要交这个钱才能享受补贴。二是农机公共服务体系建设滞后。按照农机补贴操作程序要求，很大一部分工作落在乡镇，乡镇人员要逐台入户核实，每人每天最多核实5户。特别是山区县市，购买的多为小机具，数量大，且农户居住分散，逐台入户核实则监管难度大。大部分乡镇配备1～2个乡镇农机推广人员，但是还要同时从事其他工作，农机核查工作难以落实到位。由于农机“维修难”，特别是在“三夏”、“三秋”农忙时节严重影响农业生产。有些农机合作社有建设维修服务中心的意愿，但是遭遇到征地难，农机维修已成为阻碍当前农机行业健康发展的“瓶颈”。由于机耕道等农田配套基础设施不完善，导致农机作业转场难、下田难，容易发生事故。三是农机作业成本上升。油价改革后，燃油税中包含养路费，将养路费捆绑在油价上，而农机主要在田间作业，很少在道路上行驶，却承担这一税费负担。在使用农机过程中，特别是大型农机具油耗很高，随着柴油价格的不断攀升，机耕、机收、机插作业价格也将上涨75～150元/公顷，农机手没有直接享受到国家的燃油补贴资金带来的好处，且因粮价由国家控制导致作业价格不能随意上涨，造成农民作业成本增加，减少机械作业量，对农民收入和农业生产影响较大。四是农机社会服务能力不强。从宏观上看，湖北省农机社会化服务总体上还不能适应现代农业发展的迫切需要，也远不能满足农民日益增长的多样化需求；一些地方对推进农机社会化服务的重要性认识不到位，在争取投入和政策扶持等方面力度还不够。从微观上看，农机社会化服务的内容还比较单一，大多局限在农田作业环节；很多农机服务组织的经营服务实力不强、辐射带动能力较弱；从事农机服务的专业性人才较少，从业人员整体素质有待进一步提高；加上土地分散经营造成的田块细碎等因素，影响农机具使用效率的提高，阻碍农机社会化服务的开展。

湖南省

【概况】 2013年，湖南省农机系统坚持以科学发展观为统领，努力践行党的群众路线，创新推动各项具体工作，农业机械化事业得到健康持续发展。全省农机总动力比2012年增加4 130千千瓦，达到56 020千千瓦；主要农作物综合机械化水平同比提高2个百分点，达到39.8%；水稻耕种收综合机械化水平同比提高2.5个百分点，达到61.6%，其中机耕水平91.6%，机插水平16.3%，机收水平67.6%。全省实施农机购置补贴10.2亿元；实现机插秧667.73千公顷，机插秧水平提高6.3个百分点；农机互助保险覆盖97个县；实现农机产业总值约690亿元，同比增长70亿元，其中农机工业产值180亿元，增长20亿元，农机流通产值78亿元，增长8亿元，农机作业服务产值432亿元，增长42亿元。

【实施农机购置补贴超十亿，农机部门风清气正】 2013年，湖南省实施中央补贴资金10.2亿元，补贴农机具44万台套，26万农户和农机服务组织受益，拉动农民群众投入近50亿元。在2012年改进购机补贴操作办法的基础上，着眼“巩固提高”，按照“管控更严密、补贴更便捷”两条原则，围绕“规范、安全、高效”三大目标，从五个方面作进一步完善：一是完善相关管理制度，建立“专家评审、相关部门参与、纪检全程监督、联席会议审定”的“补什么”的决策机制，形成“市场调查、科学测算，适时调整”的“补多少”的定价机制，拓展“见人、见机、见发票、查参数”的“怎么核”的工作措施，并出台补贴信息公开、档案管理、经销商监管等一系列管理制度和办法，二是适当简化补贴流程，将指标申领下放到乡镇、补贴窗口办到农民家门口，在全国率先建立“授权办理、实名操作、个人负责”的补贴工作模式，并积极探索建立一站式服务模式；三是优化操作软件，增建用户管理、经销商管理和补贴目录管理3个子系统，实行“谁办理谁负责”的操作用户实名制，初步实现补贴信息管理系统与乡镇财税信息管理系统发放补贴数据共享；四是强化基层购机补贴服务能力建设，配备必要的设施设备，选优配强工作班子和操作人员，提升相关人员的服务水平和能力；五是搭建融资平台，与邮政储蓄银行签订合作框架协议，给购机农户提供信贷支持，缓解农民购机筹款压力。与此同时，切实加大监督检查力度，联合监察、纠风、农业、财政、减负部门开展专项督查，并注重加强重点督查和案件查处，全年查处6家生产企业、20家经销商的违法违规行为，基本杜绝虚购套兑补贴资金及贪污受贿等违法违纪现象，有效保障“全价购机、县级结算、直补到卡”购机补贴新办法良性运行。

【水稻机插秧突破千万亩】 2013年，湖南省将水稻机插秧省级示范县从60个增加至70个，同时积极争取各级人民政府和农业部门支持，农机购置补贴、基层农机技术推广补助项目向机插秧倾斜，继续抓好“为机育秧”、“大户购机”、“技术指导”、“操作培训”四个环节，实施秧盘集中竞价采购，全省上下齐心协力推广机插秧。据逐级统计，全年推广插秧机、播种流水线超过10 000台套，建设育秧大棚138万平方米，完成机插水稻667.73千公顷，机插水平从2012年的10%提高到16.3%。机插秧在提高劳动生产率、提高水稻单产水平方面的优势，已被农民群众接受，全省机插秧技术推广良性发展格局正在形成。

【机播油菜73.33千公顷】 2013年，湖南省在2012年6县布点的基础上，确定14个市州各建一个油菜生产机械化推广示范县，深入探索油菜生产全程机械化模式和技术路线，同时扎实组织开展秋冬油菜机械耕播现场演示，认真组织不同模式、不同品种、不同机具的对比试验，全省形成“稻一稻一油”、“稻一稻一菜”等多种种植模式。今年全省1 266.67千公顷油菜播种中实现机械化浅耕直播达到73.33千公顷，机耕加人工直播193.33千公顷。

【农机社会化服务能力建设实现新突破】 2013年，湖南省农机合作组织已达2.5万个，从业人员近8万人，其中工商注册登记的合作社566个，从业人员1.36万人，农业机械化作业服务规模达733.33千公顷。这些合作社中，农机装备上千万元的合作社14家。全省农机户已达213.62万户，从业人员近300万人，农业机械化作业服务规模近3 333.33千公顷，其中农业机械化作业服务专业户22.36万户，人员37.86万人，农业机械化作业服务规模近666.67千公顷。农机维修点5 358个，从业人员1.44万人，服务能力达500万台次，其中一级维修点96家、二级维修点430家、三级维修点2 372家。农机供油点977个，从业人员3 050人，年供油能力110万吨。农机经销网点3 800个，从业人员近1万人。特别是2013年下半年，湖南省农业机械管理局争取省委、省人民政府支持，拟通过“运用财政扶持、用活购机补贴、吸引民间投资”的方式，在全省扶持建设1 000个20～33.33公顷水稻生产全程机械化现代农机合作社。目前，实施方案已成熟，2014年起即可启动实施。

【农机安全生产监管凸显新亮点】 2013年，湖南省农机部门坚持以稳定根本、清理源头为原则，进一步健全农机安全监管长效机制，完善农机安全生产目标管理办法和考核细则，大部分县市区人民政府将农机安全生产纳入政府考核范畴，“平安农机”创建工作列入省安全生产委员会对各市州、县市区人民政府的绩效考核内容。进一步修订农业机械牌证业务操作规程，完善牌证管理系统软件，严查办理异地牌证的违法违规行为。严格农业机械上户目录管理，对拖拉机、收割机上户目录进行全面清理，有效遏制拖拉机收割机超标准上户问题。实行“先上牌后补贴”制度，推行上门年检、就近考试等优质服务措施，拖拉机“三率”水平大幅提升。加强农机监理队伍建设，部分市县组织开展农机监理技能大比武或监理知识竞赛等活动，省监理总站对130多名新任农机监理人员进行上岗资格培训，并结合农机互助保险工作，培训550名农机监理员和会员服务站工作人员；积极推动落实农机监理优惠政策，全省有3个县市全面落实免费监理，有些县市落实部分免费监理项目。扎实抓好农机安全生产大检查和“安全生产月”活动，通过宣传促进安全意识的提高，通过大检查消除安全隐患，确保农机安全生产形势稳定，得到先后两次来湘督查的国务院安全生产检查组的肯定。扎实抓好“平安农机”和示范窗口两项创建工作，湖南省创建4个全国平安农机示范县，评定11个单位为全省“为民服务创先争优”示范窗口，16人为示范岗位标兵，并推荐4个单位为全国示范窗口、8人为全国示范岗位标兵；全年创建50个示范乡镇、500个示范村、5 000个示范户的目标任务完成。大力推进农机安全互助保险，截至10月底，全省14个市州97个县市区启动农机互助保险，共发展互助保险会员12 587名，其中参保拖拉机5 923台、联合收割机4 972台、其他农业机械2 834台，互保会费318.7万元；协会受理农机互保事故71起，已补偿到位事故51起。

【农机质量监督和标准化建设稳步推进】 2013年，湖南省农机部门进一步规范农机试验鉴定工作，对定型鉴定(新产品鉴定、科技成果鉴定)的范围、鉴定形式、鉴定程序作明确规定。共受理部级推广鉴定92项，省级推广鉴定125余项，委托试验137项，完成定型鉴定(新产品鉴定、科技成果鉴定)75项，完成产品委托检验105项，完成部级推广鉴定53项、省级推广鉴定56项。完成对全省63家生产水田耕作机械生产企业、32家农用运输机械生产企业安全质量监督抽查，完成定期检验20项。完成4个省20家企业的播种机产品国家监督抽查任务。组织32个生产企业开展农用运输机械推广鉴定大纲宣贯暨质量分析。对农机推广鉴定证书有效期进行清理，重点对全省潜水电泵生产企业推广鉴定获证产品有效期内生产及销售情况进行核查。完成水稻机插秧育秧硬、软盘补贴产品的质量跟踪调查。认真抓实农机标准化工作，制定湖南省农业机械标准化体系建设五年规划，成功申报7项湖南省地方标准制修订项目，其中《钢结构农业机械库房建设技术规范》《轻型履带拖拉机》《乘坐式耕耘机》3项地方标准已颁布实施，《低空遥控植保机》已评审，《简易水稻联合收割机技术条件》及《自走式旋耕机》已完成工作组讨论，国家标准《三轮船式拖拉机》正在立项中。同时申报《水田耕整机作业质量》《种子除芒机试验鉴定方法》《履带自走式旋耕机质量评价技术规范》等三项2014年度行业标准制修订项目。

【农业机械化教育培训规范推进】 2013年，湖南省各农业机械化学校发挥资源和技术优势，完善硬件设施，建立健全各项教学管理制度，主动与有关部门衔接，采取灵活多样的形式，积极开展农业机械化教育培训。通过农机实用人才培训，提高作业服务能力，增强致富本领，培养新型职业农民；通过重点农时季节和农业机械化新技术专项培训，加快农业机械化新技术普及应用，提高农机手掌握使用现代农业装备的水平；通过阳光工程农机培训，重点加强农机驾驶操作、维护修理、技术指导、经营服务等岗位实用人员的培训，提高职业素质。2013年完成农业机械化教育培训12万人，其中落实农机阳光工程指标2.5万人，实际培训人数2.7万人，403人取得农机职业资格证书。同时开展拖拉机驾驶培训工作专项检查，从今年四季度开始对全省取得培训许可证的拖拉机驾驶培训机构开展一次全面检查，进一步完善规范资质条件、管理制度、培训质量等，从而提高农机从业人员能力水平。

【农机制造产值增长31亿元】 2013年，湖南省扎实推进湖南农机产业园区建设，园区综合服务区第一期工程中南农机机电产品国际展示交易中心已完成投资2亿元，建成交易中心7.5万平方米、展示中心3万平方米。中国机械集团的“南方现代农业装备制造基地项目”已签约落户园区，湖南果福车业投资10亿元的“新型农机生产基地项目”即将入园，约翰迪尔公司已考察园区，三一重工、中联重科等机械装备制造龙头企业纷纷宣布进军农机产业，其农机板块生产工厂有意落户园区。此外，湖南省发展改革委员会园区办和湖南省农业机械管理局下发通知，提出在条件较好的市县联合认定并合力打造一批农机产业园。省发展和改革委员会、经济和信息化委员会、科技厅、财政厅也都在技术改进项目、科技创新项目、专项资金上给予农机产业倾斜支持。与湖南省经济和信息化委员会联合召开湖南农机产业合作对接会，现场签署产销合同超过3.5亿元。创新评选十大诚信守法农机企业，启动评定十佳农机科技创新产品。扎实组建拖拉机战略联盟，湖南至诚、科至博、长沙佳宁、湖南诚立和沅江喜耕田五家企业整合后总资产提升到5.9亿元，形成年生产能力10万台，产值达27亿元，其中拖拉机产值10亿元。组织召开全省农机企业开拓国际市场座谈会，联合省商务厅组织省内19家农机生产销售企业赴泰国参展，益阳富佳科技与印度客商现场签订一万台棉花采摘器的订购合同。2013年，湖南省发展和改革委员会支持湖南省农业机械管理局120万元基本建设项目，省商务厅对赴境外参展的农机企业给予110万元补贴，省外办对湖南省公务人员组织企业赴境外参展给予特殊政策。通过采取上述措施，全省农机制造业产值达到191亿元，同比增加31亿元，增长19.4%。

【党的群众路线教育实践收到实效】 2013年，根据中央和湖南省委党的群众路线教育实践活动的统一部署，为集聚文明正能量，共圆农机兴盛梦，湖南省农业机械管理局严格按照省委、省农业厅党组及其督导组要求，从7月1日开始，扎实有序组织开展党的群众路线教育实践活动，并结合单位实际创新抓紧抓好“学习教育、听取意见”、“查摆问题、开展批评”、“整改落实、建章立制”等各个环节的工作，取得阶段性成效。尤其是针对群众反映出来和自身查摆出来的“四风”突出问题，深挖思想根源，制定整改方案，落实整改措施，建立长效机制，办公楼前欢迎牌内容、抗旱机具补贴范围、局机关三公经费管理、“行风建设年”活动期限等一些群众反映的焦点问题得到立行立改；局党组及其班子成员的思想建设、作风建设和纪律建设，以及全局会风文风、公务用车管理、领导干部因公出国(境)活动、干部人事管理、局机关干部实践困难等一系列问题，都从制度上作出规范，整个农机系统干部队伍的为民务实清廉形象更佳，人民群众对农机干部及农机工作的满意度更高。

【当前面临的形势及困难】 2013年，随着城镇化进程加速，湖南省农村劳动力走出农村务工经商，农业劳动力队伍以每年20万人的速度缩减，且新一代农民不愿种田，农业兼业化、农村空心化、农民老龄化的“三农”困境日益严重，受比较效益低等因素影响，农民种田积极性在减退，水稻“双改单”、农田抛荒现象在加重，粮食保障能力在减弱。2013年，湖南省水稻种植面积4 078.67千公顷，同比减少16.2千公顷，趋势令人忧虑。人在减，田在荒，“谁来种田、怎样种田”的问题日益突出。新型农业经营主体，运用农业机械，走合作化道路来种田保粮，成为一条现实的必然的途径。

湖南省农业机械化发展存在着严重不足，农业生产综合机械化水平整体偏低，插秧等环节机械化水平还很薄弱，农机作业组织化程度偏低。湖南省农业机械化综合水平与全国平均水平相比：主要农作物生产综合机械化水平，低约20个百分点；水稻耕种收综合机械化水平，低7个百分点。在水稻生产环节，机械化耕作达到91%，收获达到67%，但机插水平只有16%，低于全国主要稻区平均水平17个百分点。在组织化方面，农机合作组织发育不充分、覆盖面窄，566家农机合作社，作业覆盖733.33千公顷，覆盖率只有18%。这些水平都亟待提升，任务十分艰巨。

湖南省农业机械化发展还存在着合作组织建设措施不力、乡镇站所服务能力薄弱、农业机械化基础设施建设滞后、农机项目资金缺乏、农机制造业水平不高等困难。

一是农机合作组织和服务平台建设举步维艰。长期以来，对农机合作社缺乏有力的经济技术扶持措施，以至于农机合作社长期处于艰难徘徊的发展过程中，规模不大、装备不精、结构松散、管理原始。农机服务特别是维修服务平台建设远远跟不上农业机械化发展的要求，一些机具特别是大型机具发生故障得不到及时的维修，延误农时，影响农机手作业效益，进而影响到农业生产。

二是乡镇站所服务能力亟待加强。基层农机推广服务机构改革后，全省三分之二强的乡镇将农机站并入农业综合技术服务站，配备的1～2名农机专干多数不懂农机，也缺乏运转经费和办公设施。2012年开始，大部分乡镇虽按湖南省农业机械管理局“三个一”要求配备人员、电脑和网络终端设备，但服务设施和服务能力仍然很弱；部分农机技术人员年龄偏大、业务素质偏低，一定程度影响基层农机推广服务工作的正常开展。

三是农业机械化基础设施建设严重滞后。乡村机耕道建设缺乏整体规划，建设投入基本停滞，20世纪五六十年代修建的乡村机耕道年久失修，有的村组根本就没有机耕道，直接影响大中型先进适用农业机械下田作业。机库棚建设缺乏，绝大部分农机具露天停放，日晒雨淋，毁损严重，较大程度影响机具的使用寿命。全省大中型农业生产机械平均使用年限约4.5年,比全国平均水平少2年。抗旱排灌机埠严重老化,抗旱减灾能力极弱,一定程度影响农业生产。

四是农机部门项目资金和工作经费严重缺乏。一直以来,囿于传统农业意识,国家或省安排的农业项目绝大部分集中在种养两个领域,农业机械化项目很少,且额度很低。工作经费方面,虽然大部分县市区安排农机推广、购机补贴、安全监管等工作经费,但因县级财力不强,所安排的经费与实际开展工作所需资金差距很大,特别是相当多的地方对乡镇站投入不足,一些乡镇农机员甚至私人垫资去推广和核查机具。省财政为农机系统安排的项目经费,相比江苏、黑龙江等省,不及其零头。财政投入不足,直接导致基层政府不注重农机,而农机部门又力不从心,极大影响先进适用农机具的推广。

五是农机制造业水平徘徊不前。全省800多家农机制造企业,多数是家庭作坊式的,生产规模小,技术工艺落后,产品档次低,且相互仿制,同质化现象十分严重。全省190亿元农机工业产值,只占全国规模以上农机制造业产值的6%。企业技术创新和新产品研发乏力,难以研发出适合湖南省山川地理特征和主要作物品种特点的农机具,目前丘陵山区和经济作物农机产品的空白点依然很多。

广东省

【概况】 2013年,全国上下正在认真学习贯彻落实党的十八届三中全会精神。党的十八大确定"四化"同步发展的战略,十八届三中全会决定提出健全城乡发展一体化体制机制的改革举措,提出加快构建新型农业经营体系。不管是农业产业化经营,还是规模化、专业化经营都必然对当前和今后一段时期的农业机械化工作提出新的更高要求和历史机遇的挑战。

在广东省农业工作会议上,新的农业厅领导班子提出"坚持一条道路,围绕两大目标,夯实三个基础,确立四大战略定位"的农业农村经济工作的总体思路,并整合资源组织实施"十大工程、五大体系"建设,全面推进农业转型升级、建设现代农业强省。在建设现代农业强省、推进全省农业现代化进程中,农业机械化作为农业现代化的重要标志、物化和载体,扮演的角色必将越来越重要、地位也越来越突出。

自2003年广东省在全国率先实施扶持农业机械化发展议案(2010年后转为农业机械化发展专项)以来,乘着国家农机购置补贴之东风,推动现代农业物质技术装备特别是农业机械化快速发展,农机管理、科研推广和社会化服务体系不断完善,水稻生产全程机械化、园艺生产机械化、畜牧养殖机械化和农产品加工机械化水平稳步提升。农业物质技术装备总量快速增长、应用水平快速提升、创新能力显著增强、社会化服务领域不断拓宽。各级人民政府、部门和农民群众对发展农业机械化的认识和需求逐步提高,广东省迎来新的农业机械化发展高峰。

2013年,广东省各级农机管理部门按照农业部的统一部署,全力推进农业机械化发展,取得明显的成效。全年农机总动力达25 400千千瓦,新增农机总动力超过400千千瓦,水稻生产耕种收综合机械化水平突破63%。

【千方百计,力促农机购置补贴改革】 2013年,广东省从差价购机改革为全价购机,从部门行为转化为政府推动,从与厂商结算改为直补农民,结算到户到卡,全面取消省级财政累加补贴。从政策上堵塞漏洞,从根源上杜绝农机部门违规违法,建立有效的廉政风险防控机制,确保政策落实到位,确保资金和干部两个安全,有效提高农机购置补贴政策的富农效应,推动广东省农业机械化发展转型升级。

一是着力加大购机补贴政策的宣传力度。2013年4月份,在《农业信息》第13期上刊登《广东全面启动农机购置补贴改革构建农机购置补贴监管科学有效机制》;4月10—12日,在中山市召开全省农机购置补贴改革政策解读培训班,广东省农机系统共400多人参加培训,详细解读农机购置补贴改革方案和2013年农机购置补贴实施方案,突出2013年农机购置补贴政策的新变化;4月20日,在广州再次举办农机购置补贴政策解读班,对所有进入补贴的农机生产企业及其经销商提出明确的要求,为农机购置补贴的顺利实施打下坚实的基础。据不完全统计,省、市、县各级农机管理部门共召开100多场农机购置补贴政策下乡宣传会,使更多的农民了解农机购置补贴政策。5月14日,在《南方农村》报上刊登农机购置补贴专版,面向全社会进行宣传。

二是加大监管力度。5月份,由分管厅领导带队,组织一次全省范围内的督导检查,重点检查各地农机购置补贴年度实施方案制定、政策宣传、实施进度、组织管理经费落实、信息报送、规范操作和强化监管等情况。7月29日,广东省农业厅、省财政厅联合印发《关于印发〈广东省2013年农机购置补贴政策落实监督检查工作方案〉的通知》(粤农[2013]179号)。

三是加强廉政风险防控。4月份举办全省农机购置补贴纪律教育培训班,6—10月份,不断完善《广东省农业机械化管理办公室廉政风险防控管理表》。

截至11月22号,广东省各地已受理农机购置补贴申请资金25 693万元,办理指标确认通知书60 460份,受益农户50 457户,申请补贴机具161 882台(套)。

【不误农时,及时组织重要农时机械化生产】 一是明确思路,合理部署2013年广东省农业机械化工作。2013年4月初,广东省农机部门和省财政厅联合印发《2013年广东农机化工作意见》(粤农办[2013]91号),明确全省农业机械化工作思路目标、工作重点和保障措施。为认真做好全省春耕生产有关工作,广东省农业厅整合资源,组织农机、种植业、科教、农资打假等处室,于3月12日在江门台山市召开全省春耕备耕生产现场会。广东省人民政府副省长邓海光出席会议,并在会上作讲话。农业厅领导及各地级以上市分管农业的副市长及农业局长,部分产粮大县、农机专业合作社、种粮大户、农机大户代表以及台山市周边农民群众2 000多人参加会议,共有10家农机企业的104台(套)农机具参加展示、演示。其中包括插秧机、播种线、微耕机、激光平地机、简易式育秧大棚、无人驾驶拖拉机、无人驾驶植保飞机等,内容充实、针对性强,对于广东省春耕机械化作业起到很好的促进作用。

二是加大力度,强化农业机械化政策宣传。6月4日在紫金县蓝塘镇举办2013年广东省农机安全生产、农机购置补贴政策和丘陵山区农机技术推广宣传咨询活动。省市县等农机部门负责人、农民群众、农机手和中小学生共2 000多人参加此次活动，发放宣传资料5 000多份。

三是攻坚克难，积极推进水稻生产全程机械化。水稻育插秧机械化和机械化烘干是广东省水稻生产全程机械化发展的瓶颈。广东省主要通过以下措施，着力推进水稻机械化育插秧和烘干工作：一是以水稻育插秧机械化示范县为抓手，着力突破水稻生产全程机械化难点。年初，广东省就下达40个省级水稻育插秧机械化示范县年度目标任务。3月份在廉江市举办大棚机械化集中育秧现场演示推广会，6月份在珠海市举办全省水稻育插秧机械化技术培训班，邀请农业部水稻生产机械化专家组副组长于林惠博士、南京农业大学农学院李刚华教授分别作专题讲座，重点为解决育秧难题提供技术指导。同时请省农机所有关专家编写节能环保型稻谷干燥技术与设备实用型培训教材，组织开展近350人参加的培训活动。40个水稻育插秧机械化示范县共完成机插秧面积133.33千公顷，插秧机拥有量达到7 000余台，比2012年底增加700多台。二是以农业机械化示范县为契机，着力形成发展农业机械化的合力。2013年，继续对首批15个农业机械化示范县投入4 500万元省级财政资金。根据省农业厅下发的《农业机械化示范县指导意见》，与示范县签订2012年度和部分示范县2013年度建设项目合同书和实施方案。旨在通过对示范县的建设，着力提高广东省水稻生产全程机械化水平，辐射引领全省农业机械化发展，全力提高全省农业机械化综合水平。目前全省15个示范县正在按照申报材料和合同书要求进行建设。三是在全省范围内选择200个村，实施水稻生产全程机械化整村推进工程。

目前，广东省插秧机数量近9 123台，新增844台，烘干机数量近753台(套)，新增445台(套)(其中种子烘干机18台，粮食烘干机427)。召开演示会360多场，举办培训班400多次，培训技术人员和农民近万名；全年机插秧面积全年预计达200千公顷，机插率约为12%，2013年全省新增稻谷机械化烘干能力25万吨。

【强化落实，着力抓好特色农业（农作物）机械化推广工作】 一是广东省认真落实农业机械化发展专项政策。一方面认真做好农业部农业机械化发展专项即水稻育插秧机械化示范县工作。2011—2012年度新兴、乐昌、电白主要农作物生产机械化示范项目（水稻类）顺利验收，并且获得优秀；2013年度潮阳、陆丰和英德3个示范县续建和紫金县新建项目顺利推进；2014年新会示范县新建申报工作已完成。另一方面认真做好广东省省级农业机械化发展专项工作。2 011个45省级农业机械化发展推广项目顺利实施，12月份验收完毕；2012年投入900万元用于50个农机新技术推广项目，目前已签订项目实施方案和合同书，正在实施过程中。二是大力发展现代设施农业。2013年，广东省今年主要加强对2012年末省级财政下达的2 000万元的设施农业专项资金项目的管理，一批具有广东特色的节水灌溉设备、大棚设施园艺机械等将得到广泛推广应用。

【想方设法，培育农业机械化社会服务组织】 2013年，与省农业机械化技术推广总站联合组织开展“社企共建”专题调研，重点落实推广农机维修网点的扶建工作，探索解决基层农机具维修、零配件供应短缺的突出问题，提高农机专业合作社经营和服务水平。各地农机合作社呈现加快发展趋势，全省涌现出一大批不同层次、不同经济成分、不同组织形式的新型农机经营服务组织，农机生产组织化经营水平和农机利润总额进一步提高。据不完全统计，截至9月30日，全省农机专业社已发展到713个，比2012年558个增加155个。

【多措并举，不断强化农机安全生产管理】 一是落实安全生产责任、提高“三率”水平。2013年，广东省在安排全省中央财政农机购置补贴资金时，各县(市、区)农机“三率”综合水平达到80%以上的，追加补贴资金55万；农机“三率”其中一项低于30%减少补贴资金10万，低于20%减少补贴资金20万，低于10%减少补贴资金30万。对新增补贴的拖拉机、联合收割机，未经当地农机安全监理机构验机、注册上牌的，不得实施购置补贴。二是加强执法检查督查、排查治理安全隐。广东省继续注重强化与公安、安全监督等部门的沟通协调，切实推进齐抓共管与联合执法行动。同时，于6月至9月，广东省农业厅先后派出12个检查督查组，开展农机安全生产大检查行动，分别由厅党组成员、巡视员林果先，厅副巡视员潘雪芬和农业机械化办领导带队，前往韶关、肇庆、阳江等市检查督查农机安全生产工作。据不完全统计：6月至9月份，全省开展农机安全检查3 087次，检查农业机械17 467台，纠正违章情况2 923起，排查隐患1 260个，已整改1 252个，整改率为99%。三是开展安全宣传教育、全面增强安全意识。据不完全统计，截止2013年9月，各级农机安全监理机构组织农机安全咨询活动350多场次，发放农机安全资料85 000多份，出动宣传车辆1 280多辆次，拉挂横幅3 800多条，张贴宣传标语18 600多张。通过安全生产教育宣传，增强广大农民、农机手的安全意识和守法意识，营造出农机安全生产的良好氛围。四是开展创先争优活动、树立和发挥典型模范作用。广东省高州市农机安全监理所等三家被评为2013年全国农机安全监理“创先争优”示范窗口；杜江华等七人为2013年全国农机安全监理“创先争优”示范岗位标兵；已向农业部、国家安监总局推荐韶关市曲江区、惠东县和封开县为2013年全国“平安农机”示范县(区、市)。

【注重实效，切实加强农机质量监督】 一是在提高产品质量方面，广东省制定2013年度相关工作实施方案，组织开展在用量大面宽的收割机、微耕机质量跟踪调查，重点对全省的收割机、微耕机等15家企业产品，10多机型1 000多台机进行质量跟踪调查；规范农机推广鉴定认证工作，确保工作程序不减少、工作标准不降低，把好机具源头关，发放农机推广鉴定证12份，按时完成2012年度省农机鉴定工作自查督查工作报告。在农业部办公厅农机推广鉴定工作抽查的8个省份中广东省名列第一位。二是在提高服务质量方面，继续推进全省农机质量投诉监督体系建设，指导各地科学公正及时处理好质量纠纷，重点协同处理好3宗上访投诉事件，维护好当事人的合法权益。三是在提高维修质量方面，通过举办全省农机维修管理工作培训班，开展规范维修技术合格证审核发放培训工作，指导各地加强维修网点分级分类管理，引导和扶持农机合作社建设维修点和推广维修节能减排技术。据不完全统计，截至9月30日，农机维修合格证规范发放有25个(已上网登记)，维修职业技能鉴定培训380人。

广西壮族自治区

【概况】 2013年，广西壮族自治区各级农机部门团结拼搏，开拓进取，以邓小平理论、“三个代表”重要思想、科学发展观为指导，认真学习贯彻党的十八大精神，按照国家农业部和广西壮族自治区党委、区人民政府的统一部署，围绕同步全面建成小康社会目标，紧扣“三农”工作重点，认真践行党的群众路线教育实践活动，高效规范实施农机购置补贴工作，大力施行三大全程生产机械化突破工程，着力促进农机、农艺、农业经营方式协调发展，不断完善社会化服务体系建设，扎实推进农机安全生产工作，有力促进农业机械化发展方式转变，取得显著成效，为提高农业装备水平、改善农业生产条件、增强农业综合生产能力，推进农业现代化和社会主义新农村建设打下坚实基础。

【农机装备总量稳步增长】 2013年，广西壮族自治区农机原值达256亿元，农机总动力33 720千千瓦，各类拖拉机拥有量155万台，分别比2012年增长6.3%、5.5%和3.3%。其中大中型拖拉机拥有量达到3.33万台，比2012年增加2 906台，增长9.54%；水稻联合收割机拥有量2.4万台，比2012年增加2 133台，增长9.6%；水稻插秧机拥有量1.47万台，比2012年增加810台，比2012年增长5.8%。

【农机作业水平持续提升】 2013年，广西壮族自治区完成水稻机耕面积193.9万公顷、机插面积34.3万公顷、机收面积138.1万公顷，机耕、机插、机收水平分别比2012年提高2.8、3.8、8.6个百分点。农作物耕种收综合机械化水平达到41.7%，比2012年提高4.5个百分点；水稻耕种收综合机械化水平62.5%，比2012年提高4.9个百分点；甘蔗耕种收综合机械化水平达到46.6%，比2012年提高3.4个百分点。

【农机社会化服务加快发展】 2013年，广西壮族自治区农机作业服务组织3 250个。在工商部门正式注册登记的农机合作社达到1 650个，拥有农机具4.5万台(套)，服务农户数总量67万户，服务面积340千公顷，服务总收入6.2亿元。初步形成以农机合作组织为龙头，农机大户为主体，农机户为基础，农机中介组织为纽带的农机社会化服务体系。全年农业机械化服务经营收入达到333亿元。

【农机购置补贴工作成效显著】 截至2013年11月15日，广西壮族自治区核发《农机购置补贴指标确认通知书》20.21万份，受益农户19.41万户，购买机具22.39万台套。累计使用国家农机购置补贴资金5.009亿元(含历年结余资金)，占国家安排资金的106.57%；使用自治区农机购置补贴资金3 919万元，占广西壮族自治区安排资金的87.09%。广西壮族自治区农机购置补贴拉动农民投资约20亿元，拉动农机户经营作业服务收入增长40亿元。

【农业机械化新技术新机具推广应用取得新进展，质量监督和教育培训培训力度进一步加大】 2013年，广西壮族自治区推广应用水稻育插秧、甘蔗机械化种植、收获、蔗地深耕、中耕培土、化肥深施等机械化技术面积513.56万公顷，推广农机新机具36.7万台套；完成农机鉴定《生产条件审查》等6个产品鉴定通则、《手扶拖拉机》等38个技术鉴定大纲和《技术鉴定样机委托检验程序》等3个工作程序的制定与完善。培训农机管理人员615人，农机技术人员25 940人，农机操作人员41 277人，其他人员865人。

【农机安全生产持续稳定好转】 截至2013年9月31日，广西壮族自治区完成拖拉机年检156 299台，办理新机入户33 874台，新增驾驶人考试合格18 567人；发生农机事故1起，死亡0人，受伤1人，死亡人数严格控制在广西壮族自治区人民政府下达的控制指标范围内；没有发生一次死亡3人以上的农机事故。

【重落实抓监管，确保农机购置补贴政策科学高效规范廉洁实施】 2013年，是全面贯彻落实党的十八大精神的开局之年，也是实施“十二五”规划的关键一年。国家、自治区安排广西壮族自治区农机购置补贴资金5.2亿元，重新分配历年结余资金3 700万。为确保农机购置补贴科学合理调控、管理规范高效、操作阳光透明、监管及时到位，2013年着力八大举措充分保障广西壮族自治区全面顺利推行“全价购机、县级结算、直补到卡”补贴方式。一是立足抓早，着力化解补贴实施滞后农时的矛盾。在提前做好农机购置补贴全面调研、摸底调查、广泛征求意见和计划申报的基础上，3月7日出台《广西2013年农机购置补贴实施方案》。4月，广西壮族自治区农业机械化管理局向自治区党委副书记危朝安作关于进一步加大广西壮族自治区农机购置补贴实施工作力度情况的专题汇报，危副书记在汇报材料上作批示。各市县争取政府的重视和支持，加强与财政、纪委监察、审计、检察等部门协调沟通，确保农机购置补贴工作经费落实到位。为购机补贴工作及早开展赢得主动。二是优化布局，着力争取农民得到更多实惠。立足广西壮族自治区农业主导产业发展需要和经济地理条件，合理制定12个大类34个小类108个品目共10 385个产品《广西2013年农机购置补贴机具补贴额一览表》，补贴机具产品数量比2012年增加3 713个，增长56%。按照农业部和财政部《指导意见》规定范围，该补的补足，该累加的累加到位。加大补贴额度，特别是加大对农业生产急需的薄弱环节机具的支持力度。三是优化程序，着力解决补贴手续繁琐问题。农机、财政部门使用全国统一的省级农机购置补贴信息管理系统，实现购机申请、审核、结算、档案管理等信息化网络化。把农机购置补贴受理窗口前移到乡镇上门等农民群众，开展农机购置补贴报名、受理工作。四是强化责任，着力加强补贴机具监督管理。加强部门合作，利用先进的信息手段，切实加强机具核验工作和对补贴机具生产经营企业的监管，确保补贴资金实实在在地用到农民身上。五是加快结算，着力提升农民群众和社会的满意度。各级农机部门加强与财政部门的沟通联系，切实加大调研和协调力度，加大结算密度，提高结算效率，尽量缩短农民获取补贴资金时间。六是信贷支持，着力缓解农民购大机筹资难题。落实为农民购置大中型、高性能资金额度大的机具提供优惠便捷的信贷支持难题。七是阳光操作，着力增强补贴工作公信度。公平公正公开确定补贴对象，进行补贴对象公示。通过各地新闻媒介媒体、网站、农机刊物、政务服务中心全方位、多渠道、多形式大力宣传国家购机补贴政策和地方实施方案。广西壮族自治区农业机械化管理局印刷农机购置补贴宣传小册子,各县结合实际需求复印发放。八是勤政廉政,加强监督检查,着力避免违纪违法行为发生。加强队伍建设,完善制度,以制度管人管事;加强廉政教育培训,检查督促,奖惩并举。6月和12月,开展全自治区农机购置补贴专项督查工作,对14个市的工作进行检查、督促、指导。11月下旬在南宁召开全自治区农机购置补贴反腐倡廉警示教育会议。

【重培育抓示范,大力推进水稻甘蔗生产环节机械化突破工程】 2013年,广西壮族自治区为解决水稻生产机械化薄弱环节在机插、蔗糖生产机械化薄弱环节在机种、机收的瓶颈问题,自治区农业机械化管理局积极争取农业部、自治区党委、自治区人民政府的支持,协调部门合力,全力组织实施水稻生产全程机械化突破工程,一是抓示范基地建设。在广西贵港浔郁平原"十万亩水稻生产全程机械化示范区"、南宁"万亩水稻生产全程机械化示范区"基础上,建立20个"千亩水稻生产全程机械化示范区",依托农机合作社和农机大户,重点推进水稻育插秧、收获和烘干机械化。建设18个有规模、上档次、科技含量高、辐射带动强的标准化育秧工厂,2013年底供秧面积达到3.33千公顷。实施全国水稻生产全程机械化先行县(武宣县)、5个全国水稻育插秧机械化示范项目县以及26个市、县(区)的水稻生产全程机械化示范项目建设。7月,广西壮族自治区常务副主席黄道伟对《关于近年来广西农机化情况的报告》做批示。7月28—29日,国家水稻生产机械化专家组、中国农业大学中国农业机械化发展研究中心在贵港联合举办"双季稻区水稻机械化生产工程模式"研讨会,参观考察水稻工厂化育秧中心和机械化作业现场,研究探讨水稻生产机械化亟待解决的瓶颈问题、技术路线、组织机制和扶持措施。继续实施甘蔗生产全程机械化突破工程,在广西壮族自治区范围建设4个万亩、15个千亩甘蔗生产全程机械化示范区,推广应用蔗地深耕深松、开行种植、中耕管理、节水灌溉、收获、蔗叶粉碎还田、宿根蔗蔗地深松等机械化技术,推进甘蔗收获、种植和节水灌溉机械化。二是做好项目审核和发展规划。广西水稻育播种机械化示范项目通过农业部农业机械化管理司"2011—2012年度主要农作物生产机械化示范项目"验收并获评为优秀。完成65个水稻、甘蔗、特色农产品全程机械化示范项目实施方案的审核、批复和项目实施监督管理工作。贯彻落实广西壮族自治区人民政府《关于促进我区糖业可持续发展的意见》,形成《广西500万亩甘蔗生产机械化重大工程实施方案》报自治区发展和改革委员会统一向国家发展和改革委员会申请立项。成功争取农业部、财政部特批广西壮族自治区制糖企业依法注册登记成立的农机服务组织购买甘蔗种植机、甘蔗联合收获机、大中拖、喷灌机、微灌设备纳入农机购置补贴范围。三是积极争取上级政策资金支持。积极争取农业部等部门支持开展水稻水稻工厂化育秧中心等工作。

【重预防抓措施,全力做好农时季节机械化生产和灾后恢复农业生产工作】 2013年,广西壮族自治区农业机械化管理局高度重视农时季节生产与抗灾救灾工作,年初早部署早安排,市县农机部门早计划早准备,确保农机"调得出、用得上"。全年各级农机部门共组织22万人次农机技术人员深入农业生产第一线为农业机械开展作业做好协调服务工作,共检修农机具31.4万台套;共组织155万台(次)拖拉机投入三大农时季节农业生产。在全年农机防灾减灾工作中,共投入人员力量28.5万人次,抗灾救灾动力机械31.3万台(套),推运土石方5 841立方,拉运救灾物资4 232.11吨,抗旱排灌面积244.13千公顷。切实帮助农民减少损失,为广西实现经济平稳较快增长和社会和谐稳定做出应有的贡献。

【重扶持抓引导,积极培育发展农机社会化服务组织】 2013年,广西壮族自治区推进农机社会化服务,是构建"集约化、组织化、专业化、社会化"相结合的新型农业经营体系的重要支撑。广西壮族自治区多举措抓好扶持引导。一是加强政策扶持。对农机社会化服务组织给予申请购置补贴农机具不设数量限制等扶持。协助农机社会化服务组织搞好信贷,落实跨区机收免费通行、作业服务减免税费等优惠政策。二是加强示范引领。抓好广西壮族自治区40家国家级示范农机合作社建设的组织实施。2013年筹集资金600万元建设20家占地面积不低于1 300平方米,机具库棚、维修车间和零配件供应部建筑面积分别不低于600平方米、50平方米和50平方米的自治区级示范合作社,实现"五有"、"五化"标准。

【重监理抓创建,不断强化安全生产工作基础建设】 2013年,广西壮族自治区各级农机部门以构建农机安全监管体系和长效机制为抓手,深化农机安全隐患排查治理,坚持依法行政、依法管理,安全生产宣传教育深入人心,全年拖拉机"三率"水平明显提高,安全监理亮点突出,成效显著。一是着力推进基层农机安全监管网络建设。农机安全生产责任制落实到乡村基层。在每个乡镇、行政村设立农机安委会,基本实现每个乡镇配备1名以上兼职农机安全监理协管员,全面实现县、乡、村三级农机安全监管防控有效联动。二是继续深化"平安农机"、农机安全监理"为民服务创先争优"示范窗口创建活动。各地把创建工作纳入政府安全生产考核目标体系之中,将创建工作列为农业机械化工作重点考核内容,切实增加财力和人力投入。创建全国"平安农机"示范县(市、区)和全国农机安全监理"为民服务创先争优"示范窗口工作连年实现全国领先,被广西壮族自治区党委、政府评为全区2012年度"亮点"工程。三是加快推进农机安全监理规范化建设。有序开展小型多功能拖拉机清理整顿工作,进一步规范拖拉机牌证管理。加强农机安全监理装备建设。通过举办农业机械考验员复训班、承办广西道路交通安全管理培训班、公文写作和宣传报道工作培训班、拖拉机驾驶体验活动等积极推进农机安全监理队伍建设。四是积极组织开展农机安全生产大检查、"打非治违"专项行动、执法检查。严厉查处拖拉机违法载人、无牌无证、酒后驾驶、超速超载等严重违法违章行为,有效预防和遏制农机重特大事故发生。广西壮族自治区至目前没有发生重特大农机事故,农机安全生产态势平稳。

【重质量抓教育,有序提升农机鉴定推广培训水平】 2013年,为保障强农富农政策有效实施、促进农业机械化安全发展，广西壮族自治区扎实有效开展农机鉴定推广培训工作。一是加强监管。加强推广鉴定证书和证章的管理，完善简化农机产品鉴定、检测流程。通过开展农机产品定期检验抽查、打假专项治理工作、"3·15"活动、"放心农资下乡进村宣传周"等活动，严厉打击制售假冒伪劣农机和农机配件的违法行为，确保农业生产和农机产品质量安全。二是开展方向盘拖拉机（含前后驱动）质量调查。进一步掌握生产一致性、推广鉴定证章使用、售后服务、补贴情况等信息。三是完成《2012—2014 年广西支持推广的农业机械产品目录》（2013 年度增补调整）及增补调整工作。四是顺利通过广西农机产品质量监督检验站"双认证"复查评审，共完成鉴定 137 项，检验 139 项，可靠性试验 52 项。五是坚持抓好农机教育培训工作。围绕全自治区粮食、甘蔗两大主要产业，利用冬春黄金季节，开展多层次、多渠道、多形式的农机科技大培训活动。落实阳光工程培训经费 765 万元。调动农机学校积极性，大力推行校企合作、社会技术服务工作，组织学生参加全自治区全国职业技能比赛成绩突出，保持全自治区同类学校名列前茅地位。

【重制度抓规范，进一步完善行政审批工作运作机制】 一是健全组织领导，明确权限。对购机补贴、农机鉴定、农机监理等工作进行全面清理，将行政审批事项的受理权、审核权、协调处置权、审批权、制证权、办理结果送达权、应诉代理权全部集中在农机行政审批窗口，真正做到"一站式"、"一条龙"、"一个窗口"对外的阳光服务。二是开展全面清理和优化办事流程工作。新编制审批事项流程图及操作规范，推行政务服务事项集中办理，加大政务信息公开力度。截至 10 月 30 日，广西壮族自治区农机行政审批窗口审批事项办结率达到 99%，群众满意率 100%，实现零投诉零超时办结。

【重实改抓队伍，步调一致践行党的群众路线教育实践活动】 广西壮族自治区农业机械化管理局把教育实践活动作为当前一项重要政治任务来抓。一是加强队伍思想教育。局统一部署，通过党组中心组学习会、专题会、培训班、党组织生活会等形式传达学习中央、自治区有关文件和领导讲话精神。组织开展反腐倡廉警示教育。各单位积极行动落实要求。二是广泛征求意见建议。通过专题会议、发放无记名征求意见表、征求意见函、访谈、座谈会等方式向直属单位、区直有关部门、14 个市及县（市、区）农机部门、农机生产企业、销售企业、农机合作社、农机大户、扶贫点、"美丽广西·清洁乡村"活动联系点等广泛征求各方面的意见建议。区、市、县三级农机部门通过新闻媒体媒介、政务大厅、"开展党的群众路线教育实践活动"专栏，向公众设立电子邮箱、热线电话、意见箱等方式征求广大人民群众、社会各界的意见和建议。据统计，共收集各类意见建议 230 条，整理出在"四风"、"六病"方面存在 7 个方面的问题。三是坚持严格批评与自我批评。广西壮族自治区农业机械化管理局领导班子带头对照检查，认真开展批评与自我批评，做到上不推、下不卸。区、市、县三级农机部门领导之间相互开展谈心，对遇到的问题与困难进行深入沟通，帮助答疑解惑、打消顾虑、解决问题、增进团结。通过认真对照检查在"四风"、"六病"方面存在的突出问题，深刻剖析问题产生的根源，并提出整改措施。四是认真查摆整改，抓细抓实"三清理"工作。做到精文简会，2013 年，广西壮族自治区农业机械化管理局各项重大会议活动数量较往年同期减少 37%，公务报道同比减少 28%。修改完善和新出台《广西农机局贯彻落实实行党风廉政建设责任制实施办法》《广西农机局行政审批管理办法》等 12 个制度。

【当前广西壮族自治区农业机械化发展存在的困难和不足】 一是广西壮族自治区农业机械化体系不健全，支撑和引领现代农业发展能力不足。农业机械化科学投入、长效发展制度有待进一步完善。乡镇农业机械化技术推广服务机构不健全不稳定，干部待遇偏低，基础设施建设滞后，离中央"一衔接、两覆盖"的要求存在比较大的差距。农业机械化科技创新能力不足，自治区农业机械化管理局没有直属科研机构。农机工业落后，农机企业缺乏科技、技改资金支持。二是社会因素和人为因素叠加影响，推进农机农艺融合存在较大困难。传统农业生产模式与大规模机械化生产出现矛盾。复杂多样的种植模式与机械化要求的标准化生产出现矛盾。缺乏推进农机农艺融合的行政机制和规范标准。三是农机购置补贴工作经费不足。2013 年广西壮族自治区的农机购置补贴工作经费虽比 2012 年度有所增长，但是，仍然不能满足开展政策宣传、核验机具、公示、建立信息档案等方面所需要的大量工作经费，在一定程度上制约农机购置补贴工作的顺利实施。四是关键生产环节机械化技术问题尚未有效解决。甘蔗、木薯、马铃薯等优势特色作物种植、收获机械化技术不够成熟，甘蔗种植、收获机械化技术还处于研发、引进、示范阶段。水稻插秧、收获机械化技术仍需改进和完善，谷物、果品烘干等农产品初加工机械还未得到有效推广，制约农业综合机械化水平的提高。

海 南 省

【概况】 2013 年，海南省农机总动力达到 5 000 千千瓦，比 2012 年增长 5%；拖拉机拥有量达到 9.5 万台，比 2012 年增长 3.5%；农用排灌机械动力达到 1 115 千千瓦，比 2012 年增长 5.3%；耕种收综合机械化水平达 37.7%，比 2012 年末提高 3 个百分点；全省农业机械化经营总收入达 32.86 亿元，比 2012 年增长 9.6%，全省乡村农机从业人员人均农机经营收入达 1.4 万元；设施农业装备与技术较快发展，农机装备结构进一步优化，新技术新机具应用领域不断拓展；农机安全生产保持稳定好转的发展态势；农业机械化公共服务管理水平不断提高。农业机械化的持续快速健康发展，进一步巩固农业的基础地位，提高农产品有效供给，对推动农业经济发展、农民收入持续增长、保持农产品价格总体水平基本稳定等发挥积极作用。

【着力抓好改革创新，推动农机购置补贴政策科学规范实施】 2013 年，是海南省全面试行"全价购机、县级结算、直补到卡"试点工作的第一年。中央财政安排海南省农机购置补贴资金 17 000 万元，省级财政预算安排补贴资金 1 000 万元，三亚、昌江、东方等市县落实补贴资金 1 400 万元。各市县基本上按照中央农机购置补贴资金规模的 3%～5% 安排农机购置补贴工作经费。4 月 8 日省农业厅、省财政厅联合印发《海南省 2013 年农机购置补贴项目实施方案》，正式对外公布实施。5 月 3 日，海南省农业厅在海口市召开全省农机购置补贴工作会议，对2013年农机购置补贴工作进行动员部署，并开展农机购置补贴警示教育和业务培训。在实践过程中，通过专项检查、案件调查、实地检查、电话调查等方式，不断加强农机购置补贴督查力度。先后派出督查组10多次，赴全省各地开展监督检查。针对太阳能杀虫灯补贴价格偏高等问题，通过督查组专项实地调查核实，先后两次暂停3大类太阳能杀虫灯产品的补贴资格。6月17—20日，农业部对海南省近年来实施农机购置补贴情况进行督导检查。经过对琼海等市县实地检查，农业部督查组对海南省近年来的农机购置补贴工作给予肯定，认为海南省在落实补贴工作经费、建立健全防控体系、严格生产经销企业管理、加强廉政教育等方面卓有成效，特别是海南以省农业、财政两厅文件明确规定按中央补贴资金规模3%～5%的比例，由市县财政部门安排补贴专项工作经费，各市县的补贴工作经费能够全部落实到位，对于财政收入相对困难的海南各市县来说实属不易，值得全国各地学习借鉴。2013年农机购置补贴工作进展顺利，截至11月20日，全省可补贴各类农机具60 860台、喷滴灌节水灌溉面积13 033公顷，受益农户22 168万户，完成农机购置补贴资金15 724万元，实施进度为87%。

通过推行"全价购机，县级结算，直补到卡"新的补贴资金兑付方式，财政补贴资金直接兑现到农户个人账户，农民更加直观感受到国家惠农补贴政策带来的实惠，自主选购补贴机具、自由谈价议价的权益得到更加有效的保障；同时，补贴对象享受财政补贴资金总额上限也发生变化，农民个人年内享受的最高补贴额由原来的12万元调整为20万元、农民专业合作社和从事农机作业的经营服务组织从原来的12万元调整为80万元。农机购置补贴政策的实施，继续取得提升产业、助民增收、利农利工的一举多得的好成效，实现"政府得民心、农民得实惠、企业得效益和农业机械化得到又好又快发展"的良好效果。通过实施农机购置补贴政策，一是调动农民购机积极性，提高农机总量和装备水平；二是加快现代农业装备发展步伐，调整优化农机装备结构；三是加快农业机械化进程，提高农业劳动生产率；四是推动农机服务组织发展，提高农机从业人员经营收入；五是增加对农业机械行业投入，提高农机部门的社会地位；六是促进农业增产农民增收，有力地推动农业全面协调发展。

【着力抓好安全监管，确保农业机械安全生产】 2013年，海南省各级农机安全管理部门贯彻落实国务院有关安全工作部署，坚持"以人为本、预防事故、保障安全、促进发展"的农机安全生产原则，按照新理念、新机制、新手段发展热带特色现代农业的总体要求，积极开展农机安全监理工作，加快推进农机监理信息化、规范化建设，全面提升海南省农机安全监管水平，确保海南省农机安全生产。据统计，2013年以来全省农机安全监理部门组织开展农机安全检查2 202天·次，参与排查的农机执法人员有12 960人·次；排查出一般隐患5 713项，已整改5 542项，整改率达97%；共办理农机登记入户4 482台，年检农机35 060台，办理拖拉机联合收割机驾驶证5 530本。截至11月20日海南省没有发生重特大农机事故。

【着力抓好农机服务，农机从业人员收入水平不断提高】 2013年，海南省各级农机管理部门积极组织开展机械化生产服务，确保海南省关键农时农业生产顺利、安全进行。积极争取中央和省级财政资金120万元，建设琼海市以水稻瓜菜生产机械化综合示范点为重点的现代农业机械化示范县(市)、文昌市和儋州市水稻育插秧机械化示范县(市)，广泛推广应用先进适用、技术成熟、安全可靠、节能环保、服务到位的农机装备，为农业机械化又好又快发展提供有力的技术和装备保障；安排省级财政资金205万元，扶持建设7个市县农机驾驶培训标准化示范点以及农机安全监理流动执法服务平台等"平安农机"创建，提高农机安全技术状态和农机具的安全利用率；安排省级财政资金60万元，扶持海口、三亚、琼海各1家农机销售企业开展农机4S店建设示范，落实减免微小企业农机安全监理费等规定，减轻微小企业负担。通过组织农业作业经营服务，不断提高农机经营服务效益，全省农机从业人员人均经营服务收入1.4万元。

【着力抓好自身能力建设，努力提升农业机械化公共服务水平】 2013年，海南省继续实施现代农业机械化促进工程项目，省级财政预算安排资金510万元，引导市县财政和项目建设单位配套专项资金，加强农业机械化管理服务体系建设，进一步完善基层农业机械化管理、安全监理、试验鉴定、技术推广、教育培训、农业机械化信息等农业机械化公共服务基础设施，不断改善农业机械化系统工作手段，努力提高海南省农业机械化公共服务能力和水平。海南中部(屯昌)农业装备城项目进展顺利，项目业主海南金鹿投资集团有限公司于今年8月9日与屯昌县人民政府签订海南中部农业装备城项目投资协议书并在屯昌县注册成立海南中部农业装备城开发建设有限公司，之后又与屯昌县人民政府签订征地借款协议，目前1 500万元已到位，屯昌县人民政府已启动征地工作，一期计划征地33.33公顷涉及7个经济社，现已经有部分农户确认地界清点青苗准备签订协议，征地工作春节前完成。

【着力抓好农机推广、鉴定和教育培训工作】 2013年，海南省加强农机鉴定实验室能力建设，做好实验室资质认定到期复评审工作，组织开展热带经济作物农机产品鉴定试验大纲和标准的编写。在三亚市凤凰镇举办水稻机械化育插秧现场会，组织农户、农机手等观摩机械化育秧流水线作业、机械化插秧操作，开展技术指导与宣传。通过此次现场会的举办，当地农民更加直观地了解机械化育插秧的流程和优点，增强使用机械化育插秧的信心和决心，达到很好的推广示范效果。大力开展阳光工程农机培训等农业机械化教育培训工作，努力培养造就一支有文化、懂技术、讲诚信、会操作、善经营、能致富、保安全的农机作业服务人才队伍。全年共培训农机技术及操作人员2万人次。

【存在问题】 一是暂停发放运输型拖拉机牌证后，安全监管难度加大。拖拉机改装加胎、违法载人、超载超速、人货混载等违法行为还较为严重。二是农机装备结构不尽合理，机具老化问题突出，需继续加大资金和扶持力度。三是农机安全质量管理、农机新技术、新机具引进推广、农机培训、合作组织建设、农业机械化信息系统等农业机械化体系建设方面投入明显不足。海南省市县农机推广人员逐年流失和减少，队伍参差不齐，专业技能和整体素质低，工作难以开展。

重庆市

【概况】 2013年，在农业部农业机械化管理司的指导支持下，在重庆市委市人民政府的领导下，全市农机战线以深入开展党的群众路线教育实践活动为契机，紧紧围绕走出一条以发展特色效益农业为核心的农业现代化路子，凝心聚力、奋力拼搏、扎实措施、真抓实干，农业机械化事业迈出新的步伐，各项工作取得长足进步，站在“求突破、上台阶、调结构、转方式、增效益、大发展”的新高度，农业机械化水平正朝着中级阶段全力迈进。

【农业机械化发展速度持续强劲，机械化水平加快提升】 2013年，重庆市农机总动力将达到1 220千瓦以上，比2012年增长2%，全市耕种收综合机械化水平将达到36%以上，比2012年提高3%，农机综合机械化水平将实现“五连升”。

【机型结构调整优化，装备总量稳步增加】 2013年，重庆市共推广各类补贴机具23.15万台(套)，其中微耕机10.4万台、插秧机409台、拖拉机124台、联合收割机1 305台，种植施肥机械、田间管理机械、收获后处理机械、农产品初加工机械、农田基本建设机械、畜牧水产养殖机械、设施农业设备等其他机械12.57万多台。共实施中央补贴资金2.5亿元，受益农户17.04万户。2013年农业机械推广中最显著的变化和亮点是老旧落后的农业机械加快淘汰更新，拖拉机、联合收割机等大中型农业机械需求较旺，推广量分别比2012年增长59%和66%，在重庆市农机装备总量增长的同时，机型装备结构明显优化改善。

【农机作业增面提质，特色项目积极推进】 2013年，重庆市共完成机耕面积1 872.6千公顷，其中水稻686.62千公顷。水稻机收263.75千公顷。油菜机播776公顷、油菜机收42.67公顷。机械化植保作业完成369.37千公顷、机械化秸秆还田92.95千公顷。部级水稻、油菜等主要农作物生产机械化示范项目，结题验收3个。马铃薯生产机械化项目顺利实施，试点推广马铃薯播种机2台、插秧机2台、收获机6台。引进农用无人航空植保机械和油菜免耕直播机、油菜秸秆粉碎还田机。探索推进农业机械化条件下的稻油(薯)连作模式，经有关农机合作社示范田块实测，油菜生产全程机械化平均2 437.5千克/公顷(入仓产量)，稻田免耕稻草全程覆盖种植马铃薯(二季)12 000千克/公顷，经济效益、社会效益和生态效益可观，这对重庆市“冬闲田”充分利用、建立新型农机合作组织经营模式、实现农业增产和农民增收、深入推进特色效益农业有着重要的现实意义。

【农机安全基本平稳，各项工作有序有效】 2013年，重庆市拖拉机、联合收割机上牌率达到98.1%，同比增长0.7%，检验率61.5%，驾驶员持证率97%，同比增长0.6%，拖拉机、联合收割机“三率”继续保持全国领先水平。成功创建全国“平安农机”示范区1个、“平安农机”示范乡(镇)28个、示范村(居)210个，全市累计建成全国“平安农机”示范区8个。巴南区农机监理站、南川区农机监理站荣获2012—2013年度全国农机安全监理“为民服务创先争优”示范窗口，3名同志荣获2012—2013年度全国农机安全监理“为民服务创先争优”示范岗位标兵。2013年共发生一般农机事故6起，死亡1人，受伤11人，直接经济损失0.69万元。发生拖拉机上道路交通事故11起，死亡人数6人、受伤人数9人，直接经济损失1.7万元，农机安全生产死亡人数在控制指标以内。

【试验鉴定成效明显，质量案件处理稳妥】 2013年，重庆市共受理检验项目525项，其中部推175项、省推193项，任务总量是2012年的1.6倍，已完成356项，其中部推完成111项、省推191项、推广鉴定证书变更25项。完成上报农业行业标准2个，申报地方标准4个。完成国家行业科技项目丘陵山地小型农机具技术研究与示范子项目玉米收获机改进研发任务。完成第六版质量手册、程序文件、3个大纲、8个样章的制(修)订，全面清理标准、大纲、细则、规程。调解处理农机质量投诉案件9起，为农民挽回经济损失3万元，切实维护农民群众切身权益。

【完善机制，规范操作，确保强农惠农政策落到实处】 一是建章立制，严格监督，研究出台《重庆市农业机械购置补贴办法》，印发2013年农机补贴实施方案，制定《农机购置补贴廉政风险防控机制建设实施方案》并编写《廉政风险防控手册》，下发至各区县农机主管部门及乡镇农业服务中心，保证人手一本，做到警钟长鸣，着力构建风险预警、纠错整改、内外监督、考核评价和责任追究的长效机制。二是加强领导，强化延伸绩效管理，印发《农机购置补贴政策落实延伸绩效管理工作实施方案》，细化明确绩效农机补贴工作制度建设、组织领导、经费保障、信息公开、廉政风险防控、机具核实、实施及结算进度、投诉处理、档案管理及材料上报等内容，共设立4个一级指标和12个二级指标，年底奖罚斗硬。三是制定《农机购置补贴廉政风险防控机制建设实施方案》，编写《廉政风险防控手册》，下发至各区县农机主管部门及乡镇农业服务中心，保证人手一本，做到警钟长鸣，着力构建风险预警、纠错整改、内外监督、考核评价和责任追究的长效机制。四是建立健全监管工作体系，确保监管到位，初步建立市级督查、区县抽查、乡镇就地核查的三级监管工作体系，明确各级农机购置补贴监管机构的工作职责范围和任务指标，形成市级、区县、乡镇一级抓一级，层层抓落实的工作格局，完成市级电话抽查机具4 973台(套)，发现并及时处置问题59起。五是强化专项督查，加大监管力度，按照《2013年重庆市农机购置补贴政策落实监督检查工作方案》，完成两次农机购置补贴政策落实情况的以及规范经销商经营行为的专项督导检查，认真落实两项农业部督办工作任务和抽查重庆市2012年补贴机具中涉嫌问题的60条购机信息的复查工作。

【因地制宜，优化结构，不断提高农业机械化科学发展水平】 一是坚持立足实际、分类指导、分步推进，切实提高丘陵山区农业机械化模式的针对性，机器能大则大尽量大、机器能小则小尽量小、联合作业能联则联尽量联、分段分户能分则分尽量分。二是坚持在注重农机装备总量增长的同时，不断调整优化机型装备结构，重点调整促进大中型拖拉机、高性能联合收割机、大型烘干设备等机械的发展，加快老旧落后农业机械的淘汰更新。三是坚持拓展领域，更加注重发展质量和效益，狠抓金银花、黄连、辣椒、花椒生产机械化的技术集成及提档升级，不断延伸农业机械化产业链条和服务领域。

【主体培育，提升能力，加快发展壮大农机专业合作组织】 2013 年，重庆市培育农业机械化社会服务主体的抓手是硬软两手结合，一是注重发挥农机补贴政策的杠杆调节、引导、带动作用，优先倾斜支持农机合作社购置大中型机具。二是征订农业机械化专业知识报刊，分送农机专业服务组织，促进前沿农业机械化知识的及时更新、运用和储备。三是与有关高等院校合作，实施推进"农机高端应用人才星火计划"。狠抓农业机械化新型职业农民培育工作，举办 10 期农机合作社经理人培训班、职业鉴定能力培训班。四是坚持"走出去"战略，重庆市上百家农机专业合作社"组团"参加郑州农机展、青岛国际农机展及本次海峡两岸农机展等颇具影响力的行业"窗口"展示展览平台。五是组织实施农业机械化生产服务主体能力提升建设工程，每年在市级农机专项中切块数百万元扶持资金，重点解决当前制约农机合作社发展的融资、贷款、用地、基础设施建设等难点问题，支持农机合作社购置大中型、高效率、高性能农业机械，开展技术培训等。最终实现事业、产业、职业的辩证统一，促进农业机械化社会服务主体成为推进现代农业敢打善拼，勇于作战，攻坚制胜，冲锋突击的中坚骨干。

【合纵连横，建设平台，积极探索丘陵山区农业机械化新路子】 作为全国农业机械化综合示范基地，为全国探索丘陵山区农业机械化发展路子先行先试、积累经验，重庆市感到任务艰巨、使命光荣。为此，重庆市农机管理办公室、市农科院形成高度共识，推动深度合作，着力打造"产、学、研、管、推、用"相结合的丘陵山区现代农业装备创新创造平台，努力形成在体制内外互联互动、兼蓄并收、放开流动的良性机制，并于 2012 年开始进行规划编制，2013 年 1 月邀请一批中国农业机械化界的翘楚级专家学者对规划进行论证评审，获得肯定和点拨。该平台意在以市农科院农机研究所、农工所为物理载体，以市农机管理办公室为体制机制推动载体，按照开放互动、互利共赢、共享共益的理念，开展各层次、各领域卓有成效的合作活动，让创新创造如影随形地贯彻于工作的自始至终，体现到工作方方面面，最终实现开放系统条件下要素集成。

【突出重点，狠抓薄弱，切实推进农业机械化新机具新技术普及应用】 2013 年，重庆市农机管理办公室着力在应用中提高、在提高中应用，在全市继续坚持开展水稻机插秧作业补贴试点，以水稻优势产区为重点，以种植环节为关键着力点，以专业合作社为主要载体，加强农机农艺融合，努力普及机耕、大力突破机插，全力推广机收，不断增强粮食综合生产能力。2013 年，补贴金额 796.8 万元，经 GPS 测量验收，重庆市完成水稻机插秧面积 123.33 千公顷，加快水稻生产全程机械化进程。

【着眼提高，历练队伍，农机教育培训工作深入开展】 2013 年，重庆市先后组织举办 3 期农机购置补贴管理培训班、1 期水稻机插秧作业补贴示范点图斑制作培训班、1 期农机项目管理工作会议、10 期农机合作社经理人和农机修理工培训班、2 期农机推广人员知识更新培训班、3 期全市 2013 年基层农技服务体系农机推广人员知识更新培训重点班，全市共培训农机行业从业人员 1 230 多人（次）。同时积极开展全国农机职业技能培训和鉴定示范基地创建工作，梁平县农业机械化技术推广站、万州区农业机械技术推广站、永川区农机培训学校成功创建首批"全国农机职业技能培训和鉴定示范基地"，投入 15 万元的专项建设资金。与农机制造企业、农机产品经销商合作，开展 15 批次的农机特有工种的职业技能鉴定工作，参加鉴定 987 人，鉴定合格 908 人。

【创新试点，理论指导，积极助推农业机械化快速发展】 一方面，积极协调财政、金融等部门，出台农机金融贷款优惠政策，担保费由市财政全额补助，银行利息市财政全额补助三分之二，调动农机合作社（农机大户）和农机服务公司等农机服务市场主体购置农业机械的积极性，着力解决农机融资难。另一方面，积极开展重庆市水稻机械化育秧技术规程修订工作和《重庆市"稻油"连作机械化轻简生产模式技术要求和"稻薯"连作机械化生产模式技术要求》的研究制定，为在全市推进农业机械化条件下的"稻薯"连作机械化生产模式总结经验，奠定基础。

【严防死守，严格监管，促进农机安全生产形势持续向好】 一是为首批 26 个区县各配备一台农机监理执法车辆，为 38 个区县（含万盛经开区）配备农机安全监理设备（便携式计算机、打印机、传真机、照相机、事故勘察箱、卤素灯、酒精测试仪等各 1 台）；二是组织签订农机安全生产责任书 38 份，督促指导各区县农机主管部门与各乡镇，各区县农机监理机构与农机驾驶（操作）人员分别签订农机安全责任书或保证书 3 万余份。三是抓好农机安全生产督查，认真组织开展农机"安全生产月"、"两化一整治"、"绿剑护农·农机安全执法"等一系列专项整治活动，着力发现和解决农机安全生产作业违规行为和事故隐患。重庆市共出动农机安全执法人员 5 120 人次，检查单位 2 298 个，查处非法违法行为 815 起，警告 324 起，责令改整改、限期整改、停止违法行为 548 起。四是积极推进公安驻农机交通安全警务室建设，市农业委员会和市公安局联合下发《关于印发公安驻农机交通全警务室建设工作方案》，选定 6 个区县开展公安驻农机交通全警务室试点工作。试点以来，共出勤 332 人次，检查拖拉机及其驾驶人 622 台（人）次，查处拖拉机交通违法违章行为 530 起，已处理违法违章行为 468 起（其中：外籍拖拉机 356 起，本地拖拉机 112 起），采取行政强制措施扣留拖拉机 23 台，扣留拖拉机行驶证、驾驶证共 63 个，在确保农机安全生产运行方面取得显著成效。

【存在问题】 一是微耕机和插秧机推广量较 2012 年同期相比，有一定的下滑趋势。二是重庆市农业机械化区域发展和整体工作不平衡不协调仍然比较突出。三是农机社会化服务体系需进一步健全完善，农机合作社的信息化专业化组织化规模化程度需进一步提高。究其原因：2013 年是第一次在重庆市范围内推行"全价购机、县级结算、直补到卡"的农机购置补贴新方式，农民群众全面接受还有一个过程，机具推广受到一定程度影响，重庆市农机管理办公室又取消部分机具的市级累加补贴，加之丘陵山区自然条件制约，农业机械化水平本身就比较低。

四 川 省

【概况】 2013年，四川省以贯彻落实国务院《关于促进农业机械化和农机工业又好又快发展的意见》、中央和省委1号文件精神为主线，以实施"农业机械化示范县建设"为抓手，以提高农业机械化综合水平为目标，进一步强化政策扶持，加大资金投入，落实工作措施，农业机械化发展保持又好又快的良好势头。2013年，全省主要农作物耕种收综合机械化水平达到45%，比2012年提高4个百分点。

【认真实施农机购置补贴政策，农机装备总量不断增加】 2013年，四川省全面推行"自主购机、县级结算、直补到卡"的农机购置补贴方式，各级人民政府落实政策的主动性进一步提高，农户获得补贴更加直观，企业资金周转明显加快，廉政风险有所降低，得到各方认可和肯定。2013年，中央财政下达四川省农机购置补贴资金9.8亿元。省级财政安排专项资金4 500万元，比2012年增加2 425万元。截至2013年11月，中央农机购置补贴资金已完成8.04亿元，带动农户投入资金12.3亿元，受益农户30余万户，补贴各类机具40多万台(套)，呈现出"五个更加"的特点：一是监管责任更加明确。市县两级农业(农机)部门签订工作责任书；大部分市(县、区)成立补贴工作实施领导小组；村组、乡镇、县农机和财政部门层层加强核查。二是对补贴对象的确定更加公正。从四川省开展的多次督导检查来看，大部分农户均表示获得补贴指标的过程公正、公平，没有遇到吃拿卡要等情况。三是补贴信息更加公开。各地充分利用媒体和群众喜闻乐见的方式，加大政策信息和实施结果的公开力度，主动接受社会监督，补贴信息公开透明。四是对补贴机具经销商的监管更加严格。在不影响市场公平竞争机制的前提下，各地对经销商的监管措施更加严格。乐山市新增加售后服务维修能力等要求；广元市旺苍县对全县7家补贴经销商及其59家经销网点建立统一规范的监管制度，统一主要补贴产品配置及技术参数的公示样稿，统一安全操作责任等。五是经费的保障更加有力。2013年，省级财政安排1 000万元工作经费，比2012年增加1倍。多数市县安排的工作经费比2012年有所提高。

【精心组织生产，农业机械化作业水平快速提升】 2013年，四川省各地围绕重点农时季节，调度各类农机具117万余台(套)，组织农机技术人员121.2万人/次，投入春耕、"三夏"、双抢生产第一线。农机跨区作业蓬勃开展，参加跨区作业机具1.4万余台，跨区作业面积200千公顷，油料保障、市场监管、信息发布等跨区作业服务工作有序推进。全省各级农业(农机)部门召开多层次、多作物现场会279场(次)，机械化生产逐渐成为农民种地的首选。采取农机翻耕炕田、提水保灌、机械化旱育秧等一系列应对措施，农机抗旱减灾工作取得新成效。2013年，全省完成机耕3 418.67千公顷、机收1 415.33千公顷、机播(插)460千公顷，主要农作物耕种收综合机械化水平达到45%。特别是水稻机收再创新高，达1 003.33千公顷；首次召开全省油菜生产机械化现场会，带动油菜机播快速突破，达24千公顷，比2012年增长2倍；粮食烘干和马铃薯、烟叶生产机械化不断推进，为四川省粮食生产"七连增"做出贡献。

【创新经营机制，农机合作社加快发展】 2013年，四川省农机合作社将达到900个以上，比2012年新增220个左右，广汉市、邛崃市等部分县(市、区)基本达到"平均一个乡镇建有一个农机合作社"。为构建以农机合作社为龙头、农机大户为支撑、农机户为基础的"三位一体"新型农机社会化服务体系，各地做大量工作：一是加强培育扶持。四川省农业厅在10月初组织召开全省农机社会化服务工作会，把农机合作社建设列入农业机械化推进示范工程的建设内容。2013年，省财政将农机专业合作组织纳入农民专业合作社支持范围，对全省带动作用明显的8个农机合作社各安排专项资金20万元，作为合作社购置水稻插秧机、油菜收获机、粮食烘干机等薄弱环节机具的累加补贴。一些地方加强协调沟通，积极解决农机合作社的金融信贷、机库棚建设等困难，如什邡市农业、工商、农村信用社三方协作，为大汉仓农机专业合作社以插秧机为抵押物办理动产抵押，融资150万元。广汉市、岳池县等地还建立机关管理人员与农机合作社一对一联系指导机制。二是加强示范带动。继续开展示范社创建和"企社共建"活动，全省新评选80个省级示范合作社，20个被评为农业部示范合作社。三是加强机制创新。大力推行农机大户和种粮大户"双向发展、机农兼融"的经营模式，积极鼓励农机合作开展土地托管、订单作业等农机服务。全省农机合作社流转土地13.33千公顷，涌现处双流丰收、岳池腾飞等一批流转土地上千亩的农机合作社，实现由单一服务型向"服务与生产"综合型的大跨越。四是加强能力培训。2013年12月，四川省厅将举办首期农机合作社经理人培训班。各地把农机合作社理事长作为新型职业农民创业培训的重点对象，全省共培训理事长200多名。崇州市、双流县等县(市)创新农机生产经营机制，探索农机职业经理人制度，尝试破解"谁来种地、怎么种地"战略性问题。

【强化基础设施建设，农机作业通行条件有效改善】 2013年，四川省以农村机电提灌站经营管理体制改革为动力，大力实施机电提灌建设，修复提灌机械9.23万台次/9 282千千瓦，改造提灌站2 263座/67.7千千瓦，新建提灌站729座22.4千千瓦，新增提水控灌设备2.39万台/151.5千千瓦，新增提水控灌面积22.67千公顷。围绕农业机械下田难，大力开展农村机耕道路"最后一公里"建设，全省投入机耕便民道建设资金124.56亿元，建设农村机耕便民道4.03万千米，新增农机作业面积400千公顷。

【实施典型带动，农业机械化示范县建设扎实推进】 2013年，以"农业机械化推进示范工程项目"为依托，广泛整合各类涉农项目资金，全面实施"四川省'60+2'农业机械化示范县建设工程"。2013年，四川省财政安排农业机械化推进示范工程项目资金3 000万元，带动62个示范培育县共投入建设资金10.2万元，建设全程农业机械化示范区50个(其中：万亩以上核心示范区10个)，面积40千公顷。62个培育县主要农作物耕种收综合机械化水平达到48%，比全省平均水平高出近3个百分点，推动示范培育县水稻机插、油菜机收等薄弱环节不断突破，农机农艺融合进一步紧密，全程机械化示范带动明显增强。

【强化基层体系建设,农业机械化服务水平不断提升】 2013年,四川省深入开展农业机械化新技术新机具的示范推广,完成国家支持推广目录的年度调整申报工作,编制《2012—2014年四川省支持推广的农业机械产品目录(2013年度调整)》,实施部级水稻机械化示范项目4个、油菜生产机械化示范项目2个,完成水稻机插秧面积234.67千公顷。出台《基层农业技术推广队伍体系改革与建设实施方案》,对所有乡镇或区域公益性农机管理与技术推广在编在岗人员进行培训。开展社会化服务组织从业人员、享受农机购置补贴的农民等各类培训7 580人/次,组织农机手调训1 200人。认定四川现代农机产业园区为四川省新型职业农民(农机)实训基地并授牌。强化市场监管,依法开展质量鉴定,完成推广鉴定项目292个。

【狠抓安全监管,农机安全形势持续稳定】 2013年,四川省始终坚持"安全第一、预防为主、综合治理"方针,着力抓好农机安全源头监管,认真组织开展"安全生产年"、"安全生产月"、百日安全生产及农机安全生产大检查等活动,为维护农业行业安全生产稳定形势提供有力保障。截至10月,全省共计上报发生农机事故21起,死亡15人,死亡人数控制在省人民政府下达的目标范围内,主要工作措施:一是落实安全责任。继续落实农机安全生产目标考核制度,层层签订《安全生产目标管理责任书》。二是规范监理业务。依法核发拖拉机、收割机及驾驶人员牌证,对违反规定核发牌证的5个县(区)进行严肃查处。与公安厅联合发文加强存量运输型拖拉机的管理,并开展运输型拖拉机存量清理,清理存量运拖18万余台。严格拖拉机驾驶培训机构技术条件审核和备案工作。三是开展专项整治。深入开展"百日安全生产活动"、农机安全生产"大检查"等专项活动,组成检查组1 460个,出动检查人员18 711人(次),检查各类企业60 763个(次),责令企业限期整改3 727起,暂扣或吊销有关证照42个,共处罚款25.77余万元,对43个单位存在的安全隐患提出215条整改建议。四是深入开展"平安农机"创建活动。创建全国"平安农机"示范县2个,省级"平安农机"示范县2个,"平安农机"示范乡(镇)59个。评选出全国示范窗口6个、示范个人8人,省级示范窗口13个、示范个人18人。组织开展全省农机安全生产监管干部培训班2次,培训农机监理人员230余人。

【狠抓重大问题调研,扶持农机发展的共识进一步形成】 2013年,四川省农机部门聚焦"四风"问题,深入开展党的群众路线教育实践活动,重点围绕农机合作社建设、农机作业补贴试点、农机规模化经营等重点、热点、难点问题深入基层调研,达100余人/次,撰写调研报告10余篇。《四川省农业机械安全监理和事故处理条例》的修订调研工作正有序推进,目前已经通过人大二审。5月,省人大常委会近十年来首次听取省人民政府《关于发展农业机械化工作情况的报告》,常委会组成人员认为,发展现代农业务必重视发展农业机械化,"实施两化互动、统筹城乡发展"务必把农业机械化作为战略性大事来抓。会议对四川省加快发展农业机械化提出十余条审议意见,比如:建议加大政策支持力度、加强科技研发和推广、强化农机服务和监管等。8月,省人民政府召集省财政厅、农业厅、经济和信息化委员会等部门,就如何处理省人大的审议意见,进行会商研究、沟通协调。2013年,四川省农机财政总投入10.85亿元,比2012年增长1.7%。特别是2010年机构改革后,省财政对农机发展投入大幅增长。2013年省财政总投入1.05亿元,比2010年增长126%。同时,各级政府发展农业机械化的重视程度进一步提高,扶持力度进一步加大。广安市安排财政资金120万元在6个区(市、县)开展油菜机械化作业补贴试点。成都市、绵阳市等市(州)财政投入农业机械化发展的资金也不断增长。

【认真做好统计分析,农业机械化评价质量进一步提升】 2013年,四川省农机部门进一步完善农业机械化管理统计年报和农业机械化作业进度报表制度。启动四川省农业机械化信息平台项目建设。成立农业机械化水平评价指标体系课题组,深入开展全省农业机械化评价指标体系研究。以35个监测点为重点,加强农业机械化信息监测,持续对双抢、"三夏"、秋冬农机作业情况开展监测并进行趋势分析。全面完成农业部农业机械化生产信息和年报报送任务。

【存在问题】 虽然,四川省农业机械化发展取得长足进步,但仍然处于较低水平,主要农作物耕种收综合机械化水平比全国平均水平低14个百分点。四川省不同区域、不同作物、不同环节的农业机械化水平不平衡的矛盾十分突出,丘陵山区的农业机械化平均水平比平原地区低20百分点左右,油菜综合机械化水平比水稻低25个百分点,机播比机收低9个百分点。主要原因在于:(1)财政投入力度不够。2013年四川省农业机械化发展财政投入占总投入的17%,财政投入比例偏低,引导作用不充分。同时,农业机械化发展项目单一,政策扶持链较短。除农机购置补贴项目外,其他农业机械化发展项目仅占财政总投入的12%,而有助于推进农业机械化加快发展、提高社会化服务水平的农机作业补贴、农机合作社建设等项目,缺乏国家财政资金支持。(2)服务体系建设滞后。由于人工成本、燃油价格持续上涨,农机经营利润空间不断挤压收窄,对发展农机合作社产生较大影响。目前,全省平均每个乡镇拥有农机合作社0.2个,总体规模远远不够,组织化程度较低,难以满足农民群众日益增长的社会化服务需求。同时,农机推广、安全监理、教育培训、试验鉴定等设施设备落后,保障体系建设滞后。(3)农机通行条件亟待改善。四川省丘陵山区多,田块细碎化,普遍存在梯田多、田埂高、机耕道路建设滞后等问题,农业机械通达率不到30%,"有机下田难"矛盾突出。

贵州省

【概况】 2013年,贵州省农机工作有力、有序、有效开展,实施农机购置补贴政策、扶持推进农机社会化服务,强化农机安全生产等重点工作稳步推进。农机工作呈现快速健康发展的良好态势。

【规范实施农机购置补贴政策】 2013年,贵州省农机购置补贴实施范围覆盖全省所有农业县,补贴机具种类有12大类40小类135个品目,覆盖全省农业生产所需农机具。农业部安排贵州省中央资金3.8亿元,4月11日全省全面启动农机购置补贴工作,截至11月20日,全省完成中央补贴资金36 604万元,实施进度为96.33%,全年3.8亿元资金于12月中旬实施完毕,新增购置各类机具

24.35 万台套，受益农户 20.37 万户，通过实施购机补贴，贵州省农机总动力达到 22 000 千千瓦以上。主要采取以下措施。

一是科学制定工作方案。省农业委员会与省财政厅联合制定的《贵州省 2013 年农机购置补贴实施方案》，经农业部、财政部备案后，印发至各市、县。方案对补贴实施范围及对象、补贴规模及机具种类、补贴标准、实施流程及结算方式等作具体要求，尤其强调信息公开、强化纪律监管、重视检查核实，严格规范补贴实施。与各市（州）农业机械化主管部门签订《贵州省农机购置补贴工作责任书》，明确各级农机主管部门职责，强化纪律监管，落实奖惩制度，确保农机购置补贴政策规范、有序、高效实施。

二是做好补贴产品选型工作。贵州省农业委员会通过市场调查、走访农户、到生产企业了解产品的生产成本构成情况等方式，合理确定补贴额。认真总结往年补贴实施经验，广泛听取各方面意见，按照“科学合理、准确直观”的原则，依据机具结构形式、功能、配置和作业能力等直观易辨的信息与机具参数，对贵州省补贴范围内的非通用类和自选品目机具进行科学分类分档。

三是强化管理措施。贵州省农业委员会及时印发《关于进一步加强农机补贴产品经销商管理的通知》（黔农办发[2013]114 号），加强对补贴产品经销商的管理。为推进补贴工作高效规范实施，对实施进度排名全省前 2 名的市（州）和前 10 名的县，以及排名全省后 2 名的市（州）和后 15 名的县予以通报，将各市（州）、县补贴进度与农机购置补贴管理工作经费适当挂钩，激励先进、鞭策后进。

四是重视政策宣传，加强信息公开。各级农机部门采取赶集日发放宣传单、设立政策宣传咨询台、乡村张贴海报、地方电视新闻播报、政务网络平台发布信息等多种方式，大力做好舆论导向，积极宣传农机购置补贴政策。为规范补贴信息公开，进一步做到补贴政策阳光实施、透明操作，接受社会监督，贵州省农业委员会及时将实施方案、补贴额一览表、国家支持推广目录、补贴申请流程、实施进度等信息通过贵州农业信息网农机购置补贴信息公开专栏予以公布。

五是强化监督检查。为全面落实好 2013 年农机购置补贴政策，保障补贴资金安全使用，贵州省农业委员会研究制定《贵州省 2013 年农机购置补贴政策落实监督检查工作方案》（黔农发[2013]114 号），成立监督检查工作领导小组，明确分时段采取专项督查、随机抽查、延伸绩效管理核查等督查方式，细化全方位补贴实施情况的检查内容。

六是积极开展全价购机试点工作。为摸索更加高效有序的补贴实施模式，根据贵州实际，贵州省农业委员会和省财政厅研究制定《贵州省 2013 年农机购置补贴“全价购机，县级结算，直补到卡”试点方案》，选择安顺市平坝县和六盘水市盘县作为全价购机试点县。从办理情况来看，“购机直补”很受欢迎，让农民群众切切实实感受到党和国家的政策优惠。

【精心组织重点农时农业机械化生产】 2013 年，贵州省在春耕、“三夏”、“三秋”期间，各级农机部门切实加强领导，积极组织干部职工和技术人员下到田间地头组织指导农机生产作业，扎实抓好农机技术培训与服务工作，保障农机生产作业用油，为农民提供技术指导、政策咨询、机具协调等服务，取得显著成效。截至 11 月 20 日，全省共组织各级农机技术人员 3.78 万人次深入春耕、“三夏”、“三秋”、抗旱抢种抢收生产一线，深入田间地头组织指导农机生产作业服务，为农民提供技术指导、政策咨询、机具协调和抗旱救灾保民生行动，取得显著成效。全年共投入农机具 143 余万台（次），组织检修各类农机具 19.7 万台，组织各类农机专业服务组织 1 407 个，其中农机专业合作社 337 个开展农机作业服务，举办各类机具演示会 1 230 余次，完成机播 78 千公顷，其中机插秧 33.87 千公顷，完成机耕 1 242.67 千公顷（其中春耕 624.67 千公顷，秋冬种 618 千公顷），机械灌溉 486.67 千公顷（其中抗旱浇地 312 千公顷），发放跨区作业证 373 份，完成机收水稻 135.33 千公顷、小麦62.67千公顷、玉米 2.25 千公顷、油菜46.33千公顷、马铃薯 18 千公顷，共264.67千公顷。推动全省主要农作物耕种收综合机械化水平稳步提升，贵州省耕种收综合机械化水平将达到 18%以上。

【实施省级农民农机合作组织发展项目】 2013 年，贵州省农机部门组织做好 2013 年度省级财政投入的 5 200 万元农民农机专业合作组织发展项目的申报、评审和实施工作。围绕贵州省 115 个省级现代高效农业示范园区产业发展共组织安排 140 个农机专业合作社建设项目，其中，直接服务省级示范园区的合作社 65 个，辐射园区的 27 个，涉及项目资金 3 510 万元，占总资金的 67%。为规范全省农机专业合作社建设，切实做好农机管理人员和合作社带头人培训，贵州省农业委员会农机化管理办公室共组织培训班三期，集中培训农机管理人员及合作社带头人 546 人；各市州和部分县组织开展农机专业合作社社员、机手技能培训，培训 2 730 人。

【大力推进农机科技创新】 一是加强合作，借第十五届中国科学年会在贵阳召开之际，促成贵州省农业委员会与中国工程院院士、华南农业大学“南方农业机械化与装备关键技术教育部重点实验室”罗锡文教授团队签订为期 5 年的水稻全程机械化技术应用开发合作协议，并落实在惠水县建设省级水稻全程机械化示范基地。二是为全面提升科技支撑与服务能力，省山地农机研究所申报《贵州省山地农业机械工程技术研究中心》建设项目经科技厅组织专家组两次论证后，已经立项。三是开展农机新机具新技术试验示范。在都匀市和遵义县组织开展油菜机播示范；在紫云县组织召开红薯机收技术观摩会。四是参加贵州省现代农业产业油菜体系建设，组建贵阳地区油菜体系综合试验站，主要研究稻茬板田油菜机械化精量联合直播集成技术，中、小型油菜机械化精量直播装备，以及研究适合贵州省油菜收获的小型油菜收获机，并与其他试验站和农业技术推广部门合作，在贵州省建立 2 个以上油菜机械化播种、收获示范基地。

【强化农机安全管理】 2013 年，贵州省各级农机监理部门围绕省委、省人民政府下达的农机安全生产工作目标，强化农机安全管理，积极开展农机安全生产隐患排查排除治理和农机安全生产工作，积极开展“全省道路交通安全百日督查”专项行动。截至 11 月 20 日，全省拖拉机拥有量 157 879 台、联合收割机 120 台、拖拉机驾驶员 173 688 人、联合收割机驾驶员 125 人，其中新增拖拉机 1 011 台，新增拖拉机驾驶员 5 149 人，发生农机事故 2 起，死亡 3 人，伤 9 人，直接经济损失 5.3 万元，发生一起较大以上农机事故。培训农机监理事故处理员、考试员、检验员共 368 人/次。培训联合收割机驾驶员 84 人/次。上报关岭县和三穗县为 2013 年全国“平安农机”示范县(区、市)候选。

云 南 省

【概况】 2013 年，云南省农业机械化工作，在省委省人民政府的坚强领导下，在省农业厅党组的正确指导下，在分管厅领导直接指挥下，全省各级农业机械化部门围绕省人民政府“翻二番、增三倍”的总体发展目标，奋力拼搏，保持全面快速健康发展的好势头，为实现粮食“十连增”、农民增收“十连快”和农业现代化建设做出重要贡献。

【农业机械化水平持续增长】 2013 年，云南省农机总动力将达 30 500 千千瓦；农机总值达到 194 亿元；农机具达 510 万台套(其中：大型拖拉机 28 万台、小型拖拉机 37 万台、联合收割机 5 700 台，插秧机 1 400 台，配套机具 39 万台(套)；农机作业面积达 5 478 千公顷；耕种收机械化综合水平增加 3.5 个百分点，达 44.5%。

【农机安全生产持续平稳】 截至 2013 年 10 月 31 日，云南省共接报农机安全生产事故(农业机械事故)10 起，死亡 4 人，受伤 8 人，直接经济损失 5.65 万元，与 2012 年同期相比，事故起数、死亡人数、受伤人数、直接经济损失“四下降”，分别下降 61.5%、79%、46.7%、88.1%。事故死亡人数占全年控制考核指标的 8%，全省未发生重特大农机安全生产事故。

【农机项目资金争取有增量】 2013 年，中央安排云南省农机补贴资金 4.2 亿元，较 2012 年增 1 000 万元；争取省级财政农机技术推广项目资金 1 000 万元，较 2012 年增 400 万元；争取购机补贴配套资金 3 000 万元，其中 1 000 万元用于工作经费，2 000 万元用于农机专业合作组织培育扶持，工作经费较 2012 年增长 2.5 倍。

【农机专业合作组织扶持培育有效果】 2013 年，云南省农机部门积极与省财政厅协调，同意集中使用省级财政专项资金对农机专业合作组织进行培育扶持，2013 年使用省级财政专项资金 2 000 万元对 50 家农机专业合作组织进行扶持。带动辐射面达 200 家。

五是购机补贴政策实施有保障。云南省农机部门加强组织领导、强化信息公开、规范操作、严肃纪律要求、举办绩效考核培训班，从组织到具体业务工作都进一步进行规范和要求。截至 10 月 31 日，完成中央财政和省级财政补贴资金 4.4 亿元，补贴机具 227 268 台，受益农户 182 885 户，带动农民和农业生产经营组织投入资金达 9.786 亿多元。

【新机具新技术示范推广有成效】 2013 年，云南省抓好水稻机械化育插秧技术、玉米、马铃薯、油菜播种收获技术、高原特色农业机械推广，截至 10 月 31 日，共举办农机新技术、新机具现场会 208 场，培训 20 000 多人次，完成机插秧面积 18.02 千公顷；建立 200 公顷的马铃薯全程机械化生产示范基地，完成玉米机械化播种施肥面积 6.67 千公顷，马铃薯机播机收面积 6.2 千公顷，油菜机收面积 5.33 千公顷。

【农机质量监督有新举措】 2013 年，云南省农机部门完成《云南省支持推广的农业机械产品目录管理办法》修订，按照《云南省支持推广的农业机械产品目录申报指南》做好企业申报材料的接收、汇总、初审，提出《目录》草案。及时受理、开展农机推广鉴定，把好农机产品质量关。开展农机质量投诉培训、宣传咨询，补贴机具质量督导。农业部农业行业职业技能鉴定指导中心给予全省项目支持，配置 3 台电脑，全喂入联合收割机、轮式拖拉机、高速插秧机及车床、电气试验台、压力机、轮胎拆装机等设备各 1 台，提升全省农机职业技能培训鉴定能力。

【农机技术培训稳步推进】 2013 年，云南省农机部门组织开展拖拉机联合收割机教学人员培训班、省级农村劳动力转移项目培训班，切实提高农机管理、农机驾驶、维修、作业操作等实用人才素质水平。截至 10 月 31 日，全省举办各类培训班 300 多期，培训农机管理、农机驾驶、维修、作业操作人员 10 万人次。

【农机新闻宣传迈上新台阶】 2013 年，云南省举办全省农机新闻宣传培训班，建立农机新闻宣传通讯员队伍。彻底改变农机部门“只会干、不会宣传”的工作局面。截至 10 月 31 日，云南农业信息网上网稿件 1 800 余篇，被其他信息中心采用的稿件 1 000 余篇，被云南省及各州(市)、县(市、区)电视台报道 40 余次。云南省农机新闻宣传工作被农业部农业机械化信息中心通报表扬，2013 年信息量增幅最大，近 15 倍，全国 50 个直报单位信息采用排名第 21 位，开创全省农机新闻宣传工作的先河。

【自身能力建设有新提高】 2013 年，云南省农机部门发挥支部作用，团结协作，加强廉政建设，定制度，抓落实，充分发挥每个同志的作用和主观能动性；实现工作责任制，分工合作，工作任务明细到人，按时保质完成；强化项目规范管理，坚持民主集中制，重大事项方案集体研究讨论。全处能力建设上有新提高。

【抓服务，着力做好农业机械化生产管理】 2013 年，云南省农机部门突出“春耕”、“抗旱”等关键农时，精心组织、科学调度，组织农机大会战，开展跨区作业，切实抓好农业机械化生产。一是全面部署全年农业机械化工作。年初研究制定《2013 年云南省农业机械化工作要点》印发各地，提出农业机械化发展目标在全省农业工作会议上与各州市农业局签订目标责任书。二是加强农业机械化生产督导。加强春耕农业机械化生产信息管理工作，组织专家和技术骨干 2.5 万人次下到基层，走进田间地头，指导农业机械化生产。做好农机跨区作业市场信息和作业证需求调查工作，发放跨区作业证 580 张。帮助农户检修农机具达 56 万台(套)。三是切实抓好抗旱救灾减灾工作。面对云南省 4 年连旱，充分发挥抗旱主力的作用，全省齐动员，运水抽水保苗，抗旱夺丰收。全省共出动农机干部、农机科技人员抗旱 2.5 万多人次，发动农机手抗旱 90 万人次，投入抗旱的农业机械 108 万台(套)(其中，抗旱拖拉机 58 万台、排灌机械 50 万台)，实现抗旱浇灌面积 698 千公顷次，拉运抗旱用水 6 亿多吨。

【抓重点，着力做好新机具新技术推广示范】 2013 年，云南省农机部门围绕全省农业工作会议"以推广为重点，提升农机装备水平"的总体要求，一是全力抓好水稻机械化育插秧技术推广。5月7日，农机、种植业在芒市联合召开云南省2013年水稻机插秧精确定量栽培现场培训会，有效地推动各级农机农艺部门的协同合作，促进水稻机械化育插秧的示范推广，截至11月30日，全省共举办机插秧现场会206场，培训25 631人次(其中科技人员355人，农机手、农机大户729人)，完成机插秧面积18.02千公顷。二是突出薄弱环节机械化生产试验示范。针对云南省玉米、马铃薯、油菜生产机械化相对薄弱的实际，组织协调昆明、曲靖、文山、西双版纳等州市县引进播种与收获机械，结合云南省耕作条件，进行技术改进，在多点进行试验，取得良好成效。建立200公顷的马铃薯全程机械化生产示范基地，完成玉米机械化播种施肥面积6.67千公顷，马铃薯机播面积240公顷、机收面积近5.4千公顷，油菜机收面积3.07千公顷。三是积极探索高原特色农业机械推广示范新路子。围绕云南省茶叶、甘蔗、果蔬、花卉等经作农业产业的生产，积极做好机具进山、进园，开展机械松土除草、施肥、深松和初加工农业机械化技术的示范推广，探索适合云南农业生产的机械化生产方式和技术路子。全省共新增节水灌溉面积6千公顷。

【抓落实，着力做好农机购置补贴】 2013年，云南省农机部门着力做好农机购置补贴。一是明确补贴范围及重点。根据农业部和财政部年度实施指导意见，结合全省实际，重点补贴，将水稻联合收获机、插秧机等主要农作物及优势特色产业机械作为补贴重点突显出来。二是注重规范操作。各级农业机械化主管部门始终站在为国家政策负责、为农民负责的高度，严格执行补贴政策，规范操作，坚持做好申请购机、资格审查、公示、择机、供货、喷涂补贴标识和机具编号、健全补贴机具档案，一个步骤不少，一个环节不缺。三是落实进度到位。针对进度慢的县，深入分析原因，组织专人利用电话、短信平台、购机补贴系统、深入县级指导等方式加强督促，切实加快农机购置补贴实施进度。四是严肃纪律要求。严格按照"心无旁骛抓落实，如履薄冰尽职责，创先争优求绩效"的工作要求，突出抓好补贴资金实施、廉政风险防控机制建设、补贴专项整治活动、监督检查、警示教育、公布各级举报监督电话、层层签订责任状和承诺书等工作，全面完成政策实施监管年各项目标任务，确保农机购置补贴实惠不折不扣地落实到农民手中。五是强化信息公开透明。全力做好农机购置补贴政策政务公开，切实维护好农民群众的知情权、选择权和监督权。在云南农业信息网建立购机补贴信息公开专栏，对购机补贴一览表、实施方案、经销商等信息进行公开；县级农机部门在办公地点、报名地点、乡镇、村、集市、农机经销点等处设立公开栏，并通过广播电视、简易明白纸、宣传挂图等进行信息公开。

【抓示范，着力做好农业机械化服务组织培育扶持】 2013年，云南省农机部门多措并举培育扶持各类农机社会化服务组织发展壮大。一是强化扶持政策的落实。对种养大户、从事农机作业的农业生产经营组织购置补贴机具数量放松限制，倾斜资金，实行优先补贴。对农机专业合作组织，拟以项目的形式给予扶持。二是做好服务指导。重点帮助农机专业合作组织建立健全安全生产、作业服务、信息公开等各项管理制度，督促完善服务功能，增加服务项目，扩展服务内容，扩大辐射带动作用。三是抓好教育培训。有针对性地开展农机专业合作社法人培训，提升业务素质，增强依法办社能力，提高科学管理水平，着力打造善经营、会管理、懂技术、有奉献精神的农机专业合作社经营管理人才队伍。

【抓监管，着力做好农机安全生产】 2013年，云南省农机部门注重抓源头、抓宣传、查隐患，防事故，切实保障农业生产安全。一是积极推进"平安农机"和"为民服务、创先争优"创建。按农业部创建标准，积极组织申报，禄丰县、马关县、盈江县农机安全监理站被评为2012—2013年度全国农机安全示范窗口单位；何文、宋永琼、卢开国、杨浩、范祖义、苏建荣被评为2012—2013年度全国示范岗位标兵在全国进行表彰。二是全面落实农机安全生产"一岗双责"制度。1月28日，在全省农机安全监理工作会议上与各州市农机安全监理机构签订《农机安全生产责任状》。各级农机安全监理部门广大农机拥有者、使用者签订《农机安全生产责任书》343 861份。三是深入开展"三项行动""三项建设"活动。各级农机安全监理机构以"十看十查"、"打非治违"、农机事故隐患排查治理和农机安全生产等工作为抓手，继续深入开展"三项行动"和"三项建设"活动，逐步改善农机安全生产监管工作条件，不断提高农机安全生产监管水平。四是规范业务，强化源头管理。全省各级农机监理部门认真贯彻落实农业部令41号、42号、43号，严把"三关"，规范业务办理。加大违规发放拖拉机牌证专项治理力度，从源头保障农机安全生产。五是加强农机安全生产大检查。以开展"委托试点工作"为契机，加大查处农业机械无牌、未经检验、无证驾驶等各类违法违规使用农业机械行为。共查处拖拉机无牌行驶、无证驾驶、违法载人等违法违规行为19 615人次，组织开办206期安全教育培训班，对24 403名违法驾驶拖拉机行为的人员进行安全教育。农机"三率"分别达80%、72%、82%。

【抓质量，着力做好农机产品推广鉴定和质量督导】 2013年，云南省农机部门着力做好农机产品推广鉴定和质量督导。一是进一步规范农机鉴定工作。重点抓好受理环节、现场审查和检验环节、检验报告审查环节三个关键环节的把关，促进推广鉴定工作质量和水平的提高。完成对云南新天力机械制造有限公司等29家企业生产的甘蔗种植机、咖啡鲜果脱壳机、烟苗移栽机等80个产品的推广鉴定。二是强化农机产品质量投诉督导。下发《云南省农业机械鉴定站关于做好2013年农机打假专项治理行动及农机质量投诉监督工作的通知》，指导全省做好2013年农机产品质量督导工作。举办全省农机质量投诉工作培训班，213人参加培训，解读《农业机械产品修理、更换、退货责任规定》，分析农机质量投诉典型案例，提高全省农机投诉受理人员的政策和业务水平"3·15"期间，全省出动执法人员及专业技术人员4 000多人次，印发宣传材料7.8万余份，标语横幅439条，现场咨询培训2 247场次，案件回访1件，展销农机产品2 284台件。三是认真组织开展农机职业技能鉴定。采取积极主动、加强协调的方法，组织完成培训鉴定6期，通过鉴定取得职业技能资格证书559人。临翔区农机职业技能鉴定工作站，被农业部列为农机职业技能鉴定标准化示范建设基地。四是认真做省级支持推广的农业机械产品目录申报。修订下发《省农业厅、省财政厅、省发展和改革委员会关于云南省支持推广的农业机械产品目录管理办法》(2013 年公告第 20 号),并按要求做好企业申报材料的接收、汇总和初审工作。五是农机职业技能培训鉴定能力得到提升。农业部农业行业职业技能鉴定指导中心给予云南省项目支持,配置 3 台电脑、1 台全喂入联合收割机、1 台轮式拖拉机、1 台高速插秧机及车床、电气试验台、压力机、轮胎拆装机等设备,提升云南省农机职业技能培训鉴定能力。

【抓素质,着力做好农业机械化干部队伍建设】 2013 年,云南省农机部门深入推进农业机械化教育培训大行动,扎实做好农业机械化教育培训工作,切实提高农机管理、农机驾驶、维修、作业操作等实用人才素质水平。一是举办各类培训班,提高从业人员素质。举办拖拉机联合收割机驾驶培训教学人员培训班 1 期,培训考核合格,80 人均取得省农业厅核发的资格证书;举办农村劳动力就业培训 7 期,完成 500 人农机操作和维修培训任务;举办阳光工程农机创业培训班 1 期、农机职业技能培训班 4 期,完成 300 人的农业职业技能培训和 40 人的农业创业培训任务;举办全省农业管理干部和专业技术人员培训班 1 期,76 人参加培训。二是认真组织开展优秀农机科普作品评选活动。与云南省农机学会联合开展全省农机教育培训优秀论文作品评选活动,经过有关专家组成的评委会认真的讨论评议,最后评选出一等奖作品 5 篇,二等奖作品 11 篇,三等奖作品 5 篇。为作者颁发获奖证书。全省各级农机技术培训学校,采取不同的方式,开展农村实用人才培训,共培训 8 万余人次。三是认真组织完成全省拖拉机教练员审验换证工作。全年共换发拖拉机教练员证 114 个,联合收割机证 20 个,安技员证 31 个,总教练员证 54 个。

【抓内容,着力做好农业机械化信息宣传】 2013 年,云南省农机部门不断创新宣传形式,为推进农业机械化又好又快发展提供有力的舆论支持。2013 年上半年全省农业机械化新闻宣传工作紧紧围绕农业机械化科学发展这个主题和加快发展方式转变这条主线,准确把握稳中求进、好中求快、又好又快的总基调,切实将新闻宣传作为推动农业机械化政策法规落实的重要途径,树立系统良好形象的重要措施。在各级农机部门的大力支持及广大新闻工作者的积极参与下,彻底改变"只会干、不会宣传"的传统工作模式,全省农业机械化新闻宣传工作形势喜人,成效显著。截至目前,云南农业信息网上网稿件 1 800 余篇,被其他信息中心采用的稿件 1 000 余篇,被云南省及各州(市)、县(市、区)电视台报道 40 余次。实践中还培养出一支优秀的业余通讯员队伍,使得农机系统重大新闻事件能够得到及时、有效的宣传和报道。

【抓作风,着力做好自身建设】 2013 年,云南省农机部门根据《中共云南省农业厅党组关于进一步加强廉政风险防控的实施意见》要求,进一步转变作风,强化自身建设。一是坚持每周一学制度。每个工作周一,组织全处人员进行思想政治和业务学习,不学习中提高,在提高中做好服务工作。二是坚持民主集中研究原则。对于重大农机事项,坚持民主集中研究,充分听取各方意见,吸精去糟,力争指导性、操作性更强。三是明确责任分工。根据工作职能和处内人员情况,明确处内人员工作责任,做到人人有事干,事事有人干。四是强化廉政风险防控。对照工作责任和内容,全面查找存在或潜在的廉政风险点,填写《个人岗位廉政风险防控登记表》和单位《内部机构廉政风险防控登记表》,并制定相应的防控流程和防控措施。

【抓关键,着力做好事业单位分类上报】 事业单位分类改革是改革的基础条件和重要内容,按照厅党组要求,抓住关键点,组织厅属农机事业单位根据中央和云南省文件精神,云南省农机部门认真理清单位主要职责任务,找准单位履行职责任务的法律法规和文件依据,对照分类标准,报送农机事业单位模拟分类方案。省农机监理站上报为行政类,省农机推广站、省农机鉴定站、省农业机械化干校上报为公益一类。

【存在主要问题和困难】 一是农业机械化发展资金投入长期不足,中央财政对云南省农业机械化发展推广示范项目每年仅为三个项目,投入资金不到 50 万元,省级资金投入经过多次争取也仅达到 1 000 万元,极大地影响到云南省农业机械化事业又好又快的发展。二是农机装备发展不平衡。存在"三多,三少"问题,即耕作机械多,特色作物机械少;小型机具多,大中型机具少;常规机械多,高性能机具少。三是农机服务体系不健全,服务能力和水平较低。多儿轮机构改革后,云南省基层农机管理服务机构经历并合分多个历程,人员少,服务能力减弱,加之社会化农机服务体系尚未健全,一些农业生产关键环节的农机农艺融合、机械化试验示范难以开展。四是农业机械化基础设施建设薄弱。机耕道、场库棚、维修站严重短缺,大多数农村机耕道年久失修,存放大型农机具的场库棚不足,农机维修网点设备和技术人员严重缺乏,存在"有机无处走,机闲无处放、机坏无处修"的问题。五是现行机构不能满足开展工作需要。云南省现行机构构架是农业厅内设一个行政处,编制仅 5 人,负责全省农业机械化发展工作,人员少、任务重,严重制约开展工作的需求。

西藏自治区

【概况】 2013 年,在西藏自治区党委政府的正确领导和农业部的大力支持下,自治区各级农业机械化主管部门深入贯彻落实科学发展观,在农业机械化发展思路、政策导向、工作措施等各个方面着力突出"转变"二字,有效促进全自治区农业机械化科学、快速、健康发展。

2013 年,中央和自治区财政对西藏自治区农业机械化发展投入力度进一步加大,全年农机购置补贴资金总量达到 1.8 亿元,比 2012 年增加 1 000 万元,补贴范围覆盖全自治区 74 个县(市、区)的 220 多个乡镇。11 月中旬,统计确定中央财政 1.2 亿元补贴资金已落实到户,自治区财政 6 000 万元补贴资金正加紧实施,全自治区共补贴购置各类农业机械 4.33 万台(套),拉动农牧民和农业生产经营组织投入 2.03 亿元,受益农户 2.98 万户。

受补贴政策拉动,西藏自治区农机市场供需两旺,农机保有量较 2012 年继续大幅增长。根据 2013 年第 4 季度农业机械化统计,全自治区农业机械总动力达到 5 070 千千瓦,较 2012 年增加 430 千千瓦,增长 9.3%;拖拉机拥有量

21.1 万台,较 2012 年增加 2.3 万台,增长 12.2%;各类拖拉机配套农具 14.2 万套,较 2012 年增加 1.6 万套,增长 12.7%。2013 年,西藏自治区完成机械化耕、播、收面积共 384.5 千公顷,其中机耕面积 137.4 千公顷,机播面积 133.5 千公顷,机收面积 113.6 千公顷,机械化综合作业水平 56%。

【着力转变发展思路,农机社会化服务发展步伐进一步加快】 2013 年 9 月 26 日,西藏自治区农机社会化服务现场会在日喀则地区召开,会上明确提出当前和今后一段时期强化示范引导、加大政策扶持,推进全自治区农机社会化服务体系加速完善的发展思路,要求全自治区农业机械化发展要在全面完成《西藏自治区人民政府关于加快农业机械化发展的意见》确定的目标任务基础上,认真落实《农业部关于大力推进农机社会化服务的意见》,着力在“提升质量”上下大力气、花真功夫。

2013 年,西藏自治区对农机社会化服务的投入力度空前加大,扶持资金超过 1 200 万元,占全年农业机械化投资总量的 10%以上,当年投资规模与“十一五”以来的前 7 年投资总量基本持平,同时将对农业机械化合作组织的购机补贴比例提高至 50%,全自治区有 30 多个农业机械化专业合作组织(或正在建设的农业机械化示范区)直接受益。另一方面,各级农业机械化主管部门积极鼓励和引导群众采取各种形式开展土地置换、流转和高标准农田建设,帮助农牧民群众和相关实体兴办多元化、多类型的经营性农业机械化合作组织,积极为农业机械化合作组织争取设施用地,支持农民经济人、涉农企业参与农业机械化合作组织建设与管理,农机社会化服务发展的基础不断巩固。

在一系列政策措施的有力推动下,西藏自治区农机社会化服务逐渐呈现出投资渠道多元化、组织形式多样化、经营方式市场化、发展思路科学化的特点,发展速度不断加快。据统计,全自治区目前已建成并运转较为规范的农业机械化合作组织总数达到 50 家,参与户数 10 448户,人数 45 616 人,合作组织固定资产总额 6 979 万元,自有土地面积 12.33 千公顷,机具拥有总量 2 726 台(套),农机总动力 37 千千瓦,年服务作业面积达到 27.2 千公顷。为进一步增强西藏自治区农机社会化服务发展后劲,在充分调研和征求意见的基础上,农机部门已经起草《关于进一步加快农机合作组织发展的意见》,年内可全面印发实施。

【着力转变政策导向,补贴政策保增长促发展的地位更加稳固】 2013 年,为进一步提升西藏自治区农机购置补贴政策落实的科学性和规划性,确保补贴政策在西藏自治区持续、深入、高效实施,西藏自治区农牧厅组织编制《西藏自治区农业机械购置补贴项目规划(2014—2020 年)》,按照规划,今后一段时期购机补贴政策要在进一步落实责任、提升绩效,全面做好监督管理、加大公开力度等各方面工作的基础上,重点抓好政策导向问题,着力实现五个转变,即:即补贴投资由粮食产区向粮食产区与牧区并重转变,重点扶持粮食主产县和畜牧业大县;扶持对象由普通农户向普通农户与合作组织并重转变,重点扶持有区域性服务能力的社会化服务主体;补贴结构由动力机械向动力机械与其他机具并重转变,重点扶持购置拖拉机配套机械;补贴机型由小型机械向小型机械与中大型机械并重转变,重点扶持高效、复式作业机械;补贴类型由传统机具向传统机具与新型农机并重转变,重点扶持节能环保、先进适用的农机具。

根据政策导向的转变需求,从 2013 年开始,补贴资金既要照顾大部分群众的购机需求,注重总量提升,确保新型农机装备的加快普及应用和旧式装备的更新换代;又要进一步明确投资重点,着力推进农机结构调整和社会化服务发展,对重点推广机具、重要投入区域、重点扶持对象均力争切块专项资金予以扶持,稳固补贴政策在农牧业保增长、促发展中的基础性地位。因此,在 2013 年西藏自治区第二批购机补贴资金中,全自治区用于面上补贴的资金额度只占到资金总量的不足 50%,其余资金全部用于重点领域投资,投资方向更加明确。同时,到 2015 年三年间,西藏自治区财政将拿出 4 000多万元专项补贴资金,用于在粮食主产区补贴种子处理设备和符合国家相关技术标准的粮食贮存设备,从产前和产后两个环节深度改善产粮户生产条件,进一步提升购机补贴政策效益。

【着力转变工作措施,农业机械化管理水平和服务能力进一步提升】 2013 年,西藏自治区各级农业机械化行政、事业编制仅有不足 65 人,长期以来农业机械化行政管理和公共服务体系的不健全,给农业机械化各项工作措施的落实带来困难。在农业机械化监管体系薄弱的现状短期内不会得到改变的前提下,提升农业机械化管理水平和服务能力,必须依靠工作措施的转变和创新。根据这一情况,西藏自治区农牧厅不断在“完善制度、理顺关系”上下工夫。在政策落实方面,2013 年将陆续出台《农机购置补贴政策落实延伸绩效管理工作实施方案》《推进农机购置补贴廉政风险防控机制建设工作方案》《农机购置补贴经销商管理办法》《补贴产品分类分档及补贴额测算办法》等规定,进一步健全管理制度、规范操作程序、提升项目绩效;在农机技术服务方面,正在逐步建立农机农艺协调制度,地、县农业机械化和农牧业主管部门基本做到“一套人马、两项职能”,在一定程度上克服基层农机专职人员不足导致的工作效率低下的问题,各类农牧业示范项目做到机械化先行,各类农牧业技能培训工作均有农艺专家与农机技术人员协调参与,一些项目还成立由农机农艺技术人员组成的技术负责小组,项目建设效益明显提升;在农业机械化公共服务领域,将农机社会化服务主体纳入到农业机械化公共服务体系,鼓励他们充分发挥民间网络优势,开展面向普通农户的政策宣传、技术推广、生产组织、安全教育等工作,一定程度上缓解全自治区农业机械化公共服务力量较弱、覆盖面不足的问题;在农机安全生产方面,与自治区公安交警部门建立会商和协调机制,针对全自治区农机安全监理体系不健全、监管力量不足的现实情况,由自治区公安厅牵头,两家共同开展农机安全生产监管工作,2013 年公安机关交通管理部门已经着手建设全自治区农机安全监理体系,并在拉萨堆龙德庆等几个县开展拖拉机牌证管理试点工作,目前公安、农牧两厅正积极争取机构、编制和工作经费,争取尽快开展农机安全监理工作。

【存在的问题】 一是农业机械化基础设施十分落后。基层农机具销售、维修、服务网点还不能满足农机生产需求,机耕道路、机具库棚等基础设施建设普遍缺乏资金渠道，机具停放、保养、作业等配套性设施较为薄弱，制约中、大型机具在西藏自治区的广泛应用。二是农业机械化经营效益不够稳定。近年来，全自治区各类农用物资价格不断上涨，农机产品和农用柴油价格持续攀升，导致农机户在购置农机和从事作业、服务时的成本增加，目前急需进一步推动农业机械化惠农政策向广度和深度延伸，促进购机补贴政策的配套性措施逐步完善。三是农机结构性问题仍然突出。全自治区相当部分配套机械处于老旧状态，一些机具技术水平十分落后，科技含量低，急需更新换代；农机具作业面窄，农机农艺结合度差，受机构、人员、资金等因素限制，农业机械化示范推广工作仍然比较滞后，各区域、各环节农业机械化发展差异巨大，农机的潜能没有得到充分发挥。

陕 西 省

【概况】 2013 年，在陕西省委、省人民政府的领导下，在农业部农业机械化管理司的大力支持下，陕西省农机管理部门以党的十八大精神为指导，认真落实全国农业机械化工作会议和省委农村工作会议精神，总结经验、汲取教训、求真务实、开拓创新，围绕现代农业示范园区建设和优势特色主导产业发展，围绕新型农业生产经营主体培育，着力调整优化农机装备结构，着力主攻薄弱环节机械化，着力推广先进适用农机装备技术，整合项目资金，扎实推进各项工作，奋力开创全省农业机械化科学发展、跨越发展的新局面。

【顺利实施农机购置补贴政策改革创新工作】 2013 年，山西省农机部门顺利实施农机购置补贴政策改革创新工作。一是加强领导。2 月 18 日，陕西省人民政府召开全省农机购置补贴工作电视电话会议。会后，各市、县、街镇人民政府迅速成立政府分管领导为组长，纪检监察、农机、财政等相关部门负责人为成员的农机购置补贴工作领导小组，加强政府对机补工作的领导。二是明确责任。明确县(区)级人民政府是落实农机购置补贴政策的责任主体，农业、农机、财政部门负责具体组织实施工作，要求将农机购置补贴政策落实纳入目标责任制考核。三是落实经费。省财政落实省级专项经费 350 万元，市、县两级分别按照机补资金总额 1%的比例落实机补工作专项经费，列入市、县年度财政预算。四是强化配套。聘请专家对 2013 年度农机补贴产品一览表和标准进行评定，加强对农机销售企业的准入管理。按照农业部和财政部要求，对违纪违规企业进行处理，并对参与补贴机具销售的企业提出严格要求。五是组织培训。选送 238 名农机购置补贴工作骨干参加全国首期农机购置补贴政策培训，省、市、县逐级培训农机、财政农机购置补贴具体操作人员 2 000 多人。六是广泛宣传。全省统一发放《农机购置补贴资料汇编》《农机购置补贴指南》等宣传资料 42 万份，并通过电视、广播、网络、报纸等媒体和第 5 届西部农交会等平台，及时发布年度补贴有关信息，广泛宣传农机购置补贴政策，营造舆论氛围。七是加强监管。坚持农机购置补贴试点工作督查和延伸绩效管理工作相结合，建立陕西省农业机械管理局领导牵头负责分片联系包抓制度，制定农机购置补贴政策落实包市督查方案，完善投诉举报制度。2012 年以来，陕西省共对 23 家产销企业进行查处，责令 14 家企业限期整改，取消 5 家机具补贴和经销企业资格，严惩违规企业，维护市场秩序。12 月底，全省共发放指标确认书 11.1 万份，补贴机具 15.5 万台，受益农户 8.8 万户，实施补贴资金 6 亿元，全面完成计划任务。

【强力推进十大农业全程机械化模式创建】 2013 年，陕西省围绕现代农业示范园区和优势特色主导产业，整合项目资金，投资 960 万元，在全省选择 22 个县(市、区)分别开展小麦玉米、水稻(油菜、小麦)、薯类、旱作节水农业、果业、蔬菜、畜牧养殖、茶叶生产加工、食用菌生产加工、烤烟生产初加工等 10 大类全程机械化模式创建活动。按照模式创建 3 年规划，目前 22 个全程机械化现代农业示范园区已初具雏形，为探索形成具有陕西特色的、可在适宜地域推广的十大农业全程机械化模式打下基础。

【精心实施农业机械化重大项目】 2013 年，陕西省认真实施农业机械化重大项目，以项目为抓手、制定实施方案、加强技术指导、搞好督导验收，加快推进农机、农艺融合和新机具新技术的推广步伐。

一是实施 6 个国家保护性耕作工程项目和部省级示范项目。2013 年，在陕北长城沿线风沙区、陕北丘陵沟壑区、渭北旱原区和关中灌区等四个区域 47 个县(区)开展保护性耕作技术示范，新增示范面积 40 千公顷，示范面积将达到 353.33 千公顷，拥有各类保护性耕作机具 4 万多台。二是加快推进秸秆综合利用项目。2013 年陕西省秸秆机械化综合利用项目继续坚持“综合统筹、板块推进，持续发展、整体提升”的思路，在省人民政府确定的农作物秸秆利用重点区和禁烧区的 57 个县区，建设万(千)亩示范田，巩固完善秸秆机械化综合利用合作社，规范重点技术，带动产业发展，扩大利用规模，实现整体提升。2013 年底，项目区农作物秸秆机械化综合利用率达到 95%。全省农作物秸秆机械化综合利用率达到 66%，秸秆机械化综合利用面积达到 1 533.33 千公顷，秸秆饲草加工能力达到 900 万吨。三是继续抓好果蔬贮藏百库工程建设。9 月初，省农业厅、省财政厅正式批复本年度“百库工程”建设项目 173 个，投入财政补贴补助资金 13 900 万元(其中，省级专项资金 7 000万元)，建成后预计新增贮藏能力 17.7 万吨。“百库工程”项目设计、建设方案评审批复、监督管理、竣工验收等工作统一由市级农机、农业、财政部门负责。各市已召开项目启动衔接会，开展技术指导，组织合作社与承建企业、设计单位双向自主协商。目前，项目设计、施工方案设计工作基本结束，已进入工程建设实施阶段，年底大部分贮藏冷库可望建成。

【全面提升农机公共服务能力】 一是扶持农机专业合作社建设。按照“扩量、提质、增效”的要求，投入资金 300 万，通过加强领导、政策扶持、示范带动、市场引导、指导规范、培训提升等措施，助推 60 个农机合作社发展。投资 130 万元，对 13 个合作社进行机具库棚建设补助；投资 90 万元，新建区域性农机维修中心 3 个、续建 3 个。2013 年 12 月底，陕西省新增农机专业合作社 120 个，总量达 570 个，其中全国农机专业合作社示范社 15 个。二是重视农机信息化网络建设。加大农机信息化网络体系建设力度，省农业机械化信息网实现全面升级，市、县(区)农业机械化信息网站建设工作顺利推进。加强与新闻媒体沟通联系，大力宣传农业机械化事业。2013

年，在各级各类新闻媒体发布信息2 200余条，为全省农业机械化工作营造良好的舆论氛围。三是加强农机质量管理和职业技能鉴定。开展分级分类管理农机维修从业人员技术等级审定；安排100万元为10个县购置鉴定仪器设备。开展职业技能鉴定示范，组织培训农机职业技能鉴定考评员148人次，开展农机职业技能鉴定18批次，鉴定农机从业人员1 079人。开展全省"3·15"农机质量投诉监督宣传活动，发放宣传资料500余份，回答农民提问50余条；"三夏"、"三秋"等重要农时，深入企业突击检查农机产品质量，责令限期整改存在问题，农机产品质量明显提高。申报中省支持推广目录农机产品的受理、汇总、初审及上报工作进展顺利。四是抓好新型职业农民培育。扶持农业机械化学校改善办学条件，组织开展以农业机械化重点技术为主要内容，以懂农机、懂农艺、善经营的农机技术人员和作业人员为主体的新型职业农民培训。全省培训农机操作手、维修人员、驾驶员、农机大户13万余人次。五是农机学会工作扎实推进。积极开展学会换届选举筹备工作，精心组织论文征集、会员重新登记和市级学会基本信息采集，完成省科协、省民政厅下达的2012学会年检任务。全省各级农机学会工作稳步推进。

【积极推广农机监理"武功模式"】 2013年，陕西省农机部门在全省推广农机监理、公安交警联合执法的"武功模式"，积极争取安监、公安、财政、人事编制等相关部门支持，完善农机安全监理体系，落实拖拉机、联合收割机"两免一补"政策，提升农机"三率"，开展平安农机创建，促进农机安全生产形势持续稳定好转。全省建立农机监理、公安交警联合执法机构29个；全省拖拉机新登记28 015台，收割机新登记5 803台，累计拖拉机、收割机在册数232 096台，登记率达到74.6%；检验拖拉机、联合收割机193 335台，检验率达到83.3%；新增持证人员15 316名，累计持证在册人数128 461人，持证率达到49.7%。

截至10月31日，陕西省共发生农机事故464起，其中道路外农机事故325起，死亡3人，受伤43人，直接经济损失72.16万元。农机道路交通事故139起，造成死亡1人，40人受伤，直接经济损失36.82万元。

甘肃省

【概况】 2013年，甘肃省农业机械化工作在省委、省人民政府和省农牧厅的正确领导下，在农业部农业机械化管理司的指导和支持下，各级农机部门深入学习贯彻党的十八大精神，按照省委、省人民政府关于"三农"工作的总体部署，紧紧围绕"扩总量拓领域、抓推广调结构、提水平增效益、保安全促发展"的思路，以贯彻落实农机购置补贴政策为抓手，以实施农业机械化推进工程为载体，求真务实，开拓创新，真抓实干，全面完成工作任务，全省农业机械化事业继续保持持续快速健康发展的良好态势。

【农机装备总量持续增长，结构优化速度加快】 2013年，甘肃省农机总动力达到24 160千千瓦，比2012年增长6%；拖拉机保有量70万台，增长5.3%，大中型拖拉机达到11.8万台，增长2%；联合收割机5 400台，增长2%；配套农机具137万台(套)，增长4.6%。机械配套比达到1∶1.96。

【农业机械化作业水平持续提高，薄弱环节农业机械化有所突破】 2013年，甘肃省机耕、机播、机收作业面积分别达到2 150千公顷、1 406千公顷、810.67千公顷，比2012年分别增长4%、3%、6%；作业水平分别达到61%、35%、21%，分别增长2个、1个、2个百分点。耕播收综合机械化水平达到42%，增长1.7个百分点。玉米机收水平有较大发展，机收面积达到100千公顷，机械化收获水平达到12%，增长4个百分点。

【社会化服务持续推进，农机经营效益持续增长】 2013年，甘肃省农机服务组织达到4 000个，较2012年增长11.8%，其中农机合作社400个，增长33%。全年农业机械化经营总收入达到94亿元，较2012年增长7.2%。农机经营纯收入达到35亿元，增长7.4%。农业机械化对农民增收的贡献达到近175元，贡献份额较2012年稳步提高。

【农机购置补贴力度持续加大，农业机械化发展方式转变】 2013年，中央财政共安排甘肃省农机购置补贴资金4.4亿元，比2012年增长6.82%。省财政安排3 500万元。地方财政加大农业机械化投入，其中白银市投入1 265.67万元开展燃油补贴，庆阳市财政投入500万元累加补贴收获机械，临夏州投入100万元累加补贴动力机械。中南部地区2013年积极推进"以机代牛"计划和"整村推进"行动，补贴购置微耕机等各类中小型机具近2万台，农业生产逐步由农机具替代人畜力，农业机械化综合水平将达到25%左右，比2012年提高近4个百分点。

【存在问题】 一是甘肃省农机购置补贴资金需求缺口大，难以满足各地对设施农业装备和大马力动力机械等的巨大需求。二是柴汽油生产资料涨价致使农机经营成本持续上涨，农机作业价格变化不大，影响农机使用效益。三是农业机械驾驶操作培训和农机安全监管由于工作经费紧张，难以适应农业机械的快速增长。四是实施全价购机政策方便农民，但增大政策督查落实任务和执行成本，各地工作经费普遍紧张。

【创新机制落实农机购置补贴政策】 全面推行"全价购机、县级结算、直补到卡"兑付方式，补贴资金通过县级财政强农惠农专项资金特设专户，直接兑付到购机农户"一册明、一折统"上。2013年补贴购置各类机具17.5万台，受益农户15万户，拉动农民投资9.2亿元。一是精心安排部署。3月份召开全省农机购置补贴工作会议专题安排部署农机购置补贴工作，印发2013年农机购置补贴资金使用方案。二是深入宣传政策。各级农机部门认真制定实施方案，完善工作措施，印发农机购置补贴工作手册、补贴操作流程图等宣传资料。三是狠抓人员培训。组织全省各级农机部门和有关农垦农场参加农业部的统一培训，并在省内再次对农机管理部门、补贴产品供货企业操作人员1 200人进行全面培训。四是升级系统平台。升级改造农机购置补贴信息管理平台，确保系统安全运行。五是落实各项制度。全省农机管理部门层层签订农机购置补贴责任书，建立责任追究机制，将信息公开、廉政风险防控等纳入绩效考核范围。六是加强监督检查。甘肃省农牧厅牵头组成6个工作组走访900多个购机户和经销商，核实机具上千台，全面掌握全价购机操作方式的实施情况。七是突出补贴重点。庆阳市、临夏市、安定区等市县选择对当地农业主导产业的急需机具累加补贴，引导农民购机用机。八是打击违规行为。对举报查实的2家经销商取消补贴资格，并对委托的7家生产企业提出警诫。调查处理玉米收割机致伤农民事件，取消2个型号的机具补贴资格。九是开展绩效延伸管理。制定“甘肃省2013年度农机购置补贴政策落实延伸绩效管理工作实施方案”，对各市县信息公开、工作经费落实等进行通报，督促各地规范程序。

【全面抓好关键农时机械化生产】 2013年组织189.76万台次的拖拉机、播种机、铺膜机投入农业机械化生产，组织维修拖拉机32.16万台、检修农机具118.23万台件。一是抓抗旱保春耕工作。积极指导和帮助农民检修抗旱机具，组织和调动各类农业机械拉运人畜饮水275.31万吨，完成抗旱浇灌142.35千公顷。二是全力做好农业机械化春耕生产。各级农机部门加强部门协调和生产调度，提供信息技术服务，春耕期间共完成机耕962.53千公顷、机播873.01千公顷、机械镇压543.13千公顷、机械深施化肥666.35千公顷。三是组织小麦跨区机收作业。加强与公安、交通、石油、气象等部门的协作配合，设立跨区机收接待服务站和机收联系点243个，发放跨区作业证2 804个，组建跨区服务队120个，组织5 800多台(次)联合收割机开展省内外跨区作业，全省小麦机收面积达到446.67千公顷，机收水平达到43.28%。四是狠抓秋冬季农业机械化生产。组织68.4万台各类农机具投入秋冬种作业，完成机耕1 034.87千公顷、机收玉米125.61千公顷、机收马铃薯96.65千公顷、深松整地357.67千公顷、冬播小麦323.65千公顷。五是净化农机维修市场。加强与工商、质量检测等部门的配合，对农机生产经销企业和维修网点开展专项检查活动，共排查农机维修网点安全隐患138起，不合格产品1 531台(件)，并要求限期整改。

【加大农业机械化新技术新机具推广】 2013年，甘肃省完成农业机械化新技术推广面积768千公顷，投入先进适用机具28.79万台，培训农业机械化人才20.6万人次。一是加强技术培训和指导。甘肃省农牧厅印发《关于加强农业机械化技术推广工作的贯彻意见》，甘肃省农业机械管理局组织编印11项农业机械化主推技术的培训教材，举办新机具新技术培训会489次，发放宣传资料17.41万份，培训农机管理和技术人员8 000人、农机操作人员19.8万人。二是落实保护性耕作项目。共完成保护性耕作面积200.67千公顷。落实农业部项目资金190万元，建设示范县8个，新增示范面积16千公顷；新建国家发改委项目17个，新增投资5 500万元；在建项目县27个，建设农机具库棚场1.46万平方米，修缮机耕道95.6千米，新增示范面积20千公顷。三是做好农业机械化科技创新与推广工作。下达2013年甘肃省农业机械化科技创新与推广项目经费250万元，共安排农业机械化科技示范基地建设、农业机械化科技示范工程、保护性耕作示范工程等农业机械化科技创新与推广项目11个。四是研发新机具。组织4家农机企业完成鱼鳞式药材清洗机、梳齿式废膜捡拾机、防缠绕灭茬旋耕机等8种新机具的改进设计、专利申报，争取中小企业创新基金项目3个，资金150万元。五是推广废旧地膜机械回收技术。争取中央资金100万元，推广投放推广地膜捡拾机170台，完成示范推广面积3.33千公顷。

【扎实推进农机安全生产监督管理】 2013年，甘肃省共发生农机事故26起，死亡2人，受伤21人，直接经济损失3.33万元。一是全面落实农机安全生产责任制。全省各级农机部门、县农机部门与乡镇及农机经营户和农机驾驶人层层签订农机安全监理目标管理责任书，分解工作任务，靠实农机安全责任。二是广泛开展农机安全宣教活动。印发农机监理宣传要点，组织开展安全宣传日活动。共印发宣传材料59.15万份，制作宣传栏、图版1 633个，电视、报刊、广播宣传693次。三是做好农业机械年度检验及驾驶人到期换证审验工作。检验农机24.96万台次，检验率86.73%；到期换证审验驾驶人1.06万人，审验率82.15%。四是做好拖拉机、联合收割机牌证管理工作。新登记入户农机3.45万台，新增驾驶人2.78万人。五是加大执法力度，消除安全隐患。围绕“打非治违”活动，共检查农业机械19.44万台(次)，查处农机违章作业3.84万台(次)，下发整改通知书4 250份。六是开展系列农业机械化安全生产活动。全省农机监理部门组织开展农业机械化“打非治违”专项整治、农机“安全生产月”、“平安农机”创建、“为民服务创先争优”创建等安全生产活动，有力保障农业机械的安全生产。

【切实加强农机质量监督检验】 一是开展农业机械推广鉴定工作。受理86家企业的312个农机产品的推广鉴定申请，核发农业机械推广鉴定证238个。二是开展农机质量监督检测工作。对全省生产和销售的农机零配件进行定期监督检验，共抽检农机零配件112批次，合格率89.3%。三是开展农机产品质量投诉受理工作。共受理协商解决农机产品投诉案件27起，结案率达93.1%，为农民挽回直接经济损失41.2万元。四是组织开展农机质量调查。制定《2013年甘肃省农机鉴定工作监督检查工作方案》，开展小型小麦收获机械质量调查工作。五是完成《2012—2014年甘肃省支持推广的农业机械产品目录》(2013年)目录调整工作，共涉及10大类30品目的2 714个产品增补进入省级目录。六是抓农机职业技能鉴定工作。开展农机职业技能鉴定16期，颁发农机职业技能鉴定证书1 054个。

【扎实开展“联村联户、为民富民”行动】 2013年，甘肃省农机部门继续按照省委的部署和农牧厅的安排，扎实开展双联行动。一是加强组织领导。修订完善《王坪村小康建设规划》《联系户脱贫致富计划》，制定2013年重点工作计划，明确工作重点及目标任务。完善双联工作制度，安排甘肃省农业机械管理局机关26名干部分批驻村蹲点，共派出督查组及工作组15批31人次累计蹲点168天，每人至少驻村15天以上。二是调整种植产业结构。压缩小麦面积、扩大玉米面积，免费调运发放地膜5吨，协调落实种子、化肥、农药等农资和组织开展农机作业服务。种植全膜双垄沟播玉米40公顷，地膜小麦、油菜、马铃薯各13.33公顷。三是开展养殖示范引领。组织致富能手外出考察，开展牛羊养殖技术培训，争取项目支持引进投放种羊300只，落实养羊示范户10户，成立养殖专业合作社，引导村民因地制宜建设养殖圈舍和申请贴息贷款。四是推进“以机代牛”行动。推广应用农业机械化新技术，引导和发挥已投放农机作用，继续组织投放草食畜牧机械、起垄覆膜机械等急需的农业机械，组织农机作业队开展农机作业服务，完成机耕、机翻、机播作业面积近20公顷。五是谋划发展林果业。积极与县林业局协调，邀请林果专家进行可行性论证和调研，制定林果业发展规划，在川地、梯田等地块连片种植矮秆密植核桃，计划面积13.33～20公顷。六是推动劳务经济发展。积极引导动员组织村民实施劳务输出，对村内剩余劳动力开展适用技术培训，帮助联系打工渠道和岗位，向北京、天津、上海等地输出农村劳动力150人。七是开展农村实用技术培训。邀请农机、农艺专家对村内适龄劳动力进行农机、农艺以及农村实用技术培训，全年召开各类培训会6场，发放资料600多份，培训农民近400人次。八是携手企业爱心帮扶。与福田雷沃农机有限公司建立合作关系，实施“雷沃公益·关爱留守儿童计划”，继续对王坪村及石桥镇所属部分中小学九年义务教育期间的200名留守儿童进行学业资助，每人发放助学金500元。启动开展“1+1”助学行动，对品学兼优的贫困学生给予助学和就业扶持。九是推动基础设施建设和惠农贷款落实。积极协调双联组长单位甘肃省发展和改革委员会弄列项争取实施人畜饮水工程、乡村道路硬化和公共卫生室等项目。

青海省

【概况】 2013年，青海省农业机械化工作在厅党委的领导下，在农业部农业机械化管理司的关怀和支持下，以推进全省农业现代化为核心，明确工作思路，强化工作措施，改善农机装备，提高农业机械化作业水平，确保各项工作的顺利开展。

【加大农机具购置补贴支持力度】 2013年，中央下达青海省农业机械购置补贴资金11 000万元，省财政配套700万元。补贴农业机械共13大类44个小类155个品目机具，覆盖全省所有农牧业县(市)。目前已购置各类农机具37 518台，受益农户18 330户，总补贴额11 324.36万元（其中国补：10 694.32万元，省补：630.04万元），完成中央资金97.22%，省级资金完成90%。拉动牧民和服务组织投入资金2.3亿元。在全省实行“全价购机、县级结算、直补到卡”的兑付方式以来，为更加规范此项工作，根据农业部的有关要求，青海省农牧机械管理局于4月16—20日对县(市)农机管理部门、各农机生产销售企业的农业机械购置补贴管理系统操作人员进行培训，在培训中讲解农业机械购置补贴系统中的工作流程和具体操作步骤，宣传补贴惠农政策，强调工作人员要严格遵守“三个严禁”、“八个不得”、“四个严禁收费”等工作纪律。提出要严明纪律，杜绝违规；要阳光操作，公开透明；要吃透政策，宣传到位；要精心操作，建档立账；要提高效率，规范运行。

【继续推进农机节本增效技术】 2013年，甘肃省农机节本增效技术推广明显好于2012年，节本增效、机械化蚕豆点播、马铃薯机械化种植和机械化全膜覆盖双垄栽培等适应当地先进农机新技术得到进一步发展。目前全省已完成机耕300千公顷。机播273.33千公顷，其中小麦(含青稞)123.33千公顷，油菜130千公顷，马铃薯种植和收获分别11.2千公顷和12.2千公顷。机收153.33千公顷。机械化全膜覆盖双垄栽培应用面积20千公顷。完成机械化深松2.77千公顷。

【继续推广保护性耕作技术】 2013年，甘肃省完成农业部和国家发展和改革委员会保护性耕作工程项目、农业部、省级财政项目。实施县的核心区示范任务面积分别为8千公顷、13.43千公顷、2千公顷，任务合计23.43千公顷。投入资金的11个项目实施县共计投入大中小型保护性耕作机具1 168台(套)，共完成保护性耕作示范面积23.63千公顷，占任务的100.8%。其中：小麦5.03千公顷，油菜8.69千公顷，青稞1.73千公顷，燕麦3.17千公顷，玉米4.67千公顷，牧草333.33公顷。一是农业部、国家发展和改革委员会保护性耕作工程项目。青海省2012年下达实施投资计划的保护性耕作项目县是乐都县、贵德县、贵南县、囊谦县。投入资金1 200万元。当年进行留茬，2013年实施免耕播种。完成保护性耕作示范面积8.008千公顷，占任务的100.1%。其中：小麦1.24千公顷，油菜2.97千公顷，青稞1.5千公顷，燕麦2.3千公顷。二是农业部保护性耕作项目。2013年在互助县、民和县、湟中县3个县实施。投入中央资金50万元，任务13.43千公顷。其中：项目续建县互助县、民和县各6.67千公顷，湟中县实施油菜保护性耕作播种、收获、秸秆还田全程机械化，示范面积100公顷。实际完成面积13.48千公顷，占任务的100.4%，其中：小麦3.51千公顷，油菜5.3千公顷，玉米4.67千公顷。三是省级保护性耕作项目。共投入资金60万元，任务面积2千公顷。分别安排在新建县海晏县和乌兰县；续建县西宁市本级、刚察县。每县安排资金15万元。完成保护性耕作面积2.14千公顷。其中：小麦283.33公顷，油菜416.67公顷，青稞233.33公顷，燕麦873.33千公顷，牧草333.33公顷。完成下达示范任务面积的100.7%。

【农业安全生产主要工作】 一是认真落实农机安全生产责任制。与各州(地、市)农机监理站(所)签订2013年农机安全生产目标责任书。二是强化农机安全检查指导工作。三是加强农机安全宣传教育。全省已开展广播宣传15次，电视宣传9次，报纸21次，安全生产现场会68次，发放宣传资金4.5万余份，接受安全培训1.5万人(次)。四是认真开展“安全生产月”活动。五是下发青海省农牧厅《关于扎实做好春季农业机械化生产和农机安全工作的通知》(青农机[2013]85号)和《关于开展2013年农机“安全生产月”活动的通知》(青农机[2013]147号)以及《关于做好农机安全生产的紧急通知》(青农机[2013]214号)等多个农机安全方面的文件，并对互助县连续发生的多起微耕机伤人事故，对西宁、海东、海南、海北、黄南19个县的农机安全生产进行两次集中督促检查，强化农机安全生产监管力度。六是深入开展“平安农机”创建活动。农机安全形势好于往年，目前发生事故14起，死亡9人，直接经济损失37.29万元。

【机械化深松技术稳步推进】 青海省财政安排资金75万元。实施规模为2.67千公顷。实施地区为湟源、同德、互助县、海西州、大通县。共投入深松机具70台(套)。完成机械化深松3.14千公顷，超额完成下达的任务。

【小型马铃薯生产全程机械化技术集成技术全面完成】 2013年,青海省农机部门在马铃薯平作、垄作和起垄铺膜三种模式下的全程机械化技术。研制开发和引进更为适用可靠的种植、中耕扶垄、灭秧、收获及残膜捡拾回收机械样机各一台。目前播种机、中耕扶垄机已经研制成功,分别在平安县和湟中县试验,效果好。灭秧、收获及残膜捡拾回收机械样机基本定型。

【玉米机械化生产技术成效显著】 2013年,青海省在民和县马场垣等7个乡镇实施的全膜覆盖机械化技术,实施任务面积666.67公顷,投入机具100台套。亩平均增产粮食8%,亩增收节支90～110元。并对26.67千公顷玉米生产全部实现机播、机脱。

【微粒种子点播机和蚕豆生产机械化技术水平得到提升】 2013年,青海省农机部门为填补本省微粒种子(胡萝卜等)、蚕豆点播机的空白,积极协助生产企业研制开发两种点播机,关在大通、湟中两县召开应用推广现场会,对研制的微粒种子点播机和蚕豆点播机进行试验,最终通过省级鉴定,在2014年全省试验推广。

【枸杞生产机械化技术得到快速发展】 近年来,青海省相继研制出有较强实用性的枸杞追肥机、除草机和收获机械,这些机械都将于2014年投放青海枸杞产区,改变目前青海省在枸杞机械化生产的空白。

【农机专业合作社发展较快】 2013年,青海省农牧机械管理局对农机专业合作社进行全面的调查,提出加快发展农机专业合作社的意见,现全省有农机专业合作社77家,青海省农牧机械管理局为36家合作社订阅《中国农机化导报》一份。

【牧草生产机械化技术推广进入快速发展轨道】 2013年,根据青海省畜牧业发展的要求,草产业建设速度明显加快。在民和县以玉米秸秆机械化加工利用为主的饲草料产业蓬勃发展。在半农半牧区以青燕麦为主的牧草播种、收获和加工机械化技术得到广泛认同和高度重视,大中型牧草免耕播种、割草压扁、捆草、牧草加工等先进适用的机械,在国家购机补贴政策的刺激下,购买量大幅增加,牧草生产机械化进入快速发展轨道。

【存在的主要问题】 一是农机购置补贴比例较低,贫困地区农民购买能力有限,影响富农强农惠农政策的落实。二是省级农机购置补贴资金量偏低,使得累加补贴的如联合收割机、饲草加工机械等产品满足不了农民的实际需求,累加补贴量偏少。三是新型农机服务组织发展滞后,农机服务社会化程度低。四是农机维修管理工作滞后,差距很大。

宁夏回族自治区

【概况】 2013年,在厅党组的领导和农业部农业机械化管理司的大力支持下,宁夏回族自治区各级农机部门贯彻落实中央和自治区关于加快农业机械化发展的各项决策部署,抢抓机遇,务实苦干,完成各项工作任务,为实现农业增效、农民增收、农村繁荣和农业现代化做出贡献。

【农机装备结构进一步优化】 2013年,宁夏回族自治区农机总动力达到7 700千千瓦,比2012年增加2.7%;农用拖拉机拥有量达22.5万台,比2012年增加4.5%;联合收割机7 500多台,比2012年增加16.6%;各种配套农机具达到33.2万台(套),马铃薯种植与收获机械、玉米收获机械、覆膜机械、设施农业机械大幅增加,结构进一步优化,农业机械已成为支撑农业生产的重要物质装备。

【农机作业水平进一步提高】 2013年,宁夏回族自治区主要粮食作物耕种收综合机械化水平达到64%,比2012年提高3个百分点。灌区小麦、水稻生产基本实现机械化,水稻机械化种植水平超过85%,机械收获水平达到96%;马铃薯机械化种植、收获水平达到40%,提高5个百分点;玉米机械化收获水平达到43%,提高3个百分点;设施农业机械化快速推进。

【示范园区建设水平进一步提升】 2013年,宁夏回族自治区建设农业机械化示范县6个、示范园区69个,示范园区和示范县示范辐射总面积达126.67千公顷。园区内关键环节机械化作业水平达到100%,有效促进农业机械化新技术的配套组合示范和标准化、机械化、集约化生产模式的形成。

【农机合作组织规模进一步壮大】 2013年,宁夏回族自治区农机专业合作组织达到270家,新组建10个农机作业服务公司,使全自治区农机作业公司数量达到52家,年作业服务面积达400千公顷。农机专业合作组织开始步入市场化、专业化和产业化的发展轨道,成为宁夏回族自治区农业生产的主体力量。

【农机安全生产形势进一步趋好】 2013年,宁夏回族自治区全面深化推行农机免费管理,农机挂牌率、年检率及驾驶人持证率分别达到95%、91%、88%。全年无重特大事故发生,农机安全生产形势平稳。

【重规范严监管,认真落实农机购置补贴政策】 2013年,宁夏回族自治区继续把完善政策,规范操作,加强监管作为农机补贴工作的重点,精心组织实施;全面落实"主要领导负总责、分管领导负全责、工作人员直接负责"的责任机,区、市、县层层签订农机购置补贴责任书,做到目标到岗、责任到人,形成一级抓一级、层层抓落实的农机购置补贴政策实施责任体系;积极推进补贴操作方式创新完善,在石嘴山市(大武口区、惠农区、平罗县)开展农机购置补贴方式创新试点,资金结算由省级变为县级,责任更加明确,补贴方式由"厂商结算"变为"直补到卡",资金更加安全;深入开展农机购置补贴政策落实延伸绩效考核工作,建立完善农机购置补贴廉政风险防控机制。各地农业机械化主管部门与财政部门密切配合,精心组织实施,进一步完善管理制度,规范操作,加大政策信息公开透明力度,补贴工作整体上实现高效、规范运行。2013年,全自治区共落实农机购置补贴资金2.2亿元,其中中央资金2亿元,自治区资金2 000万元。补贴各类农业机械36 816台(套),购机总额达7.26亿元,带动农民直接投资5.06亿元,实施范围覆盖全自治区22个县(市、区)和14个国营农场,受惠农民2万多户。

【抓发展重扶持,积极培育农机社会化服务组织】 2013年,宁夏回族自治区按照“以农业机械化推动农业现代化、以农机合作组织带动规模经营”的农业机械化发展思路，继续把培育农机专业合作组织作为提高农机社会化服务水平和促进农民增收的重要形式，积极培育、扶持农机专业合作组织建设。从提升农机服务组织服务层次，完善运行机制，强化服务功能，延伸服务领域入手，研究制定《关于加快农机作业服务公司建设的意见》、作业服务公司建设规范、验收标准，推进农机合作组织规范化建设，开展农机作业公司考核评星定级工作。全自治区通过验收的农机作业公司数量达到52家，农机专业合作组织达到270家，各类农机作业服务组织服务面积达400千公顷，流转土地5.47千公顷。

【保进度重质量，精心组织关键农时机械化生产】 2013年，宁夏回族自治区充分发挥农机的主力军作用，精心安排部署，科学组织调度，全力投入春耕、“三夏”、“三秋”等重要农时机械化生产。一是大力加强新技术、新机具示范推广。针对水稻育插秧、玉米机收、马铃薯机种机收机械化作业水平不高的现状，在青铜峡市、贺兰县、西吉县等地组织召开全自治区水稻机械化插秧、马铃薯机械化种植、收获等现场观摩会20多场次。通过现场展示、示范带动、媒体宣传等切实有效的工作措施，有力地提高主要农作物关键环节的机械化水平。二是大力加强技术指导和培训服务。按照农业部《关于深入开展农业机械化教育培训大行动的通知》要求，各级农机部门结合阳光工程举办各类培训班160多期，培训基层农机推广人员、农机操作手、农机修理工5 000多人（次），发放技术资料60 000多份。三是积极组织农机跨区作业。组织近千台联合收割机参加全国小麦、玉米机收大会战，平均单机年创收可达2万元以上。“三夏”、“三秋”期间，全自治区共有3 000多台联合收割机参加跨区作业，取得显著的经济效益，为农民增收做出积极贡献。

【拓领域重融合，大力推广先进适用农业机械化技术】 2013年，宁夏回族自治区坚持上下联动，区县共建的原则，在全自治区新建、续建6个农业机械化示范县、69个农业机械化示范园区。按照规范化、标准化的建设思路，制定下发2013年全自治区农业机械化示范县与示范园区建设实施方案、考评验收办法，明确园区建设内容、技术规范、验收标准、考评办法，使园区规划建设与考核验收标准相一致，高起点、高标准推进示范园区建设；各市、县（区）也集中人力、物力、财力，将各类财政项目、粮食创高产、良种化肥补贴等项目等与农业机械化示范园区建设有效结合起来，形成合力推动园区建设，确保示范园区“建一个、成一个、带一片”。同时，大力开展农业机械化新技术、新机具对比试验，在利通区召开蔬菜机械化移栽现场观摩会，在中宁县组织召开枸杞统防统治机械作业现场会，田间生产试验和机具选型试验取得阶段性成效。大力开展保护性耕作技术创新和示范推广，麦后免耕复种青饲玉米等作业面积进一步扩大，全自治区保护性耕作示范面积达到30.4千公顷。

【尽职责重成效，全面加强农机监督管理】 2013年，宁夏回族自治区继续深化农机免费管理工作，全年全自治区免费挂牌入户农业机械达到2.1万台，审验农机驾驶员6.5万人，培训驾驶员4.6万人，检验机动车10万台。全面落实农机安全生产责任制，深入开展“平安农机”创建和农机安全专项整治活动，各级农机安全监理机构严把农机登记关、检验关和农机手的培训考试关、审核关，纳入购机补贴的拖拉机、联合收割机及驾驶人100%纳入牌证管理，农机专业合作组织用机及操作人员100%纳入牌证管理。大力开展农机安全监理“为民服务创先争优”示范窗口以及“平安农机”创建活动，全自治区共创建部级“为民服务创先争优”示范窗口2个，全国“平安农机”示范县9个。全年全自治区无重特大农机事故，农机安全生产形势平稳。

【存在主要问题】 2013年，宁夏回族自治区农业机械化事业取得长足的发展，但发展中仍存在一些不平衡、不协调、不可持续的问题。一是农机装备总量不够。2013年全自治区农机总动力达到7 700千千瓦，每千公顷耕地平均拥有农机动力6 750千瓦，但仍低于全国平均水平1 500千瓦；山川发展不平衡，南部山区农机装备不够和小型、轻便、适用机械少等突出问题还没得到有效解决，优先加快发展南部山区机械化仍然是当前和今后一个时期宁夏回族自治区农业机械化发展一项紧迫而重要的战略任务。二是农机装备存量结构不优。全自治区农机装备结构虽然有较大调整，但动力机械较多、配套农具少；小型机具较多、大中型机具少；低档次机具较多、高性能复合机具少。总体上宁夏回族自治区农业机械化发展方式仍以数量增长为主，仅仅是解决农业生产有机械的问题，还处在较低的发展层次，不能全面适应农业机械化全面发展提升的需要。三是农机作业领域不宽。种植业较高，畜牧业、渔业、林果业、设施农业、农产品加工业较低，粮食生产机械化水平较高，经济作物生产机械化作业水平较低。特别是枸杞、葡萄等特色优势产业采摘、初加工机械化技术还在探索推进之中。四是农机服务组织组织化程度不高。2012年黑龙江省资产在1 000万元以上的农机合作社就达到797个。而宁夏回族自治区大部分农机作业公司、农机合作社农机总值不足100万元，普遍还存在着建设规模小、机械种类不全、配套程度不高、技术力量薄弱、管理不规范、服务形式单一等诸多问题，不能满足规模化生产的需要。

新疆维吾尔自治区

【概况】 2013年，新疆维吾尔自治区农业牧业机械管理局在自治区党委、人民政府的领导下，在农业部农业机械化管理司的指导下，全自治区农机系统以科学发展观为指导，全面贯彻落实党的十八大、自治区第八次党代会精神，深入开展党的群众路线教育活动，以转变农业机械化发展方式为主线，围绕农民增收和产业结构调整，深化农机农艺融合，强化农业机械化科技创新，着力提高农业机械化综合服务能力，农业机械化水平又上新台阶。

【农机装备结构不断改善，作业水平不断提升】 2013年，新疆维吾尔自治区农机总动力达到16 988.1千千瓦、同比增长8.35%，全自治区在册各类拖拉机、联合收割机68.12万台，在册农业机械驾驶人员56.1万人，同比分别增加13%、6%。其中大中型拖拉机25.27万台，增长20.2%；拖拉机配套农具119.34万台套、同比增长5.31%。机耕面积3 565.77千公顷、机播面积3 266.49千公顷、机收面积1 781.78千公顷，农机标准化作业水平明显提高。

2013年主要作物耕种收综合机械化水平达81.5%，农林牧渔综合机械化水平达61.5%。

【改革创新落实农机购置补贴政策办法，执行进度加快】 2013年，新疆维吾尔自治区实行“全价购机、县级结算、直补到卡(农民)”的操作办法。截至2013年11月15日，全自治区中央农机购置补贴资金实施96.7%，已兑付补贴资金9.5亿元，兑付进度89.5%，购置机具12.72万台，带动地方各级政府投入3 785万元，受益户7.43万户，拉动农民和农业生产经营组织自筹资金约23.3亿元，报废更新机具2 308台，报废补贴260.55万元。

【成立新疆农业机械化学院，加快农业机械化人才队伍建设】 2013年，为从根本上解决新疆维吾尔自治区农牧业现代化建设中，农机专业人才队伍建设滞后、基层农机人员知识和技能陈旧、农机社会化服务能力薄弱等问题，新疆维吾尔自治区农业牧业机械管理局、新疆农职院、在新疆的优秀农机企业联合成立新疆农业机械化学院，11月12日举行揭牌仪式并召开学院理事会第一次全体会议。截至10月底，新疆维吾尔自治区各级农机部门依托区地县乡四级农机培训机构，开展各级各类培训，培训52.9万人次。其中：农机管理人员1.02万人次，专业技术人员3.76万人次，农机作业服务人员48.12万人次。

【切实推进依法治机进程，确保农机安全生产】 2013年，新疆维吾尔自治区深入开展农机市场执法监督年活动，实施农机打假利剑行动，查办农机违法违规案件140起，接受并处理群众投诉举报102起，为农民减少农业生产损失418.11万元。2013年全自治区拖拉机联合收割机挂牌率预计达89%，拖拉机检验率达91%，驾驶员持证率(在册驾驶员与在册拖拉机联合收割机比)90%，继续保持全国领先水平。全自治区共发生农机事故112起，死亡39人，受伤93人，造成直接经济损失16.7万元。与2010年相比，事故起数减少5起，下降4.27%，死亡人数减少5人，下降11.36%，受伤人数减少26人，下降21.85%。全自治区未发生一次死亡3人以上的重特大农机事故。

【深入开展农机促农增收行动，千方百计增加农民收入】 2013年，新疆维吾尔自治区农业牧业机械管理局继续实施“促农增收农机行动计划”，全自治区农牧民人均增收59.8元。其中：实施农机购置补贴民生工程，争取中央拨付新疆农机购置补贴资金10.7亿元，全自治区农牧民人均增收9.2元；实施农业机械化薄弱环节突破工程，全自治区新增棉花机收44.64千公顷、玉米机收面积95.37千公顷，促使全自治区农牧民人均增收22.7元；实施农机节本增效工程，全自治区新增精少量播种747.95千公顷、保护性耕作34.91千公顷、节水灌溉357.93千公顷，促使全自治区农牧业人均增收11.6元；实施农机服务拓展工程，促使全自治区农牧业人均增收16.3元。昌吉州实施农机促农增收行动，使农民人均增收达153元。克州组织农业机械深入喀什、阿克苏等地区进行跨区作业，目前已实现农机跨区作业收入3 327万元，拓宽农民增收渠道。春耕、“三夏”、“三秋”农业机械化生产，做到早部署、早安排。实行“农田作业操作许可证”制度，保证作业质量。按照农时要求调度机具，组织协调农机作业。抢农时、争进度、保质量，及时做好服务保障工作，保证机具以良好的技术状态投入生产，切实发挥农业生产的主力军作用。发挥行业优势，及时调集农机具开展机械抢种、补种、抢运、抗洪排险等进行抗灾自救。

【创新购置补贴工作机制，全面落实自治区重点民生工程】 从2013年起，农机购置补贴实行“农民全价购机、县级结算、直补到卡(农民)”的方式，农机购置补贴具体实施操作以县乡为主。根据《关于改革农机购置补贴政策实施办法的通知》(新政办发[2013]6号)，《关于印发〈自治区农机购置补贴操作基本程序〉的通知》(新农机发[2013]2号)精神，政府退出农机市场交易环节，站到提供政策性补贴的后台服务者和市场秩序的监管者的位置上，把农机市场交易还给市场的主体(经销商、购机农民、农机专业合作组织)，有效遏制利益寻租的空间。县(市)人民政府作为购置补贴工作的责任主体，强化监管职责，乡镇政府作为购置补贴工作的执行主体，严格按程序操作，更好地服务于农民群众；农民在机具选择和价格谈判上享有更充分的自主权，购机农民直接得到补贴款，切身体会到国家购置补贴政策的实惠，更加积极地配合做好补贴机具核实、挂牌、监管等工作；促进农机产品价格稳中有降，有效抑制企业产品的乱涨价。执行过程中，新疆维吾尔自治区农业牧业机械管理局加强宣传培训，确保政策操作不走样。加强财政金融支持，各级政府安排农机购置补贴专项经费，金融机构做好服务，对农民全价购机提供支持。科学分档，准确测算。2013年，新疆维吾尔自治区农业牧业机械管理局把12大类46小类171个品目的机具分为764档，按照每档产品三年平均售价的15%～30%确定补贴额，常规产品和不易分档的产品比率控制在20%左右，重点发展的产业按照30%予以测算。同型号、同规格、同配置机具执行同一补贴额；加大农机购置补贴工作的监督检查，督促各地按照农机购置补贴绩效延伸管理的要求，做好督查与自查。新疆维吾尔自治区农业牧业机械管理局纪检监察、绩效办全程监督，编制农机购置补贴廉政防控手册，全力做好自治区重点民生工程好事实事。实行实施进度半月报制度，全力做好农机购置补贴信息管理系统的启用和数据维护工作，确保基层如期开展购置补贴录入工作。新办法取得“市场活跃、农民得利、商家满意、干部安全”的效果。

【强化农业机械化推广，夯实农牧业现代化科技和装备基础】 2013年，新疆维吾尔自治区农业牧业机械管理局把农业机械化技术推广摆在突出位置，狠抓落实。围绕农机薄弱环节、后进领域和落后区域农机装备建设，发展大型、复式、高效等先进农业机械的同时，积极推动研发、引进和推广小、微、精的实用农机具。11月15日，新疆维吾尔自治区共补贴各类农机具12.72万台，其中：耕整地机械1.81万台，同比下降13.28%；种植机械1.95万台，同比下降33.61%；田间管理机械3 689台，同比下降19.23%；动力机械3.78万台，同比增长1.64%；收获机械5 848台，同比增长27.05%(其中：玉米收获619台，棉花收获机675台)；畜牧水产机械4 841台，同比增长6.75%；设施农业机械3.35万台，同比下降14.88%。伊犁州研发的国内首台薰衣草收获机获国家专利。塔城地区农机推广站新研制红花丝采摘机和梳齿式打瓜集条机，裕民县农机推广站研制红花丝采收机，阿克苏地区新增小麦脱扬机200多台，共推广小麦脱扬机586台，已引进、推广先进的大型核桃清洗、分级加工设备两套，引进小型核桃剥皮机1 200余台。

【大力推进农机标准化作业】 2013年，新疆维吾尔自治区加大农机标准化作业规程的投入，推荐上报自治区农机地方标准项目26项，经自治区质量技术监督局批准发布41项自治区级农业机械化地方标准，初步形成农业优势产业农机作业标准体系。着力实施农业机械化六大重点示范区。进一步明确《创建自治区农业机械化示范区的标准》，通过抓重点带一般，抓创新促突破，抓示范促发展，加快推进全程机械化示范区建设。用示范区建设来带动农机作业标准化的实施，每个地州市都建成2个以上主要作物农机标准化作业示范区。认定首批12个自治区农业机械化示范区。自治区农业机械化示范区，带动农机装备结构的调整优化、加强农机农艺融合示范、培育新型农民合作组织、创新改善农业机械化公共服务管理，通过做给农民看、带着农民干，加快农业机械化先进适用技术的转化，辐射带动周边农机标准化作业建设。阿勒泰地区采取三级联动(地区、县市、乡镇)、齐抓共管，依托农机行业系列标准，围绕重点农机标准化作业区域，分片包干、责任到人、跟机服务等形式，大力推进农机标准化作业。伊犁州狠抓集中连片的农机标准化作业，30%的村队建立集中连片13.33公顷以上的农业机械化示范田，30%的乡镇建立集中连片53.33公顷以上的农业机械化示范区。塔城地区通过引进大型耕种收农业机械、GPS车载自动驾驶设备、土地整合规模化经营等，使地区农机标准化作业上新台阶。巴州全州农机标准化作业示范区85个，2.83千公顷，示范点135个；阿克苏地区标准化作业面积占总面积的86%，节本增效达975元/公顷。

发布自治区六大产业发展的21项重点领域关键环节的农业机械化主推技术，引导农民群众选择应用先进适用的机械化技术。精心组织“2013新疆农业机械博览会”。积极探索邀标方式举办展会，进行现场演示，想方设法调动基层农机户、农机合作社组织、基层农机骨干的积极性。有141家国内外企业参展，展出农机产品7 400台次，50台次的农机产品进行现场展示，3万人次参观。展会期间现场交易1亿元人民币，意向交易额约3亿元人民币。2013年完成水稻机插秧面积20.98千公顷，同比增长24.88%；马铃薯机械化播种20.43千公顷，同比增长9.46%；玉米机械化收获417.29千公顷，同比增长11.35%；棉花机械化采收66.67千公顷，同比增长42.86%；应用卫星定位导航播种作业6.67千公顷，同比增长900%；保护性耕作面积新增49.52千公顷；精少量播种2 032.83千公顷，新增138.56千公顷；农田机械节水灌溉1 211.27千公顷，同比增长7.32%。着力提高农业机械装备水平、作业水平、科技水平、服务水平，为促进农民收入的持续和大幅增加提供有效的技术支撑。

【加强农业机械化教育培训，着力推进农业机械化人才队伍建设】 2013年，农业机械化人才培养，在巩固区、地、县、乡的四级培训网络的基础上，向网络化、平台化、常态化方向发展。认真组织开展农业机械化人才队伍建设专项调查研究，强化人才资源是第一资源和科技兴农人才先行的理念，大力推进人才兴农强农战略。进一步明确农业机械化人才培养培训的思路，高度重视农业机械化人才培养培训工作，真正解决农业机械化专业人才断档、技能型人才匮乏的问题。搭建和创建农业机械化人才培养培训的平台，自治区层面重点打造新疆农业大学机械交通学院(培养农业机械化专业的大学生和研究生)、新疆农业大学机械教育学院(培养农机管理人才培训)、新疆农业机械化学院(培养农机专业大专生)、新疆农业职业技术学院(培养培训中级、初级农机专业人才)，通过合作、项目等方式，搭建农业机械化人才培养培训的平台，为基层一线输送专业化人才。同时，引导农职院与基层农机校联合办班，把松、散、乱的培训班集中整合，就地就近开展正规化培养培训。综合施策，采取上、中、下，各个层级相互配合、协调，高级、中级、初级相兼顾，不分行业内外，拓宽视野，实现大培训的格局。在制定培训计划、分配资金上，重点向基层倾斜，支持基层培训工作。

继续实施农业机械化教育培训大行动，完善和规范县市农业机械化技术学校办学条件，发挥一线培训阵地作用。利用2013年财政扶持农业机械化发展专项资金，安排项目资金200万元，选定全自治区范围内13个基础条件好、具备职业技能培训资质的学校，用于学校提高办学层次，拓宽培训领域的基础设施建设，并以此引导地县农机部门加大投入，规范培训机构建设，使项目单位逐步具备开展农机中等职业培训的能力，辐射和带动当地农机人才培训(培养)工作步入正常有序的轨道。建立农业机械化人才培训(培养)基地。制定自治区农业机械化人才培训基地建设方案，选择一批具备一定发展基础和比较优势的培训机构，从资金、政策、机制等方面全方位支持，引导培训机构整合项目、技术、资金和人才等资源，形成具有较强竞争力的区域特色培训能力，影响和带动新疆维吾尔自治区农业机械化人才培训培养持续快速健康发展。2013年，新建新疆农业大学继续教育学院(成教院)、新疆农业职业技术学院农业工程分院、石河子大学机电工程学院三个自治区农业机械化人才培训(培养)基地。

积极引导新成立的新疆农业机械化学院，充分调动学院理事会成员中的农机企业先行先试，在建设农机实用人才培养培训实训基地的同时，发挥桥梁作用，推动高校与企业的人才供需合作，今后基层开展就地就近的培养培训奠定基础。

深入实施2013年农机科技进村入户工程，组织编写《农机维修100问》《玉米生产机械化技术》《棉花生产机械化技术》《设施农业机械化技术》4本东风工程书稿和《怎样犁好地》《机采棉技术问答》《残膜回收机械化技术问答》三本科普手册书稿清样。加快解决农业机械化技术“进村入户最后一公里”难题，新疆维吾尔自治区农业牧业机械管理局与中国农业出版社合作出版农机科普系列丛书，今明两年陆续编印以新疆六大产业为主的农机实用科普手册16类，已编写9本科普读物的初稿。2013年，选派3名处级干部，分别到农业部挂职锻炼、自治区党校、天津大学学习，组织全自治区地州县市农机购置补贴分管领导及工作人员160人赴北京参加全国农机购置补贴政策培训。

【培育新型农机经营主体，加快推进现代农机服务建设】 2013年，新疆维吾尔自治区按照“引导不强迫、支持不包办、服务不干预”的原则,支持农机专业户发展成为农机大户,引导农机大户、种粮大户、普通农机专业户和农户,采取机具入股、技术入股、土地入股、资金入股等多种方式创建农机合作社等服务组织。推动农机合作社开展横向联合与纵向协作,共同发展。截至目前,在工商行政管理部门登记注册的农机专业合作社共357个,新增93个,同比增幅35.74%;合作社社员7 695人,从业人员8 256人,服务农户万13.58万户(同比增幅13.64%),实现作业服务面积898.67千公顷,同比增幅10.62%;农机维修服务网点2 700个,从业人员4 794人;农机经销点1 407个,从业人员2 108人。新疆维吾尔自治区年农机合作组织服务总收入4.3亿元,同比增幅6.3%,平均每个合作组织实现服务收入159.6万元,同比增幅5%。继续加大对农机合作示范社的支持力度,不断壮大实力,发挥示范引领辐射作用,提高农机服务组织发展质量和水平。根据财政扶持农业机械化专项的要求,研究确定财政支持农机合作社发展项目指南,确定25个农机专业合作社作为自治区示范社予以扶持。同时,筛选10个农机专业合作社作为农业部扶持的全国农业机械化示范社上报农业部农业机械化管理司。积极落实扶持农业(农机)合作组织的各项政策,在农机购置补贴、农机示范推广、培训等项目上予以倾斜,对农业(农机)合作组织的配套农机局实行要补尽补。

【突出公益性职能,全力推进农机公共服务体系建设】 2013年,为构建科学化、制度化、规范化的农业机械化长效投入机制奠定基础。自治区本级农业机械化投入3 920万元,其中,农机公共服务体系建设2 720万元(基层农机推广能力建设投入1 750万元,安排体系建设项目79个,其中:乡镇农机推广站69个;农机安全监理能力建设投入350万元;农业机械化培训能力建设投入200万元;农机购置补贴及市场监管能力建设投入340万元;农业机械化发展研究投入50万元),农机标准化建设投入30万元,农业机械化新技术、新机具研发投入200万元,现代农业机械化技术推广及示范区建设投入700万元,农机专业合作社建设投入300万元,进一步改善服务手段,增强服务功能,切实促进农机系统推广、监理、培训、信息、鉴定能力建设。同时,督促各地制定新一轮地、县农机公共服务体系建设规划,切实提高农机管理、推广、监理、培训、信息服务等环节的工作质量和效率,着力加强基层农机乡镇站基础设施建设,完善服务设施,改善服务手段,增强服务功能,提高服务水平。

按照《新疆农机综合信息平台项目实施方案》,根据新疆维吾尔自治区采购中心要求,对综合信息平台软件进行公开招标,最终南威软件股份有限公司以198.4万元中标。目前,完成平台项目开发合同签订和软件开发,2013年10月底开始进行软件平台所需硬件的政府采购工作相关手续办理,争取为全自治区农民群众、农机企业、农机部门等搭建信息服务平台。优化农机服务市场环境。认真开展调查研究,起草制定《农机流通市场发展现状调研及建设规划(2013—2015)》(讨论稿),支持引导企业建设区域性农机流通市场。适应农机报废更新需要,重点推动农机维修市场建设,逐步形成“统一规范、布局合理、竞争有序”的农机服务市场。

【加强监督管理,切实提高农机依法行政水平】 2013年,创建全国“为民服务创先争优”示范窗口6个,创建自治区级“平安农机”示范县(市)9个,岗位示范标兵10名;自治区“为民服务创先争优”示范窗口10个,岗位示范标兵20名。农机安全生产工作形成政府主导,农机主抓,部门配合,全社会参与的良好局面。由自治区人民政府与各地州市政府、行署签订安全生产责任书(包括农机安全生产),农机安全生产监督管理由部门行为上升为政府行为,同时农机部门层层签订安全生产责任书,确保农机安全生产措施横向到边,纵向到底,落实到位。根据自治区财政厅对维吾尔自治区农机监理系统执法车辆的核定要求,2011—2013年新疆维吾尔自治区农业牧业机械管理局利用农机公共服务体系建设项目,为58个监理所站配备农机监理执法专用车,为32个监理所站配备考试车和检测车。自治区投入160万元,用于农机安全监理规范公所站建设,改变过去由人工眼看、手摸、耳听落后的检验方法,提高技术检验工作的科技含量。乌鲁木齐市率先在全自治区开展拖拉机免费管理的试点,在部分区对拖拉机保险、检验实行免费,极大地调动广大农机户上牌办证的积极性,提高拖拉机“三率”,有效降低事故隐患。据不完全统计,2013年新疆维吾尔自治区在开展各项专项整治活动中,农机安全监理部门累计出动农机执法人员1.99万人次,出动农机监理执法车453台次,开展农机执法行动4 568次;共检查拖拉机25.41万台(次),纠正拖拉机违章10.74万起、治理黑车5 142台,查处改装超长超宽拖车2 517台,切实提高农机安全规范化、标准化和信息化水平。开展“农机安全知识进万家”主题宣传教育活动,印制8万份《农机安全监理法规》、4万份《农机安全知识》画册,发放宣传资料109.2万份,出动宣传车2 940台(次),受教育人数达120万人(次),免费向广大农机户发放,收到良好的宣传效果。开展农机市场执法监督年活动,继续加大农机市场执法检查、互查力度,重点检查规范农机执法程序、法律文书、档案管理等。结合春季、“三夏”、“三秋”关键农时,组织开展3次农机市场执法监督年互查活动,通过农机市场现场执法检查、查阅农机执法案卷、座谈讨论、地州互相交流等多种方式,加强对农机市场执法工作的指导、监督,查处一起经销商“以小套大”骗取国家补贴资金的违法案件,净化农机市场经济秩序,切实提升农机市场执法水平,积极推进农机依法行政,取得显著成效。收到农机投诉87起,受理办结或正在处理的案件82起,办结率达到94%。自治区举办一期农机监理所(站)长培训班,聘请自治区党校、新疆农业大学和自治区人民政府法制办有关专家、教授,系统地讲解依法行政、农机管理法律法规等专业常识,培训全自治区农机监理所(站)负责人65人;举办一期农机市场监管执法培训班,邀请自治区法制办人员,开展行政法律法规培训,通报农机市场执法监督年活动开展情况,听取互查活动中查处的典型案件整改情况报告,总结交流各地好的经验做法,进一步规范执法程序、执法案卷,提升执法质量,提高监管人员执法水平。

2013年,完成自治区级农机产品推广鉴定290项,对95个企业323个产品的企业生产条件进行审查,完成农业部部级推广鉴定项33项,受理疆外农机产品推广许可证登记审查1 160余项,同比增加45%,其中:通过审查认可830项,正在办理的287项,因不符合相关要求退回的43项。完成各类检验项目38

项，其中：委托检验20项、进出口检验6项、生产许可证检验5项、生产许可证实地审查12项。严格审查600个申报进入自治区支持推广目录的产品和485个增补进入2013年目录的产品，对符合要求的产品予以推荐，为编制《自治区支持推广先进适用农业机械产品目录》和《国家支持推广先进适用农业机械产品目录》起到重要技术支撑作用。为在鉴定检验过程中，认真学习《企业生产条件审查》、产品相关标准、推广鉴定大纲，加强新购检验仪器设备的操作培训，有效提高检验人员的业务能力，科学合理调配人力、物力，加强工作质量监督和规范检验行为，做到效率和质量兼顾。依法受理《农机经营服务技术合格证》的企业申请340家，接受经销企业申请依法注销48家，全自治区已取得农机经营服务技术合格证的企业830家，持证率达100%，农机市场经济秩序进一步规范。目前，586家农机补贴产品生产企业自主推荐备案经销商网络，在新疆农机网上向社会公布，方便购机农民查询和自主选择农机购置补贴产品。

【改进工作作风，加强农机系统自身建设】 2013年，新疆维吾尔自治区农业牧业机械管理局将党风廉政、精神文明、综合治理、绩效考评工作同农业机械化重点工作同部署、同检查、同促进，在工作效能上体现改进作风的成效。一是认真落实党风廉政建设责任制，大力推进惩治和预防腐败体系建设。重新分解落实局党组领导班子成员党风廉政建设的责任，细化农机购置补贴风险防控体系建设内容；二是深入开展精神文明创建工作。按照自治区"零基启动"的要求，积极争创自治区文明单位，修订完善《农机局精神文明工作手册》，引导干部职工人人争做最美新疆人；三是围绕创建绩效考评优良单位，扎实推进绩效考核各项工作。认真总结绩效考评工作中的经验和教训，进一步健全完善考评标准和制度，分工明确、责任到岗、追究到人；四是深入开展党的群众路线教育实践活动，转变作风，为民服务。针对群众提出的六大类66条突出问题，坚持立学立改、边查边改，明确提出党员特别是领导干部要做学习的表率，坚定政治立场，科学谋划农业机械化发展，不折不扣落实各项规定，把问题和矛盾化解在基层，增强拒腐防变的能力，建章立制形成科学高效的长效机制，局领导靠前指挥，做好指导，搞好为民服务。五是理清各级农机部门职权责，做到事权、财权、评价权统一。对涉及农业机械化项目、先进评选等，由局领导班子成员牵头负责，修改完善领导班子建设、财务、会议、车辆改革、效能考核等十项规章制度。六是深化调查研究。围绕自治区六大产业发展战略，制定农业机械化人才培养（培训）发展规划、农业机械化信息平台建设、加快推进畜牧业机械化、解决棉花机收问题等十项调研课题，通过了解情况、摸清现状、找准问题，提出新思路、拿出新方案，促进科学决策、指导实践、推动工作。七是认真履约践诺，逐一兑现承诺事项。新疆维吾尔自治区农业牧业机械管理局向疏勒县艾尔木东乡喀然丹村、疏勒镇新市区投入资金82.2万元，其中直接投入71.6万元（包括价值2万元的助学物资）、协调落实资金10.6万元（包括协调落实培训资金7.9万元、慈善捐助2.7万元），帮助扶贫村建立帮扶救助基金、壮大村集体经济、帮助扶贫村建立村小学电脑室、补助对口帮扶的社区工作经费等事项。八是着力打造农机系统学习型、务实型、服务型、创新型、廉洁型"五型机关"。2013年，新疆维吾尔自治区农业牧业机械管理局党组中心组学习17次，干部职工集中学习38次，邀请专家作辅导报告3次；干部职工向四川雅安地震灾区捐款2.27万元，由新疆慈善总会捐往地震灾区；坚持开展"道德讲堂"活动，用身边人讲身边事、身边事教育身边人的方法，每期一主题，每期一道德楷模事迹引领全局干部职工崇德向善，做文明人，做文明事；组织聆听《坚定信心，团结奋斗，实现伟大"中国梦"的专题讲座》，观看《失德之害——领导干部从政道德警示录》，使党员干部汲取深刻教训，引以为戒，警钟长鸣。此举，有效推进新疆维吾尔自治区农业牧业机械管理局"五型农机"建设。

【存在的问题】 在新疆维吾尔自治区农业机械化快速发展的过程中，仍然存在着一些突出的问题，如农业机械化发展区域不平衡、一些地方的主导产业、重点领域、薄弱环节的机械化进展缓慢；个别地方执行农机购置补贴新的操作办法时存在职责不清、工作迟缓、农业机械化服务组织化程度仍然较低等。

大 连 市

【概况】 2013年，大连市各级农机系统干部职工贯彻中央、省、市有关会议精神，围绕市委、市人民政府都市型农业现代化建设，积极落实农机购置补贴政策，加快推广主要粮食作物生产重点环节机械和技术应用，强化农机安全生产，农业机械化保持良好的发展态势。

【农业机械化装备水平】 2013年，大连市农机总动力达到3 670千千瓦，新增农机具7 000台，完成全年任务。新建农机合作社18个，完成任务数的160%。农机总值达到28亿元。

【农业机械化生产作业】 2013年，大连市完成机械耕整地300千公顷、机播种184千公顷、机械收获106.67千公顷。主要粮食作物耕种收综合机械化水平提高2个百分点，达到74%。水田机耕达到95%，机插秧达到90%、机收获达到80%，基本实现水稻生产全程机械化。玉米机耕达到95%，机播达到90%、机收获达到28%，实现大幅度发展。

【农业机械化宣传培训】 2013年，大连市通过广播电视和报纸等媒体宣传，农民对农机购置补贴等农业机械化政策有普遍了解；全市举办各种培训班254期，培训农机推广人员、农机手17 000多人，完成年计划。

【农机安全监理与质量监管】 2013年，大连市农机安全生产形势稳定，全市涉及农机生产事故明显下降，全市未发生重特大农机事故，各项指标均低于控制指标。普兰店市被农业部评为全国农机安全监理"为民服务争先创优"示范窗口。农机质量监管工作扎实开展。

【加强组织领导，统筹兼顾】 2013年，大连市出台农业机械化发展意见，以市人民政府名义出台《大连市人民政府办公厅关于促进都市型现代农业机械化发展的意见》，《意见》提出到2017年大连市农业机械化发展目标，并将作为未来五年大连市农业机械化发展的纲领性文件。召开2013年农业机械化工作会议，全面布置2013年农业机械化推广工作。将2012年新增7 000台农业机械；推广

10千公顷秸秆还田保护性耕作技术等任务指标分解到区市县，并同区市县农机局签订2013年农业机械化工作责任书。

【加强政策扶持，强化责任落实】 2013年，大连市实施农机购置补贴政策，落实国家农机购置补贴政策和市级累加补贴政策，市财政在国家补贴30%的基础上，对购买主要农作物薄弱环节重点机械的专业合作社给予不超过售价20%的累加补贴。开展农机购置补贴政策落实警示教育活动，印发《大连市2013年国家农业机械购置补贴资金使用方案》；同区市县签订农机购置补贴工作责任状；成立农机购置补贴监督检查工作领导机构。实施保护性耕作项目，大连市北三市分别承担项目建设。总投资额超过2 100万元，其中国家投资1 440万。实施农业机械化作业补贴政策，为推广保护性耕作技术，大连市对实施机械化收获秸秆还田给予每公顷300元补贴，在全市推广10千公顷。实施农业机械化基础设施补贴政策，对农机专业合作社建设农机具库(棚)给予补贴。按每平方米不超过200元给予一次性奖补，奖补额最高不超过12万元。2013年补贴资金总额为100万元。

【机械化推广工作，重点推进】 2013年，大连市组织农机具春耕备耕。下发《关于做好2013年农机春耕备耕工作的通知》，组织农业机械化技术推广部门深入乡村农户，开展农机从业人员培训工作，指导机手保养、调试和检修大型农机具。全市已举办农机维修技术和农机驾驶操作培训班22次，培训农机从业人员8 000多人次；共检修农机具2.5万余台，规范农机维修网点211个，为农机春耕春播生产提供充分的人员和机具保障。推进水稻生产全程机械化。落实全市农村工作会议和农业工作会议精神，全力以赴做好水稻生产机械化工作。先后下发《关于做好农机春季生产的通知》和《关于做好水稻生产机械化工作的通知》。各水稻主产县(市)人民政府制定《水稻生产全程机械化发展规划》和《水稻生产全程机械化实施方案》。各级农机部门围绕水稻生产全程机械化工作落实，建立起责任追究制度；围绕行政执行力落实，加大政府推动力度。全市水稻机械化整地机和机插秧任务已完成，通过省农业委员会的检查验收。

【加强农业机械化政策宣传，提高服务能力】 2013年，大连市组织农机春耕服务大集，开展大连市2013年春耕生产服务大集农机展示推介区的布置工作，共调集水稻生产机械、玉米收获机、拖拉机等农业机械50余台，印发宣传资料3 000余份。做客大连广播电视台《行风热线》，市农业委员会副主任谷源蒂、农机管理处处长、农机推广站站长和农机安全监理所所长做客大连广播电视台新闻广播《行风热线》，就广大农民朋友关心的农业机械化发展、农机购置补贴政策、农机质量和农机安全等问题进行解答和交流，宣传农业机械化政策，解答农民发展农业机械化的难题和困惑。

【加大安全排查整治和农机质量专项检查活动，确保农机生产安全】 2013年，大连市印发《农机安全生产大排查大整治百日专项行动实施方案》，加大对拖拉机、玉米收割机无牌无证、不参加年检的整治力度，对发现的农机作业违章行为，及时纠正，切实将各种安全隐患消除在萌芽状态。对辖区内农机销售、维修网点进行专项检查，进一步整顿和规范市场秩序，提高农机零配件和农机维修质量和服务水平。

宁 波 市

【概况】 2013年，宁波市农机部门贯彻落实党的十八大和十八届三中全会精神，以农机“七大行动”为抓手，在市委市人民政府的重视和上级主管部门的指导下，扎实工作、不断创新，为发展现代农业、保障粮食安全、提升农业综合生产能力提供有力支撑。

【大力实施粮食生产全程机械化推进行动，进一步提升粮食生产全程机械化水平】 2013年，宁波市新增插秧机448台，其中乘座式插秧机387台，完成水稻机插面积48.05千公顷，比2012年增加1.28千公顷，机插率56%，水稻耕种收综合机械化水平86.8%，保持浙江省领先。新增粮食烘干机199台，总数793台，批次烘干能力近万吨位，位居全省第一。在全省率先实现粮食生产全程机械化。

一是狠抓机插育秧技术，奠定扎实基础。加强规模化育秧和工厂化育秧中心建设，积极研究推广基质育秧技术，开发出低成本高质量的本地基质。2013年，宁波市建设季供秧能力33.33公顷以上的规模化育秧中心872家，全年规模化育秧秧田面积255.07公顷；新增工厂化育秧中心10家，总数75家，育秧大棚30万平方米。推广育秧基质4 050吨，培育出的秧苗可供4千公顷水稻机插。

二是实行整体推进，加快机插步伐。鄞州区、余姚市黄家埠镇等“一区六镇”创建为第二批水稻生产全程机械化区域性整体推进单位。2013年5个乡镇申报创建市级整体推进示范乡镇。整体推进成为带动宁波市水稻生产全程机械化的龙头。

三是优化育插秧装备，提供有力支撑。积极推广使用水稻育秧播种流水线作业，实现客土育秧播种机械化；余姚等地推广自走式大田水稻播种机作业，实现大田本土(田沟泥)育秧播种机械化。为满足双季稻区农民机插需求，积极推广25厘米行距高速插秧机，使用25厘米行距插秧机与30厘米行距的相比可增加基本苗，增产效果明显。新增25厘米行距插秧机123台，总数200多台。

四是加快粮食烘干中心建设，提升保障水平。重点抓好以农机合作社、粮食收储企业为主的粮食烘干中心建设，目前已认定粮食烘干中心40多家。进一步延伸产业链，在部分合作社实现烘干中心机械化生产、精细化加工、品牌化销售的产加销一体化。

【大力实施农机科技创新与推广行动，进一步提升农机科技创新与推广水平】 2013年，宁波市以现代农业园区建设为重点，通过项目带动、农机农艺融合、农业机械化与信息化融合等手段，大力推进优势特色产业机械化、设施农业和“智慧农机”建设。

一是加强先进农机引进、示范与推广，提升农业特色产业机械化水平。探索发展大豆生产全程机械化技术，慈溪市施山农机合作社从日本引进2台鲜大豆采收机开展机采示范，填补省内空白。加快推进油菜生产机械化，机收面积2千公顷。水产畜禽养殖机械化呈现良好发展势头，新增畜牧养殖送料机1 085台、猪苗繁育成套设备7 813套、水帘降温设备141套、增氧机3 766台。茶叶机械化程度进一步提升，新增采茶机38台、修剪机221台、加工机械228台，名优茶机械化加工率超过90%。

二是大力扶持发展设施农业。继续对设施农业(钢架大棚、玻璃温室)建设给予重点扶持，2013年共申报设施农业补贴项目150个，补贴搭建设施大棚300多万平方米，涉及农机补贴资金4 300余万元。加强项目监管，印发《关于进一步加强设施农业补贴项目监督管理的通知》，就切实遵照质量标准严格验收管理和违法违规行为责任追究进行规定。要求补贴项目设施大棚生产企业签订服务承诺书，严格检查项目建设质量、价格承诺和售后服务等执行情况。督促在建项目开展公示、挂牌。

三是强化农机科技示范基地建设和项目带动。开展省级农业机械化示范镇、市级示范基地和县级示范点以及农机农艺融合示范点创建工作。加强对农机项目的规范化管理，目前正在实施的农机项目37个，其中农科教项目5个，农机科技推广项目21个，智慧农机项目9个，全国水稻机插示范县项目2个。

四是在全国率先开展"智慧农机"建设。加强农业机械化与信息化融合，进一步完善集GIS农机地理信息综合管理系统、农机网络视频感知系统、GPS农机定位管理系统、物联网智能化控制系统、视频会议系统等于一体的智慧农机综合信息管理平台建设。已完成网络视频感知系统一期建设，实现与农机服务中心、合作社、示范基地等网点的图像传输及相关通讯服务。视频会议系统已投入使用。加强对设施农业温、湿、光、肥、水、药等智能化调控技术研究和实践，探索对温室植物、土壤、环境信息的实时检测、无线传输和自动控制。目前，有9个智慧农机项目正在实施。

【大力实施农机专业服务组织提质行动，进一步提升农机社会化服务能力】 2013年，宁波市不断培育农机服务主体，创新服务模式，新增农机合作社50家，总数达到351家。平均每个乡镇农机合作社2.9个，居全国前列。农机社会化服务工作在全国现场会上作典型经验介绍，农机服务组织数量、服务水平和服务效益全省领先。

一是提升和发展农机专业合作组织。深入实施农机合作组织提质工程，加强功能培育，做大、做优、做强农机合作组织。新增2家市级示范农机合作社、11家市系统示范农机合作社。目前，已有12家全国示范农机合作社，12家省级示范农机合作社、4家省级示范农民专业合作社、12家市示范性农民专业合作社。经营服务面积333.33公顷以上，且"五统一"规模66.67公顷以上的合作社达到118家。重要农时季节期间，农机合作社作业面积占总作业面积80%以上，充分发挥主力军作用。

二是农机合作社服务领域进一步拓展。引导农户、农业龙头企业等创办特色产业农机合作社，鼓励现有农机合作社向特色产业领域拓展。新建特色产业农机合作社26家，总数达到108家，服务范围已涉及蔬果、林特花卉、设施养殖、大米加工等领域。目前多数粮食生产农机合作社流转承包土地，有50多家开展粮食烘干服务，10多家开展粮食加工等"一条龙"农机作业服务项目，成为既提供农机作业服务又从事农业生产经营的"双主体"。

三是加快区域性农机综合服务中心建设，推进合作社之间的联合与合作。加快集规范化服务组织，技术推广培训中心、服务维修中心、烘干加工中心为一体的"一化三中心"区域性农机综合服务中心建设步伐，2013年新增区域性农机服务中心5家，总数达到10家。积极推进农机合作社之间联合与合作，余姚、宁海等地成立县级农机专业合作社联合会。

四是加强农机维修网点建设。通过开展农机维修网点长效机制建设、加大扶持和执法检查力度、示范点及区域性"4S"维修中心建设等措施，引导维修网点上规模、上档次。目前全市有294家农机维修网点整规合格，初步形成遍布农村乡镇和农机合作社的农机维修保障体系。

【大力实施农业机械化政策保障行动，进一步提升农机政策保障水平】 2013年，宁波市实施购机补贴资金10 363万元，其中，中央资金8 000万元，市县两级资金2 363万元，直接引导农民投入约1.7亿元，补贴机具18 494台(套)，受益合作组织和农户4 471个。实施农机作业补贴资金4 590万元。农业机械化政策保障水平全省领先。

一是创新投入机制，完善政策措施。加大购机补贴配套力度，扩大补贴规模和种类。扩大设施农业补贴试点规模。完善农机作业补贴政策，制订绩效考核方案，开展专项督导检查。继续落实水稻机插规模化育秧中心建设和水稻基质育秧技术推广等扶持政策。继续实施拖拉机报废补偿和农机报废更新补贴政策，慈溪市还将联合收割机纳入报废补偿范围。出台《政策性农机保险实施意见》，为宁波市注册登记并及时参加年检的纯农田作业拖拉机、联合收割机分别实行政策性(强制责任)保险、政策性(第三者责任)保险。实施农业综合开发农机集中购置项目，拓展投入渠道。通过这些举措，进一步完善扶持政策措施，保障农业机械化投入。

二是加强防腐预警机制建设，强化监督管理。实施风险岗位廉政承诺制。将全价购机、直补到户、县级结算试点扩大到余姚、慈溪、象山、北仑4个县(市)区，稳步推进购机补贴资金兑付方式创新试点。加强购机补贴一站式服务窗口建设。印发《宁波市农机购置补贴信息公开和投诉处理制度》，推进购机补贴信息公开，市、县农机部门在网站上建立信息公开专栏。印发《2013年宁波市农机购置补贴政策落实监督检查工作方案》，联合检察院、财政等部门对2011年以来购机补贴政策实施、经销商监管和投诉处理情况进行全面督导检查。加强对经销商的管理，要求其签订《规范服务承诺书》，开展经销商购机补贴产品经营行为专项检查。开展县级延伸绩效管理工作，将绩效评价范围全覆盖。

【大力实施重要农时季节生产农业机械化服务行动，进一步提升农机作业服务水平】 2013年，根据宁波市农业生产特点，扎实做好重要农时季节各项农业机械化管理服务工作，农机在农业生产和抗灾救灾中主力军作用进一步凸显。

一是切实抓好春耕、"双夏"、秋收冬种生产农业机械化服务工作和农机跨区作业工作。积极组织开展联园区、联基地、联大户、联合作组织"四联"活动，开通"农机110"服务热线，做好机具维修保养、新机具新技术培训、农机物资及零配件供应保障等工作，组织调度各类机具投入生产，充分发挥农机的主力军作用，为保障粮食安全做出贡献。各地还通过农民信箱向合作社、大户等发布天气预警信息，指导生产。春耕、秋收冬种期间，分别落实专项农用柴油 2 300 吨和 1 500 吨。此外，指导各地认真做好跨区作业证发放、机手培训等工作，为机手及时提供作业信息、天气信息、油料供应协调、机械维修等服务。

二是切实抓好抗旱和防台救灾等工作。8 月份，宁波市遭遇持续高温干旱天气，各级农机部门督促农机经销商备足备齐水泵、柴油机、输水管等各类抗旱机具，并组织农机技术人员深入旱情第一线开展技术服务与指导。10 月份，台风“菲特”给宁波市带来持续强降雨天气，宁波市成为此次台风受灾最为严重的地区。宁波市农业机械化管理局切实做好台风防御各项工作，灾后，全力调度各类农业机械投入到抗灾救灾当中，做好受损农机设施装备修复、成熟受淹倒伏水稻抢收抢烘、为灾后农户补贴购置农机具开通绿色通道、引进农机跨区作业等工作，全力开展灾后自救和恢复生产工作，尽力把灾害带来的损失降低到最低程度。

【大力实施农机安全监管平安行动，进一步提升农机安全生产监管水平】 2013 年，宁波市围绕实现“三个零增长”目标，进一步夯实农机安全监管基础，较好完成工作任务。1—10 月，全市共发生辖区内拖拉机道路交通死亡事故 13 起，死亡 13 人，死亡人数占省农业厅下达全年控制指标的 30.95%；共发生涉及本地拖拉机有责死亡事故 18 起，死亡 18 人，死亡人数占市人民政府下达的全年控制指标的 47.37%。

一是强化安全生产监管基础，推进农机安全生产长效机制建设。狠抓农机安全生产责任制落实，将农机安全责任分解落实到县、镇、村、机手以及全市所有农机合作社和维修点。继续将农机安全生产纳入市人民政府对县级人民政府安全生产年度目标考核，指导各地层层签订责任书，特别是县级人民政府对乡镇人民政府农机安全生产考核。扎实推进拖拉机报废补偿和农业机械报废更新工作，已报废拖拉机 1 794 台，报废更新拖拉机 196 台，联合收割机 75 台，超额完成年度目标任务。出台《政策性农机保险实施意见》，为宁波市注册登记并及时参加年检的纯农田作业拖拉机实行政策性(强制责任)保险、联合收割机实行政策性(第三者责任)保险，由市财政承担 50%的保额补贴，县级财政给予一定的配套补贴，受到广大机手欢迎。

二是加强源头管理，提高农机“三率”水平。开展拖拉机、联合收割机及驾驶人情况的普查摸底工作，掌握底数，为加强源头管理服务，提高“三率”水平提供依据和对策。狠抓登记、培训、考试工作，进一步提高纯农田作业机械驾驶操作人员持证率，提出“环节规范、时间保证、过程简化、考试严格”培训考试工作要求，举办拖拉机教练员培训班，规范驾驶员培训工作。制订《开展农业机械免费实地安全检验工作的意见》，从工作目标、实施步骤与内容、工作措施与要求、检验标准等方面进行详细安排部署。

三是加强公安驻农机警务机构建设。成立市级公安驻农机警务室，与市公安交通警察局联合制定公安驻农机警务室工作规范、目标管理考核办法和 2013 年工作要点，明确公安驻农机警务机构主要工作职责与任务。联合召开公安驻农机警务室规范化建设现场会。

四是深入开展平安农机创建和安全生产月活动。今年，平安农机创建被纳入到市委平安宁波创建内容。2013 年，成功创建 1 个省级“平安农机”示范区、7 个“平安农机”示范镇(乡、街道)，31 个市级“平安农机”示范村、17 个“平安农机”示范合作社。拓展创建内涵，创建全国和省级农机安全监理“为民服务创先争优”示范窗口单位各 1 个。组织开展安全生产月活动，强化安全生产宣传教育。

五是加强专项整治和日常监管，确保重要季节、时期农机作业安全。开展非本市籍拖拉机专项整治行动、农机安全生产打非治违和隐患排查治理专项行动，集中整治外省市籍拖拉机违法行为，打击农业机械无牌行驶、无证驾驶、违规发放牌证等违法违规行为。开展全市农机安全生产大排查大整治专项行动，推进打非治违、专项整治和隐患排查治理三项主要工作。加强日常监管，深入重点农机作业场所，开展联合执法检查，共查处道路违法、违规行为 2 172 起，查扣拖拉机 33 辆，扣证 57 本，罚款 176 842 元。此外，加强春节、“两会”、清明、端午、国庆等重要时期农机安全检查工作。

【大力实施高素质农机队伍建设行动，进一步提升农业机械化公共服务能力】 2013 年，宁波市以深入开展党的群众路线教育实践活动为契机，大力开展高素质农机队伍建设行动，加强农机队伍的自身建设和教育培训工作，切实转变工作作风，农机人才队伍素质明显提升。一是进一步转变工作作风，强化为农服务。按照中央、省市委的统一部署，深入开展党的群众路线教育实践活动，局领导班子和全体党员干部围绕为民务实清廉主题，聚焦“四风”，认真对存在的突出问题进行对照检查，剖析思想根源，提出努力方向和整改措施，农机干部职工工作作风进一步转变，为农服务意识和农机公共服务能力进一步增强。此外，加强政治理论、业务知识学习和思想教育，积极开展市第八轮文明机关创建，强化党风廉政建设，完善机关内部规章制度。二是扎实开展农业机械化教育培训大行动。围绕农业机械化管理、技术和作业服务三支人才队伍建设，积极开展教育培训大行动。创新培训形式方法，通过送教下乡、科技赶集、远程教育等形式，组织农机培训机构教师、技术人员、厂方人员等到乡村集市、田间地头进行现场教学和指导。全市共培训 19 498 人次，其中农机管理人员 1 035 人次，技术人员 2 584 人次，作业服务人员 15 879 人次。开展农机远程教育培训4 000人次。

青岛市

【概况】 2013 年，青岛市按照科学发展观的要求，围绕现代农业发展和社会主义新农村建设，充分发挥农业机械化的引领支撑作用，全面服务于农业生产、农民生活、农村生态，完成全年各项目标任务。青岛市农机总动力突破 8 000 千千瓦，达到 8 100 千千瓦；主要农作物生产机械化综合水平超过 86%。

【立足关键环节，强化监督管理，购机补贴效果突出】 2013 年，青岛市在严格规范程序、强化工作纪律的基础上，把购机补贴绩效管理向区、市延伸，从关键环节入手，切实加强监管，使农机部门回归到政策监管的本位上来。由青岛市农业机械管理局领导带队，组成 6 个组，进行全程监督检查，确保政策落实到位。全年共争取到购机补贴资金 9 900 万元，补贴机具 1.7 万多台(套)，受益农户 1.3 万多户，提高农机装备水平。特别是大功率、高性能、先进适用、复式作业机械发展较快。全市联合收获机达到

1.4万台，大中型拖拉机突破4万台，平均每个村2台、7台。

一是强化报名环节的监管。重点审核报名资格和补贴对象的确定方式，确保做到“公开、公平、公正”。二是强化补贴环节的监管。把保护性耕作机械和经济作物机械推广任务和补贴资金实行捆绑式管理，随时掌控重点机具的推广进度，保证完成任务。三是强化经销环节的规范化管理。开展农机补贴产品经销商规范化管理年活动，推广部分经销商加强规范化管理的做法，督促指导经销商守法经营、诚信服务。四是强化报废环节的监管。获批全国农机报废更新试点单位，把无牌无证的拖拉机纳入报废更新范围，对农业机械报废情况加强监管，防止整车或配件回流市场。青岛市完成1 945台农机报废。即墨市被农业部确定为全国2处农机报废更新示范单位之一。五是强化结算环节的监管。督促加快资金结算进度，每季度结算一次，减轻企业垫资压力，确保资金安全。

【瞄准新型高端，拓展推广载体，推动农业机械化科技创新】 一是拓展农机推广渠道。建立新机具、新技术发布制度，重点推广玉米联合收获等十大农业机械化新技术及配套机具；在城阳区组织开展送科技下乡活动，提高农机手学科技、用科技的热情。“走出去”，赴上海、江苏、广东、福建等省市参加农机展会、考察引进先进机械；“请进来”，承办全国农机推广站长会议和全省农机推广站长会议；协办中国(青岛)国际农机展和中国国际农业机械展览会，拓宽农机推广渠道。特别是首次协办中国国际农业机械展览会，来自全球50多个国家的1 800多家企业参展，参观人数达10多万人次。农机推广总站站长刘宪参加会议和观摩并给予肯定。二是推广高端机具技术。引进单旋翼农用飞机为代表的先进机具技术，建立部级花生生产机械化示范基地和农用航空、蔬菜、水产养殖等9处市级农业机械化试验示范基地，起到较好的示范引领作用。胶州鸿飞农机合作社使用航空植保技术后，每天可防治20～40公顷，是手动喷雾器的50倍以上，且比人工降低费用80%左右。平度市、胶州市部分农机合作社引进大型粮食烘干设备，每6小时能一次性烘干小麦15吨，有效地解决规模经营中粮食晾晒难的问题。三是探索新型耕作方式。青岛市获批全国农机深松整地作业试点单位，严格作业标准，完成作业面积8千公顷，打破犁底层，改善耕层结构，增强土壤的蓄水保墒能力和农作物的抗议倒伏能力，粮食增产10%以上。全国深松竞赛在我市举行，与会人员参加观摩并给予肯定。坚持不懈地推广保护性耕作，通过机具升级与技术配套，大力开展“玉米机收、秸秆还田、深松作业、小麦免耕播种、播后镇压”一条龙机械化作业模式，更好地增强技术的集成优势，在全国首次反映出播种量影响保护性耕作产量。充分发挥3个部级和21个市级示范区的辐射带动作用，推动保护性耕作成方连片、整村整镇发展，实施面积达到297.33千公顷。其中，小麦保护性耕作面积57.33千公顷，比2012年增加6.67千公顷。根据青岛农业大学的测产，在不增加投入的前提下，小麦产量达到7 194千克/公顷，比传统耕作增产近750千克，每公顷节本增效1 500多元。特别是平度市部级示范区内的小麦第一次采用实打的办法测产，产量达到7 603.5千克/公顷，比对比田高出1 129.5千克。全国首个保护性耕作专家工作站、试验监测基地、现代农业产业工程集成技术与模式研究示范基地在平度市南村镇揭牌，市郊4市1区再次列入全国保护性耕作示范市，标志着青岛市一年两作保护性耕作技术水平在全国领先。

【推动转型升级，创新经营体系，培育新型经营主体】 2013年，青岛市把农机合作社作为农业机械化发展的新型经营主体，集中资金项目予以扶持，加快推进专业化生产、规模化经营、社会化服务。青岛市农机合作社达到410个，平均每个农业镇近8个，承担全市60%以上的大田农机作业量。其中，全国示范社12个，全省示范社9个。

一是推动转型升级。从购机补贴资金上加大倾斜力度，实行40%的累加补贴；争取财政资金，择优扶持农机合作社实施保护性耕作、农机“安居工程”、综合性维修点和培训基地等农业机械化项目，切实改善农机存放、维修和推广、培训条件；开展合作社、农机企业、银行三方共建，在莱西市组织70多家合作社分别与福田雷沃公司和五征集团签定共建协议，平度市福盛公司与青岛农商银行也达成共建意向，由企业为合作社提供贷款资金担保，有效地缓解合作社及其成员的垫资压力；举办合作社理事长培训班，组织参观中国国际农机展(青岛)和福田雷沃公司，指导农机合作社进一步加强财务、机务、作业和安全管理，逐步实现由单一作业型向作业、维修、培训和销售一体化复合型发展。黄岛区勤耕农机合作社2013年投资400多万元，新建生产车间、培训教室和维修中心，发展成为集农机研发、生产、维修、培训和作业于一体的综合性农机合作社，被评为全国农机合作社示范社。

二是创新经营体制。注重发挥农机合作社的引领和骨干作用，鼓励参与土地流转和适度规模经营、托管式、承包式和代耕、代种、代收等多种经营服务，让蕴含在群众中的创造活力充分迸发、发展合力充分汇聚。全市有300多家农机合作社开展玉米机收、秸秆还田、粮食运输、土地深松、小麦播种全程机械化作业，其中作业面积过2千公顷的合作社100多家。一批农机合作社敢于先行先试，积极参与土地流转。平度市大度农机合作社土地流转面积约533.33公顷，莱西为民农机合作社经营土地的面积已经超过466.67公顷，其中整片流转土地200公顷，“托管”土地266.67公顷。

三是扩大服务效益。2013年青岛市农机合作社作业总面积达到833.33千公顷，总收入达到8.1亿元，社员平均增加收入6.3万元。其中，组织小麦、玉米联合收割机4 500台赴河南、安徽及省内枣庄、济南、潍坊等地区跨区作业，为农民增加收入1.4亿多元。一些农机合作社成员单季作业面积在80公顷以上，单人作业收入达到20多万元，当季即可收回购机成本。

【坚持整体推进，探索重点突破，科学调度农机作业】 一是确保粮食丰产丰收。各级农机部门早部署、早动手，精心组织，科学调度，充分发挥农业机械集成技术、节本增效、推动规模经营的重要作用，全面完成重要农时的农机作业任务，确保粮食丰产丰收。担当“三夏”抢收抢种的主力军，针对小麦成熟晚、收获晚，收获期集中的实际，仅用10天时间完成小麦收获，比2012年提前3～4天结束，确保小麦丰产丰收、玉米适时播种。应急处理能力也有较大的提升，黄岛区遭遇强降雨后，农机部门迅速启动《应急预案》，从江苏省连云港等地区引进履带式小麦联合收割机，保证小麦收获的顺利进行。加快工作重心向“三秋”转移，共组织农业机械29万多台(套)，全力打好全年粮食生产的收官之战，农机作业面积超过666.67千公顷。针对2013年玉米收获期较常年推迟5～7天的实际，引导机手科学把握玉米最佳收获期，全力抓好玉米适期晚收，玉米产量提高10%左右。共组织玉米联合收获机6 500多台，仅半个月时间，完成259.33千公顷玉米收获，机收率达到92.8%，比2012年提高10个百分点。抓住雨后墒情合适的时机，组织调度4万多台小麦收割机抢墒播种，260千公顷小麦全部实现机械化播种。市委书记李群、副书记王伟、副市长徐振溪分别通过视察或作出批示等方式，肯定农业机械在现代农业发展中的重要作用。

二是推进经济作物全程机械化。积极推广普及先进适用的农业机械及配套技术，进一步扩大花生、马铃薯、大蒜等六大经济作物的种植和收获面积，全程机械化水平超过70%。一是重点推进花生生产全程机械化。出台花生机播指导意见，组织农机农艺专家一起研究种植模式，一起进行技术指导，探索农机农艺融合的最优模式，为开展机收创造有利条件；在全省率先探索由分段式收获向联合收获的转变。新增花生收获机械255台，其中联合收获机67台，机收花生70.47千公顷，机收率达到75%。二是促进马铃薯生产全程机械化。以马铃薯机收环节为突破口，积极改进机械性能，开展机械化播种、覆土、田园管理、杀秧和收获作业，提高全程机械化水平。三是探索大蒜生产全程机械化。在推广大蒜收获机械化技术的同时，积极调整种植模式，探索育苗移栽机械化路子，力争尽快突破机械化种植难关。

三是推进农业全面机械化。着眼现代农业发展的实际，在传统农业的基础上，积极推动设施农业、畜牧业、渔业、林果业和农产品初加工业等农业全面机械化。玉米机械化青贮成为今年一大亮点，收到明显的经济效益、社会效益和生态效益。莱西市青贮玉米秸秆面积达到22.2千公顷，机械化青贮率达到45.3%；即墨市段泊岚镇30%以上玉米秸秆实现机械化青贮，提高畜牧业机械化水平，促进农业循环经济发展、有效地改善生态环境。

四是推进全域农业机械化。坚持因地制宜、分类指导的原则，推进平原、丘陵、沿海滩涂和郊区的全域农业机械化，促进不同区域农业机械化的均衡发展。平原地区依靠机械化引领农业结构调整；丘陵山区积极发展小型轻便、经济适用机械；沿海滩涂地区推动海水健康养殖和盐碱地开发机械化；郊区积极发展轻便、精准、智能化农机具，促进以观光休闲为主要内容的都市农业发展。同时，集中安排农业机械化项目和资金，开展农业机械化示范镇、示范村创建活动，实现农机工作由单一突破向整体提升的转变。涌现出以即墨市段泊岚镇、平度市田庄镇西寨村为代表的农业机械化示范镇、示范村，在引领全域机械上起到较好示范带动作用。对平度市西寨村，通过农业机械化项目资金予以扶持，带动村庄投入400多万元，购置大中型拖拉机、玉米联合收获机、深松整地机等农业机械50多台，146.67公顷耕地基本实现机械化，成为全市第一个农业机械化示范村。村支部书记侯松山获得2012年度“全国种粮大户”称号。

【创新培训方式，突出实用技术，加快培养新型职业农民】 一是把培训体系向农机合作社和农机企业延伸。争取财政、人社等部门的支持，不断整合农机教育培训资源，联合农机生产厂家、销售企业、农机合作社和社会力量，加快建设20处实用技术培训基地，在基层农机培训中发挥较好的作用。在段泊岚镇创建全市第一处农机教练员培训基地，争取用3年时间，达到省重点农机培训基地标准。二是推进培训规范化。把2013年作为农机培训规范化建设年，3月份在青岛农大举行启动仪式，积极推进业务、教学、制度和档案管理规范化，6所学校通过市级规范化建设检查评估。三是创新农机培训方式。组建以农业科技服务专家团为主体，专业技术人员和乡土专家相结合的师资队伍，开辟农机培训大讲堂、农机培训网上课堂，编辑制作《花生联合收获机的使用与操作》等网络课程，进一步拓宽培训渠道。采用集中培训与灵活授课相结合的方式，注重“因人、因需施教”，不断提高培训的针对性、实效性。四是突出农业机械化实用技术培训。首次争取到农业部“阳光培训”工程资金，实施农机阳光培训基地工程和现代农业机械化人才支撑计划，分类别分层次培训复合型农机管理人才、专业性科技人才和职业性实用人才。重点培训农机合作社成员和农机手，大力培育和造就新型职业农民，全年完成各类培训1万多人次。五是拓宽职业技能鉴定领域。把农机合作社管理人才、农机维修人才和多技能实用人才等纳入鉴定范围，积极组织实施农业高技能人才鉴定工作，完成农机职业技能鉴定950人次。黄岛区、即墨市、平度市被认定为全国农机行业职业技能培训鉴定示范基地。农业部副部长张桃林做出批示，肯定青岛市培养新型职业农民的做法。

【改善保障条件，拓展服务功能，加强农业机械化基础设施建设】 2013年，青岛市充分发挥财政性资金的示范引导作用，突出重点，集中投入，切实改善农业机械化基础设施条件，提高综合保障能力：一是改造农机监理综合大厅。完善提升“四市一区”农机监理综合大厅的服务功能，改善装备条件，优化服务环境，增强监管能力。二是建设综合性农机“安居工程”。择优扶持农机合作社建设综合性农机“安居工程”15处，集农机库房、维修间和培训教室于一体，带动广大农机手改善农机存放条件。三是建设区域化农机维修点。在实行农机维修市场准入制的基础上，加快农机维修点向区域化、综合性发展，重点建设11个二级以上农机维修点和农机4S店，维修服务范围辐射20多个乡镇，明显改善农机维修条件。全市农机维修点总数达到651个，其中二级以上农机维修点46个。莱西市昌盛兴农机公司2013年投资400多万元，新建展示中心、标准厂房、培训教室和维修中心，成为农机4S店建设的一面旗帜。7月份，青岛市在全省农机维修工作会议上做经验介绍。农业部鉴定总站国彩同书记在黄岛区考察时，充分肯定青岛市区域性农机维修服务中心建设工作。

【实施重心下移，坚持全域共创，深化“平安农机”建设】 一是完善基层监理服务体系。8月29日在即墨市召开现场会，推广即墨市创建全国“为民服务、创先争优”示范窗口的经验，探索建立社区农机监理中心(窗口)。计划用3年左右的时间，在青岛市建设20个区域化农机安全监理服务中心；在有条件的新型农村社区设立100个农机安全监理服务窗口。依托中心和窗口，即墨市农机年检率首次超过90%，达到92.8%；黄岛区建立

3 个社区代办中心，负责 12 个社区的农机监理工作，仅几天时间就完成全年工作量，年检量突破 5 500 台。

二是加强农机安全和质量监管。结合农机监理费取消和行政审批权下放的新形势，各级农机部门不断转变服务方式，简化办事程序，送监理服务到社区、村庄，免费为各类农机挂牌、办证、年审。会同安全监督局在全国率先开展农机安全网格化管理，依托金宏网建立安全生产监管信息平台，做好对基础信息的采集、核查和动态监控，用信息化手段提高农机监管水平。加强农机安全监理装备建设，用好移动式检测线和无纸化考试装备，提高检验、考试工作的科学性和准确性，预防和减少农机事故发生。深入开展农机安全生产大检查和“打非治违”专项整治活动，组成 15 个检查组，抽查农机维修网点、经销企业、农机合作社等 850 个，查处违章行为 1 700 多次。在莱西市组织应急预案演练，省农机监理站站长石宝成现场观摩并给予好评。加强农机质量监管，深入开展“星级文明农机销售企业”创建活动，新增四星级以上“文明农机销售企业”9 家，全市达到 49 家，引导农民购买放心农机产品，为农机安全生产提供有力的保障。

三是“平安农机”全域共创顺利推进。胶州市被评为山东省“平安农机”示范县，并被推荐参评全国“平安农机”示范县。目前，共建成“平安农机”国家级示范县 3 个、省级示范镇 31 个和市级示范合作社 32 个。农机安全生产形势持续稳定，总体控制指标在全省农机系统和全市 13 个重点行业领先。

【存在一定的问题】 一是农业机械化发展不均衡。除粮食作物实现全程机械化外，其他农业领域的机械化水平还需要进一步提高；平原机械化水平较高，丘陵、郊区和都市农业机械化水平相对偏低。二是农机科技创新能力不足。农机农艺的融合需要进一步探索，农机推广体系建设尚需进一步加强。三是规模较大、带动力强的农机合作社依然偏少，还需要进一步扶持、壮大，等等。

厦 门 市

【概况】 2013 年，厦门市农业机械化管理工作贯彻落实党的“十八大”和全国、全省农业机械化工作会议以及厦门市农村工作会议精神，强化“农机监理与平安农机建设”，扎实开展农机道路交通安全综合整治与农机安全大检查工作，重点落实“国家农机购置补贴项目”，完成中央和市级配套农机购置补贴资金 750 万元。厦门市通过实施现代农业设施和高标准农田工程及国家农机购置补贴项目，加大对农田机械、农田灌溉、田间道路、大棚、喷灌等设施建设的资金投入，提升农业现代化水平。2013 年厦门市农机总动力为 410 千千瓦，与 2012 年基本持平，大中型拖拉机 200 台，比 2012 年增加 53 台，增长 36.05%；耕整机(微耕机)2 737 台，比 2012 年增加 1 065 台，增长 63.69%；新增水稻联合收割机 2 台。2013 年厦门市完成机耕面积 6.67 千公顷，机收面积 400 公顷，机插面积 73.33 公顷，耕种收综合机械化水平可提高 3%以上。

【农机购置补贴实施成效】 2013 年，厦门市农机购置补贴资金总额 750 万元(其中中央补贴资金 500 万元，市级配套累加补贴资金 250 万元)，厦门市采取“全价购机、区级结算、直补到卡”的方式实施。截至 2013 年 11 月 15 日厦门市完成农机购置补贴 732.38 万元(其中国补：499.97 万元，省补：232.41 万元)，国补资金完成中央下达资金的 99.99%，受益户数 2 122 户，机具数量 4 867 台(套)。农机购置补贴政策的实施，有力推动厦门市农业机械化的跨越式发展，实施 6 年来，厦门市农业机械化水平明显提升，如：微耕机、手扶拖拉机已逐步替代牛耕，成为农田犁耕、旋耕、起垄作业的主要工具，较大规模的农田作业，也逐渐由大功率的轮式拖拉机进行耕作。其他如植保机械、灭虫灯、节水喷灌和水产养殖用增氧机等农业机械、农业设施也广泛进入农业的种、养生产环节，水稻机械化收割、机插秧，马铃薯机收也取得零的突破。为促进农业节本增效、农民增收，提高厦门市现代农业发展水平发挥重要作用。

【加快农业基础设施和高标准农田工程建设】 2013 年，根据中共厦门市委农村办公室、市财政局《关于加快农业基础设施建设的实施意见》，厦门市安排约 2 200万元财政补助资金用于农业基础设施和高标准农田工程建设，项目建设田间排灌 3 916 米、机耕道路 15 049.93 米、温室大棚 142 139.2 平方米、节水灌溉 31.99 公顷等基础设施，有效地促进厦门市现代农业的可持续发展。

【农机安全监理工作】 2013 年，厦门市农业农机部门认真贯彻落实中央，省、市人民政府，农业、安全监督部门关于安全生产的一系列指示精神和重要部署，通过开展农机道路交通安全综合整治、农机“打非治违”和农机安全生产大检查等行动，排查和消除各类农机安全隐患，强化落实安全生产责任制，确保全市农机安全生产形势的持续稳定。农机事故统计表明，厦门市农机安全生产各项工作落实到位，全市无发生一起农机事故，农业机械事故死亡人数为 0 人，农机安全生产形势继续保持平稳。2013 年，全市共年检拖拉机 1 068 台，组织拖拉机驾驶员考试 236 人，合格 216 人，合格率 91.5%。

【强化农业机械化教育培训】 2013 年，厦门市农业农机部门制定下发《厦门市 2013 年农机安全宣传教育工作方案》(厦农[2013]24 号)和《2013 年厦门市农业机械化教育培训大行动实施方案》(厦农机监[2013]6 号)。市、区农机管理部门按照方案部署，结合农机管理、监理业务工作，广泛开展教育培训大行动。2013 年福建省农业机械管理局下达厦门市各类农业机械化教育培训任务 635 人，至 11 月份，全市已开展教育培训 696 人，其中：农机管理人员 15 人，农机技术人员 100 人，拖拉机驾驶员 236 人，新购机农民 60 人，农机安全宣传教育 4 期 285 人次。

【建立政策扶持和资金支持机制】 一是有机无证拖拉机驾驶人免费培训。厦门市安排专项资金 25 万元，对全市有机无驾驶证机手实行全额培训补贴，截至 2013 年 10 月底，厦门市已有 139 名机手通过考试取得驾驶证(其中：手扶拖拉机驾驶人员 31 人，大中型拖拉机驾驶人员 108 人)。通过开展免费培训，全市拖拉机驾驶员持证率可提高 5%以上。二是出台《厦门市拖拉机报废补贴办法》。根据报废拖拉机类别的不同，补贴标准为 800～5 000 元。集美区农机部门按照规定程序受理 4 台多功能拖拉机报废申请，9 月 18 日上午，在厦门市更新物资回收有限公司切割现场，市、区农机部门工作人员见证首例报废拖拉机回收切割;9月19日厦门日报进行报道宣传,这一举措给厦门市乃至全省起良好开端,带动和引导更多的农机户走正规渠道报废,积极消除农机安全生产隐患。

【认真制定补贴资金使用实施意见】 2013年,厦门市农业局与市财政局联合制定《2013年厦门市农业机械购置补贴资金使用实施方案》,经农业部农业机械化管理司产业处专家组审核,厦门市法制局进行规范性文件备案审查后,下发各区农业(农机)部门执行。各区农业农机部门、财政部门根据市级方案,制定本区农机购置补贴工作实施方案,并按照要求成立由区分管领导牵头,纪检、财政等相关部门参加的区级农机购置补贴工作领导小组。

【科学编制农机购置补贴产品目录】 2013年,厦门市农机监理所参照《2013年福建省农业机械购置补贴机具补贴额一览表》的中央资金补贴额和自选品目,结合厦门地区实际和农民种植耕作使用机具需求,科学编制《2013年厦门市农业机械购置补贴机具补贴额一览表》,确定2013年厦门市补贴机具共12大类32个小类77个品目。

【严格规范农机购置补贴产品经销企业的确定】 2013年,厦门市农业机械购置补贴产品经销商的资质条件、确定程序严格按照《农业部办公厅关于进一步规范农机购置补贴产品经营行为的通知》(农办机[2012]19号)和有关规定的要求执行。由农机生产企业自主确定经销商,并报市农机监理所备案公布。2013年厦门市由农机生产企业自主确定的经销商共10家。

【认真抓好廉政风险防控和监督检查】 2013年,厦门市农业局制定下发《厦门市2013年农机购置补贴政策落实监督检查工作实施方案》(厦农[2013]56号)、《厦门市农机购置补贴推进廉政风险防控机制建设实施方案》(厦农[2013]123号)。要求各级农机管理部门严格按照2013年的购机补贴资金实施方案,严格执行国务院"三个严禁"、农业部"四个禁止"、"八个不得",把防腐倡廉贯穿于农机购置补贴政策实施全过程,市农业局与各区农业主管部门签订2013年农机购置补贴责任书,10家经销商均签定"2013年厦门市农机购置产品经销企业承诺书"。8月9日,厦门市农业局召开全市农机购置补贴风险警示教育会,会议通报全国近年来发生的农机购置补贴警示案例。通过案例分析、学习,深刻汲取教训,做到警钟长鸣,常抓不懈,严格纪律,廉洁从政。

【认真做好补贴机具建档和信息报送】 2013年,厦门市各区农机管理部门严格按照要求对已购买的农机具进行核实和编号,对拖拉机等纳入牌证管理的机具按规定注册登记。根据农业部农业机械化管理司《关于抓紧启动全国农机购置补贴实施情况报送工作的通知》(农机产[2013]29号)的要求,从4月15日起,厦门市上报补贴工作简报31期,农机购置补贴实施结算资金进度统计表14份,全部按时完成,没有出现误报漏报。

【做好补贴信息公开和防诈骗宣传工作】 2013年,按照农业部(农办机[2011]33号)文件要求,建立"厦门市农机购置补贴信息公开专栏",并与"中国农业机械化信息网"、"厦门三农网"、"厦门农业科研推广网"链接,实时将补贴相关信息向社会公开。为加强农机购置补贴等惠农政策的宣传力度,10月16日上午,厦门市农业局副局长张友福做客厦门市人民政府网"在线访谈"栏目,解读"农机购置补贴政策",与网民在线交流互动,并在现场接受厦门电视台记者的采访。9月4—6日,根据福建省农业机械管理局《关于进一步强化农机购置补贴防诈骗工作的通知》,厦门市农机部门汇同各区农机部门工作人员在同安区、翔安区、集美区、海沧区等四个项目区农机经销点、重要镇(街)道口等明显位置,张贴《给农民朋友的一封信——谨防有人借农机购置补贴实施行骗》,共张贴、发放相关宣传资料计2 500多份,告知农民防止上当受骗,造成不必要的损失。

【加强领导,提高认识】 2013年,为加强农机安全生产工作,强化领导"一岗双责",厦门市农业局成立农机安全生产大检查暨百日行动工作领导小组,由分管局领导担任组长,局监察室、局综合秘书处、局种植业处、市农机所负责人为副组长,领导小组下设办公室,挂靠市农机监理所,办公室主任由市农机所分管副所长兼任,成员由局种植业处、市农机监理所办公室和农机科相关人员组成。

【认真落实农机安全生产责任】 2013年,根据《厦门市人民政府办公厅关于下达2013年安全生产目标责任的通知》(厦府[2013]165号),厦门市农业局下发《关于下达2013年农机安全生产目标责任的通知》(厦农[2013]74号),将农机安全目标责任分解落实到各区,确保厦门市农业机械事故死亡人数不突破省里下达的2人控制目标,不发生较大事故。市农机监理所分别与各区农机管理部门签订2013年度农机安全生产责任书,同时要求各区农机管理部门与所辖镇(街、场)签订农机安全生产责任书。各区农机部门结合年检审、注册登记、考核发证、购机补贴等工作,与拖拉机驾驶员签订《农机安全生产责任书》931份,增强机手安全生产意识,提高他们安全生产的责任感和自觉性。厦门市农业局和市财政局联合下达创建"平安农机"等业务经费40万元,保障农机安全、农机道路交通安全综合整治工作。

【组织开展农机安全生产大检查与重点整治"百日行动"】 2013年,根据省、市人民政府开展安全生产大检查和重点整治百日行动的要求,厦门市农业局印发《关于开展全市农机安全生产大检查的通知》(厦农[2013]51号)、《关于进一步推进农机安全生产"打非治违"工作的通知》(厦农[2013]66号)、《关于立即开展全市农机安全生产大检查和"重点整治百日行动"的通知》(厦农[2013]81号)、《厦门市农机安全生产大检查工作实施方案》(厦农[2013]90号)等文件。6月19日,副局长张友福在厦门市农机所会议室主持召开专题会议,学习贯彻习近平、李克强等中央领导和关于安全生产工作重要指示,传达市委、市人民政府安全生产会议主要精神,对开展全市农机安全生产大检查和"重点整治百日行动"进行部署。8月9日,厦门市农业局召开上半年农机安全形势分势会,会议对农机安全生产大检查、重点整治百日行动及农机交通安全整治"三年行动"再发动、再部署、再落实。要求市、区农业农机部门按照"全覆盖、零容忍、严执法、重实效"的总要求,全面深入排查治理农机安全生产隐患,切实防范农机安全事故的发生。6—9月,厦门市农机部门组织督查组 23 个，参加检查人员 98 人次，督查检查农机单位和拖拉机 33 家(台)。7 月 8—9 日，厦门市农业局督查组对各区 2013 年上半年农机安全生产目标责任暨农机道路交通安全等重点工作落实情况进行督查，整治工作取得明显成效。

【强化农机道路交通安全综合整治】 2013 年，为贯彻落实福建省市人民政府关于道路交通安全综合整治"三年行动"的要求，厦门市农业局印发《2013 年农机道路交通安全综合整治"三年行动"工作意见的通知》(厦农[2013]67 号)、《关于加强拖拉机农村道路交通安全管理工作意见》(厦农[2013]75 号)。全市各级农业(农机)部门积极推进农机道路交通安全综合整治"三年行动"，各区农业(农机)部门积极与交警、安监等部门配合，加强安全联合巡查管控，强化镇村道路拖拉机交通安全监管执法，严厉打击拖拉机非法载人、无牌证行驶等违法行为。全市农机部门共组织农机安全执法、宣传教育 113 次，出动人员 340 人次，检查拖拉机 846 台次，查处超载超速 4 起，无牌无证 3 台，逾期年验 68 台，逾期换证 6 人。为有效提升拖拉机"三率"水平，确保 2013 年全市"三率"水平达到上牌率 80%、年检率 55%、持证率 70% 以上，根据市道安办《关于集中开展拖拉机专项整治行动的通知》(厦道安办[2013]8 号)要求，全市农业农机部门于 4—6 月集中开展为期三个月的拖拉机专项整治行动。各区农业农机部门在当地政府的领导下，集中业务骨干力量进镇进村，指导镇(街、农场)、村的有关人员，组织摸底排查使用 9 年以上，达到或超过规定年限的多功能拖拉机(含变型运输机)和 10 年以上未检的手扶拖拉机1 196 台，其中对 954 台已灭失的拖拉机进行报废注销。

【开展农机安全隐患排查治理工作】 2013 年，厦门市各区农业农机部门结合当前正在开展的农机安全综合整治、农机"打非治违"、拖拉机专项整治行动等工作及本地实际，组织力量深入镇(街、场)、村(居)、田间场院等拖拉机作业场所，对逾期未年检、未报废与无牌证拖拉机进行摸排，排查治理安全隐患，做到不留死角，不走过场，确保参与作业的拖拉机处于安全状态。1—10 月，全市农机部门排查治理隐患单位 589 个，排查一般隐患 87 项，其中已整改 87 项，整改率 100%。

【扎实开展创建全国"平安农机"示范区工作】 2013 年，厦门市同安区根据区农业局、安全监督局关于《同安区"十二五"创建"平安农机"活动方案》，积极开展创建全国"平安农机"示范区工作，全区 6 个镇已创建五显镇、莲花镇 2 个"平安农机"示范镇，12 个"平安农机"示范村，85 户"平安农机"示范户。按照创建全国"平安农机"示范区考评标准，规范整理内业资料并装订成册，创建全国"平安农机"示范区自评(98 分)，并已通过市级考评、省级复评(97 分)，以优异的成绩迎接农业部、安监总局考评。

【安全宣传教育】 2013 年，厦门市根据《厦门市 2013 年农机安全宣传教育工作方案》的要求，市、区农机部门充分利用各种宣传媒介，采取适合农村特点的有效形式，加强对拖拉机驾驶人的安全宣传教育工作。组织参加全市安全生产月"宣传咨询日"等现场咨询活动。通过互联网、报纸、电视、广播等媒体，广泛开展宣传，营造浓厚的宣传氛围。全市出动宣传车 18 车次，发放农机安全宣传材料及"致农业机械驾驶(操作)员朋友的一封信"12 160 份，发送短信 26 649 条，在镇、村刷写、张贴固定标语 292 幅，悬挂宣传横幅、宣传图 48 幅，在"厦门三农网"、和厦门市农机监理所网站及省、市有关安全生产互联网上发送农机安全和工作动态信息 70 多条。集美区通过厦视 2 套新闻直播间、集美新闻报道开展拖拉机专项整治行动，在《厦门日报》报道拖拉机报废补贴政策。同安区农机部门举办 3 期农机道路交通安全知识培训班，参训人员 185 人。9 月 2 日，海沧区农机部门在东孚镇中心小学开展"平安农机"进校园活动。

【存在问题】 ①随着工业化、城市化快速发展，尤其是加快农村城市化的建设，农业发展空间迅速压缩，耕地日趋减少，农业机械化发展面临严峻的挑战。②拖拉机非法载人现象未能全面杜绝。特别是农村地区和城乡结合部的建筑工地周边道路上仍时有发现，存在安全隐患。③厦门市部分已申请农机购置补贴的农户接到不法分子借农机购置补贴实施的诈骗电话，存在被诈骗的风险。

新疆生产建设兵团

【概况】 2013 年，新疆生产建设兵团(以下简称"兵团")农机行业在农业部大力支持和兵团党委正确领导下，各级农机部门以科学发展观为统领，以农机购置补贴为契机，以收获、加工、林果、园艺、畜牧等机械为突破，以突出农业机械化工作全面质量管理为重点，着重提高农业生产机械化水平和能力，充分发挥农机在农业生产过程中的支撑作用，较好地完成年初制定的工作目标和任务。

【农机装备数量进一步增加】 2013 年，新疆生产建设兵团农机总动力达到 4 450 千千瓦，比 2012 年增长 4.71%，大中型拖拉机 4.7 万台，大中型配套农具 7.9 万台(架)，分别比 2012 年增长 5.9%、1.57%，更新大中型拖拉机 5 100 台，当前兵团 73.5 千瓦以上的拖拉机已达到 6 000 余台，采棉机 1 550 台，联合收割机 1 420 台，农用飞机 32 架，畜牧、园艺机械数量分别新增 620 台、1 010 台。大型装备能力强，效率成倍提升，工作质量保证，经营效果良好。

【农业机械化作业水平进一步提升】 2013 年，新疆生产建设兵团机耕面积 109 万公顷，机播面积 118.5 万公顷，机收面积 87.3 万公顷，机耕、机播、机收水平分别达到 100%、99.8%、73.55%，种植业综合机械化水平已达到 92.01%，比 2012 年增加 0.5 个百分点。飞机作业面积 27.4 万千公顷。2013 年机械作业达到 31 333.33 千公顷。2013 年比较突出的特点是机收面积比 2012 年增加 5.7 万公顷，主要是机收番茄、机收甜菜、机收棉花面积均有大幅度提高。

【农机管理标准化工作得到进一步提升】 2013 年，新疆生产建设兵团积极按照农机"十个标准化"和"五统一，五规范"农业机械化管理要求开展农机管理标准化活动，按照农业部加强农机"技术标准化、管理标准化、工作标准化"工作要求，兵团 10 个团场开展农机标准化示范农场创建活动。各单位始终坚持把农机田间作业质量作为农机管理标准化的中心工作，狠抓农机田间作业标准的执行，结合农时进行阶段检查、评比、表彰等措施，监督检查标准措施到位情况，有效的提高整体农业机械化管理的水平，取得新成绩，完成年度目标。

【农机购置补贴政策进一步落实】 2013年，新疆生产建设兵团享受国家农机购置补贴资金3.6亿元，在全兵团范围内实施购置农业机械2.2万台(架)，其中，拖拉机5 100余台，收获机械780余台；配套农具和其他机械1.61万余台(架/套)。有近1.5万余户职工和农机服务组织直接受益，直接带动购机资金11.5亿元以上。通过积极筹划、组织，按程序和步骤环环相扣实施购机补贴政策，促进兵团农业机械装备的更新换代，提高大农业生产能力和效率，为农业丰收打下良好的机械化生产基础。

【机收工程取得新进展，完成年度计划】 2013年，新疆生产建设兵团年初种植机采棉模式面积466.67千公顷，采棉机保有和使用量1 550余台，完成机采面积360千公顷以上(不含复采面积)，机采面积占植棉的62%以上。一师、五师、六师、七师、八师机采面积较大，分别机采66.67千公顷、30千公顷、40千公顷、50千公顷和133.33千公顷。为充分发挥采棉机功能，新疆生产建设兵团还协调组织部分采棉机进行跨区机械采收棉花作业面积达100千公顷。机械化采棉所需要的清杂设备已配套220条生产线，可满足400千公顷棉花清杂任务。各主要植棉师兵师机采公司运行情况良好，为兵团组建八大集团之一的机械化收获集团奠定基础。随着机械化采棉技术及工艺已经成熟，硬件配套趋于合理，已具备大规模推广的基础条件，快速推进机采棉工程的基础条件充分具备，并有信心在两年内完成80%机采面积的目标。

【农机新技术推广得到进一步应用和示范】 2013年，新疆生产建设兵团大面积推广秸秆还田600千公顷、残膜回收400千公顷、土壤深松233.33千公顷和机械植保600千公顷。机械移栽、高架精量喷雾、土壤深翻、葡萄埋藤和保护性耕作、节能降耗等农业机械化新技术得到进一步示范应用。各种经济作物的机械化收获也有突破性进展，马铃薯、甜菜、打瓜、油菜、辣椒、番茄等作物联合收获机械800余台，全面实现机械化作业。畜牧园艺业机械化生产进展较快，推广牧草收割机、饲草料打捆机、储奶罐、挤奶器等畜牧机械2013年新增620台(套)，有利的推进畜牧业规模化生产。新增葡萄埋藤机、挖坑机、微耕机、弥雾机等园艺机械1 010台，这类小型机械的使用，初步改变园艺业机械化生产的面貌。

【农业机械化服务体系建设有新进展】 一是各师团农机专业化服务组织发展较为迅速，2013年成立农机合作社50余家。二是兵师大型机采棉收获公司运行情况良好，机采棉花266.67千公顷，占机采总面积的70%以上。三是农机标准化服务基地建设取得良好成效，2013年新疆生产建设兵团各级财务用于农业机械化基地及棚库建设投入约4 400余万元，已开工建设12个团场级农业机械化服务基地。

【安全生产管理水平进一步提升】 2013年，新疆生产建设兵团以深化“平安农机”创建为抓手，以落实农机安全生产责任为主线，切实强化农机动态监管和源头管理。严格拖拉机驾驶培训资格准入、规范注册发证、检审验等业务流程。开展“文明监理、优质服务”示范窗口和提高“三率”创建活动，并进行多次巡回检查督导。截至11月底，全兵团共报告农机事故9起，比2012年减少4起，死亡4人，比2012年持平，受伤4人，比2012年减少13人，直接经济损失5万元，比2012年增加1.9万元。千台事故起数0.124，千台死亡人数0.055，千台受伤人数0.055，均在行业控制指标范围之内。

【认真履行职能职责，制定全年工作目标任务】 2013年，新疆生产建设兵团针对《兵团农业现代化建设中长期规划(2011—2020年)实施中期评估报告》，对农业机械化部分进行修编，制定“十二五”行业建设规划年度推进措施，通过召开电视电话工作会议，明确工作方向、重点及主要内容，统一发展思路，明确重点工作，激发工作热情。

【全面扎实地实施农机购置补贴政策】 2013年，新疆生产建设兵团各级农机部门把购机补贴政策实施当做一项重要的政治任务来对待，不断健全完善工作制度好规定，突出重点，阳光操作，规范程序，提高效能，很好地实现农场职工得实惠，农机企业大发展的目标。2013年落实中央财政农机购置补贴资金3.6亿元，拉动团场职工和农机服务组织投入资金11.5亿元，带动社会和个人对农业机械化的投入。农机装备新度大为提高，特别是棉花收获后处理机械、玉米收获机、大马力拖拉机、节水灌溉机具、园艺业和畜牧业机具和设施农业设备等。通过各种宣传媒体和形式让购机户了解购置补贴政策，发放宣传挂图2 000余张、补贴政策资料汇编等500余册发放到师、团、连和职工手中。在导向上做到准确无误，注重机具的作业效率和使用可靠性，有效地改变先进适用的大中型机械数量不足，机型陈旧，技术状况老化的局面。在整个过程中，各单位都能落实规定和要求，执行“三个禁止”，认真落实“五制”，切实做到“八个不得”。兵团还组织人员赴基层单位进行多次监管检查，发现问题及时纠正。

【按照现代化农业理念来组织各农时阶段机械化生产活动】 2013年，农业机械化在大农业生产过程中的主要作用，一是提高效率，二是确保农时，三是降低成本，四是增加收益。新疆生产建设兵团农业生产机耕水平100%、机播水平99.8%，机收水平达到73.55%。从事农机操作人员约6.2万人。在春耕、“三夏”、“三秋”主要农时，克服天气恶劣，柴油供应紧张等多重困难，早部署，早筹划，精心组织，科学调度，保证农业机械化生产的顺利进行，为全年粮棉等作物丰产丰收做出突出贡献。小麦水稻、玉米、甜菜、番茄、棉花等作物跨区机收的规模不断扩大，已达到233.33千公顷，作业市场有序稳定，运行机制趋于合理，农机服务组织生产服务形式不断拓展，特别是机械化采收棉花、番茄和辣椒作业，各级农业机械化服务组织运行情况良好，各机收服务公司之间引入竞争机制，实现进度快，质量好，问题少，效果好的工作状态。

【根据实际需要和农时机械作业特点，积极开展行业技术服务及培训工作】 2013年，新疆生产建设兵团为提高全行业整体素质好技能水平，五月份组织参加在新疆昌吉召开的新疆农机博览会，九月份分别在南北疆召开机采棉技术演示及研讨会，十月份在南疆召开兵团红枣机械化收获演示现场会等，参加人员累计有500余人次。结合国家阳光工程农机培训工作的全面展开，兵团在各师都建立相应的培训学校，组织教学队伍，开展丰富的农机培训工作，累计有5 000余人次接受阳光工程的农机培训。

针对农机驾驶操作人员流动性大、新手多的实际情况，兵团2012年通过举办不同层次农机专项技术培训班，共培训农机管理干部、农机技术人员、驾驶操作和维修服务人员共计5万余人次，对推广应用农机新产品新技术和落实田间作业质量标准及安全生产起到良好的效果。

【把各种农作物收获机械化提上重要日程，利用农业机械化项目的立项和实施，力促薄弱环节有重大突破】 2013年，新疆生产建设兵团按照《关于加快机采棉工作的意见》(兵发[2011]3号)文件提出的“十二五”全面实现棉花机械化收获的目标，制定年度机采棉工作任务。2013年完成353.33千公顷机采任务，突破总面积的62%。机收甜菜、番茄、辣椒、马铃薯也有较大的增长，红枣收获技术进行试验示范。主要做法是：一是利用项目或贷款引进国外大型先进农机装备，其中，采棉机6台、甜菜收获机4台、玉米去雄机7台。二是完成农业部支持保护性耕作项目资金1 270万元，在5个团场实施，20余个保护性耕作项目团场完成保护性作业面积66.67千公顷。三是申请棉花机械收获项目资金1 000余万元，五师、八师今年基本实现机械化采棉，多数团场综合机械化水平达到95%。四是申请农机标准化项目资金60万元，在2个团场实施。通过上述项目的实施，提升兵团农机整体装备水平，生产和抗灾能力进一步增强，生产效率进一步提升，使种植业劳动力大量转移成为现实，全兵团少引进采棉拾花劳力30万人，为团场农业结构调和改变传统生产方式整奠定基础。

【全面部署，加强指导，组织检查，搞好服务，开展全方位农业机械化监管活动】 2013年，新疆生产建设兵团为确保农机在农时活动中健康平稳较快的发展，兵团通过推广新机具、新技术在完成农业生产任务中提高应用水平、作业质量和经济性指标。根据农时特点，农机局组成检查督导组，分9批12次对部分团场进行调研、咨询、检查、督导等，主要内容一是农机标准化示范团场创建情况，二是落实购置补贴政策情况，三是机械化生产和作业任务完成情况，四是农业机械化基地棚库建设情况，五是安全生产监管以及各类农机人员培训等。通过检查督查发现，各师工作进展情况良好，各项任务指标达到要求，并及时上报有关资料和信息。

【存在一些不容忽视的问题】 2013年，新疆生产建设兵团农业机械化工作虽取得一定成绩和经验，但也存在一些问题。主要表现在：行政管理和服务体系依然薄弱，集约化管理的优势没有充分发挥；农机装备结构还有待于进一步调整，配套基础设施建设特别是公共服务体系建设还需加大工作力度；农机企业缺乏宏观调控管理机制，不利于可持续发展；农业机械化维修及服务体系发展滞后；各级农机管理人员不足，农业机械化管理服务水平有待于进一步提高等。

黑龙江省农垦总局

【概况】 2013年，黑龙江垦区农业机械化工作贯彻落实党的十八大、中央1号文件和黑龙江省农垦总局党委(扩大)会议精神，贯彻落实科学发展观，围绕建设现代化大农业，发展现代化大农机，加快推进农业机械化发展“一个转变、六个延伸”，开创垦区农业机械化发展的新局面。黑龙江垦区农业机械化工作在黑龙江省农垦总局党委的领导下，在国家农机购机补贴政策的激励下，农业机械化发展势头持续高涨，农业机械化发展质量和水平进一步提升，农业机械化装备结构进一步优化，农机标准化管理和标准化作业水平进一步提高，充分发挥垦区高水平的农业机械化作用，完成农业机械化发展的各项工作任务和目标，有力的促进垦区现代化大农业建设。为垦区2013年农业生产抗灾夺丰收，粮食总产突破215亿千克做出应有的贡献。

【抓更新，贯彻落实好国家农机购置补贴，现代农机装备水平进一步提高】 2013年，黑龙江省农垦总局农业机械化管理局围绕建设现代化大农业，积极充分利用好国家农机购置补贴政策，加大更新投入力度，全年实现农机更新总投入达35亿元，再次突破历史，新增国内外各类机械5万余台件，其中：争取和落实国家农机购置补贴5亿元；继续从国外引进先进大型、特大型农业机械6亿元、822台件。新建旱田现代农机装备作业区20个，使垦区现代农机装备区总数达到400个，实现旱田耕地面积的全覆盖。水稻全程机械化的装备也进一步增加，从智能化浸种催芽设备到高性能插秧机和收获机，都有较大增加，水稻全程机械化装备水平进一步提升。田间综合机械化率达98%，比2012年提高0.5个百分点。其中，旱田水田均达98%。实现航化作业1 591.33千公顷。

【全面加强农机科技创新与推广，充分发挥现代化大农机对现代化大农业科技的支撑作用】 2013年，黑龙江省农垦总局围绕种植业结构调整，大幅度增加玉米和水稻面积的要求，坚持农机与农艺信息化相融合，重点推广应用十大农机新技术和新机具：①大型、特大型联合收割机；②保护性耕作技术，重点是玉米、大豆高性能大型精量播种机；③水稻全程机械化关键环节技术；④卫星导航和农机信息化管理技术；⑤旱田节水灌溉技术；⑥玉米及青贮收获和饲料搅拌饲喂技术，奶牛榨乳与保鲜储运技术；⑦经济作物关键环节机械化技术；⑧农作物秸秆根茬处理机械；⑨植保机械化技术和航化作业技术；⑩粮食清选、烘干和仓储技术与设施等新技术、新机具，成效显著，在推广十大农业机械化技术中确保六项重点：其中，共推广大型谷物联合收割机235台，大功率拖拉机64台，大型免耕播种机380台，卫星定位、自动导航设备310台套，水稻高性能插秧机2 080台，大型智能化浸种催芽设备43套，大型水稻收割机800台，全喂入履带式水稻收获机4 000台等新机具，并增配防涝装置，如联合收割机用防陷半履带880台，后驱动装置750台等，为夺取2013年农业抗灾夺丰收，发挥重要的保障作用。全年实现农业机械化新技术新机械推广应用节本增效达10亿元以上。

【认真组织实施利用美贷购买农用飞机和农机具项目，进展顺利】 2013年是美贷项目实施关键的一年。该项目被列入黑龙江省农垦总局重点督办的工作之一。该项目已经完成所有项目的审批、招标、谈判、签约等环节工作，并已开始组织付款、提货。农业机械部分共计

226台件，已经发货到农场，大部分投入生产作业；购买的34架农用飞机，已经到货8架，正在陆续发货、接货，预计到2014年4月底，全部到货，投入使用。由于黑龙江省农垦总局领导重视，黑龙江省农垦总局农业机械化管理局牵头认真组织实施，各环节工作认真细致，采取适当的方法和对策，创新运作模式，积极认真对待和有效解决项目进展过程中出现的困难和问题，使项目进展不仅总体顺利，还节约资金至少2 000万元以上，该项目还被视为中国利用美贷的示范项目，得到领导和有关方面的高度评价。

【深入开展场县共建，实现农机“三代”作业的新突破】 2013年，按照黑龙江省农垦总局党委的统一部署和要求，各管局、农场认真落实2013年度跨区作业实现3 666.67千公顷的工作目标，各级农机部门积极与周边市县搞好对接，拓展跨区作业范围、项目和领域，积极开展跨区作业指导与服务。全年完成跨区作业“三代”面积3 724千公顷，再次突破历史，比2012年增加340千公顷，实现农垦农机创收6.1亿元，农民节本增收13.2亿元。同时，各管局加大局市共建和场县共建的力度，积极推进场县共建农机合作社的制度建设和场库棚基础设施建设，截止到目前，垦区累计场县共建大型现代农机合作社44个，有力地促进场县区域经济协调发展，充分发挥农垦在全省农业现代化和城乡经济发展一体化中的示范带动作用。

【紧紧围绕垦区“三年强工攻坚战”，大力发展垦区农机制造业】 2013年，按照黑龙江省农垦总局党委提出的“三年强工攻坚战”和垦区重点工作会议提出的“高标准起步，全方位开局，快节奏推进”的要求，各农机部门进一步加强垦区的农机制造业的发展。特别是松花江农场“北大荒农机制造产业园区”和“北大荒宾西农机制造产业园区”及农机骨干企业发展迅速，其生产的主导产品40.425千瓦、51.45千瓦、66.15千瓦拖拉机以及甜菜移栽机、甜菜收获机、气吸式播种机、水田搅浆整地机、后驱动转向桥、秸秆粉碎还田机等产品销往省内外各地，其中北大荒农机制造产业园区实现年销售收入6亿元，红兴隆机械制造有限公司其主导产品水田灭茬搅浆机销售2 000台，LBZ—700A系列半履带销售400台等产品，年实现销售收入4 000余万元，在农机制造业发挥龙头带动作用。垦区规模以上农机骨干企业26家，全年实现农机制造业销售总收入达到13.5亿元，比2012年增长30%。

【坚持农机管理创新，全面提升农机管理标准化水平】 2013年，按照垦区《开展“十二五”农机管理标准化创新与达标活动方案》要求，继续深入开展农机标准化管理达标与创新活动，积极开展全国农垦农机标准化示范农场创建活动。各管局农场坚持实行优机、优价制度，全面实现农机标准化作业，开展农机大培训和农机标准化提档升级活动，使驾驶操作人员和各级管理人员整体素质有很大提高。2013年垦区共投入4亿余元用于农机基础设施建设，扩建、新建“农机管理服务中心”。新建设的农机管理服务中心多数具备现代农机数字管理系统和指挥调度平台。按照黑龙江省农垦总局农业机械化管理局要求，将有14个农场通过黑龙江省农垦总局农业机械化管理局农机标准化示范农场的验收，年内又有20个农场将被评为黑龙江省农垦总局农业机械化管理局农机管理标准化农场，15个农场被评为标兵场。

【进一步提升农机组织化程度，推进新型农机社会化服务发展】 2013年，黑龙江垦区积极探索和深化农机经营管理体制改革和创新，大力推进新型农机社会化服务发展，促进和保障垦区农业机械化水平的提高。积极扶持和培育新型农机合作经营主体，鼓励和引导有机户走农机联合投资、联合经营和农机合作社经营发展之路，提高农机经营效益，推动垦区农机服务专业化、市场化、公益化和农机服务产业化进程。积极开展“全国农机合作社示范社创建活动”，涌现出胜利农场好山河农机合作社、前锋农场农机合作社、红星农场农机合作社、引龙河农场圣达农机合作社、嘉荫农场嘉荫高新农机合作社等一批取得较好效益，有较强带动作用的典型。2013年，黑龙江垦区新建农机专业合作社23个，累计总数达171个。

【抗灾害，确保粮食增产增收】 2013年，黑龙江垦区遇到历史上罕见的“四涝叠加”洪涝灾害，给农业生产带来巨大的困难。但由于垦区充分发挥农机管理“六统一”、组织化程度高的优势，积极采取“调”、“改”、“买”、“引”的应对措施，在“三秋”作业中，统一作业指挥、合理调配机械力量；适时适地进行机械改装与技术革新，提高机车作业效率和作业质量；扶持职工购买中小型抗涝的收获机械；引进南方省份农机来垦区跨区作业等。发挥大功率机械作用，坚持“人停机不停”机车昼夜作业，农机管理人员跟班作业，检查验收质量，边抢收、边整地，最终战胜这场灾害，实现垦区耕地“黑色越冬”，全面完成“三秋”作业任务，为2014年农业生产奠定良好基础。

【积极开展农机大培训，推进农机队伍和北大荒农机文化建设】 坚持“以人为本”，积极开展农业机械化技术大培训行动，年内累计培训7.8万人次。加快农业航空驾驶人员培训学校的建设，已正式通过国家高考招收学员。成功承办“第六届中国黑龙江·北大荒国际农机展”，展会在规模、参展质量、交流层次上均取得新突破，本届有国内外200多家农机制造企业参展，参展产品达40大类3 800台(件)，农机展面积达3.6万平方米，农机制造业签约额20亿元，创展会规模记录。进一步推进北大荒农机文化建设，全面推行着装北大荒农机工人标志服和“北大荒集团”企业形象标识，做到每台大功率拖拉机、收割机驾驶员都着“北大荒农机”标准服装，每台大功率拖拉机、收割机上都粘贴“北大荒集团”标识。进一步总结和完善农业机械化各项管理规章制度和技术成果，用北大荒精神与核心价值观教育和武装北大荒农机人。友谊农场建设的“北大荒农机博览园”成为北大荒文化的重要组成部分，对外开放，收到较强的反响，进一步提升北大荒的影响力。

【加强农机安全监理，提高农机安全管理水平】 2013年，黑龙江垦区贯彻落实“安全第一，预防为主，综合治理”的安全生产方针，加强农机监理队伍建设，完善农机监理体系，落实国家农机安全监理惠农政策，推进“实地检验”、“免费监理”工作。层层签订和落实安全责任制，加强农机安全教育，开展“纠正违章、排查隐患”农机安全专项整治活动，农机“三率”水平进一步提高，实现拖拉机、收获机登记率96%以上，驾驶员持证率96%以上，拖拉机检验合格率95%以上。力争年内全局无农机死亡事故，实现全年农机安全生产目标。

【主要问题】 2013年，尽管黑龙江垦区农业机械化发展取得很大成绩，但按照科学发展要求以及建设现代化大农业还有一定差距，存在一些亟待解决的问题和不足：一是农业机械化发展还不够平衡，管局与管局、农场与农场之间在机械化程度和管理水平上差距较大，不同作物机械化也有差异，经特作物，畜牧生产机械化程度偏低；二是仍有大批量性能落后、机型陈旧的机械在使用，迫切需要报废更新；三是农机管理体制和经营机制还不完全适应现代化大农业发展的需求，迫切需要进一步深化改革；四是农机人才队伍"青黄不接"的问题仍然突出，迫切需要采取有力措施；五是农机社会化服务体系还不够健全，没有专门的农机推广机构和专职推广人员；六是农机基础建设亟待加强，场库棚资金投入严重不足，需要进一步加强，提高建设水平。

广东省农垦总局

【概况】 2013年，在农业部的领导和支持下，广东垦区以"推进农业现代化，打造跨国大集团、建设美好新垦区"为目标，以贯彻实施《农业机械化促进法》为主线，不断强化现代农业发展理念，坚持农机农艺与生态建设相结合，认真实施农机购置补贴政策，大力促进农业生产设施化、机械化、信息化发展，提高农业物质技术装备水平，推进现代农业快速发展。农业机械化是农业现代化的基础和重要内容。广东垦区贯彻《农业机械化促进法》等一系列法律法规及方针政策，全面落实科学发展观，围绕现代农业建设，加快农业机械化发展，实现农田基础建设生态园林化、良种繁育设施化、种养收加环节机械化、农业产业低碳循环化、生产经营全程信息化。

【农机装备总量增加结构优化】 2012年，广东垦区农业机械总动力328.5千千瓦，比2011年增长8.4%。2013年广东垦区农业机械总动力将达到350千千瓦，比2012年增长6.5%。

【农业生产综合机械化水平不断提高】 2012年，广东垦区农业生产综合机械化水平达到67%，比2011年提高1个百分点，进入农业机械化中级阶段的较高水平。其中机耕水平达到95%以上，机种水平达到37%，机管水平达到76%，机收水平达到26%，主产业农产品加工率达到100%，在全国热区处于领先地位。2013年广东垦区农业生产综合机械化水平将达到68%。农业机械化贯穿广东垦区农业生产的各个领域，在开荒作业、农田基本建设、热带作物生产、植物保护、产品加工、运输乃至社区建设中都发挥着越来越重要的作用。

【农机新技术推广取得新的进展】 2013年，广东垦区在发展农业机械化过程中，坚持农机农艺与生态建设相结合，促进农业新技术的推广。目前广东垦区拥有各类微灌、喷灌作物面积4.67千公顷，完成水利工程及节水灌溉面积20千公顷；改造水产生态养殖面积1.2千公顷。在甘蔗生产中采用良种良法、测土配方施肥、全程机械化生产、节水灌溉、生物防治虫害等先进技术，按照统一整地播种、统一肥水管理、统一技术培训、统一病虫防治、统一机械收获的"五统一"的技术路线，建成3个万亩优质高产甘蔗机械化示范基地。

【农机作业服务组织初步实现多样化】 2013年，广东垦区积极探索适合广东垦区农业机械化发展的路子，取得一定的成效。如湛江垦区出台《湛江农垦农业机械化管理暂行规定》，实行广东省农垦总局、广垦农机公司、农场三级农机管理的体制，授权广垦农机公司负责垦区国有农机资源、土地耕作资源、农资和农产品运输资源的经营管理业务，在龙头企业带动下实现农场、专业公司和职工的共赢。一些农场结合产业实际发展职工参股或合作经营的农机服务公司，形成专业公司、股份公司、合作经营组织、农机大户等多样化的农机经营服务体制。

【农机作业信息化有较大发展】 2013年，广东垦区开展精准农业技术的探索和实践，在土地管理、林木生长、病虫害预测预报及防治、测土配方施肥、节水灌溉、农产品质量追溯、农机作业和管理、工厂化养殖等方面广泛采用信息装备和技术。如广东垦区建立以3S(遥感技术、地理信息系统和全球定位系统)技术为支撑的国有农场土地管理系统，精确测算和监控土地资源，为农机作业调度搭建新的管理平台。丰收菠萝罐头、名富番石榴和红阳桃、华海茶叶等无公害农产品质量追溯系统的建立，燕塘乳业从奶源基地建设到乳品加工和销售的全程信息化管控，大幅提升广东垦区农产品食品质量水平，做到"从地头到餐桌"的全程质量追溯。

【农机购置补贴项目得到较好实施】 2013年，广东垦区实施农机购置补贴2 100万元，补贴机具5 225台，受益农户1 373户。广东垦区按照财政部、农业部等上级有关部门的要求，认真编制农机购置补贴实施方案，层层成立项目领导小组，加强项目的组织、协调、指导和监督管理。为加强补贴资金的管理，制定《广东垦区农机购置补贴资金管理办法》，按照国家有关规定，对专项补贴的实施范围、对象、标准和种类，补贴资金的申报、下达补贴与发放程序、专项的管理与监督等进行规范。在项目实施过程中实行阳光操作，做到公开、公平、公正。在补贴机具的选型上，既要适合广东垦区实际需要，又要保证政策补贴的农机具性能优良、安全可靠和价格合理。在职工申请购机选择上，实行补贴机具品种、性能、配置、价格目录公开，让职工一看就明白，自主申购。在补贴对象确定上，实行补贴资格、优选条件公开以及受益对象评审和公示制，职工自愿、平等申报，公平竞争，项目单位、管理局两级评审，社会监督，既减少矛盾，又确保公平。

【新型农机具研发成果显著】 2013年，广东垦区加大高地隙大功率拖拉机、大型甘蔗种植机、大型喷药机等农机设备攻关和开发力度。如广垦机械公司与中国农机院合作，对进口价格40多万元的整杆甘蔗种植机进行技术攻关，吸收消化，自主研制开发出同类型的大型甘蔗种植机，生产成本只有15万多元，产品性能、作业效率还优于进口机型。广垦机械公司针对甘蔗装卸劳动强度大情况，研制开发甘蔗装载机和自动卸蔗台。

【坚持农机农艺与生态建设相结合，调整优化农机装备结构】 2013年，广东垦区一方面适应农业生产结构调整和农艺措施要求，实行分类指导，重点突破，研制改装农机新机型，优化农机具结构；另一方面按照农机作业特点，对土地规划、农田水利设施、良种选育、种植管理技术到产品收获加工等进行改进完善，提高农机作业效率和质量。

【坚持农机标准化管理，建设高标准的管理制度和高素质的农机队伍】 2013年，在甘蔗全程机械化生产技术取得突破后，广东省农垦总局开展甘蔗机械化生产标准化研究工作，初步制定《甘蔗机械化种植技术规程》《甘蔗种植机操作规程》等各种技术标准10多个，逐步实现农艺栽培技术标准化，作业质量指标科学化，作业规程程序化，农机管理规范化。为适应广东垦区现代农业装备发展需要，垦区积极引进和培养现代农业装备建设的专门技术人才和管理人才1 300多名，同时加大对现有农机技术人员的培训，为广东垦区现代农业发展提供智力支撑。

【坚持典型示范，引领现代农业机械化发展】 2013年，广东垦区通过创建示范区，树立先进典型等方法，引领和示范带动农业机械化发展。丰收糖业公司作为全国唯一的甘蔗机械化生产试验基地，2013年积极开展种植、植保、收获等环节的机械化生产标准研究制定工作，使甘蔗机械化生产技术从单项到集成、从单机作业到联合作业，实现耕种管收全程机械化，达到国际先进水平，成为"中国甘蔗机械化生产"的典范。广东垦区大力发展5 000头以上的现代化养猪场，人均饲养量达到350头以上，生产效率处于全国先进水平。湛江农垦畜牧公司荣获第一届全国养猪行业百强优秀企业。

【坚持农机科技创新，研制开发先进适用农机具、新技术】 2013年，广东垦区本着引进、吸收、消化、提高的宗旨，针对广东垦区土地、品种、农艺等生产实际，对一些进口的关键农业机械设备进行攻关和开发，研制适合广东垦区使用的新型替代机具和配套机具，降低农机购置成本，拓宽农机应用范围，加快先进农业机械的普及推广。

【坚持经济、安全、环保的原则，实现农业产业低碳循环化】 2013年，广东垦区围绕建设资源节约型、环境友好型社会的总体目标，推进先进农业技术装备应用，大力打造"低投入、高产出，低消耗、少排放，能循环、高效率"的低碳循环农业体系，推动上下游产业充分结合，延伸产业链，在提升农业综合经济效益的同时取得良好的生态和社会效益。目前，广东垦区糖业、橡胶、剑麻、菠萝和畜牧业等产业的循环农业发展已初具规模，实现以工补农、以农带畜、以畜促农、以农畜发展推进工业生产的低碳循环化发展。

【坚持创新农机经营管理体制，增强农机发展活力】 2013年，按照"谁投入谁受益"的原则，在国有农场投入经营为主体的同时，积极引导和鼓励职工及社会资本投入，做到国有企业、股份制、合作制多种形式并存，形成农机服务市场化，服务组织实体化，实体经营企业化。

【存在问题】 2013年，广东垦区农业机械化虽然取得较快的发展，但与经济发展的总体要求还存在着一定的差距，如农业机械化发展不平衡，个别广东垦区普及面还不够广，机械拥有率不高；能较好地适应橡胶、剑麻、水果等主要作物的种植、抚管、收获等生产环节要求的作业机具较少；与甘蔗全程机械化生产配套的作业机具不多，不能满足扩大机械作业范围，实现全程机械化的需要；农机科研及生产力量较弱；职工农机使用和管理知识不足，农机宣传培训工作尚须加强。

试验鉴定与标准化

农业部农业机械试验鉴定总站

【概述】 2013年，在农业部党组、副部长张桃林和农业部农业机械化管理司的领导下，在有关司局的支持下，农业部农业机械试验鉴定总站深入学习贯彻党的十八大精神，紧紧围绕农业农村工作中心目标和部里的决策部署，全面履行农业部农业机械试验鉴定总站职能，按照《农业部农业机械试验鉴定总站2013年工作思路和工作要点》部署，履行职责、提升能力，强化基础、扎实工作，稳步推进试验鉴定、质量监督等业务工作，进一步强化基础能力建设，切实加强基层党组织建设和党风廉政建设，扎实开展党的群众路线教育实践活动，深入推进绩效管理工作，审慎研究事业单位分类改革和检验检测机构整合工作，深入开展文明单位创建活动，充分发挥技术支持保障作用，各项工作取得显著成效。

【履职尽责，突出重点，支撑保障作用充分发挥】 农业部农业机械试验鉴定总站注重加强业务建设，推进试验鉴定、质量认证和质量监督等工作全面发展，为农业机械化快速发展提供坚强有力的技术支撑。

【强化四大重点工作，设立目标与狠抓落实两注重】 2013年，农业部农业机械试验鉴定总站围绕农业部绩效管理19项核心指标中农业部农业机械试验鉴定总站所参与的工作任务，以及农业部农业机械化管理司的年度计划任务和指标体系，及时制定农业部农业机械试验鉴定总站的绩效计划书和指标体系，设立对接目标，明确责任部门，制定保障措施。在工作推进中，我们注重突出重点、带动全面，强化目标导向，注重过程管理，狠抓工作落实，迅速在全站范围内凝聚共识，整合资源，形成合力，重点业务工作得到有力推进。

一是强化农机试验鉴定工作。着力加强试验鉴定体系建设，强化试验鉴定工作规范统一，提升技术人员专业技术水平，试验鉴定工作科学化水平进一步提升。起草《部级推广鉴定有效期内的监督检查实施细则》，协助农业部农业机械化管理司制定《通过农机推广鉴定的产品及证书使用情况监督检查工作规范》。组织召开部级推广鉴定工作会，举办部级推广鉴定审查员培训班，加强对鉴定行业的规范和指导。继续完善推广鉴定操作程序，修订《部级推广鉴定受理审查》《部级推广鉴定换证审查》《部级推广鉴定有效期内变更》《部级推广鉴定实施中变更》4个作业指导书，起草《部级推广鉴定报告编写规则》，发布试验鉴定人员行为准则、承诺书和告企业书，进一步充实完善推广鉴定工作要求和相关表格，推进推广鉴定工作规范化。认真实施动力机械、畜牧水产养殖机械、耕种机械、收获机械等产品的部级推广鉴定工作。2013年，农业部农业机械试验鉴定总站共接收部级推广鉴定申请2 126项，通过审查受理1 952项，均比2012年翻一番。其中，农业部农业机械试验鉴定总站检验室承担418项，比2012年增长64%；向通过能力认定的各省鉴定站安排任务1 534项，比2012年增长133%。完成报告审核1 700多项。

二是强化农机产品认证工作。认证中心以有效性、时效性、公信力、社会责任"四位一体"建设为抓手，加强内部管理，提升能力素质，强化风险防控，各项工作稳步推进。顺利通过认证机构认可评审和认监委3C专项检查，对3家植保机械指定实验室进行专项检查，完成3C认证农机TC18专家组换届。协助认监委制定3C认证两类产品的新版认证实施规则和认证实施细则。举办认证人员培训班，颁布5个认证领域人员注册资格目录和计划。规范认证中心业务月度例会和办公会议，制定《认证有效性管理办法》《认证时效性管理办法》《社会责任管理实施办法》《社会公信力管理办法》等10个制度，编制认证中心廉洁从业风险防控手册，规范工厂审查人员数量和廉洁要求。推进认证业务信息化管理，继续推进认证活档电子化。经过周密策划和积极协调，2013年，共组织实施各类认证项目631项，认证项目认证平均总时间由2012年144天降为109天，认证时效性明显提高；新发和换发各类认证证书491张，比2012年增长77%，暂停认证证书57张，撤销、注销认证证书76张。

三是强化农机质量监督工作。深入开展质量调查、质量督导、质量投诉、打假等工作。起草《2012年全国农业机械化质量报告》，完成喷雾喷粉机、采棉机、马铃薯收获机等8种产品《农业机械安全警示标识图解》的研究和设计，深入开展农机产品质量安全调查工作和补贴机具质量督导工作。推进全国农机质量投诉体系建设，举办农机质量投诉工作培训班，推动各地加强农机质量投诉监督管理指导性文件的出台。积极开展农机用户维权宣传、咨询活动，免费向农民发放《安全警示标识图解》《农机购置、使用、维修明白纸》、十余种宣传材料。召开全国农机投诉情况通报会，督促企业提高产品质量。认真做好农机质量投诉受理处理，2013年，中消协农机产品质量投诉站共接收农民咨询1 783人次，共收到农机用户对各类农机产品的质量投诉167件，受理153件，结案146件，结案率95.4%，共计为农机用户挽回直接经济损失377万元。

四是强化《目录》管理工作。按照农业部农业机械化管理司要求，继续推进《国家支持推广的农业机械产品目录》工作的公开、公正和透明，提出改进国家支持推广目录制定工作的建议报告，扩大《目录》申报条件的公开范围，在对原有43个品目基本条件进行梳理修订的基础上，新制定花生收获机、圆盘耙等5个品目的基本条件。配合农业部农业机械化管理司开展《目录》监督检查工作，现场检查16家生产企业175种型号产品，建议取消1家企业2个产品的目录资格。举办《目录》申报培训班，对150多家企业的185名代表进行培训。组织对"国家支持推广目录网上申报系统"进行改版升级。认真受理《目录》申报，共收到802家企业的2 517份申报材料，组织开展《目录》初审工作，协助农业部农业机械化管理司完成《目录》综合审议。

【推进三项行业指导工作，推动当前与谋划长远两手抓】 2013年，根据农业部农业机械试验鉴定总站职能和发展定位，我们积极推动系统建设，做好行业指导工作。年初，我们面对行业发展形势和繁重任务，着眼大局，把握方向，制定年度工作要点，周密部署、精心组织、全面实施。在抓好当前重点工作的同时，我们统筹兼顾，深入开展发展重大问题研究，着力谋划长远发展的思路措施，提出目标任务，明确主攻方向，为争取政策支持、推动未来发展奠定基础。

一是深入推进农机维修管理工作。加强农机维修体系建设，推进农机维修技术合格证网络申报，实施农机维修管理软件升级。深入开展农机维修技术研究，召开农用柴油机节能减排喷油泵调修示范推广项目可行性专家论证会，做好科研项目论证和储备工作。组织制定传动变速箱修理质量标准。举办"政企联动"高技能人才培训班5期，培训农机维修高技能人才259名，"政企联动"培训品牌得到社会的广泛认同。配合农业部农业机械化管理司创建1 000家农机合作社示范社，提出初审报告，设计制作示范社标牌，为1 022家农机合作社示范社免费寄发2013年度"农机质量与监督"杂志。举办全国农机合作社示范社理事长培训班，全国180名农机合作社示范社理事长参加培训。起草《中国农机合作社标识管理办法》，组织开展"创新农业经营组织"的论文征集活动。

二是深入推进农机标准化管理工作。组织召开全国农业机械标准化技术委员会农业机械化分技术委员会三届五次会议，确定年度工作任务和目标。加强农业机械化行业标准项目管理，推进标准制修订工作进度，组织召开标准审定会，《挤奶机械质量评价技术规范》等9项农业行业标准通过审定，进一步提高农业机械化标准化水平。举办农业机械化标准项目管理和标准编写培训研讨班，进一步规范标准项目管理，提升标准编写质量。组织修订《农业机械分类》农业行业标准。召开农业机械化重点标准宣贯会，推动农业机械化标准的宣贯实施。

三是深入推进鉴定系统业务指导工作。年初组织召开全国农机试验鉴定站长会，认真总结2013年农机试验鉴定与质量监督工作，部署2013年全国农机试验鉴定系统重点工作。年中组织召开部分鉴定站长座谈会，专题研究依法鉴定、科学鉴定、规范鉴定，开展鉴定系统事业单位分类改革研讨。组织召开全国农机试验鉴定能力建设规划研讨会，围绕部级鉴定能力布局现状、部级能力认定、农业部农业机械试验鉴定总站专业站发展方向和管理办法等方面进行深入研讨，对全国农机试验鉴定能力建设规划（草案）提出修改完善意见。举办部级能力授权签字人培训班。协助农业部农业机械化管理司开展部级鉴定能力认定复评审工作，召开复评审现场考评员培训会，对认定到期的14个省级农机试验鉴定机构进行复评审。协助农业部农业机械化管理司开展全国农机推广鉴定工作监督检查，对江苏、黑龙江、安徽、湖北和甘肃等5个省的农机鉴定工作进行抽查。组织召开部级农机试验鉴定大纲复审会议，对2009年（含）以前发布的26项部级农机试验鉴定通则和大纲进行复审。组织召开拖拉机行业、奶业机械行业、收获机械行业推广鉴定检测技术研讨会，推动行业技术水平的提高。

【提升三项管理服务工作水平，拓展能力与强化服务两加强】 作为农业部里直属事业单位，农业部农业机械试验鉴定总站以提供支撑保障为重点，以业务服务能力为基础，以系统建设为依托，强化内部管理，全面加强组织建设和制度建设，不断拓展服务领域，创新服务模式，增强服务供给能力，把工作的出发点和落脚点放在为部司和农民服务上，努力使服务工作全方位、多层次、广覆盖，着力提升服务对象满意度。

一是不断提升农机职业技能开发工作水平。国家职业大典分类工作取得新进展，基本确立以农业生产流程和农业机械分类为依据的 11 个职业 31 个工种，目前正接受人社部的审定。承担《水稻插秧机》《设施农业装备操作工》2 本培训教材和《农机修理工》题库修订的开发任务。举办 4 期职业技能鉴定考评员培训班和复训班，培养职业技能鉴定考评员 887 名。加强鉴定机构建设与管理，配合农业部人力资源开发中心，组织开展农业职业技能开发工作征文、工作人员培训班、职业技能鉴定站情况调查等活动。启动第四批农业职业技能鉴定站体系建设项目，9 个农机职业技能鉴定站共获得 400 万元设备补贴。2013 年，共完成农机职业技能鉴定 10 万人次(受人社部未发空白证书影响，实际核发职业资格证书 5.2 万个)，促进农机行业从业人员队伍素质的提高。

二是不断提升信息化服务工作水平。继续保持中国农业机械化信息网强势媒体地位，制定信息网年度和季度宣传要点，围绕农业机械化发展的重点和热点，建立"聚焦中央 1 号文件"、""三夏"进行时"等 7 个专栏重点报道，在重点时段、重大事件和活动掀起农业机械化宣传高潮。进一步加强信息报送工作，组织编发信息 5.4 万条。农业机械化信息网保持在农业部系统 50 个行业网站中点击量稳居榜首的优势地位，信息的数量、质量、时效性都走在前列，日均点击量超过 68 万次。努力办好中国农业机械化质量网。加强《农机质量与监督》杂志发刊工作，编发 3·15 专刊——《2013 农机用户购机指南》，向农民用户免费发放。配合农业部农业机械化管理司做好农机购置补贴信息公开工作，及时完成农业机械化统计相关工作，参与编印《农业机械化情况》24 期。关注网络舆情，及时收集报送相关媒体报道的农业机械化新闻报道 1 023 条，较好地完成农业机械化信息宣传工作。做好农业部司委托的信息专项工作，开发农机质量投诉监督机构查询系统，完善全国农机购置补贴系统，实施购机补贴信息公开，优化全国农业机械化政务直报系统，维护和管理农业机械化生产直报系统，积极申报《全国农机化生产信息管理服务平台》等信息化课题研究工作。积极推进办公自动化工作。

三是不断提升外事外经服务工作水平。制定《总站外事工作管理办法》。规范实施出国(境)团组，共组织实施 3C 认证工厂审查、推广鉴定境外审查、出席国际会议等团组共 10 个，出国(境)人数 25 人次。积极推动试验检测技术国际交流和结果互认，派出代表参加 OECD 拖拉机工程师会议，持续开展 OECD 拖拉机协定有关工作。推动建立亚太农机检测网，为拓展农业机械化国际交流与合作打下较好的基础。认真做好外事接待工作，共接待联合国可持续农业机械化中心代表团等 50 多人次。配合农业部农业机械化管理司完成《中国农业机械化》中英文宣传画册编辑工作。

【解放思想，着眼发展，运行机制进一步完善】 2013 年，农业部农业机械试验鉴定总站始终坚持着眼发展大局、突出以人为本，不断完善运行机制，全面加强基础建设，着力强化支撑保障，不断增强发展后劲。

【积极应对事业单位分类改革和检验检测认证机构整合工作】 2013 年，农业部农业机械试验鉴定总站面临事业单位分类改革和检验检测认证机构整合两大改革，事关农业部农业机械试验鉴定总站事业长远发展和职工切身利益，我们集中力量、全力以赴对待此项工作，成立专题研究小组，认真学习有关文件和领导讲话精神，全面梳理农业部农业机械试验鉴定总站职能，充分分析改革利弊，积极准备各类预案。积极向部人事司、农业部农业机械化管理司汇报和沟通，重点对农业部农业机械试验鉴定总站分类定位、农业部农业机械试验鉴定总站名称、农业部农业机械试验鉴定总站职能调整等进行有针对性的解释说明，努力争取农业部农业机械试验鉴定总站在改革中得到理想的结果。

【深入推进绩效管理工作】 起草农业部农业机械试验鉴定总站 2012 年度绩效管理自评报告，认真总结绩效管理工作，深入研究 2013 年绩效管理工作，并向到站检查指导的中纪委监察部绩效管理检查评估组作专题汇报。一是明确目标导向，认真制定农业部农业机械试验鉴定总站 2013 年绩效管理实施方案、计划任务书和指标体系，将农业部农业机械试验鉴定总站年度工作要点的工作任务全部纳入指标体系。二是加强过程管理，注重绩效沟通，及时发现和改进工作中的薄弱环节。继续开展内设处室绩效管理，与各部门签订处室绩效计划任务书，下达部门绩效管理指标。三是注重结果应用，充分利用 2012 年度绩效评估结果，在文明先进处室评选、绩效工资发放上予以体现，不断探索绩效管理的激励和导向作用。

【着力加强培训、人才引进和选拔工作】 2013 年，农业部农业机械试验鉴定总站着力加强干部职工的培训工作，年初制定了农业部农业机械试验鉴定总站《2013 年职工培训计划》，领导班子成员认真参加自主选学课程，认真组织实验室冬训，长期开展职工英语培训，累计 400 多人次参加各类培训，增强干部职工的岗位能力。7 月，部党组对农业部农业机械试验鉴定总站领导班子进行充实，任命仪坤秀同志为总工程师，对优化农业部农业机械试验鉴定总站班子内部结构、提高班子整体效能，加强农业部农业机械试验鉴定总站实验室建设和科研能力建设，起到重要的促进作用。开展部分处级管理岗位竞聘上岗，4 名干部得到提拔使用。认真做好人才引进工作，补充高校毕业生 4 名，接收正团级军转干部 1 名，进一步调整优化人员结构。

【基本建设项目取得新突破】 2013 年，农业部农业机械试验鉴定总站完成综合业务楼等 4 个项目的竣工验收，解决基建历史遗留问题。制定农业部农业机械试验鉴定总站基本建设规划编制，构建"一个中心、二个能力、三大板块、四项工程"的农业部农业机械试验鉴定总站基建发展思路。老院区改造项目顺利实施，已报请部里竣工验收。推进农业部农业机械试验鉴定总站修缮购置项目实施和申报，2013年修缮项目基本完成，2014年修缮项目顺利申报通过。积极申报《20T牵引负荷车及奶业机械和水果分级机械测试设备购置项目》，目前已通过农业部基本建设信息系统申报，进入专家评审阶段。

【认真做好财务管理和预算执行】 2013年，农业部农业机械试验鉴定总站加强预算执行监督管理，进一步推动预算执行力。继续抓好"小金库"专项治理和复查工作，严格控制"三项经费"。落实事业单位会计制度与NC网改版，及时编报农业部农业机械试验鉴定总站2012年度部门决算等财务报表，保证财务工作顺利运转。制修订《总站经费支出实施细则》《总站预算管理办法》《总站会议费管理办法》等6个制度，不断强化财务制度监督管理体系。

【切实做好安全生产等后勤保障工作】 2013年，农业部农业机械试验鉴定总站认真落实安全生产责任制，加强宣传教育，强化应急值守，及时排查隐患，狠抓保卫、消防、交通等安全工作，切实加强平安单位建设。高度重视"两会"、国庆、十八届三中全会期间及节假日安全维稳工作，全年未出现火灾、失窃等重大责任事故。及时调整食堂运营模式和布局，切实提高服务质量。物业管理、医疗服务等其他后勤服务工作也有序有效开展。

【创新机制，用活载体，党建和廉政建设取得实效】 2013年，农业部农业机械试验鉴定总站党委和领导班子深入学习贯彻党的十八大和三中全会精神，扎实开展党的群众路线教育实践活动，着力加强党建工作制度化、规范化、人性化，切实把党的工作做规范细致，深入人心，让全体党员参与，为推动各项工作科学发展提供坚强的政治思想保障。

【扎实开展党的群众路线教育实践活动】 2013年，农业部农业机械试验鉴定总站党委在部教育实践活动领导小组和督导组的指导下，贯彻落实中央和部党组部署要求，坚持从严、务实作风，高标准、高质量谋划和推进教育实践活动，积极开展学习教育，广泛征求意见建议，深入开展谈心谈话，全面查摆梳理问题，认真进行对照检查。经过精心组织、充分准备，农业部农业机械试验鉴定总站党委于10月28日召开专题民主生活会，10个在职党支部均召开专题组织生活会。全站党员干部真正做到把自己摆进去，围绕为民务实清廉，聚焦"四风"问题，认真开展批评与自我批评，达到团结—批评—团结的目的。农业部农业机械试验鉴定总站党委针对征求到的意见建议和查摆出来的问题，认真研究制定总体整改落实方案和专项整治方案 ，列出11个拟制修订的制度，并坚持立行立改、立说立改，明确5个方面20项立行立改项目和措施。目前，各项整改落实工作正在有序推进。下一步，农业部农业机械试验鉴定总站党委将牢固树立善做善成、善始善终的思想，发扬钉钉子精神，切实做到思想上不放松、标准上不降低、力度上不减弱，扎实抓好整改落实和建章立制环节各项工作，确保教育实践活动取得实实在在的成效。

【深入学习贯彻党的十八大和三中全会精神】 2013年，农业部农业机械试验鉴定总站通过邀请有关专家讲解、内网设置专栏、举办宣传图片展、积极参加中央学习党的十八大报告和党章知识网上竞赛活动等途径，继续深入学习党的十八大精神。三中全会召开后，通过召开党委扩大会议、理论中心组学习会、发放学习读本、组织观看全会决定解读视频等方式，营造良好的学习氛围。同时，结合工作实际，深入研讨交流，努力把十八大和三中全会精神转化为推进工作的具体思路和有效措施。

【不断加强党的建设工作】 一是抓组织发动。年初制定党委、纪委2013年度工作要点，召开全体党员大会，部署全年重点工作任务。"七一"召开庆祝建党92周年纪念大会，3名同志宣誓成为新党员，3名预备党员转正，表彰5个2012年度文明先进处室，副书记国彩同作"坚持党的群众路线 切实加强作风建设"专题党课报告。二是抓学习教育。推进学习型党组织建设，组织参观中央编译局"马克思主义传播史"展览馆，坚定理想信念。承办农业机械化讲坛，组织职工积极参加农业部中青年干部学习论坛、每月讲坛等活动，组织相关人员参加"入党积极分子培训班"和"新党员培训班"。为全体党员购买新党章、群众路线教育活动推荐的三本书和三中全会《决定》。三是抓全面规范。认真落实"三会一课"制度，组织召开5次理论中心组学习会。组织开展2012年度民主评议党员工作。及时收缴党费，定期公开党费使用情况。严格入党程序，规范组织发展日常工作。四是抓活动载体。充分发挥党支部的战斗堡垒作用和工青妇群众团体的桥梁纽带作用，积极引导党支部、工青妇组织开展接地气、走基层活动，围绕农业部农业机械试验鉴定总站中心工作任务开展活动。通过举办春节团拜会、庆祝"三八"国际劳动妇女节等活动，增强干部职工的凝聚力和战斗力。

【不断强化党风廉政建设工作】 2013年，农业部农业机械试验鉴定总站坚持把党风廉政建设与业务工作、预算执行、绩效管理等工作相结合，一起部署、一起检查、一起考核，四位一体、同步推进。一是健全责任体系。坚持每年签订《党风廉政建设责任书》，全体工作人员签订《廉洁自律承诺书》，继续实行推广鉴定反馈单和认证项目企业审核满意度测评制度，形成覆盖全员、落实到人的责任体系。二是深入开展廉政教育。通过推行格言警句上桌上墙、观看《失德之害》警示片等多种形式，从正反两个方面大力开展党性党风党纪和廉洁从业教育。三是完善风险防控机制。将廉政风险防控机制建设逐步延伸扩展到站属企业，积极推动系统廉政风险防控机制建设，将惩防体系建设覆盖全鉴定系统和全农机职业技能开发系统。四是加大监督力度。发挥职能管理部门的监督作用，对管人、管钱、管物的重点部门重点岗位，基建招投标、政府采购等重点环节，进行重点监督检查。坚持落实领导干部重大事项报告和收入申报制度，严格执行领导干部廉洁自律的各项规定。

【着力提升文明单位创建力度】 2013年，农业部农业机械试验鉴定总站坚持"抓创建、促发展、带全面"理念和"重在建设、贵在坚持、务求实效"方针，扎实开展文明单位创建活动。继续开展"文明先进处室"评选活动，2013年共评选出5个"2012年度文明先进处室"。积极开展形式多样的群众性精神文明创建活动，通过组织开展"传承五四精神"、"中国梦、总站梦、个人梦"、"干农活、知农事、体农情”等主题实践活动，激发干部职工的工作热情。积极组织羽毛球比赛、篮球友谊赛等体育健身活动，丰富干部职工的业余生活。

【重视离退休干部服务工作】 2013年吗，农业部农业机械试验鉴定总站领导班子高度重视离退休干部服务工作，通过召开离退休干部座谈会，通报农业部农业机械试验鉴定总站各项工作开展情况，了解老干部需求，解决老干部的实际困难；每逢重大节日，领导班子成员亲赴困难老干部家中走访慰问，表达农业部农业机械试验鉴定总站党委的关心和问候；继续开设数码照片处理培训班课程，组织离退休干部参观世博园，积极支持老干部参加部里老年大学、老干部合唱团，支持离退休党支部开展各类集体活动。

2013年下达立项的农业机械化行业标准

序号	项目编号	标准名称	项目类型	项目金额（万元）	项目承担单位
1	201315008	日光温室技术条件	修订	4	北京市农业机械试验鉴定推广站
2	201315042	马铃薯打秧机　质量评价技术规范	制定	7	内蒙古自治区农牧业机械试验鉴定站
3	201315043	马铃薯收获机　质量评价技术规范	修订	4	内蒙古自治区农牧业机械试验鉴定站
4	201315046	秸秆揉丝机　质量评价技术规范	修订	4	辽宁省农机质量监督管理站
5	201315054	中耕作物单粒(精密)播种机　作业质量	修订	4	吉林省农业机械试验鉴定站
6	201315085	生物质燃料成型机　质量评价技术规范	制定	7	江苏省农业机械试验鉴定站
7	201315119	采茶机　作业质量	制定	7	安徽省农业机械技术推广总站
8	201315131	玉米剥皮机　质量评价技术规范	制定	7	山东省农业机械科学研究所
9	201315136	大棚卷帘机安全技术要求	制定	7	山东省农业机械技术推广站
10	201315202	微耕机　安全操作规程	制定	7	重庆市农业机械鉴定站
11	201315203	农用水泵安全技术要求	修订	4	重庆市农业机械鉴定站
12	201315228	机械化起垄全铺膜　作业技术规范	制定	7	甘肃省农业机械化技术推广总站
13	201315370	风送式喷雾机安全施药技术规范	制定	7	农业部南京农业机械化研究所
14	201315371	秸秆还田机　作业质量	修订	4	农业部南京农业机械化研究所
15	201315372	花生收获机　作业质量	修订	4	农业部南京农业机械化研究所
16	201315445	纸质湿帘　质量评价技术规范	制定	7	农业部规划设计研究院
17	201315446	温室透光覆盖材料安装验收规范　玻璃温室	制定	7	农业部规划设计研究院
18	201315532	农业机械分类	修订	4	农业部农业机械试验鉴定总站
19	201315533	水果清洗打蜡机　质量评价技术规范	制定	7	农业部农业机械试验鉴定总站
20	201315534	水果分级机　质量评价技术规范	制定	7	农业部农业机械试验鉴定总站
21	201315535	农业机械传动变速箱　修理技术规范	制定	7	农业部农业机械试验鉴定总站

2013年发布的农业机械化行业标准

序号	标准编号	标准名称	发布日期	实施日期	被代替标准编号
1	NY/T 2453—2013	拖拉机可靠性评价方法	2013—9—10	2014—1—1	
2	NY/T 2454—2013	机动喷雾机禁用技术条件	2013—9—10	2014—1—1	
3	NY/T 2455—2013	小型拖拉机安全认证规范	2013—9—10	2014—1—1	
4	NY/T 2456—2013	旋耕机　质量评价技术规范	2013—9—10	2014—1—1	
5	NY/T 2457—2013	包衣种子干燥机　质量评价技术规范	2013—9—10	2014—1—1	
6	NY/T 2458—2013	牧草收获机　质量评价技术规范	2013—9—10	2014—1—1	
7	NY/T 2459—2013	挤奶机械　质量评价技术规范	2013—9—10	2014—1—1	
8	NY/T 2460—2013	大米抛光机　质量评价技术规范	2013—9—10	2014—1—1	

续表

序号	标准编号	标准名称	发布日期	实施日期	被代替标准编号
9	NY/T 2461—2013	牧草机械化收获作业技术规范	2013—9—10	2014—1—1	
10	NY/T 2462—2013	马铃薯机械化收获作业技术规范	2013—9—10	2014—1—1	
11	NY/T 2463—2013	圆草捆打捆机　作业质量	2013—9—10	2014—1—1	
12	NY/T 2464—2013	马铃薯收获机　作业质量	2013—9—10	2014—1—1	
13	NY/T 2465—2013	水稻插秧机　修理质量	2013—9—10	2014—1—1	
14	NY/T 1928.2—2013	轮式拖拉机　修理质量　第2部分:直联传动轮式拖拉机	2013—9—10	2014—1—1	
15	NY/T 498—2013	水稻联合收割机　作业质量	2013—9—10	2014—1—1	NY/T 498—2002
16	NY/T 499—2013	旋耕机　作业质量	2013—9—10	2014—1—1	NY/T 499—2002
17	NY 642—2013	脱粒机安全技术要求	2013—9—10	2014—1—1	NY 642—2002
18	NY/T 650—2013	喷雾机(器)　作业质量	2013—9—10	2014—1—1	NY/T 650—2002
19	NY/T 2532—2013	蔬菜清洗机耗水性能测试方法	2013—12—12	2014—4—1	
20	NY/T 2533—2013	温室灌溉系统安装与验收规范	2013—12—12	2014—4—1	

2013 年审定通过的农业机械化行业标准

序号	项目编号	标准名称	项目负责起草单位
1	201113047	牧草收获机　质量评价技术规范	内蒙古自治区农牧业机械试验鉴定站
2	201214006	圆草捆打捆机　作业质量	北京市农业机械试验鉴定推广站
3	201214024	脱粒机安全技术要求	山西省农业机械质量监督管理站
4	201214027	牧草机械化收获作业技术规范	内蒙古自治区农牧业机械试验鉴定站
5	201214029	大米抛光机　质量评价技术规范	辽宁省农机质量监督管理站
6	201214180	马铃薯机械化收获作业技术规范	甘肃省农业机械化技术推广总站
7	201214393	挤奶机械　质量评价技术规范	农业部农业机械试验鉴定总站
8	201214394	轮式拖拉机　修理质量　第2部分:直联传动轮式拖拉机	农业部农业机械试验鉴定总站
9	201214395	水稻联合收割机　作业质量	农业部农业机械试验鉴定总站
10	200911113	后悬挂农机具与农业轮式拖拉机配套要求	甘肃省农业机械试验鉴定站
11	201012022	联合收获机械　安全标志	山西省农业机械质量监督管理站
12	201113584	拖拉机　安全操作规程	农业部农机监理总站
13		谷物联合收割机　安全操作规程	农业部农机监理总站
14		农业机械机身反光标识	农业部农机监理总站
15	201214392	农业机械可靠性评价通则	农业部农业机械试验鉴定总站
16	201315119	采茶机　作业质量	安徽省农业机械技术推广总站
17	201315131	玉米剥皮机　质量评价技术规范	山东省农业机械科学研究所
18	201315203	农用水泵安全技术要求	重庆市农业机械鉴定站
19	201315532	农业机械分类	农业部农业机械试验鉴定总站
20	201315533	水果清洗打蜡机　质量评价技术规范	农业部农业机械试验鉴定总站
21	201315534	水果分级机　质量评价技术规范	农业部农业机械试验鉴定总站
22	201315535	农业机械传动变速箱　修理质量	农业部农业机械试验鉴定总站

技术推广与安全监理

农业部农业机械化技术开发推广总站（农业部农机监理总站）

【概况】 2013年，在农业部党组的领导下，在农业部农业机械化管理司的指导下，在各有关单位的配合下，农业部农业机械化技术开发推广总站（农业部农机监理总站）引领全国农业机械化技术推广和安全监理系统，坚定不移地“围绕中心、服务大局”，大力弘扬“敬业、务实、规范、专注、服务”的总站精神，全力推进技术推广、安全监理和购机补贴技术支撑工作，不断加强自身建设，取得显著成效。

【着力推进技术试验示范，规范项目实施管理】 一是发挥重大农业机械化项目辐射带动作用，提高实施效果。通过开展技术指导、宣传培训和检查验收，推动保护性耕作项目和主要农作物生产机械化示范项目实施，进一步扩大保护性耕作面积，新增水稻育插秧面积57.87千公顷，玉米机收示范面积27.43千公顷、油菜机收示范面积2.37千公顷、马铃薯机收示范面积0.97千公顷；新增各类机具6 194台，其中水稻插秧机5 274台，玉米收获机547台，油菜收获机300台，马铃薯收获机73台；培训14.7万人次。二是提升技术创新能力，大力开展农业机械化新技术试验示范。组织开展微孔渗灌技术、履带式旋耕机、油菜精量联合直播机等新技术新机具的试验示范，通过开展先进性、适用性、可靠性和经济性对比测试，为机具改进提高、技术熟化和大面积推广应用提供有力支撑；通过组织实施双向山地拖拉机及耕作技术中试与示范项目，协助企业建成年产2 000台（套）双向山地拖拉机生产能力的流水线1条，培训操作人员98人，推广应用双向山地拖拉机400台，示范推广面积80公顷；协助企业完成自适应旋耕机的研发，申报国家发明专利1项。三是研究和推进全程机械化技术模式。在吉林、江苏、湖北、湖南四省分别开展一季稻机械化生产模式、稻麦及稻油两季耕作制度的水稻机械化生产模式、双季稻机械化生产模式研究。在山东、内蒙古玉米主产区开展黄河流域一年两作玉米机械化生产模式和北方地区一年一作玉米机械化生产模式研究，制定不同类型水稻、玉米生产全程机械化技术路线、操作规范和机具配备方案，有效提高水稻、玉米机械化作业质量和生产效率。四是加强集成创新，突破技术瓶颈。以突破制约我国油菜、棉花、马铃薯等经济作物生产全程机械化的技术瓶颈为重点，在湖北、新疆、山东三个主产省（区）建立3个示范点，制定经济作物生产技术规范和操作规程，配置符合播种、机械植保和收获作业农艺要求的机具系统，并在示范点举办三期技术培训，培训主产省技术推广人员、农机合作社代表及种植大户500余人，进一步推进农机农艺技术融合、加快示范推广步伐。五是加强基本建设项目规范管理。完成水稻生产全程机械化区域服务中心项目全部建设内容，7个项目实施县（市、区）水稻生产机械化区域服务中心已经全部投入使用，实现水稻种子处理、育插秧、收获、谷物烘干全程机械化；完成甘蔗生产全程机械化示范基地项目设备仪器招投标和土建工程建设工作，开展项目中期检查，目前项目试运行情况良好。六是着力强化项目储备。编制2014年丘陵山区机械化新技术试验示范项目的立项申报报告，配合农业机械化司完成2014年农业技术试验示范专项经费项目实施方案的评审，起草《全国农机化示范区建设水平评价方案》，制定《农业机械化技术试验验证办法》（讨论稿）。

【创新推广方式方法，扩大技术辐射范围】 一是推进多部门联合创新。作为农业部油菜专家组长的挂靠单位，组织相关单位和部门开展一系列油菜专题调研、指导培训及作业演示活动，分别在青海、江西、湖北、四川召开技术培训研讨及机具作业演示展示会，进一步提高农机农艺融合，形成油菜品种选择和机具配备以机械化精量播种、机械收获为主的油菜轻简栽培机械化技术模式，初步确立以联合收获方式为主，以分段收获方式为补充的机械化收获技术路线。初步统计，湖北、湖南、江西、四川等省的油菜主产区，2013年油菜机收面积均增长20%以上。二是推动事企合作。与中国农业机械流通协会等单位联合，在2013年中国国际农业机械展览会期间举办深松机作业竞赛活动，遴选全国12家主要深松机生产企业的12个机型参加竞赛，分别对深松机组纯工作小时幅宽生产率、主燃油公顷消耗量、深松深度合格率等8项技术指标进行作业效果测评，为农机推广人员和农民生动、直观地展现深松技术的机理和效果，为加快机械深松技术的推广应用、指导农民选机用机、促进深松机的技术进步提供参考。三是加强新技术展览展示。举办第三届海峡两岸丘陵山区农业装备展览会，组织100余家企业赴福建漳州展示丘陵山区小型农业机械成果，展品超过300件，促进农业机械化新技术新成果的推广应用。在展会期间举办“海峡两岸丘陵山区农业机械化发展交流活动”，邀请海峡两岸的8位知名专家学者围绕丘陵山区农业机械化发展途径与策略、丘陵山区农业机械化促进政策与措施、丘陵山区主要农作物机械化模式与技术装备以及丘陵山区农机服务组织模式与机制进行探讨交流，为加快丘陵山区农业机械化发展提出新思路。四是加强农机推广信息交流平台建设。以《农业科技推广》杂志和中国农机推广网为阵地，搭建农机推广信息交流平台，积极宣传农业机械化新技术、新机具、相关法律法规和政策措施，以及农机推广工作中的典型做法和先进经验，有力地宣传普及农业机械化科技知识，也赢得社会对农机推广工作的关心和支持。

【加强体系建设，引领行业稳步发展】 一是加强政策宣传与落实。通过督导调研、主题征文等一系列活动，宣传贯彻、新修订的《农业技术推广法》；大力推进中央“一衔接、两覆盖”政策的贯彻落实，深入开展基层农机推广体系调研和督导检查。先后组织开展基层农机推广机构基础设施情况调研和工作经费保障调研，研究提出各级财政承担基层农技推广机构工作经费的比例建议，为有关部门制定基层农技推广机构工作经费的保障政策提供参考。二是规范农业机械化技术推广机构建设。在开展基层农机推广机构基础设施调研的基础上，研究起草国家《基层农技推广机构基础设施建设标准》项目农业机械化部分，为改善农业机械化技术推广机构建设提供科学依据。三是加强培训，大力提高推广人员业务素质。针对推广机构技术骨干，举办现代农业组织化经营信息技术装备高级研修班、第三期农机推广骨干人员培训班、全国“三秋”农业机械化技术培训示范，培训各级农业机械化技术推广骨干近300名；适应现代农业机械化技术推广发展需要，组织编撰《农机推广人员读本》(第一稿)培训教材，为提升农业机械化技术人员培训水平奠定较好基础。四是做好中华农业科教基金农技推广奖农机专业推广人员奖和农户奖的评审表彰工作。在北方12省市区组织开展2013年神内基金农技推广奖农业机械化行业奖项的推荐和评审工作。经过组织推荐、初评、组委会终评，18人被评为2013年度神内基金农技推广奖优秀推广人员，20人被评为2013年度神内基金农技推广奖优秀农户。

【发挥技术优势，推动购置补贴政策落实】 一是推进非通用类农机购置补贴机具分档工作。对非通用类补贴产品统一分类分档进行探索实践，制定部分非通用类农机购置补贴产品分档办法，完成全国非通用类农机购置补贴产品分档及补贴额测算工作建议方案。二是组织专家对《2012—2014年国家支持推广的农业机械产品目录(2013年度调整)》公示稿中通用类产品进行档次划分，研究确定各档次中央财政资金最高补贴额，形成《2013年通用类农机购置补贴机具最高补贴额一览表》；草拟《2014年农业机械购置补贴规划》，明确补贴区域布局、实施重点、补贴内容与规模、组织实施方式等内容，为2014年补贴政策实施奠定基础。三是草拟《农机购置补贴信息公开办法(暂行)》，明确补贴信息公开内容、时限及方式。协助部司按季度检查各省补贴政策信息公开情况，及时上报检查报告及相关建议，全年汇共编辑补贴专刊12期；利用专项经费，制发《农机购置补贴申请程序挂图》，加强农机购置补贴政策宣传力度。四是承担农机购置补贴电话举报投诉受理，定期汇总电话举报、投诉受理情况上报等工作。特别是协助农业机械化司及时安排部署补贴对象防范电话诈骗的措施，有效降低农民受骗风险。完成农机购置补贴政策咨询答疑工作，及时解答各级政策实施部门和农民朋友疑问，促进政策顺利有效落实。五是协助农业部司开展农机购置补贴政策落实情况督导工作。牵头组织贵州、云南、黑龙江等地的农机购置补贴政策落实监督检查。协助农业部司查办有关举报案件，及时对举报案件实际情况进行补贴数据提取和核对。六是起草《农业部农机购置补贴信息管理系统管理规程》，协助农业部司开展补贴软件系统评估工作，及时批复各省通过软件申报的数据，解答各地在使用系统过程中出现的疑难问题；组织实施信息管理系统运行情况日常检查、各地使用情况检查和相关数据分析，对发现的问题或异常现象，及时提醒、督促各地检查整改；选派专家在基层农机购置补贴管理人员培训班上，讲解农机购置补贴软件功能及使用方法，累计培训近3 000人次，有效提高信息管理系统使用效率和数据申报质量。

【大力推动安全监理惠民政策落实，保障农民生命财产安全】 一是积极争取政策支持，落实惠民便民措施。全面贯彻实施《农业机械安全监督管理条例》，推动各地逐步推行农机免费监理、免费教育培训、财补农机保险、实地安全检验、送考送检下乡等惠农便民措施，切实取得实效。例如，山西省争取1 000万元财政资金对农机检验和拖拉机交强险进行补贴；湖北省争取财政资金100万元推进牌证免费管理；浙江省农机报废补贴财政补偿资金达到850万元；宁夏回族自治区投入500万元用于免费管理；陕西省在本省“平安农机”示范县对微耕机、卷联机、脱粒机等9种涉及人身安全的农业机械开展免费检验试点等。二是开展农机政策性保险调研。围绕《农业保险条例》实施，配合保监会、最高人民法院、国务院法制办、公安部、财政部、农业部和卫生部等7部门组成的联合调研组，对安徽、浙江、陕西的拖拉机交强险实施情况进行调研；配合农业机械化管理司在上海、江苏、陕西、四川等地开展涉农保险和农机报废回收调研工作，积极探索农机具政策性保险实施途径，促进农机政策性保险覆盖范围不断扩大。北京、江苏、上海、陕西已全面开展政策性保险，浙江、安徽、山东、福建、四川、广东、青海、新疆、宁波等9个省份也已开展试点工作。

【完善工作手段，提高规范化水平】 一是规范牌证管理。进一步推进《农业机械运行安全技术条件》《拖拉机号牌座设置技术要求》《联合收割机号牌座设置技术要求》等标准规范的实施，切实把好拖拉机、联合收割机牌证核发关口，建立拖拉机、联合收割机注册登记信息库，起草《拖拉机联合收割机注册登记信息库管理暂行办法(讨论稿)》，并委托辽宁、内蒙古和湖南开展拖拉机、联合收割机登记信息采集试点。二是规范档案管理。为贯彻落实农业部《拖拉机联合收割机牌证业务档案管理规范》，举办省级农机监理牌证档案管理培训班，对各省、自治区、直辖市及计划单列市、新疆生产建设兵团农机监理站(所、队)的站(所)长和具体负责牌证档案管理工作的人员近100人进行培训，进一步提高监理档案管理工作科学化和规范化水平。三是规范事故报送管理。按照新修订的农机事故月报表制度，进一步规范各级农机安全监理机构及时、准确的报送事故，特别是严格执行事故快报制度，按程序和时限上报较大以上农机事故。全年事故上报率达100%，报送质量较2012年有明显的提高，为科学分析农机安全生产形势、有针对性地采取监管措施提供重要依据。

【积极采取防范措施，提高农机事故预防能力】 一是围绕国务院安全生产委员会下达的1 015个农业机械行业控制考核指标，积极配合农业部连续第七年开展“平安农机”创建活动，推进农机安全生产控制考核指标纳入地方政府考核范围。同时，引导各级农机安全监理机构加强与公安、安监、交通、教育、保监等部门密切配合，基本形成“政府主导、农机主抓、部门配合、群众参与”的农机安全生产长效机制。二是积极推广农机安全技术，在连续四年开展试点工作的基础上，继续在河南省内乡县、江苏省盐城市和新疆乌鲁木齐县开展安全生产防护性能提升试点工作。示范试点带动大部分省市推广应用农业机械安全反光标识，有效提升农机安全防护性能，显著降低拖拉机、联合收割机夜间行驶或停放路边发生追尾碰撞事故的频率。三是组织各地认真贯彻《农业机械事故处理办法》《农业部关于加强农机事故应急管理工作的意见》《道路交通事故社会救助基金管理办法》和《安全生产举报奖励办法》，切实加强农机事故勘查、认定复核、赔偿调解、事故报告、分析评估和应急救援演练，进一步规范农机事故应急处理程序，提高农机安全监理机构农机事故应急救援的处置水平。四是按照《农业部办公厅关于开展农机安全生产督查和交叉检查的通知》要求，积极组织开展农机安全执法检查和隐患排查，督导检查安全责任制度落实情况、惠农政策落实情况、农机"打非治违"和违规发放牌照专项治理情况，严厉打击农业机械无牌行驶、无证驾驶、未检验作业等行为，排查事故隐患，努力提高拖拉机、联合收割机"三率"水平，对预防农机事故起到重要作用。

【加强宣传教育，营造农机安全生产良好氛围】 一是积极利用农机安全监理信息网进行安全宣传，网站信息量不断增加，点击率不断提高，有效地加强全国农机安全监理工作交流，宣传普及农机安全监管政策法规及安全生产知识，进一步提升农机安全监理公共服务能力。二是深入开展农机"安全生产月"、"安全生产咨询日"等安全文化宣传活动，全国共开展现场农机安全宣传活动 1.2 万余次，受益农民机手达到 266 万人次，发放农机安全宣传资料 410 多万份，制作标语、横幅、展板、宣传专栏 14 万余个，发送手机安全信息 183 万条，培训农机驾驶人员 36 万人次，有关媒体宣传报道 4 500余篇，开展安全检查 4 万余次，纠正处罚违章 7 万余起，消除安全隐患 42 848起，整改 42 053 起，整改率为 98.1%。三是依托农机学校、驾驶培训机构，以农机合作社和农民机手为重点，广泛开展农机安全法律法规、规章标准和安全知识宣传培训。例如，北京市组织农机合作组织和设施农业园区的负责人培训、天津市组织设施农业装备安全监管人员和安全员培训等。四是继续在全国农机安全监理系统开展农机安全监理"为民服务创先争优"示范窗口和示范岗位标兵创建活动，全国共有 111 个单位被评为 2012—2013 年度全国农机安全监理"为民服务创先争优"示范窗口，202 名农机监理人员被评为示范岗位标兵，进一步树立农机监理为民服务的良好形象。五是大力开展农机安全文化创作竞赛活动，推出一批优秀安全生产宣传作品，满足农民群众对安全生产多方面、多层次的文化需求，切实将农机安全渗透到农民群众的日常生活中去，营造"全面参与，共保安全"的农机安全生产良好氛围。

【加强装备建设，夯实农机安全监理工作基础】 一是按照农业部批复要求，继续做好第二批《农机具移动式安全检测装备项目》实施工作，拟在 12 月底前完成农机具移动式安全检测装备项目中的 79 个县的检测装备发放工作，并举办一期移动检测装备技术培训班，提高农机检测水平，源头保障农机安全。二是针对近几年中央和地方不断加大对农机监理装备建设投入的新情况，对各地 2010—2013 年地方财政支持购置农机监理装备情况进行调研，研究制定《农机安全监理和试验鉴定条件建设规划(2014—2018 年)》(审定稿)，为进一步争取政策支持和财政投入提供依据。三是设计制作拖拉机检验合格标志、联合收割机跨区作业证，特别在设计检验合格标志式样时，增加无色彩虹荧光印刷版纹一体化技术，提高标志防伪性能。四是完成金农工程中农机安全监理子系统的启动工作，完成系统组织创建、角色授予、权限分配及行政许可管理模块的试运行，为系统全面投入使用奠定基础。

【认真开展群众路线教育实践活动，切实转变工作作风】 2013 年，农业部农业机械化技术开发推广总站高度重视党的群众路线教育实践活动，按照中央和农业部党组的统一部署，在农业部第四督导组精心指导下，聚焦"四风"突出问题，坚持开门搞活动，扎实落实"学习教育、听取意见"、"查摆问题、开展批评"、"整改落实、建章立制"各环节有关举措，共查摆各类问题 55 个；广泛深入开展谈心谈话活动，精心筹备召开领导班子专题民主生活会和各支部专题组织生活会，以整风精神深入开展批评和自我批评，达到"团结—批评—团结"的目的，得到农业部第四督导组的充分肯定；积极推动立行立改，制定《群众路线教育实践活动有关问题整改落实方案》，已经落实整改 30 个问题，明确 10 个问题的整改责任部门和具体措施，以及 15 个需要建章立制解决的问题的责任部门和时间进度表。下一步将继续深入推动建章立制和立行立改，通过教育实践活动，进一步统一认识，凝聚力量，推动农业部农业机械化技术开发推广总站干部作风的显著转变，促进管理和业务再上新台阶。

【加强廉政建设，保持清正廉洁】 一是坚决贯彻中央"八项规定"，结合自身实际制定《总站贯彻落实中央改进工作作风八项规定具体措施》，认真转变文风、会风，落实厉行勤俭节约、杜绝奢靡浪费等要求。二是配合审计部门完成 2012 年预算执行情况和其他财政收支情况审计工作，农业部农业机械化技术开发推广总站领导班子对审计提出的问题进行多次研究，彻底进行整改。三是配合开展巡视工作，围绕农业部巡视组重点了解的情况，进行客观、真实、全面、准确的汇报，不文过饰非，不避实就虚，主动查找问题，诚恳接受巡视组的监督检查，让巡视组全面掌握实际情况，确保巡视工作在农业部农业机械化技术开发推广总站达到预期目的。四是认真贯彻《关于落实中央八项规定精神坚决刹住中秋节期间公款送礼不正之风的通知》，杜绝公款送礼、宴请和违规发放福利。五是在落实责任制、制度建设、学习教育、文化建设、站务公开等方面认真开展纪检工作自查，全年未发现有违法违纪行为。

【坚持技术立站，加强学习型单位建设】 一是根据中央和农业部有关事业单位分类改革的精神，结合农业机械化发展和农业部农业机械化技术开发推广总站工作实际，研究提出《农业部农业机械化技术开发推广(农机监理)总站关于改革分类的意见》，梳理职能，明确依据。建议农业部农业机械化技术开发推广农业部农业机械化技术开发推广总站列入公益一类事业单位。单设"农业部农机监理总站"，列入承担行政职能事业单位。二是组织 4 次理论中心组学习，围绕党中央和部党组新精神、新要求，结合农业机械化发展，不断深化"围绕中心、服务大局"的指导思想，认真谋划关系农机推广和监理事业长远发展的重大问题。三是加强调查研究。严格执行出差报告制度，调研成果及时在内网专栏发布，加强成果共享，加深干部职工对基层农机推广和监理工作的了解。四是在内网开辟学习园地专栏，发布中央和农业部重大决策，以及农机推广和安全监理前沿成果，供全站职工学习交流。五是编印《农机推广（监理）总站科技人员论文集（2008—2012 年）》，加强相互学习，鼓励职工见贤思齐、多出科技成果。

【坚持以人为本，加强干部队伍建设】 一是优化人员结构。通过竞聘从农业部农业机械化技术开发推广总站内青年干部中选拔 1 名干部担任专项处副处长；开展干部交流，7 月从天津市农机推广机构商调 1 名处级干部到推广一处挂职锻炼，充实专项和农机推广工作；及时补充招录工作人员，全年共招录高校应届毕业生 1 名，社会工作人员 2 名，年底前还将面向北京地区公开招录 3 名工作人员。二是强化处级干部职责履行。在第五轮竞聘满 1 年之际，召开处级干部座谈会，围绕单位的定性和发展方向、党的基层组织建设、青年干部培养、制度体系建设、规范化管理等进行研讨，农业部农业机械化技术开发推广总站领导班子对处级干部进一步履行好职责提出具体要求。三是加强技术人员培养。按照农业部 2013 年度部属企事业单位专业技术职务任职资格评审工作的有关要求，申报 5 名同志参加正高级职称评审、1 名同志参份副高级职称评审和 2 名同志中级职称认定。四是加强青年干部培养。研究制定《总站新招录人员多岗位锻炼规定（暂行）》，全面提升新招录人员业务能力；年初选派一名青年干部参加农业部组织的 2013 年“百乡万户调查”活动，8 月选派 1 名青年党员干部参加援藏挂职锻炼工作，9 月选派青年党员干部参加农业部“接地气、察民情”实践锻炼活动，加深青年干部对基层的了解和“扎根农机、服务三农”的情感。

【严格执行制度，规范内部管理】 一是正风肃纪，治理庸懒散。结合党的群众路线教育实践活动，根据群众意见，针对农业部农业机械化技术开发推广总站存在的突出问题，采取多种技术手段，强化出勤考核、工作时间网络管理和工作责任落实，有效改善农业部农业机械化技术开发推广总站各项工作的效率和质量。二是强化制度执行，严格用制度“管权、管人、管事”，积极推进农业部农业机械化技术开发推广总站管理规范化，与 2012 年相比，公务用车、公务接待费用节约 20% 以上。三是积极推动制度完善。制定实施《2013 年增收节支和绩效考核办法》《农业部农机推广（监理）总站职工健康体检办法（试行）》等制度，维护职工正当权益，调动广大干部职工的积极性主动性。根据群众路线教育实践活动中查摆的问题，年底前还将新制订 3 项制度，修订完善 9 项制度。四是加强档案管理。针对农业部农业机械化技术开发推广总站档案工作基础薄弱、管理不规范的问题，依照档案管理制度，配备计算机、打印机、复印机等档案管理设备，集中人物力对历年档案资料进行清理归档，特别是对 1985 年以来的所有档案目录进行电子化处理，极大提高档案利用效率，档案工作顺利通过农业部档案工作检查。五是依法依规推动历史遗留问题解决。本着既保护职工正当合法权益，又不让国家利益蒙受损失的原则，在上级有关部门支持下，按规定、按程序解决 1 名离岗管理人员因人事争议起诉农业部农业机械化技术开发推广总站的案件和 1 名职工工伤赔偿事宜，从根本上解决这两项历史遗留疑难问题。

【加强群团组织建设，建立和谐党群关系】 一是加强群团组织领导。在农业部直属机关妇工委、直属机关团委、直属机关工会指导下，农业部农业机械化技术开发推广总站妇委会、工会、团支部顺利完成换届选举。二是积极组织群团活动。各党支部、团支部先后组织参观董存瑞烈士陵园、拖拉机驾驶和整地作业比赛活动、“送安全到基层，送科技接地气”活动、“体验一天农场生活”活动和“根茎类作物机械化技术”观摩活动，进一步增强干部职工的党性修养，加深对“三农”及农机推广和监理工作的感情。三是规范经费管理。按照《关于进一步加强直属机关党委收缴、使用和管理有关工作的通知》《关于印发〈农业部直属机关工会经费收缴、上解和回拨补助办法〉的通知》等要求，严格落实按月缴党费，增强党员的归属感和荣誉感，加强工会、妇委会、团支部经费保障力度，确保各项活动有效开展。

【改善办公条件，营造良好工作环境】 一是优化农业部农业机械化技术开发推广总站窗口形象。充分利用一楼大厅，建成农业部农业机械化技术开发推广总站发展历程和成就展览展示，有效提升对外窗口的形象。二是完善安全管理系统。设计安装楼宇视频监控设备，有效提高办公楼的安全防范水平，全年未发生盗窃、火灾等事故。三是有效改善办公设备。在部领导的关怀和各部门的大力支持下，顺利完成办公楼改造、办公家具的更新，并在今年通过验收；完成一楼办公室空调的更新和部分办公室暖气系统改造；积极向有关部门争取支持，成功完成办公楼采暖系统改造项目立项，采暖系统老化、运行成本高昂、采暖效果差等问题有望在 2014 年得到解决；针对农业部农业机械化技术开发推广总站 95% 以上计算机、打印机、传真机等办公申报使用年限已超过报废年限的情况，积极申请更新，完成招投标工作。

农业机械化科研

农业部南京农业机械化研究所

【科研立项】 农业部南京农业机械化研究所 2013 年申报各类纵向项目 88 项，其中国家级项目 56 项，省市级项目 32 项，立项 38 项。新增国家自然科学基金项目 4 项，其中面上项目 1 项，青年基金 3 项；新增纵向立项经费约 4 400 多万元；新增留所经费约 3 800 多万元。全所共承担各类纵向项目 145 项，主持项目 80 项，145 个项目中，各部委项目 41 项，省市项目 101 项，中国农业科学院项目 3 项。顺利进入中国农业科学院创新工程第一批试点。

【科技成果】 2013 年度农业部南京农业机械化研究所项目验收 10 项，获得各类科技成果 7 项，其中中华神农奖一等奖 2 项、二等奖 1 项、三等奖 1 项，江苏省科学进步二等奖 1 项，中国农业科学院科技进步二等奖 1 项，第十五届中国专利优秀奖 1 项，中华农业科技奖优秀创新团队奖。全年申请专利 79 项，已获专利授权 73 项，其中发明专利 14 项，发表论文 79 篇，SCI、EI 等收录 14 篇。

【平台建设】 申报国家发展和改革委员会“南方水稻生产机械化技术装备实验室”，“中国农业科学院农作物收获装备工程技术研究中心”，“农业部 2013 年中青年科技创新领军人才推荐项目”，“中国农业工程学会农业航空分会”。组织农业部现代农业装备“学科群”重点实验室学术委员会会议暨实验室体系工作交流会。完成 2014 年度农业部现代农业装备综合性重点实验室开放课题的申报和评审工作，评审开放课题 11 项。完成上报“江苏省农作物收获装备工程技术研究中心”和“江苏省施药技术与装备工程技术研究中心”的验收申请。

【学术活动】 主办或承办“全国农机化科技创新体系与科研项目规划咨询会”、“全国农机化科技创新战略咨询专家组会议”、“第三届农业部水稻生产机械化专家组启动会”等。配合科研中心主持召开“精准农业交流会”、“两相流高级培训”和“Recur Dyn 农机多体仿真系统交流会”。

【交流与合作】 组织实施农业部“东盟国家水产机械化养殖技术示范与培训”、国家外国专家局“精准农业航空施药技术引进”等国际科技合作项目。接待“世界银行”、“联合国亚太农机中心”、“非洲国家农村经济改革与发展研修班”等来访团组；“发展中国家农业经济发展与改革高级研修班”，编印并向科研人员发放《南京农业机械化研究所国际合作工作手册》。组织申报科技部发展中国家培训班项目 1 项“农药高效使用与植保机械国际培训班”，农业部国际合作项目 2 项“东盟国家水稻生产全程机械化技术培训”、“中美航空安全施药技术合作研究”。其中，2 项农业部国际合作项目均已获批立项。

【检测工作】 申请农业部检测专项经费项目，圆满完成国家监督抽查、江苏省省级监督抽查、江苏省市场监测检验、强制性认证检测、部级推广鉴定、企业委托检验。2013 年检测经费到账 267 万元。完成国家质检总局下达的 2013 年 2 季度植物保护机械产品国家监督抽查任务 55 批次，以及全国 120 个批次的植物保护机械产品国家监督抽查材料汇总；完成江苏省质量技术监督局下达的 2013 年 1 季度植物保护机械产品江苏省省级监督抽查检验任务 29 批次；完成江苏省工商行政管理局下达的 2013 年度植物保护机械产品江苏省市场监测检验任务 80 批次；完成中国农机产品质量认证中心下达的 82 个批次的植物保护机械产品的强制性认证检测任务；完成农业部农业机械试验鉴定总站下达的 78 个批次植物保护机械产品与 38 个批次旋耕机械产品的部级推广鉴定任务；完成植物保护机械产品生产企业委托检验 45 个批次，完成旋耕机械产品生产企业委托检验及定型鉴定任务 37 个批次。

【产业工作】 2013 年，农业部南京农业机械化研究所积极开启科研与产业合作申报的有效方式，连续二年双双获得立项，创连续六年部级成果转化立项的新高。获得农业部成果转化项目 1 项，成功申报科技部及农业部转化项目各一项并通过评审。单项成果技术转让费达 200 万元，单向技术委托开发费达 200 万元，均创历史之最。10 多个研发成果通过所企合作实现商品化，并进入国家购机补贴目录。获中国专利优秀奖 1 项、获中国高科技成果交易会优秀产品奖 1 项、获中国农业科技成果交易会金奖产品称号 1 项。

深入开展“农机 313 工程”，与南京市农业委员会共同开展“农机化项目技术对接活动”，积极组织科研人员在全国开展各类培训活动。同时参加“中国国际高新技术成果会”、“中国—东盟现代农业新技术与新品种技术转移大会”并签署国际技术合作意向，展示农业部南京农业机械化研究所科技成果与技术实力，扩大在行业内的知名度和影响力。

【人才工作】 一是积极推进事业单位分类改革工作。根据中国农业科学院人事局的要求，开展事业单位分类改革各项工作，先后上报“院属事业单位分类改革信息表”等一系列材料，为农业部南京农业机械化研究所争取公益一类定位，提供政策依据、历史证明和理由论述。二是着力加强人才队伍建设。完成院青年英才计划的岗位设置和申报工作，启动 2013 年高层次人才和青年英才计划引进工作；全力投入遴选学科领军人才，进一步优化人才资源配置，凝聚创新能力。8 名专家被聘为农业部农机化科技创新专业组成员，4 人入选江苏省“333”人才第三层次培养对象，2 人参加江苏省第五批“科技镇长团”挂职锻炼。三是逐步规范研究生培养。完成中国农业科学院研究生会南京农业机械化研究所分会换届工作及农业部南京农业机械化研究所博硕研究生导师遴选工作，新增 2 名博士生导师、7 名硕士研究生导师；编写《农机化工程技术讲座》课程教学大纲，并完成授课；制定并颁布《南京农业机械化所研究生管理办法》。与江苏省农机推广总站、安徽蚌埠、盐城射阳等组织部门开展农业推广硕士联合招生工作。

农机工业与流通

中国农业机械工业

【受工业和信息化部委托,承担"拖拉机和联合收割(获)机准入公告管理"任务】 2013年3月5日,中国农业机械工业协会、国家农机具质量监督检验中心、国家拖拉机质量监督检验中心联合在广东省深圳市召开"2013年度联合收割(获)机和拖拉机行业质量及准入工作研讨会"。会上,三家单位专家介绍拖拉机、有关质量和国抽情况,通报工信部今年有关准入申报的要求。同时听取生产企业等有关方面的意见,探讨完善有关办法。

申报材料的初步审查。2013年10月17—18日,中国农业机械工业协会组织国家农机具质量监督检验中心、国家拖拉机质量监督检验中心和山东省农业机械产品质量监督检验站的专家对联合收割(获)机和拖拉机行业准入公告企业申报材料进行了初步审查,初步审查后,协会将在审查中发现一些问题进行汇总,将"申请材料初审情况"报工信部装备工业司,并按照装备产业司要求将审查结果通知了相关企业整改。

组织对申报企业的现场查验。根据工信部的要求,对申报企业现场查验工作采取两种方式进行,一是对于申报企业集中地区,委托组织有关专家在当地工业主管部门配合下进行申报企业工厂条件的现场查验;二是对于申报企业很少且不集中的地区,由当地省工业主管部门自行组织对申报企业工厂条件进行现场查验。

组织评审会,上报行业准入公告第二批企业名单。12月初,装备司委托我协会在北京组织行业专家召开2013年度联合收割(获)机和拖拉机行业准入公告申报材料评审会,对准入公告申报资料进行审查。符合《联合收割(获)机和拖拉机行业准入条件》企业名单(第二批)已于近期在工业和信息化部网站进行公示。

【参与国家2013年产业振兴和技术改造专项的有关工作】 在2013年产业振兴和技术改造重点专题中的装备核心能力提升部分,提出"现代农机装备制造能力提升"的具体内容,并根据国家发展改革委和工信部的要求,对符合规划要求并有利于行业进步的项目,在《2013年产业振兴和技术改造专项农机项目》评审中,为农机行业和会员企业积极争取国家专项资金的支持。据统计,2013年共为星光农机、常州东风、山东五征、河北中农博远、烟台东汽、奇瑞重工、山东雷沃桥箱、义和车桥、中国农机院呼和浩特分院、江苏牧羊集团等20多家企业落实了技改资金近3亿元。此外,还协助了协会会员单位的非农机产品评审项目顺利通过评审。如中国一拖集团有限公司"铸造系统绿色科技升级改造项目",常柴股份有限公司"年产3万台高效节能柴油发动机生产线技术改造项目"、安徽合力股份有限公司"高精度消失模铸造整体搬迁及技术升级改造项目"。

【向工信部和财政部提交《中央国有资本经营预算重点产业升级与发展项目指南(农机部分)》】 经过几轮的筛选,最后两部确定支持重点支持"117千瓦以上系列拖拉机动力换挡变速箱、220千瓦CVT、拖拉机智能控制系统等拖拉机的关键技术及160千瓦采棉机等。通过企业可获得30%资金支持。

【提出《关于2014年推进"三农"工作的政策建议》】 建议的主要内容包括:充分发挥规划的龙头作用,引领开发、引领突破、引领发展。加大力度支持高端农业装备研发,加快产业化。确立农机工业重点支持方向,努力推动有关部门设立农机科研创新专项资金并制定财税倾斜政策,支持农机工业技术升级,鼓励农机企业加大科技投入开展大型高性能农机关键零部件和重点新产品研发。

【提交国家重大技术装备进口税收政策农机部分的调整建议】 完成《国家支持发展的重大技术装备和产品目录》《重大技术装备和产品进口关键零部件、原材料商品清单》《重大装备和产品进口不予免税目录》农机部分的调整建议表的上报。参加由工业和信息化部组织的重大技术装备进口税收政策调整的评审,参与审核农机行业企业申请享受免税进口政策及额度核定,积极为企业落实免税政策。财政部关税司的《重大技术装备制造企业免税通知单》

已下发到各相关企业。据不完全统计，2013年度中国一拖、福田雷沃、五征集团、常发农业装备、江苏沃得、广东科利亚、久保田、浙江莱恩、北京丰茂等企业落实关键零部件进口免税额度近2 000万美元。

【向工业和信息化部提交《农机装备关键重要零部件推荐目录管理办法》（征求意见稿）】 为进一步加强农机生产供应链的监督管理，推动农机装备关键重要零部件产品质量的提升，建立监管可循的关键零部件供应体系，组建关键零部件采购平台，培育具有比较优势的零部件企业，进入国际农机零部件采购体系，参与国际竞争。经组织研究、起草、修改和完成《农机装备关键重要零部件推荐目录管理办法》（征求意见稿）的编写和上报。

【参与机械行业《“十二五”技术标准体系建设方案》审查】 就《机械工业“十二五”技术标准体系建设方案（农业机械行业）》提出修改意见和建议。

【完成了商务部委托的有关工作】 一是承担商务部“国家农机及零部件外贸转型升级基地建设工作”的相关事宜。根据商务部产业司要求，完成《国家农机及零部件外贸转型升级示范基地认定及管理办法》《国家农机及零部件外贸转型升级基地企业认定及管理办法》编制，同时完成“国家农机及零部件外贸转型升级基地企业”评审程序及评审规则。二是向商务部提交《关于农业机械行业国际竞争力的有关材料》。建议进一步加大对农业装备产品出口的支持力度，完善并加强出口退税机制，同时还应进一步加强政策指引功能。在培育国际竞争新优势的过程中，作为政府要加大政策和资金支持力度。

【组织2013中国机械工业科学技术进步奖（农机组）的评奖工作】 经专家初评后推荐一等奖2项，二等奖5项，三等奖8项，缓评3项。获奖率达到50%。

【做好行业动态和信息工作】 一是《协会会刊》的编辑出版，组织《中国农机工业年鉴》出版。二是协会网站运行维护和应用系统开发建设。三是农机行业运行数据统计及运行分析。四是加强拖拉机、收获机械两个重点行业的信息统计系统建设。五是开展“农机行业景气指数”调查工作，为更好地了解全国农机行业情况，2013年开始尝试开展“农机行业景气指数”调查工作。2013年10月进行首次“农机行业景气指数”调查，采集11个子行业的规模以上企业、骨干会员单位41家农机制造企业样本数据，完成“农机行业景气指数”调查报告撰写。调查数据已纳入“国际农业发展联盟经济委员会”全球农机工业经济景气指数评价体系。

【树立协会形象，打造专业化国际考察团】 组织赴法国、德国考察团。本次考察的特点，不仅考察国外的农机产品与技术，并且着重考察了现代农机制造技术，数字化制造设备的实际应用，和国外高端零部件的制造加工，农机工业的上下游企业。以全方位视角对国际农机的现代生产、制造和装备进行专业考察。组织赴日本考察团。应日本农机工业协会的邀请，中国农业机械工业协会组织的“中国农机工业考察团”，一行近40人，于2013年9月，赴日本进行农机工业考察，本次考察团交流的重点放在农副产品加工机械、粮食干燥机械、植保机械和拖拉机技术升级的领域。秉承高端专业化的服务。在国外考察行程中，在业务上，以专业的视角提供高端的考察安排，从农机整机到关键零部件，从现代生产到使用，均安排各领域的顶尖级企业进行参观和交流。

【与意大利EIMA展签署中国独家代理的协议，负责中国企业参展】 2013年，中国农机工业协会与意大利博洛尼亚国际农业机械及园林机械展览会（简称“EIMA展”）签署2014年EIMA展在中国独家代理的协议，协会承接上届的协议继续负责所有中国企业参展及参观的筹备、申报、协调等管理工作。此项工作得到中外双方的满意和认可，协会是展会主办方在中国唯一授权的管理机构。

【参加国际农机工业发展研讨会】 2013年11月12日，全球农机网络工作小组在德国汉诺威举办“国际农机工业发展研讨会”，中国、美国、德国、意大利、法国、日本、韩国、英国、土耳其等国的农机工业协会领导人就本国农业生产、农机工业发展情况和展望进行研讨，就2013年销售与市场发展进行交流，参加全球农业景气指数的调查。会上，各国对中国农机工业的快速发展表现浓厚的兴趣，希望加强与中国农机工业协会的联系，加强数据交换。全球农机网络工作小组，成立于2009年，每年召开一次高层会议，每季度总结和互通一次行业情况，其任务是搭建一个互通信息的平台，交流技术、商贸等方面的信息，加强各国协会之间的合作，通过此平台促进国际农业机械市场信息交流，其目标是提高全球市场透明度，以反映农业现代化对于经济的依赖和要求。目前委员会成员包括以下国家：巴西、中国、法国、德国、英国、印度、意大利、日本、俄罗斯、土耳其和美国。

【办好农机展会，搭建行业交流平台】 一是2013全国农业机械展览会。展会期间还举办了“2013中国农机发展论坛”、“玉米收获机械技术与发展论坛”、“第五届全国农机用户满意品牌评选活动颁奖仪式”及“第五届全国农机用户满意品牌评选活动获奖产品图片展”等活动。并启动了新一届全国农机用户满意品牌评选活动。二是2013中国国际农业机械展览会。展会期间，除了做好展会组委会所分配的工作外，还主办了“2013中国国际农业机械展览会新产品评选活动”、“2013年农机行业经济运行与市场分析报告会”，组织了“数字化制造技术与装备展区”。

【打造先进农机装备制造产业集群，推进农机企业品牌建设】 一是编制地方农机工业产业规划，推动区域农机工业发展。完成《盐城农业装备产业园产业规划》。编制《黑山现代农机产业园区发展规划》。二是研究农机企业品牌价值评定方法，推进农机企业品牌建设。结合推进农机企业品牌建设工作，对农机企业品牌价值评定方法进行了研究，完成了“农机企业品牌价值评定方法”草案的起草，并在多个行业会议上进行征求意见，对开展农机企业品牌价值评定工作的意义、目的和方法进行宣贯。

【关注行业热点，开展多种形式活动】 一是开展第二批农机零部件行业龙头企业的评选活动。二是举办2013中国农机零部件峰会由中国农业机械工业协会与天津农机局等三家单位共同举办以“携手发展，合作共赢”为主题的2013年中国农机零部件峰会。三是召开农机购置补贴与农机工业发展研讨会针对农机购置补贴与农机工业发展问题先后三次召开研讨会。针对目前行业反映出来的问题，在郑州春季农机展会期间组织召开关于农机购置补贴与农机工业发展问题研讨会。四是召开“全国农机产品轻量化及新材料应用研讨会”与农机流通协会等单位共同举办“全国农机产品轻量化及新材料应用研讨会”。五是进行农机行业100强企业的测评，根据测评结果推出农机行业100强企业名单。

【以自身建设为主线，增强协会的广泛性和代表性】 一是加强运行机制建设。在工作方法上，做到公开、公正、公平，体现自律精神。二是加强组织建设。做好会员发展和管理工作，把发展新会员，扩大会员队伍作为一项常态化工作，进一步增强协会的广泛性和代表性，增强协会的凝聚力和影响力。三是加强思想素质建设。要加强学习，提高人员素质，牢固树立为企业服务的思想，热心为企业服务，把协会真正建成企业和企业家之家。

【召开2013年协会分支机构秘书长会议】 3月中旬，在北京召开协会分支机构秘书长会议，协会14个分支机构的秘书长全部出席会议，还邀请几家地方农机工业协会的负责人参会，交流协会工作经验。

【发挥产品宣传委员会作用，宣传行业政策，服务行业企业】 一是举办第5届全国农机用户满意品牌。二是在江西召开产品宣传委员会和企业管理委员会。三是产品宣传委员会又联合中国农机学会普及工作委员会，5月在江苏苏州召开中国农机企业创新发展研讨会。四是产品宣传委员会联合农机学会普及工作委员会，6月底组织召开中国农机工业发展研讨会，同时行业专家进行行业发展探讨，完成首届“中国农机工业高端对话”活动。同期举行2012中国农业机械年度产品TOP50颁奖活动。五是8月组织丘陵山区农机化发展研讨会，10月组织农民用户开展农机产品团购活动，此外，产品宣传委员会利用挂靠单位平台，通过《农业机械》杂志、《高端农业装备》杂志、第一农机网、第一农机短信平台等，进行政策宣传及行业报道工作，全年杂志刊发行业报道300篇，网站发布信息1 000条以上，合计发送各类短信1万条以上。

【指导协助分会开展工作，增强协会的影响力和服务水平】 农用运输车辆分会、风力机械分会、拖拉机分会、收获及场上作业机械分会、旋耕机械分会、畜牧及饲料加工机械分会、耕整种植机械分会等大多数分会开展具有针对性的专业性较强的活动，受到的会员单位的广泛好评。

【其他工作】 参与国家发展和改革委员会“国家级企业技术中心”和“国家级企业技术中心能力建设”项目的评审。编制整理并上报《中国农机工业跨越式发展30年》纪念册图文资料。完成了第七批农机行业信用等级评定和对40家企业的复评、144家企业的年审工作。完成中国机械工业联合会委托的有关工作、参与中国机械工业联合会就临沂、菏泽市等经济开发区装备制造业发展规划所组织的调研。参与农业部组织的2014年度《国家支持推广的农业机械产品目录》调整审议等有关工作。接待驻华使馆代表、国外协会和国外企业的访问。

（宁学贵）

中国农业机械流通

【开展优质服务活动，召开“全国农机流通行业第十次优质服务表彰大会”】 2013年5月11日，中国农业机械流通协会在北京召开“第十次全国农机流通行业优质服务表彰大会”，对在优质服务活动中涌现出的卓越创新标杆单位（10个）、杰出创新标杆单位（159个）、优秀服务团队（62个）、突出贡献标兵（64名）给予表彰，同时，对在行业中辛勤工作30年以上并取得突出业绩的个人（70名），颁发终身荣誉奖，以表彰他们对现代农机流通和农业机械化的重要贡献。会后，编辑出版《永恒的主题——全国农机流通行业优质服务活动30年特辑》，收录优质服务先进单位、集体、个人在服务一线中创造的先进经验、典型做法和感人事迹，供全行业学习、借鉴、参考和宣传。

【召开“中国农业机械流通协会第六次会员代表大会”】 2013年5月11日，在北京召开“中国农业机械流通协会第六次会员代表大会”，完成中国农业机械流通协会换届工作。会议通过协会4年来的工作，提出未来5年工作思路；通过协会《财务报告》；修改《协会章程》和会费标准；选举产生协会第六届理事会理事、常务理事、副会长、会长；聘请名誉会长。

【三方合作，召开“2013中国国际农业机械展览会”】 国家商务部、农业部、工信部重点支持的“2013中国国际农业机械展览会”在青岛举行。共有1 767多家境内外农机企业参展，包括多家世界500强企业和30多家国际知名企业；展览面积超过20万平方米，其中国际展区面积超过1.5万平方米；参展产品覆盖面广、技术水平高，代表了我国乃至国际农机制造业的最高水平；参观观众达到13万人次，其中专业观众超过8万人，包括来自全国各地的农机制造商、经销商、农机（农业）合作组织和直接用户以及来自亚洲、欧洲、美洲、非洲的经销商和代理商以及贸易促进机构和商协会代表，还有一些非洲国家的驻华使领馆代表。期间，举办“促进亚太区域可持续农业机械化发展论坛”、“2013年农机行业经济运行与市场分析报告会”、“深松机作业竞赛活动”、“农机服务组织发展论坛”、“农用航空技术交流暨无人遥控飞行器作业发展研讨会”、“中外农机企业交流座谈会”、“农用飞机展示及无人遥控飞行器现场演示”、“全国农机大专院校和科研院所人才及成果交流会”、“进口农机具及农业规模化生产解决方案展示交流会”、“2013国际农机展优秀新产品和推荐新产品图片展”、“数字化制造技术与装备演示推介会”等主题会议和专项活动。

【商务部农机流通营销人员管理技术培训班首次在山东举办】 为贯彻商务部《关于加快农机现代流通体系建设的意见》(商建发[2011]431号)精神,提高农机流通专业人才素质,加快农机现代流通体系建设,2013年11月11日—16日,商务部市场体系建设司委托中国农业机械流通协会在山东济南举办农机流通营销人员管理技术(山东)培训班,这是商务部首次举办的农机流通方面的培训。为期5天的培训,山东省部分农机流通企业的骨干营销人员共90人参加培训。共有11位老师分别授课,分别介绍我国农业机械化、国内外农业装备技术的现状和发展趋势,以及我国农机流通行业的相关政策、法规、标准和发展格局,重点讲授农机经济形势分析与职业经理人修炼、工业品业务流程管控、营销渠道管理、农机营销服务理念与售后服务等营销管理技术等。学员普遍认为,培训目标明确,培训内容与培训目标的结合程度较高,对今后工作帮助较大。

【课题研究】 一是进一步调研和修改完成商务部委托的《农机现代流通体系建设发展规划研究》课题和《农机流通体系建设专项规划(2012—2020)》建议稿。二是开展《农机市场景气指数研究》课题。景气指数已经成为当今许多行业用来反映行业运行状况的定量指标。在农机行业,农机市场景气指数的研究与开发是一项开创性工作。为更好地完善农机市场景气指数的研究与开发,商务部经过招标竞选,委托中国农业机械流通协会进行《农机市场景气指数研究》课题研究。

【标准制订】 一是在2012年标准起草工作的基础上,完成《农业机械营销企业服务质量规范》《农业机械品牌经销店技术规范和等级划分》《农业机械交易市场建设管理规范》3项标准的修改、核定和报批。《农业机械营销企业服务质量规范》《农业机械交易市场建设管理规范》于6月14日发布,2014年3月1日实施。《农业机械品牌经销店技术规范和等级划分》报国家标准管理委员会核定中。二是根据《商务部办公厅关于申报2013年流通行业标准项目的通知》(商办流通函[2013]106号),申报2013年流通行业标准项目《农机流通术语》,获批准立项,于10月在青岛召开标准起草研讨会,年底完成讨论稿。三是经国家标准管理委员会批准,中国农业机械流通协会组织修订国家标准GB/T18389—2001《农业机械营销企业开业条件等级划分及市场行为要求》。

【配合政府部门回复人大代表和政协委员议案】 第十二届全国人大一次会议第2200、4201、5329号建议和全国政协十二届一次会议第1400号提案,主要是关于农机售后服务体系建设和农机经销企业人才培训两个方面的建议,中国农业机械流通协会配合商务部给予答复,并和有关部门一起回访代表和委员。

【金融服务与项目开发】 一是与商务部流通产业促进中心共同承担国家开发银行委托的《全国农机流通大型市场布局研究》课题。成立由中心、协会、重点农机企业、行业专家学者组成的课题组;召开研讨会设计并修改课题研究框架;分8个调研小组,历时两个多月,分赴黑龙江、吉林、辽宁、内蒙、山西、陕西、湖南、湖北、江苏、安徽、甘肃、青海、重庆、云南、广西、新疆16个省(区、市),在整理调查问卷的基础上形成《全国农机流通市场调研报告》,为课题提供实际数据依据;按计划完成课题初稿。二是协会搭建的“农机行业多层次多渠道投融资平台”取得成效。帮助会员企业获得国家开发银行中长期贷款2.4亿元,并于2013年一季度放款。三是与金融机构共同发起成立“农机产业发展基金”,支持农机行业快速发展。四是项目开发取得重大突破。与德国机械制造商联合会就建立“中德农业机械示范园”项目达成合作意向;与法国农业机械协会就“中法农业机械示范园”项目达成合作意向;整合行业内外资源,就马鞍山、明光市、肇东市等农机大市场建设项目,与地方政府签署合作协议。

【市场分析与监测】 一是完成商务部、农业部所需要的市场调查报告,信息工作简报及各种相关材料。二是每月定期给商务部提供月度市场发展报告。进行月度市场分析与监控,每月汇总农机工业、农机销售和农机进出口等统计数据,结合农机市场的实际情况,撰写一篇农机行业运行简报,总结当前市场特征,捕捉市场热点,前瞻农机市场,把握市场发展趋势。三是编撰出版700余页、130多万字的《中国农机市场发展报告(2012—2013)》。四是举办“农机流通信息工作会议”和“农机经济运行与农机市场形势分析会”。4月份,组织召开2013年度农机流通信息工作会议。“2013中国国际农业机械展览会”期间,以中国农业机械流通协会为主,联合中国农机工业协会,举办“农机经济运行与农机市场形势分析会”。

【信用等级评价】 一是进一步完善信用等级评价在线申报系统的设计。由于原系统的设计未曾考虑到满三年重新申报的情况,已经申报的企业无法重新申请,整个系统要重新设计。新的系统于9月底开始运行。二是先后开展第四批、第五批信用等级评价的申报和评价。第四批信用等级评价最终有20家、第五批为14家,已公布并在商务部和国务院国有资产监督管理委员会备案。

【国际交流】 结合市场项目及展会合作与法国农机协会进行交流;与意大利代表就展会合作进行交流;就意大利组团参展事宜与代理机构洽商;就项目及展会合作与德国机械设备制造业联合会(VDMA)洽谈;与西麦克结成战略合作伙伴,拟共同与印尼合作举办2014印尼国际农机展,为此,与印尼方进行洽谈并对印尼进行实地考察,邀请印尼方前来观摩展会并共同举办推介会;观摩第11届(哈萨克斯坦)中国商品展览会;与商务部贸发局的合作,参与2014(埃塞俄比亚)中国农业机械展览会组展工作;与泰国会展业代表洽商进一步开展中泰双方展会合作;组团参加全球最大的汉诺威农业机械展览会,与大会举办方、参展商、经销商以及有关国际组织进行深入的交流和洽商。

(吴军旗)

农业机械化统计资料

全国农业机械化统计分析

全国农业机械化发展情况综合分析表(一)

项　　目	计量单位	2013 年	2012 年	2013 年比 2012 年增减	
				增减量	%
农业机械总动力	万千瓦	103906.75	102558.96	1347.79	1.31
每百亩耕地拥有农机动力	千瓦	56.91	56.17	0.74	1.31
每个农业劳动力拥有农机动力	千瓦	3.84	3.75	0.09	2.52
拖拉机	万台	2279.28	2282.45	−3.17	−0.14
其中:大中型拖拉机	万台	527.02	485.24	41.78	8.61
小型拖拉机	万台	1752.28	1797.23	−44.95	−2.50
每百户拥有拖拉机	台	8.50	8.58	−0.07	−0.87
拖拉机配套农具	万部	3875.82	3845.09	30.73	0.80
其中:大中拖配套农具	万部	826.62	763.52	63.10	8.26
小拖配套农具	万部	3049.21	3080.62	−31.41	−1.02
每百户拥有拖拉机配套农具	部	14.46	14.45	0.01	0.06
农用排灌动力机械	万台	2258.01	2280.56	−22.55	−0.99
联合收获机	万台	142.10	127.88	14.22	11.12
每百户拥有联合收获机	台	0.53	0.48	0.05	10.31
水稻插秧机	万台	60.45	51.30	9.15	17.84
农业机械原值	亿元	8222.61	7805.61	417.00	5.34
每个农户拥有农业机械原值	元	3067.87	2933.67	134.20	4.57
占年末农村居民家庭生产性固定资产原值(农业)比例	%	26.90	27.24	−0.34	—
农机化作业服务组织	万个	16.86	16.70	0.15	0.92
农机户	万户	4238.67	4192.34	46.32	1.10
农机户占农户比例	%	15.81	15.76	0.06	—
农机化经营总收入	亿元	5107.98	4779.04	328.94	6.88
农机户经营总收入	亿元	4300.40	4093.66	206.75	5.05
农机户户均经营总收入	元	10145.65	9764.61	381.04	3.90

注:拖拉机拥有量与配套农具比 2013 年为 1∶1.70,2012 年为 1∶1.68;
大中型拖拉机拥有量与配套农具比 2013 年为 1∶1.57,2012 年为 1∶1.57;
小型拖拉机拥有量与配套农具比 2013 年为 1∶1.74,2012 年为 1∶1.71;
拖拉机数量中不含变型拖拉机;
农业劳动力(指农林牧渔业劳动力)27034.2 万人,乡村户数 26802.3 万户,数据来源于《中国农业统计资料》(2012);
年末农村居民家庭生产性固定资产原值(农业)为 11406.2 元/户,全国耕地面积为 121715.9 千公顷,数据来源于《中国统计年鉴》(2013)

全国农业机械化发展情况综合分析表(二)

项　目	计量单位	2013 年	2012 年	2013 年比 2012 年增减	
				增减量	%
农作物耕种收综合机械化水平	%	59.48	57.17	2.31	—
机耕面积	千公顷	113757.83	110284.83	3473.01	3.15
机耕水平	%	76.00	74.11	1.89	—
机播面积	千公顷	80309.56	76794.16	3515.40	4.58
机播水平	%	48.78	47.37	1.42	—
机收面积	千公顷	77416.01	71168.88	6247.13	8.78
机收水平	%	48.15	44.40	3.75	—
小麦:耕种收综合机械化水平	%	93.71	93.21	0.50	—
机耕水平	%	98.90	98.90	0.00	—
机播水平	%	86.69	86.52	0.17	—
机收水平	%	93.82	92.32	1.50	—
水稻:耕种收综合机械化水平	%	73.14	68.82	4.32	—
机耕水平	%	95.09	93.29	1.81	—
机械种植水平	%	36.10	31.67	4.43	—
机收水平	%	80.91	73.35	7.56	—
玉米:耕种收综合机械化水平	%	79.76	74.95	4.81	—
机耕水平	%	97.67	93.79	3.88	—
机播水平	%	84.08	82.30	1.78	—
机收水平	%	51.57	42.47	9.10	—
大豆:耕种收综合机械化水平	%	62.93	63.20	−0.27	—
机耕水平	%	68.21	68.56	−0.35	—
机播水平	%	62.88	63.96	−1.08	—
机收水平	%	55.94	55.30	0.64	—
油菜:耕种收综合机械化水平	%	39.18	35.44	3.74	—
机耕水平	%	70.58	65.05	5.53	—
机播水平	%	16.20	14.51	1.69	—
机收水平	%	20.29	16.88	3.41	—
马铃薯:耕种收综合机械化水平	%	37.34	34.20	3.13	—
机耕水平	%	58.76	54.71	4.05	—
机播水平	%	23.97	21.42	2.54	—
机收水平	%	22.14	19.64	2.51	—
花生:耕种收综合机械化水平	%	50.49	46.06	4.43	—
机耕水平	%	73.39	66.74	6.65	—
机播水平	%	40.06	38.50	1.57	—
机收水平	%	30.37	26.04	4.33	—
棉花:耕种收综合机械化水平	%	61.06	59.59	1.47	—
机耕水平	%	94.88	95.72	−0.83	—
机播水平	%	65.57	62.75	2.82	—
机收水平	%	11.46	8.26	3.20	—

注:耕种收综合机械化水平计算方法:按照机耕、机播、机收水平分别为 0.4、0.3、0.3 的权重计算。机播水平按照农业部市场与经济信息司提供的播种面积计算

全国农业机械化发展指标

全国农业机械化系统机构及人员表

指标名称	代码	年末机构数(个)		年末人数(人)			
				合　计		其中:科技人员(教师)	
		2013年	2012年	2013年	2012年	2013年	2012年
一、农机化管理机构	1	32632	32730	107184	109604	54550	55141
1.省级	2	32	32	747	753	136	146
2.地级	3	341	341	4309	4327	1386	1427
3.县级	4	2844	2894	34014	34746	15013	15093
4.乡级	5	29415	29463	68114	69778	38015	38475
其中:单设机构	6	5048	5287	19398	20497	12281	12840
二、农机化教育、培训机构	7	1754	1789	19689	19777	13057	12989
1.农机化大、中专	8	41	43	3441	3365	2277	2206
2.农机化学校	9	1713	1746	16248	16412	10780	10783
三、农机化科研机构	10	80	83	3051	3224	2030	2100
1.省级	11	24	23	1871	1869	1236	1236
2.地级	12	56	60	1180	1355	794	864
四、农机试验鉴定机构	13	65	63	1322	1319	986	973
1.省级	14	31	30	1006	1012	784	765
2.地级	15	34	33	316	307	202	208
五、农机化技术推广机构	16	2573	2545	22335	22181	13907	13642
1.省级	17	34	33	758	764	565	552
2.地级	18	284	279	3532	3408	2282	2155
3.县级	19	2255	2233	18045	18009	11060	10935
六、农机安全监理机构	20	2851	2858	32067	32562	15629	15780
1.省级	21	31	31	475	470	174	163
2.地级	22	331	331	3256	3338	1545	1526
3.县级	23	2489	2496	28336	28754	13910	14091

全国农业机械化服务组织及人员表

指标名称	代码	年末机构数(个)		年末人数(人)	
		2013 年	2012 年	2013 年	2012 年
一、农机化作业服务组织及农机户	1	—	—	—	—
1. 农机化作业服务组织	2	168574	167038	1707905	1449088
其中:(1)拥有农机原值 20 万—50 万元(含 20 万元)的	3	53098	48322	334894	305536
拥有农机原值 50 万元(含 50 万元)以上的	4	29313	24240	625552	490396
(2)农机专业合作社	5	42244	34429	1097240	817774
2. 农机户	6	42386670	41923428	52531135	52089183
其中:(1)拥有农机原值 20 万—50 万元(含 20 万元)的	7	464545	409055	813923	732614
拥有农机原值 50 万元(含 50 万元)以上的	8	58351	53860	140548	125423
(2)农机化作业服务专业户	9	5242735	5196216	7305489	7347588
二、农机化中介服务组织	10	6915	7207	54152	59408
三、农机维修厂及维修点	11	201206	210038	475892	486160
1. 一级维修点	12	1450	1437	9670	9099
2. 二级维修点	13	8256	8244	30240	29994
3. 三级维修点	14	103250	110214	231459	240970
4. 专项维修点	15	73709	77357	164281	169821
四、农机经销机构	16	—	—	—	—
1. 农机经销企业	17	11375	10739	100098	93256
2. 农机经销点	18	85342	84390	181040	178635
五、农机供油站(点)	19	17914	18170	49127	50438
六、拖拉机驾驶培训机构	20	2096	2122	17126	17725
七、乡村农机从业人员	21	—	—	53747171	53347399
1. 初中(含初中)以上文化程度	22	—	—	40617680	40628566
2. 高中(含高中)以上文化程度	23	—	—	12230328	11746002
3. 拖拉机驾驶从业人员	24	—	—	15906175	15620771
4. 联合收获机驾驶从业人员	25	—	—	1177230	1059664
5. 农用运输车驾驶从业人员	26	—	—	8940672	8979132
6. 农机维修人员	27	—	—	956647	960505

全国农业机械拥有量表

指标名称	代码	计量单位	2013年	2012年	2013年比2012年增减	
					增减量	%
一、农业机械总动力	1	万千瓦	103906.75	102558.96	1347.79	1.31
1.柴油发动机动力	2	万千瓦	83428.78	82365.04	1063.74	1.29
2.汽油发动机动力	3	万千瓦	3243.88	3124.10	119.78	3.83
3.电动机动力	4	万千瓦	17151.86	16985.29	166.57	0.98
4.其他机械动力	5	万千瓦	82.24	84.54	−2.30	−2.72
二、拖拉机及配套机械	6	—	—	—	—	—
(一)拖拉机	7	万台	2279.28	2282.47	−3.19	−0.14
	8	万千瓦	33023.23	31903.75	1119.48	3.51
1.大中型(14.7千瓦及以上)	9	万台	527.02	485.24	41.78	8.61
	10	万千瓦	15957.58	14436.39	1521.19	10.54
(1)其中:14.7～18.4千瓦(含14.7千瓦)	11	万台	229.06	221.07	7.99	3.62
	12	万千瓦	3755.44	3622.04	133.40	3.68
18.4～36.7千瓦(含18.4千瓦)	13	万台	151.46	132.39	19.07	14.41
	14	万千瓦	3973.61	3502.47	471.14	13.45
36.7～58.8千瓦(含36.7千瓦)	15	万台	87.95	81.00	6.95	8.58
	16	万千瓦	4116.19	3772.02	344.17	9.12
58.8千瓦及以上	17	万台	58.49	50.80	7.69	15.13
	18	万千瓦	4112.29	3539.78	572.50	16.17
(2)其中:轮式	19	万台	483.89	447.21	36.68	8.20
	20	万千瓦	14164.09	12785.90	1378.19	10.78
2.小型(2.2～14.7千瓦,含2.2千瓦)	21	万台	1752.28	1797.23	−44.95	−2.50
	22	万千瓦	17065.67	17467.36	−401.69	−2.30
其中:手扶式	23	万台	910.17	932.74	−22.57	−2.42
	24	万千瓦	7422.46	7586.92	−164.46	−2.17
(二)拖拉机配套农具	25	万部	3875.82	3845.09	30.73	0.80
1.大中型	26	万部	826.62	763.52	63.10	8.26
2.小型	27	万部	3049.21	3080.62	−31.41	−1.02
三、种植业机械	28	—	—	—	—	—
(一)耕整地机械	29	—	—	—	—	—
1.耕整机	30	万台(套)	765.41	667.60	97.81	14.65
	31	万千瓦	3713.26	3225.76	487.50	15.11
2.机耕船	32	万艘	17.52	16.93	0.59	3.51
	33	万千瓦	107.04	100.36	6.68	6.66
3.机引犁	34	万台	1312.49	1315.83	−3.34	−0.25
4.旋耕机	35	万台	532.45	530.72	1.73	0.33
5.深松机	36	万台	23.36	20.49	2.87	14.01
6.机引耙	37	万台	728.56	745.13	−16.57	−2.22
(二)种植施肥机械	38	—	—	—	—	—
1.播种机	39	万台	600.50	580.20	20.30	3.50
其中:免耕播种机	40	万台	82.47	77.57	4.90	6.32
精少量播种机	41	万台	366.82	353.98	12.84	3.63
2.水稻种植机械	42	—	—	—	—	—
(1)水稻直播机	43	万台	2.96	2.86	0.10	3.50

续表

指标名称	代码	计量单位	2013年	2012年	2013年比2012年增减	
					增减量	%
(2)水稻插秧机	44	万台	60.45	51.30	9.15	17.84
	45	万千瓦	258.22	219.85	38.37	17.45
其中:乘坐式	46	万台	21.11	19.41	1.69	8.72
	47	万千瓦	129.34	114.55	14.79	12.91
(3)水稻浅栽机	48	万台	0.77	0.90	−0.13	−14.62
	49	万千瓦	1.68	1.77	−0.09	−5.20
3.化肥深施机	50	万台	78.52	77.64	0.88	1.13
4.地膜覆盖机	51	万台	51.94	50.49	1.45	2.87
(三)农用排灌机械	52	—	—	—	—	—
1.排灌动力机械	53	万台	2258.01	2280.56	−22.55	−0.99
	54	万千瓦	14330.60	14724.03	−393.42	−2.67
其中:柴油机	55	万台	934.70	982.31	−47.61	−4.85
	56	万千瓦	6859.85	7163.88	−304.03	−4.24
电动机	57	万台	1259.40	1248.81	10.59	0.85
	58	万千瓦	7096.12	7157.37	−61.25	−0.86
2.农用水泵	59	万台	2206.80	2211.54	−4.74	−0.21
3.节水灌溉类机械	60	万套	199.78	182.56	17.22	9.43
(四)田间管理机械	61	—	—	—	—	—
1.机动喷雾(粉)机	62	万台	559.19	544.31	14.89	2.74
	63	万千瓦	970.99	962.75	8.24	0.86
2.茶叶修剪机	64	万台	30.86	25.34	5.52	21.78
	65	万千瓦	35.02	29.50	5.52	18.71
(五)收获机械	66	—	—	—	—	—
1.联合收获机	67	万台	142.10	127.88	14.22	11.12
	68	万千瓦	6574.62	5670.54	904.08	15.94
(1)稻麦联合收割机	69	万台	113.43	104.55	8.88	8.49
	70	万千瓦	5080.40	4535.46	544.94	12.02
其中:自走式	71	万台	97.31	89.33	7.98	8.93
其中:半喂入式	72	万台	10.72	10.12	0.60	5.93
	73	万千瓦	434.15	409.98	24.17	5.90
(2)玉米联合收获机	74	万台	28.68	23.30	5.38	23.06
	75	万千瓦	1494.23	1135.08	359.15	31.64
其中:自走式	76	万台	19.16	14.26	4.90	34.36
2.割晒机	77	万台	49.60	48.23	1.37	2.84
	78	万千瓦	74.13	64.80	9.33	14.39
3.其他收获机械	79	万台	141.91	131.02	10.89	8.31
	80	万千瓦	503.45	458.43	45.02	9.82
其中:大豆收获机	81	万台	2.04	2.01	0.03	1.33
	82	万千瓦	153.40	147.28	6.12	4.16
油菜籽收获机	83	万台	1.94	1.65	0.29	17.63
	84	万千瓦	92.80	78.44	14.36	18.30
马铃薯收获机	85	万台	4.87	3.97	0.90	22.72
	86	万千瓦	6.93	6.71	0.21	3.16
甜菜收获机	87	万台	0.08	0.05	0.03	58.10
	88	万千瓦	1.84	1.70	0.14	8.24

续表

指标名称	代码	计量单位	2013年	2012年	2013年比2012年增减	
					增减量	%
花生收获机	89	万台	13.04	11.19	1.85	16.52
	90	万千瓦	4.06	2.95	1.11	37.67
棉花收获机	91	万台	0.27	0.19	0.08	40.48
	92	万千瓦	39.30	37.16	2.14	5.76
蔬菜收获机	93	万台	0.60	0.53	0.07	13.85
	94	万千瓦	2.22	1.80	0.42	23.33
茶叶采摘机	95	万台	8.00	7.30	0.70	9.53
	96	万千瓦	10.63	9.78	0.85	8.64
青饲料收获机	97	万台	3.26	3.00	0.26	8.75
	98	万千瓦	59.70	50.77	8.93	17.59
牧草收获机	99	万台	16.01	15.03	0.98	6.55
	100	万千瓦	26.87	24.48	2.39	9.75
秸秆粉碎还田机	101	万台	69.81	65.54	4.27	6.52
秸秆捡拾打捆机	102	万台	2.25	1.77	0.48	26.85
	103	万千瓦	12.74	9.76	2.98	30.52
玉米收获专用割台	104	万台	5.27	5.24	0.03	0.57
大豆收获专用割台	105	万台	1.69	2.02	−0.33	−16.34
油菜籽收获专用割台	106	万台	1.30	1.21	0.09	7.44
(六)收获后处理机械	107	—	—	—	—	—
1.机动脱粒机	108	万台	1007.58	1042.32	−34.74	−3.33
	109	万千瓦	1860.66	1928.76	−68.10	−3.53
2.谷物烘干机	110	万台	4.28	3.60	0.68	18.84
	111	万千瓦	44.14	30.72	13.42	43.68
3.种子加工机械	112	万台	3.22	3.34	−0.12	−3.51
	113	万千瓦	10.81	5.86	4.95	84.50
4.保鲜储藏设备	114	万台(套)	8.13	6.86	1.27	18.47
	115	万千瓦	79.85	63.21	16.64	26.32
(七)设施农业设备	116	—	—	—	—	—
1.水稻工厂化育秧设备	117	万套	1.28	0.96	0.32	33.28
2.温室	118	万平方米	1994994.31	1450259.43	544726.55	37.56
其中:连栋温室	119	万平方米	56805.84	26250.53	30555.31	116.40
日光温室	120	万平方米	659535.11	461227.72	198307.38	43.00
塑料大棚	121	万平方米	1248348.17	918034.70	314113.48	34.22
四、农产品初加工机械	122	—	—	—	—	—
(一)农产品初加工动力机械	123	万台	1467.54	1461.71	5.83	0.40
	124	万千瓦	8733.69	8920.87	−187.18	−2.10
其中:柴油机	125	万台	310.48	329.37	−18.89	−5.74
	126	万千瓦	2680.06	2827.66	−192.60	−6.70
电动机	127	万台	1128.21	1104.77	23.44	2.12
	128	万千瓦	5915.48	5939.29	−23.81	−0.40
(二)农产品初加工作业机械	129	万台(套)	1345.81	1316.74	29.07	2.21
其中:1.粮食加工机械	130	万台	1048.81	1032.80	16.01	1.55
2.油料加工机械	131	万台	76.81	78.80	−1.99	−2.53
3.棉花加工机械	132	万台	24.25	25.33	−1.08	−4.25
4.果蔬加工机械	133	万台(套)	12.38	11.53	0.85	7.37
5.茶叶加工机械	134	万台(套)	127.23	114.93	12.30	10.70

续表

指标名称	代码	计量单位	2013 年	2012 年	2013 年比 2012 年增减	
					增减量	%
五、畜牧养殖机械	135	万台(套)	686.47	661.70	24.77	3.74
	136	万千瓦	2163.52	2073.61	89.91	4.34
其中:饲草料加工机械	137	万台(套)	587.82	573.03	14.79	2.58
	138	万千瓦	1823.78	1769.72	54.06	3.05
畜牧饲养机械	139	万台(套)	44.80	35.76	9.05	25.30
	140	万千瓦	161.67	146.59	15.08	10.29
畜产品采集加工机械	141	万台(套)	20.84	18.16	2.68	14.74
	142	万千瓦	71.24	59.63	11.61	19.46
其中:挤奶机	143	万台	10.62	11.95	−1.33	−11.12
	144	万千瓦	44.10	38.44	5.66	14.71
剪羊毛机	145	万台	5.59	2.02	3.57	176.27
	146	万千瓦	6.01	2.56	3.45	134.77
六、渔业机械	147	万台	375.39	348.78	26.61	7.63
	148	万千瓦	1746.61	1740.95	5.66	0.33
其中:增氧机	149	万台	256.84	238.37	18.47	7.75
	150	万千瓦	528.87	497.32	31.55	6.34
投饵机	151	万台	87.04	78.90	8.14	10.32
	152	万千瓦	94.62	95.66	−1.04	−1.09
七、林果业机械	153	万台	33.60	27.62	5.98	21.65
	154	万千瓦	125.63	129.73	−4.10	−3.16
其中:挖坑机	155	万台	4.84	4.65	0.19	4.19
	156	万千瓦	59.40	60.45	−1.05	−1.74
果树修剪机	157	万台	14.69	10.35	4.34	41.93
	158	万千瓦	27.38	24.46	2.92	11.94
八、运输机械	159	—	—	—	—	—
1.农用运输车	160	万台	1385.55	1396.23	−10.68	−0.76
	161	万千瓦	21518.98	21599.76	−80.78	−0.37
(1)三轮汽车	162	万台	1099.76	1111.19	−11.43	−1.03
	163	万千瓦	12623.13	12616.16	6.97	0.06
(2)低速载货汽车	164	万台	252.29	256.55	−4.26	−1.66
	165	万千瓦	8084.47	8213.29	−128.82	−1.57
2.手扶变型运输机	166	万台	82.25	88.09	−5.84	−6.63
	167	万千瓦	1661.55	1791.01	−129.46	−7.23
3.农用挂车	168	万台	778.70	812.20	−33.50	−4.12
九、农田基本建设机械	169	万台	44.74	44.95	−0.21	−0.47
	170	万千瓦	2519.82	2542.24	−22.42	−0.88
十、其他机械	171	—	—	—	—	—
其中:农用飞机	172	架	176	124	52	41.94
十一、农业机械原值和净值	173	—	—	—	—	—
1.农业机械原值	174	亿元	8222.61	7805.61	417.00	5.34
2.农业机械净值	175	亿元	5993.12	5683.14	309.98	5.45

全国农业机械化作业情况表

指标名称	代码	计量单位	2013年	2012年	2013年比2012年增减	
					增减量	%
一、农机化作业总体情况	1	—	—	—	—	—
(一)机耕面积	2	千公顷	113757.83	110284.83	3473.01	3.15
(二)机播面积	3	千公顷	80309.56	76794.16	3515.40	4.58
(三)机电灌溉面积	4	千公顷	53164.17	52295.52	868.65	1.66
(四)机械植保面积	5	千公顷	64098.85	62637.16	1461.69	2.33
(五)机收面积	6	千公顷	77416.01	71168.88	6247.13	8.78
二、主要农作物农机化作业情况	7	—	—	—	—	—
(一)小麦	8	—	—	—	—	—
1.小麦机耕面积	9	千公顷	21393.18	21969.31	−576.13	−2.62
2.小麦机播面积	10	千公顷	20906.96	20885.88	21.07	0.10
3.小麦机收面积	11	千公顷	22099.29	22034.25	65.04	0.30
(二)水稻	12	—	—	—	—	—
1.水稻机耕面积	13	千公顷	29127.42	28262.99	864.43	3.06
2.水稻机械种植面积	14	千公顷	10943.50	9594.55	1348.95	14.06
其中:水稻机播面积	15	千公顷	494.55	549.40	−54.85	−9.98
水稻机插面积	16	千公顷	10262.85	8919.12	1343.73	15.07
水稻机浅栽面积	17	千公顷	58.47	83.92	−25.45	−30.33
3.水稻机收面积	18	千公顷	23952.21	22222.82	1729.39	7.78
(三)玉米	19	—	—	—	—	—
1.玉米机耕面积	20	千公顷	25035.68	24005.05	1030.63	4.29
2.玉米机播面积	21	千公顷	30535.08	28762.02	1773.06	6.16
3.玉米机收面积	22	千公顷	18293.32	14844.23	3449.09	23.24
(四)大豆	23	—	—	—	—	—
1.大豆机耕面积	24	千公顷	4211.49	4513.39	−301.90	−6.69
2.大豆机播面积	25	千公顷	4269.68	4587.16	−317.48	−6.92
3.大豆机收面积	26	千公顷	3709.88	3921.37	−211.49	−5.39
(五)油菜	27	—	—	—	—	—
1.油菜机耕面积	28	千公顷	4825.48	4437.34	388.14	8.75
2.油菜机播面积	29	千公顷	1218.45	1078.35	140.10	12.99
3.油菜机收面积	30	千公顷	1490.02	1240.50	249.52	20.11
(六)马铃薯	31	—	—	—	—	—
1.马铃薯机耕面积	32	千公顷	2884.49	2723.63	160.87	5.91
2.马铃薯机播面积	33	千公顷	1293.94	1161.80	132.14	11.37
3.马铃薯机收面积	34	千公顷	1167.60	1052.94	114.66	10.89
(七)花生	35	—	—	—	—	—
1.花生机耕面积	36	千公顷	3091.52	2841.46	250.06	8.80
2.花生机播面积	37	千公顷	1856.17	1785.62	70.55	3.95
3.花生机收面积	38	千公顷	1374.38	1194.45	179.93	15.06
(八)棉花	39	—	—	—	—	—
1.棉花机耕面积	40	千公顷	4040.97	4118.98	−78.01	−1.89

续表

指标名称	代码	计量单位	2013 年	2012 年	2013 年比 2012 年增减	
					增减量	%
2. 棉花机播面积	41	千公顷	2849.39	2941.65	−92.26	−3.14
3. 棉花机收面积	42	千公顷	486.27	382.84	103.43	27.02
三、单项农机化作业情况	43	—	—	—	—	—
1. 机械深耕面积	44	千公顷	29191.33	29966.19	−774.86	−2.59
2. 机械深松面积	45	千公顷	10784.70	10540.91	243.79	2.31
3. 机械化免耕播种面积	46	千公顷	13413.07	14118.81	−705.73	−5.00
其中：机械化免耕覆盖播种面积	47	千公顷	7364.22	7058.78	305.44	4.33
4. 保护性耕作面积	48	千公顷	7731.36	6451.27	1280.09	19.84
5. 精少量播种面积	49	千公顷	38852.38	37624.00	1228.38	3.26
6. 机械深施化肥面积	50	千公顷	32565.41	32203.42	361.99	1.12
7. 机械铺膜面积	51	千公顷	8041.10	7984.29	56.81	0.71
8. 农田机械节水灌溉面积	52	千公顷	14200.19	14792.26	−592.08	−4.00
9. 机械播种牧草面积	53	千公顷	926.85	835.11	91.74	10.99
10. 机械收获牧草数量	54	万吨	4174.04	2014.93	2159.11	107.16
11. 机械化秸秆还田面积	55	千公顷	36998.30	34913.38	2084.92	5.97
12. 秸秆捡拾打捆面积	56	千公顷	2219.24	1706.22	513.02	30.07
13. 机械脱粒粮食数量	57	万吨	51190.81	54134.21	−2943.40	−5.44
14. 机械烘干粮食数量	58	万吨	7529.30	7215.90	313.40	4.34
15. 机械初加工农产品数量	59	万吨	61944.18	58390.41	3553.77	6.09
其中：加工粮食数量	60	万吨	47985.28	45503.86	2481.42	5.45
加工油料数量	61	万吨	5557.52	5682.02	−124.50	−2.19
加工棉花数量	62	万吨	1487.03	1610.31	−123.28	−7.66
加工果蔬数量	63	万吨	3361.33	2415.53	945.80	39.15
加工茶叶数量	64	万吨	353.00	344.04	8.96	2.60
16. 机械化饲草料加工数量	65	万吨	27560.95	21158.50	6252.32	29.55
其中：机械化青贮秸秆数量	66	万吨	9073.33	9156.21	−82.88	−0.91
17. 农机运输作业量	67	亿吨·千米	2629.14	4466.95	−1837.81	−41.14
其中：农业运输作业量	68	亿吨·千米	1284.78	2563.20	−1278.42	−49.88
18. 农田基本建设作业量	69	万立方米	382459.53	368642.67	13816.86	3.75
19. 农用飞机作业面积	70	千公顷	2511.87	2383.88	127.99	5.37
20. 农机专业合作社作业服务面积	71	千公顷	39163.54	35461.00	3702.53	10.44
21. 农机跨区作业面积	72	千公顷	36719.21	34295.88	2423.34	7.07
其中：跨区机耕面积	73	千公顷	6767.09	5753.70	1013.39	17.61
跨区机播面积	74	千公顷	3084.71	2579.77	504.94	19.57
跨区机收面积	75	千公顷	26005.40	24952.30	1053.11	4.22
其中：跨区机收小麦	76	千公顷	14425.66	14161.80	263.85	1.86
跨区机收水稻	77	千公顷	7695.69	7425.43	270.26	3.64
跨区机收玉米	78	千公顷	3250.78	2744.14	506.64	18.46

全国农业机械化管理服务情况表

指标名称	代码	计量单位	2013年	2012年	2013年比2012年增减	
					增减量	%
一、农业机械化培训	1	人次	7700273	7264576	435697	6.00
其中：培训农机管理人员	2	人次	190526	168151	22375	13.31
培训农机技术人员	3	人次	904199	841978	62221	7.39
培训农机监理人员	4	人次	79340	74581	4759	6.38
培训农机操作人员	5	人次	6323012	5966208	356804	5.98
二、农机维修	6	—	—	—	—	—
1.维修拖拉机	7	万台次	1910.34	1877.85	32.49	1.73
2.维修联合收获机	8	万台次	152.96	142.14	10.82	7.62
3.维修水稻插秧机	9	万台次	31.31	21.35	9.96	46.64
4.维修运输机械	10	万台次	1297.11	1290.49	6.62	0.51
5.维修其他农机具	11	万台次	3023.67	2941.83	81.84	2.78
三、农机鉴定	12	—	—	—	—	—
推广鉴定证当年发证数量	13	件	4723	5782	−1059	−18.32
四、农机监理装备	14	—	—	—	—	—
1.监理车辆	15	辆	4207	4340	−133	−3.06
其中：摩托车	16	辆	515	528	−13	−2.46
2.安全检测设备	17	套	1980	1846	134	7.26
其中：拖拉机检测设备	18	套	1824	1692	132	7.80

全国农业机械化投入情况表

指标名称	代码	计量单位	2013 年	2012 年	2013 年比 2012 年增减	
					增减量	%
一农机化总投入	1	万元	10138919.05	9802809.56	336109.49	3.43
1.一般行政事业支出	2	万元	561098.12	515732.86	45365.26	8.80
2.基本建设	3	万元	285473.90	307517.24	−22043.34	−7.17
3.科研	4	万元	11975.06	8997.25	2977.81	33.10
4.推广培训	5	万元	134293.87	124301.10	9992.77	8.04
5.农业机械购置	6	万元	8870229.48	8569562.16	300667.32	3.51
6.其他	7	万元	275848.63	276698.95	−850.32	−0.31
二、财政投入	8	万元	3423083.61	3352917.04	70166.57	2.09
1.一般行政事业支出	9	万元	539368.86	495735.12	43633.74	8.80
2.基本建设	10	万元	149556.79	156810.38	−7253.59	−4.63
3. 科研	11	万元	8875.88	7324.79	1551.09	21.18
4.推广培训	12	万元	123795.92	110689.74	13106.18	11.84
5.农业机械购置	13	万元	2455832.77	2442433.66	13399.11	0.55
6.其他	14	万元	145653.39	139923.35	5730.04	4.10
(一)中央财政	15	万元	2279622.61	2269047.15	10575.46	0.47
1.一般行政事业支出	16	—	—	—	—	—
2. 基本建设	17	万元	67899.97	63340.55	4559.42	7.20
3. 科研	18	万元	411.44	1144.00	−732.56	−64.03
4. 推广培训	19	万元	31157.44	38316.29	−7158.85	−18.68
5. 农业机械购置	20	万元	2173118.48	2148186.63	24931.85	1.16
6.其他	21	万元	7035.28	18059.68	−11024.40	−61.04
(二)地方财政	22	万元	1143461.00	1083869.89	59591.11	5.50
1.一般行政事业支出	23	万元	539368.86	495735.12	43633.74	8.80
2.基本建设	24	万元	81656.82	93469.83	−11813.01	−12.64
3.科研	25	万元	8464.44	6180.79	2283.65	36.95
4.推广培训	26	万元	92638.48	72373.45	20265.03	28.00
5.农业机械购置	27	万元	282714.29	294247.03	−11532.74	−3.92
6.其他	28	万元	138618.11	121863.67	16754.44	13.75
三、单位和集体投入	29	万元	257339.94	238044.75	19295.19	8.11
1.一般行政事业支出	30	万元	21729.26	19997.74	1731.52	8.66
2.基本建设	31	万元	64467.40	52452.47	12014.93	22.91
3. 科研	32	万元	1867.84	1045.60	822.24	78.64
4. 推广培训	33	万元	3796.67	3615.47	181.20	5.01
5.农业机械购置	34	万元	160155.90	151114.87	9041.03	5.98
6.其他	35	万元	5322.87	9818.60	−4495.73	−45.79
四、农民个人投入	36	万元	6427344.65	6167169.43	260175.22	4.22
1.一般行政事业支出	37	—	—	—	—	—
2.基本建设	38	万元	66739.31	89536.21	−22796.90	−25.46
3. 科研	39	万元	—	—	—	—
4. 推广培训	40	万元	6126.47	9627.35	−3500.88	−36.36
5.农业机械购置	41	万元	6245952.95	5963025.60	282927.35	4.74
6.其他	42	万元	108525.92	104980.27	3545.65	3.38
五、其他投入	43	万元	31150.85	44678.34	−13527.49	−30.28
1.一般行政事业支出	44	—	—	—	—	—
2.基本建设	45	万元	4710.40	8718.18	−4007.78	−45.97
3. 科研	46	万元	1231.34	626.86	604.48	96.43
4. 推广培训	47	万元	574.81	368.54	206.27	55.97
5.农业机械购置	48	万元	8287.85	12988.03	−4700.18	−36.19
6.其他	49	万元	16346.45	21976.73	−5630.28	−25.62

全国农业机械化经营效益情况表

指标名称	代码	计量单位	合计		其中:农机户	
			2013 年	2012 年	2013 年	2012 年
一、总收入	1	万元	51079826.30	47790381.67	43004038.69	40936582.15
1.农机化作业收入	2	万元	44676343.76	41803285.69	39318331.85	37368644.76
其中:(1)田间作业收入	3	万元	19559412.46	17745182.16	16912460.73	15656682.91
其中:跨区作业收入	4	万元	2485169.38	2244936.90	2182052.06	2023286.04
(2)农产品初加工作业收入	5	万元	5584654.23	5172595.28	4793905.64	4467461.49
(3)农机运输收入	6	万元	17976802.33	17602906.08	16367659.70	16118178.86
其中:农业运输收入	7	万元	9480076.47	9155977.68	8481165.28	8372453.25
2.农机维修收入	8	万元	1969961.88	1881441.33	1587398.62	1549311.00
3.其他收入	9	万元	4433520.66	4105654.66	2098308.27	2018626.40
其中:农机及油料经销收入	10	万元	2512268.97	2356871.63	947672.31	914009.92
二、成本与费用	11	万元	30943645.61	29209684.27	26175107.15	25072106.12
1.服务成本与费用	12	万元	26366559.84	24795121.59	22653030.72	21590747.50
2.管理与财务费用	13	万元	1928212.81	1843722.25	1460144.51	1431098.06
3.税金及附加	14	万元	1111849.54	1097596.07	858891.40	860020.38
4.其他费用	15	万元	1537023.43	1473244.36	1203040.56	1190240.18
三、利润总额	16	万元	20136180.69	18580697.41	16828931.54	15864476.04

全国农业生产燃油消耗情况表

指标名称	代码	计量单位	2013 年	2012 年	2013 年比 2012 年增减	
					增减量	%
农业生产燃油消耗	1	万吨	3647.11	3705.97	−58.86	−1.59
其中:(1)柴油	2	万吨	3303.45	3376.10	−72.65	−2.15
(2)用于农机抗灾救灾	3	万吨	139.18	142.81	−3.63	−2.54
1.农田作业	4	万吨	1319.36	1330.30	−10.94	−0.82
(1)机耕	5	万吨	578.37	595.31	−16.94	−2.84
(2)机播	6	万吨	200.88	201.68	−0.80	−0.39
(3)机收	7	万吨	345.44	337.43	8.01	2.37
(4)植保	8	万吨	84.00	84.42	−0.42	−0.50
(5)其他	9	万吨	110.67	111.53	−0.86	−0.77
2.农田排灌	10	万吨	204.58	210.06	−5.48	−2.61
3.农田基本建设	11	万吨	235.06	235.95	−0.89	−0.38
4.畜牧业生产	12	万吨	70.95	70.76	0.19	0.27
5.农产品初加工	13	万吨	234.24	238.70	−4.46	−1.87
6.农业运输	14	万吨	1434.38	1468.57	−34.19	−2.33
7.其他	15	万吨	148.54	151.61	−3.07	−2.02

全国农业机械事故情况表

指标名称	代码	计量单位	2013 年
一、事故次数	1	次	1733
其中:1.一般事故	2	次	1730
2.较大事故	3	次	3
3.重大事故	4	次	0
4.特别重大事故	5	次	0
二、事故损失	6	—	—
1.死亡人数	7	人	432
2.受伤人数	8	人	631
3.直接经济损失	9	万元	1711.65
三、事故原因	10	—	—
其中:1.无证驾驶	11	次	466
2.酒后驾驶	12	次	10
3.违法载人	13	次	31
4.操作失误	14	次	993
5.无牌行驶	15	次	306
6.超速超载	16	次	69
7.未年检	17	次	453
8.机件失效	18	次	82
9.其他	19	次	310
四、事故条件	20	—	—
其中:1.驾龄3年以下的	21	次	697
2.驾龄3年以上的	22	次	1036
3.发生在8:00—20:00之间的	23	次	1399
4.发生在20:00—8:00之间的	24	次	334
5.晴天发生的	25	次	1571
6.雨雪雾天发生的	26	次	162

各地区农业机械化发展指标

各地区农业机械化系统机构及人员表

地区	一、农机化管理机构			1. 省级			2. 地级		
	年末机构数（个）	年末人数（人）		年末机构数（个）	年末人数（人）		年末机构数（个）	年末人数（人）	
		合计	其中：科技人员（教师）		合计	其中：科技人员（教师）		合计	其中：科技人员（教师）
合计	32632	107184	54550	32	747	136	341	4309	1386
北京	195	465	152	1	7	6	0	0	0
天津	154	799	146	1	39	0	0	0	0
河北	1824	4376	1810	1	8	0	11	95	40
山西	1345	5022	2725	1	58	0	11	432	234
内蒙古	749	2178	1213	1	6	0	12	117	68
辽宁	1135	2988	1435	1	11	0	14	132	22
吉林	695	5845	4411	1	20	16	9	92	74
黑龙江	724	3326	2271	1	16	8	14	210	87
上海	107	264	172	1	7	3	0	0	0
江苏	1210	4606	2089	1	69	0	13	165	39
浙江	1310	2782	2444	1	32	25	11	138	84
安徽	1242	3789	2336	1	45	0	16	153	54
福建	1098	2420	879	1	15	0	8	89	0
江西	1529	3471	1650	1	6	0	11	108	47
山东	1869	9395	4809	1	37	0	17	371	112
河南	1850	6494	2002	1	42	0	18	396	76
湖北	899	3132	1767	1	27	0	16	192	59
湖南	2124	8372	2971	1	49	0	14	289	45
广东	1102	3196	756	1	7	0	20	72	23
广西	1192	3653	2391	1	37	25	14	195	74
海南	175	450	160	1	5	5	2	15	6
重庆	935	2239	1298	1	23	6	0	0	0
四川	3233	6771	3267	1	41	3	21	257	57
贵州	1141	3286	1626	1	7	0	9	104	31
云南	1348	3921	2699	1	10	3	16	68	10
西藏	8	78	0	1	4	0	7	17	0
陕西	910	2977	905	1	38	24	10	178	54
甘肃	1194	3447	871	1	31	0	12	171	26
青海	140	489	373	1	4	4	6	33	21
宁夏	173	544	415	1	5	5	2	4	2
新疆	849	6020	4239	1	38	0	14	188	17
新疆兵团	173	389	268	1	3	3	13	28	24

续表

地区	3. 县级			4. 乡级			其中:单设机构		
	年末机构数(个)	年末人数(人)		年末机构数(个)	年末人数(人)		年末机构数(个)	年末人数(人)	
		合计	其中:科技人员(教师)		合计	其中:科技人员(教师)		合计	其中:科技人员(教师)
合计	2844	34014	15013	29415	68114	38015	5048	19398	12281
北京	13	156	68	181	302	78	1	2	0
天津	12	223	61	141	537	85	36	117	28
河北	183	1454	715	1629	2819	1055	138	273	99
山西	115	2476	1378	1218	2056	1113	597	901	525
内蒙古	101	914	466	635	1141	679	50	116	75
辽宁	99	769	261	1021	2076	1152	129	361	273
吉林	65	741	567	620	4992	3754	362	3018	2357
黑龙江	101	1476	1005	608	1624	1171	108	229	203
上海	9	62	43	97	195	126	0	0	0
江苏	98	857	309	1098	3515	1741	184	1322	508
浙江	84	861	584	1214	1751	1751	163	235	235
安徽	98	836	334	1127	2755	1948	234	1030	716
福建	78	737	42	1011	1579	837	30	84	71
江西	98	1063	435	1419	2294	1168	82	193	108
山东	149	3463	1591	1702	5524	3106	671	2410	1338
河南	165	3162	1151	1666	2894	775	59	230	28
湖北	101	1153	683	781	1760	1025	215	570	332
湖南	137	2783	878	1972	5251	2048	388	1520	765
广东	119	904	286	962	2213	447	195	604	110
广西	95	1027	433	1082	2394	1859	178	1039	814
海南	16	188	75	156	242	74	1	12	0
重庆	38	287	135	896	1929	1157	41	66	48
四川	175	1888	773	3036	4585	2434	208	657	348
贵州	92	926	392	1039	2249	1203	123	272	141
云南	133	862	443	1198	2981	2243	132	434	339
西藏	0	57	0						
陕西	91	1327	559	808	1434	268	67	159	14
甘肃	86	1403	265	1095	1842	580	89	179	40
青海	39	342	259	94	110	89	0	0	0
宁夏	17	322	244	153	213	164	3	3	3
新疆	93	971	360	741	4823	3862	560	3353	2756
新疆兵团	144	324	218	15	34	23	4	9	7

续表

地区	二、农机化教育、培训机构			1. 农机化大、中专			2. 农机化学校		
	年末机构数（个）	年末人数（人）		年末机构数（个）	年末人数（人）		年末机构数（个）	年末人数（人）	
		合计	其中：科技人员（教师）		合计	其中：科技人员（教师）		合计	其中：科技人员（教师）
合计	1754	19689	13057	41	3441	2277	1713	16248	10780
北京	9	261	100	0	0	0	9	261	100
天津	11	131	66	0	0	0	11	131	66
河北	119	851	521	2	23	14	117	828	507
山西	63	675	484	2	245	179	61	430	305
内蒙古	48	294	204	1	2	2	47	292	202
辽宁	49	809	544	2	70	68	47	739	476
吉林	38	1357	1091	2	369	295	36	988	796
黑龙江	61	1278	895	3	630	390	58	648	505
上海	0	0	0	0	0	0	0	0	1
江苏	55	368	258	0	0	0	55	368	258
浙江	40	165	109	0	0	0	40	165	109
安徽	71	821	617	3	234	143	68	587	474
福建	15	133	78	1	82	51	14	51	27
江西	49	304	141	1	11	2	48	293	139
山东	137	1137	864	1	16	10	136	1121	854
河南	129	1858	1021	1	17	10	128	1841	1011
湖北	63	827	535	0	0	0	63	827	535
湖南	107	880	517	2	33	13	105	847	504
广东	55	429	214	0	0	0	55	429	214
广西	92	1715	1173	8	694	465	84	1021	708
海南	17	115	66	0	0	0	17	115	66
重庆	22	294	174	3	195	126	19	99	48
四川	97	498	348	1	1	1	96	497	347
贵州	23	621	376	5	492	292	18	129	84
云南	121	1030	728	1	128	90	120	902	638
西藏	0	0	0	0	0	0			
陕西	85	1337	823	1	190	117	84	1147	706
甘肃	78	598	341	0	0	0	78	598	341
青海	1	207	151	0	0	0	1	207	151
宁夏	7	62	56	1	9	9	6	53	47
新疆	82	578	508	0	0	0	82	578	508
新疆兵团	10	56	54	0	0	0	10	56	54

续表

地区	三、农机化科研机构			1. 省级			2. 地级		
	年末机构数（个）	年末人数（人）		年末机构数（个）	年末人数（人）		年末机构数（个）	年末人数（人）	
		合计	其中：科技人员（教师）		合计	其中：科技人员（教师）		合计	其中：科技人员（教师）
合计	80	3051	2030	24	1871	1236	56	1180	794
北京	0	0	0	0	0	0	0	0	0
天津	1	32	21	1	32	21	0	0	0
河北	1	20	10	1	20	10	0	0	0
山西	11	260	205	1	98	76	10	162	129
内蒙古	4	54	28	0	0	0	4	54	28
辽宁	5	165	113	1	75	51	4	90	62
吉林	4	255	198	1	75	55	3	180	143
黑龙江	8	817	523	6	784	501	2	33	22
上海	129	36	0	1	129	36	0	0	0
江苏	1	5	5	0	0	0	1	5	5
浙江	1	49	34	1	49	34	0	0	0
安徽	2	51	46	0	0	0	2	51	46
福建	0	0	0	0	0	0	0	0	0
江西	1	60	15	1	60	15	0	0	0
山东	4	102	67	0	0	0	4	102	67
河南	0	0	0	0	0	0	0	0	0
湖北	2	106	78	1	68	58	1	38	20
湖南	7	179	87	0	0	0	7	179	87
广东	3	162	113	1	151	105	2	11	8
广西	0	0	0	0	0	0	0	0	0
海南	1	4	2	1	4	2	0	0	0
重庆	3	59	47	2	42	35	1	17	12
四川	7	234	184	1	128	107	6	106	77
贵州	3	99	86	1	60	52	2	39	34
云南	3	82	58	1	58	44	2	24	14
西藏				0	0	0	0	0	0
陕西	1	28	3	0	0	0	1	28	3
甘肃	3	59	35	0	0	0	3	59	35
青海	0	0	0	0	0	0	0	0	0
宁夏	1	10	7	1	10	7	0	0	0
新疆	0	0	0	0	0	0	0	0	0
新疆兵团	2	30	29	1	28	27	1	2	2

续表

地区	四、农机试验鉴定机构			1. 省级			2. 地级		
	年末机构数（个）	年末人数（人）		年末机构数（个）	年末人数（人）		年末机构数（个）	年末人数（人）	
		合计	其中：科技人员（教师）		合计	其中：科技人员（教师）		合计	其中：科技人员（教师）
合计	65	1322	986	31	1006	784	34	316	202
北京	1	8	8	1	8	8	0	0	0
天津	1	37	28	1	37	28	0	0	0
河北	1	28	27	1	28	27	0	0	0
山西	12	120	85	1	50	36	11	70	49
内蒙古	1	51	27	1	51	27	0	0	94
辽宁	12	210	161	1	69	57	11	141	104
吉林	2	90	70	1	85	67	1	5	3
黑龙江	2	122	91	2	122	91	0	0	0
上海	1	15	11	1	15	11	0	0	0
江苏	5	79	57	1	42	30	4	37	27
浙江	1	6	6	1	6	6	0	0	0
安徽	1	39	29	1	39	29	0	0	0
福建	0	0	0	0	0	0	0	0	0
江西	1	5	5	1	5	5	0	0	0
山东	1	35	28	1	35	28	0	0	0
河南	5	41	31	1	25	22	4	16	9
湖北	1	20	15	1	20	15	0	0	0
湖南	2	51	22	1	16	16	1	35	6
广东	1	28	22	1	28	22	0	0	0
广西	1	33	33	1	33	33	0	0	0
海南	1	6	2	1	6	2	0	0	0
重庆	1	44	36	1	44	36	0	0	0
四川	2	66	53	1	65	52	1	1	1
贵州	1	22	19	1	22	19	0	0	0
云南	1	14	11	1	14	11	0	0	0
西藏	0	0	0	0	0	0	0	0	0
陕西	2	29	14	1	18	11	1	11	3
甘肃	1	39	29	1	39	29	0	0	0
青海	1	6	5	1	6	5	0	0	0
宁夏	1	40	28	1	40	28	0	0	0
新疆	1	37	32	1	37	32	0	0	0
新疆兵团	1	1	1	1	1	1	0	0	0

续表

地区	五、农机化技术推广机构			1. 省级			2. 地级		
	年末机构数（个）	年末人数（人）		年末机构数（个）	年末人数（人）		年末机构数（个）	年末人数（人）	
		合计	其中：科技人员（教师）		合计	其中：科技人员（教师）		合计	其中：科技人员（教师）
合计	2573	22335	13907	34	758	565	284	3532	2282
北京	12	267	135	1	48	31	0	0	0
天津	10	93	65	1	29	18	0	0	0
河北	170	1219	709	2	23	23	11	220	151
山西	122	993	713	1	37	28	11	119	84
内蒙古	960	681	0	1	95	61	11	208	140
辽宁	78	1033	660	1	14	13	14	234	162
吉林	59	1066	867	1	18	13	6	162	135
黑龙江	84	659	523	1	38	28	13	77	63
上海	9	72	59	1	17	13	0	0	0
江苏	90	969	670	2	34	20	13	215	168
浙江	41	211	167	1	3	3	6	49	40
安徽	83	772	558	1	20	10	7	62	48
福建	11	76	54	1	24	20	0	0	0
江西	95	359	230	1	4	4	11	46	22
山东	147	976	690	1	27	24	16	97	73
河南	159	1951	877	1	12	11	18	265	159
湖北	105	846	598	0	0	0	15	197	147
湖南	129	1684	734	2	55	55	8	143	53
广东	108	587	279	1	15	10	19	134	49
广西	101	1017	673	1	28	28	13	215	133
海南	16	73	40	1	12	10	0	0	0
重庆	39	198	131	1	19	15	0	0	0
四川	154	787	528	1	7	4	15	72	56
贵州	85	365	212	1	28	17	6	36	16
云南	135	1009	743	1	20	15	15	182	132
西藏	2	12	6	1	4	4	1	8	2
陕西	101	1554	589	1	19	10	10	180	57
甘肃	83	729	304	1	34	22	11	204	114
青海	33	269	225	1	15	13	5	37	31
宁夏	22	328	282	1	40	28	3	27	27
新疆	93	979	688	1	13	8	13	309	186
新疆兵团	103	222	217	1	6	6	13	34	34

续表

地区	3. 县级			六、农机安全监理机构			1. 省级		
	年末机构数（个）	年末人数（人）		年末机构数（个）	年末人数（人）		年末机构数（个）	年末人数（人）	
		合计	其中：科技人员（教师）		合计	其中：科技人员（教师）		合计	其中：科技人员（教师）
合计	2255	18045	11060	2851	32067	15629	31	475	174
北京	11	219	104	14	134	51	1	27	10
天津	9	64	47	12	152	80	1	8	0
河北	157	976	535	170	1914	865	1	14	14
山西	110	837	601	124	1161	743	1	6	0
内蒙古	82	657	480	99	1274	710	1	10	0
辽宁	63	785	485	96	942	545	1	8	0
吉林	52	886	719	66	1229	1020	1	21	12
黑龙江	70	544	432	95	1808	1313	1	17	17
上海	8	55	46	10	52	45	1	11	9
江苏	75	720	482	102	963	527	1	24	0
浙江	34	159	124	74	418	282	1	3	3
安徽	75	690	500	100	1369	806	1	23	8
福建	10	52	34	48	183	9	1	12	0
江西	83	309	204	106	563	275	1	11	11
山东	130	852	593	153	2111	1330	1	25	0
河南	140	1674	707	165	4091	1172	1	16	0
湖北	90	649	451	108	1241	638	1	28	0
湖南	119	1486	626	136	1475	602	1	10	0
广东	88	438	220	120	758	240	1	2	0
广西	87	774	512	103	1126	705	1	11	11
海南	15	61	30	19	195	96	1	29	20
重庆	38	179	116	39	232	94	1	16	6
四川	138	708	468	195	1101	411	1	13	5
贵州	78	301	179	94	542	284	1	11	7
云南	119	807	596	146	1374	748	1	15	11
西藏	0	0	0	0	0	0	0	0	0
陕西	90	1355	522	114	2029	744	1	19	11
甘肃	71	491	168	99	1219	297	1	24	0
青海	27	217	181	43	384	248	1	30	0
宁夏	18	261	227	24	281	241	1	15	15
新疆	79	657	494	98	1536	378	1	11	0
新疆兵团	89	182	177	79	210	130	1	5	4

续表

地区	2. 地级			3. 县级		
	年末机构数（个）	年末人数（人）		年末机构数（个）	年末人数（人）	
		合计	其中：科技人员（教师）		合计	其中：科技人员（教师）
合计	331	3256	1545	2489	28336	13910
北京	0	0	0	13	107	41
天津	0	0	0	11	144	80
河北	11	197	116	158	1703	735
山西	11	110	83	112	1045	660
内蒙古	12	337	214	86	927	496
辽宁	14	129	48	81	805	497
吉林	9	130	118	56	1078	890
黑龙江	14	96	66	80	1695	1230
上海	0	0	0	9	41	36
江苏	13	101	60	88	838	467
浙江	9	44	35	64	371	244
安徽	16	101	61	83	1245	737
福建	6	32	0	41	139	9
江西	11	64	21	94	488	243
山东	17	147	101	135	1939	1229
河南	18	250	74	146	3825	1098
湖北	16	201	112	91	1012	526
湖南	14	75	29	121	1390	573
广东	20	117	30	99	639	210
广西	14	177	90	88	938	604
海南	2	21	10	16	145	66
重庆	0	0	0	38	216	88
四川	21	132	35	173	956	371
贵州	9	57	26	84	474	251
云南	16	175	33	129	1184	704
西藏	0	0	0			
陕西	9	84	22	104	1926	711
甘肃	12	149	31	86	1046	266
青海	7	70	47	35	284	201
宁夏	4	25	24	19	241	202
新疆	13	175	19	84	1350	359
新疆兵团	13	60	40	65	145	86

各地区农业机械化服务组织及人员表

地　区	一、农机化作业服务组织及农机户 1. 农机化作业服务组织		(1)其中：拥有农机原值20万～50万元（含20万元）的		拥有农机原值50万元（含50万元）以上的		(2)其中：农机专业合作社		2. 农机户	
	年末机构数（个）	年末人数（人）	年末机构数（个）	年末人数（人）	年末机构数（个）	年末人数（人）	年末机构数（个）	年末人数（人）	年末机构数（个）	年末人数（人）
合　计	168574	1707905	53098	334894	29313	625552	42244	1097240	42386670	52531135
北　京	428	3320	184	991	184	1363	151	1261	36152	40956
天　津	653	4634	36	169	104	3475	111	3430	62871	95655
河　北	5147	49467	2156	13302	687	14758	1294	31024	3573109	4760450
山　西	4618	23208	1260	7105	598	4983	1991	16945	877708	1058675
内蒙古	2200	28837	788	5704	1159	19296	1230	21702	1148540	1617968
辽　宁	2279	39957	600	4772	1277	24089	1992	33465	569661	701588
吉　林	5155	34630	2911	14677	2025	17868	2604	23627	1083540	1246810
黑龙江	23366	98738	15487	42405	2770	26921	1953	22556	1098215	1436198
上　海	377	2684	55	226	146	915	155	1578	5727	6621
江　苏	8547	458796	2818	55146	4021	223231	5770	415576	1256619	1549707
浙　江	5209	39750	1161	7195	871	14913	1373	23041	778521	874084
安　徽	7649	75824	2400	12719	1801	29102	2368	40897	3386138	3870432
福　建	1469	14944	537	3813	480	8462	503	12214	638443	706734
江　西	10920	60605	891	6365	600	8868	648	13300	923915	1261711
山　东	18862	153348	5793	35598	3444	52984	4937	92250	5132576	6098785
河　南	11550	109894	4820	23220	4213	60753	5312	82356	5468478	6536016
湖　北	7573	92340	3068	25367	1053	22974	1576	54014	1638158	2223447
湖　南	12979	75190	1749	13686	897	20250	1405	18963	2163496	2994666
广　东	2363	24918	951	7892	403	6846	792	17258	1055928	1298641
广　西	3104	40892	1082	10868	411	5026	1652	17224	2190048	2843117
海　南	239	1539	89	547	33	234	111	1082	259763	282884
重　庆	6125	107319	330	12022	136	23419	834	74575	921629	1259001
四　川	18180	66994	1794	11532	490	9945	953	28203	2064962	2449097
贵　州	2569	30438	234	4192	56	1098	393	5496	1135550	1410079
云　南	797	8294	164	909	125	2607	244	6327	1483047	1601996
西　藏	48	1917	36	1600	12	317	16	453	157346	629384
陕　西	2251	21492	677	5039	310	5938	613	15749	1057068	1155590
甘　肃	2160	14882	454	2999	272	5356	406	5608	1111264	1220517
青　海	201	2301	50	655	63	815	94	1574	207502	223410
宁　夏	337	7280	134	2083	141	3007	266	4905	278256	404240
新　疆	535	9749	135	1256	201	3429	439	8783	593613	636253
新疆兵团	684	3724	254	840	330	2310	58	1804	28827	36423

续表

地区	(1)其中:拥有农机原值20万~50万元(含20万元)的		拥有农机原值50万元(含50万元)以上的		(2)其中:农机化作业服务专业户		二、农机化中介服务组织		三、农机维修厂及维修点	
	年末机构数(个)	年末人数(人)	年末机构数(个)	年末人数(人)	年末机构数(个)	年末人数(人)	年末机构数(个)	年末人数(人)	年末机构数(个)	年末人数(人)
合计	464545	813923	58351	140548	5242735	7305489	6915	54152	201206	475892
北京	599	1013	246	551	1335	2141	1	65	333	773
天津	732	1722	82	393	14338	23815	0	0	564	1352
河北	32321	65515	3183	7410	345705	532383	310	1287	16480	34189
山西	9419	18824	759	2212	88388	114957	112	1569	7241	17164
内蒙古	11912	22010	2135	6465	94665	131727	256	1086	7680	15349
辽宁	8767	19773	1412	5055	70777	103415	146	3721	6548	14515
吉林	9439	18217	3216	7911	9083	18590	35	265	7792	17703
黑龙江	131227	191413	10467	26168	149953	204364	161	530	7344	22883
上海	535	628	162	168	3389	3805	0	0	83	173
江苏	52646	89181	6593	12819	237906	372318	517	7672	4600	12103
浙江	17515	24430	4416	10330	169956	185059	52	191	3836	6406
安徽	15694	31581	1711	4523	406867	549839	403	6680	10425	23194
福建	1614	3199	183	691	135859	158348	44	117	3845	8362
江西	6704	12508	703	1828	352605	536113	559	1334	10287	30179
山东	36550	75465	6011	13997	724623	1012701	1198	12313	12910	39039
河南	24126	49716	2280	6188	266980	424671	1341	4610	22669	44472
湖北	10349	26890	1581	5760	280369	492443	109	369	6523	19987
湖南	9387	21979	1114	3779	216484	379645	277	914	5326	14623
广东	7392	14066	780	3628	169665	221138	12	296	9783	25833
广西	7516	19772	317	1213	102546	172935	190	1267	5030	11515
海南	1516	2432	184	361	53839	58697	1	6	1139	3120
重庆	1239	3230	42	151	181179	224989	394	1626	3649	9790
四川	19005	32189	665	1612	234652	303003	119	1069	10862	27718
贵州	239	558	30	77	190166	236497	28	74	5562	15152
云南	1778	2419	456	1054	89886	103461	165	3181	11601	25461
西藏	14	71	4	24	4	24	0	0	119	372
陕西	3931	11375	616	1938	305797	330656	122	549	5582	10449
甘肃	7092	8817	330	1080	193158	218347	115	387	7378	12698
青海	265	712	58	306	7182	9076	2	8	1248	1893
宁夏	1752	3142	925	1864	44368	58526	168	455	1888	4070
新疆	25179	31297	4294	6334	88791	106719	76	2490	2539	4483
新疆兵团	8091	9779	3396	4658	12220	15087	2	21	340	872

续表

地区	其中： 1. 一级维修点		2. 二级维修点		3. 三级维修点		4. 专项维修点		四、农机经销机构 1. 农机经销企业	
	年末机构数（个）	年末人数（人）	年末机构数（个）	年末人数（人）	年末机构数（个）	年末人数（人）	年末机构数（个）	年末人数（人）	年末机构数（个）	年末人数（人）
合计	1450	9670	8256	30240	103250	231459	73709	164281	11375	100098
北京	3	40	10	40	287	652	33	41	2	35
天津	0	0	22	81	509	1225	33	38	13	223
河北	12	102	399	1327	11780	23881	4077	8266	452	5513
山西	24	321	391	1505	3464	7607	3106	6965	206	3905
内蒙古	29	161	742	1702	5568	10806	1271	2578	752	3222
辽宁	28	68	165	619	4695	10552	1472	2994	224	2396
吉林	0	0	11	44	6115	13414	1666	4245	352	2423
黑龙江	102	1862	351	2251	2976	9057	3814	9713	386	8572
上海	1	7	4	40	25	50	34	65	5	31
江苏	31	329	276	1515	2709	7173	1165	2202	437	3972
浙江	7	25	61	130	2522	4211	1080	1763	187	720
安徽	21	344	209	1210	5579	12339	3367	6609	609	5101
福建	0	0	27	111	927	2176	242	485	277	2130
江西	56	507	387	2158	4449	12254	4948	14072	537	2995
山东	148	1122	808	3326	8636	22251	2621	6250	845	10936
河南	105	504	532	1695	10656	19177	10211	20070	672	6716
湖北	106	608	347	1122	2646	7096	3078	8550	519	3274
湖南	110	768	408	1783	2339	6239	1882	4669	721	12711
广东	6	101	67	243	873	2181	6827	18062	482	2942
广西	12	26	110	445	3624	8039	580	1324	199	1302
海南	0	0	4	13	224	593	911	2512	132	345
重庆	9	185	156	1111	1929	5123	1394	2939	322	3235
四川	68	675	598	2932	3395	9539	5988	11785	1080	4478
贵州	23	96	156	570	2947	8921	2305	4982	258	1736
云南	144	468	599	1591	4482	9263	5683	12295	270	2428
西藏	107	313	5	18	7	41	0	0	46	196
陕西	65	308	208	546	3889	6758	959	1918	305	2295
甘肃	183	434	971	1468	3106	5753	2701	4450	258	1687
青海	21	45	107	164	275	436	455	660	85	283
宁夏	2	5	18	79	664	1404	1175	2554	49	614
新疆	5	61	82	257	1918	3194	383	736	686	3643
新疆兵团	22	185	25	144	35	54	248	489	7	39

续表

地 区	2. 农机经销点		五、农机供油站(点)		六、拖拉机驾驶培训机构		七、乡村农机从业人员	1. 其中：初中(含初中)以上文化程度
	年末机构数(个)	年末人数(人)	年末机构数(个)	年末人数(人)	年末机构数(个)	年末人数(人)	年末人数(人)	年末人数(人)
合 计	85342	181040	17914	49127	2096	17126	53747171	40617680
北 京	103	270	16	129	9	110	50768	38036
天 津	153	327	10	93	4	30	105562	75376
河 北	5771	13553	994	3975	90	627	4712001	3498969
山 西	1929	4491	921	3060	72	542	966552	872400
内蒙古	4162	7342	260	707	71	474	1626074	1173214
辽 宁	2190	4649	263	1098	40	668	933922	749165
吉 林	2991	7342	308	926	19	554	1306841	980570
黑龙江	5037	12060	701	2462	77	636	1853532	1301513
上 海	53	109	15	22	10	14	14123	8900
江 苏	3184	6990	764	1733	56	420	1606076	1249922
浙 江	628	1030	274	667	25	147	765063	500135
安 徽	4658	9040	183	589	77	578	3988514	3376846
福 建	773	1404	128	338	39	306	729956	553223
江 西	1993	5386	13	42	69	522	1257629	888843
山 东	6847	15142	3850	10183	101	975	6793819	5434357
河 南	10627	20613	3821	7746	116	1485	6709232	5731075
湖 北	3209	8476	838	1860	81	803	2587887	1387413
湖 南	3905	9057	951	2888	103	1073	2785535	2261017
广 东	2173	6156	276	972	39	376	1142954	769268
广 西	2360	4917	44	159	89	1166	2968415	2114406
海 南	232	624	98	411	12	77	248059	194539
重 庆	2618	4975	139	442	22	157	1102778	806590
四 川	7769	15135	538	1397	81	475	2635560	1829078
贵 州	2507	4597	1	4	46	386	1126395	776632
云 南	2801	5533	305	999	121	954	1652376	1127354
西 藏	83	252	92	350	0	0	202999	40619
陕 西	2403	5155	927	3215	71	1036	1150896	940947
甘 肃	2162	3334	584	1131	425	1516	1285434	895331
青 海	237	424	112	323	26	192	283948	176836
宁 夏	400	536	256	563	12	64	442758	278875
新 疆	1239	1877	100	309	79	634	656846	541198
新疆兵团	145	244	132	334	14	129	54667	45033

续表

地区	2.其中：高中(含高中)以上文化程度	3.其中：拖拉机驾驶从业人员	4.其中：联合收获机驾驶从业人员	5.其中：农用运输车驾驶从业人员	6.其中：农机维修人员
	年末人数(人)	年末人数(人)	年末人数(人)	年末人数(人)	年末人数(人)
合计	12230328	15906175	1177230	8940672	956647
北京	7910	11019	1712	27318	1318
天津	18157	27412	4591	65974	4599
河北	992826	918703	92352	1322871	68155
山西	205657	282218	19779	460028	29557
内蒙古	345758	729629	16508	333924	36191
辽宁	100947	359729	9879	384258	19197
吉林	273942	613591	32284	156441	18693
黑龙江	1080574	1216665	69047	127672	36339
上海	814	8553	2554	0	545
江苏	405782	540046	99836	197498	34897
浙江	142160	213094	18144	83898	8686
安徽	432739	1433682	130293	540355	35642
福建	142402	141097	5066	57316	11536
江西	210327	329444	59365	210878	54581
山东	1415402	1240350	105890	1429262	137847
河南	1910241	2770910	192130	1389967	88221
湖北	762724	976470	87087	195555	48772
湖南	671307	294741	76614	186204	40150
广东	295694	291795	20032	120498	36765
广西	686241	710417	39756	136294	40158
海南	83493	74225	4433	35672	3133
重庆	543320	39941	3869	62882	24724
四川	485201	240790	20391	145768	45341
贵州	112293	143844	767	86515	26559
云南	198050	520414	4832	127725	29652
西藏	7432	165418	2505	21778	3840
陕西	253499	231063	33647	386901	23914
甘肃	223300	511591	5300	468916	21401
青海	51662	159836	1080	17350	4730
宁夏	80506	144716	6724	128637	6365
新疆	69746	519869	7165	28342	13067
新疆兵团	20222	44903	3598	3975	2072

各地区农业机械拥有量表

地区	一、农业机械总动力	1. 柴油发动机动力	2. 汽油发动机动力	3. 电动机动力	4. 其他机械动力	二、拖拉机及配套机械 (一)拖拉机		1. 大中型(14.7千瓦及以上)		(1)其中：14.7千—18.4千瓦(含14.7千瓦)	
	万千瓦	万千瓦	万千瓦	万千瓦	万千瓦	万台	万千瓦	万台	万千瓦	万台	万千瓦
合　　计	103906.75	83428.78	3243.88	17151.86	82.24	2279.28	33023.23	527.02	15957.58	229.06	3755.44
北　　京	207.72	115.03	20.54	72.15	0.00	0.89	29.28	0.65	26.38	0.05	0.80
天　　津	554.18	367.20	46.69	140.29	0.00	2.48	77.57	1.56	66.20	0.31	5.37
河　　北	10762.72	8475.34	139.93	2147.29	0.16	165.85	2537.97	23.43	991.83	5.73	95.75
山　　西	3183.30	2718.72	67.36	397.21	0.00	45.46	710.77	10.72	386.09	3.39	56.41
内 蒙 古	3430.57	3068.13	16.28	342.05	4.11	105.16	1895.90	62.34	1406.46	40.52	658.18
辽　　宁	2631.98	2090.57	81.01	457.37	3.03	53.06	878.38	20.80	564.21	10.16	165.30
吉　　林	2730.04	2488.74	19.78	221.52	0.00	111.13	1709.46	44.04	1065.49	22.02	351.77
黑 龙 江	4849.28	4554.17	100.31	194.78	0.02	151.86	3047.33	87.33	2345.24	47.74	793.58
上　　海	113.17	61.79	9.86	41.52	0.00	1.03	31.88	0.67	28.61	0.05	0.89
江　　苏	4405.62	3229.09	192.06	984.47	0.00	105.66	1498.18	13.13	602.21	1.73	29.11
浙　　江	2462.20	1661.62	137.47	659.68	3.43	15.10	174.09	1.17	48.15	0.09	1.51
安　　徽	6140.28	5286.97	143.87	709.44	0.00	242.96	2579.76	17.99	756.33	3.51	57.30
福　　建	1336.76	955.64	104.28	276.80	0.04	10.75	122.17	0.31	13.05	0.02	0.28
江　　西	2014.13	1571.83	80.87	360.44	0.99	29.99	372.07	1.02	42.27	0.11	1.90
山　　东	12739.83	10853.46	214.86	1671.50	0.01	249.77	3475.33	50.07	1802.24	17.78	297.44
河　　南	11149.96	9887.13	66.77	1196.02	0.04	387.10	5189.06	35.78	1387.54	14.15	226.19
湖　　北	4081.05	2913.12	135.22	1024.20	8.51	129.06	1366.60	14.94	536.87	2.52	42.91
湖　　南	5433.99	4114.62	332.80	959.36	27.21	33.41	569.89	10.66	326.86	3.79	62.49
广　　东	2564.89	1775.48	192.99	590.95	5.47	35.30	381.55	2.39	95.51	0.70	11.88
广　　西	3382.98	2714.60	123.71	542.00	2.67	49.09	572.16	3.42	148.72	0.53	9.16
海　　南	502.10	416.78	29.32	49.76	6.24	9.72	152.73	4.45	103.07	3.54	61.56
重　　庆	1198.88	588.81	214.98	394.65	0.45	1.16	21.35	0.38	11.98	0.17	2.77
四　　川	3953.09	2618.16	275.76	1057.03	2.13	24.08	426.05	12.18	291.65	5.85	93.76
贵　　州	2240.80	1601.13	77.45	555.60	6.63	12.77	208.19	4.19	102.88	2.20	36.32
云　　南	3070.33	2229.40	131.47	709.16	0.31	66.40	1061.47	28.70	670.33	11.88	196.68
西　　藏	517.30	343.72	137.50	32.00	4.07	20.47	307.85	6.64	141.91	2.75	46.69
陕　　西	2452.72	1856.71	71.25	524.33	0.43	29.80	547.83	9.93	335.65	2.72	45.20
甘　　肃	2418.46	1979.12	30.62	408.56	0.16	70.61	914.57	13.04	320.90	7.39	121.46
青　　海	410.58	355.68	18.19	33.88	2.82	25.50	260.77	1.11	27.40	0.73	12.42
宁　　夏	801.98	675.23	6.91	119.69	0.15	22.24	311.04	4.26	116.18	2.23	35.59
新　　疆	1707.14	1514.94	17.75	172.16	2.30	63.70	1337.28	35.06	979.87	13.87	220.67
新疆兵团	458.72	345.85	6.02	106.00	0.86	7.72	254.70	4.66	215.50	0.83	13.10

续表

地　区	18.4千—36.7千瓦(含18.4千瓦)		36.7千—58.8千瓦(含36.7千瓦)		58.8千瓦及以上		(2)其中:轮式		2.小型(2.2千—14.7千瓦,含2.2千瓦)		其中:手扶式		(二)拖拉机配套农具	1.大中型
	万台	万千瓦	万台	万千瓦	万台	万千瓦	万台	万千瓦	万台	万千瓦	万台	万千瓦	万部	万部
合　计	151.46	3973.61	87.95	4116.19	58.49	4112.29	483.89	14164.09	1752.28	17065.67	910.17	7422.46	3875.82	826.62
北　京	0.23	5.43	0.29	14.05	0.08	6.10	0.64	25.75	0.24	2.91	0.03	0.27	1.44	1.16
天　津	0.38	9.77	0.51	25.84	0.35	25.22	1.16	47.33	0.92	11.36	0.28	2.40	5.08	2.42
河　北	6.17	183.66	4.69	235.80	6.84	476.61	20.47	850.35	142.42	1546.14	18.51	149.92	234.58	43.53
山　西	3.02	85.17	2.31	109.38	1.99	135.12	9.28	338.41	34.74	324.68	22.11	182.50	70.41	22.10
内蒙古	15.92	408.86	3.07	145.36	2.83	194.06	57.12	1233.16	42.82	489.44	1.35	12.54	188.08	99.53
辽　宁	6.14	158.55	2.84	130.51	1.66	109.85	19.40	486.67	32.25	314.18	20.99	183.50	76.56	27.40
吉　林	13.77	318.96	5.96	241.85	2.29	152.91	43.43	1025.98	67.08	643.98	23.12	203.91	266.05	77.86
黑龙江	24.85	636.04	9.16	422.95	5.58	492.66	85.93	2217.17	64.53	702.09	11.65	112.52	236.47	117.95
上　海	0.14	5.27	0.44	19.72	0.03	2.74	0.66	27.26	0.36	3.27	0.00	0.00	2.15	1.80
江　苏	2.00	60.10	6.53	321.21	2.87	191.79	12.36	560.34	92.54	895.97	86.58	830.19	172.26	22.28
浙　江	0.34	11.06	0.66	30.82	0.07	4.75	1.09	44.72	13.93	125.93	13.15	119.46	16.91	1.74
安　徽	3.26	84.25	7.19	347.04	4.03	266.74	17.74	738.92	224.97	1823.43	159.07	1108.59	562.36	37.75
福　建	0.08	2.47	0.15	6.62	0.06	3.68	0.29	12.24	10.45	109.13	10.31	107.40	13.32	0.33
江　西	0.30	9.33	0.51	24.37	0.09	6.67	0.85	35.02	28.98	329.81	26.60	297.69	33.02	1.74
山　东	12.30	364.65	11.23	552.47	8.75	587.68	43.44	1464.46	199.70	1673.08	121.03	826.62	426.75	101.94
河　南	4.61	139.00	7.09	351.61	9.93	670.73	33.74	1278.15	351.32	3801.52	116.95	936.60	760.20	84.99
湖　北	5.14	136.95	6.14	284.16	1.13	72.85	13.40	467.73	114.12	829.73	100.80	720.62	234.42	28.00
湖　南	3.75	107.92	2.61	120.14	0.51	36.30	9.71	246.14	22.75	243.04	6.64	63.63	14.96	4.16
广　东	0.35	10.48	0.73	33.66	0.61	39.50	1.85	75.74	32.92	286.04	29.65	251.62	39.27	3.48
广　西	0.31	11.40	1.64	65.33	0.93	62.82	3.01	133.34	45.68	423.44	34.83	306.91	58.95	5.06
海　南	0.29	9.23	0.46	22.35	0.16	9.93	2.66	67.23	5.27	49.66	1.50	11.22	6.56	1.58
重　庆	0.10	3.59	0.08	3.48	0.03	2.14	0.37	11.09	0.78	9.36	0.22	2.78	0.62	0.30
四　川	4.79	120.92	1.13	51.40	0.41	25.57	9.11	226.10	11.91	134.40	4.51	46.35	16.38	5.04
贵　州	1.37	33.41	0.45	21.61	0.17	11.54	4.01	97.98	8.58	105.31	1.26	13.30	4.34	1.45
云　南	14.48	349.35	1.48	65.55	0.85	58.74	24.62	576.68	37.70	391.14	24.46	234.89	38.82	4.86
西　藏	3.64	82.97	0.25	11.94	0.00	0.31	6.50	139.18	13.83	165.94	7.04	72.49	14.13	5.03
陕　西	3.46	95.88	2.40	109.51	1.35	85.05	9.05	302.67	19.87	212.18	10.00	90.85	47.23	17.61
甘　肃	3.68	95.19	1.14	43.86	0.84	60.40	12.68	274.26	57.56	593.67	25.12	229.95	139.82	28.17
青　海	0.22	6.03	0.08	3.73	0.08	5.22	0.57	11.26	24.39	233.37	22.80	215.96	21.62	0.78
宁　夏	1.24	35.81	0.47	22.49	0.32	22.29	3.98	105.96	17.98	194.86	9.51	86.88	32.15	7.71
新　疆	13.75	356.61	5.00	217.58	2.45	185.02	30.20	834.30	28.63	357.41	0.10	0.90	121.11	60.90
新疆兵团	1.38	35.30	1.26	59.80	1.20	107.30	4.57	208.50	3.06	39.20	0.00	0.00	10.80	7.97

续表

地区	2.小型	三、种植业机械 (一)耕整地机械 1.耕整机		2.机耕船		3.机引犁	4.旋耕机	5.深松机	6.机引耕	(二)种植施肥机械 1.播种机	其中:免耕播种机	精少量播种机
	万部	万台(套)	万千瓦	万艘	万千瓦	万台	万台	万台	万台	万台	万台	万台
合计	3049.21	765.41	3713.26	17.52	107.14	1312.49	532.45	23.36	728.56	600.50	82.47	366.82
北京	0.28	1.80	8.37	0.00	0.00	0.19	0.38	0.03	0.10	0.52	0.29	0.19
天津	2.66	1.90	8.59	0.00	0.00	0.59	2.28	0.09	0.08	1.87	0.88	0.48
河北	191.05	2.88	16.77	0.00	0.00	56.75	26.62	2.41	7.19	51.94	18.19	24.10
山西	48.31	5.08	24.46	0.00	0.00	22.27	14.14	0.86	4.88	13.37	2.09	5.86
内蒙古	88.56	1.86	6.48	0.00	0.00	59.02	6.95	1.51	16.30	58.61	7.83	36.19
辽宁	49.17	7.70	27.29	0.01	0.00	11.30	9.20	0.54	2.97	20.53	1.74	14.28
吉林	188.19	0.52	2.85	0.00	0.00	62.87	25.34	3.72	24.36	50.69	1.50	48.12
黑龙江	118.51	3.78	23.58	0.00	0.00	46.15	19.85	3.24	12.03	61.59	0.32	56.79
上海	0.35	0.00	0.00	0.00	0.00	0.57	0.75	0.00	0.31	0.06	0.01	0.05
江苏	149.98	2.02	12.54	0.00	0.01	21.62	89.40	0.32	2.92	29.53	12.35	13.82
浙江	15.18	5.31	18.97	0.41	4.10	2.45	11.37	0.62	1.70	0.04	0.01	0.02
安徽	524.62	11.91	63.11	0.00	0.04	207.34	46.41	1.09	156.13	44.12	1.73	33.11
福建	12.99	15.24	73.80	0.02	0.21	1.23	10.61	0.00	0.48	0.01	0.00	0.00
江西	31.28	24.30	105.97	0.39	2.87	4.19	26.34	0.22	4.39	0.07	0.01	0.05
山东	324.81	18.08	94.64	0.00	0.08	143.96	32.31	2.49	73.15	69.84	14.07	31.92
河南	675.21	1.51	8.95	0.00	0.00	323.46	23.41	1.05	215.62	132.18	14.23	78.12
湖北	215.42	39.48	210.52	3.91	36.72	83.83	59.45	0.12	55.27	4.55	0.39	2.72
湖南	10.80	166.59	652.95	12.38	60.65	92.03	13.43	0.16	75.36	0.12	0.05	0.05
广东	35.79	28.40	159.84	0.26	1.13	7.77	18.60	0.10	6.29	0.00	0.00	0.00
广西	53.89	95.07	409.66	0.03	0.28	16.92	16.63	0.33	15.73	0.00	0.00	0.00
海南	4.98	9.21	39.71	0.08	0.66	2.42	1.65	0.08	1.72	0.00	0.00	0.00
重庆	0.32	58.13	222.87	0.00	0.00	0.04	0.48	0.000.03	0.05	0.00	0.04	0.00
四川	11.33	110.26	577.84	0.03	0.27	7.67	14.58	0.03	2.68	1.93	0.13	1.00
贵州	2.89	55.40	324.89	0.00	0.01	2.44	3.68	0.01	1.91	0.03	0.00	0.01
云南	33.96	60.54	388.58	0.00	0.00	14.21	20.40	0.72	7.91	0.15	0.01	0.08
西藏	9.10	0.65	4.07	0.00	0.00	5.13	0.24	0.00	1.37	2.28	0.01	0.07
陕西	29.62	12.65	80.55	0.00	0.00	14.93	14.77	0.17	0.37	12.48	4.75	4.20
甘肃	111.65	20.30	126.91	0.00	0.00	46.14	10.50	3.00	23.82	14.00	0.97	5.20
青海	20.84	1.33	3.19	0.00	0.00	12.47	6.13	0.06	1.09	5.62	0.25	1.43
宁夏	24.44	1.77	6.03	0.00	0.01	16.60	2.05	0.07	3.89	8.77	0.16	0.69
新疆	60.21	1.42	7.85	0.00	0.00	25.24	4.17	0.23	7.69	14.03	0.46	7.40
新疆兵团	2.82	0.32	1.43	0.00	0.00	0.69	0.33	0.09	0.82	1.52	0.04	0.83

续表

地区	2. 水稻种植机械 (1)水稻直播机	(2)水稻插秧机		其中:乘坐式		(3)水稻浅栽机		3. 化肥深施机	4. 地膜覆盖机	(三)农用排灌机械 1. 排灌动力机械	
	万台	万台	万千瓦	万台	万千瓦	万台	万千瓦	万台	万台	万台	万千瓦
合计	2.96	60.45	258.22	21.11	129.34	0.77	1.68	78.52	51.94	2258.01	14330.60
北京	0.00	0.00	0.00	0.00	0.00	0.00	0.00	0.27	0.01	3.97	43.91
天津	0.00	0.07	0.50	0.04	0.44	0.00	0.00	0.01	0.37	10.13	114.07
河北	0.00	0.13	1.11	0.05	0.45	0.00	0.00	6.11	4.57	255.02	2191.16
山西	0.00	0.00	0.00	0.00	0.00	0.00	0.00	2.38	2.86	17.23	209.56
内蒙古	0.00	0.51	2.39	0.03	0.14	0.00	0.00	3.14	4.71	39.13	382.75
辽宁	0.01	3.28	15.28	0.99	6.20	0.06	0.27	1.10	0.70	105.47	361.16
吉林	0.00	3.81	19.78	0.70	5.18	0.00	0.01	23.76	0.91	46.29	306.84
黑龙江	0.00	23.15	100.85	15.13	77.32	0.00	0.00	1.62	1.23	38.21	368.04
上海	0.09	0.16	1.48	0.16	1.48	0.00	0.00	0.00	0.00	1.36	24.32
江苏	0.55	12.15	47.78	1.81	19.49	0.00	0.02	0.44	0.06	62.01	687.98
浙江	0.02	0.96	7.10	0.65	5.71	0.01	0.03	0.36	0.00	99.38	292.18
安徽	0.24	2.10	7.87	0.35	3.08	0.00	0.00	9.28	0.80	161.00	696.74
福建	0.00	0.66	2.50	0.08	0.72	0.00	0.00	0.00	0.01	19.03	113.44
江西	0.02	1.33	4.43	0.06	0.71	0.06	0.16	0.36	0.00	61.42	403.54
山东	0.00	0.13	0.59	0.02	0.12	0.00	0.00	2.99	13.00	308.94	2379.97
河南	0.00	0.26	1.62	0.07	0.75	0.00	0.00	11.18	1.62	165.58	1181.04
湖北	1.35	4.51	14.14	0.22	1.79	0.00	0.00	2.39	0.41	98.09	714.05
湖南	0.06	2.18	11.60	0.31	2.35	0.00	0.00	1.95	0.21	241.48	1035.37
广东	0.00	0.94	4.88	0.18	1.62	0.00	0.00	0.26	0.00	83.77	453.93
广西	0.00	1.45	4.79	0.04	0.23	0.02	0.02	0.12	0.11	80.67	353.59
海南	0.00	0.10	0.31	0.01	0.05	0.00	0.00	0.00	0.00	22.40	110.25
重庆	0.00	1.16	3.28	0.01	0.01	0.01	0.02	0.00	0.01	96.21	296.02
四川	0.01	0.68	2.89	0.08	0.77	0.60	1.11	0.60	0.18	89.55	532.16
贵州	0.00	0.19	0.61	0.01	0.09	0.00	0.00	0.01	0.05	46.32	216.11
云南	0.00	0.14	0.72	0.01	0.12	0.00	0.01	0.02	0.04	37.43	214.32
西藏	0.00	0.00	0.00	0.00	0.00	0.00	0.00	0.00	0.02	0.75	6.72
陕西	0.01	0.01	0.10	0.00	0.01	0.01	0.03	0.88	1.44	39.08	224.82
甘肃	0.00	0.00	0.00	0.00	0.00	0.00	0.00	3.20	7.78	16.28	165.07
青海	0.00	0.00	0.00	0.00	0.00	0.00	0.00	1.14	0.03	0.40	9.52
宁夏	0.59	0.18	0.71	0.06	0.25	0.00	0.00	0.60	0.84	3.18	27.30
新疆	0.01	0.16	0.61	0.01	0.05	0.00	0.00	3.38	9.52	5.57	124.49
新疆兵团	0.00	0.05	0.30	0.03	0.21	0.00	0.00	0.97	0.45	2.66	90.18

续表

地区	其中:柴油机		电动机		2. 农用水泵	3. 节水灌溉类机械	(四)田间管理机械 1. 机动喷雾(粉)机		2. 茶叶修剪机		(五)收获机械 1. 联合收获机	
	万台	万千瓦	万台	万千瓦	万台	万台(套)	万台	万千瓦	万台	万千瓦	万台	万千瓦
合计	934.70	6859.85	1259.40	7096.12	2206.80	199.78	559.19	970.99	30.86	35.02	142.10	6574.62
北京	0.20	1.33	3.77	42.58	3.40	0.99	2.22	1.50	0.00	0.00	0.19	15.86
天津	3.76	31.80	6.31	81.43	8.77	0.27	0.97	2.51	0.00	0.00	0.59	36.65
河北	100.75	911.29	152.39	1270.23	172.02	5.26	51.05	87.87	0.00	0.00	11.52	613.76
山西	2.72	37.68	14.42	171.03	15.28	1.38	4.12	10.79	0.00	0.00	2.70	156.90
内蒙古	21.08	222.66	18.05	160.08	38.70	6.65	7.65	16.18	0.00	0.00	1.93	120.94
辽宁	21.63	171.98	80.99	181.11	125.30	12.52	9.67	18.89	0.00	0.00	1.45	73.75
吉林	26.53	205.05	19.76	101.79	47.13	3.85	1.22	2.50	0.11	0.00	3.55	149.32
黑龙江	25.08	253.51	13.12	114.12	47.95	3.69	10.64	30.23	0.00	0.00	9.17	685.89
上海	0.01	0.05	1.35	24.27	1.36	0.75	2.23	5.46	0.00	0.00	0.28	12.78
江苏	19.21	195.15	41.59	487.84	66.53	5.94	68.60	98.41	0.90	1.21	13.66	621.86
浙江	8.98	41.46	86.33	239.66	90.17	2.91	21.30	38.79	4.60	4.69	1.84	67.45
安徽	40.14	294.87	117.42	389.09	179.72	20.28	44.90	54.48	6.15	5.32	14.50	673.88
福建	10.26	63.31	6.51	37.47	19.12	1.31	11.45	24.49	6.66	7.00	0.72	25.28
江西	34.97	241.13	22.15	134.94	44.83	12.42	13.69	27.66	0.31	0.68	4.83	178.16
山东	181.08	1497.25	125.98	856.75	297.27	50.50	50.09	108.48	0.33	0.63	23.40	855.20
河南	54.68	529.45	110.05	647.37	223.63	20.81	28.58	54.61	1.20	1.02	20.02	1028.01
湖北	26.20	243.64	69.81	463.28	105.63	10.73	60.41	74.96	5.16	6.43	7.38	319.99
湖南	130.09	636.43	106.78	373.86	228.97	1.50	37.61	55.39	0.39	0.65	9.31	323.15
广东	43.87	250.28	34.97	191.76	77.41	13.66	23.91	43.87	0.33	0.50	2.28	63.06
广西	49.13	243.49	27.16	96.98	87.36	7.87	12.06	27.28	0.28	0.38	2.42	76.65
海南	18.25	83.80	3.80	21.39	18.58	0.87	9.26	16.15	0.08	0.10	0.45	10.66
重庆	14.37	73.94	75.95	116.24	98.88	0.15	6.97	8.65	0.19	0.17	0.58	11.48
四川	49.96	307.97	30.73	208.16	78.04	2.20	30.80	54.77	2.33	2.82	2.25	69.08
贵州	19.87	116.16	22.50	54.97	44.75	1.11	3.91	6.47	0.37	0.97	0.16	4.35
云南	21.58	112.86	12.16	86.21	29.35	1.17	12.19	22.13	1.00	1.76	0.58	19.11
西藏	0.66	5.91	0.09	0.81	0.50	0.00	0.61	2.95	0.00	0.00	0.54	25.80
陕西	5.53	47.35	32.26	175.73	32.90	2.31	18.84	43.21	0.38	0.54	3.52	187.23
甘肃	2.40	17.30	13.07	140.69	11.67	1.30	3.77	13.14	0.09	0.15	0.58	31.87
青海	0.03	0.59	0.25	8.55	0.18	0.12	0.53	1.12	0.00	0.00	0.14	8.82
宁夏	0.48	4.14	2.70	23.14	4.12	0.75	0.43	1.81	0.00	0.00	0.78	37.44
新疆	0.86	11.47	4.67	110.96	5.31	5.00	8.56	14.48	0.00	0.00	0.64	56.58
新疆兵团	0.34	6.55	2.31	83.63	1.97	1.51	0.95	1.76	0.00	0.00	0.14	13.66

续表

地区	(1)稻麦联合收割机		其中：自走式	其中：半喂入式		(2)玉米联合收获机		其中：自走式	2. 割晒机		3. 其他收获机械	
	万台	万千瓦	万台	万台	万千瓦	万台	万千瓦	万台	万台	万千瓦	万台	万千瓦
合计	113.43	5080.40	97.31	10.72	434.15	28.68	1494.23	19.16	49.60	74.13	141.91	503.45
北京	0.09	6.79	0.09	0.00	0.00	0.11	9.07	0.10	0.00	0.00	0.17	2.49
天津	0.35	18.50	0.32	0.04	1.61	0.24	18.15	0.23	0.03	0.11	0.43	0.81
河北	7.88	413.10	6.70	0.10	3.24	3.64	200.65	2.93	3.16	0.95	13.20	10.73
山西	1.26	69.13	1.09	0.00	0.00	1.44	87.77	1.14	1.04	0.00	3.75	4.82
内蒙古	0.62	43.01	0.56	0.01	0.49	1.32	77.93	0.88	4.21	4.65	13.71	30.82
辽宁	0.58	24.82	0.44	0.37	15.72	0.87	48.92	0.55	0.41	3.62	3.39	5.34
吉林	1.61	70.95	1.52	0.67	29.28	1.94	78.38	0.96	0.64	1.11	1.34	7.48
黑龙江	6.82	425.37	6.17	0.72	34.59	2.35	260.52	2.11	2.10	20.35	9.14	156.99
上海	0.28	12.78	0.27	0.17	7.38	0.00	0.00	0.00	0.00	0.00	0.05	0.92
江苏	12.69	572.01	11.56	2.99	119.88	0.97	49.85	0.82	0.25	0.20	14.81	29.95
浙江	1.84	67.45	1.64	0.40	16.18	0.00	0.00	0.00	0.04	0.07	1.21	5.28
安徽	13.30	605.71	12.24	1.19	48.07	1.20	68.17	1.10	7.97	0.00	3.15	14.40
福建	0.72	25.28	0.72	0.12	3.83	0.00	0.00	0.00	0.03	0.05	3.26	4.37
江西	4.83	178.16	4.41	0.20	8.43	0.00	0.00	0.00	0.02	0.07	0.83	5.64
山东	15.14	591.46	9.88	0.22	8.30	8.26	263.75	3.79	5.57	3.71	19.21	22.50
河南	15.49	809.76	13.62	0.66	31.76	4.54	218.25	3.24	6.20	13.14	23.66	13.36
湖北	7.23	314.17	5.65	0.85	36.27	0.15	5.82	0.09	1.95	5.98	5.14	36.08
湖南	9.31	323.12	8.58	0.32	12.12	0.00	0.03	0.00	0.23	0.33	1.39	5.80
广东	2.28	63.06	2.00	0.42	14.88	0.00	0.00	0.00	0.16	0.36	1.28	2.26
广西	2.42	76.65	2.24	0.53	15.91	0.00	0.00	0.00	5.76	9.23	2.25	13.94
海南	0.45	10.66	0.31	0.02	0.57	0.00	0.00	0.00	0.53	1.21	0.16	0.37
重庆	0.58	11.48	0.58	0.19	5.66	0.00	0.00	0.00	0.30	0.98	0.52	1.25
四川	2.25	68.99	1.96	0.23	7.69	0.00	0.09	0.00	1.22	1.84	1.63	10.36
贵州	0.16	4.29	0.12	0.06	1.80	0.00	0.07	0.00	0.19	0.66	1.35	3.12
云南	0.57	18.80	0.42	0.08	3.19	0.01	0.31	0.00	0.16	0.46	0.10	1.34
西藏	0.51	25.80	0.42	0.01	0.21	0.02	0.00	0.00	1.88	0.00	0.63	1.26
陕西	2.48	126.16	2.22	0.05	1.73	1.04	61.08	0.79	0.18	0.61	3.33	3.96
甘肃	0.43	22.00	0.38	0.05	2.16	0.15	9.87	0.11	2.13	1.84	4.66	20.67
青海	0.13	8.75	0.13	0.00	0.17	0.00	0.07	0.00	0.23	1.48	0.31	3.14
宁夏	0.58	24.66	0.54	0.03	2.10	0.20	12.78	0.14	0.13	0.27	1.16	2.37
新疆	0.44	37.17	0.42	0.01	0.56	0.20	19.40	0.16	2.88	0.85	5.61	44.13
新疆兵团	0.11	10.36	0.11	0.01	0.37	0.03	3.30	0.02	0.00	0.00	1.08	37.50

续表

地区	其中:大豆收获机		油菜籽收获机		马铃薯收获机		甜菜收获机		花生收获机		棉花收获机	
	万台	万千瓦	万台	万千瓦	万台	万千瓦	万台	万千瓦	万台	万千瓦	万台	万千瓦
合　计	2.04	153.40	1.94	92.80	4.87	6.93	0.08	1.84	13.04	4.06	0.27	39.30
北　京	0.00	0.00	0.00	0.00	0.00	0.03	0.00	0.00	0.00	0.01	0.00	0.00
天　津	0.00	0.00	0.00	0.00	0.00	0.00	0.00	0.00	0.00	0.00	0.00	0.00
河　北	0.00	0.00	0.00	0.00	0.14	0.11	0.00	0.00	0.29	0.71	0.02	0.00
山　西	0.01	0.00	0.00	0.00	0.64	0.00	0.02	0.00	0.00	0.01	0.00	0.00
内蒙古	0.28	18.97	0.05	3.03	1.13	0.09	0.03	0.00	0.00	0.00	0.00	0.00
辽　宁	0.04	0.46	0.00	0.00	0.06	0.00	0.00	0.00	2.81	0.04	0.00	0.00
吉　林	0.09	3.41	0.00	0.00	0.02	0.00	0.00	0.00	0.22	0.00	0.00	0.00
黑龙江	1.60	129.20	0.00	0.00	0.15	1.63	0.01	0.50	0.00	0.00	0.00	0.00
上　海	0.00	0.00	0.00	0.11	0.00	0.00	0.00	0.00	0.00	0.00	0.00	0.00
江　苏	0.00	0.00	0.45	21.36	0.00	0.01	0.00	0.00	0.00	0.04	0.00	0.02
浙　江	0.00	0.00	0.07	3.17	0.00	0.00	0.00	0.00	0.00	0.00	0.00	0.00
安　徽	0.01	0.68	0.23	10.35	0.00	0.00	0.00	0.00	0.06	0.12	0.00	0.00
福　建	0.00	0.00	0.00	0.00	0.01	0.11	0.00	0.00	0.00	0.00	0.00	0.00
江　西	0.00	0.00	0.10	3.73	0.00	0.00	0.00	0.00	0.26	0.91	0.00	0.00
山　东	0.01	0.09	0.00	0.06	1.50	1.97	0.00	0.00	3.71	0.89	0.00	0.10
河　南	0.00	0.31	0.13	6.80	0.03	0.22	0.00	0.00	5.67	0.81	0.00	0.00
湖　北	0.00	0.22	0.61	30.21	0.01	0.30	0.00	0.01	0.02	0.44	0.00	0.00
湖　南	0.00	0.02	0.08	3.16	0.00	0.02	0.00	0.00	0.00	0.01	0.06	0.16
广　东	0.00	0.00	0.00	0.00	0.01	0.15	0.00	0.00	0.00	0.02	0.00	0.00
广　西	0.00	0.00	0.00	0.00	0.00	0.00	0.00	0.00	0.00	0.00	0.00	0.00
海　南	0.00	0.00	0.00	0.00	0.00	0.00	0.00	0.00	0.00	0.00	0.00	0.00
重　庆	0.00	0.00	0.00	0.01	0.00	0.03	0.00	0.00	0.00	0.00	0.00	0.00
四　川	0.00	0.00	0.15	7.10	0.00	0.08	0.00	0.00	0.00	0.00	0.00	0.00
贵　州	0.00	0.00	0.00	0.13	0.04	0.55	0.00	0.00	0.00	0.00	0.00	0.00
云　南	0.00	0.00	0.00	0.07	0.01	0.16	0.00	0.00	0.00	0.00	0.00	0.00
西　藏	0.00	0.00	0.00	0.00	0.01	0.00	0.00	0.00	0.00	0.00	0.00	0.00
陕　西	0.00	0.00	0.01	0.47	0.19	0.48	0.00	0.00	0.00	0.00	0.00	0.00
甘　肃	0.00	0.02	0.01	0.47	0.44	0.68	0.00	0.02	0.00	0.00	0.00	0.00
青　海	0.00	0.00	0.03	1.81	0.11	0.10	0.00	0.00	0.00	0.00	0.00	0.00
宁　夏	0.00	0.00	0.00	0.00	0.29	0.02	0.00	0.00	0.00	0.00	0.00	0.00
新　疆	0.00	0.00	0.01	0.49	0.06	0.06	0.01	0.75	0.00	0.04	0.03	5.02
新疆兵团	0.00	0.02	0.01	0.27	0.02	0.13	0.01	0.56	0.00	0.01	0.16	34.00

续表

地区	蔬菜收获机		茶叶采摘机		青饲料收获机		牧草收获机		秸秆粉碎还田机	秸秆捡拾打捆机	
	万台	万千瓦	万台	万千瓦	万台	万千瓦	万台	万千瓦	万台	万台	万千瓦
合计	0.60	2.22	8.00	10.63	3.26	59.70	16.01	26.87	69.81	2.25	12.74
北京	0.00	0.00	0.00	0.00	0.01	2.35	0.01	0.00	0.14	0.00	0.00
天津	0.00	0.00	0.00	0.00	0.02	0.78	0.00	0.02	0.38	0.00	0.01
河北	0.00	0.00	0.00	0.00	0.44	7.29	0.13	0.13	11.50	0.12	0.66
山西	0.00	0.00	0.00	0.00	0.16	2.58	0.29	1.83	2.30	0.03	0.02
内蒙古	0.07	0.00	0.00	0.00	0.36	6.00	9.45	2.55	1.33	0.63	0.11
辽宁	0.01	0.10	0.00	0.00	0.03	0.67	0.10	0.65	0.21	0.10	1.58
吉林	0.00	0.00	0.00	0.00	0.01	0.58	0.12	2.58	0.18	0.06	0.84
黑龙江	0.00	0.01	0.00	0.00	0.28	20.26	0.26	0.94	4.89	0.13	0.95
上海	0.00	0.01	0.00	0.00	0.01	0.66	0.00	0.00	0.03	0.01	0.00
江苏	0.18	0.34	0.08	0.25	0.10	1.79	0.04	0.92	13.13	0.25	4.67
浙江	0.00	0.04	0.71	1.29	0.06	0.30	0.04	0.43	0.23	0.01	0.05
安徽	0.00	0.00	0.49	0.50	0.19	1.68	0.00	0.00	1.49	0.03	0.13
福建	0.00	0.00	3.06	3.74	0.01	0.04	0.01	0.02	0.00	0.00	0.00
江西	0.00	0.00	0.20	0.37	0.01	0.03	0.02	0.10	0.17	0.00	0.03
山东	0.33	1.35	0.07	0.17	0.30	3.06	0.03	0.13	10.45	0.05	0.29
河南	0.00	0.00	0.05	0.09	0.09	2.33	0.03	0.05	15.28	0.20	0.95
湖北	0.00	0.02	1.51	1.69	0.56	1.21	0.07	0.60	0.67	0.03	0.68
湖南	0.00	0.00	0.74	1.14	0.02	0.09	0.00	0.00	0.00	0.00	0.00
广东	0.00	0.00	0.11	0.13	0.02	0.02	0.01	0.02	0.68	0.00	0.00
广西	0.00	0.00	0.08	0.12	0.00	0.00	0.00	0.00	0.48	0.00	0.00
海南	0.00	0.00	0.00	0.00	0.00	0.00	0.00	0.00	0.00	0.00	0.00
重庆	0.00	0.00	0.02	0.04	0.00	0.00	0.00	0.06	0.03	0.00	0.00
四川	0.00	0.00	0.39	0.62	0.00	0.05	0.05	0.14	0.88	0.02	0.02
贵州	0.00	0.00	0.44	0.36	0.33	1.34	0.28	0.51	0.15	0.00	0.03
云南	0.00	0.00	0.01	0.06	0.00	0.00	0.00	0.01	0.01	0.00	0.03
西藏	0.00	0.00	0.00	0.00	0.00	0.00	0.42	0.00	0.00	0.00	0.05
陕西	0.00	0.00	0.04	0.06	0.01	0.91	0.36	1.20	2.36	0.06	0.50
甘肃	0.01	0.06	0.00	0.00	0.14	0.95	1.51	11.14	0.27	0.09	0.18
青海	0.00	0.00	0.00	0.00	0.02	0.23	0.10	0.53	0.00	0.02	0.11
宁夏	0.00	0.00	0.00	0.00	0.01	0.49	0.77	1.54	0.05	0.03	0.23
新疆	0.00	0.19	0.00	0.00	0.06	3.13	1.84	0.65	2.01	0.34	0.62
新疆兵团	0.00	0.10	0.00	0.00	0.01	0.88	0.07	0.12	0.51	0.04	0.00

续表

地区	玉米收获专用割台	大豆收获专用割台	油菜籽收获专用割台	(六)收获后处理机械 1.机动脱粒机		2.谷物烘干机		3.种子加工机械		4.保鲜储藏设备		(七)设施农业设备 1.水稻工厂化育秧设备	2.温室	其中:连栋温室	日光温室
	万台	万台	万台	万台	万千瓦	万台	万千瓦	万台	万千瓦	万台(套)	万千瓦	万套	万平方米	万平方米	万平方米
合计	5.27	1.69	1.30	1007.58	1860.66	4.28	44.14	3.22	10.81	8.13	79.85	1.28	1994994.31	56805.84	659535.11
北京	0.00	0.00	0.00	0.41	2.58	0.00	0.02	0.00	0.00	0.18	3.43	0.00	24309.04	715.27	15845.22
天津	0.03	0.00	0.00	2.16	3.84	0.00	0.01	0.00	0.00	0.01	0.13	0.00	34499.22	1383.41	17808.47
河北	0.33	0.00	0.00	20.71	13.90	0.03	0.14	0.11	0.52	0.09	0.80	0.01	207833.95	390.69	77251.35
山西	0.12	0.01	0.00	8.52	1.09	0.04	0.22	0.04	0.11	0.11	0.81	0.00	56844.68	364.48	30240.65
内蒙古	0.04	0.23	0.11	10.77	4.22	0.04	0.13	0.61	4.10	0.01	0.26	0.00	72070.62	2152.53	33051.91
辽宁	0.01	0.01	0.00	14.72	57.75	0.07	2.74	0.01	0.05	0.60	11.56	0.14	451105.31	22995.29	240172.18
吉林	0.01	0.61	0.00	16.83	0.15	0.11	0.16	0.19	0.70	0.00	0.00	0.03	22987.36	61.00	4046.00
黑龙江	0.86	0.75	0.00	16.87	52.98	0.15	1.11	0.58	1.31	0.01	0.11	0.08	23465.33	1591.85	851.13
上海	0.00	0.00	0.00	0.08	0.50	0.05	0.46	0.01	0.03	0.23	2.17	0.04	5767.90	193.41	0.00
江苏	0.29	0.00	0.10	16.44	47.44	0.56	11.14	0.07	0.64	1.07	11.82	0.18	216656.87	11509.16	18026.74
浙江	0.02	0.01	0.06	77.10	130.09	0.41	3.89	0.01	0.05	0.53	11.30	0.16	43667.16	2332.65	38.56
安徽	0.36	0.01	0.22	35.68	41.07	0.44	3.16	0.04	0.14	0.31	2.85	0.08	18547.00	97.00	1915.00
福建	0.00	0.00	0.00	10.83	0.00	0.05	0.41	0.02	0.07	1.14	2.63	0.02	6483.30	69.04	0.16
江西	0.00	0.00	0.03	30.28	68.28	0.05	1.06	0.03	0.14	0.05	0.28	0.04	3212.37	12.47	22.72
山东	1.05	0.01	0.00	40.53	53.90	0.07	1.63	0.18	0.42	0.60	6.72	0.00	284180.50	4213.67	96714.33
河南	1.62	0.01	0.03	54.61	30.53	0.09	0.65	0.12	0.15	0.41	0.89	0.01	72731.78	221.73	21421.21
湖北	0.07	0.03	0.38	26.43	61.75	0.14	3.07	0.06	0.32	0.33	2.24	0.19	68510.51	4989.74	656.28
湖南	0.00	0.00	0.16	128.17	288.39	0.20	2.49	0.01	0.04	0.03	0.35	0.14	6673.75	67.75	32.68
广东	0.00	0.00	0.00	53.27	107.37	0.13	1.21	0.00	0.00	0.56	3.36	0.02	11681.09	2041.59	90.95
广西	0.00	0.00	0.00	91.27	205.08	0.09	0.55	0.00	0.00	0.14	1.22	0.02	327.94	1.25	5.03
海南	0.00	0.00	0.00	4.49	10.50	0.00	0.00	0.21	0.16	0.23	0.75	0.01	2181.98	1.06	15.00
重庆	0.00	0.00	0.00	63.11	7.85	0.27	4.60	0.05	0.05	0.20	1.73	0.02	41123.40	9.38	0.20
四川	0.00	0.00	0.02	135.25	278.48	0.04	0.29	0.01	0.06	0.08	1.17	0.01	89164.33	741.57	2708.39
贵州	0.00	0.00	0.00	35.98	74.29	0.44	2.11	0.00	0.01	0.02	0.24	0.00	424.03	10.23	2.98
云南	0.00	0.00	0.00	35.30	116.13	0.17	0.86	0.02	0.08	0.16	2.86	0.00	24593.20	276.26	240.61
西藏	0.00	0.00	0.00	5.19	23.37	0.00	0.00	0.02	0.10	0.00	0.00	0.00	938.47	0.00	207.38
陕西	0.25	0.00	0.00	36.02	82.00	0.19	0.67	0.03	0.23	0.47	5.86	0.00	63167.42	92.94	15653.29
甘肃	0.06	0.00	0.15	25.58	65.33	0.11	0.35	0.62	0.70	0.27	3.60	0.00	48273.80	43.00	21592.85
青海	0.00	0.00	0.03	3.28	21.67	0.00	0.00	0.02	0.11	0.00	0.00	0.00	8900.00	100.00	8500.00
宁夏	0.01	0.00	0.00	2.12	7.91	0.11	0.61	0.02	0.30	0.01	0.04	0.08	43908.86	33.81	30668.25
新疆	0.11	0.00	0.00	5.45	1.23	0.22	0.35	0.08	0.06	0.27	0.58	0.00	36755.44	81.97	19736.15
新疆兵团	0.03	0.01	0.01	0.13	0.99	0.01	0.05	0.05	0.16	0.01	0.10	0.00	4007.70	11.64	2019.43

续表

地 区	塑料大棚	四、农产品初加工机械 (一)农产品初加工动力机械		其中：柴油机		电动机		(二)农产品初加工作业机械	其中：1.粮食加工机械	2.油料加工机械	3.棉花加工机械
	万平方米	万台	万千瓦	万台	万千瓦	万台	万千瓦	万台(套)	万台	万台	万台
合 计	1248348.17	1467.54	8733.69	310.48	2680.06	1128.21	5915.48	1345.81	1048.81	76.81	24.25
北 京	7748.55	0.54	5.27	0.00	0.10	0.54	5.17	0.55	0.43	0.03	0.00
天 津	15306.34	2.37	8.74	1.13	1.28	1.24	7.46	0.70	0.56	0.06	0.07
河 北	127632.14	98.22	905.01	11.81	139.40	86.33	765.15	48.40	36.61	7.84	3.45
山 西	26237.39	23.51	197.35	2.00	23.97	21.50	173.29	18.16	14.88	2.15	0.44
内蒙古	36866.18	10.63	93.56	3.03	30.28	7.58	63.18	6.87	6.08	0.59	0.00
辽 宁	186038.37	21.89	136.75	1.74	25.94	18.39	110.10	15.74	14.94	0.68	0.01
吉 林	14380.00	15.63	147.59	3.88	40.70	11.75	106.89	13.12	12.14	0.97	0.00
黑龙江	21022.35	12.91	141.43	5.46	65.82	7.45	75.50	5.98	5.15	0.83	0.00
上 海	5512.59	0.34	3.10	0.01	0.06	0.33	3.04	0.34	0.28	0.01	0.00
江 苏	173397.64	25.93	263.90	5.54	57.09	20.12	203.43	23.23	17.59	2.66	1.31
浙 江	41295.95	19.92	135.18	4.35	40.85	15.18	93.56	52.54	12.64	0.92	0.43
安 徽	16531.00	51.37	349.74	12.94	127.59	38.20	221.26	53.55	23.93	4.02	2.38
福 建	6413.21	68.33	214.18	3.66	30.91	64.53	182.95	69.84	11.21	1.43	0.00
江 西	3116.15	32.06	306.63	15.62	155.53	16.04	148.54	27.33	19.36	3.33	1.57
山 东	182127.56	101.02	913.42	36.74	355.90	64.10	552.72	50.26	37.04	6.49	2.91
河 南	51088.42	83.19	598.77	16.20	153.75	66.87	443.16	55.72	35.28	9.22	4.49
湖 北	60331.68	94.70	470.82	13.70	121.19	80.37	346.82	94.08	72.64	4.52	1.54
湖 南	6301.71	138.40	725.68	50.37	356.54	87.80	368.13	133.42	119.53	6.58	3.16
广 东	8693.21	29.10	239.14	8.10	74.23	20.49	154.89	24.14	17.70	2.91	0.01
广 西	321.66	87.95	465.74	27.72	219.26	59.47	244.09	96.33	89.69	3.08	0.19
海 南	2151.32	2.52	27.90	1.50	16.15	1.02	11.67	2.35	2.08	0.12	0.00
重 庆	41110.80	95.78	328.28	14.58	108.47	78.80	188.58	108.74	99.57	1.70	0.05
四 川	85714.37	152.29	628.66	36.09	239.89	115.44	381.62	179.91	167.41	6.15	0.47
贵 州	409.65	131.87	542.31	16.37	140.09	115.06	365.04	134.63	120.81	3.57	0.66
云 南	24075.32	84.78	448.42	11.27	85.07	72.94	355.37	82.42	74.88	1.06	0.01
西 藏	731.09	1.37	5.61	0.13	0.54	1.24	5.07	1.38	1.17	0.21	0.00
陕 西	46798.47	39.33	198.80	4.85	50.18	33.39	148.22	24.97	20.08	1.58	0.43
甘 肃	26637.95	33.00	137.05	1.15	11.12	14.19	105.07	14.59	11.33	2.50	0.25
青 海	300.00	1.21	9.24	0.01	0.09	1.08	8.72	1.46	0.63	0.44	0.00
宁 夏	13206.80	2.42	25.43	0.02	0.25	2.40	25.09	2.06	1.54	0.51	0.00
新 疆	14873.68	3.42	39.33	0.44	5.94	2.91	33.00	2.89	1.60	0.63	0.39
新疆兵团	1976.62	1.54	20.66	0.07	1.88	1.46	18.70	0.11	0.03	0.02	0.03

续表

地　区	4.果蔬加工机械	5.茶叶加工机械	五、畜牧养殖机械		其中：饲草料加工机械		畜牧饲养机械		畜产品采集加工机械		其中：挤奶机	
	万台(套)	万台(套)	万台(套)	万千瓦	万台(套)	万千瓦	万台(套)	万千瓦	万台(套)	万千瓦	万台	万千瓦
合　计	12.38	127.23	686.47	2163.52	587.82	1823.78	44.80	161.67	20.84	71.24	10.62	44.10
北　京	0.03	0.00	1.70	10.47	0.79	5.69	0.58	2.27	0.33	2.51	0.17	0.71
天　津	0.00	0.00	0.72	5.83	0.62	5.32	0.02	0.13	0.07	0.34	0.03	0.33
河　北	0.24	0.00	14.01	87.06	8.34	54.33	2.72	19.05	2.71	12.78	1.80	8.65
山　西	0.46	0.00	8.79	41.49	7.00	32.91	0.70	4.05	1.05	3.19	0.86	2.60
内蒙古	0.01	0.00	24.43	130.95	21.98	123.81	0.60	2.91	1.85	4.20	1.36	3.84
辽　宁	0.07	0.00	20.37	80.73	17.07	67.39	2.46	9.79	0.40	2.29	0.25	1.62
吉　林	0.00	0.00	15.99	90.24	10.55	70.35	1.14	9.14	4.30	10.72	0.15	6.57
黑龙江	0.00	0.00	12.65	30.45	5.27	22.78	1.44	3.14	2.03	4.29	2.00	4.19
上　海	0.04	0.00	0.19	2.05	0.09	0.93	0.03	0.42	0.06	0.67	0.04	0.60
江　苏	0.47	0.93	14.21	92.41	11.77	79.99	1.45	6.75	0.58	2.98	0.33	1.26
浙　江	0.49	32.62	5.45	26.42	3.12	15.93	1.91	3.09	0.08	0.19	0.07	0.17
安　徽	0.20	21.94	7.60	46.38	6.26	38.66	1.22	6.55	0.03	0.07	0.03	0.07
福　建	1.00	46.51	5.61	33.14	3.46	27.01	1.42	4.32	0.07	0.69	0.03	0.43
江　西	0.53	0.78	4.56	36.23	3.28	25.86	0.79	5.61	0.13	1.11	0.01	0.05
山　东	2.05	0.68	22.12	127.18	18.69	102.17	1.61	7.63	1.11	4.86	0.79	2.51
河　南	0.25	4.11	22.98	82.56	18.44	64.52	3.24	6.57	0.67	3.50	0.53	2.23
湖　北	0.59	5.85	41.58	89.69	32.87	72.38	8.00	15.24	0.45	0.92	0.03	0.15
湖　南	0.61	2.04	26.08	101.63	21.77	86.94	1.29	5.58	0.15	1.19	0.03	0.14
广　东	1.02	1.70	13.40	78.64	8.66	57.60	3.89	13.91	0.19	1.69	0.06	0.37
广　西	2.88	0.49	35.89	73.34	35.20	70.33	0.64	2.87	0.03	0.12	0.02	0.02
海　南	0.02	0.00	0.90	7.43	0.70	5.81	0.19	1.61	0.00	0.01	0.00	0.00
重　庆	0.25	0.26	60.28	73.14	47.64	61.02	0.50	1.13	0.12	0.28	0.08	0.19
四　川	0.33	3.36	61.27	136.45	57.84	126.94	1.34	4.06	0.94	1.24	0.39	0.68
贵　州	0.01	1.55	37.99	114.30	33.23	98.14	2.69	5.00	0.07	0.24	0.06	0.22
云　南	0.19	2.80	137.08	205.56	132.99	195.53	0.82	4.13	0.12	0.52	0.11	0.49
西　藏	0.00	0.00	1.38	2.66	0.96	1.83	0.00	0.00	0.41	0.83	0.16	0.35
陕　西	0.38	1.53	33.88	124.67	30.52	115.22	1.63	3.82	0.56	1.88	0.51	1.73
甘　肃	0.08	0.08	29.09	139.29	25.32	113.26	1.42	7.10	1.32	3.50	0.04	1.00
青　海	0.00	0.00	1.51	12.00	1.28	11.20	0.02	0.25	0.19	0.55	0.06	0.19
宁　夏	0.00	0.00	15.48	61.57	14.30	56.32	0.86	3.95	0.30	1.29	0.28	0.89
新　疆	0.17	0.00	8.78	17.23	7.48	12.71	0.17	1.32	0.38	1.82	0.26	1.50
新疆兵团	0.01	0.00	0.50	2.33	0.33	0.90	0.02	0.28	0.14	0.77	0.08	0.35

续表

地区	剪羊毛机		六、渔业机械		其中:增氧机		投饵机		七、林果业机械		其中:挖坑机	
	万台	万千瓦	万台	万千瓦	万台	万千瓦	万台	万千瓦	万台	万千瓦	万台	万千瓦
合计	5.59	6.01	375.39	1746.61	256.84	528.87	87.04	94.62	33.60	125.63	4.84	59.40
北京	0.00	0.00	1.29	3.86	0.99	3.19	0.29	0.52	0.45	1.51	0.01	0.09
天津	0.03	0.01	6.39	13.88	4.57	12.98	1.81	0.81	0.02	0.69	0.02	0.68
河北	0.04	0.05	5.86	59.89	3.24	11.68	1.70	4.09	0.35	3.62	0.22	2.83
山西	0.06	0.12	0.24	0.75	0.18	0.50	0.06	0.25	0.56	3.46	0.32	2.88
内蒙古	0.47	0.27	0.19	0.82	0.10	0.38	0.09	0.28	0.23	1.56	0.20	1.47
辽宁	0.09	0.20	7.70	20.04	5.57	15.77	1.79	2.43	0.65	4.02	0.11	3.15
吉林	4.15	4.15	0.69	2.16	0.29	1.03	0.35	0.61	0.07	1.12	0.07	1.12
黑龙江	0.00	0.01	0.34	1.30	0.21	0.96	0.13	0.23	0.15	2.01	0.11	1.59
上海	0.00	0.00	2.75	25.30	2.47	6.21	0.13	0.12	0.09	0.16	0.00	0.01
江苏	0.00	0.00	85.90	176.76	47.34	106.79	35.12	28.83	1.65	5.66	0.10	1.91
浙江	0.00	0.01	24.86	449.67	21.92	43.01	1.03	0.97	3.09	7.41	0.04	0.25
安徽	0.00	0.00	7.88	25.78	4.54	7.52	2.22	0.90	2.88	7.38	0.04	0.57
福建	0.00	0.00	19.05	229.90	11.68	20.93	0.98	1.14	3.14	10.89	0.49	4.27
江西	0.00	0.01	5.33	19.99	2.38	8.73	2.11	4.30	0.83	8.29	0.39	5.74
山东	0.06	0.09	13.31	232.44	4.37	10.21	1.75	2.38	1.18	7.26	0.77	5.87
河南	0.01	0.01	4.00	16.98	2.10	10.02	1.47	2.58	0.31	2.92	0.16	1.87
湖北	0.00	0.00	38.89	68.43	22.00	48.92	16.66	18.81	5.30	14.59	0.15	4.68
湖南	0.00	0.00	13.96	37.81	8.27	20.18	4.16	4.99	0.97	7.92	0.20	5.60
广东	0.00	0.00	95.24	272.73	81.15	142.78	8.95	12.62	1.66	11.41	0.41	5.72
广西	0.00	0.00	7.51	11.65	7.36	11.43	0.15	0.22	0.68	1.56	0.07	0.70
海南	0.00	0.00	7.39	20.53	6.22	8.25	0.57	0.47	0.07	2.09	0.04	2.06
重庆	0.00	0.00	6.16	12.49	4.53	7.44	1.03	1.11	0.69	1.99	0.15	0.65
四川	0.30	0.18	15.60	26.78	12.19	18.97	2.97	2.68	0.53	2.18	0.07	0.58
贵州	0.00	0.00	0.16	0.93	0.07	0.12	0.02	0.05	0.45	3.92	0.14	1.79
云南	0.00	0.00	1.91	8.16	1.52	6.55	0.37	1.23	0.34	1.35	0.01	0.27
西藏	0.01	0.02	0.00	0.00	0.00	0.00	0.00	0.00	0.00	0.00	0.00	0.00
陕西	0.04	0.06	1.32	3.38	0.81	2.14	0.49	0.95	1.96	6.05	0.25	2.32
甘肃	0.15	0.30	0.10	0.80	0.07	0.48	0.02	0.22	0.01	0.02	0.01	0.02
青海	0.05	0.15	0.00	0.05	0.00	0.02	0.00	0.02	0.00	0.00	0.00	0.00
宁夏	0.00	0.01	0.66	1.26	0.34	0.90	0.32	0.35	2.22	3.09	0.05	0.57
新疆	0.10	0.14	0.67	1.80	0.33	0.70	0.30	0.46	2.96	1.03	0.21	0.14
新疆兵团	0.03	0.22	0.04	0.29	0.03	0.08	0.00	0.00	0.11	0.47	0.03	0.00

续表

地区	果树修剪机		八、运输机械 1. 农用运输车		其中:(1)三轮汽车		其中:(2)低速载货汽车		2. 手扶变型运输机	
	万台	万千瓦	万台	万千瓦	万台	万千瓦	万台	万千瓦	万台	万千瓦
合　计	14.69	27.38	1385.55	21518.98	1099.76	12623.13	252.29	8084.47	82.25	1661.55
北　京	0.06	0.16	3.72	43.24	2.77	28.85	0.95	14.39	0.04	0.52
天　津	0.00	0.00	12.28	149.69	10.47	101.49	1.80	48.00	0.00	0.00
河　北	0.08	0.42	277.56	3771.62	236.82	2634.52	32.36	1106.85	0.13	1.63
山　西	0.24	0.58	98.61	1651.67	82.28	924.34	15.61	671.34	0.00	0.00
内蒙古	0.00	0.09	40.39	666.06	34.46	508.36	5.93	157.60	0.00	0.00
辽　宁	0.09	0.17	49.79	791.01	41.15	538.18	5.91	193.21	0.56	7.98
吉　林	0.00	0.01	15.62	269.59	8.34	96.21	7.28	173.38	0.31	4.54
黑龙江	0.04	0.41	15.83	231.77	11.66	144.15	4.12	87.16	0.00	0.12
上　海	0.04	0.06	0.00	0.00	0.00	0.00	0.00	0.00	0.00	0.00
江　苏	0.97	2.36	22.85	395.48	13.11	148.07	8.52	216.48	5.20	102.70
浙　江	0.38	0.32	9.25	224.68	3.83	30.66	4.10	158.84	3.68	58.18
安　徽	0.24	0.58	67.49	831.73	58.14	564.23	9.35	267.50	16.84	489.07
福　建	1.14	2.41	4.03	120.86	0.41	4.67	3.23	106.74	7.57	167.13
江　西	0.40	1.43	10.19	239.67	2.97	38.62	6.81	187.91	7.51	161.02
山　东	0.28	0.51	284.62	3654.28	245.72	2648.65	33.27	955.77	2.15	19.21
河　南	0.08	0.48	218.71	2793.07	197.13	2297.58	20.29	485.48	0.12	2.01
湖　北	4.77	6.73	23.85	516.78	12.07	165.48	10.60	342.81	0.47	5.12
湖　南	0.26	0.73	22.44	720.61	5.79	83.72	14.54	505.60	4.05	76.25
广　东	0.81	2.99	12.15	392.25	2.86	32.33	7.11	276.06	2.45	39.04
广　西	0.54	0.79	4.99	140.90	1.18	17.00	3.81	123.90	21.80	350.67
海　南	0.03	0.03	2.73	41.78	1.50	17.10	1.22	24.61	0.10	1.36
重　庆	0.06	0.08	4.34	165.78	0.33	5.74	2.98	115.19	2.70	53.06
四　川	0.32	0.58	12.77	411.45	3.17	47.45	9.12	348.96	3.51	81.56
贵　州	0.14	0.90	15.62	602.45	2.92	44.40	12.68	556.87	1.87	24.54
云　南	0.26	0.47	10.52	463.81	0.92	20.73	6.64	268.56	0.35	4.82
西　藏	0.00	0.00	3.08	134.55	0.19	4.75	2.89	129.80	0.20	1.54
陕　西	1.45	2.75	53.22	794.37	45.72	596.08	7.28	196.16	0.01	0.27
甘　肃	0.00	0.00	64.21	860.45	56.66	652.98	6.49	158.49	0.62	9.09
青　海	0.00	0.00	2.71	46.51	1.13	16.78	1.58	24.72	0.01	0.12
宁　夏	0.51	0.82	16.91	291.50	14.29	185.94	2.52	104.80	0.00	0.00
新　疆	1.50	0.52	3.15	65.05	1.56	20.41	1.59	44.64	0.00	0.00
新疆兵团	0.00	0.00	1.92	36.32	0.21	3.66	1.71	32.65	0.00	0.00

续表

地区	3. 农用挂车	九、农田基本建设机械		十、其他机械 其中:农用飞机	十一、农业机械原值和净值 1. 农业机械原值	2. 农业机械净值
	万台	万台	万千瓦	架	亿元	亿元
合　计	778.70	44.74	2519.82	176	8222.61	5993.12
北　京	0.52	0.08	6.79	0	23.52	15.18
天　津	0.20	0.35	22.81	3	35.33	26.08
河　北	81.17	3.53	349.80	2	599.45	417.88
山　西	7.01	2.02	159.27	0	236.17	173.21
内蒙古	54.44	0.81	43.39	1	364.51	266.65
辽　宁	21.03	1.39	72.31	11	235.19	178.44
吉　林	34.24	0.29	14.88	0	273.92	204.34
黑龙江	37.52	0.41	28.18	52	647.69	510.86
上　海	0.03	0.00	0.00	0.00	0.00	0.00
江　苏	12.12	8.24	163.66	6	453.21	326.64
浙　江	0.41	2.69	234.24	1	263.64	172.56
安　徽	100.76	1.51	80.39	0	533.88	363.25
福　建	2.15	1.01	81.26	16	125.68	84.02
江　西	0.43	1.60	94.89	0	177.30	125.33
山　东	122.09	4.32	290.28	16	796.65	607.97
河　南	116.05	1.88	113.60	0	781.79	582.28
湖　北	71.85	2.69	106.74	10	353.69	251.51
湖　南	1.07	1.83	123.28	20	316.60	233.96
广　东	12.02	1.81	84.43	3	195.43	127.47
广　西	0.86	1.12	74.69	0	263.84	184.83
海　南	0.58	0.13	6.74	0	51.75	38.04
重　庆	0.04	0.44	27.91	2	98.90	81.25
四　川	6.58	1.31	95.53	0	289.37	201.97
贵　州	3.82	0.82	26.68	0	116.01	82.50
云　南	3.63	0.61	39.74	0	197.95	147.87
西　藏	11.80	0.01	0.77	0	50.04	30.02
陕　西	3.95	1.42	85.38	0	200.66	146.43
甘　肃	11.00	0.45	34.00	0	176.30	122.57
青　海	13.20	0.08	4.69	0	30.75	22.14
宁　夏	8.12	0.41	29.83	0	75.68	51.57
新　疆	38.67	0.38	20.93	0	209.62	175.40
新疆兵团	1.34	1.10	2.73	33	48.09	40.90

各地区农业机械化作业情况表

地区	一、农机化作业总体情况 (一)机耕面积	(二)机播面积	(三)机电灌溉面积	(四)机械植保面积	(五)机收面积	二、主要农作物农机化作业情况 (一)小麦 1. 小麦机耕面积	2. 小麦机播面积	3. 小麦机收面积
	千公顷	千公顷	千公顷	千公顷	千公顷	千公顷	千公顷	千公顷
合计	113757.83	80309.56	53164.17	64098.85	77416.01	21393.18	20906.96	22099.29
北京	72.60	147.49	106.38	143.56	128.63	2.59	29.68	36.81
天津	362.30	419.00	309.09	207.94	325.34	94.37	106.38	112.63
河北	5399.68	6572.37	5392.87	3772.41	4695.98	2259.36	2389.57	2376.20
山西	2609.24	2516.57	979.03	843.75	1703.11	577.56	594.11	596.44
内蒙古	6249.97	6543.70	1942.86	2768.45	3921.11	411.34	627.48	614.05
辽宁	3887.73	3209.42	715.62	1539.05	1664.28	4.57	5.62	4.93
吉林	4921.13	4916.30	990.75	2635.90	2463.00	2.70	2.70	2.30
黑龙江	14560.84	13988.46	3886.74	10046.74	10994.74	171.39	171.39	171.39
上海	374.36	53.87	180.41	342.80	160.70	55.49	11.46	57.17
江苏	5948.30	4372.16	3721.65	5732.05	5114.39	2154.65	2099.80	2414.29
浙江	1460.57	217.23	1117.28	939.78	928.71	63.79	7.84	74.92
安徽	7299.11	4356.20	3921.19	4240.85	6025.72	2376.86	2164.30	2376.86
福建	1003.69	96.58	359.49	676.69	346.14	3.79	0.00	0.00
江西	3765.72	393.33	1331.09	693.39	2951.53	4.04	0.52	4.60
山东	6285.07	8698.58	5883.85	4588.46	7229.26	2445.46	3620.30	3597.20
河南	8876.79	9969.17	6087.25	5514.82	9251.22	4968.39	5213.44	5286.71
湖北	5459.02	1821.53	3242.41	4611.68	3746.95	1053.12	465.24	1001.54
湖南	5670.24	783.97	2586.33	1887.18	3438.02	16.69	0.83	16.16
广东	3516.74	224.51	1755.86	1416.38	1539.50	0.58	0.00	0.00
广西	4264.17	548.99	681.35	235.12	1581.17	2.87	0.00	0.80
海南	563.92	7.18	230.92	226.24	264.22	0.00	0.00	0.00
重庆	2000.47	124.93	445.05	417.53	272.57	88.76	0.00	4.92
四川	4094.66	506.42	1836.97	2719.71	1820.91	894.16	231.35	428.79
贵州	1300.42	49.70	448.13	219.47	262.88	84.13	3.55	6.85
云南	2464.02	95.24	1022.43	1541.03	355.12	391.24	42.77	92.35
西藏	140.89	135.54	8.28	22.70	113.55	119.29	119.04	100.50
陕西	2665.05	1993.43	991.36	1739.61	1669.25	992.62	939.74	933.27
甘肃	2260.84	1434.97	712.17	793.90	840.14	760.00	609.92	459.34
青海	356.14	339.59	22.95	46.61	187.14	135.43	121.50	76.51
宁夏	889.83	709.77	122.47	193.06	536.61	130.85	149.42	128.78
新疆	3944.32	3878.66	1401.02	2362.99	2010.82	1005.75	1040.17	984.14
新疆兵团	1090.00	1184.70	730.92	979.00	873.30	121.34	138.84	138.84

续表

地区	(二)水稻 1.水稻机耕面积	2.水稻机械种植面积	其中：水稻机播面积	水稻机插面积	水稻机浅栽面积	3.水稻机收面积	(三)玉米 1.玉米机耕面积	2.玉米机播面积	3.玉米机收面积
	千公顷	千公顷	千公顷	千公顷	千公顷	千公顷	千公顷	千公顷	千公顷
合计	29127.42	10943.50	494.55	10262.85	58.47	23952.21	25035.68	30535.08	18293.32
北京	0.14	0.00	0.00	0.00	0.00	0.13	6.15	113.87	89.68
天津	21.87	17.24	0.23	16.68	0.00	18.77	169.62	225.82	178.50
河北	79.00	41.71	8.27	33.21	0.00	55.49	999.89	2859.64	1821.06
山西	0.82	0.00	0.00	0.00	0.00	0.46	1457.12	1494.17	837.77
内蒙古	86.92	82.78	6.99	75.76	0.02	77.31	3071.99	3509.74	1516.26
辽宁	582.32	491.38	5.31	479.32	3.69	472.61	2376.56	2202.06	766.80
吉林	765.20	493.10	0.00	491.80	1.30	594.90	3603.86	3865.13	1636.90
黑龙江	4014.25	3707.95	0.57	3699.11	0.00	3609.69	6847.07	7087.77	4564.74
上海	101.63	40.43	12.44	27.99	0.00	101.51	0.00	0.00	0.00
江苏	2210.98	1873.70	147.56	1660.89	1.00	2189.97	355.78	253.74	242.64
浙江	799.58	193.50	8.79	177.72	4.67	745.29	14.77	0.11	0.02
安徽	2206.18	705.26	104.98	600.28	0.00	2075.50	479.14	714.40	464.73
福建	652.68	96.30	0.00	96.30	0.00	336.59	0.00	0.00	0.00
江西	3037.58	367.79	11.72	317.11	17.04	2870.68	2.19	0.00	0.00
山东	112.50	51.48	4.22	44.44	0.00	87.28	172.25	2909.01	2489.64
河南	563.06	164.36	6.89	156.54	0.00	504.13	591.41	2923.74	2199.91
湖北	2095.63	807.85	81.44	719.22	0.00	1965.50	348.75	93.61	95.35
湖南	4040.37	692.22	26.36	648.05	7.44	3099.36	61.45	0.89	3.48
广东	1852.96	219.68	0.04	215.84	0.00	1472.53	117.73	0.14	0.00
广西	1950.97	367.86	1.63	366.22	0.01	1459.00	317.81	0.00	0.78
海南	265.70	4.78	0.64	4.14	0.00	243.52	4.74	0.00	0.00
重庆	637.67	123.19	0.00	123.00	0.19	266.67	100.19	0.03	0.00
四川	1572.70	217.97	5.48	191.47	19.88	1069.74	594.32	9.63	0.78
贵州	637.80	34.69	0.00	34.69	0.00	193.72	161.92	0.78	0.34
云南	584.13	19.59	0.16	18.96	0.15	218.76	683.43	8.12	6.09
西藏	0.00	0.00	0.00	0.00	0.00	0.00	2.02	1.60	0.80
陕西	91.88	7.18	3.25	2.17	1.66	65.38	756.58	815.54	498.47
甘肃	0.50	0.50	0.50	0.00	0.00	0.00	595.92	304.62	149.50
青海	0.00	0.00	0.00	0.00	0.00	0.00	25.00	2.36	1.21
宁夏	81.51	70.63	43.84	26.45	0.00	85.40	229.24	235.25	140.05
新疆	58.12	27.60	1.16	24.79	1.42	49.54	787.95	794.83	479.34
新疆兵团	22.78	22.78	12.08	10.70	0.00	22.78	100.83	108.48	108.48

续表

地区	(四)大豆 1. 大豆机耕面积	2. 大豆机播面积	3. 大豆机收面积	(五)油菜 1. 油菜机耕面积	2. 油菜机播面积	3. 油菜机收面积	(六)马铃薯 1. 马铃薯机耕面积	2. 马铃薯机播面积	3. 马铃薯机收面积
	千公顷	千公顷	千公顷	千公顷	千公顷	千公顷	千公顷	千公顷	千公顷
合　　计	4211.49	4269.68	3709.88	4825.48	1218.45	1490.02	2884.49	1293.94	1167.60
北　　京	1.76	2.02	0.36	0.17	0.01	0.00	0.37	0.01	0.01
天　　津	7.46	7.31	4.84	0.00	0.00	0.00	0.00	0.00	0.00
河　　北	71.10	63.14	14.86	20.26	15.38	6.42	149.86	98.69	96.76
山　　西	75.78	56.41	25.71	4.00	2.82	0.00	170.87	113.50	120.51
内 蒙 古	500.41	599.43	537.44	210.32	249.95	234.33	661.74	523.46	422.91
辽　　宁	83.90	68.99	22.19	0.09	0.00	0.00	38.47	9.99	19.26
吉　　林	209.40	173.27	81.10	0.00	0.00	0.00	28.50	11.30	5.50
黑 龙 江	2245.00	2244.55	2117.05	0.00	0.00	0.00	218.28	138.25	113.15
上　　海	0.00	0.00	0.00	4.47	0.04	0.50	0.00	0.00	0.00
江　　苏	117.70	35.94	30.52	261.25	54.14	68.52	14.80	0.03	0.03
浙　　江	25.57	0.37	0.59	73.93	3.77	17.39	9.68	0.00	0.05
安　　徽	310.10	554.92	545.35	473.71	73.43	153.86	5.08	0.00	0.00
福　　建	0.00	0.00	0.00	0.00	0.00	0.00	28.66	0.03	0.91
江　　西	10.92	0.00	0.00	204.00	21.18	33.69	0.98	0.72	0.05
山　　东	81.25	77.26	26.92	7.90	6.68	2.58	110.29	68.79	77.34
河　　南	105.47	279.30	236.08	269.66	99.25	64.28	21.46	1.23	2.77
湖　　北	72.64	18.82	21.68	1033.67	324.62	510.11	125.69	8.56	6.15
湖　　南	14.91	0.00	0.00	857.14	59.24	185.16	5.52	0.03	0.50
广　　东	26.72	0.01	0.00	4.86	0.00	0.00	43.13	1.81	7.72
广　　西	42.86	0.00	0.00	0.00	0.00	0.00	50.84	0.00	0.00
海　　南	0.00	0.00	0.00	0.00	0.00	0.00	0.00	0.00	0.00
重　　庆	43.58	0.00	0.00	138.50	1.26	0.67	162.38	0.12	0.08
四　　川	18.53	0.00	0.00	643.05	24.94	43.12	102.52	0.64	1.73
贵　　州	6.45	0.00	0.00	104.03	1.50	2.29	43.31	1.63	4.44
云　　南	35.11	0.54	0.00	149.14	3.16	5.49	145.12	2.30	1.61
西　　藏	0.00	0.00	0.00	12.85	11.40	10.01	5.20	3.50	1.96
陕　　西	36.19	16.20	4.40	79.87	14.79	4.38	175.84	50.82	50.76
甘　　肃	19.33	23.82	1.73	134.72	107.90	52.28	316.42	100.91	89.89
青　　海	0.00	0.00	0.00	113.88	99.56	54.59	33.20	9.05	7.54
宁　　夏	4.93	3.30	0.81	0.00	0.00	0.00	185.83	124.53	116.18
新　　疆	37.85	37.51	31.68	19.65	26.08	23.00	25.22	18.81	15.59
新疆兵团	6.57	6.57	6.57	4.35	17.35	17.35	5.23	5.23	4.20

续表

地　区	（七）花生 1.花生机耕面积	2.花生机播面积	3.花生机收面积	（八）棉花 1.棉花机耕面积	2.棉花机播面积	3.棉花机收面积	三、单项农机化作业情况 1.机械深耕面积	2.机械深松面积	3.机械化免耕播种面积
	千公顷	千公顷	千公顷	千公顷	千公顷	千公顷	千公顷	千公顷	千公顷
合　　计	3091.52	1856.17	1374.38	4040.97	2849.39	486.27	29191.33	10784.70	13413.07
北　　京	3.42	1.43	0.15	0.16	0.06	0.00	0.95	14.17	137.93
天　　津	1.41	1.41	0.37	45.52	45.34	0.00	35.12	48.00	88.44
河　　北	292.30	211.44	95.96	587.28	550.12	0.08	895.80	692.56	2237.97
山　　西	2.63	0.10	0.99	33.62	24.34	0.00	916.94	185.30	212.68
内 蒙 古	0.00	0.00	0.00	1.27	1.27	0.00	2562.34	1206.09	1208.20
辽　　宁	337.01	314.52	293.26	0.00	0.00	0.00	537.12	361.34	110.28
吉　　林	79.40	65.20	30.40	0.00	0.00	0.00	1897.33	673.01	253.00
黑 龙 江	6.95	4.09	2.01	0.00	0.00	0.00	4913.38	4241.36	289.16
上　　海	0.00	0.00	0.00	0.00	0.00	0.00	0.00	0.00	0.00
江　　苏	83.34	10.69	2.97	106.18	5.52	0.00	760.70	151.76	429.94
浙　　江	4.12	0.00	0.00	5.51	0.01	0.00	178.36	37.01	2.99
安　　徽	151.72	50.30	21.62	205.12	0.00	0.00	799.32	280.27	727.81
福　　建	37.67	0.00	0.00	0.00	0.00	0.00	131.21	2.52	0.00
江　　西	144.00	3.12	3.39	75.00	0.00	0.00	374.33	10.88	13.06
山　　东	683.52	579.88	526.62	561.12	398.15	0.81	2126.46	785.37	3717.90
河　　南	607.26	554.58	372.72	148.77	39.73	0.01	3427.03	553.50	2895.63
湖　　北	132.41	30.52	8.62	380.93	12.32	0.03	666.87	103.24	40.56
湖　　南	12.46	0.60	0.20	105.49	1.03	4.66	991.89	35.08	13.49
广　　东	190.83	0.02	0.52	0.00	0.00	0.00	514.74	24.37	0.85
广　　西	157.25	0.00	0.00	0.00	0.00	0.00	412.67	135.97	190.10
海　　南	36.93	0.00	0.00	0.00	0.00	0.00	102.32	13.51	0.95
重　　庆	17.05	0.00	0.00	0.12	0.00	0.00	34.65	0.00	0.00
四　　川	40.48	1.20	0.00	1.24	0.00	0.00	227.33	20.24	17.91
贵　　州	4.07	0.00	0.00	0.00	0.00	0.00	80.17	0.92	0.82
云　　南	24.46	0.07	0.00	0.00	0.00	0.00	701.79	82.06	3.56
西　　藏	0.00	0.00	0.00	0.00	0.00	0.00	69.06	7.00	0.00
陕　　西	12.64	6.75	0.32	41.80	24.59	0.00	785.97	101.98	429.72
甘　　肃	23.86	16.61	10.98	61.79	67.25	0.22	1051.60	417.71	85.36
青　　海	0.00	0.00	0.00	0.00	0.00	0.00	89.45	6.35	25.07
宁　　夏	0.00	0.00	0.00	0.00	0.00	0.00	513.40	45.95	55.36
新　　疆	1.63	0.94	0.58	1091.47	1091.08	90.01	2303.03	312.18	127.33
新疆兵团	2.70	2.70	2.70	588.58	588.58	390.45	1090.00	235.00	97.00

续表

地　区	其中：机械化免耕覆盖播种面积	4. 保护性耕作面积	5. 精少量播种面积	6. 机械深施化肥面积	7. 机械铺膜面积	8. 农田机械节水灌溉面积	9. 机械播种牧草面积	10. 机械收获牧草数量
	千公顷	千公顷	千公顷	千公顷	千公顷	千公顷	千公顷	万吨
合　计	7364.22	7731.36	38852.38	32565.41	8041.10	14200.19	926.85	4174.04
北　京	53.43	104.15	38.18	23.87	1.01	55.85	0.01	0.00
天　津	38.85	66.94	202.07	138.09	47.33	20.92	1.50	3.65
河　北	1289.20	210.29	2368.18	2148.11	743.77	673.44	24.94	142.68
山　西	115.33	755.07	1144.58	1975.30	566.84	258.79	59.04	196.83
内蒙古	917.00	1208.00	3647.58	3501.63	887.68	1324.83	290.83	1241.20
辽　宁	75.02	290.49	2073.55	2189.40	91.08	210.91	0.00	45.65
吉　林	113.80	257.60	3484.50	3251.60	514.50	990.75	126.70	989.48
黑龙江	161.15	2140.00	10491.63	7718.42	257.98	1725.94	49.72	96.50
上　海	0.00	0.00	12.44	56.58	0.00	162.11	0.00	0.00
江　苏	302.06	143.88	955.89	260.45	21.02	422.28	0.36	1.52
浙　江	2.99	0.00	1.97	122.92	1.87	141.91	0.92	1.06
安　徽	107.07	97.55	1900.14	1270.83	95.50	1304.24	38.20	0.00
福　建	0.00	0.00	1.44	27.52	1.25	60.49	0.00	0.21
江　西	4.89	6.65	1.58	235.14	0.89	126.09	0.00	27.58
山　东	2873.32	1173.44	3474.67	1340.31	878.81	1771.59	22.51	4.75
河　南	833.98	491.02	4871.68	2464.59	166.74	938.94	51.38	95.85
湖　北	27.03	49.90	261.89	191.77	25.95	394.73	8.47	8.89
湖　南	7.04	1.76	4.01	159.55	4.85	420.38	0.00	0.00
广　东	0.03	0.00	0.00	11.58	2.38	252.13	3.18	1.50
广　西	0.00	0.00	0.00	579.93	46.32	147.78	0.00	0.50
海　南	0.00	0.00	0.00	4.40	0.00	31.98	0.00	0.00
重　庆	0.00	27.89	1.02	17.70	0.80	30.99	0.00	0.04
四　川	7.74	17.36	85.38	41.02	2.13	147.31	3.84	11.90
贵　州	0.63	0.18	2.19	84.30	12.60	28.70	0.30	5.20
云　南	0.28	0.30	6.48	49.56	14.64	127.89	0.00	0.49
西　藏	0.00	0.00	0.00	0.00	0.83	1.31	0.00	0.00
陕　西	265.93	276.15	585.49	589.49	144.38	227.44	13.18	21.98
甘　肃	49.45	139.38	419.00	1127.32	797.68	154.99	21.24	91.00
青　海	9.36	40.64	31.55	165.37	12.95	3.47	13.59	13.88
宁　夏	27.56	56.06	123.12	222.53	155.98	45.90	53.88	257.83
新　疆	55.48	110.26	2005.17	1954.23	1815.07	1275.07	116.15	690.27
新疆兵团	25.60	66.40	657.00	641.90	728.27	721.04	26.91	223.60

续表

地区	11.机械化秸秆还田面积	12.秸秆捡拾打捆面积	13.机械脱粒粮食数量	14.机械烘干粮食数量	15.机械初加工农产品数量	其中：加工粮食数量	加工油料数量	加工棉花数量	加工果蔬数量
	千公顷	千公顷	万吨	万吨	万吨	万吨	万吨	万吨	万吨
合计	36998.30	2219.24	51190.81	7529.30	61944.18	47985.28	5557.52	1487.03	3361.33
北京	111.95	0.55	86.33	0.22	32.38	30.83	0.80	0.00	0.75
天津	249.14	1.53	190.11	15.00	119.19	104.54	1.17	3.26	0.00
河北	3516.32	36.48	3030.88	15.64	2545.87	2083.20	253.47	124.57	44.57
山西	1221.04	20.14	902.81	2.24	1081.08	899.17	59.76	13.58	52.36
内蒙古	1534.13	279.80	2580.68	471.67	1451.00	1181.25	180.70	0.80	18.45
辽宁	383.38	25.44	2284.03	430.59	1372.42	1221.54	94.14	0.09	9.77
吉林	818.41	104.80	3857.00	1304.20	5705.70	4852.40	84.00	0.00	769.30
黑龙江	5706.42	376.90	4935.00	3176.77	3344.61	2484.33	845.48	0.00	0.01
上海	139.72	5.32	123.21	14.97	89.38	78.67	0.01	0.00	0.81
江苏	2708.41	188.68	4812.00	312.51	2588.83	2233.01	149.28	21.54	64.79
浙江	314.05	14.34	790.93	223.03	949.88	746.28	47.13	2.96	98.97
安徽	1242.73	30.54	2134.10	326.36	2679.21	2204.71	289.58	75.64	17.61
福建	170.39	1.77	313.35	3.64	1231.91	858.99	78.44	0.00	92.20
江西	1339.42	11.68	1943.93	188.19	2466.37	2035.99	233.50	45.98	80.59
山东	6004.58	50.83	4235.62	46.59	5287.08	3590.72	487.43	149.62	714.06
河南	5690.60	222.51	4962.46	46.44	4804.76	3841.56	526.17	163.88	48.97
湖北	801.04	11.96	2252.26	230.07	3317.46	2361.97	311.22	112.86	212.71
湖南	472.46	11.41	1920.00	118.25	4282.17	2926.67	394.26	89.83	99.34
广东	450.42	1.29	1194.55	88.84	4914.56	3637.39	479.30	0.00	335.91
广西	686.18	2.54	1004.69	3.09	1187.69	1031.02	29.76	0.30	8.01
海南	82.01	0.00	123.27	0.12	167.60	152.97	8.88	0.00	0.00
重庆	94.95	0.00	589.50	5.85	1265.25	998.33	41.56	0.01	157.35
四川	285.36	6.24	2331.11	12.16	3410.07	2844.91	392.63	2.25	100.95
贵州	90.80	0.36	489.95	6.83	1711.52	1561.21	134.28	0.60	1.53
云南	91.14	0.01	541.57	6.66	1701.26	1483.02	78.01	0.00	9.69
西藏	0.00	0.00	42.19	0.01	13.39	8.61	4.25	0.00	0.00
陕西	802.52	35.94	553.00	41.28	1127.78	767.49	63.31	5.10	242.64
甘肃	141.70	51.00	850.00	8.00	671.11	532.55	62.50	21.92	4.55
青海	9.34	16.42	70.97	0.00	55.50	39.73	14.72	0.00	1.04
宁夏	138.51	60.85	304.71	6.01	203.23	184.76	17.99	0.00	0.00
新疆	938.20	526.76	1541.34	270.95	1478.66	808.21	175.68	342.94	31.79
新疆兵团	762.98	123.15	199.25	153.12	687.26	199.25	18.10	309.30	142.60

续表

地　区	加工茶叶数量	16.机械化饲草料加工数量	其中：机械化青贮秸秆数量	17.农机运输作业量	其中：农业运输作业量	18.农田基本建设作业量	19.农用飞机作业面积	20.农机专业合作社作业服务面积	21.农机跨区作业面积	其中：跨区机耕面积
	万吨	万吨	万吨	亿吨・千米	亿吨・千米	万立方米	千公顷	千公顷	千公顷	千公顷
合　计	353.00	27560.95	9073.33	2629.14	1284.78	382459.53	2511.87	39163.54	36719.21	6767.09
北　京	0.00	169.88	66.25	2.33	1.32	871.47	0.00	116.38	30.75	9.35
天　津	0.00	123.18	95.52	4.97	2.64	2675.15	0.00	306.69	103.25	23.49
河　北	0.00	1653.35	811.34	142.38	87.44	4764.22	14.90	687.97	2623.07	493.23
山　西	0.02	838.26	241.88	108.48	51.48	18713.77	0.00	1041.10	466.72	123.81
内蒙古	0.00	4006.14	2297.67	52.27	44.89	12958.53	26.13	954.26	533.37	92.33
辽　宁	0.00	1054.35	98.73	69.91	40.48	9097.91	15.76	798.21	316.30	49.01
吉　林	0.00	2625.14	549.00	47.90	37.74	13465.70	25.70	663.63	678.20	165.30
黑龙江	0.00	2880.50	1064.47	9.66	7.11	12062.76	1876.45	4571.92	4292.60	1594.81
上　海	0.00	53.98	10.72	0.22	0.08	0.00	0.00	332.17	12.22	1.58
江　苏	2.28	506.88	110.07	72.69	23.06	24537.70	30.36	11967.20	6356.62	510.95
浙　江	32.04	74.69	39.62	47.69	25.42	63920.62	0.00	341.68	310.03	29.91
安　徽	27.94	529.88	183.99	153.87	50.68	44480.02	0.00	2141.36	3625.10	591.65
福　建	138.65	670.87	4.20	29.64	15.62	6493.40	1.30	95.33	26.69	6.36
江　西	1.81	245.50	2.67	211.52	132.48	14999.41	0.00	193.68	257.29	16.56
山　东	1.89	1853.06	848.40	539.39	60.49	31426.78	54.54	4107.94	4855.53	870.29
河　南	4.99	1329.95	329.40	201.13	115.42	7897.11	0.00	5231.82	5890.67	818.64
湖　北	31.38	1247.45	98.82	71.46	57.10	16350.19	220.03	1552.21	1339.84	288.78
湖　南	30.41	643.22	15.67	142.96	97.39	30591.07	2.58	708.25	538.92	110.43
广　东	25.70	354.44	3.09	43.32	21.23	8469.51	0.05	323.10	211.20	31.80
广　西	1.32	116.15	0.00	75.05	52.04	713.20	0.00	354.29	188.25	36.03
海　南	0.00	2.28	0.00	15.76	7.46	254.60	0.00	6.80	132.94	15.26
重　庆	2.28	1154.58	3.70	31.15	20.58	4361.77	0.13	423.79	77.07	6.20
四　川	22.16	316.97	9.37	137.97	66.29	7747.10	0.00	581.59	454.11	98.11
贵　州	1.15	48.67	26.12	37.03	23.01	2750.20	0.00	79.36	31.04	13.64
云　南	25.79	1102.02	146.98	105.40	64.51	17656.06	0.00	149.87	124.20	77.75
西　藏	0.00	0.00	0.00	7.68	2.69	389.84	0.00	25.47	0.00	0.00
陕　西	2.53	711.93	393.70	134.17	90.39	1687.23	0.00	809.67	1456.43	207.35
甘　肃	0.15	900.00	320.00	85.22	53.41	5.00	0.00	25.00	750.54	206.98
青　海	0.00	101.42	3.94	4.80	3.22	269.44	0.24	40.19	39.94	15.47
宁　夏	0.00	377.45	58.77	18.96	13.16	20670.41	0.00	225.28	124.47	29.39
新　疆	0.51	1784.36	1168.64	22.53	15.06	384.36	0.00	284.46	611.95	161.13
新疆兵团	0.00	84.40	70.60	1.63	0.89	1795.00	243.70	22.87	259.90	71.50

续表

地　区	跨区机播面积	跨区机收面积	其中：跨区机收小麦	跨区机收水稻	跨区机收玉米
	千公顷	千公顷	千公顷	千公顷	千公顷
合　计	3084.71	26005.40	14425.66	7695.69	3250.78
北　京	6.42	14.98	6.64	0.00	6.56
天　津	8.85	70.28	33.89	9.16	24.68
河　北	273.27	1800.65	1480.51	23.54	240.25
山　西	89.68	247.16	166.06	0.00	73.55
内蒙古	31.20	265.90	92.98	12.33	114.22
辽　宁	50.17	212.03	9.82	130.72	68.19
吉　林	116.80	396.10	3.50	203.00	189.60
黑龙江	658.99	2038.80	291.44	610.67	1019.69
上　海	0.00	10.65	2.72	7.92	0.00
江　苏	171.09	5579.31	2626.26	2879.52	40.97
浙　江	6.10	222.11	67.59	146.53	0.00
安　徽	223.50	2796.90	1617.11	1038.52	134.62
福　建	1.16	18.98	1.25	17.40	0.00
江　西	2.68	232.36	52.46	164.25	0.00
山　东	556.73	3338.21	2529.14	41.07	721.39
河　南	457.97	4512.52	3307.42	835.15	328.23
湖　北	50.04	954.61	444.14	478.82	6.16
湖　南	5.78	398.30	42.86	324.87	0.00
广　东	4.45	174.02	2.82	164.80	0.00
广　西	1.47	150.75	1.21	142.63	0.02
海　南	0.05	113.80	0.00	103.94	0.00
重　庆	0.00	60.65	5.49	53.36	0.00
四　川	16.93	316.43	98.34	214.36	0.03
贵　州	0.38	16.49	1.03	15.44	0.02
云　南	0.08	42.34	11.82	19.19	1.08
西　藏	0.00	0.00	0.00	0.00	0.00
陕　西	158.62	1010.12	871.72	22.12	112.13
甘　肃	38.68	450.20	327.17	7.00	46.38
青　海	6.78	15.65	6.78	0.00	0.00
宁　夏	3.30	88.18	43.23	19.25	24.42
新　疆	99.00	341.02	210.96	5.09	74.44
新疆兵团	44.54	115.90	69.30	5.04	24.15

各地区农业机械化管理服务情况表

地 区	一、农机化培训	其中：培训农机管理人员	培训农机技术人员	培训农机监理人员	培训农机操作人员	二、农机维修 1. 维修拖拉机	2. 维修联合收获机
	人次	人次	人次	人次	人次	万台次	万台次
合 计	7700273	190526	904199	79340	6323012	1910.34	152.96
北 京	50395	1113	6205	1941	41136	1.30	0.11
天 津	14681	724	3322	764	9210	4.10	0.50
河 北	580181	11281	77591	4822	485927	147.92	14.41
山 西	280855	12040	51016	3468	200850	34.06	3.60
内蒙古	184081	3124	34306	2595	143980	72.71	1.31
辽 宁	225376	9311	27865	2817	183034	32.34	1.06
吉 林	237909	4891	18090	3743	211185	71.03	1.66
黑龙江	494935	24498	59850	5984	404581	56.91	4.50
上 海	17849	1371	1793	761	6183	0.41	0.18
江 苏	315573	11057	27771	5591	268358	80.73	12.98
浙 江	103012	5251	11312	1309	83446	67.26	3.31
安 徽	353356	5762	41768	2338	303488	227.61	21.10
福 建	23102	924	2096	239	19843	38.08	1.15
江 西	123074	4216	21049	2341	95330	31.84	6.03
山 东	694393	15460	125361	5212	525435	209.85	24.54
河 南	617813	13245	66278	5009	517451	250.24	19.14
湖 北	560816	9682	65044	2652	458852	56.54	5.96
湖 南	188905	5930	27942	1211	152197	66.48	14.55
广 东	61538	2975	12202	2502	42519	39.52	2.03
广 西	63457	2937	7894	828	51798	84.75	1.60
海 南	30861	1014	3829	274	25672	16.74	0.74
重 庆	164255	3287	12600	1287	140308	3.14	0.49
四 川	298583	9912	41246	3528	239241	35.41	3.07
贵 州	380099	4653	28037	3607	338604	18.77	0.20
云 南	229044	2447	13519	2684	184696	89.07	0.66
西 藏	15984	0	0	0	15984	2.42	0.25
陕 西	210196	5703	49315	3312	148400	32.46	3.84
甘 肃	245359	2690	16789	1154	223922	52.98	2.44
青 海	50242	449	13256	424	35392	5.26	0.16
宁 夏	67097	702	9838	1014	55487	13.02	0.63
新 疆	753682	10047	24317	4617	654773	64.82	0.54
新疆兵团	63570	3830	2698	1312	55730	2.57	0.22

续表

地区	3. 维修水稻插秧机	4. 维修运输机械	5. 维修其他农机具	三、农机鉴定 推广鉴定证书当年发证数量	四、农机监理装备 1. 监理车辆	其中：摩托车	2. 安全检测设备	其中：拖拉机检测设备
	万台次	万台次	万台次	件	辆	辆	套	套
合计	31.31	1297.11	3023.67	4723	4207	515	1980	1824
北京	0.00	1.85	1.42	8	23	0	17	17
天津	0.06	7.36	6.75	13	21	0	9	8
河北	0.10	187.46	226.80	310	112	2	113	97
山西	0.00	59.78	43.79	82	106	5	128	125
内蒙古	0.28	22.12	140.07	118	175	13	64	51
辽宁	1.25	33.27	36.98	391	87	0	41	38
吉林	1.60	16.42	86.30	52	202	23	46	46
黑龙江	9.29	4.09	60.17	290	406	106	52	48
上海	0.08	0.26	0.48	41	0	0	8	0
江苏	6.94	29.42	96.32	466	161	16	104	94
浙江	1.07	61.05	81.35	197	66	0	167	162
安徽	1.82	101.98	241.63	524	187	3	48	46
福建	0.41	38.34	99.35	39	47	2	45	45
江西	0.52	45.74	81.57	40	46	0	15	14
山东	0.06	157.39	294.81	191	394	14	142	132
河南	0.13	154.66	312.18	569	271	3	137	129
湖北	2.00	19.50	99.75	74	203	58	116	95
湖南	2.46	79.60	215.21	160	199	2	89	78
广东	0.66	17.62	91.91	44	161	31	106	102
广西	0.55	42.84	119.61	0	222	23	109	106
海南	0.17	7.38	15.16	3	24	5	17	17
重庆	0.59	11.71	65.99	108	31	1	10	7
四川	0.61	39.80	222.73	239	101	14	76	68
贵州	0.28	16.30	29.88	43	67	0	41	39
云南	0.06	37.13	80.47	92	219	36	48	47
西藏	0.00	0.20	1.89	0	0	0	0	0
陕西	0.01	49.75	62.10	0	141	8	110	101
甘肃	0.04	38.45	113.53	260	90	4	25	25
青海	0.00	1.29	4.73	0	21	0	8	5
宁夏	0.15	10.90	17.69	41	30	0	26	26
新疆	0.10	2.86	68.73	328	371	140	49	42
新疆兵团	0.02	0.59	4.32	0	23	6	14	14

各地区农业机械化投入情况表

地　区	一、农机化总投入(万元)						
	合计	1. 一般行政事业支出	2. 基本建设	3. 科研	4. 推广培训	5. 农业机械购置	6. 其他
合　　计	10138919.05	561098.12	285473.90	11975.06	134293.87	8870229.48	275848.63
北　　京	49490.15	4368.32	622.00	379.46	1215.46	41799.13	1105.78
天　　津	54646.14	11103.86	3022.00	105.00	559.04	38673.74	1182.50
河　　北	439862.38	10959.65	4474.80	10.00	16715.15	406273.28	1429.50
山　　西	333317.92	34565.57	8709.00	368.00	15150.27	270469.66	4055.42
内 蒙 古	474510.17	17323.53	6242.40	134.14	1310.10	449500.00	0.00
辽　　宁	322475.54	16636.22	2082.65	237.00	2267.64	299700.38	1551.65
吉　　林	479856.74	22830.50	1259.00	0.00	14779.24	440988.00	0.00
黑 龙 江	778029.86	12971.16	34694.39	144.90	1204.45	712229.35	16785.61
上　　海	68535.34	4437.93	634.73	290.60	606.57	45171.69	17393.82
江　　苏	699110.47	40338.53	31656.49	2806.74	17192.00	585666.52	21450.19
浙　　江	227778.11	18244.10	20263.92	337.22	4500.82	166159.89	18272.16
安　　徽	579141.75	30091.44	3544.49	21.50	3430.18	540518.32	1535.82
福　　建	181225.38	12450.58	916.00	0.00	2599.75	165169.35	89.70
江　　西	272667.56	8196.00	1221.28	6.00	988.86	256231.42	6024.00
山　　东	629463.54	42794.89	6897.79	390.00	9556.09	569169.77	655.00
河　　南	621038.46	30259.77	5449.78	26.00	2205.00	578242.31	4855.60
湖　　北	548768.65	19030.65	9851.00	88.20	2608.45	508888.45	8301.90
湖　　南	524757.87	30440.90	5683.30	209.50	6756.30	475940.01	5727.86
广　　东	205236.11	14599.12	4790.70	3158.50	3598.36	166223.45	12865.99
广　　西	294301.06	32143.55	582.25	58.00	6028.78	250992.20	4496.28
海　　南	69656.23	2882.51	38.00	94.00	426.60	65879.14	335.98
重　　庆	106461.08	5946.17	2556.00	121.20	1833.18	92501.63	3502.90
四　　川	547696.34	33287.79	89737.70	1627.04	2368.10	284779.46	135896.25
贵　　州	167260.63	4155.05	2309.63	75.00	773.60	159935.35	12.00
云　　南	228794.21	16357.19	544.82	13.04	3681.55	204525.58	3672.03
西　　藏	52385.00	20.00	0.00	0.00	10.00	52355.00	0.00
陕　　西	238730.98	23274.14	12654.60	340.00	4513.93	197948.31	0.00
甘　　肃	202749.30	11646.79	6130.00	32.00	992.40	182450.11	1489.00
青　　海	37560.47	1581.86	500.00	5.00	102.00	34897.81	473.80
宁　　夏	75662.78	2388.95	849.00	6.00	1436.40	70948.03	34.40
新　　疆	450258.83	43284.40	4675.18	423.02	4392.60	394859.14	2624.49
新疆兵团	177490.00	2487.00	12881.00	468.00	491.00	161143.00	20.00

续表

地区	二、财政投入（万元）						
	合计	1. 一般行政事业支出	2. 基本建设	3. 科研	4. 推广培训	5. 农业机械购置	6. 其他
合　　计	3423083.61	539368.86	149556.79	8875.88	123795.92	2455832.77	145653.39
北　　京	25788.78	4218.32	0.00	376.46	1206.96	19005.76	981.28
天　　津	25787.24	11103.86	1670.00	105.00	559.04	11496.84	852.50
河　　北	137167.01	9957.31	1766.00	10.00	16629.75	108275.45	528.50
山　　西	136253.33	34565.57	7815.00	293.00	15070.27	74998.07	3511.42
内 蒙 古	128520.14	17323.53	4968.00	134.14	1299.10	104795.37	0.00
辽　　宁	115555.89	16510.22	1155.85	237.00	1985.64	94357.53	1309.65
吉　　林	157841.74	22721.50	59.00	0.00	14779.24	120282.00	0.00
黑 龙 江	293073.55	12296.66	4653.78	7.50	601.20	263739.80	11774.61
上　　海	46857.76	4047.93	246.73	290.60	606.57	25308.63	16357.30
江　　苏	253577.97	35440.38	11045.57	1644.00	16346.63	169183.10	19918.29
浙　　江	106013.31	17327.31	9831.08	307.32	4218.67	64277.80	10051.13
安　　徽	146864.39	29179.44	261.90	21.00	2888.86	113532.29	980.90
福　　建	66448.35	12450.58	5.00	0.00	2496.67	51440.40	55.70
江　　西	85310.90	7099.37	84.28	6.00	615.50	74381.25	3124.50
山　　东	200922.41	39013.24	1455.70	384.00	9333.49	150120.98	615.00
河　　南	184314.72	29560.67	707.00	26.00	2029.80	148188.65	3802.60
湖　　北	134252.53	17174.87	3435.80	38.00	1739.15	108512.31	3352.40
湖　　南	148760.13	28033.31	3564.50	134.50	5958.80	110141.22	927.80
广　　东	66202.22	13864.94	2334.70	2483.50	3073.80	42363.79	2081.49
广　　西	96422.88	31999.55	543.00	58.00	4623.67	55019.00	4179.66
海　　南	22774.50	2860.01	38.00	94.00	359.50	19242.83	180.16
重　　庆	36424.88	5864.61	1910.50	120.20	1712.88	25875.79	940.90
四　　川	253120.43	32645.63	61375.33	892.60	1861.78	98908.66	57436.43
贵　　州	48037.88	4120.05	2083.63	75.00	752.60	41006.60	0.00
云　　南	66632.93	16170.18	108.26	13.04	2043.50	48002.17	295.78
西　　藏	18406.00	20.00	0.00	0.00	10.00	18376.00	0.00
陕　　西	99427.20	23212.14	6574.10	340.00	4499.93	64801.03	0.00
甘　　肃	67591.76	11638.79	5620.00	32.00	964.40	49232.57	104.00
青　　海	14488.45	1581.86	500.00	5.00	102.00	12220.79	78.80
宁　　夏	24255.55	2388.95	709.00	6.00	1342.40	19774.80	34.40
新　　疆	165964.78	43088.08	4259.08	402.02	3794.12	112243.29	2178.19
新疆兵团	50024.00	1890.00	10776.00	340.00	290.00	36728.00	0.00

续表

地区	(一)中央财政(万元)						
	合计	1. 一般行政事业支出	2. 基本建设	3. 科研	4. 推广培训	5. 农业机械购置	6. 其他
合计	2279622.61	—	67899.97	411.44	31157.44	2173118.48	7035.28
北京	11300.00	—	0.00	0.00	300.00	11000.00	0.00
天津	10104.58	—	300.00	0.00	82.80	9721.78	0.00
河北	110121.17	—	802.00	10.00	2017.40	107291.77	0.00
山西	85260.00	—	6000.00	0.00	9260.00	70000.00	0.00
内蒙古	100157.14	—	4700.00	74.14	383.00	95000.00	0.00
辽宁	85540.00	—	50.00	0.00	220.00	85000.00	270.00
吉林	120262.70	—	0.00	0.00	12014.70	108248.00	0.00
黑龙江	221561.00	—	1200.00	6.00	280.00	220000.00	75.00
上海	7991.65	—	0.00	0.00	20.00	7971.65	0.00
江苏	103484.34	—	1492.07	30.00	1022.00	99000.00	1940.27
浙江	52842.43	—	688.10	40.00	90.00	51999.13	25.20
安徽	110001.09	—	48.00	0.00	523.50	109335.59	94.00
福建	45926.50	—	0.00	0.00	30.00	45896.50	0.00
江西	73550.00	—	0.00	0.00	70.00	73480.00	0.00
山东	146932.03	—	630.00	0.00	1208.80	145055.23	38.00
河南	138033.53	—	10.00	0.00	604.10	137312.43	107.00
湖北	107438.60	—	95.00	10.00	291.00	107000.00	42.60
湖南	102205.00	—	4.00	0.00	201.00	102000.00	0.00
广东	37713.98	—	300.00	132.00	160.99	37120.99	0.00
广西	50667.31	—	0.00	25.00	208.83	50416.00	17.48
海南	16459.98	—	0.00	0.00	30.00	16429.98	0.00
重庆	25979.79	—	96.50	0.00	495.60	25222.89	164.80
四川	128878.49	—	34926.50	4.30	311.82	89406.62	4229.25
贵州	38050.00	—	0.00	0.00	50.00	38000.00	0.00
云南	42445.36	—	19.80	0.00	76.00	42347.88	1.68
西藏	12010.00	—	0.00	0.00	10.00	12000.00	0.00
陕西	60808.63	—	980.00	0.00	172.90	59655.73	0.00
甘肃	49898.00	—	5500.00	20.00	378.00	44000.00	0.00
青海	11908.35	—	500.00	0.00	50.00	11358.35	0.00
宁夏	19710.96	—	558.00	0.00	305.00	18847.96	0.00
新疆	110050.00	—	2800.00	0.00	220.00	107000.00	30.00
新疆兵团	42330.00	—	6200.00	60.00	70.00	36000.00	0.00

续表

地　区	(二)地方财政(万元)						
	合计	1. 一般行政事业支出	2. 基本建设	3. 科研	4. 推广培训	5. 农业机械购置	6. 其他
合　计	1143461.00	539368.86	81656.82	8464.44	92638.48	282714.29	138618.11
北　京	14488.78	4218.32	0.00	376.46	906.96	8005.76	981.28
天　津	15682.66	11103.86	1370.00	105.00	476.24	1775.06	852.50
河　北	27045.84	9957.31	964.00	0.00	14612.35	983.68	528.50
山　西	50993.33	34565.57	1815.00	293.00	5810.27	4998.07	3511.42
内蒙古	28363.00	17323.53	268.00	60.00	916.10	9795.37	0.00
辽　宁	30015.89	16510.22	1105.85	237.00	1765.64	9357.53	1039.65
吉　林	37579.04	22721.50	59.00	0.00	2764.54	12034.00	0.00
黑龙江	71512.55	12296.66	3453.78	1.50	321.20	43739.80	11699.61
上　海	38866.11	4047.93	246.73	290.60	586.57	17336.98	16357.30
江　苏	150093.63	35440.38	9553.50	1614.00	15324.63	70183.10	17978.02
浙　江	53170.88	17327.31	9142.98	267.32	4128.67	12278.67	10025.93
安　徽	36863.30	29179.44	213.90	21.00	2365.36	4196.70	886.90
福　建	20521.85	12450.58	5.00	0.00	2466.67	5543.90	55.70
江　西	11760.90	7099.37	84.28	6.00	545.50	901.25	3124.50
山　东	53990.38	39013.24	825.70	384.00	8124.69	5065.75	577.00
河　南	46281.19	29560.67	697.00	26.00	1425.70	10876.22	3695.60
湖　北	26813.93	17174.87	3340.80	28.00	1448.15	1512.31	3309.80
湖　南	46555.13	28033.31	3560.50	134.50	5757.80	8141.22	927.80
广　东	28488.24	13864.94	2034.70	2351.50	2912.81	5242.80	2081.49
广　西	45755.57	31999.55	543.00	33.00	4414.84	4603.00	4162.18
海　南	6314.52	2860.01	38.00	94.00	329.50	2812.85	180.16
重　庆	10445.09	5864.61	1814.00	120.20	1217.28	652.90	776.10
四　川	124241.94	32645.63	26448.83	888.30	1549.96	9502.04	53207.18
贵　州	9987.88	4120.05	2083.63	75.00	702.60	3006.60	0.00
云　南	24187.57	16170.18	88.46	13.04	1967.50	5654.29	294.10
西　藏	6396.00	20.00	0.00	0.00	0.00	6376.00	0.00
陕　西	38618.57	23212.14	5594.10	340.00	4327.03	5145.30	0.00
甘　肃	17693.76	11638.79	120.00	12.00	586.40	5232.57	104.00
青　海	2580.10	1581.86	0.00	5.00	52.00	862.44	78.80
宁　夏	4544.59	2388.95	151.00	6.00	1037.40	926.84	34.40
新　疆	55914.78	43088.08	1459.08	402.02	3574.12	5243.29	2148.19
新疆兵团	7694.00	1890.00	4576.00	280.00	220.00	728.00	0.00

续表

地区	三、单位和集体投入(万元)						
	合计	1. 一般行政事业支出	2. 基本建设	3. 科研	4. 推广培训	5. 农业机械购置	6. 其他
合计	257339.94	21729.26	64467.40	1867.84	3796.67	160155.90	5322.87
北京	11863.89	150.00	543.00	3.00	8.50	11117.39	42.00
天津	4778.06	0.00	1100.00	0.00	0.00	3678.06	0.00
河北	3969.90	1002.34	262.80	0.00	56.60	2622.16	26.00
山西	1058.00	0.00	0.00	75.00	30.00	801.00	152.00
内蒙古	6410.70	0.00	368.40	0.00	4.50	6037.80	0.00
辽宁	1055.67	126.00	0.00	0.00	75.00	854.67	0.00
吉林	117.00	109.00	0.00	0.00	0.00	8.00	0.00
黑龙江	42847.79	674.50	25376.18	137.40	461.95	16171.96	25.80
上海	10813.09	390.00	388.00	0.00	0.00	10029.09	6.00
江苏	39629.63	4898.15	10495.47	662.74	812.37	22325.20	435.70
浙江	22208.63	916.79	3987.08	29.90	146.85	16370.75	757.26
安徽	4991.78	912.00	796.50	0.30	140.10	3069.01	73.87
福建	1892.00	0.00	523.00	0.00	0.00	1369.00	0.00
江西	1926.33	1096.63	257.00	0.00	116.20	414.00	42.50
山东	18373.14	3781.65	2549.21	6.00	77.60	11958.68	0.00
河南	10502.91	699.10	1151.44	0.00	65.00	8502.37	85.00
湖北	11665.46	1855.78	3000.20	39.20	376.60	5742.68	651.00
湖南	12688.39	2407.59	1005.50	75.00	379.00	8268.30	553.00
广东	15156.29	734.18	1887.00	675.00	112.20	11667.91	80.00
广西	477.34	144.00	39.25	0.00	239.18	46.71	8.20
海南	2738.74	22.50	0.00	0.00	36.60	2668.46	11.18
重庆	2751.72	81.56	298.00	1.00	86.80	2095.36	189.00
四川	7607.66	642.16	2319.03	14.30	99.32	2454.58	2078.27
贵州	1865.73	35.00	61.00	0.00	20.00	1737.73	12.00
云南	1217.82	187.01	119.80	0.00	85.15	745.27	80.59
西藏	0.00	0.00	0.00	0.00	0.00	0.00	0.00
陕西	5750.00	62.00	5562.50	0.00	14.00	111.50	0.00
甘肃	433.57	8.00	65.00	0.00	28.00	322.57	10.00
青海	2085.94	0.00	0.00	0.00	0.00	2085.94	0.00
宁夏	617.00	0.00	140.00	0.00	94.00	383.00	0.00
新疆	530.76	196.32	172.04	21.00	41.15	96.75	3.50
新疆兵团	9315.00	597.00	2000.00	128.00	190.00	6400.00	0.00

续表

地区	四、农民个人投入（万元）						
	合计	1. 一般行政事业支出	2. 基本建设	3. 科研	4. 推广培训	5. 农业机械购置	6. 其他
合计	6427344.65	—	66739.31	—	6126.47	6245952.95	108525.92
北京	11787.98	—	79.00	—	0.00	11660.98	48.00
天津	24080.84	—	252.00	—	0.00	23498.84	330.00
河北	298705.47	—	2446.00	—	28.80	295359.67	871.00
山西	196006.59	—	894.00	—	50.00	194670.59	392.00
内蒙古	337830.33	—	756.00	—	6.50	337067.83	0.00
辽宁	205831.98	—	926.80	—	207.00	204488.18	210.00
吉林	321898.00	—	1200.00	—	0.00	320698.00	0.00
黑龙江	441455.12	—	4664.43	—	53.10	431817.59	4920.00
上海	9924.53	—	0.00	—	0.00	9833.97	90.56
江苏	404965.12	—	10112.45	—	32.00	394010.47	810.20
浙江	99031.18	—	6393.76	—	125.30	85062.35	7449.77
安徽	426921.64	—	2415.28	—	314.97	423710.34	481.05
福建	112856.09	—	388.00	—	102.72	112335.37	30.00
江西	185290.33	—	880.00	—	257.16	181296.17	2857.00
山东	410167.99	—	2892.88	—	145.00	407090.11	40.00
河南	426220.83	—	3591.34	—	110.20	421551.29	968.00
湖北	400643.86	—	3404.00	—	463.70	393886.66	2889.50
湖南	361662.55	—	822.80	—	381.20	356508.49	3950.06
广东	122957.60	—	549.00	—	402.36	111891.74	10114.50
广西	197310.09	—	0.00	—	1165.93	195850.74	293.42
海南	44116.99	—	0.00	—	30.50	43947.85	138.64
重庆	65563.98	—	127.50	—	28.00	63697.48	1711.00
四川	269859.94	—	22180.25	—	249.30	181252.92	66177.47
贵州	117357.02	—	165.00	—	1.00	117191.02	0.00
云南	159268.25	—	296.76	—	1552.90	155764.14	1654.45
西藏	33979.00	—	0.00	—	0.00	33979.00	0.00
陕西	133553.78	—	518.00	—	0.00	133035.78	0.00
甘肃	134681.47	—	445.00	—	0.00	132894.97	1341.50
青海	20986.08	—	0.00	—	0.00	20591.08	395.00
宁夏	50790.23	—	0.00	—	0.00	50790.23	0.00
新疆	283523.79	—	234.06	—	407.83	282519.10	362.80
新疆兵团	118116.00	—	105.00	—	11.00	118000.00	0.00

续表

地区	五、其他投入(万元)						
	合计	1. 一般行政事业支出	2. 基本建设	3. 科研	4. 推广培训	5. 农业机械购置	6. 其他
合计	31150.85	—	4710.40	1231.34	574.81	8287.85	16346.45
北京	49.50	—	0.00	0.00	0.00	15.00	34.50
天津	0.00	—	0.00	0.00	0.00	0.00	0.00
河北	20.00	—	0.00	0.00	0.00	16.00	4.00
山西	0.00	—	0.00	0.00	0.00	0.00	0.00
内蒙古	1749.00	—	150.00	0.00	0.00	1599.00	0.00
辽宁	32.00	—	0.00	0.00	0.00	0.00	32.00
吉林	0.00	—	0.00	0.00	0.00	0.00	0.00
黑龙江	653.40	—	0.00	0.00	88.20	500.00	65.20
上海	939.96	—	0.00	0.00	0.00	0.00	939.96
江苏	937.75	—	3.00	500.00	1.00	147.75	286.00
浙江	524.99	—	52.00	0.00	10.00	448.99	14.00
安徽	363.94	—	70.81	0.20	86.25	206.68	0.00
福建	28.94	—	0.00	0.00	0.36	24.58	4.00
江西	140.00	—	0.00	0.00	0.00	140.00	0.00
山东	0.00	—	0.00	0.00	0.00	0.00	0.00
河南	0.00	—	0.00	0.00	0.00	0.00	0.00
湖北	2206.80	—	11.00	11.00	29.00	746.80	1409.00
湖南	1646.80	—	290.50	0.00	37.30	1022.00	297.00
广东	920.00	—	20.00	0.00	10.00	300.00	590.00
广西	90.75	—	0.00	0.00	0.00	75.75	15.00
海南	26.00	—	0.00	0.00	0.00	20.00	6.00
重庆	1720.50	—	220.00	0.00	5.50	833.00	662.00
四川	17108.31	—	3863.09	720.14	157.70	2163.30	10204.08
贵州	0.00	—	0.00	0.00	0.00	0.00	0.00
云南	1675.21	—	20.00	0.00	0.00	14.00	1641.21
西藏	0.00	—	0.00	0.00	0.00	0.00	0.00
陕西	0.00	—	0.00	0.00	0.00	0.00	0.00
甘肃	42.50	—	0.00	0.00	0.00	0.00	42.50
青海	0.00	—	0.00	0.00	0.00	0.00	0.00
宁夏	0.00	—	0.00	0.00	0.00	0.00	0.00
新疆	239.50	—	10.00	0.00	149.50	0.00	80.00
新疆兵团	35.00	—	0.00	0.00	0.00	15.00	20.00

各地区农业机械化经营效益情况表

地　区	一、总收入(万元)		1.农机化作业收入(万元)		其中：(1)田间作业收入(万元)		其中：跨区作业收入(万元)		(2)农产品初加工作业收入(万元)	
	合计	其中:农机户	合计	其中:农机户	合计	其中:农机户	合计	其中:农机户	合计	其中:农机户
合　计	51079826.30	43004038.69	44676343.76	39318331.85	19559412.46	16912460.73	2485169.38	2182052.06	5584654.23	4793905.64
北　京	84492.98	72100.63	77089.28	67146.33	30377.58	23683.63	1498.40	575.10	2855.10	2465.20
天　津	154034.04	132281.60	143413.56	127646.37	94682.97	85184.25	9889.57	6617.95	8165.85	3114.82
河　北	2287196.68	2009145.08	2060197.63	1847372.23	973882.00	862549.10	75712.76	68948.76	255584.98	207905.88
山　西	1218966.15	1130476.75	1031268.68	969227.18	373160.77	347751.77	27877.34	27030.34	99126.26	86274.26
内蒙古	1337592.96	1231603.99	1130979.86	1074200.39	763161.70	727800.20	23063.00	21735.00	87475.40	81923.50
辽　宁	1185979.66	1083592.35	991332.57	929760.93	453021.51	422920.17	18857.10	16105.80	99783.75	91144.01
吉　林	1559237.73	1035989.06	1441699.33	958043.60	883107.22	563890.55	20374.89	13678.51	76109.76	50095.93
黑龙江	2131318.67	1621026.40	1747681.31	1425828.40	1319499.39	1055599.50	39584.98	23750.99	78645.66	56141.60
上　海	27333.18	3164.50	26529.05	3036.20	18600.06	2656.10	1141.92	230.49	1037.49	110.10
江　苏	2875672.65	2317196.47	2579869.66	2160867.78	1583340.80	1275872.64	590640.73	509390.13	260189.38	201046.86
浙　江	1652987.00	1407447.00	1446753.00	1260817.00	365673.00	276867.00	30250.00	20654.00	193503.00	153193.00
安　徽	4602500.25	4238023.97	4204355.77	3972746.09	1971005.81	1849615.22	360961.03	340868.69	471503.17	425327.60
福　建	1000236.40	956161.08	868149.49	844396.09	182923.06	175926.80	4336.30	3678.50	196569.86	191632.32
江　西	1536583.01	1419908.95	1376990.63	1280041.50	487326.63	445487.32	21266.31	18505.42	186010.42	168356.57
山　东	4928675.43	4202979.91	4295000.12	3866153.94	1909827.64	1707416.32	415766.26	366942.95	387951.59	334594.22
河　南	3011182.34	2736869.62	2688840.34	2523448.20	1490690.37	1380579.68	348880.95	318825.16	232554.80	214100.89
湖　北	2538279.13	2056148.77	2179280.36	1821855.38	1116282.48	944235.77	103498.22	88697.52	373228.95	262711.08
湖　南	4266488.69	2409701.09	3240970.35	2260732.89	1224949.82	799151.16	87770.96	54492.14	566642.07	400934.48
广　东	1474813.76	1377122.61	1303796.23	1229009.64	473429.84	453469.17	19423.35	18324.80	193329.94	174526.57
广　西	3557790.35	3316103.50	3501897.55	3261175.00	732100.52	718190.61	14119.00	13991.93	828736.60	819620.50
海　南	327499.91	293494.89	281875.48	252932.68	93172.63	84340.90	6055.69	5744.72	14965.37	13784.63
重　庆	939641.04	629127.15	792910.66	568224.98	212778.82	179877.60	10779.02	8617.30	126461.18	100942.44
四　川	2560470.36	2165254.81	2177920.29	1987863.50	648660.43	589082.79	48133.42	40013.06	266654.71	239314.40
贵　州	665436.57	511608.15	536148.14	481145.15	75761.30	63988.10	2331.00	1925.00	92506.10	86648.73
云　南	1228340.55	1170492.04	1061870.25	1027134.63	230731.53	222009.89	10886.16	10245.36	125818.26	120949.54
西　藏	16546.00	12734.00	14167.00	12734.00	3694.00	3470.00	0.00	0.00	1541.00	1388.00
陕　西	999453.45	837100.99	867505.42	733636.43	307643.82	283329.61	93518.17	88185.45	116411.77	95047.16
甘　肃	958057.85	935702.39	789047.38	772634.15	341493.47	335811.23	25175.82	24571.67	103607.99	99490.33
青　海	100754.61	68498.28	84535.73	58567.97	40674.12	29382.82	8965.14	8145.34	11239.85	8112.83
宁　夏	306256.82	277250.82	282259.90	255576.90	149463.32	134443.32	9035.96	8881.96	22340.61	19945.61
新　疆	1100668.08	1039141.84	1020548.74	986936.32	620595.85	604077.51	41815.93	39678.02	87833.36	76912.58
新疆兵团	445340.00	306590.00	431460.00	297440.00	387700.00	263800.00	13560.00	13000.00	16270.00	6150.00

续表

地区	(3)农机运输收入(万元)		其中:农业运输收入(万元)		2. 农机维修收入(万元)		3. 其他收入(万元)		其中:农机及油料经销收入(万元)	
	合计	其中:农机户	合计	其中:农机户	合计	其中:农机户	合计	其中:农机户	合计	其中:农机户
合　　计	17976802.33	16367659.70	9480076.47	8481165.28	1969961.88	1587398.62	4433520.66	2098308.27	2512268.97	947672.31
北　　京	43856.60	40997.50	24501.70	23695.70	3021.10	2561.60	4382.60	2392.70	1451.50	398.00
天　　津	38349.65	37181.45	20594.65	20241.15	3930.73	2267.23	6689.75	2368.00	3506.75	107.00
河　　北	809320.15	756312.45	425810.45	403493.15	87015.80	77643.60	139983.25	84129.25	111657.70	57440.80
山　　西	533915.85	508339.85	214641.19	206454.19	78671.60	70913.70	109025.87	90335.87	43880.55	37661.55
内 蒙 古	280007.76	264144.69	169219.39	162518.99	88414.90	83407.10	118198.20	73996.50	77085.20	20995.80
辽　　宁	416844.52	385515.67	217711.84	201699.08	49984.77	40362.25	144662.32	113469.17	72465.39	48293.57
吉　　林	482464.35	342931.36	312447.70	225921.31	74243.98	47881.78	43294.42	30063.68	23945.80	13914.60
黑 龙 江	349536.26	314087.27	320561.45	272477.23	100275.83	61006.35	283361.53	134191.70	110462.90	58545.34
上　　海	6891.50	270.00	3871.40	246.00	222.17	57.72	581.96	70.58	287.16	51.58
江　　苏	678412.49	615481.23	280010.58	250569.82	71612.08	44648.58	224190.91	111680.11	146685.25	44285.13
浙　　江	841125.00	754824.00	410640.00	363202.00	41813.00	28246.00	164421.00	118384.00	37712.00	16076.00
安　　徽	1698913.69	1619643.80	608442.51	575881.12	147161.52	120217.00	250982.96	145060.88	136984.40	55937.13
福　　建	464505.14	453632.50	190509.91	187168.25	31660.11	27809.61	100426.80	83955.38	24801.80	10502.80
江　　西	648218.40	602918.17	335642.71	319082.64	83931.17	73559.13	75661.21	66308.32	33113.26	24994.49
山　　东	1846238.80	1672203.79	767820.48	715642.19	229620.25	165387.08	404055.06	171438.89	317591.09	116558.97
河　　南	912957.12	873164.76	441275.92	429545.01	123521.77	109941.98	198820.23	103479.44	158026.73	65548.14
湖　　北	656914.50	589556.34	460404.24	420532.58	89356.65	72501.65	269642.12	161791.74	197610.27	103291.86
湖　　南	1327562.67	977453.45	961792.50	610381.70	107200.25	72413.91	918318.09	76554.29	428139.76	7689.92
广　　东	572350.95	539768.22	310981.07	304330.55	98830.58	93255.88	72186.95	54857.09	41721.41	26517.67
广　　西	1385723.97	1381146.00	883965.65	861866.51	24601.47	24325.58	31291.33	30602.92	25994.80	25214.95
海　　南	171716.48	153488.15	87210.83	78240.01	16628.53	15115.75	28995.90	25446.46	11612.33	11472.06
重　　庆	343113.09	282957.23	234190.34	188980.63	28630.49	18731.97	118099.89	42170.20	95307.29	28180.27
四　　川	1220615.62	1121718.91	687886.62	616275.71	94961.18	72648.01	287588.89	104743.30	167637.71	72643.10
贵　　州	362562.55	327373.32	155445.42	139573.85	33471.39	24739.00	95817.04	5724.00	94708.04	5624.00
云　　南	681212.75	662608.93	372429.81	360644.09	68753.34	62993.95	97716.96	80363.46	37668.35	26553.82
西　　藏	8250.00	7876.00	5576.00	5403.00	531.00	0.00	1848.00	0.00	1848.00	0.00
陕　　西	412921.69	337301.52	155947.19	135911.33	64524.10	55906.27	67423.93	47558.29	39804.01	27647.01
甘　　肃	326622.82	317848.44	150577.72	147437.38	71499.23	70170.72	97511.24	92897.52	27563.97	23750.16
青　　海	30979.95	19908.48	16891.56	9253.50	5508.51	3922.67	10710.37	6007.64	5451.33	3890.73
宁　　夏	110364.02	101096.02	68669.65	63867.65	11953.08	10018.08	12043.84	11655.84	3793.00	3426.00
新　　疆	286843.99	278420.20	157225.99	153448.96	29261.30	25594.47	50858.04	26611.05	29871.22	10459.86
新疆兵团	27490.00	27490.00	27180.00	27180.00	9150.00	9150.00	4730.00	0.00	3880.00	0.00

续表

地　区	二、成本与费用(万元)		1. 服务成本与费用(万元)	
	合计	其中:农机户	合计	其中:农机户
合　计	30943645.61	26175107.15	26366559.84	22653030.72
北　京	53718.83	45989.67	47951.19	41996.98
天　津	82537.13	70991.15	68587.25	61691.36
河　北	1277641.99	1130500.79	1124359.97	1006557.57
山　西	588471.06	549161.36	444001.50	417350.90
内蒙古	804137.57	750128.13	677767.34	646116.97
辽　宁	680358.96	633875.00	555139.25	522410.42
吉　林	883628.89	644188.49	772337.53	563505.62
黑龙江	1382292.27	1093317.90	1189657.61	951726.09
上　海	16378.85	2115.80	13914.52	1454.52
江　苏	1655000.36	1315787.02	1460968.86	1192928.21
浙　江	882563.00	739906.00	739090.00	623444.00
安　徽	2130974.92	1932530.27	1905696.02	1762320.71
福　建	552707.11	528587.70	491769.07	471642.88
江　西	870690.85	805376.54	696995.88	645949.44
山　东	3104320.14	2675178.68	2683240.35	2365608.97
河　南	1801711.76	1639618.50	1538608.98	1404714.33
湖　北	1688674.77	1348642.60	1349498.87	1120349.43
湖　南	2385231.09	1325069.93	1960497.31	1086420.86
广　东	891496.09	838253.55	632166.83	591863.32
广　西	2677051.58	2522448.69	2589612.00	2439819.76
海　南	137065.32	122371.75	110234.04	97445.95
重　庆	762580.95	521113.98	625563.92	439687.55
四　川	2063294.89	1769797.90	1744675.97	1530234.30
贵　州	415698.91	307449.00	330848.10	299397.00
云　南	734899.27	702449.51	574299.05	551240.45
西　藏	10337.00	8551.00	8435.00	7957.00
陕　西	561174.51	474763.95	456470.59	388209.51
甘　肃	599322.39	586082.31	463777.61	454515.21
青　海	43365.60	31421.81	35875.94	25883.78
宁　夏	162738.10	147684.10	136769.74	122093.74
新　疆	692181.45	659124.07	604419.55	583933.89
新疆兵团	351400.00	252630.00	333330.00	234560.00

续表

地区	2.管理与财务费用(万元)		3.税金及附加(万元)		4.其他费用(万元)		三、利润总额(万元)	
	合计	其中:农机户	合计	其中:农机户	合计	其中:农机户	合计	其中:农机户
合计	1928212.81	1460144.51	1111849.54	858891.40	1537023.43	1203040.56	20136180.69	16828931.54
北京	2726.61	2066.86	779.00	559.00	2262.03	1366.83	30774.15	26110.96
天津	7608.47	4534.03	2835.18	2115.55	3506.23	2650.21	71496.91	61290.45
河北	45878.50	38007.10	57516.80	44553.20	49886.72	41382.92	1009554.69	878644.29
山西	56031.41	50996.60	37781.95	34590.66	50656.20	46223.20	630495.09	581315.39
内蒙古	50208.55	47816.56	34860.65	31976.10	41301.03	24218.50	533455.39	481475.86
辽宁	47266.29	42890.15	32555.35	26827.14	45398.07	41747.29	505620.70	449717.35
吉林	24544.04	17226.74	27245.60	17600.98	59501.72	45855.15	675608.84	391800.57
黑龙江	74448.73	59558.98	13945.87	9064.82	104240.06	72968.05	749026.40	527708.50
上海	953.05	315.47	173.01	2.60	1338.27	343.21	10954.33	1048.70
江苏	81371.05	56683.80	32680.70	16429.78	79979.75	49745.23	1220672.29	1001409.45
浙江	46796.00	34410.00	36691.00	31796.00	59986.00	50256.00	770424.00	667541.00
安徽	71068.23	51792.40	74925.57	65122.03	79285.10	53295.13	2471525.33	2305493.70
福建	22348.64	19815.82	18599.89	17906.72	19989.51	19222.28	447529.29	427573.38
江西	51616.82	46804.29	70577.96	64548.32	51500.19	48074.49	665892.16	614532.41
山东	247821.34	178569.06	80326.82	58596.84	92931.63	72403.81	1824355.29	1527801.23
河南	112321.58	100183.65	58730.82	51981.35	92050.38	82739.17	1209470.58	1097251.12
湖北	180345.11	105138.92	52804.57	37741.38	106026.22	85412.87	849604.36	707506.17
湖南	194876.37	94834.18	135719.61	80111.56	94137.80	63703.33	1881257.60	1084631.16
广东	167644.94	161924.01	31802.49	29231.35	59881.83	55234.87	583317.67	538869.06
广西	2126.26	595.35	15777.56	15143.19	69535.76	66890.39	880738.77	793654.81
海南	9486.60	8616.10	8076.98	7273.68	9267.70	9036.02	190434.59	171123.14
重庆	72920.21	47121.78	29442.32	16870.15	34654.50	17434.50	177060.09	108013.17
四川	121126.74	91931.36	97657.66	77176.55	99834.53	70455.69	497175.47	395456.91
贵州	23476.41	2081.50	29245.47	3253.00	32128.93	2717.50	249737.66	204159.15
云南	66950.18	63464.11	37730.46	35879.77	55919.58	51865.18	493441.28	468042.53
西藏	1217.00	0.00	61.00	0.00	624.00	594.00	6209.00	4183.00
陕西	41784.55	35284.50	33331.44	26747.49	29587.93	24522.45	438278.94	362337.04
甘肃	44655.08	43112.29	33183.38	32305.72	57706.32	56149.09	358735.46	349620.08
青海	4013.87	3076.67	2008.06	1642.35	1467.73	819.01	57389.01	37076.47
宁夏	5196.87	5032.87	9276.01	9110.01	11495.48	11447.48	143518.72	129566.72
新疆	41733.31	38609.36	12536.36	9764.11	33492.23	26816.71	408486.63	380017.77
新疆兵团	7650.00	7650.00	2970.00	2970.00	7450.00	7450.00	93940.00	53960.00

各地区农业生产燃油消耗情况表

地　区	农业生产燃油消耗	其中:(1)柴油	(2)用于农机抗灾救灾	1. 农田作业	(1)机耕	(2)机播	(3)机收
	万吨	万吨	万吨	万吨	万吨	万吨	万吨
合　计	3647.11	3303.45	139.18	1319.42	578.37	200.88	345.44
北　京	5.23	5.04	0.00	2.22	0.74	0.49	0.63
天　津	16.13	15.33	0.19	7.24	2.33	1.31	1.75
河　北	308.44	284.41	1.70	79.58	24.49	18.32	21.35
山　西	86.61	79.64	0.45	25.44	7.37	5.10	6.76
内蒙古	121.82	119.38	3.49	53.10	19.02	12.15	11.90
辽　宁	99.93	91.70	3.01	41.22	19.84	6.99	5.81
吉　林	145.16	145.16	0.00	31.82	13.29	8.82	0.52
黑龙江	227.32	223.16	3.62	174.53	84.32	25.43	48.45
上　海	3.58	3.03	0.01	2.08	1.05	0.11	0.67
江　苏	152.22	142.95	4.63	67.28	24.08	9.00	25.04
浙　江	124.89	114.59	2.16	24.07	12.46	0.87	6.77
安　徽	155.19	146.23	13.69	78.29	39.57	12.38	17.86
福　建	41.40	34.68	0.91	6.65	3.59	0.15	1.34
江　西	104.76	93.21	3.23	26.71	13.57	0.72	9.93
山　东	410.16	358.07	9.34	144.00	44.60	35.02	48.58
河　南	366.68	337.52	15.14	132.85	49.06	21.28	40.29
湖　北	149.60	129.13	10.15	74.96	37.95	5.31	22.72
湖　南	183.41	156.27	23.93	73.26	32.97	5.36	23.53
广　东	124.16	104.69	6.80	36.08	22.49	0.68	7.11
广　西	135.31	127.70	2.68	28.03	18.74	1.24	7.19
海　南	25.66	23.96	1.14	7.79	5.57	0.03	1.69
重　庆	49.83	28.79	10.92	15.10	12.86	0.49	0.44
四　川	137.68	121.39	6.99	34.21	19.07	1.59	8.54
贵　州	43.14	37.26	1.28	5.94	3.38	0.45	1.34
云　南	82.25	74.27	3.16	14.18	10.57	0.26	1.29
西　藏	23.68	20.09	0.00	1.73	0.67	0.33	0.45
陕　西	87.36	81.76	0.87	26.49	11.13	5.35	5.75
甘　肃	109.26	90.00	8.14	27.45	8.40	4.57	3.98
青　海	10.23	7.50	0.02	7.68	3.08	2.45	2.00
宁　夏	21.79	19.92	0.06	9.11	5.01	1.60	1.99
新　疆	67.98	61.52	0.90	39.83	17.60	9.63	6.07
新疆兵团	26.24	25.10	0.57	20.50	9.50	3.40	3.70

续表

地区	(4)植保	(5)其他	2. 农田排灌	3. 农田基本建设	4. 畜牧业生产	5. 农产品初加工	6. 农业运输	7. 其他
	万吨	万吨	万吨	万吨	万吨	万吨	万吨	万吨
合计	84.00	110.67	204.58	235.06	70.95	234.24	1434.38	148.54
北京	0.18	0.18	0.04	0.34	0.04	0.01	2.43	0.15
天津	0.46	1.39	1.03	3.17	0.34	0.72	3.13	0.50
河北	4.20	11.21	12.67	17.51	5.88	10.86	175.55	6.39
山西	2.85	3.36	1.65	6.44	0.99	2.77	41.57	7.76
内蒙古	1.82	8.21	4.70	6.77	8.64	3.87	36.70	8.06
辽宁	1.91	6.69	5.85	8.36	2.86	3.57	30.38	7.68
吉林	2.37	6.82	14.86	1.62	5.98	6.05	84.83	0.00
黑龙江	12.38	3.95	16.25	13.55	3.80	7.48	10.10	1.61
上海	0.16	0.09	0.05	0.22	0.04	0.06	0.51	0.62
江苏	4.65	4.52	11.36	15.02	2.49	10.65	41.54	3.87
浙江	2.02	1.94	3.34	12.05	0.88	5.86	70.04	8.65
安徽	4.33	4.15	18.34	7.24	1.55	9.52	38.43	1.82
福建	1.21	0.36	1.77	2.06	0.30	2.36	26.41	1.85
江西	0.91	1.58	5.31	5.27	0.81	7.31	56.05	3.32
山东	9.84	5.96	37.44	32.75	9.47	22.84	142.41	21.25
河南	7.52	14.69	12.42	30.67	5.21	18.35	155.84	11.33
湖北	4.99	3.99	7.40	14.92	1.73	7.17	36.49	6.93
湖南	5.69	5.71	14.13	11.72	4.58	22.02	53.39	4.31
广东	2.42	3.38	6.29	6.73	2.83	22.06	43.89	6.29
广西	0.59	0.27	2.60	3.40	3.34	34.06	47.02	16.86
海南	0.32	0.18	2.04	0.50	0.11	1.23	13.35	0.65
重庆	0.38	0.93	3.56	2.17	0.88	4.11	23.21	0.79
四川	3.53	1.48	8.59	6.41	0.97	11.50	73.62	2.37
贵州	0.38	0.40	1.83	3.20	1.09	3.15	26.89	1.03
云南	0.88	1.17	2.21	2.61	0.56	3.29	54.15	5.25
西藏	0.01	0.27	0.03	0.19	0.00	2.91	14.68	4.14
陕西	1.23	3.03	2.14	4.41	1.23	3.87	46.88	2.34
甘肃	2.50	8.00	3.60	7.72	1.50	4.00	54.36	10.63
青海	0.04	0.05	0.06	0.11	0.07	0.04	2.32	0.01
宁夏	0.15	0.36	0.10	3.37	0.21	0.14	8.58	0.27
新疆	2.68	3.85	1.82	3.46	1.72	2.01	18.13	1.01
新疆兵团	1.40	2.50	1.10	1.10	0.84	0.40	1.50	0.80

各地区农业机械事故情况表

地区	一、事故次数					二、事故损失		
	事故合计	其中： 1. 一般事故	2. 较大事故	3. 重大事故	4. 特别重大事故	1. 死亡人数	2. 受伤人数	3. 直接经济损失
	次	次	次	次	次	人	人	万元
合　计	1733	1730	3	0	0	432	631	1711.65
北　京	24	24	0	0	0	0	3	177.52
天　津	16	16	0	0	0	3	16	7.05
河　北	45	43	2	0	0	27	24	58.41
山　西	27	27	0	0	0	3	23	154.01
内蒙古	15	15	0	0	0	3	8	10.90
辽　宁	34	34	0	0	0	23	16	181.57
吉　林	5	5	0	0	0	0	3	1.35
黑龙江	3	3	0	0	0	3	0	0.00
上　海	19	19	0	0	0	0	5	5.43
江　苏	138	138	0	0	0	59	60	108.40
浙　江	12	12	0	0	0	12	0	1.15
安　徽	47	47	0	0	0	10	21	54.47
福　建	37	37	0	0	0	26	11	62.31
江　西	22	22	0	0	0	2	14	29.73
山　东	30	30	0	0	0	10	23	39.11
河　南	61	61	0	0	0	34	34	151.67
湖　北	473	473	0	0	0	26	88	314.83
湖　南	76	76	0	0	0	5	45	104.46
广　东	4	4	0	0	0	1	3	0.11
广　西	21	21	0	0	0	20	2	2.75
海　南	1	1	0	0	0	1	0	2.00
重　庆	11	11	0	0	0	5	12	0.69
四　川	64	64	0	0	0	41	48	54.70
贵　州	2	1	1	0	0	3	9	5.30
云　南	37	37	0	0	0	27	18	25.74
西　藏	0	0	0	0	0	0	0	0.00
陕　西	334	334	0	0	0	6	47	89.53
甘　肃	28	28	0	0	0	2	23	3.33
青　海	26	26	0	0	0	21	7	38.44
宁　夏	6	6	0	0	0	7	1	0.80
新　疆	115	115	0	0	0	52	67	25.89

续表

地　区	三、事故原因								
	其中：1. 无证驾驶	2. 酒后驾驶	3. 违法载人	4. 操作失误	5. 无牌行驶	6. 超载超速	7. 未年检	8. 机件失效	9. 其他
	次	次	次	次	次	次	次	次	次
合　计	466	10	31	993	306	69	453	82	310
北　京	0	0	0	24	0	0	0	0	5
天　津	8	0	0	2	8	0	11	0	3
河　北	36	1	0	12	29	2	33	1	4
山　西	12	0	1	16	3	0	8	0	7
内蒙古	12	0	0	4	6	1	11	0	2
辽　宁	27	0	2	18	18	1	28	0	5
吉　林	3	0	0	0	3	1	4	1	1
黑龙江	1	0	0	0	1	0	1	0	1
上　海	0	0	0	17	0	0	0	0	2
江　苏	70	2	4	56	43	7	62	7	34
浙　江	7	0	0	5	4	0	5	1	5
安　徽	15	0	0	32	12	0	19	2	4
福　建	15	0	1	12	3	3	16	4	3
江　西	5	0	0	16	2	0	4	1	5
山　东	20	2	0	13	16	2	20	0	1
河　南	37	2	2	25	35	2	46	0	12
湖　北	51	0	5	302	21	34	47	32	85
湖　南	25	0	0	52	13	1	17	16	14
广　东	1	0	0	3	0	0	1	1	0
广　西	1	0	0	21	2	0	4	0	2
海　南	1	0	0	0	0	0	0	0	0
重　庆	5	0	1	8	4	0	4	0	0
四　川	7	2	0	47	7	0	8	0	1
贵　州	2	0	1	2	1	0	2	0	0
云　南	22	1	1	14	13	2	20	0	8
西　藏	0	0	0	0	0	0	0	0	0
陕　西	6	0	4	219	1	3	10	6	73
甘　肃	20	0	1	4	19	0	22	1	1
青　海	21	0	1	2	23	0	24	1	2
宁　夏	6	0	0	4	3	0	6	0	0
新　疆	30	0	7	63	16	10	20	8	30

续表

地区	四、事故条件					
	其中： 1.驾龄3年以下的	2.驾龄3年以上的	3.发生在8:00—20:00之间的	4.发生在20:00—8:00之间的	5.晴天发生的	6.雨雪雾天发生的
	次	次	次	次	次	次
合计	697	1036	1399	334	1571	162
北京	11	13	24	0	24	0
天津	2	14	12	4	16	0
河北	15	30	34	11	44	1
山西	9	18	24	3	27	0
内蒙古	3	12	11	4	11	4
辽宁	6	28	29	5	32	2
吉林	3	2	5	0	3	2
黑龙江	0	3	2	1	3	0
上海	3	16	18	1	18	1
江苏	36	102	98	40	100	38
浙江	1	11	10	2	11	1
安徽	12	35	33	14	41	6
福建	5	32	27	10	35	2
江西	3	19	22	0	16	6
山东	4	26	27	3	27	3
河南	24	37	50	11	59	2
湖北	278	195	332	141	424	49
湖南	63	13	61	15	71	5
广东	1	3	4	0	4	0
广西	0	21	19	2	18	3
海南	0	1	1	0	1	0
重庆	2	9	10	1	10	1
四川	23	41	64	0	62	2
贵州	0	2	2	0	2	0
云南	8	29	28	9	25	12
西藏	0	0	0	0	0	0
陕西	131	203	304	30	324	10
甘肃	21	7	26	2	25	3
青海	8	18	20	6	21	5
宁夏	2	4	4	2	6	0
新疆	23	92	98	17	111	4

农机社团组织

中国农业机械化协会

【召开理事会,明确发展方向】 2013年1月23日,在北京组织召开了协会一届四次常务理事会暨一届三次理事会,审议并通过了部分副会长变更,增补理事、常务理事和副会长的提案,审议了协会2012年工作报告和财务报告,审议了《中国农机化协会分支机构管理办法(草案)》,中国农业机械化协会会长张桃林副部长出席会议并作重要讲话,为协会发展明确了方向。

【积极促进农机合作组织发展】 10月26日,在2013中国国际农业机械展览会期间,由中国农业机械化协会农机专业服务组织分会主办的"创新农业经营机制 构建新型农机社会化服务体系"农机服务组织发展论坛同期举办。农业部农村经济体制与经营管理司关锐捷巡视员和来自各地140余名农机合作社和维修网点负责人全程参加。山东省农机局高明飞局长致词。中国农大教授杨敏丽、江苏农机局副局长王勇、福田农装事业部总经理王玉荣、山东明清农机维修服务站经理阮建军分别就创新经营,推动农机合作社可持续发展做了主题发言。从不同角度分析了农业、农机社会化服务体系和服务组织现状,明晰了机制创新、规范经营、人才培养、服务手段建设等应是农机服务组织重点建设内容。

【做好行业内合作社理事长评选工作】 协会与中国农机安全报社共同主办的"全国20佳农机合作社理事长"评选活动4月启动以来,通过《中国农机化导报》及相关网络媒体公开征集各地优秀农机合作社理事长候选人,经各省农机部门推荐,评委会按照评选标准选出20位获奖者。《中国农机化导报》分5期专版对候选理事长的先进事迹刊载宣传。当选的理事长中,既有规模经营粮食全程机械化的"产粮"大户,又有利用科学技术,带动当地农业发展的"智能"标兵;既有多年在农村打拼的农机"老把式",又有学成归来,扎根农村的青年英才。

【组织农机行业十大女杰评选工作】 与中国农机化导报共同在黑龙江哈尔滨举办"沃得杯第三届全国农机行业十大女杰评选活动",宣传全国农机行业杰出女性们的先进事迹,表彰她们为农业机械化事业所做出的辛勤付出和不懈努力,树立新世纪农机行业的典范,激励全国广大农机行业人员勤奋敬业,不断开创农业机械化事业新局面。

【农用航空技术发展论坛和现场展示得到业内好评】 在中国国际农机展览会上,协会农用航空分会组织"农用航空技术发展论坛",并设立农用航空展区,同时组织"农用无人机模拟作业演示"活动,有7家企业和众多潜在用户参加了论坛,对今后遥控无人机在农业生产中应用的地域、生产环节以及技术发展重点进行充分交流。8架不同种类的无人遥控旋翼机参加演示,向观众展示飞行的稳定性、农药喷洒的范围和均匀度。这次活动展示我国农用无人机的发展水平,同时也明确了农用无人喷洒系统进一步改进完善的目标,努力加快改进飞行控制系统,争取早日在农业生产中大范围的推广应用。

【开展实验室间能力比对活动】 农机鉴定检测分会组织完成两次系统内实验室能力比对试验活动。2013年6月,组织农业部农业机械试验鉴定总站等3家单位在江西信丰绿萌农业发展有限公司开展的农机实验室间比对工作,比对项目是水果分级机轴承温升、吨料电耗、纯工作小时生产率和分级合格率,比对结果为满意。2013年7月,组织北京市农业机械产品质量监督检验站等四个实验室开展了噪声、转速、锤片质量、气门杆部外圆直径等测试项目的能力比对活动,比对结果为满意。通过比对试验活动,为部分会员单位的实验室检测资质保持,技术人员的检测技术的学习统一提供了有效锻炼平台。

【农机合作社标志征集工作圆满完成】 为推动农机合作社建设,打造农机作业服务品牌,协会组织向社会各界公开征集中国农机合作社品牌标志(Logo)创意设计方案。经专家评委会评审,评选出的最佳方案经过进一步的修改完善,已注册产权保护,并作为农机专业合作社标志进行推广，同时制定《中国农机合作社标志管理办法》。标志在全国农机合作社理事长培训班推出后，得到良好反响，目前，已有部分农机合作社提交应用标志申请。

【组织召开了农用航空发展研讨会】 在农用航空分会成立大会上，协会组织召开农用航空发展研讨会，针对目前农用航空方面的政策和法律法规以及生产和安全标准规范等展开深入探讨，农用航空要想达到发达国家的先进水平，国家应该放开低空飞行的法规约束，尽早完善相关的标准规范。

【开展主题征文活动】 由农机专业服务组织分会主办的“创新农业经营体制，构建新型农机社会化服务体系”主题征文活动揭晓。活动共收到论文43篇，经专家评审确定10篇优秀论文。

【组织海峡两岸农业机械化发展交流】 应台湾农机工业同业工会邀请，协会组团于10月18日—25日赴台湾开展农机专业服务组织交流工作。通过参访农会、农场、相关企业及农机展会和交流研讨，深入了解台湾农会及农机服务组织运营模式和管理经验，进一步促进了两岸农业机械化事业的发展。

【参加农机团组出国学习考察】 应中国农机流通协会邀请，派人参加法国“SIMA”农机展和德国汉诺威国际农机展，期间进行招展工作。针对我国农业生产需求，邀请法、德、意、美、巴等国际知名企业的适用产品参加我们的农机展览会；展会后，三个协会走访CLAAS、KRONE、GRIMME、农机生产商，参观工厂生产线和主要环节的制造工艺装备，现场参观HOLMER企业的甜菜收获机的作业演示，进一步开拓视野，扩展农机工业领域的中外交流渠道。

【办好农业机械展览会】 4月份，会同中国农业机械工业协会、中国农业机械流通协会共同主办“全国农业机械展览会”，参展的展商300余家，观众近2万人次，展会的面积超过4万平方米，被业内人士评为：上半年全国最好的农机展。10月份，再次同中国农业机械流通协会、中国农业机械工业协会，在山东青岛举办了“2013年中国国际农业机械化展览会”，吸引了来自国内及全球多个国家和地区的1 800余家企业，展位面积近20万平方米，参展展商较2012年数量增加了20%，逐步发展成为国内国际农机新信息、新技术和新产品交流展示的综合平台，为新形势下我国农业机械化发展起到了重要的促进作用。

【积极参与国际间的专题交流活动】 10月27日，中国农业机械流通协会、中国农业机械化协会、中国农业机械工业协会、联合国亚太地区可持续农业机械化中心在青岛共同举办了主题为“政企合作提高粮食安全和农村生计”的亚太区域可持续农业机械化论坛。来自农业部、联合国粮食和农业组织、联合国亚太经济和社会委员会、联合国亚太地区可持续农业机械化中心、欧洲农机检测网、印度尼西亚、印度、斯里兰卡、柬埔寨、哈萨克斯坦、马来西亚、蒙古、尼泊尔、巴基斯坦、泰国、菲律宾、越南以及中国等14个国家的农机行业管理行政部门和机构负责人60多名代表参加论坛。在协会马世青常务副会长流利的中英文主持中，国内外的专家领导通过同声传译分别就各国的农机行业发展现状和需求进行分析和交流。活动受到国内外业内的一致好评。

【积极组织科技研讨活动，促进农业机械化学术交流】 2013年，农机科技分会着力加强与国内外知名大学、研究机构、制造企业等建立科技合作和人才培养交流联系，开展经常性人员互访和深层次合作研究。针对农业机械化薄弱环节和技术关键，重点围绕经济作物机械化、茶园果园作业机械化、土下果实收获机械化和植保装备等开展技术交流研讨活动，大力开展农业机械化新技术交流与田间现场演示活动，2013年共举办各类技术交流与现场演示会16次左右。

【完成《甘蔗收获机械技术应用情况调研》项目】 按照农业机械化管理司要求的调研目标和实施方案，协会调研组，在2013年3月—6月榨季，到广西、广东、云南三省走访甘蔗主产区的十余个县(村、场)，深入田间与蔗农了解情况。召集了蔗农、机手、甘蔗收获机企业、榨糖厂、农机管理及推广人员等10次不同从业人员的座谈，对甘蔗生产特别是甘蔗收获机械化的现状，有了较深入的了解。12月22日，在调查报告形成的基础上，在广西崇左市召开了甘蔗机械化技术应用座谈会，经与会的广西、广东、海南等主产区的省地县农机部门、国家甘蔗产业项目首席专家及基层农机服务组织等代表充分研讨交流，调研报告得到了进一步补充，并提出我国推进甘蔗收获机械化的意见和建议。

【认真执行《农产品加工设备及农业机械促销网络平台建设》项目】 9月项目任务下达后，结合协会职能工作特点，力求处理好网络平台建设当前与长远的关系。在研究提出建设思路的基础上，召开专家座谈会征求意见，确定版面结构及实施方案，扎实推进。在网络平台建设过程中，针对农机合作社、农机户、农机生产企业和流通企业的一般要求，和方便用户应用为目标，进一步修改完善适用农业机械化技术、高产高效技术模式、农机具展厅等栏目，完成最终框架栏目搭建工作，模块内容逐步填充，各控件的功能基本完善，争取2014年初发布运行。

【组织实施《农用航空发展情况调研与相关数据资料收集分析》项目】 根据项目要求，调研组走访了湖北荆门通航公司、北大荒通航公司，山东卫士植保机械公司、无锡汉和航空技术公司、湖南博航联合技术公司、重庆金泰航空工业公司和中国直升机研究所。了解我国农用航空发展的基本情况，掌握部分通用航空公司的规模、登记在册的飞行员数量以及每年的作业面积等数据，也看到国内各通用航空公司基础建设不平衡，飞机保有量和每年作业面积差距较大，在飞机起降场点建设、飞行员培训、农药喷洒作业质量等没有统一的标准规范，影响今后的进一步发展。

用于植保作业的无人遥控机作为新技术，在喷洒农药和施肥方面有着较大优势，作业效率比人工要高十几倍，既节能节药，又环保，很大程度上降低了因农药中毒的现象发生。通过与企业座谈，了解到无人遥控飞行器可以自主设计研发，但发动机、部分电子元器件等依赖进口。目前，我国无人机的生产以及安全作业标准的缺失，各地还没有检测机构能够承担农用无人机的安全技术检验工作。因此无人机领域的安全技术标准建设工作是当前的重点任务。

【开展全国农业机械化技术需求调研，配合政府部门开展农机科技创新体系建设】 2013年，农机科技分会组织相关专家通过问卷调研、专家座谈等形式，分区域、分作物、分环节理清我国农业机械化近、中期技术问题与需求，积极配合农业机械化主管部门开展农业机械化技术需求调研项目，在充分调研咨询活动基础上，农业部成立全国农业机械化科技创新战略咨询专家组，专家组下设土壤耕作机械化、种植机械化、田间管理机械化、收获机械化、农产品初加工机械化、种业机械化、林果业机械化、设施园艺工程、饲料与养殖工程、精准农业、技术集成与区域规划等11个农业机械化科技创新专业组，进一步提升农业机械化科技创新能力，推动我国农业机械化科学发展。

【组建协会分支机构】 在民政部、农业部主管部门支持指导下，1月份组建了农机鉴定检测、农机专业服务组织、农机科技3个分会。4月在佳木斯成立了农用航空分会，各分会均选举产生了主任、副主任委员及秘书长，完善了组织机构。

【积极发展会员】 通过各种形式组织分会、网上信息交流等形式，加强协会职能的宣传，吸引更多的企事业单位和地方部门入会。目前，协会登记注册的会员数量为550名（总会会员345名），已经发展成为一个联系政府与行业、会员的桥梁纽带，发展活力进一步增强。

【及时提供会员服务】 坚持每月按期给每位会员（单位）免费寄送一份当期《农机质量与监督》杂志和每年度《全国农机化统计资料简明手册》，为会员提供了解农机政策、产品质量、科研开发等方面信息。主动了解会员诉求和对协会发展建设意见等，收到会员好评。

【努力做好协会运行的规范管理】 为能够更好开展工作，使协会工作更加制度化、规范化运作，在协会已经制定的会员管理、财务管理、办公议事规则、人员聘用、档案管理、公文处理等办法的基础上2013年制定《中国农业机械化协会分支机构管理办法》，逐步形成工作制度化、活动规范化、服务细致化的工作方式，为会员和行业做好服务工作。

落实协会人事档案、劳资管理工作。办理协会工作人员转档资料、相关手续和党组织关系，经过转出—接收—落档等一系列流程，完成了协会的档案管理工作。按照有关规定，到劳动管理部门和公积金管理部门分别办好缴纳社保（养老保险、失业保险、工伤保险、医疗保险）和公积金的各项手续，并在国家规定的时间内办理核定基数和跨年清册工作，体现协会的规范性，解决工作人员的后顾之忧。

【加强工作人员教育培训】 深入开展党的十八大和十八届三中全会精神学习和贯彻。根据上级开展党的群众路线教育实践活动部署，深入开展学习动员、自查自纠、整改落实等工作，围绕“反对四风”开展批评与自我批评，进一步端正了思想认识，激发前进动力。强化专业能力和素质的培养，针对人少事多的实际，积极开展岗位传帮带和互帮互学，参加新闻稿件采写培训和财会人员继续教育培训，深化标准管理意识，提高专业能力。

（陈海燕）

中国农业机械学会

【举办系列活动，纪念中国农业机械学会成立50周年】 从2012年下半年开始，中国农业机械学会先后在常务理事、分支机构秘书长和学会老领导、老同志等范围内，听取意见、集思广益，确定学会成立50周年纪念活动方案，并开展系列纪念活动。

一是评选表彰先进。拟订《中国农业机械学会“中国农业机械发展终身荣誉奖”评选办法》《中国农业机械学会单位会员评选表彰办法》和《“中国农业机械50年百篇优秀论文”评选表彰办法》。由理事单位、会员单位、分支机构，以及各省级农机学会推荐，经过初审、专家评审、常务理事会审定和公示等程序，马成林等15位同志荣获“中国农业机械发展终身荣誉奖”；中国一拖集团有限公司等5家单位被评为“突出贡献会员单位”；上海农机学会等15家单位被评为“优秀会员单位”；《水稻插秧机设计研究》等100篇论文被评为“中国农业机械50年百篇优秀论文”。

二是编辑出版纪念册。2013年10月底，印制出版《纪念册》。内容包括：来自8个国际组织和4个国内组织的贺信，包括领导关怀、珍贵资料、学会工作、学术交流、国际合作、科学普及、编辑出版等七个部分的169幅极具纪念意义的图片，有17位国内外知名专家撰写的纪念文章和学会50年回顾与展望，有学会历届理事会和分支机构主任委员名单、历届奖项获奖者名单，还有学会50年大事记等，较全面地收录中国农业机械学会50年以来的各方面情况和内容。

三是出版学报增刊。经学会13个分支机构征文推荐，《农业机械学报》编辑部组织同行专家进行集中盲审，在收到近300篇投稿基础上，于2013年10月上旬，出版《农业机械学报》（增刊）2期，收录论文109篇，并全部被EI收录。本次增刊征文投稿和刊出文章篇数较以往增刊有大幅增加。

四是改版学会网站。经反复调研、多方征求意见，学会官方网站于2013年10月底进行改版升级，在安全防护进行升级同时，增加特色内容版块，如历届理事会和分支机构人员名单、分支机构简介、学会规章制度、表彰奖励、友情链接等，使网站成为广大会员和有关人士全面了解学会情况的有效途径和信息化平台。

五是召开纪念大会。2013年11月3日，中国农业机械学会成立50周年纪念大会暨2013中国农业机械学会学术研讨会、中国农业机械学会九届四次理事扩大会议，在北京国家会议中心举行。来自中国、美国、爱尔兰、印度、日本、南非等6个国家的300余位中外专家，有关部门领导，部分在京的学会老领导、老同志，学会理事，各省级学会代表等参加会议。大会由学会副理事长刘敏主持，理事长罗锡文院士，农业部原常务副部长、学会名誉理事长刘成果，农业部农业机械化管理司司长宗锦耀，国际组织代表、CIGR主席孙大文以及国际友人代表、兄弟学会代表等先后致辞。李树君秘书长围绕学会50年回顾与展望等做专题报告。会议还表彰获奖单位和个人。罗锡文理事长、李树君秘书长为“中国农业机械发展终身荣誉奖”获奖者马成林、万鹤群、白人朴、冯炳元、华国柱、余群、何光远、汪懋华、陶鼎来、鹿中民(按姓氏笔画为序)等老领导、老前辈，亲手送上奖杯和证书，感谢他们为中国农机事业做出的终身贡献，祝福他们健康长寿。在学术研讨会上，围绕“促进农业装备工程技术创新”的主题，CIGR秘书长Toshinori Kimura教授，美国农业与生物工程师学会(ASABE)主席Lalit Verma，农业部农业机械化管理司司长宗锦耀，学会理事长罗锡文院士，吉林大学任露泉院士，中国农业机械工业协会会长陈志，中国农业大学副校长傅泽田，浙江大学应义斌教授，中国农业机械化科学研究院杨炳南研究员等中外专家，分别作9个内容丰富、信息量大、观点新颖的主题学术报告。会议同期正式启动中国农机学会新版官方网站上线仪式。

【国际合作与交流稳步推进】 2013年，中国农业机械学会接待来访外宾12个团组，来自美国、日本、加拿大、博茨瓦纳等11个国家共73人次；派出研究员、工程师约220余人赴美国、澳大利亚、越南、意大利等21个国家进行学术交流、合作洽谈，共计50个出访团组；承办援外技术培训项目7期，来自53个国家164名学员参加培训。学会尤其注重国际学术交流，在华主办、协办和赴外参加较有影响的国际学术会议共11个，主要包括：亚洲农业工程学会第二十四届执委会会议，国际生物机器人大会，第五届农业工程发展趋势国际会议及CIGR第68届常务理事会议等。

国际期刊编辑工作取得较大成效。2013年共出版《国际农业与生物系统工程学会期刊》(CIGR Journal)4期，发表学术论文126篇(2012年为110篇)；出版《国际农业工程学报》(IAEJ)4期，发表学术论文43篇(2012年为26篇)。

筹备2014年CIGR世界大会。召开4次专门筹备会议和1次特别会议，分别针对大会筹备各阶段具体工作的分工落实情况进行部署和指导，明确大会委员会和国际学术委员会、大会秘书处名单、确定8个学术分会中方和外方主席名单、各分会组织架构及会议主题、注册费用等细节，完成2个学会各下属委员会与大会分会的对接工作，成立大会会务和学术筹备执行工作小组并明确划分相应职责，并邀请国际组织主席团来华对世界大会筹备工作及场馆进行考察。完成大会官方网站的搭建和网站测试工作，于9月初正式上线对外开放。

【各分支机构开展学术交流活动】 围绕社会热点，结合各自专业特点，各分支机构采取专门组织研讨会和论坛、学术讲座和专题培训等多种方式，开展内容丰富、形式多样的学术交流活动。如耕作机械分会举办的“加快施药机械创新、减少农药施药量国际学术研讨会”；青年工作委员会及耕作分会举办的“2013现代农业装备产业科技发展论坛暨全国栽植机械化技术研讨会”；农副产品加工机械分会举办的“2013年全国包装与食品工程、农产品加工学术年会”；教育工作委员会和地面机器系统分会举办的“农业工程教育与新型农业经营主体培育论坛”；畜牧机械分会举办的“中国农机学会畜牧机械分会2013年学术年会”；拖拉机分会举办的“2013拖拉机、农用车、农用发动机行业发展研讨会”；农业机械化分会举办的“2013海峡两岸丘陵山区农业机械化发展交流活动”等等，促进和推动行业科技进步与创新。

地面机器系统分会主任委员李建桥教授带领的科研团队参与“嫦娥三号”移动系统等相关的方案论证、技术分析、内场试验等工作，承担探月II期项目。研制系列模拟月壤，协助中国空间技术研究院构建亚洲最大的月面试验内场，参加“玉兔”月球车移动性能内场考核实验，为“玉兔”月球车地面试验提供技术保障。

【学报编辑出版工作成效显著】 2013年，《农业机械学报》继续秉承“增数量，保质量，追热点，提速度”的原则，通过初审严格控制稿件数量和质量，并兼顾论文的专业范围、学术创新性、论文完整性和其他因素等；严格执行双盲审制度，依靠审稿专家学术把关；坚决杜绝论文重复发表，通过各种手段，已将学术不端行为发生的机率降至最低。申报并荣获“中国科协精品科技期刊”，获中国科协资助15万元。2013年，出版正刊12期、增刊2期，刊出论文712篇，全年共完成编辑加工量达870万字，同比增加28%。刊出基金论文比例达100%，其中国家自然科学基金资助论文占50%，国家“863”、“973”计划资助论文占32%。2013年收到有效投稿2 800篇，录用率21%，平均审稿周期47天，平均出版时间缩短为9个月。通过优先出版手段，读者能够提前4个月在网上阅读论文。2013中国科技论文统计结果发布的最新数据显示，《农业机械学报》的各项评价指标均有较大提高：总被引频次3 903，比上年提高33%；影响因子1.107，比上年提高29%；基金论文比97%，比上年提高2个百分点；他引率76%，比上年提高2个百分点。采编平台经过3年的使用更为成熟稳定，在方便作者投稿、专家审稿、读者看稿同时，提升编辑部服务能力和工作效率，使编辑出版工作更为先进和规范，编辑出版工作水平得到有效提升。

【做好学会组织建设工作】 一是分支机构换届。按照学会章程，顺利完成相关分支机构的届满换届工作。如收获机械分会，按照民主推荐新任委员和负责人、学会常务理事会审议批复、召开换届会议的规范程序于11月上旬完成换届工作。二是常规组织建设工作。分别召开九届六次、九届七次常务理事(通讯)会议，对涉及学会工作总结和计划、学会成立50周年活动方案和评选表彰办法等学会重大事项进行民主协商、集体决策。召开学会秘书长工作会，研讨学会工作，布置学会年度重大工作事项。高度重视并积极做好宣传工作，及时将学会活动在科协网站、学会网站、农机院网站及学术期刊上进行广泛宣传。2013年在学会网站共发布各类通知、报道等35篇，在中国农机院网站主页发布相关新闻7篇，在有关报刊刊登学会成立50周年专题报道；向中国科协网站报送新闻并发布4篇；在《中国农机化导报》2013年11月11日和18日8版刊发新闻报道和“半世纪风雨兼程 新世纪再续辉煌”的专题报道。三是人才推荐工作。按照中国科协的部署，学会分别完成向中国工程院推荐1名院士候选人选、向中国科协推荐3名中国青年科技奖候选人选等工作。

(袁爱洁)

中国农业工程学会

【概况】 2013年，中国农业工程学会根据九届一次常务理事会对学会工作的计划安排，紧密围绕党和政府的中心工作及农业工程学科发展要求，以学会能力提升专项项目为抓手，以“2013—学术交流年”为契机，完善体制机制创新，开展学术交流、期刊出版、科学普及、人才举荐、会员服务、组织建设等各项工作，促发展、调结构、练内功，增活力，助力我国新农村及现代农业工程建设，推进中国农业工程工作全面发展。

【搭建高层次活动平台，促进百家争鸣】 据不完全统计，2013年中国农业工程共组织各类学术会议16次，资助11个专业委员会组织专业学术会议，全年共有近3 000人次参加学术交流活动。编辑出版论文集、增刊5本(册)，其中1本被EI或SCI收录。16次会议中，中国农业工程大型品牌学术交流活动1个(中国农业工程学会2013年学术年会)，专业品牌学术交流会议12个，内容涉及农业工程情报信息、特种水产、农村能源、畜牧工程、农业工程技术咨询、山区资源、蓖麻经济技术、青年科技、农业工程教育、土地利用、农业工程标准化、农产品加工与贮藏等领域，会议结束后形成会议总结报告及科学家意见，追踪学科动态，把握学科发展趋势，为学科发展建言献策，推动学科发展。邀请美国农业与生物工程师学会专家讲座，举办中国农业工程学会工作及学术期刊交流座谈会。这些会议的召开搭建学术交流大平台，推进农业工程分支学科领域的融合发展，为地方经济建设做出贡献，学术交流活动为农业工程学科向多领域交叉延伸的发展营造氛围。

中国农业工程学会学术年会作为学会的品牌学术交流会议，从2005年起至今，已举办五届。中国农业工程学会2013年学术年会于8月18—20日在江苏省镇江市江苏大学召开，来自全国28个省(直辖市、自治区)的849名代表以及来自美国和加拿大的专家参加此次会议。大会报告围绕“创新农业工程科技推动现代农业发展”的主题，邀请八名院士专家做大会报告。年会设置农业机械化与现代农业装备、农业水土工程科技创新、设施农业转型发展、畜牧工程、农业电气化与信息化(A:农村智能配电网技术，B:农业农村信息化技术)、农产品贮藏加工与生产安全工程、生物能源利用与美丽家园建设及农业可持续发展国际论坛等八个分会场，收到论文432篇，其中学生论文253篇，占论文总数的58.6%，共有157人在分会场发言。与会代表通过大会主题报告、分会场专题研讨、墙报展示、参观考察等多种方式进行广泛的学术交流。为鼓励青年学子积极参加年会活动，中国农业工程表彰18篇论文为“中国农业工程学会2013年学术年会青年学生优秀论文”。本次学术年会注重对创新农业工程学科的思考，各参会专家学者结合自身专业实际，探讨未来本学科领域的发展方向，为创新农业工程学科、促进农业工程事业的发展与壮大做出新贡献。值得注意的是，本次年会期间同期举办农业工程学科成果展、院士专家校园行活动、首届全国大学生农业建筑环境与能源工程相关专业创新竞赛，丰富会议内容，创新交流形式。

2013年5月17日，中国农业工程学会和中国农业机械学会在河南许昌共同举行“2013中国农业机械科技创新与发展高层论坛暨新型农业装备展示会”。来自不同领域的院士、政府部门领导、国内外专家学者等240余名代表齐聚一堂，论坛采用专家讲解、研讨、参观等形式，从不同的角度对我国及全球农机市场与产业机会进行分析并判断农机产品未来发展方向，共同探讨中国农业机械的创新与发展，为加强农机与其他领域的交流与合作，实现农机与农艺融合、协同创新奠定基础，为高校、科研机构与企业之间形成发展创新链，强化科技资源开放共享，推动农机创新体系协调发展，促进产学研结合创造条件。会议期间，经农业机械化与电气化装备主任委员李洪文教授提议，会议研究决定由中国农业工程学会、中国农业机械学会、中国农机化导报和河南豪丰机械制造有限公司联合举办“豪丰杯”全国十佳农机教师评选活动。

【明确任务，扩大影响，积极促进国际交流合作】 2013年，中国农业工程积极联系业内专家，开展国际交流工作。受学会理事长委托，学会副理事长、国际交流工作委员会主任应义斌教授应邀参加7月22日美国农业与生物工程师学会的国际学术年会的全球论坛(2013 Global Forum at ASABE)，(2013 ASABE Annual International Meeting)，应义斌教授代表中国农业工程学会和中国农业机械学会出席会议并做题为“Most Pressing Challenges Facing Agricultural and Biosystems Engineers in China”的发言。

中国农业工程邀请参加年会国际分会场的美国农业与生物工程师学会执行理事Darrin J. Drollinger和美国德州农工大学Billy A. Stout教授于8月23日到农业部规划设计研究院访问交流。两位外国专家为青年职工、博士后人员分别作题为“农业工程的可持续性—ASABE的承诺”和“农业和生物系统工程在农业可持续发展中的地位”的报告，参会人员就报告内容及工作学习中遇到的问题进行积极讨论。9月26日，中国农业工程学会工作及学术期刊交流座谈会在北京召开，崔明副理事长到会讲话。会议邀请美国农作物土壤环境科学协会(ACSESS)首席执行官Ellen Bergfeld和Tricia Newell女士及国内中国农学会、中国农业机械学会、中国农业科学院等兄弟学会、科研院所及所属10余种学术期刊共20余名专家代表汇聚一堂，就未来中美双方学会工作特别是双方期刊交流合作一事进行商讨，与会人员均表达对未来开展合作的美好意愿。学会的积极协调沟通为进一步增进中外双方的相互了解及日后继续开展合作研究奠定基础。

中国农业工程学会履行国际农业工程学会会员义务，认真筹办2014年第十八届CIGR世界大会，截至2013年12月，与中国农业机械学会共同举行五次筹备会，中国农业工程学会按大会统一安排做好筹备工作，统一目标职责，在工作中齐心协力、集思广益、落实细节，落实会场主题，完成大会组织架构，细化各分会筹备工作内容，开通大会网站，并积极派员了解、参加农业工程学会国际会议。学会在学会网站中插入大会网站链接、积极调动学会力量为大会征集论文。旨在搭建合作大平台、构建合作大渠道，扩大学会学术交流的影响。

【组织开展学科发展报告有关工作】 学会自2006年起承担农业工程学科发展研究工作并撰写报告。2013年学会对学科发展工作进行研讨，完成农业工程学科研究团队组建。学会秘书处组织参加过研究、撰写学科发展报告的专家就近年来学科发展研究项目的执行情况及内容广泛征求各方面意见和建议，并反馈至中国科协。

【工程教育专业认证相关工作】 2013年，学会组建中国工程教育认证协会"农业工程类专业认证委员会(筹)"，出台农业工程类专业认证委员会(筹)组建方案和管理办法。4月11—12日，学会教育工作委员会派员参加在京举行的第一期工程教育专业认证专家培训研讨会，作为尚未参加中国工程教育认证协会的学会之一，了解一些工程教育专业认证知识以及对认证专家等的基本要求。农业工程学会教育工作委员会作为将要承担我国农业工程教育认证工作的主要责任单位，将面临如何尽快加入中国工程教育认证协会、确定本学会所属的工程教育认证专业等问题，以及尽早开展认证专家、组长和秘书的培训工作等。

【打造学术期刊国际平台】 2013年，《农业工程学报》在逐步提升期刊学术质量的同时，努力提高英文摘要的写作质量，聘请国外相关专业的教授加工润色英文。据中信所2013年9月27日发布的论文文献统计结果，农业工程学报再次入选"百种中国杰出学术期刊"，最新影响因子1.703，总被引频次10758，两项指标均在农业工程领域同类期刊中排名第一，在1994种核心期刊中排名分别为第20和第6。学报再次被评为RCCSE中国权威学术期刊。2013年获得中国科协精品科技期刊工程项目，即期刊出版人才培育项目、引进优秀出版人才项目。按照项目要求，积极贯彻"走出去，请进来"的编辑人才战略规划，加强期刊的国际交流。选派负责人境外中长期高级访学研究，了解国际学科发展动态，学习国际办刊的模式、出版流程等先进的国际办刊经验，以期推进学报自身发展。通过努力，《农业工程学报》2007—2012年的英文摘要被美国农作物土壤环境科学协会(ACSESS)数字图书馆收录，并邀请ACSESS首席执行官Ellen Bergfeld和Tricia Newell女士来华交流期刊间的合作问题，初步达成合作意向，扩大学报的国际影响。

2013年《国际农业与生物工程学报》(IJABE)被EI检索系统正式收录，IJABE全年在线出版4期。为科学合理的建设和培养英文刊编辑部的编辑队伍，英文刊编辑部参加4月19日—20日在邢台举行的"中国·邢台物联网技术与应用峰会"并于5月派员参加中国科学技术期刊编辑学会的编辑培训72学时。

【提升品牌活动影响力，助推科技交流】 2013年，中国农业工程学会举办系列品牌科普活动，主办"院士专家校园行"、农业工程学科成果展和首届全国大学生农业建筑环境与能源工程相关专业创新设计竞赛，注重青年学子培养。与中国农业国际合作促进会、中国农业机械学会合作主办第四届中国国际现代农业博览会，同期举办农村信息化建设暨高效灌溉一体技术应用和现代都市农业主题论坛，助力现代农业发展。

2013年8月19日，中国农业工程学会"院士专家校园行"在江苏大学举行。中国工程院院士汪懋华教授和李佩成教授结合自身经历，分别就主题"机遇、挑战与成长的思考"和"在科学实践中培养良好的科学道德和学风"向江苏大学近百名青年学生分享心得感悟。同学们听完讲座后受益匪浅，要学习两位院士在困难中积极乐观的生活态度和科研中求实务真的研究精神。

2013年8月15—17日，由中国农业工程学会和教育部高等学校农业工程类专业教学指导委员会主办的首届全国大学生农业建筑环境与能源工程相关专业创新设计竞赛在江苏大学落下帷幕，这也是中国农业工程学会首次主办农业工程类专业创新设计竞赛。本次竞赛主题是"美丽乡村与现代农业工程"，共有来自15所高校的31组本科生队伍以及来自11所高校的17组研究生队伍，共200余人参加此次竞赛。此次竞赛与紧密结合生产实际，内容涉及种植、养殖、废弃物处理等领域，作品涵盖设计图纸、模型及产品，经过专家现场模型及展板考察、听取答辩、现场提问等环节，最终产生本科生组特等奖3名、一等奖6名、二等奖15名和优秀奖7名，研究生组特等奖2名、一等奖3名、二等奖9名和优秀奖3名。首届全国大学生农业建筑环境与能源工程相关专业创新设计竞赛的成功举办，开创农业工程学科竞赛的先河，推动我国农业工程专业的教学改革，培养学生的创新能力、协作精神和工程意识，加强学生工程设计和专业技能的训练，提高学生解决实际问题的能力，为我国农业工程类优秀人才的脱颖而出创造条件。

2013年5月29—31日，中国农业工程学会、中国农业国际合作促进会在京共同主办第四届中国国际现代农业博览会，本次博览会以"加强国际交流合作、助推现代农业发展"为主题，秉承国际化、专业化、规模化办展宗旨，吸引国内外160家知名企业家参展及地方政府大规模组团参与，大会规模为10 000平方米，共设置280个展位，专业观众达12 362人。众多行业专业媒体对本次活动进行全方位的媒体报道。作为农业领域国际性的行业盛会，本届博览会是适应我国现代农业发展和建设需要而打造的国际化、品牌化、专业化、规模化展示交流平台，集中展示世界各地现代农业领域取得的新成果、新进展，为农业产业链企业构建集农业信息化服务、新型农业科技服务、现代农业投融资服务于一体的多元化贸易合作渠道。

【创新科普工作形式，促进产学研合作】 2013年，在第四届中国国际现代农业博览会期间，举办现代农业农村信息化建设暨高效灌溉一体技术应用专题论坛及第三届现代都市农业高层论坛。农业工程学会利用展会平台设立科普互动展区，以播放科普动漫片、展板展示、有奖问答等形式，面向公众普及农业工程相关领域知识，其中科普动漫片主要介绍节水灌溉智能控制技术和精准农业机械技术；展板从工程角度介绍饮用水的来源、饮水安全标准、饮用污染水后的疾病、污水处理技术、保护饮用水源以及饮水安全工程实例；有奖问答则根据科普动漫片和展板内容设立问题，促进科普知识宣传、服务社会；上述三种科普形式一方面将实物展示与画面展示结合在一起，另一方面有效利用展会的观众优势，保证科普的受众面。

9月17—19日，中国农业工程学会设施园艺工程专业委员会、上海市农业工程学会、鸿与智商业媒体集团联合主办的“Modern Agri 2013国际现代农业博览会”在上海成功举办。本届“Modern Agri 2013国际现代农业博览会”涵盖设施园艺、节水灌溉、农药肥料、种业行业、数字农业等领域，吸引来自美国、印度、以色列、日本、韩国等国家的多个展商前来参展，总参展企业过百家，展出面积达10 000平米，专业观众达到1 329人次。此外，“Modern Agri 2013国际现代农业博览会”同期举办国际现代农业大会和新型肥料科技创新论坛、节水灌溉高峰论坛、国际设施园艺产业网高峰论坛、数字农业发展峰会等4场高峰论坛，以及现代农业中外贸易采购洽淡会、新产品新技术发布会等主题活动，聚焦行业热点。展会同期举办“现代农业研讨会”，中国农业工程学会设施园艺工程专业委员会主任、中国农业大学农学与生物技术学院副院长陈青云主持研讨会。来自农业部相关领导、高校、科研院所等相关专家围绕设施农业、植物工厂、农业水利、信息农业、农业微生物等议题发表演讲。

2013年11月，根据中国农业工程学会能力提升建设项目要求，拟制作《农业物联网技术宣传展示科普动漫片》一部，该动漫片以基于物联网技术的农业信息节水为例，宣传展示农业物联网技术体系；学会已经与北京农业信息技术研究中心签订项目合同书，动漫片拟于2014年制作完成。

此外，中国农业工程学会还协办第六届中国黑龙江？北大荒国际农业机械展览会和通州区第三届国际都市农业科技节，整合优秀的农业行业资源，展示国际现代农业尖端科技成果，促进技术交流和成果转化。

【突出活动举办特色，服务科技知识传播】 2013年中国农业工程学会继续关注社会热点，围绕居民食品用水安全开展形式多样的科普活动。

9月7日，由中国水产学会、中国粮油学会、中国农业工程学会共同主办的“食品安全进学校进社区”活动圆满落下帷幕。本次活动围绕“食品营养健康，您的美好生活”的主题，在朝阳区大屯街道育慧里社区、东城区东铁匠营街道蒲黄榆第二社区、北京市弘善民工子弟学校、北京市育才学校，以及延庆县的北京市水生野生动植物救助中心5个地点举行。通过水生野生动物标本和活体展示、农村安全用水展板、赠送科普书籍、问卷答题和聘请专家现场解答等形式灵活、内容多样的方式吸引广大社区居民、中小学生积极参与。本次科普活动是为深入贯彻《食品安全法》，面向全社会的食品安全宣传、进一步普及食品安全知识的科普实践活动。整个活动形式新颖，实行学会的“大联合”。活动内容涉及范围广泛，结合市民的生活实际密切，拉近食品科普知识与公众的距离。

【出版《农业工程技术》科普杂志】 2013年出版《农业工程技术》36期，内容涉及温室园艺、农产品加工、新能源产业。撰写完成河南省郏县农业科技示范园区可行性研究报告。完成新闻出版署、国家工商行政管理局年检工作。

【推荐、提名、表彰、宣传优秀科技工作者】 2013年，中国农业工程学会充分发挥人才举荐的桥梁作用，积极开展推荐、提名中国工程院院士候选人工作、第十届光华工程科技奖候选人推荐工作、第十三届中国青年科技奖候选人推荐与评选工作、第八届大北农科技奖推荐工作；学会推荐江苏大学邹小波教授荣获“中国青年科技奖”，田间育种试验机械化专业委员会主任、青岛农业大学尚书旗教授荣获“第八届大北农科技奖促进奖”，农村能源工程专业委员会主任、农业部规划设计研究院赵立欣所长获得“沃得杯第三届全国农机行业10大女杰”。此外，学会充分发挥行业影响力，作为主办方之一，为“十大女杰”和“十佳农机教师”荣誉称号获奖者举办表彰仪式。所有获奖者新闻发布在学会网站、会讯，宣传获奖者先进事迹。

2013年11月14日，由大北农集团、北京生产力促进中心主办，中国农业工程学会、中国畜牧兽医学会、中国作物学会、北京现代农业科技创新服务联盟等单位协办的“第八届大北农科技奖颁奖大会暨中关村全球农业生物技术创新论坛”在北京国家会议中心隆重举行。国内外农业领域知名专家学者、新闻媒体朋友1 000余人出席本次大会。“第八届大北农科技奖”自2013年1月1日开始接受网上申报，共收到申报项目261项（含国外项目12项），经专家评审，最终共奖励人数72人，奖励总金额1 000万元，创“大北农科技奖”历史新高。首次参加评奖的中国农业工程学会常务理事、青岛农业大学尚书旗教授获得“第八届大北农科技奖促进奖”；中国农业工程学会荣获“第八届大北农科技奖活动优秀组织奖”。2013年，中国农业工程学会在与大北农集团成功合作的基础上，积极与大北农集团探讨协商将农业工程领域纳入到大北农科技奖评审范围事宜；学会坚持服务广大科技工作者，充分发挥人才举荐的桥梁作用，为推动农业工程学科发展作出不懈努力。

【以体制机制创新为动力】 2013年，根据九届一次常务理事会对学会工作的计划安排，结合中国农业工程学会能力提升专项项目，修订原有内部管理制度，修订、完善、讨论出台《农业工程学科科学道德规范实施细则（试行）》《中国农业工程学会科技工作者科学道德规范》《中国农业工程学会青年科技奖推荐、评选办法》等多项新规定，2013年上半年完成2012—2013年度学会能力提升项目的总结报告。学会以监督管理为手段，加强学会的组织建设，完善服务和管理水平。

2013年12月10日，中国科协组织人事部王进展部长、解欣处长等一行4人到我会就科学道德建设相关工作进行工作调研。并提出学会要成立长效性的专门工作机构，建立、完善制度规范，加强同行借鉴后再适时出台相关文件，同时应继续实施科学道德和学风建设宣讲教育等意见。

（管小冬　武　耘）

机构与负责人

农业部农业机械化主管部门

【农业部农业机械化管理司】
司长：李伟国
巡视员：丁翔文
副司长：刘恒新　胡乐鸣
综合处
处长：姚春生
调研员：刘小伟
副处长：路玉彬
副调研员：吴迪
产业发展处
处长：王家忠
调研员：宋建武
副调研员：李伟
生产管理处
处长：李斯华
副处长：李庆东
科技教育处
处长：刘云泽
调研员：王国占
副处长：丁仕华
安全监理处
处长：范学民

农业机械化业务部门

【农业部农业机械试验鉴定总站（中国农机产品质量认证中心）】
站长、党委书记：刘敏
党委副书记：国彩同
副站长：朱良　刘旭
总工程师：仪坤秀

【农业部农业机械化技术开发推广总站（农业部农机监理总站）】
站长：刘宪
副站长：郭建辉　涂志强　李安宁

【中国农机安全报社】
社长：李耀辉
副社长：王建鹏　刘卓　陆海曙
业务总监：徐丹华

【农业部南京农业机械化研究所】
所长：陈巧敏
党委书记：曹曙明
副所长：梁建　胡志超

【中国农业机械化科学研究院】
院长、党委副书记：李树君
党委书记、副院长：李韵涛
财务总监：陈春熙
党委副书记、副院长：黄广春
副院长：方宪法　雷雨春　丁健　庄庆伟

协　会

【中国农业机械化协会】
会长：张桃林
常务副会长：马世青
副会长兼秘书长：刘敏
副秘书长：杨林　陈海燕　沈瀚

【中国农业机械工业协会】
名誉会长：高元恩
会长：陈志
执行副会长：范景龙　洪暹国　侯庆忠
秘书长：洪暹国
副秘书长：刘伟华　宁学贵

【中国农业机械流通协会】
党委书记、会长：毛洪
副会长：陈涛、王玉狮
党委副书记、纪委书记：陈阳
副会长兼秘书长：吴军旗

地方农业机械化主管部门

【北京市农业局农业机械化管理处（北京市农业机械化管理办公室）】
农业局副局长：王振邦
处长：翟金津
副处长：罗福勤　宫少俊
副调研员：王雅红　梁井林

【天津市农村工作委员会农业机械管理办公室】
党委书记、主任：韦恩学
党委副书记：陶旭
副主任：胡伟　刘志伟
纪委书记：张顺义

【河北省农业机械化管理局】
局长：张连才
副局长：田继来　郭恒
调研员：王立华

【山西省农机局】
局长：左义河
副局长：姚建忠

副巡视员:许继光
副局长:张培增
总工程师:张乃晨
纪检组长:侯振全

【内蒙古自治区农牧业厅农牧业机械化管理局】
局长:王建江
副局长:郭跃　白巨财
副调研员:赵克勤　董林香

【辽宁省农业机械化管理局】
局长:陈健

【吉林省农业机械化管理局】
局长:成洪
副局长:翟延华　郑铁志
调研员:王延森　孔祥秋
副调研员:闫成林

【黑龙江省农业委员会农业机械化管理局】
局长:郑联邦
副局长:罗士刚　李宪义

【上海市农业机械化管理办公室】
主任:施忠
副主任(正处级):郑雷
副主任:彭友
副调研员:刘利光

【江苏省农业机械管理局】
局长、党组书记:徐顺年
副局长:王峰　王勇　王翠章
纪检组长、机关党委书记:景启坚
副局长:范伯仁
局党组成员:卓玮

【浙江省农业机械管理局】
局长:杨大海
调研员:蔡潮永
副局长:王天工　舒伟军
副调研员:魏绍林

【安徽省农业机械管理局】
局长:刘绍太
副局长:纵风云　江洪银　陈发明
纪检组长:王萍
副局长:陈发明
调研员:程晓芬　方彦琴

【福建省农业机械管理局】
局长:高咸周
副局长:翁秋月　杨斌
副调研员:兰亨庭

【江西省农业机械化管理局】
局长:官少飞
常务副局长、总队长:陶其辉
副局长:万江华
副总队长:王乐青
副调研员:王立　颜浩

【山东省农业机械管理局】
局长:高明飞
副巡视员:侯英忠
副局长:韩永平
纪检组长:刘娜
副局长:战嘉波

【河南省农业机械管理局】
局长:张开伦
副巡视员:李明枝
副局长:程双进　王春贵
总工程师:朱星贤(通讯录上无名字)

【湖北省农机局】
局长、党委书记:刘长华
副局长:周立明　皮少成

【湖南省农业机械管理局】
书记、局长:王罗方
副局长:文海波　王元宝
总工程师:汤绍武
纪检组长:涂文波
副局长:杨国成　黄育忠

【广东省农业厅农业机械化管理办公室】
主任:陈楚楷
调研员:黎映驰
副主任:刘亚平

【广西壮族自治区农业机械化管理局】
局长:黄铭福
副局长(副厅长级):李一洪
副局长:黄汉全　江垣德

【海南省农业机械化管理局】
农业厅副厅长:王晓桥
局长:石礼滨
副局长:肖峭

调研员:林道泽
副调研员:邢志坚

【重庆市农机管理办公室】
农委副主任、农机办主任:秦大春
农委副巡视员:邓光友
农机办副主任:赵培江　杨昌华

【四川省农业厅】
厅长:任永昌
副厅长:祝春秀　牟锦毅

【贵州省农业委员会农机化管理办公室】
农委机关党委书记:徐成高
农机办副主任:石瑜　方雷明

【云南省农业厅农业机械化管理处】
处长:可斌
副处长:杨耀云
副处级调研员:李飒　邱智银

【西藏自治区农牧厅农业机械化管理处】
厅总农艺师:潘旭春

【陕西省农业机械管理局】
局长:何存贵
副局长:马驰　段保群　上官永

【甘肃省农业机械管理局】
局长(副厅级):杜永清
副局长:贾怀德　曹新惠

【青海省农牧机械管理局】
局长:李伟
副局长:何彦武

【宁夏回族自治区农牧厅农业机械化管理局】
局长:王林
副局长:杨少军
调研员:朱晓江　郭广生
副调研员:马琦

【新疆维吾尔自治区农业牧业机械管理局】
党组书记:贾立新
局长:木合塔尔·艾沙
副局长:欧新江
纪检组长:胡顺林
总工程师:裴新民

副局长：依米提·肉孜

【大连市农业机械化办公室】

农委主任：周洲

农委副主任：邢芳

农机办主任：唐瑞超

农机办副主任：田伟

农机办调研员：张蓉

【宁波市农业机械化管理局】

局长：李强

副局长：张凤谦　张玉申　葛建平

巡视员：汪春阳

副巡视员：毛荣华

【青岛市农业机械管理局】

局长：陈志颖

副局长：闫文圣　程兴谟　徐振峰

副巡视员：政佃祥　朱经凡

【厦门市农业局】

局长：洪春火

副局长：张友福

【新疆生产建设兵团农业机械化管理局】

局长：丁卫东

【黑龙江省农垦总局农业机械化管理局】

局长：李俊

副局长：冯舟

【广东省农垦总局】

副局长：吕林汉

大 事 记

中 央 篇

农业部农业机械化管理司

2012 年 12 月 4 日

农业部农业机械化管理司在北京召开 2012 年全国农业机械化形势分析会，交流全国农机科研、生产、销售和推广及管理等方面的情况，分析当前农业机械化面临的新形势新任务，预测明年农业机械化发展趋势，研究提出提升农业机械化发展质量效益的政策建议。

12 月 6 日

农业部办公厅印发《关于做好冬春期间农机检修工作的通知》，对做好冬春农机检修工作进行部署。要求各地认真开展机具检修保养、机手技能培训，提高在用农机的技术性能状态，确保明年农业机械化生产顺利进行。

12 月 7 日

农业部办公厅印发通知，公布 2013 年全国拖拉机检验合格标志式样，要求各地统一订制，严格按照规定核发。

12 月 18 日

农业部办公厅印发《黄河流域棉区棉花机械化生产技术指导意见》，要求加强棉花生产农机农艺融合，提高棉花生产机械化作业水平，降低生产成本。

12 月 19—23 日

农业部农业机械化管理司联合农业部办公厅、财务司、驻部纪检组监察局成立 10 个专家组，赴 20 个省（区、市、农垦）开展 2012 年度农机购置补贴政策落实延伸绩效管理实地考核，逐项核实延伸绩效管理省级自评情况，并随机抽查县级农机购置补贴工作开展情况。

12 月 23 日

全国农业机械化工作会议在北京召开，会议贯彻落实党的十八大和中央农村工作会议、全国农业工作会议精神，认真总结农业机械化工作成效和经验，分析当前农业机械化发展新变化新形势，谋划推进农业机械化发展的新思路新举措，部署 2013 年农业机械化工作。农业部副部长张桃林出席会议并讲话。安徽、山西等 9 省区作会议交流发言。

2012 年

累计报告在国家等级公路以外的农机事故 2 091 起，死亡 692 人，受伤 943 人，直接经济损失 2 240.64 万元，同比下降 2.65％、33.9％、14.12％、3.24％。

全国农业机械化主管部门共设立农机质量投诉监督管理机构 2 171 个，比上年增加 170 个，基本形成部、省、市、县四级农机质量投诉监督管理网络，为维护购机农民合法权益发挥重要作用。

2013 年 1 月 10 日

农业部、财政部和国家发展改革委联合发布公告，公布《国家支持推广的农业机械产品目录》2013 年度调整稿，将通过评审的 737 家企业 2 178 个农机产品增补进入《目录》，取消 436 个产品目录资格。

1 月 16 日

农业部农业机械化管理司组建新一届水稻、油菜生产机械化专家组，为水稻、油菜生产机械化发展规划、重大项目立项、示范推广等工作提供决策咨询和技术支持，并对农机农艺融合提出改进意见。

1 月 21 日

农业部办公厅印发《2013 年全国通用类农业机械中央财政资金最高补贴额一览表》。要求各省抓紧开展非通用类和自选其他类补贴机具的分档及补贴额测算，尽快形成本省 2013 年补贴额一览表，确保农机购置补贴工作春耕前启动。

1 月 23 日

农业部农业机械化管理司印发 2013 年工作要点，提出落实农业机械化发展政策、推进农机社会化服务、加快应用农业机械化先进技术等五个方面 16 项重点工作。

1 月 24 日

农业部、财政部联合印发《2013 年农业机械购置补贴实施指导意见》，标志着 2013 年农机购置补贴政策实施正式启动。《指导意见》进一步强化细化实化措施，确保农机购置补贴政策公开、规范、高效、廉洁实施。

1 月 28 日

农业部办公厅印发通知，要求各省农业机械化主管部门抓紧与财政部门共同制定本省补贴资金使用方案，于 2 月 8 日前联合上报农业部、财政部备案后实施，确保补贴机具在春耕生产中发挥有效作用。

1 月 29 日

农业部印发《拖拉机、联合收割机牌证业务档案管理规范》，进一步规范牌证业务档案的收集、整理保管和查询等行为，提高管理的规范化水平。

1月31日

农业部在省级农业机械化主管部门组织推荐的基础上，认定1 022家农机合作社为全国农机合作社示范社。示范社建设将实行部省共建、地方主抓、协同推进的机制，建设期限为2013年至2015年。

2月5日

农业部办公厅印发《关于做好2013年春季农机安全生产工作的通知》，要求各地全面落实农机安全生产责任制，深入开展农机安全生产检查，排查事故隐患，积极推进实地安全技术检验，切实做好农机事故应急处置，深入组织农机安全宣传教育，促进春季和“春节”、“两会”期间的农机安全生产工作。

2月6日

农业部、财政部、商务部在山东等11个省(区、市和垦区)启动农机报废更新补贴试点工作。

2月7日

农业部办公厅通报2012年度各省查处购机补贴产品经营违规行为情况，26家生产企业的产品被取消或暂停补贴资格，46家经销企业被取消或暂停补贴产品经销资格。

2月19日

农业部办公厅印发通知部署春季农业机械化生产工作，要求各地加强购机补贴落实、机手培训、技术推广、作业组织调度等工作，充分发挥农机在农业生产和抗灾救灾中的主力军作用，加快耕播进度，扩大适播面积，提高播种质量。

2月20日

农业部、财政部有关负责人答记者问，就2013年农机购置补贴实施问题进行解答。主要包括2012年实施效果、创新试点情况，2013年补贴机具种类范围、补贴标准、补贴资金兑付方式等情况以及农机报废更新补贴试点、加强政策实施监管等方面。

2月21日

农业部办公厅印发《关于开展农机维修高技能人才及师资队伍培训活动的通知》，2013年将继续联合相关企业开展5期培训活动。

2月25日

农业部办公厅印发《关于推进农机化教育培训大行动的通知》，明确全年培训20万人次以上农业机械化管理人才队伍；培训80万人次以上技术人才队伍，其中培训基层农机推广骨干1 000人次以上；培训450万人次以上农机实用人才队伍，其中培训新购机农民100万人次以上。

2月26日

农业部农业机械化管理司确定2013年补贴机具质量监管工作目标和工作重点。力争全年农机质量投诉举报反馈率达到100%，重大投诉案件和上级督办案件查处率达到100%，机手对补贴机具质量满意度进一步增加。

农业部农业机械化管理司在杭州市召开全国农机购置补贴工作会议，总结交流成效与经验，安排部署2013年及今后一段时期重点任务，及廉政风险防控工作，并签订实施工作责任书。农业部副部长张桃林出席会议并讲话。

3月5日

为提升基层农机购置补贴工作人员能力，确保政策科学规范高效廉洁实施，农业部农业机械化管理司、财务司计划用2年时间，分期分批对基层农机购置补贴管理和操作人员进行政策和廉政教育培训。2013年培训3 000人，首期培训于3月11日在部党校开班。

3月7日

农业部办公厅印发《2013年农机购置补贴政策落实监督检查方案》，明确2013年农机购置补贴政策落实监督检查的十项重点内容，成立由驻部纪检组监察局主要负责同志任组长，财务司、农业机械化管理司、农垦局等相关单位参加的监督检查工作领导小组。

3月14日

农业部办公厅印发通知，将提高农业耕种收综合机械化水平、新增水稻机插秧、玉米机收及保护性耕作面积、培训新购机农民、提高拖拉机“三率”(上牌率、检验率、持证率)等2013年全国农业机械化发展重大目标任务细化、分解到各省(区、市)，要求各地狠抓落实，确保圆满完成各项目标任务。

2012年农业部玉米收获机械质量调查结果显示，玉米收获机械质量总体水平较好，用户满意度指数达到83.0%，与2009年相比提高7.4%。其中安全性、可靠性、适用性和服务质量的满意度指数分别为91.5%、77.5%、81.5%和84.0%，均比2009年质量调查数据有所提高。

3月20日

农业部农业机械化管理司在安徽举办春耕生产农业机械化技术培训示范班，标志着2013年全国农业机械化教育培训大行动全面展开。

农业部农业机械化管理司发布2013年小麦跨区机收作业市场信息，内容包括种植小麦的17个省(区、市)105个地市433个县(区)的适宜机收面积、起始时间、机具供需数量、作业价格以及联系人电话等。

4月15日

农业部农业机械化管理司全面启动2013年度农机购置补贴实施情况定期报送制度，要求省级农业机械化主管部门每半月报送农机购置补贴实施结算进度，每周报送1期农机购置补贴简报，并根据工作需要不定期报送补贴宣传稿件。

4月17—18日

农业部农业机械化管理司在北京举办全国农业机械化统计年报培训班，开展全国农业机械化管理统计业务知识培训，汇总审核2012年全国农业机械化统计年报数据，并交流全国农业机械化统计软件系统使用情况。

4月22日

农业部农业机械化管理司决定在全国范围内开展农机“安全生产月”活动，坚持“三贴近”(贴近实际、生活与农民群众)、“三面向”(面向农业、农村与农民)，注重实效，通过开展一系列农机安全生产宣传教育活动，普及农机安全知识，有效防范和坚决遏制农机事故。

5月7日

农业部办公厅印发《关于扎实做好2013年“三夏”农机跨区作业工作的通知》，确定全国“三夏”跨区作业主要目标：力争投入“三夏”生产的稻麦联合收割机53万台以上，其中参与跨区作业的达33万台以上；力争冬小麦机收水平92%以上，夏玉米机播水平达到83%；作业秩序进一步优化。

5月22日

农业部召开全国“三夏”小麦跨区机收工作视频会议，农业部副部长张桃林出席会议并讲话，要求各地充分发挥农机在粮食生产中的主力军作用，高效率高质量完成“三夏”农机跨区作业，努力夺取夏粮丰产丰收，为全年粮食生产获得好收成奠定基础。江苏、安徽、山东、河南省农机局在会上作典型发言。

5月27—6月20日

为深入推进农机购置补贴政策科学

高效规范廉洁实施，农业部农业机械化管理司组织开展农机购置补贴政策实施专项督导检查，由农业部相关司局与单位组成督查小组，对12个重点督导省（市、区）进行抽查。

农业部农业机械化管理司决定在全国农业机械化科技创新战略咨询专家组基础上，成立土壤耕作机械化、种植机械化、收获机械化、农产品初加工机械化等11个农业机械化科技创新专业组。

5月29日

农业部办公厅印发《关于促进发展养蜂业机械化的通知》，提出积极支持鼓励先进养蜂机械的研发推广、进一步加大对养蜂业机械的补贴力度和继续加强养蜂业机械化的宣传服务。

6月5日

农业部农业机械化管理司决定派出5个工作督导组分赴河南、山东、安徽、江苏、河北等五大小麦主产区，指导地方做好"三夏"跨区机收小麦的机具调度、信息服务、燃油供应、质量监督等工作。

6月7日

农业部农业机械化管理司发布《黄淮海冬麦区小麦机械化生产技术指导意见》和《稻茬麦机械化生产技术指导意见》。

6月21日

农业部办公厅印发《关于集中开展农机安全生产大检查的通知》，定于6月至9月底，在全国范围内集中开展农机安全生产大检查活动，重点检查安全生产责任制落实、提高"三率"水平、专项整治、农业机械事故预防等。农业部农业机械化管理司会同农业部农机监理总站抽调地方部分人员组成6个督导组，对各地农机安全生产大检查开展情况进行督察和交叉检查。

6月27日

2013年大规模"三夏"小麦跨区机收5月下旬从黄淮海主产区开始，由南向北推进，安徽、河南、江苏、山东、陕西、山西、河北等小麦主产区的机收工作相继告捷。截至当日，全国已收获冬小麦2.15×10^4千公顷，超过应收面积的94%；全国共投入联合收获机54万台，完成小麦机收面积1.92×10^4千公顷。至此，全国大规模小麦跨区机收会战基本结束。

7月3日

农业部公布2012—2013年度全国农机安全监理为民服务示范创建名单，共创建部级示范窗口111个、部级示范岗位标兵202名。

7月6日

农业部农业机械化管理司要求各地农业机械化主管部门对国家质量监督抽查发现的25个不合格农机产品进行调查核实，并要求各省取消其省级支持推广目录产品资格。

7月12日

农业部印发《关于进一步加强农机购置补贴政策实施监督管理工作的意见》，要求各级农业机械化主管部门坚决贯彻党中央国务院的决策部署和农财两部的各项规定，进一步加强农机购置补贴实施监督管理，确保补贴政策科学高效规范廉洁实施。

7月17日

全国农机"安全生产月"活动结束，共开展现场宣传活动1.2万余次，纠正处罚违章7万余起，安全隐患4.3万起。整改率98.1%。

7月23日

农业部农业机械化管理司要求各地进一步推进购机补贴信息公开，至少每半月公布一次各县（市、区）补贴资金使用进度，及时在县级人民政府网站以公告的形式公布本年度享受补贴的农户信息和补贴政策落实情况，并确保5年内能够随时查阅。

农业部农业机械化管理司决定在全国范围内取消重庆耀虎公司1WG4.0—105FC—Z型微耕机的农机购置补贴资格。经查，该公司此款产品存在"以小报大"套取补贴资金行为。

7月24日

农业部农业机械化管理司、财务司召开农机购置补贴专项督导检查情况汇报会，听取8个督导组赴有关省份督导检查农机购置补贴政策实施情况的汇报，并就农机购置补贴政策的实施、关键环节制度落实、补贴产品经销、举报投诉调查处理等情况进行座谈交流，提出进一步加强农机购置补贴政策实施监管的意见建议。财政部农业司有关负责同志出席了会议。

2013年以来，农业部农业机械化管理司采取"政企联动"模式，举办5期农机维修高技能人才和师资培训班，共培训259人。反馈的调查问卷显示，学员对培训"非常满意"的占77.3%，比2012年提高近8个百分点。

7月26日

农业部农业机械化管理司在全国范围内取消山东时风聊城公司4YZP—2型自走式玉米收割机补贴资格。经查，该公司此型号产品存在套取补贴资金违规行为。

7月29日

南方双季稻区早稻收获基本结束，完成早稻机收面积3 790千公顷，机收水平超过70%。双季晚稻播种进度过六成，已完成双季晚稻机插面积604千公顷。

8月1日

农业部农机安全生产督导组赴全国12个省展开安全检查。重点检查农机安全责任状落实是否到位、安全生产责任书是否签订、安全维护及检修制度是否建立完善、农机安全宣传教育等情况。

8月7日

农业部农业机械化管理司通报2013年上半年各地农机购置补贴产品经营违规行为查处情况，共取消19家生产企业的产品补贴资格和20家经销商企业补贴产品经销资格，暂停1家生产企业的产品补贴资格，并将9家经销商及其法定代表人列入黑名单。

8月13日

针对各地反映有不法分子冒用农机购置补贴名义骗取钱财，农业部农业机械化管理司在网上发布重要提醒，谨防行骗行为，并重申有关补贴申请程序。

8月14日

农业部农业机械化管理司决定在全国范围内暂停办理两型号机具农机购置补贴资格。经核实，浙江台州亿源机电有限公司生产的8PQ—35型喷灌机、8PQ—1.5D型浮式喷灌机两款机具均不符合《GB/T25406—2010轻小型喷灌机》规定。

8月15日

农业部办公厅下发紧急通知，要求各级农业机械化主管部门进一步组织做好农机抗旱排涝工作，切实发挥农业机械在抗灾救灾中的重要作用。

8月20日

农业部农业机械化管理司派出8个督导组赴各省开展农机鉴定工作监督检查，针对发现的问题分别提出书面整改意见，督促鉴定机构依法鉴定、规范鉴定，把好农机产品质量关。

8月27日

国家发展改革委、农业部联合下达保护性耕作工程建设项目2013年中央预算内投资计划3亿元，支持97个县

(团场)建设保护性耕作工程示范基地。

8月29日

农业部发布公告,36家农机企业生产的95种产品通过部级推广鉴定,核发推广鉴定书。

8月30日

农业部办公厅发布《通过农机推广鉴定的产品及证书使用情况监督检查工作规范》,对获得农业机械推广鉴定证书的企业和产品的监督检查工作进行规范,并明确农业部农业机械化管理司、省级农业机械化主管部门、部农机鉴定总站、省级农机鉴定机构职责。

9月4日

农业部农业机械化管理司在黑龙江省召开全国农机社会化服务现场会,总结交流近年来农机社会化服务工作取得的成效与经验,深入分析当前面临的机遇与挑战,研究部署进一步推进的目标任务和思路措施,同时部署“三秋”农业机械化生产工作。黑龙江、山西、福建、宁夏、宁波以及黑龙江农垦等省(区、市)农机局做了交流发言。会议提出,要以培育壮大农机大户、农机合作社等各类农机服务组织为重点,以提高农机具使用效率和经济效益为核心,以推进农机服务产业化为方向,积极推进农机社会化服务机制创新,构建新型农机社会化服务体系。

9月5日

农业部办公厅印发《花生机械化生产技术指导意见》,针对我国花生主产区生产特点和自然条件,旨在促进农机与农艺融合,提高花生机械化生产的技术水平,推进花生标准化种植、轻简化作业、规模化生产,推动花生产业发展。

9月9日

农业部农业机械化管理司致函公安部刑事侦查局,反映一些不法分子以农机补贴名义对农民进行电话诈骗,建议给予高度关注,依法严厉打击不法分子,以保护农民财产安全,维护党的强农惠农富农政策。

农业部办公厅印发通知,部署2013年“三秋”机械化生产工作。计划组织投入“三秋”生产的各类农机具2 900万台(套);力争玉米机收水平提高5个百分点,达到45%;水稻机收水平提高1个百分点,达到74%。

9月10日

农业部下达农机推广总站农机具移动式安全检测装备项目2013年投资计划1 535万元,继续支持全国108个县(市、区)购置农机具移动式安全检测装备,推进改善农机安全监理机构工作条件。

9月11日

农业部农业机械化管理司通报农机推广鉴定工作抽查情况。自2012年8月份以来,农业部农业机械化管理司会同部农机鉴定总站对8个省农机推广鉴定管理和业务规范化工作进行了抽查。评价结果:规范化程度由高至低的顺序为广东、江苏、四川、河北、黑龙江、安徽、甘肃、湖北。江苏、四川省农业机械化主管部门为“管理规范”,其余均为“管理基本规范”;8个省级农机鉴定机构检查均为“业务基本规范”。

9月18日至10月10日

农业部农业机械化管理司联合农机监理总站召集海南、湖北、湖南、广西、贵州、云南6省区农机相关部门,就治理违规发放拖拉机牌证进行约谈,要求必须立即停止违规行为,消除事故隐患,坚持依法行政。

9月23日

农业部办公厅下发通知,要求各地农机部门做好《2012—2014年国家支持推广的农业机械产品目录》年度调整有关工作,认真组织好相关企业申报和产品审核推荐工作。

9月27日

农业部农业机械化管理司会同财务司在安徽召开2013年度农机购置补贴政策落实延伸绩效管理业务培训班,并围绕如何完善机制、加强监管等问题进行深入座谈,研究进一步推进农机购置补贴政策科学高效规范廉洁实施的措施。

10月10日

农业部农业机械化管理司2013年补贴机具质量保障督导工作圆满结束。2013年农民对补贴机具质量满意度提高3.4个百分点,达到87.39%。自开始补贴机具质量保障督导以来,农民满意度实现三年连续提高。

10月12日

农业部印发《关于大力推进农机社会化服务的意见》,明确当前和今后一段时期发展农机社会化服务的指导思想、基本原则、发展目标、主要任务和保障措施,提出力争到2020年,全国拥有农机原值50万元以上的农机大户及农机服务组织的数量、全国农业机械化经营总收入均比2010年翻一番。

10月16日

农业部农业机械化管理司、财务司联合编制《农业机械购置补贴规划(2013—2020年)》,包括“政策实施成效与经验”、“指导思想、基本原则与目标”、“政策主要内容”、“补贴资金需求测算”、“组织实施”和“保障措施”等六个部分。

10月16—18日

农业部农业机械化管理司组织农业机械化管理、推广、鉴定、教育等领域专家,对各省申报的2014年农业技术试验示范专项经费(农机)项目进行评审,94个保护性耕作技术示范推广县和36个主要农作物生产全程机械化示范县通过专家评审。

10月23日

农业部农业机械化管理司要求东北、黄淮海地区农业机械化主管部门积极投入秋冬种生产,组织大马力拖拉机、深松机等进行深松整地作业,努力扩大作业面积,抢在11月中旬上冻前完成秋季深松整地作业。

10月28日

农业部农业机械化管理司决定在全国范围内取消江西柳林公司4LZ—2.0(210)型联合收割机补贴资格。经查,该公司伙同浙江三联农业科技公司套取农机购置补贴资金。

11月3日

农业部农业机械化管理司通报2013年各地农机购置补贴专项工作经费落实情况,2013年各地省市县级财政共落实工作经费3.1亿元。其中,县级1.62亿元,全国共有2 228个县(场)安排了专项工作经费,占全部实施县(场)数量的75.5%。

11月6日

为避免部分非通用类补贴机具分类分档和补贴额省际差异过大,农业部农业机械化管理司选择涉及省份较多的68个非通用类机具品目,启动统一分类分档及补贴额测算工作,并成立5个专题小组承担具体工作,各小组由牵头省份和参与省份组成,农业部农机推广总站协助开展技术指导。

11月8日

农业部农业机械化管理司公布2014年拖拉机检验合格标志式样,要求各地农机部门严格按照《拖拉机登记规定》和《拖拉机登记工作规范》予以核发,并按季度将订制、核发情况报送农业部农机监理总站。

11月11日

为加强农机农艺融合，提高棉花生产机械化作业水平，降低生产成本，农业部农业机械化管理司组织有关专家研究制定《西北内陆棉区棉花机械化生产技术指导意见(试行)》，针对播前准备、栽培模式与精量播种、田间管理、棉花收获作业、机采棉贮运、机采棉清理与加工等机械化生产薄弱环节，提出技术指导意见。

11月18日

为贯彻落实国务院关于"支持主产区开展机械深松整地"的决策部署，经商财政部同意，农业部办公厅印发《关于开展农机深松整地作业补助试点工作的通知》。

公安部刑事侦查局复函农业部农业机械化管理司，公安部对农业部农业机械化管理司9月9日来函高度重视，国务委员、公安部部长郭声琨，杨焕宁常务副部长，李伟副部长先后作出重要批示，成立"9.24专案组"，部署9个涉案省份公安机关共出动500余名警力，抓获农机补贴电话诈骗犯罪嫌疑人159名，打掉犯罪团伙25个。初步核实案件680起，涉案金额670余万元。

11月19日

农业部农业机械化管理司在北京举办启动实施农机深松补助政策培训班，对东北、黄淮海地区10个省份负责农机深松工作的同志进行培训，明确补助标准、补助对象、补助程序等有关要求，标志着2013年农机深松整地补助试点工作启动实施。

11月22—23日

农业部农业机械化管理司在北京举办全国农业机械化评价指标体系业务培训班，对各省2012年度畜牧业、渔业(水产养殖)、设施农业、农产品初加工、林果业(果茶桑)机械化统计数据进行评估和修正，并研究部署2013年度全国农业机械化评价指标体系和统计报表等有关工作。

11月27日

"三秋"玉米机收工作全部结束。据统计，全国共投入玉米联合收获机28.4万台，完成玉米机收面积超过1.73×10^4千公顷，机收水平超过49%，比2012年提高7个百分点。我国玉米机收水平已连续5年增幅超过6个百分点，进入持续快速推进阶段。

12月3日

农业部办公厅印发《关于做好2013年冬季农机检修工作的通知》，要求加强今冬明春农机检查、维护和保养工作，提高在用农业机械的技术性能，保持良好的使用状态，确保明年农业机械化生产顺利进行。

12月5日

农业部办公厅印发《水稻机械化生产技术指导意见》，引导各地结合生产实际，加强水稻生产农机农艺技术融合，制订和完善相应的水稻机械化生产技术体系，促进水稻生产健康发展。

12月6日

农业部农业机械化管理司决定在全国范围取消河北顶呱呱机械制造有限公司3WG5.5型田园管理机农机购置补贴资格。经查，该公司此型号产品存在功率虚高，进而导致补贴额虚高的问题。

12月11日

农业部党组研究决定，李伟国任农业部农业机械化管理司司长，免去其农业部农垦局局长职务；宗锦耀任农业部农产品加工局(乡镇企业局)局长，免去其农业部农业机械化管理司司长职务。

农业部农业机械试验鉴定总站(中国农机产品质量认证中心)

2012年12月1日至2013年11月30日

全国共开展农机职业技能培训鉴定11.1万人次，其中农机修理工1.3万人次，拖拉机和联合收割机驾驶员6.5万人次，累计审定核发职业资格证书7.8万个。

12月18日

受农业部农业机械化管理司委托，农业部农业机械试验鉴定总站组织召开农业机械化国际交流工作研讨会。会议邀请农业部国际合作司、农业部农业机械化技术开发推广总站、中国农业机械化协会、中国农业机械化科学研究院、中国农业大学等单位的领导和专家参会，共同总结近年来农业机械化国际交流工作成效和经验，分析现阶段面临的主要问题，研讨进一步拓展农业机械化国际交流合作的新要求、新思路、新途径。

12月24日

农业部公布首批全国农机职业技能培训和鉴定示范基地名单，28个省(市、区)的103家基层农业机械化学校、合作社或农机示范基地上榜。农业部农机行业职业技能鉴定指导站承担方案制定、基地推荐材料汇总、组织终审及制作发放示范基地标牌等工作。

2013年1月5日

农业部农业机械试验鉴定总站公布2012年度谷物联合收割机生产企业维修服务能力评价结果，36家参评企业中34家评价合格，其中维修服务能力AAAA级企业4家，AAA级企业10家，AA级企业13家，A级企业7家。

1月10日

农业部发布第1890号公告，公布《2012—2014年国家支持推广的农业机械产品目录》(2013年度调整)。共有1 690家企业的10 184个产品列入《2012—2014年国家支持推广的农业机械产品目录》。

1月18—19日

农业部农业机械试验鉴定总站在北京市召开2012年玉米收获机械产品质量调查结果分析会。会议总结玉米收获机械质量调查工作，审定质量调查综合报告，核实梳理调查数据和质量问题，汇总分析质量调查结果。

1月22—23日

农业部农业机械试验鉴定总站在北京市召开全国农业机械试验鉴定站长会。农业部副部长张桃林出席会议并作讲话。农业部农业机械化管理司司长宗锦耀、副司长胡乐鸣等领导到会指导。农业部农业机械化管理司、农业机械化技术开发推广总站、中国农机安全报社及总站相关处室负责人，各省站及总站各专业站主要负责人近90人参加会议。

1月31日

农业部公布1 022家全国农机合作社示范社名单。根据《关于开展农机合作社示范创建活动的通知》(农办机[2012]56号)的要求，农业部农业机械试验鉴定总站对全国1 023家农机合作社的申报材料进行统计汇总，提出量化审核意见。

3月11日

农业部农业机械试验鉴定总站参加的质检公益性行业科研专项"玉米生产农机农艺融合关键标准研究"项目经国家质量监督检验检疫总局批准立项。6月8日，农业部农业机械试验鉴定总站项目组成员赴中国农业机械化科学研究院参加项目启动会议。

3月14—15日

农业部农业机械试验鉴定总站在贵州省贵阳市召开2013年农用拖拉机、内燃机推广鉴定技术研讨会。农业部农业机械试验鉴定总站副站长刘旭出席会议并讲话。会议学习贯彻全国农业机械化工作会议和全国农机试验鉴定站长会议精神，研讨拖拉机、内燃机产品部级推广鉴定相关工作，交流行业先进技术和管理经验。

3 月 14 日至 5 月 16 日

受农业部农业机械化管理司委托，农业部农业机械试验鉴定总站分别与福田、一拖、常发、五征、奇瑞等农机企业合作，联合承办 5 期全国农机维修高技能人才及师资培训班。来自全国的 259 名学员参加培训，248 人考核合格、获得培训合格证书和相应等级的农机修理工职业资格证书，其中 23 人获中级职业资格、128 人获高级职业资格、90 人获技师职业资格、7 人获高级技师职业资格证书。

3 月 15 日

农业部农业机械化管理司在中国农业机械化信息网发布农业部农业机械试验鉴定总站会同河北、吉林、黑龙江、山东、河南等 5 省农机鉴定站完成的省内 2012 年销售和使用的 21 家玉米收获机械生产企业 40 个型号产品的 800 个用户质量调查的结果。调查结果显示，玉米收获机械质量总体水平较好。

4 月 9 日

2012 年全国农机质量投诉情况通报会在江苏省扬州市召开。来自全国 80 余家农机生产企业的 100 余名代表参加本次会议。农业部农业机械试验鉴定总站副站长朱良、江苏省农业机械试验鉴定站站长蔡国芳出席会议。

4 月 10 日

全国农业机械标准化技术委员会农业机械化分会在福建省厦门市召开三届五次会议。农业部农业机械试验鉴定总站副站长刘旭、全国农业机械标准化技术委员会副主任委员张咸胜、全国农业机械标准化技术委员会农业机械化分会主任委员杨林以及农业机械化分标委委员 30 余人参加会议。

4 月 11—13 日

全国农业机械标准化技术委员会农业机械化分会在福建省厦门市组织召开《挤奶机械质量评价技术规范》等 10 项农业行业标准审定会议。

4 月 12—14 日

"农业机械适用性评价技术集成研究"项目研讨会在京召开。各项目参加单位汇报项目研究进展情况，交流工作经验，研究 2013 年度项目实施计划，部署项目验收有关要求，研讨相关关键技术等。

4 月 15—16 日

农业部农业机械试验鉴定总站组织对国家发改委价格司降低部分行政事业性收费标准的问题进行讨论，起草降低部分行政事业性收费标准的意见，报送农业部农业机械化管理司和财务司。

4 月 22—23 日

2013 年农业机械推广鉴定工作研讨会在山东省济南市召开。会议通报 2012 年部级推广鉴定工作的完成情况及存在问题，对 2013 年部级推广鉴定项目运行和管理工作提出新要求。

4 月 25—26 日

农业部农业机械试验鉴定总站在广西省南宁市召开 2013 年玉米收获机械推广鉴定技术研讨会。农业部农业机械试验鉴定总站副站长朱良、农业部农业机械化管理司生产管理处处长李斯华出席会议并讲话。会议发布玉米收获机械质量调查结果，对玉米收获机械部级推广鉴定证书的变更要求、推广鉴定实施中应注意的问题等内容做详细讲解。

4 月 25—27 日

农业部农业机械试验鉴定总站在河北省石家庄市召开农机维修节能与维修标准研讨会。农业部、河北省和江苏省的 20 余位专家以流动现场会的方式进行观摩，并就农机维修质量标准编写规则开展培训，研讨《农业机械传动变速箱修理质量》标准编写框架和"农业机械喷油泵调校节能减排试验示范项目"立项申报书。

5 月 6—8 日

农业部农业机械试验鉴定总站在辽宁省召开 2013 年农机产品质量安全调查工作布置会。辽宁、山西、四川、新疆、浙江、内蒙古等 6 省（区）农机鉴定站和 8 家生产企业的产品质量安全工作负责人共 30 余人参加会议。会议通报近几年农机质量安全调查工作开展情况，部署 2013 年相关工作。

5 月 10 日、21 日、27 日

农业部农业机械试验鉴定总站组成"试验示范区"专家考评组，分别完成玉米收获机械试验示范区备选单位河北省辛集市裕民粮棉专业合作社和吉林省公主岭市众营种植农民专业合作社，水稻栽植及收获机械试验示范区备选单位江苏省高邮市界首镇水稻生产专业合作社的考察任务，形成"试验示范区"备选单位考察报告。

5 月 14—15 日

受农业部农业机械化管理司委托，农业部农业机械试验鉴定总站组织召开部级农业机械试验鉴定大纲复审会议，对 2009 年以前发布实施的 26 项农业机械推广鉴定通则和大纲进行了复审。农业部农业机械试验鉴定总站站长刘敏，副站长朱良、刘旭，农业部农业机械化管理司科教处处长刘云泽及有关专家共 30 余人参加会议。

5 月 27 日

农业部农业机械试验鉴定总站组织对农业行业标准《农业机械分类》修订技术进行研讨。农业部农业机械化管理司、财务司、农业机械试验鉴定总站、农业机械化技术开发推广总站，部分省农机管理局，中国农业机械化协会，中国农业机械流通协会，中国农业机械工业协会，全国农机标准化技术委员会，全国农技推广服务中心，部规划设计研究院以及部分省农机试验鉴定站的领导和专家共 34 人参加研讨。

5 月 30—31 日

农业部农业机械试验鉴定总站在上海市召开全国农机试验鉴定能力建设规划研讨会。会议围绕部级鉴定能力布局现状、部级能力认定、总站专业站发展方向等方面进行深入研讨，对全国农机试验鉴定能力建设规划（草案）提出修改完善意见。农业部农业机械化管理司、农业机械试验鉴定总站有关领导，总站各专业站和部分省农机试验鉴定站专家共 21 人参加会议。

5—8 月

农业部农业机械试验鉴定总站配合农业部农业机械化管理司开展 2013 年农机鉴定工作监督检查工作，对江苏、黑龙江、安徽、湖北和甘肃等 5 省农机鉴定工作进行抽查，形成《2012—2013 年农机推广鉴定监督检查工作总结》。农业部农业机械化管理司科教处处长刘云泽在 8 月份召开的部分省（区、市）农机试验鉴定站长座谈会上通报两年来全国农机鉴定工作监督检查情况。

6 月 9 日

农业部农业机械化管理司原则同意《20T 牵引负荷车及奶业机械和水果分级机械测试设备购置项目可行性研究报

告》,向农业部发展计划司提交相关请示。该项目总投资964.71万元。

6月14日

农业部农业机械试验鉴定总站在北京市召开"玉米收获和水稻栽植及收获机械试验示范区建设"项目工作布置会。农业部农业机械试验鉴定总站站长刘敏、副站长朱良以及农业部农业机械化管理司副处长丁仕华、副调研员李伟出席会议。会议宣布"试验示范区"建设单位选址决定,通报"试验示范区"工作规范,讲解资金管理要求,签订"试验示范区"建设合作协议。

6月20—21日

全国农业机械标准化技术委员会农业机械化分会在山西省太原市组织开展农业机械化标准项目管理和标准编写培训研讨工作。有关农业机械化标准制修订项目主要起草人和全国农业机械标准化技术委员会农业机械化分会委员,部分省(区、市)农机局、农机鉴定站、农机推广站从事标准化管理人员共77名代表参加。

6月26日

农业部农业机械试验鉴定总站组织开展部级鉴定能力认定复评审现场考评员培训。

6—11月

农业部农业机械试验鉴定总站配合农业部农业机械化管理司申报全国农业机械化生产信息管理服务平台建设项目。11月中旬,农业部批复农业部农业机械试验鉴定总站牵头实施《农机作业信息动态监测》项目。11月27日,农业部农业机械试验鉴定总站在北京组织召开"农机化生产信息管理服务平台建设专家研讨会",探讨农业机械化生产信息化需求与发展方向,项目正式启动。

以农业部农业机械试验鉴定总站副站长刘旭为组长的专家组完成植保机械强制性产品认证指定实验室的监督检查工作。本次监督检查重点检查各实验室检测能力、检测规范性及可追溯性、检测时效性和检测收费规范性。

7月4—29日

根据农业部农业机械化管理司有关要求,农业部农业机械试验鉴定总站党委副书记国彩同,副站长朱良、刘旭、李燕分别带队对广西、河北、甘肃、上海4省市补贴机具质量保障工作进行督导检查。督导组现场检查9家农机生产企业,15家农机经销企业,并对76名补贴机具用户进行走访座谈。

7月9日

中国农业机械化协会正式发布"中国农机合作社"标识。农业部农业机械化管理司巡视员丁翔文和中国农业机械化协会农机专业服务组织分会主任委员国彩同共同为标识揭开面纱。

7月9—12日

农业部农业机械试验鉴定总站在山东省潍坊市举办全国农机合作社示范社理事长培训班,共有180多位示范社理事长参加。培训结束后,139位理事长自愿参加农机合作社经理人职业技能鉴定并获得职业资格证书。

7月17日

农业部农业机械试验鉴定总站北京东方凯姆质量认证中心公正性委员会在北京召开第二届第二次会议。农业部农业机械试验鉴定总站站长、中国农机产品质量认证中心主任刘敏出席会议。公正性委员会委员审议并通过中心公正性执行情况报告,认为中心不存在影响公正性的财务压力,2012年中心工作符合公正性要求。

7月19日

全国农业机械标准化技术委员会农业机械化分会在山东省济南市组织开展2013年农业机械化行业标准宣贯活动,对3项强制性农业机械化标准进行宣讲。农业部农业机械试验鉴定总站副站长刘旭、全国农业机械标准化技术委员会农业机械化分会主任委员杨林到会指导。部分省(区、市)农机鉴定站、农机监理站及拖拉机、联合收割机和微耕机生产企业相关技术人员共55名代表参加了活动。

7月22日

农业部农业机械试验鉴定总站召开全体干部职工大会,宣布总工程师任职决定。农业部人事劳动司副司长周清出席会议,并宣布农业部党组决定:经部党组5月30日会议研究,决定仪坤秀任总站总工程师,副局级。农业部农业机械化管理司副司长胡乐鸣出席会议并讲话。

7月22日至9月25日

农业部农机行业职业技能鉴定指导站分别在吉林、山东、湖北和安徽举办4期全国农机职业技能鉴定考评员培训(复训)班,共有来自全国28个省份的887名学员参加培训并通过考试获得考评员或高级考评员资格。

7月31日

农业部农业机械试验鉴定总站向农业部农业机械化管理司提出成为亚太农机检测网官方联络点的申请,并对其职责范围及行动计划提出意见。

8月5日

农业部农业机械试验鉴定总站参加的中国清洁发展机制基金赠款项目《我国农机和渔船节能减排潜力评估与技术路径》经国家发展改革委批准立项,总站项目组部署安排课题启动工作。

8月7—8日

农业部农业机械试验鉴定总站在山西省太原市举办2013年全国农机质量投诉工作培训班。农业部农业机械试验鉴定总站站长刘敏、副站长刘旭出席会议。培训班对来自全国25个省(区、市)的45名农机质量投诉监督工作人员进行系统的业务培训。

8月20日

农业部农业机械试验鉴定总站在内蒙古呼和浩特市召开以"依法鉴定、规范鉴定、科学鉴定"为主题的部分省(区、市)农机试验鉴定站长座谈会。农业部农业机械化管理司副司长胡乐鸣,农业部农业机械试验鉴定总站站长刘敏、副站长刘旭、总工程师仪坤秀,农业部农业机械化管理司处长刘云泽、副处长丁仕华及内蒙古自治区农牧业厅副厅长翟琇等领导到会指导。各省(区、市)农业机械化管理部门及农机鉴定站、农机推广站、总站各专业站以及总站相关处室负责人共70多位代表参加会议。

8月21日

农业部农业机械试验鉴定总站在内蒙古呼和浩特市举办农业机械部级鉴定授权签字人培训班。农业部农业机械试验鉴定总站站长刘敏出席会议并讲话,副站长朱良、刘旭及中国标准化研究院丁文兴博士分别作专题讲座,总站总工程师仪坤秀及农业部农业机械化管理司副处长丁仕华到班指导。相关省级农机鉴定机构的部级鉴定授权签字人共60余人参加培训。

8月26日、8月30日和9月2日

农业部农业机械试验鉴定总站分别在高邮市水稻生产专业合作社、公主岭市众营种植农民专业合作社和辛集市裕民粮棉专业合作社举行"水稻栽植及收获机械试验示范区"和"玉米收获机械试验示范区"揭牌仪式。农业部农业机械试验鉴定总站副站长朱良出席仪式。

8 月 29 日

农业部农业机械试验鉴定总站在吉林省长春市组织召开《2012—2014 年国家支持推广的农业机械产品目录》(2014 年度调整)申报培训班。此次培训班共对 150 多家企业的 185 名推广目录申报负责人进行培训。培训班就目录制定政策、申报程序、存在问题及注意事项进行详细的讲解。

9 月 1 日

"国家支持推广的农业机械产品目录申报系统"正式开通,《2012—2014 年国家支持推广的农业机械产品目录》(2014 年度调整)申报工作启动。

9 月 29—30 日

全国农业机械标准化技术委员会农业机械化分会组织召开 2014 年农业机械化农业行业标准制修订项目立项评审会,邀请有关专家对制修订项目实施方案进行审查,研究确定拟推荐立项项目和承担单位。

10 月 9—10 日

农业部农业机械试验鉴定总站在吉林省公主岭市举办玉米收获机械部级推广鉴定技术现场培训班。农业部农业机械试验鉴定总站副站长朱良、吉林省农业委员会副主任于文波到会致辞。培训班对来自全国 11 个省(区、市)农机鉴定人员以及总站团支部共 50 余人进行了培训。

10 月 9—11 日

根据国务院发改委、财政部《关于调低农机产品测试检验费收费标准》要求,农业部农业机械试验鉴定总站对原收费标准进行下调核算。

10 月 11 日

农机职业技能培训鉴定工作座谈会在江苏省召开,来自全国 24 个省(区、市)的 44 名农业机械化主管部门人员和农机职业技能鉴定站负责人参加会议。与会代表共同研讨新形势下农机职业技能培训和鉴定工作意见,江苏等 7 个省份作了典型经验交流。农业部农业机械化管理司副司长胡乐鸣、农业部农业机械试验鉴定总站党委副书记国彩同、农业部人力资源开发中心副主任张晔等出席座谈会并讲话。

10 月 13—20 日

受加拿大农业局和美国约翰·迪尔公司邀请,农业部农业机械试验鉴定总站副站长朱良率团赴加拿大、美国开展农机适用性评价技术交流。

10 月 14—15 日

农业部农业机械试验鉴定总站在北京市举办全国农机维修管理信息系统应用培训班,来自全国 29 个省(区、市)负责农机维修管理和软件使用的 70 余名学员参加培训。农业部农业机械试验鉴定总站党委副书记国彩同、农业部农业机械化管理司副处长李庆东参加培训班。

10 月 15 日

农业部农业机械试验鉴定总站在广西省桂林市同期举办 2013 年中国农业机械化质量网年会暨信息员培训班、2013 年《农机质量与监督》通联会暨通联员培训班,来自全国农机鉴定系统的信息员和通联员代表 60 多人参加培训。2013 年,中国农业机械化质量网的信息提交数与去年同期相比增加 50%,网站的点击率提高 42%。

10 月 18—19 日

农业部农业机械试验鉴定总站在江苏省高邮市举办水稻收获机械检测技术现场培训班。农业部农业机械试验鉴定总站总工程师仪坤秀出席开班仪式并讲话,来自全国 17 个省(区、市)的 48 名农机鉴定人员参加了培训。

10 月 18—25 日

农业部农业机械试验鉴定总站党委副书记国彩同带队赴台湾开展农机合作社运行管理模式交流。

10 月 24 日至 11 月 5 日

公益性行业(农业)科研专项"农业机械适用性评价技术集成研究"项目子课题验收会分别在山西省太原市、河南省郑州市和北京市召开。由 5 位专家组成的课题验收组听取 7 个子课题和 9 个分项目负责人的汇报。专家验收组认为,项目中的各子课题和各分项目均完成项目规定的任务,建议全部通过验收。

10 月 26 日

中国农业机械化协会农机专业服务组织分会在山东省青岛市举办农机服务组织发展论坛。农业部农业机械试验鉴定总站站长刘敏和来自全国各地的 140 余名农机合作社、农机维修网点及农业机械化主管部门人员全程参加论坛活动。农业部农村经济体制与经营管理司巡视员关锐捷、农业部农业机械试验鉴定总站党委副书记国彩同、中国农业大学教授杨敏丽及农机生产企业、农机合作社、维修网点代表作主题交流。

11 月 5 日

农业部农业机械试验鉴定总站在北京市召开"农业机械适用性评价技术集成研究"项目子课题交流验收会。专家组一致同意通过验收。

2013 年中国农业机械化信息网年会暨信息员培训班在贵州省贵阳市举办。会议总结 2013 年度中国农业机械化信息网的工作并部署明年农业机械化信息宣传工作重点,对信息员进行专题培训。

11 月 5—9 日

农业部农业机械试验鉴定总站承办的《2012—2014 年国家支持推广的农业机械产品目录》(2014 年度调整)初审评审会议在京召开。共有来自全国农机鉴定、推广系统的 29 位行业专家参加了初审评审。会议对各省推荐的 802 家企业的 2 517 个产品从申报材料符合性、企业和产品资质、质量状况等方面进行评审。

11 月 15—19 日

由农业部农业机械化管理司举办、农业部农业机械试验鉴定总站承办的《2012—2014 年国家支持推广的农业机械产品目录》(2014 年度调整)综合审议会议在北京召开。

11 月 20—21 日

农业行业国家职业技能标准培训教材和鉴定试题库审定会在北京市召开,农机行业 7 位专家参加审定会,重新修订的《农机修理工题库》顺利通过审定。

2013 年

农业部农业机械试验鉴定总站完成《农业机械分类》等 8 项农业行业标准的制修定工作。

农业部农业机械试验鉴定总站接待威斯康星大学雷河分校农业工程和奶业科学系代表团、CSAM(联合国可持续农业机械化中心,原联合国亚太农业工程与机械中心)代表团、约翰迪尔公司拖拉机平台试验与测试技术交流代表团、ENAMA 兼 ENTAM (欧洲农机检测网)主任 Mr. Sandro Liberatori 访问团、中国农业机械化科学研究院 2013 年发展中国家农业机械化官员研修班(第一期)、日本洋马公司农机代表团、南非农林渔业部农产品加工和农业机械代表团等共 50 多人。

农业部农业机械试验鉴定总站共组织实施 10 个出国(境)团组,参加外单位团组 3 个,出国(境)人数 25 人次。

中国农业机械化信息网工作日平均点击量达到92.15万次，日点击量峰值突破172万次，访问量继续保持在农业部行业网站首位。

农业部农业机械化技术开发推广总站（农业部农机监理总站）

2012年11月7日

农业部农业机械化技术开发推广总站承办2012年第二期农机化讲坛。讲坛邀请全国人大农业委员会副主任刘振伟就新修订的《农业技术推广法》进行专题讲座和互动交流。农业部农业机械化技术开发推广总站和全国畜牧总站、全国水产技术推广总站、中国农业机械化科学研究院、农业部农业机械试验鉴定总站以及华北地区5省区农机推广站负责人等95人参加讲坛。

11月12日

农业部农业机械化技术开发推广总站党总支召开学习党的十八大精神座谈会。大家表示，要高举旗帜、坚守党性、立足岗位、履职尽责，科学推广、文明监理，为促进我国农业机械化又好又快发展和加快推进农业现代化做出新贡献。

11月25—28日

全国农业机械标准化技术委员会农业机械化分技术委员会在浙江省杭州市召开农业机械化行业标准审定会，期间对农业部农业机械化技术开发推广总站组织起草的行业标准《农业机械机身反光标识》进行审议。专家委员会认为该标准的编制符合农业部下达的项目任务书的要求，同意该标准通过审定，上报农业部审批，作为强制性标准颁布实施。

12月5日

农业部发展计划司受农业部农产品质量安全监管局委托，在北京组织有关农业工程建设研究、设计等领域的专家，对农业部农业机械化技术开发推广总站负责起草的农业行业标准《农机安全监理机构装备建设》（送审稿）进行审查，认为该标准达到任务书规定的要求，同意通过审查，建议作为推荐性标准尽快颁布实施。

12月15—16日

农业部农业机械化技术开发推广总站在重庆召开2012年为农民办实事工作交流会，来自重庆、浙江、广西等南方丘陵山区的11个省（区、市）农机推广和农机监理机构负责人以及农机合作社、示范户的代表等60余人参加会议。农业部农业机械化技术开发推广总站站长刘宪讲话并就继续抓好为农民办实事工作提出要求。重庆市农业委员会副主任秦大春出席会议并致辞。

12月17—21日

农业部农业机械化技术开发推广总站在农业部干部管理学院召开通用类农机购置补贴机具分档和补贴额测算专家论证会，对《2012—2014年国家支持推广的农业机械产品目录》（2013年度调整）公示稿中3 000多个型号进行通用类、非通用类区分，并对通用类的产品划分档次；测算确定各档次中央财政资金最高补贴额，形成《2013年通用类农机购置补贴机具最高补贴额一览表》，为各省市区2013年补贴政策执行提供依据。农业部农业机械化管理司领导到会指导，农业部农业机械化技术开发推广总站副站长涂志强到会讲话，处长张树阁主持会议 。

12月20—21日

农业部农业机械化技术开发推广总站在江苏南京召开全国农业机械化技术推广体系建设座谈会。各省（区、市）及计划单列市农机推广站等分管农机推广体系建设的站领导以及体系建设典型市县的代表参加会议。会议研讨推进农业机械化技术推广体系改革与建设工作的思路和措施，讨论《农业机械化技术推广机构建设规范（草案）》。农业部农业机械化技术开发推广总站副站长李安宁出席会议。

12月21日

农业部印发《关于表扬2012年全国粮食生产先进单位和先进个人的决定》。农业部农业机械化技术开发推广总站研究员曹建军荣获全国粮食生产“突出成就农业科技人员”称号。

12月25日

农业部农业机械化技术开发推广总站在南宁组织召开全国农业机械化示范区建设水平考评办法论证会，与会领导和专家们对《全国农业机械化示范区建设水平考核评价办法（讨论稿）》的考评内容与指标进行讨论。农业部农业机械化技术开发推广总站副站长李安宁、农业部农业机械化管理司产业发展处调研员宋建武以及来自全国24个省农业机械化技术推广总站的领导专家共42人参加会议。

2013年1月16日

农业部办公厅发出通知，决定成立第三届“农业部水稻生产机械化专家组”和第二届“农业部油菜生产机械化专家组”。农业部农业机械化技术开发推广总站副站长李安宁担任水稻生产机械化专家组常务副组长，农业部农业机械化技术开发推广总站推广一处处长、研究员徐振兴担任油菜生产机械化专家组组长。

2月6日

农业部通报表彰60家全国农业科技促进年活动先进单位。农业部农业机械化技术开发推广总站被农业部评为全国农业科技促进年活动先进单位。

2月18日

农业部农业机械化技术开发推广总站编印《2012年全国农机推广与监理系统大事记》。

3月

农业部农业机械化技术开发推广总站受农业部农业机械化管理司委托，组织设计全价购机和差价购机两种方式的《农机购置补贴申请程序挂图》，分别印刷全价和差价购机《农机购置补贴申请程序挂图》13万和9万张，免费发放至全国各级农业机械化主管部门、所有补贴机具经销商和所有乡镇。

3月20日

农业部农业机械化技术开发推广总站配合农业部农业机械化管理司在安徽省芜湖市承办“2013年全国春耕生产农机化技术培训班暨保护性耕作项目培训班”。来自全国各省（区、市）、农垦总局农机局和部分农机推广站领导、2013年保护性耕作项目县技术人员100余人参加培训班，开展春耕生产农业机械化技术培训，安排部署有关工作。

3月22日

农业部农业机械化技术开发推广总站在北京举办拖拉机联合收割机牌证定点生产监制业务管理培训班，拖拉机联合收割机牌证定点生产企业负责人及业务人员参加了培训。

3月25日

农业部农业机械化技术开发推广总站站长刘宪与四方力欧畜牧科技股份有限公司董事长胡朝阳在北京签署项目合作协议，拟就畜牧养殖装备的研发、新产品论证、技术优化、试验示范、宣传推广等方面开展广泛合作。

4月7—8日

农业部农业机械化技术开发推广总站在青海省西宁市举办优势农产品重大技术示范推广农机项目实施工作研修班，农业部科技教育司、全国农业技术推广服务中心领导莅临指导。青海省农牧厅副厅长孙文龙出席，内蒙古、青海等11个省(区)农机推广站、农业技术推广站专家及技术人员和有关生产企业代表40余人参加研修班。

4月12日

农业部农业机械化技术开发推广总站在江西省南昌市组织召开主要农作物机械化生产技术模式研究项目实施工作布置会。农业部农业机械化技术开发推广总站副站长李安宁出席会议并讲话，江西省农业厅党委委员、纪委书记钟力民到会致辞，农业部水稻生产机械化专家组部分专家莅临指导。来自内蒙古、吉林、江苏等12个省(区、市)农机推广站技术人员50余人参加会议。

4月28日

农业部农业机械化技术开发推广总站养殖机械化技术试验示范基地揭牌仪式在河北省定州市唐河工业园区四方力欧畜牧科技股份有限公司定州生产基地举行。中国工程院院士、华南农业大学教授罗锡文，农业部农业机械化技术开发推广总站站长刘宪、中国奶业协会副会长魏克佳等有关领导和专家出席。罗锡文和刘宪为基地揭牌。该基地是农业部农业机械化技术开发推广总站设立的首家畜牧养殖机械化技术试验示范推广基地。

4—10月

农业部农业机械化技术开发推广总站实施开发农机购置补贴查询分析系统，为购机补贴实施工作提供及时、全方位的数据查询分析服务，并为补贴机具分类分档工作提供数据依据。

5月3日

农业部农业机械化技术开发推广总站推广支部、团支部联合天津市农机推广总站共同开展拖拉机驾驶和整地作业比赛活动，加深农机推广人员对基层农业机械化技术推广工作的了解，强化青年干部"扎根农机、服务三农"的热情。

5月8—10日

农业部农业机械化技术开发推广总站在海南省海口市举办省级农机监理牌证档案管理培训班。各省(区、市)及计划单列市、新疆生产建设兵团农机监理站(所)长及具体负责牌证档案管理工作的人员参加培训。

5月9—10日

农业部农业机械化技术开发推广总站和全国农业技术推广服务中心联合在江西省九江市举办"全国油菜高产高效技术培训交流班和油菜收获机械化技术研讨会"。16个油菜主产省农业、农机推广部门以及科研教学单位、农机企业、合作组织的代表共计130人参加研讨会。农业部农业机械化技术开发推广总站副站长李安宁、全国农技推广服务中心副主任谢建华出席会议并讲话。中国工程院院士傅廷栋、农业部油菜生产机械化专家组组长徐振兴研究员在研讨会上作专题报告。会上，农业部农业机械化技术开发推广总站发布2012年油菜籽收获机作业效果测评结果和分析报告。

5月9—10日

农业部组织专家在内蒙古自治区武川县对《马铃薯机械化生产技术集成示范基地建设》项目进行验收，该项目由农业部农业机械化技术开发推广总站承建。农业部农业机械化技术开发推广总站研究员曹建军和项目县负责人汇报项目情况。经质询答疑、审查资料、实地考察，一致认为该项目在马铃薯全程机械化生产技术方案及机具配置系统研制、国投项目长效机制建设、农机农艺融合等方面取得较好成效，经济和社会效益显著。该项目从2009年开始实施，总投资540万元，全部为中央预算投资。

5月14日

经过公开竞聘、组织考察等程序，经农业部农业机械化技术开发推广总站站长办公会研究，农业部农业机械化技术开发推广总站正式任命张晓慧同志任计划财务处(专项处)副处长。

5月22—23日

农业部农业机械化技术开发推广总站在江苏省南京市举办拖拉机联合收割机牌证制发监督管理培训班。各省(区、市)农机安全监理站(所、队)分管牌证工作的站长及负责拖拉机联合收割机牌证的科长等近80人参加培训。农业部农业机械化技术开发推广总站副站长涂志强出席培训班。

5月30日

农业部农业机械化技术开发推广总站召开第五轮全员竞聘满一年处长座谈会，总结履职一年工作情况，对单位的定性和发展方向、党的基层组织建设、青年干部培养、制度体系建设、规范化管理、福利待遇改善等问题进行研讨交流。

5月

农业部农业机械化技术开发推广总站完成承担的农业部《马铃薯生产全程机械化技术集成与示范》建设项目验收工作。验收工作由部农业部农业机械化管理司组织，农业部发展计划司领导、农业部农业机械化管理司领导和农业部农业机械化技术开发推广总站站长刘宪出席验收会。该项目建设促进当地马铃薯生产机械化水平快速提高，推动当地农机合作社发展。

6月3—9日

农业部农业机械化技术开发推广总站和全国农业机械化教育培训中心联合承办的"2013年第三期农机推广骨干人员培训班"在南京举办。这次培训是农业部"万名农技推广骨干人才培训班"农机行业的培训内容，也是基层农机推广体系改革与建设的重要内容。参加培训的70多名学员是来自全国具有高级职称的基层农机推广骨干人员。农业部农业机械化技术开发推广总站站长刘宪、农业部南京农业机械化研究所党委书记曹曙明等出席开班仪式并讲话。农业部农业机械化管理司科教处处长刘云泽、农业部科教司政策体系处处长李芹作专题讲座。

6月13日

农业部农业机械化技术开发推广总站下发《2013年为农民办实事工作方案》，组织南方丘陵山区有关省(区、市)农业机械化技术推广和安全监理机构共同落实有关办实事工作内容。

6月17日

农业部第一巡视组到农业部农业机械化技术开发推广总站开展巡视工作。巡视组组长徐百万在巡视工作动员会上强调巡视工作的重要性、目的、要求、程序和纪律。

6月25—26日

农业部农业机械化技术开发推广总站信息与监理支部开展"送安全到基层，送科技接地气"活动，调研北京市设施农业生产情况，向北京市平谷区农机监理站、农机专业合作社赠送农机安全宣传挂图和农机科技资料。

6月

根据农业部农业机械化管理司的要求，农业部农业机械化技术开发推广总站牵头和参加赴贵州、云南、黑龙江等地的农机购置补贴政策落实监督检查，撰写专题报告，并承担起草10个检查组的总报告。

为贯彻落实新修订的《农业技术推广法》，规范农技推广机构基础设施建设，进一步推进基层农技推广体系发展，国家发改委、住建部和农业部拟联合颁布《基层农技推广机构基础设施建设标准》，农业部农业机械化技术开发推广总站承担其中农业机械化行业部分的编制工作。

为探索油菜直播机和履带自走式旋耕机的适用性、经济性和可靠性，农业部农业机械化技术开发推广总站制定《油菜精量联合直播机试验示范实施意见》《履带自走式旋耕机试验示范实施意见》，并分别在江苏等6省和安徽等5省进行布点试验。

7月1日

农业部农业机械化技术开发推广总站公开招录的1名2013年应届高校毕业生正式入职。

7月3—4日

农业部农业机械化技术开发推广总站综合支部组织“缅怀革命先烈 践行群众路线教育实践活动”，赴河北省隆化县参观董存瑞烈士陵园，缅怀革命烈士，重温入党誓词，深入当地生产一线调研农业机械化生产情况。

7月5—7日

农业部农业机械化技术开发推广总站组织开展2013年神内基金农技推广奖农业机械化行业奖项的申报推荐和评审工作。按照《神内基金农技推广奖(推广人员)奖励办法》有关规定，农业部农业机械化技术开发推广总站在北京组织开展2013年度神内基金农技推广奖农业机械化行业评审工作，对各地推荐的优秀农机推广人员、优秀农户的申报材料进行初评。

7月10—12日

农业部农业机械化技术开发推广总站在湖北省召开《农业机械事故典型案例汇编》专家审定会，来自全国13个省(区、市)农机系统和西南农业大学的有关专家参加审定。该书汇编200余个农机事故案例，详细分析每起事故原因，并提出相应的安全生产提示。

7月17日

农业部农业机械化技术开发推广总站印发《中共农业部农业机械化技术开发推广总站总支部委员会开展党的群众路线教育实践活动工作方案》。《方案》确定活动的指导思想、目标要求和主要任务等。

7月29日至8月1日

农业部农业机械化技术开发推广总站副站长李安宁率检查组分赴广西、贵州实地监督检查两省区有关农机推广项目资金使用情况。在广西，检查组查看平南县检查部级机械化育插秧项目的实施情况。在贵州，检查组到遵义市润田合作社进行调研，并和社员就农机具使用的效果、作业效率和存在问题进行交流。

8月6日

农业部农业机械化技术开发推广总站在辽宁省锦州市召开拖拉机联合收割机注册登记信息库系统座谈会。座谈会主要就农业部农业机械化技术开发推广总站起草的《拖拉机联合收割机注册登记信息库管理暂行办法(讨论稿)》和《拖拉机联合收割机注册登记信息库系统》进行讨论。

8月8日

农业部农业机械化技术开发推广总站编印《农业部农机推广(监理)总站科技人员文集(2008—2012)》。

8月13—17日

应韩国忠南国立大学生物机械工程系邀请，农业部农业机械化技术开发推广总站副站长李安宁带队赴韩国水稻精准种植技术考察，在韩国进行考察、学习和交流。考察团在韩期间，走访农机生产企业、大学、推广机构、水稻育秧农场及农户，对韩国的农业机械化发展、水稻机械化生产及精准种植技术、国家扶持政策以及农机的推广应用等方面情况进行考察交流。

8月18—23日

农业部农业机械化技术开发推广总站副站长涂志强率农业机械化代表团赴德国参加中德现代农业示范项目联合指导委员会第六次会议。会后考察德国联邦栽培作物研究中心(JKI)、施特儒博种子繁育中心(Strube-Saatzucht)、新西兰农场(Neu Seeland Agrar GmbH)、贝恩堡农业种植中心(LLFG)和克拉斯(Claas-Technik)销售服务中心，并与德国农业部有关官员、研究所的科学家和农机专家进行广泛交流。

8月21—29日

农业部农业机械化技术开发推广总站组织专家分别在山东省烟台市和湖北省武汉市开展玉米、水稻机械化生产模式研究项目中期检查评估。吉林、黑龙江、江苏、浙江、安徽、福建、江西、湖北、湖南、四川等10省的农机推广站领导、高级技术人员和项目县技术负责人40余人参加会议。

9月3日

中华农业科教基金会2013年度神内基金农技推广颁奖会在西安举行。中华农业科教基金会秘书长邓庆海宣布获奖人员名单，农业部农业机械化技术开发推广总站站长刘宪代表农机推广站为获奖人员颁奖。

9月5日

由农业部农业机械化技术开发推广总站和中国农业机械化协会、中国农机化导报等7家单位共同主办的“沃得杯”第三届全国农机行业十大女杰评选活动，在2013年第六届中国黑龙江北大荒国际农业机械展览会期间举行颁奖仪式。

9月9—11日

农业部农业机械化技术开发推广总站在四川省成都市对22个省(区、市)承担的“2011—2012年主要农作物机械化示范项目”进行验收。验收会同时还对2014年项目立项申报、组织实施、总结验收等进行培训。农业部农业机械化技术开发推广副站长李安宁、农业部农业机械化管理司处长李斯华、各项目省份代表、验收委员会专家等95人与会。

9月12日

农业部农业机械化技术开发推广总站研究员徐振兴赴苏州参加亚太开发银行和亚太财经发展中心主办的东盟国家发展改革和生产力发展国际研讨会，并作专题报告。

9月13—14日

农业部农业机械化技术开发推广总站承办的全国“三秋”农业机械化技术培训班在北京举办。来自全国30个省(区、市)、新疆生产建设兵团、黑龙江省农垦总局和农机推广站负责技术培训的分管领导60余人参加培训。农业部南京农业机械化研究所副所长胡志超和青岛农业大学教授尚书旗分别就《花生机械化生产技术概况与发展》和《根茎类作物机械化生产技术与装备》进行专题讲座。

9月14日

农业部农业机械化技术开发推广副

站长李安宁赴安徽省合肥市与奇瑞重工股份有限公司及安徽省农机局三方共同签定“合作共建农业全程机械化生产示范基地”框架协议，以期通过建立并依托主要农作物全程机械化生产示范基地，探索建立农业全程机械化生产示范推广新模式。

9 月 16—17 日

农业部农业机械化技术开发推广总站在四川省宜宾市组织召开农机购置补贴产品分档方法座谈会。四川、河北、内蒙古、江苏、湖南、甘肃等 6 省区农机推广部门和中国一拖、福田雷沃重工、奇瑞重工、江苏沃得、中农博远等 7 家农机装备生产企业负责人、专家和代表共 40 余人参加会议。四川省农业厅副巡视员冯亮和农业部农业机械化管理司产业发展处处长王家忠到会指导，农业部农业机械化试验鉴定总站也应邀派员参加会议，农业部农业机械化技术开发推广总站涂志强副站长主持会议并讲话。

9 月 16—20 日

农业部农业机械化技术开发推广总站会同国家农业信息化工程技术研究中心在北京举办现代农业组织化经营信息技术装备高级研修班。研修班就农业物联网技术应用、精准作业技术与装备、现代农业经营管理信息化应用、农业机械化技术推广应用等专题进行授课和研讨。全国 24 个省、自治区、直辖市农机推广、鉴定、管理部门及有关企业代表约 120 人参加了研修班。

9 月 25—29 日

农业部农业机械化技术开发推广总站站长刘宪赴新疆就总站承担的农业部行业科技项目水稻生产机械化技术推广验证分课题进行调研。调研期间，刘宪应邀出席 2013 年新疆自治区林果业机械化技术现场会。

9 月 30 日

农业部农业机械化技术开发推广总站团支部开展学习根茎类作物机械化技术活动，组织青年干部全面了解根茎类作物生产机械现状，提升团员业务素质能力。

9 月

农业部农业机械化技术开发推广总站在四川宜宾召开农机购置补贴产品分档方法座谈会。四川、河北、内蒙古、江苏、湖南、甘肃等 6 省区农机推广部门和中国一拖、福田雷沃重工、奇瑞重工、江苏沃得、中农博远等 7 家农机装备企业负责人、专家和来自基层的农机部门技术人员、合作组织代表 40 余人参加会议。农业部农业机械化技术开发推广总站副站长涂志强、农业部农业机械化管理司产业发展处处长王家忠、四川省农业厅副巡视员冯亮到会指导。

10 月 7—8 日

农业部农业机械化技术开发推广总站在湖北省咸宁市组织召开主要经济作物（油菜）全程机械化生产技术示范和推广项目中期检查评估，并组织油菜直播机械化技术培训和演示会。农业部农业机械化技术开发推广总站研究员徐振兴主持检查评估等活动。

10 月 12—14 日

农业部农业机械化技术开发推广总站在新疆乌鲁木齐市组织召开主要经济作物（棉花）全程机械化生产技术示范推广项目中期检查评估，并在新疆昌吉市组织棉花全程机械化技术现场演示会。农业部农业机械化技术开发推广总站研究员徐振兴主持检查评估等活动。

10 月 17 日

农业部农业机械化技术开发推广总站文书档案工作通过由农业部办公厅组织的检查。

10 月 21 日

农业部农业机械化管理司产业发展处与农业部农业机械化技术开发推广总站专项处召开联席会议，农业部农业机械化管理司副司长胡乐鸣与农业部农业机械化技术开发推广总站副站长涂志强出席会议。会议经过讨论，初步确定总站专项处八项职能，以便更好地配合农业部农业机械化管理司，组织实施好农机购置补贴工作。

10 月 22 日

农业部农业机械化技术开发推广总站老干部支部组织开展“体验一天农场生活”庆祝重阳节活动，让老同志们亲身感觉到单位对于离退人员的关怀和节日的慰问。

10 月 23—25 日

农业部农业机械化技术开发推广总站在宁夏召开农业部财政专项《水稻种植机械化技术集成与示范》项目年度总结会。来自辽宁、四川、宁夏、新疆兵团、陕西等省、市、县农机推广部门项目实施主管领导和技术骨干 30 余人参加会议。各项目实施单位代表就 2013 年项目实施情况进行总结汇报，并就 2014 年实施计划进行阐述。项目首席专家、华南农业大学教授罗锡文院士主持、农业部农业机械化技术开发推广总站站长刘宪研究员到会，并就项目实施情况进行点评。宁夏农牧厅巡视员马明到会致辞。

10 月 26—28 日

农业部农业机械化技术开发推广总站联合中国农业机械流通协会等单位，在 2013 年中国国际农业机械展览会期间联合举办深松机作业竞赛活动，遴选的全国 12 家主要深松机生产企业参加竞赛。全国 20 多个省（区、市）农机管理、推广部门和当地合作社及种植大户 100 余人观摩竞赛活动。

11 月 5 日

农业部农业机械化技术开发推广总站教育实践活动领导小组组长刘宪主持召开党的群众路线教育实践活动专题民主生活会。农业部第 4 督导组全体同志到会指导。督导组组长徐百万充分肯定农业部农业机械化技术开发推广总站专题民主生活会，认为农业部农业机械化技术开发推广总站领导班子紧紧围绕“为民务实清廉”主题，聚焦“四风”突出问题，发扬整风精神，符合中央和部党组提出的召开一个高质量民主生活会的要求，达到“团结—批评—团结”的目的。

11 月 7 日

由农业部农业机械化技术开发推广总站主办的“全国马铃薯机械化收获现场演示会暨技术培训班”在山东省枣庄市东郭镇召开。农业部农业机械化技术开发推广副站长李安宁，山东省农机局副局长战嘉波，枣庄市副市长秦元祥以及部分省、市自治区农机局负责同志、山东省内部分地市农机局同志参加会议。

11 月 18—20 日

农业部农业机械化技术开发推广总站会同中国农业机械学会农业机械化分会等单位，于 2013 年第五届海峡两岸农业博览会和第三届海峡两岸丘陵山区农业机械展览会期间，在福建省漳州市组织开展“2013 海峡两岸丘陵山区农业机械化发展交流活动”。活动邀请国内知名专家，典型省区农业机械化主管部门负责人和台湾有关方面的专家进行讲座交流；以“交流、合作、探索、创新”为主题，开展海峡两岸丘陵山区农业机械化发展对话研讨。

11 月 26

农业部农业机械化技术开发推广总站协助农业部农业机械化管理司召开农

机购置补贴信息管理系统安全评估和2014年版运行座谈会。系统技术支持单位、系统安全评估单位和农业部农业机械化技术开发推广总站系统管理人员参加会议。农业部农业机械化管理司产业发展处领导到会指导。

农业部南京农业机械化研究所

2013年1月13日

国家油菜产业技术体系6位岗位专家前来农业部南京农业机械化研究所进行技术交流。

1月23日

中国农业机械化协会一届三次理事会暨分会成立大会在北京召开。农业部南京农业机械化研究所党委书记曹曙明当选中国农业机械化协会副会长。

1月29日

农业部南京农业机械化研究所召开2012年度工作总结表彰暨情况通报会，会议传达了2013年中国农业科学院工作会议精神，总结回顾了2012年全所工作，通报并表彰了在2012年度工作中取得突出成绩的集体和个人。

1月31日

由农业部南京农业机械化研究所曹曙明书记、陈巧敏副所长带队，科研处、产业处、科研中心、设计院负责人一行12人，对南京市部分现代农业园区进行一天的考察与技术对接。

2月20—22日

国家科技支撑计划“油菜中小型高效机械化生产装备研制及配套农艺技术研究”课题通过中期检查。

3月5日

黑龙江省农业委员会党组成员、省农业机械化工程科学研究院李国军院长一行莅临农业部南京农业机械化研究所考察调研。

3月11日

南京市爱国卫生委员会、玄武区爱国卫生委员会以及相关街道有关领导莅临农业部南京农业机械化研究所指导工作，为农业部南京农业机械化研究所获“2012年度南京市爱国卫生工作先进单位”现场授牌。

3月14日

世界银行部门经理 Severin Kodderitzsch、农业专家 David J. Nielson 及农业经济学专家 Abdoulaye Toure 一行来农业部南京农业机械化研究所参观座谈。

3月20日

中国农业科学院党组书记陈萌山在院党组成员、人事局局长魏琦，院直属机关党委常务副书记高淑君，院办公室副主任姜梅林一行陪同下来农业部南京农业机械化研究所调研。

3月21日

中国热带农业科学院副院长汪学军一行来农业部南京农业机械化研究所考察访问。

3月27—28日

中国农业科学院离退休办公室申拥军、郭丽红一行来农业部南京农业机械化研究所进行离退休工作调研。

3月

农业部南京农业机械化研究所获江苏省“五一劳动奖状”称号。

4月1日

联合国亚太地区农业工程与机械中心赵兵主任一行来农业部南京农业机械化研究所交流座谈。

4月2日

由农业部南京农业机械化研究所全国农业机械化教育培训中心主办的“泗洪县丘陵山区开发科技指导培训”活动在泗洪县上塘镇镇政府会议室举行。

4月6—12日

由全国农业机械化教育培训中心举办的“2013年全国水稻育插秧机械化技术培训班”在南京举行。

4月9日

农业部南京农业机械化研究所参加第七届中国江苏国际农业机械展览会。

4月10日

第三届农业部水稻生产机械化专家组启动会在农业部南京农业机械化研究所召开。

4月15日

江苏省机械行业人力资源工作会议在南京召开，农业部南京农业机械化研究所获“江苏省机械行业人力资源工作先进单位”称号。

4月17日

农业部南京农业机械化研究所参加中国政府援助非洲专家组的成员抵达哈拉雷。

4月17—19日

农业部南京农业机械化研究所参加农业部全国农机安全监理“为民服务，创先争优”示范窗口和示范岗位标兵抽查考评工作。

4月25日

农业部南京农业机械化研究所完成2013年硕士研究生复试工作。农业部南京农业机械化研究所派员参加第六届中国留学人员南京国际交流与合作大会。

4月

农业部南京农业机械化研究所“农副产品加工工程技术研究中心”被中华全国总工会授予“工人先锋号”称号。

5月3日

农业部南京农业机械化研究所青年工作委员会、团委在综合实验室二楼会议室启动农业部南京农业机械化研究所“青年学术论坛”。启动仪式之后，第一期青春讲坛正式开讲。

5月11—12日

四川川龙拖拉机制造有限公司詹友林董事长、成都新都区区长助理牟小波等一行来农业部南京农业机械化研究所进行项目洽谈。

5月23日

由共青团江苏省委组织部部长俞峰、省委组织部组织二处副调研员周阳等组成的江苏省文明单位考核组，来农业部南京农业机械化研究所检查指导文明单位创建工作。

5月24日

由津巴布韦、毛里求斯、乌干达、莫桑比克、加纳、厄立特里亚、马拉维、坦桑尼亚及莱索托等非洲国家农业科技人员12人组成的“非洲国家农村经济改革与发展研修班”代表团来农业部南京农业机械化研究所培训参观。

5月29日

农业部办公厅发布《关于成立农业机械化科技创新专业组的通知》，农业部南京农业机械化研究所8名专家被聘为农业部农业机械化科技创新专业组成员。

5月

农业部南京农业机械化研究所承担农业部“农机安全文化建设研究”项目并承编《农机安全宣传图画集》。所团委获“江苏省五四红旗团委”称号。

6月3—4日

农业部南京农业机械化研究所油菜生产机械化学科团队一行十余人赴江苏省扬州市江都区小纪镇开展“农机313工程”科技活动。

6月3—9日

由农业部农业机械化技术开发推广总站主办、全国农业机械化教育培训中心承办的农业部第三期农机推广骨干人员培训在南京开班，来自全国20个省(市、自治区)85名学员参加了本次培训。

6月7日

由农业部南京农业机械化研究所青年工作委员会、团委主办的第二期“青春讲坛”在综合实验楼南楼二楼会议室开讲。

6月9日

农业部南京农业机械化研究所举行2013年硕士研究生中期考核暨开题评审会。云南省盈江县常务副县长罗祥荣及浙江儒林现代农业发展有限公司王志林董事长一行来设计院考察交流。

6月14日

农业部基本建设项目专项检查组组长陈东由中国农业科学院基本建设局周霞副局长陪同，率农业部基本建设项目专项检查组一行3人，来农业部南京农业机械化研究所检查重点建设项目进展情况。

6月25—28日

农业部南京农业机械化研究所与江苏省农业委员会等单位联合举办江苏省食用菌现代高效生产技术培训班。

6月29日

江苏省农机学会耕作机械专业委员会在农业部南京农业机械化研究所成立。

6月

农业部南京农业机械化研究所举行2013年研究生学位论文答辩会。

7月9日

农业部南京农业机械化研究所在无锡举办黑茶加工和茶园机械化管理技术培训班。

7月16—17日

农业部南京农业机械化研究所2013年中试装备、创新基地二个设备购置项目招标圆满完成。

7月16—25日

“南方丘陵山地小型农机具技术研究与示范”项目组、农业机械化发展研究中心赴湖南邵阳地区开展丘陵山地水稻联合收割机效率田间试验。

7月19—24日

农业部南京农业机械化研究所副所长梁建赴山东卫士植保机械有限公司、中航工业直升机设计研究所、湖南隆平种业公司试验基地、无锡汉和航空技术有限公司、湖南博航联合技术有限公司、湖南省植保站等单位进行座谈与现场交流。

7月22—26日

国家科技支撑计划“园艺机械化”课题组赴“北菜南运”露地蔬菜生产基地调研。

7月25日

由农业部南京农业机械化研究所青年工作委员会、团委主办的第三期“青春讲坛”开讲。

7月

农业部南京农业机械化研究所通过中国农业科学院科技创新工程试点研究所的重重遴选，成为第一批进入科技创新工程试点的研究所。

8月1日

农业部南京农业机械化研究所“动力实验室修缮工程”开工建设。

8月2日

植保机械科研团队对骨干专家、研究助理人员进行了公开选聘。

8月4—8日

应新疆维吾尔自治区农牧业厅、自治区农牧业机械管理局的邀请，农业部南京农业机械化研究所副所长陈巧敏带领国家科技支撑计划“园艺作物机械化高效栽培关键技术研究与示范”课题组赴新疆调研。

8月12日

农业部南京农业机械化研究所联合淮安市农业机械管理局、江苏省农业科学院、江苏省农机具开发应用中心等单位主办的2013年江苏(淮安)高效设施农业装备现场会在淮安市淮阴区江苏润农现代农业示范园举行。

8月22—24日

农业部南京农业机械化研究所应邀赴昆明参加中国—东盟现代农业新技术与新品种技术转移大会。

8月24日

中国农业科学院科技管理局梅旭荣局长在综合管理处杨永坤处长、项目管理处刘蓉蓉副处长陪同下来农业部南京农业机械化研究所调研科技创新能力建设问题。

8月25日

由农业部南京农业机械化研究所主办的国家公益性行业(农业)科研专项“植保机械关键技术优化提升与集成示范”中的“玉米田现代施药技术与装备”现场示范交流会在北京市怀柔区桥梓镇召开。

8月30日至9月3日

农业部南京农业机械化研究所副所长陈巧敏一行赴贵州省开展农机“313”服务“三农”既山地农业机械化技术推广调研。

9月11—20日

国家花生产业技术体系机械化摘果、烘干、脱壳试验示范在泰兴市河失镇刘庄村开展。

9月12日

由农业部南京农业机械化研究所主办的全国茶园机械化管理装备应用技术培训会在江苏省无锡市召开。

9月14日

应农业部农业机械化管理司邀请，农业部南京农业机械化研究所副所长胡志超为全国“三秋”农业机械化技术培训班授课。

9月25日

农业部南京农业机械化研究所邀请来自佛罗里达大学农业与生物工程学院的副教授Reza Ehsani博士，为所内科技人员和在读研究生作了有关精准园艺工程研究的学术报告。

9月26日

农业部南京农业机械化研究所与奇瑞重工等企业建立产学研合作平台。由农业部主办，中国农学会承办的国家农业科技成果交易展示会在河北廊坊举行。农业部副部长张桃林实地参观了农业部南京农业机械化研究所的展区，详细询问了农业部南京农业机械化研究所最新农业科技成果，亲自观看了农业部南京农业机械化研究所与山东卫士植保联合研制的多旋翼无人施药机的现场试飞演示，对农业部南京农业机械化研究所及相关合作企业所做的工作给予了充分地肯定。

9月29日

由农业部南京农业机械化研究所青年工作委员会、团委主办的第四期青春讲坛在所综合实验室第二会议室召开。

10月13—21日

“粮油作物收获后产地低成本快速干燥技术研究和设备研制”课题组在江苏省徐州市江庄村进行了花生、玉米产地干燥技术试验示范。

10月17—21日

国家甘薯产业技术体系机具与机械化岗位专家胡良龙及其团队成员田立佳、王冰等一行6人赴河南省商丘市开展甘薯机械田间性能试验和机具检测，取得成功。

10月19日

全国机采棉现场观摩暨中棉所棉花

新品种展示会在河南省安阳市举行，农业部南京农业机械化研究所依托行业科技(农业)专项研制的4MZ—2.6型复指杆式采棉机，作为唯一的代表机型进行了机械化采棉的现场演示。

10月22—23日

农业部南京农业机械化研究所党委书记曹曙明到江苏省滨海县调研扶贫工作。

10月23日

农业部南京农业机械化研究所举行2012级全日制硕士研究生开题报告评审会。

10月24日

越南农业机械与收获后加工机械研究院副院长阮能让一行来农业部南京农业机械化研究所进行机械化畜禽养殖和特色农业机械技术交流。新疆农业大学机械交通学院张学军院长、丁永前副院长、杨宛章教授、韩长杰老师一行来农业部南京农业机械化研究所交流工作。

10月25日

中国种子协会种业机械化分会成立大会在北京召开，农业部南京农业机械化研究所当选为理事单位，胡志超副所长当选为分会副会长。

10月27日

农业部人事劳动司人才工作处处长魏旭、农业部农业机械化管理司科教处副处长丁仕华、中国农业科学院人事局副局长王加启、中国农业科学院人事局人才处处长李巨光和中国农业科学院人事局人才处缴旭一行来农业部南京农业机械化研究所检查指导工作。

10月26—31日

由人力资源与社会保障部、农业部主办，农业部南京农业机械化研究所和全国农业机械化教育培训中心承办的“农机科技创新与转变农业机械化发展方式高级研修班”在南京举办，来自全国30个省(自治区、直辖市)农机管理部门、科研院所、农业高校、生产企业的42名学员参加了本次培训。

10月

农业部南京农业机械化研究所花生联合收获技术研发取得新的重大突破，创制出高效四行半喂入花生联合收获技术装备。

11月1—4日

中国作物学会油料作物专业委员会第七次会员代表大会暨学术年会在海南省文昌市召开。农业部南京农业机械化研究所副所长胡志超、吴崇友应邀参加会议并做学术报告，吴崇友当选为中国作物学会油料作物专业委员会新一届理事会常务理事。

11月8日

由农业部南京农业机械化研究所主持完成的“生物质成型燃料加工装备技术”项目获2012—2013年度中华农业科技奖科学研究成果三等奖。

11月11日

第十五届中国专利奖在京揭晓，农业部南京农业机械化研究所发明专利“油菜捡拾脱粒机”获第十五届中国专利优秀奖，这是农业部南京农业机械化研究所首次在该奖项中获奖。

11月15—17日

由国家植保机械质量监督检验中心举办的“第十四届全国植保机械质量与发展年会”在广西桂林召开。

11月15日

农业部南京农业机械化研究所获江苏省文明单位荣誉称号。

11月16日

农业部南京农业机械化研究所赴深圳参加第十五届中国国际高新技术成果交易会。

11月24日

农业部南京农业机械化研究所承担的农业部公益性行业(农业)科研专项“种养业生产装备与设施工程研究农业机械化工程研究”子课题——“南方水旱轮作区农业机械化工程技术集成与模式优化”通过验收。

12月2日

甘肃省机械科学研究院韩少平院长一行来农业部南京农业机械化研究所交流工作。

12月5日

新疆维吾尔自治区农业科学院杜伟副院长、舒文华副院长，自治区农业科学院农业机械化研究所王晓冬所长、王学农副所长、马彩雯副总工程师等来所参观交流并签订科技合作协议。

12月6日

中国蔬菜协会会长薛亮、江苏省农委纪检书记朱洪生、中国蔬菜协会秘书长柴立平、副秘书长袁文臣一行莅临农业部南京农业机械化研究所指导交流。

12月8日

“丘陵山地用轻简型稻麦联合收获技术装备”项目通过农业部科技成果鉴定。

12月11日

农业部南京农业机械化研究所副所长胡志超专程到深圳看望慰问蒋耀先生，并代表中国农机学会给蒋老颁发中国农业机械发展终身荣誉奖。

12月13日

农业部南京农业机械化研究所无锡惠山设施农业机械化新技术示范园在无锡益家康生态农业有限公司挂牌成立。农业部南京农业机械化研究所主持的国家公益性(农业)科研专项经费项目“植保机械关键技术优化提升与集成示范”2013年度总结会在农业部南京农业机械化研究所召开。

12月29日

农业部南京农业机械化研究所承担的江苏省科技支撑计划项目“农作物秸秆开发沼气及工业化应用关键技术研究与开发(BE2010353)”通过验收。

12月

农业部南京农业机械化研究所“农作物收获与产后加工技术装备研究团队”获农业部2012—2013年度中华农业科技奖优秀创新团队奖。

中国农机安全报社

2012年12月20日

中国农机化导报、中国农业机械化协会与奇瑞重工股份有限公司在北京联合举办“奇瑞重工杯”2012年全国农业机械化十大新闻评选活动。这项活动逐渐成为农业机械化工作中的一个品牌宣传活动和最受期待的年度盛事之一。

12月28日

中国农机化导报、中国农业机械化协会和福田雷沃国际重工股份有限公司联合举办雷沃杯2012“全国20佳农机合作社理事长”评选活动。活动为宣传我国农机专业合作社理事长的先进事迹，总结合作社带头人的典型经验和做法，表彰他们在推动我国农业机械化发展、农业规模经营中所做出的积极贡献，树立行业典范，展现模范风采。

2013年3月25日

中国农机化导报与德国斯图加特展览公司、山东省农业机械化协会、山东省农机工业协会在青岛联合举办题为“农机国际化与智能化”的2013青岛国际农业机械化论坛。

中国农机化导报对农业部组织开展的“百乡万户调查”活动进行7个专版的

跟踪宣传报道。

3月

中国农机化导报编辑部集中力量开展“两会召开 聚焦三农”系列采访活动。

4月29日—5月6日

中国农机化导报第一时间对农机行业在四川芦山抗震救灾的事迹进行报道。

5月17日

中国农机化导报、中国农业工程学会、中国农业机械学会在河南许昌联合举办“2013中国农业机械科技创新与发展高层论坛”，共同探讨中国农业机械的创新与发展。

5月20日至7月15日

中国农机化导报对“三夏”跨区作业进行深度报道，推出“三夏”言论、“掀开‘三夏’尘封的记忆”等专栏。

6月26日

中国农机安全报社召开团支部成立大会，选举产生中国农机安全报社团支部第一届委员会委员。

7月12日

中国农机安全报社召开党的群众路线教育实践活动动员大会，标志着中国农机安全报社教育实践活动正式启动。

7月22—26日

中国农机安全报社在丹东举办全国农机监督管理领导干部能力建设培训班，讲授国外农业机械化发展动态、领导科学，对农业机械化政策进行深入浅出的分析。

9月5日

“沃得杯”第三届全国农机行业十大女杰颁奖仪式暨《梁军传》再版发行赠书仪式在黑龙江省哈尔滨市隆重举行。此次活动不仅为新一届农机行业十大女杰颁发证书和奖杯，新中国第一位女拖拉机手梁军女士还现场向十大女杰赠送了新版《梁军传》一书。

9月7日

由中国农机化导报、中国农业工程学会、中国农业机械学会、河南豪丰机械制造有限公司共同举办的“豪丰杯”全国十佳农机教师评选颁奖仪式在北京举行。中国科学技术协会副主席陈章良、中国工程院院士罗锡文等为获奖教师颁奖。

11月1—5日

中国农机安全报社在湛江举办全国农机监督管理领导干部能力建设培训班，邀请农业部农业机械化管理司、华南农业大学、华南农业大学等单位的领导和专家授课，讲授国外农业机械化发展趋势与进展、领导艺术与心理调节、农业机械化发展形势与政策分析。

2013年

中国农机化导报以每期2个版的内容，开展“农机化实用技术下乡”系列宣传活动。

地 方 篇

北 京 市

2012年12月24日

北京市农业局—中国农业机械化科学研究院合作对接座谈会在中国农业机械化科学研究院召开，双方就加强院地合作，推动农机科技创新及农业机械化科学发展等问题进行深入地交流和研讨，共同签订“加强合作、创新驱动，共同推动首都农业机械化全面、科学发展”的合作备忘录，明确合作内容。

2013年1月10日

北京市农业机械试验鉴定推广站完成《北京市大田作物生产农机农艺融合情况调研报告》《北京市小麦—玉米两茬平作区农机装备结构调研报告》，两个调研报告从当前都市型现代农业发展需求出发，对破解农机农艺融合发展及农机结构优化配置等问题找准突破点。

1月18日

北京市农村工作委员会、市农业局、市工商局、市质监局、市安全监管局和市公安交管局6家农机安全生产联席会议成员单位召开联席会议，全面总结2012年北京市农机安全生产联合行动工作开展情况，对2013年重点工作进行研讨，形成工作方案。

1月25日

召开北京市农业机械化工作会，布置2013年全市农业机械化发展重点工作。

1月31日

北京兴农天力农机服务专业合作社、北京市鑫利农机服务专业合作社、北京河南寨农机服务专业合作社、北京金利农机服务专业合作社、北京留民营兴旺农机服务专业合作社5家北京市农机专业合作社，被评为2013—2015年全国农机合作社示范社。

2—4月

北京市农业机械试验鉴定推广站重新调整内部科室，共设立办公室、计划财务科、后勤服务科、推广一室、推广二室、科技教育科、业务办、鉴定室、信息室九个科室，并进行科室负责人的竞聘。

3月1日

经北京市农业局局党组会研究决定，王红延同志任北京市农业机械监理总站副站长。

3月21日

北京市农业机械试验鉴定推广站荣获由中共北京市委农村工作委员会、北京市农村工作委员会、北京市人力资源和社会保障局共同授予的北京市社会主义新农村建设先进集体中的“社会力量参与社会主义新农村建设先进单位”称号。

5月21日

经北京市农业局局党组会研究决定，张敏同志任北京市农业机械监理总站站长、党支部副书记；免去王丽洁同志北京市农业机械监理总站站长、党支部副书记职务。

5月23日

由北京市农业局组织的“农作物品种及农业机械化试验展示观摩会”在北京市种子站基地召开。农业部农业机械化管理司司长宗锦耀、北京市农业局副局长王振邦为“北京市农业机械化（农作物品种）试验展示基地”揭牌，标志着农机农艺融合共建基地正式启动。基地现有各类农机装备135台套，承担国家、北京市农作物品种试验500余种。

6月14日

“北京市农机监理执法示范活动”在昌平区举行，就标准化农机执法程序向全市农机监理执法人员进行具体示范，规范全市农机监理执法行为。

6月19日

北京市“三夏”农机工作会召开，布置全市农机“三夏”工作。

6月25日

农业部农机监理总站副站长涂志强到平谷区检查农机监理工作，查看平谷区“为民服务、创先争优”示范窗口建设，考察农机服务组织安全生产规章建设等情况。

6月

《北京市农业机械驾驶（操作）人员安全教育工程建设》项目完成，北京市建立市、区县、乡镇和村4级培训机制，由北京市农业机械监理总站选定235名人员组成基层培训师资队伍对北京市已取得农业机械驾驶证的12 246人进行培训，培训覆盖率达到51.0%。

7月2日

农业部农业机械试验鉴定总站副书记国彩同一行到北京市农业机械试验鉴定推广站检查指导工作，就职业技能培训与鉴定工作进行检查。

7月3日

北京市平谷区农机监理所在农业部“为民服务创先争优”示范窗口创建活动中获“全国农机监理示范窗口”称号，昌平区农机监理所杨进德和密云县农机监理站李海南获“全国农机监理示范岗位标兵”称号。

8月22日

北京市召开农业机械化系统工作交流暨党的群众路线教育实践活动座谈会，征求区县农机主管部门对北京市农机主管部门的意见建议，交流2013年全市农业机械化工作情况。

9月9日

北京市召开农机安全宣传动漫项目专家研讨会，农业部农业机械化管理司巡视员丁翔文、农业部农机监理总站副站长涂志强、北京市农业局副局长王振邦等领导及专家参加会议。通过研讨，明确农机安全宣传动漫作品的宣传主旨和宣传内容。

9月11日—17日

2013年北京市国补机具“政企联动”培训和职业技能鉴定工作圆满结束，由天津勇猛机械有限公司和中农博远机械制造有限公司培训玉米收获机驾驶人，北京市农机试验鉴定推广站对其进行考核和职业技能鉴定，共培训玉米收获机驾驶人员75人。

10月15日

北京市农业局联合北京农业职业学院，就都市型现代农业装备发展，培训模式等内容对全市65名农业机械化学校教师进行培训，更新全市农业机械化学校培训队伍的知识结构。

10月18日

北京市卷帘机备案登记管理试点工作在北京市昌平区启动。以卷帘机为突破口，在全国率先启动在用卷帘机备案登记管理试点，完成1万台卷帘机备案登记管理预期目标。

10月21日

北京市农业机械试验鉴定推广站成立社会化服务科，加强和推进农机社会化服务工作。

10月24日

经北京市农业局局党组会研究决定，江真启同志任北京市农业机械监理总站支部书记，副站长；免去王宇同志北京市农业机械监理总站支部书记、副站长职务。

10月29日

北京市召开2013年农机购置补贴绩效考评培训会。

10月

北京市完成粮经作物农机农艺融合综合配套技术试验示范。确定玉米生产“七统一”的农机农艺融合技术模式，制定相配套的作业质量标准和操作规范。在顺义、大兴、延庆、密云四个区县，建设3个春玉米，1个夏玉米生产农机农艺融合示范区。在密云、大兴、怀柔3个区建设3个花生生产农机农艺融合示范区。

11月

北京市完成无人直升机农药喷施技术应用试验研究，对无人直升机机械性能试验、最佳作业参数试验、适用农药剂型筛选、作业效率及成本核算、环境因素的影响评价等进行试验，分析无人直升机施药的应用效果和社会、经济效益。

天津市

2013年1月11日

天津市农业机械管理办公室召开全市农业机械化学校校长座谈会。市农业机械管理办公室主任韦恩学、市农村工作委员会科教处及区县农业机械化学校校长参加会议。

1月17—18日

天津市农业机械推广总站召开2012年度农机推广工作会议。市农业机械管理办公室党委副书记陶旭、副主任胡伟、农业部农业机械化技术开发推广总站推广处副处长张园，各区县农机中心主管领导和推广站站长，市农业机械推广总站全体干部职工共50余人参加会议。

1月20日

2012年度天津市农业机械化科技进步奖评审揭晓，评审出一等奖2项，二等奖10项，三等奖12项。

1月24日

天津市农业机械管理办公室召开全市农业机械化工作会议，传达贯彻全国农业机械化工作会议精神，总结2012年全市农业机械化工作，部署2013年农业机械化工作目标任务。各区县农机中心领导、市农业机械管理办公室机关处级以上领导干部及直属单位领导共计50余人参加会议。会上对2012年度天津市农业机械化工作先进集体和先进个人进行表彰。

1月25日

天津市农业机械管理办公室召开农机质量分析会。全市18家农机生产企业和13家农机补贴经销商的54名代表参加，市农业机械管理办公室副主任胡伟出席会议。

1月31日

农业部办公厅印发《关于公布全国农机合作社示范社的通知》（农办机[2013]4号），天津市同益农机服务专业合作社、天津市安顺农机专业合作社、天津市为农农机专业合作社、天津市北辰区润明农机专业合作社、天津市世纪田园农机专业合作社荣获全国农机合作社示范社称号。

2月5日

天津市农业机械管理办公室主任韦恩学，副主任胡伟、刘志伟，天津市农业机械研究所所长庞俊杰到西青区曙光沙窝萝卜专业合作社，对沙窝萝卜种植情况进行调研。

2月26日

天津市农业机械管理办公室召开农机安全生产工作会议。各区县农机中心主管安全监理工作的领导、监理站站长30余人参加会议，天津市农业机械管理办公室胡伟副主任到会并讲话。

3月10日

天津市农村工作委员会下发《关于加强设施农业装备安全监管工作的通

知》(津农委[2013]4号),为天津市设施农业装备安全监管提供有力的机制保障。

3月12日

天津市委农村工委书记、市农村工作委员会主任张国庆到天津农业机械化技术试验服务中心调研,对农机展示中心基础设施建设和利用情况进行指导,天津市农业机械管理办公室主任韦恩学,党委委员于家会陪同。

3月12日

天津市农业机械管理办公室在宝坻区农业机械化技术学校召开2013年农业机械化教育培训工作启动会。天津市农业机械管理办公室副主任胡伟、市农村工作委员会科教处副处长马东旭及有关区县农机中心主管农机教育培训的副主任和农业机械化学校校长30余人参加会议。

3月14日

天津市农业机械管理办公室在蓟县召开2013年农机购置补贴工作会议。天津市农业机械管理办公室主任韦恩学,副主任胡伟、刘志伟,纪检书记张顺义及各区县农机主管部门的主要领导、分管领导、管理科长,农机购置补贴产品经销单位负责人共80余人参加会议。

3月15日

天津市农业机械管理办公室在蓟县举行2013年农机购置补贴启动仪式,正式启动农机补贴工作。

3月18日

2013年度农业机械化科技下乡活动在静海县大邱庄镇启动。天津市农业机械管理办公室主任韦恩学及班子成员、静海县人大常委会副主任(大邱庄镇党委书记)杨广才、副县长于树民等领导出席活动。

3月25日

天津市农业机械管理办公室召开农业物联网项目研讨会。天津市农业机械研究所、市农机推广总站、市农机鉴定站的主要领导及相关技术人员参加会议。

3月26日

天津市农业机械管理办公室在武清区举办全市农机牌证业务档案培训班。各区县农机监理部门的档案管理及业务手续经办员共40余人参加培训。

3月26日

天津市农业机械管理办公室召开2012年度农业机械化青年科技创新基金项目结题验收会,共有10个项目通过验收。天津市农业机械管理办公室主任韦恩学,副主任胡伟、刘志伟,有关处室及直属单位负责人出席验收会。

3月28日

天津市农村工作委员会巡视员张世纬到西青区水高庄、静海县大邱庄开展农机专业合作社调研,天津市农业机械管理办公室副主任胡伟,西青区农技推广服务中心、静海县农委和县农机局有关负责人陪同。

3月29日

天津市农业机械管理办公室在蓟县侯家营镇举办农业机械化科技下乡蓟县专场活动。天津市农业机械管理办公室副主任胡伟、蓟县农委主任梁惠博等出席活动,天津市农业机械管理办公室直属各有关单位、部分农机生产企业、蓟县农机服务中心等单位的农机科技人员,蓟县各乡镇主管农业的领导、设施农业园区代表、农机大户、农机合作社、侯家营镇农民约400余人参加此次活动。

4月8—14日

天津市农业机械管理办公室在全市有农业的区县开展2013年"放心农机下乡进村宣传周"活动。

4月15日

天津市农村工作委员会印发《关于刘旭东同志任职的通知》(津党农干[2013]14号),刘旭东同志任天津农业机械化技术试验服务中心党支部书记、主任。

4月17日

天津市农村工作委员会召开2013年度农业机械化青年科技创新基金项目论证会。天津市农业机械管理办公室主任韦恩学,副主任胡伟、刘志伟,有关处室及直属有关单位负责人出席论证会。本年度农业机械化青年科技创新基金项目共受理申报项目22个,有14个项目通过初审。

5月6日

天津市农业机械研究所开发研制的便携式蔬菜自动嫁接机获得国家发明专利。专利名称:蔬菜贴接自动嫁接机,专利号:201110459017.X。

5月8日

天津市农业机械管理办公室召开2013年天津市农机新产品展示演示现场会。现场会展示演示节水灌溉、设施农业、牧草作业等机械设备。天津市农业机械管理办公室主任韦恩学、副主任胡伟、各有关区县农机中心主管领导及农机合作社负责人、农机大户、种植大户及设备农业园区相关人员共200人参加本次展会。

5月8—17日

天津市农业机械管理办公室在全市范围内集中组织开展为期十天的专项治理活动。

5月10日

天津市农业机械管理办公室召开2013年上半年耕地深松及激光平地作业补贴项目工作会。蓟县等8个项目实施区县的农机中心主管领导、管理科长等30余人参加会议。

5月21—22日

天津市农业机械管理办公室在西青区举办农业机械化管理高层培训班。天津市农村工作委员会副主任沈欣,天津市农业机械管理办公室主任韦恩学及班子成员出席开班仪式。各区县农机中心领导,天津市农业机械管理办公室机关处级以上干部及直属单位领导班子成员参加培训。

5月23日

天津市农业机械推广总站在大港区小王庄镇举办"三夏"技术服务下乡活动,大港区、津南区、静海县等区县的农机推广技术人员和农民机手共计50余人参加此次活动。

天津市农业机械研究所在宝坻区农机中心举办天津市深松作业质量监测及绩效评价技术培训班。天津市农业机械管理办公室和宝坻区农机中心领导及蓟县、宝坻、武清、宁河、静海、西青、北辰、大港的30余名农机技术人员参加培训班。

5月30日

天津市农业机械管理办公室、天津市农机学会在宁河县农业机械化技术学校联合组织召开农业实用技术培训工作座谈会。天津市农村工作委员会科教处副处长马东旭、宁河县农委副主任韩玉环、宁河农机中心等有关领导出席会议,各区县农业机械化学校校长及教育培训骨干20余人参加座谈。

5月31日

天津市农业机械试验鉴定站在北辰区双街现代农业科技园召开设施农业病虫害安全防控技术培训班暨现场会。有关涉农区县的农机管理、科技人员及科技示范户60余人参加会议。

6月5日

天津市农业机械管理办公室召开天

津市农机系统政风行风建设工作座谈会，天津市委农工委副书记、纪检组组长张懿，天津市农村工作委员会监察室主任郑若冰，天津市农业机械管理办公室领导班子成员、机关各处处长、直属单位主要负责人，各区县农机中心主任和分管副主任参加会议。

6 月 7 日

天津市农业机械推广总站在西青区召开畜禽健康养殖机械化技术集成示范推广项目技术培训交流会。天津市农业机械管理办公室相关处室负责人、各项目实施区县的主管领导应邀出席会议。西青、北辰、津南、塘沽、武清等区县的课题组主要成员及畜禽养殖大户代表近30 人参加培训交流。

6 月 16 日

2013 年天津市小麦机收启动现场会在静海县唐官屯镇王善政村举行。天津市农工委书记、天津市农村工作委员会主任张国庆，天津市农业机械管理办公室主任韦恩学，天津市小麦种植区县农机部门相关领导和农民机手共 100 余人参加。张国庆宣布 2013 年天津市小麦机收开镰。

6 月 21 日

天津市农业机械管理办公室召开农业机械化政策创新座谈会。天津市农业机械管理办公室主任韦恩学、副主任胡伟参加会议，向有关区县领导和农机办直属单位负责人征求意见建议，探寻农业机械化新的政策突破口。

6 月 27 日

天津市防汛指挥部物资组组长、天津市发展和改革委员会商贸处处长和恒社到天津市农机总公司检查防汛物资储备工作落实情况。

7 月 5—6 日

天津市农业机械管理办公室召开农机安全生产大检查暨隐患排查信息统计和报送工作会议，各区县农机安全监理站站长及负责信息统计和报送工作人员共 40 余人参加会议，天津市农业机械管理办公室胡伟副主任到会并讲话。

7 月 9 日至 9 月 24 日

天津市农村工作委员会副主任马超英带队的天津市安全大检查第十督查组，先后到全市 10 个涉农区县，对农机安全生产工作进行督导检查。

7 月 18 日

天津市农业机械管理办公室副主任刘志伟带领相关处室人员就农机合作社情况到大港调研。

7 月 26 日

农业部印发《关于通报表扬 2012 年度延伸绩效管理优秀单位的函》(农办函[2013]5 号)，天津市农业机械局被评为 2012 年度强农惠农富农政策(农机购置补贴)落实延伸绩效管理优秀单位。

7 月 30 日

天津市农村工作委员会副主任马超英、天津市安监局处长楚瑞祥和天津市农业机械管理办公室领导组成督导组，对北辰区开展农机安全生产大检查的工作情况进行督查指导。

7 月 31 日

天津市农业机械推广总站召开水产健康养殖机械化技术交流暨现场演示会，天津市农业机械管理办公室、天津市农业机械推广总站、滨海新区农业局、市水产技术推广站及天津市重点养殖区县农机中心、农机推广站的领导、科技人员及部分养殖大户共计 40 余人参加会议。

8 月 5 日

天津市农业机械管理办公室举办天津市农业机械化技术推广骨干理论培训班，全市 30 余名基层农业机械化技术推广骨干参加培训。天津市农业机械管理办公室副主任胡伟、天津市农村工作委员会科教处处长吕福旭等出席开班仪式。

8 月 10 日

天津市农业机械管理办公室在北辰区举办全市农机合作社理事长培训班，全市共有 70 余个农机合作社的理事长、负责人及各涉农区县农机中心管理科长参加培训。

8 月 20 日

天津市农业机械管理办公室召开全市农业机械化工作座谈会，各区县农机中心领导、市农机办机关领导班子成员和各处主要负责同志、直属单位党政一把手共计 40 余人参加会议。天津市农村工作委员会主任张国庆到会。

8 月

天津市农业机械管理办公室安全监理处、装备管理处、技术服务处组成联合督导组，对 10 个区县的农机安全生产工作进行督导检查。

9 月 2 日

天津市农业机械研究所召开农业生态环保和节能减排技术集成示范项目启动会，天津市农业机械管理办公室、天津市农业机械研究所领导，相关区县农机中心推广科长及技术人员 30 余人参加会议。

9 月 11 日

天津市农村工作委员会副巡视员马超英、市安监局监管二处处长王强、市农业机械管理办公室副主任刘志伟、安全监理处处长薛桂来组成考评组深入蓟县，实地检查尤古庄镇、尤古庄村、兴达农机合作社“平安农机”创建活动开展情况。

9 月 11 日

天津市农业机械管理办公室召开区县农业机械化学校教师节座谈会，天津市农业机械管理办公室技术服务处及各区县的农业机械化学校校长及骨干教师共 30 余人出席座谈。

9 月 13—17 日

天津市农业机械管理办公室主办，天津市农业机械推广总站承办的 2013 年天津市农业机械化新技术新成果展示会在北辰召开。天津市政府副秘书长于忠诚、天津市农村工作委员会副主任沈欣、天津市农业机械管理办公室主任韦恩学及各界群众 3 000 余人参加展会。

9 月 25 日

天津市农业机械与农业工程学会举办，天津市农业机械研究所承办的天津市现代农业物联网技术发展论坛暨天津市农业机械研究所建所五十周年学术报告会在天津举办。中国农业大学教授李道亮、中国农业机械化科学研究机电技术应用研究所研究员苑严伟、天津科技大学教授杨世凤、天津市农村工作委员会信息中心研究员李洁分别做报告。天津市科学技术委员会、市农村工作委员会、市科学技术协会、市农业机械管理办公室有关领导；天津市农业机械管理办公室直属单位领导；涉农区县农机中心主任、推广科(站)长、科技人员；各农业科技园区技术人员、农机创新联盟成员单位代表等 150 余人参加会议。

10 月 9 日

天津市农业机械推广总站召开天津市玉米收获机械化技术推广会。天津市农业机械推广总站、静海县农机中心领导及农机推广技术人员、农机产品经销商、农机专业合作社和农机大户等 60 余人参加会议。

10 月 12 日

天津市科学技术协会、天津市农业机械与农业工程学会主办，天津市农业机械研究所、宝坻区农机服务中心承办的天津市三辣生产机械化研讨会召开。天津市科学技术协会副主席白景美、天津市农业机械管理办公室副主任胡伟、宝坻区副区长艾玉昆、宝坻区农委主任郝福洪出席会议。天津市农业机械管理办公室办直属单位、宝坻区农机中心有关领导,部分区县农机科技人员及三辣种植大户等 40 余人参加会议。

10 月 22 日

天津市农业机械管理办公室举办设施农业装备安全生产培训班。各涉农区县设施农业装备安全监管人员、设施农业园区安全员共 70 多人参加培训。

天津市农业机械推广总站召开设施农业关键环节机械化技术设备演示会。农业部农业机械化技术开发推广总站处长徐振兴、天津市农业机械管理办公室副主任胡伟出席会议。静海、西青等 6 个区县有关领导和设施农业园区负责人 40 余人参加会议。

10 月 23 日

农业部印发《关于 2011—2013 年度全国农牧渔业丰收奖获奖情况的通报》(农科教发[2013]13 号),天津市农业机械试验鉴定站"激光平地机械化技术示范推广"获农业技术推广成果奖三等奖,天津市农业机械推广总站站长谢敏获农业技术推广贡献奖。

10 月 31 日

天津市农业机械管理办公室在北辰区召开全市农机系统农作物秸秆禁烧与综合利用动员大会。各涉农区县农机中心、滨海新区农业局主要领导、分管领导及市农机办相关业务处室负责人 30 余人参加会议。天津市农村工作委员会副主任沈欣、天津市农业机械管理办公室主任韦恩学出席会议。

11 月 1—2 日

天津市农业机械管理办公室主任韦恩学带领相关处室负责同志深入静海县,就秸秆禁烧和综合利用工作开展情况进行检查指导。

11 月 1 日

天津市农村工作委员会主办,天津市农业机械试验鉴定站承办的天津市秸秆固化燃料技术及设备培训班召开。天津市农村工作委员会能源处、天津市农业机械试验鉴定站领导及各区、县农委、能源办、生产企业等 40 余人参加培训班。

11 月 4—5 日

天津市农业机械管理办公室在蓟县举办农机职业技能鉴定管理人员培训班,天津市农村工作委员会科教处副处长马东旭、天津市农业机械管理办公室副主任刘志伟参加开班仪式。各区县农业机械化学校校长、专职骨干教师及考评员等参加培训。

11 月 5 日

天津市农业机械管理办公室召开 2013 年耕地深松及激光平地作业民心工程进展情况汇报会,天津市农业机械管理办公室副主任胡伟出席会议并讲话。蓟县、宝坻等 8 个项目实施区县农机中心分管领导 20 余人参加会议。

11 月 12 日,天津市农业机械管理办公室召开专家评审会,对各区县推荐上报的 2013 年天津市农机合作社扶持创建项目进行评审。从中优选出 14 个农机合作社列为本年度农机合作社扶持创建项目扶持对象。

河 北 省

2013 年 3 月 21 日

河北省农业机械化工作会议在石家庄市召开,总结 2012 年全省农业机械化工作成效和经验,部署 2013 年农业机械化工作。各市农业(农牧)局主管农机工作的局长、农机科长、农业机械化技术推广站长及省直各农机事业站领导成员参加会议。参加农机购置补贴第一期培训人员列席会议。河北省农业厅纪检组长、监察专员孙进群同志,副厅长李永山同志作重要讲话。

3 月 21—24 日

河北省就农机购置补贴操作方式全面推行"全价购机"、"县级结算"、"直补到卡"补贴办法,对全省 11 个市和 183 个县主管农机工作的局长、农机补贴负责人进行培训。

5 月 3 日

河北省人民政府批准 2013 年农机深松工作实施方案,下达资金 2.5 亿元,用于完成 11 个设区市农机深松作业 1 000万亩的任务。

5 月 9—31 日

河北省开展农机购置补贴督导检查工作。河北省农机局及农机四站处级领导带队,抽调各设区市农业局分管农机购置补贴副局长、农机科长以及相关工作人员组成 11 个检查组分别对全省 11 个设区市进行检查,每市检查 1～2 个县。

5 月 27 日

河北省农机深松新机具新技术观摩培训会在石家庄市深泽县召开。河北省农业厅副厅长李永山出席会议并作讲话。来自全省 7 个设区市,56 个深松项目县的农机局长、农机推广站站长、农机合作社社长,以及 10 个省内外农机深松企业近 300 人参加培训。国际粮油组织官员、朝鲜农业部代表团一行 14 人到会参观交流。

6 月 7 日

国务院总理李克强在河北邯郸考察"三夏"麦收情况。李克强走进田间仔细察看小麦长势,对正在收割小麦的农民说要抓紧抢收,既然收获丰收,就要争取做到颗粒入仓,不浪费一粒粮食。李克强登上联合收割机向司机了解麦收情况,对参加跨区作业的联合收割机司机表示称赞。李克强向当地农民详细了解小麦播种及田间管理的情况,李克强说,在播种时选育良种,并深松土壤、进行科学化的田间管理,粮食生产还会有继续增收的余地。

6 月 14 日

河北省副省长沈小平带领省直有关部门负责同志,就"三夏"生产到邢台市威县调研。沈小平强调,各级各有关部门要强化服务保障,及时发布收获进度和作业信息,充分发挥农机合作社等服务组织的优势,科学调度农机具,做到"麦熟有机收、机到有活干"。要抓好秋粮生产,讲求播种质量,加快播种进度,力争收获一块、播种一块。沈小平慰问了正在作业的农机手。

6 月 28 日

河北省"三夏"农机作业基本结束。"三夏"期间,河北省投入夏收、夏种的联合收割机 8 万多台,拖拉机、玉米免耕播种机等机械 100 万台。完成小麦收获面积 2 382.89 千公顷,小麦机收率为 99%,完成玉米播种面积 2 251.16 千公顷,机播面积 2 163.56 千公顷,机播率达 85%。

7 月 5 日

河北省农业厅与河北省工商行政管理局联合下发文件,开展农机维修厂点专项治理行动。专项治理的对象是河北省境内的全部农机维修厂点,主要内容为农机维修厂点的经营资质、维修条件、维修人员资质、生产条件、守法经营、管理制度建设等方面。

7 月 16 日

2013 年河北省农机深松工作会议在石家庄召开。会议安排部署秋季农机深松工作措施。11 个设区市，定州市、辛集市，46 个新增项目县主管领导，部分企业代表近 200 人参会。

9 月 16 日

河北省人民政府第 9 次常务会议通过《河北省农业机械安全监督管理办法》，于 2013 年 11 月 1 日起施行。10 月 16 日至 11 月 15 日河北省集中开展《河北省农业机械安全监督管理办法》宣传月活动。

9 月 22 日至 10 月 15 日

河北省开展农机工作联合督导检查。主要内容为农机深松作业，农机购置补贴政策落实，农机监理及农机安全“三秋”生产工作。河北省农机局及农机四站成立 11 个督导检查组，对全省农机相关工作进行联合督导检查，督导检查方法采取面上督导检查和深入实地调查相结合，并以实地调查为主的方式进行。

10 月 11 日

河北省副省长沈小平带领省农业厅负责同志和有关专家，到定州市东亭镇元光村玉米机收、深松整地和小麦机播现场进行调研。

山 西 省

2012 年 12 月 12 日

山西省人民政府副省长郭迎光听取全省农业机械化工作情况汇报，对全省农业机械化工作取得的成绩给予充分肯定，并提出具体工作要求：要认真总结全省农业机械化发展过程中的成功经验，积极探索适合山西省情、农情的农业机械化发展道路；要充分认识现代农机装备在发展现代农业和促进农民增收进程中的重要作用；要加大对农机专业合作社和农机大户的培育和扶持力度；要积极开展农业机械作为农民个人财产进行抵押贷款试点工作。

12 月 24 日

山西省交口县、忻府区、泽州县、阳曲县、蒲县被农业部、国家安监总局评为国家级“平安农机”示范县。

12 月 25 日

山西省人民政府印发《关于促进农业机械化和农机工业又好又快发展的实施意见》（晋政发[2012]38 号）。

12 月

山西省农机局程海富、山西省农机推广总站乔延丹、山西农机新技术服务中心王曦被评为“农业部 2012 年度全国粮食生产突出贡献农业科技人员”。

2013 年 1 月 5 日

山西省委书记袁纯清对全省农业机械化工作作出批示：“抓农业现代化最为基础的工作是农业机械化，这一点农机局抓得是有成效的。”

1 月 10 日

山西省委副书记金道铭对全省农业机械化工作作出批示：“农机工作很有成绩，值得认真总结和充分肯定，望不断巩固、发展和提升，为推进山西的农业现代化作出新成绩。”

1 月 17 日

山西省在太原召开全省市农机局长工作座谈会。会议传达中央和省委农村工作会议、全国农业和农机工作会议精神，研究分析当前和今后一段时期全省农业机械化发展面临的新形势、新任务、新问题。

1 月

山西省农业机械化学校被农业部评为首批“全国农机职业技能培训和鉴定示范基地”。

2 月 8 日至 3 月 8 日

农业部农业机械化管理司副司长刘恒新带领农业部“百乡万户”调查组，深入山西省 6 个地市的 12 个县（区）、25 个乡镇开展农机社会化服务专题调研。

2 月 28 日

山西省农机局被山西省委干部下乡领导组评为“2012 年定点扶贫工作先进单位”。

3 月 1 日

山西省在太原市召开全省农业机械化工作和党风廉政建设会议。会议总结交流 2012 年度全省农业机械化工作，安排部署 2013 年全省农业机械化和党风廉政建设工作。

3 月 20 日

山西省委任命左义河同志为山西省农机局（山西省农业机械发展中心）党组书记，同时免去王立伟同志山西省农机局（山西省农业机械发展中心）党组书记职务。3 月 28 日，山西省人民政府任命左义河同志为山西省农机局（山西省农业机械发展中心）局长（主任），同时免去王立伟同志山西省农机局（山西省农业机械发展中心）局长（主任）职务。

3 月 26 日

山西省农机局被山西省人民政府评为“2012 年安全生产工作先进单位”。

5 月

山西省农机局安全监理处副处长秦小虎被省人民政府安委会评为 2012 年“安全生产先进个人”。

6 月 8 日

山西省人民政府副省长郭迎光视察运城市盐湖区王范乡小麦机收和秋粮复播情况，并慰问奋战在“三夏”一线的广大农民和农机手。

6 月 9 日

山西省科技攻关项目“穴播式铺膜播种机的研究”通过省科技厅组织的科技成果鉴定，鉴定结论为“国际先进水平”。

6 月 15 日至 7 月 15 日

山西省在全省组织开展“我是机手·有我更能”主题微博互动活动，采集和发布微博互动信息 800 多条。

6 月 18—21 日

山西省人民代表大会常务委员会副主任、山西省总工会主席田喜荣在朔州、忻州两市调研农业机械化工作，并深入山阴、朔城、忻府和定襄等 4 个县（市、区），实地查看农机专业合作社和率先实现农业机械化示范点。

7 月 17 日

山西省在太原市召开全省市农机局长工作座谈会。总结交流 2013 年上半年全省农业机械化工作，安排部署下半年全省农业机械化工作。

7 月 23 日

农业部农业机械化管理司司长宗锦耀深入朔州市、大同市调研农业机械化工作。在调研中，宗锦耀充分肯定近年来山西农业机械化工作取得的成绩，并强调：要大力发展农业机械化，有效解决“谁来种地、怎样种地”的问题；要加快农机农艺协作体制机制创新，进一步推进农机农艺融合；要强化农机人才队伍建设，培育一批既懂农机又懂农艺的农机手；要鼓励和支持农机合作社承接土地流转，促进农业生产规模化；要重点补贴农民购买玉米收获机、马铃薯播种和收获机等农业生产关键环节急需机具；要加大作业补贴力度，加快玉米和马铃薯机收等机械化薄弱环节发展。

7 月

山西省襄垣县、翼城县、新绛县、祁县农业机械安全监理站等 4 个单位，吴波等 8 人分别被农业部评为全国农机安全监理“为民服务，创先争优”示范窗口和岗位标兵。

8月1日

山西省农机局被国务院安委办、中宣部、国家安监总局、公安部、国家新闻出版广电总局、全国总工会、共青团中央、全国妇联等七部委授予“2013年全国‘安全生产月’活动先进单位”。

《马铃薯全程机械化生产技术示范推广》项目被山西省科技厅评为农村技术承包奖一等奖。

8月9日

山西省在太原市阳曲县举办“山西省首届农用无人机飞施作业现场演示会”。共展示14种型号18台农用无人驾驶直升机和4种不同型号的高地隙喷杆喷药机械。中国工程院院士、华南农业大学教授、博士生导师罗锡文出席会议并作题为《对加快发展我国农业航空技术的思考》的学术报告。山西省政协副主席朱先奇参加会议。

9月28日

山西省第十二届人大常委会第五次会议听取《关于全省农机工作情况的报告》。

9月29日

山西省人大常委会分组审议《关于全省农机工作情况的报告》。

9月30日

山西省委常委、组织部部长汤涛到山西省农机局调研党的群众路线教育实践活动开展情况和农业机械化工作。

10月16—20日

山西省在太原市举办第三届中国(山西)特色农产品交易博览会农机展。展会共展示80余个农机生产企业生产的700多种农机产品，签订合作项目18个，签约资金达到6.32亿元。先后组织农机贸易项目签约仪式、农机新技术新机具推介会、农机政策法律法规竞答、农业机械化发展成就新闻发布会等系列活动，受到广大农民和社会各界的广泛关注。

10月16日

山西省委副书记金道铭、省人民政府副省长郭迎光视察第三届中国(山西)特色农产品交易博览会农机展区。

11月11日

“穴播式铺膜播种机的研究”、“11JCY-1000型秸秆压块成型机”、“废弃秸秆沼气集中供气工程机电一体化装备和控制技术研究”、“饲料液体组份添加系统的研究 ”、“籽粒回收型玉米剥皮机研制”、“3行剥皮型自走式玉米收获机研制”、“农村庭院综合节能转化控制装备的研究”等7个山西省科技攻关项目通过省科技厅结题验收。

2013年

山西省全年共落实农机购置补贴资金7.262亿元，其中中央财政资金7亿元，省级财政资金2 620万元。目前，全省已使用中央财政补贴资金6.84亿元，引导7.9万户农民购买各类农业机械10余万台(套)，带动全省农机经销企业销售额达到21.3亿元。其中，新增大中型拖拉机8 956台，是去年增量的2倍多，保有量达到了10.7万台；新增玉米收获机4 137台，是去年增量的1.1倍，保有量达到1.4万台；新增薯类收获机597台，保有量达到6 051台。

山西省投入玉米丰产方机收秸秆还田作业补贴9 000万元，完成作业补贴面积200千公顷，带动全省玉米机收面积达到838.67千公顷，玉米机收水平48.7%，比2012年提高11.5个百分点。

山西省农机专业合作社和农机大户分别新增286个和928个，分别达到1 844个和5 644个。

山西省首次将农机具安全技术检验和保险费补贴纳入省委省人民政府强农惠农政策体系，并安排1 000万元专项资金。

山西省农机局与山西省总工会农林水公会联合组织召开全省农业机械化生产“三大作业”表彰大会，对2012年在全省农机生产作业社会化服务劳动竞赛中涌现的先进单位和先进个人给予记功表彰。并以“抓服务增效益”为总要求，以提升农业机械化生产综合水平和促进农业增效、农业增收为根本目标，继续组织开展2013年农业机械化生产社会化服务劳动竞赛活动，为农业机械化发展营造出“比、学、赶、帮、超”的良好氛围。

内蒙古自治区

2013年3月14日

内蒙古自治区落实农机购置补贴政策视频会议在呼和浩特市召开。会议主要任务是认真落实全国农机购置补贴工作会议和全区农业机械化工作会议的部署，总结农机购置补贴政策取得的成效和经验，部署2013年农机购置补贴工作，签订农机购置补贴实施工作责任书，进行政策宣传讲解和软件管理系统操作培训。内蒙古自治区农牧业厅副厅长翟琇、内蒙古自治区纪委驻农牧业厅纪检组长梁永宁、内蒙古自治区财政厅农牧处副处长锡林出席会议并发表讲话。

4月27日

“内蒙古东部地区玉米保护性耕作及农机化新技术培训会”在兴安盟乌兰浩特市举行，来自呼伦贝尔、兴安盟、通辽市、赤峰市、锡林郭勒盟等盟市的农牧机系统的农机主管、农机推广部门、保护性耕作项目旗县的领导和科技人员、农机合作社、国营农牧场负责人及技术人员共100多人参加培训。培训会主要对国外保护性耕作技术模式、机具及实施成效以及卫星定位技术在农业生产中的应用两方面内容进行培训，并在现场演示会上进行大中型深松联合整地机、大中型玉米免耕播种机等多种机型的演示。

9月26日

“内蒙自治区农机专业合作社建设现场观摩与经验交流会”在赤峰市召开，会议的主要任务是：深入贯彻落实2013年内蒙古自治区农业机械化工作会议精神，特别是农业机械化重点工作部署，总结交流全区农机合作社建设方面的典型经验，推荐先进做法；结合新形势下现代农牧业建设任务，研究农机合作社深化建设问题，进一步强化工作措施，全面推进农机合作社发展。内蒙古自治区农牧业厅副厅长翟琇到会并发表讲话。

10月18日

内蒙古自治区人民政府印发《内蒙古自治区人民政府关于取消和下放一批行政审批项目等事项的决定》(内政发[2013]104号)，对原来由“自治区农牧业厅”收取的“拖拉机、联合收割机等农机注册登记、核发驾驶证所需的牌证照工本费”予以取消。

10月30日

内蒙古自治区农牧业机械标准化技术委员会成立大会在呼和浩特市召开，同时进行业务培训，标委会委员及相关人员30余人参加会议和培训。会议通报标委会机构设置、主任委员、副主任委员、秘书长等人选，讨论修改并通过《内蒙古自治区农牧业机械标准化技术委员会章程》《内蒙古自治区农牧业机械标准化技术委员会秘书处工作细则》等文件，探讨标委会中长期发展规划。

2013年

内蒙古自治区在全区范围内实行

"全价购机、县级结算、直补到卡"的做法。

经过两年目标管理式措施，内蒙古自治区加大对玉米收获机的补贴和技术推广力度，2013年玉米机收水平有历史性的突破，机收率达到44.1%，比2012年增长20.8个百分点，机收面积增加620千公顷。

内蒙古自治区将畜牧业机械化列入全区重点工作，确定25个试点旗县建设任务，机械装备和牧区牧机合作社建设得到有力推进。草业饲喂环节、牧民生产生活领域的机械设备有较大增长。

内蒙古自治区对120个试点合作社依照标准进行规范化建设，并培育一批骨干合作社群体，全区有39个农机专业合作社获得农业部授予的示范社荣誉。

内蒙古自治区获2012—2013年度全国农机安全监理"为民服务创先争优"示范窗口的有：内蒙古自治区呼伦贝尔市阿荣旗农业机械监理站、内蒙古自治区兴安盟扎赉特旗农机监理站、内蒙古自治区通辽市农机安全监理所、内蒙古自治区鄂尔多斯市杭锦旗农机监理站；获2012—2013年度全国农机安全监理"为民服务创先争优"示范岗位标兵的有：内蒙古自治区呼伦贝尔市农机监理所张智颖、内蒙古自治区通辽市科尔沁区农机监理站王立军、内蒙古自治区阿拉善盟额济纳旗农牧业机械安全监理站张东光、内蒙古自治区兴安盟扎赉特旗农机监理站孙淑萍、内蒙古自治区鄂尔多斯市杭锦旗农机监理站贺德义、内蒙古自治区赤峰市农机监理所毕忠泽、内蒙古自治区呼和浩特市农机监理所蔡宇明、内蒙古自治区达拉特旗农牧业机械监理站张冬秀、内蒙古自治区阿荣旗农机监理站骆明。

辽宁省

2012年12月12日

辽宁省人民政府决定成立辽宁省农业机械化工作领导小组（辽政办发[2012]66号）。组长由辽宁省副省长赵化明担任，副组长由辽宁省人民政府副秘书长何焕秋、辽宁省农村经济委员会主任刘长江担任。辽宁省农村经济委员会、发展改革委、科技厅、财政厅、水利厅、畜牧局、农信社为成员单位。领导小组下设办公室，办公室设在辽宁省农村经济委员会，办公室主任由刘长江同志兼任。

2月

辽宁省农村经济委员会任命樊金鑫同志为辽宁省农机质量监督管理站站长，滕平同志任辽宁省农业机械化技术推广站站长。

3月

辽宁省农业机械化研究所科研成果《北方设施园艺作物生产配套机具研制与应用》获得辽宁农业科技贡献奖一等奖。

5月24日

辽宁省省长陈政高到盘锦市盘山县太平镇佳蒙种植专业合作社工厂化育苗基地考察水稻机械化生产情况。副省长赵化明参加考察。

5月

辽宁省农村经济委员会党组决定陈健同志代管农业机械化工作，分管农机产业发展处、农机监督管理处、省农业机械化技术推广站、省农机质量监管站、省农业机械化研究所、省农机安全监理总站、省农业机械化扶持发展中心、省农业工程设计研究院等8个处站。

辽宁省农村经济委员会任命张旭东同志为辽宁省农业机械化研究所所长。

6月6日

经辽宁省机构编制委员会办公室同意，辽宁省农村经济委员会决定原农业机械化管理处分设为农机产业发展处和农机监督管理处（辽农人[2013]145号），每处人员编制各4名。

6月

辽宁省农业机械化研究所创建"青年科技工作者创新基金"，为青年科技人员施展才能提供平台。

7月30日—31日

农业部农业机械化管理司司长宗锦耀在农机产业发展处处长王家忠陪同下到辽宁就农业机械化发展特别是农机购置补贴政策落实情况进行座谈调研。

7月

辽宁省市级农机推广站站长会议在锦州召开。会议内容主要是贯彻落实新《农业技术推广法》；研究探讨在新的形势下如何开展好农机推广工作。

辽宁省农业机械化研究所《铺膜播种机覆土装置》和《马铃薯收获与地膜回收的联合装置》等科研成果获得技术专利。

8月

辽宁省农机推广站"水稻育插秧机械化技术培训建设"和"玉米生产机械化示范基地建设"项目分获辽宁农业科技贡献奖一等奖、二等奖。

9月25日

辽宁省农村经济委员会在开原市召开全省粮食收获机械化现场会，辽宁省农村经济委员会主任刘长江参加会议并讲话，副主任陈健主持会议。

9月

辽宁省鞍山市千山区农机推广站钟长瑞同志荣获中国农业科技基金会颁发的二〇一三年度神内基金农机推广奖；锦州北镇市青堆子镇六台村任国生同志荣神内基金农机农户奖；铁岭调兵山市晓南镇荒地村曹中文同志荣获神内基金农机农户奖。

10月11日

辽宁省农业机械化统计暨信息网宣传工作培训会议在沈阳沈飞宾馆召开。

10月29日

辽宁省农机质量监督管理工作培训班在丹东市开班。

2013年

辽宁省人民政府组织实施"千万亩水稻生产基本实现全程机械化工程"。全省新增机械插秧面积168.67千公顷，机械插秧水平83%，同比提高27个百分点，水稻生产机械化实现历史新突破。

吉林省

2013年1月19日

吉林省农业机械化工作会议在吉林省宾馆召开。各市、州，县（市、区）农机主管主任，农机局长100多人参加会议。会议由吉林省农业机械化管理局局长成洪主持，东辽县（市）等7个单位在会上做典型发言；吉林省农业委员会副主任于文波到会并发表题目为"推进农业机械化科学发展 为现代农业建设提供坚实保障"讲话。

2月11日

吉林省农业委员会　吉林省财政厅联合印发《2013年吉林省农业机械购置补贴及全程农机化工程建设实施方案》（吉农机字[2013]102号），下达第一批中央财政补贴资金9亿元，省级财政资金6 000万元，用于全程农业机械化工程建设机具的累加补贴，吉林省农机购置补贴工作正式启动。

3月15日

吉林省农机购置补贴工作会议在吉林省春谊宾馆召开。各市、州农委主管主任、农机处(科)长，58 个补贴项目实施县的政府主管领导、农机(农业)局长、科长及委相关处(室)、农机事业单位领导，新闻单位等 200 多人参加会议。

吉林省农业委员会副主任于文波、驻吉林省农业委员会纪检组长、监察专员王峻岩出席会议并发表重要讲话。

会议代表观看水稻高光效新型栽培技术机具的现场演示和介绍。吉林省农业机械化管理局副局长翟延华对 2013 年农机购置补贴政策进行解读及操作办法培训。会议由吉林省农业机械化管理局局长成洪主持并做会议总结。

3 月 22 日

吉林省农业机械化管理局主办、吉林省农机流通协会承办的 2013 年吉林省农机购置补贴产品经销(生产)企业培训班在长春市开班。农机购置补贴产品省内经销企业、进入吉林省农机购置补贴目录的农机生产企业共 400 多人参加培训。培训班由吉林省农机流通协会会长宋波主持开班仪式。培训班重点对农机购置补贴有关政策和操作规程，进行讲解。为了使全体学员全面、透彻地了解相关政策内容，培训班还进行现场答疑，收到良好效果。

3 月 29—31 日

2013 年东北地区农机产品订货交易会暨吉林省农机购置补贴产品展示会在中机(长春)物流园隆重开幕。来自全国 130 多家农机生产企业带着千余种农机产品前来参展。吉林省农业委员会党组书记任克军宣布展会开幕。展会期间，吉林省农业机械化管理局向参观展会的农民免费发放《2013 年农机购置补贴操作指南》《2013 年农机购置补贴产品补贴额一览表》、吉林农业报等宣传农机购置补贴政策资料 5 万余份，并设农机购置补贴政策咨询台，组织省内农机专家为农民解答农机购置补贴有关政策。

4 月 2 日

吉林省农业委员会　吉林省财政厅联合印发下《2013 年全省农机深松整地作业补贴工作实施方案》(吉农机字[2013]146 号)，下达 2013 年全省农机深松整地作业任务计划 1 000 千公顷，投入作业补贴资金 1.5 亿元，以提高耕地质量和农业综合生产能力，实现粮食稳定增产、农业不断增效和农民持续增收。

5 月 24 日

吉林省水稻“高光效”机械移栽技术现场会在九台市召开。各市、州农委主管农机工作主任、处(科)长，承担水稻高光效技术示范的县(市、区、场)农机(业)局长、吉林省农业委员会农业处、科教处，委直农机事业单位领导、高光效技术专家组成员及新闻单位等 100 多人参加现场会。会议由吉林省农业机械化管理局局长成洪主持，吉林省农业委员会副主任于文波到会并做讲话。与会代表参观九台市水田机械整地及水稻高光效机械移栽技术作业演示现场及九台市九郊街道办事处聂家农机生产合作社并座谈、交流各地推进水稻高光效机械移栽技术思路与工作措施。

6 月 18 日至 7 月 4 日

吉林省农机局长、科长培训班在吉林大学生物与农业农业工程学院举办。本次培训班的主要培训对象为市(州)农委农机科长(处长)、县(市、区)农机局局长、主管业务副局长、科长 200 多人。培训班聘请吉林大学生物与农业工程学院教授从管理学与领导艺术、中国农业机械化发展现状与展望、现代农业与农业机械化、规模化经营与农业生产新型主体、农业机械化评价体系和农机有关工作及拓展训练等几个方面对参会人员进行培训。培训班由吉林省农业机械化管理局副局长翟延华主持。在开班仪式上，吉林省农业机械化管理局局长成洪做了讲话，吉林大学生物与农业工程学院院长杨印生为培训班致辞。本次培训班分三期举办，在培训结束后，吉林省农业委员会将对各单位参培情况进行通报，并将其纳入年内绩效考评内容。

7 月 8—7 月 23 日

吉林省农业机械化管理局分两个检查组对全省 2013 年农机购置补贴政策实施专项督导检查。此次检查范围覆盖全省所有市(州)。检查方式采取面上检查与深入实地调查相结合，既查看补贴手续办理现场、检查补贴管理系统使用情况和查阅档案，又随机抽取购机补贴农户，进行入户调查，实地查看补贴机具。检查内容主要包括中央财政农机购置补贴资金和省级配套资金使用情况、廉政风险防控工作情况、农机购置补贴绩效管理工作、补贴政策信息公开公示情况、补贴政策纪律执行情况、举报投诉查处情况等内容。

7 月 19 日

农业部下发文件(农办函[2013]5 号)，对 2012 年度延伸绩效管理优秀单位通报表扬，吉林省农业机械化管理局被评为 2012 年度强农惠农政策(农机购置补贴)落实延伸绩效考核管理优秀单位，排名第二。

8 月 2 日

农机融资租赁试点工作座谈会在长春召开。长春、松原、白城等 30 多个市、县(市、区)农机局局长参加座谈会。会后，吉林省农业委员会下发《吉林省农业机械融资租赁试点工作方案》，标志着吉林省农机融资租赁试点工作正式启动。

8 月 20—21 日

吉林省农业机械化管理统计工作会议暨统计管理培训班在梅河口市召开。各市(州)农委，县(市、区)农机(农业)局具体负责农业机械化管理统计工作的同志近 100 人参加会议。会上，一是对 2011 年、2102 年全省农业机械化管理统计先进单位和先进个人进行表彰；二是对农业部农业机械化管理统计报表制度和农业机械化管理统计软件系统进行培训；三是总结交流全省农业机械化管理统计工作的经验和做法。

10 月 22 日

吉林省 2013 年度省级农业机械化技术推广补助专项资金项目立项评审会在吉林省农业机械试验鉴定站举行。项目论证评审会议由吉林省农业机械化管理局副局长郑铁志主持，经过有关专家组的认真评审，确定 26 家申报单位作为 2013 年度项目支持单位，其中：机械化保护性耕作技术 21 家(新建县 7 家)，高水平水稻育插秧项目 5 家，并报经吉林省农业委员会、财政厅审核批准后正式启动实施工作。

11 月 7 日

吉林省水稻“高光效”技术配套专用移栽机械产业化研发项目论证评审会议在吉林省宾馆召开。来自省内 7 家水稻移栽机械生产企业参加项目论证会议。会议由吉林省农业机械化管理局郑铁志副局长主持，邀请中国农业大学、农业部南京农业机械化研究所、吉林大学等专家作为评审专家参加论证评审会议，以确保评审工作的公正、公平。吉林省农业机械化管理局局长成洪参加项目论证评审的整个答辩过程并做讲话。

黑龙江省

2013 年 2 月 16 日

中央电视台朝闻天下栏目“贯彻落

实十八大 行进中国”以《黑龙江：农机合作社的沟沟坎坎》为题，报道克山县仁发现代农机专业合作社。

2月17日

中央电视台新闻联播栏目“贯彻落实十八大 行进中国”以《黑龙江：农机合作社的新型运营模式》为题，报道克山县仁发现代农机专业合作社。

2月28日

黑龙江省农业委员会、财政厅联合下发《黑龙江省2013年农业机械购置补贴工作实施方案》(黑农委联发[2013]13号)，对黑龙江省2013年落实国家购机补贴政策做明确的具体规定。

3月5日

黑龙江全省农机工作会议在哈尔滨召开。会议传达全国农业机械化专业会议和省委农村工作会议精神；黑龙江省农业机械化管理局局长郑联邦做题为《把握机遇 真抓实干 努力开创农机化发展新局面》的工作报告。

3月12日

黑龙江省农业机械化管理局下发《黑龙江省2013年农业机械化教育培训大行动活动工作方案》(黑农机科函[2013]7号)。全省2013年大培训活动计划训各类农机人员411 400人。截至10月底，实际完成412 500人。其中培训农业机械化管理人员23 000人，培训农业机械化技术人员58 400人，培训农机操作人员330 000人(其中培训新购机农民42 000人)，培训现代农机合作社经理、会计、维修技术人员1 100人。

3月14日

黑龙江省农业委员会下发《农机抗春涝保春种技术指导意见》(黑农委函[2013]68号)，为抢农时夺丰收奠定基础，完成春整地6 160千公顷，机械化播种11 284.67千公顷。

3月18日

黑龙江省农业委员会下发《认真抓好农机化春耕生产的通知》(黑农委函[2013]61号)，部署全省农业机械化春耕生产工作。

4月7日

黑龙江省省长陆昊视察约翰迪尔(哈尔滨)公司。

4月8日

农业生产资料对接会在哈尔滨召开，部分农民种植合作社和现代农机专业合作社理事长及农资生产厂家400余人参加会议。会上，意向签订优质玉米种子17个品种1.375×10^6千克；优质大豆种子14个品种9.2×10^5千克；化肥17个品牌1.782×10^7千克；农药17个品牌6.8×10^4千克。

4月22日

黑龙江省农业委员会、财政厅联合下发《黑龙江省2013年现代农机合作社建设方案》(黑农委联发[2013]56号)，确定“成熟一个，建设一个”的原则，要求新建旱田合作社土地入社面积在333.33公顷以上，入社成员120户。水田合作社200公顷80户。合作社必须制定章程，明确国有资产所得平均量化到每个成员。按照《方案》要求，黑龙江省农业委员会、财政厅联合组织专人对全省上报的2013年拟组建农机专业合作社申报材料进行审核，对合作社入社成员进行电话抽查，于10月批准建设99个现代合作社，其中旱田合作社56个，水田合作43个。

6月8日

黑龙江省省长陆昊听取新型农机装备制造产业工作汇报，对黑龙江省新型农机装备制造产业发展给予肯定。

7月26日

黑龙江省农业委员会、财政厅联合下发《省农委、省财政厅关于对全省现代农机专业合作社示范社、规范社命名的通知》(黑农委联发[2013]69号)对评选出1个示范社和10个规范社进行命名。(1)现代农机专业合作社示范社：克山仁发现代农机合作社。(2)现代农机专业合作社规范社：孙吴桦林现代农机合作社；克山新兴现代农机合作社；克东金库现代农机合作社；五常王家屯现代农机合作社；依安爱民现代农机合作社；桦南朝阳现代农机合作社；宁安友联现代农机合作社；萝北勤俭现代农机合作社；克东玉岗现代农机合作社；海伦海北现代农机合作社。

8月23日

由中国农村合作经济管理学会和黑龙江省农业委员会联合举办的克山县仁发农机合作社规范管理研讨会在齐齐哈尔市召开。农业部农村经济体制与经营管理司司长孙中华、农业部农村经济体制与经济经营管理总站副站长赵铁桥、黑龙江省农业委员会主任王忠林、副巡视员李连瑞、齐齐哈尔市副市长任玉良参加会议。中国人民大学农村发展学院院长孔祥智教授、中国农业大学人文发展学院任大鹏教授、浙江大学农村发展研究院徐旭初教授、东北农业大学副书记郭翔宇教授等专家学者在会上剖析克山县仁发农机专业合作社的成功管理模式，并对黑龙江省现代农机合作社的规范运营和健康发展提出建议。

会议之前，与会人员前往仁发农机专业合作社参观考察，听取理事长李凤玉关于仁发农机专业合作社发展和经营情况的汇报，并与部分合作社社员代表进行座谈交流。

作为黑龙江省现代农机合作社的一面旗帜，克山县仁发现代农机合作社建立3年来，由最初的粗放管理、代耕创收、惨淡经营，发展到如今的入社成员2 436户、入社土地3.33千公顷，拥有各类大型机械113台套。经营规模由小到大、经济实力由弱到强，成为黑龙江省第一个也是唯一一个现代农机合作社示范社。

与会专家对仁发现代农机合作社取得的成绩给予高度评价，并对仁发合作社的发展壮大提出了一些建议。

9月4日

农业部农业机械化管理司在哈尔滨市召开全国农机社会化服务现场会。来自全国各省、市、自治区的100多名代表参加会议。会议期间与会代表参观考察黑龙江省绥化市肇东五里明现代农机合作社、肇东玉米生产全程机械化示范区、黑龙江农机配件市场和黑龙江省农机指挥调度中心。

9月5—8日

黑龙江省在哈尔滨国际会展体育中心举办“2013第六届中国黑龙江·北大荒国际农业机械展览会”，“农机展”有150多家中外企业参展，展场面积4万平方米。本届展会的主题是“大农业、大农机、大合作、国际化”，突出特点是：国际化程度高，汇聚世界知名企业和品牌，有来自20多个国家40多个国外企业来参展；参展的国内外机械设备种类齐全、并体现了国际化、大型化，是目前我国举办的国际化程度最高、规模较大、影响力较强的农业农机展览会。

9月6日

黑龙江省新型农机装备制造产业推进组举办黑龙江省农机装备制造产业招商会暨项目签约仪式，各有关市、县政府、农机局及国内外农机生产企业200余人参加会议，日本井关公司、山东常林集团等六家企业在黑龙江省签约落户，签约额达20亿元。

9 月 16—18 日

2013 中俄(佳木斯)农机产品展销洽谈会在佳木斯举行。参加本届展会的福田雷沃、奇瑞农机、常发集团、艾科农机等国内 50 强农机企业悉数到场;久保田、洋马、纽荷兰等国际农机巨头踊跃参展。展会上展出农业种植机械、收获机械、动力机械、畜牧机械、农用汽车、配件等 10 大品类,重点展出中国农业机械化科学研究院农业植保无人直升机、打捆机,洛阳一拖 240 马力无级变速拖拉机等一批最新农机科技成果。展会当天有 24 个国内外农机贸易合作项目现场签约,其中对外项目签约总金额 3 亿多美元,国内项目签约总金额人民币 29 亿多元。

9 月 25 日

黑龙江省农业委员会下发《关于做好秋收秋整地工作的通知》(黑农委函[2013]335 号),明确完成秋整地 7.3×10^3 千公顷的工作目标。

10 月 10 日

黑龙江省人民政府举办中国黑龙江—俄罗斯远东区域合作暨大型企业项目洽谈会,农机装备制造产业作为“十大重点产业”之一派员全程参加会议并组织了座谈、推介、展示等活动。

上 海 市

2012 年 12 月 6 日

上海市农业机械化管理办公室召开“2012 年农机系统务虚会”。会议交流近年来农机新技术新机具推广、农机产品研发及成果转化、农机安全监督管理、农机产品试验鉴定、农机教育培训、农机购置补贴政策实施等工作取得的新成效,分析上海发展农业装备,推进高效生态现代农业所面临的新形势新任务,以及发展中遇到的突出问题和制约因素,对以后一段时间的上海农业机械化发展思路、目标任务和工作举措建言献策。

12 月 13 日

上海市农业机械化管理办公室召开农机综合管理系统支撑平台开发推进座谈会。会上简要介绍农机综合管理系统支撑平台开发进展情况,相关技术人员进行系统演示。与会者对平台开发技术、应用等方面提出一些完善建议。

12 月 25 日

上海市农业机械化管理办公室组织机关全体人员学习贯彻中央农村工作会议、全国农业工作、农业机械化工作会议精神专题会议。上海市农业机械化管理办公室主任施忠传达会议精神并对下一阶段工作做具体安排部署。强调要进一步增强做好农业机械化工作的荣誉感、使命感、责任感,加快推进上海市农业机械化工作又好又快发展。

上海市农业机械化管理办公室在宝山区召开农机安全监管专题会议。会议贯彻落实《农业机械实地安全检验办法》(农业部第 1689 号公告)精神,肯定宝山区农机合作社危及人身安全农业机械的经验做法,对全市加强农机安全监管提出工作要求。

12 月 26 日

上海市科技兴农办组织专家对上海市农业机械化管理办公室主持的上海市科技兴农重点攻关项目“农机综合管理系统支撑平台开发”课题进行验收。验收专家在听取课题组的汇报,观看系统演示,审阅相关资料,经质询和讨论后,验收专家认为该课题已全面完成合同规定的各项考核指标,一致同意通过验收。

12 月 27 日

上海市农业机械化管理办公室举办农业机械化评价指标体系和统计业务培训班。培训主要内容为农业机械化管理统计报表制度及畜牧业、设施农业、农产品初加工、林果业(果茶桑)、渔业机械化评价指标体系。

2013 年 1 月 5 日

上海市农业机械试验鉴定站组织召开“2012 年度上海市农机化质量工作专题会议”。会议传达并解读农业部农办机[2012]22 号《关于进一步加强农业机械质量投诉监督管理工作的通知》;总结 2012 年度上海市农机鉴定和质量工作情况;交流在农机质量调查、监管等方面的工作经验,并提出 2013 年农业机械化质量监管重点工作建议。

1 月 8 日

上海市农业机械化管理办公室公示上海市《2012—2014 年支持推广的农业机械产品目录》(2013 年度调整)。

1 月 10 日

上海市农业机械化管理办公室召开“上海市 2012 年农机化工作总结会”。会议贯彻落实全国农村工作会议和农业机械化工作会议精神,总结 2012 年上海市农业机械化工作,部署 2013 年重点工作。上海市委农村工作办公室、市农业委员会副主任殷欧到会并做讲话。

上海市农业机械化管理办公室召开专题会议,学习传达中纪委、监察部 1 月 9 日新闻发布会上关于通报 2012 年全国纪检监察机关查办案件的情况。会议由上海市农业机械化管理办公室主任施忠主持,上海市委农村工作办公室、市农业委员会副主任殷欧到会并做讲话。

2 月 27 日

上海市召开农机监理、保险工作会议。会议回顾总结 2012 年度农机监理和农机保险工作情况,部署 2013 年的农机监理和农机保险工作。上海市委农村工作办公室、市农业委员会副主任殷欧到会并作讲话。

上海市农业机械化管理办公室召开 2013 年上海市农业机械化教育培训工作会议。回顾总结 2012 年农业机械化教育培训工作,部署安排 2013 年工作任务。上海市农业机械化管理办公室主任施忠出席会议并讲话。

3 月 12 日

上海市农机主管部门召开农机购置补贴工作会议。会议传达全国农机购置补贴工作会议精神,总结 2012 年农机购置补贴工作并部署 2013 年各项工作任务。上海市委农村工作办公室、市农业委员会副主任殷欧、市纪委驻市委农办纪检组组长房忠桥出席会议并讲话,殷欧与各区县农委分管主任签订《上海市农机购置补贴实施工作责任书》。

上海市农机主管部门专题召开农机购置补贴工作廉政风险警示教育会议,上海市纪委驻市委农办纪检组组长房忠桥出席会议并讲话。会议肯定本市农机系统 2012 年在反腐倡廉建设工作中所取得的成效,同时从全市层面总结农机系统职务犯罪的基本情况,剖析案件发生显现出的问题及产生的原因,对进一步做好购机补贴廉政风险防控提出工作要求。

3 月 14 日

“上海市 3·15 农民维权暨放心农资农机下乡现场会”在闵行区浦江镇举行。活动内容包括农资与新型农机具展示、蔬菜生产机械作业演示、维权宣传教育和现场质量投诉咨询等。现场会要求全市各有关部门认清形势、提高认识,增强农资质量监管工作的使命感和责任感,创新工作思路,完善机制体制,切实做到农资质量监管“关口前移、重心下沉”,确保放心农资农机进村入户。

4 月 1 日

上海市组织新型水稻直播机械现场

演示会。世达尔、矢崎、向明、青育4家农机企业研制的5种水稻直播机械参加演示，中国工程院院士、国家农业机械化发展战略与规划首席专家罗锡文院士出席会议并作专题报告。

5月3日

上海市举行农民培训技能大赛农机赛区暨"凯斯纽荷兰杯"第二届上海市农机职业技能竞赛。本次竞赛由铧犁耕翻和拖拉机故障排除两个项目组成，旨在检验和展示农业机械化教育培训取得的成效，提升本市农机从业人员职业素质与技能水平，营造以赛促练、以赛促训的良好氛围。

上海市农业机械化管理办公室在金山区廊下镇召开"三夏"农机生产形势分析会。会议交流分析2013年农机购置补贴政策执行情况、水稻机插秧等新技术推广、农机安全技术检验、农机维修保养、农机教育培训等"三夏"准备情况。并部署机具调配、农机新技术新机具推广、秸秆机械化还田、农机执法检查等"三夏"农机重点工作。

7月2日

上海市农业机械化管理办公室举行"上海市农机事故应急处置演练活动"。本次演练活动规范有序，环节严密，配合有序，处置得当，检验上海市农机事故应急处置预案的可操作性，提高农机事故应急处置队伍能力水平，积累农机事故应急处置实战经验，宣传农机安全生产知识，达到预期效果和目的。

上海市农业机械化管理办公室举行"农机安全生产月科普知识下乡活动"。活动现场设置了农机事故警示和安全操作宣传展板，现场开展农机政策法规、农机安全操作、事故预防等知识咨询服务，并发放近百本农机安全生产知识图册，帮助农机手了解和掌握"如何防范农机事故、如何应对农机事故、如何自救互救"等安全生产科普知识，推进农机安全生产知识到乡镇基层，到作业一线，增强了农机手安全生产意识，提高事故防范水平。

7月8—11日

农业部农业机械试验鉴定总站副站长李燕等一行3人代表农业部农业机械化管理司，来上海市开展补贴机具质量保障督导。通过实地检查，督导组肯定上海市补贴机具质量监管工作，同时，希望进一步加强基层农机维修服务和农机配件供应的指导和扶持，促进上海农业机械化工作走在全国前列。

7月12日

上海市农业机械化管理办公室召开农机系统科技项目实施情况推进汇报会。项目主持人员分别对课题进展情况、存在问题及保障课题顺利完成的措施等进行交流。上海市农业委员会科技处、农业科技服务中心分别从项目申报、管理及成果申报进行指导。上海市农业机械化管理办公室主任施忠对加快项目实施提出工作要求。

7月17—19日

上海市农业委员会举办农机安全监理"三大员"培训班。上海市委农村工作办公室、市农业委员会副主任殷欧就本市农机安全生产形势、任务和要求作专题报告，农业部农机监理总站副处长白艳作专题讲座，上海市农业机械化管理办公室主任施忠作培训动员。通过培训提高安全监理人员的业务水平，增强安全监理队伍素质。

7月23日

上海市农业机械化管理办公室、市农业委员会蔬菜办联合在上海航育种子基地举办蔬菜生产机械现场会。交流蔬菜机械化生产情况，演示设施内小型绿叶菜生产机械、中型蔬菜生产机械以及露地的大型蔬菜生产机械等。

7月19日、7月24日

上海市委农村工作办公室、市农业委员会副主任殷欧赴松江、金山等区县调研农机社会化服务能力建设情况。这次调研活动，带着问题深入基层调查研究，体现问计于民、集思广益，凝聚事业合力的要求，为农机系统开展党的群众路线教育实践活动开一个好头。

8月7日

上海市农业机械化管理办公室召开"上海市农业志农机化篇"专题编纂工作会议。会议进行编纂工作动员部署，组织专家座谈讨论，确定编制组织机构，并对下一步工作进行部署。

8月16日

上海市委农村工作办公室、市农业委员会副主任殷欧在市农业机械化管理办公室调研本市农业机械化工作。听取各项工作汇报后，就加快农机购机补贴政策调整、政策实施专项督查、加强维修服务体系建设、制订深耕晒垡补贴政策、农机事故快速反应联动机制建立、农机库房建设、大型农机信息化管理等工作提具体要求。

8月20日

上海市农业委员会副巡视员李维良带队，上海市农业机械化管理办公室、市农业委员会经济商务处、市农机安监所有关负责人，赴崇明县检查农机安全生产工作。检查组实地查看，并召开交流讨论会，提出具体工作要求。

上海市农业机械化管理办公室施忠主任赴崇明县堡镇，召开农业机械化工作专题座谈会。会议听取基层农机工作者和从业者的意见建议。施忠表示上海市农业机械化管理办公室以后要立足发展生产和惠及农民，不断完善和落实农业机械化发展扶持政策，增强农机管理和服务能力。

9月2—6日

上海首次农机高级维修人员培训班开班。来自本市各区县的45名学员参加本次培训。培训班采取理论与实践操作相结合的方式，以纽荷兰拖拉机为样本，讲解实际使用中常易出现的维修难点，提高维修技能水平。

9月12日

上海市农业机械化管理办公室、市农业委员会种植业办联合在嘉定区外冈镇万亩设施粮田召开了水稻病虫害专业化统防统治暨植保机械演示会。共有5家企业的9种不同类型的植保机械进行演示和展示，包括两款遥控植保飞机和7种自走喷杆式高效植保机械，其共同的特点是工作效率高、植保覆盖面广，展现当今水稻植保机械的最新机型。

10月11日

上海市农业机械化管理办公室办召开"三秋"农机工作座谈会。会议分析"三秋"农机准备情况，部署"三秋"农机工作任务。

上海市农机技术推广站举办水稻机械穴直播现场观摩座谈会，参观松江区的泖港镇和车墩镇水稻机械穴直播现场，座谈交流2013年开展水稻机械穴直播试验情况和工作经验。

10月30日

上海市农业委员会主任孙雷赴嘉定区检查"三秋"抢收抢种工作。孙雷现场查看水稻机械化收割情况，并察看麦子条播工作现场。

江 苏 省

2013年1月9日

江苏省农业机械学会第八次会员代

表大会在南京召开。江苏省农业机械化管理部门、高校、科研院所、企业、省辖市农机学会代表及学会先进集体和先进个人代表共130余人参加会议。中国农机学会及华东六省一市农机学会发来贺信。

1月11日

江苏省农业机械化工作会议在南京召开。贯彻落实党的十八大、中央农村工作会议、省委十二届四次全会、全国农业机械化工作会议精神，总结交流全省农业机械化发展成效，分析研究面临的新形势新任务，部署2013年主要工作，努力推动全省农业机械化事业又好又快发展。农业部农业机械化管理司副司长刘恒新出席会议并讲话，江苏省农业机械管理局局长徐顺年作工作报告。江苏省委、省人民政府及有关厅局和院校领导出席会议，江苏省农业机械管理局领导、各市县(区)农机局局长、部分列名联系企业领导，省有关新闻单位，省局老领导、局机关全体干部职工和直属单位领导班子成员200余人参加会议。会议还表彰江苏省获得2012年全国“平安农机示范县(区、市)”的5家单位和26家获得2012年“江苏省农机化工作先进单位”。

1月25日

江苏省农机推广工作会议在南京召开，表彰2012年度江苏省农机推广工作先进集体和先进个人，传达全省农业机械化工作会议精神，总结2012年全省农机推广工作，并对2013年的工作进行部署。来自全省省、市、县(市、区)三级农机推广站长、省水稻生产机械化专家组、玉米生产机械化专家组、油菜生产机械化专家组、秸秆还田及综合利用机械化专家组成员及省站、省农机具开发应用中心部分推广技术人员等110多人出席会议。

3月6—7日

江苏省农机安全生产与合作社建设观摩交流会在常熟市召开，交流农机安全生产与合作社建设经验，表彰2012年农机安全生产先进单位及个人，签订2013年度农机安全生产责任状，部署全省农机安全生产与合作社建设工作。各市农机主管部门负责人、管理处长、监理所长以及部分县级农机主管部门领导和省局有关处室、直属单位代表近100人参加会议。

3月14日

以“送农机送科技下乡 质量护农放心消费”为主题的江苏省送农机送科技下乡暨农机“3·15”活动仪式在宿迁市泗阳县众兴镇举行。江苏省委副书记石泰峰出席活动并作讲话，有关市县农机部门负责人和农民群众共500余人参加活动。

3月20日

江苏省农业机械管理局在南京召开全省农业机械化教育培训与职业技能获证奖补工作会议，表彰2012年全省农机行业职业技能获证奖补工作24家先进单位和46名先进个人，对首批10家江苏省农机规范化学校进行授牌。各市及省直管县农机部门负责人等参加会议。

3月21日

江苏省农业机械管理局和江苏省财政厅联合在南京召开全省农机购置补贴工作视频会议，贯彻全国农机购置补贴工作会议精神，总结农机购置补贴政策实施取得的成效，与各市局签订农机补贴工作责任状，部署2013年全省农机购置补贴工作。各市县财政部门分管农机补贴的负责人，各市、县农机主管部门的主要领导、分管领导和分管购机补贴工作的处(科)室负责同志、具体从事补贴工作人员，江苏省农业机械管理局机关及各直属单位负责人以及省有关新闻媒体的记者参加这次视频会议。

3月26日

江苏省农业机械管理局在泰州市召开全省水稻玉米生产机械化整体推进工作座谈会，省水稻、玉米生产机械化技术专家组专家、苏北5市和泰州、南通等地农机主管部门分管领导、科技处长，24个水稻玉米生产机械化整体推进重点县(市、区)的农机主管部门负责人及省局相关处室、直属单位的负责人共90多人参加会议。

3月

江苏省人民政府出台《关于印发2013年度十大重点工作百项考核指标的通知》(苏政发[2013]25号)，将2013年经济社会发展目标任务分解为“十大重点工作、百项考核指标”，由省人民政府领导成员牵头协调、责任部门负责落实。其中第40项指标为“农业生产综合机械化水平78%，其中，主要农作物生产机械化水平达84%”主要由，江苏省农业机械管理局承担。

江苏省人民政府下发《江苏省新一轮农村实事工程实施方案》(苏政发[2013]22号)，从解决农民群众最需要、最紧迫的实际困难着手，实施新一轮农村8件实事工程。其中，农机行业职业技能培训纳入农村教育培训工程，秸秆机械化还田纳入农村环境整治工程。《实施方案》提出2013—2015年的目标任务。农机行业职业技能培训工作每年培训2.6万名农机人员，提高农机操作水平。2013年，全省稻麦秸秆机械化还田面积1 733.33千公顷、还田率38%，2015年全省还田率将达到40%以上。《实施方案》明确推进措施。要积极推动培训老师、培训器材和培训课堂“三进村”，通过校企、校社、校校合作，调动社会各方力量共同参与培训。2013年，江苏省财政安排农机职业技能培训经费1 800万元，对取得职业资格证书人员予以奖补；要加大农艺农机技术融合，推进良法良机配套，加快大马力拖拉机及配套还田机等推广，推进农机科技入户，层层开展技术培训和指导，提高作业质量。2013年，江苏省财政投入秸秆机械化还田资金2.65亿元。

4月3日

江苏省农业机械管理局在扬州市召开全省秸秆机械化还田推进工作会议，全面部署2013年秸秆机械化还田工作。各省辖市和77个示范县推进县农机主管部门分管领导和具体承担秸秆机械化还田工作的项目负责人、省秸秆机械化还田技术专家组成员、省农业机械管理局机关有关处室和直属单位负责人共190人参加会议。

4月8日

江苏省人民政府副省长徐鸣在南京会见前来参加第七届中国(江苏)国际农机展的美国爱科集团高级副总裁及亚太区总经理柯嘉瑞，阿根廷驻沪总领事馆副总领事佩德罗·马洛塔，加拿大驻沪总领事馆领事曹燮荣，东盟国际贸易投资商会副主席兼秘书长吴志毅以及世界15个国家的官员、著名跨国农机企业代表。

4月9—11日

由江苏省人民政府主办，江苏省农业机械管理局和中国国际贸易促进委员会江苏省分会联合承办的第七届中国(江苏)国际农业机械展览会在南京举办。江苏省人民政府副省长徐鸣、农业部农业机械化管理司副司长刘恒新等领导，加拿大、德国等多个国家和地区的驻华机构和商协会代表，兄弟省(市、区)的农机系统局长、省各有关部门负责人、各省辖市政府分管领导、有关新闻单位代表、国内外知名农机企业、省内农机合作社代表等2 000多人参加开幕式。省委副书记石泰峰、省人大常委会副主任刘永忠、省人民政府副省长徐鸣参观展览。本届展会安排4个室内展馆，展览规模6万平方米，展示近4 000种当前国内外先进的农机产品及技术。共有来自美国、加拿大、德国、意大利、瑞典、芬兰、以色列、日本、韩国、新加坡、东盟、台湾等15个国家和地区的300多家企业参展。参会的国内外各类专业观众10万人(次)。展会期间，美国约翰．迪尔、爱科、加拿大展团、日本久保田、洋马、筑水、洛阳一拖、常发、东禾等企业还举行新产品的首发和推介活动，其中加拿大萨斯喀彻温省展示的气吸式播种机、谷物联合收割机、大型联合整地机等高效现代农机，在中国首次展出。展会期间还举办“我心中的品牌”农机用户演讲活动、加拿大农业机械产品中国首发仪式、东盟市场暨信息发布会、集团大户面对面专场、系列新技术新产品发布会等系列配套活动。

4月9—12日

江苏省农业机械管理局在南京举办全省市县农机局长培训班，全省近三年新任市县农机局长、省局系统新任处级干部等70余人参加培训。

4月16日

江苏省农业机械管理局召开全省农机安全生产工作视频会议，贯彻省人民政府一季度全省安全生产工作点评会精神，部署全省农机安全生产工作。省局、省所相关负责人、各市、县农机主管部门分管领导、管理处(科)长和安全监理所班子成员出席会议。

4月17—18日

农业部农业机械化管理司司长宗锦耀等领导视察南通市农业机械化工作。宗锦耀肯定近年来南通市农业机械化工作所取得的成就，特别是对该市广泛开展粮食生产全程农机专业化服务和农机购置补贴工作表示满意，同时希望该市农机系统按照党的十八大精神和中央1号文件的要求，进一步解放思想，转变观念，加大投入，加快发展，早日实现农业机械化，为全面实现农业现代化打下坚实基础。

4月

江苏省农机合作社负责人培训班圆满结束。本次培训分2期共4个班，每个培训班历时3天，来自全省13个省辖市及昆山、泰兴、沭阳县的合作社负责人、领队以及省局相关处室和直属单位负责人近500人参加，其中405名符合获证奖补和职业技能鉴定条件的学员顺利通过农机合作社经理人职业资格考试。

5月8日

江苏省人民政府副省长徐鸣视察镇江市秸秆综合利用工作。徐鸣对镇江市全力推进秸秆综合利用，狠抓责任落实、加大秸秆机械化还田、突出农机合作组织作用、加强秸秆收集和秸秆禁烧检查等工作给予肯定，并希望镇江市再接再厉，在农机补贴、用电优惠、机库建设用地等政策方面继续加以扶持，不断推进全市秸秆综合利用工作迈上新台阶。

5月9—10日

江苏省人民政府副省长许津荣率领省秸秆综合利用督查组一行视察泰州、南京等地秸秆综合利用工作。

5月10日

江苏省人民政府第七次常务会议讨论通过《江苏省农业机械安全监督管理条例(草案)》，近期将提请江苏省人民代表大会常务委员会审议。

5月28日

江苏省油菜生产机械化现场会在海门召开，全省13个省辖市的农机主管部门分管局长、科技处长、21个油菜主产县的分管局长和油菜生产机械化工作负责人及省油菜生产机械化技术专家组成员共100余人参加会议。

5月30日

“江苏省高效设施农业现场演示会(常州)”在常州市武进区龙潭湖农业生态园召开。

6月6日

江苏省人民代表大会常务委员会副主任刘永忠带领省人大农委、省农业机械管理局负责同志赴泰州市对农作物秸秆综合利用情况进行视察调研。

6月9日

江苏省委副书记石泰峰到盱眙调研农业农村工作。

6月15日

江苏省人民政府副省长徐鸣副到宿迁市视察指导“三夏”农业机械化工作。

6月13日

江苏省委副书记石泰峰赴徐州铜山区检查指导夏收夏种工作。

6月18号

江苏省人民政府副省长缪瑞林带领省有关部门负责同志，来到江苏省农业机械管理局调研指导工作。缪瑞林一行察看省农机具展示中心，详细了解各种产品的性能、价格和使用情况。并对全省农机安全生产工作取得的成效给予肯定，希望全省农机部门认真总结经验，发扬成绩，结合全省组织开展的安全生产大检查活动，突出工作重点，狠抓措施落实，努力推动农机安全生产工作再上新台阶。

江苏省财政厅和江苏省农业机械管理局联合出台《江苏省农作物秸秆机械化还田作业补助资金管理暂行办法》，自2013年7月20日起施行。《办法》明确，作业补助资金实行定额补助。江苏省财政厅、省农业机械管理局根据全省秸秆机械化还田年度目标任务，确定省级秸秆机械化还田作业定额补助标准，下达秸秆机械化还田作业补助资金。《办法》要求，市、县财政部门将本级秸秆还田资金列入财政预算。市、县财政部门应当安排资金，在省级秸秆机械化还田作业补助资金的基础上实行累加补助或者用于扩大秸秆机械化还田作业面积。县级农机部门按照年度实施方案，组织做好推进管理工作。县级财政部门按程序和规定，将作业补助资金直接发放给补助对象。

6月20—21日

江苏省农业机械管理局在南京举办全省农机信息员业务培训班。省局各处室、直属单位、各市及昆山、泰兴、沭阳县(市)农机主管部门、部分列名联系企业的有关同志参加培训。

6月

根据《江苏农业基本现代化指标体系(试行)》和《江苏省农业机械化水平评价指标体系(试行)》评价，2012年江苏省农业综合机械化水平76%，其中主要农作物生产机械化水平82%，高效设施农业主要生产环节机械化水平45%。全省2012年农业综合机械化水平和2011年相比，提高2个百分点。

江苏省委副书记石泰峰对江苏省农业机械管理局《关于我省农机合作社发展情况的报告》(苏农机[2013]6号)作出批示，“我省农机合作社建设成效显著，为推进农业现代化和促进农民增收做出了重要贡献。要适应现代农业的发展要求，加快推进农机合作社发展，构建新型农机服务体系，为江苏率先基本实现农业现代化奠定坚实的物质基础。”

7月3日

农业部公布的2012—2013年度全国农机安全监理"为民服务创先争优"示范窗口和示范岗位标兵中，江苏省海安县、昆山市、南京市江宁区、淮安市淮阴区、东台市、丹阳市等6个农机安全监理所，江雪梅、马爱华、顾益明、董亦平、韦升、滕海豹、赵本金、赵贵清、梁学江、周方强、马文明等11名同志被农业部确定为2012—2013年度全国农机安全监理"为民服务创先争优"示范窗口、示范标兵。

7月4日

江苏省农业机械化工作座谈会在淮安召开，对全省农机系统"四位一体"评议政风行风创新行动进行专题部署。江苏省农业机械管理局领导，省纪委纠风室、省人民政府纠风办洪剑处长，各市、县农机主管部门主要负责人，省局机关处室、直属单位负责人参加会议。

7月4—5日

江苏省农业机械化工作座谈会在淮安召开，总结上半年农业机械化工作，部署下半年重点工作。各市、县农机主管部门主要负责人，省局机关处室、直属单位负责人及相关新闻单位200多人参加会议。

7月31日至8月3日

江苏省农机行业职业技能获证奖补高级工培训班(首期)在常州机电职业技术学院顺利举办，来自无锡、常州、扬州、泰州等市近100名农机手报名参加培训和鉴定。

9月2日

江苏省农机安全生产工作座谈会在南京召开，交流各地农机安全生产重点难点工作和存在的主要问题，听取各地对省级农机安全管理和生产工作的意见和建议。各市农机主管部门主管处室负责人、农机安全监理所所长，省局有关处室和省农机安全监理所近70人参加会议。

9月13—15日

为提升基层农机技术人员水平，加快江苏省高效设施农业机械化技术的推进速度，由江苏省农业机械管理局主办，江苏省农机具开发应用中心承办的全省高效设施农业装备技术培训班在泰州举办。近三年江苏省农业机械管理局公布的农业机械化科技示范基地、部分设施农业示范园区负责人或技术人员、农机生产企业共100余人参加会议。

9月27日

江苏省十二届人大常委会第五次会议审议通过《江苏省农业机械安全监督管理条例》，条例共八章四十二条，正式实施时间为2014年3月1日。

9月29日

江苏省农机展示中心奠基仪式暨农用智能型植保机喷洒演示活动在溧水区白马镇江苏南京白马国家农业科技园区内举行。农机展示中心的建成以后将发挥现代农机科技示范窗口作用，引进国内外先进农业机械化技术及农机产品，展示开展农业机械化新技术新产品试验示范与推广培训，探索农机产学研推资源有效整合和科技成果转化与示范宣传的新途径，建立起农机引进试验技术交流和转化应用的新载体，对探索农业机械化发展的新路子将发挥积极的示范作用。

10月10—12日

由江苏省省总工会、省人力资源和社会保障厅、省农业机械管理局共同主办第四届全省农机职业技能竞赛决赛在常州机电职业技术学院举行。农业部农业机械化管理司副司长胡乐鸣、常州市政府及省有关部门领导出席开幕仪式。此次竞赛被省总工会列为"江苏省职工十大工种"职业技能竞赛。通过全省各地选拔赛和复赛，全省13个省辖市、省农垦、省监狱管理局共同组成的15支代表队45名选手参加决赛。经过两天的紧张角逐，来自南京市代表队的李华银勇夺个人得分第一名，经省总工会综合考察后授予"江苏省五一劳动奖章"；南京市代表队获得团体优胜一等奖。

10月20—21日

由江苏省质量技术监督局委派的专家评审组按照《实验室资质认定评审准则》要求，对江苏省农业机械试验鉴定站、江苏省质量技术监督农机产品质量检验站进行省级资质认定扩项、复评审验收。经过技术资料审查和现场跟踪考评，评审组认为该站基本符合实验室资质认定评审准则，一致同意通过扩项、复评审验收，确认该站实验室检测的产品由原来的150项扩到199项。

10月21日

江苏省人民政府副省长徐鸣到淮安市金湖县检查指导秋收秋种工作

10月22日

江苏省委副书记石泰峰赴大丰市、东台市调研农业机械化工作

10月

农业部农业机械化管理司对"2011—2012年度主要农作物生产机械化示范项目"验收结果进行通报，江苏省的水稻、油菜生产机械化示范项目均获得优秀等次，玉米生产机械化项目获得合格等次，以优异的成绩全部通过农业部验收。

11月5日

2013年中国农业机械化信息网年会暨信息员培训班上通报2013年度中国农业机械化信息网各省(市)信息提交报送情况，江苏省2012—2013年度报送信息4 025条，采用信息3 977条，考核得分为6 069.5分，荣获2012年至2013年度中国农业机械化信息网信息宣传工作先进单位。

11月6日

江苏省秋季秸秆机械化还田新技术新机具演示会在如皋举行。江苏省秸秆机械化技术专家组成员、省农科院、省作物栽培站有关专家、省局有关处(室)和直属单位负责人、各市及部分县(市、区)农机主管部门、农机用户、农机企业代表和当地群众500多人参加本次活动。演示会上有10家知名农机企业演示、展示埋茬旋耕机、反转灭茬机、水田埋茬耕整机、犁翻旋耕复式作业耕整机、秸秆捡拾覆盖耕播沟联合作业机、秸秆粉碎全覆盖还田播种机、秸秆粉碎全量还田机、深松机等15个品种农机产品。

浙 江 省

2012年12月12日

浙江省农业厅、省财政厅、省发展和改革委员会、省经济和信息化委员会联合印发《浙江省支持推广的农业机械产品目录管理办法(修订)》。

12月21—22日

农业部农业机械化管理司副司长胡乐鸣带队到浙江省考核农机购置补贴政策落实延伸绩效管理工作。浙江省农业厅副厅长赵兴泉、叶新才陪同考核。考核组对浙江省农机购置补贴工作给予肯定，认为浙江在农机购置补贴政策实施中有创新、有成效、有贡献。

12月24日

浙江省鄞州区、瑞安市、路桥区、江山市等4个区(市)被农业部、国家安全生产监督管理总局列为2012年全国"平安农机"示范县(区、市)。

12月25日

浙江省公布首批省级农业机械化示范镇(乡、街道)和第五批省级农业机械

化示范基地名单。其中杭州市萧山区河庄街道等23个镇(乡、街道)为首批省级农业机械化示范镇(乡、街道)、杭州金牛粮油生产全程机械化示范基地等37个示范基地为第五批省级农业机械化示范基地。同日浙江省农机产品价格监测系统正式上线使用。

2013年1月5日

浙江省农业机械管理局部署冰雪天气农机防灾抗灾工作。

1月21日

王天工同志任浙江省农业机械管理局副局长。

1月23—25日

农业部水稻生产机械化专家组组长、中国工程院院士罗锡文赴浙江省余姚市、绍兴市调研水稻机械化育插秧技术推广工作。

浙江省农业厅联合省财政厅对金华市本级、金东区、衢江区、柯城区和诸暨市2012年度设施农业补贴项目实施情况开展实地检查。

1月31日

浙江省义乌市义和粮食机械化专业合作社等42家农机专业合作社被农业部办公厅确定为全国农机合作社示范社。

2月6日

浙江省副省长毛光烈在浙江省农业厅报送的专报信息《浙江省农机制造业发展全国领先》上批示:“请科技厅、经信委、农业厅共同研究,支持永康建设现代农业装备高新区的创建,打通现代农业装备工业设计基地、创新与人才基地、装备智能化电子与软件产业基地、装备制造基地建设的产业链,为智能化农机装备制造业的发展共同作出贡献”。

2月22日

浙江省农业厅厅长史济锡代表省农业厅与各市农业(农机)局签订2013年农机安全生产目标管理责任书,副厅长赵兴泉主持签字仪式。

2月25—27日

农业部副部长张桃林、农业部有关司局负责人赴浙江农林大学、东阳市现代农业综合区公共服务中心、东阳市公安驻农机警务联络室开展调研。浙江省农业厅厅长史济锡、副厅长赵兴泉、陈利江分别陪同调研。

2月26日

全国农机购置补贴工作会议在浙江省杭州市召开,农业部副部长张桃林作大会主题报告。浙江省副省长黄旭明到会致辞,省农业厅厅长史济锡出席会议,副厅长赵兴泉作典型发言。

2月28日

浙江省农业机械管理局印发2013年度全省农业机械化工作要点。

3月7日

浙江省农业厅、省财政厅联合出台2013年农业机械购置补贴实施意见。浙江省农业机械化管理局、中石油浙江分公司联合下达春耕生产专项农用柴油15 000吨。

3月11日

浙江省农业厅召开全省农机购置补贴工作视频会议,总结农机购置补贴政策实施成效,部署2013年农机购置补贴、报废补偿政策以及农机系统党风廉政建设工作。省农业厅相关单位负责人、各市、县(市、区)农业局分管领导、农机系统相关人员和乡镇(街道)政府分管农业工作领导参加会议。浙江省农业厅副厅长赵兴泉、省纪委驻省农业厅纪检组长马万里出席会议并讲话。

3月15日

浙江省农业机械管理局、省种植业局、省农业技术推广中心联合印发《关于进一步推进水稻育插秧机械化的通知》,明确水稻育插秧机械化技术推广目标任务和工作重点。

4月7—8日

浙江省举办全省农机管理站长培训班,重点探讨农业机械化发展趋势及思路对策、解读《浙江省农业机械化促进条例》和2013年农业机械化扶持政策解读、开展廉政警示教育。浙江省农业厅副厅长赵兴泉出席并讲话。

4月11—12日

浙江省种植业局、省农业机械管理局、省农业技术推广中心在诸暨市联合召开全省水稻集中育秧暨机插现场会,省农业厅总农艺师王建跃出席并讲话。

4月18日

浙江省农业机械化管理局、中国邮政储蓄银行浙江省分行在金融战略合作框架协议的基础上,制定金融支持农业机械化方案,明确金融支持内容、工作机制以及具体安排。

4月19日

浙江省农业厅、省财政厅、省商务厅联合出台《关于做好2013年农业机械报废补贴工作的通知》,明确报废补贴对象、机具种类、补贴标准、操作程序等。

4月25日

浙江省副省长黄旭明在杭州市委办公室报送的信息《建德市“三模式”推动粮食生产全程机械化》上批示:“建德市的‘三模式’很好,请赵兴泉同志阅研”。

5月20日

王建松同志任浙江省农业机械试验鉴定推广总站站长。

5月22日

浙江省农业厅出台《关于推进农机专业合作社规范化建设的意见》,明确农机专业合作社规范化建设目标、任务和具体措施,制定合作社示范社创建标准。浙江省农业厅印发《2013年农机购置补贴阳光行动及政策落实监督检查工作方案》。

5月28日

浙江省油菜机械化收获现场会在湖州市召开,浙江省农业厅副厅长赵兴泉出席并讲话。

6月28日

浙江省暨杭州市农业机械事故应急处置演练在临安市举行,浙江省农业厅副厅长赵兴泉出席并讲话。

7月16日

浙江省农业厅、省财政厅、省林业厅、省海洋与渔业局联合印发《关于进一步做好农机购置补贴政策实施工作的通知》。

7月22—24日

浙江省农业厅组织计财、监察、农机等人员成立5个督查组,对农机购置补贴政策实施情况进行监督检查。

7月28—29日

农业部农机安全生产第四督导组来浙江省督查农机安全生产大检查等工作。

8月1日

浙江省农业机械管理局部署应对高温天气农机抗旱工作。

8月19—20日

浙江省召开全省农业机械化形势分析会,分析前阶段农业机械化发展形势,研究购机补贴、免费实地安全检验、农机农艺融合、金融支持农业机械化等重点工作,部署下阶段农业机械化工作。浙江省农业厅副厅长赵兴泉出席会议并讲话。

8月

面对持续高温干旱天气,浙江省农机系统采取措施全力投入抗旱救灾。据统计,全省共组建423个农机抗旱小分队,组织调用水泵、柴油机等抗旱设备

6.4万台套，累计完成抗旱浇灌面积638.67千公顷，畜禽栏舍湿帘降温面积486万平方米，改种和补种粮食面积1.58千公顷，补种蔬菜面积3.25千公顷。

9月11—13日

浙江省农机安全技术检验员培训班在海宁举办。

9月26—27日

浙江省农机维修技能竞赛暨维修工作座谈会在宁波市鄞州区举行，研究探讨农机维修行业发展对策措施。浙江省农业厅副厅长赵兴泉出席活动并讲话。

10月8日

浙江省农业机械管理局部署秋收冬种农业机械化生产服务及台风"菲特"灾后生产自救工作。

10月10日

浙江省农业机械管理局将内设机构调整为办公室、产业发展科、安全监理科、生产管理科、科技质量科和购机补贴管理办公室六个科室，并相应优化调整科室职责。浙江省农机鉴定推广站设置综合科和推广鉴定科，并相应明确科室职责。

10月14—15日

浙江省设施农业装备技术培训班在杭州市萧山区举办，浙江省农业厅副厅长赵兴泉出席并讲话。

10月18日

魏绍林同志任浙江省农业机械管理局副调研员。浙江省农业机械管理局、中石油浙江分公司联合下达秋收冬种专项农用柴油11 000吨。

11月4—5日

浙江省召开农机购置补贴政策完善暨绩效管理工作座谈会，部署2013年农机购置补贴延伸绩效管理工作，解读农机购置补贴延伸绩效管理具体评估方法和考核指标。浙江省农业厅副厅长赵兴泉出席会议并讲话。

安 徽 省

2012年12月17—18日

安徽省农机协会在合肥召开第二届会员代表大会，并组织开展奇瑞金锡干燥机发展研讨会。安徽省省长助理邵国荷、省农业机械管理局局长刘绍太出席大会。大会推举郭子超同志继续担任安徽省农机协会会长。

12月25日

农业部农业机械化管理司公布2012年农业机械化生产信息工作考核评分情况，安徽省获得总分61分，在全国各省（市、区）、新疆生产建设兵团和黑龙江省农垦总局农机部门中排名第一。

2013年1月5—6日

国家杂交水稻工程技术研究中心农机农艺融合项目暨交机启动仪式和奇瑞重工百佳农机专业合作社评选活动在安徽省芜湖市举办。

1月12日

安徽省人民政府通报表扬2012年度全省粮食生产三大行动先进集体和先进个人。农机系统3名同志荣获先进个人称号，分别为省农业机械管理局胡忠仕同志、亳州市农业机械管理局孙强同志、宿州市农业机械管理局孙善雨同志。

1月16日

安徽省农业机械管理局召开全省农业机械化工作会议。局领导、局机关各处室和各局属单位主要负责人，各市、县和有关区农业机械管理局主要负责人出席。会议学习贯彻党的十八大精神，落实中央和省农村工作会议、农业工作会议精神，总结交流农业机械化发展经验，深入分析面临的新形势新任务，部署2013年重点工作。安徽省农业机械管理局局长刘绍太主持会议并作总结讲话。副局长余世铸代表安徽省农业机械管理局作大会报告。副局长纵风云宣读2012年度全省农机系统劳动竞赛表彰决定。

1月18日

安徽省农业机械管理局印发《关于开展农机专业合作社与农机企业"社企共建"工作的通知》。

2月5日

安徽省农业机械管理局发出《关于组织开展全省乡镇农机推广体系条件建设情况调研的通知》。

2月6日

农业部通报表扬全国60个农业科技促进年活动先进单位，其中包括30个省厅及省级事业单位，安徽省农业机械管理局名列其中。

2月17日

安徽省农业机械管理局会同省财政厅、省发展和改革委员会制定并公告《2013－2015年安徽省支持推广的农业机械产品目录》。

2月20日

安徽省农业机械管理局发出《关于做好2013年春季机械化农业生产工作的通知》。

2月27日

安徽省农业机械管理局发出《关于下放拖拉机驾驶培训学校（班）资格认定行政审批的通知》。

2月28日至3月1日

安徽省农业机械管理局在合肥市举办新任市县农业机械管理局局长培训班。全省2010年下半年之后就任的36名市县农业机械管理局局长参加培训。

3月1日

安徽省农业机械管理局在合肥市召开全省农机购置补贴工作启动会议。局领导班子、全省各市县农机局（站）主要负责人、省农垦管理局相关责任人、局机关及局属事业单位负责同志参加会议。会上传达2013年全国农机购置补贴工作会议精神，对2013年全省农机购置补贴新的规定与操作程序进行解读和全面部署。会上还签订农机购置补贴实施工作责任书。

3月8日

安徽省农业机械管理局发出《关于组织申报2013年新型农民培训民生工程项目的通知》。

3月12日

安徽省农业机械管理局发出《关于推进农机化教育培训大行动的通知》。

3月14日

安徽省农业机械管理局召开2012年全省农机系统人事劳动统计年报汇审会。

3月19日

安徽省农业机械管理局和省财政厅联合下发《安徽省2013年农业机械购置补贴政策实施方案》。

3月20日

2013年全国春耕生产农业机械化技术培训班暨保护性耕作项目培训班在安徽芜湖开班。农业部农业机械化管理司巡视员丁翔文、农业部农业机械化技术开发推广总站副站长李安宁、农业部农业机械化管理司科教处处长刘云泽、安徽省农业机械管理局局长刘绍太等出席开班仪式。来自全国各省市代表200余人参加培训班。

安徽省农业机械管理局编制完成《安徽省2013年农机购置补贴机具补贴额一览表》，并予以公示。

3月22日

安徽省农业机械管理局印发《关于做好2013年跨区作业证发放工作的通知》。

3月26日

奇瑞重工社企合作启动仪式在凤台县举行。奇瑞重工与凤台农机农业合作社合作，共建50个水稻全程机械化示范基地。

安徽省农业机械管理局印发《2013年安徽省农机购置补贴政策落实监督检查工作方案》，2013年购机补贴督查工作全面启动，省农业机械管理局成立6个督查组，推进购机补贴政策科学高效规范廉洁实施。

3月28日

由安徽省农业机械技术推广总站举办、宿州市埇桥区农业机械管理局协办的全省玉米标准化种植现场会在埇桥区召开。

4月7日

安徽省农业机械管理局公布《2013年安徽省农业机械购置补贴产品经销商名单》。

4月24日

安徽省农业机械管理局印发《安徽省2013年农机购置补贴机具补贴额一览表》。

4月26日

2013年安徽省农机购置补贴管理信息系统正式启动。

为充分发挥农机专家咨询和技术支撑作用，安徽省农业机械管理局成立全省水稻、油菜、玉米（含保护性耕作）生产机械化专家组。

5月3日

安徽省农机购置补贴工作培训班在合肥开班。

5月4日

安徽省玉米振兴计划技术指导组在凤阳县召开全省玉米增产模式关键技术培训会。安徽省农业机械管理局组织部、省级玉米生产机械化技术推广示范县农业机械管理局分管负责同志参加。

5月7—8日

农业部农业机械化管理司副司长胡乐鸣在安徽省检查农机推广鉴定工作。

5月9日

安徽省人民政府在芜湖市召开农业机械化发展调研座谈会。安徽省副省长梁卫国出席会议并讲话，省人民政府副秘书长孙正东主持，农业部农业机械化管理司副司长胡乐鸣，安徽省科技厅、省财政厅、省农业委员会、省国土厅、省人民政府金融工作办公室、省农业机械管理局负责人，及各市政府负责人和农业机械管理局局长到会。与会人员集体调研南陵县大浦现代农业示范区水稻育秧机械化现场、南陵县籍山镇水稻机插秧现场、奇瑞重工（南陵）工厂。

5月10日

安徽省农业机械管理局印发《2013年全省农机“安全生产月”活动方案》，计划在6月开展“农机安全生产事故警示教育周”、安全生产宣传咨询日、送农机安全知识下乡、农机事故应急预案演练、“三夏”农机安全生产大检查等系列活动。

5月14日

安徽省农业机械管理局在凤台县召开全省水稻生产机械化推进会暨部级项目省级项目验收会。

安徽省农业机械管理局印发《2013年“三夏”农机化生产工作方案》，对“三夏”农业机械化工作进行部署。并制定小麦抢收应急预案、“三夏”农业机械化生产工作督查方案和“三夏”农业机械化工作宣传方案。2013年6月初全省小麦进入大规模收割期。全省投入联合收割机13万台，10天左右基本完成小麦收获任务，实现机收小麦2 380千公顷，机收率稳定在98%左右。

5月20—24日

安徽省农机购置补贴督查组奔赴各地开展补贴实施情况督查。

5月22日

安徽省农业机械管理局与省公安厅交警总队、省公路管理局联合印发《关于做好“三夏”农机道路通行和作业安全工作的通知》。

5月23日

安徽省油菜机收暨秸秆还田机械化技术推广现场会在含山县召开。

5月29日

安徽省农业机械管理局下发《关于做好小麦应急抢收工作的紧急通知》，要求切实加快小麦抢收进度，降低阴雨天气给全省小麦机收带来的影响。

5月30日

安徽省小麦抢收工作调度紧急会议在淮南市召开，小麦主产区各市、县农业机械管理局局长参加会议。

6月3日

安徽省农业机械管理局下发紧急通知，要求各地农机部门认真制定2013年小麦抢收补贴资金使用方案，全力支持小麦抢收工作。安徽省财政厅已将2 000万元抢收资金拨付至小麦主产区各市县。

安徽省农业机械管理局印发《关于对农机推广鉴定实施过程进行监督的通知》，加强对农机推广鉴定实施过程的监督。

6月4—8日

安徽省农业机械管理局领导带队的五个“三夏”农业机械化生产工作督查组奔赴全省各小麦主产区。

6月6—8日

中纪委、监察部驻农业部纪检组监察局局长董涵英带队的农业部农机购置补贴工作督查组，及由农业部农业机械化管理司司长宗锦耀带队的“三夏”农业机械化生产督查组，赴皖开展督查指导。安徽省农业机械管理局就农机购置补贴和“三夏”农业机械化生产工作作专题汇报，局长刘绍太、副局长陈发明陪同督查组到有关市、县开展督查。

6月7日

安徽省小麦抢收大头落地。2013年“三夏”，在连阴雨天气影响、抢收时间有限等不利条件下，全省各级农机部门精心组织，强化落实，小麦抢收从6月2日大规模开镰到7日大头落地，仅用6天时间，为近年收获进度最快。全省共投入联合收割机13.1万台，机收小麦2 761.33千公顷，机收率98.4%。

6月24日

安徽省农业机械管理局下发《全省农机安全生产大检查工作方案》，决定从6月至9月底，在全省组织开展农机安全生产大检查。

6月25日

安徽省农业机械管理局同省财政厅联合下发《关于加快农机购置补贴政策实施和资金结算进度的通知》。

安徽省农业机械管理局在全省范围内开展农业机械化公共服务能力专题调研。

6月28日

安徽省农业机械管理局在芜湖组织召开农业机械化产学研推一体化推进座谈会。

7月1—31日

安徽省农业机械管理局开展领导班子成员购机补贴督查月活动。督查由安徽省农业机械管理局领导班子成员带队，省农业机械管理局6个购机补贴督查组参与。

7月3日

农业部办公厅公布2012—2013年度全国农机安全监理“为民服务创先争

优”示范窗口和示范岗位标兵，安徽省的全椒县农机安全监理站等 4 个县级监理站获得示范窗口称号，8 名监理工作人员获得示范岗位标兵称号。

7 月 10 日

根据农业部农业机械化管理司《关于组织开展“2011—2012 年主要农作物生产机械化示范项目”验收工作的通知》要求，安徽省农业机械管理局对凤台县、全椒县、寿县、宜秀区 4 个部级水稻育插秧机械化技术示范推广项目县和来安县、肥东县 2 个部级油菜生产机械化示范项目县进行验收，并推荐凤台县、来安县为先进项目县。

7 月 10—11 日

2013 年华东片农业机械化发展座谈会暨农机推广站长会议在安徽滁州召开。

7 月 15 日

安徽省农业机械管理局召开群众路线教育实践活动部署大会。

安徽省农业机械管理局对在小麦抢收工作中成绩突出的合肥市农业机械管理局等 27 个单位予以通报表扬。

7 月 19 日

安徽省农业机械化推进工作会议在池州召开。

7 月 26—27 日

由江苏省农业机械管理局副局长王勇带队的农业部农机安全生产第四督导组，赴安徽省当涂县、宁国市督导检查安全生产工作。

8 月 2 日

安徽省财政厅下发《关于拨付 2013 年中央财政第二批农机购置补贴资金的通知》《关于拨付 2013 年省财政农机富民工程专项资金的通知》至各相关市、县。

8 月 7—9 日

农业部农业机械试验鉴定总站副站长朱良率农业部农业机械化管理司考评组一行 3 人，对安徽省农业机械试验鉴定站进行部级鉴定能力认定复评审现场考评。

8 月 12 日

安徽省农业机械管理局下发《关于加强抗旱机具补贴工作的紧急通知》，就加强全省抗旱机具补贴工作做出全面部署。

8 月 13 日

安徽省农业机械管理局下发《关于印发农机购置补贴政策实施有关管理制度的通知》，将《农机购置补贴信息公开制度》《农机购置补贴工作责任制度》《农机购置补贴信访投诉管理制度》印发各地。

8 月 16 日

农业部通报表扬 2012 年度延伸绩效管理试点工作优秀单位。安徽省农业机械管理局被评为“强农惠农富农政策（农机购置补贴）落实延伸绩效管理优秀单位”。

8 月 20 日

安徽省农业机械管理局同省财政厅、省水利厅联合下发《关于印发〈安徽省 2013 年抗旱机具设备购置补贴方案〉的通知》，省财政安排 1 000 万元用于购买安徽省农机购置补贴范围内的潜水泵、离心泵、喷灌机和微灌设备的叠加补贴。

8 月 23 日

安徽省农业机械管理局下发《关于印发〈安徽省 2013 年度农机购置补贴政策落实延伸绩效管理工作实施方案〉的通知》，对全年绩效考核工作作出部署。

8 月 27—30 日

安徽省农业机械管理局联合省安全生产监督管理局组织 2 个考评组，分别对创建国家级“平安农机”示范县和创建省级“平安农机”示范县的县区进行检查验收。

9 月 4 日

安徽省农业机械管理局印发《2013 年“三秋”农机化生产工作方案》。“三秋”期间，全省计划投入各类农机具 295 万台套，完成机收水稻、玉米面积2 466.67千公顷，完成机耕面积2 733.33千公顷、机播小麦面积2 166.67千公顷。玉米机收水平 55%以上，水稻机收水平 92%，小麦机播水平稳定在 89%左右。

9 月 14 日

2013 中国安徽（合肥）农业产业化交易会组委会主办、安徽省农业机械管理局承办的农机开发与推广应用对接会在安徽国际会展中心举办。农业部农业机械化技术开发推广总站、安徽农业大学、奇瑞重工、安徽省淮丰现代农业装备有限公司等单位的领导、农业专家以及企业负责人，省农机专业合作社、种粮大户、家庭农场的代表，省市农机系统相关人员 200 余人参加会议。

9 月 24—25 日

全国农机购置补贴政策落实延伸绩效管理培训班在安徽省合肥市举办。会议总结 2012 年度购机补贴政策落实延伸绩效管理工作，通报省级农业机械化主管部门延伸绩效管理考核情况，部署 2013 年度补贴政策落实延伸绩效管理工作，并围绕补贴政策实施进行全面座谈。

9 月 27 日

安徽省农业机械管理局联合省农业委员会举办“2013 年全省小麦秋种技术培训班”，培训人员 80 多人。主要就安徽小麦生产形势、先进农业机械化播种生产技术、灾害防御和高产形成同步技术等内容进行培训。

9 月

安徽省农业机械管理局完成农机购置补贴电话督查工作。为落实好此项工作，安徽省农业机械管理局同安徽大学勤工俭学中心合作，对全省各地 1 520 户农民进行电话督查。

10 月 10—12 日

安徽省农业机械管理局举办全省农机购置补贴政策落实延伸绩效管理培训班。

10 月 12 日

安徽省农业机械管理局在潜山县召开全省农机报废更新补贴试点工作座谈会。

10 月 15—17 日

安徽省农业机械管理局组织专家对企业申报增补《2012—2014 年国家支持推广的农业机械产品目录》的产品进行评审，同意推荐其中 50 家企业 207 个产品申报增补。

10 月 16 日

安徽省农业机械管理局对部分补贴率偏高的机具下调分档补贴额。

10 月 25 日

安徽省农业机械管理局制定下发《安徽省农机购置补贴信息管理系统管理办法（试行）》。

10 月

“三秋”期间，安徽省各级农机部门贯彻落实农业部和安徽省委省人民政府工作部署，发挥职能作用，薄弱环节加快突破，组织化程度和社会化服务水平明显提高。截至 2013 年 10 月底，共投入秋季作业的农业机械 290 万台（套），其中大中型拖拉机 16.5 万台，联合收割机 8.2 万台，播种机 41 万台。完成水稻机收面积 1 711.33 千公顷，机收率 93.1%，机收玉米 623.33 千公顷，比 2012 年增加 176.67 千公顷，机收率 56.5.5%，比 2012 年提高 11 个百分点。

机播小麦面积 2 170 千公顷，机播率 89.6%。

11 月 6—7 日

安徽省山区特色农业机械化推进工作暨新技术培训会在宁国市举行，来自全省山区 5 市 21 县（市）农业机械管理局局长以及科教科、推广站负责人参加会议。

11 月 14 日

安徽省农机社会化服务推进会在亳州召开。各市农业机械管理局、部分县区农业机械管理局负责同志和部分县农机专业合作社的理事长代表，中国联通各市分公司负责人参加会议。

11 月 15 日

部分非通用类农机购置补贴机具统一分类分档及补贴额测算工作会议在合肥召开。

11 月 18 日

安徽省省长王学军在副省长梁卫国、秘书长邵国荷等的陪同下，到省农业委员会进行专题调研，并到安徽省农业机械管理局看望干部职工。

安徽省农业机械管理局召开 2013 年度媒体见面会暨安徽农机化网好信息评审会。23 位中央驻皖及省级媒体工作人员通过投票方式评选出 10 篇安徽农机化网年度好信息。

福建省

2012 年 12 月 5 日

福建省农机专业合作社建设经验交流会在尤溪县召开，福建省各市、县（区）农机管理部门主要负责人、部分管理干部和合作社代表 140 余人参加会议。会议代表参观尤溪县后楼和耀旺农机专业合作社，福建省农业厅副厅长郭跃进到会并作讲话。

12 月 8 日

海峡两岸农林机械产业发展高峰论坛在沙县举行。各设区市农业机械管理局领导、两岸农林机械产业界专家、学者等 100 多人参加。福建省农业厅副厅长郭跃进出席论坛并发表讲话。

12 月 18 日

摩洛哥农业考察团到荔城区沟边农机专业合作社考察开展机械化育插秧及机械化谷物烘干情况。

12 月 19 日

农业部绩效考核组到福清市开展农机购置补贴政策落实延伸绩效管理实地考核，查阅相关考核指标材料，现场查看购机补贴网站及购机补贴档案材料等。

12 月 20 日

福建省农业机械化统计业务培训班在福州举办，福建省各市、县（区）农机管理部门统计人员共 70 余人参加。培训农业机械化全面评价指标体系业务。福建省农业机械管理局局长高咸周作总结讲话。

2013 年 1 月 5 日

福建省农业厅办公室印发《关于组织开展 2012 年度农机安全生产目标责任与农机道路交通安全综合整治“三年行动”工作目标责任考评的通知》。1 月 7—20 日 5 个考评组于对各设区市进行考评。

1 月 31 日

全省农业机械化现场交流会在龙岩市召开，福建省农业厅副厅长郭跃进率领各设区市农业局分管局长、农业机械管理局（总站）长等 30 多位代表考察学习长汀县清荣农机专业合作社工厂化育秧中心、上杭县大鹏蔬菜专业合作社和武平县农机综合服务中心。

2012 年省级农业机械化示范区建设工作汇报交流会议在龙岩市召开，福建省各设区市农业局分管局长、农业机械管理局（总站）长等 30 多位代表汇报交流主要经验和做法，提出意见和建议。

2 月 1 日

福建省农业机械化工作会议在龙岩召开，福建省农业机械管理局、省农业机械鉴定推广总站、省农业机械监理所、各市、县（区）农业机械管理局（站）长等近 200 名代表出席。会议全面总结回顾 2012 年工作，安排部署 2013 年重点工作任务。福建省农业厅副厅长郭跃进出席会议并作“突出重点创新提升加快推进我省农机化事业科学发展”的讲话，并与各设区市农机主管部门领导签订农机购置补贴实施工作责任书，福建省农业机械管理局局长高咸周主持会议。

2 月 6 日

福建省农业机械管理局印发《2013 年福建省农机化工作要点》，提出全年农业机械化工作目标。

2 月 26 日

中国人民政治协商会议福建省委员会副主席、农业厅厅长陈绍军到沙县视察农业机械化工作，视察组一行考察海西农机产业园、沙县柱源现代农业园、夏茂益鑫农业专业合作社、沙县工厂化育秧示范点。

3 月 14 日

尤溪县后楼农机专业合作社等 57 家合作社被确定为省级农机合作社示范社，示范期限为 2013 年至 2015 年底。

3 月 18 日

福建省农业机械管理局局长高咸周赴仙游县省级农民创业示范基地仙游县度尾镇利农集团开展挂钩联系工作，实地考察示范基地建设情况。

3 月 19 日

福建省农业机械管理局印发《关于下达福建省 2013 年农业机械化发展重大目标任务的通知》，包括农机总动力、机耕面积、机插面积、机收面积、耕种收综合机械化水平、培训新购机农民等目标任务。

3 月 19—20 日

福建省农业厅副厅长郭跃进深入沙县、漳州等地对开展闽台农机企业发展调研。

3 月 27 日

2013 年福建省农机购置补贴工作视频会议召开。各市、县农业机械管理局、财政局等参加分会场会议。福建省农业厅副厅长郭跃进作工作部署，省财政厅农业处处长林烽在讲话中要求各级财政部门进一步配合农机部门落实好惠农政策。

4 月 2 日

福建省副省长陈荣凯到龙海市视察农机服务春耕生产情况，观看拖拉机耕地、机械化插秧等农机作业现场。

4 月 10 日

福建省农业厅厅长张立先一行来到莆田市荔城区考察调研农机专业合作社，详细了解水稻工厂化育秧中心建设情况、合作社运营状况、联合社发展模式及农机跨区作业转场等问题。

4 月 25 日

福建省农业厅副厅长郭跃进带队到邵武、顺昌详细了解农机专业合作社建设情况，实地考察邵武市兴民农民农机专业服务合作社、顺昌县聚发农机专业合作社的水稻育秧大棚、烘干设施、机库棚和在建的水稻工厂化育秧中心。

5 月 6 日

福建省农业机械管理局印发《关于 2012 年度福建省农机系统绩效管理工作考核情况的通报》，三明市、龙岩市、莆田市农机管理局（总站）被评为 2012 年度福建省农机系统绩效管理工作优秀单位。

5 月 9 日

福建省副省长陈荣凯带领省、市、县有关领导视察永春县现代农业装备展示厅、永春县五里街现代农业示范区单体球型智能温室。

5 月 23 日

福建省农机购置补贴政策实施工作调研座谈会在永春县召开。各设区市农业局、农业机械管理局(总站),省财政厅农业处、省农信社等参加会议。省农业厅副厅长郭跃进就进一步落实农机购置补贴政策提出工作要求。会议研究提出10项措施,有效促进全省农机购置补贴实施进度。

5 月 24 日

福建省农业机械管理局局长高咸周与省财政厅农业处、驻厅监察室等领导到荔城、长乐调研指导农机专业合作社机库建设和水稻工厂化育秧示范区建设。

5 月 31 日

福建省农业机械管理局印发《2013年福建省农机购置补贴资金实施情况(第1期)》,对全省各县(市、区)农机购置补贴资金实施进度进行通报,并抄送当地政府。此后,每半个月通报一次实施进度。

6 月 7—9 日

福建省副省长陈荣凯率省直相关单位负责人和各设区市分管农业的副市长,在福清、莆田、泉州、厦门、漳州等地考察设施蔬菜、设施药材、设施花卉、设施食用菌、温室设备生产等各类企业,并在漳浦县召开全省设施农业流动现场会。

6 月 8 日

福建省农村信用社联合社、福建省农业厅联合印发《关于金融支持农业机械化的指导意见》(闽农信[2013]321号),在农业机械化领域中推广农机具购置补贴专项贷款及配套服务,有效缓解农民在全额购机中出现的融资难、贷款难和担保难的困局。

6 月 17—21 日

广西农业机械管理局局长黄铭福率考察组赴福建省进行考察交流。

6 月 26—28 日

农业部财会服务中心副主任吴山民带领部农机购置补贴政策实施专项督导组到闽督查,并到霞浦县督导检查,福建省农业机械管理局局长高咸周等陪同检查。

6 月 27 日

福建省农业机械管理局印发《关于调研茶产业机械化发展情况的通知》,对全省12个茶业重点县的茶产业机械化发展情况进行调研。

7 月 1 日

福建省农机信息服务系统(http://fjam.cuncun8.com)正式开通,该系统的开通加强福建省农业机械化信息服务工作,促进农机作业市场供需衔接,更好地服务基层,服务农民群众。

7 月 2 日

福建省农业厅办公室印发《关于做好2013年上半年农机安全生产暨农机道路交通安全专项督查工作的通知》,组织五个小组,于7月2—15日对各设区市上半年农机安全生产目标责任暨农机道路交通安全等重点工作落实情况进行督查。

7 月 4—6 日

福建省农机管理局党支部、泉州市农机管理总站党支部、德化县农机管理站党支部开展党建三级联创活动,在德化召开党建三级联创座谈会,深入德化县兴农农机农民专业合作社调研,参观中共福建省委旧址,各支部党员共33人参加。

7 月 10 日

福建省农业厅办公室印发《关于组织开展2013年农机购置补贴政策落实专项督查的通知》,分四组于7月在全省16个县开展2013年农机购置补贴政策落实专项督查。

7 月 17 日

福建省农业机械管理局被农业部评为2012年度强农惠农富农政策(农机购置补贴)落实延伸绩效考核管理优秀单位。福建省副省长陈荣凯作重要批示:"好!农业厅各单位要向农机局看齐,都抓出好绩效"。

7 月 24 日

2013年上半年福建省农机安全生产形势分析会在永安市召开。福建省农机安全生产领导小组成员、各设区市农业(农机)局(总站)局长(站长)、农机监理所所长参加会议。省农业厅副厅长郭跃进出席会议并做讲话。

8 月 6 日

福建省农业机械管理局印发《关于开展党的群众路线教育实践活动广泛征求意见的函》,向各级农机管理部门、农机专业合作组织、服务对象、"两代表一委员"、民评代表等广泛征求意见和建议,内容包括对局领导班子和局党员干部队伍作风及党风廉政建设方面的意见和建议、对局各项工作的意见和建议、对加快农业机械化发展的意见和建议。

8 月 8—15 日

福建省农业机械管理局党支部结合业务工作实际,开展"下基层、进百村、听民意、谋发展"主题实践活动活动。8位党员分成2个小组深入永泰县3个乡村、罗源县4个乡村、仙游县的5个乡村"一区两园"基层挂钩联系点,开展主题实践活动。

8 月 28—29 日

福建省农业厅副厅长郭跃进带队赴建阳市、浦城县开展"下基层、进百村、听民意、谋发展"主题实践活动。走访锦绣武夷农机大市场,建阳利民农机合作社、兴民农机合作社和浦城奔富农机专业合作社,召开2场座谈会,广泛征求意见。

9 月 1 日

中共福建省委 福建省人民政府出台《关于加快推进现代农业发展的若干意见》,明确提出加快推进农业机械化,大力发展设施农业,到2015年,每年安排省级以上财政专项资金3.5亿元,采取"先建后补、以奖代补"方式支持设施农业建设。

9 月 4 日

福建省农业机械管理局调研员杨斌在全国农机社会化服务现场会上,作题为"发展农机社会化服务 推进丘陵山区农机化进程"发言。

9 月 10 日

福建省农业机械管理局印发《关于组织开展2013年福建省水稻工厂化育秧示范区建设项目验收工作的通知》,全省分4组对15个水稻工厂化育秧示范区建设项目验收。

9 月 13 日

福建省国土资源厅、省农业厅印发《关于支持现代农业发展规范设施农用地服务的通知》,将农机农具的仓库作为设施用地,按农用地管理,免于办理农用地转用审批手续,缓解农机专业合作社和农机大户库棚建设用地审批难的问题。

10 月 9 日

福建省农业机械管理局局长高咸周带队到永春、安溪开展农机购置补贴调研,调研"一次告知"、"一站服务"和"一趟就行”和乡镇办理农机购置补贴工作经验。

10 月 15 日

福建省农业机械管理局调研员杨斌带队调研泉州农机超市的建设情况。

10 月 16 日

第六届海峡两岸(福建平和)农资农机产品展销会开展。

10 月 22 日

福建省副省长陈荣凯到沙县调研闽台农机企业发展情况,省农业厅副厅长郭跃进等陪同调研。调研组一行视察福建集辰农林发展有限公司,详细了解企业农机研发、生产和销售等相关情况。

11 月 5 日

福建省农业机械管理局在福州紧急召开农机购置补贴工作布置会,各设区市农业机械管理局(站)长参加会议。会议要求各地抓紧资金使用进度和结算进度,11 月中旬前完成使用申请。福建省农业厅副厅长郭跃进参加会议并部署相关工作。

11 月 11 日

福建省农业厅办公室印发《关于开展 2013 年农机购置补贴政策实施情况秋季督导检查的通知》,组织 7 个小组,于 11 月集中开展农机购置补贴政策实施情况秋季督导检查。

江 西 省

2012 年 12 月 1 日

农业部农业机械试验鉴定总站副站长朱良到南康调研农业机械化工作。赣州市、南康市农业机械管理局负责人陪同调研。

12 月 5 日

江西省农业机械化管理局在赣州市龙南县举办新增农业机械化评价指标体系培训班暨统计年报布置会。

12 月 14 日

江西省农机安全事故统计分析座谈会在南昌召开,各设区市农机监理所(站)长和农机事故统计人员参加会议。

2013 年 1 月 3 日

江西省农业机械化管理局印发《关于组织推荐江西省农机技术专家库成员的通知》在全省范围公开征聘农机技术专家,建立江西省农机技术专家库。

1 月 6 日

中共江西省农业厅党委任命官少飞为江西省农业机械化管理局局长,陶其辉为江西省农业机械化管理局副局长。

1 月 31 日

江西省农业厅在南昌召开全省农业机械化工作会议。会议总结交流 2012 年农业机械化发展成就与经验,研究部署 2013 年农业机械化工作。各设区市农业局分管领导和各市、县(区)农机部门主要负责同志,以及省农垦事业管理办公室、省农业机械研究所、省农科院农业工程所、江西农业大学工学院、省农业工程学会、《南方农机》杂志社负责同志和省局副科以上干部,共 140 余人参加会议。

2 月 22 日

江西省农业厅会同省财政厅、省发展和改革委员会制定《2013 年江西省支持推广的农业机械产品目录》,予以公告。

2 月 27 日

江西省农业机械化管理局将江西省赣丰农业科技有限公司、新余市驰田农业机械有限公司和江西省爱荷华农业科技发展有限公司三家公司列为农机购置补贴产品生产销售企业黑名单,并在全省进行通报。

3 月 5 日

江西省农业机械化管理局印发《关于建立江西省农业机械登记品牌型号库的公告》,决定建立“江西省农业机械登记品牌型号库”。

3 月 4—6 日

江西省农业机械化管理局派出督查组在全省分片开展农机安全检查,督导市县农机部门做好“两会”期间农机安全生产工作。

3 月 11 日

江西省农业机械化管理局举办 2013 年全省农机购置补贴培训班。

江西省农业机械化管理局印发《关于抓紧落实农机“一站式”服务大厅的通知》,将农机购置补贴办理和农机监理行政审批事项等全部纳入“一站式”服务,并明确各县(市、区)服务大厅务必实行“统一管理方式、统一运行模式、统一服务设施和服务行为”的操作办法。

3 月 13 日

江西省农业厅、省财政厅联合印发《江西省 2013 年农业机械购置补贴实施方案的通知》,将实施多年的“差价购机”改为“全价购机、县级结算、补贴入卡、逐级监督”。

3 月 25 日

江西省农业机械化管理局印发《江西省 2013 年补贴机具质量监督管理工作方案》。

3 月 26 日

江苏省人民政府法制办公室、江苏省农业机械管理局有关领导和同志一行六人组成农机安全监督管理考察组,来到江西省开展立法调研和工作座谈交流活动。

4 月 11—19 日

江西省委政策研究室会同省农业机械化管理局在全省开展农业机械化发展专项调研活动。

4 月 12 日

农业部农业机械化技术开发推广总站在江西省南昌市组织召开主要农作物机械化生产技术模式研究项目实施工作布置会,研究部署水稻、玉米全程机械化生产技术模式研究项目实施工作,并安排水稻机械化耕整地和农田节水灌溉新技术试验示范等工作。农业部农业机械化技术开发推广总站副站长李安宁出席会议并讲话,江西省农业厅党委委员、纪委书记钟力民到会并致辞,农业部农业机械化管理司生产管理处处长李斯华、农业部水稻生产机械化专家组部分专家莅临指导。来自内蒙古、吉林、江苏等 12 个省(区、市)农机推广站技术人员 50 余人参加会议。

江西省百万农机闹春耕现场会在南昌县泾口乡举行,正式拉开全省农业机械助力春耕生产的序幕。农业部农业机械化技术开发推广总站副站长李安宁、省农业厅纪委书记钟力民、全国水稻生产机械化领导小组的专家、全省各设区市和有关县农业(农机)局负责同志及省农业厅机关处室负责同志、农机合作社、农机大户近 300 余人观摩现场会。

江西省春季农机生产工作座谈会暨 2013 年农机购置补贴工作会在南昌市召开。

4 月 17—20 日

以农业部农机监理总站站长刘宪总为组长的全国农机安全监理“为民服务创先争优”示范窗口和示范岗位标兵考评组,在靖安县、湖口县就示范创建工作进行考评。同时在浮梁县、婺源县对江西省贯彻落实农机安全生产政策法规、事故统计报送和提高农机“三率”水平等进行督导检查。

4 月 25 日

江西省农业机械化管理局印发《关于继续推进全省农机化教育培训大行动

的通知》。

4 月 28 日

江西省民生资金管理使用情况监督检查电视电话会议在南昌召开，此次监督检查范围包括农机购置补贴资金在内共 6 项民生资金。会上，江西省委常委、纪委书记周泽民对江西省农机系统对农机购置补贴操作模式进行改革创新给予肯定和表扬："王绍萍这个事情发生以后，农业厅党委，包括农机局，认真吸取教训，痛定思痛，积极整改。选派了比较强的干部，加强了农机局的班子建设。同时，农机局在全省农机战线进行了改革，完善了制度，在全省农机系统开展了'一项改革、三项创新、六项服务'。就是把过去那种由个人说了算的那种人治状态，变成了现在的'全价购机、县级结算、补贴入卡（这个补贴，直接入到农民的卡，你要扣一分钱，农民可以监督你）、逐级监督'，出现了一种可喜的现象。我们希望通过这个沉痛的教训，通过王绍萍案件的查处，使我们农机系统要重塑心系农民、服务农民、造福农民的好形象。"会议结束后，江西省农业机械化管理局即成立全省农机购置补贴资金管理使用情况监督检查工作领导小组。江西省农业机械化管理局局长官少飞担任领导小组组长。

江西省副省长姚木根对农业厅报送的《关于推进农业机械化示范区建设工作的汇报》做出批示："示范区建设是个好办法，有关经费事项正式向省政府报。"

5 月 8 日

江西省农机购置补贴资金管理使用情况监督检查动员会在南昌召开。会议通报农机购置补贴领域违纪违法典型案例，对农机购置补贴资金使用监督检查工作进行动员部署。江西省人民政府纠风办同志、省农业厅民生资金管理使用情况监督检查领导小组各成员单位负责人出席会议。

湖南省农业机械管理局来江西省就农机购置补贴实施、农业机械化技术推广、农机服务体系建设、农机安全监理等工作进行考察交流。

5 月 10 日

全国农业技术推广服务中心和农业部农业机械化技术开发推广总站联袂在江西省九江市举办全国油菜高产高效技术培训交流班和油菜收获机械化技术研讨会，交流研讨油菜区高产高效技术模式、油菜机械化生产和收获机械示范推广情况。16 个油菜主产省农业、农机推广部门代表、有关科研教学单位、农机企业、合作组织齐局聚一堂，共同探讨良种良法配套、农机农艺融合、推进油菜生产发展的思路与措施。全国农业技术推广服务中心副主任谢建华、农业部农业机械化技术开发推广总站副站长李安宁出席会议并讲话。中国工程院院士傅廷栋、农业部油菜生产机械化专家组组长徐振兴应邀在会上做专题报告。

5 月 14 日

江西省农业机械化管理局印发《2013 年农机"安全生产月"活动方案》。江西省农业机械化管理局印发《关于联合举办农业推广（农机领域）硕士学位研究生班的通知》，决定与江西农业大学联合举办农业推广（农机领域）硕士班。

5 月 27 日

江西省成立江西省农业机械化技术委员会。委员会由 37 人组成，内设 5 个小组，分别为水稻组、油菜组、旱作与蔬菜组、水果与茶叶组和畜牧水产组。主要职责为参与江西省农业机械化发展战略研究、规划编制、重大专题调研、项目立项及论证、标准评审、农机推广鉴定评审以及重大政策实施立项、论证、评审、验收等工作；参与相关调研，提供技术支持、政策决策咨询；承担江西省农业机械化管理局委托的其他工作。

5 月 28 日

江西省农业机械化管理局印发《关于切实做好农机鉴定工作的通知》。《通知》对江西省农机鉴定程序、检测机构、检测任务、人员资质、工作时限、受理时间、证书变更与撤销、加强监管等做详细规定。

5 月 31 日

江西省农机购置补贴实施进度重点调度会在南昌召开。

国家血防春季检查组在组长农业部国家首席兽医师于康震的带领下，赴进贤县三里乡血防区农机专业合作社考察指导。

6 月 3 日

江西省农业机械化管理局制定《江西省农机市场体系"十二五"建设规划》。《规划》确定在"十二五"期间，江西省将通过在设区市所在地及农机大县建设区域性农机大市场，在农机中小规模县（市、区）建设农机超市的办法，在进一步完善江西省农机大市场各项服务功能的基础上，新建 14 个农机大市场和 52 个农机超市。全省逐步形成以农机大市场为骨干、农机超市为补充的农机市场体系。

6 月 5 日

江西省农业机械化管理局印发《2013 年微滴灌购置补贴实施指导意见》。

6 月 6 日

农业部农业机械试验鉴定总站"果业机械试验示范基地"落户赣州市信丰县绿萌农业发展有限公司。农业部农业机械试验鉴定总站副站长朱良、赣州市政府副秘书长谭步华出席揭牌仪式并揭牌，江西省农业机械化管理局负责人出席揭牌仪式。

6 月 8 日

江西省农业机械化管理局印发《江西省各类农机维修服务中心建设（以奖代补）项目申报指南》，在全省开展农机维修服务中心建设。计划通过 2～3 年努力，在全省建设 400～500 个农机维修服务中心。

6 月 9 日

江西省农业机械化管理局印发《关于规范实施太阳能杀虫灯购置补贴的通知》。

江西省农业机械化管理局印发《江西省 2013 年农机购置补贴政策落实监督检查工作方案》。

江西省农业机械化管理局印发《江西省主要农业机械普查方案》，计划历时 5 个月，分四阶段在全省开展农业机械大普查，一是重点摸清和掌握本地主要农业机械家底、农机作业量、农机服务年纯收入、燃油消耗量等重点统计数据；二是重点调查测算本地主要农业机械平均使用寿命，为客观科学制定本地发展规划提供重要数据支撑；三是以到 2020 年水稻综合机械化水平达到 80%为目标，制定 2013—2020 年期间本地主要农业机械需求发展规划。

6 月 19 日

江西省农业机械化管理局印发《江西省省级农业机械化示范区建设标准及考核验收办法》。

6 月 21 日

江西省农机购置补贴监督检查工作调度会在南昌召开。会议传达江西省民生资金督导组领导在农业厅督导汇报会上的讲话精神，通报全省农机购置补贴管理使用督查情况，并部署当前农业机械化两项具体工作。

6 月 27 日

江西省农业机械化管理局组织召开

2011—2012 年农业部主要农作物生产机械化示范项目验收会。会议邀请农业部水稻和油菜生产机械化专家组专家成员，中国水稻研究所、江西农业大学工学院、九江市农科所等省内外农机、农艺专家，对奉新县、瑞昌市、乐平市、鄱阳县和婺源县共 4 个水稻、1 个油菜生产机械化示范项目进行评审。

7 月 2—5 日

江西省农业机械化管理局到上饶、鹰潭两市督查 2011—2012 年农机购置补贴资金管理使用自查自纠开展情况和农机安全生产情况，并就农机系统机构队伍、经费保障等情况进行调研。

7 月 3—4 日

江西省农机普查(统计)业务培训班在井冈山召开。

7 月 23—26 日

江西省省长鹿心社、常务副省长莫建成、副省长姚木根在江西省委政策研究室报送的《我省农业机械化状况与建议》上分别作出批示。省长鹿心社批示：请木根同志阅示。常务副省长莫建成批示：请工信委会同相关部门研究重振奋江西农机工业问题。副省长姚木根批示：请农业厅认真研究文中提出的有关建议，采取措施，进一步提高全省农业综合机械化水平。

7 月 29 日至 8 月 1 日

由农业部农机监理总站副站长涂志强为组长的农业部农机安全生产第三督查组，对江西省宜春市宜丰县和九江市德安县农机安全生产大检查开展情况进行督导检查，并对江西省农机安全管理工作情况进行检查和调研。

8 月 2 日

江西省农业机械化管理局印发《关于积极做好农机抗旱救灾工作的紧急通知》，全省农机系统人员迅速出动，组织 101.2 万台套抗旱设备投入抗旱工作，有效缓解旱情。

8 月 8 日

江西省农业厅、财政厅联合印发《新增抗旱设备购置补贴方案》，从 2012 年纳入补贴范围的潜水泵、离心泵 62 家农机生产企业中，选择符合方案要求的企业和产品，经过梳理，将离心泵 76 个产品、潜水泵 81 个产品纳入 2013 年农机购置补贴范围。

8 月 9 日

江西省农机安全监理工作座谈会在吉安县召开。会议总结前一阶段农机安全监理工作，分析了农机安全监理工作面临的形势，部署下一阶段重点工作。江西省农业厅党委委员、纪委书记钟力民出席会议并作讲话。

8 月 10—11 日

江西省农业机械化管理局党支部组织党员及干部职工赴兴国、瑞金，开展“红色之旅”专题教育活动。

8 月 26 日

江西省拟定安义县绿能机械服务专业合作社等 138 家单位为 2013 年“以奖代补”农机维修服务中心建设单位，并予以公示。

8 月 29 日

江西省农业机械化管理局印发《关于开展农机安全生产督查工作的通知》，分四小组在全省范围内组织开展农机安全生产督查活动。

9 月 11—13 日

江西省农业机械化管理局主要负责人带队赴上饶、九江两市对余干、都昌两县 2011—2012 年农机购置补贴资金管理使用情况进行重点督查。

9 月 24—25 日

由江西省农业厅纪委书记钟力民带队的督导组赴宜春市，重点对丰城市、袁州区和上高县开展农机购置补贴民生资金督查和农机安全生产工作督导，并就农机专业合作社发展和农机维修网点建设等工作进行调研。

9 月 27—10 月 24 日

江西省农机修理工(高级)职业技能鉴定阳光工程培训班在南昌举办。分三期对 2013 年全省农机维修服务中心“以奖代补”项目单位的农机维修管理和技术人员进行培训，共培训人数 400 人。

10 月 10 日

江西省农业机械化管理局印发《江西省农机维修服务中心规范化建设标准》。发布全省统一的财政以奖代补农机维修图标，要求全省使用统一的农机维修图标和文字标识。

10 月 24 日

江西省农业机械化管理局负责人到鹰潭市余江县眼镜产业园及循环经济工业园和农机大市场调研，并带领省农机大市场负责人、外省农机投资客商洽谈投资意向。

10 月 27 日

中央电视台以“粮食烘干之惑”为题对江西省水稻烘干问题进行报道，江西省农业机械化管理局局长官少飞接受采访。

10 月 29—31 日

农业部副部长张桃林在江西省人民政府副省长姚木根，省政协副主席李华栋等陪同下，到江西省农业机械研究所、于都县农机局农机“一站式”服务大厅，就农机研发、科技创新和农机购置补贴等实地考察调研并指导工作。农业部农业机械化管理司司长宗锦耀，中央农业广播电视学校校长王守聪等随同调研。江西省农业厅党委书记、厅长甘良森，省人民政府副秘书长谢茂林，省农业厅副厅长马岩波等陪同调研。

11 月 4 日

江西省农机购置补贴实施进度推进会在南昌召开。会议传达贯彻农业部副部长张桃林、农业部农业机械化管理司司长宗锦耀考察江西时的讲话精神，研究推进农机购置补贴实施进度的对策和措施；通报全省农机购置补贴实施进度，提出具体要求；各设区市农机局(站)长对本市补贴实施进度作分析和交流，对下一步实施进度目标作了表态发言。

江西省农业厅党委书记、厅长甘良森对 2013 年农业机械化工作作出批示：2013 年以来农机改革总体上是成功的、卓有成效的，力民同志、少飞同志和省农机局全体同志做了大量卓有成效的工作，下一步要谋划好明年的工作。

11 月 14—16 日

江西省农业厅党委委员、纪委书记钟力民到赣州市督查农机购置补贴等工作，并与赣州市人民政府副市长刘建平就如何推进农业机械化等工作交换意见。

山东省

2012 年 12 月 4 日

山东省农机人事工作会议在济南召开，山东省农业机械管理局副局长韩永平、纪检组组长刘娜出席会议。

12 月 19 日

山东省玉米机收及秸秆还田工作推进会在济南召开，山东省农业机械管理局局长高明飞、副局长韩永平出席会议。

12 月 21 日

山东省农业机械管理局组织进行 2013 年度目录调整工作，形成《2012—2014 年山东省支持推广的农业机械产品目录》2013 年度调整目录。山东省农业机械管理局副局长战嘉波出席评审活动。

2013年1月11日

山东省农业机械化工作会议在济南召开。山东省农业机械管理局局长高明飞在会上作题为《深入学习贯彻十八大精神扎实推进农机化又好又快发展》的讲话，副局长韩永平传达全省农村工作会议和全国农业机械化工作会议精神。副巡视员侯英忠主持会议。山东省农业机械管理局纪检组组长刘娜、副局长战嘉波出席会议。各市农机局长，省农机专家顾问团成员，有关农机院校、农机企业负责人，省局各处站主要负责人参加会议。

1月31日

山东省农业机械管理局印发《关于认真做好春节假期调查研究工作的通知》。

2月8日

山东省农业机械管理局与省财政厅联合下发《关于印发2013年山东省农业机械购置补贴工作实施方案的通知》(鲁农机计字[2013]6号)，确定159种机具为补贴范围，确定大马力拖拉机、玉米联合收获机、花生联合收获机等机具为重点补贴对象，确定东营市、莱芜市实施全价购机试点，确定章丘等18个县(市、区)为报废更新试点。

2月21日

山东省农业机械管理局印发《关于2013年重点工作分解的通知》。

2月28日

山东省副省长赵润田到山东省农业机械管理局调研，省农业机械管理局局长高明飞作工作汇报后。赵润田对农业机械化工作给予充分肯定，并对继续提升粮食生产机械化、重点推进经济作物机械化、大力发展农机服务组织、全面落实农业机械化扶持政策和切实加强农机依法管理等五个方面的重点工作提出更高要求。

3月5日

山东省农业机械管理局组织枣庄、东营、威海、日照、莱芜等地的100多名农机合作社成员参观第八届中国(山东)国际装备制造业博览会。山东省农业机械管理局局长高明飞出席开幕式。

山东农业工程学会第六次会员代表大会在济南召开。会议总结五届理事会期间的工作，审议通过五届理事会工作报告、学会章程及财务报告，选举产生学会第六届理事会及领导机构。

3月6日

山东省农机安全监理工作会议在济南召开，山东省农业机械管理局局长高明飞到会讲话，纪检组组长刘娜主持会议。

3月7日

山东省马铃薯播种机械化现场会在泰安市宁阳县召开，山东省农业机械管理局局长高明飞在会上讲话，副局长战嘉波主持会议。

3月12日

山东省农机推广鉴定技术培训班在济南举行，来自全省200多个生产企业的216名代表参加这次技术培训。山东省农业机械管理局副局长战嘉波出席开班仪式并讲话。

3月14日

山东省农业机械管理局副局长战嘉波带领有关处站负责同志到济南市历城区考察保护性耕作技术示范推广工作，并同当地政府领导、农机管理部门、技术人员和农机合作社负责人进行座谈。

山东省农业机械管理局投资160万元兴建的卷帘机试验室及微灌设备试验室通过山东省实验室资质认定评审组现场评审。两试验室技术上处国内同行业领先水平。

3月14—20日

为期一周的“全国农机维修高技能人才培训班”分别在福田雷沃重工、山东五征集团举办，山东省农机职业技能鉴定站对两个培训班的96名学员进行职业技能鉴定考核，并发资格证书。山东省农业机械管理局副局长韩永平参加开班式并致辞。

3月15—16日

山东省农业机械管理局局长高明飞到威海市调研。

3月17日

第七届中国(山东)农业机械产品博览会在潍坊召开，山东省农业机械管理局局长高明飞出席开幕式。

3月19日

山东省农业机械管理局、省财政厅在济南召开全省农机购置补贴工作会议。省农业机械管理局副巡视员侯英忠、副局长韩永平、纪检组组长刘娜出席会议。

3月20日

山东省农业机械管理局局长高明飞带领有关处站的负责同志，走进山东人民广播电台“阳光政务热线”直播间，介绍农业机械化政策和工作情况，答复听众咨询。17市农机管理部门领导同步上线，联动参加直播。

3月25日

山东(青岛)国际农业机械展览会召开，山东省农业机械管理局局长高明飞出席并在2013青岛国际农业机械化论坛发表演讲。

3月29日

山东省农机维修服务能力建设工作推进会在章丘召开，山东省农业机械管理局局长高明飞到会讲话，副局长韩永平主持会议。

4月6日

农业部保护性耕作中心在山东省郓城县召开“第五届保护性耕作新机具演示现场会”，江苏、安徽、河南、河北等省市以及山东省各市及有关县区农机部门、农机技术推广站负责同志共200多人参加会议。山东省农业机械管理局副局长战嘉波出席会议并讲话。

4月11日

山东省委副书记王军民在章丘调研现代农业发展，参观章丘市辛寨农机合作社。王军民充分肯定山东省积极培育农机专业合作社、推进农业科技创新的做法。山东省农业机械管理局局长高明飞陪同调研。

4月18日

山东省农业机械管理局落实山东省副省长赵润田关于致公党山东省委《关于加快我省农机专业合作社发展的建议》政协提案的批示要求，较好地完成提案答复，形成《关于落实赵润田副省长批示精神加快我省农机专业合作社发展的报告》。

4月24—25日

农业部农业机械化管理司副司长刘恒新，农业部农业机械试验鉴定总站站长刘敏到德州市检查指导农业机械化工作，山东省农业机械管理局副巡视员侯英忠陪同。

4月27日

山东省农业机械管理局局长高明飞到潍坊寿光市检查指导设施农业发展情况工作。

5月15日

山东省农业机械管理局局长高明飞出席济宁市大蒜机械化收获现场观摩会并讲话。

5月16—17日

山东省农机购置补贴廉政建设培训班在济南举办，省检察院职务犯罪预防处处长段彬授课、省农业机械管理局局长高明飞作讲话。各市、县农机局主要负责同志、省农业机械管理局领导班子成员和各处站主要负责同志参加培训。

5月22日

山东省农业机械管理局组织各市收看全国“三夏”小麦跨区机收工作视频会议，局长高明飞在会上做典型发言。

5月23日

山东省“三夏”农机跨区作业出征仪式在淄博市临淄区举行。出征仪式由山东省农业机械管理局副局长韩永平主持，局长高明飞讲话并宣布出征令。

5月24日

山东省大蒜收获机械化现场观摩会在临沂市苍山县召开。全省各大蒜主产市农机局分管局长和负责大蒜机械化工作的科(站)长，以及部分大蒜种植重点县(市、区)农机局长，省农业机械管理局有关处站负责人参加会议。山东省农业机械管理局局长高明飞讲话，会议由副局长战嘉波主持。

5月29日

山东省农业机械管理局下发《关于开展2012年“三夏”农机化生产督导工作的通知》，省农业机械管理局成立五个督导组，每个督导组分别由一名局领导带队，自6月5—25日，分赴有关市进行督导。

6月5日

山东省保护性耕作现场观摩会在菏泽市牡丹区召开。山东省农业机械管理局副局长战嘉波出席会议。

6月6日

山东省暨菏泽市小麦收获开机仪式在菏泽市东明县举行。农业部农业机械化管理司巡视员丁翔文出席仪式。开机仪式由山东省农业机械管理局副局长韩永平主持，局长高明飞讲话并宣布2013年山东省小麦收获开机。

山东省水稻插秧机械化现场会在济宁市鱼台县召开，山东省农业机械管理局副巡视员侯英忠出席会议并讲话，会议由副局长战嘉波主持。

6月8日

山东省副省长赵润田在省农业机械管理局局长高明飞等省直有关部门负责同志的陪同下，到济宁市检查“三夏”农业机械化生产工作。

6月14日

山东省农业机械管理局局长高明飞、副局长战嘉波专程到宁阳县联疏农机服务专业合作社小麦收获机试验鉴定现场看望慰问鉴定站工作人员。

6月18日

国内第一个农业大数据产业技术创新战略联盟在山东农业大学成立，山东省农业机械管理局副局长战嘉波出席开成立仪式。

6月19日

山东省农业机械管理局局长高明飞到烟台市督导“三夏”农机生产情况。

6月25日

山东省小麦收获基本结束，小麦机收率98%，玉米机播率95%。

6月27日

山东省农业机械管理局局长高明飞、副巡视员侯英忠、副局长韩永平带领有关处室和选派“第一书记”的事业单位主要负责人，到曹县仵楼乡看望第二批“第一书记”，并到村边巷尾考察了解情况，与乡政府负责同志、5个村的支部书记进行座谈。

7月9日

全国农机合作社示范社理事长培训班在潍坊开班。山东省农业机械管理局局长高明飞、副局长韩永平参加开班式。来自28个省市的近180位全国农机合作社示范社理事长参加培训。

7月17日

农业部下发《关于表扬2012年度延伸绩效管理试点工作优秀单位的通报》(农办发[2013]6号)，评定山东省农业机械管理局为“2012年度强农惠农富农政策(农机购置补贴)落实延伸绩效管理优秀单位”，并向山东省人民政府发函通报表扬。

7月23日

山东省农机专家顾问团在青岛召开工作调度会议。农机分团全体成员参加会议，山东省农业机械管理局副局长战嘉波出席会议并讲话。

7月26日

山东省农业机械管理局召开党的群众路线教育实践活动动员大会，对开展教育实践活动进行动员部署。山东省委第三督导组副组长、省委组织部干部信息管理处处长刘洪斌，省委第三督导组成员、省纪委政策法规室副科级检查员张梦柳，省农业厅党的群众路线教育实践活动领导小组成员、副厅长王登启，省农业厅机关党委专职副书记李学太出席会议，省农业机械管理局分党组书记、局长高明飞主持会议并作动员部署，副厅长王登启讲话并提出要求。

8月2日

玉米机械化生产技术规范论证会在济南召开。来自山东省内外的农机、玉米栽培、植保、土肥等领域的专家，对山东省农业机械技术推广站主持制定的《玉米机械化播种作业技术规范》《玉米机械化田间管理作业技术规范》和《玉米机械化收获作业技术规范》进行论证。山东省农业机械管理局局长高明飞看望论证组专家，副局长战嘉波出席会议并讲话。

山东省农业机械管理局局长高明飞到广饶县调研棉花机械收获创新示范工作。

8月6日

2013年第二期全国农机职业技能鉴定考评员培训班在青岛开班。来自全国20多个省(市、区)的四百多名学员参加培训。农业部农业机械试验鉴定总站副书记国彩同、山东省农业机械管理局副局长韩永平出席开班式。

8月8日

山东省农业机械管理局组织专家对山东省农业机械试验鉴定站制(修)订的DG37/T003—2013《铧式犁》等50个省级农业机械推广鉴定大纲进行评审，副局长战嘉波出席会议并讲话。

8月21日

山东省农业机械管理局局长高明飞到济南市检查指导农机购置补贴和农机安全生产工作。

8月22日

山东省农业机械技术推广站承担的“农业部主要农作物(玉米)机械化生产模式研究项目”中期检查评估会在烟台召开。农业部农业机械化技术开发推广总站副站长李安宁出席会议并讲话。

8月26日

山东省农机质量投诉工作培训班。山东省农业机械管理局副局长战嘉波出席培训班并讲话。

8月中下旬

山东省实施全省农机购置补贴工作和农机安全监理监督检查，抽调人手，组成五个检查小组，由山东省农业机械管理局领导带队，分赴各市实施督导检查。

9月1日

澳大利亚保护性耕作研究专家、联合国粮农组织小麦玉米育种研究中心专员Jack教授在农业部保护性耕作研究中心技术人员陪同下，来山东省考察山东省保护性耕作技术推广情况。山东省农业机械管理局副局长战嘉波会见 Jack 教授。

9 月 5 日

山东省农业机械管理局在招远市举办花生机械化联合收获技术培训班。山东省农业机械管理局副局长战嘉波出席培训班。

9 月 9 日

山东省玉米收获及秸秆还田机械化现场会在潍坊安丘市召开。山东省农业机械管理局局长高明飞出席会议并讲话，副局长韩永平主持会议。

9 月 16 日

山东省花生收获机械化现场会在威海文登召开。山东省农业机械管理局局长高明飞出席会议并讲话，副局长战嘉波主持会议。

9 月 20—31 日

山东省农业机械管理局五位领导带队分片对 17 市农机安全工作进行督导检查。

9 月 23 日

山东省农机监理新装备新技术应用推进工作会议在莒县召开。山东省农业机械管理局局长高明飞出席会议并讲话，山东省农业机械管理局纪检组长刘娜主持会议。

9 月 23—25 日

山东省农业机械技术推广站承担的国家农业行业科技项目“玉米生产技术集成与全程机械化试验与示范”课题，在章丘市刁镇试验示范基地对项目研制的玉米联合收获机进行适应性考核。山东省农业机械管理局副局长战嘉波到现场看望技术人员。

9 月 24 日

山东省茶叶机械化采摘加工观摩会在日照召开。山东省农业机械管理局局长高明飞到会并讲话，副局长韩永平主持会议。

9 月 26 日

山东省农业机械管理局局长高明飞到枣庄市视察“三秋”农业机械化生产。

9 月 27 日

山东省保护性耕作推进会在济宁兖州召开。山东省农业机械管理局局长高明飞出席会议并讲话，副局长战嘉波主持会议。

10 月 1—7 日

山东省农业机械管理局成立由局领导带队、有关处站参加的五个督导组，赴各地督导检查“三秋”农业机械化生产。

10 月 3 日

枣庄市农业机械化示范农场—雷沃农业装备示范农场揭牌。山东省农业机械管理局副局长战嘉波出席揭牌仪式。

10 月 10 日

山东省农机购置补贴工作会议在济南召开。会议传达全国农机购置补贴座谈会及绩效考评培训班精神，总结交流 2013 年以来农机购置补贴工作中的经验、做法及存在的问题，山东省农业机械管理局纪检组组长刘娜通报全省农机购置补贴检查情况，局长高明飞出席会议并讲话，副巡视员侯英忠主持。

10 月 11 日

农业部农机行业职业技能鉴定指导站在江苏召开全国农机职业技能开发座谈会，山东省农业机械管理局副局长韩永平参加会议并作典型发言。

10 月 14 日

山东省委副书记王军民到广饶视察全省棉花收获机械化作业现场。王军民对全省大力推进棉花生产机械化、发展经济作物机械化给予肯定，鼓励全省农机系统再接再厉、开拓创新，加大新型农机研发和推广力度，积极探索棉花机械化生产服务的新模式、新办法，为全省现代农业发展做出新的贡献。山东省棉花收获机械化现场会在广饶县召开。山东省农业机械管理局局长高明飞出席会议并讲话，副局长战嘉波出席会议，会议由副局长韩永平主持。

10 月 15 日

农业部农业机械化管理司巡视员丁翔文到滨州视察指导棉花机械化收获作业，副局长战嘉波陪同考察。

10 月 17 日

生姜收获机械化现场观摩会在莱芜举办，山东省农业机械管理局局长高明飞、副局长战嘉波出席会议。

10 月 22 日

全省基层农机推广体系建设补助项目工作会议在济南召开，战嘉波副局长出席会议并讲话。

10 月 23 日

山东省副省长赵润田到东营视察指导棉花机收工作，山东省农业机械管理局局长高明飞陪同视察。

10 月 24 日

山东省“三秋”农业机械化生产基本结束。“三秋”期间，全省共上阵各类农业机械 290 万台套，其中玉米联合收获机 8 万多台，小麦播种机 38 万台。全省玉米收获和秸秆还田机械化程度 82%，小麦机播率 98%。

10 月 26—28 日

2013 年中国国际农业机械展览会在青岛国际博览中心开幕。省农机局局长高明飞出席开幕式。

10 月 26—27 日

山东省农机技术推广工作经验交流会在青岛市召开。各市农机局分管局长、推广站长及部分县农机推广站长参加会议。青岛市、潍坊市、莱州市、菏泽市牡丹区、章丘市农机推广站作典型发言，会议还组织参观 2013 中国国际农业机械展览会。山东省农业机械管理局局长高明飞出席会议并讲话，副局长战嘉波主持会议。

全国农业机械化技术推广工作形势分析会在青岛召开。山东省农业机械管理局局长韩永平出席会议。

10 月 28 日

《全国农机化统计报表审核指南研究》课题开题会在济南市召开，山东省农业机械管理局局长高明飞到会并致辞，副巡视员侯英忠参加会议。

11 月 1—2 日

中国工程院院士罗锡文到淄博、滨州、济南考察水稻直播机械化情况，山东省农业机械管理局局长高明飞、副局长战嘉波陪同考察。

11 月 5 日

大葱收获机械化现场观摩会在济南举办，山东省农业机械管理局副巡视员侯英忠、副局长战嘉波出席会议。

中国农业机械化信息网年会召开，山东省农业机械管理局被评为 2012—2013 年度农业机械化信息网信息宣传工作先进单位，王南方同志被评为全国农业机械化信息工作先进个人，荣获一等奖。

11 月 7 日

全国马铃薯机械化收获现场演示会暨技术培训班在滕州市举行。山东省农业机械管理局副局长战嘉波出席会议。

河 南 省

2012 年 12 月 24 日

农业部、国家安全监管总局《关于公布 2012 年全国“平安农机”示范县（区、市）名单的通知》公布，河南省襄城县、长垣县、唐河县、内乡县、光山县、范县“平安农机”创建成效显著，被确定为2012年全国“平安农机”示范县。

2013年3月8日

河南省农机管理工作会议在郑州召开。各省辖市、直管县农机局长参加会议。会议贯彻中央、省委有关会议和文件精神，认真贯彻落实中央、省委关于加快发展现代农业、进一步增强农村发展活力的决策部署和全国农业机械化工作会议要求，总结2012年农业机械化工作，分析形势，明确任务，安排部署2013年重点工作。

4月10日

河南省农机安全生产管理工作会议在郑州召开。会议总结交流2012年全省农机安全监理工作，分析研究农机安全监理工作面临的新形势，安排部署2013年农机安全监理工作任务。全省28个直辖市、直管县的分管局长、监理站长参加会议。会议还签订《2013年河南省农机安全生产目标责任书》。

4月21—23日

2013全国农业机械展览会在郑州市国际展览中心隆重举行。本届展会由中国农业机械工业协会、中国农业机械化协会、中国农业机械流通协会和郑州市人民政府联合主办，河南省农业机械化协会协办。本届展会总面积近5万平方米，参展厂商300多家，参展农机品种2 000多个。会展期间举行2013中国农机发展论坛等一系列展会活动。

4月24日

河南省农机安全监理专家组成员研讨会在郑州组织召开，13位专家组成员和省站主要业务人员参加会议。此次研讨会就当前农机安全监理工作中存在的问题和基层监理机构所处的困境进行深入分析和研讨，特别对如何推进免费监理、提升安全生产装备设施水平、加强规范化建设、开展安全监理“四员”培训等方面提出许多合理化建议和对策。各位专家准备充分，集思广益，畅所欲言，讨论热烈。

5月10日

河南省农机农艺集成技术培训班在郑州举办，来自河南省农业机械技术推广站、沁阳市农业机械管理局、民权县农业机械管理局的领导和技术人员以及沁阳市、民权县示范基地的农机专业合作社代表、种粮大户、农机大户共70余人参加培训班。安排布置2013年的示范工作，强调项目实施过程中应该注意的事项，并讲授玉米免耕播种和收获机械化技术规范。

5月15日

河南省“三夏”农机生产工作协调会召开，研究“三夏”农机生产和小麦跨区机收工作。会议由河南省副省长王铁主持，河南省委农村工作办公室、省发展和改革委员会、省农业厅、省公安厅、省交通厅、省卫生厅、省农业机械管理局等单位负责同志参加会议。会议听取河南省农业机械管理局局长张开伦关于2013年河南省“三夏”农机会战准备情况汇报，各部门负责同志结合职责做发言。王铁副做讲话，要求各部门共同努力，确保2013年粮食再获丰收。

5月22日

河南省农业机械技术推广站在郑州组织召开胡萝卜机械化生产栽培技术规范专家论证会，论证会上，与会专家积极发言，结合胡萝卜栽培技术，提出宝贵的修改意见，为进一步完善技术规范打下基础。

5月23日

河南省人民政府召开全省“三夏”工作电视电话会议，要求全力以赴抓好“三夏”生产各项工作，确保颗粒归仓，种足种好秋作物，为实现全年粮食丰收和农民增收奠定基础。河南省副省长王铁出席会议并讲话。农机部门要保障机械区域供需平衡，会议强调各级政府及其涉农部门要督促指导在一线、跟踪服务在一线，扎实做好“三夏”生产的各项工作。

河南省玉米生产技术集成与全程机械化技术培训班在河南省沁阳市举办，来自河南省农业机械技术推广站、沁阳市农业机械管理局、沁阳市农业技术推广中心的领导和技术人员以及沁阳市试验示范区的农机大户、农机合作社代表共60余人参加培训班。安排布置2013年的试验示范工作，强调项目实施过程中应该注意的事项，针对项目试验区域规划、试验机具的测试内容和测试方法及试验过程中的农机农艺融合措施进行全面系统的培训。

5月28—29日

河南省副省长王铁带领省直有关部门主要负责同志在南阳、驻马店、漯河三市调研“三夏”生产，王铁指出，各级、各部门一定要提前做好收割机械的调度工作，做到忙而不乱，紧而有序，有条不紊。要努力确保农机油料供应、交通畅通、信息及时，为麦收工作顺利进行提供好要素保障。要密切关注天气变化，抢抓有利天气，集中人力、机械，做好抢收准备，确保颗粒归仓。

6月3日

农业部部长韩长赋到驻马店市西平县二郎乡张尧村高产示范田，现场察看、指导小麦机收跨区作业，慰问农机手、种粮大户和青年志愿者。韩长赋对河南夏收工作表示满意并提出要求，对河南省发展粮食生产，推进农业现代化的路子表示肯定，特别肯定河南为全国粮食安全作出的贡献。河南省省委副书记、省长谢伏瞻，副省长王铁一起赴现场察看。

6月14日

河南省副省长王铁到南乐、内黄两县督导“三夏”工作。王铁深入田间地头、收购网点，实地查询小麦收成、秋播进度、夏粮收购、机手效益、粮农利益等情况，视察督导“三夏”生产。河南省农业厅厅长朱孟洲，省农业机械管理局局长张开伦等陪同视察督导。

9月11日

河南省花生产机械化收获演示会在商丘市宁陵县举行。来自全省15个省辖市、5个省直管县的农机局局长、科教科长、推广站站长，宁陵县各乡镇的乡镇长、各村委主任、农机合作社负责人附近群众1 000多人参加现场演示会。12种不同种类、不同型号的花生收获机械进行现场演示，并对各种花生收获机械作业进行效果测评。

9月13日

河南省玉米农机农艺融合技术培训班在郑州举办，来自河南省农业机械技术推广站、沁阳市、民权县农业机械管理局的领导、技术人员及沁阳市、民权县项目示范基地的农机专业合作社代表、种粮大户、农机大户共40余人参加培训班。

10月10日

河南省工商行政管理局《关于做好家庭农场登记管理工作的意见》和《关于做好农民专业合作社联合社登记管理工作的意见》出台，对家庭农场和农民专业合作社联合社的登记范围、主体类型、登记管辖、名称称谓等方面做出明确规定。河南省工商行政管理局召开新闻发布会，对河南省刚刚出台的相关政策进行发布和解答。

10月11日

河南省(漯河市)激光平整土地试验

现场演示会在舞阳县泥河洼“16万亩方”举行。本次试验采用拓普康激光平整土地系统，主要由激光发射器、信号接收器、数据处理器、脉冲器、油泵、液压阀门、刮土铲等部件组成，刮土铲由125马力拖拉机驱动。本次试验所选地块为13.33公顷，最高落差460毫米，作业基准为230激光平整土地对“良田改造”有积极作用，可精准整平土地，便于灌溉，均匀肥力、减少水土流失，增加土地产出率。

10月14日

河南省人民政府参事室参事王志和、刘发魁、毛景英等一行到永城市，就该市农业机械化发展情况进行调研。王志和一行先后来到顺和镇永吾农机专业合作社、侯岭乡万亩红薯基地等地，实地观看小麦机械化播种、红薯机收等，具体了解新型农业机械在秸秆还田、小麦播种、红薯收获等方面发挥的作用，全面系统地对该市农业机械化发展情况进行调研。

10月22日

河南省棉花机收现场演示会在河南省黄泛区农场顺利举行。棉花主产区省辖市、种植大县农机推广站站长、技术人员、黄泛区农场各个分场的负责人参加演示会，会议邀请河南省农业科学院、河南省经济作物推广站技术人员莅临现场。不同种类型号的采棉机械参加作业演示。

10月24日

河南省第一期基层农机推广体系建设补助项目培训班在驻马店开班。来自信阳、驻马店、周口、南阳、漯河、许昌、平顶山7个省辖市的科教科长、补助项目县的项目分管局长和项目负责人共152人参加培训。培训介绍河南省基层农机技术推广体系改革与建设，作2013年基层农机技术推广体系建设补贴项目实施及管理的辅导报告，就2013年基层农机技术推广体系建设补贴项目业绩考评、信息报送及有关要求作具体的安排部署。

10月29—11月1日

河南省2013年保护性耕作技术培训班在郑州举办。来自全省各省辖市、直管县农机推广站站长和保护性耕作项目县负责人以及具有高中级职称的技术人员110多人参加培训。培训班上著名教授和专家进行专题讲授，主要围绕保护性耕作与生态效益，小麦高产优质高效栽培技术、玉米高产高效管理技术、河南省保护性耕作技术及应用等几个方面进行讲授和交流。

湖北省

2012年12月1日

湖北省农业机械管理局副局长周立明赴黄冈市对推广体系公共服务能力建设项目进行验收。

12月5日

湖北省农业机械管理局副局长皮少成赴宣恩出席湖北省农业厅“三万”活动座谈会。

12月6日

湖北省农业机械管理局在武汉组织召开油菜机械播栽技术农机农艺融合座谈会。

12月17日

湖北省基层农技人员（农机一班）和基层农业机械化技术推广站（中心）站长（主任）知识更新培训班开班，湖北省农业机械管理局副局长周立明出席。

12月19日

湖北省农业机械化技术推广工作会议在武汉召开，省农业厅厅长戴贵洲出席并作重要讲话。

12月22日

农业部通报全国粮食生产先进单位和个人获奖名单，钟祥市农业机械管理局余志国和武穴市农业机械管理局刘志勇获“全国粮食生产先进工作者”称号，襄阳市农业机械化管理办公室童泽军、湖北省农业机械管理局徐华侨、湖北省农业机械化技术推广总站谢长斌和，荆州市农业机械化管理办公室张启新荣获“全国粮食生产突出贡献农业科技人员”称号。

12月24日

国家农业部、国家安全监管总局以农机发[2012]4号下发《关于公布2012年全国“平安农机”示范县（区、市）名单的通知》。湖北省南漳县、当阳市、石首市、武汉新洲区4个县（市、区）获此殊荣。

12月26日

共青团湖北省委、湖北省农业厅联合下发《关于确定2012年全省农民专业合作社青年示范社的通知》（鄂青联发[2012]54号），钟祥市稻香农机专业合作社、鄂州市华容区蒲团乡绍东农机专业合作社、蕲春三和农机专业合作社列入全省100家农民专业合作社青年示范社名单。

2013年1月7日

襄阳市襄州区双丰收农机合作社被湖北省省委、省人民政府授予“五强农民专业合作社”。

1月6日

湖北省农业机械化工作会议在武汉召开，省农业厅副厅长王红玲出席。

1月12日

湖北省农业机械管理局局长吴庆峰在宣恩县高罗乡出席“三万”活动。

1月14日

湖北省农业机械管理局局长吴庆峰出席“长江流域油菜生产全程机械化示范省”项目论证会。

1月15—16日

“文化、科技、卫生”三下乡集中示范活动在黄冈市英山县举办，湖北省农业机械管理局副巡视员李传友参加。

1月19日

湖北省农机监理工作会议在安陆市召开，湖北省农业机械管理局局长吴庆峰出席。

1月21日

湖北省农业厅监察室召开关于减轻农民负担、农机购置补贴、保障农民权益的座谈会，湖北省农业机械管理局局长吴庆峰、副局长周立明出席。

1月21—23日

湖北省早稻集中育秧技术培训会议在监利召开，湖北省农业机械管理局副巡视员李传友出席。

1月22日

湖北省农业机械管理局组织学习传达习近平同志重要批示精神的会议。

1月22—25日

中国农业机械化协会一届三次理事会暨科技分会成立大会在北京召开，湖北省农业机械管理局局长吴庆峰、副局长周立明出席。

1月29日

湖北省农业厅副巡视员李庆仁同志退休。

1月31日

湖北省农业机械管理局召开2012年度年终表彰暨新春茶话会。

2月1日

农业部办公厅下发《关于公布全国农机合作社示范社的通知》（农办机[2013]4号），湖北省黄陂区王家河街利梓农机专业合作社等40家农机专业合作社评为全国农机合作社示范社。

2月17日

农业部召开全国春季田管暨春耕备耕工作视频会议，湖北省农业机械管理局副局长周立明参加。

2月20日

湖北省春季田管暨春耕备耕工作视频会议召开，湖北省农业机械管理局局长吴庆峰、副局长周立明参加。

2月21日

湖北省农业机械管理局党委委员、纪委书记傅先明同志退休。

2月22日

湖北省农业厅党组书记戴贵洲到松滋调研农业机械化工作。

3月4—6日

湖北省农业机械管理局副巡视员李传友在黄石、黄冈、鄂州开展全省农机春耕督导。

湖北省农业机械管理局副局长皮少成在荆州开展全省农机春耕督导。

3月5—6日

湖北省农业机械管理局局长吴庆峰在天门、潜江、仙桃开展全省农机春耕督导。

3月6日

湖北省农业机械管理局局长吴庆峰出席农业厅党组向中共湖北省委第三巡视组巡视回访的党组汇报。

3月7日

湖北省农业机械管理局副局长周立明出席2013年度政风行风热线广播节目。

湖北省农业机械管理局局长吴庆峰、副巡视员李传友参加中共湖北省委第三巡视组座谈会。

3月11日

湖北省农机安全监理总站被授予2012年度全省安全生产红旗单位称号。

湖北省农业机械管理局青年联合会成立大会召开。

湖北省农业机械管理局副局长周立明出席恩施州山区对口支援座谈会。

3月12日

湖北省农业机械管理局局长吴庆峰在荆门、孝感、宜昌地区进行全省农机春耕督导。

3月13—15日

湖北省农业机械管理局副局长皮少成在宜昌市进行全省农机春耕督导。

3月14日

湖北省人民政府出台《湖北省水稻集中育秧实施方案(2013—2017年)》。

3月15日

湖北省农业机械管理局局长吴庆峰出席全省农业科技人员“转作风、送科技、创业绩、促跨越”活动动员视频会议。

3月20—22日

农业部农业机械化技术开发推广(监理)总站站长刘宪等同志到湖北调研。

3月21日

湖北省农业机械管理局副局长周立明在黄冈参加“三送”活动。

3月22日

湖北省农业机械管理局召开全省2013年农机购置补贴实施工作会。

3月22—24日

农业部农业机械化管理司巡视员丁翔文、调研员王国占到湖北省调研农业机械化春耕备耕和社会化服务体系建设。

3月28日

湖北省农业机械管理局副局长周立明参加现代农业发展规划编制工作座谈会。

3月28日至4月初

湖北省农业机械管理局副巡视员李传友赴十堰、神农架等地调查信访举报问题。

4月1—2日

湖北省农机春耕生产现场会在监利召开，湖北省农业机械管理局局长吴庆峰、副局长周立明出席。

4月2日

湖北省委书记李鸿忠、副书记张昌尔、省委秘书长傅德辉等省领导在监利福娃集团调研，李鸿忠指出：加大力度支持湖北省农机工业加快发展。

湖北省农机安全监理总站、荆州市和宜昌市农机安全监理所获得全国文明交通示范单位称号。

湖北省农机安全生产紧急会议在武汉召开，湖北省农业机械管理局副局长皮少成出席。

4月3日

湖北省春季农业生产现场会议在监利县召开，会议主要参观农机作业现场。湖北省委副书记张昌尔同志、省人民政府副省长郭有明等出席。

4月7日

湖北省农业机械管理局副局长皮少成参加2013年湖北省农业厅综合管理工作会议。

4月7—9日

湖北省农业机械管理局副局长周立明出席在荆门召开的全省油菜工作会议。

4月7—11日

湖北省农业机械管理局局长吴庆峰参加在青海省举办的全国优势农产品重大技术推广农机项目实施工作研修班。

4月10日

湖北省农垦事业管理局购机补贴会在荆州三湖农场召开，湖北省农业机械管理局副局长周立明出席。

4月8—10日

湖北省农业机械管理局副局长皮少成参加在江苏省举办的全国春季农机博览会。

4月11日

经湖北省委组织部批准同意，湖北省农业机械管理局党委书记、局长吴庆峰同志退休。

4月11—12日

湖北省农业机械管理局副局长皮少成到江苏进行农机融资工作调研。

4月16日

湖北省农业机械管理局青联会干部到天门开展基层实践活动。

4月17—19日

农业部农机监理总站副站长涂志强来湖北省调研，并出席全省2013年春季农机安全监管活动现场会。

4月18日

湖北省2013年春季农机安全监管活动现场会在潜江召开，湖北省农业机械管理局局长吴庆峰出席。

4月20—24日

湖北省农业机械管理局副局长皮少成参加在郑州举办的中国农机发展论坛。

4月22日

湖北省水稻机插秧推广工作座谈会在武汉召开，湖北省农业机械管理局领导班子成员参加，局长吴庆峰讲话。

4月25—26日

全国跨区作业协调会在荆门召开，农业部农业机械化管理司生产管理处处长李斯华出席。

4月27日

全省中(晚)稻集中育秧技术培训会在天门召开，农业部农业机械化管理司生产管理处处长李斯华出席。

5月3—5日

湖北省农业机械管理局副局长皮少

成在黄石、鄂州进行早稻机插及中稻集中育秧督导。

5月9—11日

湖北省油菜机收现场会在枝江召开，长江中下游油菜全程机械化生产现场会在云梦召开，湖北省农业机械管理局副局长周立明出席。

5月10—14日

湖北省农业机械管理局副局长皮少成带队到团风县白鹤林村参加“三同”活动。

5月15—17日

全国小麦生产农机农艺技术融合专家座谈会在许昌市召开，湖北省农业机械管理局副巡视员李传友参加。

5月20日

天门市召开土豆机收现场会，湖北省农业机械管理局副局长周立明出席。

5月21—23日

湖北省农业机械管理局副局长周立明在恩施市、宜都市、东西湖区等地检查购机补贴试点工作。

5月22日

农业部召开2013年“三夏”小麦跨区机收工作视频会，湖北省农业机械管理局领导班子成员参加。

5月27—31日

湖北省农业机械管理局副巡视员李传友在谷城县、松滋市、鄂州市等市检查购机补贴试点工作。

5月31日

“全省农机跨区作业保驾护航千里行”暨“农机安全生产月”活动启动仪式在荆门市屈家岭区召开，湖北省农业厅副巡视员耿显连、省农业机械管理局副局长皮少成同志参加。

湖北省农业机械管理局在武汉市组织召开《设施农业节水灌溉工程 技术规程》《农用钢架大棚技术条件》《苎麻剥麻机技术规程》等地方标准评审会。

6月4—6日

农业部第三督导组来湖北省开展农机补贴政策实施专项督导检查，并到天门市进行现场督查。

6月8日

由农业部农业机械化管理司安全监理处处长范学民、国家安全监督管理总局二司主任吕兵带队组成的全国“安全生产月”督查组来湖北省检查指导工作，并到安陆市进行现场督查。

6月18日

湖北省农业机械管理局召开青年干部座谈会，副局长皮少成出席。

6月24日

全国农业应急管理工作视频会议召开，湖北省农业机械管理局副局长皮少成参加。

湖北省农业厅召开全省农业系统半年形势分析会，湖北省农业机械管理局副局长周立明参加。

湖北省农业机械管理局副巡视员李传友到黄冈检查农业机械化项目工作。

6月25日

湖北省农业机械管理局副局长周立明到新洲区检查验收2011—2012年农业部油菜生产机械化示范项目。

6月27日

湖北省农业机械管理局召开2013年离退休老同志半年情况通报会，湖北省农业厅副厅长王红玲出席。

6月27—28日

湖北省农业机械管理局副局长周立明到仙桃、监利参加湖北省血防督导。

6月29—30日

湖北省农业机械管理局副局长皮少成率湖北省农业机械管理局政风行风民主评议督查组到咸宁市咸安、崇阳、赤壁调研。

7月1—3日

湖北省农业机械管理局副局长皮少成到黄冈开展政风行风评议督导工作。

7月4日

湖北省潜江市、新洲区、松滋市、南漳县农机安全监理所(站)被农业部评为2012—2013年度全国农机监理“为民服务创先争优”示范窗口单位，周新群等8名同志被评为2012—2013年度全国农机监理“为民服务创先争优”示范岗位标兵。

7月11日

湖北省农业机械管理局副局长周立明到武汉市开展农机购置补贴政策实施专项督导检查。

7月11—12日

湖北省农业机械管理局副局长皮少成到襄阳市、随州市督查和调研农机购置补贴政策落实情况和政风行风评议等工作。

7月12日

湖北省农业系统半年工作总结视频会议召开，湖北省农业机械管理局副局长周立明、副巡视员李传友参加。

7月16日

湖北省农业机械管理局组织青年干部到天门市开展实践教育活动。

7月17日

湖北省农业机械管理局召开党的群众路线教育实践活动动员大会。

7月20日

湖北省农业机械管理局副局长周立明视察掇刀瑞光农机专业合作社。

7月31日

湖北省农业机械管理局在通山县举行“局党委征求意见到基层”党的群众路线教育特色实践活动。

湖北省农业机械管理局召开军转干部、复员军人座谈会，副局长周立明、皮少成等同志出席。

8月2日

农业部副部长陈晓华一行到监利县横台农机专业合作社调研。

8月5—7日

湖北省农业机械管理局副局长皮少成带督查组到黄冈市开展农机购置补贴工作督查。

8月8—13日

湖北省农业机械管理局副巡视员李传友带督查组到恩施州、宜昌市、神农架林区等地开展农机购置补贴工作督查。

8月12日

湖北省农机质量管理暨秋播机械化生产工作会在武汉召开，湖北省农业机械管理局副局长周立明、皮少成出席。

8月12—13日

湖北省农业机械管理局副局长皮少成带领督查组到孝感市、应城市、云梦县等地对农机购置补贴工作进行督查。

8月16日

经湖北省省委同意，省委组织部任命刘长华同志任省农业厅党组成员、省农业机械管理局党委书记、局长。

8月19—28日

湖北省农业机械管理局副局长皮少成赴俄罗斯、瑞士等国考察。

8月29日

全国主要农作物机械化生产模式项目中期检查评估会议在武汉市召开，湖北省农业机械管理局副局长周立明、皮少成参加。

8月30日

湖北省农业机械管理局副局长皮少成参加湖北省农业厅上半年绩效考核检查工作会议。

8月

湖北省农机合力抗大旱，多措并举

保丰收。

9 月 1 日

湖北省启动开展拖拉机牌证免费管理试点工作。

9 月 10—11 日

湖北省农业机械管理局副局长皮少成陪同湖北省政协常委、民盟湖北省委副主委段亚辉一行到襄阳市调研农机工业发展情况。

9 月 12 日

湖北省秋冬播生产工作会议在襄阳召开，湖北省农业机械管理局副局长周立明参加。

9 月 16 日

湖北省农业厅党组书记、厅长戴贵洲同志到湖北省农业机械管理局宣布省委组织部关于刘长华同志的任职通知。

湖北省农业机械管理局副局长皮少成会见尼日利亚考察团。

9 月 22 日

全国秋冬种工作视频会议召开，湖北省农业机械管理局班子成员参加。

9 月 25 日

湖北省农业机械管理局局长刘长华同志参加“市民有约”栏目。

10 月 7—8 日

全国油菜生产机械化技术培训班在咸宁市咸安区举办，湖北省农业机械管理局副局长周立明出席。

10 月 9—10 日

农业部农业机械化管理司就农机安全监理有关工作进行约谈，湖北省农业厅副厅长王红玲、湖北省农业机械管理局副局长皮少成赴北京参加。

10 月 11 日

湖北省农业机械管理局老干部工作座谈会在汉口召开，湖北省农业机械管理局局长刘长华、副局长皮少成出席。

湖北省农业机械管理局副巡视员李传友到宜昌市进行茶园标准审定。

湖北省农业机械管理局在武穴市组织开展油菜直播机作业比武，湖北省农业机械管理局副局长周立明参加。

10 月 14—16 日

湖北省农业机械管理局局长刘长华到农业部农业机械化管理司汇报工作。

10 月 15—16 日

湖北省农业机械管理局副局长周立明到仙桃市、监利县进行血防疫区联系点调研指导和工作督导。

10 月 17 日

湖北省农业厅举办“农业强省梦”青年论坛演讲。湖北省农业机械管理局局长刘长华、副局长皮少成出席。

湖北省农业机械管理局组织召开《2012—2014 年国家支持推广的农业机械产品目录(2014 年调整)》审核推荐会议，副局长周立明出席。

10 月 21—22 日

湖北省农业机械管理局副局长周立明带队赴襄阳、十堰等地进行农机购置补贴督导检查工作。

10 月 26—28 日

湖北省农业机械管理局局长刘长华带队参加在青岛举行的 2013 年中国国际农业机械展。

10 月 31 日

湖北省农机统计工作会议在武汉召开，湖北省农业机械管理局副局长周立明出席。

11 月 1 日

湖北省农业机械管理局局长刘长华到大冶进行“123”模式调研。

11 月 1—5 日

湖北省农业机械管理局副局长周立明带队在团风县白鹤林开展“三同”活动。

11 月 4—5 日

湖北省农业厅召开农业工作务虚会，湖北省农业机械管理局局长刘长华出席。

11 月 7 日

湖北省农业机械管理局局长刘长华到天门市华丰农业专业合作社进行“123”模式调研。

11 月 12 日

湖北省农业机械管理局召开农机工作务虚会。

11 月 14 日

湖北省省委传达学习党的十八届三中全会精神会议在洪山礼堂召开，湖北省农业机械管理局局长刘长华参加。

11 月 14—15 日

湖北省农业机械管理局局长刘长华到黄冈调研。

11 月 18

湖北省农业机械管理局召开传达学习十八届三中全会精神会议。

11 月 19 日

湖北省农业机械管理局局长刘长华主持召开湖北省农业机械管理局及直属单位青年干部座谈会，副局长皮少成参加。

11 月 21—22 日

湖北省农业机械管理局局长刘长华到荆州市调研。

湖 南 省

2012 年 11 月

湖南省委政策研究室和湖南省农业机械管理局联合开展农业机械化发展专题调研，并向湖南省省委、省人民政府主要领导递呈调研报告。湖南省省委书记周强、省长徐守盛、省委副书记梅克保、副省长徐明华先后作出重要批示，要求各有关部门高度重视，认真研究，切实加快全省农业机械化发展。

12 月 5 日

湖南省人民政府副省长徐明华召集湖南省省委政策研究室、省人民政府办公厅、省财政厅、湖南省发展和改革委员会、省农业机械管理局有关单位负责同志，就全省农业机械化发展现状、存在的问题及原因、发展建议等有关事宜进行专题研究。

12 月 11 日

湖南省人民政府副省长徐明华到宁乡县视察农机工作，省人民政府副秘书长陈吉芳、省农业机械管理局局长王罗方等领导陪同视察。

2013 年 1 月 7 日

湖南省人民政府副省长徐明华率省人民政府副秘书长陈吉芳等到省农业机械管理局视察。徐明华肯定 2012 年全省农机工作在购机补贴操作办法改革与实施、农机服务体系建设、农机产业工作、班子队伍建设等方面取得的成效，并对 2013 年农机工作提出五点要求：一要认真贯彻落实中央农村工作会议精神；二要在农机服务体系建设上寻求新的突破；三要继续完善农机购机补贴新办法；四要在农机推广应用上下工夫；五要继续抓好农机队伍管理和作风建设。最后强调，湖南农机产业园是亮点，要在引进投资者方面上心使劲出成效；“稻一稻一油”三熟制全程机械化项目要持续跟进抓落实；湖南农机产业规划、加快推进农业机械化和农机产业发展的意见要加紧衔接、尽快出台。

1 月 8 日

湖南省农机工作会议在长沙召开。省农业机械管理局局长王罗方作主题工作报告，客观总结 2012 年全省农机工作，深刻分析当前农机工作面临的形势和任务，全面部署 2013 年各项重点工作。

经企业申报、市州农机局推荐和专家评审，湖南省农业机械管理局评定“湖南省2012年度十大农机科技创新产品”：湖南中天龙舟农机有限公司的1GNQZ—180履带自走式旋耕机；湖南农夫机电有限公司的4LBZ—120YA半喂入联合收割机；湖南博航联合技术有限公司的BH380—100—F农业植保无人直升机；现代农装株洲联合收割机有限公司的1PJ—4.0农田激光平地机；益阳富佳科技有限公司的FJ4CDM—4棉花采摘机(器)；湖南省农友集团农广农业装备有限公司的4LZ—0.8全喂入联合收割机；沅江兴农机械制造有限公司的XN—350A橙桔保鲜自动包装机；岳阳市农业机械化研究所的6WSC—27B茶叶微波杀青干燥机；湖南农业大学工学院的1K—50果园开沟机；津市市新华机械制造有限责任的4GL(M)—180芦苇收割机。

1月9日

湖南省农业机械管理局专题召开2013年全省水稻育插秧机械化技术推广工作会议，提出了2013年“全省70个项目县完成机具推广8 000台以上、机插面积800万亩以上，带动非项目县机插200万亩以上，全年实现机具保有量超2万台、机插面积1 000万亩以上”的目标。

1月15日

湖南省农业机械管理局召开青年干部成长汇报会，全局17名35岁以下青年干部公开汇报一年来的自身成长情况。

1月16日

农业部水稻育插秧机械化技术专家组来湖南省开展为期三天的机插秧技术推广工作调研。湖南省农业机械管理局局长王罗方总结2012年水稻育插秧机械化技术推广工作的六大措施：一是主攻“为机育秧”，二是力推大户购机，三是领导办点示范，四是深化全程配套，五是注重技术标准，六是改进机具制式；同时提出破除全省机插秧发展瓶颈需要解决的几个问题。

1月29日

湖南省农业机械管理局召开局长办公会议，根据农业部《2013年农业机械购置补贴实施指导意见》，科学合理划分补贴机具分档，严谨认真确定各类机具补贴额。

2月

湖南省农业机械管理局党组研究决定，2013年起在全省范围内推广夏根固育秧法。为此，湖南省农业机械管理局通过网站等方式及时发布夏根固育秧法技术要点，并报请省质监局发布《水稻育插秧机械化技术规范第一部分：育秧》(DB43/T 742.1—2012)，为各地开展机插秧工作提供技术指导。

湖南省40家农机合作社入选全国农机合作社示范社。

3月12日

湖南省农业机械管理局召开全省农机购置补贴工作会议，总结2012年购机补贴创新改进取得的成效，阐述2013年购机补贴的政策要点，提出做好工作的具体措施。会后组织各市州分管副职和负责购机补贴工作的科长，专门就购机补贴管理系统进行培训。

湖南省农业机械管理局召开全省农机产业创新发展大会，省内六家农机生产企业分别就农机产业创新作典型发言，湖南省发展和改革委员会工业处韩智广博士就农机产业项目及其申报作专题辅导。湖南省农业机械管理局局长王罗方作讲话，并创新提出十条推动农机产业创新的方法，总结提出规划引导、项目支持、加强信息交流、推动整合、招商引进等五个方面的推动手段。

3月15日至4月底

湖南省农业机械管理局抽调34名机关干部组成6个督查组，分赴全省14个市州，深入基层，深入农机工作一线，对各县市区以购机补贴、机插秧技术推广及农机安全监理等为重点的春季农业机械化工作进行全面督查。

3月16—19日

湖南省农业机械管理局局长王罗方率34名农机企业负责人到江苏沃得集团、常发集团、常柴股份、井关农机、洋马农机、上海纽荷兰和三久机械有限公司等七家知名农机企业，进行深入考察学习，把产业创新发展转型升级和观念更新的课堂搬进发达地区先进制造企业的车间。

3月21—22日

农业部副部长张桃林、农业部农业机械化管理司司长宗锦耀、农业部科技教育司副司长杨雄年等来湘调研，湖南省政协副主席张大方等陪同。

3月29日

湖南省农业机械管理局召开文明创建工作会议，局长王罗方作动员报告，就创建省级文明单位工作进行专题动员部署；省直机关工委巡视员李翔等出席会议并作讲话。

4月10日

湖南省省委副书记、代省长、省人民政府党组书记杜家毫在双峰县调研农机产业工作。杜家毫强调，必须把加快农机产业转型升级作为加快双峰经济社会发展的当务之急、必由之路，为全面建成小康社会提供强大动力。湖南省人民政府秘书长戴道晋，省发展和改革委员会主任胡衡华，省财政厅厅长史耀斌，娄底市、双峰县领导陪同调研。

4月18—19日

湖南省省委宣传部、省农业机械管理局组织人民日报、农民日报、湖南日报、湖南卫视、湖南广播电台、湖南科技报、红网、华声在线等8家新闻媒体，深入岳阳市湘阴县、屈原区，长沙市望城区，益阳市大通湖区、沅江市，就农机春耕生产工作进行集中采访报道。

4月22日

湖南省财政厅副厅长欧阳煌率农业处有关负责人，在省农业机械管理局局长王罗方的陪同下，到湘阴县调研农机工作，表示财政部门将与农机部门一起，进一步简化购机补贴程序，提高资金拨付的及时性；尽最大努力，找准切入口，争取对农机工作的支持。

4月27日

湖南省农业机械标准化技术委员会在长沙召开第一届二次全体会议暨湖南省农业机械标准体系建设五年规划研讨会。

5月3日

湖南省省委书记徐守盛来到望城区新康乡金成水乡生态种养基地视察，并现场观看小型无人植保飞机现场植保测试试验和工厂化连栋大棚育秧(育苗)中心。长沙市、望城区党政领导陪同视察。

5月13日

湖南省经济和信息化委员会、省农业机械管理局、省人民政府农村工作办公室、省机械行管办联合举办2013年湖南农机产业合作对接会。湖南省人民政府副省长黄兰香等出席会议。会上，省农业机械管理局局长王罗方作主题发言；农业银行湖南省分行与恒天九五现场签订金融合作协议，60余家重点农机制造企业与农机流通企业现场签订产销合同，总金额突破3.5亿元。

5月14日

湖南省人民政府副省长张硕辅赴长

沙浏阳市百环农机合作社专程视察农机工作，观摩油菜机收现场，与农机系统干部、合作社员工及当地农民群众进行座谈，对全省农业机械化工作表示满意，同时要求农机部门加强宣传，让更多的农民真正了解农业机械化带来的便利和好处，用科技知识武装农民，改变其传统农业生产方式的思维惯性，提高其参与农机推广的自觉性和主动性，依靠土地流转、合作经营、“六代服务”等多种形式和措施推进农业机械化。

5月15日

北京银行长沙分行党委副书记戚小村率团来到湖南省农业机械管理局，主动对接湖南农机产业发展，表示将加强对农机生产企业的调研，认真梳理有关金融政策，并结合关键领域提出贷款方案以破解融资瓶颈，促进湖南农机产业发展。

5月19日

来自土库曼斯坦农业研修班的23名学员考察湖南省专业农机市场。

5月27日

为缓解全价购机给农户带来的筹资压力，湖南省农业机械管理局与邮储银行湖南省分行就信贷支持农户购买农业机械联合下发通知，规定符合贷款条件的购机农户通过联保、保证人担保或财产抵押等方式可获得购机金额50%以内的贷款支持，并享受邮政储蓄银行利率优惠政策。

5月28—29日

湖南省农业机械管理局举办全省农机系统纪检组长培训班，开展纪检工作要点讲座，组织参观警示教育基地，湖南省纪律检查委员会纠风室主任鄢利民就全省纪检监察工作作专题讲座。

5月29日

湖南省农业机械管理局召开农业机械推广鉴定大纲评审会，来自农机科研、鉴定、推广、管理等部门的11位专家进行集中评审，一致认为送审大纲编写符合TZ1-2011《农业机械推广鉴定大纲编写规则》要求，《水稻机插秧育秧硬（软）盘》等3项湖南省农业机械推广鉴定大纲通过审定。

5月31日

湖南省农业机械管理局召开“稻—稻—油”模式油菜生产全程机械化示范工作座谈会。相关油菜生产专家、项目县技术负责人、种粮大户等近30人参加会议。油菜专家从品种选择、技术要求、机械选型、组织模式等方面给出专业性意见和建议。湖南省农业机械管理局局长王罗方强调，“稻—稻—油”模式油菜生产全程机械化示范工作必须要试一试、议一议、激一激、想一想，继续完善技术思路，配合推进试验，坚决排除大量人工和大面积化学品投入，坚持机械化一次性作业完成，对各种作业形式和油菜品种继续筛选和对比。

6月3日

湖南省农业机械管理局局长王罗方、纪检组长涂文波做客《创新思路，纠风惠民——2012年湖南纠风创新性工作巡礼》现场，向网民朋友介绍农机购置补贴改革创新经验。该栏目由湖南省纠风办主办，以纠风惠民、和谐三湘为主题，以促政风、转行风为目标，全方位、多角度展示全省各级纠风部门纠风经验的视频访谈节目。湖南省农业机械管理局是受邀的三家省直单位之一。

6月17日

湖南省人民政府省长杜家毫主持召开会议，听取全省农业农村工作情况汇报。杜家毫指出：农业机械化是减少农业活劳动，提高农业生产力最好的手段；发展合作社首要是抓农机合作社，解决农作物特别是水稻耕地、育秧、栽插、收获等各环节的机械化生产问题；要重点扶持1 000家农机合作社，装备最优良的设备，建设必要的机库棚，投资可由国家、省、合作社自筹、银行贷款等多方面筹措。杜家毫要求湖南省农业机械管理局对农机合作社的规模标准、农机设备配置、服务半径等方面作好具体研究。湖南省农业机械管理局局长王罗方，副局长黄育忠参加汇报会。

6月19日

泰国驻广州总领事馆投资领事素瓦丽女士一行专程来湖南省农业机械管理局访问，局长王罗方向客人介绍2012年湖南省农业机械管理局在泰国举办农机推介会的盛况和湖南省特色鲜明的农机产品。素瓦丽女士对湖南省农机产品表现出浓厚兴趣，表示愿意为湖南农机企业赴泰国开拓市场和投资牵线搭桥，希望今后双方继续加强联系，增进交流。湖南省商务厅科技产业处副处长李安华等参加座谈会。

6月27日

湖南省农业机械管理局在衡阳县召开全省农机局长会议。会上，局长王罗方总结上半年全省农业机械化工作开展情况，就下半年工作提出十点要求。

7月15日至8月12日

湖南省纠风办牵头，组织省减负办、财政厅、农村工作办公室、农业厅、农业机械管理局组成联合督查组，分南北两片对全省农机购置补贴政策执行情况进行专项督查，有力促进购机补贴政策规范实施。

7月17日

湖南省农业机械管理局召开深入开展党的群众路线教育实践活动动员大会，正式启动并全面铺开全局系统党的群众路线教育实践活动。会上，湖南省农业机械管理局党组书记、局长王罗方作动员报告。湖南省省委第七督导组副组长彭富国、省农业厅督导组组长文培正先后作讲话。会上还对湖南省农业机械管理局党组及其班子成员、局机关处以上领导干部进行“四风”情况民主测评。

7月中旬至8月上旬

为推动党的群众路线教育实践活动健康深入开展，湖南省农业机械管理局党组组成7个走访调研组，结合农机“双抢”及抗旱救灾、购机补贴、农机安全生产、农机产业发展、行风建设等工作，赴全省各市县开展农机工作综合走访调研，广泛征求基层干部群众对党的群众路线教育实践活动以及全省农机工作的意见和建议。

7月23日

湖南省“平安农机”和农机监理示范窗口创建现场会暨农机安全互助保险试点启动会议在南县召开，湖南省农业机械管理局局长王罗方出席会议并作指示。农业部农村经济体制与经营管理司副司长黄延信等领导和专家应邀出席。一拖股份有限公司、湖南沃田农业装备有限公司代表农机生产企业在会上作“购农机送互助保险”倡议。

8月6日

湖南省省委副书记孙金龙到湘潭经开区考察指导湖南农机产业园建设，湖南省农业机械管理局局长王罗方和湘潭市、经开区党政领导陪同，孙金龙副书记视察施工现场，参观产业园综合服务区的沙盘，观看农机产业园规划宣传片，听取王罗方局长关于产业园规划、发展前景及目前建设情况的详细汇报。

8月15—17日

湖南省农业机械管理局和省商务厅联合组织省内18家农机生产销售企业赴泰国参加2013年亚洲（泰国）国际农业博览会。期间，湖南省农业机械管理局和省商务厅联合举办湖南农机推介会专场，播放由湖南省农业机械管理局制作的湖南农机产业中英文版宣传片，泰国园艺协会顺滩·披披盛赞博士到会介绍情况，湖南省农业机械管理局副局长文海波作湖南农机产业发展专题演讲，泰国各省农业官员、农机经销商、农机终端用户代表共150人参会。推介会还受到泰国媒体的广泛关注，泰国亚视、农业频道、农业分类杂志和农业聚焦杂志对推介会进行全程跟踪报道和专访。

8月22—28日

湖南省农业机械管理局、省商务厅、怀化市人民政府在怀化市现代农机物流中心，联合举办中国丘陵山区现代农机机械展销会。展销会展示国内外150余家农机、机械生产厂家和经销商的先进适用农业机械，共涉及农业种植、畜牧水产养殖、农副产品加工等多个方面。

8月24—26日

湖南省农业机械管理局按照对口援疆要求，结合党的群众路线教育实践活动，精心组织6家农机生产企业赴吐鲁番对口援助，捐赠多功能农田作业机、烘干机、棉花采摘器、机动喷雾器、玉米脱粒机等各类农机具30台套。8位农机科研和市场营销专家，深入田间地头共同把脉葡萄生产全程机械化问题，抓紧时间在吐鲁番实地考察多处生产基地，研究作物生长特点和机械化生产难题，明确共同研究开发的方向。

9月11日

湖南省农业机械管理局主办的发展中国家粮食安全部长研讨班——湖南农业机械行业对接会在长沙召开，来自12个发展中国家的21名部长级官员及湖南省12家农机企业代表齐聚一堂，共同探讨湖南农机为发展中国家粮食安全做贡献的途径和方法。湖南省农业机械管理局局长王罗方作主题演讲。

9月22日

湖南省产业园区建设领导小组办公室和湖南省农业机械管理局联合行文，在全省启动农机产业园认定工作，规划全省认定5～6家农机产业园，作为省级特色产业园区。

9月25—27日

湖南省农业机械管理局和湘潭市政府联合在湘潭九华经开区举办2013年中南农机机电产品展示交易会。此次展会在湖南农机产业园内新落成的国际展示交易中心第一次举办，展位面积超2万平方米，规模超往届，参展、观展人数首次突破5 000人次，共吸引国内外180多家知名农机生产销售企业展出近200个品种3 000多台套机具，涵盖农业生产耕作、栽插、植保、收获、烘干和运输各个环节。展会创新推出滚筒联合收割机、纵轴流联合收割机、无人驾驶植保飞机、25公分高速插秧机等。展会期间启动实施购机补贴一站式服务模式试点。展会现场办理单机补贴5 000元以上的补贴机具490台、补贴资金870万元。

9月26日

经市县农机局推荐，湖南省农业机械管理局组织市县农机管理部门干部、乡镇农机站长、农机合作社和农机大户代表进行民意调查评分，评出2013年度湖南省诚信守法农机企业社会调查前十名：湖南江麓重工科技有限公司、邵东县振兴汽车配件制造有限公司、湖南中天龙舟农机有限公司、现代农装株洲联合收割机有限公司、湖南五丰机械有限公司、湖南省劲松机械有限公司、湖南农夫机电有限公司、益阳富佳科技有限公司、益阳福祥农业装备有限公司、湖南常德安福拖拉机有限公司。

9月27日

湖南省农业机械管理局借2013年中南农机机电产品展示交易会的热烈场面，创新性开放式召开全省农机社会化服务推进会。中国农业机械化协会副会长马世青，中国农业机械流通协会副会长陈涛，农业部农业机械化技术开发推广总站处长胡东元出席会议并发言讲话。湖南省农业机械管理局局长王罗方作主题报告，并提出推进农机社会化服务的十项措施。

10月18日

湖南省农机科教工作座谈会暨油菜机械化播种现场演示会在衡阳县召开。会议研究部署2014年油菜机械化生产、拖拉机驾驶培训、补贴农机产品经销商监管和农机科研创新四项主要工作任务。

11月14日

湖南省人民政府副省长何报翔在怀化市委书记张自银等陪同下，在怀化农机大市场进行调研。何报翔要求市场负责人解放思想，先行先试，探索出一条农机市场发展的新路子。

广 东 省

2012年12月9—10日

广东省农业厅农业机械化管理办公室在广州举办2012年全省农机评价指标体系和统计业务培训班。省农业厅农业机械化管理办公室主任郑宏宣作开班动员讲话。

12月11日

汕头市潮阳区顺杰农机种养合作社理事长马学杰当选为雷沃杯2012“全国20佳农机合作社理事长”，受到通报表彰。

12月11—13日

农业部农业机械化管理司派出由农业部农业机械试验鉴定总站副站长刘旭为组长、农业部农业机械化管理司科技教育处刘云泽处长等5人组成的农机推广鉴定工作监督检查组，赴广东检查指导工作。广东省农业厅党组成员、巡视员林果先，副巡视员陈华富等有关人员参加检查活动。

12月16—17日

广东省农业厅在广州举办全省农机购置补贴工作纪律教育培训班。广东省纪委省监察厅驻省农业厅纪检组副组长张利安同志通报有关案件查办情况，省农业厅党组成员、巡视员林果先、省纪委省监察厅驻省农业厅纪检组组长王力伟同志作讲话。全省各市县农业(农机)主管部门的主要负责人、省农业厅属农机系统领导班子成员，厅农业机械化管理办公室全体干部共180多人参加培训。培训班由省农业厅副巡视员陈华富同志主持。

12月17日

广东省农业厅决定分别在珠三角、粤东西北选取从化、高要等5个农业机械化示范县(区)开展畜牧业、林果业(果茶桑)、渔业、设施农业、农产品初加工机械化等五大农业机械化评价指标体系的实地验证调研工作，时间为一个月。

12月17—18日

广东省农业厅在广州召开全省农机推广工作会议。广东省农业厅党组成员、巡视员林果先，副巡视员陈华富，厅农业机械化管理办公室主任郑宏宣，省农业机械化技术推广总站领导班子成员、省现代农业装备研究所、省农业机械试验鉴定站人员，全省各地级市农机推广站站长共40多人参加会议。

12月27日

广东省农业厅、省财政厅、省发展和改革委员会在广州市组织召开《2011—2013年广东省支持推广的农业机械产品目录》(2013年度调整)专家审定会。

12月27—28日

广东省农业厅在中山市召开2012年下半年全省农机安全监理所所长例会。省农业厅副巡视员陈华富出席会议并作讲话，厅农业机械化管理办公室副主任刘亚平主持会议。

12月29日

广东省农业厅印发关于加快发展农机专业合作社的意见。

2013年1月5日

广东省农业厅农业机械化管理办公室（农业机械安全监督管理办公室）领导班子分工如下：主任郑宏宣负责全面工作，副主任黎映驰负责农机安全监理工作，副主任刘亚平负责农业机械化科技推广及管理工作。

1月20日

广东省农业机械学会六届五次常务理事扩大会议在广州举行。

1月21日

广东省农业厅和省安全生产监管局联合转发《农业部、国家安全监管总局公布了全国"平安农机"示范县（第四批）的通报》，广东省四会市在开展创建活动中成绩显著，成效突出，被农业部、国家安全监管总局评为全国第四批"平安农机"示范县。

1月23日

广东省安全生产委员会对广东省农业厅进行2011—2012年度党政领导班子和领导干部安全生产责任制进行考核。考核采取听取广东省农业厅党组班子、第一责任人和直接责任人履职情况汇报、核查文件资料、组织座谈和意见反馈等形式进行。考核小组对广东省农业厅农机安全生产工作给予充分肯定。经广东省省委、省人民政府同意，广东省农业厅领导班子被评为"2011—2012年度安全生产责任制考核优秀领导班子"。

1月29日

广东省农业厅农业机械化管理办公室在广州举办2012年度全省农业机械化统计工作会议。

3月8日

广东省农业厅转发农业部《拖拉机、联合收割机牌证业务档案管理规范》，将每年评选出20个档案管理规范单位，采取以奖代补方式，给予适当支持。

3月12日

广东省人民政府在江门台山市召开全省春耕生产现场会议，副省长邓海光出席会议并作重要讲话。农机闹春耕现场和多种农业机械展示演示备受各级领导重视与广大农民群众的青睐。会议强调，要充分发挥农机作用，落实农机补贴政策，做好农机示范推广和管理服务工作。广东省农业厅、省发展和改革委员会、省财政厅、省科技厅、省水利厅等负责人，各地级以上市分管农业市长、农业局长，国家级粮食高产创建示范县农业局长和16个全国农机专业合作示范社社长约200人参加会议。

3月14日

广东省农业厅召开厅直属农机系统2012年工作总结暨2013年工作部署会议。广东省农业厅党组成员、巡视员林果先，副巡视员陈华富，省农业厅农业机械化管理办公室全体，省农业机械试验鉴定站、省农业机械化技术推广总站、省现代农业装备研究所领导班子成员共25人参加会议。

3月15日

广东省农业厅办公室印发《广东省2013年补贴机具质量监督管理工作实施方案》。

3月

"城市生活污泥资源化利用技术及装备"获得"广东省科学技术奖励一等奖"（广东省现代农业装备研究所为第五完成单位）。

4月10日

广东省农业厅在中山市召开2013年全省农机"三率"后进约谈会，由副巡视员陈华富代表广东省农业厅出面主谈。广东省农业厅农业机械化管理办公室、省农机试验鉴定站有关领导以及全省农机"三率"排名后三位的潮州市、梅州市和汕头市农业局分管农机安全生产的局领导等参加约谈会。

4月10—12日

农业部农业机械化管理司在广东中山市为广东开展"全价购机、县级结算、直补到卡"试点地区举办基层农机购置补贴工作人员专场培训班。中国共产党中央纪律检查委员会、监察部驻农业部纪检组监察局局长董涵英、农业部农业机械化管理司副司长胡乐鸣，广东省农业厅党组成员，广东省纪委，驻厅纪检组长王力伟、省农业厅党组成员、巡视员林果先、副巡视员陈华富，全省各市、县农业机械化主管部门分管领导及相关具体工作人员约270人参加培训。

4月11日

广东省农业厅在中山市召开全省农业机械化工作会议。会议对2012年获得国家"平安农机"示范县的四会市颁发牌匾，广东省农业厅党组成员、巡视员林果先与20个地级以上市农业局和顺德区经济和科技促进局分别签订农机安全生产责任书。

4月21日

广东省农业厅在广州举办2013年农机购置补贴政策解读及产品推广鉴定申报等工作培训班。400多家农机生产企业代表和经销商代表参加培训，期间还举行生产企业、经销商代表签订"承诺书"仪式。

5月6—11日

广东省农业厅在广州市举办2013年全省农机维修管理暨质量投诉处理与跟踪调查工作培训班。各地级以上市农业局农机化办（处、科）相关业务骨干、各县（市、区）农业（农机）管理部门的负责人约150人参加培训。

5月中—下旬

广东省农业厅组织全省开展农业机械化工作督导检查，进一步贯彻落实农业部、财政部和广东省省委、省人民政府关于农业机械化发展的各项政策，加强全省农业机械化各项工作管理。

5月31日

广东省农业厅组织召开厅属农机系统工作座谈会。

6月4日

广东省农业厅在紫金县蓝塘镇举办2013年广东省农机安全生产、农机购置补贴政策和丘陵山区农机技术推广宣传咨询活动。广东省市县等农机管理部门负责人、农民群众等2 000多人参加此次活动。

6月5日

广东省农业厅党组书记、厅长、省委农村工作办公室主任郑伟仪就加快现代农业装备建设，提升现代农业发展水平率队到省农业机械试验鉴定站、省农业机械化技术推广总站和现代农业装备研究所进行调研。广东省农业厅党组成员、巡视员林果先，副巡视员潘雪芬和省农业厅厅办公室、发展计划处、农业机械化管理办公室、财务与审计处、人事处主要负责同志陪同调研。

6月7日

广东省农业厅办公室印发《2013年广东省补贴机具质量跟踪调查工作实施

方案》的通知，将2011年以来广东农民购买政府补贴的收割机、微耕机列为农机质量跟踪调查的重点对象。

6月中旬

广东省农业厅组织省级农机鉴定工作监督检查工作。

7月3日

广东省高州市农机安全监理所等3个单位、杜江华等7名同志获农业部2012—2013年度全国农机安全监理"为民服务创先争优"示范窗口及示范岗位标兵称号。

7月8—17日

广东省农业厅和广东省安全生产监督管理局联合成立由省农业厅厅党组成员、巡视员林果先为组长，省农业厅、省安全生产监督管理局有关人员组成的省创建"平安农机"复评小组，赴封开县、韶关市曲江区和惠东县开展2013年申报全国"平安农机"示范县（区、市）进行复评，并结合农机安全生产情况进行检查督查。

7月9—10日

广东省农业厅副巡视员潘雪芬一行3人赴江门市开展农机购置补贴政策落实督导检查工作。

7月18—19日

广东省农业厅在江门市新会区举办全省水稻育插秧机械化示范县技术培训班。全省40个水稻育插秧机械化示范县农机局长或农业局主管农业机械化工作副局长和部分农机专业合作社成员100多人参加培训。省农业厅巡视员林果先、副巡视员潘雪芬等有关人员参加培训班。

7月22—24日

广东省农业厅农业机械化管理办公室组织有关人员赴惠州市开展"社企共建"维修服务网点专题调研活动。

7月29日

广东省农业机械试验鉴定站顺利通过国家实验室认可复评审。

8月5—6日

广东省农业厅农业机械化管理办公室支部组织赴中山市开展党的群众路线党性锤炼和集中教育学习活动。省农业厅党组成员、巡视员林果先，副巡视员潘雪芬率先垂范，自始至终参加指导活动。

8月14—15日

广东省农业厅党组成员、巡视员林果先带队到珠海市督查和调研农机安全监理、农机购置补贴政策落实和农业机械化示范县建设工作。

8月26日

广东省农业厅农业机械化管理办公室组织召开一次农机购置补贴廉政风险防控管理座谈会。

8月28日

广东省农业机械化技术推广总站在开平市举办履带自走式旋耕机技术培训暨技术交流会。农业部农业机械化技术开发推广总站副站长李安宁、总工程师徐振兴等有关人员和履带自走式旋耕机用户、农机专业合作社成员等100多人参加培训。

9月5—6日

广东省农业机械试验鉴定站具有的手扶拖拉机、水稻插秧机、谷物联合收割机、离心泵、潜水电泵等8个产品的部级推广鉴定能力通过部级鉴定能力认定复评审。

10月15—17日

广东省农业机械试验鉴定站副站长（研究员）熊元芳带领农业机械化管理、农机鉴定专业人员一行10人，到重庆和四川鉴定站进行学习交流、调研活动。

10月30日

广东省农业厅在珠海市斗门区乾务镇组织举办全省较大以上农机事故应急处置演练活动。省农业厅党组成员巡视员林果先，厅党组成员、安全生产领导小组副组长蔡树淦，副巡视员潘雪芬，珠海市副市长刘嘉文、副秘书长邱轼，农业部农机监理总站、省人民政府应急办、省安全生产监督管理局、省公安厅交管局等有关单位人员亲临演练现场观摩指导。来自全省各市（县、区）农机安全监理站（所）主要负责人，珠海市和斗门区农业、公安交警、财政、医疗机构、保险等部门相关人员近300人参加此次演练活动。

10月30—11月2日

广东省农业厅在广州市农业机械化示范基地举办农机维修培训班。广东省农业厅农业机械化管理办公室和广东省农业机械化技术推广总站负责人、16家全国农机专业合作社理事长和农机维修人员100多人参加培训班。广东省农业厅巡视员林果先出席开班仪式并作讲话，副巡视员潘雪芬在会上宣读《农业部办公厅关于公布全国农机合作社示范社的通知》，对获得全国农机合作社示范社进行授牌。

10月31日

广东省农业厅在广州市召开广东省被评为全国农机专业合作社示范社的理事长座谈会。省农业厅党组成员、巡视员林果先同志，副巡视员潘雪芬同志，厅农业机械化管理办公室和广东省农业机械化技术推广总站负责人和16家全国农机专业合作社理事长参加会议。

10月

广东省农业厅党组研究决定，张汉月同志任广东省现代农业装备研究所所长、所党委书记。

广东省现代农业装备研究所组织实施的"智能型母猪群养管理系统（设备）的推广"项目获得"2011—2013年度全国农牧渔业丰收奖农业技术推广成果奖二等奖"。

广东省现代农业装备研究所"空气源热泵食品干燥技术与装备研究及应用"项目获得"2013年度中国机械工业科学技术奖二等奖"。

11月6日

广东省农业厅在英德市召开丘陵山区农业机械化技术推广现场会，切实加快丘陵山区农业机械化发展。省农业厅党组成员、巡视员林果先同志，副巡视员潘雪芬同志进行现场指导。英德市市委、市政府及周边地区的农机大户、种植大户等约800人到现场参观学习。

11月14日

广东省农业厅在梅县举办水果生产机械化技术示范推广现场会，省农业厅党组成员、巡视员林果先、副巡视员潘雪芬到现场指导。梅州市政府、农业局相关领导，以及华南农业大学的专家领导、全省20个地级市农机推广站站长以及梅州周边市的农机大户、水果茶叶种植大户500多人参加水果生产机械化技术现场会。

11月中旬

广东省农业厅党组成员、巡视员林果先同志，副巡视员潘雪芬同志带队分四组对重点的市县2013年开展农机购置补贴工作的情况进行检查。

11月13—16日

广东省农业厅在江门（开平）农机维修服务中心举办农机维修技能人才培训班。参加这次培训的人员有全国（省级）农机合作社示范社、农机大户示范点和农机维修示范点的农机技术人员合共80多人。

11月20日

广东省农业厅召开全省农机购置补贴工作视频会议。省农业厅设主会场，各地级以上市农业局设分会场。驻厅监察室、发展计划处、财务与审计处主要负责人，农业机械化管理办公室全体人员、农机两站一所领导班子，各市县农业（农机）局长、分管副局长、农机办（处、科、股）农机推广站主要负责同志参加会议。广东省农业厅党组书记厅长郑伟仪同志出席会议并做重要讲话。省纪委驻厅纪检组组长王力伟、党组成员、巡视员林果先，副巡视员潘雪芬，以及全省农业农机系统相关负责同志近400人参加会议。会议认真学习贯彻党的十八大三中全会精神，提高认识统一思想，采取有力措施，加快进度，努力扭转全省2013年购机补贴工作新局面。

广西壮族自治区

2013年1月4日

广西壮族自治区党委副书记危朝安在《广西农机化情况》（2012年第11期）上批示："2012年我区农机工作取得了很好成绩，全区农机部门的同志辛苦了。我区农机发展相对滞后，有其特殊原因。建议要进一步解放思想，坚定信心，大胆创新开拓，奋力开创我区农机事业新局面。"

1月14—20日

广西壮族自治区农业机械化管理局开展绩效考评为民办实事之农机具补贴项目指标实地核验和补贴工作考评工作。抽调43人组成14个工作小组分赴全区14个市开展督查，共抽查14个县56个行政村以及420个购机户。

1月28日

广西壮族自治区副主席陈章良在农业部农业机械化管理司巡视员丁翔文的来文上批示：自治区农业机械化管理局、糖料局、农业厅：农业部农业机械化管理司巡视员丁翔文的调研报告和所提的建议非常重要，特别是提到糖厂和甘蔗机械化联动，可以考虑在有条件地方先试试。请自治区农业机械化管理局拟文感谢农业部农业机械化管理司巡视员丁翔文对广西农业机械化的支持，并希望自治区改革试点能得到农业部的大力支持。

2月4日

广西壮族自治区副主席陈章良在横县参加约翰迪尔甘蔗收获机械现场演示会，自治区农业机械化管理局局长黄铭福、副局长江垣德等陪同。

2月19日

广西壮族自治区农业机械化管理局在南宁召开全区农业机械化工作会议。自治区财政厅、农业厅、糖业局等9个有关单位负责人，各市农机局局长，监理所长、推广站长，2012年度"十佳"县级农机局长、监理站长、推广站长、农机校长、乡镇农机站长，"十佳"全程机械化水稻生产大户、甘蔗生产大户，"30强"农机合作社代表，南宁五菱桂花车辆有限公司等10家农机生产企业负责人等共180人参加会议。会议对荣获2012年度全区农业机械化先进单位和先进个人进行表彰。

2月20日

广西壮族自治区农业机械化管理局在南宁召开全区农机购置补贴工作会议。参加会议的人员有自治区财政厅、农业厅、水产畜牧兽医局等单位负责人，各市农机局局长、分管领导、管理科长，各市财政局分管领导、农业科科长，10家大型补贴机具经销商和10家区内农机生产企业代表等约140人。

2月20日

广西壮族自治区农业机械化管理局在南宁召开全区农机系统"五廉"教育活动总结大会，自治区纪委副书记尹彤出席会议并作讲话。各市农机局局长、分管农机购机补贴的副局长、纪检组长和管理科长等约150人参加会议。

2月21日

广西壮族自治区农业机械化管理局与凯斯纽荷兰（中国）管理有限公司在南宁研究突破甘蔗机收瓶颈，推进自治区甘蔗生产机械化等。参加会议的有自治区农业机械化管理局局长黄铭福、副局长江垣德及有关处站室负责人，凯斯纽荷兰（中国）管理有限公司总裁邓蓝山、凯斯中国商务事业部总经理马力、副总经理张兰轩等。

2月26日

广西壮族自治区副主席陈章良对《广西甘蔗主产区出现"用工荒"根本出路是推行甘蔗生产机械化》作批示："转农机局参阅。"

2月27日

广西壮族自治区人民政府召开专题会议，研究2013年广西农机补贴实施方案。参加会议的部门有自治区财政厅、监察厅、审计厅和农机局，会议研究决定在自治区全面推行"全价购机，县级结算，直补到卡"的补贴方式。

2月28日至3月1日

广西壮族自治区农业机械化管理局局长黄铭福带队赴浙江省台州市、临海市学习考察水稻育秧工厂建设、水稻机械烘干、水稻育秧设施设备生产企业，合作社建设等，参加学习考察的有广西壮族自治区农业机械化管理局副局长江垣德，管理处负责人刁其朗、科教处负责人莫荣旭、自治区农业机械化技术推广总站副站长李建茂等。

3月7日

农业部财务司副巡视员宋昱率领的调研组一行5人到扶绥县调研农机购置补贴工作情况。

广西壮族自治区农业厅厅长谢泽宇、副厅长王健等到自治区农业机械化管理局调研，并召开座谈会。

3月12日

广西壮族自治区农业机械化管理局在南宁召开局直属机关党委工作暨党风廉政建设工作会议。总结2012年局机关党建工作情况，部署2013年党风廉政建设和反腐败工作任务。自治区农业机械化管理局党组书记、局长黄铭福同志作讲话。

3月19日

广西壮族自治区农业厅、自治区农业机械化管理局在来宾市兴宾区廖平农场召开全区甘蔗机械种植现场会。自治区农业厅厅长谢泽宇出席并讲话，来宾市市长杨和荣致辞，自治区农业机械化管理局局长黄铭福主持会议。各级农业、农机、糖业系统及制糖企业、糖料蔗种植大户等350多人参加现场会。

农业部财务司副巡视员宋昱等到广西壮族自治区农业机械化管理局开展农机购置补贴工作调研，副局长李一洪、黄汉全等陪同。

3月20日

广西壮族自治区副主席陈章良对《田东县2012年"两区"建设成效及2013年工作思路汇报》作批示："2012年田东县各项工作都取得显著成效，特别是'两区'建设开局良好，可喜可贺！请自治区农业厅、水产畜牧兽医局、水利厅、农业厅、扶贫办、农机局等单位在安排项目和资金时给予田东县倾斜支持。"

3月24日

中国农业机械化协会秘书长沈瀚一行2人到柳州市调研甘蔗生产机械化工作。

3月29日

广西壮族自治区党委副书记危朝安对《加快推进我区"三农"科学发展应重

视做好两项基础性工作》作批示："赞成集中力量，以深化改革为突破口和总抓手，扎实做好'两项基础性工作'"。自治区副主席陈章良批示："有思路，有创新点，有建设性建议，请相关部门研究参考。"

4月2日

广西壮族自治区农业厅、自治区农业机械化管理局在贵港市召开全区水稻机插秧现场会。自治区农业厅厅长谢泽宇出席并讲话，自治区农业机械化管理局局长黄铭福主持会议。各级农业、农机系统及水稻种植大户、农机大户等250多人参加现场会。

4月9日

广西壮族自治区农业机械化管理局在南宁召开全区农机安全生产工作会议。广西壮族自治区安全生产委员会、安全生产监督管理局、道路交通联席会议办公室、自治区公安厅交通管理局，获得2012年全国"平安农机"示范县（区、市）的政府，各市农机局、受表彰的相关单位和个人等120多人参加会议。

4月20—30日

广西壮族自治区农业机械化管理局副局长江垣德带农业代表团农机分团一行20人赴台湾省参加2013年桂台经贸文化合作论坛，代表团参加合作论坛的一系列活动，重点交流考察了台湾农业和农业机械化发展情况。

4月24日

农业部农业机械化管理司在南宁举办全国基层农机购置补贴工作人员（广西片区）培训班。自治区农业机械化管理局、相关处室和直属单位领导，各市农机局分管副局长，各县农机局局长及具体工作人员共260多人参加培训班。

广西壮族自治区人民政府常务副主席黄道伟对《关于进一步加大我区农机购置补贴实施工作力度情况的汇报》作批示："很好。希望抓紧抓好，抓出成效。"自治区人民政府副主席陈章良5月7日批示："请农机局传达道伟常务的批示，努力完成今年任务。"

4月25日

农业部农业机械试验鉴定总站副站长朱良等到广西壮族自治区农业机械鉴定站、广西玉柴机器集团有限公司调研，听取有关农机产品鉴定情况专题汇报。广西壮族自治区农业机械化管理局局长黄铭福、科教处负责人、农机鉴定站班子等参加调研汇报会。

4月25—26日

农业部农业机械试验鉴定总站在广西南宁市组织召开"2013年玉米收获机械推广鉴定技术研讨会"，来自16个省（区、市）农机鉴定站、40家企业的100多位代表参加会议。

5月6日

广西壮族自治区农业机械化管理局在北海市合浦县召开小型多功能拖拉机管理座谈会，部分市、县农机局局长及区内11家小型多功能拖拉机生产企业负责人参加会议。

5月7—11日

广西壮族自治区农业机械化管理局局长黄铭福赴广东省、海南省考察学习工厂化育秧中心建设、水稻机收、标准化生产示范基地建设等特色农业机械化的先进经验和做法。参加考察学习的有广西壮族自治区农业机械化管理局办公室主任冯光伟、科教处负责人莫荣旭、自治区农业机械化技术推广总站站长陈世凡、南宁市农业机械化管理局局长费志敏、百色市农业机械化管理局局长宁克。

5月27日

广西壮族自治区农业厅任廖树锋广西壮族自治区农业机械化管理局科教质量处处长（试用期为一年）（桂农业人任[2013]20号）。

5月30日

广西壮族自治区农业机械化管理局编委文件《关于印发〈广西壮族自治区农业机械化管理中心（广西壮族自治区农业机械化管理局）机构编制方案〉的通知》（桂编[2013]103号），明确自治区农业机械化管理局机关机构名称、单位性质、编制、领导职数以及主要职责等。

广西壮族自治区农业机械化管理局编委文件《关于广西壮族自治区农业机械化管理中心（广西壮族自治区农业机械化管理局）所属事业单位清理规范意见的通知》（桂编[2013]104号），明确广西壮族自治区农业机械化管理局直属事业单位的机构名称、单位性质、编制、领导职数以及主要职责等。

5月

广西壮族自治区创建全国"平安农机"示范县（市、区）和全国农机安全监理"为民服务创先争优"示范窗口工作被广西壮族自治区党委、政府评定为全区2012年度"亮点"工作。

6月13日

广西壮族自治区向柬埔寨赠送农机仪式在柬埔寨首都金边举行，共向柬埔寨赠送100台农用手扶拖拉机。广西壮族自治区党委书记、自治区人大常委会主任彭清华，柬埔寨国务兼商业大臣占蒲拉西共同出席仪式并致辞。

6月17—21日

广西壮族自治区农业机械化管理局局长黄铭福赴福建省考察学习田园搬运管理机、茶叶采收加工机等农机具生产使用情况。参加学习考察的有广西壮族自治区农业机械化管理局办公室主任冯光伟、自治区农机安全监理总站站长黄卡林、科教处副处长莫荣旭、自治区农业机械鉴定站副站长叶长青等。

6月17—28日

广西壮族自治区农业机械化管理局从各处室、直属单位抽调39人组成13个督查小组，分赴全区14个市开展农机购置补贴和农机合作社建设督查工作，在开展农机购置补贴督查工作中，督查组共抽查28个县56个乡镇112个行政村以及70个经销商、420个购机户。在开展农机合作社建设专项督查工作中，督查组检查广西壮族自治区20个自治区级示范农机合作社建设资金落实及使用、落实场库建设用地、机具库棚建设进展、农机装备建设及体制机制建设等情况。

6月19日

广西壮族自治区党委、自治区人民政府在南宁会展中心举办《全区美丽广西·清洁乡村环卫装备产品展示会》，自治区党委书记彭清华和副书记危朝安等领导到梧州山王产品展示点视察环卫装备展示。

6月25日

广西壮族自治区农业机械化管理局在扶持联系点桂林市平乐县同安镇举行"美丽广西·清洁乡村"活动捐赠仪式，自治区农业机械化管理局及直属单位、农机生产企业向平乐县同安镇捐赠资金7万元、拖拉机10台、斜挂式收割机2台，总价值合计40多万元。

7月1日

广西壮族自治区农业机械化管理局在南宁召开2013年学习贯彻十八大精神加快推进农业机械化发展学习研讨班。参加研讨班的有自治区农业机械化管理局机关全体干部，自治区农业机械化技术推广总站、自治区农业机械鉴定站、自治区农机安全监理总站副科级以上干部，以及广西机电工程学校的处级干部共90多人。

7月3日

广西壮族自治区荔浦县、北流市、象州县、那坡县、南丹县5个县(市)农机安全监理站被评为2012—2013年度全国农机安全监理“为民服务创先争优”示范窗口,黄昀等10名同志被评为全国农机安全监理“为民服务创先争优”示范标兵。

7月8日

广西壮族自治区农业机械化管理局召开党的群众路线教育实践活动工作动员会,学习贯彻中央和自治区党的群众路线教育实践活动工作会议精神,对局机关开展党的群众路线教育实践活动进行动员部署。局领导班子成员、离退副厅级老干部、机关全体党员干部、直属事业单位主要负责人等参加会议。

7月9日

广西壮族自治区农业机械化管理局直属机关党委召开2011—2012年度先进基层党组织、优秀共产党员、优秀党务工作者表彰大会,表彰局办公室党支部等5个先进基层党组织、黄志华等45名优秀共产党员、黄荣忠等5名优秀党务工作者。自治区农业机械化管理局党组书记、局长黄铭福作讲话。

7月22日

广西壮族自治区常务副主席黄道伟对《关于近年来广西农机化情况的报告》作批示:“请区编办、财政厅研”。

7月25日

广西壮族自治区副主席黄日波到广西壮族自治区农业机械化管理局调研,并对全区农业机械化工作提出希望和要求。广西壮族自治区人民政府副秘书长蒋家柏、自治区农业机械化管理局局长黄铭福、副局长黄汉全、江垣德等陪同调研。

7月27—29日

由农业部水稻生产机械化专家组和中国农业大学中国农业机械化发展研究中心共同主办的“双季稻水稻机械化生产工程模式”研讨会在广西贵港市召开。农业部农业机械化管理司巡视员丁翔文、中国工程院院士罗锡文等10位农业部水稻生产专家、中国农业大学教授白人朴、国土资源部土地整治中心副研究员薛剑等特邀专家与嘉宾,有关省份领导、水稻专家,课题组成员,广西壮族自治区农业机械化管理局局长黄铭福以及相关市农机局负责人等共约140人参加会议。

7月29日

广西壮族自治区农业厅党组任刁其朗同志为广西壮族自治区农业机械化管理局监督管理处处长(试用期为一年)(桂农业人任[2013]23号)。

7月29—30日

农业部农业机械化技术开发推广总站副总站长李安宁、处长徐振兴等一行到平南县、武宣县调研水稻生产全程机械化工作。

7月30日

广西壮族自治区农业机械化管理局在南宁召开全区农业机械化年中工作会议。局直属事业单位站副科级以上干部,广西机电工程学校党政主要负责人,局直属企业负责人,各市农机局党政负责人等90多人参加会议。

农业部农业机械化管理司巡视员丁翔文、处长李斯华到扶绥县调研甘蔗生产机械化工作。

9月5日

台湾区农机工业同业公会理事长林永富、总干事王岱淇及相关农机企业一行15人参加第十届中国—东盟博览会期间,与广西壮族自治区农业机械化管理局就双方加强农业机械化交流合作等事宜进行专题座谈交流。广西壮族自治区农业机械化管理局副局长李一洪等参加座谈会。

10月11日

广西壮族自治区副主席黄日波在南宁召开由自治区人民政府办公厅、编办、督查室、财政厅等10个相关部门负责人和部分农机企业代表、农机合作社负责人、种植大户等参加的农业机械化工作协调会,专题研究广西壮族自治区解决“美丽广西·清洁乡村”工程适用农机、水稻全程机械化建设、推进乡镇农业机械化技术推广体系建设等问题。会前,黄日波一行在南宁市五菱桂花有限公司实地调研“美丽广西·清洁乡村”垃圾运输系列多功能拖拉机的研发工作,广西壮族自治区农业机械化管理局局长黄铭福等陪同调研。

10月16—17日

农业部农业机械试验鉴定总站副总站长李燕、信息处处长王心颖一行,在桂林市农机质量投诉监督站、桂林市科丰机械有限责任公司等进行调研,并在自治区农业机械鉴定站召开座谈会,就农机鉴定部门发展方向和工作重点,方向盘拖拉机如何结合“美丽广西·清洁乡村”工程加快制定标准,“前滚后驱”微耕机如何解决新大纲适应性问题等问题进行座谈。自治区农业机械化管理局副局长江垣德、自治区农业机械鉴定站站长赖永裕等陪同。

10月29日

广西壮族自治区农业机械化管理局在南宁举办全区基层农机推广补助项目和阳光工程项目绩效管理培训班。各市农机局分管领导、科教科长和信息管理员,89个项目县农机局分管领导和信息管理员,自治区农业机械化技术推广总站领导、信息管理员等共250多人参加培训。

10月

农业部农业机械化管理司通报全国“2011—2012年度主要农作物生产机械化示范项目”验收结果,广西水稻育播种机械化示范项目通过验收并获评为优秀。

11月5日

广西壮族自治区农业机械化管理局被评为2012—2013年度中国农业机械化信息网信息宣传工作先进单位,周祥同志被评为先进信息员。

11月15日

广西壮族自治区农业机械化管理局召开以“务实为民清廉”为主题的党的群众路线教育实践活动专题民主生活会。自治区第九督导组组长宋继东到会指导,会议由自治区农业机械化管理局党组书记、局长黄铭福主持。自治区党的群众路线教育实践活动第九督导组黎志敏等5人参加会议,自治区农业机械化管理局办公室、人事处、机关党委负责同志列席会议。

11月19日

广西壮族自治区农业机械化管理局在南宁召开全区农机合作社建设现场推进会,各市农机局局长、分管副局长、管理科科长,南宁市各县(区)农机局主要负责人,其余各市一名县级农机局局长代表,部分自治区级示范农机合作社负责人等110人参加会议。会议参观隆安县雁江镇开垦农业机械化服务专业合作社及隆安县信发农机专业合作社。

11月20日

广西壮族自治区农业机械化管理局在南宁召开全区2013年农机购置补贴反腐倡廉警示教育暨政策落实延伸绩效管理业务培训会议,各市农机局局长、分管副局长、管理科科长、负责农机购置补贴政策落实延伸绩效管理的工作人员，各市一名县级农机局局长代表，直属事业单位负责人等共90人参加会议。

海南省

2012年12月12—14日

中国(海南)国际热带农产品冬季交易会(简称“海交会”)在海口举行。“冬交会”现代农业装备展区面积达3 000多平米，汇集省内外知名农机生产企业20多家，参展机型有9大类130多台(套)，四大区域分别展示不同类别的农业装备。展区体现四大亮点：一是展示水稻、瓜菜育苗机械；二是展示以色列、美国智能化喷滴灌设备；三是展示畜牧健康养殖机械；四是展示中国一拖集团有限公司生产的东方红—LG1404超大马力拖拉机。

2013年5月3日

海南省农业厅在海口市举办海南省2013年农机购置补贴工作会议，正式启动海南省2012年农机购置补贴工作。海南省农业厅副厅长王晓桥出席会议并作讲话。海南省纪委第三派驻纪检组、省财政厅、省审计厅有关负责人以及有关新闻媒体记者应邀参加会议。各市县、省农垦总局农机管理部门以及补贴农机具生产经销企业的负责人、补贴工作经办人员共250多人参加会议和业务培训。

7月17日

海南省农业厅下发文件暂停5个档次太阳能杀虫灯等3类农机购置补贴产品补贴资格，8月22日海南省农业厅再次下发文件暂停5个档次太阳能杀虫灯等2类农机购置补贴产品补贴资格。

7月28日

海南省农业厅向海南省人民政府报送《关于加强和改进多功能拖拉机管理问题的请示》，同时暂停多功能拖拉机的牌证发放工作。

8—11月

海南省开发“海南省支持推广的农业机械产品目录申报系统”和“海南省农业机械推广鉴定申报系统”等2个系统，2013年底实现省级支持推广的农业机械产品目录和省级农业机械推广鉴定的网上申报。

重庆市

2012年12月6日

重庆市农业委员会、市财政局《关于成立重庆市农机购置补贴工作领导小组及办公室的通知》(渝农发[2012]411号)为进一步加强对重庆市农机购置补贴工作的领导，更好地将党的强农惠农政策落实到位，促进重庆市农机装备结构优化提升，推动重庆市农业机械化快速健康持续发展，决定成立重庆市农机购置补贴工作领导小组及其办公室。

12月10日

重庆市农业委员会《关于开展林果业等机械化水平评价指标体系试行的通知》(渝农发[2012]417号)农业部研究制定林果业、设施农业、农产品初加工、渔业的机械化水平评价指标体系，并已部署在全国开展试行工作，重庆市农业委员会也在全市统计工作会上进行具体布置，并进行相关培训。

12月16日

农业部农业机械化技术开发推广总站在重庆市召开2012年为农民办实事工作交流会，表示下一步将把南方丘陵山区的农机推广作为全国农机推广工作重点，大幅度提高这些地区的农业机械化水平，让更多山区农民受益。重庆、云南等11个省区市的农机推广部门负责人，及基层推广干部和示范联系点代表、农机示范户代表出席交流会。

12月17日

重庆市农业委员会、市财政局《关于印发2013年水稻机械化育插秧作业补贴试点方案的通知》(渝农发[2012]437号)经市农业委员会和市财政局研究，决定2013年继续在全市实施机插秧作业补贴试点工作。

2013年1月4日

重庆市人民政府副市长张鸣在秀山县调研农机具推广销售情况。副市长张鸣要求：武陵农机具交易中心务必要立足区位优势，充分发挥重庆工业技能的优势，搞好研发工作，建成武陵山区集群式的农机具生产基地。

1月6日

重庆市人民政府出台《关于加强道路交通安全工作的意见》(渝府发[2012]125号)，进一步明确农机安全监理工作在全市道路交通安全工作中的地位和作用。

1月7—10日

中国工程院院士、华南农业大学教授、农业部水稻生产机械化专家组组长罗锡文，带领农业部南京农业机械化研究所和南京农业大学的农机农技专家一行五人，亲赴重庆开县、梁平、江津、大足等区县，对重庆丘陵山区水稻生产机械化进行专题调研。对重庆市丘陵山区水稻生产机械化、特别是育秧形式、育秧用土、稻种选用、育秧成本、农户生产等情况进行重点调研、考察。

1月25日

重庆市油菜机械化生产现场座谈会在潼南县召开。会上提出：重庆市有很多区县地形地貌适应推行油菜生产全程机械化，各区县要高度重视，在交通方便、农业基础条件下好的区域开展实施油菜机械化作业。

1月30日

重庆市农业委员会 重庆市财政局 重庆市发展和改革委员会公布《2011—2013年重庆市支持推广的农业机械产品目录》(渝农发[2013]25号)。

2月7日

为确保农机购置补贴政策公开、规范、高效、廉洁实施，充分发挥农机购置补贴政策效应，加快农业机械化发展方式转变，推动重庆市农业机械化和农机工业又好又快发展，促进农业综合生产能力提高，重庆市农业委员会、重庆市财政局研究制定《重庆市农业机械购置补贴管理暂行办法》(渝农发[2013]38号。

2月27日

重庆市农业机械化工作暨新机具新技术演示会在垫江县召开。2012年全市耕种收综合机械化水平33.05%，农机总动力11 600千千瓦，全年共推广各类补贴机具22.06万台(套)，耕种收机械化作业总面积2 233.33千公顷，机收粮食总量185万吨，为农民节本增收约9.3亿元；2012年底农机企业超过200家，规模以上农机企业40家，行业年总产值稳定在百亿元以上，微耕机年总产销量稳定在百万台以上，小型农机生产销售保持全国领先地位。与会人员前往普顺镇现场参观农业育苗、拖拉机耕作、马铃薯生产机械演示、油菜捡拾机演示、机插秧旱育秧演示和农用飞机植保演示等。

3月5日

全市农机安全监理工作会议召开。会议总结2012年度农机安全监理工作，部署 2013 年度工作，表彰 2012 年度全市农机安全监理工作先进单位和个人，举行农机监理执法车辆发放仪式。

4 月 8 日

重庆鑫源农机股份有限公司、重庆威马农业机械有限公司、重庆耀虎动力机械有限公司、重庆合盛工业有限公司、重庆耕友机械有限责任公司、重庆宗申通用动力机械有限公司等 6 家企业生产的微耕机，获得第 5 届全国农机用户满意品牌。

4 月 9 日

为进一步规范全市拖拉机、联合收割机驾驶操作人员培训工作，重庆市农业委员会出台《关于进一步规范拖拉机联合收割机驾驶培训工作的通知》渝农发[2013]83 号。

4 月 26 日

重庆市农业委员会组织召开油菜机收现场会，垫江、忠县、梁平、秀山、荣昌、潼南、南川、大足、开县等油菜主产区县参加会议。会议先后参观潼南县梓潼村新生村和荣昌县双富镇斑竹村作业现场，实地观摩久保田 688Q、星光 XG750 机型收获作业情况，对比分析油菜直收、两段式收割的实际效率和效益，察看油菜机收的捡拾、清选、抛洒等作业效果。

4 月 27 日

农业部种植业司司长叶贞琴率西南西北粮食增产模式公关试点动员大会与会代表，到江津区永兴镇黄庄现代粮油科技示范园就粮食增产模式公关试点工作开展调研。叶贞琴一行深入田间视察水稻机械插秧的效果和水稻生长状况，并参观示范园培训中心项目、排灌系统等基础设施建设情况。还察看示范园的整体规划，农机配备情况，及各试验示范项目。

5 月 9 日

重庆市人民政府副市长张鸣率队莅临江津区检查、指导春耕生产工作。

5 月 17 日

重庆市公安交巡警总队处长谭显均带队到万盛调研外籍拖拉机管理工作，万盛经开区公安交巡警支队、区农林局分管领导分别向调研组汇报本辖区外籍拖拉机及驾驶员的监管情况和存在的安全隐患。

5 月 20 日

近年来，重庆市农机合作社在行政推动和市场刺激的综合作用下，得到突破性发展，组织化、规模化、产业化程度不断提高，为促进重庆市农业机械化又好又快发展发挥生力军作用。为进一步提升重庆市农机从业人员的整体综合素质，造就一支综合素质高、生产经营能力强、主体作用发挥明显的职业农机人队伍，根据农业部《新型职业农民培育试点工作方案》精神，重庆市农业委员会决定 2013 年启动实施新型职业农民（农机方面）培训试点工作，从 5 月 20 日开始，分别在重庆市农机校、重庆三峡职业学院各举办 5 期，共 10 期培训班，每期 50 人，共 500 人。

6 月 1 日

重庆市新型职业农民农机合作社经理人培训在重庆三峡职业学院正式开班。重庆市农业委员会副主任刘启明、市农业委员会副主任、市农业机械管理办公室主任秦大春出席开班仪式。本次培训的主要对象为全市各区县农机合作社理事长、合作社业务骨干。此次培训重庆市农业委员会领导高度重视和支持，拨付专项资金对予以全额补助，学员培训全程免费。

6 月 20 日

按照重庆市人民政府办公厅《关于集中开展全市安全生产大检查的通知》（渝府办发[2013]150 号）和农业部安全生产委员会《关于进一步做好农业安全生产工作的紧急通知》（农明电[2013]第 16 号）要求，为切实加强农机安全生产工作，坚决预防重特大农机事故发生，重庆市农业委员会从 2013 年 6 月 20 日至 12 月 31 日，在全市集中开展农机安全生产大检查。

6 月 27 日

《农业机械》杂志社在北京举办创刊 55 周年纪念活动期间，揭晓 2012 中国农业机械年度产品 TOP50 评选结果，鑫源农机 4LZ—0.3 小型收割机，凭借重量轻、油耗低、含杂率低、损失率低、作业效率高的突出特点，最终获得全国仅有三个奖项的 2012 中国农业机械年度产品技术创新金奖。

9 月 11 日

根据农业部及重庆市有关文件精神，为建立以结果为导向的监测与评价体系，及时掌握购机补贴资金使用、政策落实进展情况，客观评价实施成效、绩效目标实现程度，查找问题，分析原因，总结经验教训，提出下一步推进政策落实、完善运行机制的建议，不断改进措施，持续提高政策绩效。重庆市农业委员会办公室特制定《2013 年度农机购置补贴政策落实延伸绩效管理工作实施方案》（渝农办发[2013]174 号）。

9 月 13 日

为了规范重庆市农业机械推广鉴定工作，明确鉴定的内容、程序和要求，提高鉴定工作质量，依据《农业机械试验鉴定办法》《农业机械推广鉴定实施办法》《农业机械试验鉴定机构鉴定能力认定办法》等有关规定，重庆市农业委员会印发《重庆市农业机械推广鉴定细则》（渝农发[2012]309 号）。

10 月 29 日

重庆市市长黄奇帆带领市级部门领导一行，在九龙坡区委书记丁洪、区长石继东，高新区管委会主任钟及灵等陪同下，对九龙坡区民营企业进行视察，他们专程前来东方鑫源控股有限公司——鑫源工业园区进行全面考察。市长黄奇帆提出希望：鑫源公司要坚定不移地沿着新型工业化道路走下去，并不断加强技术创新和产品转型升级，努力保持快速健康发展势头，为九龙坡区、重庆市的经济和文化建设做出更大贡献。

10 月 30 日

第一家大学和企业合作的山地农机研究所在重庆正式成立，并举行授牌仪式。重庆理工大学是国内知名大学，在机械、智能化、航天军工等学科领域处于国内领先地位；重庆威马农业机械有限公司是国内小型山地农机的重要生产企业。双方均认为山地农机，特别是智能化高端山地农机有非常大的未来需求。

四川省

2012 年 12 月 31 日

四川省农业厅和省公安厅就加强拖拉机道路交通安全管理工作召开协调会，对已经注册登记的运输型拖拉机存量管理达成一致意见。

2013 年 1 月 21 日

四川省农业厅组织开展农机监理“为民服务 创先争优”示范窗口和示范岗位标兵创建的评审活动，评选出省级示范窗口 13 个、示范个人 18 人，全国示范窗口 6 个、示范个人 8 人。

1 月 29 日

四川省农业厅印发《关于农村机电提灌站经营管理体制改革的意见》（川农业[2013]8 号），决定在全省范围开展以明晰提灌站所有权为核心，以建立良性运行机制为重点，以提升管理服务水平为目的的农村机电提灌站经营管理体制改革。

2月12日

四川省召开全省农业行业安全生产及农机安全监管工作视频会议，贯彻落实全省安全生产电视电话会议和全省农业工作会议精神。

3月5日

四川省农村机电提灌站经营体制改革现场会在资阳市雁江区召开。

4月15日

四川省农业厅组织开展“平安农机”复评推荐，评选出省级“平安农机”示范县(区)2个，“平安农机”示范乡(镇)59个，推荐全国“平安农机”示范县2个。

5月10日

四川省粮食适度规模经营现场推进会在新津县召开。全省21个市(州)农业(农机、农牧)局(委)分管局长、农技站长、农机科长以及50个粮食生产重点县农业(农机、农牧、农发)局长，共计150余人参加会议。四川省农业厅副厅长牟锦毅就四川省粮食适度规模经营相关工作进行安排部署。与会人员参观大汉仓农机合作社的机械化育秧工厂、双流县丰收农机合作社的水稻露地集中育秧现场，以及农机规模化机耕、机插秧作业演示。

5月29日

四川省十二届人大常委会第三次会议听取和审议省农业厅厅长任永昌受省人民政府委托所作的《关于发展农业机械化工作情况的报告》。

6月9日

四川省农业厅、绵阳市农业局、安县人民政府、安县农业局在安县塔水镇联合开展农机安全生产咨询日活动。

7月8日

四川省农业厅党组决定厅农机安全监管处和省农机监理总站合署办公。

7月23日

2013年农业机械化推进示范工程项目布置会在射洪县召开。全省各市(州)农业(农机)局农业机械化发展(管理)科科长和承担2013年建设任务的38个项目县的局长参加会议。会议总结交流各地创建农业机械化示范县的成效和经验，对农业机械化推进示范工程项目实施方案编制、项目管理及项目绩效评价等工作进行布置、培训

7月24日

四川省丘陵山区水稻机械化收获推广演示会在江安县召开。

9月10—11日

农业部农业机械化管理司在成都举行2011—2012年主要农作物生产机械化示范项目验收会暨2014年项目培训班，各省、市、区农业(农机)部门的相关人员参加会议。

10月9日

四川省油菜机械化生产现场会在广安岳池县召开。这次会议是省农业厅首次召开全省油菜生产机械化工作会，标志着四川省油菜生产机械化已由试验示范转向全面推广阶段。

10月9日

四川省农机社会化服务工作会在广安岳池县召开。会议传达全国农机社会化服务现场会的主要精神，对四川省农机社会化服务的发展目标和工作措施提出具体要求。会议强调，各地要把大力推进农机社会化服务作为现代农业发展中的一件方向性大事，大力培育服务主体、大力提升发展活力、大力开展典型示范、大力优化服务环境，加快构建新型农机社会化服务体系。

11月4日

四川省人民政府副秘书长赵学谦率省财政厅副厅长帅克等领导一行到攀枝花市专题调研太阳能提灌站建设运行情况。赵学谦一行表示将对太阳能提灌建设给予大力支持，并对提灌站的运行管理以及水资源的保护等提出建议。

12月9—13日

四川省首期农机合作社经理人培训班在成都市成功举办。全省80多个农机合作社理事长参加培训。培训设置农机合作社发展现状及趋势、农机合作社财务管理、农机农艺融合及粮食适度规模经营等培训科目，采取专家授课、学员讲坛、现场观摩等方式进行，有效更新提高农机合作社负责人经营理念和管理能力。

贵州省

2013年1月

2012年贵州省农机工作成效显著，截止2012年底，新增各类农机具28.7万台套，农机总动力21 022千千瓦，机耕面积1 031.33千公顷，机收面积224千公顷，机械化插秧30.8千公顷，耕种收综合机械化水平16.74%。

1月9日

贵州省农业工作会议在贵阳召开，贵州省农业委员会副主任肖荣军在会上对农机工作作讲话。

2月18日

根据贵州省农业委员会党组分工调整，贵州省农业委员会机关党委书记徐成高分管农业机械化工作。

3月12—13日

贵州省农机工作会在黔南州都匀市召开，会议总结2012年农业机械化工作，布置2013年工作，贵州省农业委员会农业机械化管理办公室相关处室，9个市州农机工作负责人、管理科站长参加会议，书记徐成高在会上作讲话。

3月15日

全国农用拖拉机、内燃机推广鉴定技术研讨会贵阳召开，贵州省农业委员会机关党委书记徐成高在会上致辞。

3月29日

贵州省春耕生产现场会在铜仁市江口县召开，会议代表参观农机作业现场。

4月11日

贵州省农机购机补贴工作全面展开，2013年全省共安排中央资金3.8亿元，购机补贴工作经费500万元。

4月27日

2013年贵州省省级农业机械化项目工作会议在贵阳召开，各市州农机工作负责人、分管项目的科站长和农机办相关处室负责人参加会议，安排省级农机项目资金5 200万元，围绕全省100个高效农业示范园区新建和续建140个农民农机专业合作组织。

5月14日

经贵州省农业委员会党组会议研究决定，方雷明同志任贵州省农业委员会农业机械化管理办公室副主任。

5月25日

第十五届中国科学年会在贵阳召开，贵州省农业委员会机关党委书记徐成高代表贵州省农业委员会与中国工程院院士、南方农业机械与装备关键技术教育部重点实验室主任罗锡文签订“水稻生产全程机械化研究及技术应用开发合作协议”。

5—8月

贵州省农机安全监理总站在湄潭县、平坝县举办“履带式联合收割机驾驶员培训班”，共有80名联合收割机驾驶员参加培训班。

5月27日

贵州省农业委员会办公室下发《关于下放拖拉机登记、拖拉机驾驶证业务审批权限的通知》(黔农办发[2013]149号),决定从2013年7月1日起,将拖拉机注册登记和拖拉机驾驶证发证业务审批权限从市(州)下放到县(市、区、特区),并启用新的农机监理证件专用章。

6月5—6日

农业部农业机械化技术开发推广总站副站长涂志强一行到贵州省督查农机购置补贴工作。

6月25日至7月5日

贵州省农机安全监理总站在凯里市、平坝县分别举办"2013年全省农机监理系统从业人员检验员、考试员、事故处理员资格培训班",共培训贵州省农机监理系统从业人员共368人/次。

6月27日

贵州省农业委员会机关党委书记徐成高带领贵州省农业委员会农业机械化管理办公室及相关处室负责同志赴农业部农业机械化管理司汇报工作,并与农业部农业机械化管理司司长宗锦耀和有关处室负责同志进行座谈。

7月5日

因贵州省2012年农机购置补贴组织有方、工作扎实、运作规范、资金安全,在农业部开展的2012年度延伸绩效管理试点工作评比中,获得优秀单位称号。

9月28—29日

贵州省秋冬季农业生产现场会在毕节市金沙县召开,会议代表参观农机作业现场。

10月10—17日

贵州省农业委员会农业机械化管理办公室分别在黔南州、安顺市、遵义市举办三期全省农机专业合作社理事长培训班,各市(州)农委(农牧局、农机局、农机中心)分管领导和项目管理科长,各县农委(农牧局、农机局、农机中心)分管领导,管理较规范、运转正常的农机专业合作社理事长或负责人近500人参加培训。《贵州日报》10月30日整版报道贵州省农机专业合作社发展情况。

11月6日

贵州省农业委员会农业机械化管理办公室在安顺市紫云县召开红心薯机收现场会,邀请国家甘薯种植体系机械岗位专家胡良龙和归家甘薯产业体系贵阳实验鉴定站教授李云讲授薯类作物机械化生产有关知识。

11月15日

贵州省农机安全监理总站在兴仁县举办"贵州省拖拉机驾驶考试主考官业务培训班",全省农机监理系统拖拉机驾驶考试主考官共67人参加培训。

11月10—20日

贵州省农民农机专业合作组织项目督查工作全面展开,省农业委员会农业机械化管理办公室和委财务处、审计处共分6个组,对全省140个项目进行督查。

11月20日

贵州省农机购置补贴工作接近尾声,全省完成中央补贴资金36 604万元,实施进度为96.33%,全年3.8亿元资金于12月中旬实施完毕,新增购置各类机具24.35万台套,受益农户20.37万户,通过实施购机补贴,贵州省农机总动力22 000千千瓦以上。

11月

贵州省山地农业机械研究所联合,中国农业机械化科学研究院现代农装科技股份有限公司、华南农业大学南方农业机械化装备关键技术重点实验室、贵州省农业机械技术推广总站等协作单位,共同向贵州省科技厅申报《贵州省山地农业机械工程技术研究中心》建设项目,获得批准立项。

云 南 省

2012年12月5日

云南省农业厅副厅长王常明主持召开农机购置补贴工作专题会议,就2012年全省农机购置补贴工作进行总结,2013年购机补贴工作就补贴产品、补贴额度、经销商、报账等几个关键环节进行专题研究。

12月14日

云南省农业厅党组副书记、副厅长王常明主持召开全省农机购置补贴工作专题会议。会议就2013年购机工作方案、资金额度指标分配工作进行专题研究。

12月31日

云南省农业厅党组副书记、副厅长王常明主持召开2012年度第四次农机购置补贴领导小组工作专题会议。会议就2013年度农机购置补贴机具种类范围、补贴机具一览表、资金使用方案、设施农业等工作进行专题研究。

2013年1月5日

云南省人民政府组织对云南省农业安全生产目标责任考核,通过考核组逐一对照考评,云南省农业安全生产目标考核为优秀。

1月8日

云南省印发《云南省农业厅公告2013年第1号》,就2013年云南省非通用类补贴机具确认工作进行公告,同时在云南农业信息网发布。

1月9日

云南省农机安全监理所长会议在昆明召开。

1月29日

云南省农业厅农业机械化管理处处长可斌主持召开2013年度第一次农机购置补贴专题会议,就2013年工作方案、补贴产品一览表、经销商公布、廉政风险防控进行专题研究,明确责任人和具体时间要求。

1月31日

云南省向农业部上报《云南省农业厅关于核实拖拉机注册登记有关情况的函》(云农机函[2013]10号),就云南省拖拉机注册登记相关情况以及在云南省境内悬挂外省(市)拖拉机号牌情况进行实事汇报。

2月17日

云南省向农业部、财政部上报《2013年云南省农业机械购置补贴资金使用方案的请示》(云农机[2013]1号),请求对云南省农机购置补贴工作方案进行审定。

2月19—21日

由云南省农业厅农业机械化管理处牵头对省农业厅厅属四个农机事业单位进行工作调研座谈,对农机安全监理工作提出"八个进一步加强"、对农机鉴定工作提出"抓标准、抓认证、强职能、强管理"、对农机推广工作提出"生产、科研、市场、用户四统一"、对农机培训工作提出"强化职能、巩固地位、提升形象"的总体要求。

2月27日

云南省印发《云南省农业厅关于转发农业部拖拉机联合收割机牌证业务档案管理规范文件的通知》(云农机[2013]2号),进一步规范云南省农业机械牌证业务档案管理工作。

3月1日

云南省农业厅农业机械化管理处处长可斌主持召开2013年度云南省农机购置补贴第二次工作会议,会议传达全省农机购置补贴会议精神,专题研究2013年云南省农机购置补贴资金使用方案、补贴产品一览表、经销商选择机制等相关事宜。

3月6日

云南省印发《云南省农业厅办公室关于印发云南省2013年补贴机具质量监督管理工作方案的通知》(云农办机[2013]38号),加大对补贴农机具质量监督管理工作力度,切实维护购机农户的合法权益,让农户用上放心的机具,促进农机事业又好又快发展。

3月8日

云南省农业厅农业机械化管理处处长可斌主持召开2013年度云南省农机购置补贴领导小组第一次专题工作会议,就做好2013年度农机购置补贴工作细节工作进行专题研究,明确每个环节的具体要求。

3月15日

云南省印发《云南省农业厅办公室关于2013年农机购置补贴经销商推荐备案工作的通知》(云农办机[2013]45号),就2013年农机购置补贴经销推荐备案具体工作进行明确要求。

3月18日

云南省农业厅印发《云南省农业厅关于龙云彪等八名同志任免职的通知》(云农人[2013]10号),免去龙云彪同志云南省农业机械安全监理总站站长职务,任调研员。

3月26日

云南省向农业部上报《云南省农业厅关于上报全国家农机安全监理"为民服务创先争优"示范窗口和示范岗位标兵的函》(云农机函[2013]31号),推荐禄丰县、马关县、盈江县农机安全监理站为2012—2013年度示范窗口候选单位,推荐何文、宋永琼、卢开国、杨浩、范祖义、苏建荣为2012—2013年度示范岗位标兵候选人。

3月28日

云南省农业厅农业机械化管理处处长可斌率农机处全体工作人员到云南省大学农机工程学院进行工作座谈,就校处合作、校站合作、校校合作提出相应工作建议。

云南省印发《云南省农业厅办公室关于印发2013年全省农机化教育培训大行动实施方案的通知》(云农办机[2013]62号),就2013年农业机械化教育培训大行动指导思想、目标任务、工作重点、保障措施、工作要求进行明确。

云南省印发《云南省农业厅办公室关于认真开展全国农机合作社示范创建活动的通知》(云农办机[2013]63号),就开展好农机合作社示范创建活动工作提出具体要求。

3月28日

云南省印发《云南省农业厅办公室关于扎实做好春季农机化生产工作的通知》(云农办机[2013]64号),针对云南省立春旱、农时紧,部分地区旱情持续加剧的实际情况,提出了做好春季农业机械化生产工作的具体措施要求。

4月2日

云南省向农业部、财政部上报《云南省农业厅云南省财政厅关于上报2013年云南省农业机械购置补贴资金使用方案的请示》(云农机[2013]4号),明确2013年云南省农机购置补贴的操作要求和进度时间。

云南省印发《云南省农业厅办公室关于转发农业部办公厅农机培训鉴定示范基地创建活动文件的通知》(云农办机[2013]69号),要求临沧市农业局根据农业部要求指导做好示范基地创建工作。

4月11日

云南省印发《云南省农业厅办公室关于印发2013年全省农机化工作要点的通知》(云农办机[2013]79号),明确2013年全省农业机械化工作的目标任务、重点工作和保障措施。

云南省印发《云南省农业厅公告2013年第2号》,向全社会公布《2013年云南省农机购置补贴机具补贴额一览表》。

云南省印发《云南省农业厅办公室关于召开全省农机化工作暨农机购置补贴工作会议的通知》(云农办机[2013]80号),确定4月17—18日在昭通市召开全省农业机械化工作暨购机补贴工作会议。

4月12日

云南省印发《云南省农业厅云南省财政厅关于印发2013年云南省农业机械购置补贴资金使用方案的通知》(云农机[2013]5号),云南省农机购置补贴工作全面展开。

4月19日

云南省农业厅党组《关于调整厅领导分工的通知》,由副厅长魏民分管农业机械化工作。

4月22日

云南省农业厅副厅长魏民率省农业厅农业机械化管理处全体工作人员到厅属农机事业单位进行工作调研座谈。就各单位主要职责、主要工作、主要措施深入了解,提出"先工作、后规范、先规范、后落实"的工作要求,希望农机各单位在认真履职的同时,还要就如何扩大职能,提升社会地位方面多作探索。

4月23日

农业部农业机械化管理司印发《关于2012年各地拖拉机"三率"情况通报》(农机安[2013]7号)。云南省2012年拖拉机"三率"(上牌率、检验率、持证率)情况为64.49%、69.53%、89.84%,"三率"平均值为74.62%,在全国30个省份的综合排名为第10名。

4月25日

云南省印发《云南省农业厅办公室关于印发云南省2013年农机购置补贴政策落实监督检查工作方案的通知》(云农办机[2013]90号),确定2013年度补贴机具质量督导的范围、时间、工作要求、保障措施。

4月28日

云南省印发《云南省农业厅关于公布2013年农业机械购置补贴产品经销商的通知》(云农机[2013]6号),将经企业自主推荐的2013年云南省农业机械购置补贴产品经销商向会社会进行公布。

5月6日

云南省印发《云南省农业厅办公关于开展2013年全省农机"安全生产月"活动工作的通知》(云农办机[2013]97号),在全省开展以"强化安全基础、推动安全发展"为主题,坚持"三贴近"(贴近实际、贴近生活、贴近群众)、"三面向"(面向农业、面向农村、面向农民)的安全生产月活动。

5月7日

云南省农业厅农业机械化管理处与种植业处联合在德宏州芒市召开全省2013年水稻机械插秧精确定量栽培现场培训会,省农业厅副厅长魏民出席会议并作讲话,对全省水稻育插秧和水稻生产机械化工作提出明确要求。

云南省农业厅副厅长魏民在德宏州芒市主持召开专题工作会议,听取厅有关部门和州市农业局对省级财政扶持农机专业合作组织发展的意见和建议,对2013年的扶持工作进行安排部署。会后,到瑞丽市对农机工作进行调研。

5 月 9 日

云南省农业厅向云南省人民政府上报《云南省农业厅云南省财政厅关于省级农机购置补贴 3 000 万元资金安排请示》(云农机[2013]7 号),提出安排1 000 万元用于购机补贴工作经费补助、安排 2 000 万元用于农机专业合作组织扶持补助的资金使用建议。

云南省向农业部上报《云南省农业厅云南省财政厅关于开展农机购置补贴全价购机工作试点的请示》(云农机[2013]3 号),提出云南省拟第二批资金在昆明市所辖 14 个县(市、区)、大理州所辖 12 个县(市、区)范围内选择项目县开展"全价购机、县级结算、直补到卡"工作试点。

5 月 14 日

云南省印发《云南省农业厅公告 2013 年第 7 号》,将最终确定的《2013 年云南省农机购置补贴机具补贴额一览表》和《2013 年云南省农机购置补贴生产企业及产品明细表》向社会公布。

5 月 27 日

云南省在云南省干部培训中心举办全省农机购置补贴经销商培训会议,驻农业厅纪检组组长孙文忠出席会议并作讲话,他指出:一是做好购机补贴工作要有感情;二是要在阳光下操作;三是要在监督的体系下开展工作。

云南省印发《云南省农业厅办公室关于开展农机安全生产大检查的通知》(云农办机[2013]117 号),决定于 2013 年 5 月 20 日至 6 月 30 日在全省集中开展农机安全生产大检查活动。

6 月 7 日

云南省农业厅农业机械化管理处处长可斌主持召开 2013 年度第 4 次购机补贴专题工作会议,研究讨论沼液沼渣抽排设备补贴应急处理意见和省级财政购机补贴资金使用方案。

6 月 17 日

云南省印发《云南省农业厅办公室关于进一步做好农机化技术推广情况报送工作的通知》(云农办机[2013]140 号),要求各地专人负责情况报送工作,并于每年 2 月 28 日,5 月 30 日,8 月 30 日,10 月 30 日分别报送第一季度、半年、前三季度全年情况。

云南省印了《云南省农业厅公告 2013 年第 12 号》,将云南省 2012 年农业机械推广鉴定获证产品、换证产品以及生产企业相关情况向社会进行公告。

6 月 20—22 日

农业部农业机械化技术开发推广总站副站长涂志强一行 4 人赴云南省开展农机购置补贴专项检查,对云南省农机购置补贴工作给予肯定,并对补贴目录、经销商等关键环节提出一些新的要求。

6 月 27 日

云南省印发《云南省农业厅云南省财政厅关于印发 2013 年省级财政扶持农机专业合作组织项目申报指南的通知》(云农机[2013]8 号),就农机专业合作组织扶持对象、申报条件、申报程序、项目实施等进行明确规范。

6 月 28 日

云南省印发《云南省农业厅办公室关于开展农机安全生产大检查大排查大整治的通知》(云农办机[2013]154 号),决定于 2013 年 6 月至 9 月底,在全省范围内集中开展农机安全生产大检查大排查大整治工作,切实加强农机安全生产,建立长效机制。

7 月 2 日

云南省农业厅副厅长魏民在云南大学干部培训中心主持召开农机系统半年工作总结会议。会议全面总结上半年云南省农业机械化工作取得的成效和主要开展的工作,并对下一步工作提出四点要求:一是围绕一个中心,突出推广这个重点;二是做好二个调研;三是突破三个重点;四是力争四个突破。

7 月 3 日

受云南省农业厅副厅长魏民委托,云南省农业厅农业机械化管理处处长可斌主持召开 2013 年度第 5 次购机补贴专题工作会议,与部分沼液沼渣抽排设备补贴经销商进行约谈,研究购机补贴工作措施、工作经费分配方案和全价购机调研等工作。

7 月 18 日

云南省印发《云南省农业厅办公室关于举办全省农机化宣传培训班的通知》(云农办机[2013]169 号),决定于 2013 年 7 月 29—31 日在红河州蒙自市举办云南省农业机械化宣传培训班。

7 月 26 日

云南省印发《云南省农业厅办公室关于公布 2012—2013 年度全国、全省农机安全监理"为民服务创先争优"示范窗口和示范岗位标兵名单的通知》(云农办机[2013]172 号),2012—2013 年度全国示范窗口单位为楚雄州禄丰县农机安全监理站等 3 个单位,示范岗位标兵为何文等 6 人;全省示范窗口单位为昆明市阳宗海风景名胜区农机安全监理站等 9 个单位,示范岗位标兵为段克新等 16 人。

8 月 7 日

云南省印发《云南省农业厅关于开展农机购置补贴政策实施工作督导检查的通知》(云农机[2013]9 号),决定于 8 月份在全省组织开展农机购置补贴政策实施督导检查工作。

云南省向农业部、国家安全生产监督管理总局上报《云南省农业厅云南省安全生产监督管理局关于申报 2013 年创建全国平安农机示范县的请示》(云农机[2013]10 号),将云南省昆明市寻甸县、曲靖市宣威市、普洱市景东县、文山州文山市推荐申报为全国"平安农机"示范县。

8 月 6 日

云南省农业厅副厅长魏民主持召开省农业厅办公会,对《云南省支持推广农业机械产品目录管事办法》进行论证,在听取各方意见和建议后,魏民明确原则通过论证,但在以下三个方面还需进一步完善:一是文字要精准;二是解释、指代要精准;三是要充分体现公正、公平、合法的原则。

8 月 23 日

云南省农业厅农业机械化管理处处长可斌主持召开 2013 年度第 6 次购机补贴专题会议。就购机补贴绩效考核工作进行专题研究,提出要按农业部的相关要求,完善方法和措施,彻底扭转不利局面。

8 月 27 日

云南省印发《云南省农业厅办公室关于开展农机购置补贴政策落实延伸绩效管理考核工作的通知》(云农办机[2013]192 号),就做好云南省 2013 年度农机购置补贴政策落实延伸绩效管理考核工作提出明确的要求。

云南省印发《云南省农业厅办公室关于举办农机购置补贴绩效考核工作培训班的通知》(云农办机[2013]193 号),决定于 2013 年 8 月 30 至 9 月 6 日分三期在大理州、曲靖市、普洱市举办机购置补贴政策实施延伸绩效考核工作培训班。

9 月 12 日

云南省印发《云南省农业厅办公室关于进一步做好 2013 年度农机购置补贴资金结算工作的通知》(云农办机

[2013]210号)，就做好2013年度购机补贴报账材料上报结算相关工作进行要求。

9月13日

云南省农业厅、云南省财政厅、云南省发展和改革委员会公告《云南省支持推广的农业机械产品目录管理办法》(2013年第20号)，修订后的《云南省支持推广的农业机械产品目录管理办法》自2013年10月1日起施行。

9月30日

云南省印发《云南省农业厅办公室关于印发2012—2014年云南省支持推广的农业机械产品目录申报指南的通知》(云农办机[2013]220号)，要求各农机生产企业按指南做好支持推广目录的申报工作。

10月8日

受云南省农业厅副厅长魏民委托，省农业厅农业机械化管理处处长可斌主持召开2013年度第7次购机补贴专题工作会议，征求省农业厅法规、种植、畜牧、渔业等有关处室领导和专家的意见建议，共同研究《2012—2014年云南省支持推广的农业机械产品目录》申报工作。

10月10—14日

根据云南省农业厅副厅长魏民的指标，省农业厅农业机械化管理处处长可斌带领省农业机械推广站站长段晓辉等，到江苏省、湖南省考察调研，学习两省“全价购机”补贴先进经验，为研究制定全省2014年购机补贴方案提供参考。

10月17日

云南省农业厅农业机械化管理处处长可斌主持召开2013年度第8次购机补贴专题工作会议，研究部署国家支持推广的农业机械产品目录省级推荐申报工作。

10月18日

云南省向农业部上报《云南省农业厅关于报送2012—2014年国家支持推广的农业机械产品目录年度调整审查工作情况的函》(云农机函[2013]247号)，函请将云南省推荐的10个农机生产企业66个农机产品纳入国家支持推广目录。

10月21日

云南省农业厅副厅长魏民听取湖南、江苏两省学习考察的情况汇报，对提前做好2014年全价购机补贴实施方案制定工作提出明确要求。

10月28日

云南省印发《云南省农业厅办公关于上报2014年度农机购置补贴资金需求计划的通知》(云农办机[2013]234号)，要求各地科学测算本地区2014年度农机购置补贴资金需求量，并填报2014年农机购置补贴资金需求计划表。

10月31日

云南省农业厅副厅长魏民主持召开专题工作会议，听取有关人员对2014年全价购机补贴政策实施的意见和建议，研究部署省农业厅农业机械化管理处2013年底主要工作和购机补贴实施方案拟报工作，决定按照“4+1”的模式建立省农业厅购机补贴工作新机制。

11月20日

云南省农业厅农业机械化管理处处长可斌主持召开专题工作会议，征求购机补贴经销商对2014年全价购机补贴实施方案的意见和建议。

西藏自治区

2013年3月12日

西藏自治区农牧厅、财政厅联合下发《关于印发〈西藏自治区2013年农业机械购置补贴实施方案〉的通知》(藏农厅发[2013]42号)，全区农机购置补贴工作全面展开，2013年中央和西藏自治区财政共分两批向西藏自治区投入农机购置补贴资金1.8亿元，资金覆盖全区所有县(市、区)。

9月26日

西藏自治区农机社会化服务现场会在日喀则召开，这是“十五”以来西藏自治区召开的第一个全区性质的农业机械化专题会议，会议研究讨论加快推进全区农机社会化服务发展对策措施，认真总结近年来西藏自治区购机补贴政策落实取得的成效和经验，对下一步全区农机社会化服务工作的开展意义重大。

陕 西 省

2012年12月6日

陕西省人民政府在武功县召开全省县乡道路交通安全监管工作现场会。各市、县分管副市长、副县长及农业、农机部门负责同志200余人参加会议，与会代表参观武功县农机监理站与交警队整合资源、组建农机中队，加强农机安全监管的办公现场。

12月11日

陕西省农业机械管理局在临潼召开全省农业机械化技术推广工作创新与发展研讨会。省农业机械管理局局长何存贵出席会议。

2013年1月10日

陕西省农业机械管理局在西安召开保护性耕作示范项目总结会。会议总结保护性耕作十年发展成就，部署2013年保护性耕作项目实施工作。省农业机械管理局局长何存贵出席会议。

1月24日

陕西省农业机械管理局在富平县召开全省农机专业合作社建设经验交流会。省农业机械管理局局长何存贵出席会议。

2月18日

陕西省人民政府召开全省农机购置补贴工作电视电话会议。会议要求，从2013年起，在全省推行“全价购机，县级结算，一卡到户”新机制，同时将落实农机购置补贴政策纳入各地政府目标责任考核内容。会议由省人民政府副秘书长王拴虎主持，省农业机械管理局局长何存贵、省财政厅副厅长苏新泉作大会发言，省人民政府副省长祝列克出席并作讲话。

2月

财政部、农业部安排陕西省中央财政第一批农机购置补贴资金4亿元，支持春耕备耕。

3月8日

陕西省农业机械化工作会议在西安召开。会议传达全国农业机械化工作会和全省农村工作会议精神，总结2012年农业机械化工作，安排部署2013年农业机械化工作，并与各地市签订2013年农业机械化工作目标责任书。省农业机械管理局局长何存贵就做好2013年农业机械化工作提出明确要求。

3月15日

陕西省农业机械管理局在咸阳市渭城区苏家寨农机大市场举行农机“3·15”维权宣传活动。咸阳市人民政府副市长严维佳、省农业机械管理局副局长段保群出席会议。

3月

陕西省农业机械管理局选派11个市、89个县(区)农机购置补贴管理人员共203人，赴农业部管理干部学院参加农机购置补贴新政策集中培训，有效推动全省科学规范高效廉洁实施“全价购机、县级结算、直补到卡”工作。

4 月 7 日

陕西省农业机械管理局印发《全省十大农业全程机械化模式创建实施方案(2013—2015 年)》,正式启动全省农业全程机械化模式创建工作。

4 月 16—21 日

陕西省农机安全监理总站在西安举办农机事故处理员培训班,来自全省 11 个市(区)208 名农机事故处理员参加培训。该培训使农机事故处理员进一步熟知法规,掌握农机事故处理流程和应急处置的方法,为及时、公正处理农机事故奠定良好基础。

5 月 2 日

陕西省 2013 年农机购置补贴信息管理系统正式启用,全省农机购置补贴工作全面展开。

5 月 9 日

陕西省首批 3 户群众购机补贴资金申请被西安市高陵县鹿苑街道办事处便民服务大厅受理,标志着全省农机购置补贴队伍和信息管理系统"四级"服务体系已全面建成。

5 月 16 日

陕西省农机购置补贴工作推进汇报会在西安召开。12 个市(区)农机管理部门负责人汇报农机购置补贴新方案落实情况、补贴实施进度、存在问题和建议。陕西省农业机械管理局局长何存贵出席会议。

5 月 27 日

西安市市长董军一行深入户县生产一线,检查指导"三夏"农机生产工作,要求"三夏"大忙期间充分发挥农业机械的主力军作用,确保"三夏"农机生产工作顺利进行。同时,要以小麦秸秆捡拾打捆、小麦秸秆粉碎还田等秸秆综合利用技术为突破口,疏堵结合,努力杜绝秸秆焚烧现象,确保无着火点。

5 月

为改变个别地方农机安全技术检验仍停留在靠经验判断的现状,陕西省农业机械管理局决定用两年时间,为没有检测设备的县免费配备移动式检测装备。2013 年专项列支 160 万元装备乾县、潼关、凤县、平利等 16 个县,切实提升农机监理能力。

6 月 3 日

陕西省农业机械管理局在三原县大程镇荆中村召开全省秸秆机械化综合利用工作现场会。陕西省农业机械管理局局长何存贵出席现场会。

6 月 4 日

陕西省省长娄勤俭深入咸阳市武功县检查"三夏"农业机械化工作。他强调,要抢夏收、促夏种、细夏管,认真做好"三夏"农业机械化生产工作,确保粮食安全、农业增产、农民增收。

6 月 6 日

陕西省第十二次安全生产咨询日活动在大雁塔开元广场举行,陕西省副省长李金柱视察农机安全宣传现场咨询台,观看典型农机事故案例展板。

陕西省副省长祝列克深入渭南检查"三夏"农业机械化工作。他强调,要组织发动群众,抓住有利天气过程,及时抢收抢种,立足以秋补夏,种足种好秋粮,力争全年粮食再获丰收。

7 月 22—23 日

农业部农机安全生产督导检查组对陕西省咸阳市武功县和渭南市合阳县农机安全生产大检查开展情况进行督导检查,并对该省农机安全管理工作和农机互助保险情况进行检查和调研。农业部农业机械化管理司巡视员丁翔文、陕西省农业机械管理局局长何存贵一同检查。

7 月 29—30 日

陕西省农业机械管理局在合阳县召开创建"平安农机"现场会,各创建单位进行创建工作经验交流,查找存在问题,对今后一个时期创建"平安农机"工作做部署。

7 月

陕西省农业厅、省人民政府纠正行业不正之风办公室、省财政厅联合下发《关于对 2013 年农机购置补贴实施情况进行专项督查的通知》(陕农业发[2013]73 号),决定组成联合督查组,在全省范围内深入开展农机购置补贴实施情况专项督查行动。

8 月 9 日

陕西省农业机械管理局召开专题会议研究支援延安市农机部门开展抗灾自救工作。会议决定,在第二批农机购置补贴资金下达时给延安增加 1 000 万元,帮助延安市抗灾自救。同时,从 2013 年省农业机械管理局的工作经费中挤出 20 万元,帮助延安市农机部门维修机关受损房屋,搞好基础设施建设。

8 月 22 日

宝鸡市农业机械管理局正式挂牌成立。陕西省农业机械管理局局长何存贵、副局长段保群及宝鸡市人民政府副市长景耀平参加挂牌仪式。

8 月 27 日

陕西省农业机械管理局召开党的群众路线教育实践活动动员会并开展集中学习。陕西省农业机械管理局局长何存贵主持会议,对局机关教育实践活动进行动员部署。

8 月

陕西省农业机械管理局印发《2013 年农机购置补贴政策落实延伸绩效管理工作实施方案》,对全省农机购置补贴政策落实延伸绩效管理工作做出全面部署。

9 月 12 日

陕西省农业机械管理局在西安成功举办全省农机系统"爱我农机、助推中国梦"主题演讲比赛。

9 月 16 日

由重庆黔鄂湘农机股份公司投资 50 亿元的中国西部现代农机装备产业园项目签约仪式在陕西省咸阳市举行。陕西省农业机械管理局局长何存贵,咸阳市市长卫华出席签约仪式。

9 月 23 日

陕西省农业机械管理局在靖边县召开全省玉米马铃薯机收演示暨农机合作社建设现场会。陕西省农业机械管理局局长何存贵出席会议。

9 月

陕西省农业机械管理局在西安召开十大农业全程机械化模式创建工作推进会。陕西省农业机械管理局局长何存贵出席会议。

陕西省农业厅与省财政厅联合下达《关于下达 2013 年果蔬贮藏百库工程项目实施方案及资金计划的通知》,2013 年百库工程正式启动实施。

10 月 16—18 日

陕西省农业机械管理局组织党员干部赴延安开展"重走延安路、追寻延安精神"现场红色教育活动,并组织进行学习教育体会交流座谈会。

10 月

在陕西省农业机械管理局的支持和协调下,省农村信用合作社联合社出台《陕西省农村合作金融机构农机补贴资金贷款管理暂行办法》,指导农村合作金融机构在全省开展购置补贴机具贷款业务,破解群众购置大型农机融资难题。

11 月 8 日

农业部水稻生产机械化专家组组长、中国工程院院士、华南农业大学教授罗锡文到陕西汉中市考察水稻生产机械化应用情况，并作"加强农机农艺融合，加速农业机械化发展"的报告，介绍国内水稻生产机械化的研究进展和应用情况。

11月5—9日

陕西省农业机械管理局、咸阳市人民政府在杨凌农高会农机馆成功举办陕西省农机购置补贴政策实施十年成就图片展，来自全国各地参会群众参观展览。十年来，陕西省累计争取中央农机补贴资金34.12亿元，拉动农民投资110亿元，补贴各类农机具164.5多万台，惠及农户126多万户。补贴政策实施取得提升产业、助民增收、利农利工一举多得的显著成效，深受广大群众的支持和欢迎。

甘 肃 省

2012年12月31日

甘肃省财政厅提前下达财政部预安排甘肃省2013年农机购置补贴专项资金4.4亿元。

12月

2012年甘肃省农机系统完成省财政厅、农牧厅联合下达的农村劳动力转移培训阳光工程农机项目任务，培训人员9 100名，使用资金546万元，涉及培训单位70个。

2013年1月4日

甘肃省农业机械管理局下发通知对全省拖拉机驾驶培训机构进行复审、认定，全省共有拖拉机驾驶培训机构85所。

1月5日

甘肃省农业机械管理局召开农田废旧地膜机械化捡拾回收技术示范推广项目启动会。

1月8日

甘肃省农业机械管理局在甘肃机械国际招标有限公司举行2012年保护性耕作工程建设项目专用农机具及仪器设备采购公开招标开标仪式。

1月22日

甘肃省农业机械管理局在兰州召开2013年度甘肃省农业机械购置补贴产品分类分档办法及补贴额度测算审定会。

2月5日

甘肃省农牧厅、省财政厅联合印发《甘肃省2013年农业机械购置补贴资金使用方案》。方案确定全省农机购置补贴的总要求和补贴范围、标准等原则。

2月6日

甘肃省农牧厅公布《2012—2014年甘肃省支持推广的农业机械产品目录》(2013年度调整)的通告。目录增补产品2 714个(其中，国家目录产品2 178个，省级目录产品536个产品)，取消产品568个。

3月5日

甘肃省农业机械管理局在兰州召开全省农业机械化工作暨农机购置补贴工作会议。会议传达全国农业机械化工作会议和农机购置补贴工作会议精神，总结上年工作，安排部署2013年全省农业机械化工作和农机购置补贴工作，14个市(州)和86个县(区)的农机(农牧)局长及省农垦事业办和相关农场负责人参加会议。

3月15日

甘肃省农业机械管理局印发《2013年甘肃省农业机械化教育培训大行动实施方案》，全省培训农机管理、技术人员、农机作业服务等各类人员16万人次。

3月21日

甘肃省农牧厅印发《关于加强农业机械化技术推广工作的实施意见》，对实用农业机械化新技术新机具推广和完善农业机械化科技创新体系进行安排部署。

3月26日

经农业部农业机械化管理司批复，甘肃省农业机械管理局向社会公布《甘肃省2013年农机购置补贴机具补贴额一览表》。

4月12—13日

甘肃省农业机械管理局在兰州举办2013年度甘肃省农机购置补贴信息管理系统培训班。

4月16日

甘肃省农业机械管理局印发《2013年甘肃省农机化科技创新与推广项目指南》。项目重点为农业机械化科技示范基地建设、科技示范工程、保护性耕作示范工程和小型实用农机具研发等。

4月27日

甘肃省农业机械管理局下发通知对全省十二个市州在用小型小麦收获机械开展质量调查。

5月2—29日

甘肃省农业机械管理局组织省农业工程规划院、省农业机械化技术推广总站及17个保护性耕作项目县编制2013年保护性耕作工程建设项目实施方案。

5月3日

甘肃省农业机械管理局局务会议决定通报取消在农机购置补贴政策落实中存在违规行为的武山县铁亮农机有限公司、武宁农机商贸有限责任公司补贴产品经销资格。

5月9—12日

甘肃省农业机械管理局督查灵台县、正宁县、宁县等县的保护性耕作工程建设项目实施情况。

5月15—16日

甘肃省农业机械管理局组织召开2013年保护性耕作工程项目申报工作会议，17个项目县的农机局局长及推广站站长参加会议。

5月20日

甘肃省农牧厅印发《甘肃省2013年农机购置补贴政策落实监督检查工作方案》。

5月21—22日

甘肃省农业机械管理局在兰州举办保护性耕作工程建设项目培训班。凉州区、永昌县等第2批、第3批共10个项目县的农机局长、推广站长及财务人员参加培训班。

5月28日

甘肃省农牧厅、省发展和改革委员会组织召开2013年保护性耕作工程建设项目实施方案评审会。8个市州发展和改革委员会及17个项目县发展和改革委员会、农机局的人员参加评审。

6月9日

甘肃省发展和改革委员会分别下达华池县等17个保护性耕作工程建设项目实施方案的批复。

6月19日

农业部下达2013年保护性耕作项目资金计划。中央投资190万元用于甘肃省8个项目县(新建设县3个，续建县4个，监测点1个)。

6月20日

因"时风牌"4YZP—2型和"雷肯牌"4YH—2A1型两行自走式玉米收割机发生致伤致残多位农民事件，甘肃省农业机械管理局发出通告暂停以上两种型号玉米收割机在全省的补贴资格。

6月20日

甘肃省农牧厅印发《关于开展2013年农机购置补贴政策落实督查工作的通知》。

6月27日

甘肃省农业机械管理局召开2013年保护性耕作项目管理与培训会议。会议下达项目资金计划，与各县签订项目合同，8个项目县的农机局、推广站负责人参加会议。

7月4—7日

由农业部农业机械试验鉴定总站副站长刘旭带领的农业部补贴机具质量督导组到凉州区、安定区进行补贴机具质量保障和推广鉴定检查督导工作。

7月12日

甘肃省农业机械管理局召开党的群众路线教育实践活动工作会议，决定从2013年下半年开始到年底开展以为民务实清廉为主要内容的党的群众路线教育实践活动。

7月24日

甘肃省农业机械管理局在甘肃农业机械化信息网发布《关于从2012—2014年甘肃省支持推广的农业机械产品目录中取消不合格产品的通告》，对删除的6个不合格产品进行公告。

8月19日

甘肃省农业机械管理局与省财政厅联合下发《2013年甘肃省农机科技创新与推广项目经费的通知》。通知安排项目资金250万元，重点用于25个项目单位承担的农业机械化科技示范基地、农业机械化科技示范工程、保护性耕作工程等3大类11个小项农业机械化科技项目。

8月26日

甘肃省财政厅、省农牧厅联合下达2013年农村劳动力培训阳光工程项目培训任务和补助资金。全省农机培训任务3 750名，资金225万元。

9月2日

甘肃省农业机械管理局在甘肃农业机械化信息网公开2013年“三公”经费财政拨款支出预算信息。

甘肃省农业机械管理局印发《甘肃省2013年度农机购置补贴政策落实延伸绩效管理工作实施方案》，要求各市州农机部门按照方案对所辖县市区农机购置补贴工作进行绩效考核。

9月25日

甘肃省发展和改革委员会、省农牧厅联合下达保护性耕作工程建设项目2013年中央预算内投资计划项目。国家安排甘肃省保护性耕作工程建设项目总投资8 212万元，其中，中央预算内投资5 500万元，地方配套1 370万元，其他投资1 342万元。

9月29日

甘肃省财政厅下达2013年省级财政农机具补贴资金3 500万元。资金主要用于14.71千瓦以上皮带传动轮式拖拉机的补贴，对保护性耕作技术所需免耕播种机、马铃薯生产机具、玉米联合收割机给予中央财政资金补贴额1/3的累加补贴，单机补贴限额不超过12万元。

10月9日

甘肃省农业机械管理局印发《关于做好2012—2014年甘肃省支持推广的农业机械产品目录2014年度调整工作的通知》，明确目录申报的条件及要求。

10月17日

甘肃省农业机械管理局召开2014年国家目录推荐产品审定会。会议推荐上报8家企业的42产品进入2014年国家支持推广目录。

10月23日

甘肃省农业机械管理局印发《甘肃省农业机械试验鉴定省级鉴定能力认定实施细则(试行)》。

11月14日

甘肃省农业机械管理局召开专题民主生活会。会议通报省农业机械管理局领导班子教育实践活动征求意见情况，班子成员分别作对照检查并相互开展批评与自我批评。

11月26日

甘肃省农业机械管理局与福田雷沃重工有限公司在礼县石桥镇王坪村开展“雷沃公益关爱留守儿童”计划助学金第二次发放仪式。对200名留守儿童每人发放助学金500元，对其中10名品学兼优学生启动“1＋1”助学就业帮扶计划。

青海省

2012年10月29—31日

青海省农机部门在西宁市举办农机产品“三包”服务人员培训班。

11月26日

李伟同志任青海省农牧机械管理局局长。

11月

青海省农牧厅组织监察、财务、农机部门对全省农机购置补贴政策的实施情况进行抽查。

12月23日

青海省农牧厅副厅长孙文龙和青海省农牧机械管理局局长李伟参加全国农业工作会议农机专业会。

2013年2月

农业部公布全国农机合作社示范社名单，青海省大通县新华农机科技示范专业合作社、化隆县生强农机作业专业合作社、门源县农兴农机服务合作社、互助县得林农机作业专业合作社、湟中县富仓农机服务专业合作社被评为全国首批农机合作社示范社。

2月26

青海省农牧厅孙文龙和青海省农牧机械管理局局长李伟参加全国农机购置补贴工作会议，并与农业机械化管理司签订农业机械购置补贴工作责任书。

3月19日

青海省农牧厅下发《关于加快发展农机专业合作社的通知》。

4月8日

由农业部农业机械化技术开发推广总站举办的全国优势农产品重大技术推广农机项目实施工作研修班在西宁召开。研修班由农业部农业机械化技术开发推广总站副站长李安宁主持，青海省农牧厅副厅长孙文龙出席开班仪式并致辞。农业部科技教育司、农业部农业机械化技术开发推广总站、全国农业技术推广服务中心等单位领导及内蒙古、江苏、安徽、湖北、青海等11个省(区)农机推广站、农业技术推广站专家及技术人员和有关生产企业代表约40余人参加研修班。

4月13日

农业部办公厅、财政部办公厅同意青海省2013年全面开展农机购置补贴“全价购机、县级结算、直补到卡”的试点工作。

4月16—20日

青海省农牧厅、省财政厅举办农业机械购置补贴工作会议暨信息管理人员培训班，对农机经销企业，县级农机、财政部门的有关人员进行培训。

5月16日

针对互助县连续发生多起微耕机伤人事故，青海省农牧厅副厅长孙文龙批示：请青海省农牧机械管理局牵头抓好相关工作，一是会同农机监理站抓紧互助微耕机伤人事件情况调查，并就微耕机质量、销售有关问题提出意见；二是就农机安全生产相关工作下发紧急通知，强化防范措施，有效遏制农机事故的发生；三是会同农机监理站、农机推广站组成四个工作组对全省农机安全生产工作和农业机械购置补贴工作进行一次全面的检查和督导。

6月24日

青海省召开农机安全生产和农业机械购置补贴工作汇报会。青海省农牧厅副厅长孙文龙在听取四个工作组对6个地级行政区的19个县(市)农机安全生产和农业机械购置补贴工作的督导检查情况后指出,要抓好培训和督导检查工作,分析问题,解决问题,这项工作是有成效的。青海省农机系统按照青海省省委、省人民政府和青海省农牧厅的安排部署,要认真调研,抓好贯彻落实。对农机专业合作社的现状、发展情况、是否政策上给予扶持,都要进一步研究。购机补贴要向海西枸杞、海南草产业、黄河流域水产业适度倾斜。

7月24—25日

农业部农业机械化管理司副巡视员丁翔文、处长范学民等对青海省农机安全生产大检查开展情况进行督导检查。

7月

青海省海西州农机监理所、湟中县农机管理站、民和县农机监理站被农业部评为2012—2013年度全国农机安全监理"为民服务创先争优"示范窗口,赵凤勇、韩生泮、师存坚、张煜、文华红荣获全国农机安全监理"为民服务创先争优"岗位标兵称号。

8月17日

农业部农业机械试验鉴定总站党委副书记国彩同、处长温芳等一行对青海省农机专业合作社进行调研,并深入大通县、互助县农机专业合作社进行实地查看。

9月4—5日

青海省农牧机械管理局局长李伟参加全国农机社会化服务现场会。

10月10—25日

青海省农牧厅、省财政厅对全省农业机械购置补贴工作进行第二次督导检查。

11月14日

青海省农牧厅下发督办通知,要求没完成农机购置补贴工作的地区认真组织,抓紧实施,务必全面完成该项工作。

宁夏回族自治区

2012年12月10日

宁夏农业历史学会成立大会暨宁夏第八届农业学会换届会议在银川召开,宁夏回族自治区农牧厅农业机械化管理局局长王林当选宁夏农业历史学会理事,宁夏农业机械化技术推广站站长田建民当选宁夏农业学会农机专业委员会主任。

12月13日

按照农业部农业机械化管理司工作部署,宁夏回族自治区编制、报送宁夏2012年农业机械化生产农机安全生产"打非治违"专项行动及集中开展回头看活动总结的报告。

12月18日

宁夏回族自治区主持召开2012年保护性耕作建设项目初步设计方案评审会议,区发展和改革委员会农业处、省农牧厅计划财务处、农业勘查设计院等部门人员参加评审会议。会议对项目初步设计方案进行评审修订,并就实施好项目进行安排部署。

12月19日

受农业部农业机械化管理司委托,农业部财务司处长孙明丽一行3人,对宁夏回族自治区农机购置补贴绩效延伸考核工作进行实地检查,检查组在认真核查宁夏回族自治区农牧厅农业机械化管理局有关工作材料后,赶赴永宁县进行实地检查,并提出意见和建议,对进一步完善措施,细化工作有着积极的推动作用。

宁夏回族自治区召开宁夏2013—2015年支持推广农机产品目录评审会议,区农牧厅计财处、纪检监察室的领导同志参加评审会议。会议研究审定802个产品进入宁夏支持推广产品目录。

12月23日

宁夏回族自治区农牧厅巡视员马明、农业机械化管理局局长王林参加在北京召开的全国农业机械化工作会议。农业部农业机械化管理司司长宗锦耀主持会议,农业部部长张桃林作讲话。

12月27—30日

宁夏回族自治区农牧厅赴陕西就做好2013年农机购置补贴资金直补试点管理、全价购机监管、农机购置补贴网上办理流程等进行专项考察与座谈。

2013年1月5日

宁夏回族自治区农牧厅农业机械化管理局召开领导班子领导干部年度考核及民主生活会,总结2012年农业机械化工作,共谋2013年农业机械化事业。

1月6日

宁夏回族自治区农牧厅巡视员马明带领农业机械化管理局、农机安全监理总站的人员,赴金凤区金谷穗农机合作社,参加合作社成立农机培训学校揭牌活动,并就农机合作组织建设发展情况召开座谈会。

1月15日

宁夏回族自治区农牧厅分管领导带领农业机械化管理局、农机鉴定技术推广站、农机安全监理总站相关负责人在平罗县召开座谈会,听取平罗县、惠农区2012年农业机械化工作情况汇报,安排部署2013年农业机械化工作,研讨开展农机购置补贴试点工作。

1月18日

宁夏回族自治区农牧厅党组书记张柱支持召开全区农业工作会议,厅长赵永彪安排部署2013年全区农业工作。

2月1日

宁夏回族自治区召开全区农业机械化工作会议,宁夏回族自治区农牧厅党组书记、厅长张柱出席会议并作讲话,会议总结2012年农业机械化工作,安排部署2013年全区农业机械化工作。9名厅领导及各市县区农技、农机负责人和部分农机供货企业、农机合作组织的负责人160余人参加会议。

2月18日

宁夏回族自治区农牧厅农业机械化管理局负责人赴农资城检查农机备货、供货情况,介绍2013年度农机购置补贴政策;区农机鉴定技术推广站主要负责人向农民介绍品牌农机具。

2月19—20日

宁夏回族自治区农牧厅农业机械化管理局与区农机鉴定技术推广站相关负责人及专业技术人员赴平罗县、贺兰县等县区督查农机备耕情况,落实农业机械化示范园区准备情况。

2月26日

灌区春播现场会在灵武市崇兴镇召开,标志着宁夏回族自治区春播工作全面展开。自治区人民政府副主席屈冬玉、农牧厅厅长张柱等参加会议。农机部门组织春播机械进行作业演示。

2月27—3月1日

宁夏回族自治区农牧厅分管领导带领宁夏回族自治区农牧厅农业机械化管理局农业机械化管理局、厅计财处负责人及石嘴山市、平罗县、惠农区农机和财政部门负责人赴苏、浙等省调研学习农机购置补贴全价购机、县级结算、直补到卡工作。

3月15日

宁夏回族自治区召开宁夏农机生产与流通协会会议，总结协会2012年工作，安排部署2013年协会工作。宁夏回族自治区农牧厅农业机械化管理局局长王林到会强调协会行业自律及购机补贴工作，会议期间，邀请自治区科技厅、经济和信息化委员会、人事厅的人员，讲解项目争取、企业管理等方面的工作。

3月18日

宁夏回族自治区农牧厅农业机械化管理局、农机安全监理总站验收保护性耕作项目建设的农机作业公司，考察2013年拟建农机作业公司和农机维修点。

3月20日

宁夏回族自治区农牧厅农机分管领导带领农业机械化管理局、农机鉴定技术推广站、农机安全监理总站负责人到中宁县研究建设农机博物馆、组建枸杞统防统治作业队事宜。

3月22—23日

宁夏回族自治区农牧厅巡视员马明带领农业机械化管理局、农机安全监理总站主要负责人赴山东潍坊参加农机监理装备验收及移交活动。

3月29日

宁夏回族自治区农牧厅农机分管领导带领农业机械化管理局与财政厅农业处主要负责人及相关人员赴石嘴山市召开购机补贴全家购机实施方案座谈会，再次征求试点县区意见。石嘴山市及平罗县、惠农区农财两局主要负责人参加会议。

4月7日

2013年宁夏购机补贴目录招标选型暨补贴产品经销商招标会议在宁夏回族自治区人民政府采购中心的组织下召开，共有来自区内外70家经销商申报4 600余款补贴产品，经公证部门资格审查、专家审查申报资料，招标会议确定65家经销商代理或自主经销的1 500余款产品，拟进入2013年宁夏回族自治区购机补贴产品目录。

4月15—28日

宁夏回族自治区农牧厅农业机械化管理局组织专业技术人员在自治区纪律检查委员会纠纷办和农牧厅纪检监察室监督下，深入区内农机补贴产品经销企业，逐一核查每款补贴产品的鉴定报告、检验报告、推广证书，检查补贴产品的铭牌、合格证、推广证章等，有效防止假冒伪劣、以非补贴产品冒充补贴产品等违规违纪行为的发生。

4月17日

宁夏回族自治区印制《宁夏重特大农机事故应急救援预案的通知》下发全区。要求各地农机主管部门切实保障农业机械道路运输和田间作业事故发生后各项救援应急处置工作快速、高效、有序运转，提高事故应急反应能力和救援处置工作水平，最大限度地减少人员伤亡、财产损失和事故危害。

4月19日

宁夏回族自治区购机补贴暨勤政警示教育工作会议在银川召开。宁夏回族自治区农牧厅农业机械化管理局局长王林与各县区农机部门负责人签订购机补贴工作责任书，农机补贴产品经销企业签订承诺书，王林宣读农机购置补贴工作中的违规处理通报，解读2013年购机补贴工作方案，农牧厅纪检监察室主任王和从廉政风险防控、勤政警示方面提出新要求，巡视员马明总结2012年购机补贴工作，安排部署2013年购机补贴工作。各市县区农机部门负责人、农机产品经销企业负责人参加会议。

宁夏回族自治区为推动农机购置补贴政策科学高效规范廉洁实施，切实提高政策项目绩效，加强廉政风险防控建设，分别印发《2013年宁夏农机购置补贴绩效管理工作考核实施方案的通知》和《进一步推进农机购置补贴廉政风险防控机制建设方案的通知》。

4月23日

宁夏回族自治区马铃薯机械化种植现场观摩会在固原市召开，与会代表在西吉县观摩适合山区坡台地作业的中小型机械作业演示后，在原州区观摩适合河谷川道作业的大中型机械作业演示。中南部九县区农机推广部门负责人、农机作业公司负责人参加会议。宁夏回族自治区农牧厅巡视员马明和对马铃薯机械化生产及农业机械化示范园建设、农机作业公司建设等重点工作再次进行安排部署。

4月24日

宁夏回族自治区农牧厅巡视员马明带领区农机鉴定技术推广站、区农业技术推广站的专家赴中宁县研究组建枸杞统防统治作业队，开展枸杞统防统治工作事宜。

4月27日

宁夏回族自治区农牧厅巡视员马明带领农业机械化管理局、政策法规处人员，赴平罗县开展“下基层”活动。

5月7日

宁夏回族自治区农业机械化技术推广站主持在贺兰县召开灌区水稻机械化插秧现场观摩会，在利通区召开蔬菜机械化移栽现场观摩会。宁夏回族自治区巡视员马明在观摩会结束后，对2013年宁夏回族自治区水稻机械化插秧及蔬菜、玉米机械化移栽工作进行安排部署。

5月8日

宁夏回族自治区水稻机械化插秧现场会在青铜峡市召开，区农牧厅党组书记、厅长张柱参加会议，副厅长王凌安排部署水稻生产工作，副巡视员黄全安排部署稻田养蟹工作。农机部门组织插秧机械进行作业演示。

5月20日

枸杞统防统治机械作业现场会在中宁县召开，现场会演示11台枸杞专业植保机械。

5月20—24日

新疆维吾尔自治区农牧业机械管理局局长木哈塔尔·艾沙带领新疆12个地州18名农机部门主要负责人，到宁夏回族自治区考察设施农业、畜牧业、现代农业机械化生产情况。

5月21—25日

宁夏回族自治区农牧厅巡视员马明带领政府法制办、厅农业机械化管理局、厅法规处、区农机安全监理总站的主要负责人前往山东、陕西调研农机维修工作，为提请自治区人民政府出台规范农机维修业部门规章做前期准备工作。

5月23—29日

宁夏回族自治区农牧厅农业机械化管理局、农机安全监理总站相关领导带领中宁县农机部门负责人前往苏、浙考察农机展示馆有关情况，为宁夏回族自治区建设农机展示馆做前期准备工作。

5月28日

福田雷沃公益关爱留守儿童捐助活动在宁夏固原市举行。捐助活动由宁夏回族自治区农牧厅牵线搭桥，由福田雷沃重工捐助100万元，分五个年度，每年捐助20万元，资助400名贫困留守学生，每名学生每年资助500元。捐助资金统一由自治区团委管理发放。固原市、自治区农牧厅、自治区团委主要领导及福田雷沃重工主要领导参加捐助活动。

5 月 29 日

宁夏回族自治区牧草机械化生产现场观摩会在固原市举行。来自中南部地区农机、畜牧、草原等部门的领导和专业技术人员，部分川区畜牧养殖大户代表，部分山区牧草种植大户代表，利用一天时间，集中观摩了适宜山区坡台地旱作苜蓿种植、收获、加工等机械作业，观摩养殖小区场地牧草加工、饲喂作业，观摩水浇地牧草收获、加工作业。宁夏回族自治区农牧厅巡视员马明参加现场会，并就中南部地区牧草产业发展进行安排部署。

5 月 30 日

宁夏回族自治区人民政府原副主席郝林海、副主席屈冬玉召开有关部门会议，专题研究中南部地区农用残膜回收工作。

6 月 3 日

宁夏回族自治区农牧厅党组研究决定，区农机安全监理总站陈维保站长退居二线，原区农牧厅渔业局调研员石良玉同志调任农机安全监理总站站长。

宁夏回族自治区农牧厅党组研究决定，区农机推广站党支部书记王争鸣调任区西部生态办主任，原区农产品质量安全中心副主任龚伟宏调任农机推广站党支部书记。

6 月 6 日

平罗县“全国农机技能培训鉴定示范基地”正式挂牌运行，平罗县农机中心在场地安排、设备配备、人员力量整合等方面做了充分准备，能够独立承担技能培训鉴定和阳光工程培训工作。

6 月 7 日

宁夏回族自治区农牧厅巡视员马明带领农业机械化管理局、农机学会、农机协会的领导前往永宁县，与永宁县、吉峰昊昇三农企业，共同商讨中阿论坛宁夏农机分会有关事宜。

6 月 9—10 日

宁夏回族自治区农牧厅农业机械化管理局局长王林陪同区人民政府督查室副主任李东洲、环保厅农业处户鼎荣处长等，前往西吉县督查调研残膜回收工作。

6 月 14 日

宁夏回族自治区柠条收获加工现场观摩会在盐池县举行，现场会展示性能良好的柠条收获机和揉丝、包膜等机械，受到参会专家和养殖户的好评。宁夏回族自治区巡视员马明、首席兽医师晁向阳及农牧厅有关处室局的领导参加会议。

6 月 14—15 日

宁夏回族自治区巡视员马明带领农业机械化管理局、农机鉴定技术推广站的主要领导，督导检查盐池县、灵武市农机作业公司、农业机械化示范园区建设工作。

6 月 18—25 日

宁夏回族自治区农牧厅农业机械化管理局对宁夏回族自治区 2013 年购机补贴工作进行第一次检查验收。

6 月 19 日

宁夏回族自治区为贯彻落实新修订的《中华人民共和国农业技术推广法》，规范农技推广机构基础设施建设，进一步推进基层农技推广体系发展，制印《关于开展基层农业机械化技术推广机构基础设施建设情况调研的通知》下发全区，在各市、县(区)开展基层农机化技术推广机构基础设施建设情况调研。

6 月 20 日

宁夏回族自治区农牧厅巡视员马明带领农业机械化管理局局长王林赴兴庆区检查农机维修点建设工作后，赴石嘴山市督导检查石嘴山市全价购机试点工作。

中央电视台新闻联播和财经频道播报宁夏西吉县农用残膜污染及回收利用有关情况。

6 月 21 日

根据宁夏回族自治区农牧厅厅长张柱的指示，农业机械化管理局就宁夏回族自治区区开展农用残膜回收利用工作的有关情况及继续做好残膜治理工作的建议，以农牧厅专报上报自治区党委、政府主要领导。自治区党委书记李建华、副书记崔波、区政府副主席屈冬玉做出批示。

6 月 26 日

宁夏回族自治区农机系统“庆七一、赞农机”演讲比赛在农牧厅举行，来自全区农机系统的 10 名基层农机技术人员热情讴歌中国共产党带领全国各族人民取得的伟大成就，抒发农机人爱岗敬业、开拓创新的情怀。

为进一步严肃购机补贴工作纪律，加强对经销企业和补贴产品的监管，宁夏回族自治区印发《关于对购置玉米收获机械实行专项管理的通知》，要求自 2013 年起对玉米收获机械实施专项监管。

6 月 28—30 日

宁夏回族自治区农牧厅牵头组织全区特色产业观摩会，自治区人民政府副主席屈冬玉、农牧厅厅长张柱，以及各厅局、各市县区的主管农业领导等，观摩宁夏回族自治区特色产业。农业机械化管理局在同心县组织牧草加工设备演示，在利通区组织蔬菜、玉米机械化移栽作业演示，受到与会领导和专家的好评。

7 月 1 日

宁夏回族自治区农牧厅农业机械化管理局赴贺兰县督查保护性耕作项目建设情况。

7 月 2—3 日

宁夏回族自治区农牧厅巡视员马明带领农业机械化管理局、农机鉴定技术推广站、农机安全监理总站的有关领导，赴中宁县督导枸杞统防统治作业队和农机展示馆建设工作，赴永宁县调研玉米移栽、水稻机械化示范园区建设工作情况。

7 月 15 日

宁夏回族自治区农牧厅农业机械化管理局、农机安全监理总站的领导，赴中宁县指导农耕机具展示馆建设工作。

7 月 22 日

宁夏回族自治区农牧厅农业机械化管理局、农机安全监理总站督导检查石嘴山市平安农机示范县创建工作。

8 月 10—14 日

第五届园艺博览会在贺兰县召开，宁夏回族自治区农牧厅农业机械化管理局组织 24 家农机生产销售企业的 86 件农机产品参加展会，147.1 千瓦拖拉机、新型青贮收获机等高性能、先进农机具亮相展会。宁夏回族自治区 8 家生产企业自主研发生产的 20 件农机产品受到参展群众的好评。农业部副部长陈晓华在自治区主席刘慧的陪同下，出席开幕式并参观展场。

8 月 20—24 日

宁夏回族自治区农牧厅年中工作检查汇报会首次走进田间地头，会议采取实地查看各处室局、各技术推广单位年初工作安排的落实、进展情况，现场汇报由点到面的示范作用和工作构想，综合检查各单位年度工作部署在基层、在田间的落实情况和推进全区工作的实际效果。检查工作由宁夏回族自治区农牧厅党组书记、厅长张柱带队，其他厅领导、机关处室局主要负责人、各技术推广单位主要负责人参加检查会。

8 月 27 日至 9 月 1 日

宁夏回族自治区农牧厅、农业机械

化管理局、农机鉴定技术推广站、农机安全监理总站及各市县区农机部门主要负责人，联合观摩检查2013年区县共建的农业机械化示范园区及部分农机作业公司建设情况。检查结束后，在银川市召开总结会议，各县区逐一汇报园区建设情况，区农机鉴定技术推广站组织专家进行评比，宁夏回族自治区农牧厅巡视员马明、农业机械化管理局局长王林等进行点评，并对园区建设的后续工作进行安排部署。

9月3—6日

宁夏回族自治区农牧厅农业机械化管理局局长王林、农机安全监理总站副站长肖学祥赴哈尔滨，参加全国农机合作组织会议，观摩学习黑龙江农机合作组织建设、农机市场、农机示范园区建设等。

9月12日

宁夏回族自治区农牧厅巡视员马明带领农业机械化管理局人员，赴平罗县调研购机补贴全价购机工作，并对进一步做好购机补贴工作进行安排部署。

9月15—20日

第三届中国—阿拉伯国家博览会在宁夏召开。根据大会安排，宁夏回族自治区农牧厅承办博览会农机展会，农业机械化管理局组织全区41家农机企业的10大类、60个品种、321件农机展品亮相展会，集中展示宁夏农机产品推广应用的水平，受到参会领导和群众的高度赞誉。农业部纪检组长朱保成在宁夏回族自治区人大、政协及农牧厅等有关部门主要领导的陪同下参加展会开幕式。宁夏回族自治区农牧厅厅长张柱在会上致辞，朱保成纪检组长宣布展会开幕。

9月22日

宁夏回族自治区农牧厅农业机械化管理局、农机鉴定技术推广站邀请自治区农科院、宁夏大学专家到吴忠市利通区对农机中心种植的玉米育苗机械化移栽试验田进行测产。测产表明麦后育苗移栽籽粒型玉米完全能够成熟，实际产量在460千克以上，基本实现复种两熟的试验目标，且进一步完善技术路线。宁夏回族自治区农牧厅巡视员马明参加测产工作。

9月25日

宁夏回族自治区玉米机械化收获现场会在平罗县召开，16台玉米收获机进行作业演示。来自全区各级农机部门的负责人、宁夏回族自治区农牧厅巡视员马明、厅产业办、厅办公室的主要领导参加现场会。现场会后，马明带领农业机械化管理局局长王林、副局长杨少军赴惠农区调研全价购机工作。

宁夏回族自治区人民政府办公厅印发《关于做好残膜回收利用工作的意见》，明确要求农牧部门抓好干旱地区覆膜及残膜回收利用工作。

9月29日

宁夏回族自治区马铃薯机械化收获现场会在西吉县、原州区先后召开，来自中南部地区农机部门主要负责人、农机合作组织负责人等在西吉县新营乡观摩适宜山区坡台地马铃薯机生产的械化收获作业演示，随后在原州区黄铎堡镇观摩适宜川道平原地区马铃薯生产的大型收获机的作业演示。宁夏回族自治区农牧厅巡视员马明参加现场会，并对中南部地区马铃薯机械化生产及马铃薯机械化示范园区建设工作进行安排部署。

9月30日

宁夏回族自治区农牧厅党组会议研究决定，全区覆膜及残膜回收工作由宁夏回族自治区农牧厅农业机械化管理局牵头，种植业处配合，共同抓好此项工作。自此，全区农机部门又新增一项工作任务。

10月8—12日

宁夏回族自治区农牧厅农业机械化管理局派出两个检查组，开展购机补贴检查验收工作。

10月9日

宁夏回族自治区农牧厅农业机械化管理局、农机鉴定技术推广站邀请自治区农科院、区农业技术推广站的专家，到平罗县对农机中心种植的玉米育苗机械化移栽试验田进行测产。实际产量达到490千克以上，各项指标均优于利通区试验结果。平罗县农调队负责人全程参加测产工作。

宁夏回族自治区农牧厅农业机械化管理局、农机鉴定技术推广站邀请自治区农科院、区农业技术推广站的专家及农业部水稻专家组教授严光彬，到贺兰县对区农机推广站种植的水稻精量穴播试验田、水稻钵体育秧摆栽试验田、水稻育插秧试验田、水稻条播试验田进行测产，测产表明钵体育秧摆栽增产效果明显，精量穴播与育插秧试验田产量相当，条播田产量相对较低。测产结果坚定农机部门推广水稻钵体育秧摆栽与精量穴播技术的信心。贺兰县农调队的负责人参加测产工作。

10月10日

宁夏回族自治区农牧厅、财政厅在固原市召开2013年秋明春覆膜及残膜回收工作会议，全面安排部署覆膜及残膜回收工作。自治区财政安排专项资金1 000万元，支持残膜回收工作。

10月11日

宁夏回族自治区农牧厅巡视员马明带领农业机械化管理局王林、农业机械化技术推广站田建民在调研原州区三营镇残膜回收加工厂后赴中卫市，督导检查中卫市农业机械化工作。

10月14日

平罗县农机中心举办农机监理知识竞赛，宁夏回族自治区农机安全监理总站参加竞赛活动。

10月20日

宁夏回族自治区农机鉴定技术推广站在银川市召开会议，安排残膜回收试验工作，来自全区11个县区的农机部门负责人、有关农机生产、经销企业的负责人参加会议。宁夏回族自治区农牧厅巡视员马明参加会议并就残膜回收工作提出要求。

10月22—23日

山西省农业机械管理局处长王成林一行到宁夏回族自治区考察农机作业公司建设情况。

10月22—24日

全国水稻种植机械化技术集成与示范课题总结会在银川召开。农业部农业机械化技术开发推广总站站长刘宪、中国工程院院士罗锡文到会指导工作。来自辽宁、四川、陕西、新疆兵团农机部门的负责人参加会议。

10月25—26日

宁夏回族自治区巡视员马明带领农业机械化管理局局长王林及部分县区农机部门负责人赴山东青岛市参加全国秋季农机展会。

10月27日至11月16日

在国家级及宁夏回族自治区外专局资助下，宁夏回族自治区农牧厅农业机械化管理局组团，赴德国执行为期21天的农业机械化及现代农业培训任务。宁夏回族自治区农牧厅巡视员马明、农业机械化管理局局长王林及部分县区农机部门负责人共17人参加培训。

11月4—11日

宁夏回族自治区农牧厅农业机械化管理局组织开展第三次购机补贴检查验收。截至11月上旬，宁夏完成2013年农机购置补贴计划任务。

11 月 15—21 日

宁夏回族自治区农牧厅农业机械化管理局与区农机安全监理总站共同组成验收考核组，对全区农机作业司开展评星定级工作。

新疆维吾尔自治区

2013 年 1 月 10 日

新疆维吾尔自治区农牧业机械管理局发布《关于喀什天和农机有限责任公司违规案件的通报》，责令该公司限期整改，逐台退赔已销售的 87 台播种机，不在农机购置补贴政策范围。

1 月 21 日

全国农业职业技能培训和鉴定示范基地名单公布，新疆维吾尔自治区吐鲁番市农机校、莎车县农机校、新源县农机校被评为首批"全国农业职业技能培训和鉴定示范基地"。

1 月 23 日

新疆维吾尔自治区人民政府办公厅下发《关于改革农机购置补贴政策实施办法的通知》(新政办发[2013]6 号)。明确提出，从 2013 年起，农机购置补贴方式由"农民差价购机、省级统一支付、企业结算补贴"改变为"农民全价购机、县级结算、直补到卡(农民)"，农机购置补贴具体实施操作以县乡为主。新疆维吾尔自治区农牧业机械管理局、财政厅印发《自治区农机购置补贴操作基本程序》(新农机发[2013]2 号)，规范各地按基本程序实施农机购置补贴政策。

1 月 24 日

新疆维吾尔自治区农机工作会议召开。自治区人民政府副秘书长艾克拜尔. 吾甫尔出席会议并作讲话，自治区农业厅党组书记刘学虎、厅长艾则孜·克尤木参加会议。自治区农牧业机械管理局局长木合塔尔·艾沙 4 总结 2012 年农业机械化工作，安排部署 2013 年农业机械化重点工作。自治区农牧业机械管理局党组书记贾立新主持会议并作总结讲话，全疆各地州市农机管理部门的领导和自治区农牧业机械管理局各部门负责同志参加会议。

1 月 31 日

经农业部审定，确定沙湾县柳毛湾镇鑫业农机服务专业合作社等 10 家新疆维吾尔自治区农机合作社为全国农机合作社示范社。

2 月 5 日

新疆维吾尔自治区农牧业机械管理局发布《关于对阿克苏保丰农机装备有限公司和阿瓦提县宏达农机有限责任公司违法违规行为处理情况的通报》，永久取消阿瓦提县宏达农机有限责任公司农机购置补贴经销商资格，列入黑名单予以公布；取消阿克苏保丰农机装备有限公司生产的两个型号产品进入 2013 年自治区农机购置补贴产品目录的资格。

2 月 19 日

新疆维吾尔自治区农牧业机械管理局党组结合实际，制定《农机局党组贯彻落实自治区党委改变工作作风、密切联系群众有关规定实施办法》(新农机党发[2013]4 号)。

2 月 19—21 日

新疆维吾尔自治区农牧业机械管理局局长木合塔尔·艾沙带领农机管理处、农机安全监理总站相关人员，在巴州开展"走基层、察实情、解民忧、送温暖"活动和农业机械化工作开展情况进行调研。

2 月 22 日

新疆维吾尔自治区农牧业机械管理局、财政厅联合发布《关于印发新疆维吾尔自治区 2013 年农业机械购置补贴实施方案的通知》(新农机发[2013]6 号)，同时按照因素分析法及时将第一批 10.4 亿元(第二批 0.3 亿元)拨付各地。

新疆维吾尔自治区农牧业机械管理局党组书记贾立新一行，在塔城地区额敏县调研农机补贴工作。

3 月 1 日

新疆维吾尔自治区农牧业机械管理局党组成员、副局长依米提·肉孜将转服工作组成员送往对口帮扶点——疏勒县艾尔木东乡喀然丹村开展工作。

3 月 7 日

新疆维吾尔自治区农牧业机械管理局召开党建暨党风廉政建设工作会议，自治区农牧业机械管理局局长木合塔尔·艾沙主持，党组成员、纪检组长胡顺林宣读局党组民主生活会整改方案，安排部署 2013 年的反腐倡廉工作，党组书记贾立新作讲话并与局属各单位签订党建和党风廉政建设责任书并，局党组成员及干部职工 70 余人参加会议。

新疆维吾尔自治区农牧业机械管理局召开自治区农机鉴定站工作会议，自治区农牧业机械管理局局长木合塔尔·艾沙、副局长依米提·肉孜等出席会议。

3 月 13 日

新疆维吾尔自治区农牧业机械管理局、财政厅联合下发《关于印发 2013 年农机购置补贴分档补贴标准的通知》(新农机发[2013]7 号)，把 12 大类 46 小类 171 个品目的机具分为 764 档，按照每档产品三年平均售价的 15%～30%测算确定补贴额，对常规，新产品和不易分档的产品比率控制在 20%左右，对重点发展的产业均按照 30%予以测算。

3 月 21—23 日

新疆维吾尔自治区质量技术监督局组织有关专家，对自治区农牧业机械试验鉴定站进行三合一机构认证和计量认证三年复评审。自治区农牧业机械试验鉴定站(农业部棉花机械质量监督检验测试中心、新疆维吾尔自治区农机产品质量监督检验站)获得中国合格评定国家认可委员会颁发的国家计量认可证书[2013001852V]、新疆维吾尔自治区质量技术监督局颁发的自治区计量认证证书[2013310006A]、资质认定授权证书[(2013)新质监认字 005 号]。

3 月 26 日

经新疆维吾尔自治区农牧业机械管理局审定，确定奇台县顺帆农机专业合作社等 25 家农机合作社为自治区级农机合作社示范社。

3 月 29 日

新疆维吾尔自治区农业机械化主推技术遴选推荐工作启动，经各地推荐，结合农业部农业机械化主推技术，围绕新疆维吾尔自治区四大基地、六大产业发展要求，确定水稻机械化育插秧技术等 21 项技术做为新疆维吾尔自治区 2013 年主推农业机械化技术。

4 月 1 日

新疆维吾尔自治区农牧业机械管理局召开争创自治区文明单位动员大会。自治区农牧业机械管理局局长木合塔尔·艾沙主持会议，局党组书记贾立新作动员讲话，局党组成员、纪检组长胡顺林等 80 余人参加会议。

4 月 3 日

新疆维吾尔自治区农牧业机械管理局公布 2013 年度自治区农机监理"为民服务，创先争优"10 个示范窗口单位和 20 名示范标兵名单。

4 月 9—10 日

新疆维吾尔自治区农牧业机械管理局局长木合塔尔·艾沙带领关部门组成

的调研组，深入昌吉州部分县市开展调查研究、改进作风、为民服务活动。

4月21日

新疆维吾尔自治区农牧业机械管理局党组书记贾立新、副局长依米提·肉孜一行，到疏勒县艾尔木东乡喀然丹村，专题调研转服活动开展情况。

4月23日

新疆维吾尔自治区农牧业机械管理局召开农机安管理工作座谈会，来自全区各地（州、市）农机监理所所长及业务主管人员30多人参加此次会议。自治区农牧业机械管理局木合塔尔·艾沙参加会议并作讲话。

4月27日

新疆维吾尔自治区农牧业机械管理局局长木合塔尔·艾沙一行，到对口扶贫村——疏勒县艾尔木东乡喀然丹村，就落实帮扶承诺事项听取群众意见，并开展入户走访工作。

5月10日

由新疆维吾尔自治区人民政府主办，自治区农业厅、昌吉州人民政府、自治区农牧业机械管理局、新疆生产建设兵团农业局、中国农机流通协会等单位承办的“2013新疆农业机械博览会”，在昌吉国家农业科技园区的新疆农业博览园开幕，自治区党委副秘书长、农办主任代宁祥出席开幕式并致辞。期间，141家企业参展，展览面积9 000平米，新成果展示区2 000平米，演示区4 000平米，总面积15 000平米，各类参展产品超过7 400台次，成交金额3亿元。

6月6日

新疆维吾尔自治区农牧业机械管理局局长木合塔尔·艾沙一行，深入克州就农业机械化工作情况进行调研，重点了解克州组织落实农机购置补贴新政策、引进研发推广适用新技术、新农机具、服务体系建设和项目开展等情况。

6月10日

新疆维吾尔自治区农牧业机械管理局党组书记贾立新一行对吉木萨尔县和奇台县端午小长假期间的农机安全生产工作进行检查，慰问了一线执勤的农机监理人员。

6月18—22日

新疆维吾尔自治区农牧业机械管理局党组书记贾立新到巴州、哈密地区开展调查研究活动，重点了解和掌握“三夏”农业机械化生产、农机购置补贴政策落实、红枣产业发展、设施养殖业发展、安全生产、农机合作社建设等情况。

6月25日

新疆维吾尔自治区农牧业机械管理局在库车县召开农机事故应急处置预案演练现场会，来自全区各地（州、市）农机局主管领导和农机监理所及事故处理负责人共70多人参加会议。

6月26—30日

新疆维吾尔自治区农牧业机械管理局局长木合塔尔·艾沙一行到阿克苏、和田地区调研农业机械化工作，与当地党政领导就农业机械化工作中存在的问题和取得的成效进行广泛的交流。

7月24日

新疆维吾尔自治区人民政府《关于取消和调整行政审批事项的决定》（新政发[2013]72号），调整自治区农牧业机械管理局2项行政许可事项，一是拖拉机驾驶培训学校（培训班）资格核准，下放后实施机关为州、市（地）级人民政府农牧业机械部门；二是权限内核发联合收割机及驾驶员牌照证照，下放后实施机关为县级人民政府农牧业机械部门。同时取消1项非行政许可审批事项，即：拖拉机联合收割机注册登记前取得推广许可证的审核。

7月26日

新疆维吾尔自治区农牧业机械管理局召开党的群众路线教育实践活动部署会，局党组书记贾立新主持会议并作动员讲话。自治区农业厅党组副书记、第一督导组组长来景刚同志出席会议并讲话。农业厅第一督导组成员、局党组成员和机关全体干部90人参加会议。

7月30日

新疆维吾尔自治区农牧业机械管理局、喀什地委、行署召开南疆三地州农业机械化技术演示现场会，自治区农牧业机械管理局总工程师裴新民，克州、和田地区部分县市农机局领导，喀什地区及喀什地区各县市主管农业的主要领导和农口各单位领导、有关企业代表及农牧民代表等300余人参加演示、展示会。新疆机械研究院、新疆崧渊晟隆、德州鲁发等14家企业代表参加会议，与会代表就南疆三地州林果业、畜牧业机械、玉米收获及饲草料加工机械化技术等问题进行研讨。

8月13日

农业部下发《关于表扬2012年度延伸绩效管理试点工作优秀单位的通报》（农办发[2013]6号），新疆维吾尔自治区农牧业机械管理局等10个单位被评为全国“强农惠农富农政策（农机购置补贴）落实延伸绩效管理优秀单位”。

8月15日

农业部农业机械试验鉴定总站副站长朱良一行，在新疆维吾尔自治区农牧业机械管理局副局长依米提·肉孜的陪同下，视察新疆维吾尔自治区农牧业机械试验鉴定站正在建设中的农牧业机械试验检测中心。

8月26日

新疆维吾尔自治区农牧业机械管理局党组书记贾立新，参加由自治区人民政府、中央电视台农业频道主办，中国林业产业联合会、新疆农产品营销协会协办，巴州党委、巴州人民政府和自治区林业厅承办的“2013年中国新疆酿酒葡萄高峰论坛”。

8月28日

新疆维吾尔自治区畜牧业设施养殖生产机械化技术现场会在伊犁哈萨克自治州召开，各地州农机局、推广站、部分县市农机局、推广站主要领导和站长，伊犁州党委、政府有关部门及农民200余人参加现场演示会。会议代表现场观摩牧草收获、玉米青贮收获、秸秆回收机械化作业，及养禽、饲料投喂、圈舍清粪等设施养殖机械化设备的现场演示。

8月29日

新疆维吾尔自治区农机推广工作座谈会在伊宁市召开，新疆维吾尔自治区农牧业机械管理局党组书记贾立新、总工程师裴新民、副局长依米提·肉孜以及各地州农机局分管领导和农机推广站站长、部分县市农机局、推广站领导参加会议。自治区农牧业机械管理局党组书记贾立新作总结讲话，提出各级推广部门要成为农业机械化进步的担当者、农业机械化技术推广的引领者、农业机械化作业质量的规范者、农业机械化合作组织建设的推动者。

9月4日

新疆维吾尔自治区农牧业机械管理局党组书记贾立新，农机管理处处长胡建胜参加农业部农业机械化管理司在黑龙江召开的全国农机社会化服务现场会。

9月17日

根据《国家发展改革委、农业部关于下达保护性耕作工程建设项目2013年中央预算内投资计划的通知》（发改投资[2013]1673号），新疆维吾尔自治区裕民、富蕴、阜康等11个县（市）工程项目建设总投资 5 605 万元，其中中央预算内投资 3 500 万元；建设 22 千公顷保护性耕作工程示范区。至此，按照国家要求《保护性耕作工程建设规划（2009—2015 年）》已全部实施完成。

9 月 26 日

新疆维吾尔自治区林果业机械化技术现场会在阿克苏地区温宿县召开，各地州、县市农机局、推广站主要领导和站长，温宿县委、政府有关部门领导及代表 100 余人参加会议。农业部农业机械化技术开发推广总站站长刘宪应邀参加本次会议，新疆维吾尔自治区农牧业机械管理局党组书记贾立新作总结讲话。会议代表参观温宿县果品加工种植企业和单位。现场观摩开沟机、小型农用挖掘机、红枣清洗、烘干、分级机械、核桃清洗设备等林果业机械的现场演示。

10 月 15 日

推荐阿克苏地区沙雅县新垦农机专业合作社理事长田坦克为雷沃杯 2013 “全国 20 佳农机合作社理事长”候选人。

10 月 25—26 日

新疆维吾尔自治区农牧业机械管理局召开党的群众路线教育实践活动专题民主生活会。农业厅党组书记刘学虎、厅长艾克拜尔·吾甫尔等一行五人参加为期两天的民主生活会。自治区农牧业机械管理局各处室（站）负责人及局机关党的群众路线教育实践活动领导小组成员列席会议。

10 月 31 日

阿勒泰地区 18 位农民联名投诉吉林东风 E518 玉米收获机质量问题的群体投诉案件结案，涉案金额 779.4 万元，最终达成调解协议，由厂家对用户车辆全面维修保养到位，并补偿农民 81.7 万元。

11 月 4 日

新疆维吾尔自治区发布《关于对河南金大川机械有限公司和博乐市农嘉农机有限公司违法违规行为处理情况的通报》，对博乐市农嘉农机有限公司套取国家购置补贴资金的违法违规行为，永久取消其农机购置补贴经销商资格，列入黑名单予以公布。对河南金大川机械有限公司存在监管失职，导致国家补贴资金被套取等问题进行全疆通报，并对其法人进行约谈，要求深刻检查并全面整改。

11 月 5 日

2013 年中国农业机械化信息网年会暨信息员培训班在贵阳召开，新疆维吾尔自治区农牧业机械管理局因年度采用信息 9 085 条，以考核得分第二荣获 2012—2013 年度中国农业机械化信息网信息宣传工作先进单位。

11 月 12 日

新疆维吾尔自治区农牧业机械管理局、新疆农业职业技术学院联合举行新疆农业机械化学院成立大会暨学院揭牌仪式，召开学院理事会第一次全体会议，自治区农业厅等领导到会祝贺，学院理事会单位及理事代表 60 余人参加会议。

大 连 市

2013 年 2 月 28 日

大连市于旅顺口区召开全市农机安全监理工作会议。各区市县农机主管部门分管领导和农机安全监理所所长参加了会议。会议总结 2012 年工作，部署全市 2013 年工作，签订农机安全生产责任状。大连市农村经济委员会副主任谷源蒂参加会议并作讲话。

4 月 1 日

大连市筹备春耕生产服务大集。开展大连市 2013 年春耕生产服务大集农机展示推介区的布置筹备工作，共调展水稻生产机械、玉米收获机、拖拉机等农业机械 50 余台。

4 月 9 日

大连市农村经济委员会副主任谷源蒂陪同由辽宁省农村经济委员会副巡视员孙连惠带队的督导检查组一行四人赴庄河市督导检查大连市及庄河市水稻大棚育秧与机械插秧工作。检查组对大连市水稻大棚育秧与机械插秧工作给予肯定评价。

4 月 12 日

大连市召开 2013 年农业机械化工作暨农机购置补贴政策落实警示教育会议。大连市农村经济委员会副主任谷源蒂参加会议并作讲话。

大连市召开 2013 年农业机械化工作会议。会议传达国家农业机械化工作会议和农机购置补贴工作会议精神；解读《2013 年大连市农业机械购置补贴资金使用方案》等有关方案和规定；签订 2013 年农业机械化工作责任书和农机购置补贴政策落实责任书；大连市农村经济委员会副主任谷源蒂参加会议并作讲话。

4 月 28 日

以大连市人民政府名义出台《大连市人民政府办公厅关于促进都市型现代农业机械化发展的意见》（大政办发[2013]36 号）。

5 月 4 日

大连市农村经济委员会副主任谷源蒂，市农村经济委员会农机处、市农机推广站和市农机安全监理所主要领导做客大连广播电视台新闻广播《行风热线》，就农业机械技术推广和安全生产等方面的问题与听众朋友进行交流。

5 月 10 日

大连市召开全市农机购置补贴政策落实情况检查工作会议，传达辽宁省农村经济委员会《关于做好农机购置补贴政策落实情况专项检查工作的通知》精神；举办农机购置补贴培训班。大连市农村经济委员会副主任谷源蒂参加会议并作讲话。

5 月 21 日

大连市农村经济委员会迎接由辽宁省农机质量监督管理站田孝思带队的督导检查组一行四人赴庄河市督导检查大连市及庄河市水稻生产全程机械化工作。大连市农村经济委员会和庄河市分别汇报水稻机械化生产工作开展情况，督导检查组对大连市水稻机械化生产工作给予肯定评价。

6 月 20 日

迎接由辽宁省农村经济委员会总经济师叶家伟任组长的农机购置补贴检查组对大连市农机购置补贴工作进行检查调研。检查组先后到普兰店市和旅顺口区，通过组织召开座谈会、查阅相关资料、听取专题汇报和实地走访检查等形式对农机购置补贴工作进行检查。检查组对大连市农机购置补贴工作给予肯定。

8 月 13—16 日

大连市成立由大连市农村经济委员会农机处、监察室（纪委）、计划财务处、市财政局农业处、市农业机械化技术推广站和市农机安全监理所相关工作人员组成的联合督导检查小组，对各区市县农机购置补贴政策实施情况开展专项督导检查。

9 月 2 日

大连市农业机械化技术推广站召开大连市农业机械化技术推广站长会议。会议由市农业机械化技术推广站副站长郭占俊主持，各区市县农机推广站站长参加会议。会议传达辽宁省农机质量监督管理站站长滕平在辽宁省农机推广站长座谈会上的讲话，各区市县介绍本地农机机构的具体情况，交流前三季度好的工作经验及做法。大连市农业机械化技术推广站站长马正义做总结发言。

10 月 29—31 日

大连市农村经济委员会农机处、市农业机械化技术推广站站和市农机安全监理所组成联合督导检查小组，对各区市县农机购置补贴政策实施情况开展第二次专项督导检查。

宁 波 市

2012 年 11 月 28 日

宁波市农业机械化管理局印发《关于方兴旺等同志职务任免的通知》(甬农机[2012]14 号)，决定：方兴旺同志任办公室主任；吕长淮同志任科教推广处副处长；陈松林同志任科教推广处副处长。免去：葛建平同志农机管理处(政策法规处)处长(兼)职务；毛荣华同志计划财务处(产业发展处)处长(兼)职务。

宁波市农业机械化管理局印发《关于李季炜等同志职务任免的通知》(甬农机[2012]15 号)，决定：李季炜同志任农机管理处(政策法规处)处长(试用期一年)；陈阳松同志任科教推广处处长(试用期一年)；陶俏俏同志任计划财务处(产业发展处)处长(试用期一年)；韩进合同志任安全监理处(市农机监理处)处长(试用期一年)；李超同志任机关党总支部专职副书记。免去：李超同志办公室副主任职务。

宁波市农业机械化管理局印发《关于范蓉等同志职务任免的通知》(甬农机[2012]16 号)，决定：范蓉同志任办公室调研员，免去其办公室副主任职务；华天清同志任办公室调研员。

宁波市农业机械化管理局印发《关于商伟敏等同志职务任免的通知》(甬农机[2012]17 号)，决定：商伟敏同志任办公室副主任(试用期一年)；史华儿同志任计划财务处(产业发展处)副处长(试用期一年)；石国伟同志任安全监理处(市农机监理处)副处长(试用期一年)。

12 月 5 日

宁波市副市长马卫光在市农业机械化管理局局长李强、余姚市副市长郑桂春等陪同下到余姚调研现代畜牧业发展情况。副市长马卫光先后到浙江神农畜禽有限公司 SPF 蛋鸡饲养基地和种鸡场、市禽畜病防治研究所，了解企业对畜禽养殖业发展的意见建议，并听取余姚有关部门畜牧业发展情况汇报。

12 月 19 日

宁波市农业机械化管理局召开全市农机购置补贴工作会议，各县(市)区农机(农林)局(站)分管局(站)长、业务科长参加会议。会议总结 2012 年农机购置补贴政策实施工作，部署 2013 年农机购置补贴政策实施有关工作。会议由副局长汪春阳主持，局长李强参加会议并讲话。

宁波市已机割中晚稻 69.33 千公顷，冬种小麦 8.92 千公顷、冬种油菜 8.5 千公顷，全市秋收冬种农业机械化生产基本结束。

12 月 23 日

在全国农业机械化工作会议上宁波市农业机械化管理局局长李强就农机作业补贴和报废更新补贴工作作题为《创新工作机制 强化部门协作 大力实施农机作业补贴和报废更新补贴政策》的经验报告。

12 月 24 日

农业部、国家安全生产监督管理局印发《关于公布 2012 年全国“平安农机”示范县(区、市)名单的通知》(农机发[2012]4 号)，宁波市鄞州区榜上有名，成为宁波市继余姚、慈溪、宁海之后第四个成功创建的全国平安农机示范县(区、市)。

2012 年

宁波市实施农机报废更新补贴工作，全年完成拖拉机报废更新 952 台，其中大中型拖拉机 350 台、小型手扶拖拉机 602 台；完成联合收割机报废更新 149 台。拨付中央财政资金更新补贴额 1 175 万元，惠及农户 1 100 多户，拉动内需 4 000 多万元。

宁波市水稻机插和粮食烘干推广工作成效显著。全年新增插秧机 610 台，其中新增高速插秧机 406 台，插秧机总数 2 910 台。完成水稻机插面积 46.77 千公顷(早稻机插面积 12.43 千公顷，单季稻机插 22.31 千公顷、晚稻机插 11.97 千公顷)，机插率 54%。新增粮食烘干机 168 台，总数 594 台，批次烘干能力 7 470 吨位。

宁波市大力开展设施农业大棚建设，全市共补贴建设设施农业项目 77 个，建设设施面积 222.6 万平方米，其中玻璃温室 2 万平方米、连栋 31.7 万平方米，补贴资金约 2 400 万元。

宁波市农机教育培训工作成效明显，全年共培训各类农业机械化人员 2.54 万人次，培训总量为农业部下达的年度教育培训指标的 254%。

2013 年 1 月 11 日

宁波市农业机械化管理局印发《关于下放市级农机行政许可事项的通知》(甬农机安[2013]3 号)，将拖拉机、联合收割机证书和牌照核发，拖拉机、联合收割机操作人员操作证件核发等两项市级农机行政许可事项，下放给县级农业机械化主管部门。

1 月 11 日

宁波市政府办公厅印发《关于表彰 2012 年度安全生产工作先进集体和先进个人的通报》(甬政办发[2013]5 号)，宁波市农业机械化管理局被评为宁波市安全生产工作先进集体。

宁波市安全生产委员会印发《关于 2012 年度安全生产目标管理责任制考核结果的通报》(甬安委[2013]2 号)，宁波市农业机械化管理局被评为 2012 年度宁波市安全生产考核优秀单位。

1 月 14 日

宁波市委、市人民政府印发《关于表彰农村工作指导员工作先进单位优秀农村工作指导员和先进工作者的通报》(甬党发[2013]3 号)，宁波市农业机械化管理局被评为农村工作指导员工作先进单位。

1 月 22 日

宁波市副市长马卫光专题听取宁波市农业机械化管理局局长李强关于 2012 年全市农业机械化主要工作成效和 2013 年农业机械化工作思路的汇报。副市长马卫光对全市农业机械化工作给予肯定。

1 月 31 日

农业部办公厅印发《关于公布全国农机合作社示范社的通知》(农办机[2013]4 号)，宁波余姚市田螺山农机服务专业合作社、鄞州区创宁粮机专业合作社等 12 家农机专业合作社榜上有名。

2 月 5 日

宁波市农业机械化管理局召开农机安全监管工作视频会议。会议由副局长汪春阳主持，局长李强作主题报告。会议通报 2012 年全市农机事故情况，表彰农机安全监管工作先进单位和个人，余姚、慈溪、鄞州作典型发言，局长李强与各县(市)区农业机械化主管部门签订2013年农机安全生产责任状。各县(市)区农机(农林)局(站)长、分管局(站)长和市、县两级公安驻农机警务室全体人员等80余人参加会议。

2月18日

浙江省委、省人民政府印发《关于表彰2012年度省农村工作指导员工作先进单位、省优秀农村工作指导员和第九批省科技特派员工作先进单位、省优秀科技特派员的通报》(浙委发[2013]5号)，宁波市农业机械化管理局陈阳松被评为省优秀农村工作指导员。

3月5日

宁波市农业机械化管理局、宁波市财政局联合下发《关于印发2013年度宁波市农业机械购置补贴全价购机试点实施方案的通知》(甬农机计[2013]4号)，农业机械购置补贴全价购机试点实施范围由去年的一个县扩大到象山县、余姚市、慈溪市、北仑区四个县(市)区。

3月11—12日

宁波市农业机械化管理局召开全市农机购置补贴工作会议。会议由副局长汪春阳主持，局长李强参加会议并讲话。市财政局、检察院有关领导及各县(市)区农机管理部门主要负责人参加会议。会上，局长李强与各县(市)区农机管理部门一把手签订《2013年农机购置补贴工作责任书》，余姚、慈溪、象山、鄞州作典型发言，会议还进行廉政专题教育和农机购置补贴业务培训。

3月29日

由宁波市农业机械化管理局主办，余姚市农机局、临山镇人民政府承办的宁波市农机“六下乡”暨农机春耕生产大行动启动仪式在余姚举行。启动仪式由宁波市农业机械化管理局副局长胡国常主持，余姚市人民政府市长助理杨捷致辞，宁波市农业机械化管理局局长李强在启动仪式上讲话。活动展示一批先进适用农业机械，开展农机免费实地检测、政策咨询、安全宣教、技术指导等活动，并向农机大户代表赠送农机具。各县(市)区农机局(站)长、分管局(站)长和农机合作社代表等200多人参加仪式。

4月1日

宁波市人民政府印发《关于切实抓好2013年粮食产销工作的通知》(甬政发[2013]35号)，出台2013年宁波市粮食购销政策，继续加大对农机装备和农机社会化服务的扶持力度。

4月11—12日

宁波市农业机械化管理局召开全市公安驻农机警务室规范化建设现场会。各县(市)区农机(农林)局(站)分管领导、交警大队分管领导、安全监理科长、公安驻农机警务室常驻民警等60余人参加会议。宁波市农业机械化管理局副局长汪春阳、市公安局交通警察局副局长杨金钰出席会议并讲话。会议总结全市公安驻农机警务室工作开展情况，提出以后公安驻农机警务室规范化建设工作要求，布置2013年工作任务。

4月12日

在宁波市委、市人民政府召开的全市建设平安宁波工作会议上，市委副书记王勇部署2013年宁波市基层系列平安建设工作，将“平安农机”等十九项基层系列平安创建工作列入“平安宁波”创建项目。

4月18日

宁波市人民政府召开全市春耕生产现场会。会议由市政府副秘书长陈少春主持，副市长马卫光出席会议并讲话。市农业机械化管理局局长李强在会上就加强春耕生产农业机械化指导和服务作表态发言。

4月23日

宁波市农业机械化管理局、宁波市公安局交通警察局联合印发《关于开展非本市籍拖拉机专项整治行动的通知》(甬农机安[2013]12号)，决定自2013年5月1日到10月31日，在全市开展非本市籍拖拉机“大排查、大教育、大整治”专项行动。

4月24日

宁波市农业机械化管理局印发《关于做好2013年创建“平安农机”工作的通知》(甬农机安[2013]14号)，目标新创建省级“平安农机”示范区1个、“平安农机”示范镇(乡、街道)7个，市级“平安农机”示范村31个、“平安农机”示范合作社17个。

4月26日

宁波市农业机械化管理局召开全市规范农机购置补贴产品经营行为工作会议。各县(市)区农机管理部门分管领导、主管科室负责人和66家农机购置补贴产品经销商及本市直销的农机生产企业负责人共100余人与会。副巡视员毛荣华主持会议，副局长汪春阳出席会议并讲话。会上组织与会经销商签订《2013年宁波市农机购置补贴产品经销商规范经营行为承诺书》。

5月27日

宁波市农业机械化管理局印发《关于开展农业机械免费实地安全检验工作的意见》(甬农机安[2013]18号)，目标通过3年时间，全市争取拖拉机、联合收割机年检率不低于85%，谷物烘干机检验率100%，植保机械、插秧机检验率不低于85%，其他农业机械检验率不低于70%。

5月24日

宁波市人民政府印发《关于孙毅等职务任免的通知》(甬政干[2013]8号)，任命张玉申为宁波市农业机械化服务总站副站长，包菊美为宁波市农业机械化服务总站巡视员，免去汪春阳、胡国常的宁波市农业机械化服务总站副站长职务。

5月29日

宁波市农业机械化管理局印发《关于严政等同志职务任免的通知》(甬农机[2013]6号)，决定：严政同志任办公室主任；宋承申同志任宁波市农机技术推广中心副主任。免去：方兴旺同志办公室主任职务。

5月

慈溪市施山农机专业合作社从日本首次引进2台鲜大豆采收机，该机具的引进填补省内空白。

6月4日

宁波市人民政府副市长林静国、副秘书长陈少春等一行到宁波市农业机械化管理局调研指导工作。宁波市农业机械化管理局局长李强介绍市农业机械化管理局概况，汇报近年来农业机械化工作取得的成效以及2013年农业机械化工作思路。副市长林静国听取汇报后对市农业机械化管理局所做的工作给予肯定。

7月1日

宁波市单季稻机插工作圆满结束，全市完成单季稻机插面积23.11千公顷，比2013年同期增加0.8千公顷。

7月3日

农业部办公厅印发《关于公布2012—2013年度全国农机安全监理“为民服务创先争优”示范窗口和示范岗位标兵的通知》(农办机[2013]24号)，余姚市农业机械化管理局获全国农机安全监理“为民服务创先争优”示范窗口称号，慈溪市农业机械化管理局戎雪利获得全国农机安全监理“为民服务创先争优”示范岗位标兵称号。

7月5日

宁波市副市长林静国带领市农业局局长鲍尧品、市农业机械化管理局局长李强等到余姚三七市镇田螺山农机合作社调研区域性农机服务中心建设、管理和运作等情况。

8月初

宁波市遭遇连续高温干旱天气，给农业生产带来较大影响，全市农机部门组织4 000多台专用农机具投入抗旱救灾工作。

8月2日

宁波市已机割早稻15.36千公顷，完成早稻机割任务98%，机插连作晚稻12.71千公顷，占连作晚稻计划机插面积的96%，烘干粮食46 700多吨，全市“双夏”农业机械化作业服务基本结束。

8月14日

宁波市农业机械化管理局召开农机惠农扶持政策监管工作视频会议。会议总结设施农业建设补贴、农机购置补贴及作业补贴实施情况，分析扶持政策实施和监管工作中存在的主要问题，研究加强扶持政策监管的对策措施。宁波市农业机械化管理局局长李强、副局长张凤谦、副局长葛建平出席会议。

8月14—15日

宁波市农业机械化管理局召开党委理论学习中心组(扩大)学习会，套开全市农机局(站)长座谈会。市农业机械化管理局党委理论学习中心组全体成员、各县(市)区农机(农林)局(站)主要负责人、市党的群众路线教育实践活动第八督导组代表参加会议。市农业机械化管理局党委书记、局长李强作主题发言。会上还就如何提升农业机械化发展水平，更好地开展为农服务征求各县(市)区农机部门的意见和建议。

8月23—24日

无锡市农业机械局局长陈正康带领考察团来宁波慈溪、象山考察调研设施农业建设、农机服务组织发展、智慧农机建设和农业机械化发展扶持政策制订等方面做法及经验。宁波市农业机械化管理局局长李强、副局长葛建平陪同考察。

9月26—27日

浙江省农机维修技能竞赛暨维修工作座谈会在宁波市鄞州区举行。维修竞赛分维修理论知识测试和现场机具故障排除操作两大部分，维修工作座谈会上研究探讨农机维修行业发展对策措施。省农业厅副厅长赵兴泉、省农业机械管理局局长杨大海、副局长王天工、宁波市农业机械化管理局局长李强、副局长葛建平等参加活动。

10月17日

宁波市农业机械化管理局印发《宁波市农业机械化管理局行政规范性文件“三统一”制度》(甬农机[2013]12号)，对行政规范性文件的制定与公布、“三统一”管理范围、评估与清理进行规定。

10月23日

宁波市农业机械化管理局副局长王天工带领省“平安农机”示范县(市)区认定组到镇海区检查认定平安农机创建工作。镇海区副区长包志安汇报该区省级平安农机示范区创建工作，认定组对该区创建工作给予高度评价。宁波市农业机械化管理局局长李强、副局长张玉申、巡视员汪春阳等参加认定会。

10月

超强台风“菲特”给宁波市农业机械化生产造成巨大影响，全市设施大棚受损、倒塌3.87千公顷，各类农机具受损6 666台，设施用房受损、倒塌10.5万平方，总计直接经济损失约3.56亿元。全市农机部门组建48个抗灾救灾工作组，组织6 000多名农机技术人员、机手投入13 000多台农业机械到抗灾救灾、灾后自救和恢复生产当中。

11月11日

宁波市人民政府召开全市冬种生产现场会，全面动员和部署秋收冬种工作。宁波市农业机械化管理局局长李强就抓好冬种生产农业机械化服务工作作表态发言。

2013年

宁波市水稻机插面积继续稳中有增，全年完成水稻机插面积48.05千公顷(其中早稻12.7千公顷、单季稻23.11千公顷、晚稻12.25千公顷)，机插率约56%，顺利完成宁波市人民政府下达的48千公顷机插任务。

青 岛 市

2012年12月7日

青岛市2012年农业机械化示范基地项目评审验收会议举行，各市区农机推广部门负责人、基地项目负责人参加会议。在各基地负责人汇报的基础上，专家通过询问和审读申报材料，对2012年度11个农业机械化示范基地进行验收，并出具验收报告，11个基地全部通过专家验收。

12月21日

青岛市人民政府颁布《关于下发行政审批事项的决定》，将农业机械维修技术合格证书核发、拖拉机、联合收割机等农业机械号牌、行驶证核发；拖拉机、联合收割机等农业机械驾驶证核发下放至四市和区农机主管部门，自2013年2月1日起实施。

12月24日

青岛市农机职业技能鉴定站推荐推荐的即墨市农业机械化学校、胶南市农业机械化学校、平度市农业机械化学校，被农业部农业机械化管理司授予“全国农机职业技能培训和鉴定示范基地”称号。

2013年1月

山东省农业厅审核批准确定青岛市农业机械化职工学校为山东省省级现代农业技术培训基地，省级现代农业技术培训基地主要负责省级普通班的培训任务。

3月15日

青岛市农机部门在即墨段岚泊镇瓦戈庄大集开展“农机打假护农金盾行动”的活动。在活动现场工作人员摆放40多件真假农机配件，向农民讲解如何识别假冒伪劣产品，发放宣传手册2 000份。在3·15前后一周内，市农机部门还将对市内900多家农机销售和维修企业进行重点抽查，确保农机整机抽检合格率达到100%，零配件抽检合格率达到90%以上，为农民春耕备播保驾护航。

3月21日

青岛市召开全市农机购置补贴工作会议，会议主要任务是贯彻全国、全省购机补贴工作会议精神，落实全市农机工作会议的部署，总结2012年的购机补贴工作，部署2013年的购机补贴工作。会议由青岛市农业机械管理局副局长闫文圣主持，市农业机械管理局局长陈志颖做总结讲话，各区市农机部门负责人参加会议。

3月25日

全市农机教育培训规范化建设年活动启动仪式在青岛农业大学学术会馆举行，青岛市农业机械管理局副局长闫文圣、副巡视员政佃祥，青岛农业大学机电工程学院党委书记蒋金琳、副院长连政国出席启动仪式。

3 月 25—27 日

青岛市农机合作社示范社理事长培训班在青岛农业大学举办，39 名市级以上农机合作社示范社理事长、各市区农机部门管理科长、农业机械化学校校长参加培训。市农业机械管理局副局长闫文圣、副巡视员政佃祥，青岛农业大学机电工程学院党委书记蒋金琳、副院长连政国，福田雷沃重工农业装备事业本部党委副书记孙波分别出席培训班开班和结业仪式。

3 月 26 日

青岛市农业机械管理局在青岛会展中心举办 2013 年农机购置补贴工作信息通报会，近百家农机生产企业和 50 多家农机补贴产品经销商参加会议。青岛市农业机械管理局副局长闫文圣在通报会上介绍 2013 年青岛市农机购置补贴政策。

4 月 8 日

青岛市农业机械管理局在城阳区城阳村社区举行 2013 年春季农机送科技下乡活动，局机关 20 多名机关干部和农机技术人员参加科技咨询活动。青岛市委书记王伟副出席活动启动仪式，青岛市农业机械管理局局长陈志颖、副局长闫文圣参加活动。

4 月 25 日

青岛市农业机械化技术推广站在即墨市刘家庄中心社区泉庄村召开花生机械化播种农机农艺融合现场会。青岛市农业机械管理局局长陈志颖、副局长闫文圣出席现场会，主要花生种植区市的分管局长和农机推广站长参加现场会。

5 月 29—30 日

青岛市举行农机工作观摩会。青岛市农业机械管理局局长陈志颖作总结讲话，副局长闫文圣主持会议。市农业机械管理局副处级以上干部和各区、市农机部门主要负责人参加会议和观摩活动。与会人员共观摩四市和黄岛区的 11 个观摩点，相互学习推动工作的好思路、好办法。

6 月 6 日

国际粮农组织专家和朝鲜代表团考察青岛市保护性耕作情况，详细讲解青岛市实施一年两作小麦玉米保护性耕作的情况。

6 月 7 日

青岛市农业机械管理局组织青岛市农业大学的专家教授对黄岛区宝山镇和胶河经济区两个示范区的小麦进行测产，拉开 2013 年小麦测产工作的序幕。2013 年，青岛市农业机械管理局将根据各区市小麦成熟情况对全市 21 个保护性工作示范区陆续开展小麦测产工作，准确摸清保护性耕作示范区小麦产量，全面掌握示范区小麦生产情况。

7 月

青岛市农机部门针对 2013 年小麦收获推迟、成熟集中、收播同步的实际，充分发挥农业机械在“三夏”生产中的主力军作用，集中力量突击抢收抢种（双抢），机收进度快，玉米播种快，确保小麦颗粒归仓，玉米适时播种，打赢一场“三夏”农机生产“闪电战”。截至 6 月 25 日，全市 263.47 千公顷小麦收获全面结束，机收率 99.7%；截至 7 月 1 日，全市播种玉米 240.65 千公顷，机播率 99.8%。

8 月 8 日

青岛市农机半年教育培训工作会议在青岛邮电疗养院召开，青岛市农业机械管理局副巡视员政佃祥、山东省农业机械管理局科教处副处长辛章法出席会议。各区、市农机主管部门分管局长、农业机械化学校校长、济南市农机校校长吴佰勇、枣庄市农机校校长赵常玲参加培训。

8 月

青岛市农机教育培训网络学校开通仪式在青岛邮电疗养院举行，青岛市农业机械管理局副巡视员政佃祥、山东省农业机械管理局科教处副处长辛章法出席开通仪式。各区市农机主管部门分管局长、农业机械化学校校长参加仪式。仪式上现场观看由青岛市农机优秀教师韩伟杰讲授的《半喂入式花生收获机的使用与维修》网络视频，受到与会人员的好评。

9 月 11—12 日

根据青岛市委关于做好党的群众路线教育实践活动的部署要求，青岛市农业机械管理局全体党员干部职工赴临沂市山东省党员领导干部党性教育基地开展现场学习教育。

10 月

青岛市 258.67 千公顷玉米收获已近尾声，玉米机收率 92%，比 2012 年提高 10 个百分点以上，创历史新高。2013 年，青岛市新增玉米收获机械 400 多台，新增机械大多带有玉米剥皮功能。目前，青岛市玉米联合收获机总量 5 500 多台。在秋收期间，青岛市又从外地引进 1 000 多台收获机来青作业，基本满足农业生产需要，加快生产进度。

青岛市在粮食作物生产中积极推广保护性耕作技术，全市实施面积达到 46.67 千公顷，促进粮食增产农民增收。国家农业部在平度市兰底镇设立全国首个保护性耕作专家工作站。工作站将结合青岛市近年来推广保护性耕作的实施经验，在高产高效保护性耕作技术、新型保护性耕作机械开发等方面进行联合攻关。2013 年，平度兰底镇保护性耕作示范基地的玉米平均每公顷产量达到 10 185 千克，比 2012 增产 70 多千克。

11 月

青岛市各级农机管理部门坚持政策扶持、规范管理、示范带动多措并举，持续加大培育和发展力度，全市农机合作社 410 个，平均每个农业镇近 8 个，在“三秋”农业机械化生产中作用凸显，推动农机作业组织化、规模化和经营效益全面提高。

厦 门 市

2012 年 12 月 19 日

厦门市农业局制定《拖拉机驾驶人员培训补贴试点实施方案》（厦农[2012]55 号），在岛外四区启动拖拉机驾驶人有机无人员培训补贴试点，根据培训机型不同，给予参训有机无证人员 600～1 400 元/人的补助。

2013 年 1 月 17—18 日

福建省农业机械管理局副局长杨斌带领省农业厅农机安全考评组一行 4 人，到厦门市农业机械监理所，同安区和翔安区，对厦门市 2012 年度农机安全生产目标责任与农机道路交通安全综合整治“三年行动”目标责任落实情况进行考评。

2 月 21 日

厦门市农业局联合市财政局制定《厦门市拖拉机报废补贴办法》（厦农[2013]8 号）明确“在本市从事农业生产经营的组织和个人所拥有的拖拉机，已在所辖区农机监理机构办理注册登记，达到报废年限并按规定办理报废手续的，根据报废拖拉机类别的不同，均可申请享受 800～5 000 元拖拉机报废补贴”。

3 月 21 日

厦门市农业机械监理所结合全市“放心农资下乡进村宣传周”活动，在翔安区开展农机“3·15”质量投诉与监督现场咨询活动，现场公布市、区两级农机部门农机产品质量监督投诉电话，并受理农民有关农机产品质量的投诉。

4月2日

厦门市农业局召开2013年厦门市农业机械化、农机购置补贴和农机安全生产工作会议。市农业局党组副书记、副局长张友福出席会议并讲话。会议传达全国、全省农业机械化工作会议和农机购置补贴工作会议精神，全面总结回顾2012年工作，安排部署2013年重点工作任务。市、区农业(农机)部门、市财政局、市道安办等单位人员共39人参加会议。

5月6日

厦门市农业机械监理所组织本地2013年农机生产企业推荐的10家农机购置补贴产品销售商法定代表人、各区农机管理站农机购置补贴工作负责人在翔安区农林水利局召开厦门市2013年农机购置补贴产品销售商座谈会暨风险警示教育会，全市10家经销商均签定“2013年厦门市农机购置产品经销企业承诺书”。

5月20日

约翰·迪尔厦门座谈会暨拖拉机安全技术培训会在厦门市同安区洪塘镇举行。市、区农机管理人员、各区农机用户代表、新购机农民60多人参加培训会。

6月19日

福建省安全生产监督管理局副巡视员张春华带领省安全生产目标责任考评暨道路交通安全综合整治工作督查组一行3人，在厦门市安全生产监督管理局局长柯继安及市道安办有关人员的陪同下，对厦门市农业局2013年上半年安全生产目标责任和农机道路交通安全工作情况进行考评督查。厦门市农业局副局长张友福，局种植业处、市农业机械监理所负责人参加考评汇报。

6月21日

厦门市农业局联合翔安区农林水利局在翔安区马巷镇举办2013年农机安全生产月宣传咨询日活动和农机事故应急救援演练。市、区农业局分管领导、各区农机管理、监理人员和翔安区各镇农机员、部分机手参加。

7月4日

厦门市安全生产委员会办公室副主任、市安全生产监督管理局纪检组长曾惠珍带领市安全生产委员会办公室安全生产大检查工作督查组一行6人，对厦门市农业局2013年上半年安全生产目标责任制、农机道路交通综合整治进行检查考核。市农业局副局长张友福，局综合秘书处、局种植业处、市农业机械监理所负责人参加考核汇报。

7月8—9日

厦门市道安办副主任、市农业局副局长张友福带领市农机安全生产大检查工作督查组一行7人，到全市4个农业区开展农机安全生产落实目标责任制和拖拉机专项整治考评督查。

7月18—19日

福建省农业厅处长隋仕民带领督查组一行3人，在厦门市开展农机安全生产专项督查。

8月1日

根据厦门市农业局《关于印发厦门市农机安全生产大检查工作实施方案的通知》(厦农[2013]90号)及“重点整治百日行动”的工作部署，市农业机械监理所副所长王洪铭带领市农机部门检查组，以暗访的方式，深入翔安区农机生产现场开展安全生产大检查及隐患排查活动。

8月9日

厦门市农业局在市农业机械监理所三楼会议室，召开全市农机购置补贴风险警示教育会。

厦门市农业局在市农业机械监理所三楼会议室，召开全市上半年农业机械化工作、农机安全生产形势分析和农机购置补贴工作会议。厦门市农业局党组副书记、副局长张友福出席会议并作讲话。

8月12日

为确保厦门市农机“双抢”安全作业，取得实实在在的成效，市农业机械监理所副所长王洪铭带领检查组，到田间地头检查“双抢”农机安全生产。

厦门市农业机械监理所副所长王洪铭带领检查组，到同安区检查平安农机创建工作。

8月13日

厦门市农业机械监理所召开党的群众路线教育实践活动动员大会，大会就市农业机械监理所深入开展党的群众路线教育实践活动进行全面动员和部署。市农业局党组副书记、副局长、办(局)党的群众路线教育实践活动副组长张友福、督导组组长宋坚在会上作讲话，市农业机械监理所支部书记、所长杨强作动员报告。

厦门市同安区副区长朱永辉带领同安区农林局、安监局、交警大队、消防大队等单位领导，对同安区农机安全生产工作进行检查指导。

8月20日

为不断深化农机安全生产大检查和“重点整治百日行动”，促进厦门市农机安全生产继续保持良好形势，厦门市农业机械监理所副所长王洪铭带领检查组汇同海沧区农机部门，结合拖拉机“送检上门”服务活动，开展农机安全生产隐患排查工作。

福建省农业厅第四督查组在同安区农林局副局长李仁平陪同下，到同安区农机站检查农机安全生产管理工作。

8月26日

厦门市安全生产委员会办公室副主任、市安全生产监督管理局纪检组长曾惠珍带领市安全生产委员会办公室全生产大检查工作督查组一行8人，对厦门市农业局在安全生产大检查期间第二阶段工作开展情况进行考评督查。

8月29日

由福建省安全生产监督管理局、省农业机械监理所组成的省“平安农机”检查复评工作组一行3人，到同安区检查平安农机创建工作，实地查看同安区农机管理站、平安农机示范镇——五显镇、平安农机示范村——五显镇后塘村，查阅档案资料，详细了解平安农机创建的各项工作开展情况。

9月4日

根据厦门市安全生产委员会《关于加强“9·8”投洽会、中秋和国庆期间安全生产工作的通知》(厦安字[2013]30号)和省、市人民政府关于安全工作及重点整治百日行动的要求，厦门市农机部门深入基层开展安全生产大检查。

9月4—6日

根据福建省农业机械管理局《关于进一步强化农机购置补贴防诈骗工作的通知》(闽农机管[2013]82号)文件要求，市农机部门组织人员深入基层，加强农机购置补贴防诈骗宣传工作。工作人员在同安区、翔安区农机经销点、重要镇(街)道口等明显位置，张贴《给农民朋友的一封信——谨防有人借农机购置补贴实施行骗》，告知农民接到不明电话时，要向所辖区农机部门核实，以防上当受骗，造成不必要的损失。

9月10日

厦门市农机部门汇同海沧区农机部门工作人员，根据农财两部关于农机购置补贴工作的相关要求，结合当前开展的农机购置补贴防诈骗、农机安全生产大检查等活动，到海沧区海沧街道、东孚镇扎实做好机具核实工作。

9月12日

厦门市农业局、厦门市财政局农机购置补贴联合督查组分别到同安区和翔安区，对两个区2012—2013年农机购置补贴实施工作进行督查。督查的重点主要是农机购置补贴专项工作经费使用是否规范、农机购置补贴信息是否全面有效地公开、操作程序是否规范、是否存在倒卖补贴指标、倒卖机具、骗取补贴资金等现象。

9月18日

在厦门市更新物资回收有限公司切割现场，市、区农机部门工作人员以及厦门日报记者见证首例报废拖拉机回收切割，这一举措给厦门市报废拖拉机专项整治起良好开端，将带动和引导更多的农机户走正规渠道报废，并申请拖拉机报废补贴，积极消除农机道路交通安全隐患，有效预防和减少特重大拖拉机交通事故发生。

10月16日

厦门市农业局副局长张友福做客厦门市人民政府网"在线访谈"栏目，解读"农机购置补贴政策"，与网民在线交流互动，并在现场接受厦门电视台记者的采访。

11月1—15日

为进一步规范农机购置补贴工作，确保农机购置补贴惠农政策落实到位。厦门市农业局在市人民政府网开展农机购置补贴政策满意度网上问卷调查。

新疆生产建设兵团

2012年12月11日

新疆生产建设兵团农业机械化管理局在乌鲁木齐市召开《2012年兵团农机购置补贴信息档案汇总会》，会议对2012年兵团农机购置补贴信息进行校核、汇总；对农机报废更新补贴信息进行汇总并要求开展试点工作的单位做好总结；安排2013年农机购置补贴工作预测摸底工作。

2013年1月23日

新疆生产建设兵团农业局召开会议研究讨论《2013年兵团农机购置补贴资金使用方案》和《2013年兵团农机购置补贴机具分类分档补贴额一览表》制定原则和工作进度方案。2月7日，兵团农业机械化管理局召开《兵团农机购置补贴机具分类分档一栏表》专家评审会，审议《2013年兵团农机购置补贴机具分类分档补贴额一览表》。

2月27日

新疆生产建设兵团召开《2013年兵团农业工作电视电话会议》，确定兵团农业机械化工作思路、工作目标和工作任务。

3月11日

召开兵团2013年农机安全生产工作座谈会，会议总结交流2012年兵团农机安全生产工作，分析当前和今后一个时期兵团农机安全生产面临的新形势、新任务和新要求，安排部署2013年的农机安全生产工作。

3月15日

新疆生产建设兵团办公厅在乌鲁木齐市组织召开"2013年兵团农机购置补贴补贴工作座谈会"，兵团各师主管农业的领导、农业局领导、农业机械化管理局领导、财务局领导等70余人参加会议。会议首先传达全国农机购置补贴工作会议精神；兵团财务局总会计师谢新生介绍农机购置补贴资金管理流程等情况；兵团检察院副检察长马原军作警示教育报告；兵团农业局副局长何建明介绍农机购置补贴方案、分类分档一览表制定原则；兵团副司令员孔星隆参加会议，并作讲话，会议明确今后一个时期农机购置补贴的补贴方向和补贴重点。在会议上兵团农业局副局长何建明与各师农业机械化管理局局长签订《农机购置补贴工作责任书》，并就农机购置补贴工作提出具体要求。

5月10—12日

新疆生产建设兵团农业机械化管理局与新疆维吾尔自治区农牧业机械管理局在昌吉共同举办新疆农机博览会，兵团组织近700人参加博览会。

5月18—19日

新疆生产建设兵团农业机械化管理局在乌鲁木齐市召开"2013年农机购置补贴工作及警示教育座谈会"。来自各师农业机械化管理局局长、农机购置补贴业务人员，兵团财务局、兵团检察院、兵团农机技术推广站等40余人参加会议。会议传达全国农机购置补贴工作会议精神，开展农机购置补贴工作警示教育、讲解农机购置补贴工作操作程序、部署2013年农机购置补贴工作和有关要求。会议由兵团农业机械化管理局局长丁卫东主持，兵团农业局副局长何建明和兵团农业局纪检组长李莉萍到会并讲话。

6月5—6日

在新疆生产建设兵团第三师图木舒克市召开"平安农机"示范创建及规范化农机监理所（站）建设现场会，来自兵团各师、团场农机监理部门的领导及监理员100余人参加会议。会议观摩三师50团农机具及驾驶员规范化监理现场，参观2012年度"国家级平安农机示范县"三师53团农机监理站，启动兵团"农机安全生产月"活动，观摩农机事故应急演练。

6月6—7日，19—20日

新疆生产建设兵团农业机械化管理局分别在十师北屯市、一师阿拉尔市召开兵团北疆、南疆垦区农机购置补贴管理系统培训班。来自各师农业机械化管理司和一师、十师各团场农机购置补贴业务人员参加培训班。培训班上对农机购置补贴实施方案、操作流程等进行讲解，并上机进行操作培训。至此农机购置补贴网上操作全面展开。

6月至10月中旬

新疆生产建设兵团农业机械化管理局组织有关专家赴一、二、三、四、五、六、七、八、十师部分团场进行调研、检查和督导，主要内容有农机标准化示范团场创建情况、农机购置补贴政策落实情况、农业机械化基地棚库建设情况和保护性耕作等项目执行情况等。

7—10月

新疆生产建设兵团农业机械化管理局成立农机安全生产领导小组，安排部署农机安全生产大检查行动，制定下发《兵团农机安全生产大检查方案》（兵农（机）发[2013]199号），农机安全生产大检查活动把农机年度检验、"三夏"期间农机安全生产、打非治违专项整治紧密结合起来，促进农机安全生产。

9月13日、23日

新疆生产建设兵团农机技术推广站分别在一师阿拉尔市、八师石河子市召开"兵团机采棉高效施药机械改造暨采净率、含杂率对比试验技术研讨会"，第一、二、三、四、五、六、七、八、十、十三师农业（机）局和农机推广站领导、重点试验团场1团、105团、125团、149团分管领导和农机科长及新疆农垦科学院机械装备研究所专家等参加会议，会议重点研讨机采棉施药机械技改技术，交流沟通机采棉施药机械技改经验，为机采棉高效施药机械技改走向规范化道路提供技术支持。

9—11月

为加强新疆生产建设兵团农机安全监理体系机制、设施等方面建设，制定《兵团农机安全监理体系三年(2014—2016年)建设规划(征求意见稿)》。

10月9日

新疆生产建设兵团农业机械化管理局会同有关部门开展为期一周的农机安全生产检查工作，检查主要针对安全责任制的制定、责任书的签订、应急预案的制定与演练、采棉机作业安全措施以及“三秋”作业农机具的安全技术性能等方面。

10月22—23日

新疆生产建设兵团农业机械化管理局在第一师八团召开“兵团红枣机械化收获现场演示会”，第一、二、三、十三、十四师农业局主管农机、园艺的领导及农机技术推广站领导，有关团(场)领导及农机、林业技术推广站领导及新疆石河子大学机械电气工程学院、新疆农垦科学院农业机械装备研究所专家等参加会议，会议观摩现代农装股份有限公司研制的4AZ—1Y型自走式红枣收获机作业演示，研讨交流红枣收获机械化技术，加快红枣机械化收获技术示范推广步伐。

11月27—30日

新疆生产建设兵团举办1期农机监理考试员、检验员培训班，来自兵团各师及团场的监理员90余人参加培训并经考试合格，颁发农机监理考试员证和检验员证，通过培训学习，进一步提高监理农机检验、驾驶员考试技能。

黑龙江省农垦总局

2012年12月10—13日

由中国工程院院士、华南农业大学教授罗锡文带领的农业部水稻育插秧机械化调研组一行5人来垦区调研。调研组先后到黑龙江省农垦总局建三江管理局创业、红卫、胜利、七星和红兴隆管理局的友谊等五个农场进行实地考察，并召开有管理区农机、农艺技术人员等代表参加的座谈会。罗锡文对垦区现代化大农业发展给予高度评价，并提出殷切希望。黑龙江省农垦总局农业机械化管理局、省农业机械化管理局、东北农业大学以及管局(县)有关部门负责人陪同调研。

12月18—19日

黑龙江省农垦总局农业机械化管理局与总局扶贫办联合举办农机实用技术培训班。垦区农场的120余名农机驾驶操作人员参加培训。

2013年1月8—23日

黑龙江省农垦总局农业机械化工作目标管理考核与调研组，对北安、九三、绥化、齐齐哈尔、红兴隆等管理局的部分农场的农业机械化工作进行考核调研。

2月28日

黑龙江省农垦总局建三江农垦胜利好山河农机合作社等10个单位获得农业部“全国农机合作社示范社”称号。

3月1—3日

黑龙江省农垦总局农业机械化管理局举办“2013年垦区农机管理干部培训班”，共有各管局、农(牧)场140余名农机管理干部参加培训，总局副局长徐学阳到会讲话，局长李俊作《学习贯彻有关会议精神，开创垦区农机化超越发展新局面》的专题辅导报告，对2012年工作进行回顾和总结，部署2013年农业机械化工作。

3月5—6日

重庆航空投资有限公司丰延东、李章军副总经理等领导来黑龙江省农垦总局访问。总局副局长徐学阳接见，双方就农业航空发展合作进行洽谈。

3月6日

克拉斯董事会主席卡特琳娜·卡拉斯·缪毫斯(女士)一行来访黑龙江省农垦总局。总局副局长徐学阳接见德国客人。总局农业机械化管理局、农业局、外事办等单位负责人参加会见。双方就开展农机制造、贸易等合作事宜进行洽谈。

3月26—30日

农业部农垦局在友谊农场举办“全国农垦农机标准化示范农场创建工作培训班”。农业部农垦局局长李伟国、副局长何子阳在开班式上作讲话。农垦分会会长杭阿龙主持会议，黑龙江省农垦总局副巡视员李殿君到会讲话。黑龙江省农业机械化管理局在培训班上做经验介绍。

4月9日

美国Lankota公司(兰科)总裁Marvie tschetter(玛薇·切特)女士、Raven公司(雷文)全球销售主管Michelle lavalle(米歇尔·拉瓦勒)女士等一行8人来垦区访问。黑龙江省农垦总局农业机械化管理局副局长冯舟接待来访客人，双方就农机新技术和新产品合作事宜进行洽谈。

4月18日

黑龙江省农垦总局在北京广西大厦，召开“2013中国黑龙江·北大荒国际农业机械展览会信息发布会”。农业部农业机械化管理司及相关单位、媒体、企业，农机展组委会共计100余人参加会议。黑龙江省农垦总局农业机械化管理局副局长徐学阳作信息发布。黑龙江省农业委员会副巡视员李连瑞主持发布会。黑龙江省农垦总局农业机械化管理局局长李俊等参加了会议。

4月19日

“春耕生产千人百场科技服务”专家团由黑龙江省农垦总局农业机械化管理局副局长冯舟带队，赴红兴隆管理局友谊、八五三、八五二、五九七农场进行科技服务。农垦科学院、八一农大等单位农业农机方面专家参加科技服务。

5月2—8日

新疆生产建设兵团供销社主任张林泽一行9人来到黑龙江省农垦总局建三江管理局胜利、前锋、七星农场，九三管理局尖山、鹤山农场考察学习农机社会化服务体系建设经验，并与基层干部、合作社代表进行座谈交流，黑龙江省农垦总局农业机械化管理局局长李俊等及管局相关领导陪同。

5月18日

中国农业机械协会农用航空分会成立大会及农用航空发展研讨会在佳木斯召开。

6月23—26日

黑龙江省农垦总局农业机械化管理局与政策法规局联合举办“垦区农机行政执法人员培训班”，垦区新上岗的210名执法人员参加了培训，并办理黑龙江省人民政府颁发的《行政执法证》。

6月27日至7月3日

黑龙江省农垦总局农业机械化管理局在北京北大荒宾馆和天津迪尔农机培训中心两地举办“黑龙江垦区农机管理干部科技创新培训班”。总局副局长徐学阳在培训班开班式上作讲话。农业部农业机械化管理司司长宗锦耀、中国农业大学教授杨敏丽、中国农业机械化科学研究院研究员方宪法等专家在培训班上作专题讲座。黑龙江省农垦总局各管理局、农场农机管理干部140人参加培训。

7月23—24日

黑龙江省农机安全监理总站国家级“平安农机”检查组到九三管理局鹤山、嫩北农场,北安管理局赵光、红星农场检查验收。

9月4—6日

黑龙江省农垦总局举办“垦区农机监理内业岗位培训班”,垦区各管理局、农场内业监理员130人参加培训。按照农机监理规范化管理要求,学习“垦网”操作规程等。

9月5—8日

黑龙江省农垦总局成功举办“2013哈尔滨世界农业博览会暨第六届中国黑龙江·北大荒国际农业机械展览会”。展区总面积3.6万,参展企业210多家,其中国外20多个国家58家企业。参观人员6万多人,农机制造业签约20亿元。展会期间还召开全国农机合作组织现场会、第三届全国十大女杰颁奖仪式、《梁军传》再版发行及赠书仪式,举办农业机械化发展论坛、农机新产品新技术推介会等活动。

9月6日

黑龙江省农垦总局与中国农业机械化科学研究院举行合作框架签订仪式。中国农业机械化科学研究院院长李树君、副院长雷雨春、农垦总局局长王有国、副局长徐学阳参加会见,出席签字仪式。

9月21—23日

2013年全国农业航空技术研讨会在北大荒通用航空公司召开。中国工程院院士罗锡文、科技部农村技术开发中心副主任蒋丹平、农业部农业机械化管理司副司长胡乐鸣、美国农业部农业航空技术研究中心 Clint Hoffmann 主任、国际农业工程师学会精准农业航空委员会主席兰玉彬、中国农业机械协会农用航空分会杨林会长以及全国农业航空领域的56家单位110多位代表参加会议。

9月23—27日

“2013黑龙江绿色品产业博览会”在哈尔滨国际会展中心召开。黑龙江省农垦总局农业机械化管理局负责承办室外农业机械展,展区面积1.5万平方米。共有国内外20个厂商展出农机180多台套。

10月7—10日

由湖南省原政协副主席龙国健(中联重科集团监事会主席)带领的农机考察团到黑龙江农垦建三江、红兴隆管理局所属部分农场考察调研,目的是中联重科拟进军农机制造领域。

10月31日

《黑龙江经济报》“走基层、金秋行”栏目第一版整版及第二版刊登由黄苏记者邱丽娜、冯琦采写的《金戈铁马挺起大粮仓脊梁》一文,报道在严重涝灾之年,农业机械化在抗灾夺丰收、实现垦区粮食总产“十连增”中发挥支撑和保障作用,反映垦区加快农机更新步伐、优化农机装备结构、推行农机农艺与信息化相融合,坚持农机科技创新,促进现代化大农业发展所取得的成就。

11月4日

在中国农业机械学会成立50周年庆祝大会上,黑龙江省农垦总局农业机械化管理局被授予“优秀会员单位”荣誉称号。

11月5日

中共中央政治局常委、国务院总理李克强一行来到黑龙江省农垦总局建三江管理局前哨农场视察现代农业综合配套改革试验进展情况。在农场现代农机发展中心,李克强参观深松整地等作业机械。他与农户交谈,了解垦区现代农业经营模式,鼓励农户根据自身情况大胆尝试多种形式规模经营,趟出改革的新路子。他要求黑龙江农垦在现代农业综合配套改革试验上要勇于担当。

附 录

农业部部门规章及文件

关于印发《拖拉机、联合收割机牌证业务档案管理规范》的通知

农机发[2013]1号

各省、自治区、直辖市及计划单列市农机(农业、农牧)局(厅、委、办),新疆生产建设兵团农业局,黑龙江省农垦总局:

为深入贯彻落实《农业机械安全监督管理条例》,进一步规范农业机械牌证业务档案管理工作,提高农机安全监理的科学化、规范化和制度化水平,我部制定了《拖拉机、联合收割机牌证业务档案管理规范》,现予印发,请遵照执行。

二〇一三年一月二十九日

拖拉机、联合收割机牌证业务档案管理规范

第一章 总 则

第一条 为贯彻落实《农业机械安全监督管理条例》,规范拖拉机、联合收割机登记及驾驶证业务档案(以下简称牌证业务档案)管理,根据《拖拉机驾驶证申领和使用规定》《拖拉机登记规定》和《联合收割机及驾驶人安全监理规定》,制定本规范。

第二条 本规范所称牌证业务档案包括:拖拉机档案、联合收割机档案、拖拉机驾驶证档案、联合收割机驾驶证档案。

第三条 县级以上农业机械化主管部门负责本辖区牌证业务档案工作的管理,其所属的农业机械安全监督管理机构(以下简称农机安全监理机构)承担牌证业务档案管理具体工作。上级农机安全监理机构对下级农机安全监理机构的牌证业务档案管理工作进行指导和监督。直辖市农机安全监理机构可以统一管理本市牌证业务档案。

第二章 收集与整理

第一节 收 集

第四条 农机安全监理机构在办理拖拉机、联合收割机登记及驾驶证业务时,各业务岗位应同步收集相关资料,确保纸质档案资料完整规范。

第五条 拖拉机档案归档资料

(一)办理注册登记业务应当归档的资料:

1.《拖拉机注册登记/转入申请表》原件;

2. 拖拉机所有人及其代理人、经办人身份证明复印件;

3. 拖拉机销售发票复印件(发票注册登记联原件)或者其他能够证明合法来历的书面证明原件;

4. 拖拉机整机出厂合格证明原件或复印件、有关单位证明原件;

5. 安全技术检验合格证明原件;

6. 上道路行驶的拖拉机交通事故责任强制保险凭证;

7. 拖拉机的标准照片;

8. 发动机号码和拖拉机机身(底盘)或者挂车架号码拓印膜;

9. 受理凭证副本;

10.《拖拉机登记业务流程记录单》原件。

(二)办理所有人住所迁出业务、更换发动机或机身(底盘)或者挂车业务、更换整机业务、变更机身颜色业务、变更共同所有人姓名业务,应当归档的资料:

1.《拖拉机变更登记申请表》原件;

2. 拖拉机所有人及其代理人、经办人身份证明复印件;

3. 按变更内容应另外存入相应的资料:

①除拖拉机所有人住所迁出本农机安全监理机构管辖区

外，收存变更后的拖拉机的标准照片；

②更换发动机、机身（底盘）或者挂车的，收存安全技术检验合格证明原件、拖拉机发动机、机身（底盘）或者挂车的出厂合格证明原件或复印件、相应拓印膜和销售单位或者修理单位开具的发票复印件；

③更换整机的，收存变更后的整机出厂合格证明原件或复印件、进口拖拉机的进口凭证原件、安全技术检验合格证明原件、发动机号码和拖拉机机身（底盘）号码拓印膜，原拖拉机的整机出厂合格证明或者进口拖拉机进口凭证复印件、发动机和机身（底盘）号码拓印膜；

④拖拉机所有人住所迁出本农机安全监理机构管辖区的，收存发动机号码和拖拉机机身（底盘）或者挂车架号码拓印膜；

⑤两人以上共同所有的拖拉机变更所有人姓名的，收存变更前拖拉机所有人的身份证明复印件，共同所有该拖拉机的证明复印件；拖拉机为夫妻双方共同所有的，要收存《居民户口簿》复印件；变更后拖拉机所有人住所不在本农机安全监理机构管辖区域内的，要收存发动机号码和拖拉机机身（底盘）或者挂车架号码拓印膜；

4. 受理凭证副本；

5.《拖拉机登记业务流程记录单》原件。

拖拉机迁出辖区变更登记的，转出地农机安全监理机构应当收存拖拉机登记信息表和《拖拉机变更登记申请表》复印件、拖拉机所有人的身份证明复印件、发动机号码和拖拉机机身（底盘）或者挂车架号码拓印膜、行驶证原件和《拖拉机登记业务流程记录单》复印件另建档案。

（三）办理转入业务应当归档的资料：

1.《拖拉机注册登记/转入申请表》原件；

2. 拖拉机所有人及其代理人、经办人身份证明复印件；

3. 安全技术检验合格证明原件；

4. 拖拉机的标准照片；

5. 发动机号码和拖拉机机身（底盘）或者挂车架号码拓印膜；

6. 受理凭证副本；

7.《拖拉机登记业务流程记录单》原件。

（四）办理变更备案业务应当归档的资料：

1.《拖拉机变更备案申请表》原件；

2. 拖拉机所有人及其代理人、经办人身份证明复印件；

3. 拖拉机登记事项变更的相关证明原件；

4. 受理凭证副本；

5.《拖拉机登记业务流程记录单》原件。

（五）办理转移登记业务应当归档的资料：

1.《拖拉机转移登记申请表》原件；

2. 拖拉机转移前、后的所有人及其代理人、经办人身份证明复印件；

3. 拖拉机交易发票复印件或者其他能够证明合法来历的书面证明原件；

4. 拖拉机的标准照片；

5. 转移后拖拉机所有人住所不在管辖区域内的，应当收存发动机号码和拖拉机机身（底盘）或者挂车架号码拓印膜；

6. 受理凭证副本；

7.《拖拉机登记业务流程记录单》原件。

拖拉机迁出辖区转移登记的，转出地农机安全监理机构应当收存拖拉机登记信息表和《拖拉机转移登记申请表》复印件、拖拉机所有人的身份证明复印件、发动机号码和拖拉机机身（底盘）或者挂车架号码拓印膜、行驶证原件和《拖拉机登记业务流程记录单》复印件另建档案。

（六）办理抵押登记业务应当归档的资料：

1.《拖拉机抵押/注销抵押登记申请表》原件；

2. 抵押人和抵押权人及其代理人、经办人身份证明复印件；

3. 抵押合同副本或者复印件；

4. 受理凭证副本；

5.《拖拉机登记业务流程记录单》原件。

（七）办理注销抵押业务应当归档的资料：

1.《拖拉机抵押/注销抵押登记申请表》原件；

2. 抵押人和抵押权人及其代理人、经办人身份证明复印件；

3. 受理凭证副本；

4.《拖拉机登记业务流程记录单》原件。

（八）办理注销登记业务应当归档的资料：

1.《拖拉机停驶、复驶/注销登记申请表》原件；

2. 拖拉机所有人及其代理人、经办人身份证明复印件；

3. 拖拉机登记证书原件；

4. 行驶证原件；

5. 报废回收证明原件、灭失证明原件等相关证明资料；

6. 受理凭证副本；

7. 注销证明副本；

8.《拖拉机登记业务流程记录单》原件。

（九）办理停（复）驶业务应当归档的资料：

1.《拖拉机停驶、复驶/注销登记申请表》原件；

2. 拖拉机所有人及其代理人、经办人身份证明复印件；

3. 受理凭证副本；

4. 办理停驶业务的，要收存停驶凭证副本；

5.《拖拉机登记业务流程记录单》原件。

（十）办理补（换）领牌证业务应当归档的资料：

1.《补领、换领拖拉机牌证申请表》原件；

2. 拖拉机所有人及其代理人、经办人身份证明复印件；

3. 拖拉机牌证丢失、灭失书面声明；

4. 补领或者换领拖拉机行驶证的，要收存拖拉机的标准照片；

5. 补领或者换领拖拉机登记证书的，要收存发动机号码和拖拉机机身（底盘）或者挂车架号码拓印膜；

6. 受理凭证副本；

7.《拖拉机登记业务流程记录单》原件。

（十一）办理核发拖拉机检验合格标志业务应当归档的资料：

1. 安全技术检验合格证明原件；

2. 上道路行驶的拖拉机交通事故责任强制保险凭证；

3. 委托检验的，委托方收存《委托核发拖拉机检验合格标志通知书回执》、上道路行驶的拖拉机交通事故责任强制保险凭证。受委托检验方留存《委托核发拖拉机检验合格标志通知书》、安全技术检验合格证明原件。

（十二）办理登记事项更正业务应当归档的资料：

1.《拖拉机登记事项更正申请表》原件；

2. 拖拉机所有人及其代理人、经办人身份证明复印件；

3. 需要重新制作拖拉机行驶证的，要留存拖拉机的标准照片；

4. 受理凭证副本；

5.《拖拉机登记业务流程记录单》原件。

第六条 联合收割机档案归档资料

（一）办理注册登记业务应当归档的资料：

1.《联合收割机注册登记/转入申请表》原件；

2. 联合收割机所有人及其代理人、经办人身份证明复印件；

3. 联合收割机销售发票复印件（发票注册登记联原件）或者其他能够证明合法来历的书面证明原件；

4. 联合收割机的整机出厂合格证明原件或复印件、有关单位证明原件；

5. 安全技术检验合格证明原件；

6. 联合收割机的标准照片；

7. 发动机号码和联合收割机机身号码拓印膜；

8. 受理凭证副本；

9.《联合收割机登记业务流程记录单》原件。

（二）办理所有人住所迁出业务、更换发动机业务、改变机身颜色业务、更换整机业务、变更共同所有人姓名业务，应当归档的资料：

1.《联合收割机变更登记申请表》原件；

2. 联合收割机所有人及其代理人、经办人身份证明复印件；

3. 按变更内容应当收存相应的业务资料：

①除联合收割机所有人住所迁出本农机安全监理机构管辖区外，收存变更后的联合收割机的标准照片；

②更换发动机的，收存安全技术检验合格证明原件、联合收割机发动机出厂合格证明原件或复印件、联合收割机发动机号码拓印膜和销售单位或者修理单位开具的发票复印件；

③更换整机的，收存变更后的整机出厂合格证明原件或复印件、进口联合收割机的进口凭证原件、安全技术检验合格证明原件、发动机号码和联合收割机机身号码拓印膜，原联合收割机的整机出厂合格证明或者进口凭证复印件、发动机号码和联合收割机机身号码拓印膜；

④联合收割机所有人住所迁出本农机安全监理机构管辖区的，收存发动机号码和联合收割机机身号码拓印膜；

⑤两人以上共同所有的联合收割机变更所有人姓名的，收存变更前联合收割机所有人的身份证明复印件，共同所有该联合收割机的证明复印件；联合收割机为夫妻双方共同所有的，要收存《居民户口簿》复印件；变更后联合收割机所有人住所不在本农机安全监理机构管辖区域内的，要收存发动机号码和联合收割机机身号码拓印膜；

4. 受理凭证副本；

5.《联合收割机登记业务流程记录单》原件。

联合收割机迁出辖区变更登记的，转出地农机安全监理机构应当收存联合收割机登记信息表和《联合收割机变更登记申请表》复印件、联合收割机所有人的身份证明复印件、发动机号码和联合收割机机身号码拓印膜、行驶证原件和《联合收割机登记业务流程记录单》复印件另建档案。

（三）办理转入业务应当归档的资料：

1.《联合收割机注册登记/转入申请表》原件；

2. 联合收割机所有人及其代理人、经办人身份证明复印件；

3. 安全技术检验合格证明原件；

4. 联合收割机的标准照片；

5. 发动机号码和联合收割机机身号码拓印膜；

6. 受理凭证副本；

7.《联合收割机登记业务流程记录单》原件。

（四）办理转移登记业务应当归档的资料：

1.《联合收割机转移登记申请表》原件；

2. 联合收割机转移前、后的所有人及其代理人、经办人身份证明复印件；

3. 联合收割机交易发票复印件或者其他能够证明合法来历的书面证明原件；

4. 联合收割机的标准照片；

5. 转移后联合收割机所有人住所不在管辖区域内的，应当收存发动机号码和机身号码拓印膜；

6. 受理凭证副本；

7.《联合收割机登记业务流程记录单》原件。

联合收割机迁出辖区转移登记的，转出地农机安全监理机构应当收存联合收割机登记信息表和《联合收割机转移登记申请表》复印件、联合收割机所有人的身份证明复印件、发动机号码和联合收割机机身号码拓印膜、行驶证原件和《联合收割机登记业务流程记录单》复印件另建档案。

（五）办理注销登记业务应当归档的资料：

1.《联合收割机注销登记申请表》原件；

2. 联合收割机所有人及其代理人、经办人身份证明复印件；

3. 行驶证原件；

4. 报废回收证明原件、灭失证明原件等相关证明资料；

5. 受理凭证副本；

6. 注销证明副本；

7.《联合收割机登记业务流程记录单》原件。

（六）办理补（换）领牌证业务应当归档的资料：

1.《补领、换领联合收割机牌证申请表》原件；

2. 联合收割机所有人及其代理人、经办人身份证明复印件；

3. 联合收割机牌证丢失、灭失书面声明；

4. 补领或者换领联合收割机行驶证的，要收存联合收割机的标准照片；

5. 受理凭证副本；

6.《联合收割机登记业务流程记录单》原件。

（七）办理签注联合收割机行驶证年度检验合格有效期业务应当归档的资料：

1. 安全技术检验合格证明原件；

2. 委托检验的，委托方收存《委托办理联合收割机检验合格有效期签注通知书回执》，受委托检验方留存《委托办理联合收割机检验合格有效期签注通知书》、安全技术检验合格证明原件。

（八）办理登记事项更正业务应当归档的资料：

1.《联合收割机登记事项更正申请表》原件；

2. 联合收割机所有人及其代理人、经办人身份证明复印件；

3. 需要重新制作联合收割机行驶证的，要留存联合收割机的标准照片；

4. 受理凭证副本；

5.《联合收割机登记业务流程记录单》原件。

第七条　拖拉机驾驶证档案归档资料

(一)办理初次申领驾驶证业务应当归档的资料：

1.《拖拉机驾驶证申请表》原件；

2. 申请人身份证明复印件；

3.《拖拉机驾驶人身体条件证明》原件；

4. 驾驶培训记录原件；

5. 受理凭证副本；

6. 科目一考试预约凭证原件；

7.《拖拉机驾驶技能准考证明》原件；

8.《拖拉机驾驶人考试成绩表》原件；

9. 科目一考试试卷原件或计算机考试成绩单原件；

10. 科目二、三、四考试评判记录原件；

11.《拖拉机驾驶证业务流程记录单》原件。

(二)办理增加准驾机型业务应当归档的资料：

1.《拖拉机驾驶证申请表》原件；

2. 申请人的身份证明复印件；

3. 原拖拉机驾驶证原件；

4.《拖拉机驾驶人身体条件证明》原件；

5. 驾驶培训记录原件；

6. 受理凭证副本；

7. 科目一考试预约凭证原件；

8.《拖拉机驾驶技能准考证明》原件；

9.《拖拉机驾驶人考试成绩表》原件；

10. 科目一考试试卷原件或计算机考试成绩单原件；

11. 相应的科目二、三、四考试评判记录原件；

12.《拖拉机驾驶证业务流程记录单》原件。

(三)办理驾驶证换证业务应当归档的资料：

1.《拖拉机驾驶证申请表》原件；

2. 申请人及其代理人、经办人的身份证明复印件；

3. 身份信息变化和证件损毁换证的，收存原拖拉机驾驶证原件；

4. 有效期满换证的，应当收存《拖拉机驾驶人身体条件证明》原件；

5. 受理凭证副本；

6.《拖拉机驾驶证业务流程记录单》原件。

(四)办理驾驶证转出业务应当归档的资料：

1.《拖拉机驾驶证申请表》原件；

2. 申请人及其代理人、经办人的身份证明复印件；

3. 受理凭证副本；

4.《拖拉机驾驶证转出通知单(存根联)》原件；

5.《拖拉机驾驶证业务流程记录单》原件。

驾驶证转出的，转出地农机安全监理机构应当收存拖拉机驾驶证信息表和《拖拉机驾驶证申请表》复印件、申请人身份证明复印件、《拖拉机驾驶证业务流程记录单》复印件另建档案。

(五)办理驾驶证转入业务应当归档的资料：

1.《拖拉机驾驶证申请表》原件；

2. 申请人及其代理人、经办人的身份证明复印件；

3.《拖拉机驾驶证转出通知单》原件；

4. 原驾驶证原件；

5. 受理凭证副本；

6.《拖拉机驾驶证业务流程记录单》原件。

(六)办理补证业务应当归档的资料：

1.《拖拉机驾驶证申请表》原件；

2. 申请人及其代理人、经办人的身份证明复印件；

3. 拖拉机驾驶证遗失声明原件；

4. 受理凭证副本；

5.《拖拉机驾驶证业务流程记录单》原件。

(七)办理驾驶证注销业务应当归档的资料：

1.《拖拉机驾驶证申请表》原件；

2. 申请人的身份证明复印件；

3. 拖拉机驾驶证原件；

4. 能够证明注销原因的相关文书原件；

5. 属于申请注销的，要收存受理凭证副本；

6. 注销凭证副本；

7.《拖拉机驾驶证业务流程记录单》原件。

(八)办理60周岁以上拖拉机驾驶人的审验业务应当归档的资料：

《拖拉机驾驶人身体条件证明》原件。

(九)办理拖拉机驾驶人在一个记分周期内累积记分达到12分的审验业务应当归档的资料：

1.《拖拉机驾驶人考试成绩表》原件；

2. 一个记分周期内，1次达到12分的，收存科目一考试试卷或计算机考试成绩单；

3. 一个记分周期内，2次以上(含2次)达到12分的，收存科目一考试试卷或计算机考试成绩单和科目四考试评判记录原件；

4. 行政处罚文书等相关证明资料。

(十)办理拖拉机驾驶证档案记载事项更正业务应当归档的资料：

1.《拖拉机驾驶证档案记载事项更正申请表》原件；

2. 属于更正驾驶证记载信息的，要收存原拖拉机驾驶证原件；

3. 属于拖拉机驾驶人申请更正的，要收存拖拉机驾驶人身份证明复印件和受理凭证副本；

4.《拖拉机驾驶证业务流程记录单》原件。

第八条　联合收割机驾驶证档案归档资料

(一)办理初次申领驾驶证业务应当归档的资料：

1.《联合收割机驾驶证申请表》原件；

2. 申请人的身份证明复印件；

3.《联合收割机驾驶人身体条件证明》原件；

4. 驾驶培训记录原件；

5. 受理凭证副本；

6. 科目一考试预约凭证原件；

7.《联合收割机驾驶人准考证明》原件；

8.《联合收割机驾驶人考试成绩表》原件；

9. 科目一考试试卷原件或计算机考试成绩单原件；

10. 相应的科目二、三、四考试评判记录原件；

11.《联合收割机驾驶证业务流程记录单》原件。

(二)办理增加准驾机型业务应当归档的资料：

1.《联合收割机驾驶证申请表》原件；

2. 申请人的身份证明复印件；

3. 原联合收割机驾驶证；

4.《联合收割机驾驶人身体条件证明》原件；

5. 驾驶培训记录原件；

6. 受理凭证副本；

7. 科目一考试预约凭证原件；

8.《联合收割机驾驶技能准考证明》原件；

9.《联合收割机驾驶人考试成绩表》原件；

10. 科目一考试试卷原件或计算机考试成绩单原件；

11. 相应的科目二、三、四考试评判记录原件；

12.《联合收割机驾驶证业务流程记录单》原件。

(三)办理驾驶证换证业务应当归档的资料：

1.《联合收割机驾驶证申请表》原件；

2. 申请人及其代理人、经办人的身份证明复印件；

3. 身份信息变化和证件损毁换证的，收存原联合收割机驾驶证原件；

4. 有效期满换证的，应当收存《联合收割机驾驶人身体条件证明》原件；

5. 受理凭证副本；

6.《联合收割机驾驶证业务流程记录单》原件。

(四)办理驾驶证转出业务应当归档的资料：

1.《联合收割机驾驶证申请表》原件；

2. 申请人及其代理人、经办人的身份证明复印件；

3. 受理凭证副本；

4.《联合收割机驾驶证转出通知单(存根联)》原件；

5.《联合收割机驾驶证业务流程记录单》原件。

驾驶证转出的，转出地农机安全监理机构应当收存联合收割机驾驶证信息表和《联合收割机驾驶证申请表》复印件、申请人身份证明复印件、《联合收割机驾驶证业务流程记录单》复印件另建档案。

(五)办理驾驶证转入换证业务应当归档的资料：

1.《联合收割机驾驶证申请表》原件；

2. 申请人及其代理人、经办人的身份证明复印件；

3.《联合收割机驾驶证转出通知单》原件；

4. 原驾驶证原件；

5. 受理凭证副本；

6.《联合收割机驾驶证业务流程记录单》原件。

(六)办理驾驶证补证业务应当归档的资料：

1.《联合收割机驾驶证申请表》原件；

2. 申请人及其代理人、经办人的身份证明复印件；

3. 联合收割机驾驶证遗失声明原件；

4. 受理凭证副本；

5.《联合收割机驾驶证业务流程记录单》原件。

(七)办理驾驶证注销业务应当归档的资料：

1.《联合收割机驾驶证申请表》原件；

2. 申请人的身份证明复印件；

3. 联合收割机驾驶证原件；

4. 能够证明注销原因的相关文书原件；

5. 属于申请注销的，要收存受理凭证副本；

6. 注销凭证副本；

7.《联合收割机驾驶证业务流程记录单》原件。

(八)办理年龄在60周岁以上联合收割机驾驶人的审验业务应当归档的资料：《联合收割机驾驶人身体条件证明》原件。

(九)办理联合收割机驾驶证档案记载事项更正业务应当归档的资料：

1.《联合收割机驾驶证档案记载事项更正申请表》原件；

2. 属于更正驾驶证记载信息的，要收存原联合收割机驾驶证原件；

3. 属于联合收割机驾驶人申请更正的，要收存联合收割机驾驶人身份证明复印件和受理凭证副本；

4.《联合收割机驾驶证业务流程记录单》原件。

第九条 农机安全监理机构办理各项拖拉机、联合收割机登记及驾驶证业务，除本规范第五条、第六条、第七条、第八条规定以外，按规定和实际需要应当归档的其他资料，由省级农机安全监理机构规定存入牌证业务档案。

第二节 整 理

第十条 拖拉机、联合收割机登记及驾驶证业务办结后，档案管理人员应及时整理有关资料建立牌证业务档案。

牌证业务档案归档资料应当做到手续完备、资料齐全、信息完整。

第十一条 牌证业务档案应当按照本规范第二条规定分类建立。拖拉机档案和联合收割机档案一机一档，拖拉机驾驶证档案和联合收割机驾驶证档案一证一档。

持有联合收割机驾驶证增驾拖拉机机型的，原联合收割机驾驶证档案并入增驾后的拖拉机驾驶证档案。

第十二条 办理单项牌证业务的归档资料按本规范第五条、第六条、第七条、第八条规定的顺序排列。

牌证业务档案资料按照办理单项业务时间的先后顺序前后排列。

第十三条 牌证业务档案资料规格应当为国际标准的A4纸尺寸，小于A4纸尺寸的资料粘贴在A4纸尺寸的“农机安全监理档案资料粘贴纸”上，大于A4纸尺寸的资料按A4纸尺寸折叠。

第十四条 档案资料手工填写时应当使用黑色或者蓝色墨水笔，做到书写工整、准确。

拖拉机、联合收割机的标准照片和发动机号码、机身(底盘)号码、挂车架号码拓印膜粘贴在《拖拉机登记业务流程记录单》《联合收割机登记业务流程记录单》相应位置。

第十五条 拖拉机档案和联合收割机档案编号为拖拉机、联合收割机的登记编号。

拖拉机驾驶证档案和联合收割机驾驶证档案按照相关行业标准规定编号。

第十六条 办理单项牌证业务的档案资料首页应设置目录。目录应当记载档案编号、业务种类、档案资料名称等信息。

第十七条 牌证业务档案资料以左页边和下页边为准叠放整齐，装订成册。

第三章 档案保管

第十八条 农机安全监理机构应当确定牌证业务档案管理专门人员和岗位职责，并建立相应的管理制度。

任何单位和个人不得擅自涂改、故意损毁或者伪造牌证业务档案，不得随意泄露档案信息。

第十九条 农机安全监理机构应当设置专用档案室(库)，并在档案室(库)内设立档案查阅室。档案室(库)应当远离易燃、易爆和有腐蚀性气体等场所，并配置防火、防盗、防高温、防潮湿、防尘和防虫鼠的设施和设备。

第二十条 保管牌证业务档案应当使用规范的档案装具和符合相关标准的档案用品。

牌证业务档案装袋保管。档案袋规格式样由农业部农业机械化管理司制定。

牌证业务档案按照档案编号从小到大排列。按照从上到下、从左到右的方式装柜存放保管。

第二十一条 除拖拉机、联合收割机迁出辖区和拖拉机、联合收割机驾驶证转出以外，已入库的牌证业务档案原则上不得出库。确须出库的，应当登记并完善交接手续。

第二十二条 办理拖拉机停驶、核发年度检验合格标志和签注联合收割机行驶证年度检验合格有效期业务留存的相应资料可以不存入牌证业务档案袋，按顺序排列，单独集中保管。拖拉机、联合收割机迁出和注销的，须将最近2年核发拖拉机年度检验合格标志或者签注联合收割机行驶证年度检验合格有效期的相应业务资料存入拖拉机、联合收割机档案。

教练用拖拉机、联合收割机的档案应当按各自的登记编号顺序单独集中保管。

第二十三条 牌证业务纸质档案按照以下分类确定保管期限：

(一)拖拉机、联合收割机牌证业务档案，永久保管。

(二)被吊销拖拉机驾驶证的档案，按吊销年限确定保管期限(分别为2年、5年、10年、永久)。

(三)其他原因注销的牌证业务档案，保管期限为2年。

(四)被撤销许可的牌证业务档案，保管期限为3年。

(五)拖拉机、联合收割机年度检验资料，保管期限为2年。

第二十四条 超过保管期限的牌证业务档案，经鉴定确无保存价值的，应制作档案销毁登记簿，书面报告省级农机安全监理机构，经书面批准后方可销毁。未经鉴定和批准，不得销毁档案。

档案销毁登记簿应当记载档案类别、档案编号、注销原因、保管到期日期等信息。

第二十五条 农机安全监理机构销毁牌证业务档案，应当指定监销人、销毁人和销毁地点，防止档案遗失和泄密。

销毁档案应当制作档案销毁记录，记载档案类别、份数、批准机关及批准文号、销毁地点、销毁日期等信息。监销人和销毁人要在档案销毁记录上签字。

档案销毁记录连同档案销毁登记簿装订成册，永久保管。

第二十六条 因意外事件致使牌证业务档案损毁、丢失的，承担牌证业务档案管理具体工作的农机安全监理机构应当按下列程序补建：

(一)书面报告省级农机安全监理机构审批。

(二)省级农机安全监理机构书面批准后，打印计算机管理系统内的所有记录信息并补充收存拖拉机、联合收割机所有人或者驾驶人身份证明复印件和行驶证、驾驶证复印件补建档案。

(三)牌证业务档案补建完毕后报省级农机安全监理机构审核，核准后出具书面核对公函。

(四)将省级农机安全监理机构书面批准补建档案的文件和补建档案的核对公函存入补建后的档案。

牌证业务档案在办理转出尚未转入期间损毁或者丢失的，由转出地的农机安全监理机构申请补建。

第四章 档案服务

第二十七条 农机安全监理机构使用计算机信息系统办理牌证业务，按规定的内容和形式采集并存储相关信息，形成电子档案并永久保管。电子档案必须与纸质档案记载内容完全一致。

农机安全监理机构可以按权限查询牌证业务电子档案。

第二十八条 农机安全监理机构应当按年度从电子档案中提取存档信息，打印建立牌证业务档案总账和分账。

牌证业务档案总账按档案类别建立，分账可根据实际需要建立。

第二十九条 农机安全监理机构对因公办案需要查阅牌证业务档案的，应当审查其提交的档案查询公函和经办人工作证明；对拖拉机、联合收割机所有人或者驾驶人查阅本人牌证业务档案的，应当审查其身份证明。

查阅牌证业务档案应当填写牌证业务档案查阅登记簿，报经业务领导批准，在档案查阅室进行，并有档案管理人员在场。档案查询公函应当存入牌证业务档案。

需要出具证明或者复制档案资料的，应当经业务领导批准并在证明材料或者档案复制件上加盖业务专用章。

第三十条 因公办案和农机安全监理业务需要调阅牌证业务档案的，应当履行必要的交接手续。

第三十一条 司法机关或行政执法机关依法查封、扣押拖拉机、联合收割机或者驾驶人有违法行为未依法处理完结的，农机安全监理机构应当将相关公函和证明资料存入相应的牌证业务档案，并在计算机信息系统中锁定电子档案。

原查封机关通知解封拖拉机或联合收割机档案或者驾驶人违法行为依法处理完结的，农机安全监理机构将相关公函和证明资料存入牌证业务档案，并在计算机信息系统中解除电子档案锁定状态。

第三十二条 已注册登记的拖拉机、联合收割机被盗抢，其所有人申请封存该机档案的，参照第三十一条的规定办理。

第三十三条 办理拖拉机、联合收割机迁出和拖拉机、联合收割机驾驶证转出业务应当密封档案，由转出地农机安全监理机构移交或者由申请人携带至转入地农机安全监理机构。

拖拉机、联合收割机迁出的档案密封袋上应当注明："请妥善保管并于90日内到转入地农机安全监理机构申请办理拖拉机转入；不得拆封"或者"请妥善保管并于90日内到转入地农机安全监理机构申请办理联合收割机转入；不得拆封"。

拖拉机、联合收割机驾驶证转出的档案密封上应当注明："请妥善保管并于30日内到转入地农机安全监理机构申请办理转入；不得拆封"。

第五章 附 则

第三十四条 省级农业机械化主管部门可以根据本规范制定实施细则。

第三十五条 本规范自印发之日起施行。

附表：1. 拖拉机、联合收割机档案袋式样(略)

2. 拖拉机、联合收割机驾驶证档案袋式样(略)

农业部关于进一步加强农机购置补贴政策实施监督管理工作的意见

农机发[2013]2号

各省、自治区、直辖市及计划单列市农机(农业、农牧)局(厅、委、办),新疆生产建设兵团农业局,黑龙江省农垦总局、广东省农垦总局:

农机购置补贴是党的强农惠农富农政策的重要内容。政策实施10年来,各级农机化主管部门与财政部门密切配合,一手抓政策实施,一手抓监督管理,采取了层层签订责任书、加强廉政风险防控机制建设、大力推进信息公开、开展延伸绩效管理等行之有效的措施,确保政策效果的发挥,取得了利农利工、利国利民、一举多得的好效果,为实现粮食生产"九连增"、农民增收"九连快"做出了重要贡献。总体上看,落实农机购置补贴政策的制度不断完善,操作基本规范,成效十分显著。但在具体实施中,少数地方也出现了一些违法违规问题,有的地方落实规定要求不全面、监管不到位,个别地方工作人员法纪意识淡漠、违规向企业收取费用,有的企业骗取套取补贴资金,有的产品质量不稳定、售后服务不到位。尤其是在农财两部反复强调纪律要求的情况下,少数地方、个别工作人员仍然置若罔闻、有禁不止,甚至违法违纪。如任其蔓延,必将严重影响农机购置补贴政策实施效果,影响农机化主管部门形象,进而影响农机化发展大局。为进一步加强农机购置补贴实施监督管理工作,确保补贴政策科学高效规范廉洁实施,现提出以下意见。

一、深刻认识重大意义

农机购置补贴是中央一项重要的强农惠农富农政策,也是促进农机化发展、建设现代农业的有效调控手段。农机购置补贴政策的实施,有利于提高我国农业机械装备水平和应用水平,振兴农机工业,事关我国农业机械化和农机工业又好又快发展;有利于推动农业技术集成、节本增效和规模经营,提高农业综合生产能力,事关国家粮食安全和主要农产品有效供给;有利于改善农业生产和农村生活条件,加快农业现代化进程,事关"四化同步"推进大局。农机购置补贴作为一项选择性政策,组织实施具有特殊性、复杂性和艰巨性,特别是随着补贴资金规模的大幅增加,政策实施涉及面越来越广,监管难度不断加大。进一步加强农机购置补贴政策实施监管工作,对于规范管理、阳光操作、廉洁实施,确保资金安全和干部安全都具有十分重要的意义。

落实好农机购置补贴政策是各级农机化主管部门的重要职责,也是一项政治责任。各级农机化主管部门既要有勇气推进,又要有智慧把握。要认真贯彻落实党中央国务院的决策部署,从政治和全局高度深刻认识实施好农机购置补贴政策的极端重要性和重大意义,牢固树立责任意识和大局意识,切实增强使命感和责任感。要以对党和人民高度负责的精神,持之以恒抓监管,坚定不移抓落实,切实把农机购置补贴这项强农惠农富农政策全面落实到位。

二、全面履行监管职责

各级农机化主管部门要对农机购置补贴实施实行常态化监管,以监管促规范、以监管促落实、以监管促廉政,确保党的强农惠农富农政策落到实处、补贴实惠兑现到农民。省级农机化主管部门要做好农机购置补贴实施监管的组织协调和业务指导,制定监管督查方案并组织实施,扎实推进市县级延伸绩效管理工作,重中之重是督促基层全面落实农财两部的各项规定;要组织开展补贴产品市场销售情况调查摸底,按规定科学合理地确定和调整补贴额;加强对补贴产品经营行为的监管,按规定查处违规产销企业;依法加强补贴机具的质量监督,了解补贴机具的质量状况和农民的反映;建立健全投诉举报制度,组织调查处理农民投诉,不定期组织明察暗访,认真处理发现的问题,并及时上报。农机购置补贴重大违规违纪案件被公安、检察、审计、纪检监察及财政监督机构等查处的,须在得知案件调查情况后5个工作日内上报农业部,不得漏报、瞒报、迟报。农机鉴定机构要规范鉴定行为,严把鉴定质量关。

地市级农机化主管部门要加强县级农机购置补贴实施方案审核、补贴工作监督检查、补贴机具抽查核实等工作,并督促县级抓好监管工作落实。县级农机化主管部门要在县级农机购置补贴工作领导小组的领导下,制定监督检查方案,结合实际采取措施,将监督检查各项要求落实到位;要加强农民实际购机情况核查公示,防止套补骗补;对补贴额较高和供需矛盾突出的重点机具要组织逐台核实,做到"见人、见机、见票"和"人机合影、签字确认",并建立"谁核查、谁签字、谁负责"的责任追究制;要及时整理、妥善保管农机购置补贴档案资料,为案件调查和有关部门检查提供必要的资料;要认真调查处理群众投诉;要按规定加强县域内农机经销企业的日常监督,发现企业违法违规行为要及时上报。

三、严格执行各项规定

经过多年的创新完善,我国已建立了一整套农机购置补贴管理制度,主要包括:一是农财两部《农业机械购置补贴专项资金使用管理暂行办法》、年度实施指导意见和廉政风险防控、监督检查、信息公开、补贴产品经营行为管理等实施办法;二是以"补贴产品推广目录制、补贴经销商生产企业自主选择制、管理过程监督制、受益对象公示制、实施成效考核制"为主要内容的原则规定;三是以"三个严禁、四个禁止、八个不得"为主要内容的纪律要求。农机购置补贴管理制度基本涵盖了补贴实施的全过程,涉及各实施主体,规范各操作环节,约束各方行为,是指导政策实施的主要依据。

各级农机化主管部门要严格执行制度规定不走样,切实把农财两部的各项规定和纪律要求真正落到实处。要进一步增强学习和遵守管理制度的主动性,自觉树立和维护管理制度的权威性,做到按办法办事,按规定操作,按纪律执行,绝不允许违背程序、违反纪律，绝不允许随意而为、擅自变通，绝不允许有令不行、有禁不止，绝不允许搞"上有政策、下有对策"，坚决杜绝以本地区情况特殊为名，在贯彻执行党中央国务院决策部署和农财两部管理制度上打折扣、做选择、搞变通。

四、大力推进信息公开

推进信息公开是坚持依法行政、强化为民服务、接受社会监督、确保阳光操作的重要举措。各地要进一步加大农机购置补贴信息公开力度，坚持全面全程深入公开，自觉接受农民、企业及社会各界监督，形成全社会共同关注、关心和支持补贴政策实施的良好局面。要及时主动通过广播、电视、报纸、网络、宣传册、明白纸、挂图等形式，将农机购置补贴政策信息公开到村，宣传到户到人。

要在巩固已有公开渠道的基础上拓展创新，重点推进部、省、市、县四级农机购置补贴信息公开专栏建设，科学设置补贴专栏的子栏目，做到内容完整、标题规范、查找方便，确保 2013 年年底前各级补贴专栏全部建设完成。要充分发挥补贴专栏的权威平台作用，省、县级农机化主管部门要在同级补贴专栏公开补贴实施方案、补贴额一览表、支持推广目录、补贴经销商名单、操作程序、投诉举报电话、资金规模等内容，至少每半月公布一次各县（市、区）补贴资金使用进度。在年度补贴工作结束后，督促县级农机化主管部门以公告的形式将享受补贴的农户信息和县级农机购置补贴政策落实情况报告在县级人民政府网站和补贴专栏上公布，并确保 5 年内能够随时查阅。

五、严惩违法违规行为

各级农机化主管部门要会同有关部门重拳打击各类农机购置补贴违法违规行为，做到严厉查处，决不姑息。省级农机化主管部门要加强对各地补贴实施情况的督导检查，对问题较大的县市要在全省农机、财政系统进行通报，并抄送相关纪检监察部门，建议对相关责任人按规定给予党纪政纪处分；情节严重涉嫌犯罪的，积极配合司法机关处理。县级农机化主管部门要配合有关部门依法依规严厉打击有组织有预谋倒卖补贴机具、骗取补贴资金的行为。要落实重大案件政府行政问责制度，所辖行政区域内发生严重违法违规案件的，建议当地政府追究有关人员责任。要针对农机购置补贴政策实施过程中暴露出的问题和案件，逐项工作、逐个环节、逐个岗位地查找本地区本部门容易产生腐败行为的风险点，着力构建制约有效、实施便捷的农机购置补贴廉政风险防控机制。

要按照农业部及省级农机化主管部门关于补贴产品生产及经销企业监督管理有关规定，对参与违法违规操作的经销商，及时列入黑名单并予公布，被列入黑名单的经销商及其法定代表人永久不得参与补贴产品经销活动。对参与违法违规操作的生产企业要及时取消其产品的补贴资格。产销企业非法侵占的补贴资金应足额退回财政部门。对存在重大质量问题、农民投诉集中的机具及其生产企业，应按管理权限和程序取消其补贴资格。对违规违纪性质恶劣的生产或经销企业，建议工商部门吊销其营业执照；情节严重涉嫌犯罪的，积极配合司法机关处理。

六、切实加强组织领导

实施农机购置补贴政策事关全局。各级农机化主管部门要把落实好农机购置补贴政策作为一项头等重要的任务，切实加强组织领导，周密部署安排。要与财政、纪检监察部门密切配合，充分发挥各自优势，共同监管，形成合力。要落实工作责任制，层层签订责任书，明确职责任务和要求。各单位行政一把手是落实农机购置补贴政策的第一责任人，要负总责；分管领导负直接领导责任；具体承办处室也要明确分工，落实责任到人。要在补贴申请、审核与审批、公示与核实、监管与督查、档案管理等方面，建立"谁办理、谁负责，谁核实、谁负责"的责任追究制度。

要进一步发挥地市级农机化主管部门的作用，建立健全县级农机购置补贴工作机制，强化县级农机化主管部门内部约束机制，必须邀请纪检监察部门全程参与监管。要科学制定中长期规划，充分发挥补贴政策的调控引导作用和产业促进作用。大力推进重点机具敞开补贴。积极稳妥开展"全价购机、县级结算、直补到卡"等操作试点，具备条件的省份要在全省域范围内实行。要深入开展农机购置补贴政策落实延伸绩效管理，制定绩效管理考核办法，建立以结果为导向的监测与评价体系，并将考核结果与补贴资金分配适当挂钩。

各级农机化主管部门要坚决贯彻党中央国务院的决策部署和农财两部的各项规定，以更加严肃的态度、更加严明的纪律、更加严厉的要求，以"为民、务实、清廉"的良好作风，进一步加强农机购置补贴实施监督管理，确保补贴政策科学高效规范廉洁实施，继续推动我国农业机械化科学发展。

二〇一三年七月十二日

关于大力推进农机社会化服务的意见

农机发[2013]3 号

各省、自治区、直辖市及计划单列市农机（农业、农牧）局（厅、委、办），新疆生产建设兵团农业局，黑龙江省农垦总局：

农机社会化服务是农业社会化服务的重要内容。为贯彻党的十八大和今年中央 1 号文件关于"创新农业生产经营体制、构建农业社会化服务新机制"的部署，现就推进农机社会化服务提出以下意见。

一、重要意义

（一）基本涵义。农机社会化服务是指农机服务组织、农机户为其他农业生产者提供的机耕、机播、机收、排灌、植保等各类农机作业服务，以及相关的农机维修、供应、中介、租赁等有偿服务的总称。农机社会化服务与农机化公共服务相互结合、相互补充，分别为农业生产提供了经营性、公益性的农机化服务，共同构成了推进农业机械化发展的重要力量。

（二）成效问题。改革开放以来，我国农机户和农机服务组织迅速发展，农机社会化服务能力持续提升，服务方式不断创新，服务效益进一步提高，探索了一条中国特色农业机械化发展道路。但总的来看，我国农机社会化服务还存在服务主体实力不强、服务范围较窄、专业人才缺乏、基础条件薄弱等突出问题，与广大农民群众对农机社会化服务的多样化需求和现代农业发展需要尚有明显差距。

（三）重要性紧迫性。实践证明，大力推进农机社会化服务，是构建“集约化、组织化、专业化、社会化”相结合的新型农业经营体系的重要支撑，是解决农业生产“谁来种、种什么、怎么种”重大问题的现实途径，是实现农业机械化“全程、全面、高质、高效”发展的必然要求，对加快建设中国特色农业现代化具有重要意义。各级农机化主管部门要进一步提高推进农机社会化服务的重要性和紧迫性的认识，抢抓机遇，迎接挑战，改革创新，完善机制，进一步明确工作任务，落实保障措施，优化发展环境，大力推进农机社会化服务持续快速健康发展。

二、总体要求

（四）指导思想。认真贯彻党的十八大和中央 1 号文件精神，围绕建设现代农业和促进农民增收、创新农业经营体制的目标任务，以发展和壮大农机大户、农机合作社等各类农机服务组织为重点，以提高农机具使用效率和经济效益为核心，以推进农机服务产业化为方向，积极推动农机社会化服务机制创新，构建新型农机社会化服务体系，最大限度满足农民实际需求，最大限度解放发展农业生产力，最大限度增强农村发展活力。

（五）基本原则。坚持把满足农业生产和农民需求、提高机具使用效率，作为推进农机社会化服务的根本目的；坚持把强化政策扶持、培育壮大服务主体，作为推进农机社会化服务的关键举措；坚持把改革创新、不断完善服务机制，作为推进农机社会化服务的不竭动力；坚持把典型示范带动、鼓励多种服务方式发展，作为推进农机社会化服务的有效途径；坚持把依法规范发展、营造公平竞争的市场环境，作为推进农机社会化服务的重要保障。

（六）发展目标。农机社会化服务的市场主体进一步壮大、服务领域进一步拓展、服务质量进一步提升、服务效益进一步提高，推动农业机械化“全面、全程、高质、高效”发展。力争到 2020 年，全国拥有农机原值 50 万元以上的农机大户及农机服务组织的数量、全国农机化经营总收入均比 2010 年翻一番。

三、主要任务

（七）培育新型农机社会化服务主体。建立以财政资金为引导，农民个人、农业生产经营服务组织投资为主体，社会其他投资为补充的多渠道、多层次、多元化投入机制，扶持发展新型农机社会化服务主体。扶持农机户发展成为农机专业户，引导农机户和农户采取带机具、土地、资金、技术入社等多种方式创建农机合作社等服务实体。鼓励一部分具有实力的农机合作社流转承包土地，开展包括粮食烘干、农产品加工等在内的“一条龙”农机作业服务项目，成为既提供农机作业服务又从事农业生产经营的市场主体。积极推动农机服务主体开展横向联合与纵向协作，成立农机合作社联社、股份制作业公司、区域性农机服务中心、农机租赁公司等。

（八）构建新型农机社会化服务体系。以农机户为基础，农机服务组织为主体，农机中介服务为纽带，农机作业、维修、供应、中介、租赁服务为主要内容，政府支持服务为保障，建立起“覆盖全程、服务全面，机制灵活、运转高效，综合配套、保障有力”的新型农机社会化服务体系。培育农机作业市场，通过跨区作业、土地托管等服务模式，鼓励各类农机服务市场主体为其他农业生产者提供低成本、便利化、全方位、高质量的农机作业服务。培育农机维修市场，加快构建布局合理、服务规范、便捷高效的农机维修服务网络。培育农机供应市场，优化市场布局，发展连锁经营和电子商务，健全遍布城乡的农机零配件供应网络。发展农机中介服务，开展跨区作业信息咨询和机具调度，为农机服务供需双方搭建沟通桥梁。发展农机租赁服务，满足农民对农机的利用和投资需求。

（九）完善新型农机社会化服务机制。按照服务专业化、运行市场化、服务品牌化的要求，通过市场机制合理配置生产要素，建立起“产权清晰、权责明确、管理科学、诚信高效”的运行机制，充分发挥农机服务组织的生产潜力和经营活力。将国家对农机合作社的投入量化到每位入社成员，并按贡献进行分红，建立起合理公平、效率优先的分配机制，充分调动每一位社员的积极性、主动性和创造性。尊重社员参与管理的民主权利，将每个农机合作社建设成为自主决策、利益共享、风险共担、自我发展的利益共同体和命运共同体。

（十）培养新型农机社会化服务人才。按照“政策扶持、多元投入、按需施教、注重实效”的原则，切实加强农机实用人才队伍建设。实施阳光工程农机培训，加强农机职业技能鉴定，开展职业技能竞赛活动，培养造就一大批既精通农机驾驶、维修技术，又懂农业、农艺栽培技术的新型农机手。充分利用高等院校、农机企业等各类培训资源，重点加强农机合作社等农机服务组织领头人的培训，使之成为既懂生产又善管理的新型农机职业经理人。争取优惠政策，吸引大中专毕业生、专业技术人员等扎根农村、投身农机化，为农机社会化服务提供人才支撑。

四、保障措施

（十一）加强组织领导。要坚持把农机社会化服务作为农业机械化发展的重要内容，列入重要议事日程，明确分管机构和职责，充实人员力量，研究制定并落实推进农机社会化服务的相关政策。制定新型农机服务主体的认定标准，并开展摸底调查，因地制宜制定农机社会化服务发展规划。积极争取当地政府的重视和支持，把农机社会化服务纳入本地农机化工作目标考核内容，列入当地经济发展统计指标体系。

（十二）完善扶持政策。要加强与财政、国土、金融、保险等相关部门和机构的协调，加大扶持力度。积极推动已有扶持政策的落实，同时创设新的政策扶持措施。争取将扶持农机社会化服务的投入纳入地方财政预算，建立稳定的投入机制。采取政府订购、定向委托、奖励补助、招投标等方式，引导农机服务组织参与公益性服务。鼓励引导农机社会化服务组织发展，争取金融机构为其提供融资贷款支持，同时争取将农机保险纳入农业政策性保险补贴范围。加强农机具停放场（库棚）、维修间等基础设施建设用地需求调查和规划工作，进一步落实设施农用地管理有关政策，不断改善农机具保养和维修条件。

（十三）强化发展合力。要加强农机化系统内部协作，整合有关项目资源，形成共同推进农机社会化服务的强大合力。在已有的农机化财政项目和基本建设项目中，要鼓励农机服务组织作为项目的承担和实施主体，并将农机购置补贴、报废更新补贴、农机培训、作业补贴等项目资金向农机服务组织倾斜，优先安排，集中使用。加强与通讯、石油石化等企业合作，为农机社会化服务组织提供信息和用油供应等多种优惠服务。积极推进农机企业、科研院所与农机合作社开展“企社共建”、“院社共建”，实现合作共赢。

（十四）做好示范引导。要及时总结农机社会化服务的成效和经验，树立一批“设施完备、功能齐全、特色明显、效益良好”的农机社会化服务示范典型。继续开展全国、省级农机合作社、维修点等示范社（点）创建，加强农机社会化服务品牌建设。建立健全农机社会化服务挂钩帮扶机制，配备专职辅导员，履行宣传指导、咨询服务和统计监测等职责。开展农机社会化服务的标准化建设，提高规范高效服务水平。进一步加强新闻宣传和示范引导，为农机社会化服务营造良好的发展氛围。

（十五）改善市场环境。要研究制定农机社会化服务的行为规范和技术标准，让各个市场主体公平参与竞争。建立健全农机化质量投诉监督体系，及时受理和处理对农机产品质量、作业质量、维修质量以及售后服务质量的投诉。利用现代信息技术和装备，做好农机服务的市场供需、作业价格等信息的采集、统计和分析工作，并及时向社会发布。支持开展农机社会化服务信用体系建设和信用等级、服务能力评价，对信誉高、服务好、守信用的农机大户、农机服务组织予以列名支持。要采取更加有效措施，推动建立“统一开放、竞争有序”的农机社会化服务市场。

二〇一三年十月十一日

关于拖拉机注册登记有关问题的函

农办机函[2013]8号

辽宁省农村经济委员会：

《辽宁省农机局关于办理拖拉机登记注册有关问题的请示》（辽农机[2013]12号）收悉。经研究，现就拖拉机注册登记工作中的有关问题答复如下。

一、根据《拖拉机和联合收割机安全监理检验技术规范》（NY/T 1830—2009），发动机号码、机身/机架/挂车架号、照明灯具是拖拉机及其挂车安全技术检验的A类指标（否决项），以上相应项目缺失或不符合《农业机械运行安全技术条件》（GB 16151—2008）规定的，认定为安全技术检验不合格，农机安全监理机构不得为其办理注册登记。

二、拖拉机取得《农业机械推广鉴定证书》不是注册登记的前置条件和登记内容。拖拉机虽取得《农业机械推广鉴定证书》但安全技术检验不合格的，农机安全监理机构不得为其办理注册登记。

三、对于缺失发动机号码、机身/机架/挂车架号、照明灯具等不符合强制安全技术标准的农业机械，省级农业机械化主管部门应当根据投诉情况和农业安全生产需要，组织开展在用的特定种类农业机械的安全鉴定和重点检查，向生产销售企业通报并公布结果，督促生产销售企业采取补救措施，及时整改完善；协助购机者做好维权工作，保护消费者的合法权益。

四、省级农业机械化主管部门要严格贯彻强制性安全标准规定，加强对鉴定产品的监督管理，组织开展监督检查，发现生产销售与鉴定产品不一致的，要按照《农业机械推广鉴定实施办法》（农业部公告第1438号）第25条和农机购置补贴政策有关规定严肃处理。

五、按现行法规规定，拖拉机和其牵引的挂车作为一个整体进行注册登记，经检验合格后核发两块号牌，前后各悬挂一块，对挂车不单独核发号牌。拖拉机报废后，其所牵引的挂车应与新购置的拖拉机重新进行注册登记。

二〇一三年八月二日

关于成立第三届水稻生产机械化专家组的通知

农办机[2013]1号

各省、自治区、直辖市农机（农业、农牧）局（厅、委、办），黑龙江省农垦总局，其他有关单位：

加快推进水稻生产机械化，是当前和今后一个时期农业机械化发展中的一项重点工作。为充分发挥专家决策咨询和技术支撑的作用，促进农机农艺融合，不断提高我国水稻生产全程机械化水平，经各有关单位推荐和审核，我部决定成立第三届“农业部水稻生产机械化专家组”，现将有关事项通知如下。

一、人员组成

专家组组长：罗锡文

常务副组长：李安宁

副　组　长：任文涛、宋建农、李俊、丁艳锋、兰心敏、李刚华、舒伟军、张毅、张文毅、金千瑜、马旭

秘　书　长：张文毅（兼）

专家组成员：杨洪身、郑铁志、初江、刘小文、孙俊华、郭颖林、杨如辉、熊志刚、马均、梁新月、尹明玉、张琳、刘木华、刘毅、熊元芳、陈世凡

二、主要职责

（一）研究分析国内外水稻生产机械化等相关技术发展情况，提出加快推进我国水稻生产机械化的技术意见和政策建议。

（二）为水稻生产机械化等相关领域发展规划制定、重大项目立项和项目实施工作提供决策咨询和技术支持。

（三）参加水稻机械化育插秧、收获等技术培训工作。

（四）对主要稻区的技术开发和示范推广工作进行技术指导和提供咨询。

（五）对技术发展中的农艺措施、机械装备等提出改进意见，促进农机农艺融合。

（六）承担农业部农业机械化管理司委托的其他工作。

三、任务分工

专家组成员实行分片区编组。

专家组组长、常务副组长负责制定年度工作计划，组织有关专家组成员开展技术指导、调研交流等工作，组织起草全国水稻生产机械化发展情况年度报告。

副组长分别负责北方稻片区、长江中下游单季稻片区、西南稻片区、南方双季稻片区的专家组成员的组织协调工作。

专家组其他成员主要负责本省（区、市）水稻生产机械化技术指导等工作，并向分片区副组长报告本省（区、市）水稻生产机械化发展情况。

四、任期安排

专家组任期三年（2013 年 1 月至 2015 年 12 月），期间因工作需要可进行调整。

五、有关要求

农业部农业机械化管理司生产管理处具体负责联系专家组工作。专家组要根据职责分工，抓紧制定年度工作计划，积极开展工作。请专家组成员所在单位对专家组工作给予支持与协助。请各有关省（区、市）农机化主管部门对专家组工作给予支持与配合，同时应结合本地区水稻生产机械化工作需要，组建本省（区、市）的水稻生产机械化专家队伍，进一步加强本地区水稻生产机械化相关问题研究、技术指导和咨询服务等工作。

附件：水稻生产机械化专家组人员及片区编组表（略）

二〇一三年一月十六日

关于成立第二届油菜生产机械化专家组的通知

农办机[2013]2 号

各省、自治区、直辖市农机（农业、农牧）局（厅、委、办），其他有关单位：

农业部油菜生产机械化专家组自 2007 年成立以来，在技术指导、专题研究、决策咨询等方面做了大量工作，为推动我国油菜生产机械化发展发挥了积极作用。为适应当前我国油菜生产机械化发展形势需要，充分发挥专家决策咨询和技术支撑的作用，促进农机农艺融合，进一步加快提高我国油菜生产机械化水平，经各有关单位推荐，我部调整和充实了专家组队伍，决定成立第二届“农业部油菜生产机械化专家组”，现将有关事项通知如下。

一、人员组成

组　长：

徐振兴　农业部农业机械化技术开发推广总站推广一处处长，研究员

副组长：

吴崇友　农业部南京农业机械化研究所农业装备中心主任，研究员

王积军　全国农业技术推广服务中心油料处处长，高级农艺师

成　员：

石文海　农业部农业机械试验鉴定总站检验三室，高级工程师

廖庆喜　华中农业大学工学院院长，教授

陈新华　江苏省农业机械技术推广站站长，研究员

张健美　安徽省农业机械技术推广总站站长，研究员

吴小安　江西省九江市农业科学研究所所长，研究员

周立明　湖北省农机局副局长，研究员

汤绍武　湖南省农业机械管理局总工程师，高级工程师

张　锐　四川省农业厅装备处副处长，高级工程师

二、主要职责

（一）研究分析国内外油菜生产机械化相关技术发展情况，提出技术意见和政策建议。

（二）为油菜生产机械化相关领域发展规划制定、重大项目立项和项目实施工作提供决策咨询和技术支持。

（三）参加油菜生产机械化播种、移栽、收获、秸秆还田等技术培训工作。

（四）对相关地区的油菜生产机械化技术开发和示范推广工作进行技术指导和提供咨询。

（五）对油菜生产机械化发展中的农艺措施、机械装备等提出改进意见，促进农机农艺融合。

（六）承担农业部农业机械化管理司委托的其他工作。

三、任务分工

专家组组长负责制定年度工作计划，组织有关专家组成员开展技术指导、调研交流等工作，组织起草全国油菜生产机械化发展情况年度报告。

副组长负责专家组成员的组织协调工作，协助组长开展工作。

专家组其他成员主要负责本省油菜生产机械化技术指导等工作，并向副组长报告本省油菜生产机械化发展情况。

四、任期安排

专家组任期 3 年（2013 年 1 月至 2015 年 12 月），期间因工作需要可进行调整。

五、有关要求

农业部农业机械化管理司生产管理处具体负责联系专家组工作。专家组要根据职责分工，抓紧制定年度工作计划，积极开展工作。请专家组成员所在单位对专家组工作给予支持与协助。请各有关省农机化主管部门对专家组工作给予支持与配合，同时应结合本地区油菜生产机械化工作需要，组建本省的油菜生产机械化专家队伍，进一步加强本地区油菜生产机械化相关问题研究、技术指导和咨询服务等工作。

二〇一三年一月十六日

关于公布全国农机合作社示范社的通知

农办机[2013]4 号

各省、自治区、直辖市及计划单列市农机(农业、农牧)局(厅、委、办),黑龙江省农垦总局:

在全国创建农机合作社示范社是贯彻落实 2013 年中央 1 号文件精神,创新农业生产经营体制,培育新型经营主体,提高农民组织化程度,推动农机社会化服务的重要举措,对于促进农业专业化、标准化、规模化、集约化,进一步加快发展现代农业、增强农村发展活力具有十分重要的意义。在各省级农机化主管部门组织推荐的基础上,经审核,现确定北京兴农天力农机服务专业合作社等 1 022 家农机合作社为全国农机合作社示范社(名单详见附件)。

示范社建设总体上实行部省共建、地方主抓、协同推进的机制,建设期限为 2013 年至 2015 年。各地农机化主管部门要认真贯彻《农业部办公厅关于开展农机合作社示范创建活动的通知》(农办机[2012]56 号)的要求,积极争取示范建设投入,加强示范建设指导,发挥示范社的引导和带动作用,不断拓展农机社会化服务的规模和领域,为构建集约化、专业化、组织化、社会化相结合的新型农业经营体系,加快农业现代化进程做出新的更大的贡献。

附件:全国农机合作社示范社名单(略)

二〇一三年一月三十一日

关于 2012 年农机事故情况的通报

农办机[2013]6 号

各省、自治区、直辖市及计划单列市农机(农业、农牧)局(厅、委、办),新疆生产建设兵团农业局:

按照《农业机械安全监督管理条例》和《农业机械事故处理办法》规定,现对 2012 年全国农机道路外事故情况、农机道路交通事故情况进行通报。

一、全国农机道路外事故情况

2012 年,全国累计报告农机道路外事故 2 091 起,死亡 692 人,受伤 943 人,直接经济损失 2 240.64 万元,同比下降 2.65%、33.9%、14.12%、3.24%。其中:拖拉机事故 1 226 起、死亡 599 人、受伤 600 人,占事故起数、死亡人数和受伤人数的 58.6%、86.6%和 63.6%;联合收割机事故 664 起、死亡 51 人、受伤 221 人,占事故起数、死亡人数和受伤人数的 31.8%、7.4%和 23.5%;其他农业机械事故 201 起、死亡 42 人、受伤 122 人,占事故起数、死亡人数和受伤人数的 9.6%、6%和 12.9%。

全国农机事故死亡人数占控制指标(1 025 人)的 67.5%,在总体控制考核指标以内,农机安全生产形势总体上保持了平稳态势。

二、造成农机道路外事故的主要原因

(一)无证驾驶。因无证驾驶引发的事故 644 起、死亡 296 人、受伤 355 人,分别占事故起数、死亡人数和受伤人数的 30.8%、42.8%和 37.6%。

(二)操作失误。因操作失误引发的事故 920 起、死亡 167 人、受伤 399 人,分别占事故起数、死亡人数和受伤人数的 43.9%、24.1%和 42.3%。

(三)无牌行驶。因无牌行驶引发的事故 430 起、死亡 214 人、受伤 243 人,分别占事故起数、死亡人数和受伤人数的 20.6%、30.9%和 25.8%。

(四)未年检。因未年检引发的事故 594 起、死亡 306 人、受伤 326 人,分别占事故起数、死亡人数和受伤人数的 28.4%、44.2%和 34.6%。

三、农机道路交通事故情况

据公安部门提供的资料,2012 年全国接报拖拉机肇事导致人员伤亡的道路交通事故 3 370 起,造成 1 297 人死亡、3 341人受伤,直接财产损失 1 832.8 万元。与去年相比,事故起数、死亡人数、受伤人数分别下降了 14.7%、16.1%、14.1%,直接财产损失上升 116.5%。拖拉机道路交通事故呈现三大特点,一是县乡道路事故多发,低等级道路段事故上升;二是无证驾驶、不按规定让行等肇事突出,部分违法行为导致的事故上升;三是正面相撞事故比例高,同比上升明显。2012 年,较大以上农机道路交通事故 4 起,造成 13 人死亡,受伤 10 人。几起较大农机道路交通事故情况如下:

(一)2012 年 2 月 15 日 19 时 10 分,云南省丽江市古城区金安乡玉河村某村民无证驾驶“农友—13HZ”型拖拉机行驶在玉河路开往玉河中村路上,车上载有 4 人(含驾驶人),经玉河路 K+800 米处时,车辆从其顺行方向右侧翻下路基,造成 3 人当场死亡、1 人受伤。

(二)2012 年 5 月 16 日晚 17 时 12 分,福建省光泽县华侨乡吴屯村某驾驶员驾驶牌照为江西号牌拖拉机装载一车石头从吴屯村下坑边石头山上往官冲巢方向行驶,向右侧翻,四轮朝上坠落到路边田埂,车厢上 5 人被压,事故造成 4 人当场死亡。

(三)2012 年 6 月 9 日 7 时 18 分,在内蒙古省际大通道化德县境内 1 209 公里处一辆箱式货车与小型拖拉机追尾,造成拖拉机上 3 人死亡,3 人受伤。

(四)2012 年 7 月 8 日 13 时左右,云南省临沧市永德县康镇忙腊村忙忙寨二组某驾驶员驾驶东风 15 型手扶拖拉机,搭载 9 人,行驶至羊勐线 K144+700 米处翻坠路边,造成 3 人死亡,5 人受伤的拖拉机道路交通事故。

四、工作要求

2012 年国务院安全生产委员会对农机事故统计口径进行

了调整，将统计范围扩大到包括拖拉机、联合收割机、插秧机、微耕机、卷帘机等所有危及人身和财产安全的农业机械事故，要求事故死亡人数控制在 1 025 人以内。多数省份按照国务院安委会文件要求，及时调整统计口径，科学分解控制指标，深入基层主动调查农机事故，按时报送农机事故发生情况，全面准确把握农机安全生产形势，采取有效措施做好事故预防工作。农机事故统计报送工作做得较好的省份有河南、新疆、江苏、四川、福建、黑龙江、重庆、云南、山东、河北等。但是，从农机事故处理和统计报送情况看，一些地方工作还存在不足，有的省份未全面下达国务院安委会确定的农机事故死亡人数控制指标，影响基层报送农机事故，有的未能按规定调整统计口径，个别省份报告事故不及时。

农机事故统计报告和分析评估工作是农机安全监理的一项基础性业务。各级农业机械化主管部门及其安全监理机构要高度重视，进一步加强报送和分析工作。要科学把握好农机事故发生的规律，与安监部门及时沟通协调，全面分解国务院安委会确定的 2013 年农机安全生产控制指标。要严格按照《农业机械安全监督管理条例》《农业机械事故处理办法》《农业部办公厅关于做好农机事故统计报告和分析评估工作的通知》（农办机[2012]8 号）等有关规定和要求，落实完善农机事故统计分析评估制度，全面把握事故特征，深入分析事故原因，科学判断事故发生发展趋势，针对问题提出有效工作措施。各地要转变作风，深入基层，全面、主动掌握农机事故发生情况，严禁迟报、漏报、谎报或者瞒报农机事故，确保统计数据全面、及时、准确。要根据本地农机安全事故发生特点和规律，进一步加强事故预防工作力度，提高事故处理工作能力，确保农机安全生产形势持续稳定好转。

二〇一三年二月一日

关于 2012 年农机购置补贴产品经营违规行为惩处情况的通报

农办机[2013]8 号

各省、自治区、直辖市及计划单列市农机（农业、农牧）局（厅、委、办），新疆生产建设兵团农业局，黑龙江省农垦总局、广东省农垦总局：

去年以来，各级农机化主管部门按照农业部办公厅、财政部办公厅《2012 年农业机械购置补贴实施指导意见》《农业部办公厅关于进一步规范农机购置补贴产品经营行为的通知》（农办机[2012]19 号，以下简称《通知》）的要求，切实加大了对农机购置补贴产品经营违规行为的打击力度，对一些存在套取补贴资金、虚假申报补贴、拉拢腐蚀国家公职人员等行为的农机产销企业，采取了警告、限期整改、取消产品补贴资格、取消补贴产品经销资格、列入黑名单等惩罚措施，并将部分涉嫌违法的案件移交纪检监察和司法机关，有力地维护了农机购置补贴政策的严肃性。为进一步警示不法企业，切实维护广大农民群众和诚信经营企业的合法权益，根据各地上报情况，现将 2012 年违规情节较重的农机购置补贴产品经营行为惩处情况通报如下。

一、内蒙古自治区

1. 取消石家庄市普兰迪机电设备有限公司产品的农机购置补贴资格。

2. 取消河北省高阳县双龙牧业机械厂产品的农机购置补贴资格。

3. 暂停河北冀新农机有限公司、河北雷肯农业机械有限公司 4YH—2A1 型玉米收获机的农机购置补贴资格。

4. 暂停内蒙古正镶白旗日斯台新型打草机制造厂、正镶白旗苏和牧业机械制造厂、正镶白旗草原王农牧机械制造厂、正镶白旗那日图机械制造厂等 4 家企业产品的农机购置补贴资格。

二、浙江省

5. 取消河南新乡市傻瓜农牧发展有限公司产品的农机购置补贴资格。

三、安徽省

6. 取消六安市瑞龙茶叶机械有限公司农机购置补贴产品经销资格。

7. 取消宁国市台州喷雾器专卖店农机购置补贴产品经销资格。

8. 取消六安市江川机械有限公司农机购置补贴产品经销资格，将该公司及其法定代表人姬长江列入黑名单。

四、福建省

9. 取消霞浦县晟荣农机有限公司农机购置补贴产品经销资格，将该公司及其法定代表人缪伏荣列入黑名单。

五、河南省

10. 取消河南省豪丰机械制造有限公司 1SFB—4/12 型数显深松多用机的农机购置补贴资格。

11. 取消郏县惠农农机销售有限公司农机购置补贴产品经销资格，将该公司及其法定代表人鲁自亭列入黑名单。

六、湖南省

12. 取消株洲县湘绿农业机械经营服务部农机购置补贴产品经销资格，将该公司及其法定代表人李新良列入黑名单。

13. 取消郴州市新润烘烤设备有限责任公司 5H—20 烘干机的农机购置补贴资格。

14. 取消台州市金清增氧机有限公司 GS—25 微灌设备的农机购置补贴资格。

15. 暂停西安德润生物技术有限责任公司畜禽绿色养殖设备的农机购置补贴资格。

七、广东省

16. 暂停湛江市和易农业装备有限公司、茂名粤信农业机械服务有限公司、广东达华节水科技股份有限公司、吴川市龙田农业机械服务有限公司、广州市科新农业机械服务有限公司、广州市大农华农业机械发展有限公司、湛江大地农业机械有限公司、遂溪县三益农机有限公司、雷州雷宝机械有限公司等 9 家企业农机购置补贴产品经销资格。

17. 暂停广东达华节水科技股份有限公司、广州市科新农业机械服务有限公司、雷州雷宝机械有限公司等 3 家企业产品的农机购置补贴资格。

八、广西壮族自治区

18. 取消南宁市强农农机公司农机购置补贴产品经销资格，将该公司及其法定代表人黄振海列入黑名单。

19. 取消柳州市犇牛农机技术开发有限公司农机购置补贴产品经销资格，将该公司及其法定代表人陈玉昆列入黑名单。

20. 取消罗城县雅佳农机供应经营部农机购置补贴产品经销资格，将该公司及其法定代表人韦统平列入黑名单。

21. 取消南宁奔腾农机有限责任公司、广西云马汉升机械制造股份有限公司、广西时代农业装备有限公司、桂林市鹏飞农机贸易有限公司、柳州市金浪农机营销有限公司、合浦县益友农机有限公司、南宁佳联农机有限责任公司、南宁市桂菱农机有限责任公司、柳州绿地农机有限责任公司、百色市凌云县凌信农机有限责任公司、凌云县名利农机有限责任公司等11家一级经销企业2012年度农机购置补贴产品经销资格。

22. 取消隆安县薄利农机有限公司、隆林鹏程农机商店、隆林县城南农机门市部、崇左市现代农业装备技术服务中心、南宁市强农农机有限责任公司崇左分公司等5家二级经销企业2012年度农机购置补贴产品经销资格。

23. 取消南宁市武拖机械有限责任公司产品2012年度的农机购置补贴资格，取消南宁市武拖机械有限责任公司2012年度农机购置补贴产品经销资格。

九、重庆市

24. 取消重庆市穗秾农业机械制造有限公司农机购置补贴产品经销资格，将该公司及其法定代表人黎小林列入黑名单。

25. 取消涪陵区补贴产品经销点张晓琴、传成玉等2人的农机购置补贴产品经销资格。

十、四川省

26. 取消自贡华龙农机有限公司、自贡华龙农机有限公司泸州分公司、自贡华龙农机有限公司宜宾分公司等3家企业农机购置补贴产品经销资格，将这3家企业及其法定代表人颜旭芬(为同一人)列入黑名单。

27. 取消广元三友农机有限公司农机购置补贴产品经销资格，将该公司及其法定代表人苟国锋列入黑名单。

28. 取消广元市农机有限公司、广元市农机有限公司巴中分公司等2家企业农机购置补贴产品经销资格，将这2家企业及其法定代表人喻晓智(为同一人)列入黑名单。

十一、宁夏回族自治区

29. 取消宁夏崴竣车辆装备制造有限公司2CMF—2型马铃薯种植机的农机购置补贴资格。

30. 取消宁波中直农业科技有限公司D—2000型保温被、潍坊圣海保温材料有限公司SH—B型保温被、宁夏农垦田野农资有限公司TY—3型保温被、寿光市银隆农业装备有限公司CSP—200型保温被、赤峰市红山区大东缝纫制品加工厂3M×10M型保温被、宁夏雪地绿棉纤保温材料有限公司10WB—20型保温被等6家企业6个产品的农机购置补贴资格。

十二、新疆维吾尔自治区

31. 取消新疆吉峰聚力农机有限公司农机购置补贴产品经销资格，将该公司及其法定代表人杨小松列入黑名单。

十三、大连市

32. 取消大连圣虎农业装备有限公司“圣虎牌”WG—3—3型微耕机的农机购置补贴资格。

33. 将辽宁省凤城市恒大精密机械制造有限公司经销人员姜海君列入农机购置补贴产品经销商黑名单。

十四、新疆生产建设兵团

34. 取消天津兴荣非织造布有限公司产品在农四师范围内的农机购置补贴资格。

35. 取消昌吉市众博商贸有限公司在农四师范围内的农机购置补贴产品经销资格。

坚决查处农机购置补贴产品经营中的违法违规行为，是各级农机化主管部门义不容辞的责任，是确保农机购置补贴政策公开、规范、廉洁、高效实施的重要保证。上述各省、自治区、直辖市及计划单列市和新疆生产建设兵团农机化主管部门尽心尽责，在查处违法违规行为过程中付出了艰辛劳动，有力地维护了农机购置补贴政策的严肃性，切实维护了广大农民群众和诚信经营企业的合法权益。

目前，尚未在相关农机化信息网站公布查处结果的，要尽快公布查处结果。陕西省农业机械管理局、江西省农业机械化管理局要按照《通知》要求，尽快将查处情况报农业部备案，并及时公布查处结果。各级农机化主管部门要采取有力措施，严禁被列入黑名单的企业或个人通过各种不法手段再次进入农机购置补贴产品经营领域。对各类违法违规行为中涉及的国家公职人员，要采取行政问责、建议纪检监察机关查处或移交司法机关等措施予以严惩。

下一步，各省级农机化主管部门要按照《通知》精神，制定规范农机购置补贴产品经营行为的具体措施，进一步严肃态度，严明纪律，严格要求，严厉惩治，始终保持对各类违法违规经营行为的高压态势，大力净化补贴产品市场环境，确保农机购置补贴政策公开、规范、高效、廉洁实施。要严格按照农业部、财政部的有关规定，以踏石留印、抓铁有痕的劲头抓好落实，做到有诉必问、有案必查，一个案子一个案子地查下去，认真查、经常抓，一抓到底，抓出成效。对于涉嫌犯罪的，要积极支持、主动配合纪检监察、公安、检察机关从严从重查处，以对人民高度负责的精神，切实把农机购置补贴这项强农惠农富农政策实施好，继续推动农业机械化科学发展。

特此通报。

二〇一三年二月七日

关于推进农机化教育培训大行动的通知

农办机[2013]11号

各省、自治区、直辖市及计划单列市农机(农业、农牧)局(厅、委、办)，新疆生产建设兵团农业局，黑龙江省农垦总局：

今年是我部开展农业机械化教育培训大行动(以下简称大行动)的第五年。为贯彻落实2013年中央1号文件精神，进一步完善农机化人才支撑体系，推进农机化教育培训大行动深入开展，做好2013年农机化教育培训工作，现将有关事项通知如下：

一、及早部署，进一步明确目标任务。我部办公厅《关于深入开展农业机械化教育培训大行动的通知》（农办机[2012]15号）要求，2013年大行动的主要任务：一是建设组织管理能力强、执行政策有力、富有奉献精神的农机化管理人才队伍。全年培训20万人次以上。二是建设创新能力强、支撑有力的技术人才队伍。全年培训80万人次以上，其中基层农机推广骨干1 000人次以上。三是建设致富能力强、服务到位的农机实用人才队伍。全年培训450万人次以上，其中培训新购机农民100万人次以上。各省（自治区、直辖市）农机化主管部门要在总结以往大行动工作的基础上，早动手、早谋划、早安排，制定详实可行的方案，积极部署好当地农机化教育培训大行动。要按照《全国农业机械化教育培训年度任务分配表》（附件1），落实相应的培训工作。

二、夯实基础，进一步提升培训能力。各级农机化主管部门要将农机化教育培训工作摆上重要位置，把开展大行动作为一项为农民办的实事抓好抓实。要积极向当地党委、政府汇报，争取经费投入。要以农业机械化学校为主，合理利用技术推广、职业技能开发机构和拖拉机驾驶培训机构等现有各类培训资源，完善培训体系，加强自身建设，提升培训能力。要加强师资队伍建设，鼓励教师深造学习、更新知识，不断提高专业理论知识和实际操作技能水平。加强教材体系建设，本着“实际、实用、实效”的原则，编印好各类培训教材。加强教育培训基础设施建设，研发培训模拟器材、器具和软件，更新教学设备，进一步提升办学水平和培训服务能力。

三、强化协作，进一步创新培训方式。农机化教育培训工作离不开相关部门、单位的支持。各地农机化主管部门要加强与有关部门的协作，结合阳光工程、新型职业农民培训、1 000名基层农机推广骨干培训等重点项目，搞活培训形式，推进农机化教育培训工作。要充分吸引社会力量参与培训，采取事企联合、校企联动等方式，鼓励相关企业、农机社会化服务组织和农机大户等团体共同参与培训活动。要紧紧围绕农业机械化发展的需求，采取现场演示、送教进村、科技入户、技能竞赛等多种形式，积极探索农机培训新形式，创新培训方式方法，做到灵活多样，生动活泼，吸引更多的农民机手参加培训学习。

四、加强宣传，进一步营造良好氛围。各地农机化主管部门要以加强农业人才队伍建设、开展农机化教育培训大行动、农机技能培训和鉴定示范基地创建等活动为契机，加强对农机化教育培训工作的宣传。要广泛采用新闻媒体宣传、技能竞赛和专题讲座等多种形式，向行业和社会宣传农机化教育培训的作用和成效，扩大影响力和认知度，努力营造有利于促进农机化教育培训工作的良好氛围。

各省（自治区、直辖市）农机化主管部门要将今年的农业机械化教育培训方案于3月底前报送我部农业机械化管理司；将《2013年全国农机化教育培训大行动进度表》（附件2）及年中、全年大行动工作总结分别于7月5日、11月25日前报送我部农业机械化管理司。

附件：1. 全国农业机械化教育培训年度任务分配表（略）
　　　2. 2013年全国农机化教育培训大行动进度表（略）

二〇一三年二月二十二日

关于2012年玉米收获机械质量调查结果的通报

农办机[2013]16号

各省、自治区、直辖市及计划单列市农机（农业、农牧）局（厅、委、办），新疆生产建设兵团农业局、黑龙江省农垦总局，各有关农机生产企业：

为加强农业机械质量监督管理，促进农业机械质量提升，依据《农业机械安全监督管理条例》和《农业机械质量调查办法》，我部组织农业部农业机械试验鉴定总站和有关省农机鉴定站于2012年3月至12月对在用玉米收获机械进行了质量调查。现将调查结果予以通报。

请各级农机化主管部门结合实际，进一步加大农机质量监管力度，不断提高农业机械质量，推动农业机械化又好又快发展。有关农机生产企业切实采取有效措施，认真做好有关问题的整改，进一步提高机具质量，不断提高产品性能，切实维护和保障广大购机农民的根本利益。

附件：2012年玉米收获机械质量调查结果

二〇一三年三月十四日

2012年玉米收获机械质量调查结果

2012年玉米收获机械质量调查对象为在全国玉米收获机销售量位居前列的21家企业的40个型号的产品，产品种类有悬挂式玉米收获机械、自走式玉米收获机械和玉米割台。调查区域为玉米主产区中机具生产和使用较多的河北、吉林、黑龙江、山东、河南5个省份，共调查用户800个。调查主要通过用户对产品的安全性、可靠性、适用性和服务质量四个方面进行评定，采用用户满意度指数来评价玉米收获机械的质量状况，并与2009年农业部开展的玉米收获机械质量调查结果进行比较。

一、质量状况

本次调查结果综合显示，玉米收获机械质量总体水平较好，用户满意度指数达到了83.0，与2009年质量调查数据相比提高了7.4。

（一）安全性能较为理想。安全性满意度指数得分最高，为

91.5,与2009年质量调查数据相比,提高了5.1,用户表示非常满意。玉米收获机械安全性能受到农机生产企业、农机鉴定和管理等部门的高度重视和严格监管,产品安全性能普遍提高。

(二)可靠性能亟待提升。可靠性满意度指数得分最低,为77.5,但与2009年质量调查数据相比,提高了5.0,用户表示满意。本次调查的800个用户累计发生故障3 272次。其中产品平均累计故障次数为2.6,与2009年相比只减少0.1;自走式玉米收获机可靠性满意度指数为67.1,比2009年降低了0.2。

(三)适用性能有待增强。适用性满意度指数为81.5,与2009年质量调查数据相比,提高了9.3,提高幅度较大,用户表示满意。用户普遍认为机具对大地块和作物结穗高度、产量的适应性较好,但对种植行距、小地块、成熟度及倒伏程度的适用性能有待改善。

(四)服务质量仍需提高。服务质量满意度指数为84.0,与2009年质量调查数据相比,提高了5.3,用户表示满意。大部分企业能够重视产品售后服务,认真贯彻落实国家有关"三包"规定,不断改进服务模式,提高服务质量。但仍有部分企业存在售后服务不及时、服务效果不能满足用户要求的情况。

二、存在问题

安全性方面:存在的问题主要是一些产品存在一定的安全隐患,如一些自走式玉米收获机割台或排气管等防护不到位,易发生伤人或着火等事故。主要表现形式是机具危险运动件缺少安全防护和安全警示标志,使用说明书中安全使用说明不齐全等。

可靠性方面:存在的问题主要是零部件质量差、装配质量低和部分结构设计存在缺陷等。故障的主要表现形式有机架和轴类件断裂、焊接件开焊、液压系统漏油、传动皮带磨损、链条断裂、轴承和油泵损坏等。

适用性方面:存在的问题主要是对玉米种植行距、疏密程度、成熟状况、倒伏收获和地块条件的适应性。故障的主要表现形式有玉米种植行距与收获机行距相差较大以及玉米穗太干或太湿都会造成收获机堵塞、损失加大,种植过密增加收获阻力导致链条断裂、出茬口堵塞,对倒伏玉米收获效果差,地块小或是坡度大导致机具工作不灵活、收获效率低等。

服务质量方面:存在的主要问题就是配件供应不足、通用互换性差,售后服务不及时、现场排除故障能力低等。服务质量差主要表现形式有售后服务人员少、服务态度差,配件调运周期长,企业对机手的培训指导不到位等。

三、综合评价

随着各级农机化主管部门对玉米收获机械质量监管力度的不断加强,以及玉米收获机械生产企业研发能力和生产能力的不断提升,近年来我国生产的玉米收获机械的质量不断提升,能够满足我国玉米机械化收获的需要。

根据满意程度评价标准,本次质量调查中用户满意度指数较高的产品有8个,分别为:自走式玉米收获机为山东金亿机械制造有限公司生产的4YZ—4、4YZ—2型自走式玉米收获机和山东国丰机械有限公司生产的4YZP—2X型自走式玉米收获机;悬挂式玉米收获机为爱科大丰(兖州)农业机械有限公司生产的4YW—3型悬挂式玉米收获机、山东巨明机械有限公司生产的4YW—3型悬挂式玉米收获机、山东时风(集团)聊城农业装备有限公司生产的4YW—2型悬挂式玉米收获机、山东宁联机械制造有限公司生产的4YWFP—2型悬挂式玉米收获机;玉米割台为福田雷沃国际重工股份有限公司生产的4YD—3A型玉米割台。

关于开展2013年农机鉴定工作监督检查的通知

农办机[2013]18号

各省、自治区、直辖市农机(农业、农牧)局(厅、委、办),黑龙江省农垦总局,新疆生产建设兵团农业局:

为贯彻落实《农业机械化促进法》《农业机械安全监督管理条例》《农业机械试验鉴定办法》等法律法规精神,推进农机试验鉴定规范化建设,不断提升鉴定业务水平,我部决定继续组织开展全国农机推广鉴定工作监督检查,现将有关事项通知如下。

一、全面部署,积极督查

做好农机鉴定监督检查工作,是推进依法鉴定、有效完成全年农机鉴定工作任务的重要举措,也是促进鉴定业务规范化、防范违纪违法行为的重要手段。各省(自治区、直辖市)农机化主管部门要充分认识开展监督检查工作的重要意义,切实强化责任意识,加强组织领导;要根据本地鉴定工作特点,制定科学的督查方案,及时部署组织好本年度农机鉴定监督检查工作;有关负责同志要亲自带队,抽调专业人员成立专门的督查组,加大力度,深入开展督查工作,防止走过场。

二、突出重点,注重实效

要通过开展监督检查,深入调查了解鉴定业务工作和廉政风险防控情况,研究和解决存在问题,加强规范管理,确保农机试验鉴定机构依法严格鉴定。监督检查要围绕农机推广鉴定管理工作规范化、业务工作规范化以及廉政风险防控机制建设和有效运行等内容,加强对重点农机产品鉴定工作、重点业务环节等的监督检查;要突出鉴定的关键内容、关键方法步骤、关键责任落实,深入到鉴定检测工作现场进行督查,并抽取多种产品的多个鉴定项目档案进行全面检查。

三、依法依规,严格查处

严格依照相关法律法规,及时协调解决监督检查中发现的问题,采取措施,限期整改,确保督查取得实效。对普遍性和倾向性问题,要分析原因,研究对策,进一步完善有关监督管理制度和办法。对于农机鉴定工作的失职渎职、弄虚作假等严重违法违规行为,发现一起处理一起,要一追到底,暂停甚至取消其部级和省级鉴定能力资格,依法严肃处理。

四、及时总结,完善机制

各省级农机化主管部门要立足当前、着眼长远,结合监督检查,推进农机试验鉴定工作规范化管理,指导鉴定机构完善工作程序,进一步规范农机推广鉴定受理审查、检测鉴定、证书变更和证后监督等关键环节的管理。要及时总结依法鉴定的经验，查找制约依法鉴定的主客观因素，采取有针对性的措施，完善相关管理办法，建立健全依法鉴定的长效机制。

我部农机化管理司将组织专门的督查组，对全国农机鉴定工作进行抽查。请各省（自治区、直辖市）农机化主管部门将农机鉴定工作监督检查报告（含监督检查情况、问题及建议等），于6月15日前，报送至农业机械化管理司科技教育处，联系电话：010-59192817、59192863（传真），E-mail：njhkjc@agri.gov.cn。

二〇一三年五月三日

关于成立农机化科技创新专业组的通知

农办机[2013]21号

各省、自治区、直辖市农机（农业、农牧）局（厅、委、办），新疆生产建设兵团农业局，黑龙江省农垦总局，其他有关单位：

为推进农机化科技进步，完善农机化科技创新体系，提升科技创新能力，我部决定在全国农机化科技创新战略咨询专家组基础上，成立土壤耕作机械化、种植机械化、田间管理机械化、收获机械化、农产品初加工机械化、种业机械化、林果业机械化、设施园艺工程、饲料与养殖工程、精准农业、技术集成与区域规划等11个农机化科技创新专业组。现将农机化科技创新专业组组成名单（附件1）和农机化科技创新专业组工作制度（附件2）印发给你们。请专家组成员所在单位对专家组工作给予支持和协助，请各地农机化主管部门对专家组工作给予支持和配合，进一步提升农机化科技创新能力，继续推动我国农机化科学发展。

附件：1. 农机化科技创新专业组组成名单（略）
　　　2. 农机化科技创新专业组工作制度（略）

二〇一三年五月二十九日

关于促进发展养蜂业机械化的通知

农办机[2013]22号

各省、自治区、直辖市及计划单列市农机、畜牧（农业、农牧）局（厅、委、办），新疆生产建设兵团农业局、畜牧兽医局，黑龙江省农垦总局：

养蜂业是现代农业的重要组成部分，对促进农民增收、提高农作物产量、维持生态平衡具有重要意义。当前，劳动力成本不断上涨，蜂农收入低，养蜂条件艰苦、设施落后、劳动强度大，迫切需要提高机械化水平。为贯彻落实《全国养蜂业"十二五"发展规划》，提升养蜂业机械化水平，促进养蜂业持续健康稳定发展，现将有关事项通知如下。

一、积极支持鼓励先进养蜂机械的研发推广

我国养蜂业属于劳动密集型产业，蜂场规模小，主要原因之一是养蜂机具研发滞后，先进、适用、安全、可靠的机具供给不足，机械化生产水平与国外相比差距较大。各地农机化主管部门要增强使命感、责任感，主动与畜牧业主管部门沟通协调，联合开展养蜂业机械化调研，切实了解养蜂业对机械化技术的需求；充分利用现有科研支持渠道，积极争取科研投入，为研发机具和技术提供支持；发挥科研院所、大型农机生产企业技术优势，采取引进和自主创新相结合的方法，促进联合攻关，加快养蜂机具研发。要加强对农业机械鉴定机构的指导，主动创造条件对已有和新研发的养蜂机具开展农业机械推广鉴定，将符合先进性、适用性、安全性、可靠性要求的养蜂机械尽快列入支持推广的农业机械产品目录，促进养蜂机具推广应用。

二、进一步加大对养蜂业机械的补贴力度

农业部已将养蜂专用平台（包括蜜蜂踏板、蜂箱保湿装置、蜜蜂饲喂装置、电动摇蜜机、电动取浆器、花粉干燥箱）纳入了农业机械购置补贴范围。各地农机化主管部门要进一步提高对养蜂产业重要性的认识，加大养蜂业机械化的支持力度，在确保公开公平公正和廉洁实施的基础上，科学合理地测算确定养蜂业机具的补贴额，对农民购置养蜂机具要优先安排。

三、继续加强养蜂业机械化的宣传服务

各地农机化主管部门要会同畜牧业主管部门采取得力措施，做好宣传服务工作。要充分利用电视、广播、网络、画册等媒体，运用示范观摩、技术培训、进村入户等形式，广泛开展养蜂业机械化扶持政策和先进技术等方面的信息宣传，组织企业提供养蜂业机具的技术服务，引导蜂农加快应用养蜂机械化先进技术，扩大养蜂机械装备应用范围，提升我国养蜂业机械化装备技术支撑水平，为养蜂业持续健康稳定发展做出积极贡献。

二〇一三年五月二十九日

关于印发黄淮海地区冬小麦机械化生产技术指导意见和稻茬麦机械化生产技术指导意见的通知

农办机[2013]23号

各省、自治区、直辖市农机（农业、农牧）局（厅、委、办），新疆生产建设兵团农业局，黑龙江省农垦总局：

小麦是我国主要的粮食作物。提升小麦机械化生产科技水平，推进小麦生产的标准化，对于促进小麦增产增效和农民增收具有十分重要的意义。为深入推进农机农艺融合，提高小麦机械化生产的科技含量，我部组织有关专家研究提出了《黄淮海地区冬小麦机械化生产技术指导意见》和《稻茬麦机械化生产技术指导意见》，现予印发。

请各地在两个技术指导意见的基础上，结合本地实际，进一步细化技术内容，完善本地区小麦机械化生产技术体系和操作规范，做好试验、示范和推广，进一步提升小麦全程机械化生产水平。

附件：1. 黄淮海地区冬小麦机械化生产技术指导意见（略）

2. 稻茬麦机械化生产技术指导意见（略）

二〇一三年五月二十九日

关于公布 2012—2013 年度全国农机安全监理“为民服务创先争优”示范窗口和示范岗位标兵的通知

农办机[2013]24 号

各省、自治区、直辖市及计划单列市农机（农业、农牧）局（厅、委、办），新疆生产建设兵团农业局：

按照中央和农业部有关要求，各级农业机械化主管部门及其农机安全监理机构高度重视，广泛发动，精心组织，深入开展以“争创群众满意窗口、争创优质服务品牌、争创优秀服务标兵”为主题的农机安全监理“为民服务创先争优”创建活动，促进了农机安全监理机构增强服务意识、改进工作作风、提高业务水平，更好地为人民群众服务，推动了农业机械化安全发展。依照《农业部办公厅关于开展农机安全监理“为民服务创先争优”示范窗口创建活动的通知》（农办机[2011]57 号）要求，经过申报、推荐、省级复评、部级抽查审定和公示等程序，确定北京市平谷区农机安全监理所等 111 个单位为 2012—2013 年度全国农机安全监理“为民服务创先争优”示范窗口（附件 1），杨进德等 202 名同志为 2012—2013 年度全国农机安全监理“为民服务创先争优”示范岗位标兵（附件 2）。

各地要认真总结农机安全监理“为民服务创先争优”创建活动取得的阶段性成果，加大对示范窗口和岗位标兵的宣传力度，将创建活动与群众路线教育实践活动有机结合，完善下一阶段创建活动方案，推动农机安全监理“为民服务创先争优”活动深入开展。

附件：1. 2012—2013 年度全国农机安全监理“为民服务创先争优”示范窗口名单（略）

2. 2012—2013 年度全国农机安全监理“为民服务创先争优”示范岗位标兵名单（略）

二〇一三年七月三日

关于取消山东时风（集团）聊城农业装备有限公司 4YZP—2 型自走式玉米收割机农机购置补贴资格的通知

农办机[2013]26 号

各省、自治区、直辖市及计划单列市农机（农业、农牧）局（厅、委、办），新疆生产建设兵团农业局，黑龙江省农垦总局、广东省农垦总局：

今年 4 月份以来，甘肃省农机局根据甘肃省委信访局要求，对山东时风（集团）聊城农业装备有限公司（以下简称时风聊城公司）4YZP—2 型自走式玉米收割机严重致伤致残事件进行了调查。调查表明，在去年玉米收获期间，该型号玉米收割机作业时先后发生 9 起致农民伤残事故，引起重大群体质量投诉事件，而且生产企业对赔偿农民损失缺乏应有诚意，在社会上造成不良影响。调查还发现，时风聊城公司 4YZP—2 型自走式玉米收割机于 2011 年获得部级推广鉴定证书，但在实际销售中，该公司将机具输送槽偏置结构改为中置结构，与鉴定机型结构不符。对机具结构形式发生重大变化，按照农机试验鉴定有关规定应申请重新鉴定，但时风聊城公司却未向农业部申请重新鉴定，仍旧按补贴产品销售，其做法属套取补贴资金严重违规行为。

为保障农民群众合法权益，维护农机购置补贴政策的严肃性，根据农业部办公厅、财政部办公厅联合印发的《2013 年农业机械购置补贴实施指导意见》（农办财[2013]8 号）和《农业部办公厅关于进一步规范农机购置补贴产品经营行为的通知》（农办机[2012]19 号）有关要求，现就时风聊城公司 4YZP—2 型自走式玉米收割机套取补贴资金、致伤致残农民事件做出如下处理决定：

1. 在全国范围内取消时风聊城公司 4YZP—2 型自走式玉米收割机农机购置补贴资格。

2. 组织开展 2013 年该型号收割机补贴购置情况核实工作，并按有关规定追回被套补贴资金。同时，以适当方式将该型号机具致伤致残事件告知所辖行政区域广大农民群众。

3. 请甘肃省农机局代表农业部农机化管理司对时风聊城公司进行告诫谈话，责令其做出深刻检查、加强整改，检查及整改报告经省局审定后报农业部农机化管理司备案；继续组织开展致伤致残事故原因调查分析，做好时风聊城公司与农民之间赔偿协议订立的协调工作。

4. 各级农机化主管部门要切实加强对时风聊城公司其他机具的质量跟踪调查工作，加大对该公司补贴产品经营行为的监管力度，如发现存在其他违反农机购置补贴政策规定的行为，应按规定程序及时做出严肃处理，并报农业部农机化管理司备案。

请据此通知，做好相关工作。

二〇一三年七月十七日

关于 2013 年上半年各地农机购置补贴产品经营违规行为查处情况的通报

农办机[2013]29 号

各省、自治区、直辖市及计划单列市农机(农业、农牧)局(厅、委、办)，新疆生产建设兵团农业局，黑龙江省农垦总局、广东省农垦总局：

今年上半年，各级农机化主管部门按照农业部办公厅、财政部办公厅《2013 年农业机械购置补贴实施指导意见》(农办财[2013]8 号)和《农业部办公厅关于进一步规范农机购置补贴产品经营行为的通知》(农办机[2012]19 号)的要求，持续加大对农机购置补贴产品经营违规行为的监管力度，对存在骗取套取补贴资金、拉拢腐蚀国家公职人员的农机产销企业，采取了暂停或取消补贴机具经销资格、取消企业或产品补贴资格、列入黑名单等严惩措施，有力维护了农机购置补贴政策的严肃性。为警示不法企业，努力维护公平竞争的市场环境，切实保障广大农民群众和诚信经营企业的合法权益，现将 2013 年上半年各地违规情节较重的农机购置补贴产品经营违规行为查处情况通报如下。

一、内蒙古自治区

1. 取消内蒙古蒙龙机械制造有限公司 4YZ—4 型自走式玉米联合收获机的农机购置补贴资格。

二、江苏省

2. 取消阜宁新区农机市场有限公司、阜宁县牧丰农机销售有限公司、阜宁县新阜农机有限公司、盐城众发农业机械销售有限公司、南通标新贸易发展有限公司、大丰市大中镇德方农机配件经营部、扬州邗江苏欣农机公司、连云港协胜农机销售有限公司、淮安市慧鑫农业机械有限公司等 9 家企业 2013 年农机购置补贴产品经销资格。

三、浙江省

3. 取消宁波培禾农业科技股份有限公司 1WG5.0Q 微型耕耘机的农机购置补贴资格。

四、安徽省

4. 暂停安徽绩溪稼乐植保机械科技有限公司产品的农机购置补贴资格。

5. 取消南陵县星鑫农机有限公司的农机购置补贴产品经销资格，将该公司及其法定代表人许红列入黑名单。

6. 取消南陵县瑞赢农机销售有限公司的农机购置补贴产品经销资格，将该公司及其法定代表人吴仙香列入黑名单。

五、江西省

7. 取消江西省赣丰农业科技有限公司产品的农机购置补贴资格和农机购置补贴产品经销资格，将该公司及其法定代表人林仙法列入黑名单。

8. 取消新余市驰田农业机械有限公司产品的农机购置补贴资格和农机购置补贴产品经销资格，将该公司及其法定代表人周勤生列入黑名单。

9. 取消江西省爱荷华农业科技发展有限公司产品的农机购置补贴资格和农机购置补贴产品经销资格，将该公司及其法定代表人彭桂根列入黑名单。

六、湖南省

10. 取消湖南飞鹰新能源科技有限公司、广州市番禺莲花山农业机械供应有限公司、湖南星天伟业农机产业发展有限公司等 3 家企业产品的农机购置补贴资格。

11. 取消新田县神州农业机械有限公司的农机购置补贴产品经销资格，将该公司及其法定代表人刘利芬列入黑名单。

12. 取消新田县东丰农业机械有限公司的农机购置补贴产品经销资格，将该公司及其法定代表人刘友凤列入黑名单。

13. 取消湘阴县金牛农机推广服务有限责任公司的农机购置补贴产品经销资格，将该公司及其法定代表人刘献忠列入黑名单。

七、贵州省

14. 取消浙江铃木机械有限公司、台州泰义机械有限公司、台州市金清增氧机有限公司等 3 家企业产品的农机购置补贴资格。

八、陕西省

15. 取消陕西大荔炊事机械有限责任公司、榆林市生财农业机械科技有限责任公司、西安德润生物技术有限责任公司等 3 家企业产品的农机购置补贴资格。

16. 取消西安市瑞雪制冷设备有限公司消毒机、移动式排灌机的农机购置补贴资格。

17. 取消旬阳县新农机械制造有限公司烟草起垄机、烟叶烘烤设备的农机购置补贴资格。

18. 取消米脂银洲农机制造有限责任公司稻麦脱粒机、红枣精选机的农机购置补贴资格。

19. 取消西安新天地草业有限公司畜禽养殖机的农机购置补贴资格。

20. 取消陕西陕富农机有限公司型号为 GY—16 开沟机的农机购置补贴资格。

21. 取消陕西金桥农业机械有限责任公司、陕西蒲城富森植保机械有限责任公司等 2 家企业的农机购置补贴产品经销资格。

九、新疆维吾尔自治区

22. 取消库尔勒拓疆农业机械有限公司的农机购置补贴产品经销资格，将该公司及其法定代表人潘青奎列入黑名单。

对上述违规企业，各省级农机化主管部门要实行跟踪监管、重点检查，如发现在本省区域内也存在违规行为，应及时组织查处并报农业部农业机械化管理司，以便在全国范围内采取更加严厉的措施。对被骗取套取的补贴资金，要采取有效措施予以追回。对被取消补贴资格的产品，应立即从补贴管理软件系统中删除，并严格审查被查处企业提出的全部农机试验鉴定申请，防止这些企业采取更换机具名称、型号等方式重新申请鉴定，以至于被取消补贴资格的产品再次进入补贴范围。对被列入黑名单的补贴产品经销商及其法定代表人，要防止其通过翻牌注册、异地注册等方式再次进入补贴产品经销领域。对采取行贿等违法违规方式获取不法利益的农机生产企业和经销商，要及时取消其全部或部分产品的补贴资格和经销补贴产品的资格。对违法违规性质恶劣的产销企业，建议工商部门吊销其营业执照，情节严重涉嫌犯罪的，积极配合司法机关处理。

坚决查处农机购置补贴产品经营中的违法违规行为，是各级农机化主管部门义不容辞的责任，是确保农机购置补贴政策科学高效规范廉洁实施的重要保障。上述各省（区）农机化主管部门尽心尽责，主动组织查处来自各渠道的举报投诉，付出了艰辛劳动，取得了重大成果，有力净化了所辖区域内农机购置补贴产品市场，切实维护了广大农民群众和诚信经营企业的合法权益。

各级农机化主管部门要按照《农业部关于进一步加强农机购置补贴政策实施监督管理工作的意见》（农机发[2013]2号）要求，持续加大对违法违规产销企业的打击力度，认真做好群众举报投诉以及通过其他渠道发现问题的查处工作，努力维护农机购置补贴政策实施的良好环境。

特此通报。

二〇一三年七月三十日

关于2013年农机购置补贴政策实施专项督导检查情况的通报

农办机[2013]32号

各省、自治区、直辖市及计划单列市农机（农业、农牧）局（厅、委、办），新疆生产建设兵团农业局，黑龙江省农垦总局、广东省农垦总局：

根据农业部办公厅《关于印发2013年农机购置补贴政策落实监督检查方案的通知》（农办机[2013]14号）和《关于开展农机购置补贴政策实施专项督导检查的通知》（农办机[2013]20号）要求，6月4—29日，农业部农机化司、财务司、农垦局、中纪委监察部驻农业部纪检组监察局、农机试验鉴定总站、农机推广总站、财会服务中心等单位，联合成立8个督导检查组，分赴内蒙古、黑龙江、安徽、福建、河南、湖北、海南、重庆、贵州、云南等10个省份及所属17个市县，就农机购置补贴政策实施情况开展专项督查。各督导组与省市县三级农机化主管部门进行了座谈交流，入户走访了91个购机户和6个农机合作社，查看了14家农机补贴经销商。现将督导检查有关情况通报如下。

一、各地实施农机购置补贴政策的主要工作特点

从总体督查情况看，今年以来，各地能够按照农财两部实施指导意见的要求，围绕本地农业和农机化发展需要，精心组织实施农机购置补贴政策，各项工作进展顺利，呈现以下几个特点：一是补贴机具和补贴额确定更加规范。各地在对补贴产品进行分类分档及确定补贴额时，更加注重广泛征求各方面意见和专家论证，工作的科学性、规范性进一步提高。安徽、福建、内蒙古等省区严格按照“征求意见、专家论证、召开专门会议”等程序研究确定补贴额。二是补贴对象确定更加公开、公平、公正。督导检查中，大部分农户均表示获得补贴指标的过程公开、公平，没有遇到吃拿卡要等情况，县乡农机购置补贴工作人员服务态度整体良好。安徽省怀远县2012年、2013年均采用公开摇号方式确定补贴对象；黑龙江省龙江县采取全程电视现场直播的方式，开展补贴摇号。三是补贴信息公开力度加大。为使农机购置补贴政策实施更加公开透明，各地能够充分利用多种媒体和群众喜闻乐见的方式，加大农机购置补贴政策信息和实施结果的公开力度，主动接受社会监督。湖北、重庆、海南等省市应该公开、能够公开的事项，做到了全面公开，在政务网或农机化信息网上设置“农机购置补贴信息公开专栏”。四是组织领导和监督检查措施比较实。各级农机、财政部门密切合作，切实加强组织领导、廉政风险防控和监督检查等各项工作。督导组所到市县均成立了由政府主管领导任组长，农机、财政、纪检监察等部门和单位参加的农机购置补贴实施领导小组。省市县三级农机化主管部门层层签署补贴实施工作责任书，确保各项工作落实到位。河南省严格执行农财两部的规定，努力做到一个制度不缺、一个环节不减、一个要求不松；海南省要求补贴金额较高的机具的生产企业，提供在海南省内的发货清单，与经销商提供的结算清单逐一核实，确保结算无误；福建省对2012年以来已调查过的举报投诉进行回访式复查，对2013年调查的举报投诉进行现场督查。五是对补贴机具经销商的管理更加严格。按照农业部办公厅《关于进一步规范农机购置补贴产品经营行为的通知》（农办机[2012]19号）要求，各地在不影响市场公平竞争机制的前提下，切实加强了对补贴机具经销商的管理。内蒙古自治区在农业部规定的七项资质条件要求基础上，又增加售后服务维修能力等资质要求；贵州、云南两省实行生产企业、经销商和销售网点逐级管理责任制。六是全价购机操作创新试点稳步推进。从督导情况看，“全价购机、县级结算、直补到卡”试点工作总体进展顺利，开展试点省份的市县政府组织落实农机购置补贴政策的主动性提高，农户获得国家补贴更加直观，结算环节廉政风险有所降低；但个别地方存在农户等待观望现象，实施进度和资金兑付进度较往年减慢，个别农户存在筹款难问题。七是工作经费进一步得到保障。为确保补贴各项工作顺利实施，各地积极争取工作经费，多数省份安排的工作经费额度有了提高。贵州、云南两省在方案中明确县级财政部门要配套工作经费，并分别争取省级财政部门安排500万元、1 000万元专项补贴工作经费；福建省财政年初安排的补贴工作经费达600万元，是去年的2倍；湖北省有67个县（市、区）争取到当地财政安排的经费；重庆市财政安排了630万元，各区县配套170万元，县均20万元；海南省农财两厅明确规定各市县财政要按中央财政补贴资金规模3%～5%的比例安排专项工作经费，各市县在实际执行中也按这一比例安排了工作经费。

二、督导检查发现的主要问题

虽然全国农机购置补贴工作总体进展顺利，但督导检查时也发现，各地在农机购置补贴政策实施中还存在一些问题：

(一)资金结算兑付进度缓慢。截至7月15日,全国农机购置补贴资金执行进度为72.8%,结算兑付进度仅为10.2%,总体结算进度缓慢。截至督导检查时,内蒙古、海南、福建补贴资金执行进度分别为39.1%、12.4%、30.26%,均低于上年同期执行水平。

(二)部分市县信息公开不规范。福建霞浦县因相关政务公开系统于2013年6月刚建成,仅对2013年农机购置补贴相关实施情况进行了公开,以前年度情况仅在县农机局进行张贴。有的地方补贴信息公开专栏设置不够醒目,补贴信息混杂在其他财政专项中,不易查找。有的将农户身份证号、电话号码、具体门牌号等个人隐私信息也进行了公开。黑龙江省龙江县2012年享受补贴的农户信息以及县级农机购置补贴政策落实情况报告,在检查时未能在县人民政府网站上查到。重庆忠县将购机农户可能涉及个人隐私的内容与购机信息一并公开。

(三)执行农财两部规定不到位。一是有的市县强调地方特殊性,未经批准擅自缩小补贴机具种类范围。如湖北省天门市未经省局批准,通知规定补贴种类主要有六类,这与农、财两部"县级农机化主管部门不得随意缩小补贴机具种类范围"的要求不符。二是部分省份在确定农机产品补贴额时没有制定科学合理的工作规程。如安徽、贵州等省对非通用类和自选品目,没有制定规范的分类分档办法;湖北省在补贴机具和补贴额确定上基本采用局内部办公会讨论的办法,缺少专家论证;贵州、云南两省补贴额一览表过细,贵州补贴额一览表部分档次的产品补贴额存在参考企业报价确定的情况。个别地方在补贴额一览表中附带公布了企业产品名称。三是虽然大部分省份补贴工作经费有了一定保障,但有些地方特别是一些财政困难的县,还是没有落实工作经费。

(四)监督管理还有待加强。一是档案资料管理不规范。县农机化主管部门补贴档案归集形式多样,档案管理缺乏统一规范的标准。检查福建省霞浦县补贴档案时发现,相关资料没有进行合理分类,查找困难,且部分购机发票只有复印件,有的没有加盖公章。二是对补贴产品经销商缺乏有效监管。督导发现,有些经销商及其经销点管理有待加强,有的经销商对补贴产品型号、价格、配置、补贴额等情况公示随意性大,购机发票开具不及时。如黑龙江省龙江县购机农户赵阳多次向经销商索要补贴额未果。有些市县农机化主管部门对加强经销商管理的责任意识不强,监管力度不够。三是举报投诉处理不够细致。如督导组在湖北省天门市与某农民做电话沟通,对其反映多收费、搭车收费问题的调查情况进行了回访,虽然该农民承认投诉有误,但农民对市县的调查处理仍存在不少疑问。在复查霞浦县农机局负责人私自扩大补贴对象、偏袒无资质经营者领取补贴的举报调查情况时发现,宁德市农机局在组织调查过程中存在深入实地核查不够、分析判断不合逻辑、经验缺乏、结论经不起推敲等问题。

(五)廉政风险防控机制建设尚需加强。虽然各市县都建立了农机购置补贴工作责任制,但部分市县没有按要求制定专门的廉政风险防控方案,具体管理补贴工作的同志对廉政风险防控的具体要求不是很清楚,防范措施缺乏针对性和可操作性。如安徽怀远县没有按规定制定专门的廉政风险防控方案;海南琼海市未建立廉政风险点防控流程图。

三、相关要求

开展监督检查是加强管理、确保农机购置补贴政策各项规定落实到位的重要措施。近期,我部印发了《农业部关于进一步加强农机购置补贴政策实施监督管理工作的意见》(农机发[2013]2号),各级农机化主管部门要高度重视,认真组织学习,全面贯彻执行。当前要结合此次督导检查发现的问题,着重做好以下工作:

(一)认真对照检查,深入做好整改。各地要对照督查发现的问题,逐项研究,全面整改。要深入分析问题原因,结合实际采取有针对性的措施,弥补管理漏洞,改进完善工作,确保补贴实施取得更大成效。

(二)加快资金实施进度。执行进度缓慢的省份,要加大政策宣传力度,进一步调动农民购机积极性;同时,要在认真组织核查机具的基础上,主动协调财政部门,采取预拨付或定期结算等方式,加快资金结算和兑付进度。

(三)大力推进信息公开。信息公开规范化是保障购机补贴政策实施公开公平公正的重要措施,各省要进一步完善信息公开的内容、形式和频次,增强信息公开的权威性和有效性,使信息公开规范化、制度化,真正做到能公开的要全部公开、已公开的要方便查询并经得起检查。要着力推进农机购置补贴信息公开专栏建设,确保今年年底前省地县各级专栏建设到位。

(四)进一步完善经销商管理和补贴额确定工作。省级农机化主管部门要根据《农业部办公厅关于进一步规范农机购置补贴产品经营行为的通知》(农办机[2012]19号)要求,因地制宜制定补贴机具经销商及其分销点的精细化管理措施,并加大监管和违规惩处力度,切实维护广大农民和守法企业的合法权益。要建立健全非通用类和其他自选类农机分类分档办法、补贴额测算工作制度。相邻省份要主动协调,防止出现补贴额差距过大等问题。

(五)积极稳妥开展试点工作。今年是全国范围内推进全价购机补贴操作试点的第一年,从这次督导调研看,总体情况良好,但农民筹款难、兑付速度慢、基层工作量大等问题没有得到很好解决。各地应积极与有关金融机构进行沟通对接,研究金融支持农户购机贷款方式,减轻农民筹资压力。在保障资金安全运行前提下,可合理优化补贴工作流程,创新补贴机具核查方式,适当减轻基层工作量,确保试点取得预期成效。

(六)抓好工作经费落实。按照农财两部规定,地方各级财政部门应保证必要的组织管理经费。省级农机化主管部门要督促各地落实必要的农机购置补贴工作经费,对于没有安排专项工作经费的市县,省里可不安排补贴资金或削减补贴资金,并将工作经费落实情况纳入延伸绩效考核指标,保障补贴工作正常开展。财政条件较好的省份农机化主管部门,应积极协调财政部门对困难县的工作经费予以补助安排。

(七)继续深入开展廉政风险防控机制建设。在认真梳理总结近年来各类补贴操作违规违纪案件基础上,分层级分岗位查找分析廉政风险点,围绕权力运行,建立切实可行、制约有效的不敢腐、不能腐的权力制约机制。同时,要积极研究简政放权、发挥市场机制作用的措施办法,切实保障资金使用安全和干部政治安全。

二〇一三年八月六日

关于农机推广鉴定工作抽查情况的通报

农办机[2013]35号

各省、自治区、直辖市农机(农业、农牧)局(厅、委、办),新疆生产建设兵团农业局,黑龙江省农垦总局:

根据《农业部办公厅关于开展2012年全国农机推广鉴定工作监督检查的通知》(农办机[2012]42号)、《农业部办公厅关于开展2013年农机鉴定工作监督检查的通知》(农办机[2013]18号)要求,自去年8月份以来,我部农机化管理司会同部农机试验鉴定总站先后组织了6个督查组对8个省农机推广鉴定工作进行了抽查。现将有关情况通报如下。

一、抽查的总体情况

2012年8—11月份,组织2个督查组先后对江苏、四川、河北和广东等4个省的农机鉴定工作进行了抽查。2013年5—7月份组织了4个督查组分别对江苏、黑龙江、安徽、湖北和甘肃等5个省的农机鉴定工作进行了抽查。按照有关通知要求,督查组采取审核相关材料、抽查鉴定报告、召开座谈会等方式,对相关省的农机推广鉴定管理规范化、业务规范化及廉政风险防控机制建设等情况进行了检查,其中农机有关管理工作检查包括13项内容,鉴定业务工作检查包括20项内容。抽查结果显示,各地农机化主管部门认真贯彻《农业机械化促进法》,建立健全农机试验鉴定政策法规和制度保障体系,农机鉴定机构不断完善各项工作制度和程序,鉴定工作基本做到了有章可循、有据可依,鉴定管理和业务规范化水平明显提升。江苏、四川两个省级农机化主管部门的检查综合结论为"管理规范",其余均为"管理基本规范";8个省级农机鉴定机构检查综合结论为"业务基本规范"。但各省都存在不同程度的问题,需要进行相应的整改。

按照管理和业务规范两方面的检查评价结果,所抽查的省份农机推广鉴定工作规范化程度由高至低的顺序:广东、江苏、四川、河北、黑龙江、安徽、甘肃、湖北。

二、存在的主要问题

综合各督查组对各省的抽查情况,部分省农机鉴定管理和业务工作存在以下主要问题:

1. 部分省农机鉴定能力认定不规范。有的省不能提供省级能力认定专家组考评的原始记录;个别省前后两次能力认定的有效期不连续,存在空白期;个别省甚至存在超能力认定范围鉴定的现象。

2. 部分省级推广鉴定规章制度有待完善。部分省份未完善相应的能力认定办法等,个别省级农机推广鉴定受理的条件不够明确,省级农机鉴定监督检查工作均未形成制度化。

3. 农机鉴定业务细节有待规范。部分省的鉴定报告存在瑕疵,需要统一规范;个别省用于检测的样机管理不严谨;部分省级农机鉴定项目材料归档有待规范。

三、相关要求

各省农机化主管部门及农机鉴定机构要以此次监督检查为契机,对照我部抽查所发现的问题,举一反三,全面梳理完善有关制度、程序,强化鉴定管理、业务规范化建设,进一步促进依法鉴定有效实施。

(一)深化认识,切实做好问题整改。农机试验鉴定是农机化公共服务的重要内容,也是实施购机补贴政策的重要技术支撑。鉴定工作若不规范,不严格做到依法鉴定,就难以发挥支撑作用,甚至对实施补贴政策造成不良影响。被抽查单位要对监督检查中发现的问题,进行认真研究,采取措施,限期整改;对严重违规的,要追究相关人员的责任,及时按规定进行处理。

(二)明确责任,继续推进监督检查。农机试验鉴定是国家法律法规赋予农机化主管部门的重要职责。各省级农机化主管部门要坚持"谁主管、谁负责"、"谁发证、谁负责"、"谁审批、谁负责"的原则,统一思想,完善机制,落实监管责任。要加强组织领导,加大力度,确保监管到位,将鉴定监督检查作为每年的常规工作。要坚决杜绝违反规定安排鉴定机构开展鉴定,绝不允许干涉技术工作和试验检测结果,确保鉴定工作的独立性和公正性。

(三)提升素质,进一步规范鉴定业务。各地要加强农机鉴定人员培训,强化理论基础、专业技术训练,增强依法鉴定意识,进一步提升鉴定人员的综合素质。要加快农机标准、农机试验鉴定大纲的制修订工作,确保鉴定人员有章可循、有据可依。要严格规范地开展鉴定业务工作,坚决杜绝简化工作程序、减少鉴定内容、以偏概全和弄虚作假等现象,确保农机鉴定公正、公平。

(四)夯实基础,建立监管长效机制。各省级农机化主管部门要立足当前、着眼长远,结合监督检查,加强农机试验鉴定工作规范化管理,指导鉴定机构完善业务工作制度和程序,进一步规范农机推广鉴定受理审查、检测鉴定、证书变更和证后监督等关键环节的管理。要及时总结监督检查工作的经验,加强工作研究,完善相关管理办法,建立健全农机推广鉴定监督管理工作的长效机制。

做好农机鉴定监督检查工作,是推进依法鉴定、规范鉴定工作的重要举措,也是防范违法违纪行为的重要手段。各地要将此项工作列入重要议事日程,采取措施,加大力度,强化监管,提升农机鉴定规范化水平。我部已将农机鉴定监督检查列为重要常规工作。今后将不定期对部分省农机推广鉴定工作进行抽查,并对抽查后整改情况进行"回头看"。对于整改不力或鉴定工作中仍存在失职渎职、弄虚作假等严重违法违规行为的,将暂停甚至取消其部级和省级鉴定能力资格,依法严肃处理。

二〇一三年八月三十日

关于印发《通过农机推广鉴定的产品及证书使用情况监督检查工作规范》的通知

农办机[2013]36 号

各省、自治区、直辖市及计划单列市农机(农业、农牧)局(厅、委、办),新疆生产建设兵团农业局,黑龙江省农垦总局:

为规范获得农业机械推广鉴定证书的企业和产品的监督检查工作,根据《农业机械试验鉴定办法》(农业部令第54号)的有关规定,我部制定了《通过农机推广鉴定的产品及证书使用情况监督检查工作规范》,现印发你们,请遵照执行。

附件:通过农机推广鉴定的产品及证书使用情况监督检查工作规范(略)

二〇一三年八月三十日

关于印发花生机械化生产技术指导意见的通知

农办机[2013]37 号

各省、自治区、直辖市农机(农业、农牧)局(厅、委、办),新疆生产建设兵团农业局,黑龙江省农垦总局,其他有关单位:

花生是我国重要的油料作物,对于保障我国食用植物油供给具有重要作用。为推进农机农艺融合,提高花生机械化生产的科技含量,促进花生标准化种植、轻简化作业、规模化生产,我部组织有关专家研究提出了花生机械化生产技术指导意见(以下简称"技术指导意见"),现予以印发。

请各地在技术指导意见的基础上,结合本地实际,细化技术内容,探索全程机械化的合理生产模式,完善适宜本地区的花生机械化生产技术体系和作业规范,围绕花生机械化生产的薄弱环节,开展试验、示范,强化技术指导,不断提升技术装备水平,推动花生产业健康发展。

附件:花生机械化生产技术指导意见(略)

二〇一三年九月六日

关于印发《西北内陆棉区棉花机械化生产技术指导意见(试行)》的通知

农办机[2013]41 号

西北内陆棉区各有关省(区)农机(农牧)局(厅),新疆生产建设兵团:

棉花是我国主要的经济作物。棉花生产关系农民增收、农业稳定和纺织业健康发展。加快推进棉花生产机械化,是实现节本增效、保持棉花生产稳定发展的重要措施。为加强农机农艺融合,提高棉花生产机械化作业水平,降低生产成本,我部组织有关专家研究提出了西北内陆棉区棉花机械化生产技术指导意见(试行),现予以印发。

请有关省在技术指导意见的基础上,结合本地实际,细化技术内容,开展试验示范,探索全程机械化的合理生产模式。重点围绕棉花机械化生产薄弱环节,做好技术指导和培训,促进棉花生产品种良种化、种植标准化、管理精简化、生产全程机械化,逐步建立和完善棉花机械化生产技术体系。

附件:西北内陆棉区棉花机械化生产技术指导意见(略)

二〇一三年十一月十五日

关于印发水稻机械化生产技术指导意见的通知

农办机[2013]43 号

各省、自治区、直辖市和计划单列市农机(农业、农牧)局(厅、委、办),新疆生产建设兵团农业局、黑龙江省农垦总局,其他有关单位:

为加强农机农艺融合,推进水稻生产机械化、轻简化、集成化、标准化、规模化,我部编制了《水稻机械化生产技术指导意见》(以下简称《意见》),现予印发。

请各地在《意见》基础上,结合本地实际,进一步细化技术内容,完善本地区水稻机械化生产技术体系,做好试验、示范和推广,促进水稻生产健康发展。

附件:水稻机械化生产技术指导意见(略)

二〇一三年十一月四日

地方性法规、规章及文件

河北省人民政府令

[2013]第9号

《河北省农业机械安全监督管理办法》已经2013年9月16日省人民政府第9次常务会议通过，现予公布，自2013年11月1日起施行。

省长：张庆伟

二〇一三年九月十八日

河北省农业机械安全监督管理办法

第一章 总 则

第一条 为加强对农业机械及其驾驶、操作人员的安全监督管理，预防和减少农业机械事故，保障公民人身和财产安全，促进农业机械化事业和农村经济发展，依据国务院《农业机械安全监督管理条例》《河北省农业机械管理条例》等法律法规，制定本办法。

第二条 在本省行政区域内从事农业机械使用操作及安全监督管理等活动，应当遵守本办法。

第三条 县级以上人民政府应当加强对农业机械安全监督管理工作的领导，完善农业机械安全监督管理体系，加强农业机械安全监督管理队伍、基础设施和装备建设，建立健全农业机械安全生产责任制，保障农业机械安全生产。

第四条 县级以上人民政府应当保障农业机械安全监督管理的财政投入，按国家及本省有关规定，将农业机械安全监督管理工作各项经费纳入同级政府财政预算。

第五条 县级以上人民政府农业机械化、公安和交通运输等有关部门负责本行政区域内的农业机械安全监督管理工作。农业机械化主管部门所属的农业机械安全监理机构（以下简称农机安全监理机构）具体负责农业机械使用操作的安全监督管理工作。

第六条 各级人民政府和县级以上人民政府农业机械化、广播电影电视、新闻出版等有关部门应当加强农业机械安全法律、法规、规章等安全知识的宣传教育。

第七条 农机安全监理机构应当根据农业生产需要及国家和本省有关规定，对农业机械实施监督检查，纠正和处理违反有关法律、法规、规章的行为。

第八条 除法律、法规、规章和本办法另有规定的外，任何单位和个人不得扣留农业机械及其牌证和驾驶操作人员的驾驶操作证件。

第二章 使用管理

第九条 拖拉机、联合收割机按国家规定实行登记制度。

设区的市农机安全监理机构负责办理本行政区域内拖拉机、联合收割机的登记业务。县（市、区）农机安全监理机构在上级农机安全监理机构的指导下，承办拖拉机、联合收割机登记申请的受理、安全技术检验等具体工作。

第十条 拖拉机、联合收割机投入使用前，其所有人应当持本人身份证明和机具来源等证明、凭证，其中进口机具需持进口许可等凭证，专营运输和兼营运输的拖拉机还需持交通事故责任强制保险凭证，向所在地县（市、区）农机安全监理机构申请注册登记，领取号牌和有关证件后，方可使用。拖拉机、联合收割机经安全检验合格的，农机安全监理机构应当在2个工作日内予以登记并核发相应的证书和牌照。

拖拉机、联合收割机使用期间，登记事项发生变更、所有权转移、用作抵押或者报废的，其所有人应当到原登记机构办理变更、注销等相关手续。

第十一条 拖拉机、联合收割机因办理注册登记、转移登记需要临时上道路行驶的，拖拉机、联合收割机补领牌照期间需要临时行驶、使用的，应当到其住所地或者购买地农机安全监理机构办理临时号牌，并按有关规定驾驶操作。

第十二条 拖拉机、联合收割机证书、牌照灭失、丢失或者损毁的，其所有人应当到原证照核发机构办理补、换领证照手续。

第十三条 拖拉机、联合收割机牌照应当悬挂于指定位置，保持清晰、完整，不得故意遮挡、污损。拖拉机挂车车厢后部应当喷涂字体规范的放大牌号，并保持清晰。

专营运输和兼营运输的拖拉机应当在机组指定位置上贴反光标识，参加跨区作业的联合收割机应当在其机身指定位置上贴反光标识。

拖拉机、联合收割机证书、牌照不得转借、涂改、伪造和变造。

第十四条 拖拉机、联合收割机由农机安全监理机构按国家有关规定进行年度安全技术检验。未经检验或者经检验不合格的，不得继续作业。

第十五条　农业机械从事田间作业应当遵守下列规定：

（一）农业机械作业前，驾驶操作人员对农业机械、作业场地及周边环境进行安全查验，排除安全隐患，清理作业区域内的闲杂人员，在有危险的部位和作业现场设置防护装置或者警示标志，确认农业机械、作业场地及周边环境符合安全作业要求；

（二）驾驶员与操作员之间有联系信号；

（三）操作员在规定的位置上操作，不得超员；

（四）清理杂物或者排除故障时，在停机或者切断动力后进行；

（五）悬挂式作业机械升起后，不得对其进行保养、调整和故障排除；

（六）喷洒农药时采取安全防护和防污染措施。

第十六条　农业机械应当采取下列安全防护措施：

（一）配备安全防护装置、警示标志；

（二）禁止烟火和存放易燃易爆物品；

（三）禁止漏油、漏电、漏气的农业机械作业；

（四）禁止改装、拆除安全设施。

第十七条　拖拉机作业时，只准牵引一辆挂车或者一组作业机具。

禁止使用联合收割机拖带其他农业机械。

联合收割机被牵引时，时速不得超过10公里。

第十八条　不得继续使用因存在事故隐患而被农机安全监理机构责令停止使用的农业机械。

第三章　操作管理

第十九条　驾驶操作拖拉机、联合收割机的人员应当按国家有关规定，取得驾驶操作证件。未取得驾驶操作证件的，不得驾驶操作拖拉机、联合收割机。

拖拉机、联合收割机驾驶操作证件有效期为6年；有效期满，拖拉机、联合收割机操作人员可以向原发证机关续展。

第二十条　拖拉机、联合收割机驾驶操作证件灭失、丢失或者损毁，其持有人或者委托代理人应当到原发证机构办理补、换证手续。

第二十一条　换发拖拉机、联合收割机驾驶操作证件时，农机安全监理机构应当对证件进行审验。未经审验或者经审验不合格的证件，不得继续使用。

第二十二条　设区的市和县（市、区）农机安全监理机构应当在农业机械年度安全技术检验期间组织驾驶操作人员进行安全培训。

农业生产经营组织、农业机械作业组织和农业机械所有人应当对驾驶操作人员进行农业机械安全使用教育，提高其遵纪守法、安全作业的自觉性，并建立健全班组、机组安全生产责任制，保障农业机械安全作业。

第二十三条　持有驾驶操作证件的人员及与农业机械作业有关的人员必须遵守下列规定：

（一）不得驾驶操作与驾驶操作证件内容不符合的农业机械；

（二）不得驾驶操作未按规定登记检验或者经检验不合格、安全设施不全、机件失效的农业机械；

（三）不得将拖拉机、联合收割机交给没有驾驶操作证件的人员驾驶操作；

（四）饮酒后不得驾驶操作农业机械；

（五）使用国家管制的精神药品、麻醉品后，不得驾驶操作农业机械；

（六）患有妨碍安全作业的疾病或者过度疲劳的，不得驾驶操作农业机械；

（七）不得驾驶操作农业机械违章载人；

（八）不得强迫他人违章作业。

第四章　事故处理

第二十四条　在道路以外发生的农业机械事故，由农机安全监理机构依照农业机械管理法律、法规、规章处理。

农业机械在道路上发生的交通事故，由公安机关交通管理部门依照道路交通安全法律、法规处理。拖拉机在道路以外发生的事故，公安机关交通管理部门接到报案的，参照道路交通安全法律、法规处理。农业机械事故造成公路及其附属设施损坏的，由交通运输主管部门依照公路管理法律、法规处理。

第二十五条　在道路以外发生农业机械事故，驾驶操作人员和现场其他人员必须立即停止作业，保护现场，抢救伤者和财产，并及时报告事故发生地县（市、区）农机安全监理机构。造成人员死亡的，还应当向事故发生地公安机关报案。变动现场的，应当标明位置。

农机安全监理机构接到农业机械事故报案后，应当及时派人赶赴现场处理。

发生农业机械事故，未造成人身伤亡，当事人对事实及成因无争议的，可以在当事各方达成协议后即行撤离现场。

第二十六条　发生事故后当事人逃逸的，现场目击者和其他知情人应当向事故发生地县（市、区）农机安全监理机构和公安机关举报。接到举报的农机安全监理机构应当协助公安机关追查。

第二十七条　调查事故过程中，农机安全监理机构发现当事人涉嫌犯罪的，应当依法移送公安机关处理，对肇事农业机械可以依照《中华人民共和国行政处罚法》的规定，先行登记保存。

第二十八条　抢救治疗事故受伤人员的费用，由肇事嫌疑人和肇事农业机械所有人先行预付。

肇事拖拉机已投保交通事故责任强制保险的，事故发生地的农机安全监理机构应当书面通知保险公司依法支付抢救费用。需要道路交通事故社会救助基金垫付费用的，事故发生地农机安全监理机构应当通知该基金的管理机构及时垫付，并协助其向事故责任人追偿。

第二十九条　对经过现场勘验、检查的农业机械事故，农机安全监理机构应当按规定制作农业机械事故认定书并送达当事人。

需要进行农业机械鉴定的，农机安全监理机构应当自收到农业机械鉴定机构出具的鉴定结论之日起5个工作日内制作农业机械事故认定书，并在制作完成农业机械事故认定书之日起3个工作日内送达当事人。

第三十条　当事人对事故认定有异议的，可以自事故认定书送达之日起3日内，向上一级农机安全监理机构提出书面复核申请。

上一级农机安全监理机构应当在受理复核申请30日内作出复核结论，并在作出复核结论3日内送达复核申请人。

第三十一条　因农业机械事故造成的经济损失，由责任者按所承担的责任大小，原则上一次性支付损害赔偿费用。

第三十二条 农业机械事故当事人之间发生经济损害赔偿争议的，应当及时协商解决。协商不成的，当事人可以向农机安全监理机构申请调解，也可以向人民法院起诉。

当事人向农机安全监理机构申请调解，应当在收到事故认定书之日起10个工作日内提出。

第三十三条 损害赔偿经过农机安全监理机构调解达成协议的，应当制作调解书，由当事人、有关人员和调解人签名，加盖农机事故处理专用章后即行生效。农机安全监理机构应当将调解书送交当事人和有关人员。

未达成协议的，应当制作调解终结书，由调解人签名，加盖农机事故处理专用章，分别送交当事人和有关人员。

第三十四条 农机安全监理机构应当为当事人处理农业机械事故损害赔偿等后续事宜提供帮助和便利。

第三十五条 县级以上人民政府应当鼓励和支持农业机械所有人和驾驶操作人依照法律、法规的规定，建立农业机械安全互助组织，完善农业机械事故救助机制，提高农业机械安全操作水平，降低农业机械事故损害风险。

第五章 服务与监督

第三十六条 省农机安全监理机构负责指导、组织实施全省农业机械牌证管理、安全技术检验、安全宣传教育、安全监督检查、作业秩序管理，参与重大农业机械事故调查处理等工作。拖拉机、联合收割机牌证和有关驾驶操作证件由省农机安全监理机构按国家有关规定统一制作和发放。

第三十七条 设区的市和县(市、区)农机安全监理机构应当对除拖拉机、联合收割机以外的其他危及人身财产安全的农业机械进行免费实地安全技术检验。

在安全技术检验中发现农业机械存在事故隐患的，应当告知其所有人停止使用，及时排除隐患，并建立农业机械安全监督管理档案。

第三十八条 公安机关交通管理部门、农机安全监理机构应当健全道路交通秩序管理与农业机械牌证管理衔接联动机制和信息互通机制，支持农业机械牌证管理，促进农业机械和乡、村道路交通安全监督管理。

第三十九条 县级以上人民政府及其农业机械化、公安、交通运输、能源、保险等有关部门和单位，应当为农业机械跨行政区域作业提供便利和服务，并依法实施安全监督管理。

农业机械跨行政区域作业前，设区的市和县(市、区)农机安全监理机构应当会同有关部门，对跨行政区域作业的农业机械进行必要的安全技术检查，并对驾驶操作人员进行安全教育。

第四十条 建立和完善农业机械保险制度，对参加保险的农业机械可以给予保费补贴。

专营运输和兼营运输的拖拉机应当到保险机构办理交通事故责任强制保险。承办机动车强制保险业务的保险机构应当按规定保费标准开展专营运输、兼营运输拖拉机保险业务，不得拒保或者变相拒保。

第四十一条 危及人身财产安全的农业机械达到报废条件的，应当停止使用，予以报废。

设区的市和县(市、区)农机安全监理机构负责将达到国家和本省规定报废条件的农业机械，书面告知其所有人。

设区的市和县(市、区)人民政府农业机械化主管部门负责监督报废或者国家明令淘汰的农业机械的回收、解体或者销毁。

第四十二条 农机安全监理执法人员进行农业机械安全监督检查时，可以采取下列措施：

(一)向有关单位和个人了解情况，查阅、复制有关材料；

(二)查验拖拉机、联合收割机证书、牌照及有关驾驶操作证件；

(三)检查危及人身财产安全的农业机械的安全情况，对存在重大事故隐患的农业机械，责令当事人立即停止作业或者停止农业机械的转移，并进行维修；

(四)责令农业机械驾驶操作人员改正违章操作行为；

(五)依法扣押存在事故隐患的农业机械。

第四十三条 农机安全监理执法人员进行安全监督检查时，应当佩带统一标志，出示行政执法证件。农业机械安全检查和事故勘察车辆应当在车身上喷涂统一标识。

第六章 法律责任

第四十四条 农机安全监理机构和其他相关部门工作人员有不依法履行农业机械安全监督管理职责及其他违反相关法律法规行为的，对直接负责的主管人员和其他直接责任人员依法给予处分；构成犯罪的，由司法机关依法处理。

第四十五条 农业机械所有人、驾驶操作人员违反本办法第十条、第十四条、第十八条、第十九条、第二十三条规定的，由设区的市和县(市、区)农机安全监理机构依照国务院《农业机械安全监督管理条例》《河北省农业机械管理条例》的有关规定处罚。

第七章 附 则

第四十六条 本办法自2013年11月1日起施行。1994年9月20日河北省人民政府公布施行的《河北省农业机械安全监督管理办法》同时废止。

山西省人民政府关于促进农业机械化和农机工业又好又快发展的实施意见

晋政发[2012]38号

各市、县人民政府，省人民政府各委、办、厅、局：

为贯彻落实《国务院关于促进农业机械化和农机工业又好又快发展的意见》(国发[2010]22号)，充分发挥农业机械化在农村经济特别是现代农业发展中的重要作用，现结合我省实际，提出以下实施意见。

一、指导思想、基本原则和发展目标

(一)指导思想。深入贯彻落实科学发展观，全面实施《中华人民共和国农业机械化促进法》，深化农机改革，强化宏观调

控，创新发展模式，以促进农业增效、农民增收、农村发展为核心，协调推进农村各业机械化进程，逐步实现劳动过程机械化；以推动农业生产规模化、标准化、集约化为主攻方向，加强农机化主推技术示范推广，切实提高耕地生产能力和粮食综合生产能力；以提高农机化公共服务能力和拓宽农机化公共服务领域为重点，加快实施农业机械化推进工程，提高农机工业自主创新能力和生产制造水平，促进农业机械化又好又快发展。

（二）基本原则。坚持因地制宜、分类指导、重点突破，协调推进农机化发展；坚持不断拓展农机服务领域，推进机械化向农业和农村经济的深度和广度发展；坚持以先进的农机化技术引领农艺制度改革，实现农机与农艺相互融合、相互促进、协同发展；坚持市场主导、政府扶持的发展机制，加速实现农机服务社会化、市场化、产业化；坚持依法促进和效益优先原则，规范发展秩序，建立和完善农机化发展长效机制。

（三）发展目标。到 2015 年，全省农业机械总动力达到35 000千千瓦，主要粮食作物机械化综合水平达到65%。其中小麦综合机械化水平达到90%以上；玉米、薯类机械化收获水平分别达到45%和50%以上；保护性耕作实施面积大幅度增长；畜牧、杂粮、果蔬生产及农产品加工机械化协调推进。农机化服务体系不断完善，服务能力进一步增强。初步构建起以农机专业合作社和农机大户为龙头的新型农机社会化服务体系，建立起完整的省、市、县三级农机销售和维修网络。建成协调有效的农机工业自主创新平台；形成若干个具有竞争力的农机工业龙头企业和若干项自主知识产权的技术及产品，部分产品要达到国际先进水平或国内领先水平。

到 2020 年，全省农业机械总动力达到 40 000 千千瓦，主要粮食作物机械化综合水平达到 70%，其中小麦综合机械化水平达到 90%以上，玉米、薯类综合机械化水平达到 80%以上，基本实现机械化；畜牧、杂粮、果蔬生产机械化作业量要占到总作业量的 50%以上，农产品初加工率达到 45%以上。

二、加快推进机械化农业重点工程建设

（四）实施现代农机装备提升工程。要以农机装备总量的增长带动农机装备存量的调整，实现农机装备由低档次向高性能转变，由单项作业向多功能复式作业转变，由数量增长型向质量提高型转变，以农机装备结构的优化促进农机化效益的增加。在平川地区和粮食主产区，支持和发展大型多功能、高效能、复式作业机具，提高机具配套比和利用率，进一步优化农机装备结构。在丘陵山区，加快示范推广轻便耐用、经济实惠、环保低耗中小型耕种收和植保机械，推进丘陵山区主要作物和特色农产品生产机械化。

（五）实施保护性耕作和深松整地工程。各地要把保护性耕作和深松整地作为提高耕地生产能力、确保粮食安全的基础工程来抓。每年分别新增保护性耕作和深松整地实施面积100 万亩和 300 万亩以上，到 2020 年，全省机械化保护性耕作和深松整地实施面积分别达到 2 000 万亩和 3 000 万亩次。通过实施保护性耕作技术和深松整地，带动机械化秸秆还田、地膜覆盖、精量播种、玉米收获等农机化新技术的普及推广，引导农民实施标准化种植，大幅度提高农机化的科技贡献率，为推进中低产田和盐碱地改造、提升粮食生产综合能力提供重要支撑。

（六）实施农村劳动过程机械化拓展工程。要加快推进农业机械化由农业生产产中向产前、产后延伸，由种植业向林果业、畜牧养殖业、农产品初加工等各领域拓展，推动农村各业协调发展。要鼓励广大农民购买和使用技术成熟、性能稳定的种子包衣、粮食烘干等产前、产后机械，加快农业生产产前、产后机械化发展。要引进和发展先进的加工技术及设备，对莜麦、荞麦、谷子、红枣、苹果等优势农产品进行初级加工，提高农产品附加值，增加农民收入。要抓好设施大棚、设施养殖、牧草种植等机械化发展，配备先进设备，提高生产效率和产品质量，实现规模经营，大幅度提升经济效益。

（七）实施农机节能减排和节本增效工程。要大力发展节种、节肥、节药、节水、节能和环保低碳的农业机械，推广应用节约型农机化技术，积极探索集约高效的新型农业耕作制度，提高农业资源和投入品利用效率。要普及应用以化肥深施和精量播种为主要内容的机械化节本增效技术，引导和鼓励发展高效机械化旱作节水、集雨灌溉、秸秆综合利用等技术。制定和实行农机报废制度，采取农机具以旧换新等办法，鼓励农机户和农机服务组织报废能耗高、污染重、性能低的旧机械，加速农业机械的升级换代。

（八）实施农机社会化服务工程。要加大投入，创新模式，发展多种形式的农机服务组织，形成多元化、多层次、多功能新型农机社会化服务体系。要鼓励引导农机大户和农机专业户联合组建农机专业合作社（农机大院），培育和规范各类农机协会、农机作业经纪人（公司）等农机中介服务组织，扶持发展农机维修、农机销售、信息咨询、人员培训等农机技术服务组织。每年要新发展农机专业合作社 200 个、农机大户 1 000 个、县级农机综合维修服务站 20 个。实施农机流通服务品牌工程，发展连锁经营，培育一批辐射面广、服务质量好的大型农机流通企业、品牌农机店和区域性农机市场，鼓励和探索以物联网形式经营农机，5 年内确保每县至少有一个农机销售网点。在重要农时季节要继续组织开展机械化跨区作业，推动农机跨区作业由小麦向玉米、马铃薯、杂粮等农作物延伸，由机收向机耕、机播等环节拓展，做大做强农机跨区作业。

三、积极促进农机工业的发展

（九）建设农机工业园区。在太原、大同、晋中、运城和长治建设 5 个农机工业园区，在全省扶持 10 个农机工业龙头企业，选择 20 个特色农机产品，从技术改造、科研开发、示范推广、累加补贴、自营直销、计量检测体系建设等方面加大扶持和培育力度。外省农机工业企业在我省建立制造基地或与本省企业联营生产农机产品，与本省农机工业企业享受相同政策。重点开发玉米收获机、薯类播种收获机械、大马力拖拉机配套机具、免耕播种机、深松整地复式作业机械、农产品加工机械、提水排灌机械、丘陵山区适用的小型机具等，推动优化农机产品结构，提升生产制造能力。

（十）发展特色农机产品。以我省特色农业资源为基础，积极发展中小型多功能耕作、灌溉、播种、植保、收获、加工等机械。重点发展小杂粮加工、玉米收获、薯类播种收获、谷类精量播种、花椒采摘、棉花采摘等机械。以农业增效、农民增收为目标，通过政府扶持与市场运作相结合的方式，深度挖掘特色资源潜力，加快培育特色农产品知名品牌和优势产区，做大做强特色农机工业产品，实现农民收入稳步增长。

（十一）鼓励农机科技创新。坚持自主开发和引进、消化、吸收、再创新相结合，探索完善多方协作、良性互动、共同发展的农机科技创新机制，逐步建立以企业为主体，以市场为导向，社会力量广泛参与，产、学、研、推相结合的农机科技创新体系。要将农机科技创新纳入我省农业和农村科技发展规划，建立多层次、多元化的农机科技创新平台。强化省、市两级农机科研院所建设，尽快建立耕、种、收关键环节作业机具重点实验室和中试基地，强化应用基础研究。鼓励企业建立农机技术开发中心和研发农业生产急需的农机新产品，并优先安排农机企业技术挖潜改造项目。鼓励扶持民办农机科研组织和个人开发研制新型农机具，充分尊重和保护农业机械发明人的科研成果。鼓励对农业生产急需的农机化关键技术和装备组织联合攻关，集中力量突破农机化发展的技术瓶颈。积极引进国外先进农机化技术，加快推进农机技术成果的集成创新和中试熟化。建立健全农机与农艺科研协作攻关机制，育种、栽培模式等农艺科研要充分考虑农业机械的适应性，农机新产品研发要进一步满足农艺标准的要求。特别是要实施玉米、薯类标准化种植，统一规范行距，为玉米、薯类收获机械普及应用创造良好的条件。

（十二）构建现代农机流通体系。培育一批辐射面广、服务质量好的大型农机流通企业、品牌农机店和区域性农机市场，健全农机零配件供应网络，提高农机产品流通效率，方便农民购机。建立农机产品售后服务体系和信息服务平台，依托重点生产企业、专业流通企业，建立售后服务中心，提高服务能力。完善农机产品"三包"制度，健全和规范农机修理市场，明确产品售后维修责任，规范服务程序，提高维修能力和服务质量。

（十三）提升农机产品质量。加快新技术、新工艺、新设备和新材料的应用，提高关键零部件加工精度，提升农机产品质量，逐步淘汰高能耗、高污染、技术落后的工艺和产品。加强农机产品质量标准体系建设，加快制（修）定农机产品技术标准，实现动力机械与配套农具、主机与配件的标准化、系列化和通用化开发生产。建立农机制造企业质量监督检查制度，组织开展产品质量抽查。加强生产技术工人培训，提高工人使用现代化机械加工设备的能力，不断提升农机产品质量。

四、加强农业机械化公共服务体系建设

（十四）建设农机技术推广体系。按照《国务院关于深化改革加强基层农业技术推广体系建设的意见》（国发〔2006〕30号）和《山西省人民政府关于推进基层农业技术推广体系改革的实施意见》（晋政发〔2007〕34号）要求，深化基层农机推广体制改革，加快建设基层农机推广站和农机推广区域站。要强化公益性职能，创新农机化新技术推广机制和管理模式，完善农机化技术推广设施，逐步建立以政府推广为主导、社会力量广泛参与的农机化推广服务网络。要坚持政府支持、公益示范的原则，扶持和鼓励农机生产企业、销售企业、农机大户和农机专业合作社等社会经济组织，建立不同层次、不同区域、不同耕作制度和不同作物的农机化新技术示范基地和示范点，充分发挥好基地和示范点的技术示范、效益引导作用，不断扩大农机化新技术的应用范围。在全省建设20个省级农机化新技术示范基地，50个市级农机化新技术示范基地。

（十五）建设农机质量监督体系。要完善农机质量监督法规体系，制定和实行《山西省农业机械化质量监督管理办法》，严格执行相应的国家标准和行业标准，加强相应地方性标准的制定和实施工作，强化对农机产品质量、作业质量、维修质量和服务质量的监督管理。要加强省、市级农业机械重点实验室和试验基地建设，全面提升农业机械鉴定能力。按照先进性、适用性、安全性原则，确定和公布《山西省人民政府支持推广的农业机械产品目录》，并定期进行调整。要建立健全农机质量投诉监督网络，加强农机质量投诉队伍及装备建设。对在用的特定种类农机产品的适用性、安全性、可靠性和售后服务状况进行调查，并向社会公布调查结果。做好农机质量投诉处理工作，督促农机生产企业提升产品质量和售后服务水平。依法加强对生产、流通领域农机产品的质量监督，强化对涉及人身安全、环境保护的农机产品的认证和质量监督检验工作，加大打击生产、销售假冒伪劣农机产品违法行为力度。依法做好农业机械维修网点的分级分类管理和从业人员技术等级的审定工作，规范和促进农业机械维修业健康发展。

（十六）建设农机教育培育体系。抓好"百万农机操作手素质提升工程"，充分利用"阳光工程"等项目资金和各项强农惠农富农政策，组织对农机操作手进行培训。鼓励农民参加农机职业技能鉴定，实行职业资格证书制度。建立健全科技人才激励机制和评价机制，依托重大科研项目、重点学科、科研基地，培育农机化科技创新团队，培养一批科研骨干和学科带头人。大力发展农机化高等职业教育，引导和鼓励高等院校、农机化职业学校积极开展农业机械化学历教育和职业技能教育，培养农业机械化管理人才和专业人才。要有计划、分层次地对农机管理、推广、监理和试验鉴定等人员进行在职培训，提高依法行政和农机化公共服务能力。

（十七）建设农机安全监理体系。坚持依法行政、规范管理，营造农业机械化发展良好环境。加强农机安全监理队伍和装备建设，对县级以上农机安全监理基础设施和装备进行改造提升，完善农机安全监管基础设施。制定和实施《山西省农业机械安全监督管理办法》和《山西省农业机械违章操作及事故处理办法》，广泛开展农机安全宣传教育，加大农业机械安全生产检查力度，进一步落实农机安全生产责任制。适当减免农机驾驶员培训和拖拉机、联合收割机注册登记、年度安全技术检验等涉农收费。扎实推进"创建平安农机，促进新农村建设"活动，构建农机安全监督管理长效机制，保障广大农民生命财产安全。

（十八）建立健全农机信息宣传体系。拓宽农机化信息收集和发布渠道，开发信息资源，以信息化推动农业机械化快速发展。建立健全省、市、县三级农机化信息网络，加强信息人才培养和信息采集点建设，完善信息收集、加工、发布、传输系统，推进网络互联和信息共享，构筑农机化信息服务平台，及时准确地提供农机化信息服务。突出抓好重要农时季节的信息服务工作，为农机户和农机服务组织提供气象预报、作业价格、机具分布、市场需求、道路交通状况等信息，引导作业机具有序流动，确保机械化生产顺利进行。

五、加大对农业机械化的扶持力度

（十九）增加农机化财政投入。各级人民政府要切实加大对农业机械化发展的投入力度，逐步建立以政府投资为导向、农民和农业生产经营组织投资为主体、社会资金广泛参与的多元化投入机制。省级财政要逐年提高对农业机械化的资金投入，在农机科研开发、引进国外农业机械、农产品加工技术及机械升级改造、农机制造维修企业技术改造等方面加大资金支持。将农机质量调查、农机质量投诉受理、农机化技术推广、农机安全生产管理工作经费和农机装备建设、农机操作手培训、农机化信息网络建设列入财政预算，做好资金保障工作。对农民和农业生产经营组织报废能耗高、污染重、性能低的旧农机具和农产品加工机械进行适当经济补偿,并在更新机械时优先安排农机购置补贴资金。完善农业生产资料综合补贴方式,实施主要作物关键环节机械化作业补贴,降低作业成本,减轻农民负担,调动和保护农机使用者和经营者的积极性。市、县财政也要加大投入力度,切实将中央及省级财政农机化投入的本级财政配套资金落到实处。

(二十)认真落实农机购置补贴政策。严格执行国家及省农机购置补贴制度。进一步扩大农机购置补贴资金规模、补贴种类和补贴范围,强化宏观调控力度。省级农机购置补贴资金的安排,要结合我省实际,重点用于补贴主要粮食作物、关键生产环节和山区丘陵用农业机械。各市、县的补贴资金重点用于当地优势农产品机械化的发展。在国家规定补贴标准的基础上,省、市、县地方财政补贴资金,可以对影响农业生产的关键机具、贫困山区和革命老区农民购置农业机械实行累加补贴的倾斜政策,适当提高补贴比例,扩大补贴范围。按照国家有关规定,各级财政要根据自身财力和当地农机购置补贴工作实际,适当安排农机购置补贴工作经费。

(二十一)加强农机化基础设施建设。各级人民政府要切实加强农机化基础设施建设,将农村机耕道、农机大院等农机具停放场库棚建设纳入农业和农村基础建设的重要内容,按照国土资源部、农业部《关于完善设施农用地管理有关问题的通知》(国土资发[2010]155 号)执行。对农机化新技术示范基地、农机产品质量检测鉴定设备、农机实验室和实验基地、农机化技术培训设施建设等给予资金支持。将农机市场纳入农村市场体系建设规划,加强现代农机流通体系建设,支持农机销售市场、配送中心电子统一结算、信息采集发布系统和区域性售后维修服务中心等农机流通基础设施建设。

(二十二)建立农机化政策性保险制度。积极开展农机保险业务,有条件的地方可对参保农机给予保费补贴。支持和鼓励农业机械所有人及操作驾驶人按照有关规定,自愿成立农业机械安全互助组织,降低生产风险。

(二十三)完善农机化税费优惠和信贷扶持政策。对从事农业机械科研开发和制造、批发和零售以及农业机械生产作业服务获得的收入,按照国家规定给予税收优惠。对进行跨区作业的联合收割机、运输联合收割机的车辆,免缴车辆通行费。具体办法由省财政部门会同省农机主管部门、省交通运输部门和省税务部门制定。金融机构对农机制造企业技术改造、新产品开发和农机流通设施建设,对农民和农业生产经营组织购机、开展机械化服务等,给予信贷支持。中小农机制造企业享受国家及省扶持中小企业发展的相关政策。

六、加强对农机化工作的组织领导

(二十四)强化组织保障。各级人民政府要将农业机械化发展规划纳入当地国民经济和社会发展计划,制定和完善农业机械化扶持措施,加快农业机械化发展。要把农业机械化工作摆在农业和农村经济发展的重要位置来抓,列入当地政府的重要工作议程,将农业机械化发展主要目标纳入当地经济发展和社会主义新农村建设的考核内容。要加强农机机构和农机队伍建设,充实力量,改善工作条件,保障工作经费,建立和完善农机化工作运行机制。

(二十五)建立完善长效机制。各地要积极探索扶持和促进农机化发展的新途径、新办法,制定和实施与农业机械化法律法规相配套的政策性文件,切实将促进农机化发展的政策落到实处,建立和完善农业机械化发展长效机制,依法促进农业机械化发展。

(二十六)形成工作合力。各级人民政府要按照"大农机"的工作思路,统筹谋划农业机械化发展,明确相关部门的职责和任务。农机、农业、发展改革、财政、经信、科技、商务、公安、交通运输、质监、工商、税务和物价等部门要认真履行职责,密切配合,严格依法行政,加强调查研究,及时提出工作建议和意见,为各级政府当好参谋助手,共同促进农业机械化和农机工业又好又快发展。

二〇一二年十二月二十五日

山西省农机局、山西省人力资源和社会保障厅、山西省财政厅关于妥善解决乡镇(公社)老农机人员历史遗留问题的指导意见

晋农机人字[2013]52 号

各市人民政府:

从 20 世纪 60 年代开始,为响应毛泽东主席"农业的根本出路在于机械化"指示,实现中央提出的"一九八〇年基本实现农业机械化"目标,我省各县由国家投资相继成立了国营拖拉机站、人民公社农机站、大型农机站等机构。在改革开放后的八十年代和九十年代初期,农村实行家庭联产承包责任制以后,上述机构大部分停业关闭解散,从事拖拉机等农业机械驾驶、操作和管理人员也都回家种地。这些乡镇(公社)老农机人员为我省农业机械化起步发展做出了突出贡献。目前,这部分人员年事已高,其生活待遇、社会保障等问题日益突出。妥善解决这些问题对于保障乡镇(公社)老农机人员的基本生活权益,维护社会稳定具有十分重要的现实意义。经省人民政府同意,现就妥善解决乡镇(公社)老农机人员的历史遗留问题提出以下指导意见。

一、指导思想

为了深入贯彻党的十八大精神,全面落实以人为本的科学发展观,本着尊重历史、保障民生、促进和谐的原则,结合我省实际,妥善解决乡镇(公社)老农机人员的生活困难问题。

二、政策措施

乡镇(公社)老农机人员历史遗留问题,原则上以纳入国家

现行社会保障制度为主、多种途径解决。各县(市、区)要积极引导和鼓励乡镇(公社)老农机人员参加新型农村社会养老保险或城镇居民社会养老保险,按规定对符合条件的乡镇(公社)老农机人员缴费给予补贴,对符合待遇领取条件的老农机人员按月发放养老金。在此基础上,地方政府还可采取补助等多种形式,妥善解决好乡镇(公社)老农机人员的保障和生活困难问题,具体办法由当地政府结合实际情况研究制定。

对丧失劳动能力,家庭生活确有困难的乡镇(公社)老农机员,各地政府应当通过城乡低保、临时救助等社会救助政策,帮助其解决基本生活困难。

三、人员范围

本指导意见所称乡镇(公社)老农机人员是指:凡在原省人事厅、农业厅、水利厅、农业机械管理局出台《关于印发〈乡镇农业技术推广机构定员工作实施办发〉的通知》(晋人字[1997]第2号)前,以农民身份曾受聘于我省各县原国营拖拉机站、人民公社拖拉机站、大型农机站、乡镇农机管理站等基层农机服务机构,从事拖拉机等农业机械驾驶操作、业务管理以及1997年乡镇"三定"中没有被录用的农机管理员。上述人员中已按地方有关政策参加了企业养老保险、专项解决了相关待遇的人员,不再重复享受本指导意见的待遇。

四、加强组织领导,确保政策落实

(一)加强组织领导。解决乡镇(公社)老农机人员历史遗留问题由各市、县(市、区)人民政府组织实施,同级农机部门牵头负责,并对乡镇(公社)老农机人员的身份进行认定,财政部门负责资金落实和监督管理。市、县(区)政府应切实担负起责任,高度重视乡镇(公社)老农机人员历史遗留问题的解决工作;要切实增强责任感和紧迫感,统一思想,坚定信心,抓紧部署,在2013年扎实稳妥推进此项工作。

(二)制定实施方案。各市人民政府负责牵头制定实施方案,提出个人缴费一次性补贴额度等测算依据和标准,制定乡镇(公社)老农机人员身份认定等相关政策,确定工作流程。由县(市、区)人民政府负责组织实施。要建立市、县(市、区)两级农机、人社和财政部门协调机制,明确责任,确保工作顺利开展。

(三)确保政策落实。解决乡镇(公社)老农机人员的保障和生活困难问题所需资金由县(市、区)级财政解决,有条件的市应对所辖县(市、区)给予适当补助。各市要按照本指导意见要求,采取有效措施,指导各县(市、区)抓紧时间稳步推进此项工作。

对乡镇(公社)老农机人员的身份和实际工作年限认定要尊重历史、实事求是、公开公平。原则上以当时县级人事劳动、计划、农机主管部门,以及乡镇人民政府的录用、聘任文件作为审核认定人员身份和经历的依据。对于没有或找不到正式录用、聘任文件的,但确实在上述农机机构工作过的人员,本着实事求是的原则,由县(市、区)农机、人社、财政部门会同乡镇人民政府联合成立认定组织机构。通过核查驾驶证、会议纪录、业务档案、表彰奖励证书、项目课题署名、考核考勤纪录、领取报酬凭据及会计档案、其他文书档案、原工作单位多人(五人以上)证明等办法予以核查认定。认定工作必须实事求是、张榜公示,不得弄虚作假。对工作中发生的违法违规行为要及时纠正,并坚决依法依规追究责任、严肃处理。

(四)做好思想引导。妥善解决老农机人员问题是一项政策性非常强的工作,各地要精心组织,周密部署,加强舆论引导,要深入细致地做好老农机人员的思想工作和政策解释,从关心他们的实际困难出发,体现党和政府的关怀,维护社会稳定。

二〇一三年九月六日

广东省农业厅 广东省财政厅
关于印发广东省农业机械购置补贴改革方案的通知

粤农[2013]76号

各地级以上市人民政府,财政省直管县(市)人民政府:

按照农业部、财政部2013年度农业机械购置补贴实施指导意见的要求,我省制订了《广东省农业机械购置补贴改革方案(试行)》,经省人民政府同意和农业部、财政部批复,现印发给你们,请迅速组织所辖的县(市、区)人民政府认真贯彻实施。

根据农业部、财政部的要求,各县要建立健全县级资金兑付工作责任制,统一规范资金管理程序,完善内部控制和外部审计等监督检查机制,切实保障补贴资金安全,保证农机购置补贴政策落实到位。

二〇一三年四月二十二日

广东省农机购置补贴改革方案(试行)

为进一步实施好农业机械购置补贴政策,推进我省农业机械化又好又快发展,根据《国务院关于促进农业机械化和农机工业又好又快发展的意见》(国发[2010]22号)和财政部、农业部《农业机械购置补贴专项资金管理暂行规定》,并参考部分省实施农机购置补贴改革试点工作经验,结合我省的实际,制定本方案,用于指导全省今后的农机购置补贴工作。

一、指导思想

围绕转变农业发展方式,加快农业转型升级,推进现代农业强省建设,促进农业增效、农民增收、农村繁荣,充分发挥农机服务"三农"的独特作用,最大限度地发挥农机购置补贴政策的强农惠农富农效应,改革农机购置补贴方式、方法,在规范操作程序,建立健全风险防控机制,确保资金安全和农民权益不受损害的同时,进一步调整优化农业装备结构、提升农机作业水平,推动我省农业机械化工作健康、快速、持续发展。

二、改革内容

(一)确定补贴范围。在农业部发布的补贴机具种类范围内，由省农业厅根据我省农业生产和优化农业装备结构的需要，按照节能环保、高效低耗的原则科学合理地确定我省的补贴机具种类和重点支持机具种类。为使省域内年度补贴品目数量保持一致，县级农机化主管部门不得随意缩小补贴机具种类范围。

（二）明确补贴标准。农机购置补贴实行定额补贴，即同一种类、同一档次农业机械在全省范围内实行统一的补贴标准。通用类产品补贴额由农业部统一确定。非通用类农机产品补贴额由省农业厅通过市场调查摸底，按照科学、合理、就低不就高的原则确定并发布，总体上不超过我省同类同档机具近三年市场平均销售价格的30%，单机补贴限额执行农业部、财政部有关规定。对于年度内同一档次大多数产品价格总体下降幅度较大的，由省农业厅适时调整此档机具补贴额并公布。

省农业厅根据上述原则制定年度《广东省农机购置补贴机具补贴额一览表》，发布补贴机具品目、分档名称、基本配置和参数及补贴标准，不再明示具体补贴机具的生产厂家、产品型号。各地级以上市、县（市、区）在实施中不得随意变更补贴标准。

（三）改变补贴方式。财政补贴资金采取"全价购机、县级结算、直补到卡"的兑付方式。即符合条件并取得补贴指标的购机者，全价购买补贴农机具后，按照程序申请补贴，经核准后由所在县、镇财政部门将中央补贴资金直接拨付给购机者。

（四）调整资金分配因素。农机购置补贴资金采取因素法进行分配。各县（市、区）以耕地面积、农村人口、机械化水平作为测算因素，提出资金需求计划，向所在地级以上市农机主管部门提出补贴资金申请，经市农机主管部门审核汇总后报省农业厅。由省农业厅、财政厅综合考虑农业机械化发展重点、农机购置补贴工作实施情况、农机安全管理水平、政府重视程度等因素，合理制定资金分配计划，并由省财政厅直接下拨到县（市、区）。

（五）下放资金结算权限。中央财政农机购置补贴资金由省级结算下放至县级结算。

（六）认定经销商资格。根据《农业部办公厅关于进一步规范农机购置补贴产品经营行为的通知》（农办机[2012]19号）的有关要求，生产企业自主选择经销商报省农业厅备案后由该厅及时向社会公布经销商名录。

三、操作程序

（一）系统管理。全省农机购置补贴政策实施，统一使用全国农机购置补贴管理软件系统（以下简称"补贴系统"），统一管理规范全省农机购置补贴运作。

（二）购机申请。有购买农机具意向的农牧渔民、农（林）场职工、从事农机作业的农业生产经营组织，直接到所在县（市、区）农机主管部门提出申请。农机主管部门在受理申请时，当场将购机者的信息录入"补贴系统"，由该系统按先来后到自动生成本县（市、区）购机顺序编号进行排队。

申请人为农户的需要提供：本人身份证原件及复印件、种粮综合补贴"一卡通"存折原件及复印件（如申请者非户主的，需提供户口簿原件及复印件）或本人银行存折原件及复印件，本人以往享受农机购置补贴的购机情况；申请人为直接从事农机作业的农业生产经营组织的需要提供：营业执照原件及复印件、与组织名称一致的银行账号（原件及复印件）。

（三）申请确认。在收到购机申请资料后，县级农机主管部门与本级财政部门联合对购机申请者进行条件审查，对符合条件的按照农机专业合作社、种粮大户等重点对象优先，其余申请者按先后顺序确定的原则予以确认，并生成《农机购置补贴指标确认通知书》（以下简称《确认通知书》，附件2）。《确认通知书》当场向申请人发放，作为购置补贴农机具的凭据。对不符合条件的要作出解释。

（四）购机公示。县级农机主管部门将受理申请购机信息按乡镇制作《广东省农机购置补贴公示表》（附件3）并在网上公示，同时分别提交有关乡镇政府。由乡镇政府负责每月将受理申请购机信息送达申请购机农户所在村的村务公开栏进行公示（时间7天），同时公布乡镇政府和县（市、区）农机、财政部门的举报电话。公示结束后，乡镇政府要将公示情况及时书面报送县级农机主管部门。

（五）机具购买。申请人领取《确认通知书》后15日内在全省范围自主选择有补贴产品销售资格的经销商进行全价购机。经销商当场向购机者出具发票和售后服务凭证，并在"补贴系统"中录入机具销售信息，打印出《经销企业供货表》（附件4）后盖章，交由购机者签名确认。购机者在购机后5日内将《确认通知书》、"一卡通"存折复印件和《经销企业供货表》送达所在乡镇政府办理补贴申请。

（六）机具核实。乡镇政府收到购机者的资料后及时汇总送交县级农机主管部门。县级农机主管部门每周对申请资料进行整理分类，以乡镇为单位制作《广东省农业机械购置补贴机具核实表》（以下简称《核实表》，附件5），除纳入牌证管理及需备案的机具交由本级农机安全监理部门负责核实外，其余机具交由所在乡镇政府组织镇农办和有关村委会负责人进行核实。机具核实工作应在接到县级农机主管部门转交资料后10日内完成。核实时必须见人（购机者是否与申请者一致）、见机（经销商应在机具显眼的位置喷涂"国家补贴机具"字样，验机时要验证购买的补贴机具是否与申请的补贴机具相符）、见票（购机发票信息是否与供货表一致）。核实后，核实人当场签名确认。同时，乡镇政府在完成每批机具核实任务后的5日内，将《核实表》等资料报经分管领导签名确认后送达县级农机主管部门，由县级农机主管部门将核实信息录入"补贴系统"。

（七）补贴发放。县级农机主管部门收到乡镇送交的《核实表》等资料后10日内完成审核，并编制《农机购置补贴发放明细表》（以下简称《明细表》，附件6）送同级财政部门，由财政部门复核无误后，办理补贴发放手续。属于农户购机者，拥有种粮综合补贴"一卡通"存折或个人银行账号的，由县财政部门将补贴资金直接发放到农户"一卡通"账号或存折账户；属于农业生产经营组织购机的，采用国库集中支付，由县财政部门将补贴直接拨付到其银行账户。补贴资金发放至少每月足额拨付一次。

四、工作要求

（一）加大信息公开力度。按照《农业部办公厅关于深入推进农机购置补贴政策信息公开工作的通知》（农办机[2011]33号）要求，及时主动通过广播、电视、报纸、网络、宣传册、明白纸、挂图等形式，将农机购置补贴政策信息公开到村，宣传到户到人。各地农机主管部门要公开补贴实施方案、补贴额一览表、支持推广目录、补贴经销商名单、操作程序、投诉举报电话、资金规模等内容，至少每半月应公布一次各县（市、区）补贴资金使用进度。县级农机主管部门要把农机购置补贴政策实施情况列入政务公开和政务服务目录，要及时公布资金执行进度以及每名购机户的购买机型、生产厂家、经销商、销售价格、补贴额度、姓名住址(不涉及个人隐私部分)等信息。

在年度补贴工作结束后,县级农机主管部门要以公告的形式将享受补贴的农户信息和县级农机购置补贴政策落实情况报告在县级人民政府网站或农业(农机)部门网站(页)上公布,并确保5年内能够随时查阅。享受补贴的农户信息包括:姓名,所在乡镇、村、组,所购机具型号、单价、数量、产销企业、补贴额等;县级农机购置补贴政策落实情况报告包括:补贴机具种类,数量,受益农户数,补贴资金(含中央财政和地方财政)使用情况。要将享受农机购置补贴资金情况作为村务公开的内容。

各级农机主管部门要按规定设置信息公开固定网址或开通固定专栏。对于目前已开通农机化专属网站的,应当在该网站首页的醒目位置上设置固定专栏,公开补贴信息;对于尚无条件开通农机化专属网站的,应当在当地政府或农业等综合网站上设置固定专栏,公开补贴信息。

(二)注重政策引导。农机购置补贴既是强农惠农富农政策,又是一项产业促进政策。各县(市、区)农机、财政主管部门要正确把握政策导向,充分发挥补贴政策的调控作用,突出补贴水稻插秧机、谷物烘干机等重点环节机具,突出补贴农机化专业合作社、种粮大户等重点对象,使补贴资金合理有序向农业生产急需的薄弱环节和重点机械化倾斜。通过补贴政策的实施,促进农机装备结构布局优化,提高薄弱环节农机化水平,加快落后地区农机化发展步伐,全面提升农机化发展质量。

(三)对补贴机具实行明码标价。凡经营补贴机具的经销商,必须对其所经销的补贴产品实行明码标价,并在经营场所显著位置张贴和明示产品的配置、技术参数,切实做到机具享受国家补贴额与省农业厅公布的年度《广东省农机购置补贴机具补贴额一览表》相一致。严禁经销商代替购机申请人办理补贴申请手续。

(四)强化补贴产品售后服务。各级农机主管部门要加大对补贴机具经销商的监管力度,敦促其守法经营,按章操作,切实做好补贴机具的供应和售后服务工作。对符合农机产品"三包"退货规定的购机者要求退货或购销双方协商同意退货的,可以退货。

(五)积极做好补贴产品纠纷调处工作。地级以上市和各县(市、区)农机主管部门在加强补贴机具质量监督检查的同时,要积极做好因产品质量问题或"三包"服务不到位所引起纠纷的调处工作,及时受理,专人负责。对存在质量问题、农民投诉较为集中的机具及其生产企业,按管理权限及时取消其补贴资格,切实维护农民权益。

五、保障措施

(一)加强管理督导。要建立健全县级农机购置补贴工作机制,成立由县领导牵头,人大、政协、纪检监察、财政、农机、公安、工商及其他农口等相关部门参加的县级农机购置补贴工作领导小组,共同研究确定补贴资金分配、重点推广机具种类等事宜,并联合对补贴政策实施进行监管。同时,强化县级农机主管部门内部约束机制,必须邀请纪检监察部门全程参与,听取对补贴资金分配、重点推广机具种类等问题的初步意见,须由集体研究决定,经县级补贴工作领导小组研究确定,并报上级农机主管部门审核备案后实施。

县级以上财政部门要按照《财政部 农业部关于印发〈农业机械购置补贴专项资金使用管理办法〉的通知》(财农[2005]11号)要求,积极支持和参与补贴资金落实和监督工作,增加资金投入,并保证必要的管理工作经费。严禁挤占挪用中央财政补贴资金用于管理经费。

各级农机主管部门、财政部门要建立工作责任制,层层签订责任状,明确职责分工,切实加快农机购置补贴工作的实施和结算进度。省农业厅要会同省财政厅制定监管督查方案,加强对各地补贴实施情况的督导检查,组织市县两级每季度开展专项检查或重点抽查,将结果与年度补贴资金分配相挂钩。

(二)加强协调联动。省农业厅、财政厅负责制定中央财政农机购置补贴政策实施细则,对全省农机购置补贴实施工作进行指导和检查。地级以上市农机主管部门重点负责做好农机购置补贴政策实施情况的监督检查工作。县级政府负责组织购置补贴政策具体实施工作,县级农机主管部门、财政部门和纪检监察等有关部门按照职能分工,积极配合县政府做好相关工作,同时要充分发挥乡镇政府、村委会的作用,形成政府主导、部门配合、协调联动、齐抓共管的工作格局。

(三)严明纪律要求。遵照国务院农机购置补贴工作"三个严禁"和农业部"四个禁止"、"八个不得"等纪律,结合我省农机购置补贴方式改革后的实际,提出如下纪律要求:不得指定经销商;不得违反规定程序办理补贴手续;不得对购机者,特别是本省范围内跨县购机农民申请办理补贴设置任何障碍;不得将年度《广东省农机购置补贴机具补贴额一览表》外的产品纳入补贴范围;不得向农民和企业以任何形式收取没有收费依据的任何额外费用;不得以任何理由拖延发放补贴资金;不得以假发票或真发票假购机形式办理补贴;不得委托经销商代办代签补贴指标确认通知书或机具核实手续;不得以购机补贴名义召开机具展示会、展销会、订货会。

(四)严查违规违纪行为。严格按照有关法律法规和农业部相关规定,查处倒卖补贴指标、套取骗取补贴资金、乱收费及委托经销商办理手续等行为。各地要将督导检查情况和对各类违规违纪案件的查处情况及时报农业部、财政部及驻农业部纪检监察机构。对问题较大的县市在全省农机、财政系统进行通报,并抄送省监察厅,建议对相关责任人按规定给予党纪政纪处分;情节严重构成犯罪的,建议移送司法机关处理。对违法违规操作的经销商,及时列入"黑名单"并予公布;对违法违规操作的生产企业,及时取消其产品补贴资格;对违法违规性质恶劣的生产或经销企业,建议工商部门吊销其营业执照;对套取、骗取补贴资金、乱收费、搭车收费、延期发放补贴资金等严重违法违规行为,实行严格的责任追究,涉嫌犯罪的移交司法机关处理。

(五)加强基础建设。各级政府要配备充足的人员和设备,安排必要的管理工作经费,对开展政策宣传、公示、建立信息档案等方面的支出给予保证,确保农机购置补贴政策顺利实施。

附件:1. 广东省农机购置补贴操作流程图(略)

2. 农机购置补贴指标确认通知书(略)

3. 广东省农业机械购置补贴公示表(样式)(略)

4. 经销企业供货表(略)

5. 广东省农业机械购置补贴机具核实表(略)

6. 广东省农机购置补贴发放明细表(略)

广东省农业厅 广东省财政厅
关于印发广东省2013年中央财政农业机械购置补贴实施方案的通知

粤农[2013]77号

各地级以上市农业局、财政局，顺德区经济与科技促进局、财税局，财政省直管县(市)农机主管部门、财政局：

现将《广东省2013年中央财政农业机械购置补贴实施方案》印发给你们，请尽快转发至所辖各县(市、区)农业(农机)局、财政局贯彻执行。

二〇一三年四月二十二日

广东省2013年中央财政农业机械购置补贴实施方案

为进一步实施好农业机械购置补贴政策，推进我省农业机械化又好又快发展，根据《农业部办公厅、财政部办公厅关于印发〈2013年农业机械购置补贴实施指导意见〉的通知》(农办财[2013]8号)的规定和省人民政府批复的《广东省农机购置补贴改革方案(试行)》的有关要求，制定本实施方案。

一、总体要求

以转变农机化发展方式为主线，以调整优化农机装备结构、提升农机化作业水平为主要任务，加快推进主要农作物关键环节机械化，积极发展畜牧业、渔业、设施农业、林果业及农产品初加工机械化。注重突出重点，向优势农产品主产区、关键薄弱环节、农民专业合作组织倾斜，提高农机化发展的质量和水平；注重统筹兼顾，协调推进丘陵山区农机化发展；注重扶优扶强，大力推广先进适用、技术成熟、安全可靠、节能环保、“三包”到位的机具。实行阳光操作，加强工作监管和廉政风险防范，强化绩效考核，进一步推进补贴政策执行过程公平公开；充分发挥市场机制作用，切实保障农民选择购买农机的自主权；充分发挥补贴政策的引导作用，调动农民购买和使用农机的积极性，促进农业机械化和农机工业又好又快发展。

二、实施范围、资金计划指标及资金支付方式

农机购置补贴政策继续覆盖全省所有农业县。

2013年，中央财政第一批下达给我省农机购置补贴资金控制规模为3.502亿元。省农业厅、财政厅通过综合考虑各地耕地面积、农机购置补贴工作实施进度、农业机械化发展重点、农机安全监管水平、政府重视程度等因素，制定资金分配计划，各地资金计划见附件1。省农业厅、省财政厅将视各地实际完成情况适时对各地农机购置补贴资金计划进行调整。

财政补贴资金采取“全价购机、县级结算、直补到卡”的兑付方式。即符合条件并取得补贴指标的购机者，全价购买补贴农机具后，按照程序办理补贴，经核准后由所在县财政部门将中央补贴资金直接拨付给购机者。

三、补贴机具种类和补贴标准

(一)补贴机具种类。根据农业部的相关规定，结合我省实际，确定113个品目作为补贴机具种类范围(含10个自选类品目)(附件2)。具体包括：耕整地机械、种植施肥机械、田间管理机械、收获机械、收获后处理机械、农产品初加工机械、排灌机械、畜牧水产养殖机械、动力机械、农田基本建设机械、设施农业设备和其他机械等。县级农机主管部门不得调整补贴机具种类范围，年度内补贴品目数量保持一致。手扶拖拉机仅限在丘陵山区补贴。县级农机化主管部门不得随意缩小补贴机具种类范围。

(二)补贴标准。中央财政农机购置补贴资金实行定额补贴，即同一种类、同一档次农业机械在省内实行统一的补贴标准。通用类农机产品统一按照农业部确定的最高补贴额确定补贴标准；非通用类和我省自选类农机产品补贴标准按不超过此档产品在我省近三年的平均销售价格的30%测算，一般机具单机补贴额不超过5万元；挤奶机械、烘干机单机补贴额可提高到12万元；73.5千瓦(100马力)以上大型拖拉机、高性能青饲料收获机、大型免耕播种机、大型联合收割机、水稻大型浸种催芽程控设备单机补贴额可提高到15万元；147千瓦(200马力)以上拖拉机单机补贴限额可提高到25万元；甘蔗收获机单机补贴额可提高到20万元。具体由省农业厅按农业部规定的程序制定并向社会公布补贴机具补贴额一览表，报农业部、财政部备案后实施。

各地要开展补贴产品市场销售情况调查摸底，动态跟踪市场变化情况，特别对新增补贴档次的产品，要从质量、使用、服务等方面加强监管。对于同一档次内大多数产品价格总体下降幅度较大的，报由省农业厅适时调整此档机具补贴额，按调整后的补贴额结算，补贴额调整情况报农业部、财政部备案。

四、经销商的确定

按照《关于报送广东省2013年农业机械购置补贴产品有关材料的通知》(粤农办[2013]31号)的有关要求，生产企业自主选择经销商报省农业厅汇总后向社会公布经销商名录。经销商必须严格规范操作，守法诚信经营，自觉遵守各项规定。补贴对象可以在省内自主选机购机，允许跨县选择经销商购机。鼓励农机生产企业采取直销的方式直接配送农机产品，减少购机环节，实现供需对接。

五、补贴对象的确定、限额以及补贴对象应承担的义务

(一)补贴对象。补贴对象为纳入实施范围并符合补贴条件的农牧渔民、农场(林场)职工、从事农机作业的农业生产经营组织。按照公平公正公开的原则，确定补贴对象。对于已经报废老旧农机并取得拆解回收证明的农民，以及符合条件的农机专业合作社和种粮大户等重点对象，可优先享受补贴。

使用财政专项资金购置的农业机械，不得享受农机购置补贴。

（二）补贴限额。按农业部、财政部年度实施意见的规定，对年度内个人或组织享受补贴的资金总额进行限制。当地当年中央财政农机购置补贴资金指标超过 30 万元的：个人年度内享受补贴的资金总额不得超过 30 万元且不得超过本地当年补贴资金计划的 20%；单个农业生产经营组织年度内享受补贴的资金总额不得超过 100 万元且不得超过本地当年补贴资金计划的 40%。当地当年中央财政农机购置补贴资金指标少于 30 万元（包含 30 万）的，要按尽量扩大受益面，公平、公正的原则确定补贴对象。对当年购机较多，申报补贴额超过限额的部分农业经营组织，经市级农业、财政部门核实后，可适当增加其补贴金额，并报省农业厅、财政厅备案。

（三）补贴对象应承担的义务。补贴对象购机后必须依法接受农机安全生产监督管理、补贴机具检查管理和质量跟踪调查，并服从当地农机主管部门的合理调度，在重要农时季节、灾害抢收和救灾复产时节优先为本地农业生产服务，积极配合当地农机推广活动。购买拖拉机、联合收割机的，应当到当地农机安全监理机构办理注册登记，并依法按时办理年度安全技术检验；购买机动植保机械、机动脱粒机、饲料粉碎机、插秧机、铡草机和微耕机等容易危及人身财产安全的农业机械的，应到当地农机安全机构办理备案手续。

六、办理程序及要求

全省统一使用全国农机购置补贴管理软件系统（以下简称“补贴系统”），与财政部门实施信息共享。

（一）受理补贴申请。有购买农机具意向的农牧渔民、农（林）场职工、从事农机作业的农业生产经营组织，直接到所在县（市、区）农机主管部门提出申请。农机主管部门在受理申请时，当场将购机者的信息录入“补贴系统”，由该系统按先来后到自动生成本县（市、区）购机顺序编号。

申请人为农户的需要提供：本人身份证原件及复印件、种粮综合补贴“一卡通”存折原件及复印件（如申请者非户主的，另需提供户口簿原件及复印件，下同）或本人银行存折原件及复印件；申请人为从事农机作业的农业生产经营组织的需要提供：营业执照原件及复印件、与组织名称一致的银行账号（原件及复印件）。以上所有原件经审核后当场退回。

（二）补贴申请确认。在收到购机申请资料后，县级农机主管部门与本级财政部门联合对购机申请者进行条件审查，对已经报废老旧农机并取得拆解回收证明的农民，以及符合条件的农机专业合作社、种粮大户等重点对象优先，其余申请者按先后顺序确定的原则，会同财政部门进行审批确认，并生成《农机购置补贴指标确认通知书》（以下简称《确认通知书》，附件 3），当场向申请人发放《确认通知书》，作为购置补贴农机具的凭据。对不符合条件的作出解释。

（三）补贴对象公示。县级农机主管部门将所受理的申请购机信息按乡镇制作《广东省农机购置补贴公示表》（附件 4）提交有关乡镇政府并在网上公示。由乡镇政府负责每月将所受理的申请购机信息送达申请购机农户所在村的村务公开栏进行公示（时间 7 天），同时公布乡镇政府和县（市、区）农机、财政部门的举报电话。公示结束后，乡镇政府要将公示情况及时书面报告县级农机主管部门。

（四）补贴机具购买。申请人领取《确认通知书》后 15 日内在全省范围自主选择有补贴产品销售资格的经销商进行全价购机。经销商当场向购机者出具发票和售后服务凭证，并在“补贴系统”中录入机具销售信息，打印出《经销企业供货表》（附件 5）后盖章，交由购机者签名确认。购机者在购机后 5 日内将《确认通知书》和《经销企业供货表》送达所在乡镇政府办理补贴手续。纳入牌证管理及需要备案的补贴机具，购机者在购机后 10 日内必须到当地农机安全监理机构办理相关手续。

（五）补贴机具核实。乡镇政府收到购机者的资料后及时汇总送交县级农机主管部门。县级农机主管部门每周对申请资料进行整理分类，以乡镇为单位制作《广东省农业机械购置补贴机具核实表》（附件 6），纳入牌证管理及需备案的机具交由本级农机安全监理机构负责核实，其他机具交由所在乡镇政府组织镇、村有关人员进行核实。机具核实工作应在接到县级农机主管部门提交资料后 10 日内完成。核实时必须见人（购机者是否与申请者一致）、见机（经销商应在机具醒目位置喷涂“国家补贴机具（广东）”字样，验机时要验证购买的补贴机具是否与申请的补贴机具相符）、见票（购机发票信息是否与供货表一致）。核实后，核实人当场签名确认。同时，农机安全监理机构和乡镇政府在完成每批机具核实任务后的 5 个日内，将核实情况报经分管领导签名确认后送达县级农机主管部门，由县级农机主管部门将核实信息录入“补贴系统”。

（六）补贴资金拨付。县级农机主管部门收到农机安全监理机构和乡镇送交的《广东省农业机械购置补贴机具核实表》资料后 10 日内完成审核，并编制《农机购置补贴资金拨付明细表》（附件 7）送同级财政部门，由财政部门复核无误后，办理补贴资金发放手续。属于农户购机者，拥有种粮综合补贴“一卡通”存折或个人银行账号的，由县财政部门将补贴资金直接发放到农户“一卡通”账号或存折账户；属于农业生产经营组织购机的，采用国库集中支付，由县财政部门将补贴资金直接拨付到其银行账户。补贴资金至少每月足额拨付一次。

七、工作措施

（一）加强领导，密切配合。县级以上农机主管部门、财政部门要进一步提高思想认识，加强组织领导，建立工作责任制，层层签订责任状，明确任务和责任。要在补贴申请、审核与审批、公示与核实、监管与督查、档案管理等方面，建立“谁办理、谁负责，谁核实、谁负责”的责任追究制度。

省农业厅和财政厅将进一步强化工作协调机制；制定农机购置补贴绩效管理考核办法，注重工作绩效，加大工作考核力度，并将考核结果与补贴资金分配挂钩；进一步做好调查摸底、方案制定、动员部署、培训指导等工作；与渔业、农垦以及水利、林业等部门搞好沟通协调，切实把林业和抗旱、节水机械设备纳入补贴范围。

地市级农机主管部门要加强对县级农机购置补贴实施方案审核、补贴实施工作监督检查、补贴机具抽查核实等工作。

要建立健全县级农机购置补贴工作机制，成立由县领导牵头，人大、政协、纪检监察、财政、农机、公安、工商及其他农口等相关部门参加的县级农机购置补贴工作领导小组，共同研究确定补贴资金分配、重点推广机具种类等事宜，并联合对补贴政策实施进行监管。同时，强化县级农机主管部门内部约束机制，必须邀请纪检监察部门全程参与，听取对补贴资金分配、重点推广机具种类等问题的初步意见，须由集体研究决定，经县级补贴工作领导小组研究确定，并报上级农机主管部门审核备案后实施。

县级以上财政部门要按照《财政部 农业部关于印发〈农业机械购置补贴专项资金使用管理办法〉的通知》（财农[2005]11号）要求，积极支持和参与补贴资金落实和监督工作，增加资金投入，并保证必要的管理工作经费。严禁挤占挪用中央财政补贴资金用于管理经费。

（二）加强引导，科学调控。农机购置补贴既是强农惠农富农政策，也是一项产业促进政策。要通过政策实施，推动农机工业科技进步、提高制造水平，促进农机装备结构布局优化，快速提高薄弱环节农机化水平，加快落后地区农机化发展步伐，全面提升农机化发展质量和效益。

要正确把握政策取向，突出重点，提高资金使用效益，充分发挥补贴政策的引导作用；要深入搞好农机装备需求调研，科学分析现状与不足，因地制宜制定中长期农机购置补贴规划，为补贴政策持续深入实施提供有效支撑。

农机报废更新补贴与农机购置补贴相衔接，同步实施，农机报废更新补贴操作办法按照农业部办公厅、财政部办公厅和商务部办公厅联合印发的《2012年农机报废更新补贴试点工作实施指导意见》（农办财[2012]133号）执行。

（三）规范操作，严格管理。各地要严格按照本实施方案的有关规定，组织开展农机购置补贴工作。

公平公正公开确定补贴对象。在确定补贴对象时，不得优亲厚友，不得人为设置购机条件，要严格执行补贴对象公示制度。

严禁采取不合理政策保护本地区落后生产能力，要对省内外生产同一品目机具的企业一视同仁。严禁强行向补贴对象推荐产品，严禁企业借扩大农机购置补贴之机乱涨价，同一产品销售给享受补贴的补贴对象的价格不得高于销售给不享受补贴的补贴对象的价格。

各地要加强对农机购置补贴工作人员培训，提高基层人员素质和能力。积极组织人员参加农业部组织的县级农机购置补贴管理人员政策业务培训和警示教育。

（四）公开信息，接受监督。要按照《农业部办公厅关于深入推进农机购置补贴政策信息公开工作的通知》（农办机[2011]33号）要求，及时主动通过广播、电视、报纸、网络、宣传册、明白纸、挂图等形式，将农机购置补贴政策信息公开到村，宣传到户到人。各地农机主管部门要公开补贴实施方案、补贴额一览表、支持推广目录、补贴经销商名单、操作程序、投诉举报电话、资金规模等内容，至少每半月应公布一次各县（市、区）补贴资金使用进度。县级农机主管部门要把农机购置补贴政策实施情况列入政务公开和政务服务目录，要及时公布资金执行进度以及每名购机户的购买机型、生产厂家、经销商、销售价格、补贴额度、姓名住址（不涉及个人隐私部分）等信息。

在年度补贴工作结束后，县级农机主管部门要以公告的形式将享受补贴的农户信息（附件8）和县级农机购置补贴政策落实情况报告在县级人民政府网站或农业（农机）部门网站（页）上公布，并确保5年内能够随时查阅。享受补贴的农户信息包括：姓名，所在乡镇、村、组，所购机具型号、单价、数量、产销企业、补贴额等；县级农机购置补贴政策落实情况报告包括：补贴机具种类，数量，受益农户数，补贴资金（含中央财政和地方财政）使用情况。要将享受农机购置补贴资金情况作为村务公开的内容。

各级农机主管部门要按规定设置信息公开固定网址或开通固定专栏。对于目前已开通农机化专属网站的，应当在该网站首页的醒目位置上设置固定专栏，公开补贴信息；对于尚无条件开通农机化专属网站的，应当在当地政府或农业等综合网站上设置固定专栏，公开补贴信息。

省农业厅将县级以上农机主管部门信息公开工作开展情况列入延伸绩效管理考核内容，按季度抽查并通报抽查结果。

（五）严肃纪律，加强监管。各级农机主管部门、财政部门要加强对农机购置补贴工作的监管，把国务院“三个严禁”和农业部“四个禁止”、“八个不得”及《农业部关于加快推进农机购置补贴廉政风险防控机制建设的意见》（农机发[2013]4号）等要求落到实处。

加大监督检查力度。省农业厅和省财政厅将联合制定监管督查方案，年度内集中组织开展不少于两次的监督检查，监督检查的范围要覆盖到三分之二的地级行政区域或三分之一的县级行政区域，并根据农机产品补贴额大小确定入户抽查比例。加强对各地补贴实施情况的督导检查，组织市县两级开展专项检查和重点抽查。不定期地组织明查暗访，深入了解基层农机购置补贴政策执行落实情况，对发现的问题及时曝光，及时处理，把问题遏制在萌芽状态。并将督导检查情况和对各类违规违纪案件的查处情况及时报农业部、财政部及驻厅纪检监察机构。对问题较大的县市在全省农机、财政系统进行通报，并抄送省纪检监察部门，建议对相关责任人按规定给予党纪政纪处分；情节严重构成犯罪的，建议移送司法机关处理。各市、县级农机主管部门要加强监督检查，配合有关部门依法依规严厉打击有组织有预谋倒卖补贴机具、骗（套）取补贴资金的行为。要落实监督检查责任制，实行“谁核查、谁签字、谁负责”的责任追究制。

加大财政部门监管力度。各级特别是基层财政部门要按照《财政部关于切实加强农机购置补贴政策实施监管工作的通知》（财农[2011]17号）要求，主动参与农机购置补贴政策具体实施工作，在补贴资金使用管理、补贴对象和补贴种类及补贴产品经销商确定、农民实际购机情况核实等方面，积极履行职责，充分发挥就地就近实施监管优势。县级财政部门要会同农机等有关部门，按照不低于购机对象10%的比例，对购机后实际在用情况进行抽查核实，发现问题及时处理，并将抽查核实及处理情况上报省财政厅、农业厅。省财政厅负责督促和指导基层财政部门做好农机购置补贴政策实施监管工作。

深入开展农机购置补贴政策落实延伸绩效管理，建立以结果为导向的监测与评价体系。严格按照农业部关于强农惠农富农政策落实延伸绩效管理工作要求，认真完成各项任务指标，并逐级做好延伸绩效管理；注重绩效考核评估，及时通报考核结果。

严格管理补贴产品产销企业。严格按照农业部及省农业厅关于补贴产品生产及经销企业监督管理有关规定，重拳打击违法违规操作行为，实行黑名单制，被列入黑名单的经销商及其法定代表人永久不得参与补贴产品经销活动；对参与违法违规操作的生产企业要及时取消其补贴产品补贴资格，非法侵占补贴资金应足额退回财政部门；对违规违纪性质恶劣的生产或经销企业，建议工商部门吊销其营业执照。情节严重构成犯罪的，协调司法机关处理。

建立健全投诉举报制度，严格查处违法违规行为。要安排专人受理农民投诉，对投诉举报的问题和线索，要做到凡报必查、一查到底。对于农民投诉多、服务不到位、产品质量差的产销企业，以及参与违法违规操作的产销企业、国家公职人员和农民，一经查实，严厉惩处。

（六）加强宣传，搞好服务。各地农机购置补贴资金使用方案要及时向社会公布，充分利用各类新闻媒体，加强农机购置补贴的宣传工作，特别是要做好对农民的宣传引导，让农民了解农机购置补贴政策内容、程序和要求。要搞好咨询服务，认真答疑解惑。

高度重视补贴资金的结算兑付工作，在认真核查购机情况的基础上，提高工作效率，及时将补贴资金打卡兑付，让农民尽早获得补贴实惠。

协调农机企业做好补贴机具的供货工作，督促企业做好售后服务工作。要依法加强补贴机具的质量监督，了解补贴机具的质量状况和农民的反映，对存在质量问题、农民投诉较为集中的机具及其生产企业，应按管理权限及时取消其补贴资格，保护农民的权益。

继续执行农机购置补贴实施情况定期报送制度，进一步做好农机购置补贴执行进度统计及信息报送工作，进度数据应通过全国农机购置补贴管理软件系统获取。及时开展半年和全年专项执行情况的总结，分别在2013年6月20日和12月20日前，将上半年和全年农机购置补贴（包括地方财政安排的补贴）实施情况总结报告报送省农业厅和省财政厅。

省农业厅、省财政厅将把上述措施的落实情况作为对各地工作考核的重要内容之一，选择部分县（市、区）进行抽查，并将抽查情况予以通报。

本方案由省农业厅、省财政厅负责解释。

附件：1. 2013年中央财政农机购置补贴资金安排表（第一批）（略）

2. 2013年度中央财政农机购置补贴产品品目范围（略）

3. 农机购置补贴指标确认通知书（略）

4. 广东省农业机械购置补贴公示表（样式）（略）

5. 经销企业供货表（略）

6. 广东省农业机械购置补贴机具核实表（略）

7. 广东省农机购置补贴资金拨付明细表（略）

8. 2013年度县（市）享受农机购置补贴的农户信息表（略）

重庆市农业委员会关于印发《重庆市农业机械推广鉴定细则》的通知

渝农发[2012]309号

各区县（自治县）农业（农林水利、农业水利）委（局），万盛经开区农林局，有关单位：

《重庆市农业机械推广鉴定细则》已经8月24日市农委第10次主任办公会审定通过，现印发给你们，请遵照执行，执行中有什么问题，请及时反馈市农委农机装备处。

二〇一二年九月十二日

重庆市农业机械推广鉴定细则

第一章　总　则

第一条　为了规范本市农业机械推广鉴定工作，明确鉴定的内容、程序和要求，提高鉴定工作质量，依据《农业机械试验鉴定办法》（农业部令第54号，以下简称《办法》）、《农业机械推广鉴定实施办法》（农业部公告第1438号，以下简称《实施办法》）、《农业机械试验鉴定机构鉴定能力认定办法》（农机发[2005]9号，以下简称《认定办法》）等有关规定，结合本市实际，制定本细则。

第二条　本细则所称的农业机械推广鉴定（以下简称推广鉴定），是指本市农业机械试验鉴定机构（以下简称农机鉴定机构），通过科学试验、检测和考核，对农业机械的适用性、安全性和可靠性等进行全面考核，做出技术评价，评定是否适于推广的活动。

第三条　推广鉴定遵循自愿、科学、公开、公正、高效、统一、便民的原则，以促进农业机械产品质量的提高和先进适用、技术成熟、安全可靠、节能环保农业机械的推广应用。

第四条　市农机化行政主管部门主管本市的推广鉴定工作，制定并定期调整、发布重庆市农业机械推广鉴定产品种类指南，审定公布鉴定大纲和鉴定结果。农机鉴定机构按照《办法》《实施办法》等的要求负责市级推广鉴定申请的受理、项目任务的安排和组织实施、项目材料的审查和报批，以及推广鉴定证书标志的发放工作；负责推广鉴定证书信息变更的管理工作。

农机鉴定机构应当于每年12月底前向市农机化行政主管部门报告当年推广鉴定工作情况。

第五条　推广鉴定的产品范围由农业部和市农机化行政主管部门公布的农业机械推广鉴定产品种类指南确定。

第二章　申　请

第六条　推广鉴定的申请人应当具备以下条件：

（一）具有企业法人资格的农业机械生产者；

（二）具有稳定生产合格产品的条件；

（三）具有与生产能力相适应的售后服务能力。

中华人民共和国境外农业机械生产者可以委托境内销售其农业机械产品的具有企业法人资格的销售者代理申请。

第七条　申请推广鉴定的产品应当符合以下条件：

（一）属定型产品；

（二）取得产品定型证明文件六个月以上；

（三）产品累计销售量符合以下要求：

1. 小型农业机械200台以上；

2. 中型农业机械50台以上；

3. 大型农业机械10台以上。

本市重点推广、农业生产急需、季节性强、创新型、技术进步型的农业机械产品和设施农业产品，经市农机化行政主管部门批准，可提前申请推广鉴定。

第八条 申请推广鉴定应当提交以下材料：

(一)推广鉴定申请表(附表1)；

(二)企业法人营业执照复印件，代理境外企业申请的还需提供境外委托方的登记注册证明；

(三)产品定型证明文件复印件；

(四)产品执行标准文本及其登记注册证明或备案材料复印件；

(五)产品使用说明书；

(六)国家实施生产许可和强制性认证等管理的产品，应当提供相应证书及附件的复印件；

(七)推广鉴定大纲规定的其他文件及证明材料。

委托他人代理申请的，还应当提交农业机械生产者签署的委托书。

已通过推广鉴定的产品，因市场需求进行开发、改进的新产品，其结构型式、配套动力相近的，在申请重新鉴定时，可以不提供产品定型证明文件。

申请人应当对其申请材料的真实性负责。

第三章 审查与受理

第九条 推广鉴定申请由农机鉴定机构受理。

第十条 农机鉴定机构自收到申请材料之日起10日内作出受理或不予受理的决定，并书面告之申请人；不予受理的，应当说明理由。

第十一条 有下列情形之一的，不予受理推广鉴定申请：

(一)产品未列入重庆市农业机械推广鉴定产品种类指南的；

(二)产品属国家明令淘汰的；

(三)产品不符合本实施细则第七条规定条件的；

(四)申请材料不齐全、内容不符合要求或不真实的；

(五)不予受理的其他情形。

第十二条 申请人的申请经受理后，应当按照有关规定向受理和承担鉴定任务的机构交纳相关费用。

第四章 鉴定与公告

第十三条 农机鉴定机构应当按照批准的市级鉴定能力认定范围承担市级推广鉴定任务及相关工作，不得无故挑选、拒绝或拖延推广鉴定任务。

第十四条 推广鉴定依据农业部和市农机化行政主管部门发布的推广鉴定通则和相关产品推广鉴定大纲进行。有部级推广鉴定通则和大纲的，应当按照部级推广鉴定通则和大纲鉴定进行。

第十五条 推广鉴定内容包括：

(一)技术要求与性能试验；

(二)安全检查；

(三)可靠性试验；

(四)适用性评价；

(五)使用说明书审查；

(六)三包凭证审查；

(七)生产条件审查；

(八)用户调查。

第十六条 以集团公司(总公司)名义申请，其下属不同子公司、分公司(工厂)生产同一商标(牌号)和型号产品的，应当分别进行产品试验和生产条件审查。

第十七条 推广鉴定按照推广鉴定通则和鉴定大纲规定程序进行。

第十八条 承担生产条件审查工作的人员应当具备推广鉴定审查员资格。承担产品检测等工作的人员应当具备推广鉴定检验员资格。

推广鉴定审查员应当具备下列条件：

(一)具有大学本科以上学历或中级以上专业技术职称；

(二)熟悉相关农业机械产品生产工艺、产品标准和质量管理体系标准；

(三)从事相关工作四年以上。

推广鉴定审查员由农机鉴定机构负责培训和考核或通过农业部农业机械试验鉴定总站组织的培训和考核，考核合格后方可从事推广鉴定生产条件审查。

推广鉴定检验员由所在的农机鉴定机构对其进行相关法规、技术规范、试验方法和仪器操作方法的培训和考核，成绩合格者方可从事推广产品检测等工作。推广鉴定检验员应当为所属农机鉴定机构的在岗人员。

第十九条 检验员或审查员在推广鉴定实施过程中，应当对申请材料的真实性和规定的产品技术规格进行确认。发现提供虚假材料的，应当终止鉴定。

第二十条 农机鉴定机构独立完成推广鉴定任务的，应当由该机构出具推广鉴定报告。农机鉴定机构对其出具的推广鉴定报告负责。

第二十一条 农机鉴定机构于鉴定结束之日起15日以内向申请人出具推广鉴定报告。申请人对鉴定结果有异议的，可以在收到推广鉴定报告之日起15日以内向出具鉴定报告的农机鉴定机构申请复验一次。经申请人确认无异议，推广鉴定结论为通过的，按规定上报市农机化行政主管部门审批颁发推广鉴定证书。

第二十二条 市农机化行政主管部门以公告的形式公布通过推广鉴定的产品和企业，并在指定媒体上发布相关信息。申请人于公告后10日以内向受理机构领取推广鉴定证书并定购专用标志。

第五章 变更与撤销

第二十三条 推广鉴定证书有效期内，其证书信息、产品结构型式、配套动力、生产条件等发生变化，证书所有者应当在1个月以内向农机鉴定机构提出书面报告及相关证明材料。

(一)有以下情形之一的，可以直接变更推广鉴定证书：

1. 企业名称变更的；

2. 注册商标变更的。

(二)产品结构型式、配套动力、生产条件等发生变化的，分别作出如下处理：

1. 生产条件发生变化的，农机鉴定机构应当对生产条件是否满足要求进行审查；

2. 产品结构型式、配套动力发生较小变化的，经组织专家对一致性进行评估论证，市农机化行政主管部门批准后，农机鉴定机构作出是否变更结论；

3. 产品结构型式、配套动力经一致性确认发生实质变化的，生产企业应当申请重新鉴定。

（三）提供虚假申请材料的，不予变更证书。

第二十四条 推广鉴定证书变更的，经市农机化行政主管部门批准后公告。

第二十五条 已获得推广鉴定证书的产品和企业，在证书有效期内经查实有下列情形之一的，应当撤销推广证书，并经市农机化行政主管部门批准后公告：

（一）产品发生重大质量问题或集中质量投诉，生产者在规定期限内未予解决的；

（二）证书有关内容发生改变未申请证书变更的；

（三）按本细则第二十三条规定不予变更证书的；

（四）在国家产品质量监督抽查或市场质量监督检查中有严重质量问题的；

（五）产品列入国家明令淘汰或禁止生产的产品目录的；

（六）弄虚作假，采取欺诈、贿赂等不正当手段获取鉴定结果或证书的；

（七）出租、出借、涂改、冒用、转让推广鉴定证书的，未按规定或超范围使用推广鉴定专用标志的；

（八）产品发生知识产权纠纷，人民法院判决证书持有者侵权且判决已生效的；

（九）监督检查结果表明企业生产条件审查结论为不通过，或产品一致性存在严重问题的；

（十）拒绝接受或配合监督检查，情节严重的；

（十一）应当撤销证书的其他情形。

第六章 监督与管理

第二十六条 市农机化行政主管部门应当组织对通过推广鉴定的企业和产品进行监督检查。监督检查内容包括：

（一）生产条件；

（二）企业名称、地址及产品一致性；

（三）证书和标志使用情况。

第二十七条 市农机化行政主管部门应当加强对推广鉴定工作的监督，建立推广鉴定工作质量反馈制度。推广鉴定工作结束后7日以内，由申请企业填写《重庆市推广鉴定工作情况反馈表》（附表2），报送到市农机化行政主管部门。

第二十八条 申请推广鉴定的企业提供虚假申请材料，经查证属实，分别依照本细则第十一条、第十九条、第二十三条、第二十五条的规定处理。情节严重的，该企业在两年内不得申请推广鉴定，构成犯罪的，移送司法机关依法追究刑事责任。

第二十九条 农机鉴定机构的鉴定行为被举报投诉，经调查属实的，应当限期整改。情节严重的，按照《认定办法》第十六条规定取消相应的鉴定能力认定。

推广鉴定检验员和审查员被举报投诉，经调查属实且情节严重的，按照《实施办法》第二十八条规定，取消其推广鉴定检验员和审查员资格，并依法给予行政处分。

第七章 附 则

第三十条 本细则未尽事宜依照《办法》《实施办法》执行。

第三十一条 本细则中下列用语的含义：

（一）大、中、小型农业机械，是指符合鉴定大纲要求的相应农业机械，鉴定大纲没有明确的，经组织专家论证后，由市农机化行政主管部门批准后公告。

（二）产品定型证明文件，是指所申请产品的省级以上相关鉴定证书，或省级以上农业机械定型鉴定证书、产品质量认证证书、高新技术产品、生产许可证及其附件，或者省级以上农机鉴定机构出具的型式试验报告。

（三）日，是指工作日。

（四）以上、以下、以内均包含本数。

第三十二条 本实施细则自公布之日起实施。

附表：1. 重庆市农业机械推广鉴定申请表（略）

2. 重庆市推广鉴定工作情况反馈表（略）

重庆市农业委员会 重庆市财政局关于印发《重庆市农业机械购置补贴管理暂行办法》的通知

渝农发[2013]38号

各区县（自治县）农业（农林水利、农业水利）委（局）、财政局，万盛经开区农林局、财政局，市级有关部门：

为确保农机购置补贴政策公开、规范、高效、廉洁实施，充分发挥农机购置补贴政策效应，加快农机化发展方式转变，推动我市农业机械化和农机工业又好又快发展，促进农业综合生产能力提高，在总结近年经验和全国农机购置补贴操作创新试点工作的基础上，根据农业部财政部《2013年农业机械购置补贴实施指导意见》（农办财[2013]8号）精神，我们研究制定了《重庆市农业机械购置补贴管理暂行办法》，现印发给你们，请根据本办法制定实施细则，于2013年2月22日前报市农委、市财政局备案，并认真贯彻执行。

二〇一三年二月七日

重庆市农业机械购置补贴管理暂行办法

第一章 总 则

第一条 为进一步规范本市财政补贴的农业机械（以下简称补贴机具）购置和财政补贴资金使用管理，推进丘陵山区农业机械化加快发展，提高农业综合生产能力，促进农民增收，根据《中华人民共和国农业机械化促进法》和《农业机械购置补贴专项资金使用管理暂行办法》（财农[2005]11号）等有关规定，结合本市实际，制定本办法。

第二条 本市补贴机具购置（以下简称购机）和财政安排的购机补贴专项资金（以下简称补贴资金）的使用管理适用本办法。

第三条　农机购置补贴政策由本市各级农机主管部门和财政部门根据职责分工，共同组织实施。

第四条　购机补贴实行全价购机、县级结算、直补到卡的方式，补贴资金的使用和管理遵循公开、公正、便民、高效的原则。

第二章　补贴的对象、范围和标准

第五条　补贴对象

（一）本市农民；

（二）本市农场（林场）职工；

（三）本市直接从事农机作业的农业生产经营组织。

第六条　补贴机具应是列入国家和重庆市支持推广目录的产品，并实行年度动态管理。

第七条　农机购置补贴实行分类分档定额补贴，即同一种类、同一档次农业机械在全市范围内实行统一的补贴标准。通用类农机产品补贴额由农业部统一确定；非通用类农机产品补贴额由市农机主管部门和市财政部门组织专家评审确定，按程序向社会公布，并报农业部、财政部备案。

第三章　补贴资金预算与下达

第八条　县级财政、农机主管部门根据本地农业产业发展需要和现有农机装备数量及结构，于每年12月上旬向市财政部门和市农机主管部门提出下一年度农机购置补贴资金申请，包括补贴机具类别和数量及资金需求量、预期绩效目标等。

第九条　市财政部门和市农机主管部门综合考虑中央及市财政年度补贴资金预算额度、全市农业和农机化发展规划、阶段性工作重点、各地需求状况、近几年补贴实施情况和上年度绩效评价结果，确定并分批下达区县补贴资金预算。区县根据补贴资金预算额度合理安排本年度农机购置补贴资金，原则上不得超支，结余结转下年使用。

第十条　市、区县财政部门应根据事权和财权一致的原则按年预算相应农机购机补贴工作经费，保障农机购置补贴工作开展。

第四章　购机及补贴申报程序

第十一条　各级农机主管部门应及时向社会公布年度补贴对象、补贴范围、补贴标准、申请程序、结算办法和相关要求等。

第十二条　购置单台机具补贴额在3 000元及以上的，购机者应向乡镇（街道）（以下简称乡镇）农业服务中心提交申请，经审查通过，由乡镇向申请者发放购机指标确认书。购机者持购机指标确认书、身份证、惠农直补卡（折）在有效期内购机。

单台机具补贴额3 000元以下的机具，实行普惠购机，购机者事前到乡镇农业服务中心领取购机政策告知书和录入购机者信息，持身份证、购机政策告知书、惠农直补卡（折）购机。

每个购机者一个年度内购机的数量由区县根据实际情况确定。

第十三条　实行全价购机制度，购机者一次性付清全部价款，经销商及时出具全价购机发票。购机发票上应注明机具成交价格和当年确定的补贴金额。

购机者可以在全市范围内自主选择经销商，可以充分与经销商进行议价。

经销商查验购机者购机指标确认书（购机政策告知书）、身份证、惠农直补卡（折）无误后受理购机，及时采集购机信息，录入全国农机购置管理系统。购机信息包括：

（一）购机者身份证明信息；

（二）机具类别、名称、型号、生产厂家、出厂编号、机具配置与主要参数、机具价格、补贴标准等机具信息；

（三）购机发票信息；

（四）惠农直补卡（折）信息；

（五）人机合影图片。

购机者二代身份证和机具信息实行补贴系统在线自动读取。使用相机、手机等数码设备采集人机合影后，在线上传补贴系统。机具发票实行补贴系统与税务金税系统联网在线打印，补贴系统自动读取发票信息。

第十四条　每月15日和当月最后一天，乡镇农业服务中心将本辖区的购机情况以村为单位按照全市统一格式在村务公开栏上公示15天，同时市、区县农机主管部门在互联网上公示，接受社会监督。在公示期内，市、区县、乡镇（村社）同步开展电话抽查和入户调查，接受举报等工作。

第十五条 公示期满后，乡镇农业服务中心根据抽查情况和举报调查核实情况进行在线审签，并同步制作纸质资料报县级农机主管部门，县级农机主管部门审核汇总后，向同级财政部门提交电子和纸质补贴资金兑现申请，财政部门复核无误后直接将补贴资金拨付到补贴对象惠农直补卡（折）上。

第五章　补贴机具的经销

第十六条　经销商应具备以下资质条件：

（一）经工商行政管理部门注册登记，具有企业法人资格；

（二）企业注册资金不低于150万元；

（三）具有与经营范围、规模相适应的固定经营场所，营业、仓储场地面积200平方米以上；

（四）从事农业机械经营业务2年以上，有良好的社会信誉，2年内无有效群体性投诉，法定代表人、主要经营管理人员无违反购机补贴政策的不良记录；

（五）具有与经营规模相适应的一定数量从业人员，企业管理者、业务人员、售后服务人员及取得专业资质人员比例达到GB/T 18389—2001《农业机械营销企业开业条件、等级划分及市场行为要求》相关要求，且至少有1名熟悉计算机管理软件操作人员；

（六）具备《农业机械产品修理、更换、退货责任规定》要求的售后服务和零配件供应能力，经营所需设施设备达到GB/T 18389—2001《农业机械营销企业开业条件、等级划分及市场行为要求》相关要求；

（七）具有健全的企业管理规章制度，诚实守信、管理规范，服务质量达到WB/T 1014—2000《农业机械营销企业服务质量规定》相关要求。

第十七条　农机补贴产品经销商由生产企业自主推荐，农机生产企业应将自主确定的符合资质条件经销商以及授权代理产品类别、型号及代理区域报市农机主管部门备案。市农机主管部门及时汇总符合条件的经销商名单，统一向社会公布。

市级公布的经销商在区县、乡镇等设销售门店的，应按属地管理原则向区县农机主管部门备案，由区县农机主管部门公布并负责辖区经销门店的日常管理。

经公布的经销商及所属销售门店应守法、诚信经营，并确定一名“守法诚信经销责任人”，在经营场所醒目位置公示所经营补贴机具的种类、生产企业、型号、配置、价格、补贴标准及“守法诚信经销责任人”等相关内容，并悬挂全市统一的“农业机械购置补贴产品经销商”标识。按规定向购机者开具销售发票，做好“三包”售后服务、零配件供应以及农机购置补贴机具档案管理工作，补贴档案保存 3 年以上。

按照“谁推荐、谁负责”的原则，农机生产企业应对经销商资质的真实性负责。经销商资质发生变化或出现停业、关闭等情况时，农机生产企业应及时书面告知市农机主管部门。

第十八条 市农机主管部门应当为当年公布的经销商及所属销售门店开设登录全国农机购置补贴管理系统所需的用户名及密码。

第十九条 经销商和所属销售门店不得有下列行为：

(一)倒卖农机购置补贴指标或倒卖补贴机具；

(二)进行商业贿赂和不正当竞争；

(三)以许诺享受补贴为名诱导农民购买农业机械，代办补贴手续；

(四)以降低或减少产品配置、搭配销售等方式变相涨价；

(五)拒开发票或虚开发票；

(六)虚假宣传农机购置补贴政策；

(七)同一地区、同一时期销售同一产品享受补贴的价格高于非享受补贴的价格。

第二十条 农机生产企业要加强对经销商的监管和培训，跟踪调查经销商守法经营情况，发现违法违规行为的，应当及时处理并报告县级以上农机主管部门。

第二十一条 农机主管部门推动建立购机补贴产品经销行业协会，实行行业自律，探索建立行业内部补贴资金风险防控保证金制度，确保补贴资金安全。

第六章 监督与责任

第二十二条 乡镇及以上财政、农机部门应加强补贴机具和补贴资金的监管，建立健全以下监管制度：

(一)“一卡(折)通”直补制度；

(二)以村为单位纸质公示和互联网公示制度；

(三)举报奖励制度；

(四)一机一卡一票制度。一台补贴机具配置一张机具信息卡，销售一台机具开据一张税务发票；

(五)人机合影制度。购机者和“守法诚信经销责任人”与所购机具合影上传补贴管理系统；

(六)随机抽查制度。市、区县、乡镇按比例随机抽样电话抽查、入户调查。市级电话抽查率不少于 3%，区县电话抽查率不低于 25%；乡镇对购机真实性 100%核实，其中补贴额 3 000元及以上的 100%入户调查，补贴额 3 000 元以下的可通过多种方式见人、见机、见票核查，但入户调查率不低于 25%，具体办法由区县确定。

(七)不定期核查制度。市、区县分别组织专门人员随机不定期入户调查。

第二十三条 建立财政、农机主管部门工作人员依法履职、高效快捷的绩效管理制度。

第二十四条 经销商违反本办法规定，有下列行为之一的，由县级及以上农机主管部门提出警告，责令限期整改，并视情节暂停部分或全部所经销补贴机具的补贴系统受理，责令对应产品下架、收回“农业机械购置补贴产品经销商”标识：

(一)未在经营场所醒目位置公示补贴机具的种类、生产企业、型号、配置、价格及补贴标准等相关内容的；

(二)未在经营场所悬挂“农业机械购置补贴产品经销商”标识的；

(三)农民购机后，供货不及时，引起投诉的；

(四)违反“三包”规定，引起投诉的；

(五)未向购机者说明农机操作方法和安全注意事项的；

(六)销售记录和农机购置补贴机具档案不健全等。

第二十五条 经销商违反本办法规定，有下列行为之一的，经县级以上农机主管部门调查属实，将经销商及法定代表人列入黑名单并向社会公布，永久取消经销商资格，法定代表人、主要经营管理人员不得再参与农业机械购置补贴产品经销活动。相关农机生产企业应当及时取消其经销资格，收回“农业机械购置补贴产品经销商”标识：

(一)向购机者提供假冒伪劣产品的；

(二)以违规、非诚信方式造成国家农机购置补贴资金损失，拒不退赔的；

(三)违反本办法第十九条“七个不得”规定的；

(四)违反“三包”规定，引起群体性投诉，造成恶劣影响的；

(五)拒不执行农机主管部门做出的警告、限期整改处理决定的。

对于违法违规性质严重的经销商和经营门店，移送工商行政管理部门和司法机关处理，构成犯罪的，永久取消经销商资格，法定代表人、主要经营管理人员不得再参与农业机械购置补贴产品经销活动。

补贴机具生产企业应增强守法遵规意识，严格按标准组织生产，严格授权经销商的管理，违者，承担相应责任。

购机者串通经销商提供虚假信息，套、骗取补贴资金的，取消其 5 年内享受农机购置补贴的资格，追缴非法所得，构成犯罪的移送司法机关处理。

第七章 附 则

第二十六条 本办法自印发之日起执行。县级农机、财政部门应根据本办法制定实施细则，报市农委、市财政局备案。原《重庆市小型农机新机具推广专项补贴资金管理办法》(渝财农[2004]30 号)、《重庆市农机购置补贴经销商管理暂行办法》(渝农机发[2009]53 号)同时废止。

第二十七条 本办法由市农委、市财政局负责解释。

重庆市农业委员会办公室关于印发《2013 年度农机购置补贴政策落实延伸绩效管理工作实施方案》的通知

渝农办发[2013]174 号

各区县(自治县)农业(农林水利、农业水利)委(局)，万盛经开区农林局：

根据《农业部关于印发农业部 2013 年度强农惠农富农政策落实延伸绩效管理工作实施方案的通知》(农财发[2013]101

号)和《重庆市农业委员会关于印发强农惠农富农政策落实延伸绩效评价工作方案的通知》(渝农发[2012]258号)精神,现将《2013年度农机购置补贴政策落实延伸绩效管理工作实施方案》印发给你们,请遵照执行。

二〇一三年九月十一日

2013年度农机购置补贴政策落实延伸绩效管理工作实施方案

根据《农业部关于印发农业部2013年度强农惠农富农政策落实延伸绩效管理工作实施方案的通知》(农财发[2013]101号)及《重庆市农业委员会关于印发强农惠农富农政策落实延伸绩效评价工作方案的通知》(渝农发[2012]258号)精神,特制定本方案。

一、绩效考核工作指导思想和基本原则

(一)指导思想。通过实施延伸绩效管理,建立以结果为导向的监测与评价体系,及时掌握购机补贴资金使用、政策落实进展情况,客观评价实施成效、绩效目标实现程度,查找问题,分析原因,总结经验教训,提出下一步推进政策落实、完善运行机制的建议,不断改进措施,持续提高政策绩效。

(二)基本原则。一是科学规范、客观公正。科学制定考核内容、指标和评估标准,按照"公平、公开,公正"的要求,采用规范的评估程序和方法,全面、准确、客观地衡量工作绩效。

二是先易后难、简便易行。选择能够衡量政策绩效的关键指标,确保指标的权威性、代表性和可操作性,容易获取,简化评估程序和方法。

三是定量定性、综合评价。对评估指标尽量量化,不能量化的指标明确评估标准。对过程和结果以及反映成效的关键指标赋予相应的权重,对政策绩效做出综合评价。

二、绩效考核内容及指标

农机购置补贴主要考核制度建设、组织领导、经费保障、信息公开、廉政风险防控、机具核实、实施及结算进度、投诉处理、档案管理及材料上报等内容,共设立4个一级指标和12个二级指标,同时对存在重大违法违规行为,造成恶劣影响的实行一票否决。根据评估得分情况,分数大于等于90分为优秀,大于等于80分小于90分为良好,大于等于70分小于80分为一般,小于70分为差。具体评估考核内容与指标详见附件。

三、绩效评价考核工作方法

农机购置补贴政策延伸绩效管理工作区县农机化主管部门先行自评,市农委组织查验核实,综合各项指标完成情况得出评估结果,形成评估报告。具体工作分为三个阶段:

(一)区县农机部门自评。各区县要按照绩效评价的具体内容和指标,自评打分,形成自评报告,报市农委财务处、农机装备处。总结经验体会,分析存在的问题,提出改进措施及建议。

(二)查验核实。在各区县农机部门自查的基础上,由市农委相关领导、人员组成农机购置补贴政策延伸绩效管理工作考核小组,对各区县报送的自评报告和自评得分进行查验核实,并采取随机抽查的方式对部分区县相关政策落实情况进行实地考核。对初步打分情况进行修正后,形成绩效考核报告,报市农委延伸绩效管理领导小组审定。

(三)综合评估。考核小组根据查验核实情况,评出优秀、良好、一般、差四个档次,提出表彰建议,形成综合报告报送市农委延伸绩效管理领导小组及农业部。

四、进度安排

农机购置补贴绩效管理实施进度安排如下:

2013年9月15日前,研究制定并下发实施方案及评价指标体系。

2013年11月30日前,各区县农机化主管部门完成自评工作,并报送相关资料。

2014年1月15日前,市农委组织力量进行资料审查和核实,并完成综合评价报告,上报农业部。

五、结果运用

依据考核结果,分析存在问题和原因,提出改进措施建议,并运用于下一年度绩效管理的全过程,且与下一年度项目资金安排挂钩。对考核结果为优秀的区县,在全市农业(农机)工作会上予以表彰,并以函的形式通报相关区县人民政府。

六、保障措施

(一)加强领导和组织协调。市农委成立农机购置补贴政策落实延伸绩效管理工作考核小组,由市农委相关领导任组长,市农机办副主任任副组长,财务处、审计处、驻委监察室、农机装备处、计划处、市农机推广总站负责人为成员,办公室设在市农机办,负责对延伸绩效管理的考核工作。各区县农机化主管部门要高度重视,也要成立相应工作机构,明确责任科室,强化组织协调,确保各项工作顺利推进。

(二)加强宣传。要加强对农机购置补贴政策落实延伸绩效管理工作的学习、宣传和指导,各区县农机化主管部门要把延伸绩效管理与政策执行紧密结合起来,互促互进,规范工作程序、完善资料收集整理,及时总结工作中好的经验和做法,强化信息报送。市农委将加强舆论宣传,树立典型,营造上下联动、齐抓共管、协调推进的工作氛围。

(三)加强督查。各区县农业部门要主动把农机购置补贴政策落实情况纳入本级政府绩效管理或目标考核的重要内容,加强监督检查,对政策执行不到位,延伸绩效管理不落实,影响全市评估结果的,将按照"谁主管谁负责、谁违规谁负责"的原则追究责任。市农委农机购置补贴延伸绩效管理工作考核组,将定期或不定期对各区县执行情况进行检查督查,确保农机购置补贴政策落实到位、取得实效。

七、其他事项

请各区县农机化主管部门严格按照要求,全面完成资料收集、审查、归档、打分并形成书面自评报告及自评考核表,并将纸质和电子件于11月30日前报市农委财务处、农机装备处,联系人:程英、杨绍刚,联系电话:89133095、89133331,电子邮箱:ysg62217@126.com。

中共四川省委 四川省人民政府
关于创新农业经营体制机制加快发展现代农业促进农民增收的意见

川委发[2013]1号

各市(州)、县(市、区)党委和人民政府,省直各部门:

全面建成小康社会,重点难点都在农村。必须始终把解决好"三农"问题作为全党工作重中之重,把城乡发展一体化作为根本途径,促进"四化同步",加快推进农业农村现代化。2013年全省"三农"工作的总体要求是:深入贯彻落实党的十八大和中央1号文件精神,把促进农民增收摆在"三农"工作的核心位置,以产村相融、成片推进新农村建设作为全局性抓手和综合性载体,全面落实强农惠农富农政策,加大"三农"投入力度,加强农业基础设施建设,创新农业经营体制机制,加快发展现代农业,扎实推进新村建设和扶贫开发,务求改革取得新突破、各项工作取得新成就、农村面貌发生新变化,广大农民生活水平有实实在在的新提升。

一、切实加大农业支持保护力度

(一)稳定增加财政投入。各级财政要持续增加"三农"投入,确保总量增加、比例提高。新增农业补贴要向专业大户、家庭农场、农民合作组织等新型生产经营主体倾斜。逐步增加农业综合开发财政资金投入。落实从土地出让收益中提取10%用于农田水利建设的有关政策。完善养殖业扶持政策。落实农业防灾减灾稳产增产关键技术补助、土壤有机质提升补助资金。建立涉农小额项目直补机制。完善村级公益事业"一事一议"奖补机制,逐步提高奖补比例。下放小型农业农村项目审批核准权限。加大涉农资金整合力度。

(二)创新农村金融服务。建立农村金融服务创新联席会议制度。落实县域金融机构涉农贷款增量奖励、农村金融机构定向费用补贴、农户贷款税收优惠、小额担保贷款贴息等政策。大力推进农村信用体系建设、农村支付结算环境建设。支持金融机构创新农户结算支付方式,鼓励探索金融通信合作进村入户新模式。鼓励金融单位设立服务"三农"的融资机构和完善专项机制。推进农村产权抵押融资业务,推行农村土地流转收益和粮食直补抵押贷款业务试点,完善林权抵押配套政策。开发符合水利项目特点的信贷产品和贷款模式。扩大农业保险覆盖区域和试点品种,落实农业保险保费补贴政策。推进建立财政支持的农业保险大灾风险分散机制。

(三)引导社会资本投入。各行各业制定发展规划、安排项目、增加投资要主动向农村倾斜。制定鼓励各类企业参与和支持农业农村发展的具体办法。鼓励企业和社会组织在农村兴办医疗卫生、教育培训、社会服务等各类事业,并按规定享受税收优惠、管护费用补助等政策。探索新农村建设投资基金模式。鼓励企业投资建设农村生产生活基础设施和农村集贸市场。

二、着力培育新型农业生产经营主体

(一)坚持和完善农村基本经营制度。稳定农村土地承包关系。规范土地流转程序,鼓励和支持承包土地向专业大户、家庭农场、农民合作组织流转。采取奖励补助等多种办法,扶持联户经营、专业大户、家庭农场。结合土地承包经营权确权颁证和农田基本建设,逐步解决承包地块细碎化问题。探索建立严格的工商企业租赁农户承包耕地(林地、草原)准入和监管制度。

(二)加快培养新型职业农民。探索建立新型职业农民培育机制、认证制度、政策扶持体系和投入保障机制。对未能升学的应届农村初中、高中毕业生参加劳动预备制培训,按规定给予补贴。落实对符合条件的中高等学校毕业生、退役军人、返乡农民工务农创业给予补助和贷款支持的政策。

(三)大力发展农民合作组织。增加农民合作组织扶持资金。建立联席会议联合评定示范社机制,分级建立示范社名录,把示范社作为政策扶持重点。逐步扩大涉农项目由合作社承担的规模。推动国家补助项目形成的资产移交给合作组织管护,积极探索财政投入形成资产转化为农民合作组织成员股份的机制。在信用评定基础上对示范社开展联合授信,财政按规定给予贴息。建立合作组织带头人人才库和培训基地。落实农民合作组织税收优惠政策和生产设施、附属设施用地按农用地管理政策。完善农民专业合作社联合社登记管理工作。

(四)增强龙头企业带动能力。增加扶持农业产业化资金。培育全国行业"排头兵"龙头企业,对农产品销售收入首次突破10亿元、50亿元、100亿元的给予奖励。推动龙头企业集群发展,创建一批省级农业产业化示范基地。大力推广"两个带动"机制模式。落实扩大农产品产地初加工补助项目试点范围政策。支持龙头企业的合理用地需求。

(五)构建农业社会化服务新机制。加强农林水畜基层服务体系和防汛抗旱服务队伍建设。鼓励搭建区域性农业社会化服务综合平台。整合资源建设乡村综合服务社和服务中心。开展农业社会化服务示范县创建。支持高等学校、职业院校、科研院所开展农业技术推广。引导经营性服务组织参与公益性服务。充分发挥供销合作社在农业社会化服务和农村流通中的重要作用。加强农业农村气象服务和人工影响天气工作体系与能力建设。

三、加快构建现代农业产业体系

(一)强化粮食等主要农产品供给保障机制。稳定1亿亩粮食播种面积。继续实施新增粮食生产能力建设和粮食丰产科技工程。实施"千斤粮万元钱、吨粮田五千元"粮经复合种植基地建设工程。实施新一轮"菜篮子"工程和种养业良种工程。现代农业生产发展资金重点支持粮食及优势特色产业加快发展。落实和完善农产品市场调控政策,完善粮油肉等主要农产品收购储备机制。扩大农资产品储备品种。完善农产品信息统计发布制度,健全重要农产品市场监测预警机制。

(二)加快建设现代农业产业基地。推进60个现代农业重点县建设,继续实施现代农业千亿示范工程,打造一批千亿、百亿优势特色产业。以奖代补支持现代农业示范区建设试点。抓好40个现代畜牧业重点县建设,继续实施新增优质生猪生产能力工程,全面推广标准化适度规模养殖。加快40个现代林业重点县建设,积极发展特色林业产业。继续开展水产标准化示范创建。

(三)提升农业物质技术装备水平。落实最严格的耕地、林地保护制度和水资源管理制度。继续实施"再造一个都江堰灌区"规划纲要,新开工11个大中型骨干水利工程,推进"全域灌溉"试点县和节水型社会重点县建设。增强城乡防洪、抗旱、排涝能力建设。建设农田水利基本建设综合示范区100万亩。建设高标准农田200万亩。继续实施"金土地工程"。加快落实农业灌排工程运行管理费用由财政适当补助的政策。实施现代农业科技创新产业链示范、农畜优良品种选育攻关和重大成果转化工程专项,加强农业科技园区和科技富民强县试点县建设。实施农业机械化示范县建设工程。推进农机以旧换新试点。

(四)加强农产品市场流通体系建设。落实调降农产品生产流通费用政策。农产品流通基础设施用地优先纳入土地利用规划。扩大绿色通道政策覆盖的农产品范围。加大对主要农产品产地集配中心建设扶持力度。落实对农民合作社示范社建设鲜活农产品仓储、冷藏、冷链物流设施和兴办农产品加工业给予补助的政策。支持农产品网上交易、农民网店和"农超对接"。支持供销合作社控股企业、国有粮食购销企业与农民合作社联合。支持优势特色农产品外销长期平台建设。大力发展"三品一标"农产品,健全公用品牌使用许可与监管制度。

(五)改革和完善食品安全监管体制。强化食品安全监管责任。开展农产品质量安全监管规范化建设。严格落实产地准出、市场准入制度,健全追溯体系,建立产地环境质量评估制度,严格农业投入品生产经营使用管理。健全基层食品安全工作体系,加大监管机构建设投入。支持农产品批发市场食品安全检测室(站)建设,补助检验检测费用。

四、成片推进新农村建设

(一)扎实推进新村建设。坚持把产村相融、成片推进新农村建设作为统筹城乡发展、加快农村全面小康建设的综合性载体。抓好新一轮60个新农村建设成片推进示范县建设。加快新农村综合体建设。增加新村基础设施建设投入。加大力度保护有历史文化价值和民族、地域元素的传统村落和民居。继续开展精品文化旅游村寨和历史文化名村、特色旅游景观名村创建。合理确定新村建设发展模式、新村布局和聚居规模,既要方便生产,又要方便生活,坚持新村与产业协同推进,保持农村特色和田园风光。不提倡、不鼓励建设大规模的农民集中居住区,不得强制农民搬迁和上楼居住。农房迁建和村院撤并,必须尊重农民意愿,经村民会议同意。

(二)改善基础设施条件。"十二五"期间基本解决农村饮水安全问题。完善农村电网,加快实施小水电代燃料、水电新农村电气化项目。加快乡镇通畅和建制村通达工程建设。实施农村桥梁建设、渡改桥、索改桥、渡口改造和中小河流治理。推进农村公路管理养护体制改革。实施户用沼气和沼气集中供气工程。启动"金农工程"二期。提高农村信息网络覆盖率。加大力度推进农村危房改造和国有林区(场)棚户区、国有垦区危房改造。推进农村公共服务运行维护机制建设示范试点。

(三)提高公共服务水平。办好村小学和教学点,方便农村适龄儿童少年就近入学。加强农村初中校舍改造和边远艰苦地区农村学校教师周转宿舍设施建设。对在连片特困地区乡、村学校和教学点工作的教师给予生活补助。继续提高新型农村合作医疗政府补助标准,积极推进异地结算。加强以全科医生为重点的农村医疗卫生队伍建设。研究制定相对统一的区域城乡低保标准。逐步提高新型农村养老保险参保率。建立农村文化投入保障机制,实施农村重点文化惠民工程,支持农村文化示范县、乡、村培育。关怀农村留守儿童、留守妇女、留守老人,重视帮助解决具体困难问题。搞好农村人口和计划生育工作。

(四)加强生态文明建设。确保农村生态建设基本用地,大力推进重点生态工程,落实集体公益林生态补偿、生态功能转移支付和植被恢复费用用途管理政策,加强林区基础设施建设。落实林业各项补贴政策和草原生态保护补助奖励政策。开展农业面源污染和畜禽养殖污染防治,明确划定生物质禁烧区,实施乡村清洁工程,推动清洁小流域建设和"清水工程"。创建生态文明示范县和示范村镇。开展宜居村镇建设综合技术集成示范。大力发展循环农业。

五、深入挖掘农民增收潜力

(一)强化助农增收工作机制。实施农民增收促进计划,2013年促进全省农民人均纯收入增长15%。提高市(州)、县(市、区)党委、政府目标管理中农民增收指标权重,实行农民增收工作县(市、区)委书记和县(市、区)长负责制,对促进农民增收特别是贫困地区贫困农户增收成效突出的县(市、区)进行表扬鼓励。研究制定助农增收的政策措施。研究县域经济、小城镇发展扶持政策。

(二)拓宽家庭经营增收渠道。发展特色效益农业,做大做强蔬菜、水果、茶叶、中药材、食用菌、蚕桑、花卉等特色种植业,大力发展节粮型草食牲畜、特色小家畜禽。因地制宜发展都市农业、休闲农业、观光农业、乡村旅游。加快发展林下经济和生态旅游。鼓励农民居家灵活就业创业,开发竹木工艺品、针织品、绣制品等特色手工艺产品。支持农户发展加工、商贸、物流、餐饮等二三产业。

(三)提高务工收入水平。整合农民工培训资源,推广订单培训、定向培训、委托用工企业培训、合作组织培训等有效方式,提高农民工技能,稳定农民工就业。强化农民工权益维护。有序推进农业转移人口市民化,加快改革户籍制度,落实放宽中小城市和小城镇落户条件的政策,降低大城市入户条件。加快实现城镇基本公共服务常住人口全覆盖。

(四)增加财产性转移性收入。依法保障农民的土地承包经营权、宅基地使用权、集体收益分配权。加快推进农村土地确权登记颁证工作,所需经费纳入同级财政预算。深化集体林权制度改革和牧区草原承包经营权确权登记颁证工作。探索确权登记颁证后增加农民财产性收入的改革试点。逐步提高农民在土地增值收益中的分配比例。规范推进城乡建设用地增减挂钩试点和集体经营性建设用地流转。农村集体非经营性建设用地不得进入市场。开展农村集体"三资"管理规范化试点,推进农村集体产权股份合作制改革。深化统筹城乡综合配套改革。全面落实"四补贴"等各项强农惠农富农政策,确保补贴资金兑现到户。

(五)加快贫困人口增收脱贫。加大力度改善农村扶贫对象生产生活条件,突出抓好四大集中连片特困地区区域发展与扶贫攻坚,深入实施各类扶贫工程。加强大小凉山综合扶贫开发、彝家新寨建设。专题研究推进甘孜州包虫病综合防治,加快“千桥工程”建设。搞好阿坝州扶贫开发和综合防治大骨节病巩固提升。抓好定点扶贫、对口扶贫，深入开展“领导挂点、部门包村、干部帮户”活动。

六、加强和创新农村社会管理

（一）加强农村基层党组织建设。选优配强村级组织带头人，提高村干部“一定三有”保障水平，健全村级组织运转和基本公共服务经费保障机制。推进村级组织活动场所标准化建设。加强农民合作社党建工作。开展农村基层服务型党组织创建活动。加强大学生村干部和农村党员队伍建设。加强农村党风廉政建设。

（二）健全村民自治机制。推广“四议两公开一监督”工作法。不断完善村务公开民主管理，以县（市、区）为单位统一公开目录和时间。推行乡镇公共资源配置、重大建设项目、社会公益事业等政务信息公开。推行财政支农项目民办公助、农村小型公共基础设施村民自建。有序发展民事调解、文化娱乐、红白喜事理事会等社区性社会组织。

（三）维护农民合法权益。加强农村信访工作，引导群众依法理性维护自身权益。推进“大调解”工作进农村。依法保障外出村民在本村、外来人口在居住村的民主权利和物质利益。建立减轻农民负担长效机制。推进公益性乡村债务化解工作。完善乡镇干部直接联系服务群众机制。加强农村抗灾救灾、警务消防、疫病防控等设施建设。加强农村交通安全管理，深化农村平安建设。

二〇一三年一月二十七日

四川省人民政府关于进一步加强道路交通安全工作的实施意见

川府发[2013]8号

各市（州）、县（市、区）人民政府，省政府各部门、各直属机构：

为认真贯彻落实《国务院关于加强道路交通安全工作的意见》（国发[2012]30号）精神，结合我省实际，现就进一步加强和改善全省道路交通安全工作提出以下实施意见。

一、强化道路运输企业安全管理

（一）道路运输企业准入管理。交通运输部门要围绕“三关一监督”安全工作职责，加强源头管理，严格市场准入，建立和完善道路运输市场准入和退出机制。严格审查新申请的运输经营业户和企业的安全生产管理制度及安全生产条件，对达不到要求的，坚决不予许可进入运输市场。

（二）推行规范化客货运组织方式。鼓励道路旅客运输企业实行规模化、公司化经营和管理，鼓励道路运输货运企业兼并重组，推进以甩挂运输为重点的先进货运组织方式，积极培育集约化、网络化经营的货运龙头企业，逐步减少货运个体经营者，改变货运市场经营主体散、小、弱的状况。严禁道路运输客运车辆、危险货物运输车辆挂靠或变相挂靠经营。

（三）积极推进道路运输企业安全生产管理体系和服务质量信誉考核建设。要将服务质量信誉考核、安全生产状况评估考核结果与客运线路经营许可（含客运线路招投标）、运力投放等挂钩，与保险费率挂钩，与银行信贷挂钩，不断完善企业安全管理的激励约束机制，加强行业互助，提高企业抗风险能力。

二、落实运输企业安全生产主体责任

（四）落实运输企业安全生产主体责任。运输企业是安全生产的责任主体，运输企业法人代表、主要负责人和实际控制人是安全生产第一责任人，运输企业必须严格遵守和执行安全生产法律法规、规章制度及技术标准，加强安全生产，加大安全投入，健全安全管理机构，加强车辆、驾驶员管理，夯实安全基础。

（五）加强安全生产标准化建设。交通运输、安全监管等部门要按照交通运输企业安全生产标准化建设实施方案的要求，督促运输企业开展安全生产标准化达标工作，加强企业安全生产标准化考评工作。开展道路旅客运输企业和汽车客运站安全生产状况评估工作，积极探索和推进城市公共交通企业、危险品运输企业安全生产状况评估工作，对安全管理混乱、存在重大安全隐患的企业，依法责令停业整顿，对整改不达标的按规定取消其相应资质。

三、加强客运安全管理

（六）严格长途客运安全管理。交通运输部门要严格客运班线审批和监管，督促指导道路旅客运输企业做好班线途经道路的安全适应性评估，合理确定营运线路、车型和时段；严格控制800公里以上的跨省长途客运班线和夜间运行时间，坚决执行客运车辆夜间行驶、长途行驶的相关规定。创造条件积极推行长途客运车辆凌晨2时至5时停止运行或实行接驳运输。道路旅客运输企业要调整完善运行计划，客运车辆夜间22时至次日凌晨5时行驶速度不得超过日间限速的80%，并严禁夜间22时至次日凌晨6时在达不到安全通行条件的三级以下山区公路行驶。严格落实长途客运驾驶人停车换人、落地休息制度，确保客运驾驶人24小时累计驾驶时间原则上不超过8小时，日间连续驾驶不超过4小时，夜间22时至次日凌晨5时连续驾驶不超过2小时，每次停车休息时间不少于20分钟。交通运输部门要督促企业加强车辆运行管理，建立车辆行车日志管理制度，做好行车日志的登记管理工作。公安部门在路检路查中，对发现的违反规定超时、超速驾驶的驾驶人及相关企业依法严格处罚。遇暴雨、浓雾等影响安全视距的恶劣天气时，公安部门可采取临时管制措施，暂停客运车辆运行。

（七）加强旅游包车安全管理。交通运输部门要严把旅游运输经营者市场准入关、车辆技术状况关、驾驶人从业资格关。严格旅游客运企业资质审查和旅游包车审批，督促企业加强旅游客运包车发班前的安全例检，杜绝不符合技术标准的旅游客车载客发车。严禁擅自变更旅游行驶路线。根据运行里程严格按规定配备包车驾驶人，逐步推行包车业务网上申请和办理制度。加强对旅行社安全监督管理，对非法包车、承包“黑车”和不符合安全标准的旅游客车等行为进行严管重罚。

（八）严格客运站源头管理。交通运输部门要督促客运站认真履行安全管理职责，建立健全并落实各项安全生产制度，进一步细化和明确客运站关键人员岗位职责、工作内容和工作流程，积极推行客运站安全监管的标准化作业，严格落实“三不进站五不出站”安全管理制度。

四、加强和改进机动车驾驶人培训管理工作

（九）严格驾驶人培训考试。进一步完善机动车、拖拉机驾驶人培训大纲和考试标准，严格考试程序，推广应用科技评判和监控手段，强化驾驶人安全、法制、文明意识和实际道路驾驶技能考试。机动车驾驶人培训机构要加强对大中型客货车驾驶人在夜间驾驶、低能见度气象条件下驾驶的培训，配备的驾驶模拟器等设施设备应适合大中型客货车驾驶人进行模拟高速公路、连续急弯路、临水临崖、雨天、冰雪或者湿滑路、突发情况处置等方面的培训要求。公安部门要按要求确定有山区、隧道、陡坡、模拟高速公路等道路的驾驶培训和考试路线。交通运输、公安和教育部门要积极探索将大中型客车驾驶人培训纳入国家职业教育体系的有效方式，开展对大中型客车驾驶人集中进行培训和考试的试点，鼓励利用社会化资源，在有条件的地区建立考试中心和经营性驾驶教练场地，开展对大中型客车、牵引车驾驶人集中进行培训和考试。实行交通事故驾驶人培训质量、考试发证责任倒查制度。

（十）严格驾驶人培训机构监管。交通运输、农业机械化主管部门要做好机动车、拖拉机驾驶培训行业发展规划，强化资质监管。国土资源、建设规划等部门应将机动车、拖拉机驾驶人培训教练场地建设作为交通基础设施纳入当地城乡建设规划。提高驾驶人培训机构准入门槛，按照培训能力核定其招生数量，严格教练员资格管理。加强驾驶人培训质量监督，公安、交通运输部门定期向社会公开驾驶人培训机构培训质量、考试合格率以及毕业学员交通违法率和肇事率等，并作为其资质审核、质量信誉考核等的重要参考。督促驾驶人培训机构使用交通运输部门、工商部门制定的培训合同示范文本，推行培训预约制度，推进多种便民举措。

（十一）加强客货运驾驶人安全管理。交通运输部门严把客货运驾驶人从业资格准入关，加强从业条件审核与培训考试工作；督促运输企业加强驾驶人聘用管理，对发生道路交通事故致人死亡且负同等以上责任的，交通违法记满12分的，以及有酒后驾驶、超员20%以上、超速50%（高速公路超速20%）以上或者12个月内有3次以上超速违法记录的客运驾驶人，道路旅客运输企业不得聘用。公安部门对申请从业资格考试的客货运驾驶人，要按规定出具3年内无较大及以上交通责任事故和交通违法记分的情况证明，建立客货运驾驶人从业信息、交通违法信息、交通事故信息的共享机制，加快推进信息查询平台建设，设立驾驶人“黑名单”信息库，加强对长期在本地经营的异地客货运车辆和驾驶人安全管理；要比对吸毒人员数据库，发现有吸毒史的，对确认具有吸食、注射毒品，长期服用依赖性精神药品成瘾尚未戒除的，一律按规定注销驾驶资格，并抄告交通运输部门和运输企业，道路运输企业要及时将该驾驶人调离驾驶工作岗位。

五、加强车辆安全监管

（十二）加强机动车安全管理。公安交通管理部门要严格车辆注册登记，对不符合国家标准《机动车运行安全技术条件》（GB7258—2012）或与《车辆生产企业及产品公告》不一致的车辆，不予办理注册登记，并及时将违规车型和生产厂家通过公安交通管理综合应用平台上报，同时通报机动车生产主管部门和质量技术监督部门，并通过媒体进行曝光。要坚决杜绝非法生产、改装及不符合《道路车辆外廓尺寸、轴荷及质量限制》（GB1589—2004）等国家有关规定的车辆进入道路客货运市场。严格报废汽车管理，公安交通管理部门要认真落实对大中型客货车、出租车、校车、危险品货车的监销制度。加强机动车安全技术检验，质量技术监督部门要严格检验机构的资格管理和计量认证管理。公安交通管理部门要加大对机动车安全技术检验工作的监管力度，未取得检验资格许可和未与公安交通管理部门实现数据联网的检验机构，不得开展车辆检验业务。要加强对大中型客货车检验工作，大中型客车重点检验轮胎磨损状态、座位数、配备安全带、安全锤、灭火器和安装卫星定位装置等，大中型货车重点检验外廓尺寸、粘贴车身反光标识、安装侧后部防护装置等。

（十三）加强危险货物运输安全管理。交通运输、公安、安全监管、质监、经济和信息化、工商等部门要加强协作配合，努力形成部门联动、齐抓共管的道路危险货物运输安全管理工作机制。交通运输部门要严格审核危险货物运输经营业户经营资质、车辆技术条件、从业人员资格，督促危险货物运输企业认真落实安全管理主体责任，规范经营行为，严格落实趟次安检、统一调度、派车签单制度。公安部门要严把货物运输车辆上户关，对不符合国家有关车辆外廓尺寸、轴荷、质量限值等机动车安全技术标准的车辆不予登记，严格按规定核发《剧毒化学品公路运输通行证》《民用爆炸物品运输许可证》和《烟花爆竹道路运输证》。质监部门要加强危险货物运输车辆罐体容器检验工作监督管理，明确车辆罐体装运介质。安全监管部门要加强危险化学品生产、经营、储存和销售等企业托运行为的检查，推动落实危险货物合同运输制度。经济和信息化部门要加强对危险货物运输车辆改装生产企业的监管，禁止其生产、销售不符合国家机动车安全技术标准的车辆。工商部门要严把企业准入关，配合有关部门加强对道路危险货物运输企业的监督管理。

（十四）加强车辆动态监管。公安、交通运输部门要督促道路运输企业运用卫星定位装置加强车辆运行监管，推进客运车辆运行监控的分段限速管理工作。重型载货汽车和半挂牵引经营业户应按规定安装使用具有行驶记录功能的卫星定位装置，并接入公共监管平台。交通运输部门要积极探索重型载货汽车和半挂牵引车的卫星定位系统监控方式，强化车辆的动态监控。公安、交通运输部门要依托四川省物流公共信息平台，实现货运车辆信息的实时互换和充分共享，形成监控监管的合力。贯彻落实《校车安全管理条例》，按照部门分工落实校车安装和使用具有行驶记录功能的卫星定位装置，进一步加强校车安全管理工作。

（十五）强化拖拉机安全监管。严格贯彻执行国家标准《农业机械运行安全技术标准》（GB16151—2008），着力加强对拖拉机生产、销售和使用的监督管理。严禁生产、销售不符合国家标准的拖拉机。质监、工商部门对违规生产、销售不合格产品的，要依法处理、公开曝光。公安机关要加强上路行驶拖拉机的通行秩序管理，严格查处拖拉机交通违法行为。农业（农机）主管部门要加强安全源头管理，强化拖拉机安全技术检验，不得为不符合国家强制标准的拖拉机上牌。对道路交通事故中涉及拖拉机非法生产、改装、拼装以及产品质量安全问题的，要严查责任，依法从重处理。

（十六）强化电动自行车安全监管。严格执行现有电动自行车生产国家强制标准，着力加强对电动自行车生产、销售和使用的监督管理，严禁生产、销售不符合国家强制标准的电动自行车。根据《四川省非机动车管理规定》要求，质监部门要做好电动自行车生产和质量监管；经济和信息化部门要严格电动自行车的行业管理；工商部门要依法加强电动自行车销售企业的日常监管，对销售不合格产品的企业，要依法责令整改并严格处罚、公开曝光；公安机关要加强电动自行车通行秩序管理，严格查处电动自行车交通违法行为，对不符合国家强制标准的电动自行车，采取不生产、不出厂、不销售、不上牌和限行等措施。

（十七）积极开展"安全带—生命带"专项行动。公安、交通运输部门要积极开展"安全带—生命带"专项行动，督促客运企业对通行高速公路的客运车辆安全带配置情况进行全面检查，对未按规定安装座椅安全带的客运车辆，要及时进行安装改造，2012年底前，对通行高速公路的客运车辆应全部改造安装完毕。要在客运站和客运车辆上粘贴宣传画册，积极引导旅客在客车行驶过程中自觉佩戴安全带。客运站要对客运车辆乘客佩戴安全带的情况进行全面督查，确保乘客佩戴安全带出站。

六、提高道路安全保障水平

（十八）加强道路交通安全设施建设。各级人民政府要落实安全设施专项经费，鼓励各地在国家和行业标准的基础上，结合本地区实际，进一步提高公路安全设施建设标准。各级人民政府要严格落实交通安全设施与道路建设主体工程同时设计、同时施工、同时投入使用"三同时"制度，新建、改建、扩建道路工程在竣（交）工验收时要吸收公安、安全监管等部门参加，严格安全评价，交通安全设施验收不合格的不得通车运行。对安全设施缺失、损毁的，及时通报交通运输部门责令道路施工、建设、养护单位予以完善和修复，对因未及时完善修复发生道路交通事故的，严肃责任追究。

各级人民政府要结合实际科学规划，有计划、分步骤地逐年增加和改善道路交通安全设施。进一步加强高速公路、国省干线公路安全防护设施建设，特别是临水临崖、连续下坡、急弯陡坡等事故易发路段要严格按标准安装隔离栅、防护栏、防撞墙等安全设施，设置标志标线。高速公路、收费公路经营企业要加强公路养护管理，对安全设施缺失、损毁的，要及时予以完善和修复，确保公路及其附属设施始终处于良好的技术状态。"十二五"期间，加大全省公路安全隐患路段波形护栏或带钢筋的防撞墙建设力度，实现全省旅游景区安全隐患路段全部安装安全防护设施、全省县级以上公路安全隐患路段完成波形护栏或带钢筋的防撞墙建设。

（十九）推行重大道路交通安全隐患排查治理挂牌督办制度。省政府安委会办公室要组织有关部门建立完善道路交通安全隐患排查治理制度，根据隐患严重程度，做到整改措施、责任、资金、时限和预案"五到位"，实施省、市、县三级挂牌督办整改，明确治理责任单位和完成时限，并在主要媒体上公告，强化对整治情况的全过程监督。对挂牌督办的重大道路交通安全隐患，负有监督管理职责的部门要对治理情况及时跟踪督促整改，对隐患整改不落实的，要追究有关负责人责任。公安部门要联合交通运输、安全监管部门强化交通事故统计分析，排查确定事故多发点段和存在安全隐患路段，全面梳理桥涵隧道、客货运场站等风险点，设立管理台账。

七、加强农村道路交通安全管理力度

（二十）强化农村道路交通安全基础建设。深入开展"平安畅通县市"、"交通安全示范乡镇"和"平安农机示范县（市、区）、示范乡（镇）"创建活动，积极改善农村道路交通安全环境。县级人民政府要切实履行本行政区域农村公路建设、管理和养护的主体职责，进一步完善目标责任和检查、考核、奖惩机制，促进农村公路建设、管理和养护工作的落实。要组织实施农村道路安全保障工程，新建、改建农村道路要同步建设安全设施，已建成的农村道路要对事故多发和危险路段进行排查整治，逐步完善标志、标线、波形护栏或防撞墩（墙）等安全设施，改善农村道路通行条件。各级人民政府要统筹城乡公共交通发展，大力扶持和发展农村道路客运，科学合理规划农村客运班线，落实农村客运优惠政策，实施农村客运车辆保险保费补助政策，按照车辆保险保费金额70%进行补贴，降低营运成本。要以城市公交同等优惠条件扶持发展农村公共交通，引导农村客运公交化，推进农村客运城乡一体化，拓展延伸农村地区客运覆盖范围，积极在道路安全条件符合要求的平原、丘陵地区推行农村客运车辆参照公交客运标准核定载客人数，开行设立立席的农村公交客运，着力解决农村群众安全出行问题。

（二十一）加强农村道路交通安全监管。各级人民政府要加强农村道路交通安全组织体系建设，要建立以县（市、区）人民政府为主导，乡（镇）人民政府为主体，公安交警和辖区派出所工作指导，村（居）民委员会相配合的农村道路交通安全管理责任体系。严格落实乡（镇）人民政府安全监督管理责任，调整优化交警警力布局，乡（镇）根据实际情况配备与安全生产工作任务相适应的道路交通乡（镇）"交管办"安全专职管理人员和交通安全协管员，加强乡（镇）道路交通安全管控，乡（镇）、村（社）要安排专人负责对本地车辆进行监管。健全完善农业机械安全监督管理体系，进一步加强对拖拉机、联合收割机等农业机械的安全管理。

八、强化道路交通安全执法

（二十二）严厉整治道路交通违法行为。充分利用省、市际交通安全检查服务站和高速公路服务区，加强对7座以上客运车辆"六必查"，检查情况逐项登记，发现交通违法行为及时纠正，车辆存在安全隐患的要责令消除。加强公路巡逻管控，加大客运、旅游包车、危险品运输车等重点车辆检查力度，严厉打击和整治超速超员超载、疲劳驾驶、酒后驾驶、吸毒后驾驶、货车违法占道行驶、不按规定使用安全带等各类交通违法行为，严禁三轮汽车、低速货车和拖拉机违法载人。依法加强校车安全管理，保障乘坐人员安全。大力推进文明交通示范公路创建活动，加大交通执法装备投入，加强城市道路通行秩序整治，规范机动车通行和停放。各级人民政府要组织制定客货运车辆和驾驶人严重交通违法行为有奖举报办法。

（二十三）切实提升道路交通安全执法效能。各级人民政府要将交通技术监控系统、智能交通系统和高速公路全程监控等交通管理系统的建设经费纳入财政预算，加大投入，强化科技装备和信息化技术在道路交通执法中的应用，提高道路交通安全管控能力。

（二十四）整合道路交通管理力量和资源，建立部门、区域联勤联动机制，实现监控信息等资源共享。交通运输、公安部门要将各自的监控数据相互共享，并将车辆动态监控系统记录的交通违法信息作为执法依据，定期进行检查，依法严格对道路交通违法驾驶人和运输企业处罚。严格落实客货运车辆及驾驶人交通事故、交通违法行为通报制度，全面推进交通违法记录省际转递工作。研究推动将公民交通安全违法记录与个人信用、保险、职业准入等挂钩。

九、深化道路交通安全宣传教育

（二十五）各级人民政府每年要制定并组织实施道路交通安全宣传教育计划，加大宣传投入，加快宣传教育基地建设。要创新交通安全宣传教育形式，着力打造道路交通安全专业品牌栏目；建立道路交通安全公益宣传长效机制，定期对运输企业法人代表及从业驾驶人进行交通安全宣传教育。公安交警要会同教育部门编写针对中小学生的交通安全知识读本、画册、教学片等，组织开展教学及社会实践活动。建设交通安全宣传教育基地，组织开展情景教育、体验教育和事故案例警示教育。

持续推进"五进"工作，深入基层进行交通安全宣传，建立"文明交通安全示范企业、学校"，开展"文明交通安全驾驶人"、"文明交通安全驾校"评选。将交通安全宣传教育纳入社区和农村警务管理和考核范围。

十、严格道路交通事故责任追究

（二十六）建立道路交通事故奖惩制度。省政府安委会要组织相关部门研究制定我省道路交通安全奖惩制度，对于成效显著的地方、部门和单位予以表扬和奖励。对一年内发生1起一次死亡10人以上重大道路交通事故，或者年度内较大安全责任事故突破控制指标的市（州），市（州）人民政府主要负责人应向省政府作出述职检查，安全生产绩效考核不得评为合格以上等次，综合目标绩效考核降等排名。

（二十七）切实加强高速公路上发生的交通事故应急处置和调查工作。高速公路上发生的道路交通事故按照《四川省生产安全事故报告和调查处理规定》（省政府第225号令）分级属地调查，监察厅和省安全监管局协助地方对省管单位调查取证和督促省管单位落实责任追究意见，事故直接原因由高速交警大队认定。事故善后工作由事故发生地市（州）和县（市、区）人民政府牵头负责。对于社会影响较大媒体舆论关注度高，保险公司按规定理赔后，善后资金缺口仍然较大的事故，由当地民政部门给予一定的救助，地方政府补偿确有困难的从道路交通事故救助基金中提取进行补偿，具体办法由公安、交通运输、安全监管和财政等部门提出，报省政府批准。

（二十八）加大事故责任追究力度。对发生重大及以上或者6个月内发生两起较大及以上责任事故的道路运输企业，依法责令停业整顿；停业整顿后符合安全生产条件的，准予恢复运营，但客运企业3年内不得新增客运班线，旅游客运企业3年内不得新增旅游客运车辆；停业整顿仍不具备安全生产条件的，取消相应许可或吊销其道路运输经营许可证，并责令其办理变更、注销登记直至依法吊销营业执照。研究制定较大以上道路交通事故处置规范，完善跨区域责任追究机制，建立健全较大以上道路交通事故信息公开制度。对道路交通事故发生负有责任的单位及其负责人，依法依规予以处罚，构成犯罪的，依法追究刑事责任。发生重特大道路交通事故的，要依法依纪追究地方政府、相关部门及责任人员责任。

十一、强化道路交通安全组织保障

（二十九）加强道路交通安全组织领导。各地要高度重视道路交通安全工作，将其纳入经济和社会发展规划，与经济建设和社会发展同部署、同落实、同考核，并加强对道路交通安全工作的统筹协调和监督指导。实行道路交通安全地方行政首长负责制，将道路交通安全工作纳入政府工作重要议事日程，定期分析研判安全形势，研究突出问题，部署重点工作。要根据道路里程、机动车增长等情况，建立适应道路交通安全管理人员的配置、装备、经费等保障机制。各级人民政府要严格落实道路交通事故总结报告制度，每年12月31日前要将本地区道路交通安全工作情况向省政府作出专题报告。

（三十）落实部门管理和监督职责。各有关部门要按照"谁主管、谁负责，谁审批、谁负责"的原则，依法履行职责，落实监管责任，切实构建"权责一致、分工负责、齐抓共管、综合治理"的协调联动机制。要严格责任考核，将道路交通安全工作作为有关领导干部实绩考评的重要内容，并将考评结果作为综合考核评价的重要依据。

（三十一）完善道路交通安全保障机制。强化政府投资对道路交通安全投入的引导和带动作用，建立健全各级人民政府、企业和社会共同承担的道路交通安全长效投入机制，不断拓展道路交通安全资金保障来源。公安、交通运输部门要根据道路里程、机动车增长等情况，相应加强道路交通安全管理、交通行政执法力量建设，建立适应交通安全管理和交通行政执法的人员配置、装备、业务经费等警务保障机制。

（三十二）完善道路交通事故应急救援机制。各级人民政府要进一步加强道路交通事故应急救援体系建设，完善应急救援机制，健全公安消防、卫生等部门联动的省、市、县三级交通事故紧急救援机制，依法加快道路交通事故社会救助基金制度建设。

二〇一三年一月二十五日

四川省人民政府办公厅印发贯彻落实省政府关于进一步加强道路交通安全工作实施意见重点工作分工方案的通知

川办函[2013]139号

各市（州）、县（市、区）人民政府，省政府各部门、各直属机构，有关单位：

《贯彻落实省政府关于进一步加强道路交通安全工作实施意见重点工作分工方案》（以下简称《分工方案》）已经省政府领导同志同意，现印发给你们，请认真落实。

二〇一三年七月十八日

贯彻落实省政府关于进一步加强道路交通安全工作实施意见重点工作分工方案

一、强化道路运输企业安全管理

(一)严格道路运输企业准入管理

1. 围绕“三关一监督”安全工作职责,加强源头管理,严格市场准入,建立和完善道路运输市场准入和退出机制。严格审查新申请的运输经营业户和企业的安全生产管理制度及安全生产条件,对达不到要求的,坚决不予许可进入运输市场。(交通运输厅负责)

(二)推行规范化客货运组织方式

2. 鼓励道路旅客运输企业实行规模化、公司化经营和管理,鼓励道路运输货运企业兼并重组,推进以甩挂运输为重点的先进货运组织方式,积极培育集约化、网络化经营的货运龙头企业,逐步减少货运个体经营者,改变货运市场经营主体散、小、弱的状况。严禁道路运输客运车辆、危险货物运输车辆挂靠或变相挂靠经营。(交通运输厅牵头,公安厅配合)

(三)积极推进道路运输企业安全生产管理体系和服务质量信誉考核建设

3. 要将服务质量信誉考核、安全生产状况评估考核结果与客运线路经营许可(含客运线路招投标)、运力投放等挂钩,与保险费率挂钩,与银行信贷挂钩,不断完善企业安全管理的激励约束机制,加强行业互助,提高企业抗风险能力。(交通运输厅牵头,人行成都分行、四川银监局、四川保监局配合)

二、落实运输企业安全生产主体责任

(四)落实运输企业安全生产主体责任

4. 运输企业是安全生产的责任主体,运输企业法人代表、主要负责人和实际控制人是安全生产第一责任人,运输企业必须严格遵守和执行安全生产法律法规、规章制度及技术标准,加强安全生产,加大安全投入,健全安全管理机构,加强车辆、驾驶人管理,夯实安全基础。(交通运输厅牵头,省安全监管局配合)

(五)加强安全生产标准化建设

5. 按照交通运输企业安全生产标准化建设实施方案的要求,督促运输企业开展安全生产标准化创建达标工作,严格企业安全生产标准化考评工作。开展道路旅客运输企业和汽车客运站安全生产状况评估工作,积极探索和推进城市公共交通企业、危险品运输企业安全生产状况评估工作,对安全管理混乱、存在重大安全隐患的企业,依法责令停业整顿,对整改不达标的按规定取消其相应资质。(交通运输厅牵头,省安全监管局配合)

三、加强客运安全管理

(六)严格长途客运安全管理

6. 严格客运班线审批和监管,督促指导道路旅客运输企业做好班线途经道路的安全适应性评估,合理确定营运线路、车型和时段;严格控制800公里以上的跨省长途客运班线和夜间运行时间,坚决执行客运车辆夜间行驶、长途行驶的相关规定。创造条件积极推行长途客运车辆凌晨2时至5时停止运行或实行接驳运输。(交通运输厅牵头,公安厅配合)

7. 道路旅客运输企业要调整完善运行计划,客运车辆夜间22时至次日凌晨5时行驶速度不得超过日间限速的80%,并严禁夜间22时至次日凌晨6时在达不到安全通行条件的三级以下山区公路行驶;严格落实长途客运驾驶人停车换人、落地休息制度,确保客运驾驶人24小时累计驾驶时间原则上不超过8小时,日间连续驾驶不超过4小时,夜间22时至次日凌晨5时连续驾驶不超过2小时,每次停车休息时间不少于20分钟。交通运输部门要督促企业加强车辆运行管理,建立车辆行车日志管理制度,做好行车日志的登记管理工作。(公安厅、交通运输厅分工负责,省安全监管局、人力资源社会保障厅配合)

8. 加强监督检查,对违反规定超时、超速驾驶的驾驶人及相关企业依法严格处罚。遇暴雨、浓雾等影响安全视距的恶劣天气时,可采取临时管制措施,暂停客运车辆运行。(公安厅牵头,交通运输厅配合)

(七)加强旅游包车安全管理

9. 严把旅游运输经营者市场准入关、车辆技术状况关、驾驶人从业资格关。严格旅游客运企业资质审查和旅游包车审批,督促企业加强旅游客运包车发班前的安全例检,杜绝不符合技术标准的旅游客车载客发车。严禁擅自变更旅行驶路线。根据运行里程严格按规定配备包车驾驶人,逐步推行包车业务网上申请和办理制度。加强对旅行社安全监督管理,对非法包车、承包“黑车”和不符合安全标准的旅游客车等行为进行严管重罚。(交通运输厅、省旅游局分工负责)

(八)严格客运站源头管理

10. 督促客运站认真履行安全管理职责,建立健全并落实各项安全生产制度,进一步明确和细化客运站关键人员岗位职责、工作内容和工作流程,积极推行客运站安全监管的标准化作业,严格落实“三不进站五不出站”安全管理制度。(交通运输厅牵头,省安全监管局配合)

四、加强和改进机动车驾驶人培训管理工作

(九)严格驾驶人培训考试

11. 进一步完善机动车、拖拉机驾驶人培训大纲和考试标准,严格考试程序,推广应用科技评判和监控手段,强化驾驶人安全、法制、文明意识和实际道路驾驶技能考试。机动车驾驶人培训机构要加强对大中型客货车驾驶人在夜间驾驶、低能见度气象条件下驾驶的培训,配备的驾驶模拟器等设施设备应适合大中型客货车驾驶人进行模拟高速公路、连续急弯路、临水临崖、雨天、冰雪或者湿滑路、突发情况处置等方面的培训要求。有关部门要按要求确定有山区、隧道、陡坡、模拟高速公路等道路的驾驶培训和考试路线。(交通运输厅、公安厅、农业厅分工负责)

12. 积极探索将大中型客车驾驶人培训纳入国家职业教育体系的有效方式,开展对大中型客车驾驶人集中进行培训和考试的试点,鼓励利用社会化资源,在有条件的地区建立考试中心和经营性驾驶教练场地,开展对大中型客车、牵引车驾驶人集中进行培训和考试。(公安厅、交通运输厅、教育厅分工负责,人力资源社会保障厅配合)

13. 实行交通事故驾驶人培训质量、考试发证责任倒查制度。(监察厅牵头,交通运输厅、公安厅配合)

(十)严格驾驶人培训机构监管

14. 做好机动车、拖拉机驾驶培训行业发展规划,强化资质监管。(交通运输厅、农业厅分工负责)

15. 有关部门应将机动车、拖拉机驾驶人培训教练场地建设作为交通基础设施纳入当地土地利用总体规划及城乡建设规划。(国土资源厅牵头,交通运输厅、农业厅、住房城乡建设厅配合)

16. 提高驾驶人培训机构准入门槛,按照培训能力核定其招生数量,严格教练员资格管理。加强驾驶人培训质量监督,定期向社会公开驾驶人培训机构培训质量、考试合格率以及毕业学员交通违法率和肇事率等,并作为其资质审核、质量信誉考核等的重要参考。督促驾驶人培训机构使用交通运输部门、工商部门制定的培训合同示范文本,推行培训预约制度,推进多种便民举措。(交通运输厅、公安厅、省工商局分工负责)

(十一)加强客货运驾驶人安全管理

17. 严把客货运驾驶人从业资格准入关,加强从业条件审核与培训考试工作;督促运输企业加强驾驶人聘用管理,对发生道路交通事故致人死亡且负同等以上责任的、交通违法记满12分的、酒后驾驶的、超员20%以上的、超速50%(高速公路超速20%)以上的,或者12个月内(从驾驶人应聘申请之日倒推12个月)有3次以上超速违法记录的驾驶人,道路旅客运输企业不得聘用。(交通运输厅、公安厅分工负责)

18. 对申请从业资格考试的客货运驾驶人,要按规定出具3年内无较大及以上交通责任事故和交通违法记分等情况证明,建立客货运驾驶人从业信息、交通违法信息、交通事故信息的共享机制,加快推进信息查询平台建设,设立驾驶人"黑名单"信息库,加强对长期在本地经营的异地客货运车辆和驾驶人安全管理;要比对吸毒人员数据库,发现有吸毒史的,对确认具有吸食、注射毒品,长期服用依赖性精神药品成瘾尚未戒除的,一律按规定注销驾驶资格,并抄告交通运输部门和运输企业,道路运输企业要及时将该驾驶人调离驾驶工作岗位。(公安厅牵头,交通运输厅配合)

五、加强车辆安全监管

(十二)加强机动车安全管理

19. 严格车辆注册登记,对不符合国家标准《机动车运行安全技术条件》(GB7258—2012)或与《车辆生产企业及产品公告》不一致的车辆,不予办理注册登记,并及时将违规车型和生产厂家通过公安交通管理综合应用平台上报,同时通报机动车生产主管部门和质量技术监督部门,并通过媒体进行曝光。要坚决杜绝非法生产、改装及不符合《道路车辆外廓尺寸、轴荷及质量限制》(GB1589—2004)等国家有关规定的车辆进入道路客货运市场。严格报废汽车管理,认真落实对大中型客货车、出租车、校车、危险品货车的监销制度。(公安厅牵头,商务厅、省工商局、省经济和信息化委配合)

20. 加强机动车安全技术检验,质量技术监督部门要严格检验机构的资格管理和计量认证管理。(省质监局牵头,公安厅配合)

21. 加大对机动车安全技术检验工作的监管力度,未取得检验资格许可和未与公安交通管理部门实现数据联网的检验机构,不得开展车辆检验业务。要加强对大中型客货车检验工作,大中型客车重点检验轮胎磨损状态、座位数、配备安全带、安全锤、灭火器和安装卫星定位装置等,大中型货车重点检验外廓尺寸、粘贴车身反光标识、安装侧后部防护装置等。(公安厅、交通运输厅分工负责)

(十三)加强危险货物运输安全管理

22. 有关部门要加强协作配合,努力形成部门联动、齐抓共管的道路危险货物运输安全管理工作机制。严格审核危险货物运输经营业户经营资质、车辆技术条件、从业人员资格,督促危险货物运输企业认真落实安全管理主体责任,规范经营行为,严格落实趟次安检、统一调度、派车签单制度。(交通运输厅牵头,公安厅、省安全监管局、省经济和信息化委、省工商局配合)

23. 严把货物运输车辆上户关,对不符合国家有关车辆外廓尺寸、轴荷、质量限值等机动车安全技术标准的车辆不予登记,严格按规定核发《剧毒化学品公路运输通行证》《民用爆炸物品运输许可证》和《烟花爆竹道路运输证》。(公安厅负责)

24. 加强危险货物运输车辆罐体容器检验工作监督管理,明确车辆罐体装运介质。(省质监局负责)

25. 加强危险化学品生产、经营、储存和销售等企业托运行为的检查,推动落实危险货物合同运输制度。(省安全监管局、交通运输厅、公安厅、省质监局分工负责)

26. 加强对危险货物运输车辆改装生产企业的监管,禁止其生产、销售不符合国家机动车安全技术标准的车辆。(省经济和信息化委负责)

27. 工商部门要严把企业准入关,配合有关部门加强对道路危险货物运输企业的监督管理。(省工商局、交通运输厅分工负责)

(十四)加强车辆动态监管

28. 督促道路运输企业运用卫星定位装置加强车辆运行监管,推进客运车辆运行监控的分段限速管理工作。(交通运输厅、公安厅分工负责)

29. 重型载货汽车和半挂牵引经营业户应按规定安装使用具有行驶记录功能的卫星定位装置,并接入公共监管平台。(交通运输厅牵头,省经济和信息化委、公安厅、省安全监管局配合)

30. 积极探索重型载货汽车和半挂牵引车的卫星定位系统监控方式,强化车辆的动态监控。(交通运输厅、公安厅分工负责)

31. 依托四川省物流公共信息平台,实现货运车辆信息的实时互换和充分共享,形成监控监管的合力。(公安厅、交通运输厅分工负责)

32. 贯彻落实《校车安全管理条例》,按照部门分工落实校车安装和使用具有行驶记录功能的卫星定位装置,进一步加强校车安全管理工作。(教育厅牵头,交通运输厅、公安厅、省安全监管局配合)

(十五)强化拖拉机安全监管

33. 严格贯彻执行国家标准《农业机械运行安全技术标准》(GB16151—2008),着力加强对拖拉机生产、销售和使用的监督管理。严禁生产、销售不符合国家标准的拖拉机。(省质监局牵头,省工商局、公安厅、农业厅配合)

34. 对违规生产、销售不合格产品的,要依法处理、公开曝光。(省质监局、省工商局分工负责)

35. 加强上路行驶拖拉机的通行秩序管理,严格查处拖拉机交通违法行为。(公安厅牵头,农业厅配合)

36. 加强安全源头管理，强化拖拉机安全技术检验，不得为不符合国家强制标准的拖拉机上牌。对道路交通事故中涉及拖拉机非法生产、改装、拼装以及产品质量安全问题的，要严查责任，依法从重处理。（农业厅牵头，公安厅配合）

（十六）强化电动自行车安全监管

37. 严格执行现有电动自行车生产国家强制标准，着力加强对电动自行车生产、销售和使用的监督管理，严禁生产、销售不符合国家强制标准的电动自行车。（省质监局牵头，省经济和信息化委、省工商局、公安厅配合）

38. 根据《四川省非机动车管理规定》要求，质监部门要做好电动自行车生产和质量监管；经济和信息化部门要严格电动自行车生产的行业管理；工商部门要依法加强电动自行车销售企业的日常监管，对销售不合格产品的企业，要依法责令整改并严格处罚、公开曝光；公安机关要加强电动自行车通行秩序管理，严格查处电动自行车交通违法行为，对不符合国家强制标准的电动自行车，采取不生产、不出厂、不销售、不上牌和限行等措施。（省质监局、省经济和信息化委、省工商局、公安厅分工负责）

（十七）积极开展“安全带—生命带”专项行动。

39. 积极开展“安全带—生命带”专项行动，督促客运企业对通行高速公路的客运车辆安全带配置情况进行全面检查，对未按规定安装座椅安全带的客运车辆，要及时进行安装改造。要在客运站和客运车辆上粘贴宣传画册，积极引导旅客在客车行驶过程中自觉佩戴安全带。客运站要对客运车辆乘客佩戴安全带的情况进行全面督查，确保乘客佩戴安全带出站。（公安厅、交通运输厅分工负责）

六、提高道路安全保障水平

（十八）加强道路交通安全设施建设

40. 各地要落实安全设施专项经费，鼓励各地在国家和行业标准的基础上，结合本地区实际，进一步提高公路安全设施建设标准。（市、县级人民政府牵头，交通运输厅、财政厅、省发展改革委、省质监局配合）

41. 严格落实交通安全设施与道路建设主体工程同时设计、同时施工、同时投入使用“三同时”制度，新建、改建、扩建道路工程在竣（交）工验收时要吸收公安、安全监管等部门参加，严格安全评价，交通安全设施验收不合格的不得通车运行。对安全设施缺失、损毁的，及时通报交通运输部门责令道路施工、建设、养护单位予以完善和修复，对因未及时完善修复发生道路交通事故的，严肃追究责任。（市、县级人民政府牵头，交通运输厅、省安全监管局、公安厅配合）

42. 各地要结合实际科学规划，有计划、分步骤地逐年增加和改善道路交通安全设施。进一步加强高速公路、国省干线公路安全防护设施建设，特别是临水临崖、连续下坡、急弯陡坡等事故易发路段要严格按标准安装隔离栅、防护栏、防撞墙等安全设施，设置标志标线。高速公路、收费公路经营企业要加强公路养护管理，对安全设施缺失、损毁的，要及时予以完善和修复，确保公路及其附属设施始终处于良好的技术状态。“十二五”期间，加大全省公路安全隐患路段波形护栏或带钢筋的防撞墙建设力度，实现全省旅游景区安全隐患路段全部安装安全防护设施、全省县级以上公路安全隐患路段完成波形护栏或带钢筋的防撞墙建设。（全省各级人民政府牵头，交通运输厅、财政厅、省安全监管局配合）

（十九）推行重大道路交通安全隐患排查治理挂牌督办制度

43. 省政府安委会办公室要组织有关部门建立完善道路交通安全隐患排查治理制度，根据隐患严重程度，做到整改措施、责任、资金、时限和预案“五到位”，实施省、市、县三级挂牌督办整改，明确治理责任单位和完成时限，并在主要媒体上公告，强化对整治情况的全过程监督。对挂牌督办的重大道路交通安全隐患，负有监督管理职责的部门要对治理情况及时跟踪督促整改，对隐患整改不落实的，要追究有关负责人责任。（省政府安委会办公室牵头）

44. 强化交通事故统计分析，排查确定事故多发点段和存在安全隐患路段，全面梳理桥涵隧道、客货运场站等风险点，设立管理台账。（公安厅、交通运输厅分工负责，省安全监管局配合）

七、加强农村道路交通安全管理

（二十）强化农村道路交通安全基础建设

45. 深入开展“平安畅通县市”、“交通安全示范乡镇”和“平安农机示范县（市、区）、示范乡（镇）”创建活动，积极改善农村道路交通安全环境。（省道路交通安全工作厅际联席会议成员单位分工负责）

46. 县级人民政府要切实履行本行政区域农村公路建设、管理和养护的主体职责，进一步完善目标责任和检查、考核、奖惩机制，促进农村公路建设、管理和养护工作的落实。要组织实施农村道路安全保障工程，新建、改建农村道路要同步建设安全设施，已建成的农村道路要对事故多发和危险路段进行排查整治，逐步完善标志、标线、波形护栏或防撞墩（墙）等安全设施，改善农村道路通行条件。（县级人民政府牵头，交通运输厅、省发展改革委、财政厅配合）

47. 各地要统筹城乡公共交通发展，大力扶持和发展农村道路客运，科学合理规划农村客运班线，落实农村客运优惠政策，实施农村客运车辆保险保费补助政策，按照车辆保险保费金额70%进行补贴，降低营运成本。要以城市公交同等优惠条件扶持发展农村公共交通，引导农村客运公交化，推进农村客运城乡一体化，拓展延伸农村地区客运覆盖范围，积极在道路安全条件符合要求的平原、丘陵地区推行农村客运车辆参照公交客运标准核定载客人数，开行设立立席的农村公交客运，着力解决农村群众安全出行问题。（市、县人民政府牵头，交通运输厅、公安厅、省发展改革委、财政厅分工督促）

（二十一）加强农村道路交通安全监管

48. 各地要加强农村道路交通安全组织体系建设，建立以县（市、区）人民政府为主导、乡（镇）人民政府为主体、公安交警和辖区派出所工作指导、村（居）民委员会相配合的农村道路交通安全管理责任体系。严格落实乡（镇）人民政府安全监督管理责任，调整优化交警警力布局，乡（镇）根据实际情况配备与安全生产工作任务相适应的道路交通乡（镇）“交管办”安全专职管理人员和交通安全协管员，加强乡（镇）道路交通安全管控，乡（镇）、村（社）要安排专人负责对本地车辆进行监管。（全省各级人民政府负责）

49. 完善农业机械安全监督管理体系，进一步加强对拖拉机、联合收割机等农业机械的安全管理。（农业厅牵头，财政厅配合）

八、强化道路交通安全执法

（二十二）严厉整治道路交通违法行为

50. 充分利用省、市际交通安全检查服务站和高速公路服务区,加强对7座以上客运车辆"六必查",检查情况逐项登记,发现交通违法行为及时纠正,车辆存在安全隐患的要责令消除。加强公路巡逻管控,加大客运、旅游包车、危险品运输车等重点车辆检查力度,严厉打击和整治超速超员超载、疲劳驾驶、酒后驾驶、吸毒后驾驶、货车违法占道行驶、不按规定使用安全带等各类交通违法行为,严禁三轮汽车、低速货车和拖拉机违法载人。(公安厅牵头,交通运输厅、农业厅配合)

51. 严厉打击面包车等车辆非法营运行为。县(市、区)、乡(镇)人民政府是辖区内道路交通安全的责任主体,要按照"一牵头三联动"的工作机制,切实加强对打击非法营运行为的组织领导,公安交管和交通运管部门是辖区内道路交通安全的监管主体,安监部门要加强协调和综合监管。要采取疏堵结合方式,交通运输部门要做好运输发展规划,在有条件的农村公路要及时开通客运班车,解决群众出行难问题;交通运管部门要加大对辖区内非法营运行为的取证和处罚力度,公安交管部门要加大路检路查力度,发现有涉嫌非法营运行为的车辆要移交同级交通运管部门依法依规处理;通过检查、举报、事故调查等方式对发现的高速公路和跨市(州)及跨县(市、区)的非法营运行为重点实施打击。(全省各级人民政府牵头,交通运输厅、公安厅、省安全监管局分工负责)

52. 依法加强校车安全管理,保障乘坐人员安全。(教育厅、公安厅牵头,交通运输厅、省质监局、省安全监管局配合)

53. 大力推进文明交通示范公路创建活动,加大交通执法装备投入,加强城市道路通行秩序整治,规范机动车通行和停放。各地要组织制定客货运车辆和驾驶人严重交通违法行为有奖举报办法。(公安厅牵头,交通运输厅、监察厅、财政厅、省安全监管局配合)

(二十三)切实提升道路交通安全执法效能

54. 各地要将交通技术监控系统、智能交通系统和高速公路全程监控等交通管理系统的建设经费纳入财政预算,加大投入,强化科技装备和信息化技术在道路交通执法中的应用,提高道路交通安全管控能力。(公安厅、交通运输厅分工负责,科技厅、财政厅、省发展改革委配合)

(二十四)整合道路交通管理力量和资源,建立部门、区域联勤联动机制,实现监控信息等资源共享

55. 交通运输、公安部门要将各自的监控数据相互共享,并将车辆动态监控系统记录的交通违法信息作为执法依据,定期进行检查,依法严格对道路交通违法驾驶人和运输企业处罚。严格落实客货运车辆及驾驶人交通事故、交通违法行为通报制度,全面推进交通违法记录省际转递工作。(公安厅牵头,交通运输厅配合)

56. 研究推动将公民交通安全违法记录与个人信用、保险、职业准入等挂钩。(公安厅牵头,省法制办、人行成都分行、四川银监局、四川保监局、交通运输厅配合)

九、深化道路交通安全宣传教育

(二十五)制定并组织实施道路交通安全宣传教育计划,加大宣传投入,加快宣传教育基地建设

57. 创新交通安全宣传教育形式,着力打造道路交通安全专业品牌栏目;建立道路交通安全公益宣传长效机制,定期对运输企业法人代表及从业驾驶人进行交通安全宣传教育。(全省各级人民政府负责)

58. 组织编写针对中小学生的交通安全知识读本、画册、教学片等,组织开展教学及社会实践活动。建设交通安全宣传教育基地,组织开展情景教育、体验教育和事故案例警示教育。(公安厅负责,教育厅、交通运输厅配合)

59. 持续推进"五进"工作,深入基层进行交通安全宣传,建立"文明交通安全示范企业",开展"文明交通安全驾驶人"、"文明交通安全驾校"评选。将交通安全宣传教育纳入社区和农村警务管理和考核范围。(公安厅、省委宣传部、司法厅、教育厅、交通运输厅、农业厅分工负责)

十、严格道路交通事故责任追究

(二十六)建立道路交通事故奖惩制度

60. 省政府安委会要组织相关部门研究制定我省道路交通安全奖惩制度,对于成效显著的地方、部门和单位予以表扬和奖励。对一年内发生1起一次死亡10人以上重大道路交通事故,或者年度内较大安全责任事故突破控制指标的市(州),市(州)人民政府主要负责人应向省政府作出述职检查,安全生产绩效考核不得评为合格以上等次,综合目标绩效考核降等排名。(省安全监管局牵头,监察厅、公安厅、交通运输厅、省经济和信息化委、省质监局、财政厅配合)

(二十七)切实加强高速公路上发生的交通事故应急处置和调查工作

61. 高速公路上发生的道路交通事故按照《四川省生产安全事故报告和调查处理规定》(省政府第225号令)分级属地调查,监察厅和省安全监管局协助地方对省管单位调查取证和督促省管单位落实责任追究意见,事故直接原因由高速交警部门认定。事故善后工作由事故发生地市(州)和县(市、区)人民政府牵头负责。对于社会影响较大媒体舆论关注度高,保险公司按规定理赔后,善后资金缺口仍然较大的事故,由当地民政部门给予一定的救助,地方政府补偿确有困难的从道路交通事故救助基金中提取进行补偿,具体办法由公安、交通运输、安全监管和财政等部门提出,报省政府批准。(全省各级人民政府、公安厅、交通运输厅、监察厅、省安全监管局、财政厅分工负责)

(二十八)加大事故责任追究力度

62. 对发生重大及以上或者6个月内发生两起较大及以上责任事故的道路运输企业,依法责令停业整顿;停业整顿后符合安全生产条件的,准予恢复运营,但客运企业3年内不得新增客运班线,旅游客运企业3年内不得新增旅游客运车辆;停业整顿仍不具备安全生产条件的,取消相应许可或吊销其道路运输经营许可证,并责令其办理变更、注销登记直至依法吊销营业执照。研究制定较大以上道路交通事故处置规范,完善跨区域责任追究机制,建立健全较大以上道路交通事故信息公开制度。对道路交通事故发生负有责任的单位及其负责人,依法依规予以处罚,构成犯罪的,依法追究刑事责任。发生重特大道路交通事故的,要依法依纪追究地方政府、相关部门及责任人员责任。(省安全监管局牵头,交通运输厅、公安厅、监察厅、省旅游局配合)

十一、强化道路交通安全组织保障

(二十九)加强道路交通安全组织领导

63. 各地要高度重视道路交通安全工作,将其纳入经济和社会发展规划,与经济建设和社会发展同部署、同落实、同考核,并加强对道路交通安全工作的统筹协调和监督指导。实行道路交通安全地方行政首长负责制,将道路交通安全工作纳入

政府工作重要议事日程，定期分析研判安全形势，研究突出问题，部署重点工作。要根据道路里程、机动车增长等情况，建立适应道路交通安全管理人员的配置、装备、经费等保障机制。严格落实道路交通事故总结报告制度，市(州)人民政府每年12月31日前要将本地区道路交通安全工作情况向省政府作出专题报告。(全省各级人民政府负责)

(三十)落实部门管理和监督职责

64. 按照“谁主管、谁负责，谁审批、谁负责”的原则，依法履行职责，落实监管责任，切实构建“权责一致、分工负责、齐抓共管、综合治理”的协调联动机制。(各有关部门分工负责)

65. 严格责任考核，将道路交通安全工作作为有关领导干部实绩考评的重要内容，并将考评结果作为综合考核评价的重要依据。(省委组织部牵头，省安全监管局、监察厅配合)

(三十一)完善道路交通安全保障机制

66. 强化政府投资对道路交通安全投入的引导和带动作用，建立健全各级人民政府、企业和社会共同承担的道路交通安全长效投入机制，不断拓展道路交通安全资金保障来源。(财政厅牵头，省发展改革委、公安厅、交通运输厅、农业厅、省国税局、省地税局、人行成都分行配合)

67. 根据道路里程、机动车增长等情况，相应加强道路交通安全管理、交通行政执法力量建设，建立适应交通安全管理和交通行政执法的人员配置、装备、业务经费等警务保障机制。(省发展改革委、财政厅、公安厅、交通运输厅、农业厅分工负责)

(三十二)完善道路交通事故应急救援机制

68. 各地要进一步加强道路交通事故应急救援体系建设，完善应急救援机制，健全公安消防、卫生等部门联动的省、市、县三级交通事故紧急救援机制，依法加快道路交通事故社会救助基金制度建设。(全省各级人民政府负责)

青海省农牧厅
关于加快发展农机专业合作社的通知

青农机[2013]102号

各州(地、市)农牧局：

为深入贯彻落实党的十八大和中央1号文件精神，加快发展农机专业合作社，推进农牧业和社会主义新农村建设，现提出如下意见：

一、提高加快发展农机专业合作社的认识

农业机械化是农业现代化的重要标志，而农机专业合作社是农业机械化的有效载体。建设和发展农机专业合作社，可以将农机经营者有效组织起来，开展社会化服务，实现机械化大生产与家庭承包经营的对接，实现农业规模化经营、标准化生产、社会化服务的有机统一，提高农业生产集约化水平和组织化程度，提高土地产出率、劳动生产率和资源利用率。

各级农牧部门切实增强责任感、使命感和紧迫感，认清形势，把握机遇，抓住国家农机购置补贴大幅度增加，农牧民购买农牧机械积极性高的有利时机，认真总结经验，明确工作目标，采取有效措施，推进农机专业合作社的快速发展。

二、明确发展农机专业合作社的思路和目标任务

当前和今后一个时期发展农机专业合作社的总体思路是：以党的十八大精神为指导，全面实施《中华人民共和国农民专业合作社法》，落实政策措施，加强指导服务，推进多样化创建、规范化运营、市场化服务、产业化经营，推动农机专业合作社又好又快发展。

到2015年，发展农机专业合作社的目标任务是：农机专业合作社数量有大幅度增加，发展质量有明显提升，机制更加灵活，制度更加规范，服务领域更加宽广，效益更加明显，社会化服务程度显著提高，在农业机械化发展中的主体作用明显增强，在农业社会化服务中的影响力、带动力充分显现。

三、切实采取有效措施加快发展农机专业合作社

(一)科学发展，合理布局。坚持发展数量和提高运行质量并重，坚持整体推进和重点发展并举，科学制定农机专业合作社发展规划。将农机专业合作社纳入新型农村社区建设规划，合理确定农机专业合作社布局。深入分析农机专业合作社发展现状，坚持“民主管理、市场运作、积极引导、扶优扶强”的工作原则，对现有农机专业合作社进行整合。

一是大力推进土地流转。扩大农机专业合作社规模经营，流转土地是关键。各县、区要结合本地实际，制定灵活多样的政策，引导和鼓励农民以转包、出租、互换、转让、股份合作等形式流转土地承包经营权，使农田耕作集中到农机专业合作社，进行适度规模经营。并实行责任目标管理，细化任务，包村、包社、包户，深入宣传，引导、鼓励农民按照“依法、自愿、有偿”原则，以多种形式推进土地流转。

二是加大资金投入力度。“十二五”期间，省农牧厅安排一定资金，对农机专业合作社进行奖励扶持。各地区应加大对农机专业合作社的扶持力度，为保证农机专业合作社建设工作顺利开展，各级财政应安排一定的工作经费。逐步建立国家扶持、群众自筹、集体入股、银行贷款等多渠道、多形式、多文化的投入机制。

三是把农机专业合作社作为农机购置补贴重点扶持对象。各项惠农政策要向农机专业合作社倾斜，农机专业合作社可以优先购机，多购多补。

四是整合相关部门力量。农机部门要将农机专业合作社作为推动农机化发展的重要平台和抓手，支持农机专业合作社承担各种农机化发展项目。积极争取农业综合开发、农林、水利、国土资源、城乡规划等相关农业基础建设和发展项目，使农机专业合作社成为项目实施的主体之一。

五是着力解决农机专业合作社的建设用地。有放农机的场地，建设车库，机棚用地。严格按照农业用地管理，对其生产经营用地、办公场地等非农建设用地优先安排。

(二)打造品牌，示范带动。深入开展农机专业合作社示范社创建活动。各地应将保护性耕作、机械化深松、马铃薯生产全程机械化项目等优先安排专业合作社实施。可保证实施质量和效果，同时可起到示范带动作用。不断完善评选奖扶办法，建立健全激励约束机制。按照“保障重点、打造品牌、分层推进、全面提高”的总体思路，开展农机专业合作社创建活动。

（三）强化培训，提高素质。依托农机专业合作社协会，加强农机专业合作社理事长的培训、管理，提高其经营管理水平。将农机专业合作社社员的教育培训纳入农民工教育培训总体规划，整合资源，共同推进。坚持“分类指导、分级负责、注重实效”的原则，积极探索多层次、多渠道的教育培训模式。依托农机教育培训机构主阵地，加强农机专业合作社业务骨干培训。发挥农机生产、销售企业参与农机教育培训的积极性，促进农机教育培训多元化。加大对农机专业合作社教育培训工作的资金投入，各级财政要安排一定培训经费。

四、切实加强组织领导

各级农机化主管部门要坚持把发展农机专业合作社作为促进农业机械化发展的重要任务和重点工作，摆上重要位置，列入议事日程。要结合实际制定本地区农机专业合作社建设发展规划，提出切实可行的发展目标和任务，强化资金保障、示范推广、人员培训和指导服务等措施。要把发展农机专业合作社作为农机化工作的重要考核内容，整合资源，落实责任，调动农机管理、推广、培训、维修、安全监理、信息服务等方面的力量，形成齐抓共促的良好局面。要加强与有关部门的协调沟通，解决农机专业合作社发展中遇到的资金投入、用地保障、油料供应、工商登记、场库棚建设和维修保障等方面的困难和问题，形成各方面支持农机专业合作社发展的合力。要加强普法宣传，进一步增强农民群众和广大农机手的法律意识，推动依法办社。要深入实际，调查研究，加强工作指导，及时了解新情况，总结新经验，解决新问题，促进农机专业合作社又好又快发展。

二〇一三年三月十九日

大连市人民政府办公厅关于促进都市型现代农业机械化发展的意见

大政办发[2013]36号

各区、市、县人民政府，各先导区管委会，市政府各有关部门，各有关单位：

根据《国务院关于促进农业机械化和农机工业又好又快发展的意见》（国发[2010]22号）和《大连都市型现代农业发展规划纲要》（大政办发[2012]16号）要求，结合我市实际，就促进都市型现代农业机械化发展提出如下意见：

一、指导思想、基本原则和发展目标

农业机械化是农业现代化的物质基础和重要标志。近年来，我市各级政府以落实国家农机购置补贴政策为平台，以调整优化农机装备结构布局、提升农业机械化水平为主要任务，不断加大政策支持力度，农业机械保有量快速增加，农业机械化水平明显提高。截至2012年，农业机械总动力达到3 560千千瓦，主要农作物耕种收综合机械化水平达到72%，为促进现代农业发展和提高农民收入奠定了坚实基础。为了促进都市型现代农业发展，需要进一步加快主要农作物关键环节机械化和设施农业机械化，加快提高农机组织化程度和社会化服务水平。

（一）指导思想

全面实施《中华人民共和国农业机械化促进法》和《大连都市型现代农业发展规划纲要》，按照在全域城市化、新型工业化、城市智慧化深入发展中同步推进农业现代化的要求，以转变农业机械化发展方式为主线，以调整优化农机装备布局结构、主攻薄弱环节机械化、推广先进适用农业机械化技术和装备为重点，加强农机与农艺融合、机械化与信息化融合，落实完善政策，培育发展主体，强化公共服务，进一步提高农机装备水平、作业水平、科技水平、服务水平和安全水平，努力推动都市型现代农业机械化又好又快发展。

（二）基本原则

——因地制宜，分类指导。根据不同区域的自然禀赋、耕作制度和经济条件，采取相应的技术路线和政策措施，推进不同地区农业机械化发展。

——重点突破，全面发展。加大农机农艺融合工作力度，重点推进主要农作物关键生产环节和设施农业机械化。围绕优势农产品布局和主导产业发展，积极推进机械化向产前、产后延伸，向畜牧业、果业等领域拓展，带动农业机械化全面协调发展。

——鼓励创新，完善机制。创新农机服务形式，完善农机社会化服务机制，提高农机生产效能、农机使用效率和农机经济效益。

——市场引导，政府扶持。以市场需求为导向，引导社会资本、技术和人才等要素投入，继续加大对农机购置、农机作业、农机基础设施建设和农机专业合作社发展扶持力度，调动农机合作社和农机大户购机用机积极性。

（三）发展目标

到2017年，我市拖拉机保有量达到9万台；其中大中型拖拉机保有量达到1.1万台，年均净增加400台。农机总动力达到4 100千千瓦，年均净增加108千千瓦。机耕整地达到90%以上，机械播（插）种达到85%以上，收获机械化率达到60%以上。主要农作物耕种收综合机械化水平达到80%以上。水稻生产实现全程机械化。发展设施农业机械化，新建设施农业机械化示范园区20个。协调推进养殖业、林果业、农产品初加工机械化。进一步加强农业机械化服务体系建设，加快农机专业合作社发展。保持农机安全生产形势平稳，防止发生重大农机安全事故。

二、促进农业机械化发展的政策措施

（一）继续实施农机购置补贴政策

继续实施农机购置补贴政策，合理确定补贴资金规模，并向农机专业合作社、农机作业公司、农机大户和家庭农场倾斜。对提高主要农作物关键环节机械化水平和使用保护性耕作等农机新技术的机械给予累加补贴。按照科学、公开、公平、高效的原则，完善农机购置补贴管理办法，提高政策实施的透明度和公平性。将农机购置补贴与农机报废更新、农机装备结构布局优化等紧密结合，切实发挥补贴政策宏观调控作用。严肃查处倒卖补贴指标和补贴产品、套取补贴资金等违规行为。受理农民投诉，保障农民选择权和议价权。

（二）加大农业机械化技术推广力度

促进生态农业可持续发展，推广机械化育插秧(水稻)、收获和深松整地、免耕播种、秸秆还田等保护性耕作技术。逐步将水稻育插秧、收获等机械化作业纳入政策补贴范围。在集中力量提升主要农作物生产环节机械化水平的同时，推动农业机械化向产前、产中、产后全过程延伸，向畜牧水产养殖业、林果业、农产品初加工业全方位发展。

(三)建设设施农业机械化示范园区

重点扶持设施农业机械化示范园区建设，引进推广国内外先进农机技术和装备，提高农业机械化技术集成和装备配套水平。建设种植业示范园区，园区内集成示范推广耕整地、播种移栽、节水灌溉、采摘运输、卷放帘机械化和物理农业工程等技术。建设畜牧业示范园区，园区内集成示范推广通风换气、畜禽饮食、垃圾清除机械化和物理农业工程等技术。

(四)加强农业机械化基础设施建设

加强机耕道路建设，改善农机作业和通行条件，将基层机耕道路等建设内容纳入相应规划，与规划内的项目同步实施。加大对农机安全监理、农机推广、农机质量监管等公益性设施建设的支持力度，增强农业机械化公共服务能力。在高新技术产业化示范项目安排中，对农机科研新技术和新产品予以倾斜。将农机流通纳入农村市场体系建设规划，支持农机销售市场和区域性售后维修服务中心等设施建设。落实国土资源部、农业部《关于完善设施农用地管理有关问题的通知》(国土资发[2010]155号)规定，改善农机存放和保养条件，将农机具存放场所建设用地按农用地管理，并对农机专业合作社建设农机具库根据实际建筑造价按一定比例给予补贴。

(五)促进农机与农艺和农机化与信息化协调发展

制定科学合理、相互适应的机械作业规范和农艺标准，将机械适应性作为栽培模式推广的重要指标，促进农机与农艺融合；整合农业机械化科研资源，提高农业机械化技术集成和装备配套水平，促进机械化与信息化融合。加快普及主要农作物生产关键环节机械化生产技术，有针对性地推广一批适合机械化作业的品种和种植模式。完善农业机械化、种子、土肥、植保等推广服务机构紧密配合的工作机制，组织引导农民统一农作物品种、播期、行距、行向、施肥和植保，为机械化作业创造条件，全面挖掘农业机械化在节种、节肥、节药、节水、节能方面的潜力，促进农业可持续发展。

(六)推进农机服务组织建设和社会化服务

创新农业机械化服务组织形式，将农机专业合作社等服务组织和农机大户作为农业机械化发展的重要主体、公共服务的重要载体和农业生产的主力军，培育发展出一批设施完备、功能齐全、管理规范、特色鲜明的示范农机合作社，带动先进适用农机和农业技术的推广应用。鼓励发展农机专业大户和联户合作，探索发展农机作业公司，促进农机服务主体多元化。培育农机作业、维修、中介、租赁等市场。指导农机专业合作组织依法经营、规范运作、诚信服务、创建品牌，支持引导开展跨区作业等产前、产中、产后农机社会化服务。保障重要农时农机作业、排灌及抗旱用油。

(七)加强农业机械化实用人才培养

完善教育培训制度，创新教育培训内容，充分利用农业机械化(农业)技术学校等教育培训资源，培育和壮大农业机械化人才队伍。加强对各级农业机械化主管部门干部职工的培训，加快知识更新，提升服务意识，提高行政能力。广泛开展农业机械化科技、推广、安全监理和质量监管等技术人员的交流和培训，提高技术支撑和保障能力。结合阳光工程等各类农民培训项目，切实加强农机作业、维修、经营等实用人才队伍建设，提高持证上岗率。开展农机操作使用等技能培训和科普宣传，提高农民对先进农业机械及技术的接受能力和操作水平，培养新型职业农民。

(八)强化农机安全和质量监督管理

全面贯彻实施《农业机械安全监督管理条例》，以提高拖拉机和联合收割机上牌率、检验率和驾驶操作人员持证率为重点，开展"平安农机"活动，完善配套规章制度。加大政策扶持力度，推进农机安全保险和免费安全检验。增强关键生产环节、重点机具和重要农时生产的安全监管能力。依托"金农工程"，加快推进农机安全监理信息化。加强农业机械使用安全教育，增强广大农民群众安全意识和法制观念。加大农机安全隐患排查治理力度，预防和减少农机安全事故发生，保障人身财产安全。积极探索和推进农机安全互助和保险补贴。

进一步健全农机质量监督管理体系，完善工作制度。加大农机质量投诉宣传力度，严厉打击制售假冒伪劣农机产品等坑农害农行为。组织开展特定农机产品质量调查与重点检查，引导企业不断提高产品质量。加强农机产品推广鉴定证证后管理和农机作业质量、服务质量和维修质量的监管，营造竞争有序、充满活力的市场环境。

三、加强组织领导

(一)加强统筹协调

按照《国务院关于促进农业机械化和农机工业又好又快发展的意见》和《大连都市型现代农业发展规划纲要》要求，各级地方政府要把发展农业机械化提上重要议事日程，建立工作责任制，结合本地实际，制定农业机械化发展规划，明确发展目标，落实政策措施，加大推进力度。要加强组织协调和相关机构队伍建设，充实工作力量，改善工作条件，保障工作经费，切实解决农机科研、生产、流通、推广应用、社会化服务等方面存在的突出问题，扎实推进本地区农业机械化发展。

(二)明确部门分工

有关部门要认真履行职责，加强协作，优化服务。各级农业机械化主管部门要认真履行规划指导、监督管理、协调服务职能，做好技术推广、生产组织、安全监理等工作。积极协调发展改革、财政、税务、科技、水利、商业、土地、金融、交通等相关部门按照各自职责，通力合作，共同支持农业机械化发展。发展改革部门要落实扶持农业机械化发展的基本建设投资。财政部门要落实扶持农业机械化发展的资金，加强农机购置补贴政策实施的监管。商业部门要加强对农机流通行业的指导，加快农机流通体系建设。科技部门要加大对农机科研开发的支持力度。石化、电力等部门要保障农机作业用油、用电。其他有关部门都要积极支持农业机械化发展。

(三)加强宣传引导

深入宣传《中华人民共和国农业机械化促进法》《农业机械安全监督管理条例》等有关法律法规，强化农机管理人员依法行政和农机经营人员依法经营意识。通过采取媒体宣传、专家解读、指导培训和现身说法等多种形式，大力宣传农业机械化扶持政策和使用农机作业增加收入的典型事例，科学引导农民购买、使用农机，促进我市农业机械化又好又快发展。

二〇一三年四月二十七日

关于印发2013年度宁波市农业机械购置补贴全价购机试点实施方案的通知

甬农机计[2013]4号

各有关县(市)区农机(农林)局(站)、财政局:

为倡导"全价购机、县级结算、直补到卡"的农机购置补贴新模式,根据《农业部办公厅、财政部办公厅关于印发〈2013年农业机械购置补贴实施指导意见〉的通知》(农办财[2013]8号)和宁波市农机局、财政局《关于印发2013年度宁波市农业机械购置补贴资金使用方案的通知》(甬农机计[2013]1号)文件精神,制定了《2013年度宁波市农业机械购置补贴全价购机试点实施方案》,现印发给你们,请遵照执行。

二〇一三年三月五日

2013年度宁波市农业机械购置补贴全价购机试点实施方案

为倡导"全价购机、县级结算、直补到卡"的农机购置补贴新模式,根据《农业部办公厅、财政部办公厅关于印发〈2013年农业机械购置补贴实施指导意见〉的通知》(农办财[2013]8号)文件要求和宁波市农机局、财政局联合印发的《2013年度宁波市农业机械购置补贴资金使用方案》,制定本实施方案。

一、实施范围、补贴机具和标准

2013年农业机械购置补贴全价购机试点实施范围为象山县、余姚市、慈溪市、北仑区。

补贴机具和补贴标准严格执行《宁波市2013年农业机械购置补贴机具补贴额一览表》,试点县对重点推广机械实行县级资金累加补贴的必须在上报的使用方案中说明。农业部、财政部、宁波市政府2013年另有新规定的,按新规定执行。

二、补贴对象和经销商确定

补贴对象为纳入实施范围并符合补贴条件的农(渔)民、农(林)场职工、从事农机作业的农业生产经营服务组织。不实施农机作业的农民、农(林)场职工,不能享受购机补贴。申请人数超过指标时,要按公开公平公正原则,采取公开摇号等农民易于接受的方法确定补贴对象。已取得报废老旧农机证明的,可优先补贴。

农机购置补贴产品经销商由生产企业自主推荐,资质条件、确定程序严格按规定执行,并由宁波市农机局统一公布。

三、资金下达

补贴资金实行县级结算,中央和市级补贴资金采用预拨和核拨相结合。年初先预拨给各试点县农机购置补贴资金200万元(含中央和市级);市财政局、市农机局在核实试点县农机购置补贴资金实施进度后,根据实施需求,在规模控制内分批核拨农机购置补贴资金。

四、操作方法

(一)申请

符合条件的申请人凭有效身份证明材料(个人为身份证、合作组织为工商部门注册登记的证件)及有关承包证明等向县级农机管理部门提出申请。符合条件的,由县级农机管理部门或所在镇(乡、街道)农机站将购机者基本信息和所购买机具录入到"宁波市农业机械购置补贴管理系统"(以下简称"系统")中。

(二)公示

县级农机管理部门对申请人身份进行审核,对符合补贴条件的申请者且补贴额在5 000元以上的,在县(市)区农机(业)网上(或乡镇公示栏)公示。无异议的,县级农机管理部门发给补贴指标确认通知书。

对符合补贴条件且补贴额在5 000元以内的申请者,可直接发给补贴指标确认通知书。

(三)购机

农民(农业生产经营服务组织)凭补贴指标确认通知书到市域内自主选择有补贴机具经销资质的经销商(生产企业)购机,农民(农业生产经营服务组织)在购机时支付全额销售款,并在《经销企业供货表》(以下简称供货表)上签字和开具购机发票。对购机全价付款有困难的,可以由县级农机管理部门帮助协调,在农民(农业生产经营服务组织)自愿的前提下,与有关方签订分期付款协议或购机贷款,以减轻购机者付款压力。

(四)核实登记

县级农机管理部门对购置的补贴机具进行逐台核实。依申请表内容对机具与供货表、发票原件等信息进行核对,核实无误后在发票上加盖"农业机械购置补贴专用章"。对补贴机具须在机具显著位置喷印"国家补贴机具"字样和机具编号,并拍照留存,单机补贴额5 000元以下且体积狭小不便于喷字的机具可以只喷年份和编号。需要按照牌证管理的拖拉机、联合收割机等农业机械,购机者必须到县级农机监理机构办理牌证登记手续。

(五)补贴资金发放

农户(农业生产经营服务组织)凭购机发票和供货表,以及"一卡通"或银行账号向县级农机管理部门申请结算。县级农机管理部门定期将补贴资金结算审核意见报同级财政部门,财政部门审核后,通过"一卡通"或银行账号将补贴款直接拨付给补贴对象。农机购置补贴资金原则上每月结算一次。

(六)市级审核

每批次补贴工作结束后,各县(市)区要检查系统上操作是否到位,并及时将购机补贴发放凭证复印件、购置情况汇总表、补贴指标确认通知书、供货表和发票复印件、其他证明材料报市农机局、市财政局审核。如审核中发现问题，由县级农机管理部门负责及时处理。

（七）建立档案

县级农机管理部门对已核实的补贴机具及时建立档案，要求一购机者一档，内容包括身份证明、申请表、确认书、公示表、供货表和发票复印件、照片和其他相关材料等。

五、工作要求

（一）统一思想，齐心协力

各级农机管理部门要加强对试点工作的领导，进一步统一思想，提高认识，严格执行农机购置补贴规定，认真搞好补贴机械的调查摸底工作，按照事权划分的原则，密切配合，精心组织。要及时报送农机补贴工作的进展情况、成效、典型等信息，分别于2013年6月30日和12月31日前报送半年和全年的购机补贴执行情况总结报告和电子档案资料，并积极开展购置补贴后调查工作。

（二）规范程序，阳光操作

各试点县要根据本方案制订县级试点方案，报市农机局备案，并向社会公布，以接受社会监督。严格执行补贴对象公示制，操作过程透明阳光，实施进度信息要及时公布，始终体现公开、公平、公正的原则。

（三）严格管理，加强监督

认真落实国务院“三个严禁”和农业部“八个不得”的要求，严肃纪律，对违规操作的要追究当事人和责任人的责任。要制定好督查方案，加强监督检查，要会同当地财政局等有关部门，按照不少于购机农民10%的比例，对购机后实际使用情况进行核查，对发现的问题要及时处理，并将抽查核实和处理情况上报市财政局、市农机局。加强对补贴机具的监管，补贴机具原则上三年内不得转卖、转让。因特殊情况需转卖、转让的，须报经县级农机管理部门批准。违反规定的，取消5年内申请农机购置补贴的资格。要严格按有关规定管理补贴产品产销企业，对参与违法违规的经销商（生产企业）要列入黑名单并予公布，非法侵占补贴资金要足额退回财政部门；情节严重构成犯罪的，协调司法机关处理。

（四）加强宣传，搞好服务

要加强宣传工作，通过各种形式，及时让农民了解农机购置补贴政策、补贴机具目录、补贴进度、申请条件、程序以及相关要求，积极开展农机购置补贴政策等有关咨询服务工作。县级农机管理部门设立专门的咨询和投诉电话，负责做好咨询和投诉受理工作，并加强对销售和售后服务市场的监督管理，确保供货及时和售后服务到位。

关于印发《2013年宁波市农机作业补贴实施意见》的通知

甬农机管[2013]8号

各有关县（市）区农机（农林）局（站）、财政局：

为加强农机社会化服务，大力推进粮食生产全程机械化，促进我市粮食功能区建设，根据宁波市人民政府有关文件精神，市农机局会同市财政局联合制订了《2013年宁波市农机作业补贴实施意见》，现印发给你们，请认真贯彻执行。

二〇一三年三月十九日

2013年宁波市农机作业补贴实施意见

为加快粮食生产全程机械化步伐，切实提升农机服务组织化程度，全面提高粮食综合生产能力，保障粮食生产稳定发展，促进现代农业建设，根据宁波市人民政府关于推进粮食生产功能区建设有关文件精神，制定本实施意见。

一、指导思想

以十八大精神为指引，以保障粮食安全生产，提高农业机械化水平和农机社会化服务水平为目标，按照公开、公平、公正原则，实施农机作业补贴，加强补贴资金管理，提高资金使用效益，充分发挥补贴资金的导向作用，不断推进农机“五统一”服务，全面提高粮食生产机械化水平，切实提升农机专业合作社的组织化程度和社会化服务能力，促进粮食增产、农业增效和农民增收。

二、补贴对象

1. 各类粮食生产社会化服务组织；
2. 水稻种植面积500亩以上的种粮农户；
3. 大小麦种植面积20亩以上的服务组织或农户；
4. 开展油菜机收作业服务的服务组织或农机手。

三、补贴标准

1. 对提供统一育秧、统一机插、统一机耕、统一植保、统一机收“五统一”服务，并严格履约的服务组织，按功能区内每季水稻80元/亩、功能区外每季60元/亩，给予作业补贴。

2. 对为农户提供“菜单式”服务的服务组织，按规格化水稻育秧每季30元/亩、水稻机插每季30元/亩，给予作业补贴。

3. 对实行统一育秧、统一机插、统一机耕、统一机植保、统一机收“五统一”的种粮大户，按每季水稻60元/亩，给予作业补贴。

4. 对开展机插规模化育秧的服务组织和种粮大户，按每季育秧秧田面积8～16亩、16～40亩、40亩以上，分别给予每亩秧田200元、300元、400元的补贴；对列入市推广示范的机插基质育秧，给予每盘1.2元的补贴；对市定点用于余缺调剂的早稻机插后备秧（不超过5%育秧面积）给予每盘2元的补贴。

5. 对大小麦种植面积20亩以上的服务组织或农户，按20元/亩给予作业补贴。

6. 对开展油菜机收作业服务的服务组织或农机手，按40元/亩给予作业补贴。

四、补贴资金

作业补贴资金由市和县（市）区二级财政共同解决，市和县（市）区按1∶1比例承担，其中南三县按7∶3比例承担。

五、补贴方式

农机服务组织根据作业合同开展农机作业服务，按不高于2013年度农机作业指导价收取作业费的，或种粮大户自行开展“五统一”作业的，农机作业补贴面积和金额，经验收、核定、公示后，由县级财政部门通过“一卡通”或镇(乡、街道)政府直接支付给农机服务组织和农户。

六、操作程序

1. 签订合同。农机服务组织与农户签订作业合同(附件1-1、1-2)，确定作业内容、作业面积和作业价格等，由村委会见证；种粮大户自行开展机械作业的由所在村村委会出具证明，并提供身份证复印件、承包合同等相关证明材料，分别上报镇(乡、街道)农机站，镇(乡、街道)核实后上报县级农机管理部门，县级农机部门审核后，分类分批制作作业合同汇总表(附件2)。

2. 作业服务。农机服务组织(或种粮大户)按照作业合同，组织开展机械化作业。农机部门提供技术指导、组织机具调配、协调零配件供应和维修、开展作业质量和价格监督检查等管理服务。

3. 确认验收。作业结束后，种粮大户自行开展机械作业的，由村委会在作业服务清单(附件3)上签字确认；服务组织作业的，由农户按合同约定的作业价格支付作业费，并在作业服务清单(附件3)上签字确认。服务组织和种粮大户向镇(乡、街道)申请验收，服务组织同时提供农机作业服务发票。镇(乡、街道)组织有关部门人员进行验收，验收后制作作业服务验收清单(附件4)上报县级农机管理部门，县级农机管理部门汇总后报市农机局。

4. 核实公示。县级农机部门、财政部门对合同履行情况(包括种粮大户作业情况)开展多种形式的检查核实。按照核定结果，将享受作业补贴情况在农户和服务组织所在村公示。公示5天内无异议的，县级农机部门制作作业结算清单(附件5)，上报市农机局。

5. 核准结算。市农机、财政部门对各地上报的材料进行审核，并在宁波农机网上公示。公示5天内无异议的，市农机、财政部门联合下达补贴资金。

6. 兑付补贴。县级财政、农机部门在接到市补贴资金30个工作日内，兑现补贴资金，并上报补贴资金发放清单(附件6)和作业补贴资金发放文件备案。

七、申报要求

1. 填报要求。作业服务清单要做到合作社和每个作业社员的名称、姓名、作业数据、被服务农户签名一一对应，同一合作社社员间相互作业服务的注明相互作业社员姓名；种粮大户自行作业服务面积由所在村委会出具证明。验收清单要做到作业社员姓名、作业面积和验收人姓名一一对应，验收人签名要求2人以上。合同汇总、结算清单、发放清单中负责人为上报单位负责人，填报人为具体办事人员，审核人为科室负责人；作业服务清单填报单位为服务组织，单位负责人为理事长，填报人为服务组织办事人员(或者成员)，审核人为服务组织监事长(或者主要核心成员)；验收清单填报单位为所在乡镇(街道)，负责人为分管农业领导，填报人为经办人员，审核人为农办负责人。各类表格中电话号码等项目要求填报完整。

2. 申报时间。大小麦于5月25日前，油菜于6月25日前，早稻于7月5日前，单季稻和连作晚稻于9月30日前，同时上报电子表格和各类书面文档(盖章、签字)。

八、监督管理

1. 加强领导，落实责任。实施农机作业补贴，资金投入大，政策性强，操作环节多，工作任务重。各地农机部门要把农机作业补贴工作摆上重要议事日程，全面落实工作责任制，建立健全主要领导亲自抓，分管领导直接抓，责任科室具体负责的工作机制，进一步落实镇(乡、街道)、村委会和农机服务组织的责任，认真组织做好作业补贴工作。

2. 严格程序，严格把关。各地农机部门要严格按照上述规定和程序，把握时间节点和关键环节，切实履行审核核查工作职责。要组织检查核实，充分发挥镇(乡、街道)、村委会就地就近优势，严查虚报、多报作业面积等违规行为，确保上报数据的及时性、真实性和准确性，杜绝虚报、漏报现象的发生。

3. 健全机制，强化监督。各级财政、农机部门要进一步建立健全工作机制，落实配套补贴资金，保证必要的工作人员和工作经费；进一步加强对补贴资金使用的监督管理和检查，督促指导镇(乡、街道)财政、农机部门做好作业补贴的监管工作；认真做好秧田面积的核查和大田面积的抽查工作，进一步加大秧田面积核查力度，进一步增加大田面积的抽查比例，确保作业补贴面积的准确性；进一步做好专项检查，重点检查操作程序、检查举报及查处情况、检查工作机制及严格纪律情况、调查基层意见与反映、检查作业补贴档案等，对发现的问题及时处理，并将检查情况报市财政部门和农机部门；进一步配合审计监察部门做好补贴资金的审计和稽查工作，确保资金及时拨付、有效使用。

4. 完善制度，严格纪律。补贴资金必须专款专用，不得挤占挪用，不得侵占截留。要建立重点监查名单和黑名单制度。对虚报面积和金额情节较轻的社员，列入重点监查名单，作为今后重点教育和监管对象，追回骗取的补贴资金，并配合财政部门按照《财政违法行为处罚处分条例》(国务院令第427号)第14条规定予以处罚。对违规虚报面积和金额情节较重的社员以及因违规连续二次列入重点监查名单的社员列入黑名单，对列入黑名单的社员取消当年的补贴资格并取消该社员和其所在合作社当年各项政策扶持、奖励和评先资格。对有社员被列入黑名单的合作社和有多名社员虚报的合作社，其所有社员均列为重点监查名单。对作业补贴工作中违规严重构成犯罪的，移交司法机关处理。

5. 强化服务，加强管理。各地农机部门要加强对农机作业服务指导价的监管，严禁任意抬高作业服务价格，对违反作业指导价的，要严肃查处，坚决纠正。要深入基层，指导服务组织做好合同签订、技术培训、技术推广和零配件供应等工作。要积极推行诚信承诺，鼓励社员和农机专业合作社、合作社和乡镇(街道)签订诚信承诺书。要建立作业补贴档案，保存作业合同、作业服务清单、作业服务发票、作业验收清单、公示材料、作业结算清单、作业补贴发放清单、作业补贴文件等资料。要认真总结作业补贴工作经验，在年度作业补贴结束15个工作日内，将书面工作总结上报市农机局。

6. 绩效管理，综合评价。开展农机作业补贴绩效考核，建立以结果为导向的监测和评价体系，制定科学的评估方法、量化考核内容和标准，及时掌握资金使用、政策落实进展情况，客观评价实施成效，进一步提高作业补贴管理水平。

本实施意见自2013年1月起施行，有效期一年。

附件：1. 农机社会化服务作业合同(1-1)及清单(1-2)(略)
2. 2013年农机社会化服务作业合同汇总表(略)
3. 2013年农机社会化服务作业服务清单(略)
4. 2013年农机社会化服务作业验收清单(略)
5. 2013年农机社会化服务作业补贴结算清单(略)
6. 2013年农机社会化服务作业补贴发放清单(略)
7. 2013年大小麦机械化作业统计表(略)
8. 2013年油菜机割作业统计表(略)
9. 2013年水稻机插规模化育秧汇总表(略)
10. 2013年水稻基质育秧汇总表(略)

厦门市农业局关于下达厦门市拖拉机驾驶人员培训补贴试点实施方案的通知

厦农[2012]55号

各区农业与林业(农林水利)局，市农机监理所：

为进一步提高农机驾驶员的持证率，消除"非驾"现象，确保农机安全生产，从源头上遏制农机事故发生，特制定《厦门市拖拉机驾驶人员培训补贴试点实施方案》，现下发你们，望认真执行。

二〇一二年十二月十九日

厦门市拖拉机驾驶人员培训补贴试点实施方案

随着农机购置补贴政策的深入实施，购买中、小型拖拉机的农户也日益增多，而无证驾驶的现象也有所加重。为进一步提高农机驾驶员的持证率，消除"非驾"现象，确保农机安全生产，从源头上遏制农机事故发生。根据《厦门市农业局关于印发厦门市农机道路交通安全综合整治"三年行动"实施方案和厦门市农机道路交通安全集中整治大会战实施方案的通知》(厦农[2012]4号文)的要求，特制定方案如下：

一、总体要求

以"关注安全，关爱生命"为主题，坚持"安全第一、预防为主、综合治理"方针，坚持"农民自愿、政府扶持、方便高效、促进培训"的原则，在我市开展有机无驾驶证的机手实行全额补贴培训试点工作，重点加强拖拉机驾驶员、农机专业合作社、农机合作经营组织中农机手的培训，促进农机服务市场化、社会化、产业化发展，切实提高我市农业机械化和农机产业发展水平。

二、培训实施范围

根据拖拉机驾驶人员摸底排查情况，2012年在翔安区、同安区、集美区、海沧区(以下称为试点区)启动拖拉机驾驶人有机无证人员培训补贴试点。

三、培训补贴对象

在试点区内已购买属于福建省拖拉机产品登记目录内的拖拉机(包括：手扶拖拉机、轮式拖拉机、多功能拖拉机)拟参加培训的本市农村户籍农民。重点补贴农机专业合作社拖拉机驾驶人，失地失海农(渔)民、农机购置补贴新购买拖拉机开展农田作业的农民。

四、培训补贴标准

轮式拖拉机驾驶员1 400元/人，手扶拖拉机驾驶员600元/人。补助经费主要用于：教材费、课时费、考试费等。

五、培训进度计划

培训经费预算25万元，根据各区上报的有机无证人员摸底排查数量，将培训指标下达到各区(附件1)，至2013年3月31日，视各区组织有机无证人员培训进度，重新进行调整。

根据同安大宏汽车驾训有限公司现有每期30人(大中型拖拉机24人/期、手扶拖拉机6人/期)的培训规模，建议驾校新增2台手扶拖拉机教练车，达到每期42人，其中，大中型拖拉机学员24人、手扶拖拉机学员18人。根据拖拉机驾驶培训考试相关规定，大中型拖拉机驾驶员培训106学时，手扶拖拉机驾驶员培训80学时，拟从2012年11月1日开始根据学员的报名情况，连续开展培训。至培训补贴项目经费用完为止。

六、操作程序

(一)报名流程：参加培训的拖拉机驾驶人携带身份证原件和复印件1份到区农机监理部门领取申请表(附件2)一式二份，填表后经镇(街)、区农业农机管理部门审核并签署意见后，区农机管理部门留存一份，另一份由申请人带到同安大宏汽车驾训有限公司报名，报名后所有培训程序按照拖拉机驾驶员培训考试的相关规定办理。

(二)经费结算。同安大宏汽车驾训有限公司按照拖拉机驾驶员培训考试的相关规定组织培训，根据学时进度，及时向同安区农机监理部门预约考试，并上报《厦门市有机无证拖拉机驾驶培训补贴人员信息表》(附件3)一式二份，市、区农机监理部门各留存一份。经考试合格取得拖拉机驾驶证人员名单由同安大宏汽车驾训有限公司统一报送市农业机械监理所，市农业机械监理所将发证人员名单与(附件3)信息比对审核，确定补贴人数和补贴金额，由市农业机械监理所直接与同安大宏汽车驾训有限公司按期结算。

七、工作要求

(一)加强领导。成立全市拖拉机驾驶人培训补贴试点工作小组，由市农机监理所副所长王洪铭任组长，人员由市农机所农机科陈仲丰、蔡鹭铭及各区农机部门安排1人参加，负责组织、协调、落实培训的具体工作，并负责与同安大宏汽车驾训有限公司签定有关培训的具体实施协议。

(二)提高认识。对有机无证的拖拉机机手实行培训费补贴是一项政策性较强的工作，对于减轻农民负担，增加农民收入具有重要的实际意义，也是我市农机道路交通安全综合整治"三年行动"和推动拖拉机持证率提高的重要举措，培训组织工作要精心安排，周密部署，确保培训目标的完成。

（三）宣传发动。各区农机部门要做好拖拉机驾驶员培训补贴政策的宣传发动工作，通过广播、短信、宣传单等各种形式，广泛通知本辖区有机无证拖拉机驾驶人踊跃报名参加培训。

（四）签订委托合同。厦门市农业机械监理所、区农业机械管理站、厦门市同安大宏汽车驾训有限公司三方签订《委托培训拖拉机驾驶员协议书》（附件4）。

附件：1. 各区培训指标分配表（略）
2. 厦门市拖拉机驾驶人培训补贴申请表（略）
3. 厦门市有机无证拖拉机驾驶培训补贴人员信息汇总表（略）
4. 委托培训拖拉机驾驶员协议书（略）

厦门市农业局　厦门市财政局
关于印发厦门市拖拉机报废补贴办法的通知

厦农[2013]8号

各区农业与林业（农林水利）局、财政局：

为深入开展农机道路交通安全综合整治和隐患排查处理，消除农机道路交通安全隐患，有效预防和减少特重大拖拉机交通事故发生，结合我市实际，市农业局、市财政局联合制定了《厦门市拖拉机报废补贴办法》，现印发给你们，请遵照执行。

二〇一三年二月二十一日

厦门市拖拉机报废补贴办法

根据省、市道路交通安全综合整治的要求，为强化源头管控，减少农机安全事故隐患，鼓励拖拉机机主主动报废超期拖拉机。按照农业部、财政部、商务部办公厅《关于印发〈2012年农机报废更新补贴试点工作实施指导意见〉的通知》（农财办[2012]133号）、福建省农业厅《关于规范多功能拖拉机牌证注销登记工作的通知》（闽农机[2010]278号）和《厦门市人民政府办公厅关于印发厦门市道路交通综合整治“三年行动”实施方案和厦门市道路交通安全集中整治大会战实施方案的通知》（厦府办[2012]229号）精神，特制定《厦门市拖拉机报废补贴办法》。

一、指导思想和总体要求

（一）指导思想。以科学发展观为指导，认真贯彻《农业机械安全监督管理条例》，全面落实拖拉机报废补贴政策。加强宣传与引导，严格程序，不断深化拖拉机报废工作，消除农机道路交通安全隐患，有效预防和减少特重大拖拉机交通事故发生。

（二）总体要求。坚持“农民自愿、政府扶持、方便高效、促进报废”的原则，鼓励和引导我市农民自愿将已报废拖拉机送交合法、有资质的报废回收公司进行报废，并到所在辖区农机监理机构办理拖拉机注销登记，切实提高我市农机道路交通安全的综合整治水平。

二、拖拉机种类及范围

（一）拖拉机种类。根据省经贸委、省农业厅等五部门《关于印发福建省多功能拖拉机行业暂行管理办法的通知》（闽经贸机电[2006]530号）、《关于开展多功能拖拉机专项整顿工作的通知》（闽经贸机电[2009]702号）和《拖拉机禁用与报废标准》（GB/T 16877-2008）规定：

（1）多功能拖拉机（含拖拉机变型运输机）使用期限达到6年时实行强制报废；

（2）手扶拖拉机和小型拖拉机报废年限为10年；

（3）大中型轮式拖拉机报废年限为15年。

（二）范围。已在本市农业机械安全监理机构登记，并达到报废年限的拖拉机。

三、补贴对象及标准

（一）补贴对象。在本市从事农业生产经营的组织和个人所拥有的拖拉机（包括手扶拖拉机、轮式拖拉机和多功能拖拉机），已在辖区的农机监理机构办理注册登记，达到报废年限并按规定办理报废手续的，均可申请享受拖拉机报废补贴。未在辖区农机监理机构办理注册登记的拖拉机报废不列入补贴对象。

（二）补贴标准。

1. 具体补贴标准如下表：

机型	类别	报废年限（年）	补贴额（元）
多功能拖拉机（含拖拉机变型运输机）	20马力以下	6	2 500
	20马力（含20马力）以上	6	3 500
手扶拖拉机	皮带或直联传动	10	800
轮式拖拉机	20马力以下	10	2 500
	20马力（含20马力）—50马力	15	3 500
	50马力（含50马力）以上	15	5 000

2. 补贴资金由市、区财政按以下比例承担：市财政承担75%，区财政承担25%。

四、操作程序

拖拉机报废补贴操作程序，主要包括以下几个环节：

（一）申请报废。拖拉机所有人或农业生产经营组织（以下简称“申请人”）凭本人有效身份证明（身份证、拖拉机行驶证、登记证书）或组织机构代码证自愿向所在辖区农机管理部门提出报废申请，填写《拖拉机报废申请表》（附件1）并签字或盖章确认。

（二）报废审核。区农机管理部门对申请人提供的材料和拟报废的拖拉机进行审核，核对报废拖拉机车架号、发动机编号等信息，并签署意见。

（三）解体回收。申请人应按照规定将报废拖拉机移送至具有机动车报废回收资质的公司，回收公司应当核对《拖拉机报废申请表》与送交报废拖拉机的车架、动力编号等相关信息，对申请人与拟报废的拖拉机拍照留存后，将号牌拆解交给申请人。回收公司应在2个工作日内制作《拖拉机报废回收证明》（附件2），并签字盖章确认。报废拖拉机的收购价格，回收公司参照废旧金属市场价格计价。

回收公司对回收的拖拉机成批量进行解体或者销毁，应当在辖区农机管理部门监督下进行。

（四）注销登记。申请人持《拖拉机报废申请表》《拖拉机报废回收证明》、号牌、行驶证和登记证书等凭证，到所在辖区农机管理部门办理拖拉机报废手续。区农机监理机构办理拖拉机牌证注销登记手续，收回拖拉机号牌、行驶证和登记证书等证件，将《拖拉机报废申请表》《拖拉机报废回收证明》一并存入档案，并将《拖拉机报废补贴资金申请表》（附件3）发放给申请人。

（五）兑现补贴。申请人持《拖拉机报废补贴申请表》和身份证明到所在辖区农机部门办理拖拉机报废补贴资金申请，经区农机部门审查报区财政审核合格后，由区农业（农机）部门财务将补贴资金通过银行转账的方式汇至申请人的银行账户，严禁发放现金。

（六）登记建档。各区农机管理部门要建立拖拉机报废补贴信息档案，并于每季度第三个月20日前，将《拖拉机报废补贴信息汇总表》（附件4）一式3份报区财政部门审核，经区财政部门确认盖章后，区财政、农机管理部门各留一份，一份报送厦门市农业机械监理所备案。

五、资金管理与监督

（一）资金预算与结算。拖拉机报废补贴资金采取先报废后补贴的办法，所需资金纳入市、区年度财政预算。各区于每年5月31日和11月30日各结算一次，并分别于6月上旬和12月上旬之前将拖拉机报废补贴资金结算汇总表（附件5）上报市农业局和市财政局，由市农业局会同市财政局审核后，将市级所需承担资金下达各区，再由各区拨付申请人。

（二）监督检查。市、区两级农业和财政部门应当向外公布监督举报投诉电话，接受社会监督，确保拖拉机报废工作公平、公正、公开。市农业局、市财政局对补贴资金实施情况适时进行抽查，对违反报废程序、违反规定使用补贴资金和弄虚作假、骗取补贴资金的行为，立即予以制止、纠正，并依法追究相关人员责任。各区农机部门在每年12月20日前，将全年拖拉机报废补贴工作实施总结情况报送厦门市农业机械监理所。

六、本实施方案有关拖拉机报废年限若国家、省级农机主管部门有另行规定的，则按新规定执行。

七、本方案自2013年4月1日起实行，有效期为5年。

本实施方案由厦门市农业局负责解释。

附件：1. 拖拉机报废申请表（略）

2. 拖拉机报废回收证明（略）

3. 拖拉机报废补贴资金申请表（略）

4. 拖拉机报废补贴信息汇总表（略）

5. 拖拉机报废补贴资金结算汇总表（略）

索 引

说 明

一、本索引采用主题分析索引方法，依据汉语拼音字母顺序排列，同音字按声调排列。
二、类目用黑体字。数字表示内容所在页码或参见页码，数字后字母表示从左到右内容所在栏别。
三、除标题外，机构与负责人、大事记栏目内容不作索引。

F

G

H

J

K

L